UTB 1584

Eine Arbeitsgemeinschaft der Verlage

Böhlau Verlag · Wien · Köln · Weimar
Verlag Barbara Budrich · Opladen · Farmington Hills
facultas.wuv · Wien
Wilhelm Fink Verlag · München
A. Francke Verlag · Tübingen und Basel
Haupt Verlag Bern · Stuttgart · Wien
Julius Klinkhardt Verlagsbuchhandlung · Bad Heilbrunn
Mohr Siebeck · Tübingen
Nomos Verlagsgesellschaft · Baden-Baden
Orell Füssli Verlag · Zürich
Ernst Reinhardt Verlag · München · Basel
Ferdinand Schöningh Verlag · Paderborn · München · Wien · Zürich
Eugen Ulmer Verlag · Stuttgart
UVK Verlagsgesellschaft · Konstanz, mit UVK/Lucius · München
Vandenhoeck & Ruprecht · Göttingen · Oakville
vdf Hochschulverlag AG an der ETH · Zürich

Grundwissen der Ökonomik

Betriebswirtschaftslehre

Herausgegeben von
F.X. Bea · Tübingen
M. Schweitzer · Tübingen

Wolfgang B. Schünemann

Wirtschaftsprivatrecht

Juristisches Basiswissen für Wirtschaftswissenschaftler

6., neu bearbeitete Auflage

UVK Verlagsgesellschaft mbH · Konstanz
mit UVK/Lucius · München

Bibliografische Information der Deutschen Bibliothek
Die Deutsche Bibliothek verzeichnet diese Publikation in der
Deutschen Nationalbibliografie; detaillierte bibliografische Daten sind im
Internet über <http://dnb.ddb.de> abrufbar.

ISBN 978-3-8252-1584-2

6., neu bearbeitete Auflage 2011

© UVK Verlagsgesellschaft mbH, Konstanz und München 2011

Einbandgestaltung: Atelier Reichert, Stuttgart
Druck und Bindung: fgb · freiburger graphische betriebe, Freiburg

UVK Verlagsgesellschaft mbH
Schützenstr. 24 · 78462 Konstanz
Tel. 07531-9053-21 · Fax 07531-9053-98
www.uvk.de

Vorwort der Herausgeber

Für Studierende und Praktiker ist es erfahrungsgemäß eine große Hilfe, wenn ihnen das Wissen eines Faches in einer knappen, systematisch aufbereiteten und leicht fasslichen Form dargeboten wird. Gleichzeitig müssen sie die Gewissheit haben, dass die Inhalte dem gegenwärtigen Erkenntnisstand entsprechen.

Diesem Ziel dienen die Uni-Taschenbücher (UTB), die wir in der Reihe „Grundwissen der Ökonomik: Betriebswirtschaftslehre" herausgeben. Die Themen der Einzeltitel sind so gewählt, dass sie den gesamten Wissensbereich der modernen Betriebswirtschaftslehre abdecken.

Als Autoren konnten Hochschullehrer gewonnen werden, die dank der Verschiedenheit von Alter, Herkunft und Wissenschaftsauffassung die Gewähr dafür bieten, dass der Charakter der Reihe von keiner bestimmten Schulrichtung geprägt, sondern ein getreues Abbild der Wissenschaftsvielfalt in der Betriebswirtschaftslehre geboten wird.

Eine Besonderheit der Reihe besteht darin, dass Bände, bei denen es sich vom Gegenstand her anbietet, durch Arbeitsbücher ergänzt werden. Diese Studienhilfen dienen vor allem der Vertiefung theoretischer Erörterungen, der Einübung von Wissen und der Anwendung des Erlernten auf praktische Fälle. Mit diesem Konzept ist zugleich die Chance verbunden, die Tätigkeit von Dozenten didaktisch und methodisch zu unterstützen und sie von Arbeiten zu befreien, deren Erledigung zwangsläufig zu Lasten vordringlicher Aufgaben ginge.

Der Leser sei abschließend auf zwei Titel der Reihe hingewiesen, die wir als Basis-Lehrangebote konzipiert haben: die dreibändige „Allgemeine Betriebswirtschaftslehre" und das neue „BWL-Lexikon". Die Allgemeine Betriebswirtschaftslehre, von einem Expertenteam verfasst, bildet die Klammer um die Einzeltitel der Reihe und bezweckt eine systematische und branchenunabhängige (allgemeine) Einführung in das Fach. Ergänzend ermöglicht das neue UTB-Lexikon mit über 2000 Stichwörtern für alle Titel der Reihe eine kurze und leicht fassliche Klärung von Einzelproblemen. Es kann als fallweise Suchhilfe oder begleitend im laufenden Lernprozess eingesetzt werden.

Tübingen, Februar 2011

F. X. Bea

M. Schweitzer

Meinem Sohn Leonard,
non omnis mortuus,
requiescit in pace dei.

Vorwort zur 6. Auflage

Wer auch immer sich mit ökonomischen Fragestellungen zu beschäftigen hat, kommt über kurz oder lang zu der Einsicht, dass befriedigende Antworten ohne Kenntnis des rechtlichen Rahmens und der rechtlichen Strukturen des Wirtschaftslebens nicht möglich sind. Dies gilt für Studierende der Wirtschaftswissenschaften in allen Studienabschnitten ebenso wie für diejenigen Ökonomen, für die der Anwendungsbezug des Rechts unmittelbare, praktisch erlebte betriebliche oder verbandliche Realität ist. Aber auch „gestandene" Juristen, die an dem notwendigen Brückenschlag zwischen Recht und Wirtschaft interessiert sind, habe ich im Blick. Für diese doppelte Klientel, so hoffe ich, kann die vorliegende Darstellung des Wirtschaftsprivatrechts (übrigens ein erst von mir mit der 1. Auflage geprägter Begriff) von Nutzen sein.

Ihre nunmehr 6. Auflage unterscheidet sich von der Vorauflage wiederum wesentlich. Viele Teile habe ich völlig neu geschrieben, fast überall teils umfangreiche Korrekturen vorgenommen. Dafür gab es vor allem zwei Gründe: Erstens haben die einschlägigen Gesetze eine zunehmend kürzere „Halbwertzeit", werden also in immer kürzeren Abständen verändert. So sehr ich auch bemüht war, in den vielen in diesem Werk berührten Rechtsmaterien „up to date" zu sein, so wenig kann ich leider ausschließen, doch etwas übersehen zu haben. Und oft ändert sich mit einer Gesetzesänderung die gesamte „Mechanik" des Gesetzes, der juristische Algorithmus. Das ist das leidige Restrisiko bei einer so breit angelegten Konzeption. Zweitens war ich bestrebt, in der Neuauflage auch thematisch aktuell zu bleiben. So habe ich trotz der notwendigen Beschränkung des Textumfangs z. B. die Unternehmensgründung, die Internationalisierung der Rechtsbeziehungen oder das vielschichtige Thema „Compliance" etwas breiter behandelt bzw. erstmals aufgegriffen.

Bei Aufbau und Inhalt habe ich mich auch jetzt wieder von den vielfältigen Erfahrungen leiten lassen, die ich auf diversem didaktischen Terrain, auch interkulturell, sowie in Wirtschaftskontakten habe sammeln können. Dabei hat sich mein Eindruck vertieft, dass gerade die Perlen juristischer Dogmatik, für die ich in der Tat zu begeistern bin, auch für juristisch durchaus aufgeschlossene Ökonomen gänzlich unattraktiv sind. Juristen und Ökonomen bewegen sich nach fachlich unterschiedlicher Sozialisation eben doch oft in ganz verschiedenen gedanklichen Systemen, ja, leben in verschiedenen geistigen Welten, sprechen jedenfalls aber verschiedene Sprachen. Wie wenig kann gemeinhin ein Ökonom doch mit dem „lucrum cessans" anfangen, wie wenig der Jurist mit „Opportunitätskosten"! Und doch ist beides weitgehend dasselbe.

Die Vermittlung des Wirtschaftsrechts bedarf also im Interesse wechselseitiger Anschlussfähigkeit und im Blick auf die Freisetzung von Synergien in besonderem Maße eines Eingehens auf die Schnittstelle zwischen Rechtswissenschaft einerseits, Wirtschaftswissenschaft andererseits, und dies vor allem in Art und System der Darstellung: Überall sollten meine Bemühungen greifbar sein, die Interdependenz von Recht und Ökonomie, von Jurisprudenz und Ökonomik, zu verdeutlichen. Insofern ist „Wirtschaftsprivatrecht" ein Programm, ein Plädoyer für einen kombinierten wissenschaftlichen Ansatz, nicht nur ein Kürzel für die beabsichtigte Stoffbeschränkung. In diesem verkürzten Sinne haben die vielen, die nach mir Lehrbücher zum „Wirtschaftsprivatrecht" vorgelegt haben, mit diesem Begriff aber ersichtlich operiert. Ich betone dies, um von vornherein dem Eindruck des einen oder anderen Lesers schon beim Überfliegen des Inhaltsverzeichnisses vorzubeugen, ich sei von allen guten juristischen Geistern verlassen gewesen, z. B. die Geschäftsfähigkeit erst an später Textstelle, im Zusammenhang mit einer Marktsegmentierung, näher zu beleuchten. Im Ergebnis scheint mein kombinatorischer wirtschaftlich-rechtlicher Zugang freilich doch zu überzeugen, wie neben der erfreulichen Tatsache der Neuauflage auf einem eigentlich gesättigten Markt auch eine Übersetzung der Vorauflage ins Russische zeigt. Auch eine chinesische Ausgabe ist im Gespräch.

Gerne gestehe ich, dass mir der Verzicht auf jeglichen Nachweis von Schrifttum und Rechtsprechung leicht gefallen ist, und zwar keineswegs nur wegen der darin beschlossenen Arbeitserleichterung. Ich bin vielmehr der festen Überzeugung, dass die an der Entdeckung wissenschaftlichen Neulands orientierte Literatur, zu der ich wohl durchaus auch beigetragen habe, anderen Prinzipien der äußeren Gestaltung zu folgen hat als Publikationen, die ein wie auch immer geartetes didaktisches Engagement treibt. So wichtig ein ausführlicher wissenschaftlicher Apparat für die erste Spezies ist, so wenig ergiebig, ja lästig und unbefriedigend für Autor und Leser ist ein solcher Apparat für die zweite, weil dabei zwangsläufig ein doch recht willkürlicher Eklektizismus zu praktizieren ist. Wer es genau wissen will, muss ohnehin in das Labyrinth eines immer hochdifferenzierten Meinungsstandes einsteigen.

Allemal muss sich der Leser darüber im Klaren sein, dass die Rechtswissenschaft, obwohl von Logik geprägt, nicht immer nach dem Muster des $6 : 3 = 2$ funktioniert. Vieles geht nicht ohne Rest auf. Die in Folgendem vertretenen Standpunkte sind also gelegentlich von meinen ganz eigenen wissenschaftlichen, zumeist andernorts publizierten und dort auch begründeten Überzeugungen gefärbt, ohne dass ich dies besonders herausgestellt hätte. Umgekehrt hat mich freilich auch nicht der Ehrgeiz beflügelt, aus Profilierungsgründen von der herrschenden Meinung nun aus Prinzip abzuweichen. Im Übrigen darf weder die thematische Breite noch der juristisch sicher unorthodoxe Aufbau dieses Buches den Leser davon abhalten, auch andere, ja geradezu klassisch strukturierte juristische Lehrbücher insbesondere des Allgemeinen Teils, des Schuld- und Sachenrechts, des Handels-, Gesellschafts-,

Arbeits- und Wettbewerbsrechtes sowie des Internationalen Privatrechts zur Hand zu nehmen, um erst in der dort nachgewiesenen Meinungsvielfalt und in dem dort möglichen subtilen gedanklichen Duktus dem vollen Reiz des rechtswissenschaftlichen Kosmos erliegen zu können.

In diesem Zusammenhang erlaube ich mir auch trotz Bedenken wegen der an sich gebotenen, aber nicht praktizierten Zurückhaltung in der Eigenwerbung doch den Hinweis auf Kornblum/Schünemann: Privatrecht für den Bachelor, 350 Multiple-Choice-Aufgaben mit Lösungen zur Vorbereitung und Wissenskontrolle, 11. Auflage 2011. Dort finden sich ergänzend zahlreiche Beispiele mit ausführlich kommentierten Lösungen aus Materien der vorliegenden Darstellung und Hinweisen zu Literatur und Judikatur. Manchmal habe ich geradezu - oft erst im Nachhinein von mir bemerkt - dortige Aufgaben zum „Aufhänger" meiner vorliegenden Ausführungen gemacht.

Das vorliegende Werk zeichnet sich durch einen hohen inneren Vernetzungsgrad aus: Immer wieder wird auf Dinge zurückgegriffen, die bereits näher behandelt wurden, und gelegentlich mag etwas zunächst noch unklar sein, was erst im weiteren Verlauf zum Thema gemacht wird. Es hat sich von Auflage zu Auflage als immer schwieriger und schließlich als unmöglich erwiesen, diese zahllosen sachlichen Zusammenhänge auszuweisen und durch Querverweisungen namhaft zu machen. Der Leser wird freilich nicht in hilfloser Lage gelassen, kann er doch auf ein detailliertes Stichwortverzeichnis sowie auf ein tief gegliedertes Inhaltverzeichnis zurückgreifen. Er muss es freilich auch nutzen wollen.

Während der Neubearbeitung hat ein Wechsel im Verlag stattgefunden, was die gewohnt harmonische Zusammenarbeit nicht berührt hat. Gleiches gilt hinsichtlich der Herausgeber. Dafür habe ich zu danken. Mein aufrichtiger Dank gilt aber nicht minder meinen Mitarbeitern, die mich mit großem Engagement und nachhaltig unterstützt haben: Meine langjährig bewährte Sekretärin, Frau Marianne Wiemers, hat wiederum umsichtig und mit nicht nachlassender Tatkraft das Manuskript betreut, meine wissenschaftlichen Mitarbeiter, Frau Ass. iur. Maxie Bethge und Herr Ass. iur. Michael Blomeyer, haben mich vorbildlich und mit großer Akribie darin unterstützt, den enormen stofflichen Änderungsbedarf zu identifizieren. Sie haben mir darüber hinaus wichtige Hinweise für die Gestaltung des neuen Textes gegeben und sich um das Stichwortverzeichnis gekümmert. Neben den Genannten wurde ich auch von Herrn cand. inform. Matthias Wiedenhorst tatkräftig unterstützt, um so manche Nuss der Textverarbeitung zu knacken. Verbleibende Mängel des vorliegenden Werkes habe selbstverständlich allein ich zu verantworten.

Für Anregungen und Kritik, aber auch für positive Rückmeldung aus dem Kreis der Leser bin ich immer dankbar.

Dortmund, im Frühjahr 2011   Wolfgang B. Schünemann

Inhaltsverzeichnis

Abkürzungsverzeichnis

a. A.	am Anfang
Abb.	Abbildung
AbfG	Abfallbeseitigungsgesetz
AbzG	Abzahlungsgesetz
AdSp	Allgemeine Deutsche Spediteur-Bedingungen
a. E.	am Ende
a. F.	alte Fassung
AFG	Arbeitsförderungsgesetz
AG	Aktiengesellschaft
AktG	Aktiengesetz
Alt.	Alternative
AMG	Arzneimittelgesetz
AnfG	Anfechtungsgesetz
ArbGG	Arbeitsgerichtsgesetz
ArbnErfG	Gesetz über Arbeitnehmererfindungen
ArbPlSchG	Arbeitsplatzschutzgesetz
Art(t).	Artikel (Plural)
AuslG	Ausländergesetz
AWG	Außenwirtschaftsgesetz
ArbZG	Arbeitszeitgesetz
AtomG	Atomgesetz
AÜG	Arbeitnehmerüberlassungsgesetz
BAG	Bundesarbeitsgericht
BBankG	Gesetz über die Deutsche Bundesbank
BBiG	Berufsbildungsgesetz
BDSG	Bundesdatenschutzgesetz
BEEG	Bundeselterngeld- und -elternzeitgesetz
BetrAVG	Gesetz über die betriebliche Altersversorgung
BetrVG	Betriebsverfassungsgesetz
BeurkG	Beurkundungsgesetz
BGB	Bürgerliches Gesetzbuch
BGB-Informations-pflichtenV	Verordnung über Informationspflichten nach Bürgerlichem Recht
BImSchG	Bundesimmissionsschutzgesetz
BPersVG	Bundespersonalvertretungsgesetz
BSeuchG	Bundesseuchengesetz

BRAO	Bundesrechtsanwaltsordnung
BtG	Betreuungsgesetz
BUrlG	Bundesurlaubsgesetz
BZRG	Bundeszentralregistergesetz
bzw.	beziehungsweise
ChemG	Chemikaliengesetz
cic	culpa in contrahendo (lat.: Verschulden bei Vertragsschluss)
CIM	Convention international concernant le transport des merchandises par chemin de ferroviaires
CISG	(UN-)Convention on Contracts for the International Sale of Goods
COTIF	Convention relative aux transports internationaux ferroviaires
CMR	Convention on the Contract for the International Carriage of Goods by Road
DCGK	Deutscher Corporate Governance Kodex
d. h.	das heißt
DIN	Deutsche Industrie Norm; Deutsches Institut für Normung e. V.
DVO	Durchführungsverordnung
EDV	Elektronische Datenverarbeitung
EFZG	Entgeltfortzahlungsgesetz
e. G.	Eingetragene Genossenschaft
EG	Europäische Gemeinschaft
EGBGB	Einführungsgesetz zum BGB
EGV	EG-Vertrag
EichG	Eichgesetz
EN	Europäische Norm(en)
ErbbaurechtsG	ErbbaurechtsG
EStG	Einkommensteuergesetz
EU	Europäische Union
e. V.	eingetragener Verein
EVB-IT	Ergänzende Vertragsbedingungen für die Beschaffung von IT-Leistungen
EVO	Eisenbahnverkehrsordnung
EWIV	Europäische Wirtschaftliche Interessenvereinigung
EWIV-AG	EWIV-Ausführungsgesetz
EWIV-VO	EWIV-Verordnung (der EG)

EZB	Europäische Zentralbank
FernAbsG	Fernabsatzgesetz
FertigPackV	Fertigpackungsverordnung
FGG	Gesetz über die Angelegenheiten der freiwilligen Gerichtsbarkeit
GBO	Grundbuchordnung
GbR	Gesellschaft bürgerlichen Rechts
GebrMG	Gebrauchsmustergesetz
GenG	Genossenschaftsgesetz
GenTG	Gentechnikgesetz
GeschmMG	Geschmacksmustergesetz
GewO	Gewerbeordnung
GG	Grundgesetz
ggf.	gegebenenfalls
GmbH	Gesellschaft mit beschränkter Haftung
GmbHG	GmbH-Gesetz
GoA	Geschäftsführung ohne Auftrag
GPSG	Geräte- und Produktsicherheitsgesetz
griech.	griechisch
GWB	Gesetz gegen Wettbewerbsbeschränkungen
h	hora (lat.: Uhr)
HaftPflG	Haftpflichtgesetz
HAG	Heimarbeitsgesetz
Halbs.	Halbs.
HandwerksO	Handwerksordnung
HandelsklassenG	Handelsklassengesetz
h. M.	Herrschende Meinung
HGB	Handelsgesetzbuch
HRV	Handelsregisterverfügung
i. e. S.	im engeren Sinne
IfSG	Gesetz zur Verhütung und Bekämpfung von Infektionskrankheiten beim Menschen
IHK	Industrie- und Handelskammer(n)
InfoV	Informationspflichten-Verordnung
InsO	Insolvenzordnung
IPR	Internationales Privatrecht
i. S.	im Sinne
IT	Informationstechnik

IuKDG	Informations- und Kommunikationsdienstegesetz
i. V. m.	in Verbindung mit
i. w. S.	im weiteren Sinne
JArbSchG	Jugendarbeitsschutzgesetz
KG	Kommanditgesellschaft
KGaA	Kommanditgesellschaft auf Aktien
KMU	Kleine und mittlere Unternehmen
KonTraG	Gesetz zur Kontrolle und Transparenz im Unternehmensbereich
KSchG	Kündigungsschutzgesetz
KVO	Kraftverkehrsordnung
KWG	Gesetz über das Kreditwesen
lat.	lateinisch
lit.	littera (lat.: Buchstabe)
LuftVG	Luftverkehrsgesetz
MA	Montrealer Abkommen
MarkenG	Markengesetz
MuSchG	Mutterschutzgesetz
NachwG	Nachweisgesetz
n. F.	neue Fassung
Nr.	Nummer
o. ä.	oder ähnliches
OHG	Offene Handelsgesellschaft
OWiG	Ordnungswidrigkeitengesetz
p. a.	per annum (lat.: auf ein Jahr bezogen)
PartGG	Partnerschaftsgesellschaftsgesetz
PatG	Patentgesetz
PBefG	Personenbeförderungsgesetz
PersVG	Personalvertretungsgesetz
PflVG	Pflichtversicherungsgesetz
PIS	Personalinformationssystem(e)
PreisKlG	Preisklauselgesetz
PAngV	Preisangabenverordnung
PrKV	Preisklauselverordnung
ProdHaftG	Produkthaftungsgesetz

ProstG	Prostitutionsgesetz
RabattG	Rabattgesetz
RL/EG	Richtlinie der Europäischen Gemeinschaft
Rom I	VO/EG Nr. 593/2008
RVO	Reichsversicherungsordnung
SCE	Societas Cooperativa Europaea (Europäische Genossenschaft)
SCEAG	Ausführungsgesetz betreffend das Statut der Europäischen Genossenschaft (SCE)
ScheckG	Scheckgesetz
SE	Societas Europaea (Europäische Aktiengesellschaft)
SeemG	Seemannsgesetz
SEAG	Ausführungsgesetz betreffend das Statut der Europäischen Aktiengesellschaft (SE)
SE-VO	EG-Verordnung über das Statut der Europäischen Gesellschaft (Societas Europaea-VO)
SPE	Societas Privata Europaea (Europäische Privatgesellschaft)
SprAuG	Sprecherausschussgesetz
SigG	Signaturgesetz
SGB/IV	Sozialgesetzbuch/4. Buch
SGB/IX	Sozialgesetzbuch/9. Buch
SGB/X	Sozialgesetzbuch/10. Buch
sog.	sogenannt(…)
StabG	Stabilitäts- und Wachstumsgesetz
StGB	Strafgesetzbuch
StPO	Strafprozessordnung
StVG	Straßenverkehrsgesetz
StVO	Straßenverkehrsordnung
TKG	Telekommunikationsgesetz
TierSchG	Tierschutzgesetz
TVG	Tarifvertragsgesetz
TzBfG	Teilzeit- und Befristungsgesetz
UKlaG	Unterlassungsklagengesetz
UmweltHG	Umwelthaftungsgesetz
UmwG	Umwandlungsgesetz
u. a.	unter anderem
UrhG	Urheberrechtsgesetz

u. U.	unter Umständen
UWG	Gesetz gegen den unlauteren Wettbewerb
VerpackV	Verpackungsverordnung
VAG	Versicherungsaufsichtsgesetz
VDE	Verband Deutscher Elektrotechniker
VerschG	Verschollenheitsgesetz
vgl.	Vergleiche
V(O)	Verordnung
VOC	Verdingungsordnung für Computerleistungen
VVaG	Versicherungsverein auf Gegenseitigkeit
VVG	Versicherungsvertragsgesetz
WA	Warschauer Abkommen
WährG	Währungsgesetz
WEG	Wohnungseigentumsgesetz
WG	Wechselgesetz
WHG	Wasserhaushaltsgesetz
WissZeitVG	Gesetz über befristete Arbeitsverträge in der Wissenschaft
z. B.	zum Beispiel
ZGB/DDR	Zivilgesetzbuch (ehem. DDR)
ZPO	Zivilprozessordnung
ZugabeVO	Zugabeverordnung
ZVG	Zwangsversteigerungsgesetz
z. Zt.	zur Zeit

Abbildungsverzeichnis

A. Allgemeiner Teil: Grundlagen

I. Vorfragen

1. Rechtsdidaktische Vorbemerkungen

„Wirtschaftsprivatrecht" ist augenscheinlich eine Rechtsmaterie unter dem Oberbegriff „Privatrecht". Um Begriffsinhalt und praktische Bedeutung des Wirtschaftsprivatrechts erfassen zu können, muss man also zunächst einmal eine Vorstellung vom Privatrecht, ja vom Recht ganz allgemein, gewinnen. Damit befindet man sich unversehens vielleicht schon im Bereich der **Rechtsphilosophie**, die - u. a. - Überlegungen dazu anstellt, was Recht i. S. von Gerechtigkeit ist und welche Grenzen ein Gesetzgeber beachten muss, um keine Unrechtsordnung zu etablieren. Die Rechtsgeschichte, nicht zuletzt die deutsche Rechtsgeschichte nach 1933, quillt über vor Beispielen, in denen Unrecht im Gewand und mit dem Geltungsanspruch des Rechts aufgetreten ist.

So interessant, wichtig und notwendig die hier aufgeworfenen Fragen auch sein mögen, will man den Erkenntnisgegenstand Recht in seiner ganzen Tiefe ausloten, so wenig kann ihnen im thematischen Zusammenhang dieses Buches nachgegangen werden. Hier wird vielmehr der Zweck verfolgt, die Rechtsordnung, so wie sie nun einmal in der Bundesrepublik Deutschland in einer bestimmten Gestalt vorfindlich ist, näher kennen zu lernen. Uns beschäftigt nicht, ob der Gesetzgeber irgendein Sachproblem für die Bürger einleuchtend und vom Ergebnis her akzeptabel gelöst hat. Uns beschäftigt nicht, ob die bestehende Rechtsordnung gerecht und der Inhalt ihrer einzelnen Normen „richtig" ist. Wir werden genug damit zu tun haben, die Vielfalt der rechtlichen Bestimmungen wenigstens in Kernbereichen zu überblicken und ihr Zusammenspiel nachzuvollziehen, um mit den dabei gewonnenen Einsichten vor allem die ökonomische Dimension des Lebens interessengerecht, effektiver, risiko- und kostenärmer gestalten zu können. Wir betrachten also die bestehenden Rechtsnormen als vorgegebene Fixpunkte, als Axiome, die wir bewusst nicht mehr in Frage stellen, nicht mehr „hinterfragen". Darin gleicht unsere Methodik durchaus der Theologie, die ebenfalls von bestimmten, glaubensmäßig feststehenden Prämissen - im christlichen Bereich in der Bibel fixiert - ausgeht und von dort aus argumentiert. Kurzum: Wir betreiben **Rechtsdogmatik**, stellen nicht - wie die Rechtsphilosophie - die Sinnfrage und auch nicht - wie die **Rechtspolitik** - die Frage, ob und wie die Rechtsordnung geändert werden sollte. Selbst diese auf Rechtsdogmatik eingeschränkte Rechtswissenschaft kann und soll hier, wiederum mehr oder weniger nur auf die rechtstechnisch-handwerkliche Ebene reduziert, betrieben und vermittelt werden.

Dieser rechtsdogmatische Ausgangspunkt bedingt eine rein pragmatische Definition des Rechts, die dabei - dem didaktischen Zweck der Darstellung angepasst - bewusst wertleer (nicht wertlos!) ist. Recht stellt sich demnach dar als verbindliches Regelwerk zur Gestaltung des Soziallebens, als Instrument der Konfliktbewältigung durch Aufstellen von Verhaltens- bzw. Bewertungsnormen und vielfach auch von Sanktionsnormen, die für abweichendes, „deviantes" Verhalten Maßregeln festlegen.

Beispiele: Wer gegen Strafgesetze verstößt, hat mit Strafe zu rechnen. Wer einen anderen in bestimmter Weise schädigt, kann auf Schadensersatz in Anspruch genommen werden (vgl. z. B. § 823 BGB).

Nicht immer lassen sich die geltenden Verhaltens- und Bewertungsnormen nun unmittelbar dem Gesetzestext entnehmen. Nicht anders als der Theologe Thora, Bibel oder Koran muss der dogmatisch arbeitende Jurist die ihm als Axiome dienenden Texte jedenfalls auslegen, um ihren Bedeutungsgehalt wirklich zu erfassen. Und nicht selten zeigt sich, dass der Gesetzgeber Probleme einfach übersehen hat oder Verhaltensanforderungen, die sich möglicherweise widersprechen, an verschiedenen gesetzlichen Stellen formuliert hat. Dann bedarf es erst recht verfeinerter Interpretationsinstrumente. Die Interpretationsmethoden sind alle Mal dieselben, die etwa auch für die noch zu behandelnde **Auslegung** von Verträgen gelten.

Eines ist dabei allen diesen hermeneutischen Bemühungen um das zutreffende Textverständnis gemeinsam: Das Auslegungsergebnis tritt mit dem Anspruch auf, den in den Axiomen beschlossenen Bedeutungsgehalt lediglich in entwickelter Gestalt vorzuführen bzw. die Lücken systemkonform zu schließen. Mit rein logischen Operationen ist dieser Auslegungsprozess wohl nicht immer zu bewältigen, immer bildet aber die Logik sein Fundament ebenso wie den Hebel einer Interpretationskritik. Vor diesem Hintergrund stehen auch sämtliche folgende Ausführungen letztlich auf dem Prüfstand der Plausibilität und der Transparenz, ob und inwieweit sie aus den gesetzlichen Normen abzuleiten sind. Doch sollte der Leser selbstkritisch genug sein, um nicht alle auftretenden Ableitungsschwierigkeiten auf verfehlte verfasserseitige Argumentation zurückzuführen.

Auf der anderen Seite muss man sich freilich bewusst machen, dass auch innerhalb einer rechtsdogmatischen Diskussion Auffassungen nicht schlechthin nach der Alternative zutreffend bzw. verfehlt beurteilt werden können. Dazu sind die Fragestellungen oft zu komplex und der gesetzliche Axiomenbestand zu dürftig oder zu unklar. Diese rechtswissenschaftlich eigentlich erst reizvolle Ebene, gleichsam die „höhere Mathematik", wird die folgende Darstellung indessen allenfalls gelegentlich streifen. Dort wird dann fast immer die „herr-

schende Meinung" vorgeführt, also das, was der Auffassung der höchstrichter-
lichen Rechtsprechung und sozusagen dem dichtesten Wert der wissenschaftlichen Ansichten am ehesten entspricht. Wir bewegen uns juristisch, um
im Bild der Mathematik zu bleiben, mithin lediglich in den 4 Grund-
rechenarten und auch dort fast nur im Zahlenraum von 1 bis 10.

Beim Leser wird nach alledem nur Bescheidenes vorausgesetzt: Erstens muss
er die jeweils behandelten Gesetzestexte unbedingt lesen, weil es aussichtslos
ist, ein gedankliches System ohne seine axiomatischen Fundamente verstehen
und sich einprägen zu wollen. Zweitens muss der Leser in der Lage sein, verhältnismäßig einfache logische Operationen zu bewältigen und deren Ergebnisse nach entsprechender Anleitung miteinander zu verknüpfen. Drittens
muss er - wie in jedem Wissenschaftsbereich - über ein funktionierendes Ge-
dächtnis verfügen, nicht etwa, um die Paragraphen auswendig aufsagen zu
können, sondern um ihre Bedeutung jenseits des bloßen Wortsinns und ihr
Zusammenspiel zu durchblicken. Erfahrungsgemäß braucht dies auch bei
guter Begabung eine gewisse Zeit. Das nach und nach erworbene Wissen
muss sich erst einmal „setzen" können, um wirklich zuverlässig und angemessen schnell aktivierbar zu sein.

2. Zur juristischen Kommunikation

a) Zitierweise

Die Notwendigkeit des großen Überblicks ergibt sich bereits ganz simpel aus
der unglaublichen Zahl von gültigen Gesetzen schon auf nationaler (vorlie-
gend also: deutscher) Ebene, deren jeweils oft wiederum sehr zahlreiche
Normen die Axiome der Rechtsdogmatik bilden. Im juristischen Tagesge-
schäft sind Sammlungen ausgewählter Gesetze eine wichtige Orientierungs-
hilfe. Doch was auch immer man zu Hand nimmt: Mehr als einen ersten Zugang zur Rechtsordnung darf man nicht erwarten. Im Übrigen ist man auf die
Suche im Internet angewiesen.

Um auf der Grundlage dieses riesigen Axiomenbestandes überhaupt argumen-
tieren zu können, hat sich zunächst einmal eine präzise, zugleich aber platz-
und zeitsparende **Zitiertechnik** herausbilden müssen. Sie knüpft daran an,
dass in der Bundesrepublik Deutschland alle legislativen Akte einen Namen
tragen. Es heißt also nicht „Gesetz Nr. 5" sondern z. B. „Bürgerliches Ge-
setzbuch" oder „Handelsgesetzbuch". Nicht selten finden sich aber auch
längere Wortfolgen, etwa „Grundgesetz für die Bundesrepublik Deutschland",
„Gesetz über den Versicherungsvertrag", oder „Gesetz über die Haftung für
fehlerhafte Produkte".

Um diese Gesetze nun prägnant bei ihrem Namen nennen zu können, ist es gute legislatorische Tradition, für jedes Gesetz zugleich auch eine offizielle Kurzbezeichnung mit zu verabschieden, beispielsweise für das „Grundgesetz..." also GG. Diese Kurzbezeichnungen stellen auch die Suchbegriffe bei der Internet-Recherche dar. Über den Inhalt derartiger, in der folgenden Darstellung verwendeter Abkürzungen für Gesetzesbezeichnungen gibt selbstverständlich, wie hinsichtlich anderer Abkürzungen auch, das Abkürzungsverzeichnis Aufschluss. In unternehmensinternen Stellungnahmen, externer Korrespondenz etc. empfiehlt es sich, beim erstmaligen Zitieren eines Gesetzes den korrekten Langtitel zu benutzen und die Kurzbezeichnung in Klammer hinzuzufügen. Im weiteren Text wird dann nur noch letztere verwendet.

Beispiel: „...haben Sie uns gemäß § 433 des Bürgerlichen Gesetzbuches (BGB) Gewähr zu leisten. Mit Rücksicht auf § 437 BGB verlangen wir deshalb eine Herabsetzung des Kaufpreises..."

Das Beispiel zeigt bereits, dass die bloße Bezugnahme auf ein Gesetz in seiner Ganzheit ausnahmslos unsinnig wäre, weil ja in einem Gesetz mehr als nur eine Rechtsnorm enthalten ist. Gesetzgebungstechnisch ist ja auch jedes Gesetz unterteilt, üblicherweise in Paragraphen (§), gelegentlich auch - ohne sachlichen Bedeutungsunterschied - in Artikel (Art.), um eine detailliertere Zitierweise zu ermöglichen. Werden mehrere Paragraphen und Artikel auf einmal zitiert, hat sich die Schreibweise „§§" bzw. „Artt." eingebürgert.

Innerhalb des genannten Gesetzes wird dann einfach durchnummeriert, unabhängig davon, ob dem Gesetz noch eine sachliche Gliederung eigen ist. Das BGB z. B. ist in 5 Bücher mit jeweils unterschiedlichen Rechtsmaterien gegliedert, wobei die Bücher jeweils wieder in Abschnitte und Titel zerfallen (Inhaltsübersicht des BGB anschauen!). Wegen des Prinzips total fortlaufender Nummerierung kommt aber der im Beispiel erwähnte § 433 BGB nur einmal (nämlich im zweiten Buch) vor, nicht etwa beginnt also jedes Buch wieder mit einem § 1! Deshalb spielt in der (Zitier-)Praxis auch nur die „Hausnummer" innerhalb eines Gesetzes eine Rolle und natürlich die Angabe, welches Gesetz überhaupt in Bezug genommen worden ist. Das Gesetzeszitat nur nach § oder Art. wäre ebenfalls unsinnig.

Beispiel: „...ist nach Art. 1 die Würde des Menschen unantastbar".

Gemeint ist ersichtlich Art. 1 GG. Die Gesetzesangabe gehört aber unbedingt dazu, um den Leser nicht im Unklaren zu lassen.

Vielfach reicht es nicht aus, eine Gesetzesstelle nur nach Gesetz und Paragraphen- bzw. Artikelnummer zu bezeichnen, wenn nämlich unter einer solchen Einheit verschiedene Dinge zusammengefasst sind. So wäre es wenig hilfreich, Anspruchsverjährung innerhalb von 30 Jahren mit einem pauschalen Hinweis auf § 197 BGB zu begründen, denn § 197 BGB enthält in seinem zweiten Absatz auch die Anordnung einer 3-jährigen Regelverjährung und sein erster

Absatz umschließt mehrere, jeweils mit Ziffern einzeln bezeichnete Fälle. Da §§ bzw. Artt. mit arabischen Ziffern gekennzeichnet sind, lässt sich der Absatz einfach mit einer folgenden römischen Ziffer markieren. Enthält ein solcher Absatz wiederum mehrere Sätze oder - wie hier - bezifferte Unterpunkte, so wird wiederum mit arabischen Ziffern weitergearbeitet. Dabei erübrigt sich sogar jeder Hinweis auf den Charakter als Satz, doch wird üblicherweise eine zitierte Nummer (Ziffer) auch als solche deutlich gemacht.

Beispiele: „...haben Sie uns nach § 433 I 2 BGB für die Fehlerlosigkeit der gekauften Sache einzustehen...".
„...ist Ihr Zahlungsanspruch gemäß § 197 I Nr. 3 BGB zu meinem Bedauern bereits verjährt...".

Dieses eingeführte Zitierschema muss gelegentlich variiert werden, etwa weil ein § zwar mehrere Sätze, aber nur einen Absatz hat, oder weil noch weiter zu differenzieren ist.

Beispiele: „...da wir uns über den Eigentumswechsel geeinigt hatten und mir die gekaufte Sache ausgehändigt worden war, bin ich seitdem gemäß § 929 S. 1 BGB Eigentümer...".
„...besteht ein Herausgabeanspruch aus § 812 I 1, 1. Alt. BGB...".

b) Sprachpräzision

Der Alltagssprachgebrauch ist regelmäßig alles andere als präzis. In der juristischen Kommunikation ist aber Genauigkeit des sprachlichen Ausdrucks unabdingbar, nicht anders als in der Mathematik bei der Verwenung von Ziffern und Symbolen. „Anfechten" gehört allein zu den §§ 119 ff. BGB, wegen Fehlern der Kaufsache kann man unter den in § 437 II BGB oder bei entsprechendem Vorbehalt (vgl. § 346 BGB) „zurücktreten". Der „Widerruf" (vgl. § 355 BGB) ist noch einmal etwas ganz anderes, und dies gilt auch für die „Kündigung" ebenso wie die „Auflösung" eines Vertrages (vgl. § 623 BGB) durch einen Aufhebungsvertrag. Umgangssprachlich wird man dies alles kaum auseinanderhalten.

Nicht nur der Normzusammenhang prägt die Bedeutung, die bestimmten Begriffen zukommt. Gelegentlich äußert sich der Gesetzgeber dazu sogar ganz ausdrücklich Man spricht hier deshalb von **Legaldefinitionen** oder **authentischen Interpretationen**. Was eine „Sache" ist, legt § 90 BGB fest: ein körperlicher Gegenstand. Insoweit gibt es nichts zu interpretieren. Diskutabel ist allerdings, was unter Körperlichkeit und Gegenstand zu verstehen ist. „Waren" sind immer noch nur, aber alle bewegliche Sachen. Hier wirkt die frühere Legaldefinition in § 1 II Nr. 1 HGB a. F. fort, auch wenn sie durch eine Neufassung des § 1 II HGB schon lange entfallen ist. „Firma" ist nach § 17 HGB der Name des Kaufmanns, nicht etwa ein anderes Wort für Unternehmen. „Unverzüglich" ist keineswegs ein Synonym für „sofort", wie die Gegenüberstellung von § 121 I 1 („...ohne schuldhaftes Zögern ...") und § 271 I BGB zeigt: Das eine heißt, dass eine Verzögerung nicht vorgeworfen werden kann, das andere hingegen ist demnach rein zeitlich zu verstehen (sog. **Gegenschluss** oder lat. „argumentum e contrario").

Beispiel: Irene erkennt, dass sie bei Abschluss eines Vertrages einem Irrtum i. S. von § 119 I BGB zum Opfer gefallen ist. Sie will daraufhin ihre Willenserklärung und damit den Vertrag insgesamt „rückgängig machen", also anfechten, fällt zuvor aber unfallbedingt ins Koma oder wird von Banditen entführt und eingesperrt. Erst nach 3 Jahren kommt sie wieder zu Bewusstsein oder wird freigelassen und erklärt nun sogleich die seinerzeit verhinderte Anfechtung. Noch rechtzeitig, da unverzüglich!

Die legislative Festlegung von Begriffsinhalten bezieht sich nun keineswegs nur auf die jeweilige Passage des Normtextes. Ihre Bedeutung liegt vielmehr in ihrer Generalität: Überall, wo von Sachen, Waren und Unverzüglichkeit die Rede ist, werden diese Begriffe in ein und demselben Sinn verwendet. Dies gilt zumindest innerhalb des jeweiligen Gesetzes, in aller Regel, bei sorgfältiger Abfassung der Gesetze, aber auch darüber hinaus für weite Teile der gesamten Rechtsordnung mit all ihren Normen. Auch an dieser Stelle zeigt sich, wie wichtig ein gewisser Überblick selbst für das nicht „professionelle" Jurastudium namentlich der Wirtschaftswissenschaftler ist: Man muss zumindest die Schlüsselbegriffe kennen, die durch Legaldefinitionen bereits besetzt sind und somit keinen originären Interpretationsspielraum eröffnen.

Nicht nur der Gesetzgeber hat an der für die juristische Kommunikation eigentümlichen **Sprachpräzision** teil. Auch auf der Basis der wissenschaftlich-rechtspraktischen Konvention hat sich oft ein bestimmter Begriffsgebrauch herausgebildet, der sich nicht selten von demjenigen des Alltags signifikant unterscheidet. So bedeutet gemeinhin „grundsätzlich" soviel wie „immer".

Beispiel: Der Personalchef lehnt die an ihn herangetragene Forderung nach Gehaltserhöhung „grundsätzlich" ab, woraufhin sich der Arbeitnehmer entmutigt auf Dauer zurückzieht.

Im juristischen Kontext meint „grundsätzlich" hingegen lediglich soviel wie „regelmäßig", wobei mögliche Ausnahmen immer vorbehalten bleiben. Manchmal sind diese Ausnahmen so zahlreich, dass es schwer fällt, für den Grundsatz, die Regel, überhaupt noch Anwendungsfälle zu finden.

Beispiele: Der Jurist auf Dienstreise versichert seiner Frau telefonisch, ihr doch „grundsätzlich" treu zu sein, woraufhin die Frau wegen des Anfangsverdachts ehelicher Untreue sofort einen Privatdetektiv mit der Beschattung beauftragt.

Als praktische Nutzanwendung gilt es, juristischen Grundsätzen gegenüber „grundsätzlich" misstrauisch zu sein. Man darf sich deshalb auch nicht damit zufrieden geben, eine Vorschrift im Gesetz oder Vertragstext gefunden zu haben, die auf die zu lösende Frage zu passen scheint. Man muss mindestens die Normen bzw. Textstellen davor und danach überfliegen, um sicherzugehen, nicht lediglich eine spezielle Ausnahmeregelung oder einen löcherigen Grundsatz aufgegriffen zu haben. Erst die Kenntnis des Zusammenspiels von **Regel** und **Ausnahme** (gelegentlich erweitert durch eine **Rückausnahme**, die wieder zur Regel zurückführt) erlaubt tragfähige Aussagen.

Die früher vorbildliche Sprachpräzision gerade des BGB hat mit seiner fundamentalen (Schuldrechts-)Reform im Jahre 2002 leider spürbar gelitten: Hieß früher die vom Mieter geschuldete Hauptleistung korrekt Mietzins, haben die §§ 535 ff. BGB nun den Alltagssprachgebrauch übernommen, der hier von der „Miete" spricht. Dieser Begriff steht allerdings in einer Reihe mit „Kauf", „Tausch", „Leihe" etc., bezeichnet also das durch den Mietvertrag hervorgebrachte Rechtsverhältnis. Diese jetzige Doppeldeutigkeit des Mietbegriffes ist die traurige Folge des gesetzgeberischen Bemühens um eine „bürgernahe" Rechtssprache, die damit ihre juristische Qualität verliert. Ähnlich verworren sind die Verhältnisse beim „Darlehen" (§§ 488 ff. BGB). Wenn dieser Begriff jetzt den überlassenen Geldbetrag bezeichnen soll (vgl. § 488 I 2 BGB), dann fehlt es an der Möglichkeit, das durch den Darlehensvertrag hervorgebrachte Rechtsverhältnis angemessen zu benennen.

3. Privatrecht und Öffentliches Recht

Die Bemühungen, den umfangreichen und komplexen Rechtsstoff zu bewältigen, vollziehen sich selbstverständlich nur zum geringsten Teil auf diesen sprachlich-instrumentellen Ebenen, also durch textorganisatorische Maßnahmen und durch präzise Kommunikation. Letztlich entscheidend kommt es vielmehr darauf an, ob es gelingt, den Rechtsstoff in irgendeine gedankliche Ordnung zu bringen, ihn sinnvoll zu strukturieren. Ein zentrales Ordnungsprinzip ist dabei die schon römisch-rechtliche Unterscheidung von Öffentlichem Recht einerseits, Privatrecht andererseits. Diese Unterscheidung ist auch von maßgeblicher Bedeutung für die praktische Rechtsbewährung vor den Gerichten, weil sich an ihr die unterschiedlichen Justizzuständigkeiten festmachen.

Diese Trennung der Gesamtrechtsordnung in 2 große Teilgruppen von Normen gründet in einer simplen Sicht der sozialen Realität, die danach in ein Oben und in ein Unten zerfällt. Der „Obrigkeit" (vgl. den Sprachgebrauch in § 229 BGB), repräsentiert durch staatliche (bzw. kommunale) Organe, Behörden, Ämter etc., steht „unten" die Masse von Bürgern, Unternehmen, Vereinen, Verbänden etc. diametral gegenüber.

Die Rechtsnormen, die die Aktivitäten der staatlichen (bzw. kommunalen) Institutionen gegenüber der „Gesellschaft" gleichsam in der vertikalen Dimension regulieren, werden nun zum Kern des **Öffentlichen Rechts** (ius publicum, von: res publica, lat.: öffentliche Angelegenheit, Gemeinwesen) zusammengefasst und durch die Vorschriften komplettiert, die den hoheitlichen Raum in sich organisieren. Dem Öffentlichen Recht zuzurechnen ist namentlich das Grundgesetz: Soweit es in den Artt. 20 ff. GG die bundesstaatliche Ordnung, die Rechte und Pflichten von Bundestag, Bundesrat, Bundesregierung etc., kurz die Staatsorganisation, festlegt, bedarf sein öffentlichrechtlicher Charakter keiner Erläuterung. Aber auch die Grundrechte (Artt. 1-19 GG) sind Teil des Öffentlichen Rechts. Historisch sind sie das Produkt eines erfolgreichen politischen Kampfes des Bürgertums um ein Zurückdrängen hoheitlicher Reglementierung des Wirtschafts- und Soziallebens. Mögen die Grundrechte neben dieser historisch primären Abwehrfunktion (sog. status negativus des Grundrechtsträgers) heute teilweise auch die Funktion besitzen, an dem Wohlstand des Gemeinwesens i. S. der sozialen Sicherung teilhaben zu können (sog. status positivus), so ändert dieser im Einzelnen umstrittene Wandel jedenfalls nichts an der Zugehörigkeit der Grundrechte zum Öffentlichen Recht.

Demgegenüber sind im Begriff des Privatrechts diejenigen Rechtsnormen zusammengefasst, die die Rechtsverhältnisse innerhalb der nicht-staatlichen Sphäre auf gleichsam horizontaler Ebene bestimmen, die also die Rechte und Pflichten von Bürgern und Unternehmen sowie der von ihnen gegründeten wirtschaftlichen und ideellen Vereinigungen und Verbände untereinander festlegen (vgl. Abb. 1).

Trotz des einfachen Ausgangspunktes steckt auch hier der legendäre Teufel in vielen Details, wenn man theoretisch saubere Abgrenzungskriterien zwischen Öffentlichem Recht und Privatrecht formulieren will. Zweifelsfragen der Einordnung von Rechtsbeziehungen ergeben sich auch dadurch, dass Hoheitsträger gelegentlich Hoheitsfunktionen in privatrechtlichem Gewand ausüben oder sich ganz schlicht am allgemeinen Wirtschaftsverkehr beteiligen, z. B. um Gewinne dem chronisch defizitären Staatshaushalt einzuverleiben. Auch auf den Beschaffungsmärkten tritt die öffentliche Hand grundsätzlich nicht hoheitlich in Erscheinung.

Beispiele: Eine Stadt betreibt die Wasserversorgung und den innerörtlichen Personennahverkehr durch Gesellschaften mit beschränkter Haftung, deren jeweiliger Alleingesellschafter eben diese Kommune ist. Gehören die Rechtsbeziehungen zwischen diesen Gesellschaften und den Abnehmern bzw. den Fahrgästen dem Öffentlichen Recht oder dem Privatrecht an? Oder beiden Teilrechtsordnungen?
Die niedersächsische Polizei braucht neue Streifenwagen. Darf die Beschaffungsstelle den Bedarf ausschließlich bei der Volkswagen-AG decken oder muss sie mit Rücksicht auf Art. 3 I, III GG auch von Opel, BMW, Daimler-Benz etc.

beziehen und vielleicht sogar die Importwagen berücksichtigen, wenn diese den qualitativen Maßgaben entsprechen?

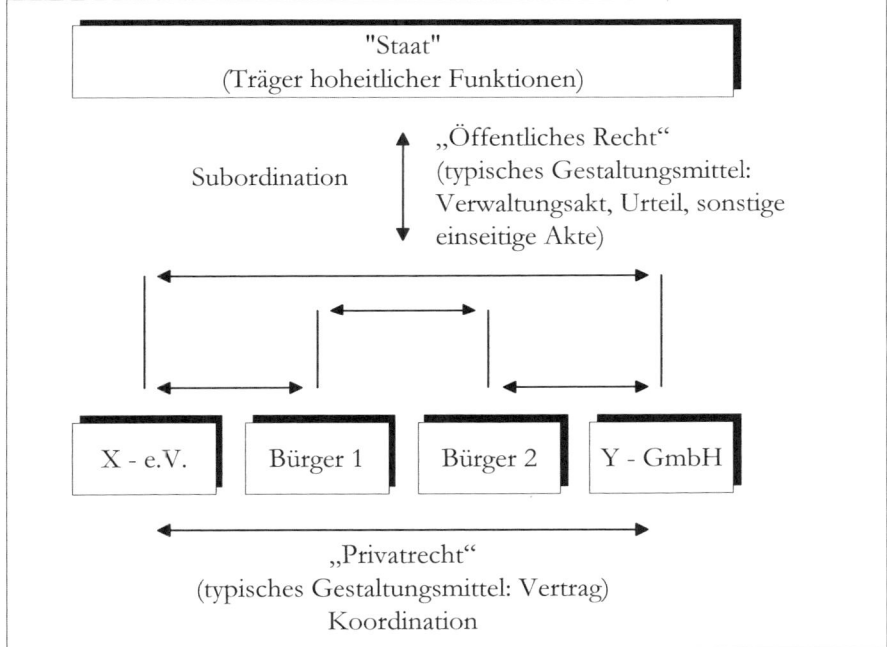

Abb. 1: Privatrecht als Teilrechtsordnung

Die hierbei angesprochenen Fragen lassen keine pauschalen Antworten zu. Fest steht aber, dass der Staat nicht alle öffentlichrechtlichen Bindungen einfach dadurch abstreifen kann, dass er sich privatrechtlicher Handlungsformen bedient. Und selbst dort, wo die öffentliche Hand (vgl. § 130 I GWB) in den Formen des öffentlichen Rechts (z. B. durch Verwaltungsakt) handelt, kann im Verhältnis zu Dritten Privatrecht anzuwenden sein.

Beispiel: Ein Gartenamt einer Stadt pflegt auf Antrag gegen Gebühr auch private Anlagen, um die bestehenden Kapazitäten besser auszulasten: Anwendbarkeit nicht nur des GWB, wie in § 130 I GWB ausdrücklich angeordnet, sondern auch des UWG im Verhältnis zu privatwirtschaftlichen Konkurrenten.

Den Kernbereich des Privatrechts bildet das im BGB gebündelte, „kodifizierte" sog. Bürgerliche Recht, das römisch-rechtliche ius civile, das ganz allgemein auf die Lebensverhältnisse der Bürger Einfluss nimmt. Von daher erklärt sich auch die Bezeichnung **Zivilrecht** für diesen privatrechtlichen Normensockel. Auf ihm entfaltet sich dann das früher breite Spektrum jener Gesetze, die spezielle Lebensbereiche regulieren und deshalb dem sog. **Son-**

derprivatrecht zugewiesen werden. Da seit dem 1. 1. 2002 aber - leider - viele
derartige Gesetzesmaterien dem BGB einverleibt wurden, ist der Kreis der
Sonderprivatrechte sehr geschrumpft. Ein Beispiel als Sonderprivatrecht liefert freilich noch immer das HGB, auch wenn es nicht mehr - wie es oft
immer noch heißt - ein Sonderprivatrecht nur der Kaufleute enthält (vgl. z. B.
§§ 383 II, 407 III 2, 453 III 2, 467 III 2 HGB). Das UWG bezieht sich nur auf
den Wettbewerb auf Märkten (vgl. nur § 1 UWG, wo von „Marktteilnehmern"
die Rede ist), also auf den wirtschaftlichen Wettbewerb, nicht auf sportlichen
Wettbewerb oder den Wettbewerb um gesellschaftliche Anerkennung; das
UrhG regelt die Rechtsverhältnisse an geschaffenen geistigen Werken, usw.
Diese Beschreibung ist allerdings an einem Idealtypus orientiert, den es in der
gesetzlichen Realität nicht immer gibt. So finden sich in ein und demselben
Gesetzeswerk gelegentlich sowohl privat- als auch öffentlichrechtliche Normen. Die Einordnung eines Gesetzes als Ganzem z. B. in den klassifikato-
rischen Bereich des Privatrechts ist also manchmal nur näherungsweise berechtigt.

Beispiele: Das HGB enthält eine ganze Reihe öffentlichrechtlicher Regelungen,
  etwa die Eintragungspflicht bezüglich der Firma (§ 29 HGB) oder die Buchfüh-
  rungspflicht (§§ 238 ff. HGB).
  UrhG und UWG normieren Privatrechtsmaterien, haben aber auch öffentlich-
  bzw. speziell strafrechtliche Facetten (vgl. z. B. §§ 106, 111a ff. UrhG; 12 ff.,
  16 ff. UWG).

Damit lässt sich folgende beispielhafte Zuordnung nach dem jeweiligen deutlich fassbaren Schwerpunkt einiger Gesetze (im sog. materiellen Sinne, also
unter Einschluss der von der Exekutive erlassenen Rechtsverordnungen) vornehmen (vgl. Abb. 2). Wie man sieht, zählt auch alles **Prozessrecht** zum
Öffentlichen Recht, selbst wenn - wie im Zivilprozess - um privatrechtliche
Rechtsfragen gestritten wird. Denn im Prozessrecht geht es ja (hauptsächlich)
um die Rechtsbeziehungen zwischen dem Gericht, also einem Träger hoheitlicher Gewalt, und den Verfahrensbeteiligten, insbesondere den Parteien.
Dass in den Vorstellungen über die Trennbarkeit von Öffentlichem Recht und
Privatrecht seit den Zeiten des römischen Rechts tief greifende Wandlungen
haben stattfinden können, wird niemanden verwundern. Deshalb ist auch
begreiflich, wenn diese Trennung unter den rechts- und staatstheoretischen
Bedingungen des modernen demokratischen Gemeinwesens manchen nicht
mehr nachvollziehbar erscheint, und zwar keineswegs nur den Theoretikern
der sozialistischen Volksdemokratien. Trotz mancher Bedenken ist aber an
der Differenzierung zwischen den beiden Rechtsbereichen festzuhalten.
Denn, wie schon erwähnt und später noch zu vertiefen, knüpft das Prozessrecht bzw. das Gerichtsverfassungsrecht bei der Eröffnung unterschiedlicher
Instanzenzüge der Gerichte (Rechtswege) an jener traditionellen Unterscheidung an. Selbst bloße didaktische Gründe würden die Unterscheidung von

Privatrecht und Öffentlichem Recht wohl noch rechtfertigen.

Eine ganz andere Frage ist, ob Öffentliches Recht und Privatrecht tatsächlich so klar auf Distanz sind, wie es der begriffliche Ausgangspunkt provoziert. Denkbar ist vielmehr durchaus, dass das Öffentliche Recht über seine primäre Wirkungsebene im Verhältnis Staat/Gesellschaft hinaus durchgreift auf die Rechtsbeziehungen zwischen den nicht-staatlichen Rechtssubjekten. Dies wird insbesondere für die Grundrechte diskutiert. Der These einer derartigen **umittelbaren „Drittwirkung"** Öffentlichen Rechts, namentlich der Grundrechte, ist aber jedenfalls im Prinzip nicht zu folgen. Denn das, was für die Bindung der öffentlichen Hand einen guten Sinn macht, kehrt sich bei Annahme einer Drittwirkung ins gerade Gegenteil, in Unsinn.

Privatrecht	Öffentliches Recht
AGG, AktG, AnfG, ArbNErfG, ArbZG	AbfallG, AWG, AuslG
BBiG, BetrVG, BGB, BUrlG	BBankG, BImSchG, BRAO, BSeuchG, BZRG, BeurkG
	ChemG
EFZG, ErbbaurechtsG, EWIV-AG	EichG, EStG, EVO
	FertigpackungsVO
GebrMG, GenG, GeschmMG, GmbHG	GewO, GG, GWB, GBO
HGB, HTWG	HandwerksO, HRV
KSchG	KWG
MarkenG	
NachwG	
	ProdSG, PBefG
PatG, ProdHaftG, PartGG	
ScheckG	SGB, StabG, StGB, StVO, StPO
TVG	TierSchG
UrhG, UWG	
VVG	VAG, VerschG
	VerpackVO
WEG, WG	
	ZPO
	ZVG

Abb. 2: Beispiele für die Zugehörigkeit zu einer Teilrechtsordnung (nach Schwerpunkt)

Überdeutlich wird dies bei Art. 3 GG: Sicherlich darf bei der in Bayern beantragten Erteilung einer Baugenehmigung als Maßnahme auf dem Gebiet des Öffentlichen Rechts keine Rolle spielen, dass der Antragsteller „Nordlicht" und erst vor kurzem aus Mecklenburg-Vorpommern zugezogen ist. Art. 3 III GG hindert aber selbstverständlich den jungen Mann nicht daran, bei der Verabredung zum Tanz ausschließlich protestantische Frauen norddeutscher Herkunft zu bevorzugen und alle Männer, insbesondere solche katholischen Glaubens aus Süddeutschland mit entsprechender mundartlicher Sprachfärbung, insoweit nachhaltig zu diskriminieren. Wäre es anders, so wäre unsere Rechtsordnung in ihrem privatrechtlichen Lebensnerv, in der **Privatautonomie**, im Selbstbestimmungsprinzip der Privatrechtssubjekte getroffen.

Unter diesem Aspekt zeigt sich, dass die vom AGG (vgl. § 1) angestrebte Gleichbehandlung ohne Rücksicht auf ethnische Herkunft, Geschlecht, Religion oder Weltanschauung, Behinderung, Alter oder sexuelle Identität schon im Ansatz verfehlt ist, obwohl es in der Öffentlichkeit als großer Fortschritt der Rechtskultur gilt. Denn darin liegt in Wahrheit ein Rückschritt in der Rechtsentwicklung, die lange gebraucht hat, um das Recht nicht als Instrument der Moral (oder gar der Religion!) zu verstehen. Außerdem wird die erreichte Trennung von Öffentlichem Recht und Privatrecht und den dort ganz unterschiedlich wirkenden Prinzipien wieder verspielt. Dies alles ist noch schwerer zu ertragen, wenn man weiß, dass das AGG sogar noch über die von europäischem Recht erzwungene Gleichbehandlung hinausgeht.

Weil dem Öffentlichen Recht eine generelle **Drittwirkung**, also sein Geltungsanspruch auf der Ebene rechtlicher Gleichordnung, fehlt, kann ein Privatrechtssubjekt begrifflich überhaupt nicht in die öffentlichrechtlich geschützte Position eines anderen Rechtssubjektes eingreifen.

Beispiel: Die misstrauische Ehefrau öffnet die an ihren Mann ohne Absender adressierten, nach Parfüm riechenden Briefe: sicherlich rechtlich nicht unbedenklich, aber keinesfalls eine Verletzung des in Art. 10 I GG geschützten Briefgeheimnisses.

Der Grundsatz fehlender Drittwirkung Öffentlichen Rechts findet seine Grenze naturgemäß dort, wo das Recht dies wünscht: Aufschlussreich ist hier Art. 9 III GG. Er schützt in seinem Satz 1 zwar wiederum zunächst nur öffentlichrechtlich die Freiheit für jedermann, zur Wahrung und Förderung der Arbeits- und Wirtschaftsbedingungen, Vereinigungen, sprich: Gewerkschaften und Arbeitgebervereinigungen (sog. Koalitionen), zu bilden. Satz 2 erklärt dann „Abreden", die dieses Recht einschränken oder zu behindern suchen, für nichtig. Abreden, also Verträge, sind nun das typische privatrechtliche Gestaltungsmittel, um die Selbstbestimmung des einen und die Selbstbestimmung des anderen jeweils zu optimieren, während das Handeln der öffentlichen Hand durch den Erlass einseitiger Akte (insbesondere Verwaltungsakte wie Untersagungen, Erteilungen von Erlaubnissen, Ernennungen etc.) charakterisiert ist. Wenn Art. 9 III 2 GG also auf bestimmte, koalitionsfeindliche Abreden rekurriert und diese für nichtig erklärt, so setzt dies gedanklich voraus, dass solche Abreden überhaupt das Koalitionsrecht berühren können. Mit anderen Worten: Vorausgesetzt wird auch eine privatrechtliche Substanz des Koalitionsrechtes.

Zugleich ist Art. 9 III 2 GG ein Argument für die grundsätzlich eben fehlende Drittwirkung, weil sonst deren noch dazu singuläre Anordnung in dieser Norm ganz unverständlich, weil überflüssig wäre. Ebenso verhält es sich mit den §§ 6 ff. AGG: Wenn der Gesetzgeber in der Arbeitswelt eine Gleichstellung von Männern und Frauen wünscht, muss er dies privatrechtlich, eben im AGG anordnen, weil sich diese Gleichstellung nicht schon aus dem nur öffentlichrechtlich wirkenden Art. 3 GG ergeben würde und die Arbeitsverhältnisse eben nun einmal privatrechtlich, auf der Basis rechtlicher Gleichordnung von Arbeitgeber und Arbeitnehmer im Arbeitsvertrag, vonstatten gehen. Dem folgt mittlerweile auch die Rechtsprechung des BAG, das wegen des (angeblichen) faktischen Beherrschungsverhältnisses zwischen Arbeitgebern und Arbeitnehmern auf diesem Feld eine unmittelbare Drittwirkung des Art. 3 GG früher bejahte.

Die begriffliche und funktionelle Unterscheidung zwischen Öffentlichem Recht und Privatrecht sowie die daraus fließende grundsätzliche Ablehnung einer Drittwirkung des Öffentlichen Rechts heißt allerdings nicht, dass beide Normenkomplexe beziehungslos nebeneinander stünden. Diese Vorstellung wäre schon deshalb absurd, weil beide Rechtsbereiche doch einem gemeinsamen Ziel dienen, nämlich der Regulation des Soziallebens. Ohne eine inhaltliche Abstimmung und wechselseitige Bezugnahme öffentlichrechtlicher und privatrechtlicher Verhaltensanforderungen und Wertungen lässt sich jenes Ziel nicht erreichen.

Deutlich zeigt sich dies beispielsweise im Nachbarrecht. Den Schutz des Grundeigentümers vor besonders schädlichen betrieblichen Umwelteinwirkungen anderer bezwecken - erkennbar schon durch den ganz ähnlichen Normtext - sowohl § 4 I 1 BImSchG als auch § 907 I 1 BGB. Der Gesetzgeber will es hier also nicht nur der Initiative des betroffenen Eigentümers überlassen, etwa gegen giftige Immissionen in Verfolgung des in § 907 I BGB gewährten Unterlassungsanspruches gerichtlich vorzugehen. Deshalb unterwirft das BImSchG Errichtung und Betrieb von derartigen Anlagen der öffentlichrechtlichen Pflicht zur Genehmigung durch die Aufsichtsbehörde. Wird diese Pflicht nicht erfüllt, so kann der betroffene Grundeigentümer dagegen aus eigenem Recht nichts unternehmen. Seine Rechtsposition wird durch § 907 BGB markiert. Allerdings kann der Grundeigentümer die Behörde darauf aufmerksam machen, dass möglicherweise eine Verletzung öffentlichrechtlicher Normen stattfindet. Aber ob und wie die Behörde auf diese sog. Anzeige hin sich verhält, liegt allein in ihrer Verantwortung.

Weniger deutlich, aber durchaus nicht weniger effektiv, ergänzen sich Öffentliches Recht und Privatrecht namentlich auch in bestimmten generalklauselartigen Begriffen privatrechtlicher Tatbestände. Eine besondere Rolle spielt hier die „Sittenwidrigkeit", die über die Wirksamkeit, also Rechtsgültigkeit, z. B. vertraglicher Abmachungen (§ 138 I BGB) entscheidet. Ganz allgemein knüpft § 826 BGB an die vorsätzliche „sittenwidrige" Schädigung eine Schadensersatzpflicht an. Bei alledem ist das **Wertesystem** unserer Gesamtrechtsordnung einschließlich des Öffentlichen Rechts zu reflektieren, um über die Sittenwidrigkeit eines Vorgangs ein Urteil fällen zu können. Dabei muss der im Grundgesetz verankerte Pluralismus der Meinungen und Wertvorstellungen (vgl. Artt. 2 und 5 GG) auch im moralischen Bereich einfließen. Ähnlich unbestimmt ist für sich genommen die „Unlauterkeit" des § 3 UWG. Ihre Konkretisierung erfolgt durch das in den Artt. 2, 12, 14 GG sich ausprägende Modell des offenen, freien, marktorientierten Wettbewerbs. Auch die Gebote von „Treu und Glauben" (§§ 157, 242 BGB) lassen sich nur aus einer Betrachtung der Gesamtrechtsordnung, hier etwa auch der im Strafrecht enthaltenen Wertungen, konkretisieren. Nur insoweit ist eine (**mittelbare**) **Drittwirkung** des Öffentlichen Rechts anzuerkennen.

Ein Einfallstor für das Öffentliche Recht bildet ferner § 134 BGB, der vor allem Verträge, die gegen gesetzliche Verbote verstoßen, grundsätzlich für nichtig, also für nicht rechtsgültig, erklärt. Solche Verbotsnormen stammen nicht nur aus dem privatrechtlichen Raum, sondern gerade auch aus dem Öffentlichen Recht. Schließlich ist § 823 II BGB eine Schiene, auf der Öffentliches Recht in das Privatrecht eingebracht wird: Denn jene sog. Schutzgesetze, deren Verletzung eine Schadensersatzpflicht nach sich zieht, sprudeln häufig aus der Quelle des Öffentlichen Rechts.

Beispiele: Der Arztvertrag über eine nach § 218 StGB teilweise leider immer noch strafbare Abtreibung ist gemäß § 134 BGB nichtig.
Durch betrügerische Machenschaften des X (strafbar nach § 263 StGB) entsteht dem geprellten Y ein erheblicher Vermögensschaden. Grundlage eines Ersatzanspruches des Y gegen X ist § 823 II BGB.

II. Begriff und praktische Bedeutung des Wirtschaftsprivatrechts

Der Begriff „Wirtschaftsprivatrecht" ist nicht gesetzlich festgelegt, hat aber mittlerweile in der juristischen Terminologie seinen festen Platz. Unter **Wirtschaftsprivatrecht** lässt sich jener Teil des Privatrechts verstehen, der spezifisch für das wirtschaftliche Geschehen von Belang ist. Bedenkt man, dass jedermann am Wirtschaftsgeschehen zumindest als Verbraucher teilnimmt, so wird klar, dass das Wirtschaftsprivatrecht inhaltlich sehr weit greift und nicht nur das eigentliche Unternehmensrecht hierher zählt. Die Abgrenzung wird dadurch erschwert, dass das Wirtschaftsprivatrecht eben nicht in einem Gesetzeswerk kodifiziert ist, sondern sich nur als Querschnittsfunktion vieler privatrechtlicher Kodifikationen erfassen lässt (Abb. 3).

Die Grundlage des Wirtschaftsprivatrechts bilden sicher die ersten 3 „Bücher" des Bürgerlichen Gesetzbuches (Inhaltsübersicht über das BGB lesen!), also die §§ 1-1296 BGB. Denn hier werden die Strukturen des Privatrechts überhaupt definiert. Außerdem liegt hier der Schlüssel zum Verständnis der spezifischen rechtlichen Implikationen etwa der Personalwirtschaft (§§ 611 ff. BGB) oder von Finanzierungsvorgängen (Darlehen, Kreditsicherung). Selbst Familienrecht und Erbrecht (die übrigen „Bücher" des BGB) haben durchaus gewisse Berührungspunkte zum Wirtschaftsleben, denkt man etwa an die Frage, ob Ehegatten und Kinder von Rechts wegen zur Mitarbeit im „Geschäft" verpflichtet sind, oder daran, dass ein Unternehmen im Wege der Erbfolge in andere Hände übergehen kann oder soll. Diese Zusammenhänge sind aber doch schon recht locker und unspezifisch, so dass das Hauptaugenmerk nicht darauf zu richten ist.

Zweifellos eine tragende Säule im Gebäude des Wirtschaftsprivatrechts ist hingegen das **Handelsrecht**. Entgegen dem gängigen wirtschaftswissenschaftlichen und wirtschaftspraktischen Sprachgebrauch reguliert das HGB nämlich

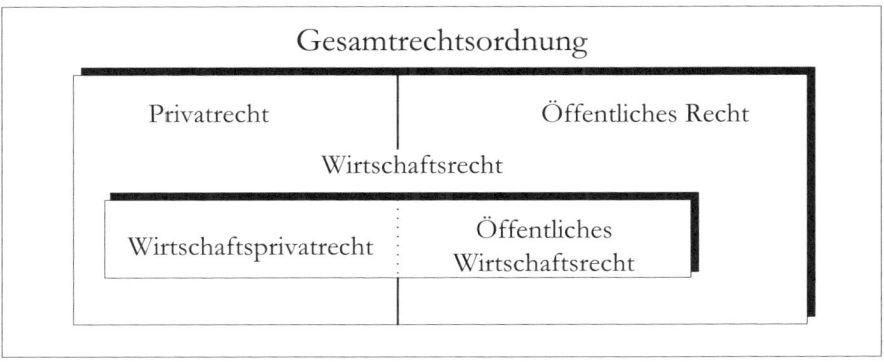

Abb. 3: Wirtschaftsprivatrecht in der Gesamtrechtsordnung

keineswegs nur den Handel i. S. der Güterdistribution, sondern nennt ganz allgemein die unternehmerischen Eckdaten etwa hinsichtlich Firma, betrieblicher Arbeitsteilung zwischen Top-Management, Prokuristen, Handlungsbevollmächtigten etc. Das HGB enthält instrumentell-technische Vorschriften über die Führung der Handelsbücher ebenso wie fundamentale Regeln über mögliche Rechtsformen des Unternehmens, etwa als Offene Handelsgesellschaft oder als Kommanditgesellschaft. Damit sind ja zugleich Fragen der Beteiligungsfinanzierung und des Risikomanagements angesprochen. Im HGB wurzelt auch das nationale deutsche Recht der Logistik, denn dort finden sich die Bestimmungen über den Handelskauf (das zentrale Vehikel der Beschaffung, aber natürlich auch des Absatzes), über Spedition-, Fracht- und Lagergeschäft. Eine zentrale Rolle spielt ferner das **UWG**, das generell die Gestaltungsspielräume des wirtschaftlichen Wettbewerbs definiert. Ganz besondere Bedeutung gewinnt das UWG naturgemäß für das Marketing. Denn Marketingkonzepte und -aktivitäten aller Art stoßen nur allzu leicht an die rechtlichen Zulässigkeitsgrenzen des UWG, wobei meist viel Geld auf dem Spiel steht.

Beispiel: Eine groß angelegte Werbekampagne muss gleich zu Beginn abgebrochen werden, weil die Konkurrenz im Eilverfahren eine gerichtliche Unterlassungsverfügung erwirkt hat.

Von grundlegender Bedeutung für das Wirtschaftsprivatrecht und die Unternehmenspraxis sind ferner die gesellschaftsrechtlichen Gesetze, namentlich AktG und GmbHG, aber auch des PartGG und die für die europarechtlich fundierten, hier aus Raumgründen nur zu streifenden Gesellschaftsformen SE, SPE, EWIV und SCE einschlägigen Rechtsnormen. Im Zusammenhang mit BGB und HGB entfalten nämlich erst sie das ganze Spektrum der zur Verfügung stehenden **Unternehmensformen**, die sich in mannigfacher Weise und mit wichtigsten rechtlichen Konsequenzen voneinander unterscheiden. Innere Organisation, äußere Handlungsfähigkeit, Gefährdung des Geschäfts- und Privatvermögens hinsichtlich eines Zugriffs von Gläubigern, Bilanzierung, Gewinnfeststellung und -verwendung, Mitbestimmung und steuerliche Belastung sind dabei nur einige Stichworte.

Schon die hier genannten Rechtsmaterien, die durch zahlreiche weitere zu ergänzen wären (vgl. nochmals Abb. 2, linke Spalte), lassen das engmaschige normative Netz erahnen, von dem wirtschaftliche Entscheidungen und Aktivitäten bereits von Seiten des Privatrechts umfangen sind.

Ein verhängnisvoller und für die Unternehmen mit ernsten, manchmal sogar existenziellen Risiken und hohen Kosten verbundener Irrtum wäre es nun, Kenntnis und Handhabung der wirtschaftsrelevanten Normen ganz den Juristen zu überlassen. Wenn - bildhaft gesprochen - das Kind erst einmal in den Brunnen gefallen ist, also irgendwelche Streitigkeiten entstanden sind und vielleicht sogar Prozesse drohen, ist der juristische Sachverstand zwar besonders gefragt und nötig. Der effizientere Einsatz juristischer Kompetenz besteht jedoch darin, diese bereits in betriebliche Entscheidungspraxis und Organisation einzubinden, um sich von vornherein nicht in die rechtliche Gefahrenzone hinein zu manövrieren, Vertragsgestaltungen zu optimieren etc. Auch **Volkswirtschaftslehre** und **Sozialwissenschaft** kommen ohne Kenntnis der Grundzüge des Wirtschaftsprivatrechts nicht aus, weil dieses Recht ja Rahmen, Struktur und Instrumente der volkswirtschaftlichen Abläufe und der sozialen Prozesse ganz wesentlich determiniert. So lassen sich etwa wirtschaftspolitische Vorschläge kaum fundieren, wenn man die vorhandenen Eckwerte der Rechtsordnung ignoriert. Und dass beispielsweise Arbeitssoziologie ohne Grundkenntnisse des geltenden Arbeitsrechtes nicht sinnvoll betrieben werden kann, leuchtet ebenfalls unmittelbar ein.

III. Das privatrechtliche „Weltbild"

1. Gesetzestechnische Fragen

Niemand kann Details in ihrer Bedeutung erfassen und entsprechendes Wissen abspeichern, wenn man nicht die großen Strukturen kennt, innerhalb derer sich gleichsam die Mosaiksteinchen erst zum Bild zusammenfügen. Diese großen Strukturlinien des Wirtschaftsprivatrechts sollen in Folgendem gezogen werden, um die Fülle der uns umgebenden Dinge und Abläufe in ein erstes, grobes juristisches Raster einordnen zu können und dabei auch Ansatzpunkte für die Aneignung rechtlicher Einzelheiten zu gewinnen.

Das BGB gleichsam als die „Mutter" allen Privatrechts und damit auch des Wirtschaftsprivatrechts folgt in seinem **Aufbau** freilich etwas anderen Prinzipien, die nicht zuletzt in römisch-rechtlichen Traditionen wurzeln. So ahmt das BGB - 1900 für das Deutsche Reich in Kraft gesetzt, in der Bundesrepublik Deutschland aber wegen Art. 123 I GG grundsätzlich fortgeltend - eine aus der Mathematik bekannte Methode nach, nämlich das Allgemeine „vor die Klammer" des Besonderen zu ziehen: 6 + 5 + 6 + 5 + 6 + 5 + 6 + 5 kann auch durch 4 (6 + 5) und damit kürzer und übersichtlicher ausgedrückt werden, wenn man erkannt hat, dass in der Addition versteckt der Faktor 4 enthalten ist und extrahiert werden kann. Ebenso versucht das BGB, allgemeinere gedankliche Elemente, die dem Rechtsstoff innewohnen, herauszulösen und inhaltlich weitgehend entleert, dafür aber universell verwendbar zu definieren und zu normieren. Die grundlegenden Eingriffe in das BGB vor allem ab 1. 1. 2002 haben dieses Konzept zwar aufgeweicht, aber nicht gänzlich schleifen können.

Ein Beispiel von vielen liefert der Vertrag. Jeder kennt auf Anhieb eine ganze Reihe von Vertragstypen, etwa Kaufvertrag, Mietvertrag, Leihvertrag, Dienstvertrag, Darlehensvertrag (Kreditvertrag); auch Verlöbnis und Ehe beruhen auf einem Vertrag. Es gibt Unterhaltsverträge, Erbverträge und noch viele andere Vertragsarten. Überall stellt sich dabei z. B. die Frage, ob und wie lange man an ein Vertragsangebot gebunden ist und unter welchen Umständen man sich von einem solchen Angebot - vielleicht sogar erst nach dessen Annahme! - wieder lösen kann, etwa weil man sich bei der Abgabe dieser Willenserklärung in einem für den Vertrag wichtigen Punkt geirrt hat.

Das Gesetz hätte diese Fragen jeweils im Kaufrecht (§§ 433 ff. BGB), im Mietrecht (§§ 535 ff. BGB), im Recht der Leihe (§§ 598 ff. BGB), im Darlehensrecht (§§ 488 ff. BGB) etc. regeln können. Der Gesetzgeber hat aber stattdessen den allgemeinen Problemgehalt erkannt und seine diesbezüglichen Regelungen grundsätzlich im 1. Buch, dem „Allgemeinen Teil", nämlich in den §§ 145 ff., 119 ff. BGB getroffen, was mit großen Ersparnissen an (überflüssigen!) Vorschriften ohne jede Einbuße an Regelungsgehalt verbunden ist. Natürlich lässt diese **Regelungstechnik** auch noch Raum für etwaige Ausnahmen und Sonderregeln, in den jeweiligen Normkomplexen, etwa im Eherecht (vgl. z. B. §§ 1310 f. BGB).

Selbst innerhalb des 2. Buches des BGB wird nochmals die Technik des Vordie-Klammer-Ziehens praktiziert: Statt in der 2. Hälfte des 2. Buches zu regeln, ob der Verkäufer bzw. der Vermieter die Kauf- bzw. Mietsache dem Käufer bzw. Mieter zuzuführen hat oder ob nicht vielmehr der Käufer bzw. Mieter sich die Sache in eigener Initiative abzuholen hat, finden sich entsprechende Bestimmungen ganz allgemein in § 269 BGB. Und diese Vorschrift, die ja nur schlechthin von Schuldner und von Gläubiger spricht, findet deshalb auch nicht nur auf den Kauf und die Miete, sondern grundsätzlich auch auf jedwedes andere Rechtsverhältnis Anwendung, in denen sich Schuldner und Gläubiger gegenüberstehen.

Das 2. Buch des BGB, das sog. Schuldrecht, gliedert sich deshalb wiederum in einen Allgemeinen Teil, die 1. Hälfte des 2. Buches, und dessen 2. Hälfte, den Besonderen Teil, der jene Dinge normiert, die keinen gemeinsamen Nenner mehr haben. Im sog. Allgemeinen Schuldrecht (§§ 241-432 BGB) findet sich somit die generelle Vorschrift etwa darüber, wann ein Schuldner leisten muss oder leisten darf (vgl. § 271 BGB), sei es nun ein Verkäufer bezüglich der Lieferung oder ein Käufer hinsichtlich der Zahlung, sei es ein Vermieter bezüglich der Mietsache oder sei es ein Mieter bezüglich des Mietzinses etc.

Im sog. Besonderen Schuldrecht (§§ 433-853 BGB) hingegen finden sich beispielsweise die Normen, die gerade den Kauf von der Miete und diese wiederum von der Leihe unterscheiden. Hier sind auch die Ausnahmen gegenüber den grundsätzlichen Anordnungen im Allgemeinen Schuldrecht niedergelegt. Im Mietrecht gilt für den die Zahlung des Mietzinses schuldenden Mieter deshalb nicht § 271 BGB, sondern § 556b I BGB. Dahinter steht die methodologische Überzeugung, dass die speziellere, problemnähere Norm, die allgemeinere, unspezifische Regelung verdrängt (lat. „lex specialis derogat legi generali"). Im Besonderen Schuldrecht finden sich ferner etwa Bestimmungen, die Schuldverhältnisse, also Gläubiger-Schuldner-Beziehungen, auch ohne Vertragsschluss entstehen lassen. Für diese sog. gesetzlichen Schuldverhältnisse gelten im Übrigen wiederum die allgemeineren Vorschriften der §§ 241 ff. (und natürlich die der §§ 1 ff.) BGB, soweit im speziellen Kontext keine Sondernormen existieren.

Beispiel: Besucher B pflückt noch eben einen Blumenstrauß im Vorgarten des Hauseigentümers H. B haftet dem H nach § 823 I BGB wegen der vorsätzlich-rechtswidrigen Eigentumsverletzung auf Schadensersatz. Dieser Schadensersatzanspruch ist sofort fällig (§ 271 I BGB), und verjährt nach § 199 III BGB in 10 bzw. 30 Jahren (Ausnahme von der Regelverjährung nach § 195 BGB!).

Die hier vorgeführte Regelungstechnik des Vor-die-Klammer-Ziehens allgemeiner Vorschriften unter Vorbehalt spezieller Regelungen in den einzelnen Rechtsmaterien beschränkt sich nicht auf das BGB. Vielmehr muss man sich jedenfalls die ersten 3 Bücher des BGB als eine Art Super-Allgemeiner Teil für das gesamte (Wirtschafts-)Privatrecht vorstellen. Wo immer deshalb eine Norm jemanden zu einem Tun oder Unterlassen einem anderen gegenüber verpflichtet, handelt es sich dabei also um einen grundsätzlich der Verjährung unterliegenden Anspruch (§§ 194 ff. BGB; s. aber auch § 902 BGB). Der Handelskauf (§§ 373 ff. HGB) ist nur vor dem Hintergrund der allgemeinen Regeln des (bürgerlichrechtlichen) Kaufvertrags (§§ 433 ff. BGB) zu verstehen, und dessen Vorschriften stehen wiederum in funktionalem Zusammenhang mit den §§ 241 ff. und §§ 1 ff. BGB. Die Schadensersatzbestimmungen bei Urheberrechtsverstößen (§ 97 UrhG) oder im Frachtrecht (§ 425 ff. HGB) sind überhaupt nicht verständlich, wenn man dabei nicht zugleich die allgemeinen Normen der §§ 249 ff. BGB über Art und Weise sowie über den Umfang des Schadensersatzes mit im Blick hat. Das Wirtschaftsprivatrecht, ja das Privatrecht überhaupt und darüber hinaus die Gesamtrechtsordnung sind demzufolge nur als großes System ineinander verzahnter Normen zu begreifen. Die dabei gestiftete **Einheit der Rechtsordnung** schlägt sich - trotz der Unterscheidung von Privatrecht und Öffentlichem Recht - etwa in der tendenziell einheitlichen Auslegung von Begriffen nieder.

Die Technik des Gesetzes führt notwendigerweise zu einer **Formalisierung** der „vor die Klammer gezogenen" Begriffe, die sich deshalb durch einen sehr hohen Abstraktionsgrad auszeichnen. Das Gesetz kennt deshalb keine Schrauben, Weintrauben, Autos, elektrischen Strom oder Bücher, keine weißen Villen oder grüne Wiesen, keine Herzschrittmacher, Computersoftware oder Mikrochips (ja, eigentlich nicht einmal Geld), sondern diesbezüglich nur körperliche Gegenstände, also gemäß § 90 BGB „Sachen", und unkörperliche Gegenstände, was sich alles noch viel weiter differenzieren lässt. Diese Unanschaulichkeit der Begriffsbildung in der Folge der begrifflichen Formalisierung ist aber zugleich der Schlüssel für die Faszination und die enorme Flexibilität dieses privatrechtlichen Rechtssystems, das sich eben wegen der Inhaltsleere seiner Zentralbegriffe weitgehend als fähig erwiesen hat, die enormen Veränderungen in der sozialen und technischen Realität mit zu vollziehen. Die neuere Gesetzgebung scheint dies nicht selten in Frage zu stellen. Andererseits muss man natürlich auch wahrnehmen, dass die Technik des Gesetzes - Abstraktionen, Legaldefinitionen, Verweisungen etc. - mit **Bürger-**

ferne einhergeht: Stillt ein Schüler seinen Hunger mit einer Tüte Pommes-Frites, so muss man zur juristischen Bewältigung dieses trivialen Vorgangs mindestens die §§ 1, 104 ff., 145 ff., 241 ff., 362, 433 ff. und 929 S. 1 BGB aktivieren. Das ist angesichts der Vorteile der gewählten Regelungstechnik, nämlich äußerste **Normökonomie** und stete **Aktualität**, kein entscheidender Nachteil. Denn die Rechtsgeschichte zeigt, dass die Versuche, bürgerfreundliche Gesetze zu machen, allesamt nicht geglückt sind: Entweder sie ergehen sich wie z. B. das Preußische Allgemeine Landrecht von 1794 in einer Kasuistik, die die Anschaulichkeit der Normen damit erkaufen, dass sie der Vielgestaltigkeit des Lebens hoffnungslos hinterherhinken, oder sie führen zu gänzlich unscharfen Normen, die zur Lösung des nach wie vor ja existenten dogmatischen Problems letztlich gar nichts beitragen. Eine Gegenüberstellung von BGB einerseits, von „bürgernah" konzipiertem Zivilgesetzbuch der ehemaligen DDR andererseits, erweist dies hinreichend deutlich: Auch unter der Herrschaft des ZGB/DDR wurde nach wie vor, wenn auch versteckt, mit der BGB-Kommentarliteratur des „Klassenfeindes" gearbeitet. Da ist es vorzuziehen, wenn das Gesetz wenigstens für die juristisch Vorgebildeten einigermaßen operational ist. Wenn diese allerdings notwendige Vorbildung in der Bevölkerung weitestgehend fehlt, dann geht dies eher auf das Konto einer mangelhaften Bildungspolitik. Leider gibt es auch ein Drittes: Weder Juristen noch fachliche Laien verstehen etwas: Ein grandioses Beispiel hierfür liefern die Verweisungsmonstren im Teilzahlungs-, Verbraucherdarlehens- und Fernabsatzrecht.

Die Wertschätzung für die hochgradig abstrakte Regelungstechnik, die für das Privatrecht unter der Herrschaft des BGB ursprünglich so charakteristisch war, ist allerdings leider im Schwinden. Immer häufiger fühlt sich der Gesetzgeber bemüßigt, konkreter zu normieren. Zweifelhafte Produkte dieser Bestrebungen ist z. B. die Herausnahme des Reisevertragsrechtes (§§ 651a BGB) aus dem allgemeinen Werkvertragsrecht der §§ 631 ff. BGB und die Sondernormierungen des „Zahlungsdienstevertrags" (§§ 675f ff. BGB). Seit dem 1. 1. 2002 hat der Gesetzgeber auch den früher einheitlichen Darlehensvertrag aufgespalten: Nunmehr gibt es neben dem (Geld-)Darlehen (§§ 488 ff. BGB) noch das in §§ 607 ff. BGB gesondert normierte Sachdarlehen. Dogmengeschichtlich ist dies ein klarer Rückschritt, weil das erreichte hohe Abstraktionsniveau wieder abgesenkt wurde. Auch den „Teilzeit-Wohnrechtevertrag" kennt das Zivilrecht nunmehr (§§ 481 ff. BGB), obwohl dieser Vertrag ohne weiteres auf höherer Abstraktionsstufe als Kauf eines (auflösend befristeten) Rechts (vgl. § 453 BGB) begriffen werden könnte.

Mit diesem Vorverständnis ist man nun gut gerüstet, das **Weltbild** des Juristen aus der Sicht des (Wirtschafts-)Privatrechts kennen zu lernen, sich also die elementaren Kategorien und die daran anknüpfenden rechtlichen Mechanismen gedanklich anzueignen. Als Einstieg bietet sich die grundlegende Dreiteilung in Akteure, Gegenstände und Aktivitäten des Rechtslebens an (lat. „personae, res, actiones"). Wir betrachten somit zunächst die Rechtssubjekte, sodann die Rechtsobjekte und schließlich die Rechtshandlungen.

2. Rechtssubjekte

a) Rechtsfähigkeit/Handlungsfähigkeit

Im Zentrum des Privatrechts stehen die Rechtssubjekte, die Teilnehmer am Rechtsverkehr, die Träger von Rechten und Pflichten, diejenigen, an die sich der Gesetzgeber mit seinen Geboten, Verboten und Erlaubnissen, eben überhaupt mit seinen auf Verhaltenssteuerung gerichteten Normen wendet. Rechtssubjekte zeichnen sich also durch eine ganz spezifische Fähigkeit aus, Träger von Rechten und Pflichten sein zu können, Rechte und Pflichten haben zu können. Diese im Gesetz nirgends definierte, sondern als Begriff vorausgesetzte Fähigkeit wird - eigentlich verkürzend - **Rechtsfähigkeit** genannt. Dabei muss man sich nämlich der Missverständlichkeit bewusst bleiben, dass diese Fähigkeit eben nicht nur auf die angenehme Seite des Rechtslebens, auf mögliche Rechte, sondern eben zugleich auch auf mögliche Pflichten bezogen ist. Es geht, wie gesagt, nur um die Fähigkeit, Rechte und Pflichten haben zu können. Ob und welche konkreten Rechte und Pflichten ein konkretes Rechtssubjekt dann tatsächlich hat, ist eine ganz andere, jeweils natürlich unterschiedlich zu beantwortende Frage.

Die Rechtsfähigkeit bedeutet ferner nicht, dass ein Rechtssubjekt Rechte und Pflichten auch durch eigenes Handeln erwerben, übertragen, ausüben, erfüllen, inhaltlich verändern oder ganz aufgeben könnte. Die Rechtsfähigkeit schafft lediglich einen rechtsformalen Zuordnungspunkt für Rechte und Pflichten. Das dynamische Moment im Rechtsleben, Rechte und Pflichten selber erwerben, übertragen, ausüben, erfüllen, verändern oder aufgeben zu können, knüpft an andere, sog. **Handlungsfähigkeiten** an. Schon vorrechtlich existiert die sog. natürliche Handlungsfähigkeit des Menschen.

Beispiel: Ein Baby greift nach seinem Schnuller, ist dazu also ersichtlich fähig.

Erst vom Recht verliehen, jedenfalls aber näher ausgestaltet, wird hingegen die sog. **Geschäftsfähigkeit** (§§ 104 ff. BGB), die Fähigkeit, diejenigen rechtlichen Wirkungen, die im Einzelfall gewollt und erklärt sind, auch wirklich herbeizuführen.

Beispiel: Ein 17-jähriger kauft sich ein Notebook. Ob das wie gewünscht klappt, ob also durch die entsprechenden vertraglichen Erklärungen des jungen Mannes die beabsichtigten Wirkungen (gültiger Kaufvertrag, Eigentumserwerb) eintreten können, entscheidet die Rechtsordnung damit, ob sie schon 17-jährigen Geschäftsfähigkeit zuspricht oder vorenthält.

Wichtig ist schließlich die sog. **Deliktsfähigkeit** oder **Zurechnungsfähigkeit**, die darüber Auskunft gibt, ob jemand für von ihm erzeugte rechtlich unerwünschte Effekte, insbesondere verursachte Schäden, überhaupt verantwortlich gemacht werden kann. Auch diese Fähigkeit wird erst vom Gesetz, und zwar für das Privatrecht etwas anders als für das Strafrecht, wo die Zurechnungsfähigkeit bzw. die Zurechnungsunfähigkeit eine besondere Rolle spielt, festgelegt (vgl. §§ 827 f. BGB).

Das Verhältnis der Handlungsfähigkeit zur Rechtsfähigkeit ist dogmatisch übrigens durchaus nicht völlig geklärt. Als Faustregel kann man aber wohl davon ausgehen, dass zwar Rechtsfähigkeit ohne Handlungsfähigkeit vorkommt, umgekehrt aber Handlungsfähigkeit Rechtsfähigkeit voraussetzt. Zunächst interessiert aber allein die Rechtsfähigkeit, während die Handlungsfähigkeiten erst in dem jeweiligen Sachzusammenhang zur Sprache kommen sollen.

b) Natürliche und juristische Personen, Gesamthandsgemeinschaften

(1) Rechtssubjektivität des Menschen

Mit der Rechtsfähigkeit beschäftigt sich das Gesetz systematisch korrekt im 1. Buch, im Allgemeinen Teil. Denn nur wer rechtsfähig ist, dem kann als Käufer das Recht auf Lieferung zustehen (§ 433 I BGB), nur der kann als Eigentümer das Recht haben, mit einer Sache nach seinem grundsätzlichen Belieben zu verfahren (§ 903 BGB), nur der kann familienrechtliche Befugnisse und Pflichten haben, nur der kommt als Erbe, als Nachfolger der Rechte und Pflichten des verstorbenen Vermögensträgers in Betracht (vgl. § 1923 I BGB, eine eigentlich überflüssige Vorschrift).

Hinsichtlich der Rechtsfähigkeit der Menschen, der sog. **natürlichen Personen** (vgl. die Titelüberschrift vor § 1 BGB), erklärt § 1 BGB lapidar, die Rechtsfähigkeit des Menschen beginne mit Vollendung der Geburt, also mit vollständigem Austritt des lebenden Kindes aus dem Mutterleib. Alles andere ist also unerheblich, insbesondere Geschlecht, Nationalität und selbstverständlich auch eine Missbildung, mag sie auch noch so gravierend sein und den Betroffenen von jeder aktiven Teilnahme am Sozialleben, ja selbst an der einfachsten zwischenmenschlichen Kommunikation mit Sicherheit auf Lebensdauer ausschließen.

Beispiele: Die Koreanerin Choon-Ho auf Europareise erwirbt anlässlich ihres Aufenthalts in München ein Auto der Marke BMW: Erhalt eines „deutschen" Eigentumsrechtes nach § 903 BGB.
Ein Kind erleidet bei einer komplizierten Geburt infolge Sauerstoffunterver-

sorgung schwerste, irreparable Hirnschäden. Kurz darauf stirbt die sehr vermögende Mutter an den Geburtsfolgen: Sie wird (auch) von diesem Kind beerbt, mag dieses die reiche Erbschaft auch niemals genießen können.

Inhaltlich ist die Rechtsfähigkeit umfassend, dies freilich nur in den Grenzen des Privatrechts.

Beispiel: Ausländer können grundsätzlich (sofern deutsches Recht nach den Regeln des sog. Internationalen Privatrechts - vgl. Artt. 6 ff. EGBGB - überhaupt Anwendung findet) alle privaten Rechte und Pflichten eines Deutschen haben, aber das Öffentliche Recht kann das ganz anders sehen (Aufenthaltsrecht, Wahlrecht, Wehrdienst).

An Zynismus, ja gedanklicher und moralischer Perversion nicht mehr zu überbieten war die Privatrechtspraxis des sog. Dritten Reichs, der Nazi-Herrschaft: Ohne Änderung des § 1 BGB konnte Juden und anderen die privatrechtliche Rechtsfähigkeit mit dem Argument abgesprochen werden, sie seien keine Menschen, hätten vielmehr die Schwelle zum Menschsein gar nicht überschritten, seien in diesem Sinne „Untermenschen"!

Wann die Rechtsfähigkeit des Menschen endet, sagt das BGB nicht ausdrücklich, weil es in der Logik des Gesetzes selbstverständlich ist: mit dem Tod (und nur mit diesem!). Dies zeigt § 1922 I BGB: Weil mit dem Tod die Rechtsfähigkeit erlischt und die Rechte und Pflichten des Erblassers ja irgendwo zugeordnet sein müssen, lässt das Gesetz sie allesamt automatisch in diesem Zeitpunkt auf den oder die Erben übergehen.

Zweifelhaft ist freilich, welche Kriterien man dem Todeszeitpunkt zugrundelegt. Die medizinischen Auffassungen darüber haben im Lauf der Zeit gewechselt. Für maßgeblich wird heute durchweg der **Hirntod** gehalten (Ableitungen der Hirnströme im Elektro-Enzephalogramm liegen auf der Null-Linie). Dieses Hinausschieben des für den Verlust der Rechtsfähigkeit relevanten Zeitpunkts ist auch eine juristische Notwendigkeit angesichts der medizinischen Fortschritte bei der Wiederbelebung von (Herz-)„Toten" (**Reanimation**). Denn würde der Tod im juristischen Sinne und damit auch der Verlust der Rechtsfähigkeit und mit ihr der Erbfall früher eintreten, so stünde der Reanimierte nunmehr ohne alle früheren Rechte und Pflichten leibhaftig seinen Erben gegenüber und könnte auch niemehr irgendwelche Recht und Pflichten haben, da die Reanimtion schließlich keine Geburt ist!

Nicht selten kommt es auf die absolut exakte Festlegung des Todeszeitpunkts an, weil davon die gesetzliche Erbfolge entscheidend abhängt.

Beispiele: Bei einer Klettertour stürzen Vater und schon verheirateter Sohn tödlich ab: Hat der Sohn den Vater auch nur um kürzeste Zeit überlebt, tritt er in die Erbfolge nach seinem Vater ein, was erbrechtlich etwa für die Ehefrau des Sohnes von größter Bedeutung ist.
Ähnlich verhält es sich, wenn Mutter und Kind im Verlauf einer schweren Geburt sterben.

Gelegentlich geraten Menschen in **Verschollenheit**, d. h. es fehlen verlässliche Nachrichten über sie, und man muss von ihrem Tod ausgehen. Auch dann bedarf es irgendeiner Festlegung des Todeszeitpunktes. Die amtliche Todeserklärung hat jedoch auf die Rechtsfähigkeit keinerlei Einfluss, weil durch die Todeserklärung lediglich eine widerlegliche Vermutung begründet wird (vgl. § 9 I 1 VerschG). Taucht der für tot Erklärte wider allen Erwartens über kurz oder lang wieder auf, so hat es in Wahrheit also niemals einen Erbfall gegeben, mögen sich auch viele entsprechend verhalten haben. Über die Gegenstände der „Erbschaft" ist vielleicht zwischenzeitlich verfügt worden, und die Ehefrau ist vielleicht sogar wieder eine neue Ehe eingegangen. Grundsätzlich muss dies alles nunmehr rückabgewickelt werden, doch vor allem im Familienrecht zieht der Gesetzgeber Konsequenzen daraus, dass der Todeserklärung schließlich ein prüfungsintensives amtliches Verfahren zugrunde gelegen hat.

Beispiel: Todeserklärungen betreffend verschollener Expeditionsteilnehmer oder von Soldaten, die eines Tages doch wieder auftauchen. Fall eines verschütteten Bergmanns, der 1999 in Österreich nach vergeblichen Rettungsaktionen und nach Verlöschen aller Lebenszeichen für tot erklärt wird, nach vielen Tagen aber – völlig überraschend - doch noch lebend geborgen wird.

Kurz gesagt besteht die Rechtsfähigkeit natürlicher Personen, also von Menschen, erst ab Vollendung der Geburt und endet mit dem (wirklichen) Tod. Dazu sind noch einige abschließende Bemerkungen erforderlich: Das Kind im Mutterleib ist - mangels Vollendung der Geburt - also (noch) nicht rechtsfähig, mag es auch (öffentlichrechtlich!) in den Schutz strafrechtlicher Bestimmungen (§ 218 StGB!) einbezogen sein. Dies führt bei **pränatalen Schädigungen**, etwa durch radioaktive Strahlen, durch Arzneimittel („Contergan"-Fall!) oder durch Verkehrsunfälle, zu befremdlichen rechtlichen Situationen, selbst dann, wenn die Voraussetzungen für einen Schadensersatzanspruch nach § 823 I BGB vorzuliegen scheinen. Denn auch dieser Anspruch kann ja nur demjenigen als Gläubiger zustehen, der überhaupt Rechte (und Pflichten) haben kann, der also rechtsfähig ist. Dies ist im Zeitpunkt der Schädigung nur die Mutter. Geht man davon aus, dass die Verletzung des noch ungeborenen Kindes als Verletzung der Mutter gewertet werden kann, so führt das kaum weiter, weil mit Vollendung der Geburt das Kind ja selber rechtsfähig und die Mutter - zynisch formuliert - den „Schaden" damit ja „los" ist. Das Kind aber kommt schon geschädigt auf die Welt; es fehlt also in Bezug darauf an der Verletzung des Körpers oder der Gesundheit eines anderen (Rechtsfähigen) i. S. des § 823 I BGB.

Ob hier § 1923 II BGB weiterhelfen kann, ist sehr zweifelhaft. Denn eigentlich nur zum Zwecke der erbrechtlichen Berücksichtigung behandelt diese Vorschrift ja das schon gezeugte, aber noch nicht geborene Kind als Rechtssubjekt, als rechtsfähig, obwohl die Rechtsfähigkeit und damit Erbfähigkeit

(§ 1923 I BGB) eigentlich noch gar nicht vorhanden ist. Es handelt sich im § 1923 II BGB also um eine sog. **Fiktion**.

Beispiel: Der Vater stirbt während der Schwangerschaft seiner Ehefrau. Später wird ein Kind lebend geboren. Obwohl z. Zt. des Erbfalls (Tod des Vaters) das Kind noch gar nicht rechtsfähig war, wird es neben der Mutter als Miterbe berücksichtigt.

Wenn andere dogmatische Konstruktionen versagen, wird man aber vielleicht eine Analogie ziehen können: Man würde den § 1923 II BGB also in entsprechender Anwendung auch auf den deliktsrechtlichen Bereich erstrecken und so dem Kind, wenn es überhaupt einmal rechtsfähig wird, den Schadensersatzanspruch aus § 823 I BGB als Gläubiger zuordnen können. Eine Begründung für diese Analogie, die dem in § 1 BGB erklärten Willen des Gesetzes zuwiderläuft, fällt allerdings schwer.

(2) Rechtssubjektivität juristischer Personen

Neben den Menschen als natürlichen Personen, die für uns sinnlich wahrnehmbar sind, kennt das Privatrecht (wie das Öffentliche Recht) auch „**juristische Personen**". Über ihr Wesen ist rechts- und sozialphilosophisch viel gestritten worden. Jenseits dieser Auseinandersetzung steht aber zumindest soviel fest, dass auch sie als Rechtssubjekte am Rechtsverkehr teilnehmen und insoweit - nicht anders als Menschen, aber eben nicht sinnlich wahrnehmbar - selbst Träger eigener Rechte und Pflichten sind, also über Rechtsfähigkeit verfügen. Das BGB normiert als Prototyp der juristischen Person den in das Vereinsregister eingetragenen **Verein**, den „e. V." (vgl. § 55 BGB). Für das Wirtschaftsprivatrecht spielt der e. V. freilich nur eine vergleichsweise geringe Rolle, denn in das Vereinsregister eingetragen werden und damit Rechtsfähigkeit erlangen können nur sog. Idealvereine, gemäß § 21 BGB also nur Vereine, deren „Zweck" nicht auf einen wirtschaftlichen Geschäftsbetrieb gerichtet ist. Dies schließt andererseits wirtschaftliche Nebentätigkeiten nicht aus (sog. **Nebenzweckprivileg**).

Beispiel: Der „Fußballclub Fröndenberg e.V." bewirtschaftet während der Saison eine dem Sportplatz nahe gelegene Gaststätte.

Ein Blick auf das Recht des e. V. kann auch wegen seiner Leitbildfunktion für juristische Personen (vgl. auch § 6 II HGB!) insgesamt nützlich sein, weil ja subsidiär das Recht des e. V. auch für andere juristische Personen entsprechende („analoge") Anwendung findet, soweit keine spezielleren Vorschriften vorhanden sind. Für das Wirtschaftsprivatrecht interessant ist das bürgerlich-rechtliche Vereinsrecht nicht zuletzt wegen der Möglichkeit, wirtschaftliche Aktivitäten auch als Hauptzweck in Vereinsform zu verfolgen. Da dies natürlich die besonderen Vorschriften unterläuft, die namentlich für AG, GmbH und e. G. hinsichtlich Mindestkapitalausstattung, Minderheitenschutz, Bilanzierung, verbandliche Prüfung etc. gelten, ist dieser sog. **wirtschaftliche Verein** (vgl. § 22 BGB) im Rechtsleben eine eher seltene Ausnahme. Denn nur für unproblematisch erscheinende Nischen wird solchen Vereinen durch staatlichen Akt (Einzelheiten regelt das Landesrecht) die Rechtsfähigkeit verliehen.

Beispiel: Privatärztliche Verrechnungsstellen oder landwirtschaftliche Erzeugergemeinschaften treten als durch Verleihung rechtsfähige Wirtschaftsvereine in Erscheinung.

Diese behördliche Zurückhaltung ist auch deshalb verständlich, weil ja eine recht breite Palette von sondergesetzlich unterschiedlich ausgestalteten juristischen Personen für die wirtschaftliche Betätigung zur Verfügung steht. Wichtige Stichpunkte sind soeben schon gefallen: AG, GmbH mit UG sowie Genossenschaften. Hinzu kommen noch die KGaA (§§ 278 ff. AktG), die versicherungswirtschaftlich bedeutsame Rechtsform des VVaG (§§ 15 ff. VAG) sowie die im BGB ebenfalls nur angedeutete, weitgehend dem Landesrecht überlassene (rechtsfähige) Stiftung (§§ 80 ff. BGB). Auf supranationaler Ebene sind noch zu nennen die SE als Europäische Aktiengesellschaft, die SPE als Europäische Privatgesellschaft („Europa-GmbH") in Parallele zur GmbH/UG sowie die SCE als Europäische Genossenschaft.

So verschieden die rechtliche Ausgestaltung auch sein mag: Alle juristischen Personen (selbst diejenigen des Öffentlichen Rechts, namentlich Gebietskörperschaften wie Staat und Kommunen) zeigen im Kern dieselbe Struktur, die man schlagwortartig mit „**Trennungsprinzip**" charakterisieren kann (vgl. Abb. 4). Im Beispiel der Abb. 4 sei die juristische Person ein im Vereinsregister eingetragener Verein der Fußball-Bundesliga. M_{1-n} sollen die Vereinsmitglieder darstellen, an denen sozusagen ihr jeweiliges (Privat-) Vermögen klebt. V sei der Vereinsvorstand. Wenn V in seiner Funktion als Repräsentant des Vereins satzungsgemäß mit dem Lieferanten L einen Kaufvertrag über die Lieferung hochmodischer Trikots mit dem Vereinsnamen in goldenen Buchstaben geschlossen hat, so ist gemäß § 433 II BGB der Käufer dem Verkäufer L gegenüber zur Zahlung des vereinbarten Kaufpreises in Höhe von Euro 100.000 verpflichtet. Die Position des Käufers kommt dabei dem Verein selber zu, denn er ist ja selber fähig, Träger von Rechten und Pflichten zu sein. Also trifft auch die Zahlungspflicht aus § 433 II BGB den Verein als solchen.

Dieses Rechtssubjekt, den e. V. als juristische Person, wird niemals jemand zu Gesicht bekommen: Auch wenn alle Mitglieder M_{1-n} samt dem Vorstand versammelt sein sollten, ist diese Versammlung nicht mit dem e. V. als juristischer Person identisch.

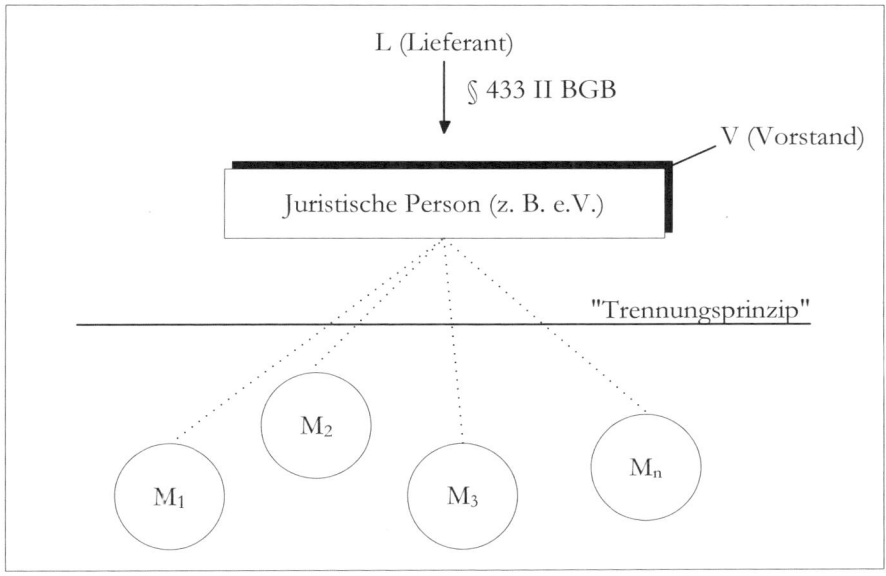

Abb. 4: Trennungsprinzip bei der juristischen Person

Überspitzt gesagt haben M$_{1-n}$ und V mit der juristischen Person, der sie angehören, eigentlich gar nichts zu tun, jedenfalls nicht in rechtssubjektiver Hinsicht: Zwischen der juristischen Person als Rechtssubjekt und den Rechtssubjekten M$_{1-n}$ und V besteht keinerlei Gemeinsamkeit. Weil - von Bürgschaft und ähnlichem abgesehen - jedes Rechtssubjekt selbstverständlich nur mit seinem Vermögen für seine Schulden geradestehen muss (**Haftung**), kann der Verkäufer L nach entsprechendem Prozess und Erwirken eines Vollstreckungstitels, z. B. eines Urteils, sich auch nur an dem Vermögen seines Schuldners aus dem Kaufvertrag, also an dem Vereinsvermögen, mit Hilfe eines Gerichtsvollziehers oder im Wege einer anderen Zwangsvollstreckungsmodalität schadlos halten. M$_{1-n}$ mögen über noch so große Privatvermögen verfügen: L hat grundsätzlich keine Möglichkeit, auf diese Privatvermögen zuzugreifen, vor allem auch dann nicht, wenn die Vereinskasse leer ist.

V kümmern die Schulden des e. V. übrigens deshalb nicht, weil er ja voraussetzungsgemäß lediglich als Repräsentant der juristischen Person im Rahmen seiner satzungsmäßigen Befugnisse, eben als „**Organ**" analog den Organen der natürlichen Person (Hand, Mund etc.), gehandelt hat. Der grundsätzliche Ausschluss eines haftungsmäßigen Durchgriffs der Gläubiger der juristischen Person auf die Privatvermögen der sie tragenden Mitglieder ist also eine wesentliche Ausprägung des Trennungsprinzips.

Das Trennungsprinzip wirkt aber auch umgekehrt hinsichtlich der Aktiva der juristischen Person: Sollte das Sportgelände im Eigentum des e. V. stehen (üblicherweise wird das Gelände von der betreffenden Stadt lediglich zur gebrauchsweisen Verfügung gestellt), so ist Eigentümer nur der e. V. und als solcher auch im Grundbuch eingetragen. Weder M_{1-n} noch V haben auch nur einen Eigentumssplitter. Nicht sind etwa M_{1-n} oder V Miteigentümer des Grundstücks nach Bruchteilen mit irgendeiner Quote i. S. der §§ 1008 ff. BGB.

Durchlässig ist die Wand, die das Trennungsprinzip errichtet, grundsätzlich nur für die **mitgliedschaftlichen Rechtsbeziehungen** zwischen juristischer Person, hier dem e. V., und den Mitgliedern, etwa was Rechte und Pflichten in Bezug auf die Teilnahme am Vereinsleben anlangt (Wahlrechte, Präsenzpflichten, Pflicht zur Zahlung der Mitgliedsbeiträge etc.). Letztlich nur einen Etikettenwechsel bedeutet es, statt des Bundesligavereins e. V. beispielsweise eine AG, eine GmbH oder eine Genossenschaft als juristische Person zu betrachten: Statt von Vereinsmitgliedern wird dann von den Aktionären oder - besonders bei der GmbH - von den Gesellschaftern sowie von den Genossen gesprochen. In deren Funktion ändert sich dadurch aber nichts.

Aus dem Trennungsprinzip leitet sich schließlich auch die **„Unsterblichkeit"** der juristischen Person her: Mögen auch die Mitglieder wechseln, ja mögen auch einmal gar keine Mitglieder mehr vorhanden sein, so existiert die juristische Person als Körperschaft doch weiter. Wenn es Satzung bzw. Gesellschaftsvertrag vorsehen, dass eine einfache Beitrittserklärung für die Mitgliedschaft ausreicht, dann wird die juristische Person selbst in diesem Extremfall eines Tages wieder aus ihrem Dornröschenschlaf erwachen. Lediglich aus Praktikabilitätsgründen, nicht jedoch als logische Konsequenz aus der Struktur der juristischen Person heraus, wird der Gesetzgeber Vorsorge für diesen Fall dadurch treffen, dass er eine eventuelle Auflösung z. B. nach Entzug der Rechtsfähigkeit von Amts wegen vorsieht (vgl. § 73 BGB für den Verein).

Die haftungsrechtliche Dimension des Trennungsprinzips steht besonders oft im Vordergrund bei der rechtsförmigen Organisation der Unternehmung (genauer: des Unternehmensträgers) als GmbH. Dazu muss man sich klar machen, wie die **Haftungsverhältnisse** im einzelunternehmerisch geführten Unternehmen gelagert sind. Auch wenn der Unternehmer aus vielerlei Gründen betriebswirtschaftlicher oder rechtlicher Art sein Vermögen in Privat- und Geschäftsvermögen aufteilen wird, hat dies keinerlei haftungsrechtliche Bedeutung, denn das Rechtssubjekt ist ja jeweils dasselbe. Und für dessen Schulden, gleichgültig ob privaten oder geschäftlichen Ursprungs, haftet das gesamte Vermögen des schuldenden Rechtssubjekts. Daran ändert nichts, dass die betreffende natürliche Person sich in ihrer geschäftlichen Sphäre zumeist eines besonderen, unter Umständen sogar handelsrechtlich geschützten Na-

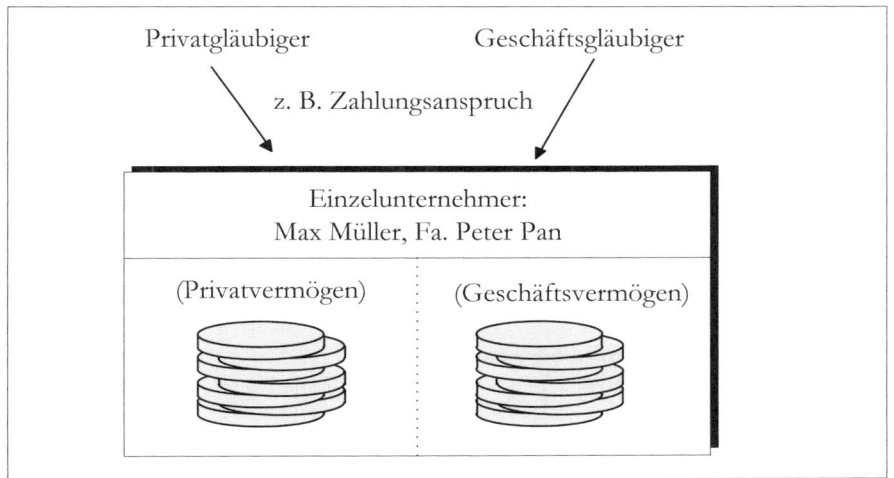

Abb. 5: Haftungsverhältnisse einzelunternehmerisch geführter Unternehmen

mens bedient. Genau dies ist nämlich gemäß § 17 HGB die „Firma". Nicht etwa ist die Firma ein Rechtssubjekt (vgl. Abb. 5).

Diese für die Gläubiger umfassende Zugriffsmöglichkeit ist zwar gut für die Bonität des Schuldners (in Abb. 5: Max Müller), bedeutet aber immer eine latente Bedrohung dessen Existenz. Will Max Müller dies vermeiden, so wird er eine GmbH (oder auch eine UG) gründen, deren alleiniger Gesellschafter er ist (bei der AG kommt ebenfalls der Alleinaktionär vor!) und die er mit dem bisherigen Geschäftsvermögen ausstattet. Außerdem wird sich Max Müller zum Repräsentanten, zum Organ der GmbH machen, also zum dort sog. Geschäftsführer. Dann hat Max Müller alle **Handlungsoptionen**: Riskante Transaktionen wird er in seiner Eigenschaft als Geschäftsführer der GmbH (handelnd unter der Firma „Peter Pan") tätigen. Vertragspartner ist hierbei nicht Max Müller, weder als Geschäftsführer noch als Gesellschafter, sondern die juristische Person, die nach § 13 II GmbHG für ihre Schulden natürlich auch nur mit ihrem Vermögen (also dem Gesellschaftsvermögen) haftet. Reicht das Gesellschaftsvermögen zur Befriedigung der Gläubiger nicht aus, können diese nicht etwa auf das (Privat-)Vermögen von Max Müller zurückgreifen. Auch ist Max Müller grundsätzlich nicht gehalten, aus seinem Vermögen das Vermögen eines anderen Rechtssubjekts, nämlich der GmbH, so aufzustocken, dass deren Verbindlichkeiten bedient werden können. Es besteht also keine generelle Nachschusspflicht (vgl. aber § 26 GmbHG).

Gewinne der GmbH kann Müller hingegen bis zur Grenze des rechtlich erforderlichen Mindestkapitalerhalts in seiner Eigenschaft als Alleingesellschafter durch Ausschüttung beliebig in sein (Privat-)Vermögen transferieren

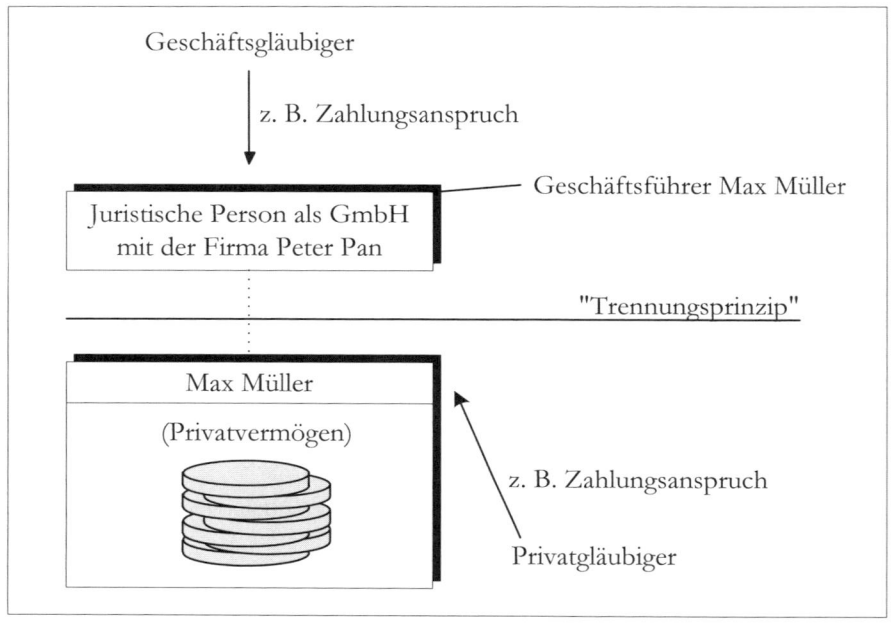

Abb. 6: Haftungsverhältnisse in der Ein-Mann-GmbH mit alleingeschäftsführendem Gesellschafter

und so dem Zugriff der Gesellschaftsgläubiger grundsätzlich dauerhaft entziehen (Ausnahmen: § 3 AnfG und § 129 InsO).

Außerdem kann Max Müller natürlich als solcher, privat, am Rechtsverkehr teilnehmen. Für daraus erwachsende Rechte und Pflichten ist nur er zuständig; die GmbH hat damit überhaupt nichts zu tun, obwohl Max Müller deren Alleingesellschafter und deren Alleingeschäftsführer ist (vgl. Abb. 6).

Bereits hier kann man sich einprägen, dass Mitglieder einer juristischen Person grundsätzlich selber wieder juristische Personen sein können, wodurch das Potenzial der Gestaltungsmöglichkeiten wiederum wächst. Darauf beruht beispielsweise die Holding-GmbH an der Spitze eines vertikal organisierten Konzerns (vgl. Abb. 7).

Beiläufig ist man bei der Behandlung der „Peter Pan"-GmbH mit ihrem Gesellschaftergeschäftsführer auf ein Problem nicht haftungsrechtlicher Natur zu sprechen gekommen, das für alle juristischen Personen grundsätzlich ebenfalls einheitlich zu lösen ist: Das Repräsentationsorgan der juristischen Person (Vorstand, Geschäftsführer) kann zwar personell aus den Reihen der Mitglieder (Vereinsmitglieder, Aktionäre, Gesellschafter etc.) heraus besetzt werden, doch ist dies rechtlich nicht erforderlich und vielfach auch praktisch nicht der Fall. Es besteht bei den juristischen Personen also grundsätzlich (vgl. aber § 9 II GenG) die Möglichkeit der sog. **Drittorganschaft**.

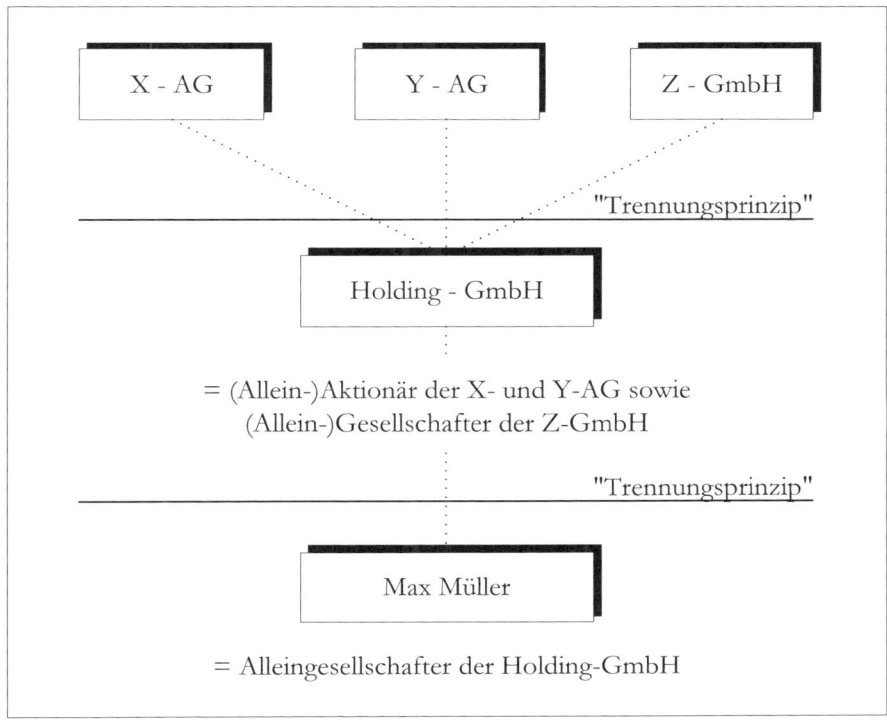

Abb. 7: Holding-GmbH im Vertikal-Konzern

Beispiele: Der Vorstand des im Vereinsregister eingetragenen Kaninchenzüchter-vereins kann, braucht aber nicht zugleich selber Kaninchen züchtendes Vereinsmitglied zu sein (praktisch selten).
Die Mitglieder des Vorstands einer ziemlich maroden AG haben selber keine Aktien dieser Gesellschaft (praktisch die Regel).
Dass der Geschäftsführer einer GmbH zugleich Gesellschafter ist, ist wohl ebenso häufig wie das Gegenteil.

Eine juristische Person ganz eigener Art ist die **Stiftung**, die durchaus auch Bedeutung als Unternehmensträger hat: Als rechtlich verselbständigte Vermögensmasse mit eigener Rechtsfähigkeit kommt sie ganz ohne Mitglieder aus, so dass sich die Frage einer möglichen Drittorganschaft im Grunde gar nicht stellt. §§ 80 ff. BGB überlassen die rechtliche Normierung der Stiftung weitgehend dem Landesrecht.

(3) Rechtssubjektivität der Gesamthandsgemeinschaften, insbesondere sog. Personengesellschaften

Im Rechtsleben finden sich neben natürlichen und juristischen Personen noch eine ganze Reihe weiterer organisierter Rechtsgebilde.

Beispiele: Gesellschaft bürgerlichen Rechts (GbR, §§ 705 ff. BGB), Offene Handelsgesellschaft (OHG, §§ 105 ff. HGB), Kommanditgesellschaft (KG, §§ 161 ff. HGB), Partnerschaftsgesellschaften (§§ 1 ff. PartGG), Stille Gesellschaft (§§ 230 ff. HGB), Erbengemeinschaft, Wohnungseigentümergemeinschaft, (eheliche) Gütergemeinschaft etc.

Nicht allen diesen Erscheinungsformen ist jedoch nachzuspüren. Denn entweder fehlt es - das kann hier nicht näher dargelegt werden - schon an der rechtssubjektiven Dimension, weil die Gemeinschaft nur durch die Teilhabe mehrerer an einem einzigen Gegenstand konstituiert wird, oder es fehlt an der wirtschaftsprivatrechlichen Substanz. Ins Blickfeld rücken sollen also nur GbR, OHG, KG, sowie Partnerschaftsgesellschaft (kurz Partnerschaft) und EWIV, die - nicht sonderlich glücklich - auch als Personengesellschaften bezeichnet werden. Irgendein besonderer persönlicher Zusammenhalt der Personengesellschafter ist zwar häufig, durchaus aber nicht rechtlich notwendig, zumal die Gesellschafter von Personengesellschaften wiederum auch juristische Personen sein können. Präziser ist der Begriff Gesamthandsgesellschaft, der auch im wissenschaftlichen Schrifttum Verwendung findet. Denn GbR, OHG und KG, Partnerschaft und EWIV sind in ihrer rechtssubjektiven Struktur von eben jenem Gesamthandsprinzip geprägt, das den Gegenpol zum Prinzip der juristischen Persönlichkeit bildet.

Das **Gesamthandsprinzip** wirkt dabei nicht nur bei bestimmten Organisationen auf (gesellschafts-)vertraglicher Grundlage, sondern auch bei manchen direkt auf Gesetz beruhenden Gemeinschaftsformen. Terminologischer Oberbegriff ist also „**Gesamthandsgemeinschaften**". Sie differenzieren sich in die auf einem Gesellschaftsvertrag gründenden Gesamthandsgesellschaften, eben den sog. Personengesellschaften, und in sonstige, unmittelbar gesetzlich statuierte Typen von Gesamthandsgemeinschaften, wozu etwa die Erbengemeinschaft (§§ 2032 ff. BGB) oder die Miturheberschaft (vgl. insbesondere § 8 II 1 UrhG) zu nennen sind.

Im Verständnis der Gesamthandsgemeinschaften überhaupt, speziell aber im Verständnis der Gesamthandsgesellschaften (Personengesellschaften), hat sich seit einigen Jahren ein tiefgreifender Wandel vollzogen. Da das Gesetz die **Rechtsfähigkeit** nur zu natürlichen und juristischen Personen ausdrücklich in Beziehung setzt, glaubte man, den Gesamthandsgemeinschaften die Rechtsfähigkeit vorenthalten zu müssen, denn sie waren ja unbestreitbar eben keine juristischen Personen. Auch die historischen Väter des BGB und des HGB dachten wohl so. Mittlerweile steht aber - auch für die Rechtsprechung - fest, dass Rechtsfähigkeit, Rechtssubjektivität, nicht auf natürliche und juristische Personen beschränkt ist. Davon gehen ausdrücklich z. B. auch § 14 BGB, die InsO in § 11 II Nr. 1 sowie § 191 I Nr. 1, II Nr. 1 und 2 UmwG aus. Ohnehin hat der Person-Begriff eher in der Rechtsphilosophie sein Zuhause. Von alledem hat das wirtschaftswissenschaftliche Schrifttum bislang noch keine rechte Notiz genommen. Die Steuerrechtspraxis müsste wegen § 15 EStG (Besteuerung der „**Mitunternehmer**") freilich nicht notgedrungen an der dogmatisch überholten und sachlich verfehlten Ansicht festhalten, die Gesamthandsgemeinschaften und dabei insbesondere die Personengesellschaften entbehrten der Rechtsfähigkeit. Wem sollte denn z. B. das „Gesellschaftsvermögen" (vgl. § 718 BGB) zustehen, wenn die Gesellschaft gar nicht fähig wäre, Rechte und Pflichten, also Vermögen, zu haben, wenn es sie als Rechtssubjekt gar nicht gäbe? Wie könnte das Gesetz von „Verbindlichkeiten der Gesellschaft" sprechen (vgl. §§ 128 f. HGB), wenn nicht die Gesellschaft als deren Schuldner zu betrachten wäre, die dann natürlich auch über die logisch vorausliegende Fähigkeit verfügen muss, als Träger von Rechten und Pflichten, als Rechtssubjekt, zu fungieren?

Trotz der Rechtsfähigkeit auch der Gesamthandsgemeinschaften muss es aber einen **strukturellen Unterschied** zur Rechtssubjektivität der juristischen Personen geben, weil das Prinzip der juristischen Person nun einmal andere Wirkungen erzeugen muss als das Gesamthandsprinzip. Denn sonst wäre die vom Gesetzgeber definitiv gewollte Unterscheidung beseitigt. Jenseits aller subtilen theoretischen Erörterungen lässt sich sagen, dass jedenfalls die für die juristische Persönlichkeit etwa der AG oder GmbH so charakteristische vermögensmäßige Trennung von Gesellschaft einerseits, Gesellschaftern andererseits, bei der Gesamthandsgemeinschaft im Verhältnis zu den Gemeinschaftern nicht bestehen kann. Dann aber bedeutet dies positiv herum formuliert, dass für die Schuldner beispielsweise der OHG als **Gesamthandsgesellschaft** auch deren Gesellschafter persönlich, d. h. mit ihrem jeweiligen (Privat-)Vermögen, einstehen müssen.

Diese aus der rechtssubjektiven Struktur der Gesamthand gegenüber der juristischen Person abgeleitete Erwägung findet für die OHG ihre gesetzliche Bestätigung in § 128 HGB. Demzufolge haften die Gesellschafter der OHG für jedwede Gesellschaftsschuld persönlich, d. h. vor allem auch: mit ihrem jeweiligen Privatvermögen, und zwar in ihrem Verhältnis zueinander als „Gesamtschuldner". Damit verweist § 128 HGB auf den Regelungskomplex der §§ 421 ff. BGB: **Gesamtschuldner** haften „nach Belieben" des Gläubigers jeweils bis zum vollen Umfang des Anspruchs. Mit dem „Belieben" des Gläubigers ist es freilich in Wahrheit wegen des AGG (vgl. nur dessen § 1) nicht mehr weit her, wobei der Umfang der Einflussnahme des AGG hier nicht näher erörtert werden kann. Der Gläubiger kann bei einer Gesamtschuld den Anspruch natürlich insgesamt nur einmal realisieren. Diese Möglichkeit der persönlichen Inanspruchnahme der Gesellschafter besteht übrigens von vornherein und nicht nur dann, wenn die Forderungsrealisierung gegenüber der OHG vielleicht wegen Liquiditätsschwäche auf Schwierigkeiten stößt (anders bei der EWIV: Art. 24 EWIV-VO).

Beispiel: Sind A, B und C Gesellschafter einer OHG, die von V auf Grund eines Kaufvertrages beliefert wurde, so hat V bezüglich seines Zahlungsanspruches (§ 433 II BGB) in Höhe von Euro 9.000 insgesamt 4 Schuldner: Selbstverständlich ist die OHG als Käufer zur Zahlung verpflichtet, aber wenn V das will, kann er beispielsweise aus Eifersucht auch sofort von A, der neulich mit der Frau des V so eng getanzt hat, Zahlung in voller Höhe von Euro 9.000 beanspruchen, selbst wenn die Gesellschaftskasse prall gefüllt ist. Auch aus Sicht des AGG (vgl. hier nur § 1 AGG) sollte dies nicht zu verhindern sein.

Da diese persönliche und gesamtschuldnerische Haftung der gesamthänderischen Gesellschafter ja nur die Chancen der Forderungsrealisierung durch den Gesellschaftsgläubiger erhöhen soll, besteht weder wirtschaftliche noch rechtliche Veranlassung, denjenigen Gesellschafter, der an Stelle der Gesellschaft und der Mitgesellschafter den Gläubiger wegen dessen Forderung befriedigt hat, als endgültigen **Kostenträger** zu belasten. Da Auslöser der ganzen Angelegenheit ja eine Schuld der Gesellschaft war, ist es vielmehr recht und billig, einen Rückgriff auf das Gesellschaftsvermögen zu eröffnen (sog. **Tilgungsregress** gegen die Gesellschaft). Dies tut das Gesetz im Fall des persönlich haftenden Gesellschafters einer OHG durch § 110 HGB, was der Gesetzestext nicht sehr deutlich erkennen lässt.

Außerdem ist es ja reiner Zufall, welchen der Gesamtschuldner der Gläubiger belangt und in welcher Höhe. Genauso gut hätte es ja im obigen Beispiel der B oder der C sein können, der von V in Anspruch genommen wird. Gesamtschuldner müssen sich deshalb - unabhängig davon, ob sie Gesellschafter sind oder nicht - nach § 426 I und II BGB ausgleichen, wenn der Gläubiger von einem der Gesamtschuldner befriedigt wurde. Der Umfang dieses **Tilgungsregresses** bestimmt sich dabei grundsätzlich nach gleichen Teilen, sofern nicht etwas anderes bestimmt ist. Diese anderweitige Bestimmung kann namentlich gesellschaftsvertraglich durch unterschiedliche **Verlusttragungsquoten** angeordnet sein (vgl. aber zum Grundsatz auch gesellschaftsrechtlich § 722 I BGB, der über § 105 I HGB auch auf die OHG Anwendung findet). Im Regelfall muss im Beispiel der A bei dem Regress im Wege des § 426 BGB also einen Verlust in Höhe von Euro 3.000 selber tragen. Gleichgültig dabei ist, ob es sich um den Anspruch aus § 426 I BGB handelt oder um den kraft Gesetzes übergegangenen Anspruch des Gesamtschuldgläubigers (§ 426 II BGB).

Da jeden Gesellschafter eine letztlich aus „Treu und Glauben" (vgl. § 242 BGB) fließende sog. **Treuepflicht** gegenüber seinen Mitgesellschaftern trifft, muss er deren Privatvermögen nach Kräften auch im Regress schonen. Es muss also zunächst versucht werden, den Tilgungsregress nach § 110 HGB gegenüber der Gesellschaft durchzuführen. Erst wenn dies scheitert oder auf wesentliche Schwierigkeiten stößt, darf nach § 426 BGB vorgegangen werden. Auch der Eigennutz wird den Weg über § 110 HGB nahe legen. Denn diese Regressforderung hat, wie der Wortlaut des § 110 HGB klar zeigt, denselben Umfang, wie die Leistung des Gesamtschuldners an den Gläubiger, nicht nur, wie grundsätzlich nach § 426 BGB, eine Quote davon. Die gesamte rechtliche Mechanik veranschaulicht für die OHG Abb. 8, wobei der Einfachheit halber von gleichen Verlusttragungsquoten der Gesellschafter ausgegangen wird.

Für die GbR gilt prinzipiell dasselbe, bloß fehlen leider so „glatte" Normen wie bei der OHG. Was die persönliche, gesamtschuldnerische Haftung der GbR-Gesellschafter für Schulden der GbR anlangt, muss man sich folgendes in Erinnerung rufen: Diese persönliche Haftung folgt aus ganz allgemeingültigen Überlegungen zur Struktur der Gesamthand, bei der das für die juristische Person charakteristische Trennungsprinzip gerade nicht wirksam werden darf. So gesehen knüpft § 128 HGB also gar nicht an die spezielle Gesellschaftsform der OHG an, sondern ist nichts anderes als der Ausdruck des auch für die GbR maßgeblichen **Gesamthandsprinzips**. Dies rechtfertigt die analoge Anwendung des § 128 HGB auf die GbR. Der Tilgungsregress des Gesellschafters gegenüber der GbR ist hingegen wieder im Gesetz angelegt, allerdings über die nicht leicht handhabbare Verweisungskette der §§ 713, 670 BGB („Beauftragter" = Gesellschafter; „Aufwendungen..." = Leistung an den Gesellschaftsgläubiger; „Auftraggeber" = GbR). Insoweit ist also jeder GbR-Gesellschafter „geschäftsführend".

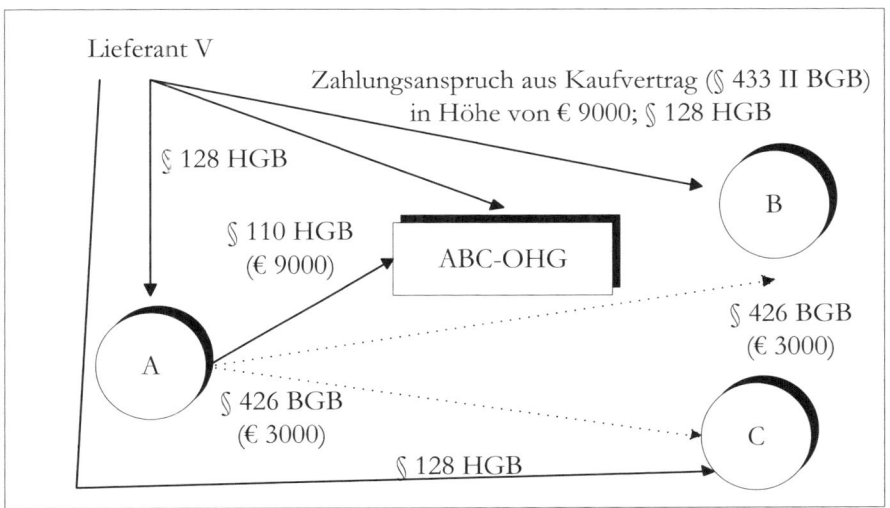

Abb. 8: Gesellschaftsschuld, persönliche Haftung und Tilgungsregress am Beispiel der OHG

Ebenfalls für alle Gesamthandsgesellschaften grundsätzlich einheitlich (für die EWIV s. jedoch Art. 19 EWIV-VO: „Geschäftsführer"!) gilt schließlich auch die Umkehrung des für die juristischen Personen weithin kennzeichnenden Prinzips möglicher Drittorganschaft, also der Zwang zur **Selbstorganschaft**: Ein Personengesellschaftsvertrag, der die Repräsentation durch wenigstens einen der Gesellschafter unmöglich machen wollte, indem er alle Gesellschafter von der Vertretung, der Repräsentation, ausschlösse, wäre zumindest in diesem Punkt rechtlich unbeachtlich, unheilbar unwirksam, nichtig.

c) Einzelkaufmann und Handelsgesellschaft

(1) Schlüsselfunktion des Kaufmannsbegriffs

Einzelkaufleute und Handelsgesellschaften sind keine Rechtssubjekte, die neben den bisher vorgestellten rechtsfähigen Größen, nämlich natürlichen und juristischen Personen sowie Gesamthandsgemeinschaften, stünden. Es handelt sich vielmehr um besondere rechtliche Qualitäten von natürlichen Personen einerseits, von juristischen Personen und Gesamthandsgesellschaften („Personengesellschaften") andererseits. Die Kriterien für die Eigenschaft als Kaufmann oder als Handelsgesellschaft sind dabei grundsätzlich dieselben. Oder anders herum: Auch eine Handelsgesellschaft ist „Kaufmann". Dies ist der Sinn des undurchsichtigen § 6 I HGB. Das Gesetz definiert den Kaufmann also nur der Einfachheit halber am Leitbild des **Einzelunternehmers**. Alle Vorschriften, die irgendwie auf den Kaufmann Bezug nehmen, muss man sich also in einer parallelen Textfassung auch für **Handelsgesellschaften** vorstellen.

Der Kaufmannsbegriff besitzt für das deutsche Wirtschaftsprivatrecht immer noch eine **Schlüsselfunktion**. Das Handelsrecht baut naturgemäß gerade auf dem Kaufmannsbegriff auf: Die speziellen Sondernormen für „Handelsgeschäfte" aller Art setzen grundsätzlich die Beteiligung eines Kaufmanns voraus (vgl. § 343 HGB), wenngleich das HGB dieses früher konsequent durchgeführte sog. subjektive System mittlerweile mit den §§ 383 II, 407 III 2, 453 III 2 und 467 III 2 HGB aus Gründen der europäischen Rechtsangleichung doch erheblich abgeschwächt hat. Die Prokura hat zur notwendigen (aber nicht hinreichenden!) Bedingung, dass sie von einem Kaufmann erteilt wird (vgl. § 48 I HGB). Die „Firma" ist ein rechtlich besonders geschützter, nur Kaufleuten zugänglicher Name (vgl. §§ 17 ff. HGB). Die Vereinbarung eines vom Gesetz abweichenden Gerichtsstandes (sog. **Prorogation**) ist grundsätzlich ausgeschlossen, wenn die Kaufmannseigenschaft fehlt (vgl. § 38 ZPO). Diese keinesfalls abschließende Aufzählung sollte genügen, um sich der

Wichtigkeit des Kaufmannsbegriffs (bzw. des Begriffs der Handelsgesellschaften) zu vergewissern.

Der früher verliehene akademischen Titel „Diplom-Kaufmann" hat übrigens mit dem handels- und gesellschaftsrechtlichen Kaufmannsbegriff nichts zu tun. Auseinander zu halten sind im deutschen Recht auch „Kaufmann" und „Unternehmer" (dazu nachfolgend mehr), ein Begriff, der zunehmend in den gesetzlichen Regelungen den „Kaufmann" verdrängt. Ausländischen Rechten ist diese Unterscheidung ohnehin nicht geläufig. Sie beziehen das Wirtschaftsrecht allein an dem, was dem deutschen Unternehmerbegriff entspricht.

(2) Gewerbe/Handelsgewerbe

Gemäß § 1 I HGB ist **Kaufmann**, wer ein **Handelsgewerbe** betreibt. Wegen § 6 I HGB ist die Handelsgesellschaft demnach ebenfalls durch ihren handelsgewerblichen Zweck definiert. In den Wirtschaftswissenschaften wie auch im Alltagssprachgebrauch verbindet sich mit Kaufmann bzw. Handel ein Begriffsverständnis, das an der Warendistribution orientiert ist und in mancherlei Gegensatzpaare eingestellt wird.

Beispiel: „Industrie- und Handelskammer"; „Handel und Gewerbe weiter auf Expansionskurs" (Zeitungsmeldung); „Handel und Handwerk müssen an einem Strang ziehen" (aus einer Verbandszeitschrift).

Von diesem **Begriffsverständnis** muss man sich vollkommen lösen und die Prüfung der Kaufmannseigenschaft bzw. des Vorliegens eines Handelsgewerbes (die Kriterien sind dieselben, § 1 I HGB!) völlig schematisch, also (vorbehaltlich des Vorliegens eines sog. Formkaufmanns! Dazu nachfolgend mehr) nach den Vorschriften der §§ 1 II ff. HGB durchführen. Die §§ 1 ff. HGB beschäftigen sich allerdings nur damit, was ein Gewerbe gerade zum Handelsgewerbe werden lässt, setzen also voraus, dass die betreffende, auf ihre Qualität als Handelsgewerbe untersuchte Tätigkeit überhaupt ein Gewerbe darstellt. Anders ausgedrückt: Das „Handelsgewerbe" ist eine Teilmenge der Gesamtmenge „Gewerbe".

Der **Gewerbebegriff** ist nirgends gesetzlich festgelegt, weder in der GewO noch sonstwo. § 15 II EStG äußert sich zwar zu den Merkmalen eines Gewerbebetriebes, allerdings in einem ganz speziellen öffentlichrechtlichen Zusammenhang, nämlich bei der Besteuerung von Einkünften aus einer ganz bestimmten Einkunftsart. Wirtschaftsprivatrechtlich ist Gewerbe im Wesentlichen die in wirtschaftlicher Selbständigkeit (nicht als Arbeitnehmer) vorgenommene, auf Dauer angelegte, also planmäßig-fortgesetzte Wirtschaftstätigkeit, durchweg als Verfolgung einer Gewinnerzielungsabsicht. Auf Frequenz bzw. Intensität der betätigten Gewinnerzielungsabsicht kommt es dabei nicht an.

Beispiel: Arbeitnehmer in einem Automobilwerk, die „alle Jahre wieder" einen privaten Wagen mit Mitarbeiterrabatt beziehen, um ihn mit erheblichem Gewinn nach Ablauf der Bindungsfrist wieder zu veräußern, betätigen sich insofern selbständig und planmäßig-fortgesetzt mit Gewinnerzielungsabsicht. Sie betreiben mithin diesbezüglich ein Gewerbe.

Nicht jedem freilich wird eine **Gewinnerzielungsabsicht** geglaubt, selbst wenn er sie noch so nachhaltig bekunden sollte. Dazu zählen pikanterweise durchaus Berufsfelder, die typischerweise nicht gerade schlecht dotiert sind, vor allem Rechtsanwälte, Steuerberater, Wirtschaftsprüfer, Ärzte und Architekten. Bei diesen **Freiberuflern** wird von der Rechtsordnung selber die Gewerbetätigkeit (mangels Gewinnerzielungsabsicht bzw. Wirtschaftstätigkeit!) schlicht wegdefiniert. So formuliert beispielsweise § 2 BRAO, der Rechtsanwalt betreibe kein Gewerbe, sondern sei Organ der Rechtspflege. Auch Wissenschaftler und Künstler (wohl aber Apotheker!) werden nach schon lange h. M. angeblich als solche, in ihrer spezifischen Betätigung, von keiner Gewinnerzielungsabsicht geleitet, obwohl doch die wenigsten Wissenschafler Gutachten, Publikationen und Vorträge zum „Null-Tarif" tätigen und auch Künstler nicht ohne Honorar aufzutreten, Bilder und Skulpturen zu fertigen und zu veräußern pflegen.

Ganz im Sinne der h. M. existiert auch ein zusammenfassender gesetzlicher **Katalog** derartiger sog. freier Berufe, nämlich in § 1 II PartGG. Zwar heißt es dort, „i. S. dieses Gesetzes" würden **freie Berufe** aufgeführt. Dem steht aber nicht entgegen, den Katalog des § 1 II PartGG auch im Rahmen des Gewerbebegriffs als Hilfsmittel dafür heranzuziehen, welche Tätigkeiten von Rechts wegen ohne Gewinnerzielungsabsicht ausgeübt werden, weil § 1 II PartGG nur die h. M. aufgreift und ausführt. Bei alledem handelt es sich freilich um einen merkwürdigen Mythos: An Aufwand und Ertrag orientierte Überlegungen sollen jenen Tätigkeiten fremd sein, die den hehren Zwecken der Rechtspflege, der Gesundheitssorge, des wissenschaftlichen Fortschritts, der schönen Künsten etc. gelten! Da alle diese sog. Freiberufler von Rechts wegen also überhaupt kein Gewerbe betreiben, können sie natürlich auch kein Handelsgewerbe betreiben. Alle ein Handelsgewerbe voraussetzenden Normen sind für sie grundsätzlich unanwendbar. Über die Ausnahme des sog. Formkaufmanns (in diesem Zusammenhang namentlich als GmbH) wird noch zu sprechen sein.

Beispiel: Eine Anwaltssozietät kann niemals als OHG verfasst sein, weil § 105 I HGB – schon mangels Gewerbe – keine Anwendung finden kann. In Betracht kommt aber durchaus eine GmbH als „law firm".

Ob Gewinnerzielungsabsicht für den Gewerbebegriff wirklich konstitutiv ist, wird zunehmend angezweifelt. Rechtspraktische Konsequenzen ergeben sich aber nicht, da auch die neuere Meinung die **freien Berufe** aus dem Gewerbebegriff heraushalten will, da es sich insoweit um keine wirtschaftliche Tätigkeit handele, die von dieser Meinung als prägend für den Gewerbebegriff betrachtet wird. Und darüber, dass eine **karitative Tätigkeit** kein Gewerbe darstellt, sind sich beide Auffassungen ohnehin einig.

Betreiber des Gewerbes ist derjenige, für den, also in dessen Namen, die Geschäfte getätigt werden. Für die Kaufmannseigenschaft vorausgesetzt ist dabei lediglich Rechtsfähigkeit. Auf die Eigentumsverhältnisse an den Betriebsmitteln kommt es nicht an.

Beispiele: Der verwitwete Unternehmer U hinterlässt bei seinem Tode als Alleinerben seinen 2-jährigen Sohn S, für den der Vormund V bestellt wird. S, nicht etwa V oder der Manager M, betreibt das Gewerbe.
Gastwirt G hat eine Gastwirtschaft der Brauerei B gepachtet. Die Gastwirtschaft betreibt G, nicht etwa B. Maschinenfabrikant M produziert mit geleasten Maschinen Fahrräder. Obwohl ihm die Maschinen nicht gehören, ist M und nicht etwa der Leasinggeber bezüglich der Fahrradproduktion Gewerbetreibender.

(3) Der „Musskaufmann" („Ist-Kaufmann")

Erst wenn feststeht, dass überhaupt ein Gewerbe betrieben wird, kann nunmehr anhand des HGB geklärt werden, ob es sich dabei um ein **Handelsgewerbe** handelt, dessen Inhaber (Rechtsträger) dann also nicht nur Gewerbetreibender, sondern gemäß § 1 I HGB **Kaufmann** ist. Das Kriterium dafür liefert § 1 II HGB. Demnach ist grundsätzlich jedes Gewerbe Handelsgewerbe. Ausgenommen ist aber ein Unternehmen, das „nach Art oder Umfang einen in kaufmännischer Weise eingerichteten Geschäftsbetrieb nicht erfordert". Im Umkehrschluss ist ein Gewerbe dann Handelsgewerbe, wenn das Unternehmen nach Art und Umfang einen in kaufmännischer Weise eingerichteten Geschäftsbetrieb, also eine kaufmännische Organisation, braucht. Nur weil das Gesetz das Vorliegen eines Handelsgewerbes vermutet, was für Zweifelsfälle in der Praxis hilfreich ist, formuliert es dieses Kriterium in der Verneinung, also als Ausschlussgrund.

Entscheidend ist also, ob das (gewerbliche) Unternehmen einer geordneten Personal- und Materialwirtschaft, einer Produktions- und Investitionsplanung, eines ausgebauten betrieblichen Rechnungswesens, elektronischer Datenverarbeitung etc. bedarf. Obwohl § 1 II HGB auch auf die „Art" des Unternehmens abstellt, läuft die Prüfung, ob tatsächlich ein Handelsgewerbe vorliegt, fast ausnahmslos auf Betriebsgröße und Umsatz, also auf den „Umfang", hinaus. Letztlich kommt es aber natürlich immer auf das **betriebliche Gesamtbild** an, also auf die Zusammenschau von Umsatz, Mitarbeiterzahl, Kapitaleinsatz, Produktdiversifikation etc. Zu beachten bleibt auch, dass das Gesetz nicht darauf abstellt, ob eine kaufmännische Unternehmensorganisation vorhanden ist, sondern darauf, ob eine solche aus betriebswirtschaftlicher Sicht erforderlich ist, um das Unternehmen sinnvoll zu steuern.

Beispiel: Ein junger Unternehmensgründer mit 2 Teilzeit-Mitarbeitern und Euro 20.000 Jahresumsatz plant von Anfang an so großzügig, dass mit der vorhandenen EDV und den betrieblichen Strukturen das Unternehmen auch mit 200 Mitarbeitern bei vielen Millionen Euro Jahresumsatz gut funktionieren würde: (noch) kein Handelsgewerbe nach § 1 II HGB.

Ob dieses Handelsgewerbe dann im Handelsregister eingetragen ist, spielt keine Rolle: Der Kaufmann ist zwar nach § 29 HGB verpflichtet, seinen Handelsnamen, also seine Firma (§ 17 HGB), zur Eintragung anzumelden. Als Betreiber eines Handelsgewerbes ist er jedoch schon jetzt Kaufmann wegen § 1 I HGB. Die Eintragung im Handelsregister hat hier somit lediglich **deklaratorische Bedeutung**. Von daher macht es auch durchaus Sinn, bei den Gewerbetreibenden, die nach § 1 II HGB ein Handelsgewerbe betreiben, von „Muss-" (oder: „Ist-")Kaufleuten zu sprechen. Denn sie erwerben bei Vorliegen der gesetzlichen Voraussetzungen (also beim Betrieb eines Gewerbes, das eine kaufmännische Organisation braucht) zwangsläufig, ohne Rücksicht auf ihren Willen, die Rechtsstellung eines Kaufmanns. Der Gesetzgeber selber hat sich übrigens in seiner Terminologie nicht festgelegt: Die Paragraphenüberschriften der üblichen Textausgaben zum HGB enthalten zwar solche Etiketten, doch handelt es sich dabei nicht um den amtlichen Gesetzestext.

(4) Der „Kannkaufmann"

§ 2 HGB erklärt ein gewerbliches Unternehmen, dessen Gewerbebetrieb nicht schon nach § 1 II HGB Handelsgewerbe ist, dann zum Handelsgewerbe, wenn die „Firma des Unternehmens in das Handelsregister eingetragen" ist. Ob der Unternehmer diese hier **konstitutive Eintragung** erwirkt oder nicht, steht in seinem völlig freien Belieben. Ebenso steht ihm frei, ob er Kaufmann bleiben will, denn er kann grundsätzlich jederzeit die **Löschung seiner Firma** im Handelsregister herbeiführen (§ 2 S. 3 HGB). Diese Möglichkeit entfällt selbstverständlich, wenn nunmehr ein Handelsgewerbe nach § 1 II HGB betrieben wird, dann ist aus dem „Kannkaufmann" zwischenzeitlich ja ein „Musskaufmann" geworden, der nach § 29 HGB zur Eintragung seiner Firma im Handelsregister verpflichtet ist. Weil sich ein derartiger Gewerbetreibender also eintragen lassen kann, wenn er will, aber nicht muss, wenn er nicht will, und darüber hinaus seinen Kaufmannsstatus auch nach Belieben wieder aufheben kann, mag man hier vom allgemeinen „Kannkaufmann" sprechen. Kleinen Gewerbebetrieben mit wenig Mitarbeitern, geringem Umsatz etc., die also keinen in kaufmännischer Weise eingerichteten Geschäftsbetrieb benötigen, wird somit der volle Zugang zum Handelsrecht eröffnet.

Beispiele: Ingo, Inhaber eines neu gegründeten Unternehmens, das Individual-software produziert, möchte als Seriositätsausweis im Handelsregister stehen, was eine Firma voraussetzt (nur ein solcher Name wird dort eingetragen); die Firma ihrerseits steht freilich nur einem Kaufmann zu (vgl. § 17 HGB; die For-mulierung von § 2 S. 1 HGB ist sonach im Grunde falsch: die Firma ist der Name des kaufmännischen Unternehmers, nicht des Unternehmens!).
Nach Jahren eines großartigen Aufschwungs möchte Ingo nicht mehr Kaufmann sein, um seinen handelsrechtlichen Verpflichtungen nach §§ 238 ff., 242 ff. HGB zu entgehen: Dem Löschungsantrag Ingos kann nicht entsprochen werden, weil sein Unternehmen mittlerweile nach Art und Umfang einen kaufmännisch eingerichteten Geschäftsbetrieb erfordert: Ingo ist sonach ja gar kein „Kann-kaufmann" mehr, sondern in Wahrheit „Musskaufmann" geworden.

Eine Ausnahme gegenüber § 1 II HGB normiert § 3 I HGB: Land- und forstwirtschaftliche (nicht: fischwirtschaftliche!) Betriebe rechnen selbst dort nicht zum Handelsgewerbe, wo begrifflich § 1 II HGB erfüllt ist. Solche Un-ternehmen haben aber dann, wenn sie nach Art und Umfang einen in kaufmännischer Weise organisierten Geschäftsbetrieb benötigen, die Möglich-keit zum Handelsgewerbe zu werden, indem sie die **konstitutive Eintragung** im Handelsregister herbeiführen. Vor Eintragung existiert noch kein Handels-gewerbe, so dass sein Betreiber auch noch nicht die Kaufmannseigenschaft hat. Ob er diesen Kaufmannsstatus erlangen will, steht wiederum - wie beim „Kannkaufmann" nach § 2 HGB - ganz in seinem Belieben. Mit Blick auf den branchenmäßig ja völlig offenen „Kannkaufmann" im allgemeinen Sinne nach § 2 HGB kann man hier also speziell vom **land- und forstwirtschaftlichen** „Kannkaufmann" sprechen. Im Gegensatz zum allgemeinen „Kannkauf-mann" darf der land- und forstwirtschaftliche „Kannkaufmann" jedoch - wie sich aus dem kritischen Textvergleich zwischen § 3 II und § 2 S. 3 HGB ergibt, nicht jederzeit seine Kaufmannseigenschaft ablegen. Dies ist bei ge-nauerer Betrachtung aber vom Gesetzgeber durchaus konsequent konzipiert, denn der land- und forstwirtschaftliche Gewerbetreibende hat ja die Eintra-gungsoption überhaupt nur, sofern sein Unternehmen nach Art und Umfang eine kaufmännische Organisation benötigt. Begrifflich würde hier ohne § 3 I HGB also schon ein Handelsgewerbe i. S. von § 1 II HGB betrieben, so dass kein Grund besteht, eine einmal erfolgte Eintragung nach Belieben aufheben zu können: Auch der allgemeine Kannkaufmann hat diese Möglichkeit schließlich dann nicht, wenn er - wie in vorstehendem Beispiel - in den muss-kaufmännischen Bereich des § 1 II HGB hineingewachsen ist.

Für das land- und forstwirtschaftliche **Nebengewerbe** gilt nach § 3 III HGB dasselbe wie für ein derartiges Hauptgewerbe. Der Sinn dieser Vorschrift liegt darin, den Kaufmannsstatus insoweit betriebsdifferenzierend nutzen zu kön-nen.

Beispiele: Der vorpommersche Großbauer kann, aber muss sich nicht eintragen lassen. Entscheidet er sich für die Eintragung, ist und bleibt er Kannkaufmann,

solange er Großbauer ist.
Durch Eintragung im Handelsregister kann für die im Nebengewerbe betriebe-
ne Mühle, Molkerei oder Schnapsbrennerei - bei entsprechender Größe - die
Qualität als Handelsgewerbe nur darauf beschränkt erworben werden.

(5) „Fiktiv"- und „Scheinkaufmann"

Nicht selten sind Unternehmer mit einer Firma im Handelsregister eingetragen, ohne dass die für eine Eintragung erforderlichen Voraussetzungen erfüllt
sind. Nach dem schon seit 1998 geltenden Kaufmannsrecht, das keinen sog.
Minderkaufmann mehr kennt, kommt nur noch der Fall in Betracht, dass
überhaupt kein Handelsgewerbe (mehr) betrieben wird.

Beispiel: Die früher florierende und zu dieser Zeit im Handelsregister eingetragene Maschinenfabrik (Handelsgewerbe nach § 1 II HGB) sinkt auf ein nach Art
oder Umfang niedriges Niveau herab. Da ein Nichtkaufmann vom Firmenrecht
ausgeschlossen ist, dürfte jetzt keine Firma mehr eingetragen sein.

Im Interesse der Rechtssicherheit wird in diesen Fällen durch den praktisch
nicht mehr sehr bedeutsamen, ziemlich verklausulierten § 5 HGB das Vorliegen eines - in Wahrheit ja nicht vorhandenen - Handelsgewerbes unterstellt, so
lange die Eintragung im Handelsregister noch vorliegt. Da die Eintragung
allerdings zu Unrecht besteht, ist sie grundsätzlich zu beseitigen, sobald die
wahre Sach- und Rechtslage erkannt ist. Bis dahin aber gilt die Unterstellung,
die **Fiktion**, es existiere ein kaufmännisches Unternehmen. Sie wirkt zu Gunsten wie zu Ungunsten des Eingetragenen, dem alle Rechte eines Kaufmanns
zugänglich sind (z. B. Prokuraerteilung), den anderseits auch die diesbezüglichen Nachteile treffen (z. B. Buchführungs- und Bilanzierungspflicht, Notwendigkeit einer Mängelrüge nach § 377 HGB). Ob der Eingetragene (der
„Fiktivkaufmann") oder sein Geschäftspartner auf Grund bestehender Informationen und guter Rechtskenntnisse weiß oder wissen müsste, dass die
Eintragung zu Unrecht erfolgt ist oder fortbesteht, ist dabei belanglos. § 5
HGB schützt also nicht nur Gutgläubige, sondern wirkt sogar für und gegen
den fälschlicherweise Eingetragenen selber (**Merkspruch**: Wirkung für und
gegen alle, ohne Rücksicht auf den guten Glauben).
Nicht jeder Mangel in den Eintragungsvoraussetzungen wird durch eine den-
noch erfolgte oder fortbestehende Eintragung im Handelsregister geheilt.
Liest man § 5 HGB aufmerksam, erkennt man, dass die dortige Fiktion des
Kaufmanns neben der (konstitutiven!) Eintragung noch verlangt, dass überhaupt ein Gewerbe vorliegt.

Beispiel: Die mit einer üppigen Pension versorgte, kinderlose Generalswitwe betreibt ein größeres Wollgeschäft, allein um der Vereinsamung entgegenzu-

wirken. Dementsprechend sind die Verkaufspreise praktisch auf Selbst-
kostenbasis kalkuliert. Mangels Gewinnerzielungsabsicht bzw. Wirtschaftstätigkeit fehlt es mithin an einem Gewerbe, so dass entgegen dem ersten
Anschein § 1 II HGB nicht einschlägig ist und deshalb erst recht kein kaufmännisches Unternehmen vorliegen kann. Selbst wenn aus irgendwelchen Gründen
das Unternehmen im Handelsregister eingetragen ist, gilt die Witwe nicht als
Kaufmann, da der Fiktivkaufmann i. S. des § 5 HGB immerhin den wirklichen
Betrieb eines Gewerbes verlangt.

Die 1998 erfolgte Neuregelung des Kaufmannsbegriffs in den §§ 1 ff. HGB
hat den **Fiktivkaufmann** sehr entwertet, und zwar in dem Maße, in dem § 2
HGB n. F. den (allgemeinen) Kannkaufmann neuen Rechts etabliert hat. Wird
heute der Antrag auf Eintragung eines Unternehmens gestellt, das nach Art
oder Umfang keine kaufmännische Organisation erfordert, so ist demnach in
jedem Fall einzutragen, zwar nicht wegen §§ 1 II, 29 HGB mit deklaratori-
scher, wohl aber nach § 2 S. 2 HGB mit konstitutiver Wirkung. Schrumpft ein
Handelsgewerbe unter den definitorischen Standard des § 1 II HGB, so greift
§ 5 HGB strenggenommen ebenfalls nicht ein, solange der Unternehmer nicht
den Löschungsantrag nach § 2 S. 3 HGB gestellt hat und die Firma daraufhin
gelöscht wurde. Der zwischenzeitliche begriffliche Übergang vom ursprünglichen musskaufmännischen zum (allgemeinen) kannkaufmännischen Unternehmen ist insoweit folgenlos. Für die **Formkaufleute** (zu ihnen sogleich)
spielen diese Überlegungen nach § 6 II HGB ohnehin keine Rolle. Nach alledem dürfte der Fiktivkaufmann praktisch nur noch im Bereich der land- und
forstwirtschaftlichen kannkaufmännischen Unternehmen eine gewisse Rolle
spielen.

Beispiel: Ein florierender landwirtschaftlicher Großbetrieb macht von der Eintra-
gungsoption des § 3 II HGB Gebrauch. Als die Geschäfte immer schlechter
gehen und eine kaufmännische Unternehmensorganisation nicht mehr benötigt
wird, entfällt damit die Eintragungsgrundlage und die Firma ist im Handelsregister zu löschen. Solange dies aber noch nicht geschehen ist, greift die
Fiktion des § 5 HGB.

Das Gesetz hat bei seiner Regelung übersehen, dass nicht nur durch eine Eintragung im Handelsregister, sondern auch durch die Angabe einer „Firma" auf
Geschäftspost, Visitenkarten und in Anzeigen oder durch die Ernennung
eines „Prokuristen" der **Rechtsschein** einer kaufmännischen Unternehmung
hervorgerufen werden kann. Offengelassen hat das Gesetz ferner eine Regelung für den Fall, dass zwar die Eintragung einer Firma im Handelsregister
erfolgte, dass aber überhaupt kein Gewerbe betrieben wird, so dass § 5 HGB
nicht eingreift.
Diese beiden Lücken hatte die h. M. mit der Lehre vom **Scheinkaufmann**
geschlossen. Wer in der genannten Weise, also außerhalb des Handelsregisters,
den Anschein eines Kaufmanns erzeugt, sollte von seinen gutgläubigen Geschäftspartnern zu seinen Lasten wie ein Kaufmann behandelt werden dürfen.

Diese Auffassung überzeugt aber in ihrem Ansatz nicht mehr, seitdem das Gesetz die jeweilige Rechtsform durchweg zur Pflichtangabe in der Firma macht (vgl. hier nur § 19 HGB, § 4 AktG und GmbHG). Nur darauf kann sich ein schützenswerter guter Glaube heute stützen. Oder andersherum gesagt: Nur wer fälschlicherweise (auch schuldlos!) in der Bezeichnung seines Unternehmens den Kaufmannsstatus deklariert, muss sich von Gutgläubigen zu seinen Lasten nach Handelsrecht behandeln lassen.

Beispiel: Der nicht im Handelsregister eingetragene Kleinunternehmer Malermeister Meier, wirbt in Anzeigen mit „Malergeschäft Manfred Meier e. K."

Die Anwendung des tatsächlich geltenden Rechts (BGB ohne HGB) bleibt unbenommen. Nach wie vor und im Einklang mit der h. M. ist ferner festzustellen, dass der Unternehmer (Scheinkaufmann) sich nicht etwa selber auf den Kaufmannsstatus berufen kann.

(6) Handelsgesellschaften, insbesondere der „Formkaufmann"

Wird ein Unternehmen in der Rechtsform einer juristischen Person als AG, KGaA, GmbH, als Genossenschaft oder als (größerer) VVaG geführt, so knüpft das Gesetz (§§ 3, 278 III AktG, 13 III GmbHG, 17 II GenG, §§ 16, 53 VAG) allein an diese Rechtsform, also ohne jede Rücksicht auf das wirkliche Vorliegen eines Gewerbes oder eines Handelsgewerbes nach den §§ 1 II ff. HGB, den Status eines Kaufmanns bzw. einer Handelsgesellschaft.

Beispiel: „Brot für die Welt"-GmbH und „Braunschweiger-Jägermeister-Fußball"-AG sind rechtlich möglich und trotz fehlender bzw. angeblich fehlender Gewinnzielungsabsicht Handelsgesellschaften.

Auf diese in der rechtlichen Struktur vom rechtsfähigen (Wirtschafts-)Verein i. S. des § 22 BGB abgeleiteten juristischen Personen, die zu ihrer Existenz grundsätzlich der (konstitutiven!) Eintragung in einem Register bedürfen (vgl. z. B. §§ 41 I 1 AktG, 11 I GmbHG) und die damit allein wegen ihrer Rechtsform als sog. **Formkaufleute** dem Handelsrecht unterliegen, bezieht sich also § 6 II HGB, wenn er von einem „Verein" spricht, „dem das Gesetz ohne Rücksicht auf den Gegenstand des Unternehmens die Eigenschaft eines Kaufmanns beilegt". Auf solche Formkaufleute soll § 1 II HGB keine Anwendung finden. Positiv formuliert heißt dies, dass Formkaufleute immer **Kaufleute** sind, selbst wenn Art und Umfang des Unternehmens keinen kaufmännisch organisierten Geschäftsbetrieb (mehr) erfordern sollten.

Beispiel: Eine GmbH unterhält gar keinen Geschäftsbetrieb mehr, sondern wird nur noch als rechtsförmliche Hülle, als sog. Mantel, aufrechterhalten: Handelsgesellschaft!

Die strukturelle Logik des Kaufmannsbegriffs veranschaulicht Abb. 9. Nach dieser Logik hat auch die Prüfung zu erfolgen, ob in einem konkreten Fall ein kaufmännisches Unternehmen vorliegt.

OHG und KG sind hingegen **keine Formkaufleute**. Sie müssen ganz im Gegenteil wirklich ein Handelsgewerbe betreiben, um OHG oder KG sein zu können (vgl. §§ 105!, 161 I HGB). Damit macht das Gesetz zur grundsätzlichen Bedingung für die Existenz einer OHG oder KG, dass das gemeinschaftliche Gewerbe nach Art und Umfang eine kaufmännische Organisation erfordert. Mit § 105 II HGB wird der Einsatzbereich von OHG und KG allerdings enorm erweitert. Denn eine Gesellschaft, deren Gewerbebetrieb nicht schon nach § 1 II HGB Handelsgewerbe ist oder die nur eigenes Vermögen verwaltet (somit als sog. **Besitzgesellschaft** gegenüber der **Betriebsgesellschaft** bei „**Betriebsspaltung**" nicht einmal der Gewinnerzielung dient und damit kein Gewerbe darstellt!), ist je nach Haftungsabrede dennoch OHG oder KG, wenn ihre Firma in das Handelsregister eingetragen ist. Dabei soll § 2 S. 2 und 3 HGB entsprechend gelten. Ganz wie für den einzelunternehmerischen Kannkaufmann besteht also eine generelle, beliebig wählbare Option für die Personenhandelsgesellschaft bei konstitutiver Eintragung. Die **kannkaufmännische OHG bzw. KG** hat umgekehrt jederzeit die Möglichkeit, durch Löschung im Handelsregister auf ihren Wunsch den Status als Personenhandelsgesellschaft wieder zu verlassen, vorausgesetzt, sie bedarf keiner kaufmännischen Unternehmensorganisation. Denn in einem solchen Fall wird ja tatsächlich ein musskaufmännisches Handelsgewerbe nach § 1 II HGB betrieben, was im Personengesellschaftsbereich zwingend OHG bzw. KG mit der Verpflichtung zur (freilich nur deklaratorischen) Eintragung im Handelsregister gemäß § 106 I HGB (ggf. i. V. m. § 161 II HGB) zur Folge hat.

Beispiel: Schlau und Pfiffig betreiben gemeinschaftlich eine Kapitalanlageberatung, zunächst ganz ohne Personal und mit sehr kleiner Klientel. Auf Wunsch können sie die Unternehmung in der Rechtsform einer OHG betreiben, indem sie ihre Firma im Handelsregister eintragen lassen (§ 105 II S. 1 HGB). Nach enormer Expansion gibt es wegen §§ 105 II 2 S. 2, 2 S. 3 und 1 II HGB kein Zurück.

Was ansonsten für den Einzelkaufmann gesagt wurde, gilt natürlich für OHG und KG: Wird etwa ein musskaufmännisches Handelsgewerbe (§ 1 II HGB) in Form einer sog. **Personengesellschaft** betrieben, so ist diese Gesellschaft - je nach Haftungsabrede - eben OHG oder KG. Ob die Gesellschaft, wie von §§ 106 I, 161 II HGB verlangt, eingetragen ist oder nicht, spielt dafür ebenso wenig eine Rolle wie die rechtliche Einschätzung dieser Unternehmung durch ihre eigenen Gesellschafter und daraus vielleicht resultierende Fehlbezeichnung.

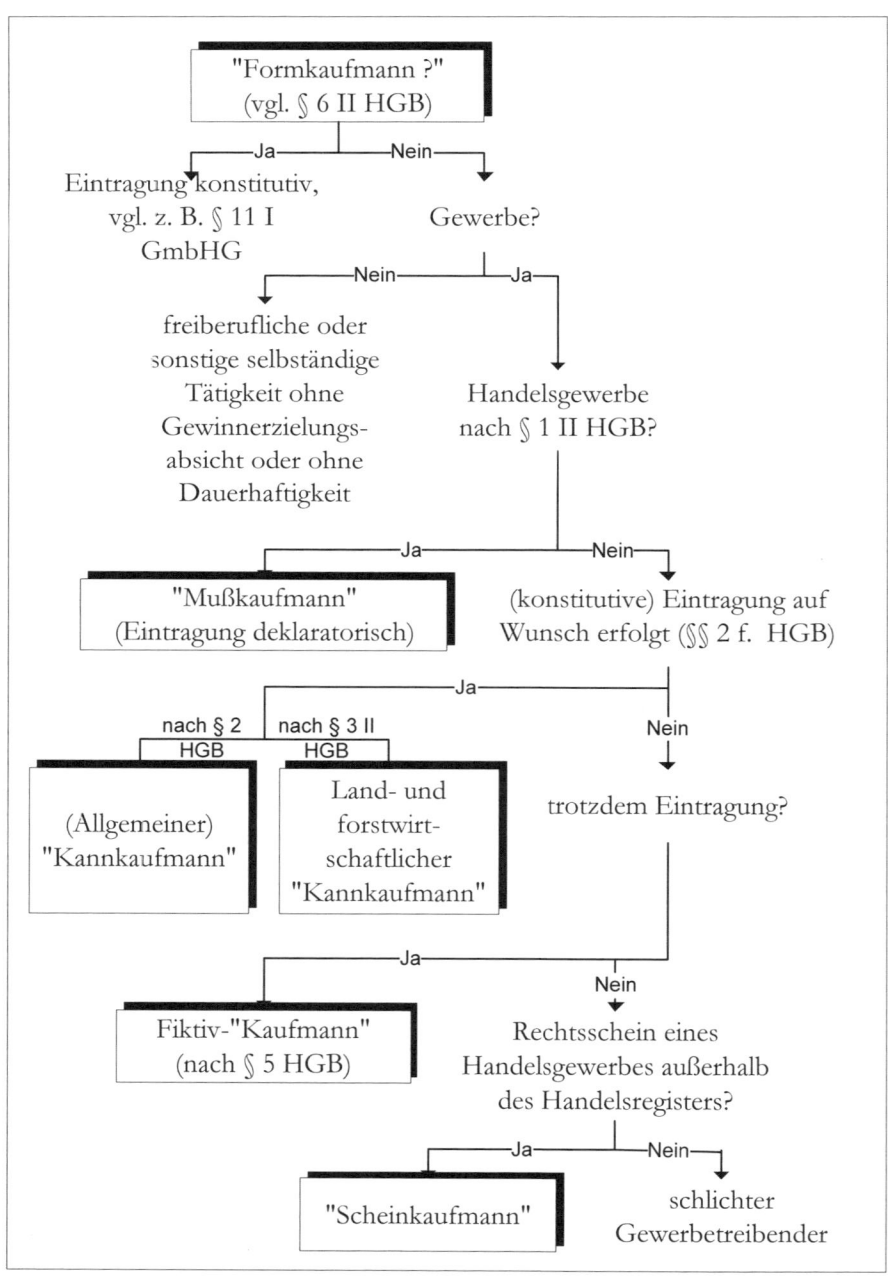

Abb. 9: Strukturelle Logik des Kaufmannbegriffs

Beispiel: Die unter der Bezeichnung „You & Martin, Import/Export GbR" auftretende Personengesellschaft (also keine GmbH oder sonstige juristische Person) betreibt in großem Stil den Handel mit koreanischen Edelstahlwaren, ohne im Handelsregister eingetragen zu sein: Es handelt sich - je nach Haftungsabsprachen - um eine OHG oder KG, da ein Handelsgewerbe vorliegt (§ 1 II HGB) und die Eintragung hier nur deklaratorische Funktion hätte.

Das Wesen aller **Handelsgesellschaften** liegt also einheitlich in dem gesellschaftlich verfolgten Zweck, dem Betrieb eines Handelsgewerbes, auch wenn dieser Betrieb bei den sog. Formkaufleuten im Einzelfall nur fingiert sein mag. Gleichwohl gibt es innerhalb der Handelsgesellschaften zwei deutlich unterscheidbare Gruppen, je nachdem, ob die Gesellschaftsstruktur vom Prinzip der juristischen Persönlichkeit oder vom Gesamthandsprinzip bestimmt wird. Im letzteren Fall haben wir es also mit Handelsgesellschaften in Gestalt von sog. Personengesellschaften zu tun, kurz: mit **Personenhandelsgesellschaften** (OHG, KG), während man vor allem AG und KGaA, aber auch die GmbH häufig, doch juristisch wenig präzis, als **Kapitalgesellschaften** bezeichnet.

Zu klären bleibt noch das Verhältnis der sog. Personengesellschaften untereinander, also von GbR, Partnerschaft, EWIV, OHG und KG. Wiederum erlaubt ein Blick in § 705 BGB allein keine Antwort, sondern bedarf es **systematischer Interpretation**. Denn wie §§ 105 I, 161 I HGB zeigen, ist mitnichten jeder gemeinsame **Zweck** im Rahmen einer GbR verfolgbar, obwohl eben dies die Definition des § 705 BGB zu sagen scheint. Vielmehr ist ein einziger Zweck für die Verfolgung im Rahmen der Personenhandelsgesellschaften OHG und KG gesetzlich reserviert und ist der GbR trotz der scheinbar umfassenden Formulierung des § 705 BGB unzugänglich, nämlich der Betrieb eines nach dem Gesamthandsprinzip, also personengesellschaftlich organisierten Handelsgewerbes. Das ganze übrige Spektrum denkbarer Zwecke steht hingegen der GbR offen und ist umgekehrt OHG und KG verschlossen: Nicht von planmäßig-fortgesetzter Gewinnerzielungsabsicht getragene gemeinschaftliche Wirtschaftsaktivitäten sowie gewerbliches Engagement ohne handelsgewerbliche Qualität sind denkbare Zwecke einer GbR (vgl. Abb. 10). Soweit gemeinschaftlich eine in § 1 II PartGG aufgeführte Tätigkeit verfolgt wird, kann dies nach h. M. wahlweise im Rahmen einer GbR oder einer Partnerschaft geschehen, obwohl der Wortlaut des § 1 I PartGG insoweit eher einen Zwang zur Partnerschaft nahezulegen scheint.

Beispiele: Franz und Josef wollen zusammen die Eiger-Nordwand bezwingen: GbR, da der gemeinschaftliche Zweck nicht in einer Gewinnerzielung besteht, also nicht gewerblicher und schon gar nicht handelsgewerblicher Natur ist.
Mehrere Unternehmen errichten gemeinsam eine neue Brücke und haben sich deshalb zu einer entsprechenden ARGE (Arbeitsgemeinschaft) zusammengeschlossen. Zweck dieser ARGE ist vor allem die Koordination, um Anlieferungen an der Baustelle und die Durchführung der einzelnen Bauschritte sinn-

voll abzustimmen: jedenfalls GbR, denn diese ARGE verfolgt wohl selber gar keine Gewinnerzielungsabsicht, so dass es schon an einem Gewerbe fehlt. Selbst wenn man in diesem Punkt anders entscheiden wollte, käme allenfalls nur ein kannkaufmännisches Handelsgewerbe in Betracht (§ 2 HGB), weil es zu jener Koordination keiner eigenen kaufmännischen Organisation bedarf. Außerdem fehlt es für solche ARGEs regelmäßig an der (gar nicht gewünschten) Eintragung.

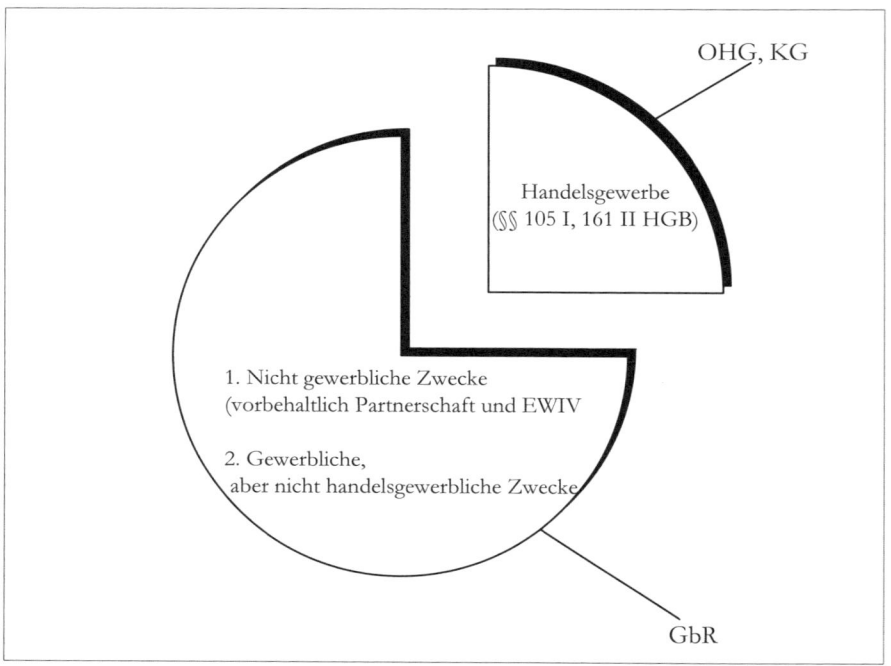

Abb. 10: Abgrenzung der GbR zu den Personenhandelsgesellschaften OHG und KG anhand der Gesellschaftszwecke

Karl Korn und Konsorten betreiben gemeinschaftlich in bescheidenem Rahmen ohne Eintragung im Handelsregister ein „Computer-Contor", in dem sie Hard- und (Standard-)Software vertreiben: GbR, da kein gemeinschaftliches Handelsgewerbe nach § 1 II HGB. Würden Korn und Konsorten ein Geschäftspapier mit dem Briefkopf „Fa. Korn & Konsorten, Computer-Contor OHG" verwenden, so müssten sie sich von Gutgläubigen zu ihren Lasten als Gesellschaft einer OHG behandeln lassen, ohne sich ihrerseits auf für sie günstige handelsrechtliche Vorschriften berufen zu können, weil sie durch den Hinweis auf die Rechtsform OHG in ihrer Geschäftsbezeichnung eine Firma den Rechtsschein eines Kaufmanns setzen würden (Scheinkaufmann, genauer: Scheinhandelsgesellschaft). Wäre eine Eintragung als OHG im Handelsregister - unerwünscht, also ohne Antrag - erfolgt, so würde § 5 HGB eingreifen und der Charakter einer OHG unterstellt, solange die Eintragung besteht.

Auf alle diese in den Beispielen angesprochenen Überlegungen käme es nicht an, wenn die dortigen Aktivitäten im Rahmen von kaufmännischer Organisation, also hier namentlich im Rahmen einer GmbH, verfolgt würden. Deshalb ist immer zuerst zu prüfen, ob eine juristische Person handelsrechtlicher Art vorliegt, weil bei AG, KGaA, GmbH etc. alle Erwägungen anhand der §§ 1 ff. HGB gegenstandslos sind, der kaufmännische Charakter der Unternehmung vielmehr von vornherein feststeht.

(7) Exkurs: Handelsregister und Unternehmensregister

Das Handelsregister ist eines der sog. öffentlichen Bücher wie z. B. auch das Grundbuch, das Vereinsregister und die Patentrolle. Es wird nach § 8 HGB im Prinzip dezentral, bei den (Amts-)Gerichten, jedoch elektronisch geführt. Bekanntgabe und Wirksamwerden der Eintragungen (vgl. §§ 8a I, 10 HGB) erfolgen über www.handelsregister.de . Das Verfahren richtet sich insbesondere nach den §§ 125 ff. FGG und der auf Grund § 125 III FGG ergangenen Handelsregisterverordnung (HRV), ergänzt durch Verordnungen auf Länderebene auf Grund § 8a II HGB. Das Handelsregister gibt Auskunft über bestimmte rechtlich-wirtschaftlich interessierende Umstände, namentlich über die im Zuständigkeitsbereich ansässigen Unternehmen, deren Firmen ja dort einzutragen sind (vgl. hier nur § 29 HGB). **Eintragungen** finden ferner statt etwa im Zusammenhang mit sog. Unternehmensverträgen nach § 294 I 1 AktG sowie Unternehmenskäufen (§ 25 HGB), bei Erteilung und Widerruf einer Prokura (§ 53 HGB) sowie bezüglich der Handelsgesellschaften (vgl. z. B. für OHG und KG die §§ 106 ff., 161 ff. HGB, für die AG § 39 AktG, für die GmbH § 10 GmbHG). Eintragungsfähig sind aber immer nur die gesetzlich zur Eintragung vorgesehenen Tatsachen, mag der Geschäftsinhaber auch weitergehende Wünsche haben.

Soweit gesetzlich eine **Eintragungspflicht** besteht (vgl. z. B. §§ 29, 53, 106 HGB, 36 AktG, 7 GmbHG), bedarf es der Mitwirkung (elektronische Anmeldung, neben in Deutsch auch in einer anderen Amtssprache der EG: §§ 11 und 12 HGB) desjenigen, in dessen Angelegenheiten die Eintragung vorzunehmen ist. Eine Eintragung von Amts wegen erfolgt grundsätzlich nicht. Wird der Eintragungspflicht (genauer: der Anmeldepflicht) nicht freiwillig nachgekommen, ist die unter Umständen mehrfache Festsetzung von empfindlichen Zwangsgeldern vorgesehen (§ 14 HGB). Nur ausnahmsweise wird das örtlich zuständige Amtsgericht auch von Amts wegen tätig, so z. B. bei Erlöschen der Firma infolge Einstellung des Geschäftsbetriebes (§ 31 II HGB).

Die Eintragungen erfolgen alternativ in zwei Abteilungen: In Abteilung A werden diejenigen Tatsachen eingetragen, die die Einzelkaufleute und die

Personenhandelsgesellschaften - also OHG, KG, EWIV - betreffen. In Abteilung B finden sich die Eintragungen in Bezug auf die Formkaufleute. Die Einsicht in das Handelsregister (seine sog. **formelle Publizität**) ist „jedem zu Informationszwecken" gestattet (§ 9 I HGB). Darüber hinaus werden Abschriften bzw. Ausdrucke von Eintragungen etc. bzw. Bescheinigungen über nicht vorhandene Eintragungen (Negativatteste) erteilt (vgl. näher § 9 II-V HGB).

Gelegentlich wirken die Eintragungen **konstitutiv**, d. h. die Eintragung ist erforderlich, um einen bestimmten rechtlichen Effekt herbeizuführen (vgl. z. B. §§ 2, 25 II HGB, 11 I GmbHG, 41 I 1, 294 II AktG), zumeist aber wirken sie lediglich deklaratorisch, d. h. sie dokumentieren eine auch ohne Eintragung so schon bestehende Rechtslage (vgl. z. B. §§ 1 II, 53, 143 I, II HGB). Aber auch im Bereich der nur **deklaratorischen Funktion** des Handelsregisters kommt es im Einzelfall doch darauf an, ob eine Eintragung erfolgt ist oder nicht. Denn unter Umständen ist ein Sachverhalt gar nicht nach der wahren Rechtslage zu beurteilen, sondern danach, welche Vorstellungen sich jemand fälschlicherweise, aber im Vertrauen auf das Handelsregister gutgläubig, von der Rechtslage gemacht hat. Diese sog. **materielle Publizität** des Handelsregisters wird durch § 15 HGB normiert. § 5 HGB gehört dagegen schon deshalb nicht in diesen Zusammenhang, weil es dort auf Gutgläubigkeit nicht ankommt.

Gemäß § 15 I HGB sind eintragungspflichtige Tatsachen - gerade auch dann, wenn ihre Eintragung nur deklaratorisch wirken würde - so lange unbeachtlich, wie sie noch nicht eingetragen und auch nicht bekannt gemacht worden sind. Dieser **Vertrauensschutz** wird nur dann nicht gewährt, wenn der Geschäftspartner (der „Dritte") die einzutragende, aber eben nicht eingetragene und bekanntgemachte Tatsache definitiv kennt. Dass er diese Tatsache eigentlich kennen müsste, schmälert seinen Schutz insoweit nicht.

Beispiel: A scheidet am 2. 5. aus einer OHG als Gesellschafter aus. Diese Tatsache ist gemäß § 143 II HGB ins Handelsregister einzutragen und nach § 10 HGB auch bekanntzumachen. Die Eintragung erfolgt in der dafür vorgesehenen Datei schon am 4. 6., die Bekanntmachung im Internet dagegen erst am 6. 6. Am 5. 6. wird zwischen der OHG und dem V ein Kaufvertrag geschlossen. V, der das Ausscheiden des A nicht kennt, darf den A noch als Gesellschafter behandeln und ihn deshalb nach § 128 HGB für den Anspruch auf Zahlung des Kaufpreises persönlich, mit dessen Privatvermögen, in Anspruch nehmen.

Aus der Formulierung des § 15 I HGB wird bei aufmerksamem Lesen deutlich, dass hier nicht das Vertrauen in die Richtigkeit einer bestehenden Eintragung geschützt wird, sondern das Vertrauen darauf, dass nicht eingetragene (und nicht bekanntgemachte) Tatsachen auch nicht vorliegen. Ob im vorstehenden Beispiel A überhaupt als Gesellschafter eingetragen war oder nicht, spielt deshalb für das Ergebnis keinerlei Rolle: Für den Vertrauensschutz wird daran angeknüpft, dass das eintragungspflichtige Ausscheiden nicht rechtzeitig eingetragen und bekannt gemacht worden war. Diese Art des Gutglaubensschutzes wird als **negative Publizität** bezeichnet (so z. B. auch der Schutz durch das Vereinsregister nach § 68 S. 1 BGB!). Diese negative Publizität ist - wie das Beispiel unterstreicht - zugleich ein probates Druckmittel, sich um rasche Eintragung und Bekanntmachung eintragungspflichtiger Vorgänge nachhaltig zu bemühen.

§ 15 II 1 HGB ist demgegenüber eine bare Selbstverständlichkeit: Dass eine eingetragene und bekanntgemachte rechtserhebliche Tatsache auch Beachtung verdient, braucht nicht eigens betont zu werden. Dieser **Grundsatz** wird durch § 15 II 2 HGB allerdings unter einen **Vorbehalt** gestellt: Ein Gutgläubiger kann sich noch 15 Tage nach Bekanntmachung an der vordem bestehenden Rechtslage orientieren. Gutgläubigkeit ist hier allerdings schon dann ausgeschlossen, wenn der Dritte die neue Rechtslage hätte kennen müssen, also infolge Fahrlässigkeit nicht kannte (vgl. die Legaldefinition in § 122 II BGB). Dieser Vorwurf ist eigentlich jedermann zu machen, der am Geschäftsverkehr teilnimmt, ohne die zahlreichen Informationsquellen (vor allem das Internet, aber auch sonstige Medien) auszuschöpfen. Der Vorbehalt im § 15 II 2 HGB kommt deshalb praktisch nicht zum Tragen.

Schließlich schützt § 15 III HGB den Gutgläubigen (nur definitives Besserwissen schadet!) doch noch i. S. **positiver Publizität** (vgl. Abb. 11): Ist eine Bekanntmachung unrichtig, so darf man sich grundsätzlich auf deren falschen Inhalt verlassen. Darauf, ob die Eintragung der wahren Rechtslage entspricht, kommt es dabei nicht an. § 15 III HGB hat ganz streng genommen also gar nichts mit der Registerpublizität zu tun. Die Unrichtigkeit der Bekanntmachung ist jedoch noch weiter zu verstehen: Hierher zählen nicht nur die Fälle, in denen die Bekanntmachung von der Eintragung abweicht. „Unrichtig" ist die Bekanntmachung vielmehr auch dann, wenn sie zwar die Eintragung richtig wiedergibt, die Eintragung selber aber falsch war.

Beispiel: X hat dem P Prokura erteilt, diese Erteilung jedoch zwischen Anmeldung und Eintragung wegen einer arglistigen Täuschung des P über seine Fähigkeiten wirksam angefochten (§§ 123 I, 142 I BGB). Dennoch kommt es zu einer Eintragung und Bekanntmachung des P als angeblichen Prokuristen. P stellt den nichtsahnenden Y namens des X als Mitarbeiter ein. Damit ist trotz fehlender Prokura des P zwischen X und Y ein rechtsgültiges Arbeitsverhältnis begründet worden.

Neben dem Handelsregister existiert noch das in §§ 8b, 9b HGB recht umständlich normierte, ebenfalls elektronisch geführte sog. **Unternehmensregister.** In ihm werden einerseits die Eintragungen des Handelsregisters mit denen des Genossenschafts- und Partnerschaftsregisters zusammengeführt, andererseits vielfältige Informationen aus den Unternehmen vor allem mit Bezug zum Kapitalmarkt über www.unternehmensregister.de der Öffentlich-

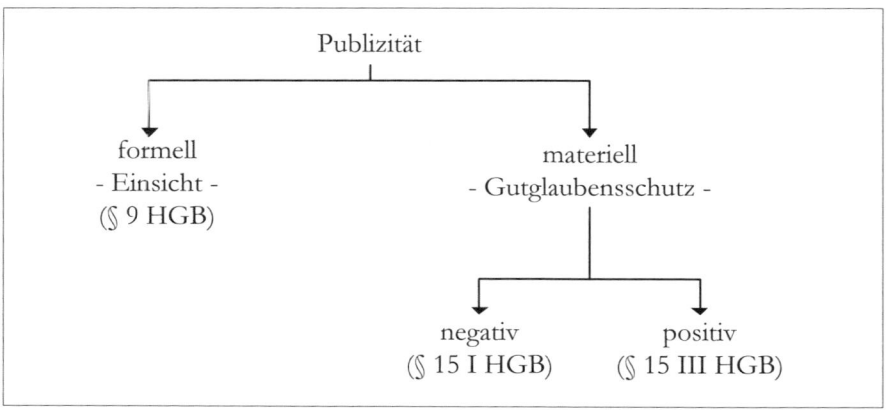

Abb. 11: Publizität des Handelsregisters

keit zugänglich gemacht. Von den genannten Registern ist noch das **Gewerberegister** zu unterscheiden. Es verzeichnet die (anmeldepflichtigen) gewerblichen Unternehmen und ist eine rein öffentlichrechtliche Einrichtung, der hier nicht weiter nachzugehen ist.

Im Blick auf zahlreiche Rechtsordnungen im Ausland ist abschließend auf die **Registerfunktionen** hinzuweisen. Die Registrierung will im deutschen Recht z. B. die Marktteilnehmer informieren (Handels-, Genossenschafts-, Partnerschafts- und Unternehmensregister), um marktrationales Handeln zu fördern. Speziell die Registrierung der Firma im Handelsregister verhindert Marktverwirrung und bewirkt für ihren Inhaber durch § 37 HGB einen davon ganz unabhängigen Schutz gegen unbefugten Firmengebrauch. Durch das Gewerberegister will der Staat wirtschaftsstatistisch robuste Daten gewinnen und Gefahren, die der Öffentlichkeit von Unternehmen drohen könnten (z. B. ein Lager von Feuerwerkskörpern in Wohngebieten), rechtzeitig erkennen. Der Staat verfolgt hier also polizeiliche Ziele. Niemals aber ist die Registrierung, wie z. B. in China und Russland, ein Mittel der Wirtschaftslenkung in den Händen der Regierung, die damit missliebige Unternehmer, bevorzugt Ausländer, vom Binnenmarkt fernhält oder regionale Strukturpolitik betreibt.

d) Verbraucher und Unternehmer

Nicht anders als Kaufmann und Handelsgesellschaft sind Verbraucher und Unternehmer keine eigenständigen Rechtssubjekte, sondern bezeichnen lediglich eine besondere Qualität des Rechtssubjektes. Der Gesetzgeber hat lange nur versprengt auftauchende und dabei nicht einmal einheitlich definierte

Begriffe mit einer neuen Legaldefinition im „Allgemeinen Teil", dem 1. Buch des BGB, quasi vor die Klammer gezogen. **Verbraucher** ist demnach (§ 13 BGB) jede (und nur eine) natürliche Person, soweit sie sich außerhalb ihrer gewerblichen oder selbständigen beruflichen Tätigkeit (also namentlich nicht als Freiberufler) rechtsgeschäftlich betätigt. Der Rechtsstatus des Verbrauchers ist das Tor zu dem umfangreichen Verbraucherschutz im deutschen und europäischen Wirtschaftsprivatrecht, spielt also mindestens eine so große rechtliche Rolle wie der Kaufmannsstatus.

Der spiegelbildliche Gegenbegriff zum Verbraucher ist gemäß § 14 BGB der **Unternehmer**, also jedes gewerblich oder selbständig-beruflich, d. h. freiberuflich handelnde Rechtssubjekt, also eine natürliche oder juristische Person oder eine Gesamthandsgesellschaft (sog. Personengesellschaft). Da nach richtiger und seit einigen Jahren auch in der Rechtsprechung akzeptierter Auffassung alle Gesamthandsgemeinschaften rechtsfähig sind, legt die einschränkend wirkende Formulierung in § 14 I BGB eine falsche Spur. Leider in einem ganz anderen Sinn verwendet das Gesetz den Begriff des Unternehmers in den §§ 631 ff. BGB, wo die Parteien des Werkvertrages als „Besteller" und „Unternehmer" bezeichnet werden.

Ein besonderes Problem stellen der sog. **Existenzgründer** und seine rechtliche Einordnung dar: Ist derjenige, der sich selbständig machen will und zu diesem Zweck Räume anmietet, Computer kauft, Kredite aufnimmt oder einen Franchise-Vertrag schließt, noch Verbraucher oder schon Unternehmer? Das Gesetz trifft nur für die Kreditaufnahme eine ausdrückliche Entscheidung und ordnet durch § 512 BGB n. F. (§ 507 BGB a. F.) den Existenzgründer insoweit der Verbraucherseite zu. Der Existenzgründer steht insoweit also eindeutig unter dem besonderen Schutz des Verbraucherkreditrechts nach §§ 491 ff. BGB. Nach richtiger Auffassung ist daraus aber nicht etwa ein Gegenschluss für andere Aktionen des Existenzgründers zu ziehen. Vielmehr kommt in § 512 BGB n. F. eine grundsätzliche Stellungnahme des Gesetzes zum Ausdruck, so dass diese Norm analog anzuwenden ist. Der Existenzgründer partizipiert also grundsätzlich bei jedweden Rechtsgeschäften am Verbraucherschutz. Wie auch in der als Analogiebasis dienenden Vorschrift des § 512 BGB n. F. (§ 507 BGB a. F.) findet dieses Rechtsregime aber seine Grenze bei einem Geschäftswert, der jetzt Euro 75.000 (früher Euro 50.000) übersteigt. Erst darüberhinaus finden auf den Existenzgründer die für „Unternehmer" geltenden Vorschriften Anwendung.

3. Rechtsobjekte

a) Sachen und Sachbestandteile

Den Rechtssubjekten stehen die Rechtsobjekte gegenüber. Alles, was nicht über Rechtsfähigkeit verfügt und damit Rechtssubjekt ist, muss zwangsläufig Rechtsobjekt, Rechtsgegenstand sein.

Wie § 90 BGB zeigt, sind dabei körperliche Gegenstände, also „**Sachen**", und unkörperliche Gegenstände zu unterscheiden. Diese Unterscheidung ist von großer Wichtigkeit, weil nur an Sachen z. B. Eigentum bestehen kann (vgl. § 903 BGB) und der Sachbegriff nicht nur im Kaufrecht (vgl. §§ 433 ff. BGB), sondern etwa auch beim Mietvertrag (§§ 535 ff. BGB), bei der Leihe (§§ 598 ff. BGB), beim Sachdarlehen (§§ 607 ff. BGB), bei der Verwahrung (§§ 688 ff. BGB) und natürlich ganz generell im 3. Buch des BGB, also im Sachenrecht (§§ 854 ff. BGB) von maßgeblicher Bedeutung ist. Dabei ist das entscheidende Kriterium der Sachen, die **Körperlichkeit**, am augenfälligsten bei Greifbarkeit gegeben. Körperlichkeit kann aber auch im kleinsten Maßstab gegeben sein. Hauptsache ist, der Gegenstand ist in den 3 Raumdimensionen definierbar und damit beherrschbar, weil ja das Eigentum auf dem Sachbegriff aufbaut.

Beispiele: Sachen sind etwa auch Bakterien und Viren. Keine Sachen sind Gase aller Art (auch die Luft), soweit sie nicht in Behältern gefasst sind.
Auch EDV-Programme haben keine Körperlichkeit, sind also keine Sachen; nur die Datenträger (z. B. CD-ROM, Speicherkarte, Festplatte) als solche sind körperlich und haben somit Sachqualität. An EDV-Programmen gibt es mithin kein Eigentum i. S. von § 903 BGB, aber natürlich andere Rechte.
Auch Elektrizität ist kein körperlicher Gegenstand, keine Sache. Da Diebstahl (§ 242 StGB) nur an Sachen rechtlich möglich ist, ist das Anzapfen fremder Stromleitungen nicht als Diebstahl strafbar. Dazu bedarf es vielmehr eines eigenen Straftatbestandes (vgl. § 248c StGB). Ebenso wenig gibt es „geistigen Diebstahl" als Verletzung „geistigen Eigentums" (wohl aber Patent- und Urheberrechtsverletzungen!).

Innerhalb der Sachen sind wiederum unbewegliche und bewegliche Sachen auseinanderzuhalten. Unbewegliche Sachen sind vor allem **Grundstücke** („Immobilien"; immobilis [lat.] = unbeweglich), aber auch diesen spezialgesetzlich gleichgestellte bestimmte (größere) Schiffe und Flugzeuge. Unbeweglich kann im Rechtssinne also auch eine faktisch durchaus „bewegliche" Sache sein. Alle anderen Sachen sind im Rechtssinn beweglich.

Beispiel: Die altdeutsche Schrankwand aus massiver Eiche ist - einmal aufgebaut - praktisch ortsfest. Dennoch ist sie im Rechtssinn eine bewegliche Sache (mobilis [lat.] = beweglich, „Möbel!"), eben weil sie kein Grundstück oder diesem rechtlich gleichgestellter körperlicher Gegenstand ist.

Trotz Körperlichkeit keine Sachen sind nach § 90a S. 1 BGB die **Tiere**, jedenfalls die lebenden. Sie werden allerdings wegen § 90a S. 3 BGB rechtlich aber doch wie (bewegliche) Sachen behandelt, „soweit nicht ein anderes bestimmt ist". Solche spezifisch „tierische" Bestimmungen fehlen im Privatrecht durchweg, so dass § 90a S. 3 BGB nicht hier, sondern erst im Vollstreckungsverfahren (vgl. § 765a I 3 ZPO) Bedeutung erlangt: Zumindest Haustiere werden deshalb kaum jemals gepfändet. Im Übrigen gilt aber ganz gewöhnliches Sachenrecht.

Beispiel: Der Eigentümer des Dackels „Waldi" kann also mit diesem zivilrechtlich nach Belieben verfahren (§ 903 S. 1 BGB analog), etwa „Waldi" quälen oder verhungern lassen.

Lediglich eine verwirrende Erinnerung an die pure und nicht die Behandlung von Tieren beschränkte Selbstverständlichkeit, dass der Kreis der Rechte und Pflichten eines Rechtssubjekts von Privatrecht und Öffentlichem Recht gleichermaßen bestimmt wird, bedeutet Satz 2 des § 903 BGB: Öffentlich-rechtlich darf der Eigentümer des Dackels im vorstehenden Beispiel das Tier selbstverständlich nicht quälen; sonst wird er bestraft (vgl. § 1 TierSchG: Tier als „Mitgeschöpf des Menschen"). Tote Tiere sind übrigens ohne Wenn und Aber bewegliche Sachen, also Waren.

Auch der menschliche **Leichnam** ist eine bewegliche Sache: Da die Rechtsfähigkeit und damit die Rechtssubjektivität des Menschen mit seinem Tod endet, kann es sich bei dem Leichnam nur noch um ein „körperliches" Rechtsobjekt, um eine Sache, handeln, und zwar um eine bewegliche Sache, also um eine Ware. Das widerspricht natürlich unserem Pietätsempfinden, ist aber nach geltendem Recht schwerlich zu leugnen. Privatrechtlich soll der Leichnam nach h. M. herrenlos sein, also niemandem gehören. Das Bestimmungsrecht soll den nächsten Angehörigen zustehen, nicht den Erben. Die Angehörigen können also letztlich doch wie Eigentümer über diesen Leichnam grundsätzlich, d. h. im Rahmen der öffentlichrechtlichen Bestattungsvorschriften und nach Maßgabe etwaiger transplantationsrechtlicher Spezialnormen, frei verfügen. Dies ist besonders wichtig mit Blick auf die zunehmend kommerzielle Vermarktung von Transplantaten des Verstorbenen. Von den daraus erzielten durchaus beachtlich hohen Einnahmen wird auch die h. M. die Erben nicht ausschließen können, was den Ausgangspunkt fragwürdig erscheinen lässt. Solange der Mensch noch lebte, waren seine Organe hingegen rechtlich nichts weiter als Teile der natürlichen Person. Dafür hat der Gesetzgeber keinerlei Regelungen vorgesehen. Die Unterscheidung von unbeweglichen und beweglichen Sachen ist schon deshalb nötig, weil das Eigentum daran jeweils ganz anders übertragen wird (vgl. §§ 873, 929 ff. BGB) und Kaufverträge über Grundstücke grundsätzlich nur dann wirksam, also rechtsverbindlich sind, wenn sie notariell geschlossen wurden (§ 311b I BGB). Das Handelsrecht interessiert sich vor allem für bewegliche Sachen (für „Waren", vgl. §§ 373 ff. HGB).

Wie § 905 BGB zeigt, ist das **Grundstück** im Rechtssinne nun nicht etwa nur ein katastermäßig erfasster (vermessener und in öffentlichen Registern dokumentierter) Ausschnitt der Erdoberfläche, sondern ein Raumkörper, eine (umgedrehte) Pyramide, deren Spitze der Erdmittelpunkt ist und deren Kanten bis in die unendlichen Weiten des Weltalls reichen. Trotzdem kann nicht jede Verletzung des Luft- oder Bodenraums durch andere untersagt werden (vgl. auch § 904 BGB), obwohl ja grundsätzlich allein der Eigentümer nach seinem Belieben mit der ihm gehörenden Sache verfahren darf.

Beispiele: Ein in 10.000 m Höhe über mein Grundstück fliegendes Linienflugzeug muss ich dulden (§ 905 S. 2 BGB); ebenso die schräg angesetzte geophysikalische Tiefenbohrung, die mein Grundstück in 5.000 m Tiefe trifft.
Der mein Grundstück im Tiefflug überfliegende Bundeswehr-Kampfflieger kann mein privatrechtliches Eigentumsrecht aus § 903 BGB gar nicht verletzen, weil er dies hoheitlich, als Repräsentant des Staates tut (ob das zulässig ist, entscheidet sich nach öffentlichem Recht!); § 905 BGB ist hier also überhaupt nicht einschlägig.

Die beweglichen Sachen zerfallen, wie sich aus § 91 BGB ergibt, wiederum in vertretbare und unvertretbare Sachen. Die Unterscheidung ist z. B. nötig, um §§ 607 ff. BGB richtig anwenden zu können, denn das **Sachdarlehen** bezieht sich nur auf solche vertretbare Sachen. Die **Vertretbarkeit** bedeutet nach jener Norm, dass „im Verkehre", also im Rechtsverkehr, in der Interaktion der Rechtssubjekte, nicht die Individualität der Sache im Vordergrund steht, so dass - natürlich immer neben der qualitativen Spezifikation - „Zahl, Maß oder Gewicht" interessant werden. Ein Exemplar der vertretbaren Sache kann nach allgemeiner Beurteilung durch ein anderes gleichartiges ohne weiteres ersetzt, „vertreten" werden. Kriterium ist also die sog. **Fungibilität**.

Beispiele: Vertretbare Sachen sind etwa Kohlen, Eier, Kaffee, aber auch neue Autos (den Käufer interessiert normalerweise nicht die individuelle Seriennummer!), ja wohl generell Erzeugnisse industrieller Massenproduktion.
Unvertretbare Sachen sind etwa Originalgemälde, Maßanzüge sowie schlechthin gebrauchte Sachen (ihr individueller Erhaltungszustand ist üblicherweise eine wichtige Einflussgröße für ihre Wertschätzung).

Geld spielt zwar im Leben, nicht aber im Wirtschaftsprivatrecht eine zentrale Rolle. **Geld** ist vielmehr nichts weiter als eine Menge hochvertretbarer (beweglicher) Sachen. Gesetzliche Zahlungsmittel und damit Geld sind (nur) die von der EZB ausgegebenen Banknoten sowie die vom Bund emittierten Münzen. Dabei handelt es sich aber augenscheinlich um körperliche, bewegliche Gegenstände, bei denen die Individualität normalerweise (von einem besonderen Sammlerstandpunkt abgesehen) völlig im Hintergrund steht, also um vertretbare Sachen. Es gelten für Geld deshalb grundsätzlich die allgemeinen noch zu behandelnden sachenrechtlichen Regeln, weshalb das Gesetz sich um Geld nicht weiter zu kümmern braucht. Daran hat sich auch durch die Einführung des Euro nichts geändert. Trotzdem normiert das BGB seit 1. 1. 2002 das Gelddarlehen in §§ 488 ff. BGB als eigenen Vertragstyp (vgl. § 488 I BGB: „...Geldbetrag...") und muss die §§ 607 ff. BGB davon durch § 607 II BGB getrennt halten, obwohl - oder besser: weil - es sich doch auch bei Geld um vertretbare Sachen handelt.

Die beweglichen Sachen können übrigens auch noch nach anderen Gesichtspunkten unterteilt werden, etwa nach ihrer **Verbrauchbarkeit** oder ihrem Charakter als „**Zubehör**" (vgl. §§ 92, 97 BGB).

Praktisch gibt es keine Sachen, die nicht aus **Bestandteilen** zusammengesetzt sind.

> **Beispiele:** Der Kugelschreiber besteht aus Hülse, Kappe und Mine, diese wiederum aus Faserröhrchen, Farbe und Kugelspitze.
> Ein Grundstück hat nicht nur sichtbare Bestandteile wie Bäume und Sträucher oder eine Bebauung; sein ganzer Reichtum erschließt sich erst beim Umgraben: Erde, Steine, ein Stück Plastikplane, eine Bierflasche, vielleicht auch einmal eine Schatztruhe.

Das Gesetz will wesentliche von unwesentlichen Bestandteilen einer Sache unterschieden wissen, denn gemäß § 93 BGB können **wesentliche Sachbestandteile** nicht „Gegenstand besonderer Rechte" sein. Gemeint ist, dass beispielsweise der Eigentümer der Sache notwendig auch Eigentümer der wesentlichen Bestandteile dieser Sache ist. An ihren unwesentlichen Bestandteilen kann hingegen ein anderer Eigentum haben. Das wird z. B. in der Kreditsicherung wichtig, etwa wenn es sich um den Eigentumsvorbehalt eines Lieferanten von Zubehörteilen handelt: Der Eigentumsvorbehalt nützt nichts, wenn sich das Teil nach Montage als wesentlicher Bestandteil der im Eigentum des Käufers stehenden Sache darstellt.

§ 93 BGB definiert die Wesentlichkeit nun völlig anders als die Alltagsanschauung. Entscheidend soll nämlich nicht die Bedeutung des Bestandteils für den Funktionswert der gesamten Sache sein, sondern seine **Trennbarkeit**, die sich weder auf das gelöste Teil, noch auf den zurückbleibenden Rest der Sache - jeweils für sich betrachtet - auswirkt. Um dies festzustellen, bedarf es eines gedanklichen Experiments: Ob die Trennung ohne Einfluss auf den einen oder anderen Teil ist, erweist sich, wenn man sich das entsprechende Teil gleichsam wieder eingebaut denkt und dann diesen Zustand mit dem ursprünglichen vergleicht (**hypothetische Rekonstruktion**).

> **Beispiele:** Der Motor ist kein wesentlicher Bestandteil eines Autos, weil er ausgebaut und in ein anderes Exemplar desselben Typs wieder eingebaut werden kann. Auch kann in dem leeren Motorraum ein neuer Motor Platz finden (Austauschmotor!), ohne dass dies auf die Karosserie etc. irgendwelchen Einfluss hätte.
> Keine wesentlichen Bestandteile des Autos sind ferner Getriebe, Lenkrad, Reifen, ja eigentlich alle Bestandteile. Nur die aufgebrachte Farbe ist wesentlicher Bestandteil: Sie kann nach Abkratzen nicht wieder aufgebracht werden.

Bis auf die Farbe (die Farbpigmente) hat auch ein Laptop wohl keinerlei wesentliche Bestandteile.

Auch für **Grundstücke** gilt grundsätzlich § 93 BGB, doch enthält § 94 BGB eine Erweiterung des Begriffs wesentlicher Bestandteile, die im Gegenzug aber von § 95 BGB wieder rückgängig gemacht werden kann. Beide Vorschriften haben große praktische Bedeutung.

Beispiele: Vertragsgegenstand beim Hauskauf ist das (bebaute) Grundstück; das Haus folgt dem rechtlichen Schicksal des Grundstücks ganz automatisch, selbst wenn es nach dem heutigen Stand der hydraulischen Technik möglich wäre, das ganze Haus ohne Beschädigung zu versetzen.

Mit der Verankerung der Fundamentplatte wird das Fertighaus wesentlicher Grundstücksbestandteil (§ 94 I BGB), so dass der Fertighaushersteller sein „vorbehaltenes" Eigentum zwingend an den Grundstückseigentümer verliert.

Der Baustofflieferant verliert sein vorbehaltenes Eigentum an den gelieferten Steinen etc., wenn diese verbaut werden, zugunsten des Haus- (§ 94 II BGB) und damit des Grundstückseigentümers (§ 94 I BGB).

Der Mieter einer Wohnung legt Teppichboden und hängt die Zimmerdecke ab (er verringert also die Raumhöhe): Die Materialien wechseln ohne Rücksicht auf einen etwa entgegenstehenden Willen des Mieters in das Eigentum des Grundstückseigentümers (§ 94 II i. V. m. I BGB, allerdings vorbehaltlich § 95 II BGB).

Ein Bauunternehmer errichtet auf dem Baugrundstück zur Errichtung des geplanten Bauwerkes einen hohen Turmdrehkran mit Betonfundament, der nach Fertigstellung des Baues selbstverständlich demontiert werden soll: Der Kran fällt nicht in das Eigentum des Grundstückeigentümers (§ 95 I I BGB).

Der Mieter schraubt an der Eingangstür einen italienischen Messing-Türklopfer in Löwenkopfform an, mit dem er schon dreimal umgezogen ist: kein wesentlicher Bestandteil (§ 95 II BGB); der Mieter bleibt Eigentümer.

Eine Sonderregelung gegenüber §§ 93 f. BGB trifft auch das WEG, das entgegen dem Eigentumsbegriff und entgegen einem in Jahrhunderten gereiften System - deshalb in der Praxis nur unbefriedigend durchführbar - ein gesondertes Eigentum an **Wohnungen** für möglich erklärt. An der Wohnung soll mithin Alleineigentum, am übrigen Grundstück (wozu auch das Haus zählt!) jedoch Miteigentum bestehen. Es handelt sich um einen allenfalls sozialpsychologisch zu rechtfertigenden Trick des Gesetzgebers, der nicht darüber hinwegtäuschen kann, dass der „Wohnungseigentümer" eben nicht nach Belieben mit seiner Wohnung verfahren darf. Der Einbau andersfarbiger Fensterrahmen oder die (baurechtlich zulässige) Balkonverglasung liegen nicht in seiner Entscheidungskompetenz. Er ist vielmehr auf Gedeih und Verderb auf das Einvernehmen mit der Gemeinschaft bzw. mit dem von ihr eingesetzten Verwalter angewiesen. Das hat mit der dem Eigentum wesensmäßig innewohnenden Dispositionsfreiheit nichts zu tun.

Beispiel: Der Verwalter ist der Auffassung, das Haus brauche einen neuen Farbanstrich, und zwar nicht mehr weiß, sondern hellblau. Wohnungseigentümer X widerspricht: Der Anstrich sei noch hinreichend gut, und hellblau sei im Übrigen scheußlich. X´s Haltung wird den Neuanstrich (auch auf seine Kosten!) nicht verhindern können.

Weit weniger problematisch ist das sog. **Erbbaurecht** (auch Erbpacht genannt) nach der ErbbaurechtsG: Der Rechtsinhaber hat gegen Zahlung eines (meist sehr geringen) Jahresbetrages (Erbpachtzins) wie regelmäßig vereinbart für 99 Jahre das Recht, ein Grundstück zu bebauen und auch ansonsten zu nutzen, wobei das errichtete Gebäude entgegen § 94 I BGB in seinem Eigentum steht, er darüber also frei verfügen kann. Wird nach Fristablauf das Erbbaurecht nicht verlängert, fällt das Gebäude in die Hand des Grundeigentümers, der dem (früheren) Inhaber des Erbbaurechtes aber den aktuellen Verkehrswert des Gebäudes ersetzen muss. Deshalb wird das Erbbaurecht in der Praxis fast ausnahmslos verlängert.

b) Rechte

(1) Arten der Rechte

Den körperlichen Gegenständen (außer Tieren), also den Sachen, stehen logischerweise unkörperliche Gegenstände gegenüber. Eine besondere Rolle spielen hierbei die Rechte. Sie sind in der Tat selber Rechtsobjekte, über die Entscheidungen gefällt und die in Transaktionen einbezogen werden können, nicht anders als Sachen (und Tiere). So, wie eine Sache zerstört werden kann, so kann das darauf bezogene Eigentumsrecht aufgegeben werden (vgl. § 959 BGB). Eine solche „Dereliktion" lässt die Sache selber unberührt. Eine Sache kann durch verschiedene Hände gehen, wobei ihr Eigentümer derselbe bleibt (z. B. bei Vermietung). Umgekehrt kann aber auch nur das Eigentum an einer Sache übertragen werden, ohne dass sich die räumliche Lage der Sache selber ändert, etwa wenn ein Grundstück den Eigentümer wechselt. Noch deutlicher wird der Objektcharakter von Rechten etwa bei einer noch „offenen", unerfüllten Zahlungsforderung, die ein Verkäufer an seine Bank abtritt (§ 398 BGB), wodurch eben die Gläubigerposition auf die Bank übergeht.
In diesem Zusammenhang wird der schillernde Begriff „Recht" wiederum in einem ganz spezifischen Sinn gebraucht, diesmal nämlich i. S. einer Befugnis, die einem Rechtssubjekt zugeordnet ist. Man spricht deshalb von subjektiven Rechten, wenn z. B. vom Eigentum die Rede ist. Das subjektive Recht steht in begrifflichem Gegensatz zum objektiven Recht. Darunter versteht man die Rechtsordnung als Ganzes oder Teile davon bis hin zu den einzelnen Rechtsnormen.

Beispiele: In einer Diskussion wird behauptet, das deutsche Privatrecht atme kapitalistischen Geist (gemeint ist ein Teil der Rechtsordnung: „Recht" im objektiven Sinn).
Die Rechtsnorm des § 903 BGB ist Element des BGB und damit ihrerseits auch objektives Recht. Die daraus fließende günstige Rechtsposition Eigentum ist jedoch ein subjektives Recht.

Die Unterscheidung ist z. B. deshalb bedeutsam, weil sich durch „**Gewohnheitsrecht**" immer nur objektives Recht, also eine nicht formal gesetzlich fixierte Rechtsnorm bilden kann.

Beispiel: A geht seit jeher über das Grundstück des B. Daraus kann sich niemals ein, besser: sein Gewohnheitsrecht herleiten. Wenn in der Rechtsgemeinschaft die Überzeugung bestehen sollte, dass derjenige, der unwidersprochen über lange Jahre hinweg das Grundstück eines anderen als Weg benutzt, nicht auf Unterlassung in Anspruch genommen werden könne (vgl. § 1004 II BGB), so ist ein ungeschriebener Rechtssatz, neues objektives Recht, entstanden, das dann natürlich auch konkret den B zur Duldung verpflichtet und dem A ein subjektives Benutzungsrecht einräumt.

Im konkreten Einzelfall kann man sich auf ein an sich bestehendes subjektives Recht auch dann nicht berufen, wenn man durch sein längere Zeit hindurch beobachtetes Verhalten den begründeten Eindruck erweckt hat, das (subjektive) Recht nicht ausüben zu wollen und sich ein anderer in legitimem Vertrauen darauf entsprechend eingerichtet hat. Dies hat aber mit Gewohnheitsrecht nichts zu tun, sondern beruht auf dem Gedanken der „**Verwirkung**", der sich seinerseits auf das die ganze Rechtsordnung beherrschende Gebot stützt, „Treu und Glauben" zu wahren (vgl. dazu auch §§ 157, 242 BGB, wo dieser Grundsatz für besondere Anwendungsfelder seinen Ausdruck gefunden hat). Die Verwirkung ist aber ihrerseits auch nur einer der Fälle unzulässiger Rechtsausübung.

Das Spektrum der (subjektiven) Rechte ist praktisch unüberschaubar, denkt man an die Rechte des Eigentümers, des Käufers und Verkäufers, des Mieters und Vermieters, des Arbeitnehmers und Arbeitgebers, des Inhabers eines Patentes oder eines Urheberrechtes, der Eltern gegenüber ihren Kindern und umgekehrt oder der Ehegatten untereinander. Trotzdem ist es möglich und auch nötig, alle Rechte auf wenige Grundtypen zurückzuführen, für die dann jeweils einheitliche Regelungsprinzipien gelten.

Das erste Grundmuster findet sich in den sog. **absoluten Rechten**. Sie wirken gegenüber jedermann und können demzufolge auch von jedermann verletzt werden. Das bekannteste absolute Recht ist sicher das **Eigentum** (vgl. § 903 BGB): Jeder muss es respektieren, jeder kann es aber auch verletzen, indem er etwa die in meinem Eigentum stehende Sache beschädigt oder wegnimmt. Auch **Patentrecht** und **Urheberrecht** wirken absolut: Jeder könnte (aber darf nicht!) die geschützte technische Erfindung oder geistige Schöpfung kopieren und verwerten. In diesem Sinne absoluten Charakter hat auch das

Pfandrecht, obwohl es nicht - wie etwa das Eigentum - seinem Inhalt nach umfassend ist, sondern nur eine Verwertungsbefugnis gibt (vgl. § 1204 I BGB). Absolut heißt aber ja nur, dass es gegenüber jedermann wirkt, und diese Wirkung wird durch die gesetzlich fixierte Analogie zum Eigentumsschutz deutlich (vgl. § 1227 BGB). Hierher zählt ferner auch das **Namensrecht** (§ 12 BGB).

Rechtswissenschaft und Rechtsprechung haben aus dem Rechtssystem heraus noch andere absolute Rechte herausgearbeitet, ohne dass man dafür einen bestimmten Paragraphen benennen könnte. Zum einen ist hier vor allem an das wissenschaftlich sehr umstrittene sog. Recht am eingerichteten und ausgeübten Gewerbebetrieb (oder: **Recht am Unternehmen**) zu erinnern, durch das die unternehmerische Betätigung gegen unmittelbar betriebsbezogene Eingriffe geschützt sein soll. Ein derartiges absolutes Recht ist jedenfalls in einer Wirtschaftsverfassung wettbewerbsgesteuerter Marktwirtschaft unakzeptabel, ja geradezu unvorstellbar. Die wirtschaftsrechtliche Bedeutung dieser Frage ist aber nicht so groß, wie es auf den ersten Blick scheint. Denn vielfach greifen spezielle Gesetze ein, namentlich das UWG, deren Anwendung auch von den Befürwortern jenes Rechts als vorrangig betrachtet wird. Bei sachgerechter Interpretation des UWG lassen sich aber auch z. B. die Fälle von Produktionsbeeinträchtigungen durch wilde Streiks befriedigend lösen. Für die Anerkennung eines absoluten Rechts am Unternehmen besteht deshalb letztlich gar kein dogmatischer Bedarf.

Große Bedeutung als absolutes Recht hat hingegen das sog. **Allgemeine Persönlichkeitsrecht** (oft APR genannt). Da den Grundrechten prinzipiell Drittwirkung fehlt, wären die Würde des Menschen und seine persönliche Entfaltungsfreiheit (Artt. 1 u. 2 GG) als solche privatrechtlich, gegenüber Beeinträchtigungen durch nicht-hoheitliches Handeln, gar nicht geschützt. Dieser immateriellen Seite des Rechtslebens hat der eher vermögensrechtlich orientierte Gesetzgeber des BGB überhaupt wenig Aufmerksamkeit geschenkt und ist nur sporadisch, etwa bei dem (besonderen) Persönlichkeitsrecht bezüglich des Namens (§ 12 BGB), auf diese Materie zu sprechen gekommen. Das APR erfasst hingegen die Persönlichkeit in allen ihren Facetten. Dementsprechend vielfältig sind die Spielarten denkbarer Eingriffe in dieses Recht.

Beispiel: Beleidigung und Verleumdung, Heimliches Fotografieren eines Menschen, Tonbandaufnahme einer Vorlesung (das gesprochene Wort soll „flüchtig" bleiben!), Öffnen eines Briefes, Einschalten des Mithörlautsprechers am Telefon, Erhebung und Verarbeitung personenbezogener Daten (auch ohne EDV!) durch missgünstige Nachbarn, durch eine Bank oder einen Adressenverlag als Eingriff in die „informationelle Selbstbestimmung", Videoüberwachung von Arbeitnehmern durch den Arbeitgeber.

Im Gegensatz zu den absoluten Rechten wirken die **relativen Rechte** nur in einer bestimmten Beziehung, Relation, zu einem anderen Rechtssubjekt. Die

Kehrseite des relativen subjektiven Rechts des einen, also seiner Forderung, ist die Verpflichtung, die Verbindlichkeit des anderen. Das Gesetz definiert in § 194 I BGB dieses Recht, nur von einem ganz bestimmten anderen etwas verlangen zu können, als **Anspruch.** Die beiden durch dieses Rechtsverhältnis verbundenen Rechtssubjekte heißen bekanntermaßen Gläubiger und Schuldner. Entsprechend dem relativen Charakter dieses Rechts kann grundsätzlich auch nur der Schuldner die Rechtsposition des Gläubigers verletzen.

Beispiel: Hat K von V etwas gekauft, so hat V ein Recht auf Zahlung (vgl. § 433 II BGB, der aus Schuldnersicht heraus formuliert), aber eben nur gegenüber K. Es ist deshalb selbstverständlich, dass X, Y und Z dieses Recht nicht verletzen, ja begrifflich gar nicht verletzen können, wenn sie die von V geforderte Zahlung ablehnen.

Derartige relative Rechte sind außerordentlich vielgestaltig und verbreitet. Nur beispielhaft sind hervorzuheben: Lieferungs- und Zahlungsansprüche, Ansprüche auf Gebrauchsgewährung bei Miete und Leihe, auf die versprochene Dienstleistung (vgl. z. B. § 611 BGB), auf Zeugniserteilung (§ 630 BGB) oder Ausstellen einer Quittung (§ 368 BGB), auf Herausgabe einer weggegebenen oder weggenommenen Sache (vgl. z. B. §§ 546 I, 604 I, 985 BGB), auf Erbringung der Gesellschaftereinlage (vgl. § 705 BGB), auf Unterlassung irgendeines störenden Verhaltens (vgl. z. B. §§ 1004 I BGB, 60 I HGB) oder - umgekehrt - auf dessen Duldung (vgl. §§ 554, 912 I BGB), auf Herstellung ehelicher Lebensgemeinschaft (§ 1353 I BGB, was immer das auch sein mag) und Unterhalt (vgl. §§ 1360, 1601 ff. BGB). Sehr wichtig sind insbesondere auch Schadensersatzansprüche (vgl. etwa §§ 122 I, 179 I und II, 280 ff., 536a I, 678, 823 ff. BGB, 425 I HGB, 1 I ProdHaftG, 9 UWG).

Subjektive Rechte, die keiner der beiden vorgenannten Rechtstypen zuzuordnen sind, werden in der Gruppe der sog. **Gestaltungsrechte** zusammengefasst: Sie wirken nicht absolut jedermann gegenüber in dem Sinne, dass sie von anderen beeinträchtigt werden könnten, aber auch nicht relativ i. S. eines Anspruchs gegen einen anderen auf eine Leistung. Wer ein Gestaltungsrecht hat und es ausübt, wirkt damit vielmehr unmittelbar auf eine bestehende Rechtslage ein, braucht dazu niemanden und kann dabei auch von niemandem gestört werden.

Beispiele: Wer seine Willenserklärung, etwa sein Vertragsangebot, wegen Irrtums anfechten kann und dies auch rechtzeitig, nämlich „unverzüglich, tut (§§ 119, 121 BGB), hat damit seine Erklärung eben aus der (juristischen) Welt geschafft und dies sogar rückwirkend (§ 142 I BGB).
Erklärt ein Arbeitgeber auf Grund eines für ihn bestehenden Kündigungsrechtes form- und fristgerecht die Kündigung (§§ 620 ff. BGB, 1 ff. KSchG), so ist das Arbeitsverhältnis damit für die Zukunft aufgehoben.

Die Wirksamkeit einer **Gestaltungserklärung** im Beispiel der Anfechtung bzw. der Kündigung kann der Vertragspartner bzw. der Arbeitnehmer zwar in

Abrede stellen. Doch kommt es darauf für die rechtliche Wirksamkeit der Erklärung nicht an. Streiten die Parteien vor Gericht um die Wirksamkeit von Anfechtung bzw. Kündigung, so trifft das Gericht auch nur eine Feststellung über die schon bestehende Rechtslage, verurteilt nicht etwa die andere Seite zur Erteilung ihrer Zustimmung.

(2) Ausübung der Rechte

Wer sich seinem subjektiven Recht entsprechend verhält, übt dieses aus und darf dies natürlich grundsätzlich auch, denn zu diesem Zweck sind subjektive Rechte ja letztlich geschaffen.

Beispiele: Lisa Lustig räkelt sich in dem ihr gehörenden Liegestuhl, verfährt mit ihm also nach ihrem augenblicklichen Belieben (vgl. § 903 BGB).
Käufer Karl verlangt vom Verkäufer Viktor auf Grund des zuvor geschlossenen Kaufvertrages Lieferung, übt damit also sein Recht aus § 433 I BGB aus.
Dieter Dümmlich hat von Gebrauchtwagenhändler Gerhardt Gemein ein Auto erworben, angeblich „unfallfrei und technisch wie optisch in Top-Form". Als Dümmlich merkt, dass Gemein ihn hereingelegt hat, erklärt er die Anfechtung des Kaufvertrages wegen arglistiger Täuschung. Damit übt Dümmlich sein Recht aus § 123 BGB aus.

Nur ganz ausnahmsweise ist die **Rechtsausübung** unzulässig. Selbst das bestehende subjektive Recht nützt also seinem Träger dann im praktischen Ergebnis nichts, ebenso wenig wie wenn er ein solches Recht gar nicht hätte. In § 226 BGB gesetzlich geregelt ist die sog. **Schikane**. Diese Vorschrift wird von der h. M. aber ganz eng interpretiert: Nur wenn die Rechtsausübung objektiv betrachtet gar keinen anderen Zweck als die Schädigung eines anderen haben kann, ist sie danach unzulässig. Dass der Rechtsträger einen anderen schädigen will, reicht zum **Ausübungsverbot** nicht aus. Irgendeinen anderen Sinn kann man aber wohl fast immer der Rechtsausübung abgewinnen. § 226 BGB ist deshalb rechtspraktisch „tot".
Rechtsprechung und Rechtslehre haben aber über § 226 BGB hinaus - gestützt auf die in den §§ 123, 138, 242, 826 BGB zum Ausdruck gelangten Wertungen des Gesetzes und im Einklang mit einer langen Rechtstradition - eine Reihe von Tatbeständen unzulässiger Rechtsausübung formuliert, die erhebliche praktische Bedeutung haben. Neben der bereits erwähnten **Verwirkung** sind besonders zu nennen das Verbot, etwas zu verlangen, was man auf Grund einer anderen Rechtsnorm sofort wieder zurückgeben müsste (lat. „dolo agit, qui petit, quod statim redditurus est") oder ganz allgemein das Verbot einer Rechtsausübung, bei der man sich mit seinem eigenen Vorverhalten in Selbstwiderspruch setzen würde: unzulässiges (lat.) **„venire contra factum proprium"**.

Beispiel: Ich helfe meinem Nachbarn, einen Baum auf die Grundstücksgrenze zu pflanzen und übernehme jahrelang die Baumpflege für den oft und lange dienstreisebedingt abwesenden Nachbarn. Als mir der Baum eines Tages zu raumgreifend wird, verlange ich, gestützt auf § 923 II 1 BGB, dessen Beseitigung: Ich erhalte keinen Rechtsschutz!

(3) Durchsetzung der Rechte, Fristen

Speziell bei den relativen Rechten, den Ansprüchen, führt die bloße Rechtsausübung häufig nicht zum gewünschten Erfolg, zur Befriedigung des rechtlich geschützten Interesses.

Beispiel: Der Verkäufer kann zwar gemäß § 433 II BGB zu Recht Zahlung des Kaufpreises und Abnahme der Kaufsache verlangen. Was aber, wenn der Käufer nicht tut, wozu er rechtlich verpflichtet ist?

Die hier dann notwendig werdende Durchsetzung von Rechten liegt nun primär in den Händen des Staates, seiner Justiz- und Vollstreckungsorgane: Grundsätzlich vollzieht sich **Rechtsdurchsetzung** durch die amtlich moderierte Vollstreckung justizieller Entscheidungen, durch die nach Durchlaufen des sog. **Erkenntnisverfahrens** erst einmal Rechtsgewissheit hergestellt werden muss, bevor das **Vollstreckungsverfahren** eingeleitet werden kann. Die Durchsetzung von vielleicht nur vermeintlich bestehenden Ansprüchen einfach in die Hand der Privatrechtssubjekte selber zu legen, würde Staat und Gesellschaft ins Chaos stürzen und Macht an die Stelle von Recht treten lassen. Die zum **Rechtsschutz** geschaffenen und aufgerufenen Gerichte sind je nach Art der zu entscheidenden Streitigkeit in verschiedenen **Gerichtsbarkeiten (Rechtswege)** organisiert. Wirtschaftsprivatrechtlich interessiert vor allem die sog. ordentliche, wiederum in Zivil- und Strafgerichtsbarkeit unterteilte Gerichtsbarkeit sowie Arbeits- und Patentgerichtsbarkeit. Weiterhin existieren Finanz-, Sozial-, Verwaltungs- und Verfassungsgerichtsbarkeit. Innerhalb dieser Rechtswege sind die Gerichtsbarkeiten noch einmal örtlich (nach Gerichtsbezirken) und schließlich je nach ihrer hierarchischen Position im **Instanzenzug** (erste Instanz, Berufungs- und Revisionsgericht) funktional gegliedert.

Regulär wird die (privatrechtliche) Rechtsdurchsetzung durch **Klageerhebung** eingeleitet. In dem sich daran anschließenden (Erkenntnis-)Verfahren macht das Gericht im wahrsten Sinne des Wortes durchweg keinen „kurzen Prozess". Bis zum rechtskräftigen Verfahrensabschluss dauert es vielmehr oft einige Jahre. Im Interesse effektiver Rechtsschutzgewähr bedarf es deshalb der Institution eines **Eilverfahrens**, das - im Zivilprozess - entweder mit sog. „Arrest" (für Zahlungsansprüche) bzw. (bei sonstigen Ansprüchen) mit sog.

„einstweiliger Verfügung" oder mit Antragsabweisung endet. In diesem Verfahren wird auf der Basis einer nur überschlägigen Prüfung der Sach- und Rechtslage lediglich vorläufig entschieden, bis das reguläre Klageverfahren endgültig Klarheit gebracht hat. Vor allem in wettbewerbsrechtlichen Streitigkeiten spielt der **einstweilige Rechtsschutz** angesichts der schnelllebigen Marktverhältnisse eine große Rolle.

Gelegentlich wird aber selbst dieses gerichtliche Eilverfahren noch zu träge sein, um zeitlich-effektiven Rechtsschutz zu ermöglichen. Ausschließlich für diese Fälle ist rechtssichernde **Selbsthilfe** zulässig. Solche Befugnisse zu eigenmächtigen Maßnahmen, sind über die ganze Rechtsordnung verstreut. Die Generalklausel findet sich, kaum erkennbar, in § 229 f. BGB, bekannter ist aber sicherlich die Notwehr (§ 227 BGB), ergänzt durch den Defensivnotstand (§ 228 BGB), der seinerseits dem Aggressivnotstand (§ 904 BGB) gegenübersteht. Hinzuweisen ist auch auf § 859 sowie auf § 562b BGB. Außerhalb des BGB sind noch der Güternotstand (§ 16 OWiG) und das jedem zur Verfügung stehende Festnahmerecht nach § 127 StPO gegenüber einer auf frischer Straftat ertappten Person zu nennen.

Der sozialen Gefährlichkeit des eigenmächtigen Rechtsschutzes entsprechend trägt der Selbsthelfer das Risiko, dass die sehr eng zu fassenden rechtlichen Voraussetzungen zulässiger **Selbsthilfe** im konkreten Fall nicht vorliegen. Es fehlt dann für sein eigenmächtiges, in fremde Rechtssphäre eingreifendes Verhalten an einem sog. Rechtfertigungsgrund. Sein Verhalten ist dann i. S. von § 823 Abs. 1 BGB widerrechtlich und verpflichtet bei Vorliegen der übrigen Voraussetzungen, namentlich bei Verschulden, zum Schadensersatz. Dies wird noch näher zu klären sein. Im Fall des § 231 BGB ist sogar auch ohne Verschulden Schadensersatz zu leisten.

Die eher spärliche gesetzliche Regelung zulässiger Selbsthilfe wird der Bedeutung der Selbsthilfe als generelles, wenngleich gegenüber „obrigkeitlicher Hilfe" immer subsidiäres Rechtsschutzmittel kaum gerecht. Der Gesetzgeber hat sicher die Schlagkraft des justiziellen und überhaupt des hoheitlichen Rechtsschutzes überschätzt und deshalb der zulässigen Selbsthilfe als wohl auch grundgesetzlich abverlangte ultima ratio eines effektiven Rechtsschutzsystems zu wenig Aufmerksamkeit geschenkt. Dies erschwert es namentlich den Unternehmen, ihre Sicherheit mit eigenem Personal zu gewährleisten. Noch größere Schwierigkeiten hat das **Sicherheitsgewerbe** („Security"), seine Aufgaben sowohl im privaten als auch im öffentlichen Raum effektiv zu erfüllen. Diese Aufgaben haben in dem Maße enorm zugenommen, in dem sich die Polizei aus vielen Sicherheitsfeldern faktisch zurückgezogen hat.

Beispiele: Zutrittskontrolle und sonstige Pförtnerdienste; Einbruchs- und Attentatsprävention (auch in Flugzeugen); Ordnerdienste bei Großveranstaltungen; individueller Objekt- und Personenschutz („Bodyguards"); Streifendienst in der Fläche und insbesondere in sozialen Brennpunkten wie z. B. auf Bahnhöfen und in Shopping Malls; Geld- und Werttransporte; Passagier und Gepäckkontrolle in Flughäfen; Investigation einschließlich Festnahme Verdächtiger (Detektiveinsatz) in Unternehmen bei schweren „Compliance"-Verstößen von Mitarbeitern (Korruption, Diebstahl, Unterschlagung) und bei dem weitverbreiteten Versicherungsbetrug; Abwehr und Verfolgung von Industriespionage.

Auch privatrechtlich organisierte Sicherheitswahrnehmung kann sich gegenwärtig grundsätzlich nur der vorstehend genannten Selbsthilfebefugnisse, der sog. Jedermann-Rechte, bedienen, obwohl diese Rechte ersichtlich im Blick auf Einzelpersonen in Sondersituationen zugeschnitten sind und aus einer Zeit stammen, in der es selbstverständlich schien, dass die Sicherheitsgewährleistung für Bürger und Unternehmen ganz allein in den Händen der Polizei mit ihren hoheitlichen Befugnissen liegen müsse.

Nochmals und ausdrücklich zu betonen ist, dass ein relatives Recht, ein Anspruch, niemals die Befugnis zu seiner eigenmächtigen Durchsetzung schafft. Eine solche Befugnis zur Selbsthilfe muss das Gesetz vielmehr eigens zuweisen. Und dann ist Selbsthilfe grundsätzlich nur zur vorläufigen Sicherung privater Rechte zulässig. Allerdings gibt es auch sehr seltene Fälle einer zulässigen Durchsetzung von Ansprüchen. Hierher zählt - erst auf den zweiten Blick erkennbar - vor allem auch die Befugnis zur Aufrechnung (§§ 387 ff. BGB). Davon abgesehen sind die rechtlichen Grenzen einer derartigen Privatvollstreckung von Ansprüchen auch außerhalb der §§ 229 f. BGB sehr eng gezogen. Das zeigt sich sehr deutlich etwa an der Problematik des eigenmächtigen Besitzschutzes nach eingetretener Besitzstörung hinsichtlich Grundstücken.

Beispiel: Falschparker FP verlässt nachts um 3.45 h den öffentlichen Straßenraum und benutzt die Garageneinfahrt auf dem Grundstück des friedlich schlafenden Eigenheimbesitzers EB als Parkplatz. In diesem Moment erhält EB gegenüber FP einen Anspruch auf Wiedereinräumung des Besitzes an diesem Teil des Grundstücks (§ 861 I BGB). Diesen Anspruch darf EB, als er den Wagen des FP beim Aufstehen um 6.30 h entdeckt, aber nicht einfach durch eigeninitiatives Handeln durchsetzen, etwa durch Herbeirufen eines Abschleppdienstes. Er muss nun vielmehr grundsätzlich gerichtliche Klage erheben oder den Erlass einer einstweiligen Verfügung betreiben. Die Polizei wird hier kaum tätig werden, weil sie grundsätzlich nur zur Aufrechterhaltung der öffentlichen Sicherheit und Ordnung zuständig ist. Der Schutz privater Rechte zählt allenfalls ganz subsidiär zu den polizeilichen Aufgaben (vgl. z. B. § 1 Abs. 2 PolG/NRW). Auch ein Selbsthilferecht nach § 859 III BGB steht dem EB um 6.30 h nach richtiger Auffassung nicht zu. Zwar liegt immer noch ein teilweiser Entzug des Besitzes am Grundstück vor und besteht nach wie vor der Anspruch aus § 861 BGB, aber Selbsthilfe durch Abschleppen oder Wegschieben („Entsetzung des Täters") wäre nur zulässig gewesen, wenn EB dies „sofort" nach Entziehung des Besitzes getan hätte, also unmittelbar nachdem FP seinen Wagen dort abgestellt hatte, d. h. unter Einbeziehung einer legitimen Bedenkfrist etwa bis 4.15 h. Natürlich kann man dem EB nicht vorwerfen, dass er zu dieser Zeit geschlafen hat, aber § 859 III BGB verlangt nun einmal sofortiges Handeln, wenn

Selbsthilfe zulässig sein soll. „Unverzügliches" Handeln (zum Begriff vgl. § 121
I 1 BGB) reicht hier nicht aus. Die im Ergebnis aber so judizierende h. M. vermag nicht zu überzeugen.

Merkwürdigerweise sind nicht alle Ansprüche uneingeschränkt durchsetzbar,
insbesondere nicht gerichtlich. Solche Ansprüche werden (aus Sicht des
Schuldners) unvollkommene Verbindlichkeiten oder **Naturalobligationen**
genannt. Hierzu rechnet z. B. der Entgeltanspruch aus dem Ehevermittlungs-
vertrag. Ist aber zum Zwecke der Erfüllung eines solchen Anspruchs gezahlt
worden, ist trotzdem zu Recht geleistet worden, so dass das Geld nicht etwa
- als „ungerechtfertigte Bereicherung" nach § 812 I 1, 1. Alt. BGB - zurückverlangt werden kann (vgl. § 656 I BGB). Entsprechendes hat für die bloße
Partnerschaftsvermittlung zu gelten. Solche Unternehmen werden deshalb nur
gegen Vorauskasse tätig. Auch Spiel- und Wettschulden bestehen lediglich als
Naturalobligationen (vgl. § 762 BGB). Mit ihnen dürfen Schulden aus einem
- im Marketing beliebten! - Preisausschreiben nicht verwechselt werden: Diese
Schulden aus einer sog. Auslobung nach § 657 BGB sind sehr wohl einklag-
bar.
In diesen Zusammenhang sind ferner verjährte Ansprüche zu stellen. Entgegen landläufiger Vorstellung existiert der verjährte Anspruch von Rechts
wegen nämlich weiter. Die eingetretene, „vollendete" **Verjährung** gibt nach
§ 214 I BGB dem Schuldner nämlich nur das Recht, die ihm abverlangte Leistung zu verweigern. Ob er dieses Recht ausübt, indem er sich auf die
Verjährung beruft, ist - wie bei jedem subjektiven Recht - seine Sache. Typo-
logisch handelt es sich bei dieser sog. **Verjährungseinrede** um ein negatives
Gestaltungsrecht. Da diese Einrede auf Dauer besteht, handelt es sich hier um
eine sog. **peremptorische Einrede**.
Leistet der Schuldner zur Erfüllung des verjährten Anspruchs, weil er etwa die
Verjährung gar nicht bemerkt hat oder weil er zu stolz ist, sich derart aus der
Verantwortung zu ziehen (Handelsbrauch bei hanseatischen Kaufleuten!), so
kann der Gläubiger die **Leistung behalten** (§ 214 II 1 BGB). Denn der
Gläubiger hat ja nur erhalten, was ihm rechtlich zustand. Dass er den An-
spruch nicht hätte durchsetzen können, wenn der Schuldner die Verjährungs-
einrede erhoben hätte, ist dafür belanglos. Auf Seiten des Gläubigers ist die
Quintessenz daraus, dass auch solche Ansprüche geltend zu machen sind, bei
denen man den Eintritt der Verjährung festgestellt zu haben glaubt. Vielleicht
leistet der Schuldner ja trotzdem, und dann ist man davor sicher, das durch
Leistung Erlangte wieder herausgeben zu müssen.
Regelmäßig soll die **Verjährungsfrist** nach § 195 BGB 3 Jahre betragen.
Doch existieren davon verstreute Ausnahmen. Dies zeigen schon §§ 196 f.
BGB. Etwa §§ 438, 479 und 634a BGB, aber auch § 439 HGB kennen gleich
mehrere verschiedene Verjährungsfristen. Sog. dingliche Ansprüche verjähren
grundsätzlich in 30 Jahren (§ 197 I Nr. 1 BGB), z. B. der Anspruch des Eigen-

tümers gegen den Besitzer auf Herausgabe der ihm gehörenden beweglichen Sache nach § 985 BGB. Der Herausgabeanspruch des im Grundbuch eingetragenen Grundeigentümers unterliegt wegen § 902 BGB überhaupt nicht der Verjährung. § 985 BGB zeigt ganz beiläufig, dass „Eigentümer" und „Besitzer" juristisch keineswegs dasselbe ist: Besitzer ist vielmehr einfach derjenige, der faktisch über die Sache verfügen kann (§ 854 I BGB, es sei denn, er sei bloßer Besitzdiener i. S. von § 855 BGB!). „Hausbesitzer" sind deshalb die dort wohnhaften Mieter, und „Besitzer" ist auch der Dieb, der dem Eigentümer die Sache entwendet hat. Einer 30-jährigen Verjährung unterliegen ferner grundsätzlich alle gerichtlich unangreifbar, „rechtskräftig" festgestellten Ansprüche (§ 197 I Nr. 3 BGB). Überdies kann die Verjährungsfrist in den Grenzen des § 202 BGB durch Vereinbarung zwischen Schuldner und Gläubiger schon vor Verjährungsbeginn oder erst bei laufender Verjährung verkürzt oder verlängert werden.

Wie sich beim aufmerksamen Lesen des § 194 BGB zeigt, können nur **Ansprüche**, nicht jedoch absolute Rechte oder Gestaltungsrechte verjähren. Der Verjährung unterliegt also z. B. nur der Herausgabeanspruch nach § 985 BGB, nicht etwa das ihm zugrunde liegende Eigentumsrecht (§ 903 BGB) als absolutes Recht.

Beispiel: Wenn der Dieb D im Jahre 1980 einen dem E gehörenden Ring gestohlen hatte, so konnte E noch im Jahre 2000 sicher vom Besitzer D den Ring, notfalls mit gerichtlicher Hilfe, zurückerhalten. Würde E seinen Herausgabeanspruch aus § 985 BGB erst im Jahre 2013 geltend machen, ist dieser Anspruch verjährt, vorausgesetzt, es liegen keine Gründe für eine Fristhemmung oder für einen Neubeginn der Verjährung vor. Beruft sich D auf den Eintritt der Verjährung, so kann E seinen Anspruch nicht mehr durchsetzen. Obwohl E auch dann noch Eigentümer ist, kann D dennoch den Ring weiter behalten.

Angenommen, der Räuber R hätte 2005 dem D in vorstehendem Beispiel den ing entrissen, so besteht nunmehr überhaupt kein Herausgabeanspruch des E gegen D mehr, denn D ist ja nicht mehr im Besitz des Ringes. Hier mit Verjährung zu operieren, wäre schlicht falsch. An die Stelle eines Anspruchs gegen D ist ein neuer Herausgabeanspruch des E gegen den jetzigen Besitzer des Ringes R getreten. Denn da das Eigentumsrecht des E als absolutes Recht keiner Verjährung unterliegt, ist E ja immer noch Eigentümer, so dass die Voraussetzungen des § 985 BGB erfüllt sind. Dieser Anspruch ist auch nicht etwa 2010 verjährt, denn er ist ja überhaupt erst 2005 entstanden. Der Anspruch E-D ist ein ganz anderer als E-R, der seiner eigenen Verjährung unterliegt. E wird also mit einer im Jahre 2015 gegen R erhobenen Herausgabeklage Erfolg haben.

Etwas anderes würde gelten, wenn D den Ring nicht durch Raub eingebüßt, sondern ihn an den Hehler H veräußert (oder vererbt) hätte. Dann würde wegen § 198 BGB (Anspruch aus § 985 BGB ist ein sachenrechtlicher, „dinglicher" Anspruch) H als „Rechtsnachfolger" des D in den Genuss der bereits im Verhältnis E-D verstrichenen Verjährungszeit kommen, könnte sich also auch bezüglich des Anspruchs E-H auf vollendete Verjährung berufen.

In der Praxis bestehen durchweg prinzipiell falsche Vorstellungen nicht nur über das Wesen der Verjährung (negatives Gestaltungsrecht, nicht anspruchslöschend), sondern auch über deren **Berechnung**. Keineswegs nimmt nämlich die Verjährung quasi unaufhaltsam ihren Lauf. Zunächst ist schon zu fragen, was überhaupt der Ausgangspunkt der Verjährungsfrist ist. Einmal ausgelöst, kann die Anspruchsverjährung dann noch gehemmt (§ 209 BGB) oder neu begonnen werden (§ 212 BGB). Ein Anspruch, der der 3-jährigen Regelverjährung unterliegt, kann auf diese Weise vielleicht erst in 100 Jahren verjährt sein. Hilfreich zum Verständnis ist das Bild eines in der Küche verwendeten Kurzzeitweckers: Sein Klingeln soll Verjährungseintritt bedeuten und soll gedanklich auf 3 Jahre aufgezogen werden. Hinauszuschieben ist das Klingeln bereits dadurch, dass das Uhrwerk gar nicht erst in Gang gesetzt wird. Ist dies geschehen, so kann das Uhrwerk eine Zeit lang, eventuell mehrfach, angehalten werden (**Hemmung**) oder sogar irgendwann, möglicherweise erst kurz vor dem Klingeln, wieder auf 30 Jahre Laufzeit aufgezogen und dann irgendwann später wieder in Gang gesetzt werden (**Neubeginn**).

Für den **Verjährungsbeginn** ist zu unterscheiden, ob es sich um die Regelverjährung oder um sonstige Verjährungsfristen handelt. Die **Regelverjährung** beginnt grundsätzlich ihren Lauf mit dem Schluss des Jahres, in dem der Anspruch entstanden ist, sofern der Gläubiger zu diesem Zeitpunkt die anspruchsbegründenden Tatsachen und den Schuldner kannte oder auf Grund grober Fahrlässigkeit (vgl. § 276 II BGB zum Fahrlässigkeitsbegriff!) nicht kannte, im Übrigen entsprechend später bei Kenntniserlangung oder grobfahrlässiger Unkenntnis mit Beginn des darauf folgenden Jahres (§ 199 I BGB). Diese Anknüpfung an den Jahresbeginn macht diese Verjährungsberechnung nach dem sog. subjektiven System überhaupt erst praktikabel. **Sonstige Verjährungsfristen** beginnen ihren Lauf nach dem sog. objektiven System (subjektive Merkmale wie Kenntnis oder grobfahrlässige Unkenntnis spielen keine Rolle). Dabei knüpft das Gesetz in § 200 BGB grundsätzlich an den Zeitpunkt an, in dem der Anspruch entstanden ist. Nach h. M. gehört zum Entstehen des Anspruchs im Verjährungsrecht übrigens immer auch die Fälligkeit (§ 271 I BGB).

Da die **Regelverjährung** in ihrem Beginn (auch) an subjektive Merkmale in der Person des Gläubigers geknüpft ist, will der Gesetzgeber dafür sorgen, dass durch nicht grobfahrlässige Unkenntnis sich schon der Beginn der (Regel-)Verjährung und damit auch ihr Ablauf auf unabsehbare Zeit hinausschiebt. Deshalb sieht der Gesetzgeber hier **Höchstfristen** vor, wobei er in § 199 IV BGB den Verjährungsablauf für andere Ansprüche als Schadensersatzansprüche auf 10 Jahre seit Entstehung festsetzt. Für Schadensersatzansprüche hinwiederum unterscheidet § 199 II und III BGB zunächst danach, ob sie auf „Verletzung des Lebens, des Körpers, der Gesundheit oder der Freiheit" beruhen oder nicht. Erstere verjähren spätestens in 30 Jahren als Verletzungshandlung, letztere alternativ: Ihre Verjährung tritt spätestens 10 Jahre nach ihrer Entstehung ein, sofern ein Schaden eingetreten ist, ansonsten 30 Jahre nach Vornahme der schadensstiftenden Handlung.

Beispiel: „Elektro-Kessler" hat Frau Homberg im Februar 2008 eine Waschmaschine verkauft, die im März 2008 geliefert wurde. Der kaufvertragliche Zahlungsanspruch (§ 433 II BGB) unterliegt der 3-jährigen Regelverjährung des § 195 BGB. Ihr Lauf beginnt gemäß § 199 I BGB am 1. 1. 2009, da „Elektro-Kessler" natürlich über den Vorgang Bescheid weiß (vgl. § 199 I Nr. 2 BGB). Da es sich nicht um Schadensersatzansprüche handelt, finden Abs. 2 und 3 des § 199 BGB keine Anwendung. Der Zahlungsanspruch verjährt somit frühestens (vorbehaltlich Hemmung oder Neubeginn) am 31. 12. 2011, also erst knapp 4 Jahre nach Abschluss des Kaufvertrages, wobei die (Höchst-)10-Jahresfrist des § 199 IV BGB erst im Februar 2018 abläuft.

Gelegentlich wählt das Gesetz auch andere Zeitpunkte für den **Verjährungsbeginn.** So beginnt die wichtige Verjährungsfrist für Mängelansprüche beim Kauf beweglicher Sachen erst mit Ablieferung (vgl. § 438 II BGB).

Der dritte Berechnungsfaktor für die Verjährung neben Dauer und Beginn ist wie gesagt die Hemmung. Das Gesetz kennt nunmehr zahlreiche **Hemmungsgründe** in den §§ 204 ff. BGB. Besonders hinzuweisen ist zunächst auf die allgemeine sog. **Verhandlungshemmung** des § 203 BGB: „Verhandlungen über den Anspruch oder die den Anspruch begründenden Umstände" beziehen sich begrifflich auf die Frage, ob überhaupt ein Anspruch entstanden ist. Wird dagegen über die Höhe des Anspruchs (bei Zahlungsansprüchen) oder seinen sonstigen Umfang (z. B. Lieferumfang) verhandelt, hat damit der Schuldner seine Leistungspflicht incidenter anerkannt: Die Verjährung ist dann nicht nur gehemmt, sondern beginnt wieder neu (§ 212 I Nr. 1 BGB). Eine spezielle Verhandlungshemmung kennt z. B. § 15 VVG: Ein bei dem Versicherungsunternehmen angemeldeter Anspruch des Versicherungsnehmers ist in seiner Verjährung solange gehemmt, bis die Entscheidung des Versicherers in Textform beim Versicherungsnehmer eingegangen ist.

Hinzuweisen ist ferner auf § 204 I Nr. 3 BGB: Zur Verjährungshemmung führt nur der gerichtliche, auf Antrag erlassene Mahnbescheid, nicht etwa die außerprozessuale Mahnung des Gläubigers oder eines von ihm beauftragten Inkasso-Büros. Erst recht hemmt selbstverständlich die Klageerhebung die Verjährung (§ 204 I Nr. 1 BGB). Ein praktisch wichtiger Hemmungsgrund scheint auch die sog. **Stundung** zu sein, also das Hinausschieben der Fälligkeit (vgl. § 271 I BGB) des Anspruchs nach seiner Entstehung, weil doch die Stundung den Schuldner vorübergehend zur Leistungsverweigerung berechtigt, also ihm eine vorübergehende, sog. **dilatorische** Einrede gibt. Erfolgt die Stundung freilich - wie regelmäßig - auf Bitten des Schuldners, so hat er wiederum den gegen ihn gerichteten Anspruch anerkannt; es kommt also auch hier nicht nur zur Verjährungshemmung, sondern sogar zum Neubeginn der Verjährung gemäß § 212 I Nr. 1 BGB. § 205 BGB führt diesbezüglich also in die Irre. Neben dem **Neubeginn der Verjährung** wegen Anerkenntnis des Anspruchs durch den Schuldner durch Abschlagszahlung (sog. à-conto-Zahlung), Zinszahlung, Sicherheitsleistung „oder in anderer Weise" (also z. B. durch Verhandlungen über den Anspruchsumfang oder durch Stundungsbitte des Schuldners) kennt § 212 I Nr. 2 BGB die ebenso praktisch wichtige Vollstreckungshandlung, namentlich durch den Gerichtsvollzieher oder durch das Vollstreckungsgericht. Gemeint sind damit logischerweise nur erfolglose Vollstreckungshandlungen. Denn die erfolgreiche Vollstreckungshandlung führt das Erlöschen des Anspruchs herbei. Damit verliert die Verjährung ihren begrifflichen Gegenstand.

Beispiel: Kuno wurde im Alter von 22 Jahren rechtskräftig verurteilt, an den Handwerker Hanno Euro 300 zu zahlen. Obwohl der Anspruch ursprünglich in 3 Jahren verjährte, unterliegt er nach rechtskräftiger Feststellung gemäß § 197 I Nr. 3 BGB einer 30-jährigen Verjährung. Zu Kunos 50. Geburtstag schickt Hanno den Gerichtsvollzieher, der bei Kuno leider nichts vorfindet, auch keine Geburtstagsgeschenke. Dadurch wird die 30-jährige Verjährungsfrist erneut in Gang gesetzt. Spätestens kurz vor dem 80. Geburtstag des Kuno schickt Hanno erneut den Gerichtsvollzieher: Der Zahlungsanspruch ist immer noch nicht verjährt!

Nach alledem sollte klar sein, dass die Einschätzung der Verjährung eine schwierige Sache und kaum jemals einfach nach dem Kalender zu berechnen ist. Für den Schuldner ist es deshalb oft riskant, mit Rücksicht auf eine vermeintlich eingetretene Verjährung die Leistung zu verweigern. Umgekehrt sollte der Gläubiger, zumal wegen § 214 I BGB (kein Anspruchserlöschen, sondern nur Einrede des Schuldners), sich wegen einer nur oberflächlich recherchierten Verjährung keinesfalls von einer weiteren Anspruchsverfolgung abhalten lassen.

Wenn ausschließlich Ansprüche der Verjährung unterworfen sind, so heißt dies nicht, dass der **Zeitablauf** bezüglich anderer Rechte schlechthin unbeachtlich ist. Vielmehr legt der Gesetzgeber auch in Bezug auf absolutes Recht oder auf Gestaltungsrechte gelegentlich zeitliche Grenzen fest. Dies sind aber dann eben keine Verjährungsfristen, die nach den vorgenannten Grundsätzen zu behandeln wären, sondern sog. **Ausschlussfristen**. Dort gibt es demzufolge grundsätzlich (vgl. aber z. B. § 124 II 2 BGB zugunsten eines arglistig Getäuschten!) insbesondere weder Hemmung noch Neubeginn des Fristlaufs, und nach Fristablauf entfällt im Gegensatz zur Anspruchsverjährung das Recht selbst. So besteht das (subjektive) Patentrecht, ein absolutes Recht, längstens 20 Jahre nach Anmeldung (§ 16 I PatG). Die Anfechtung einer Willenserklärung, z. B. einer Bestellung, wegen Irrtums oder arglistiger Täuschung, ist 10 Jahre nach Abgabe der Willenserklärung „ausgeschlossen" (vgl.

§§ 121 II, 124 III BGB), weil das zugrunde liegende Gestaltungsrecht selber erloschen ist. Selten greifen Ausschlussfristen - neben Verjährungsfristen! - auch bei Ansprüchen ein. Ein wichtiges Beispiel dafür liefert aber § 13 I ProdHaftG.

c) Sonstige (unkörperliche) Gegenstände

Innerhalb der begrifflichen Menge unkörperlicher Gegenstände stehen neben den subjektiven Rechten noch die sonstigen unkörperlichen Gegenstände. Es handelt sich dabei sozusagen um ein Sammelsurium aller Dinge der juristischen Welt, die sich in keine der bisher näher spezifizierten Kategorien einfügen.

Beispiel: Das „Wohltemperierte Klavier" von J. S. Bach, eine Erfindung, ein Farbeindruck, das sich bei einem Bayern angesichts eines mit Bier gefüllten Maßkruges einstellende angenehme Gefühl, die Liebe, ein EDV-Programm, ein Ratschlag, der Name (vgl. auch § 17 HGB: Firma).

Selbstverständlich können an diesen Gegenständen durchaus wiederum Rechte bestehen, etwa ein Patentrecht an einer technischen Erfindung oder ein Recht auf einen bestimmten (bürgerlichen) Namen (§ 12 BGB) oder ein Recht auf Führung einer bestimmten Firma (§ 37 II HGB). Dies ist nichts Besonderes: Bei körperlichen Gegenständen (Sachen) ist jedem ein solcher Zusammenhang etwa mit dem Eigentumsrecht ganz geläufig.

Damit verfügt man nun über ein in seinen wesentlichen Grundlinien geschlossenes privatrechtliches „Weltbild", das jederzeit die Einordnung aller Wahrnehmungen ermöglichen sollte (Abb. 12). Nur auf den ersten Blick überraschend ist dabei, dass ein wirtschaftswissenschaftlich und wirtschaftspraktisch so bedeutsamer Begriff wie der des Unternehmens (bzw. des Betriebes) dort nicht auftaucht. Das hat seinen Grund darin, dass das **Unternehmen** wirtschaftsprivatrechtlich betrachtet nur einen Inbegriff aller möglichen Gegenstände darstellt, die zweckhaft (Gewinnerzielung/Nutzenmaximierung) organisiert sind: Betriebsgrundstücke (unbewegliche Sachen), Büromöbel, Ordner, Bleistifte etc. (bewegliche Sachen), Ansprüche auf die Arbeitsleistungen der Mitarbeiter sowie offene Liefer- und Zahlungsansprüche als sog. Außenstände (relative subjektive Rechte), Firma, goodwill, know-how (sonstige unkörperliche Gegenstände) etc. All dies aber hat seinen klar definierten Ort in dem vorgestellten begrifflichen System.

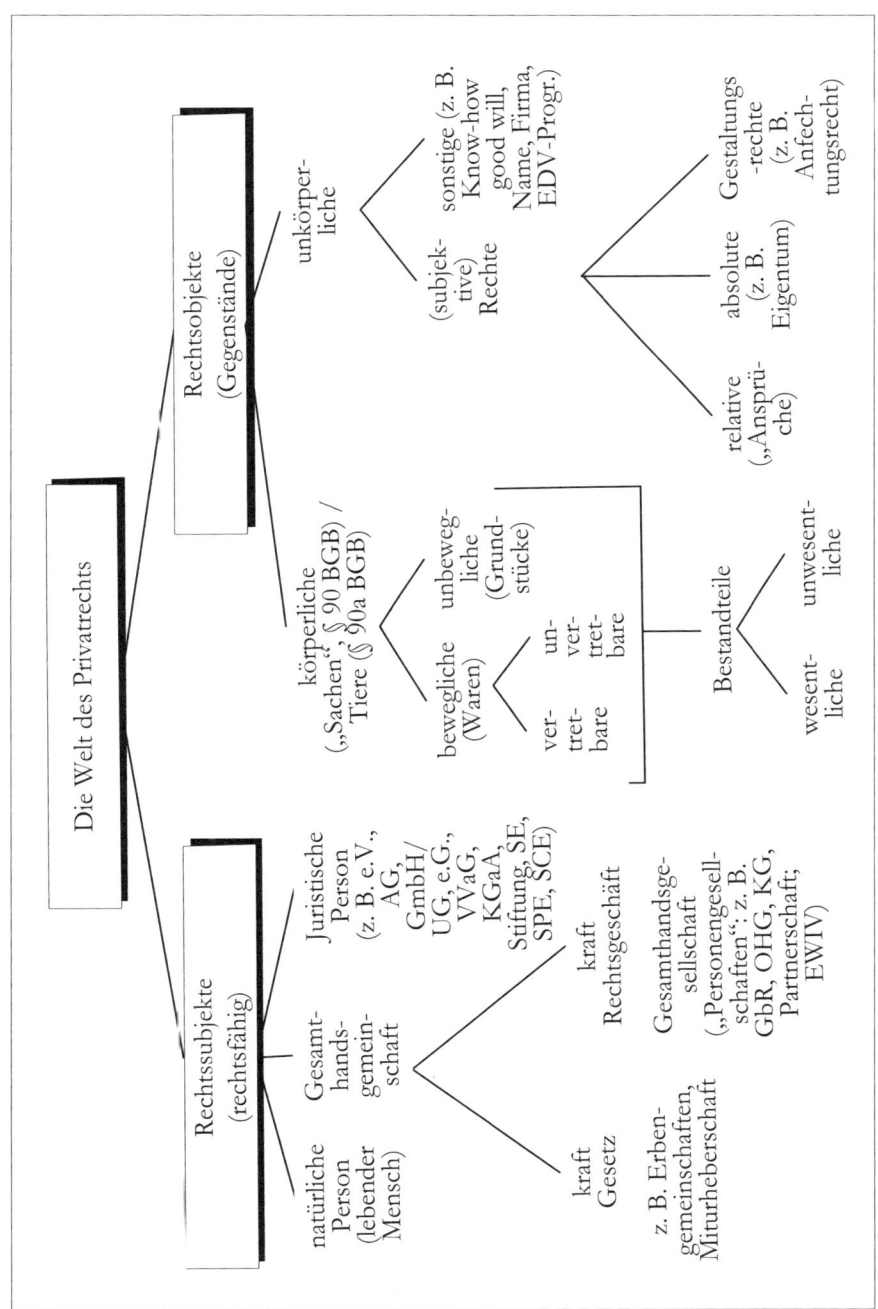

Abb. 12: Das privatrechtliche "Weltbild"

IV. Rechtsgeschäfte - Realakte

1. Begriff und Arten der Rechtsgeschäfte

Die Rechtswelt, so wie sie bisher in Erscheinung trat, war unbewegt, ruhig: Zwischen den Rechtssubjekten gab es keine Interaktion, die Rechtsobjekte blieben an Ort und Stelle. Dynamik bringen in diese Szenerie erst das Verhalten der Rechtssubjekte, die Naturgewalten und sonstige Bewegungskräfte. Rechtlich sind dabei zwei Klassen von Handlungen streng zu unterscheiden: Die sog. **Realakte** („Tathandlungen") wirken in der sinnlich wahrnehmbaren Sphäre. Viele sind, was ihre Bewertung angeht, völlig unbedenklich, manche hingegen enthalten einen Verstoß gegen Rechtsgebote oder -verbote, sind mithin rechtswidrig.

Beispiel: Spazierengehen, Klavierspielen (im eigenen Haus bzw. in der Mietwohnung, jeweils um Mitternacht), Rosenpflanzen, bei „Rot" über die Ampel fahren, Kunden mit Gewalt am Betreten des Konkurrenzgeschäftes hindern, mit der Freundin schmusen, aus Ärger auf den Tisch hauen, Daten über andere sammeln und mit Hilfe der EDV verarbeiten, ein Buch schreiben.

Im Gegensatz zu den Realakten entfalten die sog. **Rechtsgeschäfte** ihre Wirkungen nicht sensorisch wahrnehmbar oder wenigstens naturwissenschaftlich beschreibbar, sondern allein in der Sphäre des Rechts, und zwar nur deshalb, weil diese Wirkungen von einem Rechtssubjekt so gewollt sind und natürlich nur insoweit, als das (objektive) Recht diesen Willen auch als grundsätzlich beachtlich anerkennt.

Beispiele: V und K sind sich darüber einig, dass V eine Sache liefern und K dafür bezahlen soll. Weil das Recht diesen Willen respektiert, ist V eben deshalb zur Lieferung und K zur Zahlung verpflichtet (§ 433 BGB).
Arbeitgeber A will das Arbeitsverhältnis mit dem Buchhalter B wegen soeben aufgedeckter zahlreicher Unterschlagungen und Veruntreuungen sofort beenden. Da das Gesetz diesen Willen des A respektiert (§ 626 I BGB gibt ein Recht zur außerordentlichen Kündigung, ein „Gestaltungsrecht"), ist das Arbeitsverhältnis damit eben beendet.

Die Beispiele zeigen, dass das Gesetz nicht immer den Willen eines einzigen Rechtssubjektes für den Eintritt der gewollten Rechtswirkungen genügen lässt. Häufig bedarf es dazu vielmehr des übereinstimmenden Willens zweier Rechtssubjekte. Beides muss man noch in einer Richtung präzisieren: Immer muss der Wille irgendwie geäußert, erklärt worden sein. Die nicht geäußerten Gedanken sind - dem bekannten Volkslied zufolge - zwar frei, rechtlich aber auch unbeachtlich, weil gar nicht erkennbar. Der maßgebliche Bezugspunkt für das Gesetz ist also immer nur die **Willenserklärung**. Je nachdem, ob es zur Herbeiführung der gewollten Rechtswirkung nur einer oder aber zweier (übereinstimmender) Willenserklärungen bedarf, sind einseitige und zweiseitige Rechtsgeschäfte voneinander zu trennen. Zweiseitige Rechtsgeschäfte heißen **Verträge**. Bei den Verträgen wird besonders deutlich, dass Willenserklärung und Rechtsgeschäft nicht identisch sind. Aber auch das einseitige Rechtsgeschäft ist demnach begrifflich nicht ganz dasselbe wie die Willenserklärung, aus der es besteht.

Bei alledem kann das Gesetz selbstverständlich nicht jeden Willen als rechtsgültig anerkennen. Für den Eintritt der gewollten Rechtswirkung müssten vielmehr noch eine Reihe von **Wirksamkeitsvoraussetzungen** erfüllt sein, auf die später näher einzugehen ist. So muss das willenserklärende Rechtssubjekt die psychische Kompetenz zu verantwortlicher Willensbildung aufweisen. Fundamentale Wirksamkeitsvoraussetzung für Rechtsgeschäfte ist also die **Geschäftsfähigkeit**. Das ist vornehmlich, aber nicht nur, eine Frage des Alters (vgl. §§ 104-113 BGB). Außerdem darf die gewollte Rechtswirkung als solche nicht vom Gesetz missbilligt sein (vgl. §§ 134, 138 BGB). Weiterhin verlangt das Gesetz für die Wirksamkeit eines Rechtsgeschäfts gelegentlich irgendwelche Formalitäten, etwa notarielle Beurkundung der Willenserklärung und/oder Eintragung in ein öffentliches Register (vgl. z. B. §§ 311b I 1, 873 I, 925 I, 125 S. 1 BGB).

Grundsätzlich Wirksamkeitsvoraussetzung ist schließlich, dass die im Rechtsgeschäft enthaltene Willenserklärung dem jeweiligen Adressaten zugegangen ist. § 130 I 1 BGB stellt dieses Erfordernis ausdrücklich auf nur für Willenserklärungen unter Abwesenden und wenn die Willenserklärung „einem anderen gegenüber abzugeben ist". Letzteres ist eine für das Wirtschaftsprivatrecht bedeutungslose Einschränkung, denn außer der Eigentumsaufgabe (Dereliktion, § 959 BGB), der Auslobung (§ 657 BGB) und dem Testament (§§ 2064 ff. BGB) sind wohl alle häufiger vorkommenden Willenserklärungen derart empfangsbedürftig. Rechtspraktisch wichtige Ausnahme ist § 151 BGB für einen Sonderfall der Vertragsannahme z. B. auf Grund einer Bestellung im sog. Versandhandel oder bei der Eilbestellung). Im Übrigen ist der **Zugang** auch für Willenserklärungen unter Anwesenden zu verlangen und ist der Zugang auch hier der Zeitpunkt des Wirksamwerdens (vgl. in diesem Sinne auch Artt. 15, 24 CISG für den internationalen Warenkauf). Entsprechendes gilt sogar für öffentlichrechtliche Erklärungen (§ 130 III BGB).

Zugang in diesem Sinne meint, dass die Willenserklärung so in den Organisationsbereich des Adressaten gelangt ist, dass dieser von ihrem Inhalt Kenntnis nehmen könnte (vgl. auch Art. 24 CISG). Ob der Empfänger die Willenserklärung tatsächlich zur Kenntnis nimmt, ist hingegen belanglos: Der Empfänger muss seine Sphäre eben im Blick auf einen effektiven Informationsfluss optimal organisieren.

Beispiele: Einwurf des Kündigungsschreibens in den Briefkasten: zugegangen, gleichgültig, ob der Adressat zu Hause, „auf Arbeit" oder im Urlaub ist.
Überreichen des Kündigungsschreibens an den Angestellten, der es umgehend

verbrennt, ohne vom Inhalt Kenntnis genommen zu haben: Zugang ist erfolgt. Als der Personalchef dem Schwerhörigen die Kündigung zu erklären beginnt, schaltet dieser das Hörgerät ab: Zugang ist auch hier erfolgt. Zugang durch Eintreffen eines Telefax (auch bei bloßem „Speicherempfang" weil Papier zum Ausdruck fehlt!) oder durch Ablage einer „elektronischen" Willenserklärung in der sog. mailbox.

Bei der Verwendung von Vertretern oder Empfangsboten auf Seiten des Adressaten unterscheidet die h. M.: Tritt die Erklärung in die Sphäre des Vertreters ein, so gilt sie als dem Adressaten zugegangen, ansonsten erst dann, wenn der Empfangsbote nach dem regelmäßigen Lauf der Dinge die Erklärung weiterleiten müsste.

Beispiel: X erklärt anlässlich einer zufälligen Begegnung beim Einkaufen der F, der Frau des Y, er nehme das an ihn (X) gerichtete Angebot des Y an; sie möge dies bitte Y ausrichten: Zugang am Abend dieses Tages in der gemeinsamen Ehewohnung von X und Y.

Kommt es auf Termine oder auf Fristen an, ist diese Wirksamkeitsvoraussetzung besonders zu beachten: Zugang, nicht Absendung, entscheiden grundsätzlich über die **Rechtzeitigkeit**. Ausnahmen weist das Gesetz (z. B. § 121 I 2 BGB, § 377 IV HGB) eigens aus. Für die Rechtzeitigkeit genügt dort rechtzeitiges Absenden.

Festzuhalten ist, dass ein erklärter, auf Herbeiführung von Rechtsfolgen gerichteter Wille nur zum gewünschten Erfolg führen kann, wenn die Willenserklärung den Tatbestand eines Rechtsgeschäftes ausfüllt und die entsprechenden Wirksamkeitsvoraussetzungen vorliegen (bzw. Wirksamkeitshindernisse fehlen). Zu dieser Struktur des Rechtsgeschäftes vgl. Abb. 13.

Eine wichtige Einteilung der Rechtsgeschäfte knüpft an die Art der gewollten Rechtswirkung an: Sollen Ansprüche (aus der Sicht des Schuldners: Pflichten) erzeugt werden, spricht man von **Verpflichtungen** (z. B. das Rechtsgeschäft „Kauf" nach § 433 BGB). Soll sich die rechtliche Zuordnung von Gütern zu Rechtssubjekten selbst ändern oder soll das Rechtsgeschäft den Inhalt eines subjektiven Rechts ändern, spricht man von **Verfügungen** (so z. B. beim Wechsel von Eigentum an beweglichen Sachen nach § 929 S. 1 BGB).

Wie vielleicht schon die Normierung an ganz unterschiedlichen Stellen im Gesetz zeigt, haben verpflichtende Rechtsgeschäfte (z. B. Kaufvertrag nach § 433 BGB) mit den diese Verpflichtungen erfüllenden und dabei zugleich die Güterzuordnung ändernden, also verfügenden Rechtsgeschäften (z. B. Übereignung nach § 929 BGB, Abtretung nach § 398 BGB) rechtlich nichts zu tun. Beide führen vielmehr rechtlich ein Eigenleben, sind voneinander ganz unabhängig. Dieses für das deutsche Privatrecht so charakteristische **Abstraktionsprinzip** bezüglich Verpflichtungsrechtsgeschäften und Verfügungsrechtsgeschäften (kurz: Verpflichtungen und Verfügungen) ist dem Normalbürger zwar völlig unverständlich, aber sehr durchdacht und logisch wohl sogar zwingend nötig. Sein volles Verständnis ist schon für ein juristisches Basiswissen unverzichtbar. Asonsten wird man die einfachsten rechtlichen Vorgänge des Alltags nicht durchschauen, geschweige denn komplexe Fallgestaltungen und Systemzusammenhänge im Gesetz.

Beispiele: Wer beim Bäcker ein Brötchen „gekauft" hat (§ 433 BGB), wird dadurch nicht Eigentümer, auch wenn er den Kaufpreis entrichtet hat. Der Eigentumswechsel richtet sich vielmehr allein danach, ob die Voraussetzungen des § 929 (S. 1) BGB erfüllt sind. Ist Letzteres der Fall, wird der Käufer grundsätzlich auch dann Eigentümer des Brötchens, wenn er den Kaufpreis nicht bezahlt (es sei denn, der Bäcker hätte sich bei der Übergbe des Brötchens sein Eigentum bis zur vollständigen Bezahlung vorbehalten).
Weil „Verkaufen" rechtlich nichts mit „Übereignen" zu tun hat, kann man wirksam auch eine Sache verkaufen, die einem gar nicht gehört oder die es noch gar nicht gibt.
Aus eben diesem Grund kann man wirksam auch eine Sache verkaufen, die man bereits an einen anderen verkauft hat.

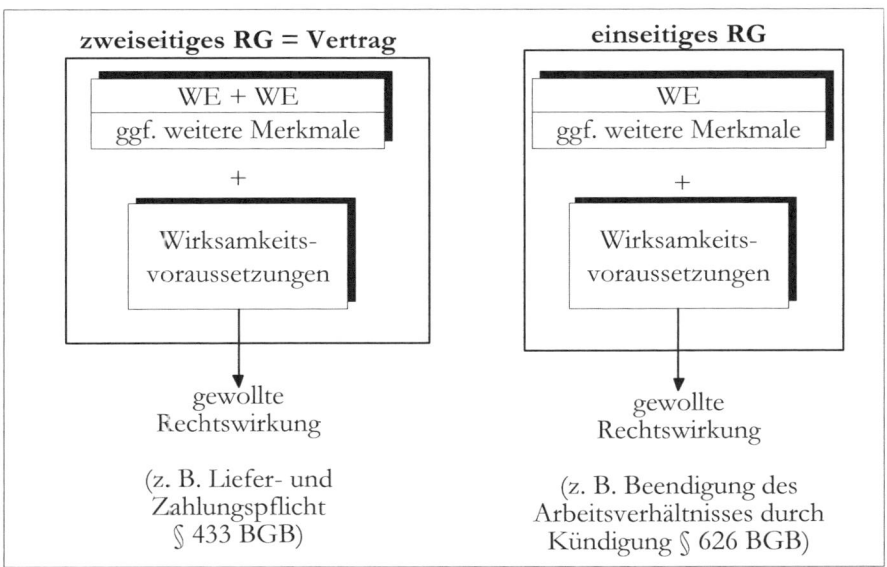

Abb. 13: Willenserklärung (WE) und Rechtsgeschäft (RG)

2. Das Handelsgeschäft

Für bestimmte Rechtsgeschäfte (und rechtsgeschäftsähnliche Vorgänge) gelten in Ergänzung und Abänderung der allgemeinen zivilrechtlichen Vorschriften die handelsrechtlichen Sondernormen der §§ 343 ff. HGB. Regelungsgegenstand dieser Sondernormen sind **Handelsgeschäfte**, gemäß § 343 HGB also „alle Geschäfte eines Kaufmanns, die zum Betriebe seines Handelsgewerbes gehören". Dasselbe gilt wegen § 6 I HGB (Gleichstellung der Handelsgesellschaften mit den Kaufleuten) auch für die Geschäfte der Handelsgesellschaften. Welche Qualität der „Kaufmann" im Einzelnen hat, welchem Kaufmannsbegriff er speziell unterfällt, ist gleichgültig.

Neben der **Kaufmannseigenschaft** mindestens eines der Beteiligten bedarf es gemäß § 343 HGB noch eines inneren Zusammenhangs des betreffenden Vorgangs mit dem geschäftlichen Lebensbereich dieses Kaufmanns. Bei dieser sog. **Betriebszugehörigkeit** kommen - ohne rechtliche Bedeutung - verschiedene Erscheinungsformen vor: Zum Handelsgewerbe des Kaufmanns gehören jedenfalls diejenigen geschäftlichen Aktivitäten, die gerade den Unternehmenszweck kennzeichnen (sog. **Grundgeschäfte**). Betriebszugehörig sind ferner die sog. **Hilfsgeschäfte**, die überhaupt erst die Rahmenbedingungen zur Verfolgung des eigentlichen Unternehmenszwecks schaffen und erhalten. Schließlich sind betriebszugehörig auch die seltenen sog. **Nebengeschäfte**, Geschäfte, die weder Grund- noch Hilfsgeschäfte sind, aber trotzdem einen betrieblichen Zusammenhang aufweisen.

> **Beispiele:** Herr T betreibt ein großes Teppichimportgeschäft, ist also Kaufmann nach § 1 II HGB. Heiratet er, ist dies wegen fehlender Betriebszugehörigkeit trotz seiner Kaufmannseigenschaft natürlich kein Handelsgeschäft.
> Herr T ordert eine neue Partie „Perser" (Grundgeschäft), stellt zwei Mitarbeiter ein, mietet Geschäftsräume an und kauft einen Schreibtisch fürs Büro (alles Hilfsgeschäfte). Gelegentlich importiert Herr T auch einmal iranische kunsthandwerkliche Produkte (Nebengeschäft).

Nicht immer liegen die Verhältnisse so klar, dass die Entscheidung für oder gegen Betriebszugehörigkeit des Geschäftes derart einfach möglich wäre. In diesen Fällen wird gemäß § 344 I HGB die Betriebszugehörigkeit vermutet. Das Gegenteil müsste der Kaufmann beweisen.

> **Beispiel:** Herr T, der Teppichimporteur, kauft sich am Kiosk die Frankfurter Allgemeine Zeitung. Vielleicht interessiert ihn die Reisebeilage, vielleicht auch der Wirtschaftsteil: gesetzlich vermutet wird letzteres.

Für die Anwendung der §§ 343 ff. HGB wichtig ist die Unterscheidung von einseitigen und zweiseitigen Handelsgeschäften, eine Unterscheidung, die sich begrifflich nicht mit der Trennung von einseitigen und zweiseitigen Rechtsgeschäften (Verträgen) deckt. Einseitig ist ein Handelsgeschäft vielmehr dann, wenn nur auf einer Seite des Vorgangs die beiden Kriterien für ein Handelsgeschäft, Kaufmannseigenschaft und Betriebszugehörigkeit, vorliegen.

> **Beispiel:** Der unglücklich verheiratete Großmetzger Gernot (Kaufmann nach § 1 II HGB) kauft sich am Kiosk das neue „Playboy"-Heft. Kioskbetreiber Kuno - wunschgemäß im Handelsregister eingetragen, also Kaufmann nach § 2 HGB - beschafft und veräußert Zeitungen. Der Verkauf des „Playboy"-Heftes an Ger-

not ist nur auf Seiten von Kuno betriebszugehörig (Grundgeschäft). Auf Seiten von Gernot greift die Vermutung des § 344 I HGB nicht, weil der Privatcharakter des Kaufes offenkundig ist, „Zweifel", wie sie § 344 I HGB voraussetzt, von vornherein also gar nicht aufkommen können. Es handelt sich bei dem Kaufvertrag zwar um ein zweiseitiges Rechtsgeschäft (Vertrag), dabei aber um ein lediglich einseitiges Handelsgeschäft.

Für derartige **einseitige Handelsgeschäfte** sieht § 345 HGB überraschenderweise die Anwendbarkeit der besonderen Vorschriften über Handelsgeschäfte grundsätzlich auch für den Beteiligten voraus, auf dessen Seite das Geschäft gar kein Handelsgeschäft ist. In praktisch besonders häufig auftretenden Fällen verlangt das Gesetz für die Anwendbarkeit einer bestimmten Norm aber dann doch ein **zweiseitiges Handelsgeschäft**, ein Geschäft also, bei dem auf beiden Seiten Kaufleute stehen und für die das Geschäft beide Male betriebszugehörig ist. Ein solches beiderseitiges Handelsgeschäft meint das Gesetz auch dort, wo es - wie in § 346 HGB - verkürzend lediglich davon spricht, dass das Geschäft „unter Kaufleuten" stattfindet. Präziser sind dagegen etwa die §§ 352, 353, 369, 377 HGB formuliert. Die Regel des § 345 HGB wird ferner der Sache nach z. B. auch bei den §§ 347, 348, 349 HGB durchbrochen, weil sie ja nur für denjenigen gelten, für den das Geschäft Handelsgeschäft ist.

Der genaue Sinn der in den §§ 343 ff. HGB für Handelsgeschäfte getroffenen Sonderregelungen erschließt sich naturgemäß erst vor dem Hintergrund einer Kenntnis der allgemeinen zivilrechtlichen Vorschriften, die durch jene handelsrechtlichen Sondernormen verdrängt oder ergänzt werden. Der Regelungsgehalt der §§ 343 ff. HGB wird deshalb erst im jeweiligen Normkontext vorgestellt. An dieser Stelle ist abschließend nur noch auf die **Doppeldeutigkeit** des Begriffs „Handelsgeschäft" hinzuweisen, den das HGB auch i. S. des kaufmännischen Unternehmens (so in den §§ 22 ff. HGB) verwendet.

3. Auslegung

Es ist eine aus der philosophischen Hermeneutik („Lehre vom Verstehen") entlehnte Grundeinsicht, dass jede Willenserklärung, auch die scheinbar eindeutige, interpretiert, also ausgelegt werden muss. Selbst die Feststellung deren Eindeutigkeit ist ja bereits ein Auslegungsergebnis. Im juristischen Bereich zielt die **Auslegung** zum einen auf die inhaltliche Erfassung der Willenserklärung privater Rechtssubjekte ab, insbesondere im Zusammenhang mit Verträgen, aber auch mit einseitigen Rechtsgeschäften. Zum anderen bedarf es der Auslegung auch zur Ermittlung dessen, was etwa ein Amtsträger in einem Verwaltungsakt erklärt hat. Nicht zuletzt, ja vielleicht vor allem bedarf es der Auslegung von Gesetzen, gleichsam „Willenserklärungen" des Gesetzgebers

(z. B. des Parlamentes), um deren Regelungsgehalt zutreffend zu begreifen. Die Lehre von der Auslegung hat für die Jurisprudenz also eine zentrale Bedeutung. Nachstehend sollen allerdings nur die praktisch wichtigsten wirtschaftsprivatrechtlichen Aspekte der Problematik skizziert werden.

Vorschriften, welchen methodischen Prinzipien die Auslegung von Gesetzen zu folgen hat, finden sich im deutschen Recht überhaupt nicht (anders für den internationalen Warenkauf Art. 7 CISG: Auslegung soll dem internationalen Charakter des CISG und seiner einheitlichen Anwendung Rechnung tragen und die Wahrung von Treu und Glauben fördern). Für die Auslegung von rechtsgeschäftlichen Willenserklärungen fehlt es ebenfalls weitgehend an Normen. Soweit das Gesetz diesbezüglich allgemeine Aussagen trifft, sind die einschlägigen Bestimmungen paradoxerweise selber teilweise in höchstem Maße auslegungsfähig und -bedürftig. Im Übrigen sind nur fragmentarische Anordnungen vorhanden. So sind z. B. bei der Auslegung beiderseitiger Handelsgeschäfte gemäß § 346 HGB die jeweiligen Handelsbräuche zu berücksichtigen. An zahlreichen Stellen gibt das Gesetz zwar Auslegungshilfen, dann jedoch nur, um in Spezialfällen auftretende Interpretationsschwierigkeiten zu beheben („... im Zweifel ...", vgl. z. B. §§ 113 IV, 125 S. 2, 127 I, 141 II, 154 I 1 und II, 270 I, 271 II, 315 I, 329, 330 S. 1, 336 II, 364 II, 420, 427, 449 I BGB etc.). Nach alledem ist es Rechtslehre und Rechtsprechung vorbehalten gewesen, die maßgeblichen **Interpretationsgrundsätze** zu formulieren.

Danach ergibt sich Folgendes: Vor allem bei der Auslegung von rechtsgeschäftlichen Willenserklärungen, aber auch von Gesetzestexten ist zunächst vom Wortlaut auszugehen (sog. **grammatische** oder **grammatikalische** Auslegung). Dabei ist das Verständnis eines vernünftigen Beobachters zugrundezulegen (so ausdrücklich auch Art. 8 II CISG) und „nicht an dem buchstäblichen Sinn des Ausdrucks zu haften" (§ 133 BGB). Es kommt also für das „richtige" Verständnis grundsätzlich auf den sog. **objektivierten Empfängerhorizont** an. Für Verträge deutet dies auch § 157 BGB an (Verkehrssitte, Treu und Glauben).

> **Beispiel:** Man spricht von „Videoverleih" und „Autoverleih", verbindet damit aber nicht die Vorstellung einer unentgeltlichen Gebrauchsüberlassung i. S. einer Leihe (§ 598 BGB). Objektivierter Sinn des Wortes „Verleih" ist hier also „Vermietung" i. S. von § 535 BGB.
> In England bedeutete „pound" nun einmal ein Geld-, nicht ein Gewichtsmaß, gleichgültig, ob der Erklärende Engländer oder ein Deutscher war, der dabei an das deutsche „Pfund" dachte.

Bei beiderseitigen Handelsgeschäften spielen Handelsbräuche für das, was „objektiv" erklärt ist, eine große Rolle (vgl. § 346 HGB), vor allem bei der Bedeutung von Handelsklauseln wie z. B. „ab Werk oder „frei Dortmund". Neben solchen branchenübergreifend und deutschlandweit verbreiteten Klauseln existieren möglicherweise auch solche mit sachlich oder räumlich nur beschränkter Verbreitung. Darüber geben namentlich die jeweiligen Industrie- und Handelskammern Auskunft.

§ 133 BGB verlangt seinem Wortlaut nach zwar auch, bei der Auslegung den „wirklichen Willen" des Erklärenden zu ermitteln und dem Erklärungssinn zugrundezulegen (sog. **historische** Auslegung). Würde man das Gesetz jedoch beim Wort nehmen, bedürfte es dann aber z. B. gar keiner gesetzlich vorgesehenen Anfechtung wegen Irrtums über die Bedeutung einer Erklärung mehr (vgl. § 119 I BGB), weil ja bei der Auslegung der Erklärung notwendig das „wirklich" Gewollte zum Zuge käme. Im Lichte des Anfechtungsrechts der §§ 119 ff. BGB (aber etwa auch des § 116 S. 1 BGB) muss § 133 BGB also seinerseits so eng, „restriktiv", interpretiert werden, dass er insoweit eigentlich kaum noch einen Anwendungsfall hat. Hier, bei § 133 BGB, wird der Wortlaut dieser Norm also nicht durch den „objektivierten Empfängerhorizont" sinnentsprechend modifiziert, sondern durch die Notwendigkeit sog. „**systematischer**", den Normenzusammenhang bedenkender Interpretation. Ein eher simples Anwendungsbeispiel systematischer Interpretation wurde bereits beiläufig bei § 128 HGB exerziert: Die Norm spricht zwar von Verbindlichkeiten „der Gesellschaft", meint damit - wie die Einbindung in die §§ 105 ff. HGB zeigt - aber keineswegs jede Gesellschaft, sondern nur die OHG. Auch umfangreichere Texte anderer Art, wie z. B. Verträge, bedürfen häufig systematischer Interpretation, um ihren richtigen Sinn zu erfassen. Von großer Bedeutung ist schließlich die „**teleologische**" Auslegung, die nach dem Zweck einer gesetzlichen oder vertraglichen Regelung fragt und danach den maßgeblichen Erklärungsinhalt bestimmt (telos [griech.] = Ziel, Zweck).

Beispiel: Eine Passage des Mietvertrags lautet: „Das Klavierspielen in der Wohnung ist nach 22.00 h strikt untersagt." Der Zweck der mietvertraglichen Bestimmung ist bei vernünftiger Betrachtung die Gewährleistung der Nachtruhe. Gegen den Mietvertrag verstößt also auch, wer nach 22.00 h in der Wohnung Trompete bläst (sog. teleologische Extention, vielleicht auch schon eine Analogie). Ein sog. Gegenschluss (lat. „argumentum e contrario"), dass ja eine Trompete kein Klavier sei, wäre hier also verfehlt.

Umgekehrt darf durchaus um Mitternacht auf einem elektronischen Piano gespielt werden, wenn der Ton über Kopfhörer abgestrahlt wird (teleologische Reduktion), obwohl das Verbot des Mietvertrages nach dessen Wortlaut auch hier zu greifen scheint.

Auf der anderen Seite verschärft sich die Situation für den Erklärenden, wenn er seinen rechtsgeschäftlichen Willen in vorformulierter Form, durch Allgemeine Geschäfsbedingungen äußert. Er wird nicht einmal nur daran festgehalten, wie nach der allgemeinen Verkehrssitte (§ 157 BGB) und eventuell besonderen geschäftlichen Gepflogenheiten (§ 346 HGB) die gewählten Klauseln zu verstehen sind. Vielmehr ist bei mehreren vom Wortlaut her möglichen Auslegungsvarianten immer die jeweils kundenfreundlichste maßgebend, alle Auslegungszweifel gehen nach der sog. **Unklarheitenregel** des

§ 305c II BGB zu Lasten des Verwenders.

Kommt die Auslegung einer Willenserklärung oder eines Vertrages zu einem Ergebnis, das das Gesetz nicht als wirksam anerkennt, so ist nach § 140 BGB grundsätzlich in einem zweiten Schritt ein Auslegungsergebnis anzustreben, das das Gesetz noch akzeptieren würde und von dem anzunehmen ist, dass es dem Willen des oder der Erklärenden auch entspricht (**Konversion,** also Umdeutung; Auslegungsprinzip der **geltungserhaltenden Reduktion**).

Beispiele: A, der mit seinem Architektenbüro ja kein Handelsgewerbe betreibt, erteilt dem B, dem er sein ganzes Vertrauen schenkt, „Prokura". Die Prokuraerteilung ist als solche nichtig, weil Prokura nur ein Kaufmann erteilen kann (vgl. §§ 48 I HGB). Jedoch lässt sich die misslungene Prokuraerteilung als Erteilung einer entsprechenden bürgerlichrechtlichen Vollmacht nach § 167 BGB umdeuten, mit der B in Anlehnung an §§ 48 ff. HGB ermächtigt wird, den A geschäftlich umfassend zu vertreten.
Umdeutung einer nichtigen fristlosen in eine wirksame ordentliche Kündigung zum nächstmöglichen Kündigungstermin.

Letztlich wohl wegen der soeben genannten Unklarheitenregel des § 305c II BGB hält die zutreffende h. M. eine geltungserhaltende Reduktion jedoch bei der Auslegung von AGB für nicht zulässig.

Schließlich sind aus der Internationalisierung, ja, Globalisierung der Wirtschaftsbeziehungen auch bei der Auslegung die gebotenen rechtlichen Konsequenzen auf nationaler Ebene zu ziehen, speziell bei der Auslegung deutscher Gesetze. Sie sind nach Möglichkeit so auszulegen, dass sie im Einklang mit europäischem Recht und darüber hinaus mit internationalem Recht stehen (**europarechtskonforme** bzw. **internationalrechtskonforme Auslegung**).

Beispiel: Bei der Auslegung der §§ 433 ff. BGB ist eine Übereinstimmung mit dem CISG anzustreben.

4. Nichtigkeit

Nicht überall, wo der Tatbestand eines Rechtsgeschäfts erfüllt ist, akzeptiert das Gesetz den darin erklärten Willen. Die gewünschte Rechtsfolge tritt dann nicht ein. Die schärfste derartige Sanktion ist die Nichtigkeit. Das nichtige Rechtsgeschäft entfaltet keinerlei rechtliche Kraft, mögen sich die Beteiligten auch faktisch so verhalten, als sei das Rechtsgeschäft wirksam. Das Gesetz kennt zahlreiche Nichtigkeitsgründe. So ist nichtig die Willenserklärung eines **Geschäftsunfähigen,** namentlich eines Kindes unter 7 Jahren (§§ 105 I, 104 Nr. 1 BGB). Nichtig ist auch die Willenserklärung eines Volljährigen (§ 2 BGB: Vollendung des 18. Lebensjahres), wenn der Volljährige dauernd psychisch schwer erkrankt ist (§§ 105 I, 104 Nr. 2 BGB). Nichtig ist die Willenserklärung eines an sich geistig gesunden Volljährigen auch dann, wenn sie zu

einem Zeitpunkt abgegeben wird, in dem einmal eine starke **Bewusstseins-trübung** vorliegt (§ 105 II BGB).
Nachdem das Rechtsinstitut der Entmündigung schon zum 1. 1. 1992 abgeschafft wurde und damit - neben §§ 6, 114 f. BGB - § 104 Nr. 3 BGB entfallen ist, existiert dieser früher praktisch bedeutsame Grund für eine Geschäftsunfähigkeit und eine dadurch bedingte Nichtigkeit von Willenserklärungen jetzt nicht mehr. Die gerichtliche Bestellung eines Betreuers i. S. der §§ 1896 ff. BGB wirkt sich als solche auf die Geschäftsfähigkeit des Betreuten nicht aus.

Beispiele: Die 6-jährige Karla einigt sich mit der 19-jährigen Viktoria über den entgeltlichen Erwerb einer gebrauchten Barbie-Puppe: Kaufvertrag zwar vorhanden (Karla und Viktoria waren sich ja entsprechend einig!), aber wegen Nichtigkeit der von Karla abgegebenen Vertragserklärung insgesamt nichtig. Die unerkannt psychisch schwer erkrankte Schauspielerin Sabine schließt Filmverträge ab, und kauft - notariell beurkundet! - eine Villa: alles nichtig, mag sich dies auch erst nach Jahren im Nachhinein herausstellen.

Nichtig ist z. B. eine nicht ernst gemeinte Willenserklärung, von der der Erklärende erwartet, dass der Adressat sie ernst nimmt, doch dieser den Erklärenden durchschaut (§ 116 S. 2 BGB: erkannter, also nicht mehr **geheimer Vorbehalt**).
Nichtig sind auch einverständlich nur zum Schein abgegebene Willenserklärungen (§ 117 I BGB: **Scheingeschäft**) oder sog. **Scherzerklärungen** (§ 118 BGB; daran anknüpfende Schadensersatzpflicht gemäß § 122 BGB!) sowie grundsätzlich Willenserklärungen, die einer erforderlichen Form nicht genügen (§ 125 BGB).

Beispiele: In einer Opernarie singt die Sopranistin mit Blick auf das Publikum: „Willst du mich zur Gemahlin ha-ha-haben." Der in die Sopranistin unsterblich verliebte Student, der von ihr dabei zufällig angesehen wird und diese Herzensangelegenheit sehr ernst nimmt, antwortet mit einem lauten „Ja" (Scherzerklärung der Sopranistin, kein wirksames Verlöbnis i. S. der §§ 1297 ff. BGB).
A und B wollen Beurkundungsgebühren und Grunderwerbsteuer sparen und einigen sich in notarieller Urkunde zum Schein auf einen Grundstückskaufpreis von Euro 50.000. Tatsächlich soll das Grundstück Euro 200.000 kosten. Der notarielle Kauf ist als Scheingeschäft nichtig. Unwirksam ist aber auch der tatsächlich gewollte Kauf, und zwar trotz § 117 II BGB. Denn er ist ja nicht notariell beurkundet, wegen §§ 125 S. 1, 311b I 1 BGB deshalb unwirksam, vorbehaltlich der in § 311b I 2 BGB normierten, praktisch sehr seltenen Ausnahme.

Nichtig ist nach § 134 BGB grundsätzlich auch ein Rechtsgeschäft, das (inhaltlich) gegen ein gesetzliches Verbot verstößt. Ob dies der Fall ist, lässt sich meist nur nach eingehender Interpretation des potenziellen **Verbotsgesetzes** feststellen. Die einschlägige Rechtsprechung liefert eine kaum überschaubare und auch nicht immer überzeugende Kasuistik.

Beispiele: Nichtigkeit von Arbeitsverträge mit Ausländern ohne die erforderliche Genehmigung (vgl. § § 284 SGB III mit der im Zusammenhang mit § 288 I SGB III erlassenen Verordnung über die Arbeitsgenehmigung für ausländische Arbeitnehmer). Nichtigkeit eines Vertrages zwischen einer Schwangeren und einem Arzt über die Druchführung einer nach § 218 StGB verbotenen Abtreibung.

Nichtig sind ferner gemäß § 138 BGB sittenwidrige (I), insbesondere wucherische (II) Rechtsgeschäfte. Was nun **sittenwidrig** ist, lässt sich nur bei einer Gesamtwürdigung im Einzelfall und jedenfalls nur auf der Basis der grundgesetzlichen Wertordnung sagen. Die bis heute vor allem in der Rechtsprechung beliebte Formel, sittenwidrig sei, was dem Anstandsgefühl aller billig und gerecht Denkender zuwiderlaufe, führt nicht weiter. Zuwendungen des verheirateten Ehemanns an seine Geliebte hält heute jedenfalls kaum noch jemand für nichtig nach § 138 I BGB, selbst wenn damit sexuelle Hingabe belohnt werden soll. Auch der Vertrag zwischen der Prostituierten und ihrem „Freier" ist nicht sittenwidrig (vgl. § 1 ProstG).

Überhaupt ist der Begriff der Sittenwidrigkeit wohl viel nüchterner, weniger schlüpfrig, zu fassen: Er ist eben allgemein das Einfallstor für Wertungen, die in unserer durch und durch von liberalem Geist geprägten Verfassungsordnung angelegt sind, mangels Drittwirkung aber nicht unmittelbar im Privatrecht wirksam werden können. Im Übrigen reduziert sich die Sittenwidrigkeit nicht selten auf einen Widerspruch zu elementaren wirtschaftspolitischen Postulaten oder zu notwendigen Voraussetzungen für das Funktionieren rechtlicher Institutionen. Sittenwidrig können demnach Verträge sein, mit denen eine **falsche Zeugenaussage** „erkauft" werden soll, oder Verträge, die unter Ausnutzung einer **Monopolstellung** zustande gekommen sind. Auch sog. **Knebelungsverträge**, die die wirtschaftlichen Betätigungsmöglichkeiten des Vertragspartners ganz unangemessen beschneiden, scheitern in ihrer Wirksamkeit an § 138 I BGB. So sind sehr langfristige Bierbezugsabreden zwischen Gastwirt und Brauerei nichtig, wenn der Bezugsbindung keine entsprechenden Leistungen (z. B. äußerst zinsgünstige Investitionsdarlehen) gegenüberstehen, aber auch Versicherungsverträge mit Laufzeiten von 10 Jahren. Als sittenwidrig wird auch die sog. **Übersicherung** angesehen, bei der der Kreditgeber etwa die Rückzahlung eines Darlehens in Höhe von Euro 10.000 durch Bürgschaft, Sicherungsübereignungen, Grundschulden etc. im Gesamtwert von vielleicht Euro 200.000 absichern will. Wegen § 138 I BGB nichtig sind ferner z. B. **Schmiergeld-** oder **Schweigegeldverträge**. Bei systematischer Interpretation des § 138 I BGB nicht zu beanstanden sind jedoch Verträge, die den Vertragspartner zwingen, einen bereits geschlossenen Vertrag mit einem anderen zu verletzen, weil er die versprochene Leistung eben nur einmal erbringen kann (sog. **Verleiten** zum **Vertragsbruch**). Wie § 311a i. V. m. § 275 BGB zeigt, akzeptiert der Gesetzgeber Verträge über die Verpflichtung zu einer unmöglichen Leistung.

Einen Sonderfall der Sittenwidrigkeit („...insbesondere....") behandelt § 138 II BGB. Um den **Wuchertatbestand** richtig, d. h. als unanwendbar zu begreifen, muss man sich vor Augen halten, dass nach unserer marktwirtschaftlichen Wirtschaftsverfassung die Vertragsparteien in der Festlegung des Preis-/ Leistungsverhältnisses frei sind: Der „richtige" Preis ist immer derjenige, der sich im konkreten Fall auf Grund des gegebenen Angebots- und Nachfragedrucks eben einstellt. Die uralte, vor allem für dirigistische Wirtschaftssysteme essentielle Frage nach dem (lat.) „pretium iustum", dem **gerechten Preis**, ist mithin bereits systemimmanent gelöst. Selbst das vom Standpunkt eines Dritten aus so erscheinende eklatante Missverhältnis von Leistung und Gegenleistung kann für sich alleine deshalb keine Vertragsnichtigkeit herbeiführen. Dieses gilt selbstverständlich auch für Kreditzinsen, die ja nichts weiter als den Preis für die Kapitalnutzung darstellen. Selbst ein vereinbarter jährlicher Sollzins von 50% und mehr ist von daher nicht zu beanstanden. Diese Überlegung wird indirekt vielleicht sogar durch § 138 II BGB selber bestätigt. Denn erst wenn zu dem „auffälligen Missverhältnis" von Leistung und Gegenleistung noch die „Ausbeutung", also das bewusste, absichtsvolle Ausnutzen einer „Zwangslage, der Unerfahrenheit, des Mangels an Urteilsvermögen oder der erheblichen Willensschwäche" des Vertragspartners hinzutritt, soll ja das Rechtsgeschäft wegen Wuchers nichtig sein.

An die Erfüllung dieser Voraussetzungen ist - entgegen der häufig lockereren, von einem übersteigerten **Verbraucherschutz** beseelten Lehre und der gerichtlichen Praxis - aus Gründen wiederum der systematischen Interpretation ein strenger Maßstab anzulegen. Denn wer z. B. Kredite benötigt, weil er eigenkapitalschwach ist, befindet sich schon allein deshalb in einer gewissen **Zwangslage**. Marktwirtschaftlich völlig korrekt wird dies durch einen vergleichsweise hohen Preis ausgedrückt. Diese Zwangsbasis kann zur Anwendung des § 138 II BGB also sicher nicht hinreichen. Ähnlich verhält es sich in Bezug auf die in § 138 II BGB genannten persönlichen Defizite. Denn § 138 II BGB kann schwerlich als Hebel benutzt werden, um das fein abgestimmte Regelungswerk der §§ 104 ff. BGB (insbesondere also das Recht der Geschäftsfähigkeit) aus den Angeln zu heben.

Anders ausgedrückt: Wer volljährig ist und weder dauernd noch zeitweilig psychisch nachhaltig beeinträchtigt ist (§§ 104, 105 BGB), wird damit als jemand angesehen, der über den für das Rechtsleben nun einmal erforderlichen gewissen Durch-, Ein- und Überblick eben verfügt bzw. verfügen muss. Wollte man individuelles Zurückbleiben hinter diesem Standard über § 138 II BGB kompensieren, so würden die §§ 104 ff. BGB völlig ihren Sinn verlieren. Entgegen der ganz h. M. ist **§ 138 II BGB** nach alledem aus wirtschaftsverfassungsrechtlichen und rechtssystematischen Gründen obsolet und deshalb **unanwendbar**.

Für krasse oder wenigstens typische Fälle derartiger **Ausbeutung** stehen ohnedies andere rechtliche Möglichkeiten zu Gebote. Zu nennen sind etwa § 123 BGB (Anfechtung einer auf arglistiger Täuschung oder Drohung beruhenden Willenserklärung), aber auch die zahlreichen, in der neueren Verbraucherschutzgesetzgebung vorgesehenen ihrerseits systematisch zweifelhaften Widerrufsrechte (vgl. z. B. § 312, 312d BGB) und schließlich der Schutz der §§ 305 ff. BGB gegenüber Klauseln, die den Kunden unangemessen benachteiligen, die der Kunde aber aus Unerfahrenheit oder Unkenntnis oder wegen seines Angewiesenseins auf die Leistung eigentlich akzeptiert hat.

Wegen der Natur der Nichtigkeitsgründe (vgl. nur § 105 I und II BGB) erfasst die Nichtigkeit grundsätzlich das gesamte Rechtsgeschäft. Selbst wenn unmittelbar nur abgrenzbare Teile z. B. eines größeren Vertragswerkes von der Nichtigkeit erfasst werden sollten, würde nach der Regel des § 139 BGB die **Totalnichtigkeit** die Folge sein. Derart nur umfänglich begrenzte unmittelbare Nichtigkeit ist vor allem denkbar im Bereich von AGB, wenn dort nur bestimmte Klauseln, namentlich gegen die detaillierten Klauselverbote der §§ 308 f. BGB verstoßen. Doch für eben diesen praktisch häufigen Fall enthält § 306 I BGB seinerseits eine Sonderregelung: Entgegen § 139 BGB soll dabei gerade **keine Totalnichtigkeit** eintreten, sondern soll der Vertrag vielmehr im Übrigen wirksam bleiben. Angesichts der Verbreitung von AGB hat § 139 BGB demnach nur eine relativ geringe Bedeutung.

Unabhängig vom Umfang der Nichtigkeit ist nach § 140 BGB die bereits zur Sprache gekommene **Umdeutung** (Konversion) des nichtigen Rechtsgeschäfts (oder eines Teils davon) in ein ähnliches Rechtsgeschäft, für den der Nichtigkeitsgrund nicht eingreifen würde, in Betracht zu ziehen. Damit verwandt ist die sog. **ergänzende Vertragsauslegung**. Sie greift vor allem dann ein, wenn es wegen § 306 I BGB zu Lücken des Rechtsgeschäfts kommt, weil die eine oder andere AGB-Klausel unwirksam ist. Die Lücke ist dann, wenn möglich, im Sinne des mutmaßlichen Willens der Vertragsparteien zu schließen.

5. Anfechtbarkeit

a) Anfechtungsgründe

(1) Arglistige Täuschung und Drohung

In einer Reihe von Fällen ist das Gesetz der Auffassung, dass es zwar bedenklich ist, die Gültigkeit einer Willenserklärung anzunehmen, dass man es aber dem Erklärenden überlassen sollte, ob er die Wirksamkeit einer Willenserklärung aufrechterhalten oder deren Unwirksamkeit herbeiführen will.

Erklärender ist natürlich auch, wer einen anderen vertritt (§ 166 I BGB), denn er gibt ja - anders als ein Bote - eine Willenserklärung ab, mögen auch deren Wirkungen bei dem Vertretenen eintreten (vgl. schon hier § 164 I BGB).

In Betracht kommt, dass der Erklärende sich in einem irgendwie bedeutsamen Irrtum befunden hat, der möglicherweise sogar von dem Erklärungsempfänger und Geschäftspartner provoziert wurde, um zu der Erklärung zu veranlassen. Wer Opfer einer derartigen **arglistigen Täuschung** geworden ist, kann seine Willenserklärung gemäß § 123 I BGB ebenso anfechten wie derjenige, der zur Abgabe einer Willenserklärung gezwungen wurde. Diese Anfechtungsgründe sind weitgehend unproblematisch.

Beispiele: Der gemeine Gebrauchtwagenhändler versichert ehrenwörtlich, das Auto sei erst 73.000 km „gelaufen". In Wahrheit beträgt die Laufleistung 173.000 km; das hätte der Kunde niemals akzeptiert.

In der Bar „Zur roten Laterne" fragt die attraktive weibliche Bedienung, flankiert von zwei stämmigen Männern, den schmächtigen männlichen Gast: „Sie bestellen doch noch Champagner für alle, oder etwa nicht?" Darauf sagt der zunächst zögernde Gast mit Blick auf die Männer, die ihn nun schon beim Schlips gepackt haben: „Aber selbstverständlich, sehr gerne!"

(2) Erklärungs-, Inhalts- und Eigenschaftsirrtum

Schwieriger zu verstehen sind die in der Praxis viel häufigeren Irrtumsanfechtungen nach § 119 BGB. Voraussetzung ist zunächst einmal ein Irrtum. Irrtum ist begrifflich eine unbewusste Differenz von äußerem, durch Auslegung des Erklärungstatbestands nach den bereits erörterten Auslegungsprinzipien einerseits und den psychischen, innertatbestandlichen Elementen, die dieser Erklärung zugrunde liegen, andererseits. Weiß der Erklärende um diese Differenz, so liegt schon begrifflich gar kein Irrtum vor, jedenfalls aber handelt es sich um einen nach § 116 S. 1 BGB grundsätzlich unbeachtlichen geheimen Vorbehalt (sog. **Mentalreservation**). Erkennt dies der Geschäftspartner, so ist die Erklärung ebenfalls nicht anfechtbar, denn dann ist sie nach § 116 S. 2 BGB nichtig. Im Übrigen kommt alles darauf an, ob das Gesetz die Irrtumsvariante für anfechtungsrechtlich bedeutsam erklärt. Der gesetzlichen Regelung liegt dabei ein psychologisch allerdings fragwürdiges Modell zugrunde (vgl. Abb. 14).

Im Vorfeld der Willenserklärung liegt demzufolge das Motiv, das erst zur Bildung eines rechtsgeschäftlichen Willens führt, der dann seinerseits erklärt wird. Der Wille, also der innere, psychische Tatbestand der Willenserklärung, ist wiederum dreigeteilt: Der **Handlungswille** steuert die zur Erklärung erforderlichen körperlich-motorischen Prozesse, also den Einsatz des Kehlkopfes, der Zunge und des Kiefers bei der mündlichen Erklärung. Im **Erklä-**

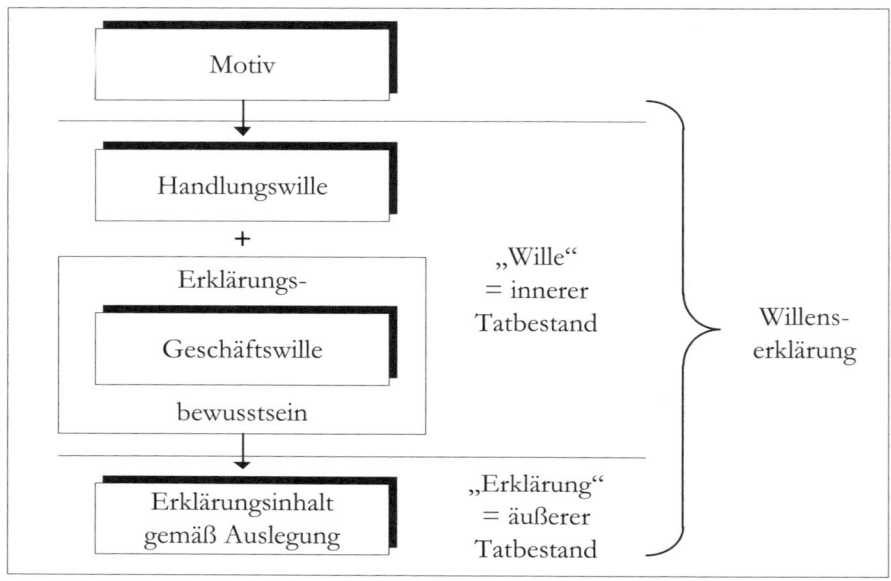

Abb. 14: Struktur der Willenserklärung

rungsbewusstsein schlägt sich das Wissen nieder, etwas rechtlich irgendwie Erhebliches zu erklären. Der **Geschäftswille** ist schließlich in Konkretisierung des Erklärungsbewusstseins darauf gerichtet, einen bestimmten rechtsgeschäftlichen Effekt mit der Erklärung herbeizuführen.

Wenn der Handlungswille völlig fehlt, liegt überhaupt keine Willenserklärung vor. Es können demzufolge von vornherein keinerlei Rechtsfolgen eintreten, die dann durch Anfechtung wieder beseitigt werden müssten. Wird ein Handlungswille zwar gebildet, kommt es aber z. B. infolge einer motorischen Fehlschaltung zu einem dem nicht entsprechenden Verhalten, so liegt ein sog. **Erklärungsirrtum** vor, der nach § 119 I (2. Alt.) BGB grundsätzlich zur Anfechtung berechtigt. Wird zwar das erklärt, was erklärt werden sollte, verbindet der Erklärende damit aber einen anderen Sinn, als es der Willenserklärung vom Blickpunkt des objektivierten Empfängerhorizontes aus zukommt (Divergenz zwischen Geschäftswillen und Erklärung), so liegt ein sog. **Inhaltsirrtum** vor, der gemäß § 119 I (1. Alt.) BGB ebenfalls die Möglichkeit der Anfechtung eröffnet.

Beispiele: Lorenz lernt locker Italienisch: Sessanta heißt sechzig, settanta heißt siebzig. Im italienischen Restaurant will Lorenz seiner Freundin Frieda mit seinen neuerworbenen Sprachkenntnissen imponieren und erklärt dem Ober, der eine Rechnung von Euro 54 vorlegt, stolz: „settanta", wobei Lorenz alles verwechselt und meint, das bedeute sechzig und die Euro 6 stellten ein angemessenes Trinkgeld dar. Inhaltsirrtum! Vom objektivierten Empfängerho-

rizont aus betrachtet heißt „settanta" siebzig, nicht sechzig!
Lisa, die fließend Italienisch spricht, verspricht sich in derselben Situation, weil „sessanta" und „settanta" in der Lautbildung sehr eng beieinander liegen: Erklärungsirrtum!

Dem Inhaltsirrtum gleich erachtet das Gesetz einen Spezialfall des Motivirrtums, wenn es nämlich auf Grund einer Fehlvorstellung über solche Personen- oder Sacheigenschaften, die im Rechtsverkehr als für das Rechtsgeschäft bedeutsam erachtet werden, zu einer bestimmten Willenserklärung gekommen ist (sog. **Eigenschaftsirrtum**). Ansonsten aber ist der **Motivirrtum** - von § 123 BGB abgesehen, also wenn durch arglistige Täuschung erzeugt - unbeachtlich. Was gelten soll, wenn schon das Erklärungsbewusstsein fehlt, so dass natürlich erst recht kein Geschäftswille gebildet wird, sagt das Gesetz nicht. Man wird hierfür § 119 I (2. Alt.) BGB analog anwenden müssen.

Beispiele: A springt in einer Weinversteigerung von seinem Platz auf, weil er von dem bösen B mit einer Nadel gestochen wird. A, der nicht weiß, dass dies am Ort für die Abgabe eines Gebotes gehalten wird, erhält auf der Stelle den Zuschlag für den sehr sauren Tropfen zu überhöhtem Preis: wegen fehlendem Handlungswillen liegt seitens des A gar keine Willenserklärung vor, so dass eine Anfechtung des „Vertrages" weder möglich noch nötig ist.
In derselben Weinversteigerung springt A auf, um seinem plötzlich entdeckten Jugendfreund F zuzuwinken: Handlungswille vorhanden, aber Erklärungsbewusstsein fehlt. Anfechtbarkeit des Gebots nach § 119 I (2. Alt.) BGB analog.
Regisseur Roger engagiert auf Grund des attraktiven Erscheinungsbildes Martina für die Hauptrolle in dem Film: „Bekenntnisse der tollen Lola", in dem auch einige Nacktszenen vorkommen. Nach Vertragsschluss stellt sich heraus, dass „Martina" in Wahrheit Martin heißt und ein männlicher Transvestit ist, der durchaus damit rechnete, als solcher auch erkannt zu werden: Eigenschaftsirrtum i. S. des § 119 II BGB („arglistige" Täuschung nach § 123 I BGB kommt hier nicht in Betracht). Für Nacktszenen und Ähnliches ist das Geschlecht der betreffenden Person ganz gewiss eine „Eigenschaft (...), die im Verkehr als wesentlich angesehen ..." wird. Auch das AGG sollte der Anfechtbarkeit letztlich nicht entgegenstehen, da es für die krasse Benachteiligung von Martin gerade wegen seiner sexuellen Identität bzw. seines Geschlechtes doch wohl einen „sachlichen Grund" (§ 20 I 1 AGG) gibt.
Ehemann M kauft seiner Frau F beim Juwelier J zur Silberhochzeit einen Brillantring, weil er meint, dies seiner Frau F für 25-jährige eheliche Treue schuldig zu sein. Als M am Hochzeitstag überraschend früh nach Hause kommt, ertappt er F mit dem Hausfreund H, mit dem F seit langem ein intimes Verhältnis pflegt: Hinsichtlich des Kaufvertrages zwischen M und J unbeachtlicher Motivirrtum!

Bei alledem ist es für das Bestehen des Anfechtungsrechts gleichgültig, ob der Irrtum vermeidbar war, den Erklärenden insoweit also ein **Verschulden** trifft: Das Anfechtungsrecht scheitert nicht daran, dass in dem vorgenannten Beispiel Roger bei genauerer Prüfung das wahre Geschlecht von Martin/Martina wohl hätte erkennen können. Eine Anfechtungsmöglichkeit besteht hingegen nach § 119 I BGB nicht, wenn der rechtlich an sich relevante Irrtum sich auf die Abgabe der Willenserklärung gar nicht ausgewirkt hat, also gar nicht **kausal** war, oder wenn der Irrtum nur gänzlich nebensächliche Punkte der Willenserklärung betraf. Dies wird aber nur sehr selten der Fall sein.

In das vorgestellte System der Irrtumsanfechtung sind auch der **Preis**- und der **Kalkulationsirrtum** einzufügen, die in mehreren Spielarten vorkommen. Vorab festzuhalten ist, dass Fehlvorstellungen über die Preiswürdigkeit einer Leistung nur zu einem unbeachtlichen Motivirrtum führen, denn der Preis selber ist keine Eigenschaft. Eine Anfechtung nach § 119 II BGB scheidet somit aus. Dasselbe gilt grundsätzlich hinsichtlich einer falschen Kalkulation sowohl auf der Angebots- als auch auf der Nachfrageseite. Wenn die Kalkulation hingegen selber Teil der Willenserklärung geworden ist, kann Inhaltsirrtum vorliegen. Meist wird aber bereits die - immer vorrangige! - Auslegung zu einer sachgerechten Lösung führen.

Beispiel: Bank B bietet einen Kredit an über Euro 100.000 „zu 5% Jahreszinsen, also mit einer jährlichen Zinsbelastung von Euro 500". Objektiv erklärt ist hier bei verständiger Würdigung die Maßgeblichkeit des Prozentsatzes. Das entspricht auch dem wahren Willen der B. Für eine Irrtumsanfechtung fehlt damit von vornherein der Ansatzpunkt.

Einen weiteren Anfechtungsgrund nennt § 120 BGB, wenn eine Willenserklärung durch einen **Übermittlungsfehler** verfälscht wurde.

Beispiele: Technischer Defekt bei der Übermittlung einer sog. SMS; Falschübersetzung durch einen Dolmetscher.

Da es sich hierbei letztlich um einen Erklärungsirrtum handelt, ist § 120 BGB streng genommen überflüssig: er hat nur klarstellende Bedeutung.

b) Anfechtungserklärung und -folge

Eine anfechtbare Willenserklärung ist zunächst einmal grundsätzlich wirksam mit dem Inhalt, der sich durch ihre am objektivierten Empfängerhorizont orientierte Auslegung ergeben hat. Die Anfechtbarkeit begründet ja nur ein (Gestaltungs-)Recht, das durch eine Erklärung gegenüber dem Anfechtungsgegner, z. B. gegenüber dem Vertragspartner, ausgeübt werden muss, um seine Wirkung zu entfalten (§ 143 BGB, einseitiges Rechtsgeschäft, dessen Kern eine empfangsbedürftige Willenserklärung darstellt). Die wirksame Anfechtungserklärung auf Grund eines bestehenden Anfechtungsrechts führt nach § 142 I BGB zur Nichtigkeit des betreffenden Rechtsgeschäfts, und zwar mit rückwirkender Kraft (lat. „ex tunc", seit damals). Damit unterscheidet sich die

Anfechtung charakteristisch von der **Kündigung** z. B. eines Arbeits- oder Mietvertrages. Denn die Kündigung lässt das Rechtsverhältnis für die Vergangenheit unberührt und führt nur dessen Beendigung für die Zukunft herbei (lat. „**ex nunc**", von jetzt ab).

Der mit der Anfechtung beabsichtigte Effekt kann selbstverständlich nur eintreten, wenn das Anfechtungsrecht z. Zt. der Anfechtung überhaupt noch existiert. Ein Rechtsverlust kann z. B. durch einen früheren Verzicht des Anfechtungsberechtigten eingetreten sein („**Bestätigung**" nach § 144 BGB). In diesem Zusammenhang ist auch daran zu erinnern, dass das Anfechtungsrecht gemäß § 121 II, 124 III BGB einer 10-jährigen Ausschlussfrist unterliegt, die mit Abgabe der irrtumsbehafteten Willenserklärung zu laufen beginnt (keine Verjährungsfrist, sondern Ausschlussfrist!). Selbst wenn das Anfechtungsrecht noch besteht, kann die Anfechtungserklärung aber als verspätet unwirksam sein, wenn sie nämlich bei den schlichten Irrtumsfällen nicht unverzüglich (§ 121 I 1 BGB) bzw. bei Irrtum auf Grund arglistiger Täuschung sowie bei Drohung nicht innerhalb eines Jahres erfolgt (zur Berechnung der Jahresfrist vgl. näher § 124 II BGB mit entsprechender Anwendung einiger Verjährungsvorschriften!). Ausnahmsweise kommt es bei der Anfechtung hinsichtlich der **Rechtzeitigkeit** nicht wie sonst bei empfangsbedürftigen Willenserklärungen auf den Zeitpunkt des Zugangs an, sondern auf den Zeitpunkt der Erklärungsabgabe (§ 121 I 2 BGB).

Die gewünschte Nichtigkeitsfolge kann der Anfechtungsberechtigte grundsätzlich nicht zum „Nulltarif" herbeiführen. Vielmehr ist dem von der Anfechtung betroffenen Geschäftspartner regelmäßig der durch die (wirksame) Anfechtung entstandene Schaden zu ersetzen. Denn der Geschäftspartner ist ja nun in seinem Vertrauen auf den Bestand des bislang ja sogar gültigen Rechtsgeschäfts enttäuscht worden. Soweit dieses Vertrauen indes gar nicht vorhanden ist, weil der Geschädigte die Anfechtbarkeit kannte oder soweit der Geschädigte bei der im Rechtsverkehr erforderlichen Sorgfalt die Anfechtbarkeit hätte erkennen können, entfällt die **Schadensersatzpflicht** (§§ 122 II, 276 II BGB). Ob dem Anfechtungsberechtigten die Vermeidbarkeit seines Irrtums vorgeworfen werden kann, ist hingegen auch für seine Schadensersatzpflicht belanglos, ebenso wie umgekehrt die Irrtumsanfechtung auch bei vermeidbarem, schuldhaftem Irrtum möglich ist. Dieselbe Haftung besteht übrigens auch bei der Scherzerklärung (§§ 122 I, 118 BGB).

Worin der **Vertrauensschaden** - im Gegensatz zum hier nicht liquidierbaren Erfüllungsschaden - besteht und in welchem Umfang er nach Maßgabe des § 122 I BGB zu ersetzen ist, ist nun ein eigenes Problem, das sich freilich nicht nur hier stellt. Es wird deshalb erst in einem allgemeineren schadensersatzrechtlichen Zusammenhang zu erörtern sein.

6. Geschäftsgrundlage

Einen Berührungspunkt mit dem Irrtumskomplex weist die Problematik der Geschäftsgrundlage auf. Denn bei Verträgen kommt es vor, dass beide Parteien demselben Motivirrtum unterliegen (Fehlen bzw. Wegfall der „kleinen" Geschäftsgrundlage) oder beide Parteien unbewusst Existenz und Fortbestand bestimmter Umstände als ganz selbstverständlich voraussetzen, von denen vernünftigerweise der Sinn des Vertrages abhängt. Da die Parteien sich gerade bei solch elementaren Umständen regelmäßig eben wegen deren Selbstverständlichkeit gar keine Gedanken gemacht haben, unterliegen sie insoweit auch keinen Fehlvorstellungen über die Realität, so dass begrifflich gar kein Irrtum (und deshalb auch kein doppelseitiger Motivirrtum) vorliegt. Derartige Umstände zählen zur „großen" Geschäftsgrundlage. Existieren solche Umstände von vornherein nicht oder fallen sie nach Vertragsschluss weg, so fragt sich, ob die vertraglichen Bindungen wegen **Fehlens** bzw. **Wegfall** der vertraglichen Geschäftsgrundlage dann überhaupt noch Bestand haben sollen.

Beispiele: Kriegerischen Auseinandersetzungen zwischen den Freistaaten Bayern und Sachsen, Vulkanausbruch im Schwarzwald, deutsche Wiedervereinigung (selbst noch aus der Sicht des Jahres 1988), galoppierende Hyperinflation im Euro-Wirtschaftsraum: Wegfall der „großen" Geschäftsgrundlage!

Entsprechende Vorstellungen der früher h. M. über die rechtliche Behandlung der damit verbundenen Probleme hat der Gesetzgeber seit 1. 1. 2002 in die Gesetzesform des § 313 BGB gegossen. Demnach kann Vertragsanpassung im Rahmen der ansonsten bestehenden Risikoverteilung und der übrigen Umstände des Einzelfalls verlangt werden. Die grundsätzliche Unbeachtlichkeit des Motivirrtums kommt insoweit bei Fehlen oder Wegfall der „kleinen" Geschäftsgrundlage Ist die Vertragsanpassung unmöglich opder unzumutbar, so tritt an ihre Stelle das Recht zur Vertragsauflösung durch Rücktritt §§ 346 ff. BGB, oder - bei Dauerschuldverhältnissen wie z. B. Leihe, Miete, Franchising oder Abonnements von Zeitungen, Theatervorstellungen etc. - durch Kündigung.

Beispiele: Bundeskanzler K will der Stadt S einen Besuch abstatten und auf dem Marktplatz eine als historisch angekündigte Rede halten. Eine seiner treuesten Anhängerinnen, Frau T, vereinbart daraufhin mit X, am Besuchstag ganztägig gegen Zahlung von Euro 300 exklusiv den marktseitigen Balkon des Hauses von X benutzen zu dürfen, um ja kein Wort im Orginalton zu überhören und um das Spektakel auch optisch in allen Einzelheiten verfolgen zu können. Ganz kurzfristig wird der Besuch jedoch wegen einer Bombendrohung abgesagt: Frau T kann vom Vertrag zurücktreten und, wenn sie schon gezahlt hatte, das Geld wieder zurückverlangen (§§ 346 I, 349 BGB analog).
Auch für Experten überraschend entwickelt sich der Euro hyperinflationär: Anpassung geschuldeter Zahlungen!

> Die Bundeswehr putscht und unterbricht vorübergehend alle Verkehrsverbindungen: Bestehende Leistungsfälligkeiten (vgl. § 271 I BGB) verschieben sich entsprechend der Dauer der Vollsperrung.

Gesetzliche oder vertragliche Sonderregelungen gehen auch hier vor: Die Vorschriften etwa über die kaufrechtliche Gewährleistung (§§ 434 ff. BGB) sind statt des § 313 BGB anwendbar, wenn eine Sache entgegen den Erwartungen von Käufer und Verkäufer mangelhaft ist. Erfüllen z. B. Ruhegeldzusagen an Arbeitnehmer wegen allseits unerwarteter, durchgreifend gestiegener Lebenshaltungskosten nicht mehr ihren Versorgungszweck, greifen allein die Spezialvorschriften des Gesetzes zur Verbesserung der betrieblichen Altersversorgung ein.

7. Bedingung und Befristung

Durch das Rechtsgeschäft gestalten sich die Rechtssubjekte ihre Rechtswelt nach ihrem Willen. Das Gesetz ist dabei bestrebt, durch größtmögliche Flexibilität des rechtsgeschäftlichen Instrumentariums diesem Willen maximal zum Ziel zu verhelfen. Diesem Zweck dienen auch Bedingung und Befristung. Mit Hilfe dieser sog. rechtsgeschäftlichen **Nebenbestimmungen** lassen sich Wirkungseintritt und Wirkungsende des Rechtsgeschäfts in vielfacher Weise beeinflussen. **Bedingung** ist dabei nicht im landläufigen Sinne von Vertragsbedingungen zu verstehen, i. S. von Einzelpunkten also, über die Verständigung erzielt wurde. Bedingung im Kontext des § 158 BGB ist vielmehr ein in der Zukunft liegendes, ungewisses Ereignis, von dem die Wirkung eines Rechtsgeschäfts abhängig gemacht wird. Hängen Eintritt oder Ausbleiben vom Willen eines der Beteiligten ab, so spricht man von einer **Potestativbedingung**.

Zwei Varianten kommen in Betracht: Die **aufschiebende Bedingung** (§ 158 I BGB) rückt die grundsätzlich ja sofort eintretende Wirkung eines Rechtsgeschäftes bis zum Bedingungseintritt hinaus. Die bekannteste, auch vom Gesetz dafür als geeignet vorgesehene Anwendungsform dieser Bedingungsmodalität ist der **Eigentumsvorbehalt** beim Kauf, präziser: bei der Übereignung nach § 929 S. 1 BGB (vgl. § 449 BGB): Veräußerer und Erwerber einigen sich unter Übergabe der Sache schon jetzt über den Eigentumswechsel. Die normalerweise sofort einsetzende Wirkung dieses Rechtsgeschäftes, der Eigentumserwerb des Käufers, wird aber bis zur vollständigen Kaufpreiszahlung hinausgeschoben. Ob diese Wirkung eintritt, liegt ganz beim Käufer, der ja den Bedingungseintritt durch seine Zahlungspraxis in der Hand hat (also Potestativbedingung). Ob der Verkäufer dann, wenn die Bedingung eintritt, den Eigentumswechsel noch will, ist völlig gleichgültig, denn die rechtlichen Voraussetzungen des Übereignungstatbestandes sind ja bereits erfüllt. Eine aufschiebende Bedingung stellt auch der **Finanzierungsvorbehalt** dar.

Beispiel: K kauft bei V eine teure Maschine unter der Bedingung, dass die Bank B eine Kreditzusage macht: Liefer- und Zahlungspflicht (§ 433 BGB) entstehen erst, wenn B sich zur Finanzierung definitiv entschließt.

Die Bedingung kann auch **auflösend** eingesetzt werden (§ 158 II BGB), z. B. wenn ein Kreditvertrag mit der Maßgabe geschlossen wird, dass sein Ende mit dem Verlust des Arbeitsplatzes des Kreditnehmers eintritt.

Da die Bedingung begrifflich durch ihre objektive Ungewissheit gekennzeichnet ist, handelt es sich nicht um eine Bedingung i. S. der §§ 158 ff. BGB, wenn die Wirkung eines Rechtsgeschäfts von Ereignissen abhängig gemacht wird, die in der Vergangenheit liegen, aber z. Zt. des Rechtsgeschäfts den Beteiligten nicht bekannt waren. Keine echte Bedingung ist auch eine gesetzliche Voraussetzung einer Rechtswirkung (sog. **Rechtsbedingung**).

Beispiel: V und K einigen sich über den Eigentumserwerb „unter der Bedingung der Sachübergabe" (nach § 929 S. 1 BGB ohnedies grundsätzlich nötig).

Sollen die rechtsgeschäftlichen Wirkungen nicht von einem ungewissen Ereignis, sondern von einem notwendigerweise sicher eintretenden Zeitpunkt in der Zukunft abhängig sein, so spricht man von **Befristung**. Dafür gelten nach § 163 BGB dieselben Regeln wie für die Bedingung, so dass aufschiebende und auflösende Befristungen zu unterscheiden sind (vgl. Abb. 15).

Bei diesen Formen der Bedingung und Befristung sind wiederum beliebige Kombinationen denkbar.

Beispiel: Abschluss eines Arbeitsvertrages schon am 18. 11. 2010, aber erst zum 1. 1. 2011 (aufschiebende Befristung), und zwar mit einer Laufzeit von 2 Jahren (auflösende Befristung), vorausgesetzt, dass in der anstehenden berufsqualifizierten Prüfung die Gesamtnote „gut" erzielt wird (aufschiebende Bedingung).

Nicht alle Rechtsgeschäfte können bedingt bzw. befristet abgeschlossen werden. **Bedingungsfeindlich** und damit wegen § 163 BGB zugleich befristungsfeindlich sind etwa die Übereignung von Grundstücken (§ 925 II BGB), weshalb es im Immobiliarbereich auch keinen Eigentumsvorbehalt geben kann. Auch ansonsten gibt es zahlreiche Einschränkungen. Neben dem hier nicht weiter interessierenden Eheschluss (§ 1311 BGB) sind dabei auch ohne ausdrückliche gesetzliche Grundlage ferner vor allem **einseitige Rechtsgeschäfte** zu nennen, z. B. Anfechtung, Kündigung und Aufrechnung. Für diese hat der Grundsatz in § 388 S. 2 BGB sogar seinen gesetzlichen Ausdruck gefunden: Die an dem Rechtsgeschäft nicht selber beteiligte, von ihr aber betroffene Gegenseite darf nicht im ungewissen über den Wirkungseintritt gelassen werden. Ein dennoch unter eine Bedingung gestelltes Rechtsgeschäft

	Bedingung	Befristung
aufschiebend	§ 158 I BGB	
auflösend	§ 158 II BGB	§ 163 BGB

Abb. 15: Bedingungs- und Befristungsmatrix

ist nichtig, wie auch die genannten §§ 388 S. 2, 925 II BGB klar formulieren. Um zu verhindern, dass die durch den Eintritt der aufschiebenden oder den Nichteintritt der auflösenden Bedingung oder Befristung jeweils benachteiligte Partei in das Geschehen zum Nachteil der anderen Seite eingreift, hält § 162 BGB eine **Fiktion** bereit: Wird der Bedingungseintritt entgegen Treu und Glauben verhindert bzw. herbeigeführt, so wird dieser Vorgang von Rechts wegen einfach nicht zur Kenntnis genommen. Streng genommen ist die Vorschrift überflüssig. Sie ist nichts weiter als eine gesetzliche Ausprägung des Verbots der unzulässigen Rechtsausübung bzw. der unzulässigen Berufung auf rechtlich erhebliche Tatsachen wegen (lat.) „venire contra factum proprium" (Unbeachtlichkeit selbstwidersprüchlichen Verhaltens).

Beispiel: V verkauft dem K ein Grundstück unter der Bedingung, dass der Gemeinderat in seiner nächsten Sitzung einer Bebauung zustimmt. Kurz darauf bereut K das Geschäft und „bearbeitet" die Ratsmitglieder so nachhaltig, dass sie ihre Zustimmung verweigern: Der Kaufvertrag ist trotz Ausbleibens der (aufschiebenden) Bedingung nunmehr wirksam, so dass K zur Kaufpreiszahlung verpflichtet ist (§ 433 II BGB).

8. Stellvertretung

a) Das Grundmuster

(1) Funktionen der Stellvertretung

Die Stellvertretung (oder kurz: Vertretung) erfüllt in der Rechtsordnung zahlreiche Funktionen: Wo das Recht einer Person die Möglichkeit vorenthält, selbst wirksame Willenserklärungen abzugeben, muss die fehlende oder wenigstens eingeschränkte **Geschäftsfähigkeit** dieser Person dadurch ausgeglichen werden können, dass ein vom Gesetz bestimmter Vertreter an ihrer Stelle handelt, die rechtlichen Folgen also dieselben sind, als ob jene Person eine rechtlich beachtliche Willenserklärung abgegeben hätte. Ähnlich liegen die Dinge bei den juristischen Personen und den Gesamthandsgemeinschaften. Sie sind zwar, ihrem juristischen Wesen entsprechend, als nur gedankliche Zuordnungspunkte für Rechte und Pflichten rechtsfähig, selber aber eigentlich gar nicht handlungsfähig. Nur durch das Handeln ihrer **Organe** (z. B. Vorstand bei der AG, Geschäftsführer bei der GmbH, ausgewählte oder alle Gesellschafter zusammen bei den Personengesellschaften) werden sie in die Lage versetzt, sich am Rechtsverkehr zu beteiligen. Schließlich ist die Stellvertretung Ausdruck der **Arbeitsteilung**, die bereits im privaten, vor allem aber im geschäftlichen Rechtsverkehr von Bedeutung ist.

Beispiel: Während der Geschäftsinhaber gerade in Mailand einen Termin wahrnimmt, können zur selben Zeit durch seine dazu mit entsprechender rechtlicher Kompetenz ausgestatteten Vertreter in Stuttgart, Frankfurt und Dortmund Verträge abgeschlossen werden, die den Geschäftsinhaber berechtigen und verpflichten.

Die Vertretungspersonen hingegen, die die Willenserklärungen abgegeben oder entgegengenommen haben (**aktive** bzw. **passive Stellvertretung**, vgl. § 164 III BGB), werden von den Wirkungen ihrer Erklärung nicht berührt (vgl. Abb. 16). Deshalb reicht es aus, dass der Vertreter nur beschränkt geschäftsfähig ist (§ 165 BGB, wegen § 107 BGB letztlich überflüssig). Denn ihm erwachsen ja aus der Vertretung keinerlei Rechtswirkungen, insbesondere keinerlei Nachteile, so dass der mit der Einschränkung der Geschäftsfähigkeit verfolgte Schutzzweck hier nicht tangiert ist. Derjenige, der bei alledem vertreten wird, soll in Folgendem mit einem vor allem im Handelsrecht geläufigen Begriff „Prinzipal" genannt werden, (vgl. § 55 IV HGB), derjenige, der mit dem (Stell-)Vertreter in rechtsgeschäftlichen Kontakt tritt, „Dritter". Unter dem Prinzipal muss man sich nun nicht immer den „Chef" vorstellen: Prinzipal kann auch das kleine, wegen § 104 Nr. 1 BGB geschäftsunfähige Kleinkind sein, das durch seine gesetzlichen Vertreter, seine Eltern (§§ 1626, 1629 BGB) am Rechtsverkehr teilnimmt.

Das personelle Auseinanderfallen von **Erklärungstatbestand** und **Erklärungsfolge** lässt sich nur dort realisieren, wo es um Effekte geht, die in der geistigen Sphäre beheimatet sind, sprich: nur bei **Rechtsgeschäften**. Bei **Realakten** kann es keine Vertretung geben: Wenn A dem B eine Ohrfeige gibt, „brennt" zwangsläufig die Backe des B. Eine „Überleitung" der Schmerzen auf C ist vollkommen ausgeschlossen, auch wenn alle Beteiligten dies wünschen sollten.

Aber nicht einmal alle Rechtsgeschäfte sind einer (rechtsgeschäftlich begründeten) Vertretung zugänglich. Ausgenommen davon sind die sog. **höchstpersönlichen Rechtsgeschäfte**, die vor allem im Familien- und Erbrecht vorkommen (vgl. für die Eheschließung § 1311 BGB sowie für die Testamentserrichtung § 2064 BGB). Wirtschaftsprivatrechtlich einschlägig ist etwa

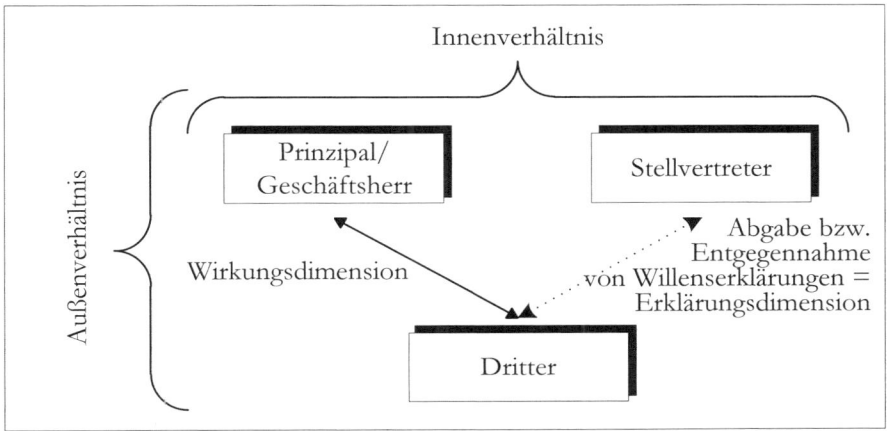

Abb. 16: Wirkungsweise der Stellvertretung

§ 48 HGB, der die Bestellung eines Prokuristen dem Geschäftsinhaber vorbehält; ist der „Inhaber des Handelsgeschäfts" eine Handelsgesellschaft, wird sie dabei ihrerseits durch ihre Organe als „gesetzliche Vertreter" vertreten: Der Prokurist einer AG etwa wird durch deren Vorstand bestellt (vgl. § 78 AktG). Ein Prokurist kann also keinen weiteren Prokuristen ernennen. Höchstpersönlich sind ferner Anmeldung von Firma und Prokura zur Eintragung im Handelsregister sowie die bei Gericht zu hinterlegende Unterschrift mit der Firma (§§ 29, 53 HGB). Auch die Unterzeichnung des Jahresabschlusses ist Sache des Prinzipals selber (§ 245 HGB).

Ist der Prinzipal keine natürliche Person, so muss auch bei höchstpersönlichen Rechtsgeschäften dann doch eine Vertretung stattfinden, allerdings eine sog. organschaftliche Vertretung.

Beispiel: Die Jahresbilanz einer AG ist vom Vorstand zu unterzeichnen.

In dem so vorgezeichneten Rahmen hängt der spezifische Effekt der Stellvertretung gemäß § 164 I BGB grundsätzlich von zwei Voraussetzungen ab: vom **Handeln im fremden Namen** und davon, dass die Willenserklärung ihrem Inhalt nach von der Befugnis zur Vertretung, von der **Vertretungsmacht**, gedeckt ist.

Durch diese Kriterien unterscheidet sich die Stellvertretung zugleich charakteristisch von (scheinbar) verwandten Erscheinungen: Der Kommissionär beispielsweise (vgl. §§ 383 ff. HGB) handelt rechtsgeschäftlich definitionsgemäß immer im eigenen Namen (freilich für fremde Rechnung), ist also gerade kein Vertreter (für den Spediteur gilt dies gemäß § 454 III HGB nur grundsätzlich). Und der (**Erklärungs-)Bote** gibt selber überhaupt keine eigene Erklärung ab, sondern transportiert nur eine fremde Erklärung, letztlich nicht anders als die Brieftaube („Mein Chef lässt sagen, er nehme das Angebot an."). Ebenso wenig gibt der **Erklärungshelfer** eine eigene Erklärung ab: Er ist letztlich nur Vollzugsinstrument eines fremden Willens. Im Schriftverkehr zeichnet der Erklärungshelfer - in der Mitarbeiterhierarchie etwa der Sachbearbeiter oder die Sekretärin - üblicherweise mit „**i. A.**" (**im Auftrag**). Die Parallelerscheinung bei der Entgegennahme von Willenserklärungen ist der sog. **Empfangsbote.**

(2) Das Vertreterhandeln

Das Gesetz geht als selbstverständlich davon aus, dass grundsätzlich die Rechtsfolgen von Willenserklärungen denjenigen treffen, der diese Erklärungen abgegeben hat. Grundsätzlich wird also im eigenen Namen gehandelt (sog. **Eigengeschäft**). Soll etwas anderes gelten, so muss dies jedenfalls zum Ausdruck gebracht werden. Es bedarf also eines erkennbaren Handelns im fremden Namen, ohne dass dabei nun gerade die Worte „im Namen von..." oder „in Vertretung von..." fallen müssten.

Beispiele: Frau Li, Logistikmanagerin in einem großen Handelsunternehmen, meldet sich am Telefon mit „Firma Global, Li am Apparat".
Frau Li benutzt zur Erteilung eines Transportauftrags an einen Geschäftspartner Geschäftspapier mit entsprechendem Briefkopf.

Das Risiko, dass dieses sog. **Vertreterhandeln** bei Zugrundelegen des objektivierten Empfängerhorizontes verkannt wird, weil es zu wenig deutlich gemacht wurde, trägt der Erklärende: Seine Erklärung gilt als im eigenen Namen abgegeben, und zwar ohne die Möglichkeit einer Anfechtung wegen Inhaltsirrtums (dies ist der Sinn des § 164 II BGB).

Beispiel: Herr Alfons Adamowski, Alleingesellschafter und zugleich Alleingeschäftsführer der Adamowski-GmbH, bestellt umfangreiche Software, wobei er sich mit „Adamowski" vorstellt und als Adresse „Frankfurter Allee 35" angibt. Dort befinden sich im Erdgeschoss die Büroräume der Gesellschaft, zugleich aber im 1. Stock auch die Privatwohnung von Herrn Adamowski: Eigengeschäft! Herr Adamowski haftet für den Kaufpreis mit seinem Privatvermögen!

Dieses sog. **Offenkundigkeitsprinzip** wird freilich durchbrochen bei den Bargeschäften des täglichen Lebens, bei denen dem Dritten die Person seines Vertragspartners gleichgültig ist, weil es um Kleinstbeträge geht und die vertraglichen Pflichten beiderseits sofort vollständig erfüllt werden (sog. **Geschäft für den, den es angeht**). Als Ausnahme ist dies allerdings eng, „restriktiv" zu interpretieren. Eine Ausnahme vom Offenkundigkeitsprinzip stellt auch der in der Praxis sehr wichtige, da sehr extensiv ausgelegte § 1357 BGB (sog. **Schlüsselgewalt**) dar: Bei Geschäften „zur angemessenen Deckung des

Lebensbedarfs der Familie" treffen die rechtsgeschäftlichen Wirkungen immer sowohl den handelnden Ehegatten selber als auch den anderen Ehegatten, ohne dass es auf irgendein erkennbares Vertreterhandeln des aktiven Ehegatten ankäme.

Verwandt mit der Stellvertretung, aber nicht identisch damit ist das **Handeln unter fremdem Namen (Pseudonym)**. Bei einer solchen sog. **Inkognito**-Erklärung ist zu unterscheiden: Kommt es dem Dritten bei verständiger Würdigung (objektivierter Empfängerhorizont!) auf den echten Namensträger an, so hat der Erklärende im fremden Namen, anstelle des echten Namensträgers, gehandelt. Steht bei dem Dritten die mit ihm verhandelnde Person für sein Kalkül im Vordergrund, spielt also der Name für ihn gar keine Rolle, so liegt trotz der Beilegung des fremden Namens ein Eigengeschäft des Erklärenden vor.

Beispiele: Herr Petz aus Pegnitz bestellt in dem völlig ausgebuchten Sporthotel in Mecklenburg-Vorpommern ein Appartement für „Dr. Kohl und Gattin, Oggersheim bzw. Berlin", wobei er sich als „Dr. Kohl" vorstellt. Nicht völlig überraschend ist dann doch noch etwas, freilich in der sehr gehobenen Preisklasse, frei und wird für den gleichnamigen früheren Bundeskanzler reserviert: kein Eigengeschäft von Herrn Petz!
Die berühmte Sängerin Silvia Sedelmann ist ständig auf der Flucht vor Reportern. Als sie ein paar Tage Urlaub einlegen kann, fährt sie - getarnt mit Sonnenbrille und Perücke - kurz entschlossen an die Ostsee und erkundigt sich beim Empfangschef eines Nobelhotels nach freien Zimmern. Der Empfangschef bejaht und fragt: „Welchen Namen darf ich notieren?" Silvia Sedelmann antwortet: „Bitte Felicitas Fedelmann!", der ihr spontan eingefallene Name einer ihr flüchtig bekannten Friseurhelferin: Eigengeschäft von Frau Sedelmann!

(3) Die Vertretungsmacht

Bei alledem reicht das als solches erkennbare Vertreterhandeln allein nicht aus, um die rechtsgeschäftlichen Wirkungen von der Person des Erklärenden fernzuhalten und sie dem Prinzipal zuzuweisen. Erforderlich ist dazu vielmehr noch eine entsprechende rechtliche Kompetenz des Stellvertreters, eine Vertretungsmacht. Teilweise wurzelt die Vertretungsmacht unmittelbar im Gesetz: So haben z. B. beide Elternteile zusammen - nicht jeder für sich! - für ihre minderjährigen Kinder fast umfassende **gesetzliche Vertretungsmacht** (§§ 1626 I, 1629 BGB; Ausnahmen: §§ 1641, 1643 BGB; auffällige Wirkungsbeschränkung in § 1629a BGB). Ein Unterfall gesetzlicher Vertretungsmacht ist auch die sog. **organschaftliche Vertretungsmacht**, nämlich Befugnis insbesondere der Gesellschaftsorgane, die Gesellschaft zu vertreten (vgl. §§ 125 f. HGB für die OHG, § 78 AktG für die AG). Auch die bereits im Zusammenhang mit dem Vertreterhandeln skizzierte sog. **Schlüsselgewalt** der Ehegatten (§ 1357 BGB) ist zum Komplex gesetzlicher Vertretungsmacht zu rechnen, im weiteren Sinne auch die behördlich begründete Vertretungsmacht des sog. Betreuers nach § 1902 BGB.

Das Gesetz kennt nicht zuletzt aber auch die Variante, dass die Vertretungsbefugnis auf dem Willen des Prinzipals (oder einer diesen vertretenden Person) beruht. Diese, und nur diese „gewillkürte", auf Rechtsgeschäft beruhende Vertretungsmacht heißt **Vollmacht** (vgl. § 166 II 1 BGB). Auch Prokura und Handlungsvollmacht, die speziellen Repräsentationsformen des Handelsrechts (vgl. §§ 48 ff., 54 f. HGB), sind hierher zu zählen, obwohl das Gesetz den sachlichen Umfang der Vertretungsmacht von Prokuristen und Handlungsbevollmächtigten mehr oder weniger festlegt. Denn der Erteilungsakt ist ja auch hier rechtsgeschäftlicher Natur. Einen groben Überblick über den Formenreichtum der Vertretungsmacht gibt Abb. 17.

Die Vollmacht wird vom Prinzipal gemäß § 167 I BGB durch einseitiges, empfangsbedürftiges Rechtsgeschäft erteilt, und zwar regelmäßig gegenüber dem Vertreter (sehr missverständlich auch „**Innenvollmacht**" genannt). Einer bestimmten **Form** der Erklärung bedarf es dabei nach § 167 II BGB selbst dann nicht, wenn das Geschäft, auf das sich die Vollmacht bezieht, formbedürftig wäre.

Beispiel: Grundstückseigentümer E bevollmächtigt den V mündlich zur Veräußerung des Grundstücks: wirksame Vollmacht, obwohl der Kaufvertrag der Form des § 311b I 1 BGB unterliegt.

Zu den seltenen **Ausnahmen** vom Grundsatz der Formfreiheit der Bevollmächtigung zählt z. B. § 2 II GmbHG.

Gelegentlich lässt der Prinzipal die Person des Vertreters in der (schriftlichen) Erklärung noch offen und überlässt deren Ausfüllung einem Dritten, möglicherweise dem späteren Vertreter selber (sog. **Blankovollmacht**).

Dass jemandem gegen seinen Willen Vertretungsmacht erteilt werden kann, ist auf den ersten Blick überraschend. Man muss sich aber vor Augen halten, dass damit dem Vertreter nur eine Befugnis im **Außenverhältnis** zu Dritten zuwächst, nicht aber eine Verpflichtung zum Tätigwerden begründet wird. Eine solche Verpflichtung kann nur aus einem Vertrag zwischen dem Prinzipal und dem Vertreter, namentlich aus einem Dienstvertrag unter Einschluss des Arbeitsvertrages (§§ 611 ff. BGB), aus einem Auftragsverhältnis (§ 662 BGB) etc. resultieren (sog. Grundverhältnis). Im **Innenverhältnis** sind also die (einseitige) Bevollmächtigung und das ihr wirtschaftlich und psychologisch zugrunde liegende Vertragsverhältnis, das auf Seiten des Vertreters Handlungspflichten, aber eventuell auch Vergütungsansprüche auslöst, gedanklich auseinanderzuhalten.

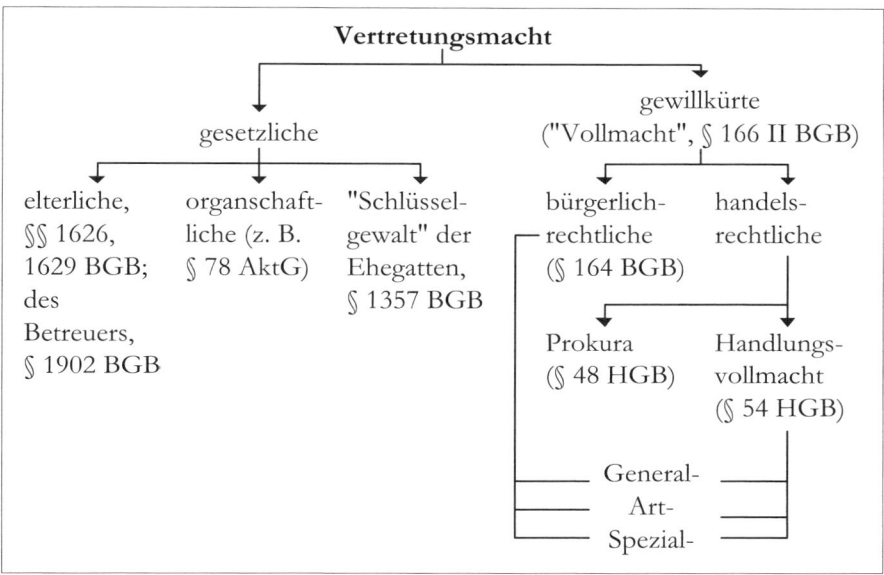

Abb. 17: Arten der Vertretungsmacht

Obwohl also die Bevollmächtigung gegenüber dem zugrunde liegenden Rechtsverhältnis (Grundverhältnis) rechtlich grundsätzlich losgelöst, also „abstrakt" ist, gibt es doch Zusammenhänge, insbesondere hinsichtlich des **Erlöschens** der Vollmacht. So entfällt gemäß § 168 S. 1 BGB mit dem Ende des Anstellungsverhältnisses gleichsam automatisch auch die dem Mitarbeiter beispielsweise als Einkäufer oder Personalchef erteilte Vertretungsmacht zum Abschluss von Beschaffungsverträgen oder zur Einstellung und Kündigung von Arbeitnehmern. Eines Widerrufs der Vollmacht bedarf es insoweit also nicht. Ein solcher isolierter **Widerruf** ist aber prinzipiell immer möglich, auch wenn das Anstellungsverhältnis fortbesteht, es sei denn, die Vollmacht wäre unwiderruflich erteilt worden (§ 168 S. 2 BGB). Für den Widerruf gilt das für die Bevollmächtigung Gesagte entsprechend (§ 168 S. 3 BGB): Er erfolgt durch einseitiges, formloses Rechtsgeschäft.

Gerade die Formlosigkeit der Bevollmächtigung, das Unkomplizierte ihrer Erteilung, bedeutet in der Praxis aber eine erschwerte Handhabung, denn der Dritte weiß ja nicht so recht, ob er sich auf die vom Vertreter behauptete Vertretungsmacht auch wirklich verlassen kann. Und diese Zurückhaltung des Dritten beeinträchtigt wiederum den Prinzipal in der Erreichung jener Ziele, die er mit der Bevollmächtigung gerade effektiver verfolgen wollte. Deshalb wird nicht selten über die erteilte Vollmacht ein Schriftstück verfasst, das dem Dritten bei Bedarf vorgelegt werden kann, um seine Zweifel zu zerstreuen. Juristisch handelt es sich auch bei einem solchen Schriftstück um eine **Ur-**

kunde. Denn Urkunde ist alles, was eine Willensäußerung in verkörperter Gestalt enthält und auf einen bestimmten Aussteller zurückgeführt werden kann. Der Urkundsbegriff umfasst also sowohl die feierliche Ausfertigung auf Pergament mit Siegel bis hin zu gefällten Bäumen mit Brandzeichen zur Zuordnung an denjenigen, der das Holz ersteigert hat.

Legt der Vertreter dem Dritten nun eine **Vollmachtsurkunde** vor, die ihm vom Prinzipal ausgehändigt wurde, so führt ein bloßer Widerruf der Vollmacht ausnahmsweise noch nicht zu ihrem Erlöschen. Die Vertretungsmacht bleibt vielmehr so lange erhalten, bis die Vollmachtsurkunde eingezogen oder der Dritte von dem Widerruf in Kenntnis gesetzt wird (§§ 172, 171 BGB). Regelungstechnisch knüpft das Gesetz dabei daran an, dass dem Dritten vom Prinzipal Mitteilung über die Bevollmächtigung gemacht oder die Bevollmächtigung sogar öffentlich bekannt gegeben wurde. Auch in diesen Fällen führt nicht schon der Widerruf selber zum Erlöschen der Vollmacht, sondern erst eine gegenteilige Mitteilung bzw. Bekanntmachung.

Damit nicht verwechselt werden darf, dass das Gesetz eine in der Praxis völlig unübliche Variante der Bevollmächtigung durch Erklärung gegenüber dem Dritten selber vorsieht (vgl. nochmals § 167 I BGB, sehr missverständlich „**Außenvollmacht**" genannt). Dann müsste natürlich auch diesem gegenüber widerrufen werden bzw. wenn die Vollmacht aus anderen Gründen erlischt (§ 168 I BGB!), dem Dritten das Erlöschen wenigstens angezeigt werden (§ 170 BGB).

In Anlehnung an die §§ 171 f. BGB kennt die h. M. die Rechtsfigur der Duldungs- und der Anscheinsvollmacht: Weiß der Prinzipal, dass jemand als Vertreter auftritt, ohne dazu von ihm ausdrücklich bevollmächtigt worden zu sein, unternimmt er aber nichts dagegen, so wird dies als stillschweigende Bevollmächtigung angesehen (**Duldungsvollmacht**). Weicht der objektive Erklärungsgehalt dieser Duldung von dem Willen des Prinzipals ab, so muss hier aber eine Anfechtung wegen Irrtums nach § 119 I BGB möglich sein, so wie wenn die Bevollmächtigung ganz regulär erfolgt wäre.

Bei der **Anscheinsvollmacht** hingegen tritt der Vertreter als solcher vom Prinzipal unbemerkt auf, der Prinzipal hätte von diesem Vorgang aber Kenntnis erlangen können. Hinzu kommt, dass der Prinzipal das Auftreten des Vertreters irgendwie begünstigt hatte (z. B. durch Überlassen von Bestellformularen oder durch schlechte Unternehmensorganisation ohne klare Zuständigkeiten und ohne effektive Kontrollmechanismen). Dann muss sich der Prinzipal diesen von ihm verantwortlich gesetzten Rechtsschein einer Bevollmächtigung nach h. M. zurechnen (bei Geschäftsfähigkeit) lassen, und zwar ohne Anfechtungsmöglichkeit. Für die Zukunft kann der Prinzipal freilich dafür sorgen, dass der Rechtsscheintatbestand nicht länger aufrechterhalten bleibt.

Einen gesetzlich geregelten Fall der Anscheinsvollmacht bildet § 56 HGB:

Wer in einem **Laden** oder in einem **offenen Warenlager** angestellt ist, gilt als bevollmächtigt zu den dort gewöhnlich vorkommenden Verkäufen und Empfangnahmen.

Beispiel: Einigen sich der Kunde K und die Dame D hinter der Kasse des Selbstbedienungsladens über den Abschluss eines Kaufvertrages bezüglich der auf dem Band liegenden Waren, so kommt ein wirksamer Kaufvertrag zwischen K und dem Geschäftsinhaber G, vertreten durch D, auch dann zustande, wenn G der D dazu gar keine Vollmacht erteilt haben sollte. Beachte, dass D gar nicht die „Verkäuferin" ist, obwohl sie im Alltagssprachgebrauch so heißt. Verkäufer im Rechtssinne, also mit den Rechten und Pflichten aus §§ 433 ff. BGB, ist G.

Haben mehrere Personen Vertretungsmacht, so sind zwei rechtliche Gestaltungen möglich: Entweder kann jeder von seiner Vertretungsmacht unabhängig vom anderen Gebrauch machen (**Einzelvertretungsmacht**), oder die Vertretungsmacht kann nur gemeinschaftlich, im Einvernehmen aller Vertretungsbefugten, ausgeübt werden (**Gesamtvertretungsmacht**). Eine solche Gesamtvertretung war bereits im Zusammenhang mit der gesetzlichen Vertretungsmacht der Eltern angesprochen worden; sie hat ferner große Bedeutung im Handels- und Gesellschaftsrecht. Wenn ein solcher Gesamtvertretungsberechtigter ohne die übrigen Vertretungsbefugten Willenserklärungen abgibt (**aktive Vertretung**), dann fehlt ihm die Vertretungsmacht dazu ebenso, wie wenn die Erklärung eines Vertretungsbefugten ihrem Inhalt nach nicht von der Vertretungsmacht gedeckt ist. In Analogie zu § 1629 I 2, 2. Halbs. BGB bei der Passivvertretung des minderjährigen Kindes durch die Eltern und analog § 125 II 3 HGB, der die Gesamtvertretung im Zusammenhang mit der OHG regelt, ist bei der **passiven Vertretung** jedoch ganz allgemein jeder Gesamtvertreter einzeln zur Vertretung imstande.

Fehlt nun die Vertretungsmacht für das in Rede stehende Rechtsgeschäft, so treten die Rechtswirkungen jedenfalls nicht zwischen dem Dritten und dem Prinzipal ein, da die Voraussetzungen des § 164 I BGB ja nicht erfüllt sind. Dies ist allerdings bei Verträgen keine Nichtigkeit, sondern ein Zustand sog. **schwebender Unwirksamkeit**. Denn der „Vertretene" kann das Geschäft noch an sich ziehen, indem er gleichsam die Vollmacht nachschiebt und seine Genehmigung zu dem Geschäft erteilt (§ 177 I BGB). Bei einseitigen Rechtsgeschäften, die der Vertreter ohne Vertretungsmacht vornimmt (z. B. Kündigung), ist hingegen Nichtigkeit die reguläre Folge (vgl. § 180 BGB, auch mit seinen verschiedenen Varianten). Eine merkwürdige Regelung enthält § 174 S. 1 BGB: Ein einseitiges Rechtsgeschäft des Vertreters ist selbst dann unwirksam, wenn der Vertreter zwar entsprechend bevollmächtigt ist, diese Bevollmächtigung aber nicht in schriftlicher Form, durch Vorlage der originalen „Vollmachtsurkunde", nachweisen kann und der Erklärungsadressat dies „unverzüglich" (vgl. § 121 I 1 BGB) rügt (Ausnahme wiederum in § 174 S. 2 BGB).

Das Privatrecht unterscheidet übrigens streng zwischen „Zustimmung", „Einwilligung" und „Genehmigung" und hält dazu Legaldefinitionen an versteckter Stelle bereit: Nach §§ 183 S. 1, 184 I BGB heißt die vorherige Zustimmung **„Einwilligung"**, die nachträgliche Zustimmung **„Genehmigung"**. **„Zustimmung"** ist also der Oberbegriff. Im Öffentlichen Recht hingegen geht es terminologisch ziemlich durcheinander: Da man die „Baugenehmigung" ja vor dem Baubeginn erwirken muss, handelt es sich in Wahrheit also um eine „Baueinwilligung".

Um den Schwebezustand zu beenden, kann der Dritte seinerseits den Prinzipal zur Erklärung auffordern. Ist dann binnen zwei Wochen keine Genehmigung erfolgt, so gilt die Genehmigung als verweigert (§ 177 II BGB; auch hier keine Anfechtungsmöglichkeit des Prinzipals mit dem Hinweis darauf, dies habe er aber in Wahrheit gar nicht gewollt!). Das Rechtsgeschäft ist dann - im Verhältnis zum Prinzipal - endgültig unwirksam, nichtig. Statt den Prinzipal zur Entscheidung zu drängen, kann der Dritte freilich grundsätzlich auch selbst den Schwebezustand beenden, indem er widerruft (vgl. § 178 BGB).

Wird der Vertrag, den der Vertreter ohne Vertretungsmacht (lat. **„falsus procurator"**) geschlossen hat, nicht genehmigt, so muss nach § 179 BGB differenziert werden. Überhaupt keine Verantwortung hat der falsus procurator zu tragen, wenn der Dritte wusste oder vorwerfbar nicht wusste (vgl. zur Legaldefinition des **„Kennenmüssens"** in § 179 III BGB die §§ 122 II, 276 II BGB), dass die Vertretungsmacht fehlte. Keine Verantwortung trifft auch den nur beschränkt geschäftsfähigen falsus procurator. War er überhaupt geschäftsunfähig (z. B. psychisch schwer erkrankt, § 104 Nr. 2 BGB), so ist der ganze Vorgang wegen § 105 I BGB ja ohnedies rechtlich unbeachtlich. Wusste der Dritte nicht und hätte er auch nicht wissen müssen, dass es sich bei dem Vertreter um einen falsus procurator handelt, und greift demzufolge § 179 III BGB nicht ein, so kommt es nunmehr nach § 179 II BGB darauf an, ob der falsus procurator sich als solchen erkannt hat (Kennenmüssen spielt hier keine Rolle!): Ist dies nicht der Fall, haftet der falsus procurator auf den Ersatz des Vertrauensschadens, der Höhe nach begrenzt auf das Erfüllungsinteresse. Wusste der Dritte um die Stellung des falsus procurator nicht und hätte es auch nicht wissen müssen und kannte der falsus procurator diese seine Stellung, greifen also weder § 179 III noch § 179 II BGB, so muss nach § 179 I BGB der falsus procurator den Vertrag als Eigengeschäft gegen sich gelten lassen oder nach Wahl des Dritten Schadensersatz wegen des Erfüllungsinteresses leisten. Letzteres dürfte die praktische Regel sein, weil der Vertreter zur Vertragserfüllung durchweg gar nicht imstande sein wird, wenn andere Leistungen als lediglich Geldleistungen geschuldet werden.

Beispiel: P bevollmächtigt in der Neujahrsnacht schon stark angetrunken, äußerlich aber sehr beherrscht, seinen langjährigen Mitarbeiter V, die Renovierung der Geschäftsräume in die eigene Hand zu nehmen. Schon am 2. 1. schließt V namens des P einen entsprechenden Vertrag mit dem Malermeister M ab. Da die Bevollmächtigung wegen § 105 II BGB unwirksam war, hat V als falsus procurator gehandelt. Es ist also kein Vertrag zwischen P und M wirksam zustande gekommen. Verweigert P nachträglich die Zustimmung, so muss V, der das Fehlen der Vertretungsmacht nicht kannte, nur den Vertrauensschaden ersetzen (§ 179 II BGB). Ein völliger Haftungsausschluss nach § 179 III BGB greift nicht ein, weil M von den besonderen Umständen der Bevollmächtigung weder etwas wusste noch wissen musste.

Einzuprägen hat man sich bei der Frage der Haftung des falsus procurator die **Prüfungslogik**: Man hat immer mit § 179 III BGB zu beginnen, weil er zum völligen Haftungsausschluss führt. Dann ist § 179 II BGB abzuklären. Erst wenn auch seine spezielle Anwendungsvoraussetzung nicht Platz greift, kommt es schließlich zur allgemeinen Haftungsregel des § 179 I BGB. Das Verständnis dieser Normen erschließt sich also nur durch systematische Interpretation.

Vom Handeln ohne (entsprechende) Vertretungsmacht ist begrifflich der Fall des Missbrauchs der Vertretungsmacht zu trennen. Ein solcher **Missbrauch** liegt vor, wenn der Vertreter sich zwar im Rahmen der ihm erteilten Vertretungsmacht bewegt, dabei aber Pflichten aus dem Vertragsverhältnis mit dem Prinzipal verletzt. Der Vertreter kann hier rechtlich im Außenverhältnis mehr, als er im Innenverhältnis darf. Eine solche Diskrepanz ist wegen der grundsätzlichen Abstraktheit der Vollmacht von dem ihr zugrunde liegenden Rechtsverhältnis durchaus möglich, jedoch aufs Ganze gesehen nicht allzu häufig, weil der Prinzipal ja die Vertretungsmacht an sich beliebig beschränken kann. Ausnahmsweise liegt der Umfang der Vollmacht aber gesetzlich fest, so dass der Missbrauch der Vertretungsmacht in diesem Rahmen keineswegs so selten ist. Paradebeispiel dafür ist die Prokura. Da der die Vertretungsmacht missbrauchende Vertreter insoweit ja Vertretungsmacht hat, finden die §§ 177 ff. BGB keine Anwendung: Vielmehr kommt der Vertrag grundsätzlich zwischen dem Dritten und dem Prinzipal zustande. Dies gilt nach h. M. nur dann nicht, wenn der Vertreter und der Dritte zum Nachteil des Prinzipals bewusst zusammenwirken (sog. **Kollusion**) oder wenigstens der Dritte erkennt, dass der Vertreter von seiner Vertretungsmacht unter Verletzung von Pflichten im Innenverhältnis Gebrauch macht. Dann wird man § 177 BGB also analog anzuwenden haben.

Auch das Verbot des **In-Sich-Geschäfts** (**Selbstkontrahieren**) bzw. der **Doppelvertretung** nach § 181 BGB hat nichts mit einem Fehlen der Vertretungsmacht zu tun: Auch hier hat der Vertreter durchaus Vertretungsmacht für das betreffende Geschäft. Das Gesetz möchte jedoch nicht, dass der Vertreter sowohl auf der Seite des Prinzipals als auch auf der eigenen Seite steht (der Vertreter also zugleich Dritter ist!), um schwer lösbare Interessenkollisionen zu vermeiden. Dieselbe Erwägung greift durch, wenn ein und dieselbe Person den Prinzipal und zugleich den Dritten vertritt. Aus diesem Schutzzweck erklären sich auch die in § 181 BGB vorgesehenen Ausnahmen. Wirtschaftsprivatrechtlich bedeutsam ist § 181 BGB vor allem im Gesellschaftsrecht, etwa wenn zu klären ist, ob der (Allein-)Geschäftsführer einer GmbH an sich selber als (Allein-)Gesellschafter Gesellschaftsgewinne ausschütten kann.

Die höchstrichterliche Rechtsprechung wendet § 181 BGB aus Gründen teleologischer Interpretation bei der gesetzlichen Vertretung geschäftsunfähiger Personen (vgl. § 104 Nr. 1 BGB) übrigens nicht an, wenn das betreffende Rechtsgeschäft für den **Vertretenen unter 7 Jahren** lediglich rechtlich vorteilhaft ist. Das ist nach der Gesetzessystematik zwar alles andere als überzeugend, führt aber zu den praktisch erwünschten Ergebnissen.

Beispiel: Vater V und Mutter M möchten ihrem 5-jährigen ehelichen Kind K mit einem Bär aus Plüsch zu Weihnachten eine Freude machen: V und M können sowohl im eigenen Namen als auch zugleich im Namen des K und innerhalb ihrer ihnen als Eltern zustehenden Vertretungsmacht für K nach §§ 1626, 1629 BGB schenken (§ 516 BGB) und übereignen (§ 929 S. 1 BGB), ohne daran durch § 181 BGB gehindert zu sein.

b) Prokura

Die Prokura ist im Kern nichts weiter als eine **Vollmacht** mit gesetzlich weitgehend festgelegtem Umfang. Für diese Vollmacht, ihre Erteilung, Ausübung und ihre Wirkungen gelten deshalb grundsätzlich die §§ 164 ff. BGB, sofern in den §§ 48 ff. HGB nichts anderes bestimmt ist. Wie § 48 I HGB deutlich zeigt, kann Prokura aber nur im Rahmen eines Handelsgewerbes (§§ 1 ff. HGB) erteilt werden, und zwar nur vom **Geschäftsinhaber**, dem Kaufmann, selber bzw. (bei sog. Personenhandelsgesellschaften wie namentlich OHG und KG und bei juristischen Personen) durch die zuständigen **Organpersonen** (**höchstpersönliches Rechtsgeschäft**). Prokura kann auch einem beschränkt Geschäftsfähigen erteilt werden (§ 165 BGB), was in Familienunternehmungen hinsichtlich der heranwachsenden Kinder kurz vor Erreichung des 18. Lebensjahres durchaus vorkommt. Die **Erteilung** erfolgt wie jede Bevollmächtigung (vgl. § 167 I BGB) durch einseitiges Rechtsgeschäft, für das auch die allgemeinen Wirksamkeitsvoraussetzungen (Geschäftsfähigkeit des Kaufmanns, Zugang) erfüllt sein müssen. Auch die Prokuraerteilung ist gegenüber dem ihr wirtschaftlich regelmäßig zugrunde liegenden Arbeitsverhältnis abstrakt, so dass die Prokura etwa wirksam sein kann, obwohl es das Arbeitsverhältnis (das Grundverhältnis) nicht ist. Und bei der Prokuraerteilung an Familienangehörige dürfte es gelegentlich an einem solchen Grundverhältnis ja überhaupt fehlen.

Im Gegensatz zur bürgerlichrechtlichen Bevollmächtigung muss nach § 48 I

HGB die Erteilung „**ausdrücklich**" sein. Dies ist nicht dasselbe wie Schriftlichkeit der Erteilung; vieles Geschriebene ist mehr als zweideutig. Die geforderte Ausdrücklichkeit steht vielmehr im Gegensatz zur Erklärung eines rechtsgeschäftlichen Willens durch ein Verhalten, das auf einen bestimmten Willen schließen lässt (schlüssiges, „konkludentes" Erklärungsverhalten). Regelmäßig müssen also beim Erteilungsakt die Begriffe „Prokura" oder „Prokurist" mündlich oder schriftlich auftauchen. Dagegen ist die nach § 53 I HGB geforderte (Anmeldung zur) Eintragung im Handelsregister keine Wirksamkeitsvoraussetzung: Die **Eintragung** wirkt hier - nicht anders als beim Kaufmann gemäß § 1 II HGB - nur **deklaratorisch**. Ebenfalls im Gegensatz zur bürgerlichrechtlichen Vollmacht, die ganz oder teilweise übertragbar ist (**Untervollmacht**), kann die Prokura nicht übertragen werden (§ 52 II HGB), selbst wenn der Prinzipal dies wollte (vgl. § 52 II gegenüber § 58 HGB!).

Damit die rechtsgeschäftlichen Wirkungen der vom Prokuristen abgegebenen oder entgegengenommenen Willenserklärungen in der Person des Prinzipals eintreten, bedarf es auch hier zunächst einmal eines **Vertreterhandelns**, wofür § 51 HGB Zeichnung mit der Firma unter Beifügung eines die Prokura andeutenden Zusatzes verlangt. Diese Vorschrift ist sehr missverständlich. Sie verleitet zunächst zu der Fehlvorstellung, als könne der Prokurist bei der aktiven Vertretung nur schriftlich tätig werden („...zeichnen"). Außerdem ist § 51 HGB viel zu scharf gefasst. Entgegen dem Wortlaut enthält er nämlich mangels jeder Sanktionsnorm als sog. **lex imperfecta** selbst für schriftliche Erklärungen des Prokuristen nur eine Art Empfehlung, wie der Prokurist sicher den Anschein eines Eigengeschäfts vermeidet und zugleich dem Dritten den besonderen Vertreterstatus seines Verhandlungspartners signalisiert. In der Praxis hat sich dafür der Zusatz zur Firma „**ppa**" (pro procura) mit nachfolgender Unterschrift eingebürgert. Macht der Prokurist aber auf andere Art und Weise deutlich, dass er als Vertreter fungieren will, so ist das genauso gut. Statusbewusstsein und soziale Disziplin innerhalb der im Unternehmen hierarchisch unterschiedlich angesiedelten Mitarbeiter sorgen freilich dafür, dass dem § 51 HGB im Rechtsverkehr durchweg Genüge getan wird.

Beispiel: Prokurist Petersmann, der das britische Understatement liebt, zeichnet nicht „Fa. Schulze ppa. Petersmann" und auch nicht „ppa. Petersmann in Fa. Schulze", sondern nur mit der Firma oder - auf Geschäftspapier - nur mit seinem bürgerlichen Namen: alles für Vertreterhandeln ausreichend.

Wirklich eigenes Profil gegenüber der bürgerlichrechtlichen Bevollmächtigung gewinnt der Prokurist durch die nur ihn kennzeichnende **Vertretungsmacht**. Ihr **Umfang** ist kraft Gesetzes im Großen und Ganzen zwingend festgelegt, während der Umfang der bürgerlichrechtlichen Vollmacht vom Prinzipal ja beliebig festgelegt werden kann. Etwaige nicht vom HGB selber vorgesehene Beschränkungen durch den Prinzipal ergreifen also niemals die Prokura, sondern nur das ihr zugrunde liegende Vertragsverhältnis, also das Innenverhältnis (§ 50 I, II HGB). Verstößt der Prokurist gegen dort festgelegte Restriktionen, verletzt er zwar seine diesbezügliche **vertragliche Unterlassungspflicht,** (und muss deshalb dem Prinzipal nach § 280 I BGB wegen dieser Pflichtverletzung grundsätzlich Schadensersatz leisten), bewegt sich aber gleichwohl innerhalb seiner Vollmacht. Bei Vertreterhandeln erzeugen die Erklärungen des Prokuristen auch in diesem Fall also Rechtswirkungen zwischen dem Dritten und dem Prinzipal, soweit nicht ausnahmsweise Kollusion oder Kenntnis des Dritten vom Missbrauch der Prokura vorliegen.

Die Vollmacht des Prokuristen versetzt diesen in die Lage, grundsätzlich alle rechtsgeschäftlichen Akte mit Wirkung für und gegen den Prinzipal vorzunehmen, die der Betrieb eines Handelsgewerbes, also irgendeines Handelsgewerbes, mit sich bringt. Wegen der generalklauselartigen Weite der §§ 1 II und 2 HGB kann jedes Gewerbe ein Handelsgewerbe sein. Ob es sich um Angelegenheiten außerhalb der unternehmensinternen Zuständigkeit (z. B. Personalchef), um ungewöhnliche, aber noch branchenspezifische oder gar um ganz branchenfremde Aktivitäten des Prokuristen handelt, ist also im Blick auf den Umfang der Prokura gleichgültig. Deshalb hat der Prokurist eine große **Machtfülle.**

Beispiel: P, Prokurist des Fischgroßhändlers F, kauft beim Omnibushersteller O 3 Luxusreisebusse im Gesamtwert von 2 Millionen Euro : F muss zahlen (§ 433 II BGB), da P ihn - Kollusion etc. ausgenommen - wirksam vertreten hat und F somit die Rechtsstellung des Käufers besitzt. P muss dem F seinerseits Schadensersatz in Höhe des Kaufpreises leisten, erhält aber die Omnibusse, weil F ja sonst über den legitimen Ersatz hinaus bereichert wäre.

Die Prokura erfasst nach ihrem gesetzlichen Muster von vornherein nicht Geschäfte im **Privatbereich** des Prinzipals (die bringt der Betrieb eines Handelsgewerbes naturgemäß nicht mit sich). Auch Maßnahmen der völligen **Betriebsstillegung** sind von der Prokura nicht gedeckt, denn diese sind ja gerade gegen den „Betrieb" eines Handelsgewerbes gerichtet. Auch Veräußerungen sowie Belastungen von **Betriebsgrundstücken** mit Hypotheken, Grundschulden etc. (vgl. §§ 1113 ff. BGB) liegen grundsätzlich außerhalb der Vertretungsmacht des Prokuristen, es sei denn, seine Prokura wurde mit der sog. **Immobiliarklausel** erteilt (vgl. § 49 II HGB). Auch ohne Immobiliarklausel kann der Prokurist bei teleologisch-restriktiver Interpretation des § 49 II HGB im Rahmen des Erwerbs eines Betriebsgrundstückes jedenfalls für einen fremdfinanzierten **Kaufpreisrest** an eben diesem Grundstück zur Sicherung des Kreditgebers eine Hypothek oder Grundschuld bestellen. Denn ob das Grundstück schon derartig belastet erworben wird (was sicher möglich ist!) oder rechtslogisch unbelastetes Eigentum erworben wird und erst dann die Belastung erfolgt, macht wertungsmäßig keinen Unterschied.

Rechtsgeschäftliche **Beschränkungen** der Prokura erlaubt das HGB nur in zwei Punkten: Durch die sog. **Filialklausel** (§ 50 III HGB) kann das Risiko des Prinzipals durch den geschäftsstellenmäßig beschränkten Wirkungskreis des Prokuristen verringert werden. Außerdem kann auch die Prokura, wie § 48 II HGB klarstellt, zur Risikominimierung als Gesamtvertretungsmacht erteilt werden.

Hinsichtlich des **Erlöschens** der Prokura gilt zunächst dasselbe wie bei der Vollmacht überhaupt. Ergänzend dazu bestimmt § 52 I HGB, dass die Prokura wegen ihres gesetzlich derart weit fixierten Umfangs und der beim Prokuristen deshalb vorausgesetzten Vertrauenswürdigkeit besonderen nicht als unwiderrufliche Vollmacht erteilt werden kann, vielmehr jederzeit ein **Widerruf** möglich ist. Dass das zugrunde liegende Anstellungsverhältnis fortbestehen kann, ist wegen der Abstraktheit der Vollmacht ohnehin selbstverständlich.

Kein Erlöschensgrund ist der **Tod des Prinzipals** (§ 52 III HGB). Gerade in einer solchen kritischen Situation kommt es ja auf geschäftliche Kontinuität an. Der Prokurist vertritt also den oder die Erben, die mit dem Tod des Prinzipals ja auch in die arbeitsvertraglichen Rechte und Pflichten gegenüber dem Prokuristen eingetreten sind (vgl. §§ 1922, 1967 BGB: Gesamtrechtsnachfolge, sog. **Universalsukzession**). Umgekehrt führt aber der **Tod des Prokuristen** zum Erlöschen der Prokura (lat. „argumentum e contrario" aus § 52 III HGB), denn eine solche Vertrauensstellung kann schlechterdings nicht auf irgendeinen Erben des Prokuristen übergehen.

Das Erlöschen der Prokura ist nach § 53 II HGB nicht anders als ihre Erteilung im **Handelsregister** einzutragen und wie jede Eintragung gemäß § 10 HGB bekanntzumachen. Die Eintragung wirkt aber auch hier deklaratorisch. Gerade im Fall des nicht eingetragenen Widerrufs der Prokura greift aber dann oft die materielle negative Publizität des Handelsregisters nach § 15 I HGB ein.

c) Handlungsvollmacht

Wer in einem kaufmännischen Unternehmen i. S. der §§ 1 ff. HGB eine Vollmacht erhält, die nicht Prokura ist, erlangt die Rechtsstellung eines Handlungsbevollmächtigten nach § 54 HGB. Auch und gerade die Handlungsvollmacht folgt grundsätzlich dem Regelungsmodell der §§ 164 ff. BGB. Es gilt also ergänzend zu § 54 HGB wiederum das BGB. Charakteristisch für die **Handlungsvollmacht** ist namentlich Folgendes: Auch der Bevollmächtigte des Prinzipals kann Handlungsvollmacht erteilen, da ihm § 48 HGB ja nur die Erteilung einer Prokura verwehrt. Auch wird keine „ausdrückliche" Erteilung verlangt. Die Handlungsvollmacht entbehrt schließlich der Eintragungsfähigkeit in das Handelsregister, was für den Rechtsverkehr eine gewisse Verunsicherung bedeutet.

Der Mangel an Eintragungsfähigkeit hängt damit zusammen, dass die Handlungsvollmacht nur in einem sehr eingeschränkten Sinne umfangmäßig durch das Gesetz vorgeprägt ist: Durch diese Vollmacht sind jedenfalls nur branchenspezifische und selbst in diesem Rahmen nur gewöhnliche Geschäfte gedeckt (§ 54 I HGB a. E.). Im Übrigen aber ist dieses Instrument sehr flexibel. Denn die Handlungsvollmacht kann schlechthin (**Generalhandlungsvollmacht**), nur für bestimmte Arten von Geschäften (sog. **Arthandlungsvollmacht**, z. B. für den Einkauf oder für die Leitung der **Personalabteilung**) oder sogar nur projektbezogen für ein einzelnes Geschäft (**Spezialhandlungsvollmacht**, z. B. Beschaffung eines IT-Systems) erteilt werden. Selbst die Generalhandlungsvollmacht ermächtigt aber für sich genommen nicht zu den in § 54 II HGB genannten Geschäften. Hinsichtlich der Ausnahme „Veräußerung und Belastung von Grundstücken" gilt dasselbe wie bei der Prokura. Darüber hinaus kann der Handlungsbevollmächtigte grundsätzlich auch keine Wechselverbindlichkeiten eingehen, Kredite aufnehmen oder Prozesse führen. Soll sich seine Vollmacht auch darauf erstrecken, so muss dies bei Erteilung besonders zum Ausdruck kommen (§ 54 II HGB). Eigenartige rechtsgeschäftliche **Einschränkungen** sind aber dem Dritten gegenüber nur wirksam, wenn er sie kannte oder kennen musste (§ 54 III HGB).

Beispiel: H ist im kaufmännischen Unternehmen des K Leiter der Personalabteilung und hat insoweit Handlungsvollmacht. K hat dem H diese (Art-) Handlungsvollmacht mit der Maßgabe erteilt, die Einstellung weiblicher Mitarbeiter sei „Chefsache". Trotzdem stellt H die nichtsahnende junge S als Sekretärin ein, ohne dass K seine Zustimmung dazu erteilt hätte: wirksames Arbeitsverhältnis zwischen K und S, weil diese eine solche unübliche Beschränkung nicht kannte und auch nicht kennen musste.

Insgesamt betrachtet steht jedenfalls die Generalhandlungsvollmacht der Prokura aber doch verhältnismäßig nahe. Die von einem Kaufmann nicht „ausdrücklich" erteilte „Prokura", die als solche unwirksam ist, kann deshalb regelmäßig nach § 140 BGB in eine (wirksame) Generalhandlungsvollmacht umgedeutet werden (**Konversion**).

Die Generalhandlungsvollmacht darf bei alledem nicht mit der **Generalvollmacht** gleichgesetzt werden. Der Generalbevollmächtigte verfügt über eine umfassende bürgerlichrechtliche Vertretungsmacht, die primär den Privatbereich des Prinzipals erfasst, allenfalls auch die gewerbliche Sphäre. Bezüglich eines Handelsgewerbes sind jedoch nach der gesetzlichen Logik nur Handlungsvollmacht (und Prokura) denkbar. Zu den (seltenen) höchstpersönlichen Rechtsgeschäften ist freilich nicht einmal der Generalbevollmächtigte imstande.

Für die Handlungsvollmacht von Mitarbeitern im **Außendienst** und von selbständigen **Handelsvertretern** enthält § 55 HGB weitere, später noch zu behandelnde Regelungen.

Eine gesetzlich näher ausgestaltete, auf dem Gedanken der Anscheinsvollmacht fußende Handlungsvollmacht normiert § 56 HGB zugunsten von Angestellten in einem **Laden** oder **offenen Warenlager**. Bei gebotener teleologischer Auslegung wird man die Regelung des § 56 HGB auf andere Handelsgewerbe (§ 56 HGB steht in innerem Zusammenhang mit § 54 HGB!) mit Publikumsverkehr wie etwa Gaststätten zu erstrecken haben, vielleicht sogar noch darüber hinaus auf sonstige Gewerbe mit Publikumsverkehr. „Angestellt" ist bei alledem rein faktisch zu verstehen: Ob es sich wirklich um ein Arbeitsverhältnis handelt oder ob Familienmitglieder, namentlich der Ehegatte, vielleicht auch Freunde und Bekannte im Einvernehmen mit dem Geschäftsinhaber dort präsent sind, ist für § 56 HGB gleichgültig. Diese **Arthandlungsvollmacht** deckt die dort gewöhnlich vorkommenden Verkäufe und Empfangnahmen, wobei „Verkauf" nicht im juristisch strengen Wortsinn der §§ 433 ff. BGB zu verstehen ist, sondern alle im inneren Zusammenhang mit dem Kaufvertrag stehenden Akte mit umfasst.

Beispiel: Übereignung der verkauften Sachen (§ 929 BGB) in Erfüllung der Lieferpflicht aus § 433 I BGB; Anfechtung wegen Irrtums und Entgegennahme solcher Erklärungen seitens der Kunden; Anerkennen von Gewährleistungsansprüchen, die Kunden wegen Sachmängeln erheben.

Der in der „Anstellung" wurzelnde **Rechtsschein** einer derartigen Handlungsvollmacht kann allerdings zerstört werden, so dass dann § 56 HGB trotz Erfüllung seiner gesetzlich formulierten Voraussetzungen nicht Platz greift (teleologisch-restriktive Interpretation).

Beispiel: In den Geschäftsräumen hängen überall große Hinweisschilder mit der Aufschrift „Zahlung nur an der Hauptkasse"; keine Handlungsvollmacht der nicht an der Hauptkasse tätigen Personen zur Empfangnahme von Zahlungen der Kunden.

Für die Erkennbarkeit des Vertreterhandelns des Handlungsbevollmächtigten gibt § 57 HGB parallel zu der prokurarechtlichen Vorschrift des § 51 HGB Hilfestellung: Die Ausübung der Vollmacht soll einerseits zwar deutlich sein, andererseits aber nicht den Dritten zu der Annahme verleiten, er stehe einem Prokuristen gegenüber. In der Praxis hat sich im Schriftverkehr dafür eingebürgert, wie im Bereich der bürgerlichrechtlichen Vertretung mit „i. V." (in Vertretung) zu zeichnen. Auch § 57 HGB enthält aber funktional letztlich nur eine Soll-Vorschrift: Eine Abweichung, selbst eine Zeichnung mit „ppa.", bleibt rechtlich folgenlos. § 57 HGB ist also wie § 51 HGB eine (lat.) lex imperfecta. Entscheidend ist auch hier nur, dass das **Vertreterhandeln** als solches erkennbar hervortritt.

V. Verträge, insbesondere schuldrechtliche Verträge

1. Vertragsfreiheit (Privatautonomie)

a) Abschlussfreiheit - Kontrahierungszwang

Für das Öffentliche Recht erklärt Art. 2 I GG die freie Entfaltung der Persönlichkeit zum Grundrecht. Mangels Drittwirkung reicht dieses Grundrecht freilich nicht bis ins Privatrecht hinein. Dort gilt aber ein inhaltsgleiches, rechtshistorisch noch viel weiter zurückreichendes Prinzip, der Grundsatz der **Privatautonomie**. Diesen Grundsatz zur Geltung zu bringen und ihn rechtspraktisch operational auszugestalten, ist letztlich das Anliegen wohl der meisten privatrechtlichen Normen: Die Rechtssubjekte sollen ihre Lebensverhältnisse durch Rechtsgeschäfte nach ihrem Willen ordnen können. Da dieselbe Autonomie allen Rechtssubjekten gleichermaßen zukommt, müssen sie sich bei der willensgemäßen Gestaltung ihrer Lebensverhältnisse mit anderen arrangieren, sich einigen, sich vertragen, eben Verträge schließen. Deshalb wird die Privatautonomie vielfach verkürzend mit Vertragsfreiheit gleichgesetzt, obwohl die Privatautonomie substanziell auch die einseitigen Rechtsgeschäfte einschließt. Das zur **Vertragsfreiheit** Gesagte gilt entsprechend zumeist auch für das einseitige Rechtsgeschäft, etwa für die Erteilung von Vertretungsmacht, für Irrtumsanfechtung und Kündigung.

Bei genauerer Betrachtung lassen sich bei der Vertragsfreiheit, dem maßgeblichen Strukturelement einer marktwirtschaftlich geprägten Wirtschaftsordnung, 3 Aspekte als Subprinzipien unterscheiden: **Abschlussfreiheit, Formfreiheit** und inhaltliche **Gestaltungsfreiheit**. Wie bei allen Grundsätzen bedarf es auch hierbei der Berücksichtigung der Ausnahmen, um den Regelungsgehalt zutreffend zu erfassen (vgl. Abb. 18).

Zunächst einmal ist jeder prinzipiell frei in seiner Entscheidung, ob und mit wem er in einer bestimmten Situation Verträge eingehen oder ob er ihm zustehende Rechte ausüben will. Man sollte sich dabei auch von den unsachlichsten, willkürlichsten Motiven leiten lassen dürfen, weil Art. 3 GG ja keine privatrechtliche Drittwirkung entfaltet. Etwas verkürzt wird hier von **Abschlussfreiheit** gesprochen. Seitdem der Gesetzgeber aber eine Art Diktatur der Moral und der Tugend mit den Mitteln des Rechts, nämlich mit dem AGG, errichten will, ist es in weiten Bereichen des Privatrechts schon mit der Abschlussfreiheit nicht mehr weit her. Die Folge davon ist im Einzelfall ein **Kontrahierungszwang**, also eine Pflicht zum Vertragsschluss.

Beispiele: Restaurantbetreiber R weigert sich, dem Ausländer A ein Glas Bier zu servieren: Zweifellos politisch, moralisch und menschlich eine „Sauerei", aber auch eine Rechtswidrigkeit? Als Verweigerung eines „Massengeschäftes" (§ 19 I Nr. 1 AGG) beim „Zugang zu und (bei der) Versorgung mit Gütern und Dienstleistungen, die der Öffentlichkeit zur Verfügung stehen ..." (§ 2 I Nr. 8 AGG) löst dies einen Anspruch des A gegen R auf „Beseitigung der Benachteiligung" aus (§ 21 I 1 AGG), so dass A von R Abschluss eines entsprechenden Kaufvertrages (mit einem mietvertraglichen Element) verlangen kann.

	Vertragsfreiheit (Privatautonomie)		
Grundsatz	Abschlussfreiheit	Formfreiheit	Inhaltliche Gestaltungsfreiheit
	("ob und mit wem")	("wie")	("was")
Ausnahmen bzw. Grenzen	Kontrahierungszwang , z. B. §§ 19/2 I Nr. 5, 8 AGG, § 22 PBefG, § 20 GWB, § 5 II PflVG, Vorverträge	Formzwang, z. B. §§ 311b I, 623, 766 BGB	Zwingendes Recht, z. B. § 276 III BGB, § 14 ProdHaftG, 31 AGG

Abb. 18: Inhalt und Grenzen der Vertragsfreiheit

Wegen des inneren Zusammenhangs von Markt und Vertragsfreiheit endet nach gängiger Auffassung die Abschlussfreiheit - von den Diskriminierungsverboten des AGG abgesehen - namentlich dort, wo der Markt administrativ reguliert oder durch monopolistische Verhältnisse geprägt und damit letztlich gestört ist. Der daraus resultierende sog. **Kontrahierungszwang** wird häufig wirtschaftssektorial durch Rechtsnormen ausdrücklich ausgesprochen, wie etwa immer noch im Personenbeförderungswesen oder früher durchweg im Bereich der Energiewirtschaft. Ganz allgemein folgt ein Kontrahierungszwang aus dem Diskriminierungsverbot, das gemäß § 20 GWB marktbeherrschende und diesen gleichgestellte Unternehmen trifft.
Unmittelbar nützt ein solcher Kontrahierungszwang dem nachteilig betroffenen Rechtssubjekt aber nur dort etwas, wo die die Gegenseite treffende Abschlusspflicht privatrechtlicher Natur ist, weil nur dort mit der Abschlusspflicht gedanklich ein **Anspruch auf Vertragsschluss** der anderen Seite korrespondiert. Dies ist je nach Rechtsmaterie nicht immer sicher zu entscheiden. Im Einzelfall wird aber in der Verweigerung eines Vertragsschlusses etwa durch den Monopolisten zugleich eine vorsätzlich-sittenwidrige Schädigung der anderen Seite zu erblicken sein, die nach § 826 BGB zum **Schadensersatz** verpflichtet. Daraus folgt jedenfalls mittelbar eine privatrechtliche Abschlusspflicht. Denn in Anwendung des noch näher zu erörternden § 249 BGB ist

dann derjenige Zustand herzustellen, der ohne die Weigerung bestünde, also eben der Vertragsschluss. Wo auch diese Konstruktion versagt, muss versucht werden, die Behörden zum Einsatz des öffentlichrechtlichen Sanktionsinstrumentariums zu veranlassen, um auf diese Weise die Gegenseite doch noch zum Vertragsschluss zu bewegen.

Ein sehr häufiger Fall des Kontrahierungszwanges ist aber ein **vorausgegangener Vertrag** selber. Besonders einprägsam dafür ist der alltägliche Erwerb von Sacheigentum in Zusammenhang mit einem Kaufvertrag: Zum Eigentumserwerb an einer beweglichen Sache bedarf es nach § 929 S. 1 BGB neben der Sachübergabe einer „Einigung", d. h. eines Vertrages darüber, dass das Eigentum vom bisherigen Eigentümer auf den Erwerber übergehen soll. Ob eine solche Einigung zustande kommt, steht dabei i. S. der Abschlussfreiheit grundsätzlich im Belieben der Beteiligten. In aller Regel haben die Parteien sich aber vorher über das Entstehen einer Pflicht zur (Übergabe und) Übereignung (zugleich über das Entstehen einer Zahlungspflicht) geeinigt, d. h. eben einen Kaufvertrag abgeschlossen. Deshalb ist der Eigentümer und Verkäufer nun eben doch nicht mehr frei, ob er sich mit dem Käufer über den Eigentumswechsel einigt oder nicht. Vielmehr ist er dazu jetzt nach § 433 I BGB verpflichtet. Er unterliegt einem Kontrahierungszwang zum Abschluss eines das Eigentumsrecht übertragenden Vertrages nach § 929 S. 1 BGB.

Einem selbsterzeugten Kontrahierungszwang unterliegen die potenziellen Vertragspartner ferner nach Abschluss eines **Vorvertrages**, durch den sie sich verpflichten, den etwa noch nicht abschlussreifen Hauptvertrag nach Beseitigung irgendwelcher Hindernisse oder Unklarheiten abzuschließen. Solche Vorverträge gibt es auf allen Gebieten, nicht zuletzt im Familienrecht. Systematisch betrachtet ist ja auch das Verlöbnis (§§ 1297 ff. BGB) im Verhältnis zur Ehe nichts weiter als ein Vorvertrag.

Kein Vorvertrag liegt hingegen dem in der Wirtschaftspraxis bei größeren Projekten verbreiteten **letter of intent** zugrunde. Es handelt sich hierbei lediglich um eine (schriftliche) Absichtserklärung, die keine Abschlusspflicht nach sich zieht. Gleichwohl ist ein letter of intent rechtlich bedeutsam: Wird der Vertragsschluss schuldhaft-vorwerfbar unterlassen, ist eine Schadensersatzpflicht des Erklärenden aus sog. culpa in contrahendo, umfänglich in Höhe des Vertrauensinteresses, begrenzt durch das Erfüllungsinteresse an dem nicht geschlossenen Vertrag analog § 122 I BGB.

b) Formfreiheit - Formzwang

(1) Erklärungsmittel, Konkludenz und Schweigen

Dadurch, dass das Gesetz für bestimmte Rechtsgeschäfte eine besondere Form für die Wirksamkeit rechtsgeschäftlicher Willenserklärungen verlangt, macht es mittelbar das im gesamten Privatrecht herrschende Prinzip der Formfreiheit als Teil der Privatautonomie deutlich: Für die Gültigkeit, Verbindlichkeit, Wirksamkeit von Willenserklärungen und für die an diese Willenserklärungen anknüpfenden rechtsgeschäftlichen Effekte ist es entgegen weit verbreiteter Alltagsauffassung grundsätzlich gleichgültig, wie jener Wille erklärt wird: schriftlich, mündlich oder sonstwie, etwa durch Zeichen oder Gebärden (ausdrückliche Normierung der Formfreiheit aber in Art. 11 CISG; zum konkludenten Verhalten vgl. speziell Art. 18 I CISG). Gerade solch „**konkludentes**" **Verhalten**, das einen Rückschluss auf einen dahinter stehenden (rechtsgeschäftlichen) Willen zulässt und das dadurch einen Erklärungswert gewinnt, spielt in der Rechtspraxis eine große Rolle.

Ob und in welchem Sinne ein bestimmtes Verhalten schlüssig ist, muss durch Auslegung ermittelt werden. Dabei ist besonders zu beachten, dass das bloße Schweigen, die schiere Untätigkeit, so gut wie niemals irgendeinen Rückschluss auf einen bestimmten Willen gestattet. Dies ist bei Privatleuten nicht anders als bei Kaufleuten. Auch deren Schweigen lässt sich prinzipiell nicht als Ausdruck eines (rechtsgeschäftlichen) Willens verstehen, schon gar nicht als Zustimmung. Zwar existieren wichtige Ausnahmen nicht nur im bürgerlichen Recht, sondern z. B. auch im Handelsrecht und im Versicherungsrecht (z. B. §§ 108 II 2, 177 II 2, 416 I 2, 455 S. 2, 612 BGB, §§ 362 I, 377 II HGB, auf Handelsbrauch beruhende Grundsätze über das Schweigen auf ein unrichtiges kaufmännisches Bestätigungsschreiben; vgl. ferner §§ 5 und 11 VVG sowie § 5 III 1 PflVG), doch ändern diese Ausnahmen nichts am Prinzip. Was als „**stillschweigende**" **Willenserklärung** bezeichnet wird, ist also, begrifflich schärfer gefasst, zumeist eine Willenserklärung in Gestalt konkludenten Verhaltens. Auf derartige Willenserklärungen nimmt häufig schon der Gesetzgeber direkt oder indirekt Bezug, z. B. beim Vertreterhandeln (§ 164 II BGB!). Auch die Rechtsfigur der Duldungsvollmacht basiert auf der Annahme einer konkludent erteilten Vollmacht. Speziell aus dem vertraglichen Bereich stammen folgende

Beispiele: Die Kassiererin im Selbstbedienungsladen tippt die Preise für die wortlos auf das Band gestellte Ware in die Kasse ein: konkludent zustande gekommener Kaufvertrag sowie entsprechende Übereignungen.
Karl erhält per Post unbestellt das reich bebilderte „Boris-Becker-Buch" mit dem im Anschreiben abgegebenen Angebot zum Kauf. Karl stellt das Buch in sein Bücherregal zu einer bereits umfangreichen Sammlung von Werken über „Große Deutsche": Schlüssige Annahmeerklärung!

Der forsche Franz fragt bei der ersten Verabredung die ebenso süße wie scheue Sibylle, ob sie beide zu ihr oder zu ihm gehen sollten, woraufhin Sibylle, gar nicht mehr scheu, dem Franz überraschend(?) eine schallende Ohrfeige erteilt: Konkludente Ablehnung eines Angebots. Wegen des rein „gesellschaftlichen Charakters" dieses Angebots bestünde allerdings selbst bei seiner Annahme keine Rechtspflicht für Sibylle, die weiteren Stunden mit Franz gemeinsam zu gestalten. Natürlich hat die Ohrfeige nicht nur vertragsrechtliche Bedeutung, da dadurch der „Körper" (zumindest Hautrötung!), jedenfalls aber die „Gesundheit" des Franz (Schmerz!) verletzt wurden (vgl. § 823 I BGB).

(2) Formzwangtypen

Das Prinzip der Formfreiheit kommt zwar den Bedürfnissen der Praxis nach Flexibilität und Schnelligkeit des rechtsgeschäftlichen Verkehrs entgegen und hält damit zugleich die Transaktionskosten gering, birgt andererseits aber auch die Gefahr einer übereilten oder im Nachhinein - vor allem vor Gericht - nicht mehr dokumentierbaren Willenserklärung in sich. Außerdem bedeutet jede Form auch ein erhebliches Maß an **Klarheit** und **Rechtssicherheit**.

Das Gesetz versucht eine Optimierung dieser gegenläufigen Anliegen schon dadurch, dass es für bestimmte „riskante" Willenserklärungen selber eine besondere Form verlangt. Zum anderen steht es, wie sich aus § 127 I BGB ergibt, den Parteien frei, ihrerseits vom Prinzip der Formfreiheit abzurücken und eine besondere Form für ihre Willenserklärungen zu verlangen. Damit der im Formzwang gelegene **Übereilungsschutz** nicht unterlaufen wird, verlangt man darüber hinaus auch für die Wirksamkeit von **Vorverträgen** dieselbe Form, die für den Hauptvertrag notwendig ist. Gleichgültig nun, aus welcher Quelle sich der Formzwang ergibt, sind im Wesentlichen 3 **Formtypen** zu unterscheiden, die in unterschiedlicher Intensität den Formzwecken **Übereilungsschutz und Dokumentation** (**Beweisbarkeit**) Rechnung tragen: Schriftform, öffentliche Beglaubigung und schließlich notarielle Beurkundung. In Allgemeinen Geschäftsbedingungen (AGB), also dem Gegenstück zur individuellen Vereinbarung (vgl. § 305 I, § 305b BGB), lässt sich ein Formzwang freilich nur innerhalb der von § 309 Nr. 13 BGB gezogenen Grenzen begründen, also nur hinsichtlich der in §§ 126, 127 normierten Schriftform. Wird in AGB für die Wirksamkeit von Erklärungen etwa ein besonderes Formblatt, öffentliche Beglaubigung oder gar notarielle Beurkundung verlangt, so ist die Klausel nach § 306 I BGB unwirksam. Für den Einschreibebrief als besonderes Zugangserfordernis würde demnach übrigens dasselbe gelten.

Die Merkmale der vom Gesetz gelegentlich geforderten Schriftform (vgl. z. B. §§ 492 I, 550 S. 1, 623, 766 S. 1 BGB) ergeben sich aus § 126 I, II BGB, der wegen § 127 I BGB grundsätzlich auch für die gewillkürte, auf Rechtsgeschäft beruhende Schriftform gilt. Demzufolge muss die Willenserklärung zunächst in einer **Urkunde** verkörpert sein. Bei gewillkürter Schriftform reicht dazu im Zweifel die „telekommunikative Übermittlung" (§ 127 II 1 BGB) durch Telefax. Nicht jede Urkunde erfüllt aber die **Schriftform**, denn § 126 I BGB verlangt zusätzlich eigenhändige **Namensunterschrift**. Die alternativ möglichen (beglaubigten) „Handzeichen" (Kreuze, Fingerabdrücke) sind eine Kuriosität aus der Welt des Analphabetismus. Zu unterschreiben hat dabei, wer - gegebenenfalls als Vertreter - die Willenserklärung abgegeben hat, mag auch ein anderer die Urkunde faktisch (als Erklärungshelfer) erstellt haben.

Beispiel: Die Sekretärin schreibt die Bürgschaftserklärung, der Chef unterschreibt: Schriftform gewahrt.

Mehr verlangt § 2247 BGB übrigens für das sog. privatschriftliche, nicht vor einem Notar errichtete **Testament**, nämlich auch **eigenhändige Niederschrift**. Die vom Gesetz verlangte eigenhändige **Namensunterschrift** wirft in der Praxis noch eine Reihe weiterer Detailfragen auf, etwa diejenige nach der Zulässigkeit technisch vermittelter Unterschriften, etwa durch Faksimile-Stempel oder durch neuere Instrumente der Telekommunikation, namentlich Telefax und Internet. Alle diese Varianten enthalten aber gerade nicht eigenhändige Unterschriften und erfüllen daher nicht die Anforderungen der Schriftform nach § 126 I BGB.

Für die elektronischen Medien werden im SigG als Teil des IuKDG allgemein die Voraussetzungen für die qualifizierte **digitale Unterschrift** im Einzelnen normiert. Diese Unterschrift ist das zentrale Problem der sog. elektronischen Form einer Erklärung, die gemäß § 126 III BGB der Schriftform grundsätzlich gleichsteht (Ausnahme z. B. §§ 492 I 2, 766 S. 2 BGB). Um den Absender eindeutig identifizieren zu können und so ausreichende Fälschungssicherheit gewährleisten zu können (§ 2 SigG), wird jedem Netznutzer ein Signaturschlüssel zugeordnet, mit dem die „Unterschrift" erzeugt wird. Die Schlüsselzuordnung erfolgt durch **Zertifizierungsdiensteanbieter** (§§ 4 ff. SigG), die im Regelfall lediglich ihre Tätigkeit der Bundesnetzagentur für Elektrizität, Gas, Telekommunikation, Post und Eisenbahnen anzeigen (§ 3 SigG) und darüber hinaus nicht nur die entsprechende Zuverlässigkeit und fachliche Qualifikation, sondern auch eine Deckungsvorsorge von mindestens Euro 250.000 für etwaige Schäden nachweisen müssen (§§ 4, 12 SigG). Allerdings dürfen sich nur akkreditierte Zertifizierungsdiensteanbieter (Gütesiegel der zuständigen Behörde) im Rechts- und Geschäftsverkehr auf die nachgewiesene Sicherheit berufen (vgl. §§ 15 f. SigG). Einzelheiten der Durchführung der Regelungen des SigG sind einer Rechtsverordnung vorbehalten (§ 24 SigG). Demgegenüber genügt bei der gewillkürten elektronischen Form freilich grundsätzlich auch eine nicht dem SigG entsprechende digitale Unterschrift.

Zu unterschreiben ist nach § 126 I BGB bei Schriftform mit dem Namen. Hierzu reicht aber der **Familienname** aus. Der Kaufmann hat noch einen anderen Namen, mit dem er ebenfalls unterzeichnen kann, nämlich seine **Firma** (§ 17 HGB). Nicht erforderlich, sondern nur üblich zur Wahrung der Schriftform ist das Hinzufügen von Ort und Datum.

Im Begriff der Unterschrift ist enthalten, dass mit ihr die Willenserklärung textlich-räumlich abgeschlossen ist. Ein „P. S." (lat. „post scriptum", also „nach dem Geschriebenen") hat demnach an der schriftformgerechten Willenserklärung nicht mehr teil. Vielmehr muss ein solcher **Nachtrag**, um der Schriftform zu genügen, seinerseits unterschrieben werden. Hingegen ist der Abschlusscharakter der Unterschrift nicht zeitlich zu verstehen: Ob die Unterschrift dem Text zeitlich nachfolgt oder - ausnahmsweise - vorweggenommen wird (**Blankounterschrift**), ist für die Wahrung der Schriftform gleichgültig.

Für Verträge als zweiseitige Rechtsgeschäfte stellt sich noch ein Sonderproblem. Fraglich ist nämlich, ob es für die Schriftform ausreicht, dass Angebot und Annahme je für sich als (unterschriebene) Schriftstücke vorliegen. Eine solche „**gespaltene**" **Vertragsurkunde** in Gestalt eines Briefwechsels erfüllt die Schriftform jedenfalls bei der rechtsgeschäftlich festgelegten Schriftform (§ 127 II 1 BGB; für die gewillkürte elektronische Form s. § 127 III BGB). Bei gesetzlichem Schriftformzwang bedarf es hingegen grundsätzlich der Unterzeichnung beider Parteien auf ein und derselben Urkunde (§ 126 II 1 BGB). Nur bei mehreren, textidentischen Urkunden genügt es, wenn jede Partei die für die andere Partei bestimmte **Ausfertigung** unterzeichnet (§ 126 II 2 BGB). Im Gegensatz zu dem für § 127 II 1 BGB ausreichenden Briefwechsel liegt aber auch in diesem Fall der Text des Gesamtrechtsgeschäfts in jeweils einer Urkunde vollständig vor. Das ganze Problem wird freilich dadurch praktisch entscheidend entschärft, dass gar nicht immer der ganze Vertrag, sondern manchmal nur die Erklärung der einen Vertragsseite dem Formzwang unterworfen wird. Dies ist insbesondere bei der Bürgschaft der Fall: Obwohl die Bürgschaft nicht durch einseitiges Rechtsgeschäft, sondern durch Vertrag zu begründen ist, ist nur die Erklärung des Bürgen formbedürftig (vgl. § 766 S. 1 BGB).

Das Unterschriftsproblem stellt sich von vornherein nicht, wo nicht Schriftform, sondern lediglich **Textform** (§ 126b BGB) gesetzlich verlangt oder vereinbart ist (§ 127 I BGB verweist auch auf § 126b BGB!). Hier genügt auch die Nachbildung der Unterschrift (Faksimile) oder ähnliches. Neben § 3 I VVG ist als Fall gesetzlich (nur) verlangter Textform etwa § 559b I 1 BGB (Erhöhung des Mietzinses bei Wohnungsmiete) zu nennen. Eine große Rolle spielt die Textform auch im Verbraucherschutz (vgl. nur §§ 312c II, 355 II, 356 I 2 Nr. 3. 493 I 5, 502 II BGB). Textform sieht § 477 BGB ferner für Garantien vor, freilich nicht als Voraussetzung ihrer Wirksamkeit (vgl. § 477 III BGB). Die Textform ist eine sehr flexible Form, die nicht einmal zwingend eine Urkunde verlangt, sondern nur die Möglichkeit „zur dauerhaften Wiedergabe in Schriftzeichen". Dem genügt jedenfalls die email (elektronische Post), da ihr Inhalt ausgedruckt werden kann.

Auf der Schriftform baut die **öffentliche Beglaubigung** auf, die z. B. in § 12 HGB für die Anmeldungen zur Eintragung ins Handelsregister vorgesehen ist. Die Rolle des Notars beschränkt sich dabei gemäß § 129 I BGB darauf, dass er die Identität des Unterzeichners z. B. anhand des Personalausweises prüft und bestätigt. Ob der Unterzeichner diese Willenserklärung wirklich abgegeben hat, wird hingegen vom Notar nicht bescheinigt. Darin liegt der Unterschied zur **notariellen Beurkundung**, die namentlich bei Kauf und Übereignung von Grundstücken und überhaupt im Grundstücksrecht eine große Rolle spielt (vgl. §§ 311b I, 873 II, 925 I 2 BGB). Auch die notarielle Beurkundung basiert auf der Schriftform. Anders als bei der Beglaubigung bestätigt der Notar hier aber nicht nur die Identität der Beteiligten, sondern er protokolliert die abgegebenen Erklärungen nach entsprechender Belehrung über deren rechtliche Tragweite (vgl. §§ 8 ff., 17 BeurkG). Da die notarielle Beurkundung sowohl die Funktion der Schriftform als auch diejenige der öffentlichen Beglaubigung erfüllt, kann sie diese ersetzen, wie §§ 126 IV, 129 II BGB klarstellen. Die notarielle **Stufenbeurkundung**, das Seitenstück zur „gespaltenen" privatschriftlichen Vertragsurkunde, erklärt § 128 BGB ausdrücklich für möglich.

(3) Rechtsfolgen des Formmangels

Wird eine gesetzlich festgelegte oder rechtsgeschäftlich bestimmte Erklärungsform nicht gewahrt, so ist diese Erklärung nach § 125 BGB grundsätzlich nichtig. Sie entfaltet also von vornherein keinerlei Wirkung. Ihre Wirkungslosigkeit muss nicht etwa - wie bei der Anfechtung - erst durch Ausübung eines Gestaltungsrechtes herbeigeführt werden.

Von diesem Grundsatz macht das Gesetz einige wenige, aber praktisch wichtige Ausnahmen. So kommt es nach § 311b I 2 BGB zur **Heilung des Formmangels**, wenn ein Kaufvertrag über ein Grundstück gegen § 311b I 1 BGB nicht in notarieller Form geschlossen wurde, die also in Wahrheit wegen § 125 BGB gar nicht bestehende Verpflichtung zur Verschaffung des Grundeigentums (vgl. § 433 I BGB) aber dennoch durch wirksame Auflassung (§ 925 I BGB) und Eintragung ins Grundbuch (§ 873 I BGB) „erfüllt" wurde. Die Unwirksamkeit des Kaufvertrages wird sozusagen wieder beseitigt, weil die vorgeschriebene Form des Kaufvertrags lediglich vor der übereilten Übernahme einer Veräußerungspflicht bewahren sollte. Wenn aber der Eigentümer in die ganze Prozedur der Auflassung und des Eintragungsverfahrens einsteigt, wird ihm ja deutlich genug die Bedeutung seines Tuns vor Augen geführt, so dass es eines **Übereilungsschutzes** nicht mehr bedarf.

Auf demselben Gedanken beruht § 766 S. 3 BGB, der eine an sich unwirksame, da nicht formgerechte Bürgschaft im Nachhinein wirksam werden lässt, wenn der Bürge den Gläubiger befriedigt. Ebenfalls aus dem intendierten, aber nicht mehr aktuellen Übereilungsschutz erklärt sich § 518 II BGB (Erfüllung eines wegen Formmangels an sich unwirksamen Schenkungsversprechens). Der Gesetzgeber reduziert hier also selber den Unwirksamkeitsumfang auf Sinn und Zweck des Formzwanges und liefert damit einen Anknüpfungspunkt für das generelle interpretationsmethodische Prinzip teleologisch-restriktiver Auslegung. In all diesen Milderungen des Formzwangs liegt zugleich eine gewisse **Abschwächung** des **Abstraktionsprinzips**, weil die erbrachte Leistung nun nicht mehr wegen Fehlens eines rechtlichen Grundes nach § 812 I 1, 1 Alt. BGB zurückverlangt werden kann.

Sehr zweifelhaft und streitig ist, ob und inwieweit darüber hinaus ein Formmangel im **Einzelfall** unbeachtlich bleiben kann. Zu denken ist insbesondere daran, dass die Berufung auf einen Formmangel und auf die sich daraus ergebende Nichtigkeit gegen das Gebot von Treu und Glauben (vgl. § 242 BGB) verstößt, weil derjenige, der sich nun darauf beruft, vorher gerade selber behauptet hat, das Geschäft sei auch formlos wirksam (lat. „venire contra factum proprium"). Lässt man einen solchen Gedanken zu, so beseitigt man freilich zugleich jene **Rechtssicherheit**, die gerade auch ein Anliegen des Formzwanges darstellt. An dieser Einschätzung ändert sich auch nichts beim sog. **gentlemen agreement**, bei dem alle Beteiligten wissen, dass sie sich - gerade auch wegen der bewussten Nichtbeachtung einer notwendigen Form - rechtsgeschäftlich so nicht wirksam binden können. Dieser Gesichtspunkt ist besonders stark dann zu gewichten, wenn eine **Konversion** möglich wäre. Denn dann besteht umso weniger ein Bedürfnis, die Nichtigkeitssanktion zu vermeiden, weil ja dem Willen der Beteiligten in anderer Weise entgegengekommen werden kann.

Ganz ausnahmsweise spielt der vom Gesetz ausgeübte Formzwang von vornherein für die Wirksamkeit des Rechtsgeschäfts überhaupt keine Rolle. Die Einhaltung der Form hat hier keine **wirksamkeitskonstitutive**, sondern lediglich **deklaratorische** Bedeutung. So muss z. B. nach § 11 I, II BBiG der Ausbildungsvertrag zwar schriftlich vorliegen, aber nur, um dem Auszubildenden eine solche Niederschrift aushändigen zu können, auf die der Auszubildende einen Anspruch hat (§ 11 III BBiG). Unterbleibt die Niederschrift, so wird die Wirksamkeit des Ausbildungsvertrages davon nicht berührt; nur der Aushändigungsanspruch ist noch unerfüllt. Ebenso verhält es sich bei der nur mündlichen Garantieerklärung (§§ 477 II, III BGB); auch sie ist wirksam.

c) Gestaltungsfreiheit - Zwingendes Recht

Einen wesentlichen Eckpfeiler der Privatautonomie bildet schließlich die den Privatrechtssubjekten eingeräumte Freiheit, ihre rechtlichen Verhältnisse inhaltlich nach ihren Wünschen gestalten zu können. Auch dieser Grundsatz ist so im Gesetz nirgends deutlich ausgesprochen, liegt aber - erkennbar an den normierten Ausnahmeregelungen - der Privatrechtsordnung zugrunde. Welche Rolle spielen aber dann die gesetzlichen Normen des Privatrechtes? Die Antwort darauf ist überraschend: Das Privatrecht macht auf weite Strecken gleichsam **nur Vorschläge** über den möglichen Inhalt von Rechtsverhältnissen, welche die Vertragsparteien übernehmen können, die sie aber nicht übernehmen müssen.

Zumeist werden sich die Vertragsparteien auch gar nicht über alle möglicherweise einmal auftauchenden Rechtsfragen schon vorher, insbesondere im Zeitpunkt des Vertragsschlusses im Klaren sein und sich über deren Lösung also schon vor Auftreten des Konfliktes einigen können. Auch in dieser Situation müssen aber rechtliche Maßstäbe zur Konfliktentscheidung spätestens für den Richter zur Verfügung stehen. Kurzum: Viele Normen des Privatrechts innerhalb und außerhalb des BGB enthalten lediglich sog. **dispositives Recht**: Das Gesetz findet hier nur dann Anwendung, wenn und soweit die Vertragsparteien sich nicht über eine andere Regelung verständigt haben, es steht zur Disposition der Vertragsparteien, kann einvernehmlich ergänzt, abgeändert und ausgeschlossen werden, ist in diesem Sinne nachgiebiges Recht. Man spricht hier von **Abdingbarkeit** der gesetzlichen Regelung.

Beispiel: Herr Krause kauft seinem Vetter dessen Kassettenrekorder ab. Angesichts des sehr günstigen „Freundschaftspreises" kommen beide darin überein, dass der Vetter für etwaige Funktionsmängel des Gerätes keinerlei Haftung übernimmt. Tatsächlich stellt sich später heraus, dass der Tonkopf des Gerätes defekt ist: Obwohl die §§ 434 ff. BGB eine Gewährleistung des Verkäufers für Sachmängel statuieren, greifen diese Vorschriften im Verhältnis von Krause zu seinem Vetter auf Grund der getroffenen Abmachung nicht ein (kein Verbrauchsgüterkauf i. S. von § 474 I BGB, so dass § 475 BGB den zwischen dem Vetter und Herrn Krause geschlossenen Kaufvertrag nicht betrifft!).

Welche Rechtsnormen nun derart dispositiv und welche zwingender Natur sind, kann durchaus unsicher sein. Jedenfalls enthält keine Textausgabe entsprechende Kennzeichnungen. Für die Praxis reicht aber alle Mal eine bewährte **Faustregel** sehr gut aus. Grundsätzlich dispositives Recht enthält das Zweite Buch des BGB, das Schuldrecht, ausgenommen jedenfalls die erkennbar als zwingend formulierten Normen, z. B. § 276 III oder § 444 BGB. Manchmal werden Normen des Schuldrechts auch erst durch eine weitere Vorschrift zu zwingendem Recht erklärt, wie dies z. B. § 475 BGB für den Fall des Verbrauchsgüterkaufs (Definition in § 474 BGB) tut. Auf die Besonderheit, dass § 475 BGB zwingendes Recht nur insoweit statuiert, als vom Gesetz zum Nachteil des Verbrauchers abgewichen werden soll, wird sogleich noch näher eingegangen. Dispositiv sind prinzipiell - beachte aber etwa § 14 Prod-HaftG! - auch diejenigen Rechtsnormen in anderen Gesetzen, die sachlich Schuldrecht enthalten und somit als Annex zum Zweiten Buch des BGB erscheinen.

Beispiele: Die Vorschriften über den Handelskauf (§§ 373 ff. HGB) sind dispositiv, weil sie sich sachlich als Fortsetzung der §§ 433 ff. BGB als schuldrechtliche Normen darstellen.
Die Leistungszeit betrifft eine typisch schuldrechtliche Fragestellung. § 271 BGB ist deshalb ebenso dispositiv (das deutet überflüssigerweise schon die gesetzliche Formulierung an) wie die §§ 358, 359 HGB.

Alles andere ist prinzipiell zwingendes Recht, soweit nicht wiederum ausnahmsweise eine Dispositivität bestimmt wird: So kann nach § 202 BGB die Verjährung gegenüber den gesetzlichen Regelungen durch Vertrag verändert werden, etwa eine kürzere Verjährungsfrist vereinbart werden, obwohl es sich bei dem Verjährungsrecht nicht um eine Materie des Zweiten Buches des BGB handelt.

Auch **Mischformen** von dispositivem und zwingendem Recht kommen vor: So sind die §§ 433-435, 437, 439-443 BGB wegen des bereits erwähnten § 475 BGB (Gewährleistung beim Verbrauchsgüterkauf) und (besondere Vertriebsformen betreffend) die §§ 312 ff. BGB wegen § 312g BGB nur in dem Sinne dispositiv, dass Verbesserungen der Rechtsstellung des Verbrauchers oder sonstigen Kunden vereinbart werden können. Hinzuweisen ist ferner etwa auf § 506 BGB für Verbraucher-Kreditverträge, auf § 651m BGB für das Reisevertragsrecht sowie auf § 675e BGB für das Bankvertragsrecht. Solche nur „halbzwingenden" Normen kennt insbesondere auch das Versicherungsrecht (vgl. § 18 VVG).

Der Gedanke der Dispositivität reicht sehr weit. Die Vertragsparteien können dabei nicht nur von den gesetzlichen Vertragstypen teilweise abweichen (sog. **atypische Verträge**).

Beispiel: Vertrag über einen bewachten Parkplatz ist atypischer Verwahrungsvertrag, da §§ 688 ff. davon ausgehen, dass der Verwahrer den Besitz der Sache erhält. Das ist bei der Parkplatzbewachung regelmäßig nicht der Fall, da nicht die Fahrzeugschlüssel übergeben werden, durch die die Sachherrschaft (vgl. § 854 I BGB) über das Fahrzeug vermittelt wird.

Vielmehr können die Parteien auch gesetzliche Vertragstypen mischen (sog. **typengemischte Verträge**), indem sie diese kombinieren (**Typenkombinationsvertrag**) oder so verschmelzen, dass in der Realität die jeweilige Einflusssphäre des gesetzlichen Vertragstyps gar nicht mehr klar getrennt werden kann (**Typenverschmelzungsvertrag**).

Beispiele: Vertrag im Restaurant ist Kombination von Kaufvertrag bezüglich der Speisen und Getränke, und Mietvertrag über Tisch, Stuhl, Teller, Besteck etc.

Im Vertrag über einen Geldtransport verschmelzen Elemente des Frachtvertrages (§§ 407 ff. HGB) mit solchen des Dienstvertragsrechtes (§§ 611 ff. BGB) bezüglich der dabei zu erbringenden Sicherheitsdienstleistung.

Im Rahmen des dispositiven Rechts können die Parteien auch völlig **neue** schuldrechtliche **Vertragstypen** schaffen, an die der historische Gesetzgeber nicht im entferntesten gedacht hat. Hier sind neben den allgegenwärtigen **Garantieverträgen** etwa zu nennen die umfassende vertragliche Einbindung selbständiger Unternehmer in ein übergreifendes, von einer bestimmten Geschäftsidee geprägtes Marketing-Konzept anstelle der Filialisierung des Unternehmens (**Franchising**), der IT-gestützte Ringtausch (**Bartering**) sowie der Automatenaufstellvertrag.

Nicht jede neue Bezeichnung schafft freilich schon neue Vertragstypen. So sind „**Factoring**" und „(Operating-)**Leasing**" häufig nichts weiter als die dem BGB wohl bekannten, allenfalls etwas modifizierten Vertragstypen Rechtskauf (§ 453 BGB, hier: Kauf einer Forderung, also eines relativen Rechts) und Miete, aus Marketinggründen nur in einem etwas dynamischer klingenden anglisierten Sprachgewand.

Das **Finanzierungsleasing** dürfte hingegen in der Tat ein Vertragstyp „sui generis" (lat.), ganz eigener Art, sein. Ob es sich hierbei nun um einen eigenständigen, im BGB allenfalls beiläufig angesprochenen und normierten (vgl. § 500 BGB) Vertragstyp oder letztlich überhaupt nur um eine Variante des Mietvertrages handelt, ist dabei keineswegs eine klassifikatorische Spielerei. Nimmt man nämlich Letzteres an, so ist die Gültigkeit solcher regelmäßig vorformulierten Verträge (oder sogar individueller **Verbraucherverträge** i. S. des § 310 III BGB: Verträge zwischen einem Unternehmer und einem Verbraucher, §§ 13, 14 BGB) doch sehr zweifelhaft, weil dann ja die §§ 305 ff. BGB eingreifen: Die Rechte des Leasingnehmers beim Finanzierungsleasing weichen aber so dramatisch von den (dispositiv-)gesetzlichen Rechten des Mieters nach den §§ 535 ff. BGB ab, dass ein solcher Leasingvertrag nach § 307 BGB rechtlich dann nicht ohne weiteres Bestand haben könnte.

Hier zeigt sich eine charakteristische allgemeine Einschränkung der **Vertragsgestaltungsfreiheit**: Auch von dispositivem Recht kann man sich nur unter bestimmten Einschränkungen lösen, wenn man dabei nicht einzeln ausgehandelte **Individualabreden**, sondern Vorformulierungen (**Allgemeine Geschäftsbedingungen**, vgl. § 305 I BGB), benutzt. Dann unterliegen solche AGB grundsätzlich einem Einbeziehungsschutz (vgl. §§ 305 II, 305c BGB) sowie einer Inhaltskontrolle (§§ 307 ff. BGB), insbesondere den dortigen Klauselverboten. Sie beruhen auf dem Gedanken, dass die gesetzlichen Regelungsmuster des Schuldrechts eben doch eine **Leitbildfunktion** erfüllen und typischerweise eine gerechte Verteilung von Rechten und Pflichten der Vertragsparteien widerspiegeln. Und natürlich lassen sich auch im Bereich dispositiven Rechts nicht die Grenzen überschreiten, die die Rechtsordnung ganz allgemein für die Anerkennung des rechtsgeschäftlichen Willens gesetzt hat, etwa hinsichtlich der §§ 104 ff. oder des § 138 BGB.

2. Vertragsschuldverhältnisse und ihre reguläre Abwicklung

a) Einseitig, zweiseitig und „gegenseitig" verpflichtende Verträge

Schuldverhältnisse, Leistungsbeziehungen zwischen Schuldner und Gläubiger, beruhen teilweise unmittelbar auf Gesetz (vgl. z. B. §§ 677 ff., 812, 816, 823 ff. BGB), teilweise und vor allem aber auf Rechtsgeschäft und dabei nach § 311 I BGB wiederum prinzipiell auf Vertrag, also auf einem **zweiseitigen Rechtsgeschäft** (Ausnahme z. B. die „Auslobung", vor allem auch das Preisausschreiben, §§ 657 ff. BGB; vgl. in diesem Zusammenhang auch § 661a BGB sowie § 443 BGB für Beschaffenheits- und Haltbarkeitsgarantien). Davon zu unterscheiden ist die Einteilung der Schuldverhältnisse und hierbei vor allem wiederum der Vertragsschuldverhältnisse danach, ob sie Pflichten nur in einer Richtung begründen und in diesem Sinne einseitig sind, wie z. B. das sog. Schenkungsversprechen (§ 518 BGB): Zwar ist auch dies bei Licht besehen ein Vertrag, doch erwächst daraus eben nur die Pflicht des Versprechenden zur (unentgeltlichen) Leistung.

Die allermeisten Vertragsschuldverhältnisse sind jedoch **zweiseitig verpflichtende Verträge**, bei denen jede der Vertragsparteien Schuldner und Gläubiger zugleich ist, freilich jeweils in Bezug auf unterschiedliche Pflichtinhalte bzw. Leistungsgegenstände. Derart zweiseitig verpflichtende Verträge sind nun durchaus nicht begriffsnotwendig auf den Leistungsaustausch gerichtet, wie die Leihe zeigt: Gewiss ist der Verleiher durch den Leihvertrag zur Überlassung der Sache und zur Gestattung des Sachgebrauchs verpflichtet, ohne dass der Entleiher dafür eine Vergütung zahlen müsste (§ 598 BGB), worin sich die Leihe ja gerade von der Miete unterscheidet (vgl. § 535 BGB). Aber auch den Entleiher trifft eine Pflicht, nämlich die Pflicht auf Rückgabe der entliehenen Sache (§ 604 I BGB), nur dass diese Pflicht nicht auf eine Gegenleistung für die Sachüberlassung gerichtet ist, sondern lediglich Abwicklungszwecken dient. Man spricht hier von **unvollkommen zweiseitig verpflichtenden Verträgen**.

Häufig stehen Leistungspflichten sich allerdings gleichrangig gegenüber. Jeder Vertragsteil akzeptiert nur deshalb seine Leistungspflicht, weil er es auf die Gegenleistung abgesehen hat und Gläubiger eines darauf gerichteten Anspruchs ist. So verpflichtet sich der Verkäufer nur zur Lieferung, wenn und weil der Käufer zur Zahlung des Kaufpreises verpflichtet ist. Nach diesem uralten Prinzip des „**do ut des**" (ich gebe, damit bzw. weil du gibst) funktioniert der allergrößte Teil des wirtschaftlichen Vertragswesens. Dieses sog. **Synallagma** ist der Kern der Mikroökonomie.

Neben der soeben schon genannten Miete und dem Kauf sind hier als gesetzlich ausformulierte Vertragstypen beispielsweise zu nennen der Tausch (§ 480 BGB), der selbst im Zeitalter der Geldwirtschaft als „bilaterales Kompensationsgeschäft" noch eine beachtliche Rolle spielt, das verzinsliche Gelddarlehen (§§ 488 ff. BGB) sowie das Sachdarlehen der §§ 607 ff. BGB als zeitweise Überlassung einer vertretbaren Sache gegen Entgelt, der Dienst- und der Werkvertrag (§§ 611 ff., 631 ff. BGB), der Verwahrungs- bzw. der Lagervertrag (§§ 688 ff. BGB, §§ 467 ff. HGB) sowie der Versicherungsvertrag (Einzelheiten hier sehr umstritten). Nur Vertragsverhältnisse, die in diesem Sinne schon wirtschaftlich einander wechselseitig bedingende, „synallagmatische" Leistungspflichten zum Inhalt haben, nennt das Gesetz „**gegenseitige Verträge**" und hält für solche Verträge besondere Regelungen in den §§ 320 ff. BGB bereit.

Der wechselseitigen Abhängigkeit der synallagmatischen Leistungspflichten tragen bereits die §§ 320, 322 I BGB erkennbar Rechnung: Diese Pflichten sind grundsätzlich (vorbehaltlich einer geschuldeten Vorleistung) gleichzeitig zu erfüllen, worin für beide Teile die Sicherheit liegt, nicht die eigene Leistung schon erbracht zu haben, ohne dafür die Gegenleistung zu erhalten. Rechtstechnisch muss sich die in Anspruch genommene Partei freilich darauf berufen, weil das Gesetz dieses sog. **zeitliche Synallagma** als Einrede, als negatives Gestaltungsrecht, ausgebildet hat. Die gesetzliche Beschreibung dieses Szenarios als Leistung „**Zug um Zug**" ist allerdings nicht sehr glücklich, weil damit sprachlich eher die Vorleistung einer Partei angedeutet wird. Nur ausnahmsweise ist das Prinzip der Zug-um-Zug-Leistung außer Kraft gesetzt, sei es durch Gesetz (vgl. §§ 556b I, 614, 641 I, 699 BGB), sei es durch Parteivereinbarung (§§ 320 ff. BGB sind selber dispositiv!), sei es durch allgemeine Verkehrssitte (§ 157 BGB) oder Handelsbrauch (§ 346 HGB). Soweit sich daraus nichts für eine **Vorleistung** ergibt, bleibt es demzufolge beim zeitlichen Synallagma. Der Satz: „Erst die Ware, dann das Geld" hat keinesfalls Allgemeingültigkeit.

Eine interessante Variante bildet die Regelung des § 632a BGB: Das dort normierte Recht des werkvertraglichen „Unternehmers", unter bestimmten Voraussetzungen **Abschlagszahlungen** verlangen zu können, liegt vordergründig betrachtet zwischen (vollständiger) Vorleistungspflicht und Zug-um-Zug-Leistung, ist aber wohl der geglückte Versuch, das zeitliche Synallagma insoweit überhaupt praktikabel zu machen.

b) Leistungspflichten, Loyalitätspflichten sowie Obliegenheiten

Den Kern jeder Schuldner-Gläubiger-Beziehung, jedes Schuldverhältnisses, bildet das Recht des Gläubigers, vom Schuldner eine bestimmte Leistung verlangen zu können, die in einem aktiven Tun ebenso wie im Unterlassen einer Handlung bestehen kann (§ 241 I BGB). Spiegelbild dieses relativen Rechts, dieses Anspruchs (vgl. die Legaldefinition des § 194 I BGB in ihrer Anlehnung an § 241 I BGB), ist auf Seiten des Schuldners dessen Leistungspflicht. Dieses **Schuldverhältnis** erlischt programmgemäß dann, wenn die geschuldete Leistung an den Gläubiger bewirkt ist (§ 362 I BGB).

Dabei muss man sich vor Augen halten, dass es sich bei den wirtschaftlich relevanten vertragsrechtlichen Beziehungen regelmäßig um zweiseitig, ja „gegenseitig" verpflichtende, also synallagmatische Verträge handelt. Jede Vertragspartei ist also sowohl Schuldner als auch Gläubiger, freilich jeweils in Bezug auf eine andere Leistung. Beim Kaufvertrag beispielsweise ist der Verkäufer Schuldner in Bezug auf die Lieferung, hingegen Gläubiger in Bezug auf die Zahlung und die Abnahme der gekauften Sache (vgl. § 433 BGB). Es handelt sich also bei diesem Schuldverhältnis „Kauf" bei Licht besehen um ein Bündel von (mindestens) 3 Schuldverhältnissen i. S. von Schuldner-Gläubiger-Beziehungen. Mithin ist das **Schuldverhältnis i. e. S.** der §§ 241, 362 BGB von dem **Schuldverhältnis i. w. S.** zu unterscheiden, in dem das Gesetz bestimmte Komplexe von Rechten und Pflichten als Besondere Schuldverhältnisse in den §§ 433 ff. BGB vorstellt (vgl. die Abschnittsüberschrift vor § 433 BGB).

Untereinander haben die **Leistungspflichten**, wie schon kurz skizziert, durchaus nicht sämtlich dasselbe Gewicht. Beim Kauf etwa kommt es dem Verkäufer regelmäßig vielmehr darauf an, dass der Käufer zahlt. Natürlich hat der Verkäufer auch Interesse daran, dass der Käufer ihn von der gekauften Sache befreit, um Lagerkapazität zu gewinnen. Aber dieses Leistungsinteresse ist doch zumeist nachgeordnet. Es sind deshalb begrifflich die **Hauptleistungspflichten**, die für das Schuldverhältnis charakteristisch sind und für die Vertragsparteien typischerweise die Motivationen zum Vertragsabschluss liefern, von **Nebenleistungspflichten** zu trennen. Auch rechtlich besteht ein großer Unterschied: Nur die einander gegenüberstehenden Hauptleistungspflichten sind synallagmatisch, nur für sie gelten die §§ 320 ff. BGB. Denn der Zweck des Kaufs bzw. Verkaufs beispielsweise liegt doch im Austausch von Kaufsache und Kaufpreis. Es wäre eine paradoxe psychologische Situation, wollte jemand eine Sache gleichsam ohne Rücksicht auf Existenz und Höhe des zu erzielenden Kaufpreises verkaufen, also gerade und nur deshalb, um sie loszuwerden. Eine solche Motivation würde adäquat in eine Vernichtung der Sache oder in eine Schenkung einmünden.

Der Schuldner hat die ihn treffende Leistungspflicht nun nicht irgendwie, sondern gemäß § 242 BGB so zu erfüllen, „wie Treu und Glauben mit Rücksicht auf die Verkehrssitte es erfordern". Daraus ergeben sich unabhängig von ausdrücklichen Abreden immer über die Haupt- und ggf. Nebenleistungspflichten hinausreichende, in der Praxis außerordentlich wichtige **Loyalitätspflichten** zu Handlungen und Unterlassungen, deren Inhalt ganz von den konkreten Umständen des jeweiligen Einzelfalls abhängt. Trotzdem lassen sich diese sog. **weiteren Verhaltenspflichten** (auch Leistungspflichten sind natürlich Verhaltenspflichten) ganz allgemein in zwei Pflichtarten, **Schutzpflichten** und **Erfüllungsbegleitpflichten**, zusammenfassen. Dabei können die Übergänge zwischen beiden durchaus fließend sein (wie auch die Erfüllungsbegleitpflicht oft schon in der Pflicht zur vertragsgemäßen Leistung enthalten ist). Jede Vertragspartei muss sich demnach insgesamt so verhalten, dass der Rechtskreis der anderen Seite nicht beeinträchtigt, also sein **Integritätsinteresse** gewahrt wird (Schutzpflicht) und der mit der Leistungsbewirkung, eben der Erfüllung der Leistungspflicht angestrebte wirtschaftliche Sinn und Zweck des Vertrages (**Erfüllungsinteresse**) erreicht werden kann (Erfüllungsbegleitpflicht). Auf die Schutzpflicht weist § 241 II BGB überflüssigerweise gesondert hin.

Beispiele: Der Handwerker repariert zwar vereinbarungsgemäß den defekten Heizkörper, beschädigt dabei aber die Tapete: Schutzpflichtverletzung.
Der gekaufte Personal-Computer wird zwar geliefert, aber ohne Handbuch: Verletzung der Erfüllungsbegleitpflicht.
Der Kaffeeautomat spendet zwar, wie angegeben, 0,2 l Kaffee, aber ohne Becher, so dass die erwartungsvoll ausgestreckte Hand des Käufers verbrüht wird: Vertragsstörung unter dem doppelten Gesichtspunkt der verletzten Schutz- und Erfüllungsbegleitpflicht.

Durch das Nebeneinander und Gegeneinander von Haupt- und Nebenleistungspflichten, von Schutz- und Erfüllungsbegleitpflichten wird selbst ein scheinbar so einfacher und vertrauter Vertragstyp wie der Kaufvertrag (§ 433 BGB) in seiner **Pflichtenstruktur** doch recht komplex (vgl. Abb. 19). Erfüllungsbegleitpflichten setzen naturgemäß voraus, dass ein Vertragsverhältnis besteht. Schutzpflichten hingegen werden nicht erst mit Vertragsschluss, sondern schon mit Aufnahme eines **sozialen Kontaktes** begründet, der seiner Art nach zu einem Vertragsschluss hin tendiert (vgl. §§ 311 II/241 II BGB). Umgekehrt können Loyalitätspflichten sogar noch **nach Vertragsende** bestehen.

Beispiele: Im Kaufhaus wird ein Kunde auf dem Weg zur Sportabteilung, wo er ein Kletterseil kaufen möchte, in der Bodenbelagsabteilung von einer aufrecht stehenden und ungenügend gesicherten und dann umstürzenden Teppichbodenrolle schwer verletzt, so dass es zum Abschluss des geplanten Kaufes gar nicht mehr kommt: Verletzung der den Kaufhausbetreiber schon vorvertraglich treffenden Schutzpflicht.

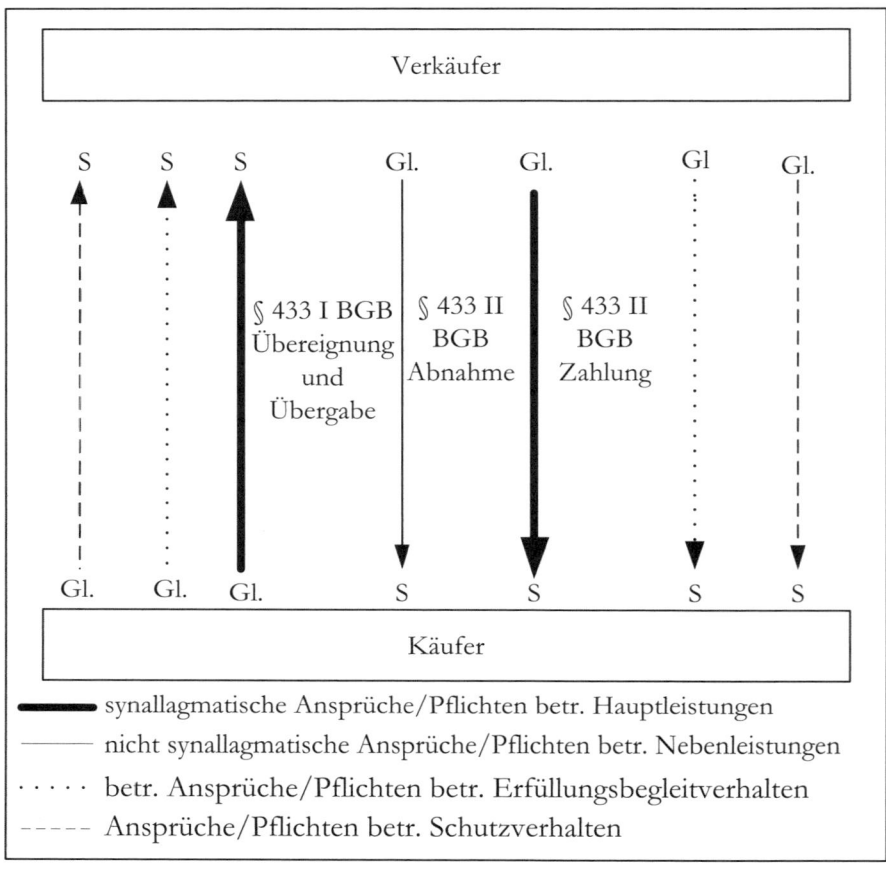

Abb. 19: Pflichtenstruktur eines Schuldverhältnisses i. w. S. am Beispiel Kauf

Dasselbe Schicksal trifft einen Kaufhausbesucher, der sich zunächst nur einmal über die Angebotspalette informieren möchte: Das reicht zur Annahme einer Schutzpflicht und ihrer Verletzung aus, weil solche Kontaktaufnahme in einem inneren, sachlichen Zusammenhang mit späteren Vertragsabschlüssen liegt.
Dagegen keine Schutzpflichtverletzung, wenn die Teppichbodenrolle den Ladendieb verletzt.
Rechtsanwalt Roland hat seine Anwaltspraxis verlegt. Der ehemalige Vermieter Vredenburg muss es auch nach Beendigung des Mietverhältnisses noch eine gewisse Zeit dulden, dass Roland ein Praxisschild mit dem Hinweis „verzogen nach..." an der früheren Praxis belässt. Auch muss Vredenburg noch an Roland gerichtete Post nachsenden.

Die Verletzung der Loyalitätspflichten ist gemäß § 280 Abs. 1 BGB sicher Grundlage von Schadensersatzansprüchen. Ob sie auch selber (gerichtlich)

durchgesetzt werden können, also mit **Erfüllungszwang** ausgestattet sind, war früher sehr streitig. Für Erfüllungsbegleitpflichten erledigt sich das Problem teilweise schon dadurch, dass der Gesetzgeber sie schon anderweit als integralen Bestandteil einer Leistungspflicht ausweist, wie etwa die Verkäuferpflicht zur Verschaffung einer geeigneten Montageanleitung (§ 434 II 2 BGB) und die darauf bezogene Pflicht zur Nacherfüllung (§§ 437 I Nr. 1, 439 I BGB) durch „Beseitigung des Mangels". Für die verbleibenden Fälle sollte ein Erfüllungszwang bezüglich der **Erfüllungsbegleitpflichten** jedenfalls bejaht werden. Für **Schutzpflichten** ist die Frage schwerer entscheiden, weil die abzuwendende Gefahr schon recht konkret sein muss, um sie und die notwendige Abwehrmaßnahme überhaupt bezeichnen zu können. Dies ist aber wohl primär ein prozessuales Problem des hinreichend bestimmten Antrags (vgl. nur § 253 II Nr. 2 ZPO).

Beispiel: Handwerker H repariert in der Wohnung von W den Heizkörper. Dabei trinkt er aus seiner Thermoskanne Kaffee, ohne die Kanne wieder zu verschließen. Es besteht durchaus die Gefahr, dass H bei seiner Tätigkeit die Kanne umstößt und der auslaufende Kaffee dann den Teppichboden in der Wohnung verschmutzt. Aber sollte W tatsächlich schon jetzt gegen H einen Anspruch auf Verschließen der Kanne haben und diesen ggf. gerichtlich verfolgen können? Und dies vielleicht schon dann, wenn H die Kanne überhaupt nur mitbringt?

Schutz- und Erfüllungsbegleitpflichten können aber jedenfalls durch (ausdrückliche) Vereinbarung in den vertraglichen Leistungsumfang aufgenommen und dadurch zu (Neben-)Leistungspflichten erhoben werden. Sie sind dann selbstverständlich mit Erfüllungszwang ausgestattet.

Beispiele: W und H aus dem vorstehenden Beispiel vereinbaren ausdrücklich, dass H keine gefüllten Thermoskannen in die Wohnung des W mitbringen darf.
Punkt 3 des Liefervertrages über einen Personal Computer lautet: „Verkäufer verpflichtet sich zur Überlassung eines ausführlichen, auch Nicht-Experten verständlichen Handbuches in deutscher Sprache."

Von Leistungspflichten ebenso wie von weiteren Verhaltenspflichten heben sich schließlich die sog. **Obliegenheiten** ab: Wen eine Obliegenheit trifft, kann - insoweit wie bei einer **Naturalobligation** - weder zu einem entsprechenden Verhalten gezwungen werden, noch braucht er eine Schadensersatzpflicht zu fürchten, wenn er die Obliegenheit verletzt. Er verliert in diesem Fall vielmehr „nur" Rechte, die er ohne die Obliegenheitsverletzung gehabt hätte. Da es sich dabei aber vielfach um wirtschaftlich sehr bedeutende Rechte handelt, ist Obliegenheiten dieselbe Aufmerksamkeit zu widmen wie echten Rechtspflichten. Obliegenheiten spielen vor allem im **Versicherungsrecht** eine außerordentlich wichtige Rolle. So verliert der Versicherungsnehmer z. B. nach §§ 26 I/23 I VVG ganz oder teilweise seinen Versicherungsschutz, wenn er ohne Einwilligung des Versicherungsunternehmens eine

Gefahrenerhöhung vorsätzlich oder grob fahrlässig vornimmt oder zulässt. Eine wichtige handelsrechtliche Obliegenheit ist auch die „Pflicht" zur Durchführung einer **Wareneingangskontrolle**: Beim beiderseitigen Handelskauf hat der Käufer gemäß den §§ 377 I HGB die gelieferte Ware grundsätzlich unverzüglich zu untersuchen und einen etwaigen Mangel zu rügen. Tut der Käufer dies nicht, verliert er seine Gewährleistungsrechte nach den §§ 434 ff. BGB, weil nun die Lieferung als „genehmigt" gilt (§ 377 II HGB). Nicht aber könnte der Käufer vom Verkäufer gezwungen werden, eine Wareneingangskontrolle durchzuführen. Auch Schadensersatzansprüche scheiden von vornherein bei Nichtdurchführung der Wareneingangskontrolle aus, ganz abgesehen davon, dass Schäden auf Verkäuferseite wegen einer Unterlassung der Untersuchung und Mängelrüge nur schwer vorstellbar sind. Eine praktisch sehr bedeutsame Obliegenheit stellt auch die „Pflicht" zur **Schadensanzeige** nach § 438 HGB im Transportrecht dar.

Leider verwendet der Gesetzgeber den Obliegenheitsbegriff gelegentlich selber falsch, nämlich entweder i. S. einer Rechtsbedingung (z. B. in § 309 Nr. 4 BGB hinsichtlich § 286 I Nr. 1 BGB als Voraussetzung des Schuldnerverzuges) oder gleichsinnig mit Leistungspflichten (so in § 43 II GmbHG).

Ohne jeden Pflichtgehalt sind soziale Beziehungen auf Grund von **rein gesellschaftlichen Erklärungen**. Mit ihrer Anerkennung sollte man im konkreten Fall allerdings nur sehr zurückhaltend operieren.

Beispiel: Adam fragt Eva: „Treffen wir uns in der Privatrechtsvorlesung?". „Na, klar", erwidert Eva: Keine Pflicht für Eva zum Vorlesungsbesuch, und wenn Adams mitgebrachte Blumen ohne Evas Beachtung verwelken müssen, natürlich auch keine Schadensersatzpflicht! Anders die rechtliche Situation bei der Zusage, an einem Empfang mit Bewirtung teilzunehmen: Überflüssig bereitgestellte Speisen und Getränke sind dann Schäden, die durchaus unter dem Aspekt der Pflichtverletzung (§§ 280, 241 II, 311 II Nr. 3 BGB) zu ersetzen sein können.

c) Leistungsort und Leistungszeit

(1) Definition und rechtlich-wirtschaftliche Funktionen

Nächst dem **Leistungsinhalt** - also dem, was geschuldet ist - sind die wichtigsten Leistungsparameter Ort und Zeit der Leistung, also wo und wann die Leistung zu erbringen ist. Raum, Zeit und ferner die Kausalität sind ja überhaupt die Größen, mit deren Hilfe sich die Menschen im Chaos der sie umgebenden Wirklichkeit orientieren. Die **Leistungszeit** bezieht sich dabei logischerweise auf den **Leistungsort**, der deshalb zuerst zu behandeln ist. Das Gesetz nennt übrigens manchmal den Leistungsort auch **Erfüllungsort** (vgl.

§ 447 I BGB, § 29 ZPO), und auch in AGB trifft man diesen Sprachgebrauch oft an. Das ist sehr missverständlich. Gemeint ist dabei nämlich in jedem Fall der Ort, wo der Schuldner die zur Erfüllung erforderlichen Leistungshandlungen vornehmen muss, ohne dass dieser Ort zugleich auch die Stelle markiert, wo der mit der Handlung bezweckte Erfüllungserfolg und damit das Erlöschen der Schuld (§ 362 BGB) eintritt (dies ist der sog. **Erfolgsort**).

Beispiel: Max in München hat dem Hein in Hamburg eine Maschine verkauft und sich zur Übersendung nach Hamburg bis spätestens 31. 1. bereit erklärt. Geht man hier davon aus, dass der Leistungsort („Erfüllungsort") München ist, so hat Max die Maschine rechtzeitig geliefert, wenn er spätestens am 31. 1. die Maschine in den Transport gibt, auch wenn die Maschine erst 3 Wochen später in Hamburg eintrifft. In jedem Fall kommt es erst in Hamburg zur Erfüllung der Lieferpflicht (vgl. § 433 I BGB) durch Übergabe und Übereignung (vgl. § 929 S.1 BGB) kommt. Hamburg ist also Erfolgsort.

Von den Bargeschäften des täglichen Lebens abgesehen (z. B. Kauf von Lebensmitteln, Tanken von Kraftstoff) sind wohl die meisten Vertragsbeziehungen dadurch gekennzeichnet, dass beim Erfüllungsvorgang wie im vorgenannten Beispiel eine derartige **logistische Distanz** zu überwinden ist. Diese Transaktion macht Mühe und Kosten und wirft die Frage auf, in welcher Risikosphäre jene Distanz liegt, namentlich dann, wenn die gelieferte Ware auf dem Transport beschädigt wird oder gar verloren geht. Fraglich ist dann vor allem, ob neu zu liefern ist und ob verneinendenfalls der Käufer trotzdem den Kaufpreis zu entrichten hat, obwohl er ja nur beschädigtes Gut oder gar nichts erhält. Wegen der logistischen Distanz stellt sich ferner die Aufgabe, bei den geschäftlichen Dispositionen und dann bei der Festlegung der vertraglichen Konditionen die für den Transport notwendige Zeit zu kalkulieren. Im vorgenannten Beispiel war dies das Problem von Hein, denn Leistungsort (in der Praxis: „Erfüllungsort") war ja München. Wäre dagegen Hamburg als „Erfüllungsort" (Leistungsort) und nicht nur als Zielort (sog. **Destination**) vereinbart worden, hätte Max mit entsprechendem Vorlauf die Auslieferung betreiben müssen, um sicher zu gehen, dass die Maschine am 31. 1. bei Hein verfügbar ist. Wird nicht rechtzeitig - am Leistungsort („Erfüllungsort")! - geleistet, so können sich daraus ernste Konsequenzen ergeben, von Ansprüchen auf Ersatz des Verzugsschadens bis hin zum Recht auf Rücktritt vom Vertrag. Ganz abgesehen von diesen rechtlichen Folgen ist klar, dass die Nichteinhaltung der Leistungszeit für das Unternehmensimage alles andere als vorteilhaft ist und der Aufbau von dauerhaften Geschäftsbeziehungen nicht selten an der Unpünktlichkeit einer Seite scheitert. Dies gilt natürlich vor allem dann, wenn das Marketing des Unternehmens auf Lieferzuverlässigkeit („**Liefertreue**") abgestellt ist.

(2) Holschuld, Schickschuld und Bringschuld

Hinsichtlich des Leistungsortes („Erfüllungsort"), der für jede Leistungspflicht innerhalb eines Schuldverhältnisses i. w. S. gesondert zu klären ist (besonders wichtig in sog. gegenseitigen Verträgen), sind im Einzelnen 3 Varianten denkbar (vgl. Abb. 20): Der Leistungsort kann zunächst einmal beim Schuldner liegen, so dass die Überwindung der logistischen Distanz Aufgabe des Gläubigers ist. Denkt man an den Kauf und dabei an die geschuldete Sachleistung, muss also der Käufer sich zum Verkäufer begeben, um die gekaufte Sache zu bekommen, der Käufer muss sie auf seine Kosten und Gefahr „holen". Man spricht hier deshalb von **Holschuld**, selbst wenn es im Wortsinne nichts zu holen gibt, weil es sich beispielsweise um Dienstleistungen handelt (z. B. Erfüllung der Beratungspflicht des Rechtsanwalts in dessen Praxis).

Den Gegenpol dazu bildet die sog. **Bringschuld**, bei der der Leistungsort beim Gläubiger liegt. Kosten und Gefahr des Leistungsvorgangs (Überwindung der logistischen Distanz) trägt somit der Gläubiger. Die dritte Variante bildet die sog. **Schickschuld**. Sie ist, obwohl dies sprachlich naheliegt, keine Verwandte der Bringschuld, sondern eine Variante der Holschuld. Denn auch bei der Schickschuld liegt - wie bei der Holschuld - der Leistungsort beim Schuldner. Im Gegensatz zur Holschuld muss der Schuldner aber mehr tun, als sich nur an seinem Ort zur Leistung bereithalten, bis der Gläubiger erscheint. Der Schuldner muss vielmehr bei der Schickschuld die Ware **expedieren**, also den Transport organisieren, die Ware zum Erfolgsort versenden. Da der Ort der Leistung aber beim Schuldner liegt, ist die Rechtzeitigkeit der Leistung in Bezug auf die Absendung, nicht in Bezug auf die Ankunft der Ware zu bestimmen. Die logistische Distanz liegt in der Verantwortungssphäre des Gläubigers, so dass die Versandkosten grundsätzlich zu seinen Lasten gehen (vgl. § 448 I BGB) und der Gläubiger auch das Transportrisiko zu tragen hat. Exakte Schnittstelle der Verantwortungssphären ist jeweils die Haus- oder Wohnungstür bzw. die Grenze des Betriebsgeländes („**Werktorprinzip**").

Auf Grund der Privatautonomie steht es den Vertragsparteien frei, diese Grundmuster zu variieren. Eben dies ist im internationalen Geschäft, namentlich im See- und Lufttransport, häufig der Fall, ohne dass immer von vornherein klar wäre, was die Wahl der Parteien rechtlich genau zu bedeuten hat. Vor allem die Verwendung bestimmter international verbreiteter Klauseln kann diesbezüglich Rätsel aufgeben.

Beispiel: „Delivery fob Hamburg". „Delivery cif Shanghai"

Auf vor allem international gern verwendete Abkürzungen wie die im Beispiel genannten **Transportklauseln** „fob" (engl. „free on board") und „cif" (engl. „cost, insurance, freight") wird noch näher bei der Darstellung von Handelsklauseln einzugehen sein. Schon an dieser Stelle kann man aber festhalten, dass die Ortsangabe bei den genannten Klauseln den Leistungsort („Erfüllungsort") bezeichnet. Auf den Sitz des Schuldners oder Gläubigers kommt es dann nicht mehr an. Da der Leistungsort grundsätzlich (vorbehaltlich anderer Abreden) zugleich den Ort des Gefahrübergangs markiert, spricht die Vertragspraxis oft statt vom „Erfüllungsort" (also Leistungsort) auch vom Ort des Gefahrübergangs. Diese Terminologie ist jedoch nicht glücklich, denn sie verdunkelt, dass sich auf diesen Ort zumeist auch verabredete Leistungszeiten beziehen sollen, insbesondere Liefertermine, es also regelmäßig keineswegs nur um den Gefahrübergang geht.

Nach § 269 I, II BGB ist die Holschuld der bürgerlichrechtliche **Regelfall**. Dabei richtet sich der Leistungsort nach dem Wohnsitz bzw. dem Unternehmenssitz des Schuldners z. Zt. des Entstehens der Verbindlichkeit (insbesondere also des Vertragsschlusses), nicht etwa z. Zt. des Erfüllungsvorgangs. Dies ist z. B. bedeutsam, wenn lange Lieferfristen vereinbart worden sind und es zwischenzeitlich zu einem Wohnsitz- oder Standortwechsel kommt.

	Schuldner	Logistische Distanz	Gläubiger
Holschuld:	"L" "E"		
Schickschuld:	"L"		"E"
Bringschuld:			"L" "E"

Abb. 20: Leistungsort/"Erfüllungsort" (L) und Erfolgsort (E) mit Verantwortungssphäre des Schuldners (unterlegt)

Eine anderweitige Bestimmung des Leistungsortes, die sich auch aus den Umständen, insbesondere aus der Natur des Schuldverhältnisses ergeben kann, sieht § 269 I BGB freilich selber vor. Dies ist letztlich überflüssig, da § 269 BGB als Schuldrecht ja dispositives Recht darstellt, also ohnedies abbedungen werden kann. Außerdem könnten schon Treu und Glauben sowie die Verkehrssitte (§§ 157, 242 BGB) einen andersartigen Schuldcharakter bedingen. Darüber hinaus existiert ein beim beiderseitigen Handelsgeschäft wegen § 346 HGB zu beachtender branchen- und ortsübergreifender **Handelsbrauch**, der eine von § 269 I BGB abweichende Regelschuldform für Warenlieferungen ausgebildet hat, nämlich die **Schickschuld**. So ist auch die Regel beim internationalen Warenkauf nach Art. 31 lit. a CISG. Aus alledem folgt die Vorzugswürdigkeit klarer Vereinbarungen über den Leistungsort und den Ort des

Gefahrübergangs, wenn beide ausnahmsweise einmal nicht identisch sein sollen. Fehlen solche Vereinbarungen, so sind die Umstände, insbesondere die Natur des Schuldverhältnisses, daraufhin zu prüfen, ob Hol-, Schick- oder Bringschuld vorliegt. Ergibt sich auch daraus nichts, so gilt für die Lieferverpflichtung beim beiderseitigen Handelsgeschäft Schickschuld, ansonten Holschuld.

Beispiele: Auf eine private Annonce hin kauft Klara von Verena deren Klavier: Holschuld (§ 269 I BGB).
Die Opel-GmbH wird von einer Stuttgarter AG mit Aluminium-Kolben für die Motoren-Produktion beliefert: Diese Lieferverpflichtungen aus beiderseitigem Handelsgeschäft (Verkäufer und Käufer sind Formkaufleute, Betriebszugehörigkeit auf beiden Seiten ist gegeben) sind nach hier beachtlichem Handelsbrauch (§ 346 HGB) Schickschulden.

Praktische Schwierigkeiten bereitet oft die Handhabung des Tatbestandmerkmals „Umstände". Solche für den maßgeblichen Leistungsort („Erfüllungsort") erheblichen Umstände sind z. B. **Vertriebsform, Gewicht, Größe** oder **Gefährlichkeit** des Liefergutes.

Beispiele: Im Versandhandel (z. B. Otto-Versand Hamburg) sind Lieferschulden grundsätzlich Schickschulden, im Heizölhandel jedoch Bringschulden.

Da die Lieferschuld im Heizölhandel grundsätzlich Bringschuld ist, muss der Heizöllieferant Transportrisiko und Transportkosten tragen. Umgekehrt darf nach der Auslegungsregel des § 269 III BGB aus der Übernahme der **Transportkosten** allein aber noch nicht auf eine Bringschuld geschlossen werden. Vielmehr liegt dann, wenn keine weiteren Indikatoren eine Bringschuld nahelegen, lediglich eine durch schuldnerseitige Kostentragung veränderte, sog. **qualifizierte Schickschuld** vor. Zu alledem noch folgende

Beispiele: Kauf bei „Otto-Versand, Hamburg": qualifizierte Schickschuld, wenn Versandkosten zumindest teilweise vom Verkäufer getragen werden.
Qualifizierte Schickschuld ist die Lieferschuld vereinbarungsgemäß auch beim Kauf im Internet über „ebay", da der Käufer regelmäßig Kosten und Gefahr der Versendung trägt, der Verkäufer aber den Transport organisiert.
Kauf einer Sechs-Meter-Schrankwand (Eiche massiv) im Gelsenkirchener Möbel-Fachgeschäft, mit üppigen Schnitzereien (Hirsch vor Bergmassiv, Förster mit Reh sowie die sieben Zwerge): Wegen Gewicht und Umfang der Ware sowie wegen der Vertriebsform (kein „Discount" oder „Cash-and-carry") liegt hier Bringschuld vor. Übernimmt der Käufer hier - was nicht selten der Fall ist - die Transportkosten, so ist er selber schuld, denn dies wäre eigentlich Sache des Verkäufers gewesen.
Kauf derselben Schrankwand zum Abholpreis in einem Möbelmarkt: Holschuld. Wie der Käufer das Monstrum nach Hause schafft, ist sein Problem.
Kauf unter Vereinbarung einer Lieferung „frei Haus": Schickschuld trotz Übernahme der Transportkosten (§ 269 III BGB).

Schon um das Verlust-, Beschädigungs- und das Verzögerungsrisiko des

Transports günstig zu beeinflussen, wird der aufmerksame Gläubiger bemüht sein, auf eine Bringschuld hinzuwirken. Zugleich aber wird er sich eine Verbesserung seiner prozessualen Situation erhoffen, weil § 29 I ZPO für den **Gerichtsstand** an den Erfüllungs-, also an den Leistungsort anknüpft. Diese Hoffnungen sind aber nur zum Teil berechtigt. Denn nach § 29 II ZPO besteht bei vertraglich festgelegten, von der ansonsten geltenden Regelung (§§ 269 BGB, 346 HGB) abweichenden Erfüllungsort eine Abhängigkeit des Gerichtsstandes vom Erfüllungsort nur, wenn beide Vertragspartner Kaufleute sind, öffentlichrechtliche Körperschaften (z. B. eine Stadt, eine Universität) oder öffentlichrechtliche Sondervermögen (früher z. B. die Deutsche Bundesbahn, jetzt als Deutsche Bahn AG Formkaufmann) darstellen. Für die unmittelbare Gerichtsstandsvereinbarung (**Prorogation**) gilt übrigens nach § 38 ZPO nichts anderes.

Nach dem Maßstab des § 269 BGB richtet sich gemäß § 270 IV BGB prinzipiell auch der Leistungsort für die Zahlungsschuld, die wohl häufigste Schuld des Wirtschaftslebens überhaupt. Dieser **Zahlungsort** liegt demzufolge im Einklang mit § 269 I BGB grundsätzlich beim Zahlungsschuldner. Das ist z. B. beim Kaufvertrag der Käufer, beim Mietvertrag der Mieter. Geld ist gemäß § 270 I BGB allerdings dem Gläubiger auf Kosten und Gefahr des Schuldners zu übermitteln. § 270 I BGB erweckt damit, für sich betrachtet, den Eindruck, als sei die Zahlungsschuld eine Bringschuld. Dann läge aber der Zahlungsort beim Gläubiger, was dem von § 270 IV BGB als maßgeblich bezeichneten Ausgangspunkt gerade widersprechen würde. Eine Harmonisierung beider Absätze des § 270 BGB ist deshalb nur im Wege systematischer Interpretation und in dem Sinne möglich, die Zahlungsschuld als eine besondere, vor allem durch die Pflicht zur Kostentragung qualifizierte Schickschuld anzusehen. Dass nach § 270 I BGB der Zahlungsschuldner auch die Gefahr trägt, darf man nicht überbewerten: Die **Verzögerungsgefahr** muss der Schuldner bei der Schickschuld ohnehin nicht tragen, und die **Verlustgefahr** spielt bei dem Leistungsgegenstand Geld schon angesichts des üblichen sog. bargeldlosen Zahlungsverkehrs, der durchweg an die Stelle der Übersendung von Geldscheinen und Münzen tritt, keine praktische Rolle.

Auch § 270 BGB ist dispositives Recht, so dass auch die Zahlungspflicht als Bringschuld ausgestaltet werden kann. Dies wirkt sich für den Zahlungsgläubiger insbesondere wegen des inneren Zusammenhangs von Leistungsort und Leistungszeit positiv aus.

Beispiel: Als „Zahlungsziel" wurde der 15. 3. vereinbart. Der Käufer hat rechtzeitig gezahlt und darf ein etwa eingeräumtes Skonto ausnutzen, wenn er bis dahin seiner Bank Überweisungsauftrag erteilt, mag auch der Betrag dem Konto des Verkäufers erst am 25. 3. gutgeschrieben werden. Denn Zahlungsort war der (Wohn-)Sitz des Käufers als Zahlungsschuldner. Wäre „Zahlungseingang bis 15. 3." vereinbart worden, so hätte es sich um eine Bringschuld gehandelt: Der Käufer hätte bereits Anfang März Überweisungsauftrag erteilen müssen, um sicher zu sein, nicht in Zahlungsverzug zu geraten und dem Verkäufer dann dessen Zinsschaden ersetzen zu müssen. Die Kosten für diese Sicherheit trägt dabei freilich der Käufer in Gestalt seiner Liquiditätseinbuße bzw. des Verlustes an Haben-Zinsen.

(3) Fälligkeit und Erfüllbarkeit

Fällig ist ein Anspruch dann, wenn der Gläubiger die ihm zustehende Leistung vom Schuldner von Rechts wegen verlangen kann, **erfüllbar** hingegen dann, wenn der Schuldner die Leistung erbringen darf, ohne eine rechtmäßige Zurückweisung durch den Gläubiger befürchten zu müssen. Fälligkeit und Erfüllbarkeit setzen gemäß § 271 BGB prinzipiell „sofort" (nicht: „unverzüglich", vgl. § 121 I 1 BGB) ein. Dies wird in der Praxis regelmäßig wenig berücksichtigt: Aufträge ohne bestimmten Termin werden erst einmal nicht beachtet und stattdessen die Terminsachen bevorzugt bearbeitet. Nicht anders ergeht es Rechnungen. Ihre - vorbehaltlich eines sog. **Zahlungsziels** - ohnehin bestehende sofortige Fälligkeit wird allenfalls zur Kenntnis genommen, wenn sich etwa ein besonderer Stempelaufdruck darauf befindet. Dieser hat aber lediglich Hinweischarakter, führt jedoch nicht erst die sofortige Fälligkeit herbei.

Beispiel: „Handwerkerrechnung! Sofort zahlbar!"

Da es für den Eintritt der Fälligkeit auch keiner Mahnung bedarf (diese spielt nach § 286 I BGB erst für den Eintritt des Verzuges eine Rolle), entstehen in der Praxis, die von beiderseitigen Handelsgeschäften geprägt ist, in derartigen Fällen durchweg schon mit Vertragsschluss nach Handelsbrauch (§ 346 HGB), aber jedenfalls mit Rechnungszugang, Ansprüche auf **Fälligkeitszinsen** (nicht zu verwechseln mit Verzugszinsen!) über immerhin 5% p. a. (lat. „per annum", also bezogen auf das Jahr) der Forderungshöhe (§§ 352 f. HGB), von denen mangels Rechtskenntnissen oft weder Gläubiger noch Schuldner etwas wissen. Nicht nur liquiditätsschwache Unternehmen sollten dieses Risiko (auf Seiten des Schuldners) bzw. diese Chance eines Zinsanspruches aber durchaus ernsthaft kalkulieren.

Der Grundsatz sofortiger Fälligkeit wird freilich schon vom Gesetz selber vielfach durchbrochen. Davon betroffen sind neben familienrechtlichen Ansprüchen (vgl. z. B. §§ 1361 IV, 1585 I, 1612 III BGB) wirtschaftsprivatrechtlich so bedeutsame Vertragstypen wie etwa die Wohnraummiete (Fälligkeit des Mietzinses - den das Gesetz jetzt in populistischer Anbiederung „Miete" nennt! - gemäß § 556b BGB immerhin erst am dritten Werktag des jeweiligen Bemessungszeitraums (zumeist Monat), das (Geld-)Darlehen, (Fälligkeit des Zinsanspruches nach § 488 II BGB bei mittel- und langfristigen

Krediten jeweils zum Jahresende) sowie die Dienst- und Werkverträge, die den gesamten Dienstleistungsbereich und das Arbeitsverhältnis umschließen (§§ 614, 641 BGB). Eine rechtspolitisch zweifelhafte Regelung trifft § 14 I VVG: Die Fälligkeit von Versicherungsleistungen steht praktisch im Belieben des Schuldners! Außerdem ist § 271 BGB - worauf sein Wortlaut selber nochmals aufmerksam macht - ja dispositives Recht. Die Leistungszeit kann also vertraglich hinausgeschoben werden. Wenn dies nach Entstehen der Verbindlichkeit geschieht, spricht man von **Stundung**. Damit wird übrigens die Anspruchsverjährung gehemmt (§ 205 BGB).

Von der Möglichkeit, die Leistungszeit hinauszuschieben, machen die Beteiligten verständlicherweise häufig Gebrauch, weil z. B. aus logistischen Gründen gar keine sofortige **Lieferbereitschaft** zugesagt werden kann, weil die finanziellen Mittel zur Begleichung von Zahlungsverpflichtungen noch nicht verfügbar und vielleicht sogar erst aus dem Weiterverkauf erlöst werden sollen, oder weil die Leistung überhaupt erst später, nicht schon bei Vertragsschluss, wirtschaftlich Sinn macht.

Beispiele: Verkauf eines erst noch zu produzierenden Autos im Januar bei zugesagter Lieferung im April (bis dahin hofft der Käufer, den Kaufpreis angespart zu haben).
Buchen der Sommerurlaubsreise schon am Jahresanfang.
Industrielle Fertigung nach dem Prinzip des just-in-time, also ohne nennenswerte Verweilzeit der zugelieferten Teile im Eigenlager.

Wird von der Regel sofortiger Fälligkeit einvernehmlich Abstand genommen, so wirkt dies im Zweifel allein zu Lasten des Gläubigers, der zwar die Leistung nicht vorher einfordern kann, gemäß § 271 II BGB aber jederzeit auf **vorfällige Leistung** des Schuldners eingerichtet sein muss. Dies ist zu bedenken, wenn - z. B. mangels Lagermöglichkeit - dem Gläubiger eine vorfällige Leistung Probleme bereiten würde. Dann muss sicherheitshalber auch der dispositive § 271 II BGB seinerseits abbedungen werden. Diese Auslegungsvorschrift kommt jedoch in den eher seltenen Fällen nicht zum Zuge, in denen die erkennbaren Interessen des Gläubigers einer vorfälligen Leistungserbringung entgegenstehen. Denn dann ist für die gesetzlich vorausgesetzten Zweifel gar kein Raum.

Beispiele: Keine vorfällige Darlehenstilgung zulässig, soweit dadurch das Interesse des Kreditgebers an der Kapitalverzinsung in Mitleidenschaft gezogen würde.
Der Anfang November für den Nikolaustag engagierte „Weihnachtsmann" tritt schon am 1. 12. in voller Montur auf, weil er die Angelegenheit endlich erledigt wissen möchte: unzulässig (vgl. für das verzinsliche Darlehen auch § 488 III BGB). Dasselbe gilt, wenn der für „morgen, 18.00 h" nach Hause bestellte Taxifahrer schon um 15:00 h vor der Haustür erscheint und die Fahrt durchführen möchte. Leistung „auf Abruf".

Gelegentlich gewinnt die Fälligkeit nach Auffassung der Vertragsparteien eine für das Schuldverhältnis derart große Bedeutung, dass das ganze Geschäft mit der rechtzeitigen Erfüllung der Verbindlichkeit „steht oder fällt". Weil vor allem im kaufmännischen Bereich dieses besondere Gewicht der Fälligkeit durch das Hinzufügen der „fix"-Klausel zum Ausdruck gebracht wird, spricht man bei derartigen Verträgen, für die einige rechtliche Besonderheiten gelten, von **Fixgeschäften**. Auch bei ihnen ist jedenfalls für vorfällige Leistungserbringung kein Raum.

Beispiele: „Lieferung per 5. 3. 2011 fix". Bestellen eines Taxis für die ca. 15-minütige Anfahrt zum Bahnhof „für morgen, Punkt 18.00 h" weil, wie der Taxizentrale mitgeteilt wird, um 18:30 h der Zug abfährt, der Fahrgast aber auch nicht lange auf dem kalten Bahnhof herumstehen will: Fix-Geschäft auch ohne ausdrückliche Bezeichnung!

Für das **Handelsgeschäft** wird § 271 BGB durch § 358 HGB ergänzt: Unabhängig von sofortiger oder hinausgeschobener Fälligkeit kann die Leistung jedenfalls nur während der gewöhnlichen **Geschäftszeit** gefordert und bewirkt werden. Fälligkeit und Erfüllbarkeit werden hier also gleichbehandelt (so auch Art. 33 CISG). Was „gewöhnlich" ist, bestimmt sich dabei nicht nach den individuellen Gepflogenheiten von Gläubiger oder Schuldner, sondern nach den Gewohnheiten, den **Usancen** der jeweiligen Geschäftskreise.

Beispiel: A hat zugesagt, den defekten Aufzug im Betrieb des B zu reparieren. Obwohl B ein „Arbeitstier" ist und sich regelmäßig auch samstags dem Unternehmen widmet, kann an diesem Tag weder B von A die Reparatur verlangen, noch kann A gegen den Willen des B darauf bestehen, am Samstag in Aktion treten zu dürfen.

d) Der Leistungsgegenstand

(1) Stück- und Gattungsschuld

Im Prinzip kann alles Gegenstand des Rechtsverkehrs sein, so dass eine erschöpfende Aufzählung konkreter Leistungsinhalte von vornherein unmöglich sein muss. Gleichwohl lassen sich abstrakte begriffliche Kategorien formulieren und definieren, etwa **Sachleistungen** und **Dienstleistungen**. Auf Sachleistungen gerichtet sind etwa Sachkauf, Miete und Leihe (§§ 433 I 1, 535, 598 BGB), auf Dienstleistungen natürlich der Dienstvertrag (§ 611 BGB), aber auch manche Werkverträge (§ 631 BGB, Übernahme eines Vortrages; zum sog. **Werklieferungsvertrag**, der auf die Lieferung einer erst noch herzustellenden Sache gerichtet ist, vgl. § 651 BGB). Von besonderer rechtlicher Bedeutung ist freilich eine Unterscheidung innerhalb der Sachleistungen, also der körperlichen Leistungsgegenstände. Es kann nämlich sein, dass der

Schuldner verpflichtet ist, sein Leistungshandeln auf eine ganz bestimmte Sache zu richten, etwa genau die weggenommene Sache dem Eigentümer herauszugeben (vgl. § 985 BGB), die käuflich erworbene Antiquität oder das ausgewählte Grundstück zu übereignen und zu übergeben (§ 433 I BGB). Dann handelt es sich um eine sog. **Stückschuld**, die der Schuldner nur dann erfüllt, wenn er genau mit diesem Exemplar das Leistungsinteresse des Gläubigers befriedigt. Im **Wirtschaftsverkehr** sind solche Stückschulden allerdings eher selten. Zumeist wird nämlich der Leistungsgegenstand nur nach seinen Artmerkmalen, nach (technischen) Spezifikationen, Produktbeschreibungen oder Leistungsverzeichnissen bestimmt, weil für den Gläubiger (Kunden) die Individualität der Sache (z. B. nach ihrer Seriennummer) gar keine Rolle spielt. Dies sind die sog. **Gattungsschulden**.

Beispiele: „Zwei Pfund Kaffee, Marke Kaisers Krönung, frisch geröstet, bitte!" an die Adresse der Dame im Kaffee-Spezialgeschäft.
Kauf von 100.000 Schrauben, VA-Stahl, Gewinde DIN M 8, Sechskantkopf.
Leasing eines nach eigenen Wünschen konfigurierten Neuwagens, Typ Maserati Quattroporte Sport GT S, schwarz, mit weißen Ledersitzen.

Zwischen Stück- und Gattungsschulden einerseits, unvertretbaren und vertretbaren Sachen andererseits, besteht nur ein lockerer begrifflicher Zusammenhang. Über unvertretbare Sachen werden zwar grundsätzlich Stückschulden, über vertretbare Sachen grundsätzlich Gattungsschulden errichtet. Daran knüpft auch das **Sachdarlehen** (§ 607 BGB) an. Notwendig ist das aber nicht. Wegen ihrer Privatautonomie haben es die Parteien in der Hand, nicht der in der Rechtsgemeinschaft üblichen Anschauung zu folgen (auf diese kommt es für die Abgrenzung von unvertretbaren und vertretbaren Sachen an, vgl. § 91 BGB), sondern ihre eigenen Vorstellungen zur Geltung zu bringen.

Beispiele: J. R., ein Ölmilliardär und Kunstbanause im fernen Texas, hat in seiner weißen Villa noch eine ganz freie Wand und bestellt bei einem ihm bekannten Kunsthändler in Amsterdam „12 qm alte niederländische Meister": Gattungsschuld, obwohl für die Verkehrsauffassung die Individualität solcher Gemälde außer Frage steht, es sich also bei den in Betracht kommenden Bildern um unvertretbare Sachen handelt.
Karl will nicht einfach eine bestimmte Menge Kartoffeln einer schmackhaften, festkochenden Sorte, sondern eigens ausgesuchte Exemplare, weil diese ihn irgendwie an die Gesichter seines pockennarbigen Onkels und seiner geliebten Großmutter (aus einer Warze im Gesicht wachsendes Haar) erinnern: Stückschulden, obwohl Kartoffeln normalerweise neben ihrer Sortenzugehörigkeit „nach (...) Gewicht bestimmt zu werden pflegen" (§ 91 BGB), also zu den vertretbaren Sachen zählen.

Bei der Gattungsschuld hat der Gläubiger keinen Anspruch auf ein ganz bestimmtes **Gattungsexemplar**. Der Schuldner kann vielmehr mit jeder (beweglichen) Sache erfüllen, die die vertraglich definierten Artmerkmale aufweist. Dies bedeutet umgekehrt auch ein erhöhtes Schuldnerrisiko: Die geschuldete Leistung ist bei der Stückschuld schon dann unmöglich, wenn die bestimmte Sache nicht mehr vorhanden ist, während bei der Gattungsschuld die Leistung solange möglich bleibt, wie noch Exemplare der vertraglich definierten Art existieren. So oder so ist genau zu prüfen, wie der Gattungskreis definiert ist: Je mehr Gattungsmerkmale vorgegeben werden, desto kleiner ist logischerweise die maßgebliche Gattung, weil man in der mengenlogischen Hierarchie immer tiefer hinabsteigt. Alle Gattungsschulden sind derart - mehr oder weniger - „beschränkt". Nichts weiter als ein derartiges restriktives Merkmal bildet auch die **Vorratsklausel**. Wenn der Vorrat an entsprechenden Produkten erschöpft ist, ist die Leistung infolge Erschöpfens auch der Gattung nicht mehr möglich.

Beispiel: Möbel - Sessel - Ledersessel - Ledersessel mit Armlehnen - Ledersessel (braun) mit Armlehnen - Ledersessel (braun) mit Armlehnen, Typ Landhaus - Ledersessel (braun) mit Armlehnen, Typ Landhaus, Lieferung „solange Vorrat reicht".

Die Qualität wird bei den der maßgeblichen Gattung (Menge) zugehörigen Exemplaren (Elemente), namentlich bei industriellen Produkten, selbst bei ausgeklügelten Fertigungsmethoden und hochentwickelter Qualitätssicherung immer etwas schwanken. Dies wirft die Frage auf, ob sich der Schuldner bei der Leistungserbringung an den besten Exemplaren zu orientieren hat, ob nur diese erfüllungstauglich sind. § 243 I BGB normiert hier den **Qualitätsmaßstab** „mittlerer Art und Güte". Für Handelsgeschäfte präzisiert § 360 HGB dies dahingehend, dass sich die Vertragspartner an dem mittleren Qualitätsstandard des **Handelsgutes** auszurichten haben. Werden insbesondere landwirtschaftliche Erzeugnisse und daraus hergestellte Lebensmittel nach **Handelsklassen** verkauft, so müssen sie mindestens die gesetzlich (HandelsklassenG mit ausführenden Rechtsverordnungen) dafür jeweils vorgeschriebenen Merkmale namentlich nach Qualität, Angebotszustand, Reinheit, Zusammensetzung, Sortierung und Beständigkeit bestimmter Eigenschaften aufweisen (§ 2 I HandelsklassenG).

Den eigentlichen Clou bei Gattungsschulden hält § 243 II BGB parat: Hat der Schuldner bei der Gattungsschuld „das zur Leistung einer solchen Sache seinerseits Erforderliche getan", so tritt eine sog. **Konzentration** (oder **Konkretisierung**) der Gattungsschuld ein. Die Leistungspflicht beschränkt sich nunmehr auf das jeweilige Gattungsexemplar. Man kann sich diese konkretisierte Gattungsschuld als eine Art Stückschuld vorstellen. Wird dann das zur Erfüllung bestimmte Gattungsexemplar vernichtet, so ist die Leistung also (objektiv) unmöglich geworden, obwohl eigentlich die Gattung ja noch gar nicht zur leeren Menge geworden ist.

Für diese zentral bedeutsame Entscheidung, ob der Schuldner das seinerseits Erforderliche getan hat, ist vor allem wichtig zu wissen, wo der Leistungsort liegt: Bei der **Holschuld** hat der Schuldner das seinerseits Erforderliche getan, wenn er die Sache ausgesondert hat und diese für den Gläubiger bereithält sowie gegebenenfalls (bei längerer Lieferfrist) den Gläubiger benachrichtigt hat. Bei der **Schickschuld** muss der Schuldner darüber hinaus die Sache noch **expedieren**, namentlich also verpacken und in den Transport (mit Post, Bahn, sonstiger Frachtführer, durchaus auch mit eigenen Leuten) geben. Bei der **Bringschuld** dagegen muss der Schuldner die Sache dem Gläubiger so nahebringen, dass dieser - bildlich gesprochen - nur noch zugreifen muss. Auch wenn der Schuldner derart das seinerseits Erforderliche getan hat, hat er freilich noch nicht die Leistung i. S. des § 362 I BGB bewirkt, noch nicht seine Schuld erfüllt. Das Erlöschen der Schuld durch Erfüllung tritt ja nicht schon mit der Leistungshandlung, sondern vielmehr erst dann ein, wenn der Leistungserfolg eingetreten ist.

Beispiel: Der Verkäufer hat dem Käufer die bestellten Zulieferteile zu übereignen und zu übergeben (§ 433 I BGB). Dieser Effekt kann grundsätzlich erst dann eintreten, wenn die Voraussetzungen des § 929 S. 1 BGB erfüllt sind. Dies ist erst mit Ablieferung beim Käufer unter entsprechender Einigung über den Eigentumswechsel der Fall. Erst dann ist erfüllt. Das seinerseits Erforderliche hat der Verkäufer beim beiderseitigen Handelskauf aber schon mit Absendung der Teile getan (Schickschuld als handelsrechtliche Regel kraft Handelsbrauch!). Mit Absendung hat sich die Gattungsschuld bezüglich der versandten Teile zur Quasi-Stückschuld „konkretisiert".

Neben § 243 II BGB sieht auch § 300 II BGB die Konkretisierung der Gattungsschuld mit Eintritt des Gläubigerverzugs vor. Das macht logisch wenig Sinn, weil die Konkretisierung wohl immer schon vorher gemäß § 243 II BGB eingetreten sein wird. Anwendungspraktisch bedeutet dies jedoch gelegentlich einen Vorteil, weil die Voraussetzungen des Gläubigerverzugs oft leichter festzustellen sind als diejenigen des § 243 II BGB.

(2) Die Geldschuld

Im Wirtschaftsleben ist Geld zweifellos der häufigste Leistungsgegenstand. Denn einerseits wird dort regelmäßig eine Leistung nicht unentgeltlich gewährt, andererseits ist der Tausch - als „bilaterales Kompensationsgeschäft" - nur noch von marginaler Bedeutung. Umso erstaunlicher ist, dass dem Geld und der Geldschuld im BGB so wenig Aufmerksamkeit geschenkt zu werden scheint. Dass „Geld" nur ganz besonders vertretbare Sachen meint und dass das Gesetz darüber deshalb nicht viel Worte verlieren muss, wurde bereits dargelegt). Wenn nun der Schuldner zur „**Zahlung**" verpflichtet ist, also eine Geldschuld in Rede steht, dann bedeutet dies, dass der Schuldner verpflichtet ist, dem Zahlungsgläubiger so viele jener Sachen als sog. **Geldzeichen** (Scheine, Münzen) zu übereignen und zu übergeben, dass der Gläubiger über den ihm gebührenden **Geldwert** verfügen kann. Wegen des typischen Zusammenhangs von vertretbaren Sachen (wozu gerade auch Geld gehört!) und Gattungsschuld handelt es sich bei **Geldschulden** also durchweg um **Gattungsschulden**. Die Gattung „Geld" erschöpft sich freilich niemals, ist allenfalls für den einzelnen Zahlungsschuldner ungünstig innerhalb der gesamten Volkswirtschaft verteilt. Auch die Geldschuld stellt sich somit lediglich als Anwendungsfall einer dem Gesetz durchaus vertrauten Begriffskategorie dar. Das Qualitätsproblem (vgl. nochmals § 243 I BGB) taucht dabei freilich nur höchst selten auf, etwa bei beschädigten, nicht mehr sicher „automatentauglichen" Geldzeichen.

Geldschulden liegen - wie gesagt - zunächst immer dort vor, wo ein bestimmter Betrag, etwa Euro 75.000 als Kaufpreis, oder Euro 1.300 als Mietzins, zu zahlen ist (vgl. §§ 433 II, 535 II BGB). Dann handelt es sich grundsätzlich um eine sog. **Geldsummenschuld**. Bei ihr bemisst sich der zu verschaffende Geldwert allein nach dem **Nennwert** der Forderung (z. B. Euro 1.300), nicht nach dem inneren Geldwert (**Kaufkraft**, außenwirtschaftlich **Kurswert**). Das **Inflationsrisiko** wird dabei also dem Zahlungsgläubiger zugewiesen. Um die Wirksamkeit solcher **Wertsicherungsklauseln** sicherzustellen, bedarf es einer gewissen Umsicht. Dem Wechselkurs- und Inflationsrisiko, dem Geldsummenschulden ausgesetzt sind, lässt sich auch durch die Begründung sog. **Valutaschulden** begegnen, also dadurch, dass die Geldschuld nicht in Euro, sondern in einer - hoffentlich! - stabileren Währung ausgedrückt und explizit Zahlung in dieser Fremdwährung vereinbart wird.

Beispiel: Kreditnehmer Kai aus Köln hat bei der „Bayern"-Bank mit Sitz in München ein Darlehen in Höhe von Euro 100.000 aufgenommen, das in 10 Jahren zurückzuzahlen ist. Kai und die „Bayern"-Bank können wirksam vereinbaren, dass die Rückzahlung in US-Dollar zu erfolgen hat.
Die Chinesin Chen schuldet aus einem finanzierten internationalen Geschäft der Deutschen Bank in Frankfurt am Main 13,5 Mio. US-Dollar als Kreditrückzahlung. Frau Chen kann gemäß § 244 I BGB freilich auch in Euro leisten (zum aktuellen Kurs bei Fälligkeit).

Im zweiten Beispiel greift übrigens das in § 244 I BGB für im Inland zu zahlende Valutaschulden grundsätzlich eingeräumte Wahlrecht gerade nicht, weil hier die Zahlung in einer anderen Währung als Euro ja ausdrücklich vereinbart wurde (§ 244 I BGB a. E.). Damit ist dann auch die Umrechnungsregel des § 244 II BGB gegenstandslos: Diese Probleme tauchen bei **Geldwertschulden** von vornherein nicht auf. Solche Geldschulden resultieren etwa aus Schadensersatzansprüchen (vgl. §§ 249 II, 251 BGB) oder folgen aus Normen wie § 818 II BGB. Sie passen sich gleichsam automatisch den veränderten Verhältnissen an.

(3) Unbestimmtheit der Leistung

Zumindest bei den Geschäften des täglichen Lebens, also im sog. B2C-Bereich (engl. „Business to Consumer"), bleiben insbesondere zu leistende Zahlungen, (nur selten andere Leistungen) oft zunächst unbestimmt. Dann ist, wie sich aus der Existenz der §§ 315 ff. BGB schließen lässt, durchaus ein Vertrag (Verbrauchervertrag i. S. von § 310 III BGB, regelmäßig speziell ein Verbrauchsgüterkauf i. S. von §§ 474 ff. BGB) zustandegekommen. Nicht etwa liegt ein **Dissens** nach §§ 154 f. BGB vor, obwohl § 433 II BGB auf den ersten Blick für das Zustandekommen eines Kaufvertrages eine Preisvereinbarung vorauszusetzen scheint. Der Preis ist nunmehr vom Verkäufer als dem Gläubiger (§ 316 BGB) in den Grenzen seines „billigen Ermessens" (§ 315 I BGB) festzusetzen. Dies gewährt einen sehr weiten Spielraum. Keineswegs ist nur der übliche Preis, der Marktpreis etc. in diesem Sinne „billig". Weicht der danach bestimmte Preis von den Vorstellungen der Vertragspartei nachteilig ab, kommt keine Irrtumsanfechtung in Betracht, da ein unbeachtlicher Motivirrtum vorliegt.

Beispiele: Der Kunde betritt die Bäckerei, deutet auf ein sog. Schweineöhrchen, dessen Preisauszeichnung leider fehlt, und sagt: „Das da, bitte". „Sehr wohl, der Herr", antwortet die Verkäuferin. Da eine Vereinbarung über den Preis nicht getroffen wurde, ist er von der Verkäuferin „nach billigem Ermessen" festzusetzen: Auch wenn das Backwerk vielfach für Euro 0,85 angeboten wird, sind gewiss auch noch Euro 2 „billig", ebenso sicher nicht Euro 20.
Jemand wendet sich an die Rezeption eines Mittelklassehotels und erhält ein Zimmer für eine Nacht. Über Preise wird nicht gesprochen. Am nächsten Tag wird die Rechnung präsentiert: Euro 350 (der Gast hatte mit ca. Euro 100 gerechnet)! Preisfestsetzung wohl noch innerhalb des billigen „Ermessens", keine Anfechtungsmöglichkeit.

Im sog. B2B-Bereich (engl. „Business to Business") kommt es hingegen nur selten vor, dass der Preis von den Parteien nicht schon bei Vertragsschluss vereinbart wurde. Durchaus geläufig ist dort aber die spiegelbildliche Gestaltung, dass die der Zahlung gegenüberstehende Leistung, beim Kaufvertrag also die Kaufsache, bei der Miete das Mietobjekt etc. noch näher bestimmt werden müssen. Auch dafür gelten grundsätzlich die §§ 315 ff. BGB. Soweit es sich dabei um einen Handelskauf i. S. der §§ 373 ff. HGB handelt, werden die Vorschriften für den dann sog. **Spezifikationskauf** aber ergänzt durch § 375 HGB.

Beispiel: Einkauf von 100.000 Fernbedienungen für Fernsehgeräte, wobei genaue technische Spezifikationen noch vorbehalten bleiben.

e) Erfüllung und Erfüllungssurrogate

(1) Erfüllung, insbesondere auch Zahlung

Hat der Gläubiger das erhalten, was er fordern konnte, so ist sein Leistungsinteresse durch **Erfüllung** befriedigt.

Beispiele: Der Käufer ist Besitzer und Eigentümer der Kaufsache, der Verkäufer Besitzer und Eigentümer von Scheinen oder Münzen des jeweiligen gesetzlichen Zahlungsmittels (also Geld, in Deutschland: Euro) geworden. Der Mieter eines „Leihwagens" (zum Begriff der Leihe s. § 598 BGB: Unentgeltliche Gebrauchsüberlassung!) kann das Fahrzeug nach Aushändigung der Fahrzeugschlüssel sowie der Fahrzeugpapiere durch Ausübung der tatsächlichen Sachherrschaft (Anlassen, Fahren, Lenken, Bremsen etc.) nutzen, der Auto-„Verleiher" (in Wahrheit Auto-Vermieter) ist Besitzer und Eigentümer von Euro-Scheinen und Münzen in Höhe des für die Besitzüberlassung vereinbarten Mietzinses geworden.

Dass der Anspruch (das Schuldverhältnis i. e. S., vom Gläubiger aus betrachtet) sozusagen „programmgemäß" durch Erfüllung, durch Bewirken der geschuldeten Leistung erloschen ist (§ 362 I BGB), muss der Gläubiger auf Verlangen des Schuldners durch Ausstellen einer **Quittung** bestätigen, und zwar keineswegs nur bezüglich der erhaltenen Zahlung, sondern für den Erhalt jeder Art von geschuldeter Leistung (§§ 368, 369 BGB). Das Wort „Quittung" muss dabei selbstverständlich nicht fallen.

Beispiele: „Ware" bzw. „Rechnungsbetrag dankend erhalten." Der Mieter eines „Leihwagens" füllt ein als „Übergabeprotokoll" bezeichnetes Formular aus und vermerkt darauf: „Das Fahrzeug wurde mir ordnungsgemäß übergeben".

§ 362 I BGB verlangt zum Eintritt der Erfüllungswirkung, also für das Anspruchserlöschen, jedoch nicht, dass dazu gerade der Schuldner tätig geworden ist. Vielmehr schreibt § 267 I BGB gerade umgekehrt die Möglichkeit fest, dass grundsätzlich auch ein Nicht-Schuldner, ein „Dritter", die geschuldete Leistung bewirken, also den Anspruch erfüllen kann, ohne dass der Gläubiger sich dagegen rechtens zur Wehr setzen darf. Ob der Schuldner dies will oder nicht, bleibt gleich (§ 267 I 2 BGB). Allerdings hat der Gläubiger im letzteren Fall doch das Recht, die Leistung des Dritten abzulehnen; dazu gezwungen ist er aber auch hier nicht (wichtige Ausnahme in § 34 VVG).

Beispiel: Leonard Lustig, vertraglich verpflichteter Lieferant von Kuno Knabe, hat einen unerwarteten Lieferengpass. Sein Konkurrent, der Unternehmer Ulf Ungestüm, springt mit der geschuldeten Ware in die Bresche, um Knabe die Güte der Konkurrenzprodukte vor Augen zu führen: Knabe muss prinzipiell annehmen. Wenn Lustig die Hilfe Ungestüms aus naheliegenden Gründen nicht annehmen will und lieber die begrenzten rechtlichen als die langfristig und strategisch wirtschaftlich ungünstigen Konsequenzen tragen möchte, kann Knabe die Lieferung durch Ungestüm ablehnen, braucht es aber auch nicht.

Eine Leistungsmöglichkeit durch Dritte besteht nur dann nicht, wenn der Schuldner ausnahmsweise höchstpersönlich zu leisten hat (nicht zu verwechseln mit den höchstpersönlichen, d. h. stellvertretungsfeindlichen Rechtsgeschäften). Dies kann auf vertraglicher Vereinbarung, aber auch auf Gesetz beruhen. Der durch einen Dienstvertrag (dazu zählt auch der Arbeitsvertrag) zur Erbringung von Dienstleistungen Verpflichtete kann wegen § 613 BGB grundsätzlich nicht etwa jemand anderen schicken, der seine Sache vielleicht genauso gut machen würde wie der Schuldner (Arbeitnehmer) selber. **Höchstpersönliche Erfüllung** der Leistungspflicht verlangt § 713 i. V. m. § 664 BGB ferner auch von dem geschäftsführenden Gesellschafter von Personengesellschaften bezüglich seiner Geschäftsführungspflicht. Sowohl § 613 BGB als auch §§ 664/713 BGB sind freilich ihrerseits dispositiv. Ohnehin zulässig ist auch die Einschaltung von Erfüllungsgehilfen i. S. von § 278 BGB. Auch die spiegelbildliche Situation zur Leistung durch einen Dritten ist möglich: Wenn der Schuldner mit Zustimmung des Gläubigers an einen Dritten leistet, hat der Schuldner ebenfalls seiner Leistungspflicht genügt, so dass das Schuldverhältnis durch Erfüllung erlischt (§§ 362 II, 185 BGB).

Beispiel: V hat dem K eine von diesem dringend benötigte Maschine verkauft, die V sich aber seinerseits erst noch beschaffen muss. Dazu schließt V mit dem Hersteller H einen entsprechenden Kaufvertrag. Zur beschleunigten Abwicklung der ganzen Angelegenheit veranlasst V seinen Verkäufer H, die Maschine direkt an K auszuliefern, erklärt also seine Einwilligung, dass H nicht ihn, V, als seinen Käufer, sondern den K an Stelle des V Besitzer und Eigentümer der Maschine macht: Den Lieferanspruch des V hat H damit erfüllt (§§ 362 II, 185 I BGB), zugleich ist aber auch der Lieferanspruch des K gegen V durch Erfüllung seitens des „Dritten" H erloschen (§§ 362 I, 267 I BGB).

In diesen Zusammenhang gehört schließlich § 851 BGB: Die Schadensersatzleistung an einen Scheingläubiger befreit unter den dort genannten Voraussetzungen den Schuldner gegenüber dem wahren Gläubiger. Dieser kann freilich vom Scheingläubiger nach § 816 II BGB Herausgabe des Erlangten verlangen, eben weil die Leistung des Schuldners an den Scheingläubiger dem wirklichen Gläubiger gegenüber die Wirkung des § 851 BGB, nämlich Anspruchserlöschen, gehabt hat.

Beispiel: L hat sich von E dessen Fahrrad geliehen. Auf einer Fahrt durch das Münsterland kommt es zu einer von S „widerrechtlich" und „fahrlässig" verursachten Karambolage, wobei am Fahrrad des E ein Schaden in Höhe von Euro 170 entsteht. S, der dem E wegen Verletzung dessen Eigentums nach § 823 I BGB zum Schadensersatz verpflichtet ist, drückt dem L auf dessen Verlangen hin Euro 170 in die Hand, wobei S den L für den Eigentümer hält und grundsätzlich ja auch halten darf (Eigentumsvermutung zugunsten des Besitzers nach § 1006 I BGB!). E verliert dadurch seinen Anspruch gegen S, kann aber von L die Euro 170 herausverlangen.

Hat der Schuldner gegenüber dem Gläubiger mehrere gleichartige Leistungspflichten, also insbesondere Zahlungspflichten, zu erfüllen, so kann zweifelhaft sein, auf welche Schuld die Leistung, die nicht zur Erfüllung aller Schulden hinreicht, bezogen werden soll. Dann darf der Schuldner den **Schuldbezug** der Leistung bestimmen (§ 366 I BGB). Tut er dies nicht, so tritt die Schuldtilgung in der Reihenfolge des § 366 II BGB ein.

Beispiel: Die Berliner Bank hat der Modern-Software-GmbH 2005 einen jederzeit ganz oder teilweise rückzahlbaren ungesicherten Kredit über Euro 50.000 zu 7% und 2007 einen Kredit über Euro 80.000 zu 9% (Jahresverzinsung) gegeben. 2009 zahlt die Modern-Software-GmbH, die keinerlei Zinsrückstände hat, Euro 60.000 ohne nähere Maßgabe an die Berliner Bank zur Kredittilgung. Nach § 366 II BGB wird dies auf den Kredit von 2007 verrechnet, der zwar der jüngere, wegen seiner höheren Verzinsung aber der für die GmbH „lästigere" ist.

In der **Kreditpraxis** werden freilich für solche Fälle durchweg schon bei der Kreditvergabe entsprechende Bestimmungen getroffen. Da faktisch die kreditgebende Bank die Formulierungshoheit über solche Kreditbedingungen hat, wird der Verrechnungsmodus dabei zumeist so festgeschrieben, dass die Interessen der Bank besser gewahrt sind, als dies nach § 366 II BGB der Fall wäre. Bei unerfüllten Zinsansprüchen ist außerdem § 367 BGB zu beachten. § 366 II BGB spielt aber eine erhebliche Rolle bei festen Geschäftsbeziehungen, in denen wiederkehrende Leistungen erbracht werden.

Beispiel: Zwischen Zulieferer Z und dem Maschinenbauer M werden immer wieder Verträge über die Lieferung bestimmter Teile geschlossen, auch wenn bereits geschuldete Lieferungen noch ausstehen oder die Lieferfälligkeit noch nicht eingetreten ist.

(2) Leistung an Erfüllungs Statt, insbesondere Banküberweisung

Bei einer Verpflichtung zur Zahlung kann, wie schon mehrfach ausgeführt wurde, der Zahlungsschuldner nur durch Übereignung von (gültigen) Banknoten und Münzen seine Zahlungspflicht erfüllen. Die sog. **bargeldlose Zahlung** durch **Banküberweisung** gibt es rechtlich streng genommen gar nicht; der Begriff ist ein Widerspruch in sich. Wenn die Zahlungsschuld dennoch erlöschen sollte, dann jedenfalls nicht wegen ihrer Erfüllung. Der Schlüssel zum Verständnis dieses alltäglichen Vorgangs liegt in § 364 I BGB: Wenn sich der Gläubiger mit etwas anderem als der geschuldeten Leistung zufrieden gibt und dies als Leistung **an Erfüllungs Statt** akzeptiert, dann will das Gesetz den Interessen der Beteiligten nicht im Wege stehen. Der Gläubiger kann freilich immer nur die geschuldete Leistung, nicht ein **Erfüllungssurrogat** verlangen, und der Schuldner kann dem Gläubiger kein Erfüllungssurrogat aufzwingen. Es bedarf also einer entsprechenden Einigung der Parteien, die in deren Belieben steht (Abschlussfreiheit!). Die Einigung kann freilich auch konkludent erfolgen (Formfreiheit!).

Seitens des Zahlungsgläubigers wird ein solches Angebot z. B. schon durch **Angabe** der **Bankverbindung** auf der Rechnung gemacht, und der Zahlungsschuldner nimmt dieses Angebot schlüssig durch Erteilung des Überweisungsauftrages an. Der Gläubiger kann aber auf effektiver Zahlung, auf „cash" ebenso wie der Schuldner bestehen, wofür es durchaus wirtschaftlich verständliche, wenn auch nicht immer rechtsethisch anerkennenswerte Gründe geben mag (Verheimlichen von Einkünften).

Beispiel: Geheimhaltungsinteresse gegenüber den Finanz- und Justizbehörden oder auch gegenüber dem Lebenspartner, die ansonsten durch die dokumentieren Kontobewegungen einen so nicht erwünschten Einblick in die monetären Zu- und Abflüsse erhalten.

(3) Exkurs: Leistung erfüllungshalber, insbesondere Scheck, Kreditkarte und EC-Karte

Elektronische „Zahlungs"-Instrumente im Zusammenhang mit Zahlungspflichten, über die sogleich noch zu sprechen sein wird, haben in Deutschland wie auch in vielen anderen Ländern den Scheck in den Hintergrund treten lassen. Dennoch lohnt ein kurzer Blick auf den **Scheck**, um auch die elektronischen „Zahlungs"-Instrumente rechtlich besser verstehen zu können. Durch die Hingabe des Schecks übernimmt der Aussteller eine eigene, von der zugrunde liegenden Zahlungspflicht z. B. aus Kaufvertrag (§ 433 II BGB) rechtlich unabhängige, abstrakte Zahlungspflicht. Zugleich ermächtigt der Aussteller die bezogene Bank, den Scheckbetrag unter Belastung des Kontos des Scheckausstellers dem Schecknehmer bzw. (beim Inhaberscheck, vgl. Art. 5 II ScheckG) auch dessen Überbringer bar auszuzahlen oder ihm wenigstens eine Gutschrift auf sein Konto zu erteilen (**Verrechnungsscheck** nach Art. 39 ScheckG). Die Zweifel, ob mit der Annahme des Schecks durch den Zahlungsgläubiger dessen Zahlungsanspruch erloschen ist, löst § 364 II BGB: Die Übernahme einer solchen Scheckverbindlichkeit zum Zwecke der Befriedigung des Zahlungsgläubigers erfolgt regelmäßig nicht an Erfüllungs (Zahlungs) Statt. Sonst würde der Gläubiger und Schecknehmer seinen Zahlungsanspruch auch dann verlieren, wenn sich der Scheck bei Einreichung als nicht gedeckt erweist. Der Scheck wird vielmehr nur **erfüllungshalber** - so heißt der (lat.) terminus technicus - hingegeben.

Dies bedeutet im Einzelnen, dass die Fälligkeit des Zahlungsanspruchs z. B. aus dem Kaufvertrag hinausgeschoben wird, bis Klarheit darüber besteht, ob der Scheck „läuft", ob also für ihn **Deckung** besteht. Bis dahin kann also der Zahlungsgläubiger (Verkäufer, Schecknehmer) diesen Zahlungsanspruch nicht verfolgen. Wird der Scheck eingelöst, so erlischt die Scheckverbindlichkeit ebenso wie die der Scheckausstellung wirtschaftlich zugrunde liegende Zahlungspflicht. Bezüglich letzterer wandelt sich die Scheckhingabe nunmehr im Nachhinein also zur Leistung an Erfüllungs Statt durch einen Dritten (§ 267 BGB), nämlich durch die bezogene Bank. Ist hingegen der Scheck nicht gedeckt, so kann der Zahlungsgläubiger einfach seinen Zahlungsanspruch weiter verfolgen.

Ebenfalls nur **erfüllungshalber**, zahlungshalber, werden **Kreditkarten** als „Zahlungsmittel" akzeptiert. Die Rechtsverhältnisse, die in diesem rechtlich nicht wirklich zutreffend sog. Zahlungskartengeschäft entstehen (nur mit Geld kann man im Rechtssinne „bezahlen"), sind freilich insgesamt recht kompliziert, in den §§ 675c ff. BGB nur teilweise gesetzlich erfasst und demgemäß unsicher. Die **Sach- und Rechtslage** dürfte sich folgendermaßen darstellen: Der Kunde als Kreditkarteninhaber zahlt, wie bekannt, nicht an den Verkäufer, Vermieter etc., sondern quittiert mit seiner Unterschrift lediglich einen Leistungsbeleg, der den formalen Standards eines bestimmten Kreditkartenunternehmens (z. B. Mastercard) entspricht. Dafür muss der Verkäufer, Vermieter etc. seinen Zahlungsanspruch stunden, bis ihm das Kreditkartenunternehmen, das mit dem Verkäufer, Vermieter etc. einen sog. Anschlussvertrag geschlossen hat, den im unterschriebenen Leistungsbeleg ausgewiesenen Zahlungsbetrag vertragsgemäß gutbringt. Erst damit ist dann der Zahlungsanspruch gegen den Kunden durch Leistung eines Dritten an Erfüllungs Statt erloschen.

Das Kreditkartenunternehmen wiederum hat in diesem **Dreiecksverhältnis** auf Grund seines mit dem Kunden/Karteninhaber geschlossenen Kreditkartenvertrages („Zahlungsdiensterahmenvertrag", § 675f II BGB) die Pflicht, den übernommenen Zahlungsdienst, nämlich die Zahlungsschulden des Kreditkarteninhabers gegenüber den dem Kreditkartensystem angeschlossenen Unternehmen (sog. Vertragsunternehmen) auf die genannte Art und Weise zu tilgen. Die für derartige **Erfüllungsübernahmen** in § 329 BGB ausgesprochene Vermutung greift also nicht, weil ja das Kreditkartenunternehmen eine eigene, auf dem Anschlussvertrag beruhende Pflicht gegenüber dem Vertragsunternehmen trifft, Zahlungspflichten von Karteninhabern gegenüber Vertragsunternehmen zu tilgen.

Das Kreditkartenunternehmen hat seinerseits gegen den Kreditkarteninhaber, der von seiner Zahlungsschuld befreit wurde, einen **Erstattungsanspruch** in gleicher Höhe nach §§ 675 I, 670 BGB (abgesehen von Abschluss-, Auslandsgebühren etc.). Denn bei einem Vertrag über Zahlungsdienste handelt es sich um einen Geschäftsbesorgungsvertrag, wie § 675c Abs. 1 BGB lediglich klarstellt.

Dabei entsteht zugunsten des Kunden/Karteninhabers ein **doppelter Kredit-effekt**: Der Karteninhaber verliert keine Liquidität an den Verkäufer, Vermieter etc., und außerdem rechnet das Kreditkartenunternehmen seine Erstattungsansprüche nach §§ 675, 670 BGB nicht sogleich nach Eingang der Leistungsbelege ab, sondern erst periodisch, z. B. am Monatsende. Dadurch schont der Kunde/Karteninhaber wiederum seine Liquidität. Diesen Krediteffekt genießt der Kreditkarteninhaber selbst dann, wenn er die Kreditkarte gar nicht zu einer (teuren!) Kreditschöpfung i. S. einer Überziehung seines Giro-Konto unter Nutzung eines ihm eventuell eingeräumten Überziehungskredits benutzt (als sehr teurer sog. Dispositionskredit, im Volksmund „Dispo" genannt), sondern die Kreditkarte (engl. „credit card") nur als „Zahlungskarte" (engl. „debit card", vgl. „Zahlungskartengeschäft" in §§ 675c ff. BGB): Die im Konsumbereich ökonomisch einzig vernünftige Nutzung!

Weit verbreitet ist auch die „Zahlung" mit der **EC-Karte** (EuroCard), einer reinen Zahlungskarte. Hierbei ist zu unterscheiden: Wird die EC-Karte zusammen mit der PIN (engl. „Personal Identification Number") vom Zahlungsgläubiger akzeptiert, so erfolgt unmittelbar eine Abbuchung vom Giro-Konto des EC-Karteninhabers als des Zahlungsschuldners bei gleichzeitiger Gutschrift auf dem Giro-Konto des Zahlungsgläubigers. Es handelt sich also um eine Leistung an Zahlungs (Erfüllungs) Statt. Wird statt der PIN die EC-Karte (nur) mit Unterschrift verwendet, liegt lediglich eine Leistung zahlungshalber (erfüllungshalber) vor. Die rechtliche Situation ist dann ähnlich wie bei Einsatz der Kreditkarte.

(4) Aufrechnung

Ein Erfüllungssurrogat stellt jedoch die **Aufrechnung** (§§ 387 ff. BGB) dar. Durch sie werden zwei sich einander gegenüberstehende Ansprüche, Haupt- und Gegenforderung, gleichermaßen getilgt (§ 389 BGB). Als **Hauptforderung** bezeichnet man dabei diejenige Forderung, derer sich der Schuldner dadurch entledigt, dass er einen ihm gegenüber dem Gläubiger der Hauptforderung zustehenden Anspruch, eben die **Gegenforderung**, gleichsam opfert (vgl. Abb. 21).

Zum Eintritt dieses doppelten Tilgungseffektes bedarf es zunächst einmal der sog. **Gegenseitigkeit** von Haupt- und Gegenforderung. Das Gesetz drückt dies in § 387 BGB etwas missverständlich mit der Wendung aus, dass zwei Personen einander Leistungen schulden. Es braucht sich freilich nicht notwendig um natürliche oder juristische Personen zu handeln; vielmehr genügt jedes Rechtssubjekt, also auch eine Gesamthandsgemeinschaft. Bei dieser wie auch bei juristischen Personen ist der erforderlichen Gegenseitigkeit besonderes Augenmerk zu widmen.

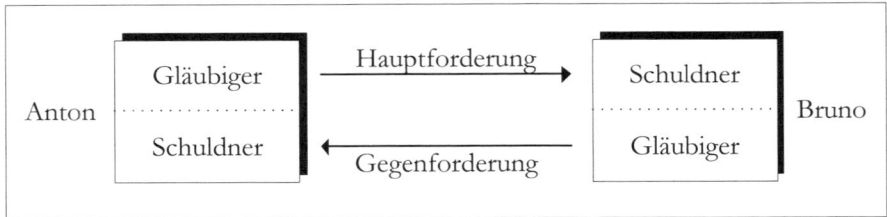

Abb. 21: Haupt- und Gegenforderung bei der Aufrechnung

Die Gegenseitigkeit von Haupt- und Gegenforderung hat auch nicht etwa den Sinn eines Synallagmas wie bei den „gegenseitigen" Verträgen (vgl. §§ 320 ff. BGB). Nicht einmal aus demselben rechtlichen Verhältnis brauchen Haupt- und Gegenforderung zu entspringen, wie dies § 273 I BGB für das allgemeine **Zurückbehaltungsrecht** verlangt (also kein Erfordernis der sog. **Konnexität**). § 387 BGB knüpft die Aufrechnung ferner an die **Gleichartigkeit** der geschuldeten Leistungen. Das ist in der Praxis völlig unproblematisch, weil es sich bei Hauptforderung und zur Aufrechnung gestellter Gegenforderung ja durchweg um Geldschulden handeln wird.

Vordergründig betrachtet ist die Aufrechnung nur ein Instrument, mit dem sich der Schuldner (der Hauptforderung) von seiner Verbindlichkeit befreit. Betrachtet man den Vorgang freilich aus dem Blickwinkel der Gegenforderung, so erscheint die Aufrechnung als ein Akt der Selbsthilfe: Der Schuldner (der Hauptforderung) setzt damit seine Gegenforderung ohne gerichtliche Mitwirkung quasi im Wege einer **Privatvollstreckung** durch (und zwar gemäß § 95 InsO unter den dort genannten Voraussetzungen sogar noch in der Insolvenz der Gegenseite mit der Folge einer nicht nur quotenmäßigen Befriedigung!). Aus der Vollstreckungswirkung erklärt sich, dass § 387 BGB für die Aufrechnung die Fälligkeit und § 390 BGB die Einredefreiheit der Gegenforderung verlangt: Könnte die Gegenforderung - z. B. wegen Stundung, Verjährung, auf Grund § 320 BGB oder wegen § 369 HGB (**kaufmännisches Zurückbehaltungsrecht**) - für sich genommen nicht durchgesetzt werden, so soll dies grundsätzlich auch nicht im Wege der Aufrechnung möglich sein. Allerdings kann nach § 215 BGB ausnahmsweise auch eine verjährte (Gegen-) Forderung zur Aufrechnung gestellt, also doch noch durchgesetzt werden, sofern sie nur einmal bei Eintritt der Aufrechnungsmöglichkeit unverjährt der Hauptforderung gegenüberstand.

Beispiel: Alois nimmt Bert am 9. 6. auf Zahlung in Höhe von Euro 5.000 in Anspruch. Die fällige Forderung erwuchs am 11. 1. Bert rechnet sogleich mit einer uralten Gegenforderung gegen Alois über Euro 3.000 auf, die jetzt zwar verjährt ist, dies am 11. 1. aber noch nicht war: Aufrechnung (in Höhe von Euro 3.000) möglich.

Dass sich Haupt- und Gegenforderung aufrechenbar gegenüberstehen, schafft zunächst nur eine sog. **Aufrechnungslage**, aus der ein Aufrechnungsrecht beider Seiten erwächst. Nicht etwa erlöschen die Forderungen, soweit sie sich decken, schon mit Eintritt der Aufrechnungslage von selbst. Zur Erlöschenswirkung bedarf es vielmehr der Ausübung des Aufrechnungsrechtes, das als **Gestaltungsrecht** nicht der Verjährung unterliegt. Die Ausübung erfolgt durch eine empfangsbedürftige Willenserklärung, die weder bedingt noch befristet erfolgen darf (vgl. § 388 BGB). Da es sich hierbei um ein einseitiges Rechtsgeschäft handelt, muss der Aufrechnende zumindest beschränkt geschäftsfähig sein. Wird wirksam - also bei Bestehen eines Aufrechnungsrechtes und Vorliegen der allgemeinen Wirksamkeitsvoraussetzungen für (einseitige) Rechtsgeschäfte - aufgerechnet, so wird das Erlöschen von Haupt- und Gegenforderung im Umfang ihrer beiderseitigen Deckung auf die Aufrechnungslage rückbezogen (§ 389 BGB). Im vorstehenden Beispiel gelten Haupt- und Gegenforderung in Höhe von Euro 3.000 also **rückwirkend** („ex tunc") bereits am 11. 1. als getilgt. Für die Zeit ab 11. 1. und bezüglich einer Forderungshöhe von Euro 3.000 können deshalb z. B. keinerlei Zinsansprüche erwachsen sein; etwa bereits geleistete Zinsen müssten zurückerstattet werden.

Das hier dargestellte Grundmodell der Aufrechnung ist nach mehreren Richtungen hin modifiziert: So enthalten nicht nur §§ 393 ff. BGB, sondern etwa auch §§ 66 I 2 AktG, 19 II 2 GmbHG, 22 V GenG und 26 VAG wichtige **Aufrechnungsausschlüsse**. Aufrechnungserschwerungen und -ausschlüsse können freilich auch aus Absprachen der Beteiligten resultieren, denn die §§ 387 ff. BGB sind als Schuldrecht ja dispositives Recht. Vereinbarungen, die die Aufrechnung ausschließen, werden häufig in klauselartiger Form getroffen. Um eine solche sog. **Effektivklausel** handelt es sich bei allen „Kasse"-Klauseln, die im Handelsverkehr sehr zahlreich sind.

Beispiele: „Kasse gegen Verladepapiere", „Kasse gegen Rechnung" (oder: „Faktura"), (engl.) „Cash on delivery" („cod").

Umgekehrt kann vertraglich die Aufrechnung auch erleichtert werden, namentlich indem von der notwendigen Gegenseitigkeit Abstand genommen wird. In diesen Zusammenhang gehören namentlich die **Konzernverrechnungsklauseln**. In ihrer umfassensten Gestalt räumen sie dem begünstigten Vertragspartner die Befugnis ein, gegen die Forderung eines Konzernunternehmens mit einer Gegenforderung aufzurechnen, die sich nicht gegen eben dieses, sondern gegen irgendein anderes demselben Konzern angehörendes, rechtlich selbständiges Unternehmen richtet. Und von der Notwendigkeit einer Aufrechnungserklärung gemäß § 388 BGB entbindet die Verabredung eines **Kontokorrent** (§§ 355 ff. HGB), durch welches sich eine Saldierung der in das Kontokorrent einbezogenen Forderungen am Ende der vereinbarten Rechnungsperiode automatisch vollzieht.

(5) Kaufmännisches Zurückbehaltungsrecht

Ein besonderes Erfüllungssurrogat steht beim beiderseitigen Handelsgeschäft auf Grund § 371 HGB für fällige Forderungen (§ 371 HGB bezieht sich auf § 369 HGB!) zur Verfügung: Der Gläubiger, dem ein solches kaufmännisches Zurückbehaltungsrecht zusteht, kann sich aus den zurückgehaltenen Gegenständen im Eigentum des Schuldners wegen der fälligen, aber unerfüllten Forderung schadlos halten. Das sog. **kaufmännische Zurückbehaltungsrecht** impliziert also zugleich auch ein **Ersatzbefriedigungsrecht**.

f) Sonstige Erlöschensgründe

Außer durch Erfüllung und erfüllungsäquivalente Vorgänge kann ein Anspruch auch durch **Erlass** (§ 397 I BGB) oder durch ein (in Wahrheit unzutreffendes!) Anerkenntnis des Gläubigers, dass ein Anspruch nicht bestehe (§ 397 II BGB), erlöschen. Man spricht in letzterem Falle von einem (konstitutiven) **negativen Schuldanerkenntnis**. Eine besondere Rolle spielt das negative Schuldanerkenntnis dabei in Dauerschuldverhältnissen, z. B. im Arbeitsverhältnis: Nach vollständiger Beendigung des Arbeitsverhältnisses erteilen sich Arbeitgeber und Arbeitnehmer gegenseitig eine sog. **Ausgleichsquittung**, in der sie feststellen, dass keine Seite mehr Ansprüche an die jeweils andere Seite hat. Sollten solche Ansprüche in Wahrheit doch noch bestanden haben, sind sie dadurch erloschen.

Beides, Erlass und negatives Schuldanerkenntnis, bedürfen nach § 397 BGB zu ihrer Wirksamkeit der Mitwirkung des Schuldners („...durch Vertrag..."). Entgegen dem Wortsinn handelt es sich also nicht um einseitige, sondern um zweiseitige Rechtsgeschäfte. Ein einseitiger **Forderungsverzicht** ist unwirksam. Aber natürlich steht es dem Gläubiger frei, seine Forderung einfach nicht geltend zu machen. Für die Wirksamkeit gleichgültig ist hingegen auch hier entsprechend dem Grundsatz der Formfreiheit, wie die Parteien ihren diesbezüglichen Willen erklären. Wegen des oft im Vordergrund stehenden Beweiszweckes wird aber namentlich die Ausgleichsquittung durchweg schriftlich erteilt. Dasselbe gilt selbstverständlich, wenn das negative Schuldanerkenntnis im Rahmen eines **Vergleichs** (§ 779 I BGB) abgegeben wird, durch den die Parteien eine für sie ungewisse Rechtslage im Wege des gegenseitigen Nachgebens einverständlich neu definieren.

Auch durch das Ausüben (einseitiges, formloses Rechtsgeschäft, empfangsbedürftige Willenserklärung gemäß § 349 BGB) eines vertraglich eingeräumten **Rücktrittsrechtes** erlöschen die ursprünglichen vertraglichen Erfüllungsansprüche und der (schuldrechtliche) Vertrag wandelt sich in ein Rückgewährschuldverhältnis um.

Beispiel: „Bei Nichtgefallen der Ware nehmen wir diese gerne zurück und erstatten den Kaufpreis."

Dasselbe gilt bei gesetzlichen Rücktrittsrechten, etwa im Fall des § 437 Nr. 2 BGB (Kauf einer mangelhaften Sache, Einzelheiten: §§ 346 ff. BGB). Auch bewirkt die Überschreitung einer auch bei Ansprüchen durchaus nicht seltenen **Ausschlussfrist** (vgl. z. B. § 21 V AGG, § 13 I ProdHaftG, § 4 IV 3 TVG) das Erlöschen des Anspruchs. Erlöschensgründe normieren ferner bei den dort genannten „Leistungshindernissen", insbesondere bei **Leistungsunmöglichkeit**, die §§ 275 I, 326 I 1 BGB. Ein gesetzlich überhaupt nicht fixierter Erlöschensgrund ist schließlich die sog. **Konfusion**, das nachträgliche Zusammenfallen von Gläubiger- und Schuldnerposition.

Beispiel: G hat gegen S einen Anspruch. Nach dem Tode des G tritt S dessen Erbe an, erwirbt also durch § 1922 I BGB zumindest für eine „logische" oder „juristische" Sekunde auch diesen Anspruch: Erlöschen des Anspruchs, weil rechtslogisch niemand gegen sich selber einen Anspruch haben kann.

Insgesamt ergeben sich somit zahlreiche Erlöschensgründe, von denen freilich nur ein Teil (Erfüllung und Erfüllungssurrogate) das Gläubigerinteresse direkt oder indirekt befriedigen. Über die wichtigsten Erlöschensgründe für ein Schuldverhältnis (i. e. S.) informiert zusammenfassend der Überblick in Abb. 22.

Streng genommen nicht in diesen Zusammenhang gehört der **Aufhebungsvertrag** (auch Auflösungsvertrag genannt). Er betrifft nicht das Schuldverhältnis i. e. S. der einzelnen Schuldner/Gläubiger-Beziehung, sondern das Schuldverhältnis i. w. S., namentlich also das Vertragsverhältnis als Ganzes. Er ist das Spiegelbild des Vertragsschlusses, sein **actus contrarius** Mit ihm haben die Vertragsparteien die Möglichkeit, das Vertragsverhältnis einvernehmlich jederzeit zu annulieren, ohne an irgendwelche Fristen oder besondere Auflösungsgründe gebunden zu sein.

Beispiel: Kurzfristig wird ein Wohnungsmiet- oder Arbeitsverhältnis einvernehmlich zum 18. 11. aufgehoben, obwohl dies z. B. durch Kündigung entweder überhaupt nicht, nur zum Quartalsende oder nur unter sonstigen Restriktionen (z. B. Zustimmung des Betriebsrats) möglich wäre.

g) Der Dritte im Vertragsverhältnis

(1) Verträge zugunsten Dritter

Dass auch ein Nicht-Schuldner bzw. ein Nicht-Gläubiger, also ein Dritter, von einem Schuldverhältnis berührt werden kann, ist bereits mehrfach zur Sprache

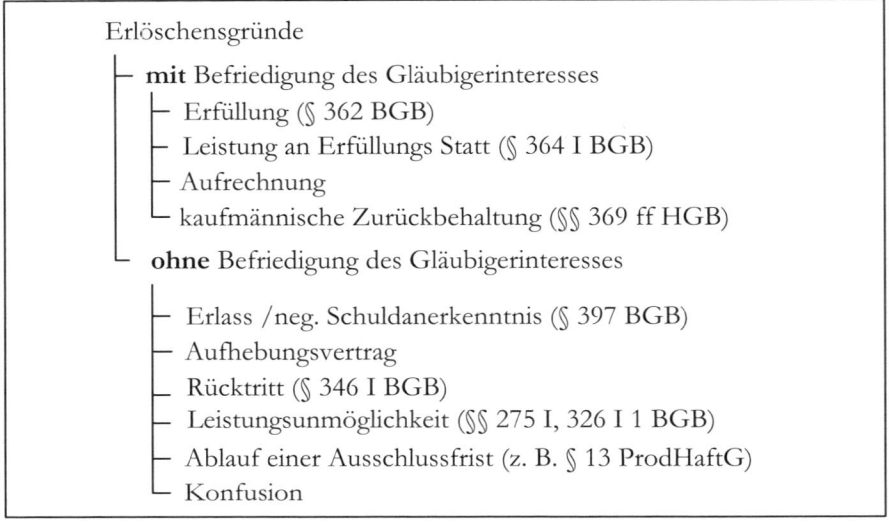

Abb. 22: Erlöschensgründe für das Schuldverhältnis i. e. S.

gekommen. Die wirksame Erfüllung einer Leistungspflicht durch einen Dritten nach § 267 BGB und der Vertrag, mit dem ein anderer als der Gläubiger zur Leistungsannahme ermächtigt wird (§§ 362 II, 185 BGB, sog. **unechter Vertrag zugunsten Dritter**), markierten bisher diesen Themenkreis. Eine qualitative Steigerung gegenüber jenem Vertrag mit bloßer Ermächtigung zu Gunsten eines Dritten bedeutet es nun, wenn dieser Dritte die Leistung nicht nur mit Erfüllungswirkung entgegennehmen, sondern auf Grund eines eigenen Anspruchs die Leistung sogar selber verlangen kann. Diese schon in der Privatautonomie wurzelnde Möglichkeit der Vertragsgestaltung sieht § 328 BGB ausdrücklich vor. Der Dritte erlangt durch einen solchen **echten Vertrag zugunsten Dritter** ohne seine Mitwirkung eine **Gläubigerposition**, kann freilich der Begünstigung widersprechen mit der Wirkung, dass das betreffende subjektive Recht als (von Anfang an) nicht erworben gilt (§ 333 BGB). Bleibt es bei dem eigenen Forderungsrecht des Dritten, so ist seine Rechtsstellung keine andere als die des Vertragsgläubigers (des „Versprechensempfängers"). Der Schuldner (der „Versprechende") kann also gemäß § 334 BGB auch gegenüber dem Dritten geltend machen, dass der Vertrag z. B. wegen Geschäftsfähigkeitsmängeln nichtig ist und damit auch der Dritte in Wahrheit dann keinen Anspruch erworben hat.

Ist der Vertrag wirksam und damit auch die Gläubigerposition des Dritten begründet, so steht nach § 335 BGB im Zweifel das Recht, Leistung an den Dritten zu verlangen, auch dem Vertragsgläubiger (dem „Versprechensempfänger") zu. Bei allem ist der Dritte nicht zu der vertraglichen Gegenleistung verpflichtet. Diese Verpflichtung trifft allein den „Versprechens-empfänger". Erst recht können keine isolierten, den Dritten treffenden Pflichten begründet werden: Einen „**Vertrag zu Lasten Dritter**" gibt es grundsätzlich nicht.

Eine besondere wirtschaftliche Bedeutung besitzt der (echte) Vertrag zugunsten Dritter im **Versicherungsrecht**, wenn es dem Versicherungsnehmer gerade um den Schutz jenes Dritten geht. Dies ist der Fall namentlich bei der auch in § 330 BGB angesprochenen Lebensversicherung (insbesondere bei einer Lebensversicherung auf den Todesfall, gelegentlich aber auch bei der sog. Erlebensversicherung), bei der eine dem Versicherungsnehmer nahestehende Person Bezugsberechtigter der Versicherungssumme sein soll. Zu dem Typ eines echten Vertrages zugunsten Dritter zählen etwa auch die Ausbildungsversicherung zugunsten eines Kindes oder die (übrigens praktisch überflüssige!) Kfz-Insassenunfallversicherung sowie im kaufmännischen Bereich die von Lagerhaltern, Frachtführern oder Kommissionären geschlossenen Versicherungen in Bezug auf das betreffende Gut zugunsten des jeweiligen Eigentümers. Die Prämienzahlungen erfolgen dabei freilich letztlich auf Rechnung des Eigentümers, sind also von diesem zu erstatten. Für derartige Versicherungen enthält das VVG (§§ 43 ff., 160 III VVG) dann eine Reihe von Ergänzungen bzw. Modifikationen der §§ 328 ff. BGB. Auch im **Bankrecht** spielt der Vertrag zugunsten Dritter eine Rolle, etwa bei Einrichtung eines Sparkontos auf den Namen des Patenkindes bei Aushändigung des Sparbuches an dieses. Umgekehrt klärt § 329 BGB bei der sog. **Erfüllungsübernahme**, dass im Zweifel dies gerade keinen Vertrag zugunsten eines Dritten, hier des Gläubigers des Versprechensempfängers, darstellen soll. Für den in der Praxis äußerst häufigen Fall der Erfüllungsübernahme durch den Kreditkartenvertrag greift die Vermutung des § 329 BGB freilich gerade nicht.

Nicht verwechselt werden darf die Rechtsfigur des Vertrages zugunsten Dritter mit der Stellvertretung: Der im fremden Namen und im Rahmen seiner Vertretungsmacht agierende Stellvertreter begründet Rechtswirkungen allein in der Person des von ihm vertretenen Prinzipals (Rechte und Pflichten!). Bei § 328 BGB hingegen handelt der „Versprechensempfänger" im eigenen Namen und ist damit selber Vertragspartei. Lediglich seine vertraglichen Rechte stehen (auch) dem Dritten zu.

Wiederum etwas anderes ist die sehr seltene sog. **Rechtsstandsschaft**: Dort gibt das Gesetz ganz ausnahmsweise die Möglichkeit, einen fremden Anspruch im eigenen Namen geltend zu machen, also auch Leistung an sich selber zu verlangen (vgl. für den Frachtvertrag § 421 I 2 HGB), während beim Vertrag zugunsten Dritter der Dritte selber Gläubiger ist, also einen eigenen Anspruch erheben kann.

(2) Verträge mit Schutzwirkung für Dritte

Gelegentlich entspricht es den Interessen einer Partei, ja ist es sogar ein Gebot von Treu und Glauben (§ 242 BGB), einen Dritten zwar nicht bezüglich des Anspruchs auf die Leistung nach dem Muster des § 328 BGB in den Vertrag mit einzubeziehen, ihn jedoch an den Wirkungen teilhaben zu lassen, die der (schuldrechtliche) Vertrag durch die ihm eigenen Schutzpflichten erzeugt. Dies gilt namentlich dann, wenn erstens einer Vertragspartei kraft Gesetzes jener Dritte in besonderer Weise anbefohlen ist.

Beispiele: Das (minderjährige) Kind ist den Eltern kraft Familienrecht (§ 1626 BGB) schutzbefohlen, ebenso sind es die Ehegatten untereinander (§ 1353 I 2, 2. Halbs. BGB). Die Arbeitnehmer sind dem Arbeitgeber kraft Arbeitsrecht schutzbefohlen (vgl. § 618 BGB).

Zweitens ist vorauszusetzen, dass dieser Dritte durch seine Nähe zum Erfüllungsvorgang spezifisch gefährdet erscheint. Einen solchen Vertrag (nur) mit **Schutzwirkung für Dritte** erkennt wohl auch § 311 III 1 BGB an, obwohl sein Regelungsschwerpunkt woanders (z. B. bei einer ausnahmsweise bestehenden Eigenhaftung des Vertreters) liegen dürfte.

Die Konsequenzen einer solchen Einbeziehung des Dritten in den vertraglichen Schutz liegen vor allem auf dem Gebiet des **Haftungsrechts**: Erleidet der Dritte durch den Schuldner selber oder durch Personen, die der Schuldner zur Leistungserbringung oder wenigstens zur Erfüllung der Schutzpflicht einschaltet (vgl. § 278 BGB), einen Schaden, so hat er einen eigenen vertraglichen Schadensersatzanspruch gegen den Schuldner aus zu vertretender Pflichtverletzung gemäß § 280 BGB.

Beispiele: Das durch einen ärztlichen Kunstfehler in Mitleidenschaft gezogene Kind hat einen vertraglichen Anspruch auf Ersatz des ihm entstandenen Schadens gegen den Krankenhausträger, obwohl der Behandlungsvertrag mit dem Vater des Kindes geschlossen worden war (der Arzt ist Erfüllungsgehilfe des Krankenhausträgers i. S. des § 278 BGB).
A in Augsburg lässt von der Bauunternehmung B in der Fertigungshalle des Betriebsteiles in Bamberg Umbauarbeiten durchführen. Durch eine zu schwach dimensionierte Befestigung stürzt eine Trennwand um und verletzt zahlreiche dort beschäftigte Arbeitnehmer. Diese haben, obwohl selber nicht Vertragspartei, vertragliche Schadensersatzansprüche gegen B.

(3) Schuldübernahme, Abtretung, Vertragsübernahme

Die an einem Schuldverhältnis Beteiligten können im Laufe der Zeit wechseln. Dabei ist die Auswechselung des Schuldners ein sehr seltener Fall. Denn damit muss der Gläubiger in jedem Fall einverstanden sein (vgl. §§ 414, 415

BGB), wozu der Gläubiger wegen einer vielleicht schlechteren „Bonität" eines anderen Schuldners (schlechtere Zahlungsmoral oder Vermögensverhältnisse) durchweg keinerlei Veranlassung hat. Von dieser sog. **privativen** (befreienden) **Schuldübernahme** ist übrigens das Hinzutreten eines weiteren Schuldners scharf zu trennen. Dazu kommt es nicht nur bei der schon erörterten Erfüllungsübernahme durch den Kreditkartenvertrag, sondern auch dann, wenn jemand der Schuld eines anderen beitritt (sog. **kumulative Schuldübernahme**).

Eine wirtschaftlich bedeutende Rolle spielt hingegen der **Gläubigerwechsel**. Regelmäßig erfolgt er durch ein (zweiseitiges) Rechtsgeschäft zwischen dem bisherigen Gläubiger (dem sog. Alt-Gläubiger), und demjenigen, der Anspruchsinhaber werden soll. Dieser von § 398 BGB „Abtretung" und ansonsten oft „Zession" genannte, keiner Form bedürftige Vertrag, in dem sich Alt- und Neu-Gläubiger, „**Zedent**" und „**Zessionar**", über den Wechsel des Anspruchsinhabers einigen, greift unmittelbar in die Rechtsstellung des Alt-Gläubigers ein, ist somit ein Verfügungsgeschäft ganz in Parallele zur Übereignung (vgl. §§ 873 I, 929 BGB), die einen Wechsel in der Innehabung des Sacheigentums bedeutet. Die Zession erfüllt nach § 413 BGB überhaupt ganz generell bei unkörperlichen Rechtsobjekten dieselbe **Rechtsübertragungsfunktion** wie speziell bei körperlichen Rechtsobjekten (Sachen) die Übereignung. Die Zession ist deshalb rechtslogisch ebenso wie die Übereignung unabhängig von dem ihr wirtschaftlich zugrunde liegenden Rechtsverhältnis, dem sog. Kausalgeschäft, also z. B. Schenkung oder Forderungskauf **(Abstraktionsprinzip)**.

Der Anwendungsbereich der Zessionsvorschriften wird schließlich noch dadurch ausgeweitet, dass sie nach § 412 BGB auch dann entsprechend gelten, wenn der Gläubigerwechsel gar nicht auf einem Rechtsgeschäft, sondern unmittelbar auf gesetzlicher Anordnung beruht. Eine derartige **Legalzession** normiert z. B. § 86 I VVG: Leistet in der Schadensversicherung der Versicherer an den geschädigten Versicherungsnehmer, so geht ein etwa bestehender Schadensersatzanspruch des Versicherungsnehmers gegen einen Dritten, namentlich gegen den Schädiger selber, auf den Versicherer über. Der Versicherer kann nunmehr seinerseits diesen Anspruch verfolgen und sich mit dem Regress ganz konkret refinanzieren. Ähnlich verhält es sich nach § 774 BGB im Fall des Bürgen, der den Gläubiger befriedigt hat. Schließlich kann eine Forderung auch im Wege der Zwangsvollstreckung „weggenommen", also gemäß §§ 829, 835 ZPO gepfändet und durch Überweisungsbeschluss auf einen anderen übertragen werden. In jedem Fall wird der Alt-Gläubiger, der ja gar nicht mehr Gläubiger ist, in Bezug auf das jetzt zwischen Neugläubiger und Schuldner bestehende Schuldverhältnis zum außenstehenden Dritten (vgl. Abb. 23).

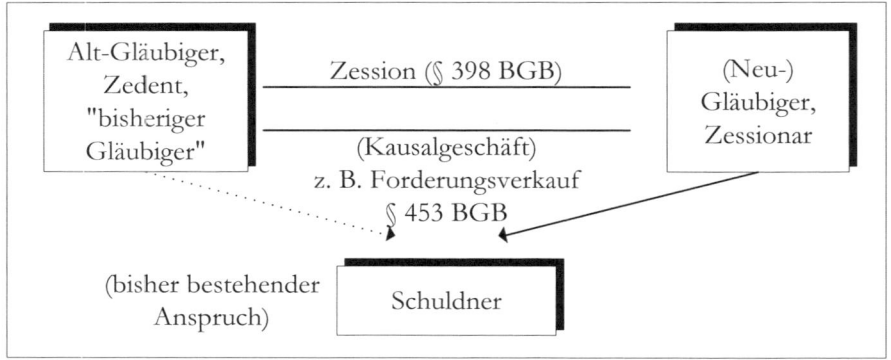

Abb. 23: Forderungsabtretung (Zession)

Weit über eine Legalzession hinaus reichen aber z. B. §§ 563 ff., 613a BGB oder § 95 VVG): Hier gehen kraft Gesetzes nicht nur einzelne Ansprüche (also Gläubigerpositionen) auf einen anderen über, sondern es findet ein kompletter Vertragspartnerwechsel statt, was nicht nur Legalzessionen, sondern auch gesetzliche Schuldübernahmen bedeutet. Eine solche **Vertragsübernahme** kann selbstverständlich auch rechtsgeschäftlich, im Einvernehmen zwischen allen Beteiligten, herbei geführt werden. Es handelt sich dann begrifflich um eine Kombination aus privativer (befreiender) Schuldübernahme und Abtretung.

Die Verbreitung der Abtretung (Zession) beruht nicht zuletzt darauf, dass es dazu im Gegensatz zur Schuldübernahme nach den §§ 414, 415 BGB der Mitwirkung des Schuldners nicht bedarf. Die Gläubigerposition wird vielmehr selbst dann übertragen, wenn der Schuldner von der Transaktion überhaupt nichts erfährt. Derartige „stille" **Zessionen** sind in der Wirtschaftspraxis sogar die Regel, weil dem Zedenten, dem Alt-Gläubiger, aus Image- und Bonitätsgründen nichts daran liegt, zu offenbaren, dass er die Forderung etwa zu Zwecken der Kreditsicherung ganz oder teilweise (bei teilbaren Leistungen, namentlich also bei Zahlungsforderungen) an seine Bank oder an seinen Vorlieferanten abgetreten hat. Noch komplexer wird die Rechtslage dann, wenn der (Neu-)Gläubiger den Zedenten nach § 185 I BGB (analog) ermächtigt, sich so zu verhalten, als sei er noch Gläubiger, und den Anspruch im eigenen Namen, aber auf Rechnung des Zessionars, also als fremdnütziger **Treuhänder** gegenüber dem Schuldner geltend zu machen (so regelmäßig beim sog. verlängerten Eigentumsvorbehalt: Einzugs- oder **Inkasso-Ermächtigung** des unter Eigentumsvorbehalts belieferten, aber zur Weiterveräußerung der Ware ermächtigten Handelsunternehmens). Inkasso-Ermächtigungen, die dann zugleich eine Erfüllungszuständigkeit i. S. der §§ 362 II, 185 I BGB begründen, kommen freilich auch bei „offenen" Zessionen oder ganz isoliert davon vor.

Beispiel: Erteilung einer Einzugsermächtigung an einen Verein durch ein Vereins-mitglied bezüglich der geschuldeten Beiträge: Der Verein darf insoweit die Auszahlungsforderung des Mitglieds gegenüber der kontoführenden Bank im ei-genen Namen geltend machen und damit Zahlung an sich, den Verein, verlangen, ohne dass irgendwelche Zessionsvorgänge stattfänden.

Wiederum etwas anderes als die Inkasso-Ermächtigung ist die **Inkasso-Zession**. Sie ist regelmäßig eine **offene Zession**. Doch das, was der Schuld-ner erfährt, nämlich, dass er sich nunmehr vielleicht auch gegen seinen Willen einem Gläubiger gegenüber sieht, entspricht gar nicht dem wirtschaftlichen Sinn dieser Zession. Denn im Verhältnis zwischen Zedent und Zessionar ist hier vereinbart worden, dass der Zessionar die eingezogenen Beträge an den Zedenten abführen soll. Der Zessionar fungiert hier also wiederum als **Treu-händer** des Zedenten, dem damit durchaus noch wirtschaftlich, nicht aber mehr rechtlich die Forderung zusteht. Dieser Mechanismus spielt namentlich beim Factoring eine wichtige Rolle.

Nicht alle Forderungen können wirksam abgetreten werden. **Unabtretbarkeit** besteht einmal dann, wenn der Schuldner und der Gläubiger dies bei Entste-hen der Verbindlichkeit oder auch später so abgesprochen haben (§ 399, 2. Alt. BGB). Dies ist für den Schuldner zwar wünschenswert, weil er dann auf Dauer weiß, mit wem er es als Gläubiger zu tun hat, doch selten durchsetzbar. Unabtretbarkeit besteht ferner, wenn spezielle gesetzliche Abtretungsaus-schlüsse angeordnet werden (vgl. z. B. § 400 BGB i. V. m. §§ 850 ff. ZPO; § 613 S. 2 BGB; § 717 S. 1 BGB: „Abspaltungsverbot"; § 3 I 2 UKlaG). Unabtretbarkeit besteht schließlich ganz allgemein dann, wenn durch die Ab-tretung der Leistungsinhalt verändert würde (§ 399, 1. Alt. BGB).

Beispiel: Unterhaltsansprüche; Urlaubsanspruch des Arbeitnehmers; Herausgabe-anspruch des Eigentümers (§ 985 BGB) ohne gleichzeitige Sachübereignung; Anspruch auf Unterlassung von Wettbewerb (vgl. §§ 60, 74 HGB).

Unter den Voraussetzungen des § 354a I 1 HGB ist die Vereinbarung über die Unabtretbarkeit freilich ihrerseits unwirksam. Die Vorschrift ist zwar schuld-rechtlicher Natur, kann aber trotzdem wegen ihres S. 3 nicht abbedungen werden.

Selbstverständlich kann eine Forderung nur einmal wirksam abgetreten wer-den. Erfolgen - z. B. aus Vergesslichkeit, in betrügerischer Absicht etc. - dem-nach durch den Altgläubiger weitere „Abtretungen", so erzeugen diese keine Zessionswirkungen (**Prioritätsprinzip**, volkstümlich: „Wer zuerst kommt, mahlt zuerst"). Einer Zession steht jedoch nicht entgegen, dass die zedierte Forderung im Zeitpunkt ihrer Abtretung dem Gläubiger gar nicht zusteht oder vielleicht sogar überhaupt noch nicht existiert. Diese vorweggenommene, **antizipierte Zession** tritt eben dann in Kraft, wenn der Zedent die Forderung erlangt. Vorausgesetzt ist dabei - wie auch sonst - freilich, dass die Forderung, auf die sich die **Vorausabtretung** bezieht, überhaupt hinreichend bestimmt bzw. bestimmbar ist.

Als Ausgleich dafür, dass der Schuldner bei der Zession weder mitwirken noch überhaupt informiert werden muss, enthalten die §§ 404 ff. BGB eine ganze Reihe von schuldnerschützenden Vorschriften mit teilweise sehr komplizierten Regelungen. Besondere Beachtung verdient jedenfalls der **Schuldnerschutz** nach § 404 BGB. Sein Tenor lautet, dass der Schuldner durch die Abtretung nicht schlechter gestellt ist als gegenüber dem bisherigen Gläubiger (Alt-Gläubiger, Zedent). So setzt sich beispielsweise die Anspruchsverjährung auch nach der Zession fort und beginnt nicht etwa wieder neu zu laufen, und der aus einem gegenseitigen Vertrag verpflichtete Schuldner kann auch gegenüber dem Zessionar auf Leistung Zug um Zug bestehen (§ 320 BGB), solange der dem Schuldner ja immer noch zur Gegenleistung verpflichtete Zedent nicht erfüllt hat. Auch eine schon im Zeitpunkt der Zession bestehende Aufrechnungsmöglichkeit bleibt erhalten und wird im Fall der stillen Zession durch § 406 BGB sogar noch erweitert. Es handelt sich dabei allerdings um dispositives Recht, nur beim Verbraucherdarlehen (§ 491 I BGB) ist dieser Schuldnerschutz gemäß § 496 I BGB zwingendes Recht.

Ob und inwieweit eine Forderung angesichts solcher Einschränkungen wirtschaftlich überhaupt etwas wert ist, kann ein Gläubiger schlechterdings nicht sicher beurteilen, mag auch der Zedent beruhigende, möglicherweise aber eben falsche Auskünfte erteilen. Gerade um das Risiko des Zessionars kalkulierbar zu gestalten und damit eine wirkliche Verkehrsfähigkeit (**Umlauffähigkeit**) von Forderungen herzustellen, gilt für die in bestimmten **Wertpapieren** (Inhaber- und Orderpapieren) verbrieften Forderungen eine dem § 404 BGB entgegengesetzte Regelung: Der Schuldner kann dem Zessionar hier insbesondere auch bei Scheck und Wechsel im Prinzip nicht (mehr) die Einwendungen entgegenhalten, die ihm gegenüber dem Zedenten zustanden (vgl. §§ 796 BGB, 364 II HGB sowie Artt. 22 ScheckG und 17 WG).

Im Rahmen der Schuldnerschutzvorschriften hat ferner § 407 BGB einen besonders wichtigen Platz: Bei einer stillen Zession kann der Schuldner mit dem Zedenten, der ja gar nicht mehr Gläubiger ist, gemäß § 407 I BGB solange Stundungen mit Wirkung gegenüber dem Zessionar, dem wahren Gläubiger, vornehmen oder ähnliche Rechtsgeschäfte tätigen und sogar die Forderung des Zessionars durch Leistung an den bisherigen Gläubiger, den Zedenten, zum Erlöschen bringen, solange der Schuldner von der Abtretung tatsächlich keine Kenntnis hat. Ob der Schuldner die neue Rechtslage hätte in Erfahrung bringen können, ist bei der Frage des Schutzes der **Gutgläubigkeit** eines Schuldners im Zusammenhang mit § 407 BGB also belanglos. Den Interessen des Zessionars trägt § 816 II BGB Rechnung.

Der Schuldner muss sich erst dann an der wahren Rechtslage orientieren, wenn aus der stillen eine offene Zession geworden ist, sei es, dass der Zessionar dem Schuldner eine Abtretungsurkunde vorlegt oder wenigstens der Zedent den Schuldner schriftlich über den Abtretungsvorgang informiert (vgl. § 410 BGB). Entspricht umgekehrt die **Abtretungsurkunde** bzw. die schriftliche **Abtretungsanzeige** gar nicht der wahren Rechtslage, ist also der Scheinzedent aus irgendwelchen Gründen doch noch der Gläubiger, so kann sich nach § 409 BGB der Schuldner dennoch auf den Schein berufen, etwa mit befreiender Wirkung an den „Zessionar" als den Scheingläubiger leisten. Selbstverständlich kann der Schuldner sich aber auch auf die Grundlage der wahren Rechtslage stellen und an den Zedenten, der hier ja nach wie vor Gläubiger ist, mit Erfüllungswirkung leisten.

Ähnlich wie die Schuldnerbefreiung bei § 407 I BGB, aber ohne Rücksicht auf Gutgläubigkeit, wirkt § 354a I 2 HGB, wenn der Schuldner im Fall des § 354a I 1 HGB an den Zedenten leistet.

Als Teil des Schuldrechts sind die Zessionsvorschriften grundsätzlich dispositiv. Namentlich für die dem Zessionar als Gläubiger sehr lästige Schuldnerschutzvorschrift des § 404 BGB, aber auch für die §§ 409 und 410 BGB (sämtlich dispositives Recht!), stellt sich deshalb im konkreten Fall oft die Frage, ob dem Schuldner infolge rechtsgeschäftlicher Erklärungen jener Schutz überhaupt noch zur Seite steht. Um solchen für den Schuldner sehr riskanten Zweifeln von vornherein zu begegnen, sollte in solchen Situationen besonders auf klaren Ausdruck geachtet werden.

Beispiel: Möglicherweise als Verzicht auf den zessionsrechtlichen Schuldnerschutz auszulegen ist die zumeist noch vom Zessionar formularmäßig abverlangte Erklärung des Schuldners, er erkenne die Abtretung an bzw. nehme die Abtretung an oder bestätige sie, vielleicht sogar „ohne Vorbehalt". Sicher kein Verzicht ist demgegenüber der Erklärung des Schuldners zu entnehmen, er nehme von der Abtretungsurkunde oder -anzeige Kenntnis.

Mit der Zession hat nun wiederum § 851 BGB gar nichts zu tun, wohl aber - wie § 407 I BGB - mit der Befreiung des Schuldners auch durch Leistung an einen Nichtgläubiger bei diesbezüglicher Gutgläubigkeit des schadensersatzpflichtigen Schuldners in der dort tatbestandlich näher umschriebenen Situation.

3. Leistungsstörungen

a) Überblick

Nicht immer erhält der Gläubiger das, was ihm nach dem Schuldverhältnis, insbesondere nach den schuldvertraglichen Vereinbarungen, als Leistung gebührt. Nicht immer wird das rechtlich geschützte Interesse des Gläubigers so erfüllt, wie er es hinsichtlich des Leistungsgegenstandes, des Leistungsortes, der Leistungszeit und der Leistungsmodalitäten im Übrigen erwarten darf. Nimmt das (Vertrags-)Schuldverhältnis also nicht den programmgemäßen Verlauf bis hin zur Erfüllung, treten vielmehr irgendwelche Störfälle auf, so spricht man schlechthin von Vertragsverletzung oder auch von Vertragsbruch (engl. „breach of contract"), juristisch aber zumeist von **Leistungsstörungen** (das Gesetz selbst kennt diesen Begriff nicht). Verständlicherweise interessiert man sich im Wirtschaftsleben für rechtliche Fragestellungen zumeist gerade dann, wenn derartige Leistungsstörungen eingetreten oder ernsthaft in Erwägung zu ziehen sind. Von daher gehört das Recht der Leistungsstörungen zu den wichtigsten wirtschaftsprivatrechtlichen Materien.

Das deutsche Recht hält für die Leistungsstörungen seit jeher eine sehr differenzierte Regelung bereit (anders für den internationalen Handelskauf das UN-Kaufrecht). Allerdings ist mit der sog. **Schuldrechtsmodernisierung** des BGB zum 1. 1. 2002 ein tiefgreifender Wandel des Rechtsbereichs erfolgt: Mit § 280 I BGB wurde immerhin ein **zentraler Tatbestand** für Schadensersatzansprüche bei Pflichtverletzungen geschaffen, der insoweit Lücken begrifflich ausschließt (vgl. aber auch den ergänzenden § 311a II BGB). Die demgegenüber früher zur Lückenschließung vielfach benötigte sog. pVV (positive Vertragsverletzung) sowie die sog. cic (lat. „culpa in contrahendo", Verschulden bei Vertragsschluss) sind als Rechtsfiguren nur noch rechtshistorisch und terminologisch von Interesse.

Dennoch bleiben die **systematischen Zusammenhänge** durchaus verwickelt, weil der Gesetzgeber nicht umhin kommt, schon ganz unabhängig von vertragstypischen Eigenheiten Sonderregelung zu treffen. Dies ist notwendig einmal im Blick auf die Art der Leistungsstörung (Leistungsunmöglichkeit, Leistungsverzögerung, Schlechtleistung) zum anderen im Blick auf die Konsequenzen der Leistungsstörung bezüglich der Gegenleistungspflicht und des Schadensersatzes (Ersatz des gerade durch die Pflichtverletzung entstandenen Schadens oder Schadensersatz statt der Leistung) sowie eines eventuellen Rücktritts vom Vertrag. Außerdem ergeben sich Verständnisprobleme durch vertragstypische Sonderregelungen gegenüber der allgemeinen Regelung der Leistungsstörungen, z. B. bezüglich der vom Verkäufer dem Käufer gegenüber geschuldeten Gewährleistung bei Sach- und Rechtsmängeln (§§ 434 ff. BGB).

Bei dem Thema Leistungsstörung stellen sich immer 4 Fragen, um deren Beantwortung letztlich keine Rechtsordnung herumkommt. Erstens: Wie wirkt sich die Leistungsstörung auf die Vertragswirksamkeit insgesamt aus? Zweitens: Wie wirkt sich die Leistungsstörung auf die gestörte Leistungspflicht (die sog. **primäre Leistungspflicht**) aus? Drittens: Führt die Leistungsstörung zu einer weiteren Pflicht, insbesondere zu einer Schadensersatzpflicht (sog. **se-**

kundäre Leistungspflicht)? Viertens: Wie wirkt sich die Leistungsstörung auf die (nicht gestörten) Pflichten des Vertragspartners aus, insbesondere auf seine synallagmatischen Pflichten? Letzteres ist die Frage nach dem sog. **funktionellen Synallagma.**

Beispiel: Geht die Ware auf dem Transport verloren, muss geklärt werden, ob der Kaufvertrag überhaupt noch wirksam ist, und bejahendenfalls, ob der Verkäufer dennoch von der Verpflichtung zu der ja unmöglichen Leistung befreit ist. Außerdem sind Bestehen und Umfang einer Schadensersatzpflicht des Verkäufers zu klären (Schadensersatz statt der Leistung?), ferner, ob der Käufer seinerseits zur Zahlung des Kaufpreises verpflichtet bleibt, obwohl er vielleicht gegenüber dem Verkäufer weder den primären noch einen sekundären Anspruch hat.

Dass es für diese komplexe Materie keine einfachen und zugleich interessengerechten Lösungen geben kann, wird jedem einsichtig sein. Hat das neue Leistungsstörungsrecht einerseits die Lücken und Probleme des alten, freilich über fast 100 Jahre ausreifenden Systems des Leistungsstörungsrechts beseitigt, so hat es andererseits beinahe zwangsläufig neue Unklarheiten (und auch Ungereimtheiten) erzeugt. Dies erschwert die Vermittlung des ohnehin komplizierten Stoffes noch mehr, selbst wenn im Folgenden nur die **Grundzüge** des **Leistungsstörungsrechts** dargestellt werden sollen.

Nach wie vor bedeutsam ist jedenfalls die **Leistungsunmöglichkeit** als charakteristische Leistungsstörung und ihr **gleichstehende Leistungshindernisse**, die allesamt nach § 275 BGB dazu führen, dass der „Schuldner" nicht leisten muss. Da § 275 I BGB nicht als Einrede, also als bloßes Leistungsverweigerungsrecht des Schuldners, ausgestattet ist, sondern der Anspruch „ausgeschlossen" ist, gibt es somit streng genommen auch gar keinen Schuldner. Schon hier erweist sich das nun auch schon nicht mehr ganz „neue" Schuldrecht in den daran anknüpfenden Normen der §§ 283, 311a BGB konstruktiv und damit auch terminologisch als nicht durchweg überzeugend. Außerdem muss zwar nicht mehr so scharf wie früher zwischen dem Unvermögen, also der bloß **subjektiven Unmöglichkeit** (gerade der Schuldner kann nicht leisten) und der **objektiven Unmöglichkeit** unterschieden werden (niemand kann die versprochene Leistung bewirken), wohl aber schon wegen § 311a II BGB zwischen der von Anfang an bestehenden und der erst nach Vertragsschluss eintretenden Unmöglichkeit der Leistung (**anfängliche** und **nachträgliche Unmöglichkeit**).

Innerhalb der Arten der Leistungsstörungen besonders hervorzuheben ist ferner nach wie vor die **Leistungsverspätung**, die entweder auf dem Verhalten des Schuldners beruht (zum Begriff des Schuldnerverzuges gehört allerdings mehr, vgl. schon hier § 286 BGB) oder darauf, dass der Gläubiger die ihm ordnungsgemäße angebotene („angediente") Leistung nicht annimmt (Gläubiger-/Annahmeverzug, §§ 293 ff. BGB).

Die **Schlechtleistung** hingegen spielt im allgemeinen Leistungsstörungsrecht keine Sonderrolle, wohl aber in den Gewährleistungsregelungen bei einigen Vertragstypen, namentlich bei Kauf (§§ 434 ff. BGB) und Miete (§§ 536 ff. BGB), beim Werkvertrag (§§ 633 ff. BGB) sowie beim Reisevertrag (§ 651c ff. BGB), was im Querschnitt an anderer Stelle im Zusammenhang darzustellen ist. Einen Überblick über die Gliederung der Leistungsstörungen nach der Systematik des BGB vermittelt Abb. 24 .

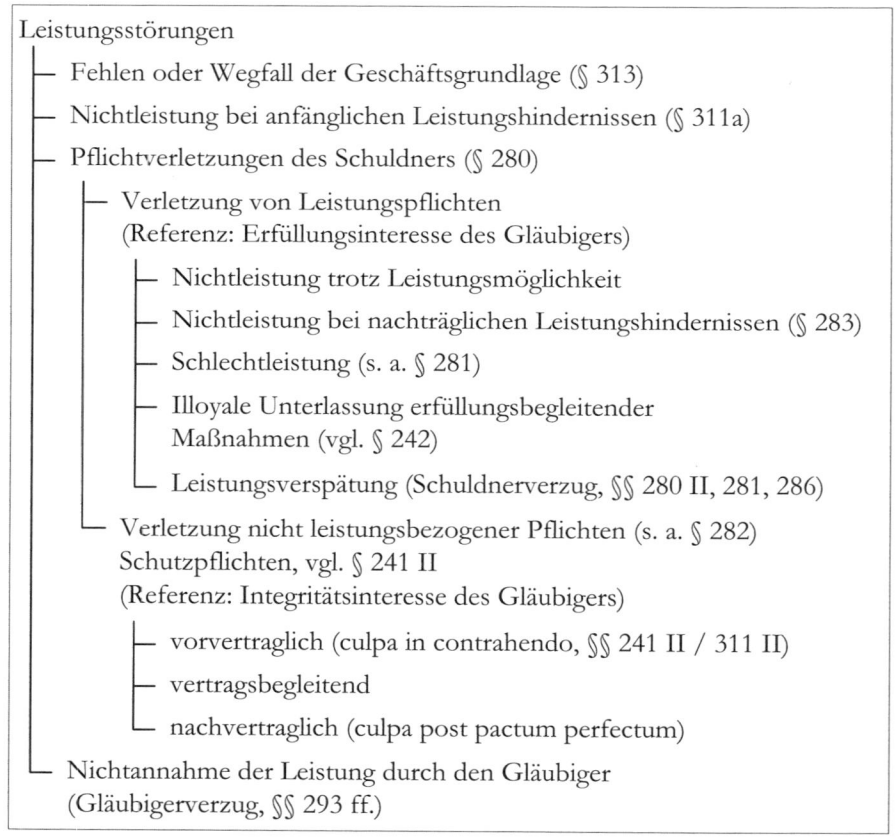

Leistungsstörungen
— Fehlen oder Wegfall der Geschäftsgrundlage (§ 313)
— Nichtleistung bei anfänglichen Leistungshindernissen (§ 311a)
— Pflichtverletzungen des Schuldners (§ 280)
— Verletzung von Leistungspflichten
(Referenz: Erfüllungsinteresse des Gläubigers)
— Nichtleistung trotz Leistungsmöglichkeit
— Nichtleistung bei nachträglichen Leistungshindernissen (§ 283)
— Schlechtleistung (s. a. § 281)
— Illoyale Unterlassung erfüllungsbegleitender Maßnahmen (vgl. § 242)
— Leistungsverspätung (Schuldnerverzug, §§ 280 II, 281, 286)
— Verletzung nicht leistungsbezogener Pflichten (s. a. § 282)
Schutzpflichten, vgl. § 241 II
(Referenz: Integritätsinteresse des Gläubigers)
— vorvertraglich (culpa in contrahendo, §§ 241 II / 311 II)
— vertragsbegleitend
— nachvertraglich (culpa post pactum perfectum)
— Nichtannahme der Leistung durch den Gläubiger
(Gläubigerverzug, §§ 293 ff.)

Abb. 24: Arten der Leistungsstörungen (alle Gesetzesangaben BGB)

Aus der Logik des Systems ergibt sich für das Leistungsstörungsrecht des BGB nachstehende **Prüfungsreihenfolge**: Abgesehen von den Fällen gestörter Vertragsbeziehungen durch Fehlen und Wegfall der Geschäftsgrundlage ist mit Blick auf § 311a BGB zunächst zu klären, ob **anfängliche Leistungshindernisse** (insbesondere anfängliche Unmöglichkeit der Leistung) vorliegen. Wird dies verneint, ist zu prüfen, ob derartige **nachträgliche Leistungshindernisse** der Leistung entgegenstehen. Erst wenn feststeht, dass auch solche Leistungsstörungen nicht gegeben sind, ist die **Leistungsverspätung** in den Blick zu nehmen, denn nur eine noch mögliche Leistung kann zu spät erbracht werden. Dasselbe gilt für sonstige in § 275 II und III BGB aufgeführte „Leistungshindernisse". Sodann ist eine gesetzliche Sonderregelung für Schlechtleistungen (z. B. bei Kauf, Miete etc.), also **vertragstypisches Gewährleistungsrecht**, heranzuziehen. Soweit dies alles nicht zum Zuge kommt, handelt es sich um eine schlichte, nicht weiter benannte Pflichtverletzung des Schuldners. Für ihre rechtliche Behandlung ist es dann grundsätzlich unerheblich, worin diese **schlichte Pflichtverletzung** besteht. Nur für manche Rechtsbehelfe spielt es dann doch noch eine Rolle, ob es sich um die Verletzung leistungsbezogener Pflichten handelt oder ob Schutzpflichten verletzt sind. Der für leistungsstörungsbedingte Schadenspflichten nach § 280 I BGB **zentrale Begriff** der **Pflichtverletzung** ist bei alledem rein objektiv zu verstehen, also völlig losgelöst von der Verantwortlichkeit des Schuldners i. S. seines Vertretenmüssens (dazu sogleich näher). Pflichtverletzung meint also nichts weiter als das tatsächliche Zurückbleiben des Schuldners hinter dem rechtlich gesollten Leistungsprogramm durch Nichterfüllen einer ihn treffenden Pflicht, ohne Rücksicht auf die Gründe dafür.

Daneben ist freilich immer zu berücksichtigen, dass auch außerhalb des BGB sonderprivatrechtliche Leistungsstörungsregeln normiert sind, wie namentlich für den Transportvertrag (Frachtvertrag i. S. von § 407 HGB) in §§ 425 ff. HGB. Dann ist vor allem anderen zu klären, wie weit diese **Sonderregelungen** sachlich reichen, und mit Hilfe dieser Normen sind dann die Rechtsfolgen der Leistungsstörung zu bestimmen. Nur für insoweit nicht erfasste Leistungsstörungen greifen dann die Vorschriften des zivilrechtlichen, allgemeinen Leistungsstörungsrechts des BGB ergänzend ein.

Beispiele: Eine bestimmte Ladung soll vertragsgemäß an einen Ort verbracht werden, an dem für die Leute des Transportunternehmers durch zwischenzeitlichen Kriegsausbruch Lebensgefahr besteht. Da § 425 HGB nur Leistungsunmöglichkeit („Verlust" des Transportguts), Schlechtleistung („Beschädigung" des Transportsguts) und schuldnerbedingte Transportverzögerung („Überschreitung der Lieferzeit") regelt, muss in vorliegendem Fall auf § 313 BGB (Wegfall der Geschäftsgrundlage) zurückgegriffen werden.
Die Durchführung des versprochenen Transports eines großen Bauteils aus Beton würde voraussetzen, dass ein Weg versperrendes historisches Gebäude abgerissen werden müsste: Mangels Einschlägigkeit des § 425 HGB ist der Fall nach §§ 275, 311a BGB zu beurteilen.

	Vertrags-wirksam-keit?	Auswirkung auf gestörte Leistungs-pflicht?	Sekundäre Leistungspflicht (insbes. Schadens-ersatz)?	Auswirkung auf nicht gestörte Gegenleistungs-pflicht? Sonstiges
(anfängliche) Unmöglichkeit (nachträgliche)	Ja, § 311a I	§ 275	§ 311a II §§ 280, 281, 283, 284, 285	§§ 323, 326 I, II (1. Alt.)
Schuldnerverzug	Ja	Nein	§§ 280 II, 281, 284, 286	§ 323
Gläubigerverzug	Ja	§ 300 II	§ 300 I § 304	§ 326 II (2. Alt.)
Schlechtleistung	Ja	Nein	§§ 280, 281, 284	§ 323
Schutzpflicht-verletzung	Ja	Nein	§§ 280, 282	§ 324
Erfüllungsbegleitpflicht-verletzung	Ja	Nein	§§ 280, 282 (analog)	§ 324 (analog)

Abb. 25: System des Leistungsstörungsrechts in Auswahl (alle Gesetzesangaben BGB)

b) „Vertretenmüssen"

Eine zentrale Fragestellung innerhalb des gesamten Leistungsstörungsrechtes ist, ob der Schuldner (oder selten auch einmal der Gläubiger) für den Störfall in der Vertragsabwicklung (allgemeiner: in der Abwicklung des Schuldverhältnisses) verantwortlich zu machen ist, ob er, wie das Gesetz sich ausdrückt, die Leistungsstörung zu vertreten hat (vgl. nur §§ 275 II 2, 280 I 2, 286 IV, 323 VI, 326 II 1 BGB). Dieses Problem ist deshalb vorab zu behandeln, wiederum gleichsam „vor die Klammer" zu ziehen. Ist eine **Verantwortung**, ein „Vertretenmüssen" (ein sprachliches Monstrum, aber kommunikativ schwer zu entbehren) zu bejahen, so hat die betreffende Partei demnach die nachteiligen Folgen der Leistungsstörung zu tragen, insbesondere Schadensersatz zu leisten. Terminologisch ist „Vertretenmüssen" dabei auf die Verantwortlichkeit des Schuldners beschränkt. Für die Gläubigerseite spricht das Gesetz hingegen (ohne erkennbaren Bedeutungsunterschied) von dessen Verantwortung (vgl. §§ 323 VI, 326 II 1 BGB).

Was nun dieses Vertretenmüssen genau bedeutet, steht nicht ein für alle Mal fest. Das Gesetz stellt vielmehr zunächst nur einen prinzipiellen **Maßstab** der Verantwortlichkeit auf und normiert dann auf dieser Basis einzelne Erweiterungen oder Einschränkungen (vgl. Abb. 26).

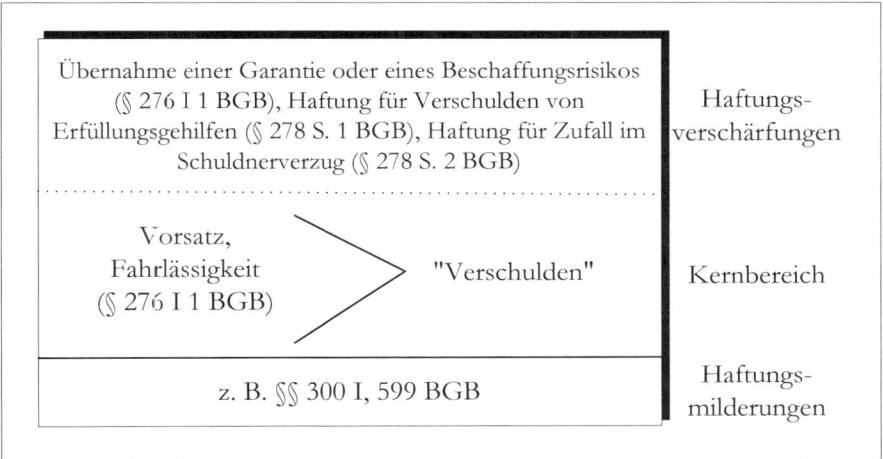

Abb. 26: "Vertretenmüssen"

Grundsätzlich hat der Schuldner - für den Gläubiger gilt Entsprechendes - gemäß § 276 I 1 BGB Vorsatz und Fahrlässigkeit zu vertreten, vorausgesetzt, er ist überhaupt schuldfähig (§ 276 I 2 i. V. m. §§ 827, 828 BGB). **Vorsätzlich** handelt, wer seine gesetzlich umschriebene, tatbestandliche Handlungssituation kennt und auch den dort umschriebenen Effekt, den sog. tatbestandsmäßigen Erfolg, herbeiführen will (**direkter Vorsatz**) oder die Verwirklichung des Tatbestandes billigend in Kauf nimmt (**indirekter Vorsatz**, sog. **Eventualdolus**).

Beispiele: Der Verkäufer weiß genau (oder rechnet doch damit), dass es sich bei der verkauften Ware um solche handelt, die ein anderer Kunde schon zuvor erworben hatte und die für diesen deshalb zurückgelegt worden war; trotzdem liefert der Verkäufer an den Zweitkäufer, weil der dabei ausgehandelte viel höhere Kaufpreis lockt (vorsätzliches Herbeiführen der Lieferunmöglichkeit). Handwerker H weiß durch einen Blick in den Terminkalender ganz genau, dass er heute Morgen dem Kunden K sein Erscheinen zum Zwecke der Dachreparatur zugesagt hat. H zieht aber einen Besuch beim Architekten A vor, weil er sich von A einen größeren Auftrag erhofft (vorsätzliche Überschreitung der Fälligkeit).

Fahrlässig handelt nach der Legaldefinition des § 276 II BGB, wer die im Rechts- und Wirtschaftsleben (im „Verkehr") situationsabhängig erforderliche Sorgfalt nicht beachtet. Statt dieses sehr allgemein gehaltenen **Sorgfaltsmaßstabes** stellt das Gesetz gelegentlich etwas bereichsspezifischer auf die Sorgfalt eines „ordentlichen Kaufmanns" (vgl. §§ 347 I, 384 I, 461 II HGB) ab und verschärft damit die Verantwortung. Noch höher wird die Messlatte gehängt, wenn - wie z. B. nach §§ 93 I, 116 S. 1 AktG für die Vorstands- und Aufsichtsratsmitglieder der AG - die Sorgfalt eines „ordentlichen und gewissenhaften Geschäftsleiters" gefordert wird. Die kleinste Abweichung von diesem so definierten Aufmerksamkeitspfad, die leichteste Fahrlässigkeit, steht dabei der krassesten Leichtfertigkeit, der groben Fahrlässigkeit, prinzipiell gleich. Im Alltagsverständnis wird hingegen fälschlicherweise oft davon ausgegangen, dass man generell nur für grobe Fahrlässigkeit geradezustehen habe. Bisweilen herrscht sogar der Irrglauben, man trage schon dann keine Verantwortung, wenn man etwas nicht „absichtlich" oder „extra" (juristisch korrekt: direkt-vorsätzlich) getan habe. Sehr oft wird auch verkannt, dass das Gesetz auf die erforderliche, nicht auf die übliche Sorgfalt abstellt: In manchen Praxisfeldern sind **Sorgfaltsdefizite** durchaus gang und gäbe, was an der gegebenen Fahrlässigkeit nichts ändert.

Obwohl also der Schuldner grundsätzlich für jede **Spielart** des **Verschuldens** (Oberbegriff für Vorsatz und Fahrlässigkeit) einzustehen hat, ist eine begrifflich klare Unterscheidung geboten: Zwischen Vorsatz und Fahrlässigkeit muss getrennt werden, weil die Haftung für Vorsatz im voraus nach der zwingenden Rechtsnorm des § 276 III BGB nicht ausgeschlossen werden kann (wohl aber die Haftung für Fahrlässigkeit!). Zwischen grober und leichter Fahrlässigkeit ist z. B. deshalb zu trennen, weil gemäß § 300 I BGB der Schuldner im Verzug des Gläubigers nur noch Vorsatz und grobe Fahrlässigkeit zu verantworten hat. Vgl. zur Haftung nur für Vorsatz und grobe Fahrlässigkeit z. B. auch §§ 599, 680 BGB. Nach § 81 VVG muss der Versicherungsnehmer bei der Schadensversicherung im Versicherungsfall, den er grob fahrlässig herbeigeführt hat, einen erheblichen Teil des erlittenen Schadens selber tragen. Auch eine Kürzung auf Null kommt in Betracht, was bei Vorsatz ohnehin und ausnahmslos gilt.

Wie die häufige rechtliche Gleichsetzung von Vorsatz und grober Fahrlässigkeit zeigt, ist der Schuldvorwurf bei Vorsatz und grober Fahrlässigkeit ähnlich schwer. **Grobe Fahrlässigkeit** darf also nur dort bejaht werden, wo Sorgfaltsgebote in so eklatanter Weise außer acht gelassen worden sind, wie es eigentlich nur für das vorsätzliche Handeln kennzeichnend ist. Rechtshistorisch hat sich der Schuldvorwurf grober Fahrlässigkeit im Übrigen aus dem dringenden, aber nicht beweisbaren Verdacht vorsätzlichen Handelns entwickelt.

Beispiele: X will sich mangels Taschenlampe mittels eines brennenden Streichholzes, mit dem er den Benzintank seines Autos ausleuchtet, über den Füllungsgrad informieren, weil der Benzinanzeiger defekt ist: Grob fahrlässig herbeigeführte Explosion.
Frau Y beginnt - in der gefüllten Badewanne sitzend - sich die Haare zu föhnen; dann entgleitet ihr das laufende Gerät aus der Hand und fällt in das Wasser ...

Die gerichtliche Praxis ist mit der Annahme grober Fahrlässigkeit freilich schneller bei der Hand, als dies aus wissenschaftlicher Sicht geboten ist.

Andererseits muss der Schuldner gelegentlich noch mehr vertreten als (eigenes) Verschulden: Nach § 278 S. 1 BGB hat der Schuldner zunächst auch die Verantwortung für das Verschulden seiner **gesetzlichen** (nicht: rechtsgeschäftlich bestellten!) **Vertreter** zu übernehmen. Dies gilt auch im Verhältnis zwischen der irgendeine Leistung schuldenden juristischen Person und den Angehörigen ihres Repräsentationsorgans, schon weil dieses die formelle Stellung eines gesetzlichen Vertreters innehat (vgl. für den bürgerlichrechtlichen Verein als Strukturmodell der juristischen Person: § 26 II 1 BGB) und im Übrigen das Handeln der Organe einer juristischen Person letztlich ja nichts weiter als deren eigenes Handeln darstellt (vgl. auch § 31 BGB).

Außerdem muss der Schuldner nach § 278 S. 1 BGB für das Verschulden all jener Personen einstehen, die er in den Erfüllungsvorgang einschaltet. Trifft diese Personen kein Schuldvorwurf, so haftet umgekehrt selbstverständlich auch der Schuldner nicht. Die Haftung für diese sog. **Erfüllungsgehilfen** ist der „Preis" dafür, dass der Schuldner ja seine Produktivität und Rentabilität durch die Möglichkeiten innerbetrieblicher Arbeitsteilung und durch die Einschaltung von Subunternehmern entscheidend erhöhen kann. Auf der anderen Seite begrenzt dieser Gedanke die Verantwortlichkeit: Eine Haftung nach § 278 S. 1 BGB kommt bei teleologischer Auslegung dieser Norm dort nicht mehr in Betracht, wo das Verhalten jener Personen mit dem Erfüllungsvorgang in keinem inneren Zusammenhang steht, mit der Erfüllung also eigentlich gar nichts mehr zu tun hat, so dass diese Personen letztlich überhaupt nicht mehr als Erfüllungsgehilfen fungieren.

Beispiele: Hauseigentümer H hat mit S, dem Inhaber einer Sanitärinstallationsunternehmung, den Kompletteinbau einer neuen Heizungsanlage vereinbart. Den elektrischen Anschluss hat S dem selbständigen Elektromeister E übertragen. Wenn der Mitarbeiter M des S den H in vermeidbarer Weise falsch in die Benutzung der neuen Anlage einweist und E im Zuge der Montage aus Nachlässigkeit eine unter Putz verlegte Wasserleitung anbohrt, hat S als Vertragsschuldner diese fahrlässige Verletzung der Erfüllungsbegleit- und der Schutzpflicht genauso zu verantworten, als ob er selber falsch instruiert und die Leitung angebohrt hätte.

Konnte M aber gar keine richtige Anleitung geben, weil sich etwa schon in die Produktbeschreibung des Herstellers ein Fehler eingeschlichen hatte, und musste E mit einer gänzlich regelwidrig verlegten Wasserleitung an der Bohrstelle nicht rechnen, so trifft M und E keine Schuld, und deshalb hat S auch dafür keine Verantwortung zu übernehmen.

Bestehlen M oder E den H anlässlich ihrer Tätigkeiten im Haus des H, so hat S dies ebenfalls nicht zu vertreten (Diebstahl nur anlässlich des Erfüllungsvorgangs).

Für die Schickschuld muss bei der gebotenen teleologischen Betrachtungsweise (die logistische Distanz gehört hier zur Gläubigersphäre!) ebenfalls der Begriff des Erfüllungsgehilfen i. S. des § 278 S. 1 BGB eingeengt werden: Für die in den Transportvorgang eingeschalteten Personen haftet der Schuldner nicht, auch wenn er sich ihrer vordergründig gesehen zur Erfüllung bedient. Das Gesetz geht aber noch über die Verantwortlichkeit des Schuldners für sein eigenes Verschulden und für Verschulden seiner Erfüllungsgehilfen hinaus. Wenn etwa der Schuldner eine **Garantie** übernommen hat, ist er auch dann verantwortlich, wenn er an dem Garantiefall völlig schuldlos ist (vgl. § 276 I 1 BGB).

Beispiel: Verkäufer V gibt für seine Milchprodukte eine Haltbarkeitsgarantie bis 31. 3. Völlig unvorhersehbar verderben diese Produkte schon vorher durch besondere atmosphärische Einflüsse in Verbindung mit einem kurzzeitigen Ausfall des Kühlaggregates wegen Stromunterbrechung in Folge einer Explosion im Kraftwerk: V hat es zu vertreten, dass der Käufer total verdorbene Milchprodukte erwirbt.

Eine erweiterte Verantwortlichkeit des Schuldners über Verschulden hinaus liegt auch dann vor, wenn er das **Beschaffungsrisiko** übernommen hat, was seinerseits wiederum mit dem „Inhalt des Schuldverhältnisses" in Zusammenhang steht (vgl. wiederum § 276 I 1 BGB). Zu denken ist hier vor allem an Gattungsschulden.

Beispiel: V verkauft dem K eine Waschmaschine nach Katalog, die V sich erst selber von seinem Großhändler besorgen muss, weil sie nicht auf Lager ist.

Von großer rechtspraktischer Bedeutung ist, dass der Zahlungsschuldner nach ganz h. M. seine **Zahlungsunfähigkeit** im Ergebnis immer zu vertreten hat. Man argumentiert hier mit dem in § 276 I 1 BGB genannten „Inhalt des Schuldverhältnisses" (hier: Zahlungspflicht) und mit der besonderen Normierung, die die Zahlungsunfähigkeit durch das Insolvenzrecht erfahren hat. Das spielt vor allem bei der Frage eine Rolle, ob sich der Schuldner im Zahlungsverzug befindet. Darauf wird bei der Behandlung des Schuldnerverzuges im Allgemeinen noch einzugehen sein.

Schließlich kann sich eine **gesteigerte Verantwortung** auch aus besonderen Rechtsnormen ergeben. So hat der Schuldner nach § 287 S. 1 BGB während des Schuldnerverzugs jede, also auch leichte Fahrlässigkeit zu vertreten, selbst wenn er außerhalb des Verzuges nur für Vorsatz und grobe Fahrlässigkeit gehaftet hatte. „Wegen der Leistung", also nicht für Schutzpflichtverletzungen, wird sogar für schuldlosen Zufall gehaftet.

Beispiel: E hat mit L einen Leihvertrag über die Motorsäge des E geschlossen und ist deshalb verpflichtet, sie dem L absprachegemäß am 11. 1. zu überlassen (§ 598 BGB). Trotz Übergabeaufforderung behält E aber die Säge noch zum eigenen Gebrauch. In einem unbeaufsichtigten Augenblick wird die Säge gestohlen, so dass E seine Überlassungspflicht nicht erfüllen kann. Obwohl er grundsätzlich nur Vorsatz und grobe Fahrlässigkeit zu vertreten hat (§ 599 BGB), hat er jetzt wegen seines Schuldnerverzuges (vgl. § 286 BGB) diese Unmöglichkeit der Leistung zu vertreten. Dabei ist gleichgültig, ob die Säge nun in Folge leichter Fahrlässigkeit des E (§ 287 S. 1 BGB) oder sogar völlig schuldlos, also durch „Zufall" (§ 287 S. 2 BGB) gestohlen werden konnte.

c) „Leistungshindernisse", insbesondere Unmöglichkeit

(1) Begriffliche Klassifizierung

Die versprochene Leistung zu erbringen kann gelegentlich unmöglich sein. Die Gründe dafür sind unterschiedlich: Sie können in der Person gerade des Schuldners liegen, so dass nur er die Leistung nicht erbringen kann (sog. **Unvermögen, subjektive Unmöglichkeit**), oder sie kann jedermann, **objektiv unmöglich** sein. Dieser Zustand kann schon bei Vertragsschluss gegeben sein (**anfängliche Unmöglichkeit**) oder erst später eintreten (**nachträgliche Unmöglichkeit**). Während die Unterscheidung von subjektiver und objektiver Unmöglichkeit nunmehr weitgehend unerheblich ist (vgl. § 275 I BGB), spielt die Frage der Anfänglichkeit oder Nachträglichkeit der Leistungsunmöglichkeit sehr wohl eine große Rolle (vgl. § 311a I BGB). Richtige Qualifikation der Unmöglichkeit ist deshalb notwendig.

Beispiele: Verkauf des Dortmunder Hauptbahnhofes durch Herrn H: anfänglich subjektiv unmögliches Leistungsversprechen, weil schon bei Abschluss des Kaufvertrages zwar die Deutsche Bahn AG als Eigentümer, nicht jedoch der Schuldner, Herr H, das Eigentum übertragen kann und auch keine realistische Aussicht auf Beschaffbarkeit besteht.
Ein Eheanbahnungsinstitut verpflichtet sich, anhand eines 10 Positionen umfassenden Fragebogens mit EDV-Unterstützung den idealen Lebenspartner zu vermitteln: anfängliche objektive Leistungsunmöglichkeit, weil die menschliche Persönlichkeit auch bei den schlichtesten Naturen doch sehr viel differenzierter ist.
A verkauft an B sein Auto, das in 14 Tagen geliefert werden soll. In der Zwischenzeit erleidet A einen Totalschaden: Nachträgliche objektive Unmöglichkeit der Übergabe und Übereignung.

Unmöglichkeit liegt nach der gesetzlichen Systematik auch dann vor, wenn bei der **konkretisierten Gattungsschuld** Verlust der ausgesonderten Gattungsexemplare eintritt.

Beispiel: Der Verkäufer V hat 50 Bohrmaschinen eines bestimmten Typs zu liefern (also Gattungsschuld), und zwar an den Sitz des Käufers; Leistungsort soll allerdings der Sitz des Verkäufers sein (also Schickschuld). Gibt der Verkäufer solche Maschinen in den Versand, konkretisiert sich die Gattungsschuld gemäß § 243 II BGB mit dieser „Expedierung". Wurden diese Maschinen dann auf dem Transport gestohlen, liegt nachträgliche subjektive Unmöglichkeit vor; verbrennt die Ladung, dann ist die Leistung nachträglich objektiv unmöglich, obwohl es noch genügend solcher Bohrmaschinen gibt und der Verkäufer sie vielleicht sogar noch auf Lager hat.

Schon zweifelhafter sind folgende

Beispiele: V vermietet im September an M für dessen nächsten Sommerurlaub zu einem sehr günstigen Preis einen bestimmten Bungalow an der Ostsee, der leider durch einen der zahlreichen schweren Winterstürme völlig zerstört wird.
Das Bergungsunternehmen B verspricht der überaus reichen Witwe W, ihren Ehering, der bei der Atlantiküberfahrt ins Wasser gefallen war, vom Meeresgrund zu heben.

Ist die von V versprochene Leistung hier wirklich nachträglich (objektiv) unmöglich? Immerhin könnte der Bungalow ja wieder - für viel Geld! - aufgebaut werden. Und wenn man den gesamten Meeressand entlang der Schiffsroute weiträumig durchsieben würde, wäre der Ring sehr wohl auffindbar. Der Gesetzgeber rechnet jedoch, wie § 275 II BGB zeigt, solche Fälle „**praktischer**" **Leistungsunmöglichkeit** erkennbar nicht dem Begriff der Unmöglichkeit zu. Diese ist also im Prinzip logisch-physikalisch zu verstehen. Das Gesetz behandelt wegen der Abgrenzungsschwierigkeiten solche „**Leistungshindernisse**" (vgl. die Formulierung in § 311a I BGB!) freilich (fast) genauso wie die echte Unmöglichkeit. Dasselbe gilt für die früher sog. „**moralische**" **Leistungsunmöglichkeit**, also für die Unzumutbarkeit der Leistungserbringung nach § 275 III BGB.

Beispiel: Sängerin S, die vor Jahren einem Mordversuch entgangen ist, verpflichtet sich, den Sopran-Part der „Königin der Nacht" in Mozarts „Zauberflöte" zu übernehmen. Bei den Proben trifft sie zu ihrem Entsetzen auf den Bassisten M in der Rolle des Sarastro, in dem sie ihren mittlerweile begnadigten Attentäter von damals wiedererkennt.

Die **Struktur des § 275 BGB** ist nicht so übersichtlich wie es auf dem ersten Blick scheint. So ist insbesondere das Verhältnis von § 275 II BGB zu § 313 BGB (Geschäftsgrundlage) zweifelhaft, wegen der ganz unterschiedlichen Rechtsfolgen aber klärungsbedürftig. Bislang fehlen jedoch dogmatisch überzeugende und praktisch handhabbare Abgrenzungsvorschläge. Unklar ist ferner das Verhältnis von § 275 I zu II BGB: Mit der Annahme subjektiver Unmöglichkeit, die (noch) unter § 275 I BGB fällt, sollte man wohl eher zurückhaltend sein. Vielfach wird es sich in einschlägigen Sachverhalten eher um einen Fall von § 275 II BGB handeln, der nicht ohne weiteres - wie in § 275 I BGB - zum Freiwerden des Schuldners von seiner primären Leistungspflicht führt und ja auch lediglich als Einrede ausgestaltet ist.

Während in den vorgenannten Fällen das Leistungsinteresse des Gläubigers unbefriedigt bleibt, wird das Leistungsinteresse in einer bestimmten Unmöglichkeitssituation gerade durch die Leistungsunmöglichkeit befriedigt, dann nämlich, wenn **zwischenzeitliche Zweckerreichung** eintritt. Begrifflich handelt es sich hier durchweg um nachträgliche (objektive) Unmöglichkeit, doch ist nicht völlig unzweifelhaft, ob dieser Sonderfall der Unmöglichkeit eben wegen seiner Besonderheit hinsichtlich des Gläubigerinteresses nach den für diese Leistungsstörungsgruppe an sich vorgesehenen Normen zu behandeln ist.

Beispiel: Da das Auto im Küstensand hoffnungslos festsitzt, ruft der Autobesitzer einen Abschleppdienst an. Nachdem dieser sein umgehendes Erscheinen zugesagt hat, macht der Autobesitzer noch einen Versuch, der völlig überraschend gelingt, so dass ein Freischleppen des Fahrzeugs nun gar nicht mehr möglich ist: nachträgliche (objektive) Unmöglichkeit des Freischleppens.

(2) Rechtsfolgen

Die **anfängliche Unmöglichkeit** der Leistung hat, wie § 311a I BGB bestimmt, auf die **Vertragswirksamkeit** keinen Einfluss. Das sog. **genetische Synallagma** bleibt also prinzipiell erst einmal erhalten. Dasselbe gilt nach dieser Norm bei sonstigen anfänglichen Leistungshindernissen der in § 275 II und III BGB genannten Art ("**praktische**" und "**moralische**" **Unmöglichkeit**). Allerdings ist der Schuldner nach § 275 I BGB gleichwohl nicht verpflichtet, die unmögliche Leistung zu erbringen. Wie sollte er dies auch bewerkstelligen? In den Fällen des § 275 II und III BGB lässt das Gesetz dem Schuldner allerdings die **Leistungsoption** und räumt ihm lediglich das Recht ein, die Leistung auf Dauer zu verweigern (sog. peremptorische Einrede). Der Einfluss der anfänglichen Leistungsunmöglichkeit auf die **primäre Leistungspflicht** einerseits, der unzumutbaren Leistung andererseits, ist also rechtstechnisch ein wenig unterschiedlich.

Beispiel: Die Sängerin, die ihren mittlerweile begnadigten Attentäter als Bühnenpartner wiedertrifft, kann ihre vertraglichen Verpflichtungen erfüllen, wenn sie die menschliche Größe hat, sich von der Vergangenheit völlig zu lösen; sie braucht aber nicht zu singen, wenn sie die ihr nach § 275 III BGB zustehende Einrede ausübt.

Liegen die in § 275 BGB aufgeführten, zusammenfassend vom Gesetz (vgl. § 311a II 2 BGB) als "Leistungshindernisse" bezeichneten Leistungsstörungen, namentlich also die Leistungsunmöglichkeit, schon bei Vertragsschluss vor, kann es zu **sekundären Leistungspflichten** kommen. Von den in § 275 IV BGB genannten Optionen stehen bei **anfänglicher Unmöglichkeit** und den ihr gleichgestellten Fällen dem Gläubiger freilich nur die in § 311a II BGB und § 326 BGB genannten Rechtsbehelfe zu Gebote. Der Gläubiger kann also nach § 311a II 1 BGB grundsätzlich wählen, ob er statt der vom Schuldner nicht zu erbringenden Leistung Schadensersatz fordern will oder nur Ersatz seiner sinnlosen Aufwendungen im Rahmen des § 284 BGB. In ersterem Fall ist der so zu stellen, wie er stünde, wenn vertragsgerecht erfüllt worden wäre. Unter anderem wegen dieser auf das Erfüllungsinteresse gerichteten Rechtsfolge hat der Gesetzgeber auch die Merkwürdigkeit konstruktiv für nötig gehalten, die Vertragswirksamkeit vorzusehen (§ 311a I BGB), obwohl der Schuldner doch gemäß § 275 BGB gar nicht zu leisten braucht.

Wählt der Gläubiger alternativ die zweite in § 311a II 1 BGB vorgesehene **Option**, so kann er die Kosten der von ihm „billigerweise", also nicht unsinnig gemachten Aufwendungen, insbesondere also bis dahin entstandenen Transaktionskosten, erstattet verlangen. Für beide Varianten ist nach § 311a II 2 BGB allerdings Voraussetzung, dass der Schuldner bei Vertragsschluss das Leistungshindernis i. S. des § 275 BGB kannte oder seine Unkenntnis fahrlässig herbeigeführt hat, der Schuldner sie also zu vertreten hat. Nur aus Gründen der Beweislastverteilung formuliert § 311a II 2 BGB negativ.

Das rechtliche Schicksal der - nicht gestörten - **Gegenleistungspflicht** (insoweit ist der Gläubiger der gestörten Leistungspflicht also seinerseits Schuldner der Gegenleistungspflicht!) regelt § 326 BGB, auf den § 275 IV BGB ja ebenfalls verweist. Die Kernaussage, die für die allermeisten Fälle zutreffen wird, enthält § 326 I BGB: Der durch § 275 BGB von seiner Leistungspflicht befreite Schuldner verliert seinen Anspruch auf die Gegenleistung, regelmäßig also auf Zahlung. Praktisch bedeutet dies, dass der Gläubiger, wenn er Schadensersatz statt der Leistung wählt und dieser Schadensersatz in Geld besteht, den Betrag der von ihm eigentlich geschuldeten Zahlung von seiner Schadensersatzforderung abzieht (sog. Differenztheorie). Das in § 326 V BGB zusätzlich gewährte Rücktrittsrecht hat demgegenüber hier kaum Bedeutung.

Beispiel: G, Inhaber einer Galerie, verkauft ein Bild seines Bestandes (das Portrait der Gräfin von Greifenstein) im Marktwert von Euro 60.000 an den Kunsthändler K für Euro 50.000, wobei K seinerseits schon den Sammler S als festen Abnehmer für dieses Bild zum Preis von Euro 70.000 gewonnen hat. Schon zwei Tage vor Vertragsschluss ist das Bild jedoch verbrannt, wie dem G von seinem Mitarbeiter M per SMS (schriftliche Kurzmitteilung über Mobiltelefon) sofort mitgeteilt wurde. Weil G die eingegangenen Meldungen jedoch nicht aufgerufen hatte, war er über den Verlust des Bildes in Unkenntnis geblieben: Die von Anfang an objektiv unmögliche Leistung muss von G gemäß § 275 I BGB trotz Vertragswirksamkeit (§ 311a I BGB) nicht erbracht werden. Seine Unkenntnis über den Bildverlust durch Brand hat G auch zu vertreten. Denn wer eine Handynummer hinterlässt, muss auch dafür sorgen, dass ihn Mitteilungen über diesen Kommunikationsweg schnell erreichen. Wenn K nun nach § 311a II BGB Schadensersatz statt der Leistung verlangt, muss er so gestellt werden, wie er bei Erfüllung stünde. Dann hätte er das Bild im Marktwert von Euro 60.000 zu Eigentum erworben und den Veräußerungserlös von Euro 70.000 realisiert, freilich auch das Bild weiterübereignen müssen. Seinerseits ist er jedoch von der nach § 433 II BGB geschuldeten Zahlung des Kaufpreises gegenüber G gemäß § 326 I 1 BGB frei geworden. Seine Schadensersatzforderung gegen G beläuft sich somit auf Euro 20.000, der Summe aus Euro 60.000+Euro 70.000 abzüglich der Summe aus Euro 60.000 +Euro 50.000.

Die **nachträgliche Unmöglichkeit** der Leistung (sowie ein gleichgestelltes Leistungshindernis) führt - bei selbstverständlich fortbestehender Vertragswirksamkeit gemäß § 275 BGB ebenfalls zur Leistungsfreiheit des Schuldners bezüglich der **primären Leistungspflicht**. Er schuldet allerdings als **sekundäre Leistung** Schadensersatz wegen der hier nun vorliegenden Pflichtverletzung gemäß der zentralen Haftungsnorm des § 280 I BGB, sofern er die nachträglichen Leistungshindernisse, namentlich die nachträgliche Leistungsunmöglichkeit, zu vertreten hat. Dieser Schadensersatzanspruch zielt als „Schadensersatz statt der Leistung" nach § 283 I BGB auch hier auf das volle Erfüllungsinteresse. Alternativ kann der Gläubiger freilich Aufwendungsersatz gemäß § 284 BGB verlangen.

Beispiel: Das Portrait der Gräfin von Greifenstein aus dem vorgenannten Beispiel ist erst nach Vertragsschluss verbrannt, und zwar deshalb, weil M eine Zigarette achtlos in den Papierkorb der Galerie geworfen hatte. In weiterer Abänderung des Sachverhalts beträgt der Marktwert des Bildes jetzt nur Euro 50.000 und K hatte auch keine Aussicht auf Veräußerungsgewinn: Die nachträgliche Leistungsunmöglichkeit hat G zu vertreten, weil er für den fahrlässigen Umgang seines Erfüllungsgehilfen M mit Zigaretten nach § 278 BGB genauso verantwortlich ist wie für sein eigenes Fahrlässigkeitsverschulden. Der dem K gegen G daraus erwachsende sekundäre Anspruch auf Schadensersatz statt der Leistung (§§ 280 I, 283 BGB) unter Wegfall der aus § 433 II BGB erwachsenden Pflicht zur Kaufpreiszahlung (§ 326 I 1 BGB), ist hier für K gänzlich uninteressant, da dieser Null beträgt. K kann aber gemäß § 284 BGB wenigstens Ersatz z. B. der Kommunikationskosten für Telefon und Porto verlangen sowie die Erstattung jener Kosten, die für eine von K vorbereitete, jetzt gegenstandslose kleine Feier anlässlich der Transaktion entstanden sind.

Ist hingegen der Gläubiger für das nachträgliche Leistungshindernis verantwortlich, so sind die Rechtsfolgen wesentlich anders. Zwar entfällt natürlich auch hier die primäre Leistungspflicht des Schuldners (§ 275 BGB). Weil er jedoch dies nicht zu vertreten hat, entfällt nicht nur seine Schadensersatzpflicht (vgl. §§ 280 I, 283 BGB), sondern er behält gemäß § 326 II 1 BGB auch seinen synallagmatischen Anspruch auf die Gegenleistung.

Beispiel: Das Portrait der Gräfin von Greifenstein verbrannte nach Abschluss des Kaufvertrages, weil K als Käufer anlässlich eines Besuches in der Galerie des Verkäufers G seine Zigarette achtlos in den Papierkorb geworfen hatte: Leistungsfreiheit des G bezüglich der primär geschuldeten Übereignung (§ 275 I BGB), mangels Vertretenmüssens aber keine Schadensersatzpflicht des G (§ 280 I 2 BGB) bei Erhalt seines Zahlungsanspruches aus § 433 II BGB (§ 326 II 1 BGB).

Trägt keine der beiden Vertragspartner Verantwortung für das nachträgliche Leistungshindernis, so gilt Folgendes: Der Schuldner wird allemal von seiner primären Leistungspflicht befreit und schuldet auch weder Schadens- noch Aufwendungsersatz (vgl. §§ 280 I 2, 283, 284 BGB), verliert freilich grundsätzlich auch seinen synallagmatischen Anspruch auf die Gegenleistung (§ 326 I

BGB). Ist diese schon erbracht, kann sie jedenfalls nach §§ 326 IV, 346 ff. BGB und wohl auch nach § 812 I 1, 1. Alt. BGB (Leistungskondiktion) zurückverlangt werden. Das vorstehend dargestellte funktionelle Synallagma der beiderseitig entfallenden primären Leistungspflichten erleidet freilich im Anwendungsbereich der §§ 446, 447 BGB, also bei Verkauf unter Eigentumsvorbehalt und beim vor allem unternehmenspraktisch überaus wichtigen Versendungskauf (Lieferschuld ist hier Schickschuld!), eine sehr wichtige **Ausnahme**, die auch bei **beiderseitig fehlender Verantwortlichkeit** den Anspruch auf die Gegenleistung aufrecht erhält.

Beispiele: V übergibt die dem K verkaufte Sache, ohne (schon) zu übereignen (z. B. beim Verkauf unter Eigentumsvorbehalt, also mit aufschiebend bedingter Übereignung). Anschließend wird die Sache durch ein abstürzendes Flugzeug zerstört: Zahlungspflicht des K aus § 433 II BGB bleibt wegen § 446 S. 1 BGB entgegen § 326 I BGB bestehen!
V liefert eine Maschine auf Wunsch des K an diesen aus, obwohl Leistungsort der Sitz des V war (Schickschuld!). Auf dem Transport wird die Maschine durch eine Naturkatastrophe vernichtet. Wegen § 447 I BGB kein Wegfall der Zahlungspflicht!

§ 447 BGB gilt gemäß § 474 II BGB allerdings nicht beim sog. **Verbrauchsgüterkauf**, d. h. wenn der Warenverkäufer Unternehmer (§ 14 BGB) und der Käufer Verbraucher (§ 13 BGB) ist. Es bleibt hier also bei der Regel des § 326 I BGB: „Keine Ware, kein Geld".

Beispiel: Hausfrau Helene, die auch bei der Hausarbeit nicht auf eine gewisse Eleganz verzichten möchte, kauft bei Otto-Versand Hamburg eine geblümte Kittelschürze. Diese geht auf dem Transport verloren: Otto muss nicht mehr liefern (§§ 275 I, 243 II BGB), Helene aber auch nicht zahlen.

Bei allen in § 275 BGB genannten Leistungshindernissen, gleich ob sie von Anfang an bestanden oder nachträglich auftreten, kann der Gläubiger gemäß § 285 BGB den **Ersatzvorteil** herausverlangen, der im Vermögen des Schuldners an die Stelle der unmöglich gewordenen Leistung tritt. Tut er dies neben der Geltendmachung eines eventuell bestehenden Schadensersatzanspruches statt der Leistung, so erfolgt selbstverständlich eine Anrechnung dieses Ersatzvorteils (§ 285 II BGB). Auch auf das Schicksal der Gegenleistung muss sich dieses sog. **stellvertretende** (lat.) **commodum** (Vorteil) auswirken. Denn soweit damit die eigentlich geschuldete, aber nicht erbringbare Leistung substituiert wird, bleibt ja auch das **Synallagma** intakt. Auf diesem einfachen Prinzip beruht § 326 III BGB.

Beispiel: V ist aus Kaufvertrag dem K zur Lieferung eines dem V gehörenden, ganz bestimmten antiken, gegen Diebstahl hoch versicherten Schrankes verpflichtet. Trotz ordentlicher Sicherheitsmaßnahmen wird dieser Schrank jedoch kurz vor Lieferung von D gestohlen. K kann von V zwar keinen Schadensersatz verlangen (§ 280 I 2 BGB), wohl aber gemäß § 285 I BGB Zession des Schadensersatzanspruches gegen D aus § 823 I BGB sowie Zession des Anspruchs auf die

Versicherungssumme. Dementsprechend bleibt K dem V allerdings auch zur Gegenleistung (Kaufpreiszahlung) verpflichtet (§ 326 III BGB).

Manchmal ist es gerade die Zahlungspflicht, zu deren Erfüllung der Schuldner nicht imstande ist. Das Leistungsstörungsrecht gilt für **Zahlungsunfähigkeit** (**Insolvenz**) freilich ohne jede Veränderung. Eine Befreiung von seiner Leistungspflicht nach § 275 II 1 BGB (nur diese Variante kommt hier in Betracht) scheidet jedoch nach ganz h. M. mit Blick auf den „Inhalt des Schuldverhältnisses" (Zahlungspflicht) aus. Erst das Insolvenzrecht zieht hieraus die Konsequenzen.

d) Verzug

(1) Schuldnerverzug

Der **Rechtsbegriff** des Schuldnerverzuges und seine rechtliche Bedeutung sind, verglichen mit der Unmöglichkeit der Leistung und ihr gleichgestellten Leistungshindernissen, einfach zu erfassen. Trotzdem ist Vorsicht geboten, da der Alltagssprachgebrauch die bloße Verspätung schon für „Verzug" hält. Die Überschreitung der maßgeblichen Leistungszeit (Fälligkeit) ist jedoch nur notwendige, keineswegs hinreichende Bedingung für Schuldnerverzug. Unter Berücksichtigung von § 286 BGB müssen vielmehr folgende Voraussetzungen erfüllt sein:
Zunächst muss selbstverständlich eine wirksame **Verbindlichkeit** bestehen, weil sonst gar kein Schuldner im Rechtssinne existiert. Die Erbringung der geschuldeten Leistung muss ferner überhaupt **möglich** oder jedenfalls i. S. des § 275 II, III BGB noch geschuldet sein, weil sonst ja die Leistungsstörung „Unmöglichkeit" mit ihren verschiedenen Varianten einschlägig ist, begrifflich also kein Schuldnerverzug vorliegen kann. Weiterhin muss der Anspruch fällig sein, was nach § 271 I 1 BGB freilich grundsätzlich „sofort" mit Entstehen des Anspruchs eintritt. Die **Fälligkeit** ist jedoch so lange nicht gegeben, wie dem Schuldner vorübergehende, dilatorische Einreden (z. B. auf Grund einer ihm gewährten Stundung oder nach §§ 320 und 321 BGB) oder Zurückbehaltungsrechte (§ 273 BGB, § 369 HGB) zur Seite stehen. Der Schuldnerverzug setzt begrifflich aber noch mehr voraus, regelmäßig nämlich eine **Mahnung**, also eine formlose, auf Seiten des Schuldners empfangsbedürftige Willenserklärung, die hinreichend erkennen lässt, dass der Gläubiger einen Anspruch erhebt. Das Reizwort „Mahnung" braucht keinesfalls aufzutauchen, ebenso wenig wie mit irgendwelchen Rechtsfolgen gedroht werden müsste.

Beispiel: Das Modeversandhaus meldet sich bei der Kundin mit einem nett aufgemachten Schreiben wegen einer offenstehenden Zahlung oder bringt sich telefonisch in Erinnerung: rechtlich gesehen eine Mahnung.

Werden, wie in der Praxis häufig, Fälligkeiten so vereinbart, dass sie kalendermäßig unmittelbar oder mittelbar bestimmt sind, so bedarf es gemäß § 286 II Nr. 1 BGB zum Eintritt des Verzuges keiner Mahnung, vorausgesetzt, die übrigen Verzugsvoraussetzungen liegen vor. Es kommt hier also darauf an, dass schon ab Vertragsschluss die Fälligkeit anhand eines Kalenders vorgehalten werden kann. Dass Tag, Monat und Jahr ausdrücklich genannt werden, ist dafür jedoch nicht erforderlich. Der Blick in den (hoffentlich sorgfältig geführten!) Terminkalender mahnt in diesen Fällen sozusagen anstatt des Gläubigers (lat. „dies interpellat pro homine"). Für **kalendermäßige Bestimmung** der Leistungszeit folgende

Beispiele: „Lieferung am 9. 3. 2011", „Fertigstellung bis spätestens 3 Wochen nach Ostersonntag 2011", „Zahlbar bis 15. 5. 2011".

Auch ohne kalendermäßige Bestimmung der Fälligkeit kann nach § 286 II Nr. 2 BGB eine Mahnung für den Verzugseintritt entbehrlich sein. Voraussetzung dafür ist, dass die Fälligkeit in Abhängigkeit von einem vorangegangenen Ereignis nach dem Kalender zu berechnen ist. Neben der **kalendermäßigen Bestimmbarkeit** muss zwischen dem jeweiligen Ereignis eine angemessene Frist zur Leistungserbringung liegen. „Zahlung sofort nach Rechnungserhalt" macht eine Mahnung für den Verzugseintritt somit nicht entbehrlich, sondern markiert nur die Fälligkeit, weil zwar der Rechnungserhalt einen Ansatzpunkt zur kalendermäßigen Bestimmung der Leistungszeit liefert, aber keine angemessene Frist gesetzt ist. „Zahlbar 3 Tage nach Rechnungsstellung" setzt zwar eine angemessene Frist, liefert dem Schuldner aber keinen Anhaltspunkt für die Ermittlung des Fristbeginns, sofern kein Rechnungsdatum erkennbar ist. Für Entbehrlichkeit einer Mahnung wegen § 286 II Nr. 2 BGB aber folgende

Beispiele: „Lieferung binnen 3 Tagen nach Abruf", „Zahlbar 8 Tage nach Rechnungserhalt", „Zahlbar 14 Tage ab Rechnungsdatum".

Nach § 286 II Nr. 3 BGB bedarf es darüber hinaus für den Eintritt des Schuldnerverzugs auch keiner Mahnung, wenn der Schuldner erklärt, gar nicht leisten zu wollen. Das ist auch ohne gesetzliche Regelung solcher **Leistungsverweigerung** klar (lat. „venire contra factum proprium"). Unnötig ist die Mahnung ferner in Fällen einer vom Schuldner erkannten höchsten Dringlichkeit der Leistung. Dies ist sicher ein Hauptanwendungsfall des § 286 II Nr. 4 BGB. Man spricht hierbei von **Selbstmahnung.**

Beispiele: Der zu einem Patienten mit vermutetem Herzinfarkt zu Hilfe gerufene Arzt ebenso wie der Handwerker, der die Reparatur des geplatzten Wasserrohrs in der Wohnung als Eilauftrag akzeptiert hat, kann auch ohne Mahnung in Verzug kommen, wenn er nicht innerhalb von wenigen Minuten zur Stelle ist.

Auch das sog. **Fix-Geschäft** unterfällt § 286 II Nr. 4 BGB: Wenn die Vertragsparteien eine Leistungszeit „fix" gestellt haben, aber auch, wenn in diesem Zusammenhang von „genau", „exakt" oder „Punkt" (bei Zeitangaben) die Rede ist, sowie dann, wenn es einer Vertragspartei für die andere Seite erkennbar auf die Einhaltung der Leistungszeit so ankommt, dass damit der Vertrag „steht und fällt", bedarf es zum Eintritt des Schuldnerverzuges keiner Mahnung.

Eine Sonderrolle spielt die durch **Rechnungsstellung** bezifferte Geldforderung: Bestehen keine abweichenden Vereinbarungen (§ 286 BGB ist dispositives Recht!), tritt gemäß § 286 III 1 BGB Verzug spätestens nach 30 Tagen ein, wenn die Forderung - wie regelmäßig, vgl. auch § 271 I BGB - sofort mit Rechnungszugang fällig ist, ansonsten entsprechend später. Doch kann der Gläubiger natürlich vor allem durch Mahnung schon vorher Zahlungsverzug des Schuldners herbeiführen.

Beispiel: Maschinenfabrikant M schuldet seinem Zulieferanten Z Kaufpreiszahlung. Die Zahlungspflicht ist freilich zunächst noch nicht genau bezifferbar, weil die von M bei der Schickschuld zu übernehmenden Transportkosten noch nicht feststehen. M erhält deshalb mit Lieferung auch eine Rechnung „zahlbar binnen 8 Tagen nach Rechnungserhalt". Die Fälligkeit der Zahlungsforderung tritt somit 8 Tage, der Zahlungsverzug jedenfalls 38 Tage nach Rechnungserhalt ein. Geht dem M schon 10 Tage nach Rechnungserhalt eine Mahnung des Z zu, kommt M schon zu diesem Zeitpunkt in Schuldnerverzug.

Diesen Automatismus von Rechnungsstellung und (spätestem) Eintritt des Zahlungsverzugs stellt § 286 III 1 BGB freilich unter einem Vorbehalt: Ist der Zahlungsschuldner ein **Verbraucher** (§ 13 BGB), gilt dies nur, wenn die Rechnung einen **besonderen Hinweis** darauf enthält, dass Verzug auch ohne Mahnung, kalendermäßig bestimmte Fälligkeit etc. eintritt.

Beispiel: Versandhaus V beliefert den Privatkunden K am 8. 11. 2011. Die der Ware beigelegte Rechnung lautet: „Zahlbar bis 18. 11. 2011". Auch ohne besonderen Hinweis kommt K am 18. 11. 2011 in Verzug, wenn er noch nicht gezahlt hat, und zwar nach § 286 II Nr. 1 BGB. Da es sich nicht um einen Verzugseintritt nach § 286 III BGB handelt, bedurfte es also auch keines darauf bezogenen Hinweises gegenüber dem K als Verbraucher.

Zum Verzugsbegriff gehört schließlich, dass der Schuldner die Verspätung im bekannten Sinne zu **vertreten** hat (§ 286 IV BGB formuliert nur aus prozessualen Beweisgründen negativ). Es kommt also auch im Rahmen des Verzugstatbestandes auf die genaue Prüfung des Einzelfalls in Hinblick darauf an, ob dem Schuldner oder seinen Erfüllungsgehilfen tatsächlich Verschulden an der Verspätung anzulasten ist oder er die Verspätung auch ohne Verschulden zu vertreten hat (so generell bei der Zahlungspflicht!).

Beispiele: Der termingerecht sich auf dem Weg zum Kunden befindliche Unternehmensberater erleidet trotz umsichtiger Fahrweise einen Verkehrsunfall, wird verletzt ins Krankenhaus eingeliefert und kann die zugesagte, dringend benötigte Beratung deshalb nicht erteilen: Kein Verzug, da die Verspätung vom Schuldner nicht zu vertreten ist.

Überraschend wird der Zulieferbetrieb bestreikt, weshalb dieser die Lieferung der bestellten Schraubenmuttern nicht durchführen kann: Kein Verzug, da weder Vorsatz noch Fahrlässigkeit vorliegt und die Verzögerung auch nicht im Rahmen des für Gattungsschulden typischen Beschaffungsrisikos liegt (vgl. § 276 I 1 BGB).
Trotz sorgfältigster Finanzplanung tritt zum Zahlungstermin eine unvorhersehbare Liquiditätsschwäche wegen einer globalen Finanzkrise auf: Verzug! Das Vertretenmüssen auch ohne Verschulden folgt für die ganz h. M. nach § 276 I 1 BGB aus dem „Inhalt des Schuldverhältnisses", nämlich aus seinem Charakter als Zahlungspflicht.

Was die **Rechtsfolgen** des Schuldnerverzuges anlangt, ist zunächst das unveränderte **Fortbestehen** des vom Verzug betroffenen Anspruchs festzuhalten. Der Gläubiger kann also selbstverständlich nach wie vor - d. h. auch wenn die Voraussetzungen des Schuldnerverzuges nicht vorliegen - auf der geschuldeten Leistung bestehen und die **Erfüllung** notfalls gerichtlich durchsetzen. Daneben kann der Gläubiger vom Schuldner Ersatz des **Verzögerungsschadens** gemäß § 280 II i. V. m. § 286 BGB verlangen. Dazu zählen wohlgemerkt nicht die Kosten einer Mahnung, weil die Mahnung - abgesehen vom Fall des § 286 II und III BGB - ja zum Auslösen des Verzuges erforderlich ist, es sich bei den **Mahnkosten** also nicht um Aufwendungen handeln kann, die „durch" den Verzug bedingt sind. Die Kosten einer weiteren Mahnung sind hingegen in einem Zeitpunkt entstanden, in dem schon Verzug vorliegen kann (wenn die übrigen Verzugsvoraussetzungen gegeben sind!), so dass sie als Posten des nach § 280 II/286 BGB geschuldeten Schadensersatzes in Betracht kommen.

Bei **Zahlungsverzug** umfasst der Schadensersatzanspruch jedenfalls den **Zinsschaden**, dessen Mindesthöhe - für Geschäfte unter Beteiligung eines Verbrauches anders als für sonstige Geschäfte - nach § 288 I 2 bzw. II BGB zu berechnen ist (zum „Basiszins" vgl. § 247 BGB; jeweils aktuelle Information über die Höhe: www.bundesbank.de). Hat der Gläubiger zum Ausgleich der ausgebliebenen Zahlung tatsächlich einen Kredit aufgenommen, für den er höhere Sollzinsen entrichten muss, so kann er diesen effektiven Zinsaufwand liquidieren (§ 288 III BGB). Dies ist bereits dann der Fall, wenn der Gläubiger mit einem laufenden **Bankkredit** (Kontokorrent) arbeitet, der ja nicht selten höher als nach der abstrakten Berechnung des § 288 II BGB zu verzinsen ist (14% und mehr sind keine Seltenheit): Wäre der Zahlungsbetrag termingerecht auf dem Gläubigerkonto gebucht worden, so wäre der Kreditbedarf geringer gewesen, so dass auch weniger Sollzinsen für den **Kontokorrentkredit** angefallen wären.

Beispiel: Die arme, aber elegante Emilia trägt zwar bereits das Modellkleid, hat aber den vereinbarten Kaufpreis in Höhe von Euro 3.000 noch nicht bezahlen können, obwohl als Zahlungstermin der 31. 3. abgemacht war. Das Modehaus Möllemann übermittelt nach längerem Warten nunmehr doch eine Mahnung über den Kaufpreis nebst Briefporto für die Mahnung und Zinsen gemäß § 288 I BGB aus Euro 3.000 seit 1. 4.: Porto und Zinsen werden zurecht geltend gemacht, weil Verzug wegen § 286 II Nr. 1 BGB auch ohne Mahnung bereits am 1. 4. eingetreten ist, und weil die Verzugszinsen von Emilia auch dann zu entrichten sind, wenn Möllemann gar keinen effektiven Zinsschaden erlitten hat.

Bei **beiderseitigen Handelsgeschäften** gilt nach § 352 I HGB außer für Verzugszinsen ein gesetzlicher **Zinssatz** von 5% p. a. Allerdings spielt dieser handelsrechtliche Zinssatz keine besondere Rolle mehr. Er hat Bedeutung aber z. B. noch im Zusammenwirken mit § 353 HGB. Demzufolge erwächst bei beiderseitigen Handelsgeschäften für (Zahlungs-)Ansprüche ein Zinsanspruch in Höhe von 5% (§ 352 II HGB) nicht erst mit Eintritt des Verzugs, sondern bereits mit Verstreichen der Fälligkeit. Dabei fällt zudem ins Gewicht, dass nach § 271 I BGB Fälligkeit ja grundsätzlich sofort mit Entstehen des Zahlungsanspruchs, also regelmäßig mit Vertragsschluss, gegeben ist, bei schwer bezifferbaren Geldforderungen nach Handelsbrauch (§ 346 HGB) spätestens aber mit Rechnungserhalt. Es ist hier also genau verkehrt, Rechnungen ohne Zahlungsfrist in der Hektik des Geschäftsganges erst einmal beiseite zu legen, um die 30-Tages-Frist des § 286 III BGB „ausnutzen" oder es gar auf eine Mahnung ankommen zu lassen, wie es in der Unternehmenspraxis häufig geschieht. Denn eben hierin liegt das Risiko beschlossen, dass schon vor Verzugseintritt jedenfalls **Fälligkeitszinsen** eingefordert werden, von der empfindlichen Sanktion gemäß §§ 286 III, 288 BGB nach Verzugseintritt ganz abgesehen.

Nimmt der Schuldner seine Zahlungen wieder auf, reichen diese aber nicht aus, um den Gläubiger insgesamt zu befriedigen, so legt § 367 I BGB als **Verrechnungsreihenfolge** fest, dass die Zahlungseingänge zuerst auf die Kosten, also namentlich auf die Rechtsverfolgungskosten, sodann auf die Fälligkeits- und Verzugszinsen, und erst zuletzt auf die Hauptleistung anzurechnen sind. Diese für den Zahlungsschuldner sehr harte (freilich dispositive!) Regelung gilt jedoch nicht beim Verbraucherkredit.

Als weitere Verzugsfolge ist § 287 BGB zu beachten: Sollte ausnahmsweise eigentlich nur für (Vorsatz und) grobe Fahrlässigkeit gehaftet werden (wie z. B. bei § 599 BGB), so wird das **Vertretenmüssen** im Schuldnerverzug nun an dem auch sonst geltenden allgemeinen Maßstab des § 276 I 1 BGB orientiert; es wird nunmehr also auch für leichte Fahrlässigkeit gehaftet und „wegen der Leistung" (§ 287 S. 2 BGB) sogar für schuldlose Pflichtverletzungen, also für „Zufall". Wird also z. B. während des Schuldnerverzuges die Leistung unmöglich, so hat der Schuldner dies gemäß § 287 S. 2 BGB sogar dann zu vertreten, wenn er oder seine Erfüllungsgehilfen gemessen an §§ 276 I 1, 278 BGB dafür eigentlich gar nichts können.

Beispiel: Galerist G befindet sich mit dem Bild „Gelsenkirchen in grün" in Lieferverzug. Da führt ein Bergsturz als Folge des Kohleabbaus in 300 m Tiefe völlig überraschend zum Einsturz der Galerie, wobei das Bild vernichtet wird: nachträgliche, von G zu vertretende Unmöglichkeit!

Häufig meint man als Gläubiger, schon das Nichteinhalten des Fälligkeitstermins, erst recht aber der Schuldnerverzug berechtigten zur **Vertragsauflösung**, namentlich dann, wenn eine ganze Reihe erfolgloser Mahnungen ergangen ist. Dieser Glaube ist grundsätzlich falsch. Ein derartiges Rücktrittsrecht besteht vielmehr nur unter Zusatzvoraussetzungen, insbesondere bei erfolgloser **Nachfristsetzung** gemäß § 323 I BGB. Ein solches Rücktrittsrecht ist nach dieser Norm dann nicht einmal an den Verzug des Schuldners (§ 286 BGB) geknüpft: die bloße Leistungsverspätung genügt.

Beispiel: V hat sein Auto an M vermietet („gegenseitiger Vertrag" mit synallagmatischen Leistungspflichten). Zum vereinbarten Zeitpunkt kommt es allerdings nicht zur Übergabe, weil V einen Herzinfarkt erlitten hat: Mangels Vertretenmüssens kein Schuldnerverzug des V! Gibt M - in Kenntnis oder Unkenntnis der Umstände - dem V noch einen Tag Zeit, verstreicht aber auch diese Frist erfolglos, kann M durch Erklärung gegenüber V zurücktreten (§§ 346, 349 BGB). Damit entfallen die beiderseitigen primären Leistungspflichten. Bereits Empfangenes (z. B. eine vorgeleistete Zahlung) ist gemäß § 346 I BGB zurückzuerstatten.

Nicht einmal die Nachfristsetzung ist Rücktrittsvoraussetzung in den Fällen des § 323 II BGB, also z. B. bei erklärter **Leistungsverweigerung** des Schuldners (Nr. 1) oder - praktisch sehr wichtig - bei Verträgen, bei denen die nicht rechtzeitige Leistungserbringung die Leistung für den Gläubiger sinnlos erscheinen lässt (sog. **Fixgeschäft**, § 323 II Nr. 2 BGB). Beim Fixgeschäft mit der h. M. zwischen „relativen" und „absoluten" Fixgeschäften zu unterscheiden und letztere als Fälle der Unmöglichkeit zu behandeln, überzeugt nicht.

Beispiele: F soll vertragsgemäß zum Jahreswechsel (1. 1. 2011, Punkt 0.00 h) sein berühmtes Feuerwerk starten. Natürlich kann er diese Leistung auch noch ein paar Stunden später erbringen, ja selbst noch in der nächsten Nacht. Da macht die Leistungserbringung aber keinen Sinn mehr.
Kaufvertragliche Lieferpflicht bei der just-in-time-Produktion, vor allem bei vielen Zulieferanten und entsprechend komplexer, auf totale Termintreue angewiesener Ablauforganisation der sog. (engl.) supply chain.

Die Ausübung eines solchen Rücktrittsrechtes lässt Schadensersatzansprüche unberührt (§ 325 BGB). Dies gilt nicht nur - das ist fast selbstverständlich - für Schadensersatzansprüche auf Grund der §§ 280 II, 286 BGB (also bezüglich des eigentlichen Verzugsschadens), sondern auch für einen Anspruch auf **Schadensersatz statt Leistung**. Freilich müssen die speziell dafür erforderlichen Voraussetzungen vorliegen (§ 280 III BGB). Im Falle der **Leistungsverspätung** sind diese zusätzlichen Voraussetzungen (neben der vom Schuldner zu vertretenden Pflichtverletzung gemäß § 280 I BGB) in § 281 BGB normiert. Es bedarf auch hier - ähnlich wie für das Recht zum Rücktritt vom

Vertrag, vgl. noch einmal § 323 BGB - grundsätzlich einer erfolglos verstrichenen **Nachfristsetzung** (§ 281 I 1 BGB). Eine angemessene Nachfrist muss aber gemäß § 281 II BGB nicht gesetzt werden, wenn der Schuldner die von ihm geschuldete Leistung ernsthaft und endgültig verweigert oder (was praktisch sehr viel wichtiger ist als die **Leistungsverweigerung**) wenn ein **Fixgeschäft** vorliegt ("besondere Umstände" i. S. dieser Norm).

Verlangt der Gläubiger erst einmal Schadensersatz statt der Leistung, so kann er nach § 281 IV BGB die Leistung selber nicht mehr verlangen. Das wäre ein Selbstwiderspruch (lat. „venire contra factum proprium"), auf den das Gesetz gar nicht ausdrücklich eingehen müsste. Sind die Voraussetzungen eines Schadensersatzanspruchs erfüllt, kann stattdessen auch nur Aufwendungsersatz (§ 284 BGB) verlangt werden. Schon hier ist zu beachten, dass das Kaufrecht in § 440 BGB für Rücktritt wie für Schadensersatz statt der Leistung die Nachfristsetzung im Zusammenhang mit der Nacherfüllungspflicht des Verkäufers über die §§ 281 II, 323 II BGB hinaus für entbehrlich erklärt. Darauf wird später einzugehen sein.

(2) Gläubigerverzug

Gelegentlich kommt es nicht zur Erfüllung, obwohl der Schuldner zur Leistung durchaus willens und imstande ist, weil der **Gläubiger** seinerseits ein **Leistungs- bzw. Erfüllungshindernis** bildet: Er holt die bereitgestellte Ware nicht ab, er ist nicht zu Hause, als der Handwerker klingelt, er ist zum vereinbarten Termin nicht mit dem reparaturbedürftigen Wagen in der Werkstatt, und vieles andere mehr. Mit diesem Fragenkreis des Gläubigerverzuges beschäftigen sich vorrangig die §§ 293 ff. BGB, die den Schuldner vor etwa daraus resultierenden Nachteilen zu bewahren suchen. Weil ja definitionsgemäß nicht der Gläubiger, sondern der Schuldner derjenige ist, der zur Leistung verpflichtet ist, kann man den Gläubigerverzug streng genommen vielleicht gar nicht zu den Leistungsstörungen zählen. Wegen der sachlichen Nähe zum Schuldnerverzug ist er aber dennoch in diesem Zusammenhang darzustellen.

Ebenso wenig wie der Schuldnerverzug schlechthin mit jeder Nichtleistung des Schuldners gleichgesetzt werden darf, ebenso wenig ist auch - trotz der Formulierung des § 293 BGB - jede Nichtannahme der angebotenen Leistung schon Gläubigerverzug. **Gläubigerverzug** (auch **Annahmeverzug** genannt) hat vielmehr einige in den §§ 294 ff. BGB näher definierte begriffliche Voraussetzungen. Grundsätzlich bedarf es gemäß § 294 BGB eines tatsächlichen - nicht nur wörtlichen - Angebots der Leistung, so, wie sie zu bewirken ist, also vor allem am richtigen Ort (Leistungsort) und zur richtigen Zeit (Fälligkeit, Erfüllbarkeit). Ausnahmsweise reicht nach § 295 BGB ein wörtliches

Angebot aus, wenn der Gläubiger von vornherein seine Annahmeverweigerung erklärt, oder wenn der Gläubiger zur Leistungserbringung selbst mit beitragen muss.

Beispiele: Maßnehmen beim Schneider; Zur-Verfügung-Stellen betrieblicher Daten des Gläubigers im Zusammenhang mit einem vom Schuldner zu entwickelnden, individuell auf den Gläubiger abgestimmten EDV-Programm; Abholen der zu liefernden Ware (bei der Holschuld).

Nicht einmal eines wörtlichen Leistungsangebotes bedarf es gemäß § 296 BGB, wenn z. B. der Gläubiger für eine solche Mitwirkungshandlung einen Termin akzeptiert hat. Weil Verzug prüfungslogisch die Möglichkeit der Leistung voraussetzt, steht das Ausreichen eines wörtlichen Angebots oder die Überflüssigkeit überhaupt eines Angebots nach § 297 BGB unter dem Vorbehalt, dass dem Schuldner - von der mangelnden **Gläubigermitwirkung** abgesehen - die Leistungshandlung möglich wäre. In dem Regelfall eines erforderlichen tatsächlichen Angebots spielt § 297 BGB selbstverständlich keine Rolle: Wenn der Schuldner zur Leistung unvermögend ist, kann er ja kein tatsächliches Angebot machen, liegt in Wahrheit Leistungsunmöglichkeit vor, ist die Situation also nach den dafür geltenden Regeln zu beurteilen. Bei alledem bedeutet „Angebot" natürlich nicht dasselbe wie in der Rechtsgeschäftslehre, wenn dort von Vertragsschluss durch Annahme eines Angebots gesprochen wird. Gemeint ist vielmehr die sog. **Andienung**.

Im Gegensatz zum Schuldnerverzug ist es für den Gläubigerverzug gleichgültig, ob der Gläubiger die Nichtannahme der Leistung zu vertreten hat oder nicht: Eine dem § 286 IV BGB vergleichbare Bestimmung fehlt hier.

Beispiel: Heizöllieferant Heinz hat sein Erscheinen im Einvernehmen mit dem Besteller Bert für 17.00 h angekündigt. Kann Heinz zu diesem Termin das Öl nicht abliefern, weil Bert nicht zu Hause und der Tankstutzen verschlossen ist, so kommt es für den Gläubigerverzug des Bert nicht darauf an, ob seine Abwesenheit darauf beruht, dass er mit Herzinfarkt ins Krankenhaus eingeliefert wurde, ob er den Termin einfach vergessen hat, oder ob er einen Kinobesuch mit seiner Freundin Fanny vorgezogen hat.

Eine gewisse Milderung bringt allerdings § 299 BGB, der in bestimmten Fällen bei einer bloß **kurzfristigen Verhinderung** keinen Annahmeverzug eintreten lässt. In vorstehendem Beispiel würde Bert demnach nicht in Annahmeverzug geraten, wenn Heinz die Anlieferung nicht angekündigt hätte: Keinem Gläubiger wird zugemutet, sich ständig annahmebereit zu halten. Gefährlich ist freilich die mit § 271 II BGB in § 299 BGB aufgestellte Falle:

Beispiel: Maler M vereinbart im Januar mit dem Hauseigentümer H eine Innenrenovierung. Als H nach der Leistungszeit fragt, meint M: „Vor Mai jedenfalls wird es nichts". Die Fälligkeit des Anspruchs auf Renovierung ist bei Einverständnis des H also bis Mai verschoben (vgl. § 271 I BGB), durchaus aber nicht die Erfüllbarkeit (vgl. § 271 II BGB). Wenn M jetzt schon Anfang Februar die

Renovierung vornehmen will, H aber für die Zeit bis Mai diese Arbeiten nicht durchführen lassen will, kommt er in Annahmeverzug (keine nur „vorübergehende" Annahmeverhinderung!). Ob M sein Erscheinen angekündigt hatte oder nicht, ist für den Gläubigerverzug des H belanglos. § 299 BGB hilft dem H hier nicht!

Da das Wirtschaftsleben von gegenseitigen Verträgen i. S. der §§ 320 ff. BGB geprägt ist, ist schließlich hinsichtlich der Voraussetzungen des Gläubigerverzuges § 298 BGB als Ausdruck des Synallagmas zu beachten: Trotz Annahmebereitschaft des Gläubigers gerät dieser in Annahmeverzug, wenn er die i. S. der §§ 294-297 BGB ordnungsgemäß angebotene Leistung zwar durchaus akzeptiert, aber seine eigene, Zug um Zug zu erbringende **Gegenleistung** nicht ordnungsgemäß, regelmäßig also tatsächlich, anbietet.

Von den in den §§ 300 ff. BGB aufgeführten **Rechtsfolgen** des Gläubigerverzuges ist zunächst vor allem auf die in § 300 I BGB genannte Haftungsmilderung für den Schuldner zu verweisen. Nach § 300 II BGB führt der Gläubigerverzug ferner jedenfalls zur **Konkretisierung** von Gattungsschulden, - ein Effekt, der nach § 243 II BGB allerdings durchweg schon früher eingetreten sein wird. Nach § 326 II BGB verlagert sich schließlich das Risiko, trotz Leistungsunmöglichkeit die Gegenleistung erbringen zu müssen: Wird während des Gläubigerverzuges die Leistung unmöglich (ohne dass der Schuldner dies zu vertreten hat!), so verliert der Gläubiger wegen § 275 I BGB zwar seinen Erfüllungsanspruch und kann auch keinen Schadensersatz verlangen (das würde Vertretenmüssen des Schuldners voraussetzen, § 280 I 2 BGB), muss jedoch trotzdem die Gegenleistung, namentlich den Kaufpreis, erbringen.

Beispiel: Im vorgenannten Beispiel verunglückt Heinz auf der Rückfahrt auf Grund eines leicht-fahrlässigen Fahrfehlers, wobei das Heizöl ausläuft: Die nach §§ 243 II bzw. 300 II BGB konkretisierte, auf den Tankinhalt des Fahrzeugs beschränkte Lieferschuld kann nicht mehr erfüllt werden, was Heinz wegen der Haftungserleichterung des § 300 I BGB nicht zu vertreten hat. Heinz braucht wegen § 275 I BGB nicht mehr zu liefern, Bert muss aber wegen §§ 326 II 1 BGB dennoch den Kaufpreis zahlen.

Nicht immer entwickelt sich die Situation so dramatisch. Gerade dann wird § 304 BGB interessant: Die Kosten der wegen des Annahmeverzuges erfolglos gebliebenen Leistungshandlung, die sog. **Andienungskosten**, müssen ebenso ersetzt werden wie die nunmehr notwendig werdenden **Aufbewahrungs-** und **Erhaltungskosten** (Lagerung, Kühlung, Fütterung von Tieren etc.). Ein weitergehender Schadensersatzanspruch besteht hingegen nicht. Statt sich weiter leistungsbereit zu halten - der Gläubigerverzug befreit den Schuldner ja grundsätzlich nicht von der Verpflichtung zur Leistung und es gibt hier auch keine dem § 323 I BGB entsprechende Norm! - kann der Schuldner jedoch die zu liefernden Sachen nach Maßgabe der §§ 372 ff. BGB bzw. 373 ff. HGB hinterlegen bzw. im Wege des sog. **Selbsthilfeverkaufs** versteigern lassen und dann den Erlös hinterlegen (in der Praxis nicht allzu häufig).

e) Sonstige vertragliche Leistungsstörungen

Unmöglichkeit der Leistungserbringung, dauernde Nichtleistung trotz Leistungsmöglichkeit bei Leistungsverweigerung und zeitweise Nichtleistung (Leistungsverspätung) sowie Annahmeverzug des Gläubigers schöpfen die Bandbreite denkbarer Leistungsstörungen nicht aus. Zu denken ist hierbei zunächst an die qualitativ gestörte Leistungspflicht durch **Schlechtleistung**. Soweit nicht Sonderregelungen bestehen, greift hier bezüglich einer sekundären Leistungspflicht jedenfalls § 280 I BGB ein: Hat also der Schuldner die Schlechtleistung zu vertreten, hat er den aus dieser seiner Pflichtverletzung entstandenen Schaden zu ersetzen.

Beispiel: Der vertraglich seinem Patienten gegenüber zur Untersuchung und Behandlung verpflichtete Arzt nimmt die Untersuchung zu oberflächlich durch, kommt dadurch zu einer Fehldiagnose und verschreibt dann die falschen Medikamente: Der Arzt, der hier sorgfaltswidrig (fahrlässig, § 276 II BGB) gehandelt hat, hat seine dienstvertragliche Pflicht aus § 611 I BGB in von ihm zu vertretender Weise (§ 276 I BGB) verletzt und schuldet deshalb für die dadurch verursachten Gesundheits- und Vermögensschäden des Patienten Ersatz nach § 280 I BGB.

Häufig werden auch erfüllungsbegleitende Maßnahmen unterlassen, die ein loyaler Schuldner ergreifen müsste, um das **Erfüllungsinteresse** des Gläubigers wirklich zu befriedigen. Hat der Schuldner diese aus „Treu und Glauben" (§ 242 BGB) fließende Erfüllungsbegleitpflicht verletzt und hat er diese Pflichtverletzung auch zu vertreten, so wird ebenfalls aus § 280 I BGB Schadensersatz geschuldet. Dasselbe gilt für die vom Schuldner zu vertretende Verletzung vertragsbegleitender Schutzpflichten (vgl. § 241 II BGB). Der Schadensersatz ist hier grundsätzlich nur auf das sog. **Integritätsinteresse** des Gläubigers gerichtet, nämlich in seinem Rechtskreis durch den Vertragskontakt keine Einbußen zu erleiden. Ausnahmsweise kommt bei zu vertretenden Schutzpflichtverletzungen gemäß § 282 BGB aber sogar Schadensersatz statt der Leistung in Betracht, wenn diese Schutzpflichtverletzungen so gravierend sind, dass dem Vertragspartner ein Festhalten am Vertrag nicht zugemutet werden kann. Auch ein Rücktrittsrecht kann hier nach § 324 BGB - selbst ohne Vertretenmüssen des Schuldners! - zum Zuge kommen, dessen Ausübung den Schadensersatzanspruch - wie auch sonst - nicht ausschließt (§ 325 BGB).

Beispiel: Bauhandwerker Brecht soll vertragsgemäß den Schließmechanismus aller Fenster eines dem Egon gehörenden Einfamilienhauses zum Gesamtpreis von Euro 1.000 in Stand setzen. Trotz Egons Bitten raucht Brecht im Haus, wobei die weggeworfenen Zigarettenreste auch noch Brandflecken auf dem Parkettfußboden hinterlassen. Nachdem Brecht 5 von insgesamt 10 Fenstern repariert hat, hat Brechts Mitarbeiter Max außerdem durch Unachtsamkeit beim Hantieren mit der Leiter eine Tapete beschädigt und eine Vase zertrümmert: Egon kann nach § 324 BGB jedenfalls vom Vertrag insgesamt zurücktreten, weil dem Egon ein Festhalten am Vertrag angesichts dieser massiven Schutzpflichtverletzungen nicht zugemutet werden kann. Ob Brecht diese Pflichtverletzungen zu vertreten hat, ist insoweit belanglos. Nach Erklärung des Rücktritts (§ 349 BGB) erlöschen sämtliche primären Leistungspflichten. Für die bereits reparierten Fenster ist gemäß § 346 II 1 Nr. 1 BGB von Egon „Wertersatz" zu leisten. Unter Berücksichtigung der Gegenleistung (§ 346 II 2 BGB) ist dabei zunächst von der Hälfte des Gesamtpreises, also von Euro 500 auszugehen. Bei der Ermittlung des „Wertes" ist allerdings die kalkulierte Gewinnmarge des Brecht abzuziehen.
Da Brecht die Schutzpflichtverletzungen aber allesamt zu vertreten hat (eigene Fahrlässigkeit nach § 276 I 1 BGB und die seines Erfüllungsgehilfen Max nach § 278 BGB), kann Egon auch (§ 325 BGB) Schadensersatz verlangen, und zwar nicht nur in Bezug auf die angerichteten Schäden selber (§ 280 I BGB), sondern auch „statt der Leistung" (§§ 280 III, 282 BGB). Er kann also einen anderen Handwerker beauftragen und einen von diesem geforderten Mehrpreis auf den Brecht abwälzen.

Bei sog. **Dauerschuldverhältnissen** - Schuldverhältnissen, die nicht durch einen bestimmten einmaligen Leistungsakt zum Erlöschen gebracht werden können, tritt, soweit keine speziellen Regelungen wie etwa § 626 BGB für das Arbeitsverhältnis bestehen, nach dem Auffangtatbetsand des § 314 I BGB an die Stelle des Rücktritts die Möglichkeit fristloser, im Gegensatz zum Rücktritt nur für die Zukunft (lat. „ex nunc") beachtlicher **Kündigung** „aus wichtigem Grund". Einer Abmahnung bedarf es hier wegen § 323 II Nr. 3/III BGB nicht. Schadensersatzansprüche werden durch eine solche Kündigung ebenso wenig wie durch Rücktritt ausgeschlossen (vgl. § 314 IV BGB im Vergleich mit § 325 BGB).

Beispiel: Die körperbewusste Katrin hat einen 2-Jahresvertrag mit einem Fitness-Studio geschlossen. Nach einem halben Jahr erfolgreichem Studiobesuch mit sichtbarer Figurverbesserung belässt es der Fitness-Trainer nicht mehr bei guten Ratschlägen, sondern belästigt Katrin sexuell massiv: Recht Katrins zur Kündigung aus wichtigem Grund.

Dadurch, dass die Leistungsstörung begrifflich eine bereits bestehende rechtliche **Sonderbeziehung**, eben ein Schuldverhältnis voraussetzt, unterscheidet sie sich charakteristisch vom **Deliktsrecht** (§§ 823 ff. BGB). Dies schließt aber umgekehrt nicht aus, dass ein Schadensersatzanspruch im konkreten Fall sowohl aus Leistungsstörung als auch aus Delikt resultiert (sog. **Anspruchskonkurrenz**, besser **Anspruchskumulation**, also Anspruchshäufung).

Beispiel: Der Lieferant gesundheitsgefährdender Chemikalien unterlässt einen Sicherheitshinweis, wodurch der Käufer oder auch seine Mitarbeiter zu Schaden kommen (Vertrag mit Schutzwirkung für Dritte): Es kommt eine Haftung nach den Grundsätzen des Leistungsstörungsrechts, aber auch nach § 823 I BGB (und darüber hinaus nach anderen Normen) in Betracht.

f) Culpa in contrahendo

Die Rechtsfigur der (lat.) culpa in contrahendo („cic") ist gleichsam die Schwester der vertraglichen Schutzpflichtverletzung bei Schadensfällen im vertraglichen Vorfeld. Loyalitätspflichten sind eben nicht nur Nebeneffekte von (vertraglichen) Leistungspflichten, sondern fließen ganz generell aus der Inanspruchnahme von **Vertrauen** im Rahmen geschäftlicher, zumindest abstrakt auf Vertragsschluss hin tendierender Kontakte. Das stellt § 311 II BGB ausdrücklich klar.

Beispiele: Betreten eines Kaufhauses, um die Warenpräsentation in Augenschein zu nehmen und um vielleicht sogar Einkäufe zu tätigen, begründet Schutzpflichtverhältnis.
Keine Schutzpflicht gegenüber demjenigen, der ein Kaufhaus betritt, um Ladendiebstähle zu verüben, oder gegenüber demjenigen, der sich dort nur unterstellt, weil es an der nahegelegenen Bushaltestelle so windig ist.

Diese rechtliche Situation lässt sich auch als gesetzliches **Schuldverhältnis** ohne primäre Leistungspflichten interpretieren. Werden die darauf basierenden **Schutzpflichten** verletzt - für Erfüllungsbegleitpflichten fehlt es mangels vertraglicher Leistungspflichten am maßgeblichen Anknüpfungspunkt und inhaltsbestimmendem Ziel -, so erwächst daraus freilich eine sekundäre, auf Schadensersatz gerichtete Leistungspflicht. Voraussetzung dafür ist gemäß § 280 I 2 BGB wiederum **Vertretenmüssen**, wobei auch hier nach § 278 BGB für das Verschulden von Personen einzustehen ist, deren sich jemand bedient, um eben diese Schutzpflicht zu erfüllen.

Letztlich liegt in der Anwendbarkeit des § 278 BGB überhaupt der Grund für die Ausbildung der Rechtsfigur „cic", weil dieser Vorschrift eine Entlastungsmöglichkeit des potenziellen Vertragspartners fremd ist. Ohne die Annahme eines derartigen, schon vorvertraglichen gesetzlichen Schuldverhältnisses würde nur Deliktsrecht (§§ 823 ff. BGB) zum Zuge kommen und damit auch nur die Verantwortung für Gehilfen nach § 831 I BGB, eine Vorschrift, die es gerade gestattet, sich für das Fehlverhalten des Gehilfen zu entlasten, zu „**exkulpieren**" (§ 831 I 2 BGB).

Wie beim Vertrag mit Schutzwirkung für Dritte ist „cic" auch zugunsten einer Person denkbar, die als potenzieller Vertragspartner gar nicht zur Debatte steht, die aber von den vertraglichen Schutzwirkungen mit erfasst wäre, wenn ein Vertrag zustande käme.

Beispiel: Manfred, Mitarbeiter des Raumausstatters Rolf, legt der an einem neuen Bodenbelag interessierten Inge in deren Hause Teppichbodenmuster vor und verletzt dabei durch eine heftige, ungeschickte Handbewegung die kleine Trude, das Töchterlein der Inge, leicht am Auge. Die empörte Inge verzichtet deshalb auf den in Aussicht genommenen Auftrag: Schadensersatzpflicht des Rolf gegenüber Trude wegen „cic" (§§ 280 I, 241 II, 311 II BGB i. V. m. § 278 S. 1 BGB).

Da die „cic" auf dem Gedanken eines entgegengebrachten, aber enttäuschten Vertrauens beruht, kann neben dem potenziellen Vertragspartner aus „cic" gemäß § 311 III i. V. m. § 280 I BGB auch derjenige haften, der dieses Vertrauen konkret trägt (ein weiterer Anspruch auf Schadensersatz folgt aus Deliktsrecht nach §§ 823 ff. BGB). Eine auf „cic" basierende eigene Haftung ist demnach als sog. **Sachwalterhaftung** z. B. beim Handelsvertreter und bei einem eine juristische Person repräsentierenden Organmitglied zu erwägen, zumal wenn es sich dabei um den wirtschaftlichen Träger der juristischen Person handelt. Zu denken ist namentlich an einen geschäftsführenden Alleingesellschafter einer GmbH (**Geschäftsführeraußenhaftung**). Bedenklich ist diese Konstruktion hier allerdings deshalb, weil damit zumindest im praktischen Ergebnis das für die juristische Person charakteristische Trennungsprinzip konterkariert würde. Dieses Bedenken ist hingegen irrelevant gegenüber einer Haftung eines Versicherungsagenten, der sehr häufig - unterstützt durch entsprechende Werbung - als Träger eines besonderen Vertrauens in Erscheinung tritt.

Eine besondere Rolle spielt die „cic" im Zusammenhang mit der ernsthaft bekundeten Absicht, einen Vertrag schließen zu wollen. Wer einen solchen (engl.) **letter of intent** zeichnet und damit zu dem (möglichen) Kunden jedenfalls in einen engeren „geschäftlichen Kontakt" (vgl. § 311 II Nr. 3 BGB) tritt, begründet damit für sich zwar keinen Kontrahierungszwang, erweckt aber ein begründetes rechtlich schützenswertes Vertrauen auf einen Vertragsabschluss. Wird dieses Vertrauen in einer vom Erklärenden zu vertretenden Weise enttäuscht, haftet dieser nach §§ 280 I, 241 II, 311 II Nr. 3 BGB aus „cic" dem Empfänger des „letter of intent" auf Schadensersatz, und zwar auf das Vertrauensinteresse, in der Höhe begrenzt durch das Erfüllungsinteresse.

VI. Wirtschaftstypische Vertragsschuldverhältnisse im Überblick

1. Kauf - speziell Handelskauf - und Grundformen der Übereignung

a) Begriff und Arten

Der Kaufvertrag (§§ 433 ff. BGB) ist in einer monetär geprägten Wirtschaftsordnung das zentrale rechtliche Instrument für den Umschlag wirtschaftlicher Güter und hat den Tauschvertrag (§ 480 BGB) in dieser Funktion fast vollständig verdrängt. Schon dem gesetzlichen Leitbild nach ist die Spannweite des Kaufvertrages sehr groß: **Kaufgegenstand** können sein bewegliche Sachen (Waren) ebenso wie unbewegliche Sachen (Grundstücke). Allerdings gilt für Kaufverträge über Grundstücke als Ausnahme vom Prinzip der Formfreiheit ein in § 311b I BGB geregelter Formzwang (ebenso für Eigentumswohnungen gemäß § 4 III WEG). Kaufgegenstand können aber auch lediglich Rechte sein, z. B. Forderungen, Patente, Verlagsrechte oder Gesellschaftsanteile (§ 453 BGB). Ferner können Kaufverträge über sonstige (unkörperliche) Gegenstände i. S. von § 453 BGB geschlossen werden. Selbst ein (zweckhaft organisierter) Inbegriff von Sachen, Rechten und sonstigen unkörperlichen Gegenständen, also ein Unternehmen, kommt als Kaufgegenstand in Betracht.

Beispiele: Know-how, Energie, Reklameidee, Kundenstamm, Wirtschaftsprüfer- oder Arztpraxis, EDV-Programm (als sog. Standard-Software), Unternehmen als Ganzes.

Vor allem bei Waren, aber auch bei manchen unkörperlichen Kaufgegenständen wie Strom, Gas und Wärme wird in der Praxis oft vom Liefervertrag, von Lieferort und Lieferzeit, vom Zulieferer etc. gesprochen. Das Gesetz selber kennt den Begriff **Lieferung** freilich eher am Rande, so etwa in § 312b BGB im Zusammenhang mit Fernabsatzverträgen, im kaufrechtlichen Gewährleistungsrecht (§§ 434 III, 439 BGB) oder bezüglich der Zusendung unbestellter (beweglicher) Sachen in § 241a I BGB. „Lieferung" kennt auch § 651 S. 1 BGB. Das hat seinen Grund darin, dass auf einen Vertrag, der die Übergabe und Übereignung erst herzustellender oder zu erzeugender beweglicher Sachen zum Gegenstand hat, ebenfalls Kaufrecht Anwendung findet. Dies gilt uneingeschränkt für vertretbare Sachen (**Serienware** aus der Produktion des Lieferanten).

Diesem sog. **Lieferungskauf** steht jene Spielart gegenüber, bei dem eine nicht vertretbare (immer bewegliche!) Sache herzustellen ist (Maßanzug aus einem vom Schneider zu beschaffenden Stoff). Auf einen solchen Vertrag findet dann Kaufrecht und ergänzend einige Vorschriften aus dem Werkvertragsrecht (§§ 631 ff. BGB) Anwendung. Man kann hier von **Werklieferungs-vertrag** sprechen.

Nach Abschaffung der Leibeigenschaft können Menschen selbstverständlich nicht mehr Kaufgegenstand sein. Der „Einkauf" eines Fußballspielers ist demnach lediglich das populäre Etikett für einen von der Privatautonomie gedeckten Vertrag zwischen dem interessierten Verein und demjenigen Verein, bei dem der betreffende Spieler bislang unter Vertrag steht. Dabei wird diesem Verein eine „Ablösungssumme" dafür versprochen, dass er der vorzeitigen Auflösung des Anstellungsverhältnisses zwischen ihm und dem umworbenen Spieler zustimmt und so den Weg für eine Anstellung des Spielers bei dem „kaufenden" Verein freimacht. Auch sonst wird der **Begriff** des **Kaufs** leider häufig überstrapaziert und für alle synallgmatische Rechtsverhältnisse herangezogen: „Kaufen" kann man z. B. weder eine Versicherung (dabei wird richtiger Ansicht nach ein Geschäftsbesorgungsvertrag nach §§ 675, 611 ff. BGB geschlossen) noch eine Reise (Reisevertrag als Variante des Werkvertrages, §§ 651a f. BGB).

Als Gegenstand eines **Handelskaufes** kommen nur Waren, also nur bewegliche Sachen, sowie Wertpapiere in Betracht. Denn die handelsrechtlichen, die allgemeinen kaufrechtlichen Bestimmungen der §§ 433 ff. BGB modifizierenden Vorschriften speziell für den Handelskauf sprechen nur davon (vgl. §§ 373, 376 II, 377 ff. HGB). Da der Handelskauf im Übrigen die begriffliche **Schnittmenge** von Kauf und Handelsgeschäft (§ 343 HGB) darstellt, lässt sich der Handelskauf in diesem Kontext definieren als derjenige Kauf, bei dem mindestens eine Vertragspartei Kaufmann i. S. der §§ 1 ff. HGB ist, der Kauf zur betrieblichen Sphäre dieses Kaufmanns gehört und Kaufgegenstand **Waren** oder **Wertpapiere** sind (vgl. Abb. 27).

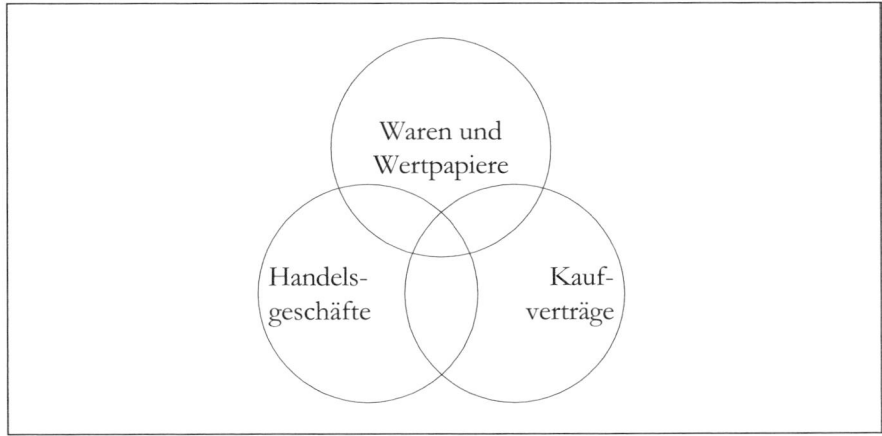

Abb. 27: Handelskauf als begriffliche Schnittmenge

Nach dem für das Handelsgeschäft Gesagten gibt es mithin auch einseitige und zweiseitige **Handelskäufe.** Wegen der hier dargelegten logischen Struktur gibt es - nur scheinbar paradox - auch Kaufverträge, die zwar Handelsgeschäfte darstellen, aber trotzdem nicht den Begriff des Handelskaufs erfüllen, eben weil der Kaufgegenstand etwas anderes ist als eine Ware oder ein Wertpapier.

Beispiel: An- und Verkauf von Grundstücken durch eine Immobilien-GmbH: GmbH ist (Form-)Kaufmann und Erwerb und Veräußerung sind auch betriebszugehörig: Kauf ist Handelsgeschäft, aber kein Handelskauf.

Wegen der inhaltlichen Gestaltungsfreiheit können die Parteien freilich auch für solche Kaufverträge die Anwendbarkeit der für den Handelskauf geltenden Normen vereinbaren. Eine handelsrechtliche Sonderform des Handelskaufes hinwiederum ist der **Spezifikationskauf** (§ 375 HGB), bei dem der Kaufgegenstand vom Käufer nach Vertragsschluss erst noch näher zu bestimmen ist.

In §§ 454 ff. BGB normiert das BGB selber einige besondere Arten des Kaufs, die nichts mit dem Kaufgegenstand zu tun haben: den **Kauf auf Probe** (§§ 454 f. BGB), den **Wiederkauf**, also den Rückkauf (§§ 456 ff. BGB), den **Vorkauf** (§§ 463 ff. BGB) und den **Verbrauchsgüterkauf** (§§ 474 ff. BGB). In der Praxis kommen auch noch andere, durch inhaltliche Gestaltungsfreiheit und ihre typische Inanspruchnahme geschaffene Sonderformen des Kaufs vor, so etwa der **Kauf nach Probe** (oder nach Muster) oder das sog. **Konditionsgeschäft**, bei dem der Käufer zurücktreten darf, wenn er die Ware nicht bis zu einem bestimmten Zeitpunkt weiterverkaufen konnte.

Besonders tief in die rechtliche Mechanik des Kaufrechts und darüber hinaus in das allgemeine Leistungsstörungsrecht greifen die Rechtsnormung des **Verbrauchsgüterkaufs** ein. Nach der in § 474 I 1 BGB gegebenen **Legaldefinition** handelt es sich dabei um einen Kaufvertrag zwischen einem Unternehmer (§ 14 BGB) als Verkäufer einer beweglichen Sache, also einer Ware, und einem Verbraucher i. S. von § 13 BGB als Käufer („B2C"-Geschäft). Warenkäufe zwischen Verbrauchern ("C2C") oder zwischen Unternehmern („B2B") zählen nicht hierher, auch nicht (ein seltenes) „C2B"-Geschäft. Die Waren müssen nicht neu sein (vgl. nur für ein Randproblem demgegenüber § 474 I 2 BGB!), so dass auch der **second-hand-Handel** hierher zählt.

Beispiele: Passant P kauft auf dem „Flohmarkt" vom kleingewerblichen Trödelhändler T (ein Unternehmer!) eine gebrauchte elektrische Zahnbürste: Verbrauchsgüterkauf!
P verkauft seine Neuerwerbung seinem Arbeitskollegen A, der für seine Frau ein passendes Geschenk zum Hochzeitstag suchte: Kein Verbrauchsgüterkauf!

Entgegen seiner Bezeichnung kommt es also nicht auf die Art der Kaufsache, sondern allein auf die Art von Verkäufer und Käufer an.

Beispiel: Max, der als angestellter Mechaniker seinen Lebensunterhalt verdient, hat in der TV-Sendung „Wer wird Millionär" Euro 1 Mio. gewonnen. Davon kauft er sich sogleich eine kleine Segelyacht für Euro 800.000: Verbrauchsgüterkauf!

Mit den **Sonderregeln** über den Verbrauchsgüterkauf will der Gesetzgeber den Verbraucher als Käufer vor allem gegenüber Vereinbarungen mit dem Käufer schützen, die eine Schlechterstellung des Käufers gegenüber dem gesetzlichen Modell der Gewährleistung zur Folge hätten. Rechtstechnisch erreicht der Gesetzgeber dies dadurch, dass er insbesondere das **kaufrechtliche Gewährleistungsrecht** mit § 474 II BGB **halbzwingend** ausgestaltet.

Eine sehr wichtige Besonderheit ist für die **Gefahrtragung** im Rahmen eines **Verbrauchsgüterversendungskaufs** (Lieferschuld als Schickschuld) zu beachten: Da § 447 BGB hier wegen § 474 II BGB keine Anwendung findet, gilt wieder § 326 I 1 BGB: Trotz Gefahrübergangs braucht der Käufer bei Transportverlusten nicht zu zahlen.

b) Kaufvertragliche Pflichten und ihre Erfüllung

(1) Sach- und Rechtskauf

In der am weitesten verbreiteten Variante des Kaufvertrages, dem **Sachkauf**, ist der Verkäufer gemäß § 433 I BGB zunächst verpflichtet, dem Käufer die Sache zu „übergeben", d. h. diesem die tatsächliche Einwirkungsmöglichkeit zu verschaffen, ihn also zum unmittelbaren Besitzer i. S. des § 854 BGB zu machen. Dabei darf die Sache keinen (Sach-)Mangel aufweisen (§§ 433 I 2, 434 BGB; zum sog. Rechtsmangel sogleich). Weist die Sache gleichwohl einen Mangel auf, so trifft den Verkäufer die Pflicht zur Gewährleistung in mehreren Ausprägungen (§§ 437 ff. BGB). Wenn es sich um einen Gattungskauf handelt, dann ist die eher am Stückkauf orientierte Formulierung des Gesetzes in § 433 I BGB freilich missverständlich, weil es dann gar nicht „die", sondern nur eine solche Sache geben kann, die den Kriterien der festgelegten Gattung entspricht. Dem Verkäufer ist es dann überlassen, welches Gattungsexemplar er zur Erfüllung auswählt. Was alles zur Übergabe, zur Einräumung tatsächlicher Sachherrschaft gehört, ist Sache des Einzelfalls.

Beispiel: Übergabe eines Autos durch Aushändigung aller Schlüssel (für Zündschloss, Türen, Kofferraum).

Übergabe reicht freilich zur Erfüllung der **Verkäuferpflicht** nicht aus; vielmehr muss dieser den Käufer auch zum Eigentümer machen. Dabei genügt es nicht, dass der Käufer überhaupt Eigentümer wird. Er muss sein Eigentum auch unbelastet, also frei von Rechten zugunsten anderer erhalten (§§ 433 I 2,

435 BGB), also z. B. ohne ein auf der Sache lastendes Pfandrecht. Beim Kauf eines Rechtes (vgl. § 453 BGB) ist jedenfalls dieses Recht dem Käufer zu verschaffen. Der Verkäufer etwa einer Forderung muss den Käufer durch Zession (§ 398 BGB) zum Gläubiger machen. Dagegen kommt wegen der Unkörperlichkeit des Kaufgegenstandes selbstverständlich keine Übergabe in Betracht. Wenn das Recht allerdings seinerseits zum Sachbesitz berechtigt, muss die diesbezügliche Sache übergeben werden (§ 453 III BGB). Dies sind freilich recht seltene Fallgestaltungen.

Beispiel: Kauf eines (Dauer-)Wohnrechtes (§ 1093 BGB); zum Teilzeitwohnrecht s. §§ 481 ff. BGB.

Der Kauf eines Rechtes, das in einem echten **Inhaberpapier** verkörpert ist, z. B. der Kauf einer Aktie, ist Sach-, nicht Rechtskauf, da die Rechtsinhaberposition, z. B. die Stellung als Aktionär, hier dem Eigentum am Papier folgt.

Der Käufer ist seinerseits zur **Zahlung** des vereinbarten Kaufpreises verpflichtet (Synallagma!). Ist die Höhe des Kaufpreises gar nicht - auch nicht konkludent - vereinbart worden, so kann der Verkäufer gemäß § 316 BGB in den Grenzen des § 315 BGB den Kaufpreis selber festlegen (sog. **Leistungsvorbehalt**).

Ferner ist der Käufer - beim Sachkauf - zur **Abnahme** der Kaufsache verpflichtet (keine synallagmatische Pflicht!), was praktische Bedeutung nur beim Kauf beweglicher Sachen gewinnt. Beide Parteien treffen darüber hinaus aus § 242 BGB weitere Verhaltenspflichten, namentlich Erfüllungsbegleit- und Schutzpflichten.

(2) Erfüllung der Rechtsverschaffungspflicht, insbesondere Übereignung

Entgegen landläufiger Vorstellung führt der Abschluss eines Kaufvertrages im deutschen Recht und solchen ausländischen Rechtsordnungen, die diesem Vorbild folgen, nicht zu einer Änderung der Zuordnung von Rechtsobjekten zu Rechtssubjekten. Namentlich auf die Eigentumszuordnung ist der Kaufvertrag ohne jeden Einfluss. Er erzeugt, nicht anders als Miete, Leihe oder andere Schuldverhältnisse, lediglich **Ansprüche** zwischen den Vertragspartnern. Ob, wann und wie diese Ansprüche dann erfüllt werden (können), steht auf einem gänzlich anderen Blatt.

Das gilt beim Sachkauf gerade auch in Bezug auf die Pflicht des Verkäufers, den Käufer zum Eigentümer der gekauften Sache zu machen. So wechselt das Eigentum an beweglichen Sachen unter den Voraussetzungen der §§ 929 ff. BGB, bei Grundstücken nach Maßgabe der §§ 873/925 BGB. Beim Rechtskauf, etwa beim Kauf einer Forderung, ist es ebenso: Weder geht durch

Abschluss eines Kaufvertrages über eine Sache schon das Eigentum über noch wechselt beim Kauf einer Forderung (als Beispiel für einen Rechtskauf) mit dem Kaufvertrag schon die Gläubigerposition.

Um seiner Rechtsverschaffungspflicht zu genügen, müssen vielmehr auch hier die Voraussetzungen jener Tatbestände erfüllt werden, an die das Gesetz die gewünschten **Zuordnungswechsel** knüpft. Bei einem Forderungskauf muss also eine Zession vorgenommen werden (§ 398 BGB). Die kaufvertragliche Einigung (über das Entstehen von Übereignungs- bzw. Abtretungspflicht einerseits und Zahlungspflicht andererseits) und die Einigung über den Wechsel der Eigentums- bzw. Gläubigerposition haben also nur wirtschaftlich und psychologisch, rechtlich aber nichts miteinander zu tun. Das **Verpflichtungsgeschäft** Kauf (§ 433 BGB) und das **Verfügungsgeschäft** Übereignung (§§ 929 ff. oder 873/925 BGB) bzw. Zession (§ 398 BGB) sind also in ihrer Wirksamkeit voneinander ganz unabhängig (sog. **Abstraktionsprinzip**).

Beim Sachkauf ist die vom Verkäufer gemäß § 433 I BGB geschuldeten Leistung, den Käufer nicht nur zum Besitzer der Kaufsache, sondern auch zu dessen Eigentümer zu machen: Dazu bedarf es wegen des Abstraktionsprinzips eines ganz anderen Rechtsgeschäftes, bei beweglichen Sachen gemäß § 929 S. 1 BGB nämlich einer vertraglichen Verständigung darüber, dass das Eigentum an der Ware auf den Erwerber (regelmäßig also auf den Käufer) übergeht. Diese sog. **dingliche Einigung** hat die gewollte Rechtsfolge (Eigentumswechsel) freilich nur zusammen mit dem **Realakt** der Übergabe Zu diesem Effekt kommt es natürlich auch nur dann, wenn die allgemeinen Wirksamkeitsvoraussetzungen von Willenserklärungen, insbesondere bezüglich der Geschäftsfähigkeit, gegeben sind. Das Rechtsgeschäft „Übereignung beweglicher Sache" ist also grundsätzlich aus zwei korrespondierenden Willenserklärungen und einem Realakt zusammengesetzt.

Ist der Erwerber schon Besitzer, genügt freilich gemäß § 929 S. 2 BGB die bloße Einigung über den Eigentumswechsel an der Ware.

Beispiel: Student S hat sich von seinem Nachbarn N, der bereits einen wirtschaftswissenschaftlichen Abschluss hat, ein grundlegendes, leider bereits im Buchhandel nicht mehr ohne Weiteres verfügbares (fast „vergriffenes") Lehrbuch des Wirtschaftsprivatrechts für ein paar Tage ausgeliehen. Weil S merkt, wie wichtig dieses Werk für seinen Studienerfolg ist und er es deshalb gründlich studieren möchte, N jedoch das Buch lieber im Internet teuer verkaufen würde, schließen S und D über das Buch einen Kaufvertrag zum nachbarlichen Vorzugspreis. Seine kaufvertragliche Rechtsverschaffungspflicht erfüllt N durch bloße Einigung mit S über den Eigentumswechsel, da S ja das Buch schon im (unmittelbaren) Besitz hat.

Eine recht komplizierte, dritte Übereignungsvariante stellt die Übereignung durch sog. **Besitzkonstitut** nach § 930 BGB dar, das an die Stelle der nach § 929 S. 1 BGB neben der dinglichen Einigung eigentlich erforderlichen Sachübergabe tritt. In der Unternehmenspraxis spielt sie vor allem bei der sog.

Sicherungsübereignung eine Rolle und soll deshalb zum besseren Verständnis erst in dem dortigen Sachzusammenhang behandelt werden.

Einen vierten Weg, das Eigentum an beweglichen Sachen zu übertragen, eröffnet § 931 BGB, und zwar für den Fall, dass weder der veräußernde Eigentümer noch der Erwerber das Veräußerungsobjekt in der Hand haben: An die Stelle der Sachübergabe kann hier die Zession des Herausgabeanspruchs des Eigentümers gegen den gegenwärtigen Besitzer neben die dingliche Einigung treten. Dann ändert sich die Eigentumszuordnung, ohne dass dies äußerlich irgendwie erkennbar ist.

> **Beispiel:** Eigentümer E hat dem L eine auf dem Markt schwer erhältliche Musik-CD geliehen. F, ein Freund des L, der die CD dort bei L sieht, ist ganz begeistert und kauft dem E diese CD ab. Um den nun aus § 433 I BGB fließenden Anspruch des F auf Übereignung zu erfüllen, einigt sich E mit F über den Eigentumswechsel an der CD und zugleich darüber, dass dem F der Rückgabeanspruch (§ 604 I BGB) aus dem Leihverhältnis zwischen E und L zustehen soll (Zession, § 398 BGB). Damit ist F Eigentümer der CD geworden. L braucht die CD freilich nach § 986 II BGB auch dem F solange nicht nach § 985 BGB herauszugeben, wie E dies dem L im Wege des Leihvertrages zugestanden hatte.

Aus dem Gesagten folgt zugleich, dass eben derjenige Eigentümer wird, mit dem als Erwerber die dingliche Einigung erfolgt. Dies muss - z. B. im Falle des § 362 II BGB - nicht einmal der Käufer sein. Noch viel weniger trifft die Alltagsvorstellung zu, dass das Eigentum an der Kaufsache an denjenigen fällt, aus dessen finanziellen Mitteln der Kaufpreis bezahlt wurde. Dies ist schon im gedanklichen Ansatz wegen des **Abstraktionsprinzips** zwischen Kauf und Übereignung zumindest hier falsch, weil nur mit Hilfe eines **Eigentumsvorbehalts** (durch vollständige Kaufpreiszahlung aufschiebend bedingte Übereignung, vgl. § 449 I BGB) eine gewisse Verknüpfung von schuldrechtlicher und sachenrechtlicher Wirkungsebene möglich ist. Aber selbst dann trifft jene Alltagsvorstellung nicht zu: Die sog. **Mittelsurrogation** ist unserem Rechtssystem grundsätzlich nicht geläufig (vgl. aber § 1646 BGB: Eventuell Eigentumserwerb an beweglichen Sachen durch - minderjährige - Kinder, wenn diese Sache durch die Eltern unter Einsatz von finanziellen Mitteln der Kinder erworben wurden).

Erfolgt die dingliche Einigung des Erwerbers mit einem Veräußerer, dem die bewegliche Sache, auf die sich die Einigung bezieht, gar nicht gehört, so sind die Voraussetzungen des § 929 BGB nicht gegeben und der Übereignungseffekt dieser Norm tritt nicht ein. Dies wird sich derjenige durch den Kopf gehen lassen müssen, der eine zwar existente, ihm aber nicht gehörende Sache verkauft, also sich zu deren Übereignung vertraglich verpflichtet: Dieser Kaufvertrag ist jedenfalls wirksam (vgl. § 311a I BGB), so dass der Verkäufer mit einem Schadensersatzanspruch statt der Leistung nach Maßgabe der für Leistungsstörungen allgemein geltenden Vorschriften, also nach §§ 283, 280 I BGB, rechnen muss. Will er diesem entgehen, so muss er entweder doch noch

Eigentum oder aber wenigstens eine **Verfügungsermächtigung** nach § 185 I BGB erlangen, mit Hilfe derer er über fremdes Recht in eigenem Namen (Unterschied zur Vertretung!) wirksam verfügen kann.

Neben dem **Abstraktionsprinzip**, demzufolge das **Verfügungsgeschäft** (z. B. die Übereignung) vom Verpflichtungsgeschäft (z. B. dem Kauf) rechtlich ganz gelöst ist, ist für die Verfügungsgeschäfte (Übereignung, aber auch Zession etc.) noch etwas anderes kennzeichnend. Im Interesse der Rechtsklarheit verlangt das Gesetz für die Änderung der Zuordnung jedes einzelnen Rechtsobjekts ein eigenes Rechtsgeschäft. Dieses sog. **Spezialitätsprinzip** kommt nur ziemlich versteckt zum sprachlichen Ausdruck, wenn etwa § 929 BGB von den Modalitäten der Übertragung des Eigentums an einer (!) beweglichen Sache spricht. Hierbei handelt es sich, da Sachenrecht, um zwingendes Recht. Auch § 433 I BGB geht davon aus, dass pro Kaufgegenstand ein Kaufvertrag abgeschlossen wird („...Verkäufer einer Sache, ..."). Allerdings handelt es sich hier um dispositives Schuldrecht. Oftmals wird die Auslegung des Parteiwillens unter Berücksichtigung der Verkehrssitte (§ 157 BGB) ergeben, dass die Parteien von dieser Nachgiebigkeit des Schuldrechts Gebrauch machen. Durch Abstraktions- und Spezialitätsprinzip kommt es dann nicht selten zu einer dem Laien schwer begreiflichen Häufung von Verträgen, obwohl äußerlich gesehen sich alles als eine große Einheit darstellen mag.

Beispiel: Der hungrige Heiner kauft sich beim Bäcker Bastian 3 Hörnchen, zwei Brötchen und ein Stück Mohnkuchen. Der Kaufpreis beträgt Euro 4,80. Heiner bezahlt mit 4 Geldstücken à Euro 1, einem Geldstück à Euro 0,50 sowie 3 Zehn-Cent-Stücken: 1 Kaufvertrag, 6 Übereignungsverträge bezüglich der Backwaren sowie 8 Übereignungsverträge bezüglich der Geldstücke, zusammen also 15 Verträge.

Abstraktion und Spezialität charakterisieren ebenso den Zuordnungswechsel hinsichtlich **Immobilien**. Nur die Modalitäten bestimmt das Gesetz hier anders, indem an die Stelle der Übergabe beim Übereignungstatbestand beweglicher Sachen hier die **Eintragung** des neuen bei Löschung des bisherigen Rechtsinhabers im Grundbuch tritt. Auch dabei ist aber gemäß § 873 BGB gleichgewichtiger Faktor die Einigung zwischen dem bisherigen Eigentümer und dem Erwerber hinsichtlich des Eigentumswechsels. Diesen dinglichen Vertrag (nicht das gesamte Rechtsgeschäft!) nennt § 925 I BGB „**Auflassung**". Es ist also keineswegs so, dass jeder, der im Grundbuch als Eigentümer vermerkt ist, allein damit schon wirklich Eigentümer ist. Vielmehr kommt es auch auf die diesbezügliche dingliche Einigung zwischen Veräußerer und Erwerber (und an deren Wirksamkeit) an.

Allerdings hat sich der Gesetzgeber dabei große Mühe gegeben, die Übereinstimmung zwischen Grundbuchstand und wahrer Rechtslage zu gewährleisten. So hat er die Führung der Grundbücher in die Hand von Gerichten (Amtsgerichte, im Bereich des Landes Baden-Württemberg: Bezirksnotariate) gelegt und eine in der Praxis sehr bedeutsame Grundbuchordnung (GBO) geschaffen, die das Eintragungsverfahren regelt. Ausgangspunkt ist der **Antragsgrundsatz** nach § 13 I GBO, ergänzt durch den in § 17 GBO normierten Grundsatz der Antragsbearbeitung nach **Eingangspriorität**.

Einer **Fehldokumentation** soll insbesondere durch den Grundsatz der §§ 19, 39 I GBO vorgebeugt werden. Demnach ist zur Änderung des Grundbuchs in der Regel eine extra „**Bewilligung**" des dort Voreingetragenen erforderlich. Der eigentlich geniale Gedanke in diesem Zusammenhang war aber, die Rechtsänderung, jedenfalls soweit sie durch Rechtsgeschäft erfolgt, konstruktiv selber schon an den Grundbucheintrag zu koppeln. Trotzdem gibt es eine Reihe von Fehlermöglichkeiten, etwa Eigentumserwerb „außerhalb" des Grundbuchs durch Erbfolge (§ 1922 I BGB): Der Erbe ist auch ohne seinen Eintrag im Grundbuch Eigentümer, seine Eintragung ist lediglich deklaratorische Berichtigung, nicht konstitutive Voraussetzung seines Eigentumserwerbs. Fehlerhaft gibt das Grundbuch die Eigentumslage auch dann wieder, wenn die Auflassung z. B. wegen unerkannter schwerer psychischer Krankheit oder Drogenkonsums einer Partei nichtig war (Auflassung ist Rechtsgeschäft, §§ 104 Nr. 2, 105 II BGB!).

Ist die Auflassung auch voll in die für Rechtsgeschäfte ganz allgemein geltenden Rechtsnormen eingebettet, so sind doch auch einige Besonderheiten zu merken: So bedarf die Auflassung nicht anders als der Immobilienkauf (§ 311b I BGB!) grundsätzlich der **notariellen Beurkundung** (vgl. § 925 I 2 BGB), während die dingliche Einigung bei der Übereignung beweglicher Sachen ganz generell formfrei ist. Dies trifft übrigens auch für Autos zu: Als bewegliche Sachen werden sie eben nach den §§ 929 ff. BGB übereignet, also regelmäßig durch formlose Einigung zwischen dem bisherigen Eigentümer und dem Erwerber sowie durch (Schlüssel-)Übergabe. Einer Eintragung im Kfz-Brief bedarf es dazu nicht.

Die Grundstücksauflassung unterscheidet sich von der dinglichen Einigung bei beweglichen Sachen ferner durch ihre **Bedingungsfeindlichkeit** (§ 925 II BGB). Deshalb gibt es bei der Immobilienübertragung auch keinen **Eigentumsvorbehalt** bis zur vollständigen Bezahlung des Kaufpreises, wie er bei der Übereignung von Waren im Wirtschaftsleben weit verbreitet ist. Denn der Eigentumsvorbehalt bedeutet ja gerade eine aufschiebend bedingte Übereignung (vgl. § 449 I BGB, der mit Rücksicht auf § 925 II BGB von vornherein nur die Veräußerung beweglicher Sachen normiert). Der Verkäufer/Veräußerer eines Grundstücks muss sich also anders sichern, z. B. dadurch, dass die Auflassung erst erfolgt, wenn der Käufer/Erwerber (bzw. dessen Bank) den Kaufpreis bereits (freilich meist nur „zu treuen Händen" auf das sog. Anderkonto eines Notars) bezahlt hat. Verbreitet ist auch, dass der Notar angewiesen wird, den Eintragungsantrag an das Grundbuchamt erst dann zu stellen, wenn der vollständige Kaufpreises auf dem Anderkonto des Notars eingegangen ist.

Wegen dieser ihm abverlangten **Vorleistung** hat seinerseits der Immobilienkäufer ein ganz besonderes Interesse, den Kaufgegenstand auch wirklich übereignet zu bekommen. Dem dient die sog. **Auflassungsvormerkung** (§ 883 BGB). Wird durch Grundbucheintrag auf einen Übereignungsanspruch gegen den dort als Eigentümer Eingetragenen hingewiesen, so kann zwar der Eigentümer das Grundstück doch noch an einen Dritten verkaufen. Er kann aber seine Pflicht zur Eigentumsverschaffung dem Dritten gegenüber nicht mehr wirklich und auf Dauer erfüllen: Auflassung und Eintragung dieses Dritten sind zwar durchaus noch möglich (Vormerkungseintrag bewirkt keine „**Grundbuchsperre**"), doch ist die Rechtsänderung dem durch die Vormerkung gesicherten Erstkäufer gegenüber unwirksam (§ 883 II 1 BGB). Wird an den vormerkungsgesicherten Erstkäufer die Auflassung erklärt und seine Eintragung beantragt, so muss der jetzt schon als Eigentümer eingetragene Dritte (der Zweitkäufer) wegen des grundbuchrechtlichen **Bewilligungsgrundsatzes** (§§ 19, 39 GBO) zwar zustimmen, doch kann der durch eine Vormerkung geschützte Erstkäufer diese Zustimmung nach § 888 BGB verlangen und ggf. natürlich auch gerichtlich erzwingen. Eine „elegante" Vollstreckung ermöglicht die in § 894 ZPO enthaltene Fiktion: mit der Rechtskraft des Urteils wird die Abgabe der Willenserklärung einfach fingiert.

(3) Exkurs: Sonstige Erwerbstatbestände: Ersitzung, Aneignung und Verarbeitung

Die Wirksamkeit der Eigentumsübertragung steht selbst bei der Übereignung von Immobilien und der dort gegebenen Einbindung in ein öffentliches Dokumentationssystem (Grundbuch) durchaus auf tönernen Füßen, weil es möglicherweise unerkennbar an erforderlichen Wirksamkeitsvoraussetzungen namentlich im Bereich der Geschäftsfähigkeit fehlt. Im Interesse des Rechtsfriedens schafft das Gesetz deshalb mit der **Ersitzung** einen vom Willen der Parteien ganz unabhängigen, nicht rechtsgeschäftlichen Tatbestand für den Eigentumserwerb:

Wer über eine **bewegliche Sache** 10 Jahre lang ununterbrochen die tatsächliche Sachherrschaft wie ein Eigentümer ausgeübt hat, also „**Eigenbesitzer**" war (zum Begriff vgl. § 872 BGB), wird nach Ablauf dieser Frist Eigentümer gemäß § 937 I BGB. Der bisherige Eigentümer büßt sein Recht damit ein. Vorausgesetzt ist dabei, dass der Besitzer hinsichtlich seines vermeintlichen Eigentums die ganze Zeit **gutgläubig** war (§ 937 II BGB), also seine Nichtberechtigung weder kannte noch darüber grob fahrlässig in Unkenntnis war (vgl. § 932 II BGB). Die **Ersitzungsfrist** berechnet sich dabei ähnlich wie die Verjährungsfrist, kennt also Hemmung, Unterbrechung und Anrechnung bei Rechtsnachfolge (§§ 939-943 BGB). Auch die Ersitzung von **Immobilien** ist vorgesehen. Nach § 900 BGB beträgt freilich die **Ersitzungsfrist** 30 Jahre, es muss zum **Eigenbesitz** noch die (falsche) **Grundbucheintragung** als Eigentümer hinzutreten (deshalb spricht man hier von „**Buchersitzung**"), doch bedarf es dafür andererseits nicht der Gutgläubigkeit des (zu Unrecht) Eingetragenen.

Beispiel: An den jüngeren Psychiatrieprofessor Pickel wird in notarieller Urkundsform ein Grundstück aufgelassen und Pickel daraufhin als Eigentümer eingetragen. Nach einer spontanen Selbstheilung erkennt Pickel Jahre später im Nachhinein, dass er seinerzeit psychisch sehr krank war, während seine Umgebung ihn lediglich für etwas schrullig hielt. Erst in hohem Alter, mehr als 30 Jahre nach Eintragung, wagt einer seiner Schüler, die damalige Erkrankung von Pickel offen auszusprechen: Eigentumsersitzung. Auf die hier nicht gegebene Gutgläubigkeit während der Ersitzungsfrist kommt es nicht an.

Mit der Ersitzung nicht zu verwechseln ist die **Aneignung (Okkupation)** „herrenloser" Sachen gemäß § 958 BGB , d. h. des Eigentumserwerbs an solchen Sachen, die zuvor niemandem gehörten. Diese Herrenlosigkeit beruht in aller Regel auf vorangegangener **Eigentumsaufgabe (Dereliktion)** nach § 959 BGB. Dereliktion und Okkupation haben in unserer „Wegwerfgesellschaft" eine ganz erhebliche ökonomische Bedeutung. Der Rechtscharakter beider Rechtsfiguren ist ganz verschieden: Die Dereliktion ist ein Rechtsgeschäft mit lediglich einer einzigen und dazu nicht einmal empfangsbedürftigen Willenserklärung. Denn der Eigentumsverlust tritt ein, weil er gewollt ist und das Gesetz diesen Willen grundsätzlich respektiert. Die Dereliktion erfordert deshalb Geschäftsfähigkeit. Bei der Okkupation hingegen knüpft der Eigentumserwerb lediglich an den Eigenbesitz an, ist also gesetzliche Rechtsfolge eines Realaktes, für den Geschäftsfähigkeit keine Rolle spielt.

Beispiele: Eigentümer E stellt seine ältere, aber noch voll funktionsfähige Waschmaschine als „Sperrmüll" an den Straßenrand, der sozial schwächer gestellte, bedürftige Bastler B bemächtigt sich der Maschine, um sie selber zu benutzen: Dereliktion und anschließende Okkupation.
E stellt gebrauchte, nicht mehr modische Kleidung in die vorweihnachtliche Kleidersammlung dem Roten Kreuz zur Verfügung, indem er einen mit dem bekannten roten Kreuz gekennzeichneten Plastiksack füllt und an den Straßenrand stellt. Stadtstreicher S entnimmt dem Sack ihm passende Stücke: Keine Dereliktion, sondern ein an das Rote Kreuz gerichtetes, deshalb nur von ihm annehmbares Angebot zum Eigentumswechsel nach § 929 S. 1 BGB. Bis zur Annahme bleibt E Eigentümer. Mangels Herrenlosigkeit kommt eine Okkupation durch S nicht in Betracht. S ist nicht etwa „unrechtmäßiger Eigentümer" eine völlig unsinnige Begriffsbildung!), sondern gar kein Eigentümer, allerdings Eigenbesitzer.

Neben Ersitzung und Aneignung tritt eine Veränderung der Eigentumslage kraft Gesetzes auch im Zusammenhang mit **Sachverbindungen** und dabei eventuell entstehenden wesentlichen Bestandteilen gemäß den §§ 946, 947 BGB sowie bei **Vermischung** und **Vermengung** von Stoffen ein, die zu trennen physikalisch unmöglich oder doch wenigstens wirtschaftlich unsinnig ist (§ 948 BGB i. V. m. § 947 BGB).

Beispiel: Einlagerung von Getreide verschiedener Eigentümer bei einem Lagerhalter aus Kostengründen in Form der sog. Sammellagerung in einem einzigen Silo (§ 469 I, II HGB): Jeder Einlagerer verliert das Eigentum an „seinem" Getreide, doch erhält er dafür einen sog. ideellen (also nicht räumlich zu verstehenden) Miteigentumsanteil (§§ 1008 ff., 741 ff. BGB) an der Gesamtmenge entsprechend der jeweils beigesteuerten Teilmenge zu einer bestimmten Quote, z. B. ein Drittel.

In der Praxis große Bedeutung kommt § 950 BGB zu. Unabhängig von einem Eigentumserwerb nach § 947 BGB (Sachverbindung, wesentliche Bestandteile) ist demzufolge grundsätzlich derjenige kraft Gesetzes Eigentümer einer Sache, der diese Sache durch Verarbeitung oder Umbildung von „Stoffen" aller Art hergestellt hat. Als **Verarbeitung** gilt nach § 950 I S. 2 BGB sogar die bloße Oberflächenbearbeitung. Die bisherigen Materialeigentümer verlieren natürlich zugleich ihr bisheriges Eigentum und erhalten lediglich einen Geldausgleich für ihren Eigentumsverlust (§§ 951 i. V. m. 812 ff. BGB). Dies ist vor allem für die Lieferanten des Produzenten misslich, die sich ihre Zahlungseingänge durch eine Übereignung unter Eigentumsvorbehalt sichern wollten.

Im einzelnen wirft § 950 BGB eine Fülle teilweise sozialpolitisch gefärbter Fragen auf. Problematisch ist schon, wer „herstellt", die Arbeiter oder ihr Arbeitgeber, der Unternehmer. Unklar ist ferner, inwieweit § 950 BGB durch Vereinbarung zwischen dem Hersteller - nach richtiger Auffassung dem Unternehmer - und seinem Lieferanten oder seiner Bank (die durch das Produkteigentum die Rückzahlung der von ihr gewährten Kredite absichern möchte) manipuliert werden kann. Als Norm des Sachenrechts steht § 950 BGB zwar nicht zur Disposition der Vertragsparteien. Zulässig erscheint aber eine sog. **Verarbeitungsklausel** durch Feststellungsvertrag, womit festgelegt wird, wer Hersteller i. S. von § 950 BGB sein soll.

Beispiel: Produzent P vereinbart mit seiner Hausbank im Rahmen der gewährten Betriebsmittelkredite, dass er „für die Bank" herstelle: Mit Verarbeitung der Zulieferungen wird die Bank gemäß § 950 BGB Eigentümerin der neuen Produkte und erhält damit eine wichtige Kreditsicherheit.

Der durch die Verarbeitung geschöpfte **Mehrwert** gegenüber dem Wert des verarbeiteten Materials ist regelmäßig erheblich, so dass der Vorbehalt des § 950 I 1 BGB recht selten eingreift: Verarbeitung führt dann nicht zur Änderung der Eigentumslage, wenn der durch die Verarbeitung erzielte Mehrwert erheblich geringer ist als der Materialwert. Eine Eigentumsänderung kann sich dabei aber immer noch aus § 947 BGB ergeben.

2. Miete und Operating-Leasing

a) Verwandtschaft von Miete, Pacht, Leihe, Darlehen und Sach-darlehen

Im Gegensatz zum Kauf ist das Rechtsverhältnis **Miete** (§§ 535 ff. BGB) nicht darauf gerichtet, sich den **Substanzwert** einer Sache auf Dauer zuzueignen. Der Mieter verfolgt vielmehr nur das Ziel, den **Gebrauchsnutzen** einer beweglichen oder unbeweglichen Sache (Maschine, EDV-Anlage, Grundstück, Fassaden für Reklamezwecke, gewerbliche Räume und Wohnungen) auf Zeit zu erlangen. Entsprechend niedriger als der Kaufpreis ist deshalb, zumindest kurz- und mittelfristig betrachtet, die vom Mieter zu erbringende Gegenleistung bemessen, der sog. **Mietzins**. Leider bezeichnet der aktuelle Gesetzgeber im aussichtslosen Bemühen um „bürgernahe Rechtssprache" den Mietzins wie der Alltagssprachgebrauch als „Miete". Das Rechtsverhältnis nun „Mietvertrag" zu nennen (vgl. die Abschnittsüberschrift vor § 535 BGB) verwirrt nur: Der Mietvertrag begründet das Rechtsverhältnis, ist aber nicht mit ihm identisch. Außerdem passt das nicht mehr zur Systematik: Die Abschnittsüberschrift vor § 433 BGB heißt ja auch nicht „Kaufvertrag", sondern ganz richtig noch „Kauf". Korrekt von Mietzins zu sprechen hilft im Übrigen, den sachlichen Zusammenhang mit dem Kredit zu verstehen. Auch beim **Gelddarlehen** (§§ 488 ff. BGB) geht es ja letztlich nur um den Erwerb des Gebrauchsnutzens von Sachen, freilich von Sache mit Geldqualität. Die dafür regelmäßig (außer beim sog. Freundschaftsdarlehen) zu erbringenden Gegenleistung, das Entgelt, heißt dort seit eh und je und auch in § 488 I 2 BGB „Zins".

Bei Überlassung anderer vertretbarer Sachen als Geld zur zeitweisen Nutzung handelt es sich um ein sog. **Sachdarlehen** (§ 607 I BGB), ohne dass es logisch irgendeinen Unterschied zum Gelddarlehen gibt. § 609 BGB spricht freilich nicht von Zins, sondern ganz allgemein von Entgelt, obwohl es sich auch hier der Sache nach um einen Zins handelt. Der, wie gesagt, um hier unsinnige „Bürgernähe" bemühte Gesetzgeber hat das früher einheitliche Rechtsinstitut „Darlehen" seit 2002 sachwidrig aufgespalten und muss mit § 607 II BGB nun darauf achten, dass nicht doch wieder zusammenwächst, was eigentlich zusammengehört. Da es beim Sachdarlehen eben nicht auf die Individualität der empfangenen Gegenstände ankommt, hat der Sachdarlehensnehmer nach § 607 I 2 BGB nicht - wie bei der Miete gemäß § 546 I BGB - dieselben Gegenstände beim Vertragsablauf zurückzugeben (dies ist beim Gelddarlehen ebenso!), sondern nur nach die nach „Art, Güte und Menge" gleichen Sachen. Die Miete ist wiederum auch eng mit der **Leihe** verwandt (§§ 598 ff., hier insbesondere 604 I BGB), nur dass der Leihvertrag eben die Pflicht zur Gebrauchsüberlassung ohne Entgelt begründet und demzufolge für die

Wirtschaftspraxis keine Rolle spielt.

Wegen dieser inneren Verwandtschaft von Miete, Leihe, entgeltlichem und unentgeltlichem, also zinslosen Geld- wie Sachdarlehen (§ 488 I 2 und § 609 BGB sind dispositives Recht!) überrascht es nicht, dass es im Alltagssprachgebrauch diesbezüglich sehr durcheinandergeht (vgl. Abb. 28). Auch dort, wo in der Praxis von „Leihe" gesprochen wird, ergibt die Auslegung deshalb häufig, dass „Miete" oder auch Darlehen gemeint sind. Eine lediglich **falsche Bezeichnung** schadet aber nicht (lat. „falsa demonstratio non nocet", wussten schon die römischen Juristen) und entzieht das jeweilige Rechtsverhältnis nicht dem dafür vorgesehenen Rechtsregime. Auch dies ist der Sinn der (missverständlichen) Anleitung zur Auslegung von Erklärungen in § 133 BGB.

Beispiele: „Autoverleih", „Video-Verleih" und „Leihbücherei" (Miete). „Leihe" von Geld bei der Bank (entgeltliches Gelddarlehen) oder bei dem Freund (unentgeltliches Gelddarlehen). „Leihe" von Mehl bei der Nachbarin zum Kuchenbacken am Wochenende, weil nicht mehr genug zur Hand ist und die Läden geschlossen sind (unentgeltliches Sachdarlehen).

Von der Miete nur wenig unterschieden ist die **Pacht**, auf die deshalb das Mietrecht grundsätzlich entsprechende Anwendung findet (§ 581 II BGB). Der Pächter darf aber das Pachtobjekt nicht nur nutzen, sondern auch dessen Ausbeute, dessen **Erträge** (das Gesetz spricht von „**Früchten**") sich - im Wege des § 956 BGB - aneignen. Eine Aneignung nach § 958 BGB kommt nicht in Betracht, da es sich wegen § 953 BGB ja nicht um herrenlose Sachen handelt.

Beispiele: Pacht eines Obstgartens (der Pächter darf darin nicht nur lustwandeln, sondern auch ernten).
Pacht einer Gaststätte oder eines Produktionsbetriebes.

Auch Menschen haben - rein ökonomisch betrachtet - eine Art Gebrauchsnutzen, nämlich ihre **Arbeitskraft**. Zugriff darauf gewähren aber selbstverständlich nicht Miete oder Leihe, sondern der Dienst- oder Werkvertrag (§§ 611 ff. bzw. 631 ff. BGB) sowie der Auftrag i. S. der §§ 662 ff. BGB (wenn man so will: wegen seiner Unentgeltlichkeit eine Parallele zur Leihe).

b) Abschluss und Inhalt der Miete

Nach der sog. Schuldrechtsmodernisierung von 2002 gleicht das Mietrecht der §§ 535 ff. BGB einem juristischen Irrgarten. Der Grund dafür ist, dass das Gesetz nur noch scheinbar allgemein jenes Rechtsverhältnis regelt, das die entgeltliche Gebrauchsüberlassung zum Gegenstand hat. Dem gelten streng genommen überhaupt nur noch die §§ 535-548 BGB sowie die §§ 578-580a BGB. Im Übrigen beschäftigt sich das Gesetz praktisch nur noch mit der

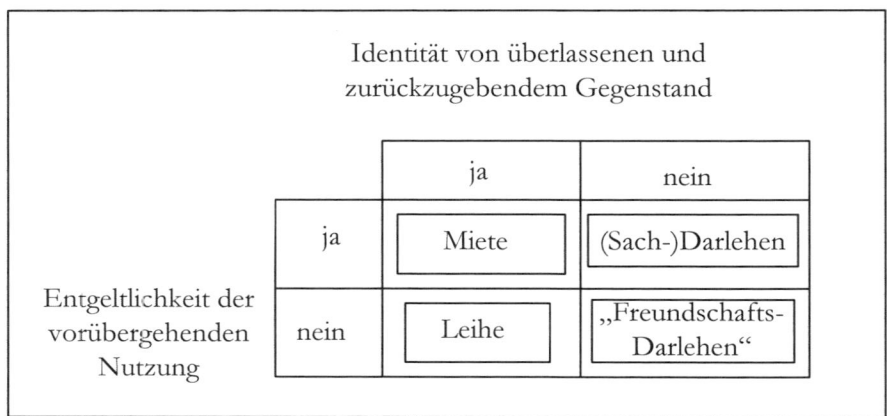

Abb. 28: Verwandtschaftliche Rechtsbeziehungen von Miete, Leihe und (Sach-)Darlehen

Wohnraummiete. Dies wird freilich erst erkennbar, wenn man sich die verwirrende gesetzliche Systematik klarmacht: Titel - Untertitel - Kapitel - Unterkapitel. Der Untertitel 2 („Mietverhältnisse über Wohnraum") reicht also von § 549-577a BGB. Weil das Gesetz also statt das Allgemeine nun praktisch das Spezielle in den Vordergrund des Rechtsverhältnisses Miete stellt, muss das Gesetz außerhalb der Wohnraummiete oft zu komplizierten Verweisungen greifen. Überblick und Verständnis bleiben dabei auch für den an juristischen Texten geübten Leser etwa bei § 578 BGB (lesen!) fast zwangsläufig auf der Strecke. Das alles kann nur als Musterbeispiel missglückter Gesetzgebungstechnik gelten, die Abstraktion und Systematik gering achtet.

Auch der Abschluss eines Mietvertrages ist grundsätzlich formfrei. Als Ausnahme verlangen §§ 550 S. 1 i. V. m. 578 I 1 BGB Schriftform, wenn Mietobjekt ein **Grundstück** ist und der Mietvertrag für länger als 1 Jahr geschlossen wird. Da nach § 578 BGB die mietrechtlichen Vorschriften über Grundstücke auch auf die Miete von **Räumen**, die keine Wohnräume sind (Gewerberäume), entsprechende Anwendung finden, gilt § 550 S. 1 BGB auch hierfür. Fehlende Schriftform führt freilich hier gemäß § 550 S. 2 BGB nicht zur Unwirksamkeit des Mietvertrages, sondern dazu, dass dieser als für unbestimmte Zeit geschlossen gilt. Wie §§ 549 ff. BGB zeigen, gelten für Wohnräume die allgemeinen Vorschriften über die Miete (§§ 535 ff. BGB) nur sehr eingeschränkt. Statt dessen überschlägt sich der Gesetzgeber in seinem ökonomisch, insbesondere wettbewerbstheoretisch höchst fragwürdigen Bemühen, den Wohnungsmieter zu schützen. Diesem Mietsonderrecht kann in Folgendem keine Beachtung geschenkt werden.

Die Leistungspflicht des Vermieters ist vor allem auf die Gebrauchsgewährung gerichtet (§ 535 I 1 BGB). Erfüllt der Vermieter diese Pflicht, so wird der Mieter damit Besitzer, genauer: **unmittelbarer Besitzer**, denn er hat dann ja die tatsächliche Sachherrschaft inne. Aber auch beim Vermieter glaubt das Gesetz durch § 868 BGB noch eine vergeistigte, durch den (vertragstreuen) Mieter vermittelte Sachherrschaft zu erkennen, die das Gesetz als „**mittelbaren Besitz**" definiert. Für nicht nur kurzfristige Mietverträge ist weiterhin § 535 I 2 BGB von besonderem Interesse, demzufolge der Vermieter die Mietsache während der gesamten Laufzeit in vertragsmäßigem Zustand zu erhalten hat (ebenfalls eine synallagmatische Pflicht, nicht nur Nebenleistungspflicht). Für die Mietsache, etwa ein Fotokopiergerät, extra einen **Wartungsvertrag** abzuschließen, ist von daher aus Mietersicht ökonomischer Unsinn. Da das Mietrecht aber - abgesehen von zahlreichen Vorschriften über die Wohnungsmiete, z. B. §§ 551 IV, 553 III, 554 V BGB etc. - dispositiv ist, wird freilich häufig versucht, zunächst § 535 S. 2 BGB und sonstige die Vermieterverantwortlichkeit betreffende Vorschriften vertraglich auszuschließen, um dann zu „vorteilhaften" Konditionen einen Wartungsvertrag anzubieten.

Der Mieter hat gemäß § 535 II BGB insbesondere den vereinbarten Mietzins (landläufig „Miete") zu leisten. Die Erfüllung dieser Pflicht ist bei der Grundstücksmiete (einschließlich der Raummiete) durch ein gesetzliches Pfandrecht an den eingebrachten Sachen des Mieters abgesichert (§§ 562 ff. BGB, die über § 578 BGB eben nicht nur für Wohnräume Anwendung finden!). Fällig ist der **Mietzins** gemäß § 579 I 1 BGB eigentlich erst nach Ende des gesamten Mietverhältnisses. Ist aber - wie regelmäßig - der Mietzins nach Zeitabschnitten, etwa nach Monaten, bemessen, so tritt die Fälligkeit am Periodenende ein (§ 579 I 2 BGB). Wegen des grundsätzlichen Schickschuldcharakters der Zahlungsschuld und damit auch der Mietzinsschuld heißt dies freilich noch nicht, dass zu diesem Zeitpunkt der Vermieter schon den Zahlungseingang erwarten darf. Deshalb wird gerade hier häufig eine Bringschuld vertraglich festgesetzt („Zahlungseingang bis..."), verstärkt durch die Abrede einer **Zahlungsfälligkeit** jeweils schon für die kommende Periode. Eben dies ist auch die (dispositive) gesetzliche Regelung für die Miete von Räumen aller Art (§§ 556b I, 579 II BGB).

Die Fälligkeitsprobleme erledigen sich freilich von selbst, wenn als Gegenleistung des Mieters gar nicht Geld, sondern fortlaufend zu erbringende Dienste vereinbart sind, die meist zudem in engstem Zusammenhang mit der Vermietung stehen. Hier liegt ein einheitlicher, aus Dienst- und Mietrecht gemischter Vertrag vor.

Beispiel: Vermietung der Werkswohnung gegen Hausmeisterdienste.

Für derartige sog. **Werkdienstwohnungen** gelten übrigens mietrechtliche Sondervorschriften (§ 576b BGB). Mietsonderrecht (§§ 576, 576a BGB) gilt auch für sog. **Werkmietwohnungen**, bei denen zwar auch ein funktioneller Zusammenhang zwischen dienstvertraglicher Tätigkeit und Mietverhältnis besteht, rechtlich aber beide doch deutlich voneinander getrennt bleiben. Das Gesetz spricht wenig deutlich einmal von Wohnraum, der „im Rahmen eines Dienstverhältnisses überlassen" wurde, ein andermal von Wohnraum, der (nur) „mit Rücksicht auf das Bestehen eines Dienstverhältnisses vermietet" wurde.

Beispiel: Vermietung von Wohnungen auf dem Klinikgelände für Ärzte und Krankenschwestern, um deren Einsatzbereitschaft zu verbessern.

Den Mieter treffen ferner diverse Nebenpflichten. So hat er die Grenzen des vertragsgemäßen Gebrauchs zu respektieren. Dazu rechnet insbesondere auch das Verbot der sog. Untervermietung, also der **Gebrauchsüberlassung** an Dritte (§ 540 BGB). Der entsprechende Leih- oder Mietvertrag ist freilich wirksam. Beachtet der Mieter auch eine diesbezügliche **Abmahnung** nicht, so kann der Vermieter Unterlassung der Vertragswidrigkeit verlangen (§ 541 BGB) und natürlich auch gerichtlich erzwingen. Der Vermieter ist also nicht auf etwaige Schadensersatzansprüche beschränkt, die ihm freilich daneben auch zu Gebote stehen. Rechtsgrund hierfür ist jedenfalls § 280 I BGB, daneben auch § 823 I BGB, wenn der Vermieter zugleich Eigentümer ist.

Beispiel: Durch Kopieren auf nicht hitzebeständigen Folien (was in der dem Mieter überlassenen Bedienungsanleitung untersagt ist) wird das gemietete Kopiergerät beschädigt.

Flankiert werden die mietvertraglichen Leistungspflichten für beide Vertragspartner selbstverständlich darüber hinaus durch allgemeine **Erfüllungsbegleit- und Schutzpflichten**. § 536c I 1 BGB ist diesbezüglich auf Seiten des Mieters lediglich ein Erinnerungsposten ebenso wie die darauf bezogene Schadensersatzpflicht des Mieters: Diese folgt schon aus § 280 I BGB (das dort nötige Vertretenmüssen steckt in der in § 536c BGB geforderten Unverzüglichkeit der mieterseitigen Anzeige). Eine mietrechtliche Besonderheit liefert in diesem Zusammenhang § 540 II BGB: Weit über § 278 BGB hinaus hat der Mieter insbesondere eine schuldhafte Schutzpflichtverletzung (und überhaupt schuldhaft vertragswidrigen Gebrauch) des Untermieters seinem Vermieter gegenüber selbst bei erlaubter Untervermietung wie eigenes Verschulden zu vertreten. Das ist allerdings dispositives Recht.

Eine weitere Besonderheit des Mietrechts stellt § 566 BGB dar: Wird das ganz oder teilweise (Gebäude, Raum) vermietete Grundstück an einen Dritten übereignet, so tritt aus Gründen des **Mieterschutzes** der neue Eigentümer in sämtliche Rechte und Pflichten des Vermieters ein. Die schuldrechtlichen Beziehungen „kleben" sozusagen an dem Mietgegenstand. Durch diese gesetzliche **Vertragsübernahme** wird also das für Schuldverhältnisse charakteristische Prinzip strenger Relativität nicht nur für die sozial vielleicht besonders prekäre **Wohnraummiete** auffällig durchbrochen. Für die Pacht gilt nach § 578 BGB Entsprechendes.

Diese „**Verdinglichung**" der Miete drückt sich auch in § 546 II BGB aus, wonach der Vermieter die Sache nicht nur vom Mieter, sondern auch von einem Dritten, dem die Sache überlassen wurde, zurückverlangen kann. Auf ein Eigentumsrecht des Vermieters an der Sache (dann Rückforderung vom Dritten auch nach § 985 BGB) kommt es dafür also nicht an. Dasselbe (Herausgabeanspruch gegen den besitzenden Dritten) gilt übrigens nach § 604 IV BGB auch bei der Leihe.

c) Beendigung

Die Erfüllung der einen Verkäufer treffenden Leistungspflichten erfolgt durch bestimmte, die Übereignung bewirkende Einzelakte. Demgegenüber gehört die Miete zu den sog. **Dauerschuldverhältnissen**: Der Vermieter hat die Mietsache dem Mieter ja nicht nur (durch einen Einzelakt) zu übergeben, sondern ihm auch zu belassen. Dieser Teil der Leistungspflicht des Vermieters - und auch die Pflicht des Mieters auf Zahlung - entsteht sozusagen dauernd neu, solange der Mietvertrag besteht. Und da die Parteien diesen Zustand gerade nicht auf ewige Zeiten bestehen lassen wollen (sonst hätten sie einen Kaufvertrag abgeschlossen), ist ein rechtlicher Mechanismus nötig, der den Mietvertrag irgendwann einmal beendigt. Dasselbe Problem stellt sich beispielsweise auch bei Leihe, Pacht, (Geld-)Darlehen, Sachdarlehen sowie beim Dienstverhältnis.

Zur Beendigung solcher Dauerschuldverhältnisse einschließlich eben auch der Miete dient einmal die **auflösende Befristung**, auf die § 542 II BGB rekurriert. Damit endet das Mietverhältnis automatisch, ohne dass es irgendwelcher Erklärungen bedürfte.

Beispiel: Miete des Wohnmobils für 4 Wochen bzw. bis 31. 7.

Allerdings ist § 545 BGB zu beachten: Das Mietverhältnis gilt stillschweigend als auf unbestimmte Zeit verlängert, wenn der Mieter den Gebrauch fortsetzt und „eine Vertragspartei" (das dürfte wohl regelmäßig der Vermieter sein) dem nicht innerhalb von zwei Wochen widerspricht.

Ist weder eine Frist noch ein (End-)Termin festgelegt, das Mietverhältnis also von vornherein für unbestimmte Zeit begründet (oder gilt es nach § 545 BGB als solches), so kann es durch einseitiges Rechtsgeschäft mittels empfangsbedürftiger, formloser Erklärung grundsätzlich jederzeit und ohne besonderen Grund beendet werden. Dieses Recht zur sog. **ordentlichen Kündigung** nach § 542 BGB steht Mieter und Vermieter gleichermaßen zu. § 542 BGB enthält dieses Kündigungsrecht selbst. Der missverständliche Hinweis auf die Kündigungsmöglichkeit „nach den gesetzlichen Vorschriften" bezieht sich auf etwaige Einschränkungen, Fristen, Formerfordernisse etc. Das erscheint zunächst als wenig bedeutsam, doch das Gegenteil ist der Fall. Denn eine Kündigung scheidet nach § 19 I AGG aus, sofern sie als „Benachteiligung aus Gründen der Rasse oder wegen der ethnischen Herkunft, wegen des Geschlechts, der Religion, einer Behinderung, des Alters oder der sexuellen Identität" erscheinen kann. Zu beweisen, dass diese Kriterien für die Vertragsbeendigung keine Rolle spielten, trägt nach § 22 AGG immer die Gegenseite, was wirklich erstaunlichen Effekten Raum gibt:

Beispiel: Malik, ein älterer, durch schwere Geburt behinderter, homosexueller, atheistischer Mauretanier, hat in Mannheim unbefristet von Verenas Vater eine Garage für sein Auto gemietet. Als Verena, die mit ihrem Freund Filou zusammenlebt, nach dem Tod ihres Vaters dessen Erbe antritt und nun das Mietverhältnis durch ordentliche Kündigung beenden will, widerspricht Malik unter Hinweis darauf, die offen ihren christlichen Glauben bekennende, junge, wohlgeformte und darauf erklärt stolze Verena sei durch die in § 19 I AGG genannten Gründe, die in seiner Person gegeben seien, zur Kündigung motiviert. Wie sollte Verena für all diese Kriterien je das Gegenteil beweisen? Malik wird die Garage wohl auf Lebenszeit nutzen können.

Die der Kündigung eigene, nur auf die Zukunft gerichtete Aufhebungswirkung (lat.) „ex nunc" (beim Dauerschuldverhältnis ist eine Rückabwicklung nicht möglich, zumindest nicht praktikabel) tritt allerdings nicht sofort ein, sondern erst nach Ablauf gewisser Fristen, die es der anderen Seite erleichtern sollen, sich auf die neue Situation einzustellen. Dem typischerweise unterschiedlichen Anpassungsdruck versucht § 580a BGB mit gestuften **Kündigungsfristen** Rechnung zu tragen. Dabei unterscheidet das Gesetz zwischen den unterschiedlichen Mietobjekten: Bei beweglichen Sachen gilt § 580a III, bei Geschäftsräumen § 580a II, und im Übrigen § 580a I BGB.

Die ordentliche Kündigung des Mietverhältnisses soll jenen normalen Beendigungseffekt erzielen, der dem befristeten Mietverhältnis von vornherein zu eigen ist. Deshalb kann es beim befristeten Mietverhältnis logischerweise keine ordentliche Kündigung mehr geben. Sowohl beim befristeten als auch beim unbefristeten Mietverhältnis sind aber Situationen, etwa schwere Vertragsverletzungen, denkbar, auf die nur mit einer außerordentlichen, an keine Kündigungsfrist gebundenen Kündigung interessengerecht reagiert werden kann. Dieses Recht zur **außerordentlichen fristlosen Kündigung** „aus wichtigem Grund" gibt für die Miete § 543 BGB.

Für die **Wohnraummiete** bestehen wiederum zahlreiche, überwiegend sozial- und wirtschaftspolitisch motivierte, durchweg zweifelhafte, ja kontraproduktive Sonderregelungen (vgl. nur § 573 BGB), wiederum erweitert um die allgemeinen Restriktionen des AGG (vgl. dazu aber die kleinen Trostpflaster von § 19 III und V AGG). Zur **Kritik** lässt sich hier nur so viel sagen: Die staatlichen Regulierungen der Wohnraummiete erzeugen überhaupt erst die Engpässe und Missstände, die zu bekämpfen jene Regulierungen vorgeben, wie beinahe durchweg dort (vgl. nur den Arbeitsmarkt mit seinen Beschäftigungsproblemen), wo Märkte sich nicht allein durch Angebot und Nachfrage im privatautonomen Rahmen regeln.

Unabhängig von jedem Kündigungsrecht steht es den Parteien wegen ihrer Privatautonomie glücklicherweise noch frei, das Mietverhältnis wie auch jedes andere Schuldrechtsverhältnis jederzeit durch den (lat.) sog. **actus contrarius** zum Mietvertrag, also durch **Aufhebungsvertrag**, zu beenden.

d) Operating-Leasing als Miete

Betriebsmittel (Grundstücke, Maschinen, Computer, Autos) werden vielfach nicht käuflich zu Eigentum erworben, etwa weil der Kaufpreis einen vorgegebenen Etat sprengen würde, weil das **Investitionsrisiko** angesichts des schnellen technischen Fortschritts und der damit verbundenen Alterung zu hoch erscheint, oder aus vielfältigen anderen Gründen. Diesen Überlegungen kommt das Leasing-Geschäft entgegen. Darüberhinaus ist auch das sog. **Privatleasing** verbreitet, wobei freilich zumeist ganz andere Erwägungen stehen: Man möchte nicht Investitionen, sondern Konsum fremdfinanzieren: ökonomisch barer Unsinn.

Dass der Begriff „Leasing" dem BGB fremd ist, spricht wegen der Privatautonomie nicht gegen die Zulässigkeit dieses Vertragstypus. Hinter dem einheitlichen Etikett „Leasing" verbergen sich freilich je nach den getroffenen Vereinbarungen sehr unterschiedliche **Vertragsvarianten**. Ihnen grundsätzlich gemeinsam ist ein Dreiecksverhältnis zwischen dem Leasingnehmer als demjenigen, der die Nutzung des Leasingobjektes anstrebt, dem Leasinggeber als dem Vertragspartner des Leasingnehmers und schließlich dem Hersteller oder Händler (vgl. Abb. 29).

Im Kern des **Leasingvertrages** wird die Pflicht des Leasinggebers statuiert, dem Leasingnehmer eine Sache lediglich zur Nutzung auf Zeit zu überlassen. Der Leasinggeber bleibt also Eigentümer der geleasten Sache. Um seine Gebrauchsüberlassungspflicht erfüllen zu können, muss der Leasinggeber sich das Leasingobjekt vielleicht erst selber vom Hersteller oder Händler beschaffen, d. h. kaufen und sich übereignen lassen. Dieses Problem stellt sich naturgemäß nicht beim sog. **Herstellerleasing**, bei dem Leasinggeber und Hersteller identisch sind. Der Leasingnehmer zahlt für die Nutzung ein nach Raten bemessenes Entgelt, meist nach einer einmaligen Sonderzahlung zu Vertragsbeginn, womit der Leasinggeber vor allem auch das Risiko schleppenden Eingangs der Ratenzahlungen kalkulatorisch auffängt. Obwohl der Leasingnehmer nicht Eigentümer, sondern lediglich Besitzer der Sache wird, trifft ihn nach dem Inhalt des Leasingvertrages (wenn nicht „**full service**" vereinbart

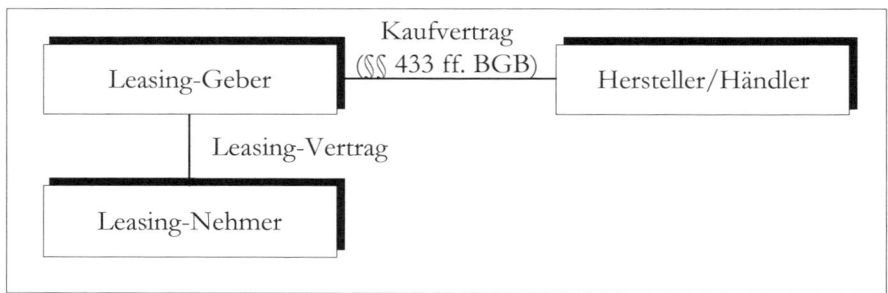

Abb. 29: Leasing (Grundmuster)

wurde) oft die Pflicht, für die Instandhaltung des Leasinggutes jeweils selber und auf eigene Kosten zu sorgen. Dann ist auch die Gewährleistung für Mängel ausgeschlossen. Sogar das Risiko des „Untergangs" (Verlust durch Diebstahl, Brand, Unfall etc.) wird oft dem Leasingnehmer überbürdet und deshalb wird ihm dann aufgegeben, das Leasinggut gegen solche Gefahren zu **versichern**.

Vielfach wird beim Leasing eine sog. **Grundlaufzeit** des Vertrages festgelegt, während der eine Kündigung nicht möglich ist. Diese Grundlaufzeit ist beim sog. Operating-Leasing (im Gegensatz zum sog. Finanzierungsleasing) aber charakteristisch sehr kurz bemessen oder entfällt ganz. Denn für den Leasingnehmer steht bei dieser Leasingvariante gerade der Wunsch nach Flexibilität im Vordergrund, um das überalterungsbedingte Investitionsrisiko nicht tragen zu müssen. Nach **Vertragsbeendigung** durch Fristablauf oder kurzfristig mögliche Kündigung gibt der Leasingnehmer das Leasingobjekt an den Leasinggeber zurück und kann so wieder frei disponieren.

Vergleicht man einen derartigen Leasingvertrag mit den gesetzlichen Begriffsmerkmalen des Mietvertrages, so ist die Übereinstimmung mit § 535 BGB augenscheinlich. Allerdings ist das Sachrisiko zwischen Leasinggeber und Leasingnehmer (außer bei „full service") anders als im Mietrecht der §§ 535 ff. BGB verteilt. Dies ist aber wegen der den Parteien zustehenden Privatautonomie prinzipiell möglich, ohne dass dadurch die grundsätzliche Einordnung des **Operating-Leasing** als **Miete** in Frage gestellt wäre. Die rechtlichen Schwierigkeiten liegen vielmehr darin, dass der Leasingvertrag durchweg vom Leasinggeber **vorformuliert** ist und demzufolge wegen ihres AGB-Charakters (§ 305 I BGB) die Einschränkungen der Vertragsfreiheit nach den §§ 305 II ff. BGB zu beachten sind. Nach §§ 307 ff. BGB darf sich dieser Leasingvertrag also jedenfalls inhaltlich nicht so weit von dem Regelungsmuster der §§ 535 ff. BGB entfernen, dass die im dispositiven Recht vorgesehenen Rechte des Leasingnehmers substanziell entwertet sind. Unter diesem Aspekt ist insbesondere der für Leasingverträge überhaupt typische Ausschluss der §§ 536-536c BGB nicht unproblematisch.

Im Ergebnis rechtfertigt sich die Feststellung, dass jedenfalls das Operating-Leasing nur ein anderes, dynamischer klingendes und damit marketingwirksameres Etikett für das altbekannte Mietverhältnis darstellt. Dass dabei vom gesetzlichen **Leitbild** des Mietvertrages (teilweise massiv) abgewichen wird, ist kein Spezifikum des Leasingvertrages, sondern liegt in der Konsequenz des dispositiven Rechts überhaupt und kommt ja auch in allen anderen Bereichen des Vertragswesens vor.

3. Dienst- und Werkvertrag, insbes. Geschäftsbesorgung

a) Diversifiziertes Dienstleistungsrecht

Dem volkswirtschaftlich sog. tertiären Bereich, also dem **Dienstleistungsbereich**, kommt in der Wirtschaftsrealität eine große Bedeutung zu. Umso störender wirkt sich die zunächst unübersichtliche rechtliche Regelung dieser Materie in der Praxis oft aus. Grundsätzlich sind zunächst jedenfalls 2 **Normierungsmuster** zu unterscheiden (vgl. Abb. 30), der **Dienstvertrag** (§§ 611 ff. BGB) und der **Werkvertrag** (§§ 631 ff. BGB). Gemeinsam ist ihnen, dass sie gegenseitige Verträge i. S. der §§ 320 ff. BGB darstellen, wobei die Gegenleistung in der vereinbarten Vergütung - regelmäßig Geld - besteht (§§ 611 I, 612; 631 I, 632 BGB). Der Unterschied liegt im Inhalt der dafür geschuldeten Leistung.

Beim Dienstvertrag ist **Leistungsinhalt** eine vertraglich näher beschriebene **Tätigkeit**, beim Werkvertrag die „Herstellung des versprochenen Werkes". Was mit dieser sehr ominösen Umschreibung gemeint ist, macht § 631 II BGB etwas transparenter: Jenes herzustellende Werk kann ein beliebiger, durch Dienstleistung herbeizuführender, verkörperter oder unkörperlicher Erfolg sein. Dass das Gesetz hier auch auf die „Arbeit" zu sprechen kommt, ist nur verwirrend, weil der **Arbeitsvertrag** gerade nicht eine Sonderform des Werkvertrages, sondern des Dienstvertrages darstellt. Der aus § 611 BGB zur Dienstleistung Verpflichtete hat also schon erfüllt, wenn er vertragsgemäß tätig geworden ist, mag auch der vom Vertragspartner dadurch erhoffte wirtschaftliche Erfolg ausbleiben. Die Leistungspflicht aus § 631 BGB ist hingegen erst mit Erfolgseintritt erfüllt. Dies mag logisch klar trennbar sein, ist als Lebenssachverhalt aber nicht immer so eindeutig zuzuordnen. Schwache Indizien für die zutreffende **Klassifikation** können sein etwa die Vertragsbezeichnung oder die Regelung der Gegenleistung. Ein vereinbarter Pauschalpreis spricht so sicher für Werkvertrag, aber umkehren lässt sich dies eben nicht, weil für die Vergütung im Rahmen eines Werkvertrages als **Abrech-**

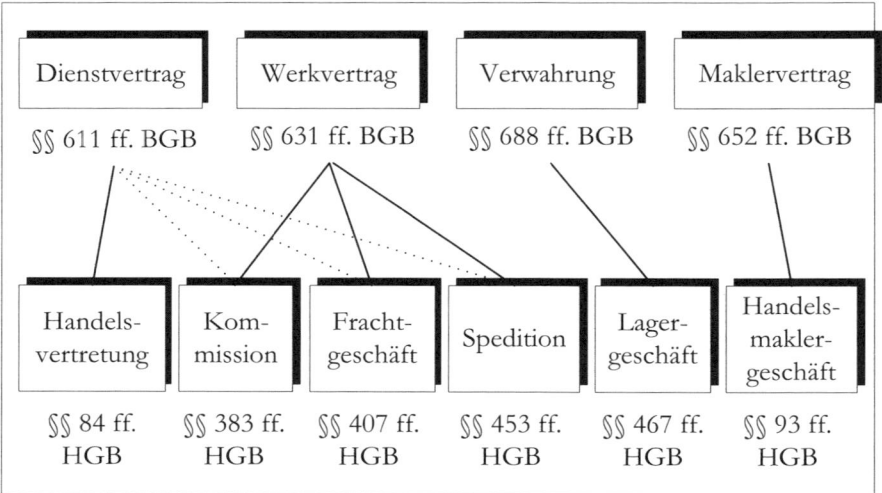

Abb. 30: Vertragstypen im Dienstleistungssektor (vereinfacht)

nungsbasis ja durchaus auch der Zeitaufwand für die Erfolgsherbeiführung vereinbart sein kann. Unabhängig von den theoretischen Abgrenzungsschwierigkeiten ist die Einordnung für zahlreiche Wirtschaftssektoren aber wenigstens für den Regelfall doch nicht ganz so problematisch, zumal ein Teil der an sich hier zu klärenden Fälle über § 651 BGB (**Lieferungskauf**) ganz dem Kaufrecht unterstellt wird.

Beispiele: - für Dienstvertrag - Arbeitsverhältnis, Beschäftigungsverhältnis der GmbH-Geschäftsführer, der Vorstands- und Aufsichtsratsmitglieder, ärztliche Untersuchung, (laufende) Steuer- und Rechtsberatung, Bauleitung, Wartung, Mitarbeiterschulung durch betriebsexterne Dozenten.
- für Werkvertrag - Gebäudeerrichtung, Planerstellung durch Architekten, Ingenieure etc., Herstellen von Individualsoftware, Gutachten, Reparatur, Personenbeförderung und Gütertransport, Konzeption und Realisierung einer Werbemaßnahme durch eine Werbeagentur, Konzertveranstaltung, Informationserteilung durch eine Wirtschaftsdatei (z .B. „Schufa").

Für bestimmte **Dienstleistungsbereiche** existieren Sondervorschriften, etwa für **Pauschalreisen** (§§ 651a ff. BGB), für den **Handelsvertreter** (§§ 84 ff. HGB) sowie namentlich für die **Logistik** hinsichtlich Kommission, Spedition, Lager- und Transportwesen (§§ 383 ff. HGB) und vor allem für die privatrechtlich aufgestellte Versicherung (VVG!). Die Klassifikationsfrage bleibt aber auch dabei gestellt. Denn vielfach sind die speziell geregelten Typen von Dienstleistungsverträgen dort nicht lückenlos normiert, so dass sich das hierfür anwendbare Recht nicht zuletzt erst aus den §§ 611 ff., 631 ff. BGB ergibt. Dies wird gerade für Versicherungsverträge durchweg verkannt, die im VVG nicht gänzlich abschließend geregelt sind.

Mit Dienst- und Werkvertrag ist das Spektrum des Dienstleistungsrechtes indes nicht gänzlich ausgefüllt. Hierher rechnet vielmehr auch der **Verwahrungsvertrag** (§§ 688 ff. BGB), der auch als Grundform des Lagervertrages (§§ 467 ff. HGB) fungiert, ferner der auf Vertragspartnervermittlung abgestellte **Maklervertrag** (§§ 652 ff. BGB) mit den Sondervorschriften der §§ 93 ff. HGB für das gewerbsmäßige Vermakeln von Waren und Wertpapieren (engl. sog. Brokerage), Versicherungen etc.

b) Vertragsinhalt, insbesondere bei „Geschäftsbesorgung"

Die Leistungspflicht trägt beim Dienstvertrag - anders als beim Werkvertrag - „im Zweifel", also grundsätzlich, höchstpersönlichen Charakter. Die Dienstleistungspflicht darf also - sofern nicht etwas anderes vereinbart wurde - nicht von einem Dritten erfüllt werden (die Hinzuziehung von Gehilfen bleibt aber zulässig). Doch kann der Gläubiger seinen Anspruch auf die Dienstleistung auch nicht abtreten. § 613 BGB bezieht sich also einerseits auf den Vorbehalt in § 267 I BGB und konkretisiert andererseits § 399 BGB.

> **Beispiel:** Arbeitnehmer Anton, der früh gerne etwas länger schläft, kann nicht an seiner Stelle seinen Bruder Benno „zur Arbeit" schicken, auch wenn dieser Antons Job mindestens genauso gut erledigen würde.

§ 614 BGB statuiert dabei als Ausnahme von der Zug-um-Zug-Regel des § 320 BGB eine **Vorleistungspflicht** des Dienstverpflichteten. Auch der aufgrund Werkvertrag Dienstleistungsverpflichtete (das Gesetz nennt ihn „**Unternehmer**", ohne dass man dabei irgendeine besondere Vorstellung etwa hinsichtlich einer Kaufmannseigenschaft oder hinsichtlich der Anwendbarkeit von § 310 I 1 BGB verbinden dürfte), muss vorleisten. Denn die Vergütung wird grundsätzlich (vgl. aber § 632a BGB hinsichtlich **Abschlagszahlungen**) erst fällig (Ausnahme von der in § 271 I BGB vorgesehenen Regel), wenn sein Vertragspartner (der „**Besteller**") die **Abnahme** erklärt (§§ 640, 641 BGB), also den Leistungserfolg als im Wesentlichen vertragsgerecht akzeptiert, oder wenn die Abnahme gemäß § 640 I 3 BGB fingiert wird. Im Fall des § 646 BGB tritt die **Fälligkeit** auch ohne Abnahmeerklärung oder Abnahmefiktion schon dann ein, wenn das Werk vollendet ist. Es handelt sich freilich auch hierbei um dispositives Recht, von dem häufig Abweichungen vereinbart werden.

> **Beispiel:** Zahlung der Vergütung für ein Konzert als Eintrittspreis, also schon vor „Vollendung des Werkes". Eine „Abnahmne" des Werkes ist hier wegen der „Beschaffenheit des Werkes" als unkörperlicher Gegenstand wohl ausgeschlossen.

Neben die Hauptpflicht zur Leistung der vereinbarten Dienste bzw. zur Erzielung eines bestimmten Leistungserfolges einerseits, zur Vergütung andererseits, treten wie auch sonst situationsspezifische, in §§ 241 II, 242 BGB gründende weitere Verhaltenspflichten (**Loyalitätspflichten**). Daneben hat das Gesetz eine Reihe von **Nebenleistungspflichten** ausformuliert, die vor allem im **Arbeitsverhältnis** Bedeutung gewinnen. Hierzu zählt eine gesteigerte, zwingend ausgestaltete Schutzpflicht (sog. **Fürsorgepflicht**, §§ 618, 619 BGB). Muss der Lebensunterhalt aus der Vergütung bestritten werden, so ist § 629 BGB wichtig, mit dessen Hilfe ein nahtloses Aneinanderreihen von Dienstverhältnissen ermöglicht werden soll. Einen typisch arbeitsrechtlichen Bedarf stillt auch die Pflicht zur **Zeugniserteilung** (§ 630 BGB). Über die Normebene der §§ 611 ff., 631 ff. BGB und ggf. ihrer handelsrechtlichen Ergänzungen und Modifikationen kann sich gemäß § 675 BGB noch eine dritte Normschicht legen, wenn nämlich der Dienst- bzw. Werkvertrag eine „**Geschäftsbesorgung**" zum Gegenstand hat. Darunter ist hier eine Tätigkeit im Rechtskreiskern des Vertragspartners, vor allem die Wahrung seiner Vermögensinteressen, zu verstehen.

Beispiele: Rechts-, Steuer- und Kapitalanlageberatung, Prozessführung, Baubetreuung, Immobilienverwaltung, viele Varianten des Bankvertrages (z. B. Wertpapierdepot, Inkasso).

Bei derartig geprägten Dienst- und Werkverträgen (einen eigenständigen Typus des Geschäftsbesorgungsvertrages gibt es nicht!) muss der besonderen Schutzbedürftigkeit des Vertragspartners rechtlich Rechnung getragen werden. Dies erreicht das Gesetz regelungstechnisch durch eine Verweisung in das für „Aufträge" geltende Recht der §§ 662 ff. BGB. Diese Rechtsmaterie ist für sich genommen wirtschaftlich weitgehend bedeutungslos, weil nach der Legaldefinition des § 662 BGB das **Auftragsverhältnis** gerade durch die **Unentgeltlichkeit** der Geschäftsbesorgung gekennzeichnet ist. Durch den Mechanismus der Verweisung in § 675 BGB wird aber auch die entgeltliche Geschäftsbesorgung im soeben erläuterten Sinn durch jene Vorschriften reguliert. Hinzuweisen ist namentlich auf § 663 BGB, dessen Nichtbeachtung zwar keine Vertragsfiktion, wohl aber unter dem Gesichtspunkt der „cic" (§§ 280 I, 241 II, 311 II BGB) eine Schadensersatzpflicht zur Folge haben kann. Erwähnenswert ist auch die **Höchstpersönlichkeit** der Leistungserbringung beim geschäftsbesorgenden Werkvertrag (§§ 664, 675, 631 ff. BGB), die **Auskunfts- und Rechenschaftspflicht** nach § 666 BGB, die in § 667 BGB statuierte Herausgabepflicht sowie umgekehrt die zur **Vorschusspflicht** gesteigerte Pflicht zum **Aufwendungsersatz** (§§ 669, 670 BGB).

Beispiel: Die mit dem Inkasso für ein Unternehmen betraute Bank (beim Einzelinkasso Werkvertrag, sonst Dienstvertrag, jeweils in Gestalt des Geschäftsbesorgungsvertrages) hat über den Erfolg ihrer Bemühungen zu berichten und die eingegangenen Beträge abzuführen. Die Bank kann dafür neben ihrer Vergütung umgekehrt Porti, Telefon- und Reisekosten etc. liquidieren.

Der Sache nach Geschäftsbesorgungsverträge mit dienstvertraglichem Kern sind auch die im „Zahlungsdienst" geschlossenen, in §§ 675f ff. BGB speziell normierten Verträge. Nach richtiger Auffassung ist ferner der **Versicherungsvertrag**, so wie er in der Praxis massenhaft begegnet, begrifflich ein Geschäftsbesorgungsvertrag mit dienstvertraglichem Kern, auf den neben den Regelungen des VVG auch die §§ 675, 611 ff. BGB ergänzend Anwendung finden: Das Versicherungsunternehmen organisiert den Gefahrenausgleich innerhalb der Gefahrengemeinschaft der Versicherungsnehmer, schöpft insbesondere dort die Mittel für die Erbringung der Leistungen (Auszahlungen) an diejenigen Versicherungsnehmer, bei denen der Versicherungsfall eintritt, verwaltet diese Mittel also treuhänderisch. Für die Organisationsdienstleistung erhält das Versicherungsunternehmen selbstverständlich ein Entgelt.

Die versicherungswirtschaftliche Praxis suggeriert freilich (entgegen diesen ökonomischen Strukturen), dass die „**Prämie**" insgesamt der „Preis", das Entgelt für quasi eingekauften „Versicherungsschutz" sei, um den Konsequenzen der **Geschäftsbesorgungstreuhand** zu entgehen (umfassende Auskunft über die Versicherungsgelder außerhalb des Entgeltanteils der Prämie, Abführung aller insoweit erzielten Überschüsse unter Einschluss der daraus gebildeten stillen Reserven, Weisungsrecht des Versicherungsnehmers gegenüber dem Versicherungsunternehmen in Fragen der Schadensregulierung bei der Haftpflichtversicherung!).

Erst recht Geschäftsbesorgung - da primär Kapitalanlage - ist die sog. **Kapitallebensversicherung**, die im Kern mit Versicherung übrigens nur ganz am Rande zu tun hat, nämlich bezüglich der darin eingeschlossenen, minimalen **Risikolebensversicherung**. Es handelt sich im Grunde also einen Etikettenschwindel, der zur Folge hat, dass die Anleger (angeblich ein „Versicherungsnehmer") nicht den Schutz finden, den sie bei Anwendung des Kapitalanlagerechts genießen würden. Die staatliche Bundesanstalt für Finanzdienstleistungsaufsicht („BaFin") deckt diese eklatant falschen rechtlichen Einordnungen zum Nachteil der Kunden, warum auch immer. Jedenfalls profitiert die Staatskasse davon, wenn die gesamte Pämie als Preis (wofür eigentlich?) gilt, weil dann die Bemessungsgrundlage für die **Versicherungssteuer** als Form der Umsatzsteuer höher ausfällt.

Wenn die Vertragsabwicklung gestört ist, gelten für Dienstverträge grundsätzlich die allgemeinen Regeln über **Leistungsstörungen**, allerdings mit wichtigen, teilweise schwer verständlichen Besonderheiten, die hier nur gestreift werden können. So durchbricht § 616 BGB für den Dienstvertrag die Regel des § 326 I 1 BGB: Bei bestimmten Fällen nachträglicher, weder vom Dienstverpflichteten noch seinem Vertragspartner zu vertretender Unmöglichkeit der Dienstleistung behält der Dienstverpflichtete unter den speziellen Voraussetzungen des § 616 (I) BGB seinen Vergütungsanspruch. Der Hauptanwendungsfall ist (unverschuldete) **Krankheit.**

Beispiel: Klavierlehrer Klaus Kumlehn ist an der Abhaltung des wöchentlichen Unterrichts krankheitshalber verhindert. Er hat sich erkältet, weil er trotz geringer Außentemperaturen nur mit einer leichten Jacke bekleidet spazierenzugehen pflegt: keine Zahlungspflicht seines Schülers Schubert.

Für den **Gläubigerverzug** enthält das Dienstvertragsrecht mit § 615 BGB eine Präzisierung bzw. Erweiterung des § 326 II BGB. Ausdrücklich erhält das Gesetz dem Dienstverpflichteten seinen Vergütungsanspruch, ohne ihn an einer Nachleistung festzuhalten, selbst wenn diese an sich möglich wäre.

Beispiel: Klavierlehrer Klaus Kumlehn wartet vergeblich auf seinen Schüler Schubert: Schubert muss zahlen, ohne für die ausgefallene Klavierstunde zu anderer Zeit Unterricht zu erhalten.

Oft ist allerdings zweifelhaft, ob § 615 BGB (Fortbestand des Vergütungsanspruchs!) oder § 326 I BGB (Wegfall des Vergütungsanspruchs!) zur Anwendung zu bringen ist. Vor allem bei denjenigen Dienstverträgen, die auf unselbständige, nach näherer Weisung des Vertragspartners zu erbringende Dienstleistungen gerichtet sind, also bei **Arbeitsverträgen**, stellt sich das Problem, wenn wegen **Betriebsstörungen** die Arbeit ruht. Die Abgrenzung erfolgt nach der Lehre vom **Betriebsrisiko** (vgl. § 615 S. 3 BGB): Wenn Zuliefer- oder Absatzschwierigkeiten, Maschinenausfälle und ähnliche in der Sphäre des Arbeitgebers angesiedelte Umstände die Betriebsstörung begründet, bleibt der Entgeltanspruch erhalten, ohne dass der Arbeitnehmer zur Nacharbeit verpflichtet ist. Im Übrigen ist § 326 I BGB einschlägig, so namentlich bei Streiks, aber auch bei (unvorhersehbaren) Naturkatastrophen.

Ähnlich wie die Miete ist auch das **Dienstverhältnis** ein **Dauerschuldverhältnis**, das durch Erfüllung (ärztliche Untersuchung ist abgeschlossen), auflösende Befristung bzw. Bedingung, durch ordentliche oder außerordentliche Kündigung beendet wird (vgl. §§ 620 ff. BGB). Besonderes Gewicht hat die **Vertragsbeendigung** naturgemäß im Arbeitsverhältnis. Obwohl kein Dauerschuldverhältnis, sieht auch das Werkvertragsrecht ein einseitiges, voraussetzungsloses Kündigungsrecht des „Bestellers" in der Funktion einer **ordentlichen Kündigung** vor (§ 649 S. 1 BGB). Die Ausübung dieses Kündigungsrechts lässt den Vergütungsanspruch des „Unternehmers" freilich gänzlich unberührt (§ 649 S. 2 BGB).

Etwas anderes gilt, wenn die Kündigung des „Bestellers" mit Rücksicht auf eine nicht präzis bestimmte Gegenleistung erfolgt (vgl. § 632 II BGB), die nur durch einen unverbindlichen, wesentlich überzogenen **Kostenvoranschlag** (§ 650 BGB spricht von „Kostenanschlag") eingeschätzt worden war. Dann kann nur ein Vergütungsteilbetrag entsprechend dem Arbeitsfortschritt und Auslagensatz verlangt werden (Verweisung auf § 645 BGB!). Was eine wesentliche Überschreitung des Kostenvoranschlages darstellt, lässt das Gesetz offen. Bei 20% der Anschlagssumme ist die Grenze gewiss erreicht, oft (vor allem bei großen Volumen) wohl schon bei einem weit niedrigeren Wert. Bei einem **verbindlichen**, zum Vertragsbestandteil gewordenen **Kostenvoranschlag** taucht das Problem nicht auf und ist § 650 BGB auch nicht anwendbar: Dann kann der „Unternehmer" beinahe selbstverständlich nur den veranschlagten Betrag verlangen.

Um dem „Besteller" einen rechtzeitigen Rückzug zu ermöglichen, verpflichtet § 650 II BGB den „Unternehmer" zur unverzüglichen **Anzeige**, wenn sich die wesentliche Überschreitung eines unverbindlichen Kostenvoranschlags abzeichnet. Eine Verletzung dieser Pflicht stellt eine Pflichtverletzung dar und verpflichtet gemäß § 280 I BGB zum Ersatz des dem Besteller aus der verspäteten oder ganz unterlassenen Anzeige entstandenen Schadens. Dies ist jener Betrag, der die nach § 645 BGB ansonsten geschuldete Summe übersteigt.

c) Exkurs: Geschäftsführung ohne Auftrag

Nicht selten werden rechtsgeschäftliche Aktivitäten wie auch Realakte für andere vorgenommen, ohne dass dafür eine rechtliche, insbesondere vertragliche Grundlage besteht. Im Hinblick auf die §§ 677 ff. BGB spricht man dabei reichlich unpräzise von „**Geschäftsführung ohne Auftrag**" (kurz: GoA). Der Gesetzgeber sieht sich bei diesem Thema vor die schwierige Aufgabe gestellt, einerseits Handlungsanreize etwa durch Ansprüche auf Aufwendungsersatz in sozial erwünschten Fällen (z. B. Hilfeleistung bei Überschwemmungen und bei der Brandbekämpfung) zu schaffen, andererseits aber nach Möglichkeit zu verhindern, dass jemand als **Geschäftsführer** sich einem anderen aufdrängt und sich in dessen Angelegenheiten einmischt. Dieses Dilemma führt zu einer differenzierten, aber recht knappen und noch dazu unübersichtlichen gesetzlichen Regelung, die äußerst komplexe rechtsdogmatische Fragen aufwirft. Das Rechtsinstitut der GoA, dessen Anwendungsbereich gelegentlich bedenklich auszuufern scheint, kann deshalb hier nur knapp skizziert werden.

Zunächst geht es um die Frage, welches überhaupt das Geschäft eines „anderen" (vgl. § 677 BGB), was also ein fremdes Geschäft ist. Vielfach ergibt sich diese Fremdheit aus der Natur der Sache; man spricht dann von **objektivfremdem Geschäft**.

Beispiele: Hilfeleistungen; Nutzung, Instandhaltung oder Veräußerung einer im Eigentum eines anderen stehenden Sache; Bezahlung fremder Schulden.

Vielfach fehlt aber auch eine solche sachlich-objektiv begründbare Geschäftszuständigkeit. Bei derartigen **objektiv-neutralen Geschäften** entscheidet allein die Willensrichtung des Handelnden über die Fremdheit des Geschäfts (**subjektiv-fremdes Geschäft**). Ob - bei rechtsgeschäftlichem Handeln - dabei in fremdem Namen (dann Vertretung!) oder in eigenem Namen gehandelt wird, ist in diesem Zusammenhang belanglos.

Beispiel: Erwerb einer Theaterkarte für die Freundin.

Die Abgrenzung erscheint leichter als sie ist. So mag man das Löschen eines Hausbrandes objektiv als Angelegenheit der Feuerwehr betrachten (das ist schließlich ihre Aufgabe!), aber ebenso objektiv auch als Angelegenheit des Hauseigentümers, ja sogar als solche des Brandstifters.

Ob ein Geschäft i. S. der §§ 677 ff. BGB „für" einen anderen, für den **Geschäftsherren**, besorgt wird (der Begriff der Geschäftsbesorgung ist hier viel weiter als in § 675 BGB, erfasst also jegliches Handeln), ist vom sog. **Fremdgeschäftsführungswillen** abhängig. Dieser ist beim subjektiv-fremden Geschäft selbstverständlich vorhanden und wird beim objektiv-fremden Geschäft, auch bei mehrfachen objektiven Zuständigkeiten wie im vorgenannten Fall des Brandlöschens, von der h. M. vermutet. Beim objektiv-fremden Geschäft kann der Fremdgeschäftsführungswille freilich auch fehlen, etwa weil jemand irrtümlich meint, ein eigenes Geschäft zu führen (sog. **vermeintliche Eigengeschäftsführung**, nicht zu verwechseln mit dem rechtlich unbeachtlichen Irrtum über die Person des wirklichen Geschäftsherrn: § 686 BGB!). Die §§ 677 ff. BGB über die GoA gelten dann gemäß § 687 I BGB konsequenterweise nicht.

Beispiele: A befreit das Auto des B von Schneemassen in der Meinung, es sei sein eigenes (vermeintliche Eigengeschäftsführung).
A möchte das Auto des B von den Schneemassen befreien, gräbt aber in Wahrheit das Auto des C aus: GoA.

Erst recht fehlt der Fremdgeschäftsführungwille, wenn ein (objektiv-)fremdes Geschäft bewusst als eigenes besorgt wird, ohne dass dazu eine gesetzliche oder vertragliche Berechtigung besteht (sog. **Geschäftsanmaßung**, vgl. § 687 II BGB).

Ebenso grundlegend wie Fremdheit des Geschäfts und Fremdgeschäftsführungswille ist für das Verständnis der GoA die Unterscheidung von berechtigter und unberechtigter GoA. Diese Unterscheidung darf nicht mit der Frage der „Berechtigung" i. S. des § 677 BGB verwechselt werden: Ist der Geschäftsführer i. S. des § 677 BGB vom Geschäftsherrn zur Geschäftsführung (vertraglich) beauftragt oder ihm gegenüber sonst (also kraft Gesetzes) dazu „berechtigt", so fehlt es schon an der Eingangsvoraussetzung für die Anwendung der §§ 677 ff. BGB; es liegt dann überhaupt keine GoA vor. Berechtigte GoA hingegen meint, dass die Besorgung eines fremden Geschäfts mit Fremdgeschäftsführungswillen dem wirklichen oder wenigstens mutmaßlichen Willen des Geschäftsherren entspricht (vgl. §§ 678, 683 BGB). Eine Erweiterung dieses Prinzips bringt § 684 S. 2 BGB: nachträgliche Zustimmung reicht aus.

Beispiele: X schlägt am Haus des abwesenden Y ein Fenster ein, um nach einem Blitzschlag zum Zwecke der Brandbekämpfung Zugang zu erlangen: Berechtigte GoA.

X verschafft sich ohne jedes Nachdenken durch Einschlagen eines Fensters Zugang zum Nachbarhaus, weil er Brandgeruch wahrgenommen hat: Sein Nachbar Y hat aber nur wunschgemäß ein Schnitzel sehr dunkel gebraten: Unberechtigte GoA.

Umgekehrt wird im Fall des § 679 BGB ein entgegenstehender Wille des Geschäftsherrn von Rechts wegen im öffentlichen Interesse ignoriert.

Beispiele: X bringt die schwerverletzte kleine Tochter T des Y gegen dessen entschiedenen Willen („das ist alles Kismet!") zum Arzt: Die Verbringung der T in ärztliche Behandlung gehört zur Unterhaltpflicht des Y!

X „bewahrt" den Y, der überlegt und ernstlich aus dem Leben scheiden will, durch beherztes Eingreifen während des Selbsttötungsvorgangs trotz dessen entschiedener Gegenwehr vor dem Tod: Nach lange herrschender, aber im Blick auf Artt. 1, 2 I GG unhaltbarer und hoffentlich im Schwinden befindlicher Meinung berechtigte GoA, weil jeder Freitod eine im öffentlichen Interesse liegende sittliche Pflicht(?) verletze und ein der Geschäftsführung (Intervention durch den „Retter") entgegenstehende Wille des Y deshalb hier wegen § 679 BGB stets unbeachtlich sei!

Bei **berechtigter GoA** trifft den Geschäftsführer nach § 677 BGB vor allem die Pflicht, sich in die Interessen und die (mutmaßlichen) Vorstellungen des Geschäftsherrn hineinzudenken. Außerdem hat der Geschäftsführer mit dem Geschäftsherrn Kontakt aufzunehmen, um nach Möglichkeit dessen Entscheidungen herbeizuführen (§ 681 S. 1 BGB) sowie das herauszugeben, was er aus der Geschäftsführung eventuell erlangt hat (Verweisung des § 681 S. 2 auch auf § 667 BGB). Verletzt der Geschäftsführer diese Pflichten vorsätzlich oder fahrlässig (§ 276 I 1 BGB), so schuldet er dem Geschäftsherrn Schadensersatz nach § 280 I BGB. Diese Haftung ist nach § 680 BGB allerdings in Notfällen gemildert (Haftung nur für Vorsatz und grobe Fahrlässigkeit) und entfällt nach § 682 BGB bei nur beschränkter oder fehlender Geschäftsfähigkeit ganz (andere Haftungsgrundlagen bleiben allerdings unberührt; es besteht also, wie auch sonst, grundsätzlich **Anspruchskonkurrenz**). Dass § 682 BGB auf die Geschäftsfähigkeit abstellt und nicht - wie grundsätzlich - auf die Zurechnungsfähigkeit (vgl. § 276 I 2 BGB), überrascht, erklärt sich aber daraus, dass die GoA vom Gesetzgeber zwar als gesetzliches, dabei aber als **quasivertragliches** Schuldverhältnis konzipiert worden ist. Umgekehrt kann der berechtigte Geschäftsführer nach § 683 S. 1 BGB wie ein „Beauftragter" also nach § 670 BGB, Aufwendungsersatz verlangen. Aufwendungen umfassen hier nach h. M. auch die mit der Geschäftsführung zusammenhängenden Schäden.

Beispiel: Passant P findet das durch Sturz am Knie erheblich verletzte und blutende Kind K. Nach Anlegung eines Notverbandes bestellt und bezahlt P ein Taxi, das K zu seinen Eltern zurückbringt (objektiv-fremdes Geschäft in der Zuständigkeit und im Interesse bzw. mit mutmaßlichem Willen der Eltern von K; bei Fremdgeschäftsführungswillen des P): Anspruch auf Ersatz der Taxikosten und des Schadens, den P an seiner Kleidung durch das blutende Knie des K erlitten hat.

Bei unberechtigter GoA hat der Geschäftsführer nicht etwa - wie § 677 BGB missverstanden werden kann - das Geschäft im „Interesse des Geschäftsherrn mit Rücksicht auf dessen wirklichen oder mutmaßlichen Willen" zu führen, sondern muss die Geschäftsführung natürlich ganz unterlassen. Gleichwohl hat der Geschäftsherr eventuell erlangte Vorteile nach Maßgabe des § 684 S. 1 BGB als **Gewinnabführung** herauszugeben. Der Geschäftsherr seinerseits kann, wenn er durch die Geschäftsführung Schäden erlitten hat, deren Ersatz nach § 678 BGB verlangen. Dabei reicht nach dem ausdrücklichen Willen des Gesetzes bloßes **Übernahmeverschulden**, also Fehleinschätzung hinsichtlich der Voraussetzungen berechtigter GoA, aus. In Notsituationen greift freilich auch hier das Haftungsprivileg des § 680 BGB ein.

Bei der **Geschäftsanmaßung** schließlich gewährt § 687 II BGB dem Geschäftsherrn die Rechte aus den §§ 677 f., 681 f. BGB, bürdet ihm aber im Falle ihrer Geltendmachung auch die Pflicht zur Vorteilsherausgabe gemäß § 684 S. 1 BGB auf.

4. Gewährleistungsrecht im Querschnitt

a) Sach- und Rechtsmängel

Verkäufer, Vermieter und werkvertraglicher „Unternehmer" haben gesetzlich dafür einzustehen, dafür Gewähr zu leisten, dass die gelieferte oder überlassene Sache bzw. das hergestellte Werk mangelfrei ist (vgl. §§ 434 ff., 536 ff., 633 ff. BGB). Dieses Einstehenmüssen auf der Grundlage besonderer gesetzlicher Vorschriften über die **Schlechtleistung** als Leistungsstörungskategorie darf unter keinen Umständen mit der (**selbständigen**) **Garantie** verwechselt werden. Die Alltagssprache mischt freilich alles durcheinander, und oft wird von „gesetzlicher Garantie" gesprochen, wo **Gewährleistung** gemeint ist. Der durch Gewährleistungsrecht und Garantie ausgeübte Druck ist freilich nicht der alleinige Motor der betrieblichen Bemühungen um **Qualitätssicherung**, stehen doch auch eine eventuelle **Produkthaftung** sowie nicht rechtliche, aber wirtschaftliche Sanktionen wie z. B. Imageverluste und Störungen des Betriebsablaufes auf dem Spiel.

Spontan denkt man bei alledem nur an die in der Praxis ganz im Vordergrund stehenden sog. **Sachmängel**. Als Mängel denkbar sind aber auch sog. **Rechtsmängel**, bei denen also Dritte in Bezug auf die Sache, die den Vertragsgegenstand bildet, Rechte gegen eine Vertragspartei geltend machen können (vgl. für den Kauf § 435 BGB). Ob es sich dabei um schuldrechtliche Herausgabeansprüche (vgl. §§ 546 II; 604 IV BGB) oder um die Folgewirkungen beschränkter Sachenrechte handelt, ist gleichgültig.

Beispiel: V verkauft, übereignet und übergibt eine ihm gehörende bewegliche Sache an K. An dieser Sache hat D ein gesetzliches Pfandrecht nach § 562 I BGB. Wenn K diesbezüglich nicht gutgläubig ist, kommt es nicht zu einem lastenfreien Eigentumserwerb des K (§ 936 I, II BGB), so dass D auf Grund seines Pfandrechts von K Herausgabe nach § 562b II BGB verlangen kann. In Bezug auf den Kaufvertrag zwischen V und K hat die Sache einen Rechtsmangel.

Unter **Mangel** (im Qualitätsmanagement gern auch **Fehler** genannt) ist ganz allgemein die wert- oder tauglichkeitsmindernde **Abweichung** der tatsächlichen Beschaffenheit („**Ist-Beschaffenheit**") von jenem Zustand zu verstehen, den die Sache (bzw. das Werk) haben sollte. Auch ganz kleine Abweichungen führen zur Bejahung eines Fehlers. Ein solcher **Bagatellmangel** wird erst auf der Rechtsfolgenseite vereinzelt berücksichtigt (vgl. schon hier § 323 V 2 BGB). Die Festlegung dieser „**Soll-Beschaffenheit**" ist primär Angelegenheit der Vertragsparteien, die diese Beschaffenheit einverständlich beliebig definieren können (sog. **subjektiver Fehlerbegriff**), indem man etwa auf Produktbeschreibungen mit dortigen technischen Daten, Abmessungen, auf Einsatzzwecke etc. Bezug nimmt. Nur wo solche Absprachen über die Beschaffenheit unterbleiben, ist hilfsweise die Eignung der Sache für den vertraglich vorausgesetzten besonderen Verwendungszweck und schließlich die Normalbeschaffenheit maßgeblich (**objektiver Fehlerbegriff**). Das normiert in vorbildlicher Klarheit für das Kaufrecht § 434 I BGB.

Eine wesentliche **Erweiterung** erfährt der Fehlerbegriff im kaufrechtlichen Gewährleistungsrecht dadurch, dass zur Ermittlung der normalen Soll-Beschaffenheit (§ 434 I Nr. 2 BGB) grundsätzlich auch **Werbeaussagen** etc. herangezogen werden (§ 434 I Nr. 3 BGB). Diese müssen nicht einmal vom Verkäufer selber gemacht worden sein. Vielmehr nimmt auch die Herstellerwerbung auf die Soll-Beschaffenheit Einfluss. Weil der Gesetzgeber dabei auf den Herstellerbegriff des § 4 ProdHaftG Bezug nimmt, rechnen dazu auch Zwischenhändler, sog. Quasihersteller und Importeure an den Außengrenzen der EG. Diese Einbeziehung von Werbeaussagen etc. in die Soll-Beschaffenheit findet nach § 434 I Nr. 3 a. E. BGB nur dann nicht statt, wenn der Verkäufer diese „öffentlichen Äußerungen" nicht kannte und seine Unkenntnis auch nicht auf Fahrlässigkeit beruhte (vgl. die Legaldefinition des Kennenmüssens in § 122 II BGB). Diese Ausnahme, für die der Verkäufer auch noch die Beweislast trägt, wird in der Praxis kaum jemals Platz greifen, weil jedenfalls ein Unternehmer gehalten ist, den Markt zu beobachten und sich über die Bewerbung der von ihm geführten Produkte durch Andere zu informieren.

Eine zusätzliche **Erweiterung** des **Fehlerbegriffs** bringt § 434 II BGB: Eine unsachgemäße verkäuferseitige Montage begründet ebenso die Mangelhaftigkeit der Kaufsache wie die käuferseitige Fehlmontage auf Grund einer unzureichenden **Montageanleitung** (scherzhaft sog. IKEA-Paragraph). Das kann man auch als Spezialregelung einer Verletzung der Erfüllungsbegleitpflicht bzw. einer auf Montage gerichteten Nebenleistungspflicht interpretieren. Der weite Fehler- bzw. Mangelbegriff findet seinen Abschluss in § 434 III BGB: Auch die Lieferung einer geringeren Menge als der geschuldeten gilt als Sachmangel (sog. **Mengenfehler/Mankolieferung**), ja sogar der Fall, dass „der Verkäufer eine andere Sache liefert" als diejenige, die vereinbart war. Dies ist die sog. aliud-Lieferung (lat. = etwas anderes), also die **Falschlieferung**. Das Gesetz unterscheidet dabei auch nicht zwischen Stück- und Gattungskauf. Für den rechtsunkundigen Betrachter ergeben sich aus alledem teilweise merkwürdige Konsequenzen.

Beispiele: Die Waschmaschine schleudert am Programmende nicht (Mangel/Fehler).
Die Waschmaschine schleudert nicht, wie in der Produktbeschreibung genannt, mit 1400 u/min, sondern nur mit 1398: ebenfalls gewährleistungsrelevanter Mangel, trotz geringfügiger Abweichung.
Gekauft wird ein bestimmter antiker Schrank, geliefert wird eine Stereo-Anlage (Identitätsmangel): aliud-Lieferung, die als Sachmangel gilt. Die Stereo-Anlage ist rechtlich gesehen also ein fehlerhafter Schrank.
Gekauft wird nach Prospekt eine Waschmaschine, geliefert wird ein hervorragender Wäschetrockner: Wiederum an sich eine aliud-Lieferung, rechtlich aber ist der Wäschetrockner eine sehr schlechte Waschmaschine.
Ein im Geschäft ausgestellter bestimmter Wäschetrockner wird als angebliche Waschmaschine verkauft und geliefert: im Rechtssinne fehlerhafte Waschmaschine.

b) Gewährleistungsrechte im Einzelnen

(1) Rechtliche Randbedingungen

Wenn die Kaufsache mit einem (Rechts- oder) Sachmangel behaftet ist, hat der Käufer wegen dieser Schlechtleistung eine ganze Reihe von **Reaktionsmöglichkeiten**. Zunächst einmal kann der Käufer, wenn er den Mangel noch vor Übergabe bemerkt, die Sache zurückweisen, ohne in Annahmeverzug zu geraten. Denn der Verkäufer hat die von ihm geschuldete Leistung nicht so, wie sie zu bewirken ist, angeboten (§ 294 BGB), nämlich nicht mangelfrei. Vor allem aber hat der Käufer natürlich die spezifischen gewährleistungsrechtlichen Rechtsbehelfe. Sie alle stehen freilich unter dem Vorbehalt des § 442 BGB: Kannte der Käufer den Mangel schon bei Vertragsschluss, so ist er nicht schutzwürdig. Gewährleistungsrechte bestehen hier also nicht. Dasselbe gilt grundsätzlich, wenn der Käufer den Mangel auf Grund grober Fahrlässigkeit bei Vertragsschluss nicht kannte. Seine Gewährleistungsrechte bleiben in diesem Fall nur erhalten, wenn der Verkäufer für eine bestimmte Sachbeschaffenheit garantiert oder den Fehler arglistig verschwiegen hat. Letzteres ist im Gebrauchtwarenhandel (insbesondere bei Autos), darüber hinaus aber generell bei Verkäufen gebrauchter Waren von privat an privat („C2C"), durchaus nicht selten. Eine dem genau entsprechende Regelung kennt das Mietrecht in § 536b S. 1 und 2 BGB.

Da es auf die **Kenntnis des Mangels** bzw. grobfahrlässige Unkenntnis zur Zeit des Vertragsschlusses ankommt, spielen Unkenntnis des Mangels infolge einer unterlassenen Untersuchung der Kaufsache bei Übergabe und selbst Kenntnis des Mangels (erst) in diesem Zeitpunkt keine Rolle. Hier unterscheidet sich jetzt die Rechtsstellung des Mieters deutlich von derjenigen des Käufers: Der Mieter, der eine mangelhafte Sache in Kenntnis des Mangels annimmt, muss sich dabei seine Rechte (mehr oder weniger ausdrücklich) vorbehalten, sonst verliert er sie gemäß § 536b S. 3 BGB. Dasselbe gilt beim Werkvertrag nach § 640 II BGB, wobei hier allerdings Schadens- und Aufwendungsersatzansprüche ausgenommen sind (keine Verweisung auf § 634 Nr. 4 BGB!).

Im unternehmerischen Lieferverkehr wird die kaufrechtliche Regelung allerdings durch § 377 HGB beim beiderseitigen Handelskauf deutlich verschärft: Verlust der Gewährleistungsrechte tritt hier auch dann ein, wenn die **Wareneingangskontrolle** unzureichend durchgeführt wurde und deshalb ein Mangel der Kaufsache unentdeckt blieb.

(2) Nacherfüllung

Soweit demnach gewährleistungsrechtliche Optionen überhaupt (noch) bestehen, gibt das Gesetz ihnen eine für Kauf-, Miet- und Werkvertragsrecht im Wesentlichen übereinstimmende Struktur. Von besonderem Interesse ist dabei die **Gewährleistung** beim Kauf. In erster Linie kann der Käufer **Nacherfüllung** gemäß §§ 437 Nr. 1, 439 BGB verlangen, nach seiner Wahl also entweder **Nachbesserung** (Beseitigung des Mangels durch Reparatur) oder **Neulieferung** einer mangelfreien Sache unter Rückgabe der mangelhaften Sache (ggf. Wertersatz) gemäß § 439 IV BGB. Neulieferung ist streng genommen freilich eine Option nur beim **Gattungskauf**. Denn beim **Stückkauf** ist

Neulieferung einer mangelfreien Sache begrifflich unmöglich, so dass wegen § 275 I BGB eine auf Lieferung einer anderen Sache gerichtete Rechtspflicht des Verkäufers eigentlich nicht besteht (der Verkäufer behält freilich wegen § 326 I 2 BGB seinen Anspruch auf den als Gegenleistung geschuldeten Kaufpreis!). Ob dieses Ergebnis den Vorstellungen des Gesetzes wirklich entspricht, erscheint allerdings dann zweifelhaft, wenn es um vertretbare Sachen handelt und Nachbesserung ausscheidet.

Beispiel: Kauf einer Packung Frischmilch im Supermarkt, die sich bei Öffnung als schon sauer erweist: Klar Stückkauf, weil eine bestimmte Packung an der Kasse präsentiert wurde. Nachbesserung kann sicher nicht verlangt werden, da die Milch in der gekauften Packung nun einmal sauer ist und der Prozess unumkehrbar ist. Aber auch kein Recht auf eine andere Packung Frischmilch?

Jedenfalls sind die sich aus § 439 III BGB ergebenden Beschränkungen zu beachten: Wenn die vom Käufer gewählte Variante der Nacherfüllung für den Verkäufer mit unverhältnismäßig hohen Kosten verbunden wäre, kann der Verkäufer den Käufer auf die billigere Variante verweisen.

Beispiel: Wer im Schreibwarengeschäft einen Kugelschreiber erwirbt, dessen Minenschaltmechanismus nicht funktioniert, kann von Rechts wegen im Ergebnis nicht darauf bestehen, gerade diesen Kugelschreiber im Wege der Nacherfüllung repariert zu bekommen, obwohl der Verkäufer dies mit Hilfe eines Feinmechanikers - zu vergleichsweise hohen Kosten! - an sich bewerkstelligen könnte.

Die erforderlichen **Kosten der Nacherfüllung** - in jeder Variante - gehen nach § 434 II BGB voll zu Lasten des Verkäufers. Dies betrifft nicht nur z. B. Material-, Arbeits- und Versandkosten auf Seiten des Verkäufers, sondern auch die dem Käufer erwachsenden Kosten, insbesondere notwendige „Wege"-Kosten, also Fahrtkosten. Dies ist im allgemeinen Bewusstsein der Marktteilnehmer absolut nicht angekommen, aber vom Gesetz gerade so gewollt: Schlechtes Qualitätsmanagement soll nicht auf dem Rücken der Kunden ausgetragen werden.

Beispiel: Karla hat im Fotogeschäft des Falco einen Fotoapparat gekauft, der einen Defekt aufweist. Zur Reparatur des Gerätes ebenso wie zur Neubeschaffung eines fehlerfreien Gerätes muss sie mindestens einmal (bei Reparatur sogar zweimal, zum Hinbringen und wieder Abholen!) von zuhause zu „Foto-Falco" und zurück fahren, weshalb durchaus nennenswerte Kosten bei Benutzung von Bus, Eisenbahn oder eigenem Auto entstehen. Auch diese Kosten hat Falco zu tragen.

Bei der **Miete** geht das Gesetz konstruktiv etwas anders vor als beim Kauf. Wenn sich Soll- und Ist-Beschaffenheit des Mietobjekts bei Überlassung oder während der Vertragslaufzeit auseinanderentwickeln, hat der Vermieter den Sollzustand als primäre Leistung herzustellen (vgl. § 535 I 2 BGB). Insoweit gibt es im Mietrecht keine speziell ausgeformte Gewährleistung; es handelt sich bei der Mängelbeseitigung schlicht um Erfüllung der vermieterseitigen Hauptleistungspflicht, terminologisch nicht einmal um eine „Nacherfüllung" wie im Kaufrecht. Deutlicher an das Kaufrecht ist hingegen das Gewährleistungsrecht beim **Werkvertrag** angelegt, wie ein Blick auf §§ 633 f. (insbesondere auch § 634 Nr. 1), 635 BGB zeigt.

Zur Durchsetzung ihrer Ansprüche auf Mängelbeseitigung, sei es durch Erfüllung, sei es durch Nacherfüllung in Form der Nachbesserung, gewährt das Gesetz dem Mieter wie dem Werkbesteller mit §§ 536a II, 637 I BGB unter bestimmten Voraussetzungen sogar ein **Recht zur Selbstvornahme** als ausnahmsweise zulässige Selbsthilfe. Außerdem kann der Werkbesteller nach § 641 III BGB von der geschuldeten Vergütung mindestens den 3-fachen Betrag der voraussichtlichen Mängelbeseitigungskosten als sog. **Druckzuschlag** zurückhalten und darüber hinaus nach § 637 III BGB für die Mängelbeseitigungskosten einen **Vorschuss** verlangen.

(3) Rücktritt und Minderung

Erst in zweiter Linie, der Nacherfüllung nachgeordnet, kann der Käufer einer mangelhaften Sache die sonstigen in § 437 Nr. 2 und 3 BGB genannten Gewährleistungsrechte geltend machen. Dies ergibt sich nur versteckt durch die dort genannten Verweisungen. So ist der **Rücktritt** vom Kaufvertrag grundsätzlich nur möglich bei Unmöglichkeit der Nacherfüllung (§ 326 I BGB) oder bei erfolgloser Fristsetzung für die Nacherfüllung (§ 323 I BGB), und dasselbe gilt auch für die „statt" Rücktritt bestehende Option der Kaufpreisherabsetzung (**Minderung**, vgl. § 441 I 1 BGB; dazu sogleich noch näher). Der daraus folgenden **Subsidiarität** von Rücktritt und Minderung entspricht auf Seiten des Verkäufers das sog. **Recht zur zweiten Andienung**.

Ausnahmsweise kann der Käufer nach § 440 S. 1 BGB **ohne Fristsetzung zurücktreten** (oder **mindern**), so etwa, wenn der Verkäufer die Nacherfüllung verweigert (§ 439 III BGB) oder wenn die Nachbesserung fehlschlägt. Von einem **Misslingen** der **Reparatur** ist dabei gemäß § 440 S. 2 BGB grundsätzlich dann auszugehen, wenn zwei Reparaturversuche ohne Erfolg geblieben sind. Dabei kann es sich auch um einen „zweiten Fehler" handeln.

Beispiel: Nachbesserung fehlgeschlagen, wenn sich der 6. Gang des Autogetriebes trotz zweier Reparaturversuche immer noch nicht einlegen lässt. Ebenso, wenn sich zwar jetzt der Gang einlegen lässt, dafür jetzt aber die Kupplung nicht sauber Motor und Getriebe trennt.

Eine Fristsetzung ist gemäß §§ 440 S. 1 i. V. m. 323 II Nr. 2 BGB im Übrigen vor allem auch dann entbehrlich, wenn die Einhaltung der Leistungszeit für das Gläubigerinteresse von zentraler Wichtigkeit ist, also beim sog. **Fixge-**

schäft. Schließlich kann der Käufer auch dann ohne Fristsetzung zurücktreten oder mindern, wenn beide Varianten der Nacherfüllung (Nachbesserung, Neulieferung) für den Verkäufer nur unter unverhältnismäßigen Kosten durchzuführen wären (vgl. § 439 III 3 BGB).

Es wurde schon darauf aufmerksam gemacht, dass selbst kleinste Abweichungen der Ist- von der Soll-Beschaffenheit einen Fehler der Kaufsache begründen. Auch dadurch können also die Nacherfüllungsansprüche (Nachbesserung, Neulieferung) ausgelöst werden. Hinsichtlich des Rücktrittsrechtes gilt allerdings etwas anderes: Solche **Bagatellmängel** gewähren gemäß § 323 V 2 BGB **kein Recht** zum **Rücktritt** weil es sich dann nur um „unerhebliche Pflichtverletzungen" handelt. Obwohl das Recht zur Kaufpreisherabsetzung grundsätzlich das rechtliche Schicksal des Rücktritts teilt (vgl. wiederum „statt" in § 441 I 1 BGB), bleibt die **Minderung** auch bei Bagatellmängeln möglich, weil § 441 I 2 BGB den § 323 V 2 BGB diesbezüglich seinerseits ausschließt.

> **Beispiel:** Hausfrau Heidi kauft eine Waschmaschine, ein Auslaufmodell und Einzelstück, deren Schleuderleistung 1.200 Umdrehungen pro Minute betragen soll. Häusliche Messungen ihres Freundes Felix, eines Studenten der Ingenieurwissenschaften, ergeben aber eine um 7-9 Umdrehungen geringere Leistung. Neulieferung scheidet mangels Möglichkeit aus, Nachbesserung wäre, wenn überhaupt, nur mit unverhältnismäßigen Kosten durchführbar, Rücktritt ist wegen Unerheblichkeit des Mangels unzulässig. Es bleibt hier aber trotz allem das Recht zur Minderung erhalten.

Für die Ausübung eines Rücktrittsrechts (durch einseitiges Rechtsgeschäft, § 349 BGB) und für die Rücktrittsfolgen gilt nichts besonderes (vgl. also §§ 346 ff. BGB: Erlöschen der primären Leistungspflichten und Rückabwicklung bereits erhaltener Leistungen bzw. Wertersatz).

Da es sich beim **Mietverhältnis** um ein **Dauerschuldverhältnis** handelt, bei dem eine Rückabwicklung kaum denkbar erscheint, tritt hier an die Stelle des Rücktritts die nur für die Zukunft wirkende außerordentliche **Kündigung** (§ 543 I, II 1 Nr. 1, III BGB). Hingegen fügt sich das Rücktrittsrecht beim schlechterfüllten **Werkvertrag** (§ 634 Nr. 3 BGB) problemlos in die vom kaufvertraglichen Gewährleistungsrecht bekannten Strukturen ein.

Entscheidet sich der **Käufer** für **Minderung**, so kann er nicht einfach die Differenz zwischen Soll- und Ist-Beschaffenheit monetär bewerten und den so ermittelten Betrag vom Kaufpreis absetzen. Vielmehr ist gemäß § 441 III 1 BGB folgender Ansatz zu wählen: Der vereinbarte Kaufpreis (P_v) verhält sich zum neuen, zu ermittelnden geminderten Kaufpreis (P_m) wie der (übliche Markt-)Wert der mangelfreien Sache (M_v) zum (Markt-)Wert der Sache, so wie sie nun einmal mit Mangel sich darstellt (M_m). Nach P_m aufgelöst ergibt sich damit

$$P_m = \frac{M_m \cdot P_v}{M_V}$$

Nicht oder nur schwer zu behebende Unsicherheiten beim Ansatz der Rechengrößen können durch Schätzung ausgeräumt werden (§ 441 III 2 BGB), um das Minderungsrecht nicht praktisch wertlos zu machen. Auch der **Mieter** hat bei Mängeln der Mietsache ein Minderungsrecht (§ 536 BGB), das nicht einmal gegenüber dem Anspruch auf Mängelbeseitigung subsidiär ist, freilich eine rechtzeitige Anzeige des Mangels durch den Mieter voraussetzt (§ 536c BGB). Hingegen folgt das **Minderungsrecht des Werkbestellers** in § 638 BGB wieder ganz dem kaufrechtlichen Vorbild.

(4) Schadensersatz

Nacherfüllung, Rücktritt und Minderung verfehlen nicht selten das Gläubigerinteresse.

Beispiele: Infolge Versagens der Zeitschaltuhr an einem Elektroherd überhitzt sich Bratöl und beginnt zu brennen. Das entstehende Feuer vernichtet das Haus.
Infolge Bremsversagen kommt es zu einem Autounfall, bei dem der Käufer oder auch Mieter des Autos schwer verletzt wird.
Kunststoffteile verflüssigen sich bei der Erwärmung zum Zwecke ihrer Verformung, obwohl sie bei der gewählten Verarbeitungstemperatur dies vereinbarungsgemäß eigentlich nicht tun sollten. Dadurch werden die Maschinen zerstört, es entstehen Betriebsstillstandsverluste etc.

In solchen Fällen stellt sich die Frage eines Schadensersatzanspruchs des Käufers bzw. Mieters (auch) gegen den Verkäufer bzw. Vermieter. Sie beantwortet sich jedenfalls für den **Kaufvertrag** nach **Leistungsstörungsrecht**, also nach § 280 BGB. Eine Pflichtverletzung ist zu bejahen, weil gemäß § 433 I 2 BGB der Verkäufer die Kaufsache dem Käufer frei von Mängeln zu verschaffen hat.

Zweifelhaft kann aber sein, ob der Verkäufer dies i. S. von § 276 I 1 BGB **zu vertreten** hat, was gemäß § 280 I 2 BGB ja Voraussetzung einer Schadensersatzpflicht ist, für Nacherfüllung, Rücktritt und Minderung hingegen keine Rolle spielt. Etwa bei originalverpackter Ware ist Vorsatz, also Kenntnis des Mangels auf Seiten eines Händlers als Verkäufer, schwer vorstellbar, und vorsätzliche Schlechtleistung dürfte auch sonst die Ausnahme bilden, von der Beweisbarkeit dieser Kenntnis des Mangels einmal ganz abgesehen. Auch eine Sorgfaltswidrigkeit i. S. des § 276 II BGB, also Fahrlässigkeitsverschulden, wird man dem Verkäufer, jedenfalls sofern er nicht Hersteller des Produktes ist, schwerlich anlasten können, auch nicht über § 278 BGB (Zurechnung des Verschuldens der Erfüllungsgehilfen). Denn namentlich auf Konstruktion und

Fertigung kann der **Verkäufer** als **Händler** keinerlei Einfluss nehmen und er kann schlechterdings auch nicht sämtliche zum Verkauf kommende Sachen daraufhin prüfen, ob sie einen Mangel aufweisen (zumal bei Originalverpackung, auf die der Käufer oft Wert legt).

Darin erschöpft sich freilich seine Verantwortlichkeit nicht, wenn er eine Garantie für die Soll-Beschaffenheit übernommen hat. Weil damit die den Verkäufer ohnehin treffende Gewährleistung lediglich verschärft wird, bezeichnet man sie als **unselbständige Garantie** im Gegensatz zu einer Garantie, die jemand - insbesondere der Hersteller, Importeur etc. - außerhalb eines Kaufvertrages, also als selbständige Garantie übernimmt. Weichen Ist- und garantierte Soll-Beschaffenheit voneinander ab, so hat der Verkäufer dann also auch ohne Verschulden Schadensersatz zu leisten. Begrifflich geht es dabei regelmäßig um Schadensersatz statt der Leistung, so dass gemäß § 280 III BGB die zusätzlichen Voraussetzungen des § 281 BGB vorliegen müssen, grundsätzlich also eine angemessene Frist zur Nacherfüllung erfolglos verstrichen ist (§ 281 I 1 BGB). Ihr gegenüber ist also auch der am Mangel anknüpfende **Schadensersatzanspruch** - nicht anders als Rücktritt und Minderung! - im Ansatz nur ein **subsidiärer Rechtsbehelf**, sofern nicht etwa eine solche Fristsetzung nach § 281 II BGB entbehrlich ist. Dies dürfte in der Praxis vielfach der Fall sein.

Beispiel: Ist das Haus infolge der defekten Zeitschaltuhr des Elektroherdes und infolge des dadurch in Brand geratenen Bratöls durch Feuer zerstört worden, so ist eine Fristsetzung für die Nacherfüllung sicher entbehrlich, wenn die beiderseitigen Interessen abgewogen werden (§ 281 II, 2. Alt. BGB), und zwar schon deshalb, weil eine Nacherfüllung auf den Schadensverlauf gar keinen Einfluss mehr haben würde.

Die entscheidende Frage ist freilich, ob der Verkäufer tatsächlich eine solche (unselbständige) Garantie übernommen hat. Das ist sicher seltener der Fall, als gemeinhin angenommen. Denn man muss sich vor Augen halten, dass selbst in der ausdrücklichen vertraglichen Festlegung einer bestimmten Sachbeschaffenheit, einer Zweckbestimmung etc. lediglich die Festlegung der Soll-Beschaffenheit liegt, die man schon als Bezugspunkt für die Ermittlung überhaupt eines Fehlers benötigt. Eine **Garantieübernahme** setzt also voraus, dass der Verkäufer die Soll-Beschaffenheit besonders bekräftigt. In diesem Sinne aussagekräftig sind natürlich die Worte „garantiert" und „zugesichert", aber auch andere Bekräftigungsformen sind denkbar.

Beispiele: „Das Grundstück ist für Industriebebauung geeignet" (nur Soll-Beschaffenheitsangabe, keine Garantie).
„Verkäufer sichert die Eignung des Grundstücks für Industriebebauung zu" (Garantie).
Kleider-Etikett „Reine Schurwolle" mit Gütesiegel (Garantie).
„Auf meine Kompetenz als Fachmann können Sie sich 100% verlassen: die Fliesen sind frostsicher" (Garantie).

Etwas anders als im Kaufrecht ist der **Schadensersatzanspruch des Mieters** geregelt. Für Mängel, die schon bei Abschluss des Mietvertrages vorlagen, haftet der Vermieter nach § 536a I BGB in jedem Fall. Vorausgesetzt ist dabei aber, dass der Mieter davon ohne grobe Fahrlässigkeit nichts weiß (§ 536b BGB). Den Vermieter trifft also für **anfängliche Mängel** eine **Garantiehaftung**. **Spätere Mangelhaftigkeit** des Mietobjekts begründet eine Schadensersatzpflicht nur, wenn der Vermieter den fehlerbegründenden Umstand **zu vertreten** hat oder mit der Fehlerbeseitigung in Verzug ist. Der **Schadensersatzanspruch des Werkbestellers** folgt über §§ 633 I, 634 Nr. 4 BGB wiederum weitestgehend dem allgemeinen Leistungsstörungsrecht nach dem kaufvertraglichen Muster.

Besteht das „Werk" in einem wissenschaftlichen Gutachten, so gilt nichts anderes. Problematischer ist die **Gutachterhaftung**, wenn der Gutachter von einem Gericht als Sachverständiger bestellt wurde, weil diese Bestellung öffentlichrechtlicher Natur ist. Hat ein Prozessbeteiligter auf Grund eines falschen Gutachtens und einer sich darauf gründenden gerichtlichen Entscheidung (Urteil oder Beschluss) einen (Vermögens-)Schaden erlitten, so gewährt nunmehr aber § 839a BGB einen (deliktischen) Schadensersatzanspruch gegen den Gutachter, wenn ihm zumindest grobfahrlässiges Verschulden anzulasten ist.

c) Gewährleistung und Zeitfaktor

Für das Kaufrecht bestimmt § 438 I-III BGB unterschiedlich lange **Gewährleistungsfristen**, deren rechtlicher Sinn in der Praxis freilich total verkannt zu werden pflegt. Es ist nämlich keineswegs so, dass die Gewährleistungsrechte dann bestehen, wenn sich während dieses Zeitraums ein Mangel einstellt. Es handelt sich bei § 438 I-III BGB vielmehr um **Verjährungsfristen** für Gewährleistungsansprüche. Solche Ansprüche als Gegenstand der Verjährung entstehen aber überhaupt nur, wenn der Sachmangel bereits im Zeitpunkt des sog. **Gefahrübergangs** vorliegt, also regelmäßig - bei der Holschuld - schon bei Sachübergabe vorhanden ist. Nur dafür haftet der Verkäufer nach dem ganz klaren Wortlaut des § 434 I 1 BGB. Mit der Erhebung dieser Gewährleistungsansprüche kann man sich dann freilich wenigstens für die in § 438 I-III BGB genannten Fristen Zeit lassen, ohne die Verjährungseinrede des Verkäufers befürchten zu müssen. Natürlich kann der Ablauf auch dieser Fristen als Verjährungsfristen durch Hemmungen und Neubeginn unter Umständen drastisch hinausgeschoben sein. Die bloße Anzeige des Mangels beeinflusst allerdings den Verjährungslauf entgegen den Vorstellungen der Wirtschaftspraxis nicht. Soweit nach § 377 HGB eine solche **Mängelrüge** erforderlich ist, hat sie eine ganz andere Funktion: ohne sie verliert der Käufer die Gewährleistungsrechte überhaupt (§ 377 II HGB), so dass sich die Verjährungsfrage gar nicht mehr stellt.

Auch soweit die Gewährleistungsrechte als Rücktritts- oder Minderungsrechte den Charakter unverjährbarer Gestaltungsrechte tragen, kommt über § 438 IV und V/218 BGB dennoch der **Zeitfaktor** zum Tragen: Ist der Nacherfüllungsanspruch verjährt und erhebt der Verkäufer die darauf gestützte Einrede, sind auch Rücktritt und Minderung nunmehr ausgeschlossen.

Aus der Systematik des § 438 BGB folgt im Einzelnen, dass die kaufrechtliche **Verjährungsfrist** bei Gewährleistung grundsätzlich, insbesondere auch hinsichtlich beweglicher Sachen, zwei Jahre beträgt (§ 438 I Nr. 3 BGB), gerechnet von der Ablieferung der Sache (§ 438 II BGB). Für den Kauf von Baugrundstücken und bebauten Grundstücken beträgt die Verjährungsfrist 5 Jahre ab Übergabe (§ 438 I Nr. 2 BGB). Dies hat allerdings, wie nochmals zu betonen ist, nichts mit der Frage zu tun, ob überhaupt Gewährleistungsrechte bestehen. Nur dann können sie ja verjähren (bzw. durch Zeitablauf enden)! **Maßgeblicher Zeitpunkt** dafür ist - wie gesagt - grundsätzlich der Gefahrübergang. Dabei ist zu unterscheiden: Bei **Hol-** und **Bringschuld** geht die Gefahr mit **Übergabe** der Sache an den Gläubiger über (§ 446 S. 1 BGB) oder bei Eintritt des Gläubigerverzuges (§ 446 S. 3 BGB), bei der **Schickschuld** hingegen schon mit Übergabe der Sache an den Spediteur, Frachtführer oder auch an eigene Leute (§ 447 I BGB), eben mit **Expedierung**. **Transportschäden** lösen also nur bei der Bringschuld die Gewährleistungsrechte aus, grundsätzlich nicht hingegen bei der Schickschuld.

Eine **Ausnahme** davon gilt jedoch dann, wenn die Lieferschuld Schickschuld im Rahmen eines **Verbrauchsgüterkaufes** ist: dann soll § 447 BGB gemäß § 474 II BGB nicht gelten. Das ist sehr erklärungsbedürftig: Da § 447 BGB eine Ausnahme von § 446 BGB darstellt, bedeutet seine Unanwendbarkeit beim Verbrauchergüterversendungskauf also, dass die Gefahr erst bei der Übergabe der Ware an den Verbraucher bzw. bei dessen Annahmeverzug stattfindet. **Transportschäden** lösen somit - wie bei der Bringschuld - Gewährleistungsrechte aus. **Transportverluste** gehen hier gleichermaßen zu Lasten des Verkäufers, weil der Käufer wegen § 326 I 1 BGB seinen Gewährleistungsanspruch verliert, was bei Eingreifen des § 447 I BGB nicht der Fall gewesen wäre. Dies alles beseitigt aber auch beim Verbrauchsgüterkauf nicht die **Unterscheidung** von **Schickschuld** und **Bringschuld**: Auch wenn bei der Schickschuld hier die Gefahr erst mit erfolgreicher oder mit Annahmeverzug begründender, erfolgloser Andienung übergeht, liegt doch der Leistungsort - im Gegensatz zur Bringschuld - wie auch beim sonstigen Versendungskauf beim Verkäufer als Lieferschuldner. Leistungszeiten haben also diesen Ort als Bezugspunkt und nicht - wie bei der Bringschuld - den Wohnsitz des Käufers. Und schließlich tritt Konkretisierung der Gattungsschuld ebenfalls

- wie bei jeder Schickschuld und im Gegensatz zur Bringschuld - schon mit Expedierung, nicht erst mit der Andienung ein.

Weil maßgeblicher Zeitpunkt für die kaufrechtlichen Gewährleistungsrechte grundsätzlich der Gefahrübergang ist, empfiehlt sich auch dort, wo § 377 HGB nicht eingreift (Verkäufer und Käufer sind Unternehmer, aber keine Kaufleute), eine Untersuchung der Kaufsache bei Übergabe, um festzustellen, ob gerade bei Gefahrübergang ein Fehler existierte. Entdeckt man nämlich einen Fehler erst später, hat man kaum überwindbare Schwierigkeiten, zu beweisen, dass er schon zum maßgeblichen Zeitpunkt, eben bei Gefahrübergang vorlag. Dies ist bestenfalls noch bei **Konstruktionsfehlern** aussichtsreich, die dann ja auch bei anderen Exemplaren feststellbar sind, nicht jedoch bei den (häufigeren) **Fertigungsfehlern**, die nur sporadisch auftreten, und - bei der Bringschuld - bei gewissen **Transportschäden**, z. B. durch langandauerndes Rütteln, heftige Stöße etc. Gegen diese konzeptionelle Eigenart der kaufrechtlichen Gewährleistung hilft auch keine nach § 202 BGB zulässige vertragliche Verlängerung der Verjährungsfrist für die Gewährleistung.

Beispiele: Der Motor des neugekauften Sattelschleppers weist zwei Wochen nach Auslieferung an den Kunden einen Kolbenfresser auf, was für dieses Modell durchaus nicht typisch ist (das würde auf Konstruktionsfehler und damit auf Mängel schon bei Gefahrübergang hindeuten!): keine Gewährleistung.
3 Jahre nach Auslieferung des Sattelschleppers an den Kunden wird zufällig entdeckt, dass das Auto mit ungeeigneten Bremsschläuchen ausgerüstet ist, das Auto also schon im Zeitpunkt der Übergabe mangelhaft war: Gewährleistungsansprüche bestehen zwar, aber der Verkäufer kann sich grundsätzlich (vorbehaltlich Hemmung etc.) auf Verjährungseintritt gemäß § 438 I Nr. 3, II BGB berufen.

Am besten lässt sich der Istzustand der Kaufsache bei Gefahrübergang in Gegenwart des Verkäufers (bzw. seiner Hilfs- und Transportpersonen) **dokumentieren**. Jedenfalls bei Hol- und Bringschulden, oft aber auch bei Schickschulden, ist dies an sich auch durchführbar. Selbst nach Gefahrübergang ist es ratsam, die Ist-Beschaffenheit der Ware bei Anlieferung der Transportperson detailliert vor Augen zu führen, um dem Einwand einer späteren Verschlechterung vorzubeugen.

Regelmäßig ist dem Verkäufer, seinen Hilfs- und Transportpersonen eine vollständige käuferseitige Prüfung der Ware bei Übergabe in seiner Gegenwart freilich viel zu lästig, und er versagt seine Mitwirkung. Dann sollte der Käufer sich (aus Beweisgründen schriftlich, z. B. durch Vermerk auf dem Lieferschein) vom Verkäufer (bzw. seinem Verkaufspersonal oder dem Transporteur) bestätigen lassen, dass dieser auf eine **Funktionsprüfung** in seiner Gegenwart verzichtet. Stellt sich später ein Mangel heraus, so trägt der Verkäufer aus dem Gedanken des (lat.) „venire contra factum proprium" heraus die Beweislast dafür, dass der Mangel erst danach eingetreten ist. In der Praxis tut der Verkäufer im Gewährleistungsbereich allerdings ohnedies oft mehr, als er rechtlich eigentlich müsste. Derartige **Kulanz** beruht dann entweder auf Unkenntnis der Rechtslage oder auf Marketingüberlegungen zur Kundenpflege etc.

Entscheidend besser ist die Rechtsstellung des Käufers beim **Verbrauchsgüterkauf**. Denn hier wird gemäß § 476 BGB vermutet, dass Mängel, die sich innerhalb von 6 Monaten seit Gefahrübergang - beim Verbrauchsgüterkauf also seit Übergabe - zeigen, schon bei Gefahrübergang vorhanden waren. Nur wenn die Art der Sache oder des Mangels mit dieser **Vermutung** unvereinbar ist, greift sie nicht ein. Das Gesetz denkt hier an kurzlebige Verbrauchsgüter, an Verschleißteile und an Mängel, bei denen als Ursache eine falsche Sachnutzung durch den Käufer nahe liegt.

Beispiel: Harte Brötchen Wochen nach dem Kauf; stumpfe Plastik-Nagelfeilen 3 Monate nach Erwerb, zumal wenn sie der Käufer im Werkzeugkasten verwahrte (und sie wohl auch als Metallfeilen benutzte!).

Dies alles ist nach § 475 I BGB **halbzwingendes Recht**. Auch darüber hinaus ist die privatautonome Gestaltungsfreiheit des Verbrauchsgüterkaufs zum Schutz des Käufers nach § 474 II BGB eingeschränkt. Lediglich Schadensersatzansprüche im Zusammenhang mit Mängeln können individualvertraglich ausgeschlossen werden, durch AGB jedoch nur im Rahmen der hierfür allgemein geltenden Beschränkungen der sog. Inhaltskontrolle (§§ 475 III, 307 ff. BGB). Noch besser als mit der Vermutung nach § 476 BGB steht der Käufer - nicht nur beim Verbrauchsgüterkauf! - auf Grund einer vom Verkäufer übernommenen (unselbständigen) sog. **Haltbarkeitsgarantie** (vgl. § 443 I BGB). Erklärt der Verkäufer, dass die Sache die Soll-Beschaffenheit nicht nur bei Gefahrübergang hat, sondern diese auch für einen bestimmten Zeitraum behält, so kann der Käufer mangels abweichenden Garantieinhalts die im Gesetz vorgesehenen Gewährleistungsrechte immer geltend machen, wenn ein Mangel während der Garantiezeit auftritt.

Beispiel: Verdorbene Lebensmittel schon vor Erreichen ihres Verfalldatums.

Auch das Gewährleistungsrecht des **Werkvertrages** ist wie grundsätzlich dasjenige des Kaufrechtes streng **zeitpunktbezogen**. Maßgeblich ist hier nach § 644 BGB grundsätzlich die „**Abnahme**" i. S. von § 640 BGB: Der Werkbesteller erklärt seine prinzipielle Billigung der Unternehmerleistung. Von diesem Akt der „Abnahme" aus rechnet auch die grundsätzlich der 3-jährigen Regelfrist des § 195 BGB unterliegende, in manchen Fällen aber auch 2 oder 5 Jahre betragenden **Verjährungsfrist** für Gewährleistungsansprüche (§ 634a BGB). Insoweit ganz im Kontrast zum Kaufrecht und Werkvertragsrecht steht das Gewährleistungsrecht bei der **Miete**: Soll- und Ist-Beschaffenheit müssen nicht nur bei Überlassung der Mietsache übereinstimmen. Der Vermieter hat die Mietsache vielmehr während der gesamten Mietzeit in diesem Zustande zu erhalten. Die Gewährleistung ist also **zeit-**

raumbezogen. Extra einen **Wartungsvertrag** für das Mietobjekt abzuschließen, ist folglich regelmäßig Unsinn, weil der Mieter damit Kosten übernimmt, deren Träger eigentlich der Vermieter ist. Sinn macht ein solcher Wartungsvertrag nur, wenn dieses mietspezifisch zeitraumbezogene Gewährleistungsrecht zuvor vertraglich wirksam abbedungen wurde. Dass der Vermieter, der einen Wartungsvertrag anbietet, damit nur eine Lücke füllt, die zu seinen Gunsten vorher erst gleichsam künstlich erzeugt wurde, sollte der Mieter aber im Auge behalten und dem Vermieter auch vorhalten, um die scheinbare Wohltat eines „günstigen" Wartungsvertrages ins rechte Licht rücken zu können. Dies gilt selbstverständlich auch und vor allem für das **Operating-Leasing**. Im Übrigen ist zu prüfen, ob eine derartige Lücke überhaupt besteht, was im Lichte der §§ 305 ff. BGB durchaus nicht ohne Weiteres zu bejahen ist (Unwirksamkeit des Gewährleistungsausschlusses?).

Der für das Gewährleistungsrecht maßgebliche Zeitpunkt ist auch noch in anderem Zusammenhang interessant. Denn vielfach wird ein konkreter Sachverhalt sowohl die Voraussetzungen der Gewährleistung als auch einer Anfechtung (§ 119 II, vielleicht sogar § 123 BGB) erfüllen. Dieses **Konkurrenzproblem** ist grundsätzlich so zu lösen: Nach Gefahrübergang kommt neben Gewährleistung nur noch eine Anfechtung wegen arglistiger Täuschung etc. (§ 123 BGB) in Betracht. Davor kann umgekehrt überhaupt nur angefochten werden, weil insoweit ja noch gar keine Gewährleistungsrechte bestehen.

d) Besonderheiten beim Händlerregress

Der gewährleistungserhebliche Mangel der Kaufsache haftet ihr häufig schon lange an, sei es als Konstruktions- oder Fertigungsfehler, sei es als unentdeckter Transportschaden. Erst beim Letztkäufer tritt dann der Mangel z. B. nach Entfernen der Originalverpackung oder auch erst in der Verwendungspraxis zutage. Hat der Verkäufer in solchen Fällen dem (Letzt-)Käufer Gewähr zu leisten, stellen sich Fragen der **Gewährleistung** in der **vorgelagerten Handelskette**: Der durch einen Kaufvertrag seinerseits mit dem Vorlieferanten verbundene Verkäufer will nun Rückgriff (Regress) auf den Vorlieferanten nehmen, der wiederum auf seinen Vorlieferanten usw., ggf. bis zum Hersteller. Für diesen Händlerregress gilt die gewährleistungsrechtliche **Sonderregelung** des § 478 BGB, und zwar auf allen Distributionsstufen (§ 478 V BGB).

Bei Rücktritt oder Kaufpreisminderung des (Letzt-)Käufers hat der **(Letzt-) Verkäufer** das Recht des Rücktritts und der Minderung sowie das Recht auf Schadensersatz statt der Leistung und auf Ersatz vergeblicher Aufwendung ohne die sonst erforderliche Fristsetzung zur Mangelbeseitigung oder Lieferung mangelfreier Sachen (§ 478 I BGB). Außerdem kann der (Letzt-) Verkäufer von seinem Vorlieferanten Ersatz derjenigen Aufwendungen verlangen, die der (Letzt-)Verkäufer machen musste, um seinem Käufer gegenüber Gewähr zu leisten, also insbesondere Ersatz der dem (Letzt-)Verkäufer entstandenen Material-, Arbeits- und Transportkosten.

Der Verkäufer kann die wirtschaftlichen Nachteile aus der ihn dem Käufer gegenüber obliegenden Gewährleistung somit unmittelbar auf den Vorlieferanten **abwälzen**, sofern in diesem Verhältnis die Voraussetzungen der Gewährleistung vorliegen. Dies ist insbesondere dann nicht der Fall, wenn der Mangel erst durch eine transportbedingte Verschlechterung des Ist-Zustandes herbeigeführt wurde oder der Vorlieferant den späteren (Weiter-)Verkäufer von dem Mangel informierte (§ 442 I BGB!) und die Ware dann vielleicht auch sehr preisgünstig verkaufte. Gewährleistungswünsche des (Letzt-) Verkäufers gegenüber seinem Vorlieferanten können etwa auch an § 377 II HGB scheitern, weil der (Letzt-)Verkäufer bei seiner Belieferung durch den Vorlieferanten die Ware nicht rechtzeitig oder nicht ausreichend auf Fehler geprüft oder entdeckte Fehler nicht ordnungsgemäß reklamiert hat. Darauf weist § 478 VI BGB noch einmal ausdrücklich hin.

Ein vertraglicher **Haftungsausschluss des Händlerregresses** ist hingegen nach § 478 IV BGB grundsätzlich nicht möglich. Deshalb kann der Händlerregress namentlich bei konstruktions- und fertigungsbedingten Fehlern letztlich bis zum Hersteller reichen. Dies alles hat mit der nach Voraussetzungen und Wirkung anders konzipierten Produkthaftung nichts zu tun.

Die systematische Stellung des § 478 BGB im „Untertitel 3" scheint seine Anwendbarkeit davon abhängig zu machen, dass der Letztkäufer der Ware ein Verbraucher ist. Bei teleologischer Auslegung, ist für eine Beschränkung auf den Verbrauchsgüterkauf i. S. des § 474 I 1 BGB allerdings kein rechter Grund erkennbar. In § 478 BGB drückt sich vielmehr ein **allgemeiner Rechtsgedanke** aus. Denn die Gewährleistungssituation eines Verkäufers ist durch die Ausübung von Gewährleistungsrechten nachgelagerter Käufer wirtschaftlich immer in besonderer Weise geprägt.

VII. Wichtige Funktionszusammenhänge gesetzlicher Schuldverhältnisse

1. Abstraktionsprinzip und Bereicherungsrecht

Schuldverhältnisse, also Schuldner-Gläubiger-Beziehungen, beruhen zwar oft, aber nicht immer auf dem rechtsgeschäftlichen Willen der Beteiligten. Ein derartiges „**gesetzliches**" **Schuldverhältnis** resultiert etwa auch aus einer

„ungerechtfertigten Bereicherung" i. S. der §§ 812 ff. BGB: Der so „Bereicherte" ist kraft Gesetzes dem quasi Entreicherten gegenüber verpflichtet, das ungerechtfertigt Erlangte herauszugeben. Ein solcher in den §§ 812 ff. BGB wurzelnder Anspruch wird auch „**Kondiktion**" genannt. Die Kondiktion eignet sich freilich nicht dazu, jede als ungerecht empfundene Vermögensverteilung zu korrigieren. Die Kondiktion ist kein sozialpolitisches Instrument der Umverteilung, sondern - wie andere Ansprüche auch - an die Erfüllung ganz bestimmter rechtlich vorgegebener, tatbestandlicher Voraussetzungen gebunden, auch wenn § 812 I BGB als eine zentrale Kondiktionsnorm auf den ersten Blick den Eindruck einer recht unbestimmten Generalklausel vermittelt. Trotzdem stellt die ganze bereicherungsrechtliche Materie selbst die Rechtswissenschaft auch heute noch vor immer wieder neue dogmatische Probleme. Dennoch muss man immerhin einige kondiktionsrechtliche Grundlinien kennen, schon deshalb, weil Bereicherungsrecht und das merkwürdige **Abstraktionsprinzip** (völlige tatbestandliche und wirkungsmäßige Trennung von Verpflichtungs- und Verfügungsgeschäft, namentlich von Kauf und Übereignung) funktional eng aufeinander bezogen sind und auch nur in diesem ihrem gemeinsamen Kontext verstanden werden können.
Bereits § 812 I 1 BGB macht bei richtiger Satzunterteilung eine elementare Weichenstellung des Bereicherungsrechtes deutlich. In seiner ersten Alternative gewährt er einen Anspruch gegen denjenigen, der etwas durch Leistung eines anderen erlangt hat, ohne dass der Empfänger dafür einen „**rechtlichen Grund**" hat. Unter Leistung ist dabei jede **zweckgerichtete Zuwendung** zu verstehen. Die Zuwendung ihrerseits kann als bewusste Mehrung fremden Vermögens definiert werden. Der „rechtliche Grund" für den Leistungsempfang schließlich fehlt, wenn eine zur Leistung motivierende Leistungsverpflichtung vom Leistenden zwar angenommen wird, in Wahrheit rechtlich aber gar nicht existiert.

Beispiel: V glaubt, aus einem auf dem Münchner Oktoberfest geschlossenen Kaufvertrag gemäß § 433 I BGB dem K zur Lieferung verpflichtet zu sein. Er einigt sich deshalb (Tilgungszweck der Zuwendung!) Ende November mit K über den Eigentumswechsel der fraglichen Sache nach § 929 S. 1 BGB und übergibt diese dem K. K seinerseits bezahlt den vereinbarten Preis. In Wahrheit war der Kaufvertrag aber nach § 105 II BGB unwirksam, weil V oder K (oder beide) bei Abschluss des Kaufvertrages schon unter ganz erheblichem Alkoholeinfluss standen: K und V müssen sich das rechtsgrundlos Erlangte wechselseitig nach § 812 I 1, 1. Alt. BGB (sog. Leistungskondiktion) herausgeben. Erlangt hat K Besitz und Eigentum (bei der dinglichen Einigung waren beide wieder nüchtern!). K muss also die Sache zurückgeben (Herausgabe des Besitzes) und sich mit V darüber gemäß § 929 S. 1 BGB einigen, dass nunmehr wieder V Eigentümer sein soll (Herausgabe des Eigentums). Geht dies so vonstatten, erlischt der Bereicherungsanspruch des V gegen K gemäß § 362 I BGB durch Erfüllung. Dasselbe gilt mit vertauschten Rollen hinsichtlich des Kaufpreises.

Maßgebend dafür, ob ein Leistungstransfer rechtlichen Bestand hat oder im Wege der **Leistungskondiktion** rückabgewickelt werden muss, sind also die der Leistung vorausliegenden schuldrechtlichen Beziehungen zwischen Leistendem und Leistungsempfänger. Nur wenn eine solche Beziehung rechtlich wirksam existiert, hat die Leistung einen rechtlichen Grund, eine (lat.) „**causa**", und kann ihr Empfänger die Leistung auf Dauer in seinem Vermögen behalten. Die Leistungskondiktion glättet damit die Ungereimtheiten, die das Abstraktionsprinzip bei fehlendem oder unwirksamem schuldrechtlichen **Kausalverhältnis**, aber namentlich sachenrechtlich wirksamen Leistungsvollzug vorläufig erzeugt. Der Gesetzgeber glaubte damit ein Optimum zwischen dem allgemeinen Verkehrsschutz und den Parteiinteressen schaffen zu können. Ob er dieses Ziel mit der gewählten Konstruktion erreicht hat, mag man auch im Vergleich mit anderen Rechtsordnungen kritisch beurteilen, doch steht dieses Thema dogmatisch nicht zur Debatte.

Ob die „causa" schon bei der Leistungserbringung fehlte oder erst später wegfiel, z. B. wegen Anfechtung (§ 142 BGB: ex tunc-Effekt!), ist gleichgültig, wie § 812 I 2, 1. Alt. BGB klarstellt. Bereicherungsrechtlich erheblich ist hingegen, ob die Bereicherung in der ursprünglichen Gestalt oder wenigstens wertmäßig nicht schon wieder abgeflossen ist. Denn dann entfällt grundsätzlich der Herausgabeanspruch (§ 818 III BGB). Ob dies der Fall ist, bedarf allerdings sorgfältiger Prüfung. Die Bereicherung ist nämlich häufig wertmäßig doch noch im **Empfängervermögen** präsent, weil durch die rechtsgrundlos erlangte Leistung finanzielle Mittel geschont wurden.

Beispiele: Graf v. Grünow pflegt jährlich eine Weihnachtsgans zu verspeisen. Butler Brown vergisst jedoch, eine solche bei Feinkost-Finn zu bestellen. Gleichwohl erfolgt eine Anlieferung, weil Feinkost-Finn irrtümlich vom Vorliegen einer Bestellung ausging. Nachdem Graf v. Grünow das delikat zubereitete Tier verspeist hat, wird das Malheur erkannt. Da ein Anspruch auf Kaufpreiszahlung nicht besteht, verlangt Feinkost-Finn im Rahmen der Leistungskondiktion Wertersatz (vgl. § 818 II BGB): Zu Recht, da der Graf entsprechende Mittel erspart hat, die er sonst hätte aufwenden können. Hätte Feinkost-Finn gewusst, dass keine Bestellung vorliegt, wäre hingegen mangels Schutzbedürftigkeit wegen § 814, 1. Alt. BGB eine Kondiktionsmöglichkeit zu verneinen gewesen.
Sozialhilfeempfänger Sacher erhält zufällig an seinem Geburtstag durch ein organisatorisches Versehen der Conditorin Chen eine prachtvolle Torte, die freilich Graf v. Grünow für seine Gattin geordert hatte. Sacher, der an das großherzige Geschenk einer entschieden der „sozialen Gerechtigkeit" verpflichteten Partei denkt (es ist Wahlkampf!), vertilgt die Torte mit großem Genuss: Bereicherung entfallen, da Sacher sich die Torte sonst nicht hätte leisten können, deshalb auch keine Leistungskondiktion (§ 818 III BGB). Hätte Sacher erkannt, dass es sich bei der Torte um einen „Irrläufer" handelt, hätte ihm der Bereicherungswegfall nichts genützt, weil dann über eine komplizierte Verweisungskette die rechtsgrundlos zugeflossene Bereicherung gleichsam auf ihrem Maximalstand „eingefroren" worden wäre (vgl. §§ 819 I, 818 IV, 292,

989, 990 BGB).

Wer **weiß**, dass seiner Leistung der „rechtliche Grund" fehlt, hat - gleichsam in Umkehrung der §§ 819 I, 818 IV, 292, 989, 990 BGB - gemäß § 814 BGB keine Leistungskondiktion. Dies ist eine der vielen gesetzlichen Ausprägungen des allgemeinen Verbots des (lat.) „venire contra factum proprium".

In seiner 2. Alt. konstituiert § 812 I 1 BGB einen ganz anders gearteten Kondiktionstatbestand, wenn nämlich jemand nicht durch Leistung eines anderen, sondern in sonstiger Weise ungerechtfertigt bereichert wurde. Das Gesetz knüpft damit an sehr verschiedene Sachverhalte an, die von **Naturvorgängen** bis zu **Eingriffshandlungen** des Bereicherten selber reichen:

Beispiele: Die Katze des Karl frisst sich am Napf des dem Nachbarn Nero gehörenden Hundes satt.
Paul parkt auf dem Grundstück des Emil, das aber Maruschka als Parkfläche für ihren Wagen angemietet hat.
Doris tilgt - nach § 267 I BGB wirksam - die Schuld ihrer Freundin Sabine durch Leistung an deren Gläubiger Gert.
Kuddel repariert das Fischernetz des Hein in der Annahme, es handele sich um sein eigenes.
Teilnahme an einem Open-Air-Rock-Festival ohne Zahlung des Eintrittspreises nach Übersteigen eines Zaunes durch den Rock-Fan Rolf.

Die Frage, wann und warum genau bei solchen Bereicherungen der rechtliche Grund zum Behaltendürfen fehlt und wer gegebenenfalls als Kondiktionsgläubiger solcher **Nichtleistungskondiktionen** anzusehen ist, bereitet hier viel größere Schwierigkeiten als bei der Leistungskondiktion, bei der die maßgeblichen Kriterien relativ einfach aus Existenz bzw. Fehlen eines wirksamen Kausalverhältnisses abgeleitet werden können. Das Gesetz offeriert hier als Hilfestellung immerhin noch das Merkmal „auf dessen Kosten", verlangt also die Feststellung, welchen Ursprung die **Vermögensverschiebung** hat. In den vorstehenden Beispielsfällen wird man trotz problematischer Begründungen im Detail Kondiktionen durchweg bejahen können: Die Katzenfütterung im vorstehenden Beispiel etwa wäre Sache des Karl als des Katzeneigentümers gewesen, die Parkplatznutzung ist schuldrechtlich der Maruschka zugewiesen (also wohl keine **Eingriffskondiktion** zugunsten von Emil!), Schuldtilgung ist „eigentlich" Angelegenheit des Schuldners (also **Rückgriffskondiktion** von Doris gegenüber Sabine, wenn keine Schenkungsabrede zwischen den beiden vorliegt) etc.

Tröstlich ist, dass die §§ 812 ff. BGB auch einige tatbestandlich konkretere **Spezialkondiktionen** vorsehen, die die Handhabung des Bereicherungsrechtes gerade im Bereich der Nichtleistungskondiktionen vereinfachen, misslich hingegen, dass gerade die Konkurrenz der Nichtleistungskondiktionen mit den §§ 677 ff. BGB Anwendungsprobleme aufwirft.

2. Gutgläubiger Rechtserwerb und Bereicherungsrecht

Die in der Bildung von speziellen Kondiktionstatbeständen liegende verein-fachte Handhabung des Bereicherungsrechts wirkt sich vor allem in Sach-verhaltskomplexen aus, die durch die Involvierung von 3 (oder sogar noch mehr) Rechtssubjekten geprägt sind. Als Ausgangssituation dient folgendes

Beispiel: L hat ein dem E gehörendes altes Buch entliehen, es dem E aber bewusst nicht zurückgegeben, sondern es dem auf den Erwerb ganz versessenen Anti-quitätenhändler A, der den L für den Eigentümer hält, verkauft.

Der zwischen L und A geschlossene Kaufvertrag (vgl. Abb. 31) ist natürlich wirksam, obwohl das Buch nicht dem L, sondern dem E gehört, denn es liegt hier allenfalls anfängliche subjektive Unmöglichkeit vor, die die Wirksamkeit des Kaufvertrages nicht in Frage stellt. Überraschenderweise kann L sogar seine Verkäuferpflichten nach § 433 I BGB erfüllen: die Übergabe ist von vornherein kein Problem, und L kann den A auch durch „dingliche" Einigung über den Eigentumswechsel zum Eigentümer machen, obwohl L weder - wie § 929 S. 1 BGB verlangt - selber Eigentümer ist noch von E dazu nach § 185 I BGB ermächtigt ist. Trotz der **Nichtberechtigung** des L wird A aber nach § 932 I BGB Eigentümer, sofern A bezüglich des Eigentums des L **gutgläu-big** war. Dies ist nach § 932 II BGB dann der Fall, wenn A weder definitiv wusste, dass L das Buch ja nur geliehen hatte, noch dem A die Herkunft des Buches gleichsam ins Auge hätte springen müssen, er die Eigentumsverhält-nisse also grob fahrlässig verkannt hat. Hat in vorliegendem Fall der L dem A die Herkunft des Buches nicht offengelegt und befindet sich z. B. auch kein (lat.) „ex-libris"-Vermerk des E in dem Buch, so war A bezüglich der Eigen-tümerstellung des L gutgläubig und ist damit nach § 929 S. 1 i. V. m. § 932 BGB Eigentümer des Buches geworden. Zugleich hat E sein Eigentum daran verloren. Ein Herausgabeanspruch des E gegen A nach § 985 BGB scheidet also von vornherein aus: A ist zwar Besitzer des Buches, E aber nicht mehr dessen Eigentümer.

E ist freilich nicht völlig rechtlos gestellt Da L sich die Erfüllung seiner Rück-gabepflicht (§ 604 I BGB) sogar vorsätzlich unmöglich gemacht hat, ist er dem E jedenfalls zum Schadensersatz gemäß § 280 I BGB verpflichtet. Scha-densersatz kann E von L auch unter dem Gesichtspunkt dessen Geschäfts-anmaßung nach §§ 687 II, 678 BGB verlangen (Veräußerung einer Sache liegt im Zuständigkeitsbereich des Eigentümers, also objektiv-fremdes Geschäft des E, das L bewusst als eigenes geführt hat). Hinzu tritt aber jedenfalls - übri-gens neben einen weiteren Schadensersatzanspruch nach § 823 I BGB wegen Verletzung des Eigentumsrechtes des E - auch eine **Kondiktion** nach § 816 I 1 BGB: L hat die Eigentumsverhältnisse an der Sache zwar unbefugt, aber wegen § 932 BGB wirksam zu Lasten des E verändert und muss nunmehr die

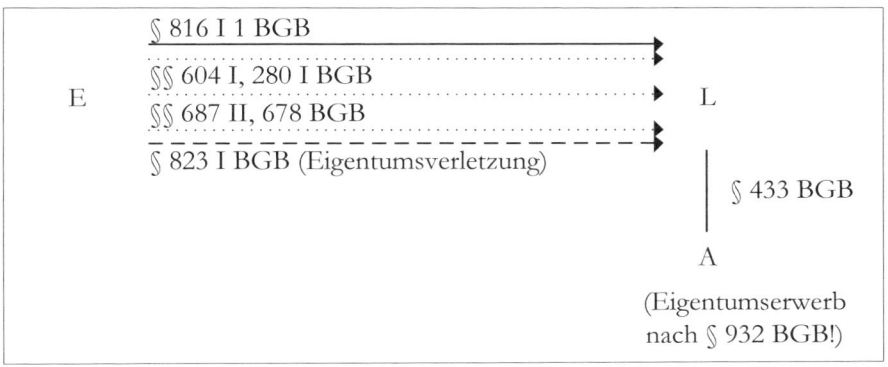

Abb. 31: Ausgangsszenario für §§ 932/816 I, 822 BGB

in Form des Kaufpreises ihm gegenüber E ungerechtfertigt zugeflossene Bereicherung an E abführen. Dieser Bereicherungsanspruch zeigt seine besondere Bedeutung dann, wenn etwa L einen besonders hohen Preis erzielt hätte. Dann müsste dieser im Wege der **Gewinnabführung** insgesamt an E fließen, obwohl dessen Schaden (Marktwert des Buches) geringer ist. Da § 816 I 1 BGB nicht an Vertretenmüssen anknüpft, käme er auch dann zum Zuge, wenn L etwa infolge eines für ihn unvermeidbaren Versehens das Buch für sein Eigentum gehalten hätte (auch die Schadensersatzansprüche aus §§ 687 I, 678 und 823 I BGB bestünden dann nicht).

Der Arm des Bereicherungsrechtes reicht noch weiter: Hat L das Buch an A nicht verkauft, sondern verschenkt, also durch die Verfügung über das Eigentum des E nichts erlangt, so muss A das Buch nach § 816 I 2 BGB an E herausgeben, genauer: auch das Eigentum an E (nach § 929 S. 1 BGB) zurückübertragen. Kann A dies nicht mehr tun, weil er das Buch mittlerweile an den Sammler S weiterveräußert hat (A war Eigentümer, hat also dem S nach § 929 S. 1 BGB als Berechtigter Eigentum verschafft!), so muss A dem E den von S erhaltenen Kaufpreis zukommen lassen (§§ 816 I 1, 818 II BGB). Hätte S das Buch schenkweise von A erhalten, so wäre S nach § 822 BGB selber zur Rückgabe und Rückübereignung des Buches an E verpflichtet gewesen.

Völlig anders wäre die Situation, wenn L das Buch nicht geliehen hätte, sondern das Buch dem E irgendwie **abhanden gekommen** wäre, sei es, dass E es verloren hätte, sei es, dass E das Buch von L selber oder einem anderen gestohlen worden wäre: in solchen Fällen nützt nämlich grundsätzlich der Beste gute Glaube nichts (§ 935 I BGB). E hätte dann sein Eigentum also nicht zugunsten des A eingebüßt. Es wäre also hinsichtlich des Eigentums auch weder § 816 I BGB noch in der weiteren Folge § 822 BGB zum Zuge gekommen. E hätte vielmehr von A Herausgabe des Buches nach § 985 BGB verlangen können. Auch S hätte niemals durch A Eigentum erwerben können: nicht nach § 929 BGB, weil A ja selber gar nicht Eigentümer geworden wäre, und wegen § 935 I BGB auch nicht nach § 932 BGB. Sollte sich das Buch also bei S befinden, so würde sich der Anspruch des E nach § 985 BGB eben gegen S richten.

Nach alledem sollte auch die zumeist völlige Überschätzung des **Kraftfahrzeugbriefes** deutlich sein: Seine Vorlage kann - wenn der Veräußerer - ohne Eigentümer zu sein - als letzter Berechtigter dort vermerkt ist - allenfalls für die Gutgläubigkeit des Erwerbers eine Rolle spielen. Aber selbst eine durch perfekte Fälschung vermittelte Gutgläubigkeit nützt dem Erwerber wegen § 935 I BGB rechtlich nichts, wenn das Fahrzeug gestohlen wurde oder dem Eigentümer sonstwie abhanden gekommen war. Und wenn der Veräußerer wirklich Eigentümer ist, erfolgt die Übereignung des Autos ja schlicht nach § 929 S. 1 BGB durch formlose Einigung über den Eigentumswechsel und Fahrzeugübergabe.

Geld spielt grundsätzlich keine sachenrechtliche Sonderrolle. Beinahe jeder Geldschein und jedes Geldstück geht freilich im Laufe seines Lebenszyklus einmal verloren. Trotz Gutgläubigkeit wäre daran niemals mehr Eigentumserwerb möglich, niemand würde also mehr Geld als Zahlungsmittel annehmen, weil er sich seines Eigentumserwerbes und damit seiner Verfügungsmöglichkeit ja nicht sicher sein könnte. § 935 II BGB sieht deshalb vor allem dafür eine Ausnahme gegenüber § 935 I BGB vor, weil sonst die **Geldwirtschaft** mangels Umlauffähigkeit des Geldes zum Erliegen käme. Gutgläubigkeit ist freilich auch hier erforderlich: Wer weiß oder infolge grober Fahrlässigkeit nicht weiß, dass etwa Geld aus einem Bankraub stammt, erwirbt daran trotz § 935 II BGB kein Eigentum. Dies gewinnt Bedeutung vor allem auch im Zusammenhang mit der sog. **Geldwäsche** schon beim ersten Akt der Einzahlung bei der Bank: deren Gutgläubigkeit ist jedenfalls dann zu verneinen, wenn die Polizei dort eine Auflistung der Nummern der fraglichen Geldscheine hinterlassen hat.

Der gutgläubige Erwerb vom Nichtberechtigten mit den daran anknüpfenden Kondiktionsfolgen ist nun nicht auf bewegliche Sachen beschränkt, wie § 892 I 1 BGB zeigt: Auch der Grundstückseigner kann sein Eigentumsrecht durch Auflassung eines fälschlicherweise als Eigentümer im Grundbuch eingetragenen Veräußerers an einen gutgläubigen Erwerber und durch dessen Eintragung als neuer Eigentümer einbüßen. Bösgläubig ist hier prinzipiell mit Rücksicht auf die hohe Richtigkeitsgewähr des sorgfältig geführten Grundbuchs und wegen der darauf gestützten **Eigentumsvermutung** des § 891 BGB (bei beweglichen Sachen gilt § 1006 BGB!) indes nur derjenige, der definitiv weiß, dass der Eingetragene nicht der wahre Eigentümer ist (zum möglichen Auseinanderfallen von wahrem Eigentümer und dem fälschlicherweise im Grundbuch eingetragenen sog. Bucheigentümer). Selbst grob fahrlässige Unkenntnis der wahren Rechtslage zerstört also für sich genommen nicht den **guten Glauben** und den daran anknüpfenden **Grundstücks-**

erwerb.

Der Gutglaubensschutz der §§ 892 ff. BGB hinsichtlich des Grundbuchs hat im Zusammenhang mit einer dort (als Rechtsinhaber oder als durch ein beschränktes Sachenrecht belasteten) eingetragenen GbR nach § 899a S. 2 i. V. m. S. 1 BGB sogar einen **gesellschaftsrechtlichen Aspekt**: Man darf, soweit man die wahre Rechtslage nicht kennt, darauf vertrauen, dass bezüglich des eingetragenen Rechtes „diejenigen Personen Gesellschafter sind, die nach § 47 Absatz 2 Satz 1 der GBO im Grundbuch eingetragen sind, und dass darüber hinaus keine weiteren Gesellschafter vorhanden sind."

Trotz Gutgläubigkeit auf Grund Unkenntnis der wahren Rechtslage nicht geschützt wird nach § 892 I 1 BGB der (potenzielle) Erwerber freilich auch dann, wenn im Grundbuch selber ein entsprechender Zweifel vermerkt ist, mag in das Grundbuch auch gar keine Einsicht genommen worden sein. Dieser Zweifel manifestiert sich in Gestalt eines **Widerspruchs** durch denjenigen, der sich für den wahren, als solcher jedoch nicht durch das Grundbuch ausgewiesenen Eigentümer hält. Dann kann durch Auflassung durch den Bucheigentümer und durch Eintragung also ebenfalls kein Eigentum erworben werden.

Der Widerspruch bedeutet aber wohlgemerkt **keine Grundbuchsperre**: Auch ein derart trotz seiner Gutgläubigkeit nicht geschützter „Erwerber" wird also durchaus als angeblicher Eigentümer eingetragen. Erweist sich später der ja lediglich auf Grund einer einstweiligen Verfügung, also in einem Eilverfahren erwirkte Widerspruch als unbegründet, war der Bucheigentümer also doch der wahre Eigentümer, so hat der Erwerber ja vom Berechtigten Eigentum erlangt, so dass es auf guten oder bösen Glauben gar nicht ankommt. Zeigt sich hingegen, dass der Eingetragene im Grundbuch zu Unrecht eingetragen war, so hat der „Erwerber" eben - trotz seiner Eintragung - doch kein Eigentum erlangt, da gutgläubiger Erwerb vom Nichtberechtigten gemäß § 892 I 1 BGB ja nicht stattgefunden hat. Das Grundbuch ist also zu berichtigen. Der im Grundbuch fälschlicherweise eingetragene Erwerber muss freilich nach § 19 GBO seine Zustimmung („**Bewilligung**") zur Eintragung des wahren Eigentümers erklären. Im Weigerungsfalle kann der wahre Eigentümer diese Bewilligung gegenüber dem Bucheigentümer aber mit Hilfe des sog. **Grundbuchberichtigungsanspruches** nach § 894 BGB. durchsetzen.

Für andere an einem Grundstück bestehenden „dingliche" Rechte als dem Eigentum, also **beschränkte Immobiliarsachrechte** (z. B. Hypotheken, Grundschulden, Dienstbarkeiten, vgl. §§ 1113 ff., 1191 ff., 1018 ff. BGB) gilt übrigens Entsprechendes.

Den Einblick in das Bereicherungsrecht schließt hier § 816 II BGB ab. Er rekurriert darauf, dass ein gutgläubiger Schuldner an jemanden leistet, der zwar einmal sein Gläubiger war, infolge „**stiller**" Zession dies aber nicht mehr ist; dabei büßt der wahre Gläubiger seine Forderung nach § 407 I BGB ein. Als Ausgleich dafür erwächst dem Zessionar ein Anspruch gegen den Zedenten, der die vom Schuldner als Nichtberechtigter, aber wirksam zu Lasten des Berechtigten (des Zessionars) erlangte Leistung an den Zessionär abführen muss.

3. Deliktsrecht

a) Verschuldens- und Gefährdungshaftung

Neben dem Recht der sog. **Geschäftsführung ohne Auftrag** und dem **Bereicherungsrecht** bildet das **Deliktsrecht**, das Recht der „unerlaubten Handlungen" i. S. der §§ 823 ff. BGB, ein zentrales, auf Schadensersatz abzielendes **Ausgleichssystem** durch Statuierung einer gesetzlichen **Haftpflicht**, eines vom rechtsgeschäftlichen Willen der Beteiligten unabhängigen Schuldverhältnisses. Diese Rechtsfolge **Schadensersatz** schlägt wiederum die Brücke zum Recht der **Leistungsstörungen**, das ja teilweise auch Schadensersatzpflichten bestimmt. Alle diese Ausgleichssysteme sind voneinander weitestgehend unabhängig und können im konkreten Fall gleichzeitig eingreifen, wenn ihre jeweiligen Haftungsvoraussetzungen gegeben sind. Dieses Nebeneinander vor allem von vertragsrechtlicher und deliktsrechtlicher Haftung ist z. B. wegen der unterschiedlich geregelten Gehilfenhaftung wichtig (vgl. §§ 278, 831 I BGB). Deliktsrecht greift also nicht nur dort ein, wo Vertragsbeziehungen fehlen; es ist - anders als etwa im französischen Recht - kein subsidiäres Haftungssystem. Es herrscht somit **Anspruchskonkurrenz** i. S. einer **Anspruchskumulation** von Vertrags- und Deliktshaftung.

Das Deliktsrecht der §§ 823 ff. BGB ist gleichsam die zivilrechtliche Parallele zum Strafrecht, an das man ja bei dem Wort Delikt wohl zuerst denkt. Während aber das Strafrecht seine Rechtsfolge Strafe an der Schwere der **Täterschuld** ausrichtet, orientiert sich das zivilrechtliche Deliktsrecht im Ausmaß seiner Sanktion an den **Tatfolgen**, eben an dem Schaden des Betroffenen. Wegen einer gemeinsamen rechtshistorischen Wurzel (vgl. noch heute § 403 StPO) genau wie das strafrechtliche Delikt ist freilich auch das zivilrechtliche Delikt **dreistufig** aufgebaut: Strafe wie Schadensersatzpflicht setzen voraus, dass ein bestimmter **Tatbestand** verwirklicht wurde. Denn unsere Rechtsordnung geht unausgesprochen davon aus, dass Schäden eigentlich von demjenigen zu tragen sind, in dessen Rechtskreis sie eintreten (lat. „casum sentit dominus"). Eine Haftung setzt ferner voraus, dass diese Tatbestandsverwirklichung von der Rechtsordnung im konkreten Einzelfall als **widerrechtlich** missbilligt wird, und schließlich, dass dem Täter diese rechtswidrige Tatbestandsverwirklichung als persönliche **Schuld** auch zugerechnet, vorgeworfen werden kann. Strafrecht wie zivilrechtliches Deliktsrecht bauen also auf dem Prinzip der **Verschuldenshaftung** auf. Dem Deliktsrecht der §§ 823 ff. BGB ist dabei weitgehend gleichgültig, ob Vorsatz- oder Fahrlässigkeitsschuld vorliegt (vgl. § 823 I BGB, auf den sich andere Normen der §§ 823 ff. BGB beziehen). § 826 BGB hingegen verlangt ausnahmsweise Vorsatzschuld.

Während das **Schuldprinzip** im Deliktsrecht, im dreistufigen Deliktsaufbau als letzte Stufe und dabei auch im Strafrecht sowie im Recht der Ordnungswidrigkeiten, ausnahmslos durchgeführt ist (vgl. §§ 46 StGB, 1 OWiG), gibt es Schadensersatzpflichten auch ohne (Rechtswidrigkeit und) Schuld. Im Rahmen dieser sog. **Gefährdungshaftung** werden also die Ersatzinteressen des Geschädigten vom Gesetzgeber höher bewertet als das Interesse des Schädigers, nur dann einer Haftpflicht ausgesetzt zu werden, wenn er an dem Schadensfall Schuld trägt. Auch die Frage der Rechtswidrigkeit stellt sich hier nicht.

Derartige **Haftpflichttatbestände** normieren z. B. §§ 1 f. HaftpflG für Schäden aus dem Betrieb von **Schienen- und Schwebebahnen** sowie von **Energieanlagen**, das StVG zu Lasten des Fahrzeughalters (§ 7) bzw. für Schäden beim Betrieb eines **Kraftfahrzeuges** (ausgenommen „höhere Gewalt") mit speziellen Haftungsnormen für den **Gefahrguttransport** in §§ 12a StVG. Die ggf. gesamtschuldnerische Fahrerhaftung nach § 18 I 1 StVG ist jedoch, wie § 18 I 2 StVG zeigt, Verschuldenshaftung. Gefährdungshaftungstatbestände enthalten ferner beispielsweise das LuftVG für Schäden beim Betrieb von **Flugzeugen**, für **Gewässerschäden** das WHG und für **Strahlungsschäden** das AtomG. Aktuell sind GenTG und UmweltHG. Eine für fast alle Unternehmen geradezu existenzielle Bedeutung hat das ebenfalls von Verschulden unabhängig konzipierte ProdHaftG. Für **pharmazeutische Produkte** ist speziell das ebenfalls als Gefährdungshaftungsrecht ausgestaltete AMG zu beachten. Verstreut finden sich auch im BGB Fälle einer verschuldensunabhängigen Schadensersatzpflicht, z. B. in § 231 BGB für **unzulässige Selbsthilfemaßnahmen** oder für Schäden durch sog. **Luxustiere** nach § 833 S. 1 BGB .

Auch Gefährdungshaftung und Verschuldenshaftung schließen sich gegenseitig nicht aus (vgl. nur §§ 16 StVG, 15 II ProdHaftG). Sind im konkreten Fall die jeweiligen Haftungsvoraussetzungen erfüllt, so greifen die Rechtsfolgen demnach kumulativ ein. Diese **Anspruchskonkurrenz** nicht nur zwischen diesen beiden Rechtsmaterien (vgl. auch sehr deutlich, aber lediglich deklaratorisch: § 2 MarkenG) ist in vielerlei Hinsicht von Bedeutung. Beispielsweise ist nach den von der Gefährdungshaftung geprägten Gesetzen durchweg ein **Höchstbetrag** für den zu leistenden Schadensersatz vorgesehen, während eine derartige Einschränkung für die Verschuldenshaftung nicht gilt. Auch erweitert das Nebeneinander von Verschuldens- und Gefährdungshaftung oft den Kreis der Haftpflichtigen.

Beispiel: Fahrer F verursacht fahrlässig einen Verkehrsunfall mit dem für H zuge-lassenen Auto. Nach § 7 StVG haftet der Halter des Fahrzeuges H, jedoch nur in beschränkter Höhe (§ 12 StVG), dies alles freilich ohne Rücksicht auf irgendein Verschulden. Daneben - als Gesamtschuldner, §§ 421 ff. BGB - haftet in vorliegendem Fall freilich auch F dem Geschädigten auf Schadens-ersatz aus § 18 I 1 StVG, vor allem aber aus § 823 I BGB und deshalb unbegrenzt. Sollte F bei M als Fahrer angestellt sein, drohen über § 831 I BGB auch dem M diese deliktsrechtlichen Konsequenzen.

Eine ganz eigenartige, allerdings der Gefährdungshaftung nahestehende, ver-schuldensunabhängige **Erfolgshaftung** statuiert § 701 BGB: Demnach haftet der **Beherbergungsgastwirt**, also der Hotelier oder der Betreiber einer Pen-sion, nicht jedoch der Schank- oder Speisewirt oder der Betreiber eines Campingplatzes, unter den dort näher genannten Voraussetzungen für Sach-schäden des Gastes bis zur Grenze höherer Gewalt (§ 701 IV BGB), und zwar grundsätzlich ohne die Möglichkeit des vertraglichen Haftungsausschlusses (§ 702a BGB), dafür aber auch nur in den **Haftungshöchstgrenzen** des § 702 I BGB. Auf die Eigentumsverhältnisse an den eingebrachten Sachen kommt es dabei nicht an, so dass der Gast den Wirt auch für Schäden haftbar machen kann, die an fremden Sachen entstanden sind, die der Gast nur mitge-führt hat. Diese hier ausnahmsweise zulässige sog. **Drittschadensliquidation** ist eine besonders bemerkenswerte Erscheinung, weil der Gesetzgeber von dem selbstverständlichen Grundsatz ausgeht, dass ein Schadensersatzgläubiger nur seinen eigenen Schaden, nicht jedoch denjenigen eines Dritten in Ansatz bringen darf.

§§ 701 ff. BGB normieren freilich nur einen **Mindestschutz**; Ansprüche aus §§ 823 ff. BGB, aus § 280 I BGB etc. bleiben von alledem unberührt. Sind die dortigen Anspruchsvoraussetzungen erfüllt, haften sowohl Beherbergungs- als auch Schank- und Speisewirte. Es handelt sich hier freilich um dispositives Recht. Ein vertraglicher Haftungsausschluss ist gleichwohl nur eingeschränkt, nach Maßgabe der §§ 305 ff. BGB möglich, wenn - wie in der Praxis regelmä-ßig - dafür Vorformulierungen verwendet werden.

Beispiel: Schild im Restaurant: „Für Garderobe keine Haftung"

b) Verhältnis zur Haftpflichtversicherung

Entgegen landläufiger Meinung beeinflusst eine bestehende **Haftpflichtversi-cherung** kaum jemals die Rechtsstellung des Schadensersatzberechtigten, und wenn doch einmal, dann in einer anderen Richtung, als man gemeinhin denkt.

Beispiel: Hat etwa der reiche R für sich eine Privathaftpflichtversicherung bei VU (Versicherungsunternehmen) abgeschlossen (R ist also sog. Versicherungsneh-mer und zugleich Versicherter), verletzt R widerrechtlich und schuldhaft Frau

F beim Golfspiel und wird Herr R demzufolge von Frau F aus § 823 I BGB auf Schadensersatz in Anspruch genommen, so ist trotz bestehender Versicherung eben R, nicht etwa VU anstelle von R, zum Schadensersatz verpflichtet; nur von R kann F Schadensersatz verlangen. F braucht sich deshalb auch nicht in zähe Regulierungsverhandlungen mit VU einzulassen, und dem R hilft es deshalb im Verhältnis zu F auch überhaupt nichts, wenn er etwa deren Mahnungen an VU weiterleitet. Allerdings kann VU auch als Nicht-Schuldner nach § 267 BGB die Schadensersatzschuld von R ihrem Versicherungsnehmer, tilgen. Dazu ist sie (nur!) gegenüber R nach dem Versicherungsvertrag sogar verpflichtet.

Ob eine derartige (Haftpflicht-)Versicherung abgeschlossen wird, liegt prinzipiell in der freien, auf Risikoeinschätzung bzw. Kosten-/Nutzen-Analyse basierenden Entscheidung jedes Einzelnen. Nur gelegentlich besteht ein gesetzlicher **Kontrahierungszwang** bezüglich einer Haftpflichtversicherung, namentlich nach § 1 PflVG zur Deckung der durch den Fahrzeuggebrauch verursachten Schäden, die der Halter ja nach § 7 I StVG schuldlos zu ersetzen hat.

Eine derartige **Pflichtversicherung** besteht nun ganz anders als bei der freiwilligen Haftpflichtversicherung nicht primär im Interesse des Versicherungsnehmers, sondern des Geschädigten: Er soll sicher einen liquiden Schadensersatzschuldner vorfinden (dafür sorgt nicht zuletzt die staatliche Versicherungsaufsicht), weil der Fahrzeughalter erfahrungsgemäß diese Gewähr eben nicht bietet. Folgerichtig gibt § 115 VVG dem Geschädigten in einigen Fällen, vor allem bei der Kraftfahrzeug-Haftpflichtversicherung (§ 115 I Nr. 1 VVG), einen **Direktanspruch** gegen den sog. Pflicht-Haftpflicht-Versicherer. Die Pflichtversicherung schafft hier im Ergebnis also den für Verträge zugunsten Dritter charakteristischen Begünstigungseffekt, aber eben unabhängig vom Willen der Versicherungsvertragspartner. Dieser Direktanspruch gegen den Versicherer lässt seinerseits die Haftpflicht des Halters gegenüber dem Geschädigten ebenfalls unberührt (vgl. Abb. 32): Beide sind dem Geschädigten insoweit als Gesamtschuldner (vgl. § 115 I 1 VVG: „auch"! § 421 BGB) zum Schadensersatz verpflichtet.

c) Der Deliktsaufbau, insbesondere Tatbestandsmäßigkeit und Rechtswidrigkeit

Grundvoraussetzung auch eines deliktischen Schadensersatzanspruches ist, dass ein Geschehen „tatbestandsmäßig" ist, am Beispiel des § 823 I BGB: dass jemand einen anderen getötet hat (dessen „Leben... verletzt"), einen sonstigen Personenschaden („Körper, Gesundheit") herbeigeführt hat etc. Erst wenn aus der Fülle aller Lebensvorgänge ein solcher juristisch näher interessierender

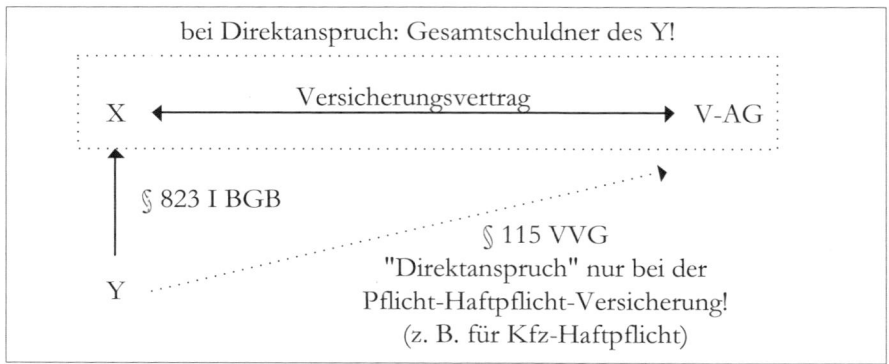

Abb. 32: Deliktischer Anspruch und Haftpflichtversicherung

Ausschnitt herauspräpariert ist, also **Tatbestandsmäßigkeit** des Sachverhalts festgestellt ist, macht es Sinn, die Frage der Widerrechtlichkeit (in moderner Sprache: **Rechtswidrigkeit**) zu stellen, also die rechtliche Bewertung dieses Tatbestandes vorzunehmen, und schließlich zu prüfen, ob dem Verursacher dies als **Verschulden** zur Last gelegt werden muss, weil er das alles so gewollt hat (direkter Vorsatz), die Tatbestandsverwirklichung billigend in Kauf genommen hat (indirekter Vorsatz, sog. Eventualdolus) oder diesen rechtlich unerwünschten Effekt bei gehöriger Sorgfalt wenigstens hätte vermeiden können (Fahrlässigkeit, § 276 II BGB). Der Textaufbau des § 823 I BGB ist hinsichtlich der maßgeblichen **Prüfungsreihenfolge** also irreführend.

Dennoch macht § 823 I BGB den großen Fortschritt in Rechtsentwicklung und Rechtskultur erkennbar, der in diesem **3-stufigen Deliktsaufbau** steckt: Über die Frage, ob jemand für etwas zur Verantwortung zu ziehen ist, entscheidet nicht ein pauschales Rechtsgefühl, sondern diszipliniertes gedankliches Vorgehen. Der 3-stufige Deliktsaufbau beherrscht nicht nur die §§ 823 ff. BGB, sondern auch das (deutsche) Strafrecht und das Recht der Ordnungswidrigkeiten (OWiG). Freilich gibt es neben der deliktsrechtlichen Verantwortlichkeit auch noch andere Haftungssysteme. So ist die **Vertragshaftung** bei sog. Leistungsstörungen grundsätzlich 2-stufig (vgl. § 280 I BGB: Pflichtverletzung, Vertretenmüssen) und die noch zu behandelnde **Gefährdungshaftung** nur einstufig aufgebaut (Realisierung des jeweils tatbestandsmäßigen Gefahrpotentials).

Tatbestandsmäßig bei § 823 I BGB ist neben der bereits genannten Tötung, Körper- und Gesundheitsverletzung eines Anderen die Einschränkung dessen Freiheit. Gemeint ist hier bei systematischer Interpretation aber nur die körperliche Bewegungsfreiheit. Denn die Willensfreiheit ist durch andere Normen geschützt, etwa über das Anfechtungsrecht nach § 123 BGB bei arglistiger Täuschung. Wenig Schwierigkeiten bereitet für gewöhnlich die Feststellung einer Eigentumsverletzung: Nach § 903 BGB sind alle Einwirkungen auf eine Sache allein Angelegenheit des Eigentümers. Ob es sich um leichte oder schwere Beeinträchtigungen dieser Kompetenz handelt und ob sie tatsächlicher oder rechtlicher Natur sind, steht gleich.

Beispiele: Benutzen, Verstecken, Bemalen, Beschädigen, Zerstören, aber auch: an einen Gutgläubigen nach §§ 892 oder 932 BGB wirksam übereignen!

Zu den „**sonstigen Rechten**", deren Verletzung § 823 I BGB ebenfalls für tatbestandsmäßig erklärt, zählen alle, aber auch nur **absolute Rechte**, die - wie das Eigentumsrecht, an den die Formulierung anknüpft - eben jedermann gegenüber wirken. Der Tatbestand des § 823 I BGB ist hingegen nicht erfüllt, wenn lediglich das **Vermögen** als Ganzes, als Summe aller Aktiva und Passiva, beeinträchtigt ist, wenn also etwa Zahlungen durch Irrtumserregung oder Zwang oder sonstwie veranlasst werden, wenn Chancen auf Gewinn nicht realisiert werden können etc.

Beispiele: Betrügerisches Verleiten zu einer verlustträchtigen Kapitalanlage; Vorspiegeln eines Unglücksfalls, was eine aufwendige Rettungsaktion auslöst.

Derjenige, der § 823 I BGB mit „**wer**" anspricht, kann jedes Rechtssubjekt sein. Das Verhalten von Menschen, die als „Organe" von juristischen Personen (oder Personengesellschaften) fungieren, gilt nach § 31 BGB zugleich als deren Verhalten. Über die konkrete Verknüpfung mit dem **tatbestandsmäßigen Erfolg,** also mit dem Tod bzw. Verletzung eines Menschen, mit der Eigentumsbeeinträchtigung etc., entscheidet die **haftungsbegründende Kausalität:** Wer eine Ursache setzt, die einen tatbestandsmäßigen Erfolg, also den in § 823 I beschriebenen Effekt bewirkt, ist Täter (sog. **extensiver Täterbegriff**). Jeder, der eine Ursache für die Tötung eines Menschen setzt, „tötet" also i. S. des § 823 I BGB. Auf Eigenhändigkeit der Tatbestandsverwirklichung kommt es nicht an. Als Hilfsmittel zur Feststellung der Kausalität dient verbreitet die wissenschaftlich allerdings fragwürdige (lat.) „**condicio-sine-qua-non**"-**Formel**: Alles, was nicht hinweggedacht werden kann, ohne dass der eingetretene Effekt auch wegfiele, ist ihr zufolge kausal. Eine Gewichtung innerhalb dieser so im Wege „**hypothetischer Elimination**" ermittelten Wirkungsbedingungen hat sich dabei als undurchführbar erwiesen (sog. **Äquivalenztheorie**): Jede **Bedingung** ist auch **Ursache.**

Beispiel: T stößt der O ein Messer in den Leib, woran O stirbt: T ist für O's Tod sicher ursächlich, also Täter i. S. des § 823 I BGB. Aber auch der Messerfabrikant M ist ursächlich für O's Tod: Hätte er das Messer nicht hergestellt, hätte T es nicht der O in den Leib stoßen können. Ursächlich sind auch die Eltern des M...

Die Kausalitätsfeststellung (nicht zu verwechseln mit der Feststellung eines „Kausalverhältnisses" bei § 812 I 1 BGB) wirft häufig sehr viel schwierigere Probleme auf, als der relativ klare Ausgangspunkt dies vermuten lässt. Deshalb ist man vielfach auf die Feststellung einer in der Lebenserfahrung wurzelnden hohen **Wahrscheinlichkeit** eines Ursache-Wirkungs-Zusammenhangs angewiesen. Denn das Leben ist nun einmal kein Labor, in dem man nach Wunsch Faktoren konstant halten oder variieren kann. Darin liegt der oft verkannte Sinn der sog. **Adäquanztheorie**: Sie engt den Kreis der rechtlich relevanten Ursachen keineswegs ein, sondern ermöglicht erst deren Feststellung.

Beispiel: In der Nähe eines Atomkraftwerkes treten signifikant häufig Tumore auf: Kausalität? Hilft hier ein „Wegdenken" i. S. der „condicio-sine-qua-non"-Formel? Ist statistische Signifikanz gleichbedeutend mit Kausalität?

Eigenartige Kausalitätsprobleme bei Anwendung der auf den ersten Blick so bestechenden „condicio-sine-qua-non"-Formel beleuchten auch folgende

Beispiele: Handballspielende Kinder werfen eine Scheibe ein; kurz darauf ereignet sich eine verheerende Explosion, bei der alle Fensterscheiben der Gegend bersten. Denkt man sich das Handballspiel hinweg, wäre die Scheibe also auch kaputt. Trotzdem besteht doch wohl Kausalität zwischen Handballspiel und zerbrochener Scheibe.
A verabreicht dem X Gift in einer nicht tödlichen Dosis; dasselbe tut B. Insgesamt führt die Giftmenge aber zum Tode des X: Nach der „condicio-sine-qua-non"-Formel hätte weder A noch B den Tod herbeigeführt, wenn man die Kausalprüfung jeweils auf A oder B bezieht! Weder A noch B wären auch kausal, wenn sowohl A als auch B dem X je eine tödliche Giftdosis beigebracht hätten!

Nicht nur durch aktives Handeln, durch **Tun**, sondern auch durch das **Unterlassen** einer gebotenen Handlung kann ein Delikt begangen werden: Ob eine Mutter ihrem Kind tödliches Gift beibringt oder es „nur" zu füttern unterlässt, so dass das Kind verhungert, macht auf der Ebene der Tatbestandsmäßigkeit keinen Unterschied. Voraussetzung für eine Kausalität des Unterlassens ist aber, dass dies aus einer sog. **Garantenstellung** heraus, in diesem Sinne pflichtwidrig erfolgt. Bei den Garanten ist die Unterscheidung der h. M. zwischen **Beschützer-** und **Überwachungsgaranten** für das Verständnis hilfreich.

Beispiel: Ärzte und „Body Guards" sind reine Beschützergaranten, das Sicherheitsunternehmen, das ein Tanklager kontrolliert, um eine Explosion zu vermeiden, ist (jedenfalls primär) Überwachungsgarant.

Zahlreiche Quellen für solche Gefahrabwendungspflichten aus sog. **Garantenstellung** kommen in Betracht, so im genannten Beispiel das **Gesetz** mit § 1626 BGB (elterliche Sorgepflicht), sodann namentlich **Vertrag** (Babysitter, nach richtiger, allerdings sehr bestrittener Ansicht auch das private Krankenversicherungsunternehmen!), eine **faktische Vertrauensstellung** sowie vorangegangenes Schaffen oder Aufrechterhalten jener Gefahrensituation, die in den Schadensfall eingemündet ist (sog. **Ingerenz**). Daraus resultiert insbesondere die praktisch überaus bedeutsame sog. **Verkehrssicherungspflicht**.

Beispiele: Der Wach- und Schließdienst versäumt die vertraglich zugesagte Mitternachtsinspektion, so dass eine offenstehende Tür nicht bemerkt wird. D gelangt durch die Tür in die Geschäftsräume und entwendet dort wertvollen Schmuck: Nicht nur D, sondern auch der säumige Wach- und Schließdienst hat das Eigentumsrecht am Schmuck i. S. des § 823 I BGB verletzt (Verstoß gegen vertragliche Gefahrenabwendungspflicht).

Das Energieversorgungsunternehmen errichtet Starkstrommasten ohne Kletterabwehrschutz; spielende Kinder erklimmen einen Mast und kommen dabei durch Stromschlag zu Tode: Tötung durch Unterlassen wegen Verletzung der Verkehrssicherungspflicht.

Wer ein in § 823 I BGB genanntes Rechtsgut (Leben, Körper, Gesundheit, Freiheit) bzw. ein absolutes Recht (namentlich Eigentum) derart verletzt, d. h. dafür eine Ursache setzt, haftet natürlich noch nicht auf Schadensersatz. Dasselbe gilt auch bei der Erfüllung von Straftatbeständen hinsichtlich der Rechtsfolge Strafe oder bei Ordnungswidrigkeiten hinsichtlich der Rechtsfolge Bußgeld etc. Mehr noch: Die **Tatbestandsmäßigkeit** eines Geschehens ist wertungsmäßig noch **indifferent**.

Die Bewertung eines tatbestandsmäßigen Geschehens als widerrechtlich, also als von der Rechtsordnung missbilligt, ist freilich die regelmäßige Folge, weil das Gesetz sonst gar keine Veranlassung hätte, sich für bestimmte Ursache-Wirkungs-Zusammenhänge besonders zu interessieren. Die Tatbestandsmäßigkeit **indiziert** also die **Rechtswidrigkeit**, deutet sie an. Nur in ganz seltenen Fällen, in denen inhaltlich sehr weitgreifende „**Rahmenrechte**" wie namentlich das Allgemeine Persönlichkeitsrecht betroffen sind, versagt diese Indizfunktion der Tatbestandsmäßigkeit und bedarf es somit der (schwierigen!) expliziten Begründung der Rechtswidrigkeit.

Eine endgültige Bewertung ist indes erst möglich, wenn abgeklärt ist, ob die Rechtsordnung jene Rechts- bzw. Rechtsgutsverletzung nicht doch ausnahmsweise billigt. Durch das Eingreifen solcher **Rechtfertigungsgründe** wird die in der Tatbestandsmäßigkeit zugleich liegende **Rechtswidrigkeitsvermutung** also im Ergebnis beseitigt. Zahlreiche solcher Rechtfertigungsgründe sind ausdrücklich gesetzlich - nicht unbedingt im BGB - fixiert. Das wohl bekannteste Beispiel ist die **Notwehr** (§ 227 BGB, vgl. auch § 859 BGB und gleichlautend § 32 StGB), ferner z. B. **Notstand** in verschiedenen Varianten (§§ 228, 904 BGB, § 34 StGB und § 16 OWiG) sowie nach §§ 229, 230 BGB zulässige **Selbsthilfe**. Gesetzlich nicht ausdrücklich als Rechtfertigungsgrund genannt wird beispielsweise die berechtigte Geschäftsführung ohne Auftrag und vor allem die gesetzliche überhaupt nicht erfasste, aber seit jeher anerkannte **Einwilligung** des Rechtsinhabers bzw. Rechtsgutträgers, wenn dieser weiß, worin er einwilligt, also ausreichend aufgeklärt wurde (lat. „volenti non fit iniuria"). Sozial oder politisch für wertvoll gehaltene Tätigkeiten von vornherein nicht einer tatbestandsmäßigen Prüfung unterwerfen zu wollen, ist wegen der rechtspsychologisch unverzichtbaren **Appellfunktion** des **Tatbe-**

standes keinesfalls angebracht.

Beispiele: Zahnärzte, vor allem aber Chirurgen, begehen zahllose vorsätzliche, teilweise sogar schwere bzw. gefährliche Körperverletzungen (§§ 823 I BGB, 223, 224, 226 StGB), die freilich fast durchweg durch wirksame Einwilligung (ggf. bei Bewusstlosigkeit des Patienten: durch mutmaßliche Einwilligung) gerechtfertigt sind und deshalb natürlich nicht zum Schadensersatz verpflichten (ausreichende Aufklärung des Patienten vorausgesetzt!).
Der Fahrgast der Straßenbahn, der zwischen den Haltestellen nicht aussteigen kann, wird - mit seiner Einwilligung, also rechtmäßig - seiner Freiheit beraubt (§§ 823 I BGB, 239 I StGB).
Zahlreiche Soldaten im Kriege töten mit Vorsatz „heimtückisch oder grausam oder mit gemeingefährlichen Mitteln" (Bomben!), sind demzufolge „Mörder" nach der Definition des § 211 StGB, jedenfalls aber „Totschläger" (§ 212 StGB).Ob hier im konkreten Tötungsfall ein Rechtfertigungsgrund eingreift (welcher?), bleibt freilich noch zu prüfen.

Zum tatbestandsmäßigen-rechtswidrigen Verhalten muss bei den an der Verschuldenshaftung orientierten deliktischen Haftungstatbeständen, wie gesagt, noch Verschulden hinzutreten, um die Schadensersatzpflicht zu begründen. Ursächlichkeit und Verschulden sind also streng auseinanderzuhalten. Straßenglätte mag zwar ursächlich für einen Verkehrsunfall gewesen sein, niemals aber „schuld" daran.

Vorsatz oder Fahrlässigkeit lassen sich nun nicht allen Tätern zum persönlichen Vorwurf machen, nämlich dann nicht, wenn gar keine **Schuldfähigkeit**, auch **Delikts-** oder **Zurechnungsfähigkeit** genannt, besteht. Dem trägt - wie das StGB - auch das BGB mit den §§ 827 f. Rechnung, wobei regelungstechnische Ähnlichkeiten mit den §§ 104 ff. BGB (gestufte Geschäftsfähigkeit, Wirksamkeit von Willenserklärungen!) zu bemerken sind. Alter und situative Beeinträchtigungen sind auch für die Deliktsfähigkeit maßgeblich: Unter 7 Jahren besteht gemäß § 828 I BGB Zurechnungsunfähigkeit, mit Eintritt der Volljährigkeit (18 Jahre) prinzipiell Zurechnungsfähigkeit (Ausnahme § 827 S. 1 BGB parallel zu § 105 II BGB). Dabei ist aber § 827 S. 2 BGB zu beachten, in dem - sprachlich missglückt - die Rechtsfigur der sog. **actio libera in causa** Ausdruck gefunden hat: Wer sich - z. B. durch Alkohol oder Drogen - in den Zustand der Zurechnungsunfähigkeit versetzt, gilt gleichwohl als zurechnungsfähig, wenn er dabei mit der Verwirklichung eines bestimmten Haftungstatbestandes (z. B. Körper- oder Eigentumsverletzung gemäß § 823 II BGB) rechnen musste (Fahrlässigkeit) oder dies eigens bezweckte oder zumindest billigend in Kauf nahm (direkter bzw. indirekter Vorsatz). Im Grunde ist auch dies nur eine der vielen Ausprägungen des Grundsatzes, dass selbstwidersprüchliches Verhalten vom Recht als (lat.) „venire contra factum proprium" nicht akzeptiert wird.

Beispiel: Der Schauspieler S weiß, dass er im Alkoholrausch zu randalieren pflegt. Das ist ihm allerdings egal, und so lässt er sich eines Abends wieder einmal

„voll laufen". Prompt zerschlägt er daraufhin das Mobiliar der Hotelbar (Zurechnungsfähigkeit gegeben: indirekt-vorsätzliche actio libera in causa).

Zwischen 7 und 18 Jahren ist die **Zurechnungsfähigkeit** nach Maßgabe der entwicklungsbedingten Einsicht grundsätzlich **beschränkt**. Für tatbestandsmäßige Schädigungen („Verletzungen") im Zusammenhang mit einem Kraftfahrzeug, einer Schienen- oder Schwebebahn besteht jedoch bis zum 10. Lebensjahr keine Zurechnungsfähigkeit, es sei denn, es geht um vorsätzliche Tatbestandsverwirklichungen Dann richtet sich die Zurechnungsfähigkeit doch wieder nach den sonst geltenden Maßstäben für beschränkt deliktsfähige Minderjährige.

Die Vorschriften über die Zurechnungsfähigkeit finden nach ausdrücklicher, fast überflüssiger Verweisung durch § 276 I 2 BGB auch im **Leistungsstörungsrecht** Anwendung, insofern es ja auch dort, nämlich im Rahmen des Vertretenmüssens, auf Vorsatz und Fahrlässigkeit ankommt.

d) Besondere deliktische Haftungstatbestände

Eine deliktische Haftung ordnet § 823 II BGB auch dann an, wenn schuldhaft (und selbstverständlich vorausgesetzt: widerrechtlich) gegen eine Rechtsnorm - vor allem auch außerhalb des BGB - verstoßen wurde und dadurch ein Schaden bei einem Rechtssubjekt eingetreten ist, auf dessen speziellen Schutz jene Rechtsnorm - über den Schutz der Allgemeinheit hinaus - abzielte. Derartige sog. **Schutzgesetze** sind sicher die Straftatbestände §§ 211, 212 StGB (Mord und Totschlag, schadensersatzrechtlich interessant immerhin für die Erben!), §§ 223 ff. StGB (Körperverletzung), § 239 StGB (Freiheitsberaubung), §§ 242 ff. StGB (Diebstahl, Unterschlagung) oder §§ 249 ff. StGB (Raub). Da in diesen Fällen aber bereits die in § 823 I BGB tatbestandsmäßig erfassten Rechtsgüter und Rechte betroffen sind, wird § 823 II BGB zur Haftungsbegründung hier gar nicht benötigt. Praktisch wertvoll wird dieser Haftungstatbestand erst, soweit § 823 I BGB nicht eingreift, also zur Haftungsbegründung etwa bei bloßen **Vermögensschäden**.

Paradebeispiel dafür ist, dass jemand auf Grund betrügerischer Machenschaften zu einem Vertragsschluss veranlasst wird und er mit seinem Vermögen dadurch mit Leistungspflichten belastet bzw. sein Vermögen durch erbrachte Leistungen real vermindert wird. Hier kann Schadensersatz nur nach § 823 II BGB i. V. m. § 263 StGB verlangt werden. Praktisch wichtig ist ferner § 15a InsO als Schutzgesetz zugunsten der Gläubiger einer juristischen Person, z. B. einer AG oder GmbH sowie einer GmbH & Co. KG: Unterlässt es z. B. der Geschäftsführer einer GmbH, rechtzeitig Antrag auf Eröffnung des Insolvenzverfahrens zu stellen, so haftet er den dadurch geschädigten Gesellschaftsgläubigern im Wege der sog. **Geschäftsführeraußenhaftung** persönlich für deren Vermögensverluste. Schutzgesetz ist z. B. auch § 91 II AktG: Versäumen Vorstandsmitglieder von Aktiengesellschaften die nach KonTrag notwendigen Früherkennungsmaßnahmen bezüglich riskanter Geschäftsentwicklungen (etwa durch Installierung eines hocheffektiven Controlling-Systems) zu treffen, haften sie persönlich nach § 823 II BGB den Gesellschaftsgläubigern, aber auch den Aktionären auf Ersatz dadurch bedingter Vermögensschäden.

Ob es sich bei einer Rechtsnorm wirklich um ein **Schutzgesetz** handelt und auf wessen Schutz dabei abgestellt wird, ist vielfach zweifelhaft und kann jedenfalls nicht für ein ganzes Gesetzeswerk pauschal, z. B. für das gesamte StGB, sondern nur für jede einzelne darin enthaltene Norm entschieden werden. Zu bejahen ist der Schutzgesetzcharakter etwa auch für öffentlich-rechtliche Bebauungsvorschriften nachbarschützenden Inhalts (z. B. über zulässige Geschosszahl wegen der Belichtung), für §§ 4 i. V. m. 28 f., 30 II, III BDSG zugunsten der Person, deren Daten erhoben und verarbeitet werden, für das GPSG zugunsten der Verwender von Produkten und Geräten, für den Kontrahierungszwang nach § 1 PflVG zugunsten des Geschädigten, der seinen Schadensersatzanspruch gegen den Schädiger nicht realisieren kann, für § 20 GWB (Diskriminierung durch marktbeherrschende und diesen gleichgestellte Unternehmen z. B. bei der Belieferung, ungerechtfertigte Ablehnung der Aufnahme in eine Wirtschafts- oder Berufsvereinigung) und für vieles andere mehr, etwa die vielen Vorschriften, die das mutwillig-grundlose Auslösen von Alarm verbieten.

Beispiel: Der 15-jährige J gibt vor, sein Freund F sei beim Durchstreifen eines stillgelegten Bergwerkes, zu dem sich beide Zugang verschafft hätten, verschwunden. Dadurch löst J eine kostspielige Such- und Rettungsaktion aus: Schadenspflicht des J aus § 823 BGB! § 828 II BGB steht der Schadensersatzpflicht des J übrigens nicht entgegen, weil ein 15-jähriger Jugendlicher die Einsicht in den ausgelösten Mechanismus und die dabei nutzlos vergeudeten Ressourcen (vielleicht sogar zu Lasten einer wirklich in Not geratenen Person!) altersgemäß ohne weiteres haben kann.

Keine Schutzgesetze hingegen sind z. B. Buchhaltungs- und Bilanzierungsvorschriften, für berufsgenossenschaftliche Unfallverhütungsvorschriften (ihre Nichteinhaltung ist lediglich im Rahmen der Verschuldensprüfung von gewissem Interesse) oder EN-, DIN- und VDE-Bestimmungen. Solche technischen Normen kommen schon wegen ihrer fehlenden Qualität als Rechtsnormen nicht als Schutzgesetz in Betracht. Ihre Standards dienen, was vielfach verkannt wird, lediglich der Intensivierung des Wettbewerbs oder dokumentieren den Stand der Technik, entfalten aber als solche keinerlei verpflichtende Wirkung.

Keine besonderen objektiv-tatbestandsmäßigen Anforderungen stellt § 826 BGB: Es reicht aus, dass überhaupt ein Schaden eingetreten ist, mag es sich auch lediglich um einen allgemeinen Vermögensschaden, z. B. um Zahlungen, um Umsatzeinbußen und ähnliches handeln. Dafür sind die sonstigen Voraussetzungen einer Schadensersatzpflicht verschärft: Die Schädigung muss **vorsätzlich** und **sittenwidrig** erfolgt sein. Die Definition der **Sittenwidrigkeit** ist hier ebenso problematisch wie bei § 138 I BGB. Sittenwidrig ist jedenfalls nicht jeder Verstoß gegen die herrschende Rechts- und Sozialmoral, wenn es so etwas überhaupt geben sollte. Damit verringert sich auch das rechtspraktische Gewicht des § 826 BGB jedenfalls für das Wirtschaftsleben. Immerhin könnte § 826 BGB in seltenen Fällen als Hebel für einen **Kontrahierungszwang** dienen, etwa wo § 823 II BGB i. V. m. § 20 GWB versagt, weil § 20 GWB nur Unternehmen schützt, und dies nur gegenüber marktbeherrschenden und diesen gleichgestellten Unternehmen: Die aus niederen Beweggründen gespeiste Verweigerung eines Vertragsschlusses mag in Ausnahmesituationen als vorsätzlich-sittenwidriges, nach § 826 BGB zum Schadensersatz verpflichtendes Verhalten erscheinen, wobei Ersatz des Schadens eben gerade im Vertragsabschluss besteht. Doch selbst diese geringe rechtspraktische Bedeutung hat § 826 BGB durch das AGG eingebüßt.

Beispiel: Ein Deutscher und ein Schwarzafrikaner mit kenianischem Pass betreten an einem heißen Sommertag nach langer Wanderung sehr durstig ein einsam gelegenes Waldgasthaus und bestellen je ein Bier. Der immer noch - oder schon wieder - „völkisch" gesinnte Gastwirt weigert sich, dem Afrikaner ein Bier zu verkaufen: Trotz fehlender Drittwirkung des Art. 3 GG Pflicht zum Vertragsschluss jedenfalls nach § 21 i. V. m. § 19 AGG zur Vermeidung einer Diskriminierung wegen Herkunft und Rasse, daneben Kontrahierungszwang wohl auch aus § 826 BGB.

Einen natürlichen Zusammenhang mit dem Wirtschaftsleben weist § 824 BGB auf: Wer die **Bonität**, die Kreditwürdigkeit eines anderen, durch falsche Behauptungen zumindest fahrlässig beeinträchtigt, ist für den daraus entstandenen Schaden verantwortlich. Der Schaden kann beispielsweise in einem vom Kreditnehmer deshalb zu zahlenden höheren Zins bestehen; vielleicht müssen Investitionen auch ganz unterbleiben, wodurch langfristige Schadenseffekte durch Umsatzeinbußen etc. eintreten. Allerdings geht auch hier das UWG vor, insbesondere also dann, wenn die **Kreditschädigung** durch ein konkurrierendes Unternehmen ausgelöst wird.

Eine wiederum generell relevante Haftungsnorm bildet mit der Anordnung einer Haftung für **Verrichtungsgehilfen** § 831 I 1 BGB, dessen unternehmensrechtliche Bedeutung in personalwirtschaftlichem Kontext deutlicher erkennbar wird. Nach seinem Vorbild ist auch § 832 I BGB konstruiert, demzufolge Eltern für das (tatbestandsmäßige und) widerrechtliche schadensverursachende Verhalten ihrer minderjährigen Kinder haften. Diese **Elternhaftung** beruht - wie bei § 831 I 1 BGB - auf vermutetem Verschulden, hier der Eltern. Sie können diese Vermutung jedoch widerlegen, indem sie dartun, dass sie ihrer Aufsichtspflicht nachgekommen sind. Diese sog. **Exkulpation** greift mit wachsendem Alter der minderjährigen Kinder freilich häufig schon dann, wenn die Eltern die Kinder über die Gefahren des Lebens und über die Gegeninstrumente hinreichend aufgeklärt haben. Von einem generellen Satz „Eltern haften für ihre Kinder" kann demnach überhaupt nicht die Rede sein, und natürlich spielt keine Rolle, ob auf die Geltung des § 832 BGB und seinen Inhalt an Ort und Stelle - etwa an Baustellen - durch ein Schild hingewiesen wird: Sind die Voraussetzungen dieser Norm erfüllt, haften die Eltern, ansonsten nicht - mit oder ohne Schild.

Beispiel: Die Eltern E des HIV-positiven 15-jährigen Sohnes S, der von diesem Befund Kenntnis hat, können nicht faktisch verhindern, dass er seine Sexualpartner infiziert (Gesundheitsverletzung nach § 823 I BGB). Neben einer Haftung von S bei Vorsatz (Eventualdolus genügt!) oder Fahrlässigkeit („es wird schon gut gehen!") haften die Eltern jedenfalls dann nicht, wenn sie auf die Gefährlichkeit und die Übertragungswege des Erregers hingewiesen und S mit dem Gebrauch von Kondomen praktisch vertraut gemacht hatten. Die Haftung des S scheitert übrigens nicht an seinem Alter: S ist nach § 828 II 1 BGB zwar nur beschränkt zurechnungsfähig, aber mit der HIV-Thematik sind 15-Jährige heutzutage gewiss nicht überfordert.

Für Immobilien als Teile des Betriebsvermögens kann die **Gebäudehaftung** nach §§ 836-838 BGB eine wirtschaftlich bedeutende Rolle spielen. Nur auf den ersten Blick handelt es sich zumindest bei § 836 BGB um eine überflüssige Vorschrift, weil eine schuldhaft schlechte Konstruktion oder Unterhaltung eines Gebäudes und ein dadurch kausal vermittelter Personen- oder Sachschaden doch schon nach § 823 I BGB zum Schadensersatz verpflichten. Wie die Textfassung von § 836 I BGB zeigt, wird das Verschulden des Gebäudeeigentümers bzw. des Besitzers (§ 837 BGB) oder Unterhaltungspflichtigen (§ 838 BGB) aber im Gegensatz zu § 823 I BGB vermutet: Praktisch häufige diesbezügliche Beweisschwierigkeiten wirken wegen dieser **Verschuldensvermutung** also zu Lasten des auf Schadensersatz in Anspruch Genommenen. Konsequenz ist eine Schadensersatzpflicht schon dann, wenn dem Richter nicht zur vollen Überzeugung dargetan werden kann, dass die im Rechtsverkehr erforderliche Sorgfalt doch beachtet wurde.

Abschließend ist noch auf die besondere deliktsrechtliche **Gutachterhaftung** nach § 839a BGB hinzuweisen. Sie trifft nur gerichtlich bestellte Gutachter und setzt deren vorsätzlich oder grob fahrlässig herbeigeführte Unrichtigkeit des Gutachtens voraus. Nur leichte Fahrlässigkeit reicht hier, anders als sonst im Deliktsrecht, also nicht. Geschützt sind ferner nur Verfahrensbeteiligte, nicht sonstige Geschädigte.

4. Exkurs: Negatorischer Rechtsschutz und Verwandtes

Der Eigentümer kann vom Besitzer i. S. des § 854 I BGB, also von demjenigen, der die faktische Einwirkungsmöglichkeit hat, grundsätzlich nach dem schon mehrfach zitierten § 985 BGB Sachherausgabe verlangen. Dieser Anspruch besteht nach § 986 BGB aber dann nicht, wenn der Besitzer dem Eigentümer gegenüber ein **Recht zum Besitz** hat, die Sache also z. B. vom Eigentümer gemietet hat (§ 986 I 1 BGB). In einem solchen Fall finden nach h. M. auch die §§ 987 ff. BGB keine Anwendung. Auch sie setzen also wie § 985 BGB voraus, dass der Besitzer dem Eigentümer gegenüber kein Besitzrecht hat. Nur diese Situation nennt die h. M. übrigens (recht missverständlich) „**Eigentümer-/Besitzerverhältnis**".

Einen Herausgabeanspruch gewährt im Interesse des Rechtsfriedens § 861 I BGB sogar dem bloßen (früheren) Besitzer, selbst wenn dieser keinerlei Recht zum Besitz auf seiner Seite hat, jedenfalls in den Grenzen des § 861 II BGB.

Beispiel: D hat dem E eine goldene Uhr gestohlen, wird seinerseits nun aber Opfer des Räubers R: Herausgabeanspruch des D gegen R nach § 861 I BGB!

Oft wird das Eigentumsrecht aber in anderer Weise als durch **Besitzentzug** verletzt.

Beispiele: Der Nachbar überschreitet mit seinem Neubau die Grundstücksgrenze. Die Hauswand wird mit der Parole „Jura weg" beschmiert. Der Lack des Autos wird verkratzt.

Gegen derartige Rechtsverletzungen gewährt § 1004 I BGB Schutz: Vom „**Störer**" kann ohne Rücksicht auf irgendwie geartetes Verschulden nach § 1004 I 1 BGB „**Beseitigung**" des rechtsverletzenden Zustandes unter Übernahme der Beseitigungskosten verlangt werden, Schadensersatz dagegen nur über § 823 (I) BGB, also nur bei Verschulden. Deshalb ist äußerst wichtig, aber zumeist recht schwierig zu entscheiden, wo begrifflich die Störungsbeseitigung aufhört und der Schadensersatz anfängt. Mit Rücksicht auf diesen definitorischen Zusammenhang muss Richtlinie der Abgrenzung deshalb sein, dass „Beseitigung" entgegen dem Wortsinn hier gleichsam nur das Abstellen der **Störungsquelle** betrifft, nicht jedoch die darüber hinausgehende Herstellung des früheren Zustandes durch Beseitigung der Einwirkungsfolgen.

Beispiel: X leitet das Oberflächenwasser seines Grundstücks auf das Grundstück des Y, wodurch das dortige Gelände versumpft: Nach § 1004 I BGB kann Y sicher eine andere Wasserführung von X verlangen, aber wohl nicht Trockenlegung oder Austausch des versumpften Bodens etc.

Sind weitere derartige Störungen zu befürchten, richtet sich der Anspruch insofern auf **Unterlassung** (§ 1004 I 2 BGB). Nicht ausdrücklich aufgeführt, aber sinngemäß in § 1004 I BGB enthalten ist der **vorbeugende Unterlassungsanspruch**: Droht erstmals ernsthaft eine Eigentumsstörung, so braucht selbstverständlich nicht gewartet zu werden, bis sich die Gefahr realisiert hat, sondern kann bereits jetzt Unterlassung der drohenden Störung verlangt werden.

Beispiel: X aus dem Vorbeispiel verlegt die zur Wasserleitung bestimmten Rohre.

Ausgeschlossen sind die sog. **negatorischen Ansprüche** des § 1004 I BGB, wenn die Störung zu dulden ist (§ 1004 II BGB, vergleichbar dem § 986 BGB). Solche **Duldungspflichten** ergeben sich wiederum aus Gesetz. Beispiele dafür bilden z. B. § 905 S. 2 BGB sowie ferner der sog. **Überbau** (§ 912 BGB) und der **Notweg** (§ 917 BGB). Wirtschaftlich wichtig ist vor allem auch § 906 BGB und darüber weit hinausgehend § 14 BImSchG hinsichtlich betrieblich bedingter **Immissionen** bei endgültiger Betriebsgenehmigung. Rechtsquelle von Duldungspflichten können auch **Verträge** sein (z. B. die übernommene Verpflichtung, ein Auto als Werbeträger zur Verfügung zu stellen und demnach Verpflichtung zur Duldung entsprechender Aufkleber etc.). Vielfach werden Duldungspflichten auch aus dem sog. **nachbarlichen Gemeinschaftsverhältnis** für begründbar gehalten: Grundstücksnachbarn sollen nach wohl h. M. letztlich allein schon wegen ihrer räumlichen Verbundenheit aus dem „Treu und Glauben"-Gedanken manche Unbill zu akzeptieren haben.

Beispiel: Nachbars Katze bewegt sich ganz ungeniert auf meinem Grundstück: Duldungspflicht!

Der „**Störer**", gegen den sich der negatorische Anspruch richtet, kann nur ein **Rechtssubjekt** sein, weil die Schuldnerstellung ja Rechtsfähigkeit voraussetzt. Ein auf das Grundstück gefallener Baum des Nachbargrundstückes oder die Nachbarskatze aus dem Vorbeispiel kommen als „Störer" und Anspruchsgegner selbstverständlich nicht in Betracht. Störer ist vielmehr der Nachbar jeweils als Eigentümer. Neben diesem sog. **Zustandsstörer** kennt die Dogmatik auch noch den sog. **Handlungsstörer**, also dasjenige Rechtssubjekt, das durch eigenes Verhalten die Störung bewirkt. Handlungsstörer ist also z. B. diejenige Person, die das fremde Grundstück betritt, oder derjenige, der das Auto zerkratzt. Besondere rechtliche Fähigkeiten sind dabei nicht vorausgesetzt, namentlich nicht Geschäftsfähigkeit (es geht um Realakte!) oder Deliktsfähigkeit (es geht nicht um Schadensersatz!).

Der negatorische Rechtsschutz zieht sich wie ein roter Faden durch die Rechtsordnung, ohne überall offen zutage zu liegen. So ist z. B. § 894 BGB ebenfalls Teil dieser Rechtsmaterie: Der wahre, aber nicht eingetragene Grundstückseigentümer wird in seiner Rechtsstellung durch den eingetragenen, aber nur scheinbaren „Eigentümer" in anderer Weise als durch Besitzentzug beeinträchtigt. Da die **Grundbuchberichtigung**, also die Störungsbeseitigung, aber die Zustimmung des Buchberechtigten als des Voreingetragenen i. S. der GBO erfordert, gewährt § 894 BGB einen eben darauf gerichteten Anspruch. Augenfällig ist hingegen die konzeptionelle Anlehnung z. B. des **Besitzschutzes** an den Eigentumsschutz: Wie schon § 985 BGB in § 861 I BGB seine Entsprechung hat, so ist auch der negatorische Rechtsschutz hinsichtlich Störungsbeseitigung und -unterlassung jedenfalls im Ansatz beide Male gleich ausgestaltet (§§ 1004 I, 862 BGB). Ansonsten vorhandene, empfindliche Rechtsschutzlücken werden dadurch geschlossen.

> **Beispiel:** Wohnungsmieter A wird von Wohnungsmieter B neben ihm zuweilen durch eine 300-Watt-Stereoanlage beschallt, sprich: gestört. A kann direkt von B Beseitigung und Unterlassung nach § 862 I BGB verlangen. Ansonsten könnte A auf Grund des Mietvertrages allenfalls vom Vermieter V ein Einschreiten gegen B verlangen (vgl. für A-V § 535 I 2 BGB, für B-V ist an § 541 BGB zu denken).

Dem negatorischen Rechtsschutz beim Eigentum nachgebildet sind ferner die gesetzlichen Störungsabwehrbefugnisse des Inhabers beschränkter Sachenrechte, z. B. des Pfandgläubigers (§ 1227 BGB), des Wohnungseigentümers (§ 34 II WEG), des Urheberberechtigten und Patentinhabers (§§ 97 UrhG, 139 PatG). Dasselbe gilt für zahlreiche andere, jedermann gegenüber wirkende, also „absolute" Rechtspositionen (vgl. nur noch §§ 12 BGB, 37 II HGB, 14 f. MarkenG). Im Wege der **Gesamtanalogie** kann § 1004 I BGB demnach ganz allgemein für alle absoluten Rechtspositionen herangezogen werden, auch wenn es an einer ausdrücklichen gesetzlichen Norm dafür fehlt. **Quasinegatorische Ansprüche** bestehen also z. B. auch bei drohenden Tötungen, Körper- und Gesundheitsverletzungen, Freiheitsberaubungen, Eingriffen in das Allgemeine Persönlichkeitsrecht etc. Wegen dieser zu § 1004 I BGB zu ziehenden Analogie muss niemand die Verletzung von den in § 823 I BGB genannten Rechtsgütern und Rechten hinnehmen, um dann auf Schadensersatzansprüche beschränkt zu sein („dulde und liquidiere"). Die neuere Gesetzgebung hat diesen Grundgedanken sogar wieder normtextlich zum Ausdruck gebracht (vgl. § 21 Abs. 1 AGG). Zu beachten ist in diesem Zusammenhang nochmals, dass es für negatorische wie für quasinegatorische Ansprüche auf **Verschulden** nicht ankommt, so dass derartige Abwehransprüche etwa auch gegenüber nicht deliktsfähigen Personen greifen, die vor Schadensersatzansprüchen fast (§ 829 BGB!) sicher sind.

Soweit sich der quasinegatorische Rechtsschutz auf die Rechtsgüter und Rechte des § 823 I BGB bezieht, kann man zugleich von „**deliktischen**" **Beseitigungs- und Unterlassungsansprüchen** reden. Auf diesem Weg hat die Dogmatik noch weiter gedacht: Ganz generell sind Beseitigungs- und Unterlassungsansprüche anerkannt, um die drohende Verwirklichung von Deliktstatbeständen schon im Vorfeld abzuwenden. Dieser Ansatz kommt zum Tragen, wo das Schadensersatzrecht nicht spezifisch an die Beeinträchtigung absoluter Rechte anknüpft, wie etwa bei § 823 II BGB i. V. m. Schutzgesetzverletzungen, und bei den §§ 824, 826 BGB. Damit sind (vorbeugende) Beseitigungs- und Unterlassungsansprüche nicht nur als unverzichtbare Flankierung, ja als Basis des Schadensersatzrechtes praktisch überall im Privatrecht präsent, sondern tragen auch zum tieferen Verständnis der Rechtsordnung bei: Die Notwehr etwa stellt sich in diesem Licht als Durchsetzung des deliktischen Abwehranspruches in Selbsthilfe dar. Auch bei der Notwehr ist somit § 229 BGB zu beachten, also insbesondere die dort normierte **Subsidiarität** des eigenmächtigen Rechtsschutzes.

Beispiel: Wer überfallen wird, darf keine Notwehr üben, wenn „obrigkeitliche Hilfe" in Gestalt eines Polizeibeamten verfügbar ist.

VIII. Schadensersatzrecht

1. Schadensersatz und Bereicherungsabschöpfung

Zahlreiche Normen sind Anspruchsgrundlagen für Schadensersatz, etwa im Zusammenhang mit Leistungsstörungen, GoA oder Delikten. Alle diese Normen ordnen nur an, dass unter bestimmten Voraussetzungen überhaupt Schadensersatz geschuldet wird, sagen aber nichts darüber, wie und in welchem Umfang Schadensersatz zu leisten ist. Das in Folgendem zu skizzierende Schadensersatzrecht ist also nicht auf die Voraussetzungen von Schadensersatzansprüchen, sondern auf die **Rechtsfolge Schadensersatz** abgestellt. Die hier zu klärenden Fragen sind grundsätzlich unabhängig davon, ob es sich z. B. um einen vertragsrechtlichen Schadensersatzanspruch (§§ 280 ff. BGB) oder um einen solchen aus unberechtigter GoA (§ 678 BGB), Delikt (§§ 823 ff. BGB), Gefährdungshaftung (z. B. § 1 I ProdHaftG) oder sonstigen Rechtsgründen (z. B. §§ 122, 179 BGB) handelt. Der Gesetzgeber hat die Antworten darauf deshalb aufbaulogisch konsequent im Allgemeinen Schuldrecht (§§ 249 ff. BGB) gegeben, was Modifikationen dieser Regulierungsgrundsätze in der jeweiligen haftungsrechtlichen Spezialmaterie nicht ausschließt.

Voll verständlich sind alle diese Normen über die Schadensregulierung nur vor dem Hintergrund der Einsicht, dass **Schadensersatz** und **Bereicherungsabschöpfung** letztlich nichts miteinander zu tun haben. Es führt deshalb gedanklich in die Irre, etwa die zweifelhafte Höhe eines entstandenen Schadens durch die oft besser messbare Bereicherung des Haftpflichtigen zu bestimmen: Der für das Schadensersatzrecht maßgebliche Anknüpfungspunkt ist die Einbuße im Rechtskreis des Anspruchsgläubigers, nicht der Zuwachs auf Seiten des Schadensersatzschuldners, selbst wenn dieser Zuwachs, wie z. B. beim Diebstahl einer Sache, substanziell dem Verlust entsprechen sollte. Deshalb entfällt ein Schadensersatzanspruch eben nicht beim Wegfall der

Bereicherung des Schuldners, wohl aber gemäß § 818 III BGB grundsätzlich ein Bereicherungsanspruch. Auch dort, wo das Gesetz eine **abstrakte Schadensberechnung** nach der wahrscheinlichen Entwicklung der Dinge zulässt (vgl. vor allem § 252 S. 2 BGB), darf dieses Wahrscheinlichkeitsurteil deshalb nicht darauf gestützt werden, welchen Gewinn der Schädiger seinerseits tatsächlich gezogen hat. Schaden und Bereicherung sind eben nicht logisch notwendig, allenfalls oft Null-Summen-Spiele.

Eben darum bedeutet es eine ganz große Besonderheit, wenn dem Geschädigten im Rahmen der spezifisch ja auf Schadensersatz gerichteten Verschuldenshaftung ein gesetzliches **Wahlrecht** eingeräumt wird, statt **Ersatz** seines möglicherweise sehr geringen Schadens - unabhängig von einer Kondition - **Abschöpfung** der Bereicherung der Gegenseite zu verlangen, wie dies § 97 II 2 UrhG tut. § 97 II 2 UrhG zieht damit die Konsequenz daraus, dass die Verletzung des Urheberrechts sonst nur sehr unvollkommen sanktioniert wäre. Denn hier decken sich - wie auch bei den traditionell sog. **gewerblichen Schutzrechten** Patent, Gebrauchsmuster, Geschmacksmuster und Marken - geradezu typischerweise Schaden und Bereicherung nicht. Deshalb ist § 97 II 2 UrhG als Ausdruck eines allgemeinen, freilich nur in den genannten Materien gültigen Gedankens zu werten und in diesen Bereichen analog anzuwenden. Damit wird in wirtschaftlich besonders herausgehobenen Rechtsfeldern der Rechtsschutz erheblich effektiviert. Davon profitieren namentlich der auf der Schiene des Urhebergesetzes aufgegleiste Softwareschutz und der markenrechtlich gewährleistete Schutz des Markenartikels. Eine ähnliche Kombination von Schadensersatz und Abschöpfung einer erlangten Bereicherung findet sich im Wettbewerbsrecht (vgl. §§ 33 f. GWB, §§ 9 f. UWG), wobei die Mehrerlös- bzw. Gewinnabschöpfung allerdings dem Staat zugute kommt. Eben deshalb spielt § 10 I UWG in der Praxis keine Rolle, weil niemand das Risiko eines Prozessverlustes auf sich nehmen möchte, wenn er nicht aus einem Prozessgewinn Vorteil ziehen kann.

2. Grundprinzipien des Schadensersatzes

a) Naturalrestitution

Nach § 249 I BGB hat ein Schadensersatzpflichtiger einen Zustand herzustellen, der wirtschaftlich dem Zustand ohne das haftungsauslösende Ereignis entspricht. Es ist also der faktische Ereignisablauf mit einem hypothetischen zu vergleichen. Die **Differenz** zwischen beiden Zuständen ist begrifflich der **Schaden**. Das faktische Geschehen kann nun nicht ungeschehen gemacht werden. Deshalb kann das Gesetz sinnvollerweise auch nicht „Wiederherstellung" des früheren bzw. schadensfreien Zustandes verlangen. Aber das heißt eben auch nicht lediglich eine monetäre Bewertung dieses Schadens und Geldersatz. Geschuldet sind und auch nur verlangt werden können deshalb also grundsätzlich **Realleistungen**. Angesagt ist deshalb beispielsweise Reparatur der beschädigten Sache. Bei Zerstörung einer vertretbaren Sache, bei der die Individualität definitionsgemäß ja keine Rolle spielt, ist ein gleiches Exemplar zur Verfügung zu stellen. Bei Eingriffen in das Allgemeine Persönlichkeitsrecht, etwa durch Aufstellen ehrenrühriger falscher Behauptungen, sind die Äußerungen zu widerrufen etc. Das Gesetz statuiert mithin das Prinzip der **Naturalrestitution**.

Der Grundsatz der Naturalrestitution erfährt allerdings zahlreiche **Ausnahmen**. So kann nach § 249 II 1 BGB der Schadensersatzgläubiger bei Personen- oder Sachschäden nach seinem freien Belieben statt Naturalrestitution den zur Herstellung erforderlichen **Geldbetrag** verlangen, statt Operation und Pflege durch den Schädiger(!) also Ersatz der Krankenhauskosten, statt der Beseitigung des Unfallschadens am Auto durch den Schädiger selber (auch wenn dieser Inhaber einer Werkstatt sein sollte) also Ersatz der Reparaturkosten in einer Werkstatt nach Wahl des Geschädigten. Dabei ist zu merken, dass der zur Herstellung erforderliche Geldbetrag auch dann verlangt werden kann, wenn er dafür ganz zugegebenermaßen gar nicht verwendet werden soll. Umsatzsteuer kann dabei aber gemäß § 249 II 2 BGB nicht in Ansatz gebracht werden.

Beispiel: Das beschädigte Auto hat schon so manche Beule aufzuweisen, weshalb sein Eigentümer es vorzieht, die Euro 500, die die Reparatur kosten würde, lieber zur Finanzierung einer Urlaubsreise zu verwenden.

Dass die (fiktiven) Kosten der Naturalrestitution auch dann ersetzt verlangt werden können, wenn die Naturalrestitution gar nicht erfolgt, gilt auch im Verhältnis zum **Pflicht-Haftpflichtversicherer** bei Geltendmachung des Direktanspruches, so dass die **Versicherungsleistung** (Geldzahlung) nicht von der Vorlage einer Rechnung, sondern allenfalls von der Vorlage eines **Kostenvoranschlages** abhängig gemacht werden kann.

Ganz allgemein, nicht nur im Fall des § 249 II BGB, kann der Gläubiger das Prinzip der Naturalrestitution verlassen, wenn nach Verstreichen einer gesetzten, für den Einzelfall angemessenen **Frist** und einer **Ablehnungsandrohung** der reale Schadensausgleich nicht erfolgt ist (§ 250 BGB). Dann freilich kann auch nicht mehr auf Naturalrestitution beharrt werden. Vielmehr ist jetzt nur noch Geldersatz geschuldet.

Anders gelagert ist die durch § 251 I BGB angeordnete **Ausnahme**. Hier kann überhaupt und von vornherein nur Geldersatz verlangt werden. Denn der Schadensausgleich hat selbstverständlich dann in Geld zu erfolgen, wenn eine Naturalrestitution gar nicht möglich ist (§ 251 I, 1. Alt. BGB). Denn das Recht kann sinnvollerweise niemandem etwas Unmögliches abverlangen. Auf diesem

Gedanken beruht auch § 275 I BGB.

Beispiel: Das Evangeliar Heinrichs des Löwen verbrennt als Folge schuldhafter Brandstiftung; das (gebrauchte) Auto - keine vertrebare Sache - erleidet einen Totalschaden.

Dasselbe gilt nach dieser Norm, wenn Naturalrestitution zur Entschädigung nicht genügt (§ 251 I, 2. Alt. BGB). Das dürfte praktisch ebenfalls auf Unmöglichkeit der Naturalrestitution hinauslaufen.

Beispiel: Ein einmal beschädigtes Auto erzielt als „Unfallwagen" auch bei fachmännischer Reparatur nur einen geringeren Verkaufserlös (sog. **merkantiler Minderwert**), was nach § 251 I BGB in Geld zu ersetzen ist.

Demgegenüber gibt § 251 II 1 BGB dem Schadensersatzschuldner grundsätzlich (vgl. aber auch § 251 II 2 BGB) die Wahl, Naturalrestitution zu verweigern und stattdessen Geldersatz zu leisten, wenn die Kosten der Naturalrestitution unverhältnismäßig hoch wären. Auch hier findet sich eine Parallele im Recht der Leistungsstörungen, nämlich in § 275 II BGB.

Beispiel: Student S zerreißt in der Jura-Vorlesung aus aufgestauter Wut die mit sichtbaren Nutzungsspuren versehene BGB-Textausgabe seiner Kommilitonin K.

Gerade im Zusammenhang mit § 251 I BGB stellt sich häufig das Problem der **Nichtvermögensschäden**, solcher Schäden also, die ihrem Wesen nach nicht monetär bewertbar sind. Was ist beispielsweise Zahnschmerz am Weihnachtsfest „wert"? Mit § 251 I BGB in Berührung treten diese Schadensposten deshalb so häufig, weil bei ihnen auch oft Naturalrestitution nicht möglich oder nicht genügend ist. Bei verletzter **Ehre** etwa ist der Widerruf der ehrenrührigen Behauptung in aller Regel kein voller Schadensersatz (in Form der Naturalrestitution), denn etwas bleibt eben immer „hängen" (lat. „semper aliquid haeret"). Der erlittene **Schmerz** lässt sich nicht nachträglich aus der Welt schaffen, die **verminderte Lebensfreude** durch die Amputation eines Beines kann auch durch die beste Prothese nicht ausgeglichen werden etc. Gerade in diesen Fällen aber blockiert das Gesetz mit § 253 I BGB grundsätzlich den Geldersatz, und zwar aus einem logisch zwingenden Grund: eben weil solche Schäden definitionsgemäß nun einmal nicht in Geld bewertet werden können.

Diese **logische Ausweglosigkeit** bleibt bestehen, auch wenn § 253 II BGB in Ausnutzung des Vorbehalts von § 253 I BGB einen Geldersatz für immaterielle Schäden im Zusammenhang mit einer Körperverletzung bzw. Gesundheitsbeeinträchtigung sowie Freiheitsentziehung und Verletzung der sexuellen Selbstbestimmung (vgl. § 825 BGB) gewährt, wobei diese Aufzählung nach ganz h. M. um das Allgemeine Persönlichkeitsrecht (APR) zu erweitern ist. Die gesetzlich genannte sexuelle Selbstbestimmung ist im Übrigen ihrerseits ja nur ein Ausschnitt aus der APR. Und hierin gründet letztlich wohl auch §§ 15

II, 21 II 2 AGG, der bei Verstößen gegen die Benachteiligungsverbote der §§ 7 bzw. 19 AGG unbeschadet weiterer Ansprüche einen Anspruch auf „eine angemessene Entschädigung in Geld" vorsieht.

Als immaterieller Schaden im Zusammenhang mit einer Körperverletzung sind Schmerzen nun besonders häufig. Deshalb wird hier oft von **Schmerzensgeld** gesprochen. § 253 II BGB geht darüber aber eben - wie gesagt - weit hinaus.

Beispiele: Einbuße an Lebensfreude, weil infolge des Verlustes eines Fingers kein (privates) Klavierspiel mehr möglich ist.
Psychische Beeinträchtigungen bzw. soziale Kontaktschwierigkeiten durch erhebliche Gesichtsverbrennungen oder durch ehrverletzende falsche Behauptungen, z. B. man sei „Sittlichkeitsverbrecher".
Intimitätsverlust durch Verarbeiten personenbezogener Daten.
Auch nach Entschuldigung verbliebene Kränkung, weil man als Afrikaner wegen seiner ethnischen Herkunft und Rasse im Restaurant nicht bewirtet wurde.

Aus welchem Rechtsgrund heraus (Leistungsstörung, Delikt, Gefährdungshaftung etc.) Schadensersatz geschuldet wird, ist gleichgültig, wie sich aus der Stellung des § 253 II BGB im Allgemeinen Schuldrecht ergibt. Die zahlreichen Verweisungen auf § 253 II BGB in anderen Gesetzen (vgl. z. B. §§ 87 AMG, 11 StVG, 6 HaftPflG, 8 ProdHaftG, 13 UmweltHG) sind deshalb überflüssig und verwirrend. Verwirrend ist der Vorbehalt des § 253 I BGB auch insofern, als in den dort „durch das Gesetz bestimmten Fällen" keinerlei Abweichung gegenüber § 253 II BGB angeordnet ist. Faktisch wird der in § 253 I BGB erklärte Vorbehalt also einzig und allein mit § 253 II BGB ausgefüllt.

Der Geldersatz von Nichtvermögensschäden hat nach § 253 II BGB allerdings noch weitere, über die Verletzung der genannten Rechtsgüter (zuzüglich des Allgemeinen Persönlichkeitsrechts) hinausreichende Voraussetzungen: Grundsätzlich darf der immaterielle Schaden kein **Bagatellschaden** sein, sondern muss eine gewisse Erheblichkeit aufweisen. Unerhebliche immaterielle Einbußen sind nur dann in Geld ersatzfähig, wenn sie auf Vorsatztaten beruhen.

Beispiel: T fügt der O „zur Strafe" einen winzigen Schnitt in der Hand zu: An sich harmlose, „unerhebliche" Verletzung. Da T aber - im Rahmen des § 823 I BGB und wohl auch § 826 BGB - vorsätzlich gehandelt hat, muss er als Schadensersatz auch „Schmerzensgeld" leisten.

Da das Gesetz hier Unmögliches schlicht für möglich erklärt (nämlich einen Nichtvermögensschaden in Geld zu ersetzen), darf man sich über die enormen **Einschätzungsschwankungen** bei der monetären Bewertung immaterieller Schäden durch die Rechtsprechung nicht wundern und schon gar nicht darüber mokieren, wie dies die Öffentlichkeit zu tun pflegt.

Auf die grundsätzlichen **Bemessungsprobleme** der „billigen Entschädigung in Geld" (so § 253 II BGB) als Ersatz des Nichtvermögensschadens und der hierbei angeblich zu berücksichtigenden, sehr ominösen **Genugtuungsfunktion** kommt es allerdings häufig gar nicht an. Denn bei genauerer Betrachtung stellt sich der in Rede stehende Schaden seiner Art nach oft durchaus als Vermögensschaden dar. Denn mittlerweile sind früher viele als Nichtvermögensschäden zu klassifizierende Einbußen **kommerzialisiert** worden, sind also durch die ökonomische Entwicklung zu (unkörperlichen) Wirtschaftsgütern geworden. Dies zeigt sich daran, dass sie „käuflich" sind, einen **Marktpreis** haben.

Beispiele: Entzug der Gebrauchsmöglichkeit eines Kfz (fiktive Mietwagenkosten abzüglich eines von der Rechtsprechung nicht einheitlich bestimmten, aber jedenfalls erheblichen Betrages).
Vereitelter Kunstgenuss, weil einem Konzert nicht beigewohnt werden konnte (monetär bewertbar durch eine Konzertkarte).

Einen gesetzlichen Ausdruck hat diese **Kommerzialisierung originärer Nichtvermögensschäden** in § 651f II BGB gefunden: Wird eine (Pauschal-)Reise vereitelt oder erheblich beeinträchtigt, so kann der Reisende im Rahmen eines ihm zustehenden Schadensersatzanspruches auch wegen der nutzlos aufgewendeten **Urlaubszeit** eine „angemessene Entschädigung in Geld" verlangen, deren Bemessungsgrundlage der Reisepreis ist.

b) Totalreparation

§ 249 I BGB ist insofern ein sprachliches Meisterwerk, als er für die Schadensregulierung nicht nur das Prinzip der Naturalrestitution festschreibt. Ist nämlich der Zustand herzustellen, der ohne das schadensstiftende Ereignis bestünde, so liegt darin zugleich das Prinzip der **Totalreparation** beschlossen: Liquidierbar sind grundsätzlich alle durch das Schadensereignis kausal vermittelten Einbußen, dabei freilich nur diejenigen im Rechtskreis des Schadensersatzgläubigers (grundsätzliche Unzulässigkeit der sog. Drittschadensliquidation). Dabei zu berücksichtigen ist auch der **entgangene Gewinn** (§ 252 S. 1 BGB), was zur Liquidierbarkeit von **Opportunitätskosten** führt. Hinsichtlich dieser sog. **haftungsausfüllenden Kausalität** gilt nichts anderes als für die den Anspruch erst auslösende, **haftungsbegründende Kausalität**. Besonders zu beachten ist, dass es für die Berücksichtigung dieser Schadensposten nicht darauf ankommt, ob sie vom Schädiger gewollt oder wenigstens vorhersehbar waren. Das **Verschulden** in § 823 I BGB beispielsweise muss sich lediglich auf den tatbestandsmäßigen, zur Haftungsbegründung gehörenden Schaden (an „Leben, Körper ...") beziehen. Die h. M. neigt allerdings dazu, trotz bestehender Kausalität den Haftungsumfang mit Hilfe der sog. Adäquanztheorie zu begrenzen: Völlig fernliegende, „inadäquate" Folgen sollen demnach nicht mehr in den Schadensersatz einbezogen werden. Die h. M. verkennt damit freilich das Wesen der Kausalitätsfeststellung.

Beispiel: A verursacht im Jahre 1921 fahrlässig-schuldhaft einen Unfall, wodurch B, der sich auf dem Weg zur Unterzeichnung eines lukrativen Vertrages befindet, einen Beinbruch erleidet. Unglücklicherweise rollt B den herbeigeeilten Sanitätern von der Tragbahre und bricht sich dabei auch noch den Arm. Endlich im Krankenhaus, zieht sich B dort eine heimtückische Infektion zu, die zu einer bleibenden Herz-Kreislaufschwäche führt. Ihretwegen erreicht B Jahre später - 1944 - nicht mehr rechtzeitig den Luftschutzbunker und wird von einem Bombensplitter schwer getroffen.
A ist dem B jedenfalls aus § 823 I BGB zum Schadensersatz verpflichtet. Denkt man sich nun den Unfall hinweg, so hätte B aus dem geplatzten Vertrag wahrscheinlich (§ 252 S. 2 BGB) einen Nettogewinn von (umgerechnet) Euro 780.000 gezogen, wäre von den Sanitätern gar nicht auf die Bahre gelegt worden und hätte deshalb auch gar nicht herunterfallen können. Er hätte sich nicht infiziert und wäre letztendlich auch der Splitterverletzung entgangen. Für sämtliche Schäden ist A sonach in vollem Umfang haftbar, obwohl teilweise Ursache und Wirkung sehr weit entfernt voneinander liegen und von der Alltagsauffassung ganz unterschiedlich gewichtet werden (jedoch Maßgeblichkeit der „Äquivalenztheorie"!) und allesamt von A weder gewollt (kein Vorsatz) noch für ihn vorhersehbar waren (keine Fahrlässigkeit).

Schon im Prinzip der Totalreparation selber ist begrifflich beschlossen, dass der Geschädigte durch die Ersatzleistungen auch nicht besser gestellt werden soll, als er ohne das Schadensgeschehen stünde. Dies bedingt z. B. einen **Abzug „neu für alt"**.

Beispiel: Reifenstecher Robert wird von Albert auf Schadensersatz in Anspruch genommen. Albert kann für den von ihm beschafften Neureifen nach § 249 II 2 BGB nicht einfach den Kaufpreis ersetzt verlangen, sondern muss in Rechnung stellen, dass der zerstochene Reifen bereits eine Laufleistung von ca. 10.000 km aufwies, also mindestens zu 30% abgefahren war.

Im Wege dieser sog. **Vorteilsausgleichung** muss der Geschädigte bei der Bemessung seines Schadensersatzanspruches von seinen Krankenhauskosten etwa ersparte Lebenshaltungskosten (Verpflegung, Benzinkosten für Fahrt zur Arbeitsstelle etc.) absetzen. Auf eben diesem Gedanken der Vermeidung einer Bereicherung durch Schadensersatzleistung beruht § 255 BGB, der eine **Doppelentschädigung** vermeiden will, dessen Handhabung im konkreten Fall freilich oft zweifelhaft sein kann. Anerkannt ist jedenfalls, dass Ansprüche aus einem **Versicherungsvertrag** nicht abgetreten werden müssen. Denn sonst hätte der Versicherungsnehmer mit seinen Prämien im Ergebnis ja die Schadensersatzleistung seines Haftpflichtschuldners selber finanziert. Dort, wo gesetzliche Vorschriften wie z. B. die §§ 86 VVG, 116 SGB X eine **Legalzession** vorsehen, ist eine Vorteilsausgleichung im vorgenannten Sinn schon gesetzlich ausgeschlossen, weil sonst gar kein Anspruch des Geschädigten auf die Versicherung mehr übergehen könnte, wie jene Vorschriften dies sinngemäß aber voraussetzen. Schon diese Aspekte zeigen, dass der zu ersetzende Schaden nicht allein durch ein Blick auf das faktische Geschehen festzustellen ist, sondern auch einer Wertung bedarf (sog. **normativer Schadensbegriff**). Damit in einem lockeren gedanklichen Zusammenhang steht die Möglichkeit einer **abstrakten Schadensberechnung**. Sie steht dem Schadensersatzgläubiger nur in seltenen Fällen zur Verfügung, wie z. B. bei der Berechnung des Verzugsschadens bei Geldforderungen nach § 288 I und II BGB oder beim Handelskauf gemäß § 376 II HGB: Wenn der Käufer Schadensersatz „wegen Nichterfüllung", also statt der Leistung nach § 281 BGB verlangen kann, kann er, sofern die zu liefernde Ware einen Börsen- oder Marktpreis hat, als Schadensersatz den Unterschied zwischen Kaufpreis einerseits und aktuellem Börsen- oder Marktpreis am Leistungsort fordern. Damit nicht zu verwechseln ist das prozessökonomische Instrument der richterlichen **Schadensschätzung** nach § 287 ZPO.

Echte Einschränkungen des „Alles oder Nichts"-Prinzips der Totalreparation finden sich durchweg im Bereich der **Gefährdungshaftung**. So werden - im Einzelnen unterschiedlich - z. B. in §§ 9, 10 HaftPflG, 12 StVG, 37, 46 LuftVG, 88 AMG sowie im Produkthaftungsgesetz ersatzfähige **Höchstbeträge** festgelegt. Vereinzelt findet sich eine Obergrenze des liquidierbaren Schadens auch bei der Verschuldenshaftung: Im Transportrecht wird grundsätzlich überhaupt nur begrenzt gehaftet (§§ 429 ff. HGB), die Totalreparation bildet die Ausnahme in Fällen besonders schweren Verschuldens des Frachtführers oder seiner Leute nach Maßgabe des § 435 HGB. Eine Haftungsbegrenzung gilt grundsätzlich auch für die gesetzliche Haftung des Beherbergungsgastwirts nach § 702 I BGB (beachte aber auch die Totalreparation nach § 702 II BGB!).

In der Schadensregulierung eine ganz besondere Rolle spielt § 254 BGB, mit dem im praktischen Ergebnis vom Prinzip der Totalreparation im konkreten Einzelfall oft wenig übrig bleibt. Nach § 254 BGB hängt der Umfang des Schadensersatzes nämlich generell auch davon ab, inwieweit bei der Haftungsbegründung, also bei der **Schadensentstehung** (§ 254 I BGB) und der weiteren **Schadensentwicklung** (§ 254 II BGB) den Geschädigten oder Personen, die seine Interessen wahren (§ 254 II 2 BGB verlangt eine entsprechende Anwendung des § 278 BGB) ein **Mitverschulden** trifft. Ein solches Mitverschulden kann in unübersehbar vielen Erscheinungsformen auftreten.

Beispiele: Nichtverwendung von Sicherheitsgurten im Zusammenhang mit Verletzungen bzw. Todesfällen bei Verkehrsunfällen.
Nichtabschließen des Gebäudes im Zusammenhang mit Diebstählen.
Mitverschulden an Vermögensschäden durch EC-Kartenmissbrauch, wenn PIN-Nummer und EC-Karte zusammen aufbewahrt oder die PIN-Nummer auf der EC-Karte notiert wurde und deshalb zusammen verloren gehen konnten.
Mitverschulden an der Zerstörung des Hauses durch Brand, obwohl bei Vorhandensein eines funktionsfähigen Handfeuerlöschers der Anfangsbrand hätte

gelöscht werden können.

Die vorstehenden, für das Vorliegen eines Mitverschuldens wohl einschlägigen Beispiele dürfen nicht darüber hinwegtäuschen, dass die Prüfung des Mitverschuldens in der Praxis oft überaus schwierig ist und oft zu wenig überzeugenden Ergebnissen führt.

Beispiele: Eine junge, attraktiv gekleidete Frau wird bei einem abendlichen Spaziergang im Park überfallen und erleidet dabei Verletzungen: selber (mit) schuld?
Zuschauer eines Autorennens werden bei einem Unfall durch ein schleuderndes Fahrzeug verletzt: Sind sie selber (mit)schuld, weil sie überhaupt hingegangen sind? Oder nur, wenn sie im Bereich einer Außenkurve Platz genommen haben? Oder gar nicht?

§ 254 BGB knüpft an das Mitverschulden die Rechtsfolge der **Schadensteilung**, die im Extrem sogar zur Reduktion des liquidierbaren Schadens auf Null führen kann, obwohl auch hier der Schadensersatzanspruch begrifflich, dem Grunde nach, bestehen bleibt. Der Schadensersatzgläubiger kann also nicht mehr auf das Regulierungsprinzip der Totalreparation zurückgreifen. § 254 BGB statuiert damit eine **Obliegenheit**, auch wenn man im Zusammenhang mit § 254 BGB oft von der „Pflicht" zur Schadensverhütung und -begrenzung des Geschädigten spricht. Diese Obliegenheit ist ihrerseits lediglich Ausdruck eines allgemeinen Rechtsgedankens (lat. „venire contra factum proprium"). § 254 BGB greift also nicht nur im Rahmen der vertraglichen oder deliktischen **Verschuldenshaftung**, obwohl in § 254 I BGB vom „Verschulden" des Geschädigten die Rede ist, sondern auch gegenüber Ansprüchen aus **Gefährdungshaftung**. Dies ist häufig ausdrücklich klargestellt (vgl. z. B. §§ 9 StVG, 4 HaftPflG), gilt aber auch sonst (z. B. bei der Tierhalterhaftung des § 833 S. 1 BGB).

3. Erfüllungs- und Vertrauensschaden

Im Zusammenhang mit gescheiterten oder gestörten Vertragsbeziehungen - und nur hier! - taucht ein spezifisches Problem bei der Schadensbestimmung auf. Schaden ist ja begrifflich eine Differenz, und die hier nun gestellte Frage ist, mit welchem Idealzustand die gegenwärtige Lage des Schadensersatzgläubigers zu vergleichen ist: Ist der Gläubiger so zu stellen, wie er bei programmgemäßer Vertragsabwicklung stünde (sog. **positives** oder **Erfüllungsinteresse**), oder so, wenn er gar nicht auf die Wirksamkeit des Rechtsgeschäftes vertraut hätte, wenn er also von vornherein gewusst hätte, dass „aus der Sache nichts wird" (sog. **negatives** oder **Vertrauensinteresse**). Von beiden Differenzansätzen macht das Gesetz Gebrauch. Dabei tauchen signifikante sprachliche Wendungen auf. Wird Schadensersatz „statt der Leistung" gewährt (z. B. in §§ 281 ff. BGB), so ist auf das Erfüllungsinteresse abzustellen. §§ 122 I und 179 II BGB beispielsweise beziehen sich hingegen auf den Schaden, den jemand dadurch erleidet, dass er auf eine bestimmte, dort näher bezeichnete Rechtslage „vertraut", richten sich also auf Ersatz des negativen Interesses. Der Schaden kann dabei z. B. in Versand- oder Reisekosten bestehen. Ökonomisch gesehen geht es hier also um die **Transaktionskosten** des nichtigen Rechtsgeschäfts.

Beispiel: K bestellt bei V Waren, die V durch einen Paketdienst dem K zuliefern lässt. Danach erklärt K wirksam die Anfechtung wegen Erklärungsirrtums (§ 119 I, 2. Alt. BGB). Wegen Wegfall des Kaufvertrages (§ 142 I BGB) entfällt zwar die Pflicht zur Kaufpreiszahlung, K muss dem V aber die Versandkosten gemäß § 122 I BGB ersetzen: Hätte V das rückwirkende Scheitern der Lieferbeziehung von Anfang an gekannt, hätte er natürlich keinen Transport veranlasst.

Wird - gestützt etwa auf § 122 I BGB - Ersatz des **entgangenen Gewinns** verlangt, so ist zu unterscheiden, ob das Vertrauens- oder das Erfüllungsinteresse verlangt wird. Soweit der Geschädigte so gestellt würde, als wäre das Rechtsgeschäft erfüllt worden, ist der entgangene Gewinn nicht zu ersetzen. Das ist der Fall, wenn er Ersatz des Gewinns aus dem nichtigen Rechtsgeschäft verlangt.

Beispiel: K ist es auf Grund seines Verhandlungsgeschicks gelungen, von V Waren im Wert von Euro 900 für Euro 750 zu kaufen. V hat den Vertrag wirksam angefochten. K hätte einen Gewinn in Höhe von Euro 150 erzielt. Diesen kann er nicht als Vertrauensschaden liquidieren, da er dann so stehen würde, als wäre der Vertrag erfüllt worden.

Hat der Geschädigte im Vertrauen auf den Bestand eines Rechtsgeschäfts einen anderen Vertrag nicht geschlossen, so ist dieser entgangene Gewinn jedoch als Teil des negativen Interesses zu ersetzen. Insoweit handelt es sich ökonomisch gesehen also um die **Opportunitätskosten** des nichtigen Rechtsgeschäftes.

Beispiel: V vermietete eine Maschine an K für Euro 3.000. K erklärte wirksam die Anfechtung wegen Irrtums. V hatte mit Rücksicht auf den mit K geschlossenen Vertrag ein Angebot des D, der Euro 2.800 zahlen wollte, abgelehnt. V kann Ersatz von Euro 2.800 verlangen.

Die Höhe des negativen Interesses kann die des positiven Interesses begrifflich überschreiten. In den Fällen der §§ 122 I, 179 II BGB bildet das positive Interesse jedoch ausdrücklich die obere Grenze des Schadensersatzanspruches. Der Geschädigte soll nicht besser gestellt werden, als er bei Wirksamkeit des Rechtsgeschäfts stünde. Sonst würden dem Geschädigten ja Risiken abgenommen, die er bei programmgemäß abgewickeltem Vertrag selber hätte tragen müssen!

Beispiel: V und K schließen einen Kaufvertrag, wozu V mit der Eisenbahn von seinem Wohnsitz zum Wohnsitz des K anreisen musste. Nach Rückkehr des V erklärt K wirksam die Anfechtung des Vertrages wegen Irrtums. V hätte einen Gewinn von Euro 2.700 gemacht. Seine Fahrtkosten beliefen sich auf Euro 35. Er macht geltend, wenn er nicht zu K gereist wäre, hätte er durch den Abschluss eines anderen Vertrages einen Gewinn von Euro 2.800 erzielt. Hätte V nicht auf die Wirksamkeit des Vertrages mit K vertraut, hätte er keine Fahrtkosten aufgewendet und den Gewinn von Euro 2.800 gemacht. Wegen der Begrenzung des negativen Interesses auf das positive Interesse aus dem angefochtenen Geschäft durch § 122 I BGB kann V jedoch nicht Euro 2.835, sondern nur Euro 2.700 verlangen.

§§ 15 I, 21 II 1 AGG verpflichten bei einem Verstoß gegen die **Diskriminierungsverbote** des § 7 bzw. 19 AGG zu einem Schadensersatz eigener Art, wegen des Prinzips der **Anspruchskonkurrenz** (oder: Anspruchskumulation) natürlich unbeschadet anderer Ansprüche. Außerdem ist als Ersatz des Nichtvermögensschadens in diesen Fällen nach § 15 II 1 bzw. 21 II 3 AGG eine „angemessene Entschädigung in Geld" zu leisten, wobei § 15 II 2 AGG eine Begrenzung in Höhe von 3 Monatsgehältern normiert. Während die Bemessung von Nichtvermögensschäden in Geld auch hier ein nicht lösbares logisches Problem aufwirft, stellt sich für §§ 15 I AGG und 19 II AGG schon die Frage, ob das Vertrauens- oder aber das Erfüllungsinteresse zu ersetzen ist. Für Letzteres fehlt es am gedanklichen Ansatzpunkt, da ja gerade kein Vertrag geschlossen wurde und deshalb jede Schadensbestimmung willkürlich erscheint. Außerdem wird der Gläubiger bei diesem Ansatz von Lebensrisiken auf Kosten des Schuldners freigestellt.

Beispiel: Wenn der arbeitssuchende A eingestellt worden wäre und nicht an seiner Statt gerade wegen ihres Geschlechts die Blondine B die ausgeschriebene „Position eines Chefsekretärs/einer Chefsekretärin" erhalten hätte, wäre er demnächst vielleicht (wirksam) gekündigt worden oder hätte auf Grund seiner Entscheidung zu einem anderen Unternehmen gewechselt. Auch hätte das Unternehmen, was ja keinesfalls ungewöhnlich ist, vielleicht Insolvenz anmelden müssen etc.

Trotz der genannten Einwände sieht die h. M. den Schadensersatzanspruch nach §§ 15 I, 21 II 1 AGG auf Ersatz des Erfüllungsinteresses gerichtet, so dass nicht nur Fahrtkosten, Bewerbungskosten und ähnliche Posten des Vertrauensinteresses zu ersetzen sind.

Ähnliche Schwierigkeiten bei der **Bemessung** eines Schadensersatzanspruches ergeben sich bei der **culpa in contrahendo** („cic"), wenn ohne die vorvertragliche Pflichtverletzung der Vertrag geschlossen worden wäre. So verhält es sich insbesondere beim nicht vollzogenen (engl.) **letter of intent**. Hier ist der Geschädigte im Einklang mit der insoweit im Blick auf die Auslegung der §§ 15 I, 21 II 1 AGG in sich nicht stimmigen, hier aber sachlich zutreffenden h. M. so zu stellen, wie er ohne die Vertrauensenttäuschung stehen würde. Der Geschädigte kann in diesem Fall also nur Ersatz des **negativen Interesses** (Transaktionskosten, Opportunitätskosten) verlangen. Dabei ist der Schadensersatzanspruch nach dem Vorbild der §§ 122 I, 179 II BGB durch das positive Interesse begrenzt.

Schließt umgekehrt der Käufer beispielsweise infolge unrichtiger Angaben des Verkäufers einen Vertrag, den er ohne die falsche Auskunft nicht geschlossen hätte, so kann er nach §§ 280 I, 311 II BGB als Schadensersatz aus „cic" **Rückabwicklung** des Vertrages verlangen oder an ihm festhalten. Verlangt der Käufer, dass der Vertrag aufgehoben und rückabgewickelt wird, so bemisst sich der Schaden grundsätzlich danach, welche Aufwendungen der Geschädigte im Vertrauen auf die Richtigkeit der vom Schädiger erteilten Auskunft nutzlos erbracht hat. Ist eine **Rückabwicklung nicht möglich** oder hält der Geschädigte, der bei anfänglicher Kenntnis der wahren Sachlage den Vertrag nicht abgeschlossen hätte, nun daran fest, so ist der Käufer so zu stellen, als sei es ihm bei Kenntnis des wahren Sachverhaltes gelungen, den Kaufvertrag günstiger abzuschließen. Schaden ist der Betrag, um den im enttäuschten Vertrauen auf die Richtigkeit der Angaben überhöht gekauft wurde.

Beispiel: K will von V Gesellschaftsanteile kaufen. V legt eine Bilanz vor, aus der sich ein Gewinn der Gesellschaft von Euro 10.000 ergibt. Tatsächlich hat diese einen Verlust in Höhe von Euro 1,5 Mio. Auf Grund der Angaben des V entschließt sich K, die Anteile zu erwerben. Nach Vertragsschluss erkennt K die wahre finanzielle Lage und muss Euro 8 Mio. zur Verfügung stellen, um die Gesellschaft zu retten. K verlangt Schadensersatz, will aber am Kaufvertrag festhalten, da die Gesellschaft inzwischen Gewinne macht. Er kann Ersatz der Differenz zwischen dem gezahlten Kaufpreis und dem Betrag verlangen, welcher dem tatsächlichen Verkaufswert der Anteile entsprach.

Mit dieser Fallgestaltung nicht zu verwechseln ist die bloße Erteilung eines Rates oder einer Auskunft: Für deren Sachgerechtigkeit oder Richtigkeit wird nach § 675 II BGB überhaupt nicht gehaftet. Anders verhält es sich aber dann, wenn Rat und Auskunft in Erfüllung einer vertraglichen Pflicht (z. B. aus §§ 611, 631 BGB) erteilt werden. Dann greifen wiederum die allgemeinen Regeln über Leistungsstörungen. Besteht demnach ein Schadensersatzanspruch aus § 280 I BGB, so richtet er sich wie auch sonst auf das Erfüllungsinteresse.

B. Besonderer Teil: Rechtsstrukturen spezieller betriebswirtschaftlicher Felder

I. Unternehmensgründung

1. Unternehmensgründung als Existenzgründung

Die Gründung von Unternehmen ist von den **Erscheinungsformen** her sehr unterschiedlich. Das Spektrum reicht von der Existenzgründung bis hin zur Gründung eines Tochterunternehmens oder der Beteiligung an einem Gemeinschaftsunternehmen („joint venture"), vom Kapitaleinsatz her betrachtet dabei von (zunächst) völlig fehlendem Betriebsvermögen bis zu enormen Beträgen, deren Höhe keine Begrenzung kennt. Die damit angesprochenen Szenarien unterscheiden sich so wesentlich, dass es an dieser Stelle keinen Sinn macht, von der Gründung eines Ein-Mann-Unternehmens bis hin zur Gründung einer Aktengesellschaft (AG) alles abhandeln zu wollen.

Das Augenmerk soll in Folgendem vielmehr ganz gezielt auf die **Unternehmensgründung** gelenkt werden, die den Übergang von der unselbständigen Erwerbstätigkeit als Arbeitnehmer in den wirtschaftlich und rechtlich ganz anders gearteten Status des selbständigen Unternehmers bezeichnet. Denn national wie supranational werden die Unternehmensgründungen bisheriger Arbeitnehmer bzw. arbeitsloser Personen aus arbeitsmarktpolitischen und wirtschaftspolitisch-strukturellen Gründen wie die daraus resultierenden kleinen und mittleren Unternehmen („KMU") besonders unterstützt. Es geht also um die **Existenzgründer**, die sich in der begrifflichen Grauzone zwischen § 13 BGB (Verbraucher) einerseits, § 14 BGB (Unternehmer) andererseits bewegen. Nach richtiger Ansicht haben die Existenzgründer in dieser Rolle wegen der in § 512 BGB n. F. (§ 507 BGB a. F.) zum Ausdruck kommenden gesetzlichen Grundentscheidung den Status von Verbrauchern, jedenfalls bis zu einem Geschäftswert von Euro 75.000 (früher Euro 50.000).

> **Beispiele:** Anmieten von Räumen für das zukünftige Unternehmen; Kauf von Maschinen, Computern und Büromöbeln; Aufnahme von Betriebsmittelkrediten; Abschluss von Franchise-Verträgen; Verfügbarkeit der Widerrufsrechte nach §§ 312 Abs. 1, 312d Abs. 1 BGB, Schutz durch §§ 308 f. BGB vor unangemessenen Geschäftsbedingungen (der Unternehmern nach § 310 III BGB nicht zuteil wird).

2. Rechtsformwahl

Die Geschäftsidee des Unternehmensgründers ist das Eine, die Wahl der **Rechtsform**, in der diese Idee erfolgreich verwirklicht werden soll, das Andere. Hierbei handelt es sich um eine fundamentale Entscheidung im Rahmen der Existenzgründung, deren Wichtigkeit in der Matrix des gesamten Problemfeldes der Existenzgründung oft unterschätzt wird. Dabei sollte auch schon eine zukünftige positive Entwicklung mit bedacht werden, um eine grundsätzlich durchaus mögliche, hier nicht näher darzustellende **Umwandlung** des Unternehmens im Zuge seines Wachstums tunlichst zu vermeiden: Die Umwandlung bedeutet immer einen Wechsel des maßgeblichen Rechtsregimes und zieht auch erhebliche Kosten nach sich.

Der Unternehmensgründer muss sich zunächst fragen, ob er selbst der Träger des Unternehmens sein, ob er also als Einzelunternehmer wirken will. Das **Einzelunternehmen**, dessen Inhaber also schlicht eine natürliche Person, ein Mensch ist, zeichnet sich dabei unbestreitbar durch den geringsten Gründungsaufwand und das Fehlen rechtsformstruktureller Probleme aus: Es gibt weder ein gesetzlich vorgeschriebenes Mindestkapital noch eine obligatorische Gründungsprüfung; die Notwendigkeit, Gewinnentnahmen zu reglementieren, entfällt von vornherein, da es rechtlich gesehen überhaupt nur eine Vermögensmasse gibt, mag der Einzelunternehmer auch Betriebs- und Privatvermögen gedanklich und operativ trennen. Für eine Regelung der Haftungsbeschränkung oder der Nachschusspflicht fehlt es an jeglichem Ansatpunkt, ebenso wie für Überlegungen zu Geschäftsführungs- und Vertretungsbefugnis.

Das Einzelunternehmen birgt allerdings wegen der **Haftung des Inhabers** für alle Schulden mit seinem gesamten Vermögen ein großes existentielles Risiko in sich. Abhilfe leistet hier die Gründung einer juristischen Person wegen des für sie charakteristischen Trennungsprinzips, namentlich in Form einer „Ein-Mann-GmbH", die allerdings schon rein rechtlich einen hohen Gründungsaufwand erfordert. Hier schafft die UG Abhilfe. Diese Rechtsform erlaubt das „Ansparen" des erforderlichen Mindest-Stammkapitals durch weitgehende **Thesaurierung** von Gewinnen, also durch deren Verbleiben im Gesellschaftsvermögen. Dennoch ist der **Gründungsaufwand** schon wegen der Kosten für die notarielle Beurkundung des Gesellschaftsvertrags beträchtlich. Aber auch bei einer solchen „Ein-Mann-GmbH" (oder -UG) ist die Gesellschaft der Unternehmensträger, nicht etwa ihr einziger Gesellschafter. Im Zusammenhang mit der Gründung einer GmbH bzw. einer UG ist schließlich auf eine sehr zügige Eintragung der Gesellschaft in das Handelsregister zu achten, um als Gründer überhaupt in den Genuss des Trennungsprinzips kommen zu können (vgl. § 11 I GmbHG), also nicht im

Rahmen einer Vorgründungs-GmbH oder Vor-GmbH in irgend einer Weise mit dem Privatvermögen haften zu müssen.

Die Alternative zum unternehmerischen „Einzelkämpfer", sei es als Einzelunternehmer, sei es als „Geschäftsführender Alleingesellschafter" einer GmbH oder UG, bildet die Gründung einer **Gesamthandsgesellschaft** (sog. Personengesellschaft), namentlich einer GbR, OHG oder KG. Ihre Gründung ist einfach und billig, eröffnet die zwanglose Möglichkeit einer Beteiligungsfinanzierung sowie einer Arbeitsteilung bei Geschäftsführung und Vertretung.

3. Registrierung und Firmenwahl

In vielen Ländern außerhalb der EG spielt die Frage der Registrierung der Unternehmen eine zentrale Rolle. Denn die Registrierung entscheidet dort über den legalen **Marktzutritt**. Fehlende Registrierung lässt nicht selten geschäftliche Tätigkeiten als kriminelle Machenschaften erscheinen, denen mit strafrechtlichen Mitteln begegnet wird. In Deutschland wie in den anderen wirtschaftskulturell durch Gewerbefreiheit geprägten Regionen Mittel- und Westeuropas und im angelsächsischen Wirtschafts- und Rechtsraum ist die Situation anders. Zwar hat die **Registrierung** eines Unternehmens durchaus auch hier erhebliche rechtliche Bedeutung, aber doch prinzipiell andere Funktionen.

Wer ein Gewerbe betreiben will, unterliegt in Deutschland gemäß § 14 der Gewerbeordnung (GewO) grundsätzlich einer Anzeigepflicht, bedarf jedoch keiner Erlaubnis. Die **gewerberechtliche Registrierung** des Unternehmens im Gewerbezentralregister (dazu §§ 149 ff. GewO) verfolgt polizeiliche Zwecke, dient also der Gefahrenabwehr, aber auch Zwecken der Wirtschaftsstatistik, nicht jedoch staatlicher Wirtschaftsstrukturpolitik. Aus polizeilichen Interessen erklären sich auch die Ausnahmetatbestände der §§ 29 ff. GewO.

Beispiel: Notwendigkeit einer Erlaubnis zum Betreiben eines „Security"-Unternehmens.

Neben dieser rein öffentlichrechtlich aufgestellten gewerberechtlichen Registrierung steht die Führung des Handelsregisters. Die **handelsrechtliche Registrierung** dient der Erfassung von Firmen, also der Handelsnamen im Sinne der Selbstbezeichnung der Kaufleute im Geschäftsverkehr. Die Registrierung der Firmen im Handelsregister dient im Wesentlichen dem Schutz ihrer Träger und ferner der Publizität als dem generell tragenden Grund für die Eintragung bestimmter Tatsachen.

Beispiele: Identität der Gesellschafter und Geschäftsführer, Vertretungsbefugnis bestimmter Personen (Prokuristen), Höhe des Stammkapitals, Haftungsausschluss bei Übernahme einer Firma.

Der noch durch das Wettbewerbsrecht verstärkte Firmenschutz durch Registrierung zielt seinerseits auf die zuverlässige Identifizierbarkeit von Unternehmen am Markt, was für die Entscheidungen der Marktgegenseite ebenso unverzichtbar ist wie für den Aufbau und Erhalt des „goodwill" eines Unternehmens.

Die Wahl der Firma will also gut überlegt sein. Sie muss ja nicht nur rechtlich zulässig sein (darf also insbesondere nicht zur Irreführung geeignet sein, vgl. hier nur § 18 HGB, § 5 UWG), sondern soll die Marktteilnehmer auch positiv ansprechen. Die Firma soll also einen Beitrag zur erfolgreichen **Marktkommunikation** leisten. Deshalb ist z. B. auch auf Einprägsamkeit der Firma zu achten sowie darauf, dass die Firma auch in den Sprachen jener Länder gut aussprechbar ist, auf denen Marktaktivitäten stattfinden soll. Geklärt werden sollte auch, wo insbesondere durch abgekürzte Firmen Tabus berührt werden. Bei Wahl der Firma ist ferner darauf zu achten, dass sie auf Dauer unverändert geführt werden kann, also so, dass sie nicht auf Grund des Wachstums der Unternehmung oder wegen seiner sich wandelnden wirtschaftlichen Ausrichtung geändert werden muss. Denn dies wäre für die **Unternehmensidentifikation** am Markt sehr nachteilig.

Da nur ein Kaufmann bzw. eine Handelsgesellschaft eine Firma im Rechtssinne mit den genannten Schutzwirkungen hat und nur Firmen im Handelsregister eingetragen werden können, spielt die Frage, ob eine Unternehmung den Kaufmannsstatus hat, eine so große Rolle. Geht man für die typische Unternehmensgründung als Existenzgründung noch einmal davon aus, dass sie einen eher kleinen Zuschnitt hat, also keine kaufmännische Innenorganisation benötigt, wird sie sehr oft weder als Einzelunternehmen noch als Gemeinschaftsunternehmen in Form einer Gesamthandsgesellschaft („Personengesellschaft") den **Kaufmannsstatus** des § 1 Abs. 2 HGB besitzen. Für deutsche KMU, die auf ausländischen Märkten Osteuropas (namentlich Russland und Belarus), aber auch auf den Märkten Asiens operieren, ist dies besonders misslich, da sie dort oft, selbst von den obersten Wirtschaftgerichten, in Unkenntnis der europäischen, insbesondere deutschen Rechtslage als dubiose, illegale Machenschaften betrachtet und behandelt werden. Die durch §§ 2, 105 II HGB eröffnete Eintragungsoption mit konstitutiver, ein firmenfähiges Handelsgewerbe schaffender Wirkung hat gerade auch unter diesem Aspekt eine große Bedeutung.

4. Existenzgründungsfinanzierung

Es wurde bereits darauf hingewiesen, dass die Unternehmensgründung als Existenzgründung wirtschafts- und arbeitsmarktpolitisch hoch erwünscht ist. Dementsprechend wird sie staatlich auf verschiedenste Weise gefördert. Zahlreiche Institutionen, in Deutschland vor allem auch die Industrie- und Handelskammern, Wirtschaftsförderungs-Gesellschaften der Städte und Gemeinden sowie sog. Technologiezentren in kommunaler Trägerschaft leisten eine aufwändige und weitgehend kostenfreie Gründungsberatung und (immaterielle) Gründungshilfe. Darüber hinaus gibt es zahlreiche Programme mit immer wieder wechselndem Inhalt, die auf finanzielle Unterstützung von Unternehmensgründern zumindest in der Startphase abzielen.

Auch solche der Existenzgründung dienenden **Subventionen** folgen einem charakteristischen 2-Stufen-Prinzip: Auf der ersten Stufe, auf der über die Bewilligung von Subventionen zu entscheiden ist, herrscht öffentliches Recht mit all den rechtsstaatlichen Bindungen, der die öffentliche Leistungsverwaltung wie die Eingriffsverwaltung unterliegen. Hier werden die Voraussetzungen einer **Anschubfinanzierung** für „junge" Unternehmen geprüft und über die Art der finanziellen Förderung (Kredite oder nicht rückzahlbare Zuschüsse) entschieden.

Gegen die Ablehnung von Förderanträgen sind die regulären verwaltungsrechtlichen Rechtsbehelfe, namentlich Widersprüche möglich und daran anschließend der verwaltungsgerichtliche Instanzenzug eröffnet. Wird die Subvention bewilligt, erfolgt die Abwicklung dieser Bewilligung in den Formen privatrechtlicher Verträge, rechtssystematisch gesehen also als Darlehen oder Schenkung. Zur Finanzierung einer Unternehmensgründung wird aber selbstverständlich auch der private Kapitalmarkt herangezogen, auf dem Schenkungen allerdings (leider) unbekannt sind. Es dominiert hier der **Bankkredit**, bei dem der Existenzgründer, wie gesagt, nach § 512 BGB n. F. (§ 507 BGB a. F.) grundsätzlich Verbraucherschutz genießt.

II. Beschaffung, Absatz und Logistik

1. Nationale und internationale Lieferbeziehungen und Logistik

Zentrales Vehikel der Betriebe für die **Beschaffung** von körperlichen Gütern (also von **Material** wie z. B. Rohstoffen, Teilen, Halbfabrikaten, aber auch von **Betriebsmitteln** wie etwa Maschinen, Betriebsgrundstücken etc.) ist der **Kaufvertrag**. Für den **Absatz**, das Spiegelbild der Beschaffung, hat der Kaufvertrag naturgemäß dieselbe überragende Bedeutung. Dies setzt sich fort bis hin zur Beschaffung der privaten Haushalte. Im Folgenden sind aber vor allem die betrieblichen Beschaffungs- und Absatzvorgänge rechtlich zu beleuchten. Leitlinie der Darstellung ist dabei das deutsche Recht. Um die darin involvierten logistischen Probleme zu lösen, bedarf es aus rechtlicher Sicht für den innerbetrieblichen Material- und Informationsfluss, also für die

Intralogistik, durchweg lediglich der Ausübung des arbeitsvertraglichen Weisungsrechts. Für die **Interlogistik**, also für die Überwindung logistischer Distanzen zwischen Unternehmen, sind die vertragsrechtlichen Herausforderungen jedoch schon wegen der Vielfalt der logistischen Aufgaben erheblich. Der klassische, im Handelsrecht ausgebildete Speditions-, Fracht- und Lagervertrag sowie der Kommissionsvertrag markieren hier lediglich den Kernbereich des interlogistischen Vertragsrechts. Für das Rechtsregime anderer Logistikaufgaben fehlen weitestgehend handelsrechtlich besonders ausgeprägte Vertragstypen.

Beispiele: Verpackung und Verwiegung, Be- und Entladung, Stauen von Stückgütern, Trimmen von Schüttgütern, Güterumschlag, Lagerung, Dokumentation des Transportprozesses und des Transportgutes, Optimierung und Aktualisierung von Logistiksoftware, Retourenmanagement, Entsorgung etc.

Vielfach übersehen wird bei alledem, dass es regelmäßig ein Kaufvertrag ist, der die Basis logistischer Prozesse ist und diese steuert, der aber umgekehrt schon bei seiner Abfassung auch die verfügbaren logistischen Ressourcen im Auge haben muss.

Solange Kauf und Verkauf im nationalen Raum stattfinden, kann auf §§ 433 ff. BGB, ergänzt durch §§ 373 ff. HGB zurückgegriffen werden. Der **internationale Warenkauf und -verkauf**, also Kauf und Verkauf beweglicher Sachen mit irgend einem Auslandsbezug, sprengt freilich diesen Rahmen und ist dabei in einer globalisierten Wirtschaftswelt zugleich eine alltägliche Erscheinung. Dies wirft die Vorfrage auf, welches Rechtsregime für solche Verträge gelten soll.

Beispiel: Ein deutsches Maschinenbauunternehmen verkauft ein Produkt nach China und beschafft sich für die Fertigung Elektronik-Komponenten aus Südkorea.

Das Problem hat durch das UN-Übereinkommen über Verträge über den internationalen Warenkauf (**CISG**) etwas an Schärfe verloren. Zumindest bei Kaufverträgen von Parteien in den Vertragsstaaten des CISG steht ein insoweit international einheitlich geltendes Recht zur Verfügung. Dem CISG beigetreten (also sog. Vertragsstaaten) sind fast alle Mitgliedsstaaten der EG, darunter natürlich Deutschland, England, Frankreich, Italien und Spanien, aber auch die Schweiz sowie weitere bekannte „global players" wie die USA, Kanada, Russland, Japan, China, Süd-Korea, Australien, und viele weitere Staaten innerhalb und außerhalb Europas.

Nach Art. 1 I CISG findet dieses kurz sog. **UN-Kaufrecht** grundsätzlich auf alle Warenkaufverträge mit Ausnahme vor allem von Privatgeschäften (Art. 2 trotz Art. 1 III CISG!) jedenfalls dann Anwendung, wenn die Parteien in den Vertragsstaaten residieren. Angesichts des weltweiten Beitritt-Trends zum CISG ist beim internationalen Warenkauf demnach regelmäßig zunächst von der Geltung des UN-Kaufrechts auch im konkreten Einzelfall auszugehen. Das UN-Kaufrecht ist nach Art. 6 CISG allerdings grundsätzlich dispositiv. Davon wird in der Praxis erstaunlich oft Gebrauch gemacht, obwohl das UN-Kaufrecht den **Bedürfnissen der Praxis** doch sehr entgegenkommt. Ins Auge sticht hier namentlich die Einfachheit der Regelung der Leistungsstörungen einschließlich der Gewährleistung: Anders als die sehr differenzierte Regelung des deutschen Rechts stellt das CISG pauschal auf die „(wesentliche) Vertragsverletzung" ab. Speziell aus deutscher Sicht spricht für das CISG im Übrigen, dass seine Regelungen (von den Leistungsstörungen abgesehen) sich doch sehr an das deutsche Recht anlehnen und deshalb vergleichsweise vertraut sind. Außerdem unterläuft das UN-Kaufrecht das Problem, was denn an seiner Stelle das vertragliche Rechtsregime liefert, und es dient dem „Klima" zwischen Käufer und Verkäufer. Denn beide Seiten wahren ihr Gesicht, weil kein Partner durch ein nationales Recht bevorzugt oder benachteiligt wird. Trotz aller seiner **Vorzüge** darf das UN-Kaufrecht von vornherein aber auch nicht überschätzt werden, weil es überhaupt nur die schuldrechtlichen Fragen des Vertragsschlusses und der daraus erwachsenden Rechte und Pflichten regelt, nicht jedoch die sachenrechtliche Ebene des Eigentumübergangs betrifft (Art. 4 CISG).

Außerhalb seines personellen und sachlichen **Regelungsbereichs** und natürlich erst recht dann, wenn das CISG auf Wunsch der Parteien gar nicht zur Anwendung kommt, bleibt also nach wie vor die Frage nach dem Rechtsregime internationaler Verträge. Mangels einer Weltregierung und einer Weltrechtsordnung entscheidet über die Frage des anwendbaren Rechts in Fällen mit Auslandsbezug grundsätzlich jedes Land die Frage für sich. Für den Bereich des Privatrechts spricht man hier wenig prägnant von **Internationalem Privatrecht** (IPR). Wohlgemerkt: Es handelt sich dabei grundsätzlich um nationales Recht und das jeweilige, also deutsche, englische, amerikanische, japanische etc. IPR hat nur die Funktion, die Weichen zu einer Rechtsordnung hin zu stellen, nach dessen Regelungen dann der Fall zu entscheiden ist. IPR ist somit nur sog. **Kollisionsrecht**, kein sog. **Sachrecht** wie BGB, HGB etc.

Für Deutschland und die übrigen Mitgliedstaaten der EG bzw. EU (merkwürdigerweise Dänemark ausgenommen) ist die kollisionsrechtliche Ausgangslage ein wenig anders. Denn soweit Europäische Verordnungen reichen, gelten sie gemäß Art. 288 Abs. 2 AEUV allgemein und unmittelbar in jedem Mitgliedsstaat, verdrängen also als supranationales Recht das nationale Recht der Mitgliedsstaaten. Im vorliegenden Zusammenhang mit dem internationalen Warenkauf sehr wichtig ist die Verordnung der EG Nr. 593/2008 „über das auf vertragliche Schuldverhältnisse anzuwendende Recht". Diese Verordnung wird unter Bezugnahme auf den Verhandlungsort und zur Abgrenzung einer weiteren kollisionsrechtlichen europäischen Verordnung kurz „Rom I" genannt. Das europarechtliche, supranationale Kollisionsrecht hat in seinem Geltungsbereich das deutsche IPR über das sog. **Vertragsstatut**, also das auf Verträge mit Auslandsbezug anzuwendende Sachrecht, in den Artt. 27-37 EGBGB unanwendbar gemacht (ebenso die einschlägigen Vorschriften in den anderen EG-Mitgliedsstaaten mit Ausnahme von Dänemark). Diese Vorschriften wurden inzwischen auch formell aufgehoben.

Der wichtigste Grundsatz von „Rom I", die **freie Rechtswahl** durch die Vertragsparteien, ist in dessen Art. 3 Abs. 1 S. 1 niedergelegt. Ihre Wahlmöglichkeit ist dabei nicht etwa auf das Recht der Staaten beschränkt, zu dem der Vertrag irgendeinen Bezug aufweist.

Beispiel: Ein von Seoul (Südkorea) aus geleitetes Elektronikunternehmen, deren geschäftsführender Gesellschafter die japanische Staatsbürgerschaft hat, schließt mit einem Stuttgarter Autobauer in einem Anwaltsbüro in London einen Vertrag über die Lieferung von in China produzierten Bauteilen, die mit einem unter philippinischer Flagge fahrenden Frachter transportiert und schließlich in eine Fabrikationsstätte in Slowakien verbracht werden sollen. Die Vertragsparteien können bestimmen, dass der Vertrag dem deutschen, südkoreanischen, japanischen, chinesischen, philippinischen, englischen oder slowakischen, aber z. B. auch dem russischen, polnischen oder brasilianischem Recht unterliegen soll.

Nicht aus Patriotismus, sondern wegen dessen inhaltlicher Vorzüge sollte auf jeden Fall versucht werden, für das **deutsche Recht** zu optieren. Nicht ohne Grund gibt es eine von der Bundesregierung unterstützte weltweite Kampagne für „Law made in Germany". Die verbreitete, vielfach sehr unüberlegt getroffene Wahl englischen oder US-amerikanischen, insbesondere New Yorker Rechts auch seitens deutscher Parteien beruht auf einer dramatischen Unkenntnis der darin beschlossenen Risiken (wegen kaum vorhandenen dispositiven Gesetzesrechts extrem umfangreiche, undurchschaubare und manchmal inhaltlich widersprüchliche Verträge, sehr einzelfallbezogene Rechtsprechung auf Basis des **common law**) sowie auf den leider sehr erfolgreichen Marketing-Aktivitäten großer englischer und amerikanischer Anwaltskanzleien mit internationalen Netzwerken.

Wurde keine Rechtswahl getroffen, so verweist Art. 4 lit. a „Rom I" für den internationalen Kaufvertrag auf das Recht des Staates, in dem der Verkäufer (zur Zeit des Vertragsschlusses, vgl. Art. 19 Abs. 3 „Rom I") seinen gewöhnlichen Aufenthalt hat bzw. (bei Unternehmen) sich faktisch, nicht nach einem Gründungsdokument, der Hauptverwaltungssitz befindet. Dies gilt nach Art. 2 Rom I auch dann, wenn der Staat, dessen Rechtsordnung demnach das Vertragsstatut stellt, nicht Mitglied der EG ist und „Rom I" für ihn deshalb ganz unbeachtlich ist.

Beispiel: In dem vorgenannten Beispiel unterliegt der Kaufvertrag ohne Rechtswahl aus europäischer Sicht, d. h. wenn Streitigkeiten daraus vor einem Gericht innerhalb der EG mit Ausnahme Dänemarks verhandelt werden sollten, dem koreanischen Recht, weil der Sitz der Hauptverwaltung des Verkäufers sich in Südkorea befindet. Das Gericht muss dann nach dem Grundsatz der sog. (lat.) lex fori zwar das in seinem Land geltende Prozessrecht anwenden, den Fall selbst aber nach koreanischem Recht entscheiden, obwohl Südkorea nicht Mitglied der EG ist.

Schon das Zustandekommen und die Wirksamkeit des betreffenden Vertrages oder seiner Einzelbestimmungen richtet sich gemäß Art. 10 Abs. 1 „Rom I" nach dem Recht, das auf den Vertrag anzuwenden wäre, wenn der Vertrag wirksam wäre (das löst auch das hierin beschlossene logische Problem). Ob ein Vertrag einer bestimmten Form bedarf oder formfrei wirksam ist, ist gemäß Art. 11 „Rom I" ebenfalls Regelungsgegenstand des Vertragsstatuts. In die **Reichweite des Vertragsstatuts** fallen nach Art. 12 Abs. 1 „Rom I" ferner die Vertragsauslegung, die Erfüllung der vertraglichen Verpflichtungen, die Rechtsfolgen von Leistungsstörungen, Verjährungs- und Ausschlussfristen sowie schließlich die Folgen einer eventuellen Nichtigkeit des Vertrages. Ebensowenig wie im Geltungsbereich des CISG (vgl. dort Art. 4 lit. b) liefert das Vertragsstatut aber das sachenrechtliche Rechtsregime, wie der Umkehrschluss aus Art. 12 „Rom I" ergibt. Mangels europarechtlicher, supranationaler Regelung ist insoweit also auf nationales Kollisionsrecht zurückzugreifen. Das charakteristische Abstraktionsprinzip des deutschen Rechts bleibt somit auch unter der Geltung des UN-Kaufrechts oder von „Rom I" zu beachten, soweit im konkreten Fall nach IPR überhaupt deutsches Sachenrecht als **Sachstatut** anzuwenden ist. Das kann hier jedoch nicht näher ausgeführt werden.

2. Auftrag und Auftragsabwicklung

a) Die Bestellung im Kontext des Vertrages

Der Beschaffungsvorgang wird durch eine **Bestellung** eingeleitet, also mit der Erteilung eines betriebswirtschaftlich sog. **externen Auftrages** im Gegensatz zum internen, an einen Mitarbeiter gerichteten Auftrag. Wirtschaftlicher und rechtlicher Sprachgebrauch klaffen hier freilich weit auseinander (vgl. Abb. 33). Ein Auftrag i. S. der §§ 662 ff. BGB kann damit schon wegen der Unentgeltlichkeit dieses Rechtsverhältnisses wohl niemals gemeint sein. Es handelt sich vielmehr bei dem Auftrag i. S. einer Bestellung grundsätzlich um ein **Vertragsangebot**, um einen Antrag i. S. der §§ 145 ff. BGB. Gerichtet ist dieser Antrag bei der Beschaffung in aller Regel auf den Abschluss eines Kaufvertrages oder eines sog. Lieferungskaufes über vom Lieferanten erst herzustellende vertretbare Sachen, auf den dann nach § 651 BGB aber ebenfalls Kaufrecht

Anwendung findet. Dieser anvisierte Kaufvertrag ist im Beschaffungswesen vielfach zugleich beiderseitiges Handelsgeschäft, also **beiderseitiger Handelskauf**, insofern Käufer (Besteller) und Verkäufer (Lieferant) gemäß den §§ 1 ff. HGB Kaufleute sind und die Beschaffung bzw. die Lieferung von Material, Teilen oder Fertigprodukten selbstverständlich betriebszugehörig ist. Ein Lieferanspruch kann aus der Bestellung allein freilich ebenso wenig erwachsen wie umgekehrt eine Zahlungspflicht. Dazu bedarf es vielmehr eines Vertrages (vgl. § 311 I BGB), also eines zweiseitigen, durch zwei inhaltlich einander deckungsgleiche Willenserklärungen gekennzeichneten Rechtsgeschäftes.

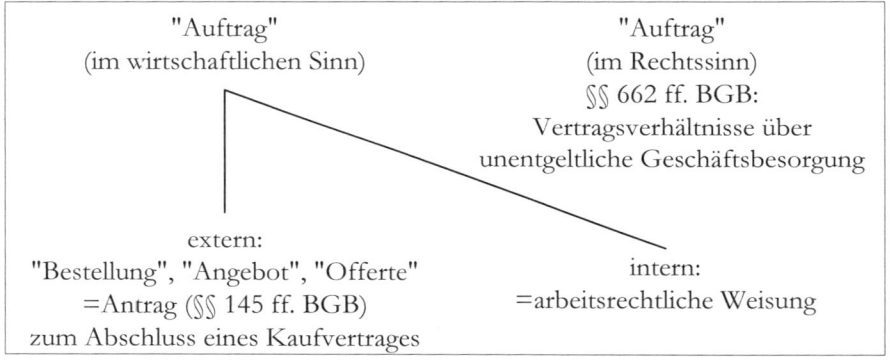

Abb. 33: Begriffsvarianten des "Auftrages"

Die zeitlich frühere diesbezügliche Willenserklärung wird dabei eben Antrag, Angebot oder auch **Offerte**, die spätere Erklärung Annahme genannt. Substanzielle Unterschiede zwischen **Angebot** und **Annahme** bestehen indessen nicht.

Dies gilt selbstverständlich nicht nur im Zusammenhang mit Kaufverträgen („Lieferverträgen"), sondern für alle Verträge, z. B. auch sachenrechtlicher Natur, wie etwa § 929 BGB. Deshalb finden sich die Regelungen über den Vertragsschluss im Allgemeinen Teil des BGB.

Mit der substanziellen **Austauschbarkeit** von Antrag (Angebot) und Annahme erklärt sich § 150 II BGB: Wird ein Angebot nicht so, wie es inhaltlich nun einmal ist, angenommen, sondern nur mit **Modifikationen**, so kann kein Vertrag zustandegekommen sein, weil sich die beiden Willenserklärungen nicht decken (nur für „wesentliche" Abweichungen vom Angebot ebenso Art. 19 CISG). Die als Annahme wirkungslose Erklärung gewinnt aber rechtlich ihrerseits die Bedeutung als neues Angebot, dessen Annahme nun wiederum im Belieben des ursprünglich Antragenden steht. Dieser Mechanismus bleibt solange in Gang, bis es entweder zum Vertragsschluss kommt oder eine Einigung endgültig scheitert. Die Ausnahme übrigens für den Versicherungsvertrag in § 5 I VVG (**Billigungsklausel**) überzeugt nicht und ist im Wesentlichen das Ergebnis rechtspolitischer Einflussnahme der Assekuranz.

Die Rolle eines neuen **Angebots** übernimmt eine **Annahmeerklärung** gemäß § 150 I BGB auch dann, wenn sie als Annahme zu spät kommt, das Angebot, auf das sie sich bezieht, also bereits erloschen ist. Dies ist nach § 146 BGB zunächst dann der Fall, wenn bereits eine Angebotsablehnung erfolgte. Ein Angebot erlischt ferner dann, wenn im persönlichen (auch telefonischen! Vgl. § 147 I 2 BGB) Verhandlungsgespräch die Annahmeerklärung nicht sofort erfolgt (§ 147 I 1 BGB), ansonsten dann, wenn eine Annahmeerklärung nicht bis zu dem Zeitpunkt zugeht, bis zu dem der Besteller mit dem Eingang einer Antwort normalerweise rechnen kann.

Welcher Zeitpunkt dies ist, bestimmt sich vor allem nach dem für das Angebot gewählten Übermittlungsweg und nach der inhaltlichen Komplexität des Angebots. Zu berücksichtigen ist also die **Laufzeit** eines schriftlichen Angebots im Postweg und dieselbe **Rücklaufzeit**, was für Auslandsaufträge an postalisch abgelegene Lieferanten allein schon mehrere Wochen ausmachen kann, im Inland aber etwa 4 Tage betragen dürfte. Bei email-Korrespondenz wird man insgesamt höchstens einen Tag zu kalkulieren haben. Hinzuzurechnen ist eine **Prüfungs- und Entscheidungsfrist** beim Angebotsadressaten, die bei Aufträgen des üblichen Geschäftsganges zwar nur mit 1 bis 2 Tagen anzusetzen ist, bei Groß- und Spezialaufträgen sich aber auch auf 1 bis 2 Wochen oder mehr belaufen mag. Da während dieser Zeit der Besteller grundsätzlich an seinen Auftrag gebunden ist (vgl. § 145 BGB), also nicht frei disponieren kann (anders Art. 16 CISG mit der recht weitreichenden Widerruflichkeit des Angebots!), die Dauer dieser Bindung aber immer mit Unsicherheiten behaftet ist, empfehlen sich andere **Bestellstrategien**:

Einmal kann das Angebot mit einer beliebigen Annahmefrist versehen werden.

Beispiel: „An unser Angebot halten wir uns 10 Tage ab Datum des Poststempels gebunden."

Die Annahme ist nur dann rechtzeitig erfolgt, wenn sie innerhalb der Annahmefrist dem Besteller zugegangen ist. Zeitliche Unwägbarkeiten des Hin- und Rücklaufes etc. fallen dabei also in die **Risikosphäre** des Lieferanten. Allerdings ist bestellerseitig § 149 BGB zu beachten: Der Besteller muss unter den besonderen dort genannten Voraussetzungen eine verspätet eingehende Annahme rügen. Unterlässt er die Rüge schuldhaft („unverzüglich"!), so gilt die Annahme als rechtzeitig zugegangen und der Vertrag somit als geschlossen. Wie auch sonst bei derartigen „normierten", vom Gesetzgeber mit einer bestimmten Bedeutung versehenen (fingierten) Willenserklärung gibt es keine Anfechtungsmöglichkeit wegen Inhaltsirrtums (§ 119 I, 1. Alt. BGB).

Ferner kann die u. U. lästige Bindungswirkung des Angebots (aus beschaffungswirtschaftlicher Sicht: der Bestellung) dadurch vermieden werden, dass eine **Bindungswirkung** ausgeschlossen wird, wie § 145 BGB dies ermöglicht. Wird eine solche Bestellung vom Lieferanten akzeptiert, so handelt es sich bei dieser „Annahme" rechtlich gesehen erst um das Angebot. Der Besteller kann also über den Vertragsschluss immer noch frei entscheiden. Die „**freibleibende**" **Bestellung** oder (lat.) „**ex obligo**" war bei Licht besehen somit nur eine Aufforderung an die andere Seite, ihrerseits mit einem bindenden Angebot aufzuwarten. Um eine derartige bloße **Aufforderung zur Abgabe von Angeboten** (lat. „invitatio ad offerendum") handelt es sich auch, wenn lieferantenseitig **Kataloge**, **Preislisten**, **Prospekte** und ähnliches an einen größeren oder überhaupt unbestimmten Adressatenkreis vermittelt werden, selbst wenn in diesem Zusammenhang vom „Angebot des Monats" oder von „Sonderangeboten" die Rede ist (so auch Art. 14 II CISG). Denn die Person des Vertragspartners kann wegen dessen Bonität und allgemeiner Seriosität nicht gleichgültig sein. Auch die **Homepage** eines Unternehmens im **Internet** ist hierher zu rechnen, ist also nur (lat.) invitatio ad offerendum.

Auf dieser Linie wird ganz allgemein davon ausgegangen, dass nicht nur in der Übermittlung von Werbematerial, sondern auch in der **Warenpräsentation** selber grundsätzlich kein (konkludentes) Angebot im Rechtssinne, sondern nur (lat.) **invitatio ad offerendum** liegt.

Dieser Unterschied ist auch in vielen Fällen der Alltagswirtschaft des Verbrauchers der Schlüssel zur zutreffenden rechtlichen Würdigung.

Beispiele: Im Selbstbedienungsladen liegt in der Warenpräsentation nur eine Aufforderung an den Kunden, seinerseits ein Angebot zu unterbreiten. Dies tut der Kunde konkludent an der Kasse, indem er dort die Ware auf das Rollband legt. Erst dann ist er an seine Auswahl gebunden. Vorher kann er jederzeit die in den Einkaufswagen gepackte Ware wieder zurückstellen, ohne dass es eines Widerrufs (vgl. § 130 I BGB) oder gar eines Rücktritts bedürfte.
Im Aufstellen eines Automaten liegt aus den genannten Gründen ebenfalls kein Angebot zum Abschluss eines Kaufvertrages. Dies erfolgt erst mit Tastendruck und Geldeinwurf. Wird Ware ausgeworfen, so liegt darin die Annahme des Angebots zum Abschluss eines Kaufvertrages und zugleich das Angebot zur dinglichen Einigung i. S. des § 929 S. 1 BGB bezüglich der Ware. Ist der Automat defekt oder leer, so ist kein Kaufvertrag zustandegekommen, so dass auch gar kein Anspruch auf die ausgewählte Ware besteht und mithin kein Fall der Leistungsstörung vorliegt. Das eingeworfene Geld hat der Automatenaufsteller freilich nach § 812 I 1, 1. Alt. BGB herauszugeben.

Ohne Bindungswirkung i. S. eines vorvertraglich begründeten Kontrahierungszwanges ist grundsätzlich auch der vor allem im internationalen Geschäft, aber auch sonst bei größerem Geschäftsvolumen gängige (engl.) **letter of intent („loi")** ausgestattet. Er belegt jedenfalls in Textform, etwa durch email, bloß die ernsthafte Absicht eines Vertragsschlusses. Eben deshalb aber ist der letter of intent rechtlich durchaus nicht unbeachtlich. Denn wenn es nnunmehr ohne triftigen Grund nicht zum Vertragsschluss kommt, haftet der Erklärende nach h. M. wegen (lat.) culpa in contrahendo dem anderen Teil analog § 122 I BGB auf Ersatz des Vertrauensinteresses, der Höhe nach begrenzt durch das Erfüllungsinteresse bezüglich des nicht geschlossenen Vertrages.

Eben darin liegt der Unterschied zwischen einem letter of intent und dem sog. (engl.) **memorandum of understanding („mou")**. Darin dokumentieren die Verhandlungspartner einvernehmlich wiederum jedenfalls in Textform, namentlich in einer email-Korrespondenz, nun den jeweiligen Stand des Einigungsprozesses im Vorfeld des Vertragsschlusses, regelmäßig sogar noch im Vorstadium eines letter of intent. Von daher fehlt es an jedem Ansatzpunkt für eine Schadensersatzpflicht, wenn der Einigungsprozess letztlich scheitert und es zu keinem Vertragsschluss kommt.

Von vornherein ohne Bindungswirkung sind übrigens hier nicht näher interessierende sog. rein **gesellschaftliche Erklärungen**.

Beispiel: Romeo fragt Julia: „Darf ich dich morgen endlich küssen?" Daraufhin Julia: „Ja, ja!": Kein Duldungsanspruch des Romeo gegen Julia! Julia begeht keine Verletzung einer Vertragspflicht, wenn sie sich morgen dem Romeo verweigert.

b) Die Auftragsbestätigung

Angebot und Annahme unterliegen wegen der Privatautonomie (hier: Formfreiheit) keinem gesetzlichen Formzwang. Bestellung und Lieferzusage per **Telefon** sind rechtlich also genauso verbindlich wie schriftliche Abmachungen. Im letzteren Fall ist es deshalb grundsätzlich auch gleichgültig, ob korrekt unterschrieben wurde (§ 126 BGB). Deshalb sind auch Bestellungen und Bestellzusagen über **Telefax** oder **Internet** (Formular auf Homepage, email), die technisch bedingt keine Orginalunterschrift tragen können, gültig.

Von der telefonischen Bestellung wird im Normalfall freilich nur bei **Kleinbestellungen** Gebrauch gemacht. Darüber hinaus werden oft aber auch eilige Beschaffungen per Telefon getätigt. Schon aus organisatorischen Gründen der **Auftragsabwicklung** auf Lieferantenseite bzw. der **Einkaufskontrolle** auf Bestellerseite wird eine derartige **Eilbestellung** aber durchweg schriftlich bestätigt. Möglicherweise ist die Bestätigung nun objektiv falsch, d. h. sie deckt sich nicht mit dem Inhalt des bereits wirksam geschlossenen Vertrages. Dann fragt es sich, ob in jedem Fall das mündlich Vereinbarte gültig bleibt, oder ob unter gewissen Voraussetzungen der an sich falsche Inhalt des **Bestätigungsschreibens** nunmehr die Rechte und Pflichten der Vertragsparteien bestimmt.

Die Antwort auf diese Frage gibt der **Handelsbrauch**, der nach § 346 HGB jedenfalls beim **beiderseitigen Handelsgeschäft** maßgeblich ist und dabei sogar etwa einschlägigem dispositivem Recht, nicht aber Allgemeinen Geschäftsbedingungen oder gar individuellen Absprachen vorgehen würde (vgl. Abb. 34). Insoweit besteht also vertraglicher Gestaltungsspielraum, wenn ein Handelsbrauch von den Vertragsparteien für nicht interessengerecht angesehen wird. Handelsbräuche differieren nun vielfach nach Ort und Branche, was sich vor allem natürlich im Auslandsgeschäft als erhebliches **Vertragsrisiko** herausstellen kann. Darüber, ob und welche Handelsbräuche bestehen, geben die Industrie- und Handelskammern Auskunft. Ausländische bzw. internationale Handelsbräuche sind bei der Internationalen Handelskammer in Paris in Erfahrung zu bringen.

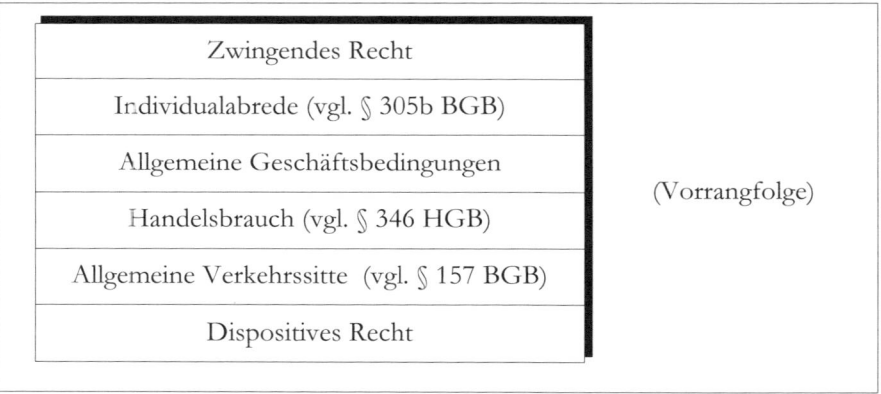

Abb. 34: Hierarchie der Vertragsrechtsquellen

Es existieren jedoch auch orts- und branchenunabhängige Handelsbräuche und dazu zählen eben gerade auch die Grundsätze über die Behandlung des **falschen kaufmännischen Bestätigungsschreibens**. Nach diesen Grundsätzen, die mittlerweile auch in andere Verkehrskreise Eingang gefunden haben und dann dort über § 157 BGB gelten, hat der (kaufmännische) Empfänger eines derartigen Schreibens in beliebiger Form, aber unverzüglich zu widersprechen, also die Abweichungen vom vereinbarten Vertragsinhalt spezifiziert aufzudecken. Tut er dies nicht, so gilt sein **Schweigen** als Zustimmung zu dem falschen Bestätigungsschreiben. Ob dieses Schreiben ausdrücklich als Bestätigungsschreiben gekennzeichnet ist, spielt keine Rolle. Rechtlich gesehen liegt im Schweigen auf ein derartiges Bestätigungsschreiben also eine nachträgliche Vertragsänderung. Diese **Zustimmungsfiktion** lässt sich, wie auch bei anderen normierten Erklärungen nicht durch Irrtumsanfechtung nach § 119 I BGB mit der Begründung beseitigen, als

Empfänger des Bestätigungsschreibens habe man die rechtliche Bedeutung seines Schweigens verkannt.

Vorausgesetzt ist bei alledem, dass der Absender des Bestätigungsschreibens schutzwürdig ist. Dies ist jedenfalls dann zu verneinen, wenn er arglistig gehandelt hat, also z. B. aus Umsatzinteresse bewusst etwas Falsches „bestätigt" hat. Die **Schutzwürdigkeit** des Absenders wird auch dann verneint, wenn die Diskrepanz zwischen dem Vereinbarten und dem Bestätigten objektiv so groß ist, dass ein Absender schlechterdings ein Schweigen des Empfängers nicht als Zustimmung begreifen darf. Die Grenzen sind dabei aber unsicher. Im Zweifel sollte also lieber vorsorglich widersprochen werden.

Beispiel: B und L vereinbaren telefonisch die Lieferung von 100.000 Schrauben zum Preis von Euro 800. L bestätigt irrtümlich die Bestellung von 1.000.000 Schrauben. Schweigt B, muss er wohl eine 1 Million Schrauben abnehmen und auch entsprechend mehr, nämlich insgesamt Euro 8.000 bezahlen. Denn dabei handelt es sich wohl nicht um eine „große" Abweichung i. S. der Grundsätze über das kaufmännische Bestätigungsschreiben, denn der Fehler liegt ja „nur" in einer Null mehr.

Aus alledem ist zugleich zu entnehmen, dass **Schweigen** nicht anders als im bürgerlichen Rechtsleben auch im **Handelsverkehr** grundsätzlich eben nicht als Willenserklärung und schon gar nicht als Zustimmung zu verstehen ist (ebenso Art. 18 I 2 CISG), sondern nur unter ganz bestimmten Voraussetzungen, hier etwa in Übereinstimmung mit den Grundsätzen über das kaufmännische Bestätigungsschreiben (vgl. auch § 362 HGB und § 149 BGB).

Für das soeben dargestellte echte, aber inhaltlich falsche Bestätigungsschreiben ist kennzeichnend, dass es sich auf einen bereits wirksam geschlossenen Vertrag beziehen muss.

Davon nach deutschem Recht streng zu unterscheiden ist das **unechte Bestätigungsschreiben** in dem Sinne, dass damit lediglich auf eine Bestellung zustimmend geantwortet wird. Weicht diese Art der Auftragsbestätigung inhaltlich von der Bestellung ab, so fehlt es ja gerade an einem Vertragsschluss, weil Angebot und Annahme sich nicht decken. Vielmehr liegt in einer solchen Auftragsbestätigung lediglich ein neues Angebot. Schweigt der Besteller darauf, so gilt dies also nicht als Zustimmung, weil die dargestellten Regeln über das inhaltlich falsche kaufmännische Bestätigungsschreiben gar nicht anwendbar sind. Bei Käufen, die dem CISG unterliegen, stellt sich die Rechtslage vielfach anders dar, weil Art. 19 CISG einerseits auch das Schweigen auf ein vom Auftrag abweichendes Angebot als Zustimmung fingiert, dies jedoch andererseits nur in den Grenzen „unwesentlicher" Abweichungen, die in den Fällen des Art. 19 III CISG (also bezüglich Preis, Quantität und Qualität der Ware, Leistungsort- und -zeit, Haftung etc.) wiederum niemals bejaht werden können.

Ob ein echtes oder unechtes Bestätigungsschreiben mit ja ganz unterschiedlichen Rechtsfolgen vorliegt, ist gerade bei der schriftlichen **Bestätigung eines Eilauftrages** aus der Sicht des Bestellers dann schwer abzuschätzen, wenn der Eilauftrag nicht telefonisch, sondern - als Eilbestellung kenntlich gemacht - schriftlich erteilt wurde. Damit entfällt nämlich nach § 151 S. 1 BGB das für empfangsbedürftige Willenserklärungen grundsätzliche Wirksamkeitserfordernis des Zugangs. Schweigen gilt also auch in diesem Fall nicht als Angebotsannahme. Es wird lediglich darauf verzichtet bzw. ist hier nach der Verkehrssitte nicht zu erwarten, dass die **Auftragsannahme** erst dem Besteller gegenüber erklärt wird, bevor der Vertrag zustande kommen soll. In diesem Fall erfolgt die Auftragsannahme regelmäßig bereits konkludent, aber eben nicht zugangsbedürftig mit dem Beginn der **Auftragsausführung** (so auch Art. 18 III CISG). Wird parallel dazu auch noch eine schriftliche Auftragsbestätigung versandt, handelt es sich dabei dann allerdings um ein echtes kaufmännisches Bestätigungsschreiben, obwohl der Besteller den Eindruck einer unechten Bestätigung, also einer Angebotsannahme, gewinnen kann. Sicherheitshalber sollte bei einer inhaltlich falschen Auftragsbestätigung eines Eilauftrages also in jedem Fall vom Besteller widersprochen werden.

c) Allgemeine Geschäftsbedingungen

(1) Begriff und Vertragseinbeziehung

Vorformulierungen spielen in der Beschaffungs- und Absatzpraxis wie überhaupt im Wirtschaftsverkehr - man denke nur an das Bank- oder Versicherungsgeschäft - die allergrößte Rolle. Sie rationalisieren das Vertragswesen, machen von der höchst unterschiedlichen juristischen Kompetenz und dem Verhandlungsgeschick der rechtsgeschäftlichen Vertreter, also der Mitarbeiter an der „Vertragsfront", unabhängig, speichern gleichsam Erfahrungswissen aus Rechtsstreitigkeiten der Vergangenheit und bilden gleichzeitig das Instrument zur **Risikoverschiebung** auf den Vertragspartner. In Materialwirtschaft und Logistik finden sich vor allem Liefer-, Einkaufs- und Zahlungsbedingungen. Die angestrebten rechtlich-ökonomischen Effekte stellen sich freilich nicht schon mit der bloßen **Aufstellung**, also mit der Formulierung von standardisierten Vertragsbedingungen ein, denn es handelt sich bei ihnen eben nicht um Rechtsnormen, bei den Allgemeinen Geschäftsbedingungen (AGB) nicht um „selbstgeschaffenes Recht der Wirtschaft", wie man gelegentlich hört. Erforderlich ist vielmehr die Kenntnis und überlegte Handhabung des AGB-Rechts in den §§ 305 ff. BGB. Daran hapert es in vielen Unternehmen immer noch, so dass unliebsame, oft auch recht kostenintensive Überraschungen vorprogrammiert sind.
Solche Überraschungen resultieren oft schon aus Unkenntnis über den enor-

men **Anwendungsbereich** des AGB-Rechts. Es gilt nicht nur für AGB im herkömmlichen Sinne des „Kleingedruckten", sondern nach § 305 BGB prinzipiell für alle Vertragsbedingungen, die ohne individuelle Mitwirkung der anderen Seite für eine Vielzahl von Anwendungen vorformuliert werden, wobei die andere Seite in aller Regel faktisch nur noch Ja oder Nein sagen kann. Auf die äußere Gestalt dieser Vorformulierungen kommt es dabei nach § 395 I BGB nicht an. Die vor allem in der Materialwirtschaft verbreiteten **Formularverträge**, bei denen etwa das Sortiment des Anbieters oder der Bedarf des Nachfragers standardisiert aufgeführt ist und auf einer Signierleiste nur noch die georderten Mengen etc. eingetragen werden, sind entgegen dem herkömmlichen Sprachgebrauch also ihrerseits bereits solche Allgemeine Geschäftsbedingungen i. S. des AGB-Rechts. AGB im Rechtssinne sind deshalb durchweg auch die nur scheinbar individuellen Vertragsschreiben, deren Inhalt in Wahrheit einem immer wieder aktivierten **Textverarbeitungsprogramm** folgt. Wegen § 310 III BGB gelten diese Regeln weitgehend sogar für Individualvereinbarungen, wenn es sich dabei um sog. **Verbraucherverträge** („B2C", Business to Consumers) handelt. Für generell unanwendbar erklärt wird das AGB-Recht nach § 310 IV 1 BGB lediglich für ökonomisch entlegene Vertragsbereiche. Die sonstigen (partiellen) Bereichsausnahmen des § 310 II BGB haben hingegen für die Energie- und Wasserwirtschaft eine große Relevanz. Den damit verknüpften Fragen kann hier jedoch nicht nachgegangen werden.

Da es sich bei den AGB niemals um Rechtsnormen handelt, können sie für die Parteien überhaupt nur dann verbindlich werden, wenn die AGB einverständlich zum **Vertragsbestandteil** erklärt werden (**Konsensprinzip**). Das Einverständnis im Einzelfall kann durch eine entsprechende **Rahmenvereinbarung** über die Einbeziehung von AGB ersetzt werden (vgl. § 305 III BGB). Die **Zustimmung** zur Einbeziehung in das Rechtsverhältnis der Vertragsparteien kann auch nur - dies ist sogar die praktische Regel - **konkludent** erfolgen. Ist man nicht einverstanden, empfiehlt sich also ein unmissverständlicher **Widerspruch**. Im Anwendungsbereich des CISG kommt es freilich noch sehr viel leichter zu einer Einbeziehung von AGB in den Vertrag, weil die **Zustimmungswirkung des Schweigens** nach Art. 19 CISG in den dort genannten Grenzen auch für die AGB-Einbeziehung gilt.

Außerhalb des CISG fehlt es an einer Zustimmung zu den AGB der anderen Seite begrifflich auch dann, wenn etwa der Lieferant auf die Bestellung unter Zugrundelegung der Allgemeinen Einkaufsbedingungen mit einer Angebotsannahme unter Zugrundelegung seiner abweichenden Allgemeinen Lieferbedingungen reagiert. Somit ist gemäß § 154 I BGB streng genommen überhaupt kein Vertrag zustande gekommen, also auch kein Vertrag unter Ausschluss sowohl der Einkaufs- als auch der Lieferbedingungen. Trotzdem wird gelegentlich ein abweichender Wille der Vertragsparteien dahingehend anzunehmen sein, dass nun doch ein solcher Vertrag existieren soll. Da aber jeden-falls bezüglich der Geltung der abweichenden AGB **keine Einigung** vorliegt, gilt insoweit das dispositive Recht; nur in dem Umfang, in dem sich die jewei-ligen AGB decken, kommt es zu deren Einbeziehung.

Wegen § 310 Abs. 1 BGB gilt nur im B2C-Bereich, also wenn AGB gegen-über Verbrauchern gestellt werden, neben dem allgemeingültigen Konsens-prinzip ein **besonderer Einbeziehungsschutz**. So führt nach § 305 II BGB das Einverständnis dort grundsätzlich (vorbehaltlich der in § 305a BGB um-schriebenen Ausnahmen, namentlich hinsichtlich Telekommunikation, Per-sonenbeförderung und Energieversorgung) nur dann zur Einbeziehung der AGB in den Vertrag, wenn **zwei Hauptvoraussetzungen** erfüllt sind. Ers-tens bedarf es nach § 305 II Nr. 1 BGB grundsätzlich eines ausdrücklichen, durchaus aber auch mündlichen Hinweises auf die zugrundegelegten AGB, und zwar schon bei Vertragsschluss.

Beispiele: Das Bestellungsschreiben trägt den Aufdruck: „Es gelten unsere Allge-meinen Einkaufsbedingungen."
Ein solcher Hinweis ist natürlich entbehrlich, wenn diese Bedingungen dort selber abgedruckt sind.

Findet sich ein solcher Hinweis (bzw. die AGB selber) erst auf einem späteren Schreiben, so sind die diesbezüglichen AGB von vornherein für die Vertrags-parteien unbeachtlich. Daran scheitert die Einbeziehung namentlich vieler Liefer- und Zahlungsbedingungen gegenüber Verbrauchern, weil der entspre-chende Hinweis (bzw. die Bedingungen selber) erst auf **Lieferscheinen** bzw. **Rechnungen** angebracht ist. Ausnahmsweise genügt auch ein Hinweis durch deutlich sichtbaren Aushang, der sich allerdings wiederum am **Ort des Ver-tragsschlusses** befinden muss. In der Praxis des B2C werden AGB regel-mäßig schon deshalb nicht einbezogen, weil am Ort des Vertragsschlusses, also etwa an der **Kasse** des SB-Marktes, ein solcher, zumal deutlich sichtbarer Hinweis auf AGB nicht vorhanden ist.

Zweitens muss für die Verbraucherseite nach § 305 II Nr. 2 BGB die Mög-lichkeit bestehen, in zumutbarer Weise vom Inhalt der AGB Kenntnis zu nehmen. Für die **Zumutbarkeit der Kenntnisnahme** spielen viele Gesichts-punkte eine Rolle. So muss jedenfalls erkennbar sein, wo eine solche Einsicht überhaupt möglich ist. Außerdem bedarf es eines recht engen räumlichen Zusammenhangs zwischen Hinweis und Einsichtnahme. Auch zeitlich muss die Einsichtnahme zumutbar sein.

Beispiel: „Unsere AGB können in unserer Hauptverwaltung Dortmund, jeweils am Monatsersten zwischen 8.00 und 9.00 h eingesehen werden.": Ganz sicher kei-ne Einbeziehung!

Gestalterisch, im **Layout**, müssen die AGB übersichtlich formuliert sein (Ab-sätze, Überschriften) und in **Schriftbild** und **Farbwahl** leserfreundlich sein.

Zu kleiner Druck, eine vom Marketing als besonders einprägsam erachtete, aber wahrnehmungspsychologisch problematische Farbkombination oder sonstige „leserfeindliche" Umstände verhindern eine Einbeziehung der AGB.

Beispiel: Rote Schrift auf gelben Grund für „Shell"; dunkelgraue Schrift mit wenig Farbstoff auf Recycling-Papier, um das Umweltbewusstsein des Unternehmens zu unterstreichen: Unzumutbarkeit der Kenntnisnahme!

Zur Möglichkeit zumutbarer Kenntnisnahme gehört ferner eine auf den Adressatenkreis abgestellte **Sprache**: Deutsch allein dürfte deshalb in Geschäftsfeldern mit vielen ausländischen Vertragspartnern (z. B. auf dem Rhein/Main-Flughafen in Frankfurt a. M.) den Anforderungen des § 305 II Nr. 2 BGB oft nicht genügen. In jedem Fall ist auf einfachen Satzbau zu achten (möglichst wenig Nebensätze). Besonders problematisch ist die Verwendung juristischer Fachtermini: Einerseits verbindet der Verkehr damit oft andere Vorstellungen als der Jurist (z. B. bei „Angebot", „Bestätigung", „Fehler", „Pflichtverletzung"). Andererseits lässt sich ein juristischer Tatbestand durch den Alltagssprachgebrauch eben selten präzise genug beschreiben. Die besseren Gründe dürften deshalb dafür sprechen, die Zumutbarkeit juristischer Begriffe in AGB generell zu bejahen.

Die Zumutbarkeit der Kenntnisnahme von **AGB im Internet** setzt nicht voraus, dass die AGB auf derselben Seite wie das Angebot (also das Online-Bestellformular; sonst nur invitatio ad offerendum!) dargestellt sind. Ausreichend ist vielmehr, dass ein direkter sog. Link dazu besteht. Dann sind freilich auch umfangreiche AGB durchaus zumutbar zur Kenntnis zu nehmen. Denn ein eventuell erst im Gesamtüberblick mögliches Textverständnis lässt sich durch Herunterladen und Ausdruck der AGB erzielen. Soll der gesamte Vertragsschluss im Internet stattfinden, so gelten für solche **Verträge im elektronischen Geschäftsverkehr** ohnehin ganz spezifisch auf **Fernabsatzverträge** zugeschnittene Anforderungen: Erforderlich ist z. B., dass die Vertragsbestimmungen „in wiedergabefähiger Form zu speichern" sind (§ 312e I Nr. 4 BGB), insbesondere also auch, dass sie ausgedruckt werden können.

Unabhängig von alledem werden ungewöhnliche, **überraschende Klauseln** nach § 305c I BGB nicht in den Vertrag einbezogen, auch nicht in ein Vertragsverhältnis mit einem „Unternehmer", also im sog. B2B-Bereich (Business to Business). Bei der Klärung jener Ungewöhnlichkeit ist primär freilich nicht auf die Vertragspraxis und den Erfahrungshorizont der konkret Beteiligten, sondern auf Branchengewohnheiten, allgemeine Verkehrssitte und ähnliche überindividuelle Bezugspunkte abzustellen. Das verringert drastisch die Schutzwirkung dieser Norm.

(2) Inhaltskontrolle

Der im Vertragsgrundsatz (Konsensprinzip) beschlossene und durch § 305 II, III BGB noch verstärkte **Einbeziehungsschutz** besagt nichts darüber, wie hart der **Klauselinhalt** von AGB den Vertragspartner trifft. Auch das Einverständnis, das überhaupt schon für die Einbeziehung der AGB in den Vertrag immer erforderlich ist und das auch § 305 II, III BGB bereits voraussetzt, bedeutet noch nicht, dass die nun einbezogenen Vertragsbedingungen auch tatsächlich wirksam sind, dass jenes Einverständnis des Partners sich also auch auf den Klauselinhalt bezöge. Auf die Überprüfung des Klauselinhalts auf seinen Gehalt an **Vertragsgerechtigkeit** zielt erst die anhand der §§ 307-309 BGB durchzuführende **Inhaltskontrolle** von AGB. Diese Inhaltskontrolle ist grundsätzlich auch dort vorzunehmen, wo vorformulierte Vertragsbedingungen behördlich genehmigt wurden, etwa durch das Bundeskartellamt. In einem solchen Genehmigungsverfahren werden ganz andere Gesichtspunkte berücksichtigt. So würdigt das Bundeskartellamt etwa eine Absprache, einheitliche AGB zu verwenden, mit Blick auf ihren Einfluss auf die Effizienz des Wettbewerbs.

Das für die Inhaltskontrolle von AGB, aber auch von vorformulierten individuellen „Verbraucherverträgen" i. S. des § 310 III BGB („B2C") maßgebliche Prinzip statuiert § 307 I BGB mit einer sehr allgemein gehaltenen Bestimmung: Unwirksam sind solche (vorformulierten) Vertragsbedingungen, die nicht aus sich heraus „klar und verständlich" sind (sog. **Transparenzgebot**) oder den Vertragspartner entgegen Treu und Glauben insbesondere dadurch unangemessen benachteiligen, dass sie mit den wesentlichen Grundgedanken der gesetzlichen Regelung, von der abgewichen wird, nicht zu vereinbaren sind (§ 307 II Nr. 1 BGB). Als Gradmesser der Abweichung kann dabei logischerweise nur dispositives Recht fungieren: Von zwingenden Normen kann sowieso, auch durch Individualabrede, nicht abgewichen werden. Wo es an gesetzlichen Regelungen überhaupt fehlt, wie z. B. für Garantien, fehlt es weitgehend auch an einem **Maßstab**, die **unangemessene Benachteiligung** durch AGB festzustellen. Dann kommt nur noch der „Zweck" oder die „Natur" des (vorformulierten) Vertrages als Kontrollmaßstab in Betracht (§ 307 II Nr. 2 BGB).

Dass die Inhaltskontrolle nach den §§ 307 ff. BGB prinzipiell nur in den Materien dispositiven Rechts greift, stellt § 307 III BGB lediglich klar. Was § 307 III BGB leider gar nicht zum Ausdruck bringt, ist der Ausschluss aller (vorformulierter) **Leistungsbeschreibungen** von der Inhaltskontrolle hinsichtlich ihrer Angemessenheit (dem Transparenzgebot unterliegen auch sie), weil sonst ja eine marktwirtschaftsfremde Produktkontrolle durch die Gerichte auf der Basis der §§ 307 ff. BGB stattfände! Zu beachten ist aber, dass bei der Annahme einer derartigen weitgehenden inhaltskontrollfreien Leistungsbeschreibung Vorsicht angeraten ist: Allgemeine Versicherungsbedingungen etwa sind nach richtiger Ansicht vollständig der Inhaltskontrolle unterworfen, mag man auch gerne marketing-orientiert von „Versicherungsprodukten" und von der Versicherung als „Rechtsprodukt" sprechen, wo es nur um bestimmte Vertragsbedingungen unterschiedlicher Typen von Versicherungsverträgen geht.

Die in § 307 I, II BGB normierte Basis der Inhaltskontrolle ist nun ersichtlich wenig operational. Deshalb stellt das Gesetz mit den §§ 308 und 309 BGB zwei **Kataloge** auf, die jedenfalls („insbesondere") unwirksame Klauseln nennen und die deshalb vor dem methodischen Rückgriff auf § 307 I, II BGB heranzuziehen sind. Diese Klauselverbotskataloge gelten wegen § 310 I BGB allerdings nur im B2C-Bereich. Nur Verbraucher können sich also darauf beziehen. § 309 BGB fasst dabei Vertragsbedingungen zusammen, die keinesfalls wirksam sein können, während § 308 BGB solche Klauseln nennt, die zwar grundsätzlich unwirksam sind, die dem AGB-Verwender aber vor Gericht den (schwierigen) Nachweis offen lassen, dass die vorformulierte Bestimmung ausnahmsweise die Gebote von Treu und Glauben doch noch angemessen wahrt.

Beispiele: In vorformulierten Lieferbedingungen eines Kaufhausbetreibers für Industrieroboter findet sich der auf § 323 I BGB gemünzte Satz: „Im Falle des Lieferverzuges kann der Käufer vom Vertrag erst nach Verstreichen einer Nachfrist von 3 Monaten zurücktreten": Sicher unwirksam wegen § 308 Nr. 2. BGB. Wirksam wäre umgekehrt gewiss, wenn als angemessene Nachfrist 3 Tage vorgesehen wären. Zweifelhaft könnte sein, ob eine Nachfrist von 14 Tagen noch angemessen ist. Diese Zweifel wenden sich aber gegen den Lieferanten als AGB-Verwender, was zur Unwirksamkeit der Klausel führt.

Zu beachten ist im Zusammenhang mit den Klauselverbotskatalogen allerdings folgender, etwas kompliziertere Zusammenhang: An sich versagt § 310 I 1 BGB den dort angesprochenen „Unternehmern" etc. die Berufung auf die **Klauselverbotskataloge** der §§ 308 und 309 BGB (wie auch schon auf den speziellen Einbeziehungsschutz des § 305 II BGB!). Dem „Unternehmer" steht also diesbezüglich nur der sehr allgemeine, argumentativ schwer zu handhabende § 307 I, II BGB für die Inhaltskontrolle ihn belastender AGB der Gegenseite zu Gebote. § 310 I 2 BGB stellt aber umgekehrt klar, dass die in §§ 308 und 309 BGB genannten Klauseln zugleich gegen § 307 I, II BGB verstoßen können. In diesem Fall sind die Klauseln also - nach § 307 I, II BGB - unwirksam, obwohl sie sich in den §§ 308 und 309 BGB finden, auf die sich **Unternehmer** ja nicht berufen können. Anders gewendet: Die in den §§ 308 und 309 BGB genannten Klauseln sind Unternehmern gegenüber keineswegs schlechthin zulässig. Zu prüfen ist vielmehr, inwieweit derartige Klauseln zugleich den Vertragspartner entgegen Treu und Glauben unangemessen benachteiligen.

Praktisch meint dies vielfach eine **Transformation** vor allem des § 309 BGB mit seinen **Klauselverboten ohne Wertungsvorbehalt** in den Regelungsbereich des § 307 I, II BGB. Denn die dort herausgegriffenen Klauseln sind vom Gesetzgeber ja gerade deswegen inkriminiert worden, weil sie eine substanzielle Einbuße an Vertragsgerechtigkeit, so wie das dispositive Recht sie versteht, zur Folge hätten. Aus dem Bereich des § 309 BGB erscheinen zunächst transformierbar insbesondere die Nummern 4 bis 9. Von großer Bedeutung ist auch in diesem Zusammenhang die Gewährleistungsmaterie. Ein völliger Haftungsausschluss bei Lieferung neu hergestellter Waren (§ 309 Nr. 8b aa BGB) dürfte jedenfalls auch Unternehmern gegenüber unzulässig und damit unwirksam sein. Die in § 309 Nr. 8b) ee) BGB vorgenommene negative Bewertung für eine zu knapp bemessene Frist hinsichtlich einer Mängelrüge bei verdeckten Mängeln wird ebenso auf § 307 I bzw. II Nr. 1 BGB zu stützen sein.

Eine **Transformationsmöglichkeit** besteht aber auch hinsichtlich der in § 308 BGB genannten Klauseln, neben den bereits erwähnten Nummern 1 und 2 wohl auch für die Nummern 3, 4 und 5 (sofern nicht gemäß § 310 I 2 a. E. BGB eine andere Beurteilung durch die besonderen handelsrechtlichen Grundsätze über das Schweigen im Rechtsverkehr angezeigt ist), ferner für die Nummern 6 und 7. Bei der Transformation müssen allerdings immer die Besonderheiten des wirtschaftlichen Lebens berücksichtigt werden. So spielt bei der Antwort auf die Frage, welche Nachfrist angemessen ist, das besondere wirtschaftliche Bedürfnis nach Schnelligkeit der Vertragsabwicklung sicher eine wichtige Rolle.

Bei alledem bleibt freilich der Versuch unbenommen, Vertragsbedingungen, die in Gestalt von AGB nicht wirksam werden können, durch **Individualabreden** zum Vertragsinhalt zu machen. Bei ihnen findet der Gestaltungsspielraum erst am zwingenden Recht sein Ende, sofern es sich nicht um „Verbraucherverträge" nach § 310 III BGB handelt. Die individuelle Verabredung einer „kritischen" Vertragsbedingung wird zwar durchweg schwieriger sein. Dafür ist dann aber für die **Auslegung** einer solchen Individualabrede auch nicht § 305c II BGB mit seiner **Unklarheitenregel** einschlägig, derzufolge Zweifel bei der Auslegung von AGB immer zu Lasten des AGB-Verwenders gehen: Bei der Interpretation von mehrdeutigen AGB ist also immer diejenige Auslegungsmöglichkeit zu ergreifen, die die Rechtsstellung der Gegenseite am wirkungsvollsten stärkt. **Vorrangig** ist aber das **Transparenzgebot** des § 307 I 2 BGB: Seine Verletzung führt zur Unwirksamkeit der intransparenten, unklaren und unverständlichen Klausel, so dass sich die Frage, welchen Sinn der Klausel nun beizulegen ist, gar nicht mehr stellt.

Ist eine vorformulierte Vertragsbedingung nach den dargestellten Grundsätzen zwar in den Vertrag einbezogen worden, aber unwirksam, so müsste in

Anwendung von § 139 BGB eigentlich der gesamte Vertrag von der Unwirksamkeit ergriffen werden, denn jedenfalls der AGB-Verwender hat ja den Vertrag eben nur so, mit dieser - unwirksamen - Klausel schließen wollen. Eine solche **Teilnichtigkeit** aber wäre geradezu eine Einladung zur Formulierung von Bedingungen, die in krassem Widerspruch zu Treu und Glauben stehen. Dem AGB-Verwender könnte ja nichts passieren: Entweder würde die Unwirksamkeit dieser Klausel festgestellt, dann wäre er zu gar nichts verpflichtet, oder die Klausel wäre rechtlich doch nicht zu beanstanden, dann hätte der Verwender ja sein Vertragsgestaltungsziel erreicht.

Zur Verhinderung dieses Effektes durchbricht § 306 I, II BGB die Regel der **Totalnichtigkeit** (§ 139 BGB) und lässt den Vertrag ohne die unwirksame Klausel, gegebenenfalls an dieser Stelle ergänzt durch dispositives Recht, im Übrigen gültig sein. Mit dieser **Teilnichtigkeit**, die wegen § 310 III BGB auch für individuelle, aber vorformulierte Verbraucherverträge gilt, wird der AGB-Verwender unter Umständen hart getroffen, doch ist gerade dies der Wille des Gesetzgebers. § 306 III BGB, der wieder auf § 139 BGB zurückführt, wird also kaum jemals Platz greifen können.

Beispiel: Händler V verkauft ein teures neues Radio an den Privatkunden K. Zugrunde liegen „klassische" AGB oder individuelle, aber vorformulierte Vertragsbedingungen (§ 310 III BGB!), die jedwede Gewährleistung ausschließen. Mit Rücksicht darauf ist der vereinbarte Kaufpreis auch sehr niedrig kalkuliert: V muss sich an Lieferpflicht und Kaufpreishöhe festhalten lassen, obwohl er nun doch Gewähr zu leisten hat: An die Stelle der gemäß § 309 Nr. 8b aa BGB unwirksamen Klausel treten die §§ 434 ff. BGB, die durch den Haftungsausschluss verdrängt werden sollten.

Neben der rechtlichen Bedeutungslosigkeit unwirksamer Vorformulierungen für das Rechtsverhältnis der konkreten Vertragspartner im Einzelfall sind §§ 1, 3 UKlaG zu beachten: Namentlich Industrie- und Handelskammern sowie Handwerkskammern, in weitem Umfang aber auch besonders „qualifizierte" Verbraucherschutzorganisationen können verlangen, dass die Verwendung unwirksamer Klauseln generell unterbleibt. Dieser **Unterlassungsanspruch** ist insofern ein wichtiges Instrument, als gelegentlich ein Verwender von AGB deren Unwirksamkeit - z. B. auf Grund eines verlorenen Prozesses - kennt, diese AGB aber gleichwohl in der empirisch ja nicht unbegründeten Hoffnung weiterverwendet, dass sich andere Vertragspartner faktisch doch danach richten. §§ 1, 3 UKlaG sind also der Hebel, um ein derartiges, ökonomisch an sich durchaus plausibles Kalkül zu durchkreuzen. Darauf zielen auch andere Normen, etwa die in § 7 UKlaG vorgesehene Veröffentlichung einschlägiger Urteile über die Unwirksamkeit bestimmter Klauseln sowie schließlich eine eigenartige Erstreckung der Rechtskraft von Unterlassungsurteilen zugunsten anderer, gar nicht am Prozess Beteiligter (§ 11 UKlaG).

d) Konditionengestaltung

(1) Lieferort und Lieferzeit, insbesondere Fixgeschäft und Abruf

Soll das richtige **Gut** zur **richtigen Zeit** am richtigen **Ort** verfügbar sein, so muss die Vertragsgestaltung auch speziell darauf zugeschnitten sein. Aus Sicht der **Beschaffungslogistik** ist der „richtige Ort" selbstverständlich der Sitz des Bestellers. Kraft branchen- und ortsübergreifenden Handelsbrauchs (§ 346 HGB) sind Lieferschulden aber grundsätzlich **Schickschulden:** Der **Leistungsort** („Erfüllungsort"), hier speziell der Lieferort, auf den sich auch die **Lieferzeit** und der gewährleistungsrechtlich relevante Zeitpunkt beziehen, ist der Sitz des Lieferanten (so auch beim internationalen Warenkauf: Art. 31 lit. a CISG). Folglich nützt es dem Besteller wenig, sich größere Gedanken über die optimale Lieferzeit zu machen und vertraglich besonders zu sanktionieren, weil der Lieferant ja rechtzeitig bereits dann tätig geworden ist, wenn er das Gut bei Lieferfälligkeit expediert, abgesandt hat. Für die auf das Konzept des **just-in-time** aufgebaute Produktion mit **einsatzsynchroner Anlieferung** müsste dies fatale Konsequenzen haben. Denn dort gibt es nunmal kein nennenswertes Lager, das eine Puffer- oder Vorratsfunktion übernehmen könnte. Auch das **Qualitätssicherungsmanagement** ist insoweit nicht optimal basiert, weil Transportschäden beim kommerziellen **Versendungskauf** (B2B) keine Gewährleistungsansprüche auslösen können: Im Zeitpunkt der Übergabe an den Transporteur war die Ware ja noch in Ordnung, und nur darauf kommt es gewährleistungsrechtlich an. Trotzdem ist aber gemäß § 447 BGB der volle Kaufpreis zu zahlen (anders beim Verbrauchsgüterkauf wegen § 474 II 2 BGB). Dass möglicherweise Schadensersatzansprüche gegen den Transporteur bestehen, ist dabei nur ein schwacher Trost.

Das vitale Interesse des Bestellers muss also zunächst darauf gerichtet sein, aus der handelsüblichen Schickschuld eine **Bringschuld** zu machen. Als Leistungsort („Erfüllungsort") für die Lieferschuld ist also der Unternehmenssitz des Bestellers besonders zu vereinbaren, was auch aus Sicht des AGB-Rechts unproblematisch ist, also innerhalb von Allgemeinen Einkaufsbedingungen festgelegt werden kann. Die Klausel „frei (z. B.) Fröndenberg" (als Sitz des Bestellers) bewirkt dies freilich noch nicht. Damit übernimmt der Lieferant lediglich die Transportkosten, ohne dass sich an dem Charakter als Schickschuld etwas ändert (vgl. § 269 III BGB). Erst im Rahmen einer Bringschuld macht es dann Sinn, die für die **just-in-time**-Produktion so wichtige Lieferzeit zu definieren. Dies in Form einer kalendermäßigen Terminierung zu tun, hat bereits den Vorteil, dass damit gemäß § 286 II Nr. 2 BGB Verzug auch ohne Mahnung eintreten kann.

Hinsichtlich der zu leistenden Zahlungen handelt es sich ohnehin um eine Schickschuld (§ 270 I, III BGB), so dass insoweit für den Besteller kein Bedarf an **Vertragsgestaltung** besteht. In diesem Zusammenhang ist nur noch ergänzend darauf hinzuweisen, dass der Besteller versuchen sollte, § 353 HGB auszuschließen, um Fälligkeitszinsen zu entgehen.

Die bloße kalendermäßige Festlegung der Lieferzeit (i. V. m. einer Bringschuld) führt zwar im beschaffungsseitig erwünschten Sinne eher zum Verzug, birgt aber immer noch erhebliche Risiken, z. B., dass vorfällig geliefert (§ 271 II BGB!) und dadurch Lagerkapazität erforderlich wird. § 271 II BGB muss also abbedungen werden. Außerdem gibt der bloße **Lieferverzug** immer noch nicht freie Hand, auf andere Lieferanten umzudisponieren, weil § 323 I BGB dafür grundsätzlich noch Nachfristsetzung fordert. Ob diese Voraussetzungen gegenüber dem in aller Regel ja „unternehmerischen" Lieferanten durch AGB abbedungen werden können (§ 310 I 1 BGB!), erscheint zweifelhaft.

Dieses Problem stellt sich aber gar nicht erst, wenn der Liefertermin als „fix" bezeichnet wird. Wiederum nach Handelsbrauch soll mit dieser **Fixklausel** nämlich ausgedrückt werden, dass das Geschäft mit Einhaltung der Leistungsfälligkeit „steht und fällt", dass der Gläubiger also an Leistungserbringung gerade bei Fälligkeit ein überragendes Interesse hat, der „Fortbestand seines Leistungsinteresses an die Rechtzeitigkeit der Leistung gebunden" ist: Dann muss nach § 323 II Nr. 2 BGB der Gläubiger dem Schuldner keine (erfolglose) Nachfrist setzen, um ein **Recht zum Rücktritt** zu haben.

Außerdem (§ 325 BGB!) kann der Besteller (als Gläubiger) vom Lieferanten (als Schuldner) nun auch nach § 281 II BGB sogleich sogar **Schadensersatz statt der Leistung** verlangen, weil beim nicht eingehaltenen Fixtermin „besondere Umstände vorliegen, die unter Abwägung der beiderseitigen Interessen die sofortige Geltendmachung des Schadensersatzanspruches rechtfertigen". Voraussetzung für diesen Schadensersatzanspruch ist zwar nicht Verzug (§ 286 BGB), wohl aber, dass der Schuldner die Überschreitung des Fixtermins zu vertreten hat, weil § 281 I 1 BGB auch auf § 280 I 2 BGB verweist. Das ist für den Gläubiger problematisch, so dass er versuchen sollte, dies vertraglich abzudingen. Wird Schadensersatz statt der Leistung verlangt, verliert der Gläubiger damit gemäß § 281 IV BGB seinen („primären") Anspruch auf die ursprüngliche Leistung.

Da es sich bei alledem um allgemeines Leistungsstörungsrecht handelt, kann nicht nur ein Kaufvertrag, sondern etwa auch ein Werkvertrag als **Fixgeschäft** ausgestaltet sein. Bei allen Fixgeschäften ist übrigens eine **vorfällige Leistung** vertragswidrig, denn für „Zweifel" i. S. von § 271 II BGB ist hier kein Raum. Und Schuldnerverzug kann hier nach § 284 II Nr. 2 BGB auch ohne Mahnung eintreten.

Sofern der Lieferant oder der Besteller (oder auch beide) den **Kaufmannsstatus** haben (zur Geltung von Handelsrecht für beide Seiten auch beim einseitigen Handelsgeschäft s. § 345 HGB), handelt es sich bei dem Kauf um einen Handelskauf. Ist die Lieferzeit „fix" gestellt, liegt somit ein **Fixhan-**

delskauf vor. Auf solche Geschäfte findet als Sonderregelung (lat. „lex specialis" gegenüber der allgemeinen Regelung, der „lex generalis") § 376 HGB Anwendung. Diese Norm ergänzt und verändert die allgemeinen Regeln über Leistungsstörungen beim Fixgeschäft. Im praktischen Ergebnis heißt dies vor allem, dass der Besteller wegen § 376 I 2 HGB sofort (nicht nur: unverzüglich!) nach Überschreiten der fix gestellten Lieferzeit seinen (primären) Lieferanspruch gegenüber dem Lieferanten geltend machen muss, um ihn nicht überhaupt einzubüßen. Außerhalb des § 376 HGB tritt dieser Anspruchsverlust hingegen ja erst ein, wenn der Gläubiger tatsächlich vom Schuldner Schadensersatz statt der Leistung (oder, wie § 376 HGB formuliert: „Schadensersatz wegen Nichterfüllung") verlangt.

Als Schuldrecht ist § 376 HGB dispositives Recht, so dass die für den Käufer unangenehme Obliegenheit des § 376 I 2 HGB jedenfalls individualvertraglich und wohl auch durch AGB abbedungen werden kann. Ferner erleichtert § 376 II HGB durch die Möglichkeit einer **abstrakten Schadensberechnung** nach Marktpreisen die Bezifferung des entstandenen Schadens, der aber auch konkret (und dann eventuell höher!) berechnet werden kann.

Gerade das **just-in-time**-Konzept verlangt gelegentlich eine Flexibilisierung des Materialflusses, so dass nicht schon bei Vertragsschluss Liefertermine, womöglich „fix", festgelegt werden können. Dann ist **Lieferung „auf Abruf"** zu vereinbaren. Aus Sicht des Lieferanten empfiehlt sich dabei die Festsetzung einer Frist, innerhalb der dann der Abruf zu erfolgen hat. Die **Abrufklausel** nimmt - wie auch die Fixklausel - dem Lieferanten zugleich das Recht zur vorfälligen Lieferung (vgl. § 271 II BGB), ohne dass es einer besonderen diesbezüglichen Abrede bedürfte. Abruf- und Fixklausel können auch kombiniert werden, so dass dann die Vorteile beider beim Besteller kumulieren.

Auch soweit das Flexibilisierungsbedürfnis nicht zeit-, sondern produktbezogen ist, lässt sich dem Rechnung tragen. Denn der genaue Liefergegenstand kann bei Vertragsschluss durchaus noch offen gehalten werden und der späteren Bestimmung durch den Käufer vorbehalten bleiben. Für einen derartigen sog. **Spezifikationskauf** gilt zunächst § 315 BGB und beim Handelskauf ergänzend § 375 HGB, der sogar zur Spezifikation verpflichtet. Schon um sofortige Fälligkeit der Spezifikationspflicht zu vermeiden, sind nähere zeitliche Absprachen empfehlenswert.

(2) Vertragsstrafe

Besonders wirkungsvoll lässt sich Pünktlichkeit geschuldeter Leistungen, insbesondere **Lieferpünktlichkeit,** durch eine sog. Vertrags- oder **Konventionalstrafe** i. S. der §§ 339 ff. BGB fördern: Im Falle verzöglicher oder gar völlig unterbliebener Lieferung hat der Lieferant dann diese Strafzahlung an den Besteller zu leisten. Etwaige Schadensersatzansprüche können gleichwohl verfolgt werden, wobei die Vertragsstrafe auf den zu leistenden Schadensersatz angerechnet wird. Es handelt sich bei der Vertragsstrafe also um etwas völlig anderes als um die Geldstrafe, die im Strafprozess auf Grund einer Straftat verhängt wird und an die Staatskasse fließt. Je höher die angedrohte Konventionalstrafe ist, desto größeren Einfluss wird sie auf den Lieferanten haben. Dabei besteht in der **Höhe** prinzipiell keine Grenze, jedenfalls nicht, wenn der Lieferant Kaufmann ist: Eine Herabsetzung der vereinbarten Vertragsstrafe, wie sie an sich durch § 343 BGB vorgesehen ist, scheidet hier gemäß § 348 HGB aus.

Eine gewisse Schwächung des Instruments der Vertragsstrafe liegt darin, dass sie nach § 339 S. 1 BGB an den Verzug anknüpft, der ja seinerseits wegen § 286 IV BGB **Vertretenmüssen** voraussetzt. Mag dies bei der im Beschaffungswesen regelmäßig vorliegenden Gattungsschuld wegen des dabei vom Lieferanten übernommenen Beschaffungs- bzw. Herstellungsrisikos (vgl. § 276 I 1 a. E. BGB) auch kein gravierendes Thema sein, so sollte doch versucht werden, die Vertragsstrafe ausdrücklich schon für den Fall bloßer Terminüberschreitung vorzusehen, um auch die Ausnahmefälle ohne Rücksicht auf eine konkrete Verantwortlichkeit des Lieferanten bzw. allgemein des Schuldners dem Druck der Vertragsstrafe zu unterwerfen. Dagegen dürfte es bei ihrer Festsetzung in AGB auch im Blick auf die §§ 305c I, 307 BGB keine durchgreifenden Einwände geben.

(3) Handelsklauseln

Das Bedürfnis des Wirtschaftsverkehrs nach bündiger Kürze in der Formulierung des Vertragsinhalts, vor allem im Rahmen von AGB, hat zu einer Fülle von **Handelsklauseln** geführt, mit denen sich nach Handelsbrauch ein mehr oder weniger prägnanter Sinn verbindet. Sie haben, wie zu betonen ist, entgegen verbreiteter Vorstellung keine Rechtsnormqualität. § 346 HGB verlangt allerdings bei der Auslegung von Rechtshandlungen wie namentlich bei der Vertragsauslegung ihre Berücksichtigung. In der Hierarchie der vertraglichen Rechtsquellen (gemeint sind hier in einem umfassenden Sinne alle rechtlich relevante Faktoren) rangieren sie zwar über dispositivem Recht, aber bereits unterhalb von AGB (vgl. nochmals Abb. 34). Einige derartige Klauseln (engl. **Trade Terms**) wurden bereits angesprochen, etwa die Klauseln „Angebot freibleibend", „Lieferung auf Abruf", „fix" oder „(fracht)frei". Besondere Bedeutung haben die Handelsklauseln naturgemäß bei **internationalen Geschäftsbeziehungen**, weil sie die Kommunikation erleichtern können. Dabei spielen namentlich die sog. **Incoterms** (engl. International Commercial Terms) eine große Rolle, die von der Internationalen Handelskammer in Paris zusammengestellt werden und zum 1. Januar 2011 überarbeitet wurden. Der Sinn der Handelsklauseln ist regelmäßig sehr komplex, wie vor allem ein Blick in die Incoterms zeigt: Hinter jeder der jetzt 11 und teilweise neuen Klauseln stehen je 10 Pflichtenpositionen für den Verkäufer und weitere 10 für den Käufer.

Über einige national und international verwendete Klauseln informiert die folgende **Übersicht**. Die dortige Erläuterung ist keineswegs erschöpfend, sondern liefert nur erste Anhaltspunkte für die rechtliche Bedeutung.

ab Werk, EXW	(ex work): Erfüllungsort beim Lieferanten, und zwar als Holschuld.
Baisse	Rücktrittsrecht des Bestellers, wenn sich für ihn billigere anderweitige Belieferungsmöglichkeit ergibt.
cif (mit Ortsangabe)	(cost, insurance, freight): Sämtliche Kosten einschließlich Versicherungsprämie für Transport bis zum Bestimmungsort, meist dem Verschiffungshafen, muss Verkäufer tragen. Erfüllungsort ist der Bestimmungsort, was für Termine wichtig ist.
cod	(cash on delivery): Zahlung mit Lieferung („Per Nachnahme")
fob (mit Ortsangabe)	(free on board): Wie cif, aber ohne Pflicht zur Versicherung auf eigene Rechnung.
Kasse gegen Dokumente	Zahlungsfälligkeit schon mit Aushändigung der Warenpapiere, sofern mit ihrer Hilfe über die Ware selber verfügt werden kann, wie dies namentlich beim Orderlagerschein der Fall ist. Zugleich Ausschluss einer Aufrechnung.
Kasse gegen Faktura	Zahlungsfälligkeit bei Rechnungsstellung, unabhängig von einer vielleicht noch gar nicht erfolgten Lieferung. Zugleich Aufrechnungsausschluss.
Netto Kasse	Zahlungspflicht ohne Abzüge (etwa Barzahlungsrabatt). Zugleich Aufrechnungsausschluss.
Skonto (mit %-Angabe)	Möglichkeit eines Abzugs vom regulären Kaufpreis bei vorfälliger Zahlung.
Zahlung effektiv	Ausschluss der Aufrechnung.

e) Qualitätssicherung

(1) Bemusterung

Im harten Wettbewerb kann sich kaum eine Unternehmung Qualitätsdefizite ihrer Produkte leisten, ohne Imageeinbußen, erhebliche Gewährleistungsaufwendungen und enorme Produkthaftungszahlungen zu riskieren. Der Einkauf trägt schon deshalb eine maßgebliche Verantwortung für die Vermeidung derartiger **Qualitätsrisiken**. Wichtig ist hierbei zunächst, die z. B. technisch definierte Soll-Beschaffenheit auch vertragsrechtlich zu verankern. Nicht immer aber ist es möglich, alle relevanten Eigenschaften bis ins kleinste Detail überhaupt namhaft zu machen. Da Probieren auch fertigungswirtschaftlich über Studieren geht, werden deshalb häufig **Musterexemplare** der potenziellen Lieferanten auf ihre Eignung hin getestet. Verlaufen derartige Versuche zufriedenstellend, kommt es für das beschaffende Unternehmen also darauf an, dass die regulären Lieferungen genau diesen bemusterten Probestücken entsprechen und alle negativen Folgen einer Qualitätsabweichung den Lieferanten treffen.

Bei einem solchen **Kauf „nach Probe"** oder (mit demselben Sinn) **„nach Muster"** (nicht zu verwechseln mit einem Kauf „auf Probe", §§ 454 f. BGB!) sollte deutlich zum Ausdruck kommen, dass die **Mustereigenschaften** als Soll-Beschaffenheit vereinbart sind. Denn nicht überall, wo Muster im Spiel sind, ist der spätere Liefervertrag ein Kauf „nach Probe" oder „nach Muster". Die Mustervorlage kann nämlich auch lediglich der Orientierung dienen oder den Zweck haben, die Hemmschwelle für einen Vertragsschluss durch unmittelbaren Warenkontakt herabzusetzen. Dieser verkaufspsychologische Trick wird ja durchaus nicht nur auf der letzten Handelsstufe gegenüber dem privaten Verbraucher eingesetzt (Selbstbedienung; Probefahrt mit dem eigentlich zu teueren Kfz!).

Manchmal liegt ein Kauf nach Probe oder Muster sogar vor, obwohl es vordergründig an Proben bzw. Mustern ganz fehlt. So sind auch bei der als solche kenntlich gemachten **Nachbestellung** die Eigenschaften der zuvor gelieferten Ware gleichsam automatisch als Soll-Beschaffenheit vereinbart, weil die Ware aus dem vorangegangenen Vertrag als Muster des Anschlussvertrages fungiert.

Beispiel: Bestellung „wie gehabt".

Besonders darauf hinzuweisen ist, dass beim Kauf nach Probe oder Muster der **Maßstab** für die Sachmangelfeststellung allein die Eigenschaften des Musters sind. Die „Fehlerhaftigkeit" des Musters seinerseits ist gewährleistungsrechtlich deshalb bedeutungslos. Ein relevanter Fehler liegt vielmehr nur noch in einer Abweichung der Ist-Beschaffenheit der regulären Liefergegenstände von den Mustereigenschaften. Allerdings können neben der Probenmäßigkeit zusätzliche Eigenschaften als Soll-Beschaffenheit festgelegt werden. Wenn die gelieferte Ware nicht der Soll-Beschaffenheit, also dem Muster oder den Vorlieferungen entspricht, können daraus unabsehbare Schäden entstehen. Einen Schadensersatzanspruch hat der Käufer aber nur dann, wenn der Lieferant den Sachmangel zu vertreten hat. Um auch wegen Sachmängeln Schadensersatz verlangen zu können, die der Lieferant nicht verschuldet hat, muss darauf geachtet werden, dass der Lieferant für die qualitative Übereinstimmung der zu liefernden Ware mit dem Muster oder der Vorlieferung „**garantiert**" oder dies „**zusichert**". Dies kann prinzipiell auch vorformuliert in Allgemeinen Einkaufsbedingungen dem Lieferanten gleichsam in den Mund gelegt werden. Dabei ist nur auf die (auch konkludente) Zustimmung des Lieferanten zu diesen AGB zu achten (Konsensprinzip!), während bei diesen wohl nur im B2B-Bereich vorkommenden Fallgestaltungen solche Klauseln einer Inhaltskontrolle anhand des § 307 BGB standhalten sollten.

(2) Wareneingangskontrolle

Das Schlussglied in der Abwicklung eines Lieferauftrages bildet die **Anlieferung**. Die dabei auf Käuferseite vorzunehmende Wareneingangskontrolle ist nicht nur ein Gebot ökonomischer Vernunft, sondern auch notwendig, um etwaige Gewährleistungsansprüche beweismäßig vorzubereiten. Jedenfalls beim beiderseitigen Handelskauf würde ohne Wareneingangskontrolle ein an sich berechtigtes Gewährleistungsverlangen des Käufers aber leicht schon an § 377 II HGB auch rechtlich scheitern. Nach dieser Vorschrift verliert der Käufer nämlich alle eventuell bestehenden Gewährleistungsrechte (die Ware gilt als „genehmigt", außer bei arglistigem Verschweigen des Sachmangels durch den Verkäufer § 377 V HGB!), wenn er die in den § 377 HGB näher umschriebene **Untersuchungs- und Reklamationspflicht** verletzt (ganz ähnlich Artt. 38 f. CISG). Diese „Pflicht" - in Wahrheit eine Obliegenheit - wird nämlich gerade im Interesse des Lieferanten statuiert, der schnell **Rechtsgewissheit** und eine sichere Dispositionsbasis für die Auflösung eventueller Gewährleistungsrückstellungen erhalten soll. Die 2-jährige Verjährungsfrist des § 438 I Nr. 3 BGB für die Geltendmachung von Gewährleistungsansprüchen trägt diesem berechtigten Anliegen ersichtlich nicht ausreichend Rechnung. Untersuchen und einen dabei in Erscheinung tretenden Mangel anzeigen muss der Käufer in gewissen Grenzen selbst dann, wenn wirtschaftlich betrachtet etwas ganz anderes als das Bestellte geliefert wurde. Rechtlich gesehen wird damit aber nur die Konsequenz aus dem eigenartigen **subjektiven Fehlerbegriff** gezogen. Da § 434 III BGB auch die **Falschliefe-**

rung (aliud-Lieferung) und den **Mengenfehler** (Fehl-, nicht Übermenge!) als Sachmangel begreift, ist auch in solchen Fällen ausnahmslos zu untersuchen und ggf. zu reklamieren.

Zu untersuchen ist die Ware nicht „sofort", sondern (nur) unverzüglich (schärfer aber Art. 38 I CISG!). Der damit angesprochene **Prüfungsmaßstab** ist auch daran zu orientieren, was „nach ordnungsmäßigem Geschäftsgang tunlich ist" (§ 377 I HGB). Danach sind z. B. die Geschäftszeiten, der Zeitaufwand für Prüfungsvorbereitungen, die erforderliche Hinzuziehung sachkundigen Personals oder Dritter zu berücksichtigen. Auch die Art und Weise der Untersuchung wird durch diese gesetzlichen Kriterien bestimmt: **Stichproben** nach gesicherten statistischen Verfahren genügen bei umfangreichen Anlieferungen gleichartiger Produkte, **Sichtprüfungen** reichen wohl niemals aus, wo es auf chemische Eigenschaften der Ware ankommt.

Zeigen sich bei der Untersuchung Mängel, so sind diese dem Lieferanten wiederum unverzüglich mitzuteilen. Zeigt sich ein Mangel erst später, obwohl sorgfältig untersucht wurde (sog. verdeckter oder **versteckter Mangel**), so ist nach Entdeckung unverzüglich zu reklamieren (§ 377 III HGB). Die **Reklamation** unterliegt grundsätzlich keiner ausdrücklichen gesetzlichen **Form**. Obwohl § 377 IV HGB von der Absendung der Mängelanzeigespricht, darf durchaus auch mündlich, telefonisch oder sonstwie gerügt werden. Allerdings muss die Reklamation Art und Umfang der Mängel klar erkennen lassen. Die rechtlichen Anforderungen sind hier nicht anders als bei der nach Frachtrecht zum Anspruchserhalt erforderlichen Schadensanzeige gemäß § 438 HGB, wo „hinreichend deutliche" Kennzeichnung der Beanstandung verlangt wird. Auch die Mängelrüge nach Art. 39 I CISG erfordert, dass „die Art der Vertragswidrigkeit (sc. der angelieferten Ware) genau bezeichnet" wird.

Entgegen allgemeinen Grundsätzen kommt es für die Frage, ob rechtzeitig gerügt wurde, nicht auf den Zeitpunkt des Zugangs beim Empfänger (Lieferant) an, sondern auf den **Zeitpunkt** der Absendung der Mängelanzeige (§ 377 IV HGB). Dies setzt allerdings eine **ordnungsgemäße Absendung** der Mängelanzeige voraus (Frankierung, Beachtung von Besonderheiten im Auslandsverkehr). Durch § 377 IV HGB wird der vom Gesetz beabsichtigte Lieferantenschutz letztlich doch wieder sehr in Frage gestellt. Denn der Lieferant muss, um sicherzugehen, selber initiativ werden, um zu klären, ob der Käufer mit der gelieferten Ware tatsächlich einverstanden war.

Hat der (Distanz-)Käufer reklamiert, so trifft ihn nach § 379 I HGB die Pflicht, für eine einstweilige **Aufbewahrung** der bemängelten Ware zu sorgen.

Als sachlicher Annex des schuldrechtlichen Kaufrechts ist auch § 377 HGB dispositiver Natur und kann also vertraglich oder durch Handelsbrauch nach Voraussetzungen und Rechtsfolgen abgeändert werden. So können - auch durch AGB, weil § 309 Nr. 13 BGB Unternehmer nicht schützt! - z. B. bestimmte, standardisierte Prüfmethoden vorgeschrieben sein oder kann die Reklamation an eine Form (einfache Schriftform, Einschreiben, Verwendung bestimmter Formulare) oder an feste Fristen gebunden werden. Durch Allgemeine Einkaufsbedingungen kann § 377 HGB umgekehrt auch gänzlich ausgeschlossen werden. Ein solcher Ausschluss ist ökonomisch sinnvoll vor allem dann, wenn der Lieferant ohnedies nach Qualitätssicherungsmethoden des Bestellers zu arbeiten hat und möglicherweise sogar Mitarbeiter des Bestellers im Lieferantenbetrieb Qualitätskontrolle treiben.

Rückblickend ist als **Kritik** des § 377 HGB festzuhalten, dass diese Norm mehr verspricht als sie hält: Geht § 377 IV HGB - wie soeben gezeigt - an den Interessen des Verkäufers vorbei, so frustriert die Regelung ansonsten den Käufer. Denn auch nach ordnungsgemäßer Reklamation hat der unternehmerische Käufer bei der regelmäßigen Schickschuld im Rahmen des beiderseitigen Handelskaufes wegen Transportschäden keine Gewährleistungsrechte. Im maßgeblichen Zeitpunkt des Gefahrübergangs, nämlich bei Absendung (§ 447 BGB!) war die Ware ja noch unbeschädigt! Deshalb macht die Mängelrüge in rechtlicher Hinsicht für den Käufer praktisch nur Sinn, wenn die Lieferschuld als Bringschuld definiert wurde.

3. Verpackung

Ob überhaupt verpackt wird und welche Auswahl unter der Vielzahl von **Packmitteln**, z. B. Glasflaschen, Blechdosen, Kartons, Folie, Draht etc. getroffen wird, ist nicht nur ein materialwirtschaftlich-logistisches Problem der Transport- oder Lagerfähigkeit sowie der Handhabung. Die Funktion der Verpackung als Informationsträger qualifiziert die Verpackungsfrage auch nicht nur als Problem des Controlling oder des Marketing. Verpackung ist vielmehr gleichgewichtig auch ein rechtliches Thema.

Dieses Thema ist allerdings primär öffentlichrechtlich besetzt. Das Öffentliche Recht verlangt nun einerseits vielfach Verpackungen, etwa nach §§ 13 ff. ChemG für gefährliche Stoffe. Auch wo keine **Verpackungspflichten** bestehen, werden an bestimmte Verpackungen, namentlich im Lebensmittelbereich, bestimmte Füllmengen, Grundpreisangaben etc. im Rahmen einer gesetzlich vorgegebenen **Standardisierung** geknüpft (vgl. z. B. §§ 1, 7, 8 EichG in Verbindung mit der FertigPackV). Andererseits wird die Verpackungsmaterie durch das AbfG determiniert, welches Abfallvermeidung, Abfallverringerung und Abfallverwertung vor allem i. S. des Recycling gebietet und dabei durch Rechtsverordnungen präzisiert wird. Bekannt in diesem Zusammenhang ist z. B. die Verordnung über die Rücknahme und Pfanderhebung von Getränkeverpackungen aus Kunststoff.

Von großer praktischer Bedeutung ist etwa auch die (allgemeine) Verpackungsverordnung. Nach § 4 VerpackV sind grundsätzlich Verpackungshersteller und Warenvertreiber aller Handlungsstufen verpflichtet, **Transportverpackungen** wie Kanister, Paletten, Kartonagen und Schrumpffolien (im Gegensatz zu Verkaufsverpackungen, Umverpackungen und Getränkeverpackungen) nach Gebrauch zurückzunehmen und einer Wiederverwendung oder stofflichen Verwertung (Recycling) außerhalb der öffentlichen Abfallentsorgung zuzuführen. Grundsätzlich müssen nach § 6 I VerpackV auch Verkaufsverpackungen aus der Hand des Verbrauchers zurückgenommen werden.

Wirtschaftsprivatrechtlich spielen diese Vorschriften nur eine Rolle, wo sie - wie §§ 13 ff. ChemG - als **Schutzgesetze** i. S. des § 823 II BGB anzusehen sind. Originär privatrechtlich ist die Verpackungsmaterie nur sporadisch geprägt. So kann sich eine Verpackungspflicht etwa im Rahmen von sog. **Verkehrssicherungspflichten** ergeben, um durch eine geeignete Verpackung Schäden an Rechtsgütern außerhalb der Ware selber und damit Schadensersatzansprüche des Geschädigten aus § 823 I BGB zu vermeiden. Auch dem Schutz der Ware selber dient aber z. B. die (privatrechtliche) Vorschrift des § 411 S. 1 HGB, demzufolge der Absender das Gut erforderlichenfalls transportsicher zu verpacken hat. Eine vertragsrechtlich begründete Verpackungspflicht ergibt sich z. B. ferner für den Einlagerer nach § 468 I HGB und für den Lagerhalter nach § 468 II Nr. 1 HGB. Ganz generell trifft den Verkäufer jedenfalls im Rahmen seiner **Erfüllungsbegleit- und Schutzpflichten** auch ohne besondere Abreden eine Pflicht zur produktadäquaten Verpackung im Rahmen von Verkehrs- bzw. Handelsüblichkeit (vgl. §§ 157, 242 BGB, 346 HGB).

Beispiele: Verkauf von Kaffee aus dem Getränkeautomaten bedingt Abgabe in einem wenigstens relativ hitzeisolierten Becher.
Unbelichtete Filme müssen lichtgeschützt, Glaswaren bruchgeschützt, Flüssigkeiten auslaufgeschützt verpackt werden.

Eine ganz andere Frage ist, wer die **Verpackungskosten** zu tragen hat. Grundsätzlich treffen denjenigen die Kosten, der zur Verpackung verpflichtet ist. Namentlich im Verkaufspreis ist also von vornherein auch dieser Kostenfaktor umfassend zu kalkulieren. Eine Ausnahme folgt aus § 448 BGB für den Versendungskauf aus dem Wesen der Schickschuld heraus: Der Verkäufer ist zwar verpflichtet, die Ware zu expedieren, doch liegt die logistische Distanz grundsätzlich (vgl. aber § 474 II BGB) in der Risiko- und Kostensphäre des Käufers. Der Käufer hat also auch die Verpackungskosten als Teil der Versandkosten zu tragen. Auch im Lagergeschäft gilt, dass grundsätzlich der Verpackungspflichtige die Verpackungskosten zu tragen hat. Die Kosten einer eventuell erforderlich werdenden **Nachverpackung** kann der Lagerhalter jedoch nach § 474 HGB als Aufwendungsersatz erstattet verlangen.

Eine (privatrechtliche) Verpflichtung zur **Rückgabe** des Packmittels besteht grundsätzlich nicht. Doch ergibt sich eine solche Pflicht gelegentlich aus einem konkludent geschlossenen Sachdarlehen, Miet- oder Leihvertrag, etwa beim sog. **Flaschenpfand**, aber auch bei sonstigen, oft schon wegen ihrer Konstruktion nicht gerade als Einmalverpackung erkennbaren Packmitteln.

Beispiele: Spezialsäcke, Paletten, Container.

Ergänzend ist in diesem Zusammenhang noch darauf hinzuweisen, dass **Auswahl** und **Gestaltung** der Verpackung auch Wettbewerbsrecht zu berücksichtigen haben. Dies beschäftigt freilich weniger die Logistik als vielmehr das Marketing.

Beispiele: Eine zu aufwendige Verpackung kann als sog. Kundenfang gegen § 4 Nr. 1 UWG verstoßen.
Eine gemessen am Füllinhalt zu große Verpackung kann eine Irreführung (§ 5 UWG) darstellen.

In der **Verpackungslogistik** ist ferner auf einen eventuellen **Ausstattungsschutz** anderer Rücksicht zu nehmen. § 3 I i. V. m. § 4 Nr. 2 und 3 MarkenG schützt nämlich bestimmte Verpackungsarten, z. B. Flaschen, Farben und Farbkombinationen, soweit diese Verpackungsgestaltungen sich innerhalb der beteiligten Verkehrskreise als Kennzeichen einer bestimmten Produktherkunft durchgesetzt haben.

4. Kommission

a) Interessenlage und Abgrenzung

In der Beschaffungslogistik ebenso wie in der Distributionslogistik spielt das **Kommissionsgeschäft** eine erhebliche Rolle. Mit der Einschaltung eines Kommissionärs lassen sich etwa besondere Marktkenntnisse nutzen oder Geheimhaltungseffekte erzielen. Damit berührt die Kommission zugleich den Bereich des Marketings. In dem verbreiteten funktional gegliederten System **logistischer Subsysteme** (vgl. Abb. 35) lässt sich das Kommissionsgeschäft gerade wegen seiner ökonomischen Vielschichtigkeit nicht klar zuordnen. Die für das Kommissionsgeschäft geltenden Vorschriften der §§ 383 ff. HGB sind für die Logistik im Übrigen nicht mehr von so großem Interesse, weil darauf anders als nach früherem Recht bei Spedition und Lagergeschäft (§§ 453 ff. HGB) nicht mehr verwiesen wird.
Bei alledem darf die Tätigkeit des Kommissionärs nicht mit der **Kommissionierung** im logistischen Sinne des Zusammenstellens angeforderter Güter nach Lageraufträgen verwechselt werden.

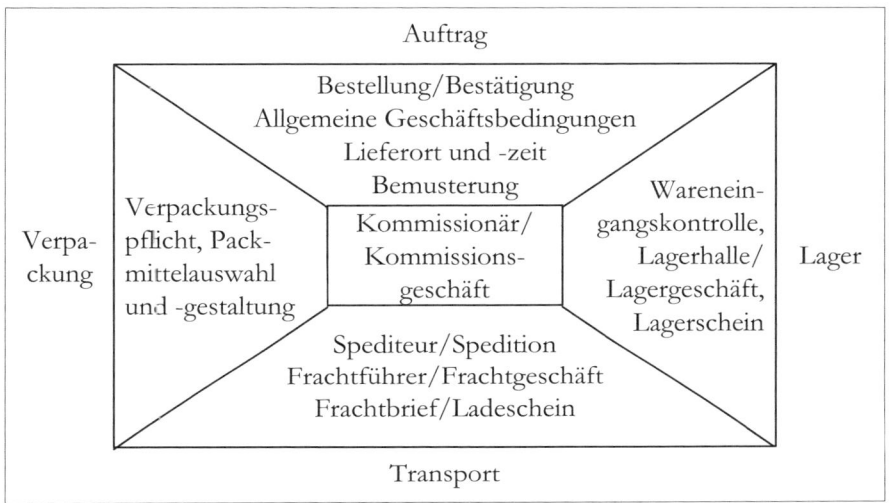

Abb. 35: Privatrechtsbezüge materialwirtschaftlich-logistischer Subsysteme

Der **Rechtsbegriff** des Kommissionärs und des Kommissionsgeschäftes hat damit nichts zu tun. Im spezifischen Sinn Kommissionär ist nach § 383 HGB vielmehr - unabhängig von Art und Umfang des Unternehmens (§ 383 II HGB!) - derjenige, der es gewerbsmäßig übernimmt, Waren oder Wertpapiere für Rechnung eines anderen, des Kommittenten, im eigenen Namen zu kaufen oder zu verkaufen. Dies ist eine rechtlich verkürzte Diktion, denn selbstverständlich werden auch die dinglichen **Erfüllungshandlungen** (Übereignungen) mit umfasst. Die für die Einschaltung eines Kommissionärs typischen wirtschaftlichen Bedürfnisse verbinden sich freilich nicht nur mit der Waren- und Wertpapierbewegung. Dem trägt das Gesetz in § 406 I HGB Rechnung, in dem das Kommissionsrecht auf solche Fälle entsprechende Anwendung finden soll, also auf die sog. **Geschäftsbesorgungskommission** (§ 406 I 1 HGB) sowie die **Gelegenheitskommission** (§ 406 I 2 HGB).

Trotz dieses letztlich recht weiten Anwendungsbereiches des Kommissionsrechts gibt es gelegentlich **Abgrenzungsprobleme**. Das erste betrifft den Handelsvertreter. Der **Handelsvertreter** (§ 84 HGB) mit Abschlussvollmacht handelt jedoch in fremdem Namen, wird damit also nicht Vertragspartner. Das Rechtsverhältnis wird vielmehr allein zwischen Käufer und Verkäufer begründet (vgl. § 164 I BGB). Der Handelsvertreter ohne Abschlussvollmacht hingegen vermittelt zwar ebenso wie der **Handelsmakler** (§§ 93 ff. HGB) lediglich das Geschäft, das dann aber ebenfalls allein zwischen Käufer und Verkäufer zustandekommt. Auch vom sog. **Vertragshändler** unterscheidet sich der Kommissionär charakteristisch. Der Vertragshändler hat keinen handelsrechtlichen Sonderstatus, sondern fällt schlicht unter § 1 II oder auch § 2

HGB, sofern es sich nicht überhaupt um einen Formkaufmann, meist wohl eine GmbH (vgl. §§ 13 III GmbHG, 6 II HGB), handelt. Im Gegensatz zum Kommissionär schließt der Vertragshändler Geschäfte nicht nur im eigenen Namen, sondern auch auf eigene Rechnung ab und trägt damit selber das unternehmerische Risiko für diese Geschäfte. Dabei ist er durch einen Rahmenvertrag zumeist langfristig und exklusiv in das Vertriebssystem eines Produzenten, Importeurs etc. eingebunden.

Beispiel: Autohaus Müller, Vertragshändler der Adam Opel-GmbH.

Durch dieselben Merkmale wie der Vertragshändler unterscheidet sich auch der **Franchise-Unternehmer** vom Kommissionär. Denn der Franchise-Unternehmer ist im Kern nur eine besonders ausgeprägte Variante des Vertragshändlers, vor allem - aber nicht nur - auch im Dienstleistungssektor. Franchising bedeutet die enge Einbindung meist vieler rechtlich selbständiger Unternehmer in eine umfassende Organisation auf der Basis eines vom Franchise-Geber bis ins Detail ausgearbeiteten, oft in Filialform erprobten, für die Franchise-Nehmer verbindlichen Geschäftskonzeptes unter einheitlichem Namen. Der Franchise-Nehmer partizipiert an Erfahrungswissen, das innerhalb des Franchisesystems anfällt, z. B. schon hinsichtlich der Standortwahl und natürlich später hinsichtlich der Betriebsführung. Der Franchise-Nehmer hat teil an der Marktgeltung des Systems, weil auch er unter dem in der Regel markenrechtlich geschützten, durch Werbung breit bekannt gemachten Systemnamen auftreten darf.

Umgekehrt trifft den Franchise-Nehmer nicht nur die Pflicht zur Zahlung eines Entgeltes (Franchise-Gebühr), sondern generell zur strikten Einhaltung aller Vorgaben hinsichtlich Einkauf, Produktion, Einrichtung, Betriebsabläufe, Öffnungszeiten etc., was sich bis in die Arbeitsverträge der Mitarbeiter (Kleidung, Verhalten gegenüber Kunden etc.) auswirkt. Das ist auch sachlich gerechtfertigt, also nicht „unangemessen" i. S. von § 307 BGB, weil schon ein einziges „schwarzes Schaf" den goodwill des Systems insgesamt untergraben kann.

Beispiele: McDonald's, TUI/First-Reisebüros, „Schülerhilfe", Eismann, Coca-Cola-Produzenten; OBI-Baumärkte; Hilton- und Sheraton-Hotels.

Für das Verständnis der Kommission sind zwei Relationen von Rechtsbeziehungen zu unterscheiden: Der **Kommissionsvertrag** mit seinen Rechten und Pflichten zwischen Kommissionär und Kommittenten einerseits und das **Ausführungsgeschäft** zwischen dem Kommissionär und dem Dritten (Kunden) andererseits. Zwischen dem Dritten und dem Kommittenten hingegen existiert keine Vertragsbeziehung (vgl. Abb. 36).

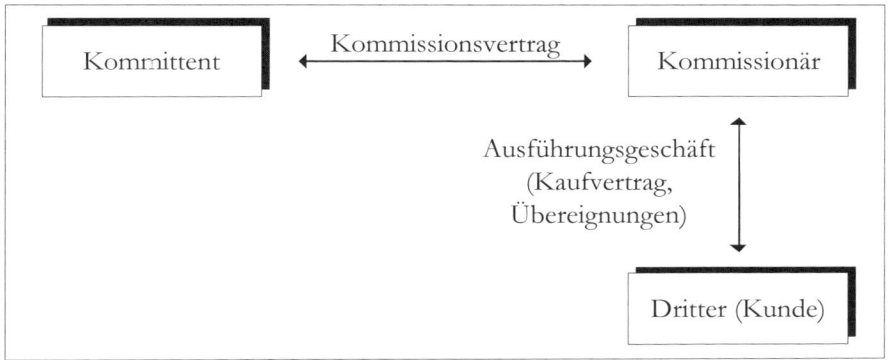

Abb. 36: Kommissionsvertrag und Ausführungsgeschäft

b) Kommissionsvertrag

Auch der Kommissionsvertrag ist in den §§ 383 ff. HGB nur unvollständig normiert. Jedenfalls ist auch der Kommissionsvertrag ein **Geschäftsbesorgungsvertrag** nach § 675 BGB. Im Übrigen ist Werkvertragsrecht heranzuziehen, wenn der Kommissionär ein einzelnes Geschäft besorgen soll, bei einer Betreuung über einen gewissen Zeitraum ist auf Dienstvertragsrecht (§§ 611 ff. BGB) zurückzugreifen. Diese unterschiedliche Kategorisierung ist einmal bedeutsam für das **Kündigungsrecht**, das nach § 627 BGB beiden Parteien jederzeit zusteht, nach § 649 BGB dagegen nur dem Kommittenten. Auch die **Verjährung** von Schadensersatzpflichten wegen schlechter Kommissionsausführung ist ganz unterschiedlich geregelt: § 634a BGB kennt sehr differenzierte Verjährungsfristen, ansonsten greift generell § 195 BGB mit seiner Regelverjährung von 3 Jahren.

Die **Hauptpflicht** des Kommissionärs ist die Pflicht, unter Beachtung von Weisungen des Kommittenten ein möglichst vorteilhaftes (schuldrechtliches) **Ausführungsgeschäft** zu tätigen (§ 384 I HGB), was zumeist auch im Wege des sog. **Selbsteintritts** (§ 400 HGB) geschehen kann. Handelt der Kommissionär derart pflichtgemäß, so gebührt der **Erlös** aus dem Ausführungsgeschäft jedenfalls dem Kommittenten (§ 384 II HGB), selbst wenn dieser durch eine Weisung eine geringere Gewinnerwartung zum Ausdruck gebracht hat (§§ 387, 385 II HGB i. V. m. § 665 BGB). Bei **Pflichtverletzungen** des Kommissionärs in Form weisungswidrigen Handelns normiert § 385 HGB eine Schadensersatzpflicht aus vermutetem Verschulden. Allerdings kommt dem Kommissionär bei der Missachtung von **Verkaufs- oder Einkaufslimits** möglicherweise die **Genehmigungsfiktion** des § 386 HGB zustatten. In Bezug auf das Kommissionsgut trifft den Kommissionär schon nach allgemeinen Rechtsgrundsätzen (vgl. § 241 II BGB) eine **Schutzpflicht** gegenüber drohender Beschädigung oder drohendem Verlust, bei deren schuldhafter Verletzung der Kommittent vom Kommissionär Schadensersatz verlangen kann. Diese Rechtslage wird durch § 390 HGB letztlich nur bestätigt.

Für seine Bemühungen hat der Kommissionär neben dem Recht zum **Aufwendungsersatz** (§§ 675, 670 BGB, 396 II HGB) vor allem einen Anspruch auf **Provision** entsprechend den vertraglichen Abmachungen, jedenfalls aber nach § 354 I HGB. Der Provisionsanspruch ist nach § 396 I 1 HGB grundsätzlich aufschiebend bedingt (§ 158 I BGB) durch die „Ausführung des Geschäfts". Das ist ausgesprochen mehrdeutig, wird aber mit Rücksicht auf die beiden Ausnahmeregelungen in § 396 I 2 HGB zu Recht als Erfüllung des schuldrechtlichen Ausführungsgeschäftes - und zwar durch den Dritten - verstanden: „**Ausführung**" bedeutet also namentlich der Abschluss des (dinglichen) Rechtsgeschäftes Übereignung gemäß § 929 BGB in Erfüllung der den Dritten treffenden Leistungspflicht aus dem (schuldrechtlichen) Kaufvertrag gemäß § 433 BGB.

Bei der Verkaufskommission liegt die Bedingung somit in der Zahlung, bei der Einkaufskommission in der Lieferung des Dritten an den Kommissionär.

c) Ausführungsgeschäft

Da der Kommissionär im eigenen Namen den Vertrag mit dem Dritten abschließt, bestehen vertragliche Rechte und Pflichten (nur) zwischen diesen Personen (es liegt auch kein Vertrag zugunsten des Kommittenten i. S. des § 328 BGB vor!). Verletzt der Dritte seine Vertragspflichten, ist er deshalb - bei Vorliegen der gesetzlichen Voraussetzungen - nur dem Kommissionär als seinem Vertragspartner schadensersatzpflichtig. Da dieser jedoch nicht für eigene, sondern für fremde Rechnung handelt, fehlt es in der Person des Kommissionärs an einem Schaden, sofern er nicht gegenüber dem Kommittenten eine sog. **Delkredere-Haftung** übernommen hat (§ 394 HGB; Delkredere = Einstehen für die Erfüllung der Leistungspflicht des Dritten). Ausnahmsweise gestattet die h. M. hier - und in wenigen anderen Fällen, z. B. im Transportrecht i. V. m. einem Versendungskauf - eine **Drittschadensliquidation**: Der anspruchsberechtigte Kommissionär kann mit seinem Schadensersatzanspruch den Schaden des Kommittenten geltend machen bzw. diesen Anspruch, ausgefüllt mit dem Drittschaden, eben dem Schaden des Kommittenten, an den Kommittenten abtreten. Dies kann im Wege der antizipierten, vorweggenommenen Zession sogar schon vor Schadenseintritt geschehen, also vor Entstehung des Anspruchs.

Hinsichtlich der **Eigentumsverhältnisse** am Kommissionsgut sind Verkaufs-

und Einkaufskommission im Interesse größerer Anschaulichkeit gedanklich zu trennen: Bei der **Verkaufskommission** verbleibt das Eigentum trotz Übergabe des Kommissionsgutes an den Kommissionär in aller Regel beim Kommittenten. Der Dritte erlangt Eigentum durch eine Verfügung, die der Kommissionär als bloßer Besitzer im eigenen Namen über das Eigentum des Kommittenten wegen einer von diesem erteilten **Verfügungsermächtigung** wirksam trifft (§§ 929, 185 I BGB). Der Kaufpreis geht umgekehrt regelmäßig in Besitz und Eigentum des Kommissionärs über und ist erst in Erfüllung der Herausgabepflicht nach § 384 II HGB in das Vermögen des Kommittenten zu überführen.

Fraglich ist die Rechtslage, wenn der Vertragspartner des Ausführungsgeschäftes fälschlicherweise das Bestehen einer (wirksamen) Verfügungsermächtigung annimmt. Grundsätzlich muss zwar jedermann die Folgen seiner Desinformiertheit selber tragen, doch kommt dem Vertragspartner hier ausnahmsweise § 366 I HGB zu Hilfe: Sein **guter Glaube** an eine wirksame Verfügungsbefugnis des Kommissionärs wird im gleichen Umfang geschützt wie sonst der gute Glaube an das Eigentum des Veräußerers (§§ 932 ff. BGB), findet seine Grenze also hier wie dort bei abhanden gekommenen beweglichen Sachen (§ 935 I BGB).

Beispiel: D will Diebesgut mit Hilfe des Kommissionärs K zu Geld machen. Die von D dem K erteilte Verfügungsermächtigung ist mangels Eigentums des D am Diebesgut unwirksam. Der gutgläubige Erwerber E (§ 932 II BGB analog) erwirbt trotz seines guten Glaubens an die Verfügungsbefugnis des K kein Eigentum, weil § 366 I HGB eben auch eine Analogie zu § 935 I BGB zieht. Keine Rolle spielt bei alledem, ob K seinerseits eingeweiht ist oder nicht.

Bei der **Einkaufskommission** wird der Kommissionär wiederum regelmäßig (Besitzer und) Eigentümer des Kommissionsgutes. Der Kommittent erlangt seinerseits grundsätzlich erst durch dingliche Einigung und Übergabe nach § 929 S. 1 BGB Eigentum. Schon vor Übergabe kann allerdings ein Eigentumserwerb durch vorweggenommenes, „antizipiertes" sog. **Besitzkonstitut** (§ 930 BGB) herbeigeführt werden. Dabei wird die an sich zur Übereignung beweglicher Sachen erforderliche Übergabe durch den Abschluss eines Miet-, Leih-, Verwahrungs- oder ähnlichen Vertrages ersetzt, wodurch der Eigentumserwerber dann gemäß § 868 BGB mittelbarer Besitzer wird. Der Mieter, Entleiher, Verwahrer etc., der ja hier zugleich derjenige ist, der das Eigentum übertragen will, bleibt unmittelbarer Besitzer. Nur er hat also den echten Gebrauchsnutzen der Sache.

Bezogen auf die Einkaufskommission ist unmittelbarer Besitzer der Kommissionär, mittelbarer Besitzer bei antizipiertem Besitzmittlungsverhältnis (Verwahrungsvertrag, §§ 688 ff. BGB) der Kommittent. Dieser wird nach einer „logischen Sekunde" bei ebenfalls **antizipierter Einigung** über den Eigentumswechsel also Eigentümer des Kommissionsgutes, obwohl sich äußerlich betrachtet gar nichts verändert. Dies bedeutet für den Kommittenten einen erheblichen Schutz gegenüber pflichtwidrigen Verfügungen des Kommissionärs und gegenüber Vollstreckungen in das Kommissionsgut durch Gläubiger des Kommissionärs.

Noch besser geschützt wäre der Kommittent allerdings, wenn er Eigentum direkt vom Dritten erwirbt, ein „**Durchgangserwerb**" des Kommissionärs also ganz vermieden wird. Wegen § 164 II BGB bedarf es für einen solchen Direkterwerb aber prinzipiell einer offenen Stellvertretung des Kommittenten durch den Kommissionär. Mit einem etwaigen Wunsch nach Geheimhaltung lässt sich dies freilich nicht vereinbaren. Überhaupt würde eine solche Abwicklung dem Regelungsmodell der Kommission zuwiderlaufen; die Parteien hätten dann von vornherein das Modell der Handelsvertretung nach §§ 84 ff. HGB gewählt.

Dem Schutz des Kommittenten dient schließlich auch die wegen ihrer Relativität schwer verständliche Fiktion des § 392 II HGB, der als **Ausnahme** auf der selbstverständlichen **Regel** des § 392 I HGB aufbaut. Wesentliche praktische Folgerungen sind u. a., dass der Kommittent nach § 771 ZPO die sog. **Drittwiderspruchsklage** erheben und damit die Zwangsvollstreckung für ungültig erklären lassen kann, wenn ein Gläubiger des Kommissionärs sich im Wege der Zwangsvollstreckung eine **Forderung des Kommissionärs** gegen den Dritten pfänden und sich überweisen lässt (§§ 829, 835 ZPO).

5. Lagerwesen

a) Lagerarten und Lagervertrag

Das eigentliche Lager wirft keine wirtschaftsprivatrechtlichen Fragen auf, weil es ohne weiteres dem unternehmerischen Willen kraft Eigentum oder Miete des Lagergrundstücks oder des Lagerraums unterworfen ist und die dort tätigen Mitarbeiter über das arbeitsvertragliche Direktionsrecht gesteuert werden. Eine rechtliche Kontur gewinnt erst der das Lagergeschäft selbständig betreibende Unternehmer. Der Begriff dieses Lagerhalters folgt aus § 467 HGB: **Lagerhalter** ist demnach, wer gewerbsmäßig Lagerung und Aufbewahrung von Gütern übernimmt und entweder über ein entsprechend großes Unternehmen verfügt (vgl. § 1 II HGB) oder von der Option des § 2 HGB Gebrauch gemacht hat (§ 467 III 2 HGB). Ist dies nicht der Fall, so gelten die §§ 467 ff. HGB allerdings trotzdem und nach ausdrücklicher gesetzlicher Anordnung sogar die §§ 343 ff. HGB (mit Ausnahme der §§ 348-350 HGB), obwohl diese doch eigentlich einen beteiligten „Kaufmann" voraussetzen. Güter und Waren sind dabei nicht genau dasselbe. Ersteres ist vielmehr eine

Teilmenge aus dem Gesamtbegriff der Waren. Als **Lagergüter** gelten nur lagerfähige bewegliche Sachen, also weder Geld, Wertpapiere noch (grundsätzlich) lebende Tiere. Mit fortschreitender Lagertechnik (z. B. Kühlungsmöglichkeiten) nähert sich der Begriff der Güter jedoch immer mehr dem der Waren.

Rechtlich sind drei **Lagerarten** zu unterscheiden: Im Zweifel ist eine **Einzellagerung** vorzunehmen, bei der die eingelagerten Güter jeweils von anderen getrennt gehalten werden. Der Lagerhalter erwirbt durch die Einlagerung kein Eigentum am Lagergut, sondern lediglich unmittelbaren Besitz (§ 854 BGB). Der Einlagerer wird mittelbarer Besitzer (§ 868 BGB), behält daneben auch seine eventuelle Stellung als Eigentümer. Gläubiger des Lagerhalters können demzufolge in das Lagergut so lange vollstrecken (§ 808 ZPO stellt für die Handlungsmöglichkeiten des Gerichtsvollziehers nur auf den unmittelbaren Besitz - „Gewahrsam" - ab), bis der Eigentümer im Klagewege dem widerspricht (**Drittwiderspruchsklage** nach § 771 ZPO).

Sammellagerung ist bei vertretbaren Sachen möglich und wird - da kostengünstiger - dort vielfach vereinbart. Mit **Vermischung** werden die Einlagerer solcher Güter Miteigentümer bis zur Auslieferung (§§ 948, 947, 1008 ff., 741 ff. BGB, 469 HGB). Die lagerrechtliche Grundlage dafür liefert § 469 HGB. Bei der sog. **Summenlagerung** wird der Lagerhalter an den eingelagerten **vertretbaren Sachen** verabredungsgemäß sogar Eigentümer. Auf diese Lagerart finden die Vorschriften für das Lagergeschäft überhaupt keine Anwendung, wie das frühere Recht ausdrücklich klarstellte.

Rechtssystematisch gesehen ist der **Lagervertrag** keine Miete (§§ 535 ff. BGB), sondern **Verwahrung** (§§ 688 ff. BGB), denn der Lagerhalter schuldet ja nicht nur Lagerung, sondern auch Aufbewahrung. Wegen der grundsätzlichen Geltung der einschlägigen bürgerlichrechtlichen Vorschriften können sich die §§ 467 ff. HGB demnach auf die Regelung von Einzelfragen beschränken. Die **Summenlagerung** richtet sich hingegen im Wesentlichen nach dem Recht des **Sachdarlehens** (§§ 700, 607 ff. BGB). Wie die §§ 688 ff. BGB sind auch die §§ 467 ff. HGB durchweg dispositives Recht (Ausnahme: § 475h HGB). Bei abweichenden Vereinbarungen sind allerdings wie auch sonst die Restriktionen des AGB-Rechts zu beachten, wenn Vorformulierungen verwendet werden.

Grundsätzlich ist die Erhaltung des Lagergutes Sache des Einlagerers bzw. des Eigentümers. Der Lagerhalter ist deshalb gemäß § 471 HGB verpflichtet, die **Besichtigung** des Lagergutes und die Vornahme von **Erhaltungshandlungen** an Ort und Stelle zu gestatten. Ferner ist der Lagerhalter verpflichtet, den Einlagerer seinerseits über Gefahren unverzüglich zu informieren, die dem Lagergut drohen. Es handelt sich dabei also um eine zur Nebenleistungspflicht gesteigerte **Schutzpflicht**. Wird das eingelagerte Gut beschädigt oder geht es gar verloren, so ist der Lagerhalter gemäß § 475 HGB zum **Scha-**

densersatz verpflichtet, wenn ihm nicht der schwer zu führende Nachweis gelingt, dass er - und seine Erfüllungsgehilfen (§ 278 BGB) - die Sorgfalt eines ordentlichen Kaufmanns (vgl. auch § 347 HGB) beachtet haben.

Neben dem Entgeltanspruch nach § 467 II HGB hat der Lagerhalter gemäß § 474 HGB auch Anspruch auf Ersatz erforderlicher Aufwendungen (z. B. Nachverpackung). Da zweifelhaft sein kann, wo die mit dem Lagergeld vergüteten **Lagerkosten** enden und die gesondert abzurechnenden Aufwendungen anfangen, empfiehlt sich entweder ein diesbezüglicher vertraglicher Ausschluss des § 474 HGB oder eine detaillierte Auflistung der geschuldeten und mit dem Lagergeld vergüteten Lagerleistungen oder der eigens zu erstattenden Aufwendungen.

b) Der Lagerschein

Über den Einlagerungsvorgang erhält der Einlagerer vom Lagerhalter jedenfalls ein schriftliches **Empfangsbekenntnis** zu Beweiszwecken ausgestellt. In der Praxis erhält der Einlieferer aber zumeist ein Papier mit weit größerer rechtlicher Bedeutung, nämlich einen **Lagerschein** ausgestellt. Dabei sind 3 **Verkehrsformen** zu unterscheiden, der Rekta-(Namens-)Lagerschein, der Inhaberlagerschein sowie der Orderlagerschein. Alle diese 3 Lagerscheine sind in ihrem rechtlichen Wesen nur bei genaueren Kenntnissen des Wertpapierrechts verständlich, doch sind hier gleichwohl einige Hinweise möglich und nötig.

Seine rechtliche Regelung findet der Lagerschein in den §§ 475c ff. HGB, ergänzt durch die §§ 363 ff. HGB. Inhaltlich drückt sich im Lagerschein ein Empfangsbekenntnis des Lagerhalters einerseits sowie sein Verwahrungs- und Auslieferungsversprechen andererseits aus, und zwar dergestalt, wie sie sich aus dem Lagervertrag, also gegenüber dem Einlagerer als Vertragspartner ergeben (vgl. § 475d III HGB). Neben dem vertraglichen Auslieferungsanspruch des Einlagerers besteht also kein gleichartiger zweiter Anspruch aus dem Lagerschein als solchem. Rechtlich sind die zahlreichen **Funktionen des Lagerscheins** bemerkenswert:

Der Lagerschein ist zunächst **Beweisurkunde** über Abschluss und Inhalt des Lagervertrages sowie über Einlagerung und Auslieferung (vgl. zum sog. **Abschreibungsvermerk** § 475e HGB. Er ist ferner **Legitimationspapier** zugunsten des Lagerhalters, dem es freisteht, mit befreiender Wirkung insbesondere an einen durch Indossament ausgewiesenen Inhaber des (Order-)Lagerscheins auszuliefern (vgl. § 475f HGB). Der Orderlagerschein wirkt ferner als Legitimationspapier auch zugunsten seines Inhabers, der sich im Falle einer Klageerhebung nur auf den durch die Urkunde vermittelten

Rechtsschein einer Berechtigung zu stützen braucht (§ 365 HGB i. V. m. Art. 16 I WG). Jedweder Lagerschein ist Voraussetzung für die Geltendmachung der lagervertraglichen Rechte (§ 475e HGB), worin sich der Charakter des Lagerscheins als **echtes Wertpapier** manifestiert. Der Orderlagerschein zeichnet sich darüber hinaus durch seine sog. **Transportwirkung** aus, er ist ein **Traditionspapier**: Durch Einigung über den Eigentumswechsel am Lagergut (§ 929 BGB) und Übergabe des Orderlagerscheins wechselt das Eigentum ohne Transport- und Zeitkosten. Der Orderlagerschein mobilisiert also das Lagergut, weil es einer realen Übergabe zum Eigentumswechsel nicht bedarf (§ 475g HGB). Dabei ist besonders wichtig, dass der Orderlagerschein gutgläubig vom Nichtberechtigten (dies ist der Nichteigentümer des Scheins) erworben werden kann, und zwar selbst bei dessen Abhandenkommen (§ 365 I HGB mit Art. 16 II WG). Gleichwohl ist ein **gutgläubiger Erwerb** des Lagergutes bei dessen Abhandenkommen wegen § 935 I BGB ausgeschlossen. Trotz dieser Einschränkungen geht die Übereignung des Lagergutes im Wege der Eigentumsübertragung am Orderlagerschein weit über das hinaus, was nach § 931 BGB zu erreichen wäre.

Kennzeichnend für die zahlreichen rechtlichen Facetten des Lagerscheins ist schließlich die ihm eigene sog. **Skripturhaftung** nach § 475d II HGB: Der Lagerhalter haftet dem legitimierten Inhaber eines Lagerscheines (§ 475d I HGB) grundsätzlich für die Richtigkeit der im Lagerschein gemachten Angaben über das Lagergut.

6. Spedition und Transport

Die Rechtsgrundlagen des Transports sind immer noch fast so vielfältig wie die Vielzahl der Transportmittel und Transportwege, wobei der Personentransport hier ganz generell ausgeblendet bleibt. Im Mittelpunkt auch des auf Güter beschränkten **Transportrechtes** steht aber wieder das HGB, das in den §§ 407 ff. HGB die privatrechtlichen Gütertransportverhältnisse zu Lande, in der Luft und auf den Binnengewässern normiert, während das Seefrachtgeschäft in den §§ 556 ff. HGB und das (nationale) Luftfrachtgeschäft im LuftVG eine ausschließliche bzw. ergänzende Regelung erfahren haben.

Das Bedürfnis nach einem geeigneten einheitlichen rechtlichen Ordnungsrahmen für **grenzüberschreitende Transporte** hat zum Abschluss zahlreicher multilateraler Abkommen geführt, zu deren Unterzeichnerstaaten auch Deutschland gehört. So richtet sich der Beförderungsvertrag im internationalen Straßengüterverkehr nach der **CMR**, der (franz.) „Convention relative au contrat de transport international de marchandises par route". Zu nennen ist hier ferner das Übereinkommen über den internationalen Eisenbahnverkehr

(**COTIF**, franz. „Convention relative aux transports internationaux ferroviaires"), insbesondere mit seinem Anhang B, den Einheitlichen Rechtsvorschriften für den Vertrag über die internationale Eisenbahnbeförderung von Gütern (**CIM**, franz. „Convention Internationale Concemant le Transport des Marchandises par Chemins de Fer"). Die Güterbeförderung im internationalen Luftverkehr ist Regelungsgegenstand des ursprünglich schon aus dem Jahre 1929 stammenden Warschauer Abkommens (**WA**, oft auch englisch abgekürzt WAG), das zuletzt 1999 durch das Montrealer Abkommen (**MA**) fortgeschrieben wurde. In Deutschland haben alle genannten Abkommen über Art. 59 Abs. 2 GG den Rang eines Bundesgesetzes, so dass sie unmittelbar (Bürger und) Unternehmen berechtigen und verpflichten.

Schon angesichts der Fülle einschlägiger Rechtsvorschriften, also ganz abgesehen von den oft erforderlichen Kenntnissen der tatsächlichen Verhältnisse und Schwierigkeiten, verwundert nicht, dass regelmäßig schon die **Auswahl** und die **Koordination** der Transportmittel und Transporteure besonderen Unternehmern, den Spediteuren, übertragen werden. Der **Spediteur** ist als solcher verpflichtet, die Versendung von Gütern gegen Entgelt zu „besorgen" (§ 453 HGB), also zu organisieren. Speditionsrecht gilt dabei auch für nichtkaufmännische Spediteure (§ 453 III HGB; ebenso ja im Lagergeschäft: § 467 III HGB). Mit Besorgung (vgl. § 454 HGB) ist neben dem Abschluss von Transportversicherungen, neben Verpackung und Kennzeichnung des Transportguts sowie dessen Zollbehandlung vor allem auch der Abschluss des Frachtvertrages gemeint, der entweder zwischen dem Transporteur als dem „Frachtführer" und Spediteur oder aber zwischen dem Frachtführer und dem Versender (Spediteur als Vertreter!) zustande kommt.

Entgegen dem Alltagssprachgebrauch führt der Spediteur also den Transport nicht selbst durch. Die übliche Verwechslung beruht auf folgendem Sachverhalt: Der Spediteur hat nach § 458 HGB grundsätzlich ein Recht zum **Selbsteintritt**. Übt er dieses Recht aus und befördert er dieses Gut selber (dies ist dem Versender gemäß den §§ 675, 666 BGB mitzuteilen), so erlangt der Spediteur insoweit die Stellung eines Frachtführers, ist also in dieser Funktion gerade nicht (mehr) Spediteur. Dasselbe gilt bei der **Spedition zu festen Kosten** nach § 459 HGB sowie bei der **Sammelladungsspedition** nach § 460 I HGB.

Der Speditionsvertrag ist begrifflich als Werkvertrag in Form des **Geschäftsbesorgungsvertrages** einzuordnen, jedenfalls wenn es sich um die Besorgung einer bestimmten Güterversendung handelt. Sollen über einen gewissen Zeitraum hinweg alle oder eine bestimmte Art von Versendung eines Kunden besorgt werden, so ist Dienstvertragsrecht ergänzend zu den §§ 453 ff. HGB heranzuziehen. Bei Verträgen zwischen Unternehmern („B2B") werden im Übrigen in aller Regel die Allgemeinen Deutschen Spediteurbedingungen (**ADSp**) als Vertragsbestandteil vereinbart. In weiten Teilen dürften sie auch ohne Vereinbarung unter den Voraussetzungen des § 346 HGB als insoweit lediglich **verschriftlicher Handelsbrauch** beachtlich sein. Ihre praktische Bedeutung hat sich nach ihrer Neufassung im Jahre 2003 noch weiter verstärkt, zumal die ADSp inhaltlich auch Transport und Lagerung sowie weitere logistische Dienstleistungen außerhalb des Regelungsmusters der §§ 407 ff. HGB ergreifen. Insbesondere erfassen die ADSp auch heute übliche Spediteurleistungen außerhalb der Umschreibung der Spediteurpflichten in § 424 I und II HGB.

Beispiel: Bereitstellen von Paletten und Containern, Verwiegen, Kommissionieren, Dokumentation des Gutes.

Schließt der Spediteur Transportverträge, Versicherungsverträge etc. zwar **im eigenen Namen**, aber für Rechnung des Versenders ab, so ähnelt die Interessenlage zwischen Spediteur und Versender derjenigen zwischen Kommissionär und Kommittent. In diesem Fall sind also neben den §§ 453 ff. HGB und den §§ 675, 631 ff. bzw. 611 ff. BGB ergänzend auch noch die §§ 383 ff. HGB entsprechend anzuwenden. Dass das Gesetz auf demselben Standpunkt steht, macht § 457 HGB deutlich, der sich weitgehend mit dem § 392 HGB deckt und insofern nur klarstellende Bedeutung hat.

Da dem Spediteur lediglich die gute Besorgung der Versendung, insbesondere die sorgfältige Wahl des richtigen Frachtführers obliegt, hat er für die von sachgerecht ausgewählten Frachtführern verschuldeten **Transportschäden** nicht nach § 278 BGB einzustehen. Innerhalb seines Pflichtenkreises haftet der Spediteur nach § 461 HGB freilich streng, nämlich unter einer Verschuldensvermutung (§ 461 i. V. m. § 426 HGB), die sich auch auf „seine Leute" und selbständige Erfüllungsgehilfen gemäß § 462 HGB erstreckt. Diese strenge Haftung lässt sich durch AGB wegen § 309 Nr. 7 BGB nur sehr begrenzt mildern.

Im Prinzip sind auch die §§ 453 ff. HGB dispositives Recht. Allerdings zieht § 466 HGB **abweichenden Vereinbarungen** recht enge Grenzen, zumal dann, wenn der Auftraggeber des Spediteurs ein „Verbraucher" (§ 13 BGB) ist. Die Bestimmung dieser Grenzen ist angesichts der verzwickten Formulierungstechnik des § 466 HGB, eines abschreckenden Beispiels moderner Gesetzgebungspraxis, im Einzelfall einigermaßen schwierig.

Während die Organisation des Transports unter Berücksichtigung der oft verwickelten tatsächlichen Verhältnisse und der komplexen Rechtslage das Feld des Spediteurs ist, ist der Transport selber dann Angelegenheit des **Frachtführers**. Gemäß § 407 I HGB wird dieser durch den **Frachtvertrag** verpflichtet, das Gut zu Lande, auf Binnengewässern oder mit Luftfahrzeugen zum Bestimmungsort zu befördern und dort an den Empfänger abzuliefern. Besondere Schwierigkeiten in tatsächlicher wie rechtlicher Hinsicht ergeben sich dabei beim sog. **multimodalen Transport**, wenn also ein und dasselbe

Gut sowohl zu Lande (möglicherweise per Eisenbahn und LKW) als auch per Binnenschiff und/oder Flugzeug transportiert werden soll, weil dabei ja verschiedene Transportrechtsordnungen ineinandergreifen. Für diesen multimodalen Transport gelten neben den §§ 407 ff. HGB dann überdies §§ 452 ff. HGB.

Der Frachtführer seinerseits kann als Gegenleistung das vereinbarte Entgelt („**Fracht**": § 407 II HGB) verlangen, sowie eventuell weitere Zahlungen wie etwa „**Standgeld**" nach § 412 III HGB oder Aufwendungsersatz z. B. im Falle nachträglicher Weisungen (§ 418 II HGB) oder bei Beförderungs- bzw. Ablieferungshindernissen im Rahmen des § 419 HGB. Diese Ansprüche des Frachtführers sowie Ansprüche aus anderen mit dem Absender geschlossenen Fracht-, Speditions- oder Lagerverträgen sind dabei durch ein **gesetzliches Pfandrecht** gemäß § 441 ff. HGB gesichert.

Wie entsprechend im Kommissions-, Lager- und Speditionsrecht setzt auch die Anwendung des Frachtrechts gemäß § 407 III 2 HGB nicht notwendig einen kaufmännischen Frachtführer als Transportunternehmer voraus. Kennzeichnend für das Frachtgeschäft ist jedenfalls ein **Dreiecksverhältnis** zwischen dem Absender und dem Frachtführer als den Partnern des Frachtvertrages, denen noch der Empfänger hinzutritt. Der Empfänger seinerseits ist regelmäßig mit dem Absender, nicht aber mit dem Frachtführer, vertraglich - zumeist kaufvertraglich - verbunden. Der gesamte **Frachtvertrag** hat dabei kraft Gesetzes die Gestalt eines **Vertrages zugunsten und zulasten Dritter**: Dem Empfänger wachsen - ohne selber Vertragspartner des Frachtführers zu sein! - dessen Rechte gegenüber dem Frachtführer zu, und zwar je nach Transportfortschritt. Maßgeblicher Zeitpunkt ist dabei die Ankunft des Gutes am Zielort, der „Ablieferungsstelle" (vgl. § 421 I HGB). Doch trifft den Empfänger auch die frachtvertragliche Zahlungspflicht nach Maßgabe des § 421 II und III HGB, und zwar neben dem Absender (§ 421 IV HGB).

Im allgemeinen Frachtgeschäft bedarf ein Frachtvertrag nach dem Grundsatz der **Privatautonomie** keiner Schriftform. Die inhaltliche Gestaltungsfreiheit der Frachtverträge war durch zwingendes Recht lange Zeit sogar hinsichtlich der Preisgestaltung stark reglementiert. Doch ist - vor allem im Zuge des EG-Binnenmarktes - eine zunehmende Liberalisierung zu verzeichnen. Einen derartigen Meilenstein stellt etwa die **Aufhebung des Tarifsystems** der früheren §§ 20 ff. GüKG dar. Auch nach der Transportrechtsreform sind der Abdingbarkeit des handelsvertraglichen Frachtrechts freilich nicht nur gegenüber Verbrauchern i. S. des § 13 BGB durch § 449 HGB deutliche Grenzen gesetzt. Diese fallen jedoch praktisch insofern weniger ins Gewicht, als der Gesetzgeber bemüht war, seine Vorschriften im Einklang mit den bewährten Regelungen des Übereinkommens über die Beförderung im internationalen Straßengüterverkehr (**CMR**), des Übereinkommens über den internationalen

Eisenbahnfrachtverkehr (**CIM**) und darüber hinaus mit der Transportrechtspraxis ganz allgemein zu halten. So ist etwa die Ausstellung eines Frachtbriefes mit einem bestimmten Regelinhalt nach § 408 HGB optional, wird also nicht zwingend vorgeschrieben. Verladen und sogar Entladen weist § 412 HGB grundsätzlich dem Pflichtenkreis des Absenders zu; der Frachtführer hat sich

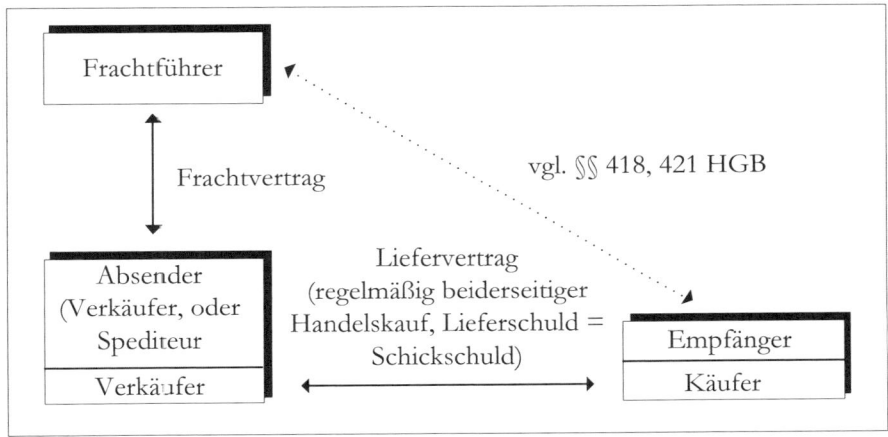

Abb. 37: Der Frachtführer im Kontext des Versendungskaufs

nur darum zu kümmern, dass das Gut betriebssicher verladen wird. Soweit der Frachtführer dabei - wie namentlich bei **Gefahrgut** - auf spezielle Warnhinweise angewiesen ist, hat nach § 410 HGB der Absender den Frachtführer unaufgefordert darüber zu informieren. Widrigenfalls riskiert der Absender, dass der Frachtführer das Gefahrgut selbst nach Verladung wieder ausladen darf, ohne sich ersatzpflichtig zu machen, ja sogar seinerseits selbst ohne Verschulden des Absenders von diesem Aufwendungs- und Schadensersatz verlangen kann (vgl. § 414 I, insbesondere Nr. 3 HGB).

Beispiel: Radioaktives Material für den medizinischen Gebrauch wird ohne strahlensichere Verpackung und ohne besondere Warnung dem Frachtführer zum Transport übergeben: Jederzeitige Möglichkeit des Transportabbruchs bei Anspruch auf Ersatz der Kosten für sachgerechtes Abladen (Schutzkleidung!) und Zwischenlagern sowie Anspruch auf Ersatz der durch Verstrahlung entstandenen Schäden.

In abgeschwächter Form besteht die Pflicht zu sachgerechter **Verpackung und Kennzeichnung** des Frachtgutes durch den Absender ganz allgemein nach § 411 HGB, doch ist hier auch der Schutz des Gutes, nicht - wie in § 410 HGB - allein der Schutz vor diesem Gut, das Ziel. In diese Richtung weist auch § 413 HGB, demzufolge der Absender Urkunden (sog. **Begleitpapiere**) zur Verfügung zu stellen und **Auskünfte** zu erteilen hat, die z. B. zur Zollabfertigung erforderlich sind. Umgekehrt ist der Frachtführer nach § 418 HGB selbstverständlich gehalten, zumutbaren Weisungen des Absenders in Bezug auf das Frachtgut zu folgen, also dessen sog. **Verfügungsrecht** zu respektieren.

Nach Ankunft des Gutes am Ablieferungsort geht das Verfügungsrecht nach § 418 II HGB grundsätzlich auf den Empfänger über. Der Empfänger ist dann gemäß § 421 I HGB sogar berechtigt, das Gut vom Frachtführer gegen Erfüllung der an sich den Absender treffenden frachtvertraglichen Verpflichtungen herauszuverlangen. Es ist also die vereinbarte Fracht zu entrichten, wenn der Empfänger das Gut haben will; zahlen muss er aber nicht (vgl. § 421 IV HGB). Einzelheiten dazu regelt § 421 II und III HGB. Der Frachtführer hat dabei auch die spezielle Weisung zu beachten, nur gegen sog. **Nachnahme** (engl. cod: „cash on delivery") auszuliefern (vgl. § 422 HGB), also Zug um Zug gegen Zahlung des Kaufpreises, der dem Absender als Verkäufer im Verhältnis zum Empfänger als Käufer zusteht.

Für dieses Szenario enthält § 422 II HGB zum Schutz des Absenders gegenüber Gläubigern des Frachtführers eine interessante Fiktion: Insofern gilt die eingezogene Nachnahme bereits als auf den Absender übertragen. Einer antizipierten Übereignung mittels Besitzkonstitut bedarf es also nicht. Droht die Ablieferung etwa wegen **Transporthindernissen** oder auch wegen Annahmeverzugs des Empfängers zu scheitern, so hat der Frachtführer Weisungen einzuholen, im Fall des Annahmeverzuges natürlich vom Absender, dem dann gemäß § 419 I HGB in Durchbrechung des § 418 II HGB das Verfügungsrecht zusteht.

In der Transportpraxis spielen, wie bereits erwähnt, der Frachtbrief sowie der Ladeschein eine Rolle. Der **Frachtbrief** ist - anders als der Lagerschein - grundsätzlich kein Wertpapier, sondern lediglich eine allerdings durch § 409 HGB mit erheblicher Beweiskraft ausgestattete Urkunde: Er begründet bei beiderseitiger Unterschrift z. B. nicht nur die **Rechtsvermutung** für Abschluss und Inhalt des Frachtvertrages sowie für die Übernahme des Gutes, sondern auch für Anzahl und äußere Integrität der Frachtstücke. Ein im Frachtbrief eingetragener **Vorbehalt des Frachtführers** etwa wegen fehlender Möglichkeit, die Richtigkeit der Angaben zu überprüfen, lässt diese Haftung freilich entfallen. Auch auf das Verfügungsrecht kann der Frachtbrief Einfluss nehmen: Bei beiderseitiger Unterschrift kann nach § 418 IV und VI HGB seine Ausübung durch entsprechenden Vermerk im Frachtbrief an dessen Vorlage gebunden werden. Bei **Vorlagepflicht** hat der Frachtbrief dann ausnahmsweise den Charakter eines Wertpapiers. Zur verschuldensunabhängigen Haftung für Schäden bei Nichtvorlage des Frachtbriefes vgl. § 418 IV HGB.

Während der Frachtbrief vom Absender ausgestellt wird, ist die vor allem in der Binnenschifffahrt auf Wunsch des Absenders erfolgende Ausstellung des

Ladescheins Sache des Frachtführers (vgl. § 444 I HGB). Doch hat der Ladeschein denselben Regelinhalt wie der Frachtbrief und begründet auch dieselben **Rechtsvermutungen**. § 444 III HGB verweist dazu auf § 409 II und III 1 HGB. Nach § 445 HGB ist der Frachtführer jedoch zur Ablieferung des Gutes nur gegen Rückgabe des Ladescheins mit **Ablieferungsvermerk** verpflichtet. Außerdem legitimiert er den Empfänger bezüglich des Verfügungsrechts und der Ablieferungszuständigkeit (§ 446 HGB) und ist überhaupt für das Rechtsverhältnis zwischen Frachtführer und Empfänger maßgeblich (§ 444 III 1 HGB), während sich das Rechtsverhältnis zwischen Frachtführer und Absender gemäß § 444 IV HGB nach den Bestimmungen des Frachtvertrages richtet. Schließlich ist der Ladeschein gemäß § 448 HGB **Traditionspapier.**

Für **Transportschäden und -verluste** sowie für die **Überschreitung der Lieferfrist** nach § 423 HGB haftet der Frachtführer nach §§ 425 f. HGB, sofern rechtzeitig eine qualifizierte, ggf. sogar schriftliche **Schadensanzeige** nach § 438 HGB erstattet wurde und er nicht den **Exkulpationsbeweis** beachteter größtmöglicher Sorgfalt - auch seiner Leute und selbständigen Erfüllungsgehilfen: § 428 HGB - führen kann. Diese einer Gefährdungshaftung ähnliche, noch durch eine **Verlustvermutung** (§ 424 HGB) verstärkte Verantwortlichkeit wird freilich nach § 427 HGB durch besondere **Haftungsausschlussgründe** durchbrochen, etwa bei ungenügender Verpackung oder Kennzeichnung durch den Absender (Nr. 2 und 3). Diese strenge Haftung lässt sich durch AGB wegen § 309 Nr. 7 BGB nur sehr begrenzt mildern. Auch ist im Haftungsfall das Prinzip der Totalreparation durch §§ 429, 431-433 HGB durchbrochen: Begrenzung auf Wertersatz bei Verlust des Transportguts sowie **Haftungshöchstbeträge** existieren sowohl für Substanz- als auch für Verspätungs- und allgemeine Vermögensschäden (bei den beiden letzteren maximal die 3-fache Fracht: §§ 431 III, 433 HGB). Die Haftungshöchstbeträge für Substanzschäden sind nun nicht durch eine absolute ziffern-mäßige Obergrenze, sondern nach § 431 I HGB in sog. Rechnungseinheiten festgelegt, die sich gemäß § 431 IV HGB am Sondererziehungsrecht des Internationalen Währungsfonds (und dabei an einem Währungskorb) orientieren. Die in § 431 I HGB genannten 8,33 Rechnungseinheiten (pro Kilogramm Rohgewicht) entsprechen dabei gegenwärtig (Anfang 2011) - sehr grob gerechnet - knapp Euro 10.

Nach § 435 HGB entfallen diese Einschränkungen freilich bei **schwerem Verschulden** wieder, wenn nämlich der Transportschaden „vorsätzlich oder leichtfertig und in dem Bewusstsein, dass ein Schaden mit Wahrscheinlichkeit eintreten werde", herbeigeführt wurde. Mit dieser Formulierung dürften sowohl Eventualdolus als auch grobe Fahrlässigkeit gemeint sein. Weil der Gesetzgeber in den §§ 429-433 HGB von „Wertersatz", „Haftungshöchstbeträgen" und „Kostenersatz" spricht, ist statt Naturalrestitution grundsätzlich

Geldersatz zu leisten, sofern nicht § 435 HGB eingreift. Bei alledem gelten diese frachtrechtlichen Sonderregelungen gemäß § 434 HGB grundsätzlich auch für **konkurrierende außervertragliche Ansprüche** (z. B. aus §§ 823 ff. BGB) gegenüber dem Frachtführer sowie nach § 436 HGB sogar gegenüber seinen Leuten.

Dem Empfänger stehen solche Ansprüche freilich ebensowenig zu wie frachtvertragliche: Vor Ablieferung wird er nicht Eigentümer (Übereignung erfolgt nach § 929 S. 1 BGB durch Übergabe bei dinglicher Einigung, hier durch Abzeichnung des Lieferscheins angedeutet), so dass § 823 I BGB ihm nicht hilft. Und im Verhältnis zu einem Verkäufer trägt der Empfänger als Käufer das **Transportrisiko**, wenn es sich - wie durchweg - bei den Lieferschulden um Schickschulden handelt und deshalb sowohl Gewährleistungsansprüche (Gefahrübergang i. S. von § 434 BGB wegen § 447 BGB schon bei Expedierung!) als auch Ansprüche aus Leistungsunmöglichkeit ausscheiden. Als Käufer bleibt der Empfänger jedoch (wegen § 447 BGB als systematische Einschränkung des § 326 I BGB) dem Verkäufer zur Zahlung verpflichtet. Eben deshalb hat der Absender als Verkäufer keinen Schaden, den er gegenüber dem Frachtführer geltend machen brauchte. Es handelt sich hier um das **„magische logistische Dreieck"** der Haftung (s. Abb. 38): Der Verkäufer / Absender hat frachtvertragliche und deliktische Schadensersatzansprüche gegen den Frachtführer und ggf. auch gegen dessen Leute, aber keinen Schaden. Und der Käufer/Empfänger hat den Schaden, aber offenbar keine Ansprüche.

Die Lösung des Problems erfordert 2 gedankliche Schritte. Erstens besteht zutreffender h. M. hierbei wie auch im Kommissionsgeschäft ausnahmsweise die Möglichkeit, dass der Verkäufer/Absender in seine Schadensersatzansprüche gegen den Frachtführer die Schäden des Käufers einstellt (**Drittschadensliquidation**). Zweitens kann der Käufer/Empfänger nach (eventuell sogar antizipierter) Zession diese nunmehr auf seinen Schaden gemünzten Ersatzansprüche gegen den Frachtführer erheben. Dieser Abtretung bedarf es praktisch aber nicht mehr, weil nach § 421 I 2 HGB der Empfänger die Schadensersatzansprüche des Verkäufers/Absenders im eigenen Namen (mit dem Verlangen der Leistung an sich selber) geltend machen kann, ohne also selber deren Gläubiger zu sein (sog. **Rechtsstandsschaft**). Logisch ist aber auch in diesem Falle eine Drittschadensliquidation erforderlich, weil der Empfänger/Käufer sonst ja nur den inhaltslosen Schadensersatzanspruch des Verkäufers/Absenders gegen den Frachtführer im eigenen Namen geltend machen könnte.

Die ohnehin schon bestehende Komplexität des Frachtrechtes wird noch durch die differenzierten Sonderregelungen hinsichtlich Verjährung (§ 439 HGB), hinsichtlich der Beförderung von **Umzugsgut** (§§ 451 ff. HGB) und schließlich hinsichtlich des bereits erwähnten multimodalen Transports

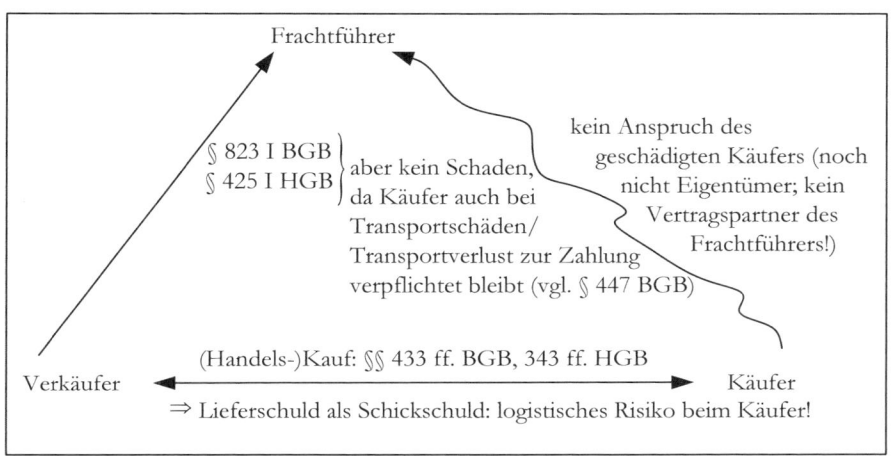

Abb. 38: „Magisches" logistisches Dreieck (Ausgangsszenario)

(§§ 452 ff. HGB) unterstrichen. Die Krone setzen dem Ganzen aber §§ 449, 451h HGB auf, die die Grenzen abweichender Vereinbarungen in kaum durchschaubarer Weise festlegen.

7. Weitere logistische Dienstleistungen

Bereits einleitend wurde darauf hingewiesen, dass die klassische Trias von Transporteur, Spediteur und Lagerhalter heutzutage nur noch die Eckpunkte der logistischen Wirklichkeit beschreibt. Nicht nur sind die Übergänge zwischen der Transport-, Speditions- und Lagerfunktion fließend geworden, sodass die Frage des einschlägigen Rechtsregimes oft schon deshalb schwierig ist. Außerdem haben sich eigenständige logistische Tätigkeitsfelder herausgeschält, an die der Gesetzgeber gar nicht gedacht hat. Schließlich geht der Trend zum Unternehmer als Anbieter von kompletten kundenbezogenen Logistik-Dienstleistungen (sog. **Kontraktlogistik**). Dies bedeutet Konzeption und Organisation ganzer Wertschöpfungsketten einschließlich der dazugehörigen informationstechnischen Prozesse.

Welche gesetzlichen **Vertragstypen** hier jeweils einschlägig sind, kann nur von Fall zu Fall entschieden werden. So ist z. B. der auf Verpackung und Verwiegung gerichtete Vertrag regelmäßig, d. h. objektbezogen, sicher ein Werkvertrag im Sinne der §§ 631 ff. BGB. Dasselbe gilt im Kern auch für das Be- und Entladen einschließlich des kompletten Güterumschlages. Wegen der darin eingeschlossenen Überwindung wenngleich auch nur kurzer Distanzen und Zeiträume (das nächste Beförderungsmittel steht noch nicht bereit) ist aber die Einbeziehung fracht- und lagerrechtlicher Elemente i. S. eines Typenverschmelzungsvertrags zu erwägen. Transportunterbrechungen geben zugleich Gelegenheit, das Transportgut zu bearbeiten (z. B. Sortierung, Markierung, Konfektionierung, Montage, Beseitigung von Transportschäden, Containerpflege), was dann zum Gegenstand weiterer werkvertraglicher Verpflichtungen gemacht werden kann. Werden solche Tätigkeiten jedoch nicht objekt-, sondern zeitraumbezogen geschuldet, kann es sich begrifflich hingegen um einen Dienstvertrag nach §§ 611 ff. BGB handeln. Alles richtet sich eben nach den konkreten Vereinbarungen, was im Rahmen des dispositiven Rechts häufig nicht nur zu atypischen Werk- und Dienstverträgen, sondern auch zur Typenmischung gesetzlicher Vertragsmuster führt

Eine ähnliche, noch größere Gemengelage kennzeichnet die **Kontraktlogistik**. Wegen der großen Schwierigkeiten bei der Feststellung des maßgeblichen Rechtsregimes im gesetzlichen Referenzsystem der Vertragstypen empfiehlt es sich hier in besonderem Maße, Rechte und Pflichten der Vertragsparteien durch diese selber zu spezifizieren und schriftlich zu formulieren. Eine gewisse Hilfe können hier AGB leisten, die zunehmend von den großen Verbänden der Logistikbranche erarbeitet und als vertragliche Plattform empfohlen werden. Die ADSp stoßen insoweit schnell an ihre inhaltlichen Grenzen, da sie ausschließlich „**Verkehrsverträge**" im Auge haben (Nr. 2.1 ADSp) und schon Verträge über das Verpacken von Gütern oder Kran- und Montagearbeiten durch Nr. 2.3 ADSp definitiv aus dem Kreis jener Verkehrsverträge ausgegrenzt werden.

III. Organisation und Personalwesen

1. Individuelles und kollektives Arbeitsrecht im Überblick

Das Arbeitsrecht regelt das Recht der Arbeitsverhältnisse. Es stellt das für die Rechtsbeziehung zwischen Arbeitgeber und Arbeitnehmer maßgebliche Sonderrecht dar. Das Arbeitsrecht ist in weiten Teilen dem Privatrecht zuzuordnen. Aus der geschichtlichen Entwicklung des Arbeitsrechts heraus lässt sich in ihm ein Schwerpunkt rechtlicher Zielsetzungen im **Schutz** des Arbeitnehmers finden. Schon die Gesetzesbezeichnungen wie z. B. Mutterschutzgesetz, Jugendarbeitsschutzgesetz oder Arbeitsplatzschutzgesetz sprechen eine deutliche Sprache. Gerade in diesem Bereich des Arbeitsrechts finden sich daher auch zahlreiche dem Öffentlichen Recht zuzuordnende Gesetze, die die Einhaltung der Schutzvorschriften auch durch staatliche Stellen gewährleisten sollen. Aber auch das Tarifvertragsgesetz zielt auf den Schutz des Arbeitnehmers durch kollektive Regelungssysteme. Schließlich durchzieht das Schutzargument die gesamte arbeitsgerichtliche Rechtsprechung.

Das alles ist gut gemeint und hatte unter den historischen Verhältnissen auch seine Berechtigung. Mittlerweile haben sich die **ökonomischen Rahmenbedingungen** freilich durchgreifend gewandelt (Globalisierung der Märkte schafft international Substitutionsmöglichkeiten, breite Vermögensbildung und enorme Mobilitätsreserven auf Seiten der Arbeitnehmer). Die Einsicht wächst, dass der Schutz derjenigen, die aktuell Arbeitnehmer sind, auf dem Rücken derer realisiert wird, die in den Arbeitsmarkt eintreten wollen. Viele angebliche „soziale Errungenschaften" wie die angenommene personenrechtliche Färbung des Arbeitsverhältnisses (Auflösung des Synallagmas von Arbeit und Geld, „Fürsorge"- und „Treuepflicht"), sehr weitgreifender Kündigungsschutz (Unterbindung personeller Anpassungen), Tariflöhne (also Kartellpreise über dem Gleichgewichtspreis für Arbeit) und automatische Übertragung des Personalbestandes bei Betriebsübergang nach § 613a BGB (Sanierungsbremse!) erscheinen so in einem ganz anderen, ökonomisch ungünstigen Licht, nicht nur auf betrieblicher Ebene, sondern auch für die Dynamik des Arbeitsmarktes. Diese weitgehende **Kontraproduktivität** des heutigen Arbeitsrechts sollte in Folgendem nicht vergessen werden.

Herkömmlicherweise wird das Arbeitsrecht geteilt: Das individuelle Arbeitsrecht (**Individualarbeitsrecht**) fragt insbesondere danach, welches Recht für die Beziehungen zwischen dem Arbeitgeber und dem einzelnen Arbeitnehmer gilt. Neben dem schon erwähnten **Arbeitsschutzrecht** ist hier vor allem das **Arbeitsvertragsrecht** zu nennen. Thematisch steht hier das Einzelarbeitsverhältnis im Vordergrund. Die damit zusammenhängenden Rechtskreise der Begründung, des Inhalts und der Beendigung von Arbeitsverhältnissen sind stark geprägt von der allgemeinen Rechtsgeschäftslehre des BGB. Darüber hinaus ist das Individualarbeitsrecht aber auch von besonderen Elementen und Voraussetzungen **spezieller Arbeitsgesetze** geprägt. Hier sind exemplarisch zu nennen ArbZG, BUrlG, JArbSchG, MuSchG, SGB IX und schließlich BBiG.

Das **kollektive Arbeitsrecht** befasst sich im Gegensatz zum Individualarbeitsrecht mit denjenigen rechtlichen Regelungen, die die arbeitsrechtlichen Kollektive, insbesondere die **Koalitionen** (**Gewerkschaften, Arbeitgeberverbände**) und **Belegschaften**, betreffen. Deren Bestand, Organisation und Funktionsfähigkeit sollen die Regelungen des Kollektivarbeitsrechts sichern. Es setzt sich aber auch auseinander mit den rechtlichen Beziehungen der Kollektive zu deren Mitgliedern und zu deren Gegenspielern. So bilden sich hier die Bereiche **Koalitionsrecht**, **Arbeitskampfrecht**, **Schlichtungsrecht**, **Tarifvertragsrecht** und **Betriebsverfassungsrecht**.

2. Individualarbeitsrecht

a) Das Arbeitsverhältnis

Unter einem **Arbeitsverhältnis** versteht man die Gesamtheit der regelmäßig durch einen Arbeitsvertrag begründeten Rechtsbeziehungen zwischen dem Arbeitgeber und dem Arbeitnehmer. Diese allgemein und auch juristisch etablierte Terminologie ist ökonomisch unsinnig, da sie die Rollen geradewegs vertauscht: Es wird die Arbeitskraft angeboten und auf Seiten des Unternehmers dieses Angebot (vielleicht) angenommen. Der Arbeitsvertrag, dem dabei also grundlegende Bedeutung als Grundlage eines **Arbeitsplatzes** (im übertragenen, nicht räumlichen Wortsinn) zukommt, ist eine besondere Art des Dienstvertrages. Damit unterliegt er den Vorschriften der §§ 611-630 BGB. Kennzeichnend für ihn ist, dass der Arbeitnehmer sich zur Leistung unselbständiger, von den Weisungen des Vertragspartners abhängiger Dienste, eben zu „Arbeit" verpflichtet. Wo diese Unselbständigkeit bei der Erbringung von Diensten fehlt, liegt kein **Arbeitsvertrag**, sondern ein **freier Dienstvertrag** vor.

In aller Regel ist zwar der Arbeitsvertrag Voraussetzung für ein Arbeitsverhältnis. In Ausnahmefällen kann ein Arbeitsverhältnis aber auch ohne gültigen Vertrag vorliegen:

Beispiel: Der unauffällig schwer psychisch erkrankte Arbeitnehmer A schließt mit U, der von diesem Umstand keine Kenntnis hat, einen Arbeitsvertrag, später stellt sich die Geschäftsunfähigkeit des A heraus (vgl. §§ 104 Nr. 2, 105 I BGB).

Nach der eingangs geschilderten Voraussetzung würde es eigentlich an einem Arbeitsverhältnis wegen Nichtigkeit des Arbeitsvertrages fehlen. Ansprüche könnten dann nur über §§ 812 ff. BGB abgewickelt werden, wobei die Gefahr in einem Wegfall der Bereicherung liegen könnte (vgl. § 818 III BGB). Ausnahmsweise kann aber zum Schutze des Arbeitnehmers auch in solchen Fällen trotz Nichtigkeit des Vertrages ein Arbeitsverhältnis vorliegen, aus dem heraus schon Pflichten- und Rechtsbeziehungen entstehen, das sog. **faktische Arbeitsverhältnis**.

Gelegentlich steht ein Arbeitnehmer auf Grund besonderer arbeitsspezifischer Umstände mit anderen Arbeitnehmern in einer Gruppenbeziehung. Solche **Gruppenarbeitsverhältnisse** haben keine einheitliche rechtliche Gestalt: So ist eine **Betriebsgruppe** eine rein tatsächliche Zusammenfassung von Arbeitnehmern ohne rechtliche Innenbeziehungen.

Beispiel: „Putzkolonne" von Reinmachekräften; Akkordkolonne, bei der sich die Entlohnung nach der gemeinsam erbrachten Leistung bemisst.

Anders verhält es sich bei der sog. **Eigengruppe**. Hier kommt ein einheitliches Arbeitsverhältnis mit der Gruppe als Ganzer, als GbR, aber auch

Arbeitsverhältnisse mit den jeweiligen Gruppenmitgliedern in Betracht. Generelle Aussagen dazu sind nicht möglich.

Beispiel: Musikkappelle, Hausmeisterehepaar.

b) Der Begriff des Arbeitnehmers

Der Begriff des Arbeitnehmers (gemäß § 622 I BGB Oberbegriff für Arbeiter und Angestellte) ist gesetzlich nicht umfassend definiert. Vielmehr gibt es eine Reihe einzelner Vorschriften, die Merkmale des **Arbeitnehmerbegriffs** widerspiegeln, z. B. § 2 BUrlG, § 5 BetrVG, § 5 ArbGG, § 23 KSchG, § 7 I 2 SGB IV (primär für das Sozialversicherungsrecht, aber auch für das Arbeitsrecht aufschlussreich). Als Arbeitnehmer bezeichnet man denjenigen, der als nicht Selbständiger auf Grund eines privatrechtlichen Vertrags für einen anderen fremdbestimmte Arbeit leistet. Typisch für alle Arbeitnehmer ist daher eine sog. **persönliche Abhängigkeit** vom Arbeitgeber, die sich niederschlägt in die **Eingliederung** in einen Betriebsablauf und in einer **Weisungsgebundenheit** hinsichtlich Art, Umfang, Ausführung, Zeit und Ort der Arbeit (sog. allgemeiner Arbeitnehmerbegriff, zum Begriff der Selbständigkeit vgl. auch § 84 I 2 HGB). Das Ausmaß der **Weisungsgebundenheit** ist bei verschiedenen **Berufsgruppen** unterschiedlich. Die gleiche Bandbreite zeigt sich auch hinsichtlich der der Eingliederung.

Beispiele: Kaufmännische Angestellte mit Prokura einerseits, Fließbandarbeiter andererseits. Sekretärin einerseits, Außerdienstmitarbeiter oder Unternehmensrepräsentant im Ausland andererseits.

Lösgelöst von diesen Abgrenzungskriterien haben keine Arbeitnehmereigenschaft **Beamte**, Richter, Soldaten und Zivildienstleistende (sie sind tätig auf Grund eines öffentlichrechtlichen Dienstverhältnisses), **Selbständige** (sie leisten keine abhängige Arbeit; Dienstleistungen Selbständiger unterliegen zwar auch den §§ 611 ff. BGB, nicht jedoch dem Arbeitsrecht), im Betrieb mithelfende **Familienangehörige** (wenn sie auf Grund familienrechtlicher Bindungen, z. B. auf Grund der Unterhaltsverpflichtung auch aus § 1619 BGB, Arbeit leisten), **Organpersonen** wie Gesellschafter von Personengesellschaften und Vorstandsmitglieder juristischer Personen (wenn sie auf Grund einer besonderen gesellschaftsrechtlichen Beziehung bzw. auf Grund eines freien Dienstvertrages tätig sind, vgl. § 5 II Nr. 1 und 2 BetrVG, § 14 I KSchG) und **Ordensleute** und **Diakonissen**, wenn deren Tätigkeit religiös oder karitativ motiviert ist. Hat die Tätigkeit jedoch berufsmäßigen Zuschnitt und kommt sie wirtschaftlich dem Orden oder dem Mutterhaus zugute (z. B. häufig bei Betreiben von Krankenhäusern), so kann Arbeitnehmereigenschaft vorliegen (vgl. § 5 II Nr. 3 BetrVG).

Wegen mangelnder betrieblicher Eingliederung sind die sog. **arbeitnehmer-ähnlichen Personen** nicht zu den Arbeitnehmern zu zählen. Das sind die in **Heimarbeit** tätigen Personen und bestimmte **Handelsvertreter** („Einfirmenvertreter" i. S. von § 92a HGB). Dem Umstand, dass diese Personen gleichwohl häufig in wirtschaftlicher Abhängigkeit zu einem Unternehmen stehen, trägt das Arbeitsrecht Rechnung, indem es diese Personen in gesetzlich bestimmten Fällen ebenfalls schützt (vgl. hierzu das Heimarbeitsgesetz und § 5 ArbGG, §§ 2, 12 BUrlG, § 12a TVG sowie §§ 5 I 2, 8 I 1 BetrVG). Darüber hinaus ist auch denkbar, dass andere in fremden Diensten Tätige als arbeitnehmerähnliche Personen anzusehen sind, und zwar ohne Rücksicht auf das zugrundeliegende Rechtsverhältnis (sog. **Scheinselbständige**).

Beispiele: Der Tankstelleninhaber, der sich in wirtschaftlicher Abhängigkeit zu dem ihn beliefernden Mineralölkonzern befindet, von dem er nicht nur die Betriebsstätte gepachtet hat, sondern auch auf Grund von Lieferverträgen alle Waren beziehen muss.
Rechtsanwalt A stellt den Assessor B als freien Mitarbeiter ein. B arbeitet ausschließlich für A und lebt nur von der hierfür erlangten Vergütung. Er hat einen Arbeitsplatz in der Kanzlei des A, der diesem auch das notwendige Arbeitsmaterial zur Verfügung stellt und der einzelne Rechtsfälle auf den B zur Bearbeitung delegiert. Hier kann sich nicht nur die Frage stellen, ob arbeitnehmerähnliche Tätigkeit vorliegt mit der Folge, dass etwa die §§ 2 BUrlG und 5 ArbGG einschlägig wären, sondern es könnte sogar die Frage entstehen, ob ein echtes Arbeitsverhältnis vorliegt. Das kann dann erheblich sein, wenn es etwa um die notwendigen Sozialabgaben geht, die der Arbeitgeber abzuführen hat.

c) Der Arbeitsvertrag

(1) Anbahnung und Abschluss von Arbeitsverträgen

Noch kein Vertragsangebot, sondern lediglich (lat.) **invitatio ad offerendum,** ist die oft am Anfang stehende sog. externe **Stellenausschreibung** eines potenziellen Arbeitgebers, etwa durch Zeitungsinserate oder Plakate (s. zur Mitwirkung des Betriebsrates bei internen Ausschreibungen §§ 93, 99 II Nr. 5 BetrVG). Schon bei der Ausschreibung sind aber die strengen Diskriminierungsverbote nach §§ 1, 7, 11 AGG zu beachten. Ansonsten hat der potenzielle Arbeitgeber gemäß § 15 AGG Schadensersatz zu leisten. Er umfasst auch Ersatz des in der Diskriminierung liegenden immateriellen Schadens, jedoch nach § 15 II AGG in der Höhe von 3 Monatsgehältern beschränkt. Dieselbe Regelung gilt auch für das **Auswahlverfahren.** Gegen die Beweislastumkehr nach § 22 AGG hilft bei alledem allenfalls eine sehr sorgfältige Dokumentation über Konzeption und Verlauf sowie über die Entscheidungskriterien des Auswahlverfahrens und deren Anwendung auf die einzelnen

Personen des Bewerberkreises.

Auch im Vorfeld eines Arbeitsvertrages, schon mit **ersten Kontakten** zwischen (zukünftigem) Arbeitgeber und Arbeitnehmer, etwa durch Übersendung von Bewerbungsunterlagen oder durch Bewerbungsgespräche, entstehen jedoch gegenseitige Verpflichtungen. Bei Verletzungen dieser Verpflichtungen wird grundsätzlich auf beiden Seiten für Verschulden bei Vertragsanbahnung nach den Grundsätzen der (lat.) culpa in contrahendo (§§ 311 II, 241 II, 280 I BGB) gehaftet. Daher kann es zu Schadensersatzansprüchen kommen, wenn von einer Seite, ohne dass es zu einem Vertragsschluss kommt, der Eindruck erweckt wurde, dass einem solchen zumindest keine Hindernisse mehr im Weg stehen und die Gegenseite im Vertrauen hierauf **Aufwendungen** macht.

Beispiel: Arbeitgeber G erklärt dem A im Rahmen eines Vorstellungsgespräches, er sei begeistert von dessen fachlichen Fähigkeiten und werde ihn wohl einstellen, müsse aber aus rein formalen Gesichtspunkten noch die übrigen Bewerber anhören. Gleichwohl solle A sich schon einmal mit dem Gedanken der Betriebszugehörigkeit vertraut machen. A geht vom baldigen Abschluss eines Arbeitsvertrages aus und organisiert schon den Umzug in eine dem Arbeitsplatz näher gelegene Stadt, wo er eine Wohnung anmietet.

Im Zusammenhang mit ersten Kontakten zwischen Arbeitgeber und Arbeitnehmer können aber auch Fragen auftauchen, ob und in welcher Höhe Aufwendungen im Rahmen von **Bewerbungsgesprächen** erstattungsfähig sind, oder wie der zukünftige Arbeitgeber mit zugesandten **Bewerbungsunterlagen** zu verfahren hat.

Beispiel: G ruft den in Frankfurt wohnenden A an und bittet diesen um schnellstmögliche Kontaktaufnahme und zu einem persönlichen Vorstellungsgespräch nach Hamburg. A setzt sich ins Flugzeug und verlangt später Ersatz der Kosten eines Linienfluges.

Problemlos zu lösen sind solche Fälle nur dann, wenn dem Arbeitnehmer **Reisekostenersatz** zugesichert worden ist. Schwieriger wird es, wenn keine Kostenabsprachen, die in der Praxis freilich üblich sind, vorliegen. Dann stehen dem Bewerber allenfalls gemäß § 670 BGB Ansprüche auf Ersatz von Aufwendungen zu, die er den Umständen nach für erforderlich halten durfte. In solchen Fällen ist eine Bewertung aller Umstände des Einzelfalls notwendig, wobei natürlich auch die Dienststellung des späteren Arbeitnehmers und die Dringlichkeit eines Bewerbungsgesprächs Gewicht haben können. Im vorstehenden Beispiel ist von einem Aufwendungsersatzanspruch auszugehen, A braucht sich also nicht mit dem Kostenersatz für eine Anreise mit dem Auto oder mit der Bahn zufrieden geben.

Den zukünftigen Arbeitgeber trifft die **Obhutspflicht** (Schutzpflicht), für eine sorgfältige Aufbewahrung und Behandlung von Bewerbungsunterlagen des Arbeitnehmers zu sorgen. Schadensersatzansprüche können insbesondere dann erwachsen, wenn Arbeitspapiere, Zeugnisse oder dergleichen mit „Eselsohren" oder Fettflecken usw. versehen werden oder gar verloren gehen. Beide Verhandlungspartner haben ebenfalls über die ihnen im Zusammenhang mit den Vertragsverhandlungen bekannt gewordenen Umstände Stillschweigen zu bewahren, die nicht als allgemein bekannt gelten und an deren **Geheimhaltung** ein Interesse besteht (z. B. Gesundheitszustand des Arbeitnehmers, Wettbewerbs- und Konkurrenzsituation des Arbeitgebers etc.).

Eine Verletzung der vorvertraglichen Schutzpflicht (im Arbeitsverhältnis oft auch Obhutspflicht genannt) stellt es dagegen nicht dar, wenn der Arbeitgeber die ihm zur Verfügung gestellten Bewerbungsunterlagen dem **Betriebsrat** zur Einsichtnahme zur Verfügung stellt. Vielmehr ist es Pflicht des Arbeitgebers, nach § 99 I BetrVG eine sachgerechte Mitbestimmung bei personellen Einzelmaßnahmen durch den Betriebsrat sicherzustellen, sofern in dem Betrieb in der Regel mehr als zwanzig wahlberechtigte Arbeitnehmer beschäftigt sind (zur Wahlberechtigung s. § 7 BetrVG). Hierzu gehört es auch, dass die Bewerbungsunterlagen dem Betriebsrat vorgelegt werden.

Schon beim **Einstellungsgespräch** kann es zu Fragen von Seiten des zukünftigen Arbeitgebers kommen, deren **Falschbeantwortung** zumindest die Gefahr in sich birgt, dass zu einem späteren Zeitpunkt eine Anfechtung des Arbeitsvertrages gemäß §§ 119 II, 123 BGB erfolgt. Es kann bei arglistigen Täuschungen sogar zu Schadensersatzansprüchen gegen den Täuschenden kommen (vgl. §§ 826, 823 II BGB i. V. m. § 263 StGB: Betrug). Vorsicht ist besonders vor einem übertriebenen Vertrauen in die Wirksamkeit der nur allzu schnell herangezogenen Einlassung geboten, man habe die Fragestellung für rechtswidrig gehalten, daher zwar eine unrichtige Antwort gegeben, aber keine widerrechtliche Täuschung begangen. Mag dies im Einzelfall durchaus durchgreifen, so droht jedoch häufig spätestens in den Arbeitsgerichtsprozessen eine schwierige und unklare Beweislage. Zudem bleibt die Anfechtungsmöglichkeit nach § 119 II BGB hiervon völlig unberührt, da diese nicht von der Zulässigkeit der Frage, sondern der Erheblichkeit der verkehrswesentlichen Eigenschaft für den Inhalt des Arbeitsvertrags abhängt.

Der Arbeitssuchende braucht „ungünstige Umstände" grundsätzlich nicht ungefragt zu **offenbaren.** Das Verschweigen von Vorstrafen, einer Mitgliedschaft in einer Partei, einer Schwangerschaft, beruflicher Schwierigkeiten, ohne dass nach diesen gefragt wurde, sind daher grundsätzlich keine widerrechtlichen Täuschungen und ziehen demzufolge keine rechtlichen Konsequenzen nach sich. Etwas anderes kann gelten, wenn der im persönlichen Bereich des Arbeitnehmers liegende „ungünstige Umstand" so eng mit den zu begründenden Arbeitspflichten verbunden ist, dass eine vorvertragliche Aufklärungspflicht zu bejahen ist. Prinzipiell muss jedoch der Arbeitgeber nach den ihn interessierenden besonderen Umständen selber fragen. Dabei gilt bei **wahrheitswidriger Antwort** Folgendes: War die Frage zulässig, kann der Arbeitgeber nach § 123 BGB anfechten. War hingegen die Frage unzulässig, besteht ein derartiges Anfechtungsrecht nicht. Unabhängig von der Zulässigkeit der Frage kann dann allenfalls wegen Irrtums über eine verkehrswesentliche Eigenschaft nach § 119 II BGB bei Vorliegen von dessen übrigen Voraussetzungen angefochten werden.

Beispiele: A soll als Lagerarbeiter eingestellt werden. Er verschweigt, ohne dass danach gefragt worden wäre, einen Bandscheibenschaden, der ihm die Erbringung der Arbeitsleistung in vielen Bereichen unmöglich macht: Arglistige Täuschung! Die Vorerkrankung wirkt sich sogar in einem echten Leistungshindernis aus; solche sind vom Arbeitnehmer aber zu offenbaren.
Der Arbeitnehmer A wird beim Bewerbungsgespräch nach der Mitgliedschaft in der Gewerkschaft gefragt, was dieser wahrheitswidrig verneint: Keine widerrechtliche Täuschung! Die Frage durfte wegen des durch das Allgemeine Persönlichkeitsrecht vermittelten Persönlichkeitsschutzes, aber auch wegen Art 9 III 2 GG gar nicht gestellt werden, daher muss sogar eine wahrheitswidrige Beantwortung dieser unzulässigen Frage sanktionslos bleiben.
A, der als Buchhalter eingestellt werden soll, wird nach Vorstrafen wegen Trunkenheitsdelikten im Straßenverkehr gefragt. Diese Frage könnte ohne erkennbaren, objektiv nachprüfbaren Bezug zu dem zu besetzenden Arbeitsplatz unzulässig sein; anders aber etwa, wenn A sich als Busfahrer bewerben würde. Vgl. in diesem Zusammenhang auch § 53 i. V. m. § 32 BZRG. Hier wird klargestellt, in welchem Umfang Fragen über bestehende Vorstrafen wahrheitswidrig beantwortet werden dürfen. (Der Hauptanwendungsfall wird die Verurteilung zu einer Geldstrafe unter 90 Tagessätzen sein, § 32 II Nr. 5 lit. a BZRG.)

Wie jeder Vertrag kann auch der Arbeitsvertrag selbständig nur von unbeschränkt geschäftsfähigen Personen abgeschlossen werden. Die unbeschränkte Geschäftsfähigkeit knüpft dabei an die Vollendung des 18. Lebensjahres und das Fehlen von Einschränkungen an (§§ 2, 104 ff. BGB). Im Arbeitsalltag findet sich allerdings nicht nur in den Berufsausbildungsverhältnissen eine große Zahl **Minderjähriger** zwischen dem 7. und 18. Lebensjahr. Dem trägt das Arbeitsrecht, wie auch einige spezialgesetzliche Regelungen, im Hinblick auf die Möglichkeit eines eigenen Vertragsabschlusses Rechnung, um etwa einen sonst häufig eintretenden Schwebezustand nach § 108 BGB zu verhindern. Gemäß § 113 BGB ist auch ein ansonsten nur beschränkt Geschäftsfähiger für solche Rechtsgeschäfte unbeschränkt geschäftsfähig, welche mit Eingehung oder Aufhebung eines Dienst- oder Arbeitsverhältnisses zusammenhängen. Voraussetzung hierfür ist lediglich eine diesbezügliche Ermächtigung durch die gesetzlichen Vertreter.

Beispiel: Der ungelernte 17-jährige A schließt mit G einen Arbeitsvertrag als Fließbandarbeiter, nachdem ihn seine Eltern aufgefordert hatten, sich eine Arbeitsstelle zu suchen: Vertrag ist voll wirksam.

Von der **partiell vollen Geschäftsfähigkeit** nach § 113 BGB umfasst ist ferner z. B. die Einrichtung eines Girokontos, auf das Lohn bzw. Gehalt überwiesen werden, oder der Gewerkschaftsbeitritt. Dies gilt allerdings nur grundsätzlich. Denn den gesetzlichen Vertretern steht es frei, den Geschäftskreis des § 113 BGB näher zu bestimmen, weil diese Norm letztlich ja nur auf einer Vermutung über den Inhalt des elterlichen Willens aufbaut. Auf **Berufsausbildungsverträge** bezieht sich § 113 BGB nach h. M. übrigens nicht. Deren Wirksamkeit richtet sich nach den allgemeinen Vorschriften der §§ 107 ff. BGB.

Einige Vorschriften des Arbeitsrechts greifen sogar noch über das AGG hinaus tief in den Fragenbereich ein, ob und mit wem ein Arbeitsvertrag geschlossen werden darf. Die Abschlussfreiheit ist so z. B. eingeschränkt in den allerdings seltenen Fällen der **Wiedereinstellungspflicht** gegenüber zu Unrecht Entlassenen oder nach Arbeitskämpfen.

Ähnlich ist die Situation bei Kündigung von Frauen, die unter Mutterschutz stehen, wenn ihnen aus Anlass des Streiks gekündigt wurde (bei Arbeitskämpfen besteht trotz des ansonsten sehr umfangreichen Schutzes der werdenden Mutter kein Entlassungsschutz). Obwohl das Mutterschutzgesetz keine dem § 91 VI SGB IX entsprechende Vorschrift enthält, wird auch in diesem Fall eine **Wiedereinstellungspflicht** nach Beendigung des Arbeitskampfes entsprechend dem Sinn und Zweck des Mutterschutzes anerkannt.

Zu dieser Materie rechnet auch die **Weiterbeschäftigungspflicht** aus § 78a II BetrVG.

Beispiel: Der Auszubildende A, der Mitglied der Jugendvertretung im Betrieb des X ist, verlangt einen Monat vor Ablauf des Ausbildungsverhältnisses schriftlich von X Weiterbeschäftigung.

Die Freiheit, die bei der Vertragspartnerwahl beim Arbeitnehmer in vollem Umfang gewährleistet ist, ist auf Seiten des Arbeitgebers somit selbst noch über das AGG hinaus durchaus fühlbar eingeschränkt, weil in den vorgenannten Fällen eingestellt werden muss. Hinzu kommt noch die in der Arbeitspraxis wichtige **Einstellungsbeschränkung** aus dem Mitbestimmungsrecht. Danach ist der Betriebsrat gemäß § 99 I BetrVG bzw. der Personalrat gemäß § 75 I Nr. 1 BPersVG vor jeder Einstellung zu beteiligen. Verweigert der Betriebs- oder Personalrat aus den in §§ 99 II BetrVG bzw. 77 II BPersVG genannten Gründen die Zustimmung, so hat die Einstellung - i. S. einer tatsächlichen Beschäftigung - zu unterbleiben. Ein gleichwohl abgeschlossener Arbeitsvertrag ist, obwohl üblicherweise die Mitbestimmung als Wirksamkeitsvoraussetzung anzusehen ist, wirksam. Der Betriebsrat kann aber beim Arbeitsgericht beantragen, dass dem Arbeitgeber aufgegeben wird, die Maßnahme aufzuheben und dass bei Nichtbeachtung ein Zwangsgeld festgesetzt wird (§ 101 BetrVG). Dem Arbeitgeber bleibt im Falle der Weigerung zur Erteilung der Zustimmung nach § 99 IV BetrVG nur die rechtliche Möglichkeit, die Zustimmung durch gerichtliche Maßnahmen ersetzen zu lassen und eine **vorläufige Besetzung** nach § 100 BetrVG vorzunehmen. Lehnt das Gericht schließlich die Ersetzung der Zustimmung des Betriebsrates ab, endet auch die vorläufige personelle Maßnahme spätestens in der Frist des § 100 III BetrVG.

Auf die Freiheit der Wahl der Vertragspartner wirken ferner eine ganze Reihe gesetzlicher Einstellungs- und Beschäftigungsverbote ein, namentlich nach §§ 2 I, 5 I JArbSchG, 33 BBiG, 17, 49 BSeuchG, 3 I, 4, 6 I MuSchG. Verbotsverstöße führen dabei nicht immer zur Unwirksamkeit des Arbeitsvertrages. Dies ist - i. V. m. § 134 BGB - nur für echte **Abschlussverbote** anzunehmen. **Beschäftigungsverbote** hingegen haben eine andere Zielrichtung: Sie wollen allein das faktische Unterbleiben der Tätigkeit sicherstellen.

(2) Die Form von Arbeitsverträgen

Der Arbeitsvertrag bedarf grundsätzlich keiner besonderen **Form**. Vertragsabschlüsse sind daher auch durch konkludentes Handeln möglich. In der arbeitsrechtlichen Praxis hat sich allerdings die Verkehrssitte durchgesetzt, Verträge schriftlich niederzulegen. Daraus darf jedoch nicht gefolgert werden, die Schriftform sei nun allgemeine Wirksamkeitsvoraussetzung. Der Form, insbesondere der Schriftform kommt gesteigerte Bedeutung allerdings zu, wenn sie gesetzlich, tarifvertraglich oder einzelvertraglich vorgesehen ist. In jedem dieser Fälle ist aber zu prüfen, ob der Form **konstitutive** (dann ist die Einhaltung der Form Wirksamkeitsvoraussetzung) oder nur **deklaratorische**, lediglich Beweiszwecken dienende Bedeutung zukommt.

Eine derartige deklaratorische Wirkung entfalten die Regelungen des NachwG hinsichtlich der vom Arbeitgeber zu fertigenden Niederschrift über die wesentlichen Vertragsbedingungen sowie deren Änderung (§§ 2 I, 3 NachwG). Ein Verstoß gegen das NachwG führt daher zwar nicht zur Unwirksamkeit des Vertrages, verschlechtert allerdings die prozessuale Beweissituation für den Arbeitgeber erheblich. Ähnliches gilt für die Schriftform von Berufsbildungsverträgen i. S. von § 11 BBiG. Ein vertraglich von kaufmännischen Angestellten übernommenes **Wettbewerbsverbot** nach § 74 HGB ist als eigenständiger Vertragsbestandteil demgegenüber ohne Schriftform aber ebenso unwirksam (konstitutiver Formzwang) wie eine Befristung des Arbeitsvertrages, § 14 IV TzBfG.

In der arbeitsrechtlichen Praxis am häufigsten sind Formvorschriften in Tarif- und Einzelarbeitsverträgen. Hier muss durch Auslegung der jeweiligen **Form- klausel** ermittelt werden, ob der Form konstitutive oder deklaratorische Bedeutung zukommt. Ein Verstoß gegen die durch Tarifvertrag vorgeschriebene konstitutive Formvorschrift bewirkt wie bei einem Verstoß gegen die gesetzliche Formvorschrift die Nichtigkeit des Rechtsgeschäfts gemäß § 125 BGB. Ein Verstoß gegen die durch Einzelvertrag festgelegte Schriftform (gewillkürte Schriftform) hat gemäß § 125 S. 2 BGB nur im Zweifelsfall ebenfalls die Nichtigkeit des Rechtsgeschäfts zur Folge. Vorrangig ist, was die Parteien gewollt haben. Im Ergebnis wird häufig nur eine deklaratorische Bedeutung der Form gewollt sein.

Beispiel: „Die Kündigung hat von Seiten des Arbeitnehmers durch eingeschriebenen Brief zu erfolgen": Schriftliche Kündigungserklärung - § 623 BGB! - auch ohne Einschreiben wirksam, da lediglich Beweiszwecke erfüllt werden sollen. Im Übrigen stünde einem solchen Formzwang im ja durchweg vorformulierten Arbeitsvertrag wegen § 310 IV 2 BGB nunmehr § 309 Nr. 13 BGB entgegen.

In Einzelarbeitsverträgen finden sich auch häufig Klauseln, die etwa lauten: „Weitere Vertragsabsprachen oder Nebenabreden bedürfen der Schriftform." Bedacht werden muss hier, dass von solchen **Schriftformklauseln** - nicht nur im Arbeitsrecht - jederzeit wieder abgerückt werden kann. Hierzu ist lediglich Konsens der Vertragspartner erforderlich. Dabei kann auch eine **mündliche Absprache** ausreichen.

Die wichtigste gesetzliche Schriftformklausel findet sich schließlich in § 623 BGB. Danach bedarf eine **Beendigung des Arbeitsverhältnisses** durch Kündigung oder Aufhebungsvertrag zwingend der Schriftform. Sie hat hier also konstitutive Bedeutung.

Beispiel: Anton, der sich über seinen Chef furchtbar geärgert hat, ruft erregt in der Buchhaltung: „Euer Laden kann mir gestohlen bleiben! Ich kündige, auf der Stelle! Schickt mir meine Papiere nach Hause!": Kündigung unwirksam!

(3) Haupt- und Nebenpflichten des Arbeitsvertrages

Die synallagmatischen Hauptpflichten des Arbeitsvertrages sind aus §§ 611 I, 613 BGB abzuleiten. Der **Arbeitnehmer** ist demnach grundsätzlich zur höchstpersönlichen Erbringung der geschuldeten Arbeitsleistung, der **Arbeitgeber** zur Zahlung des vereinbarten Lohnes unter Beachtung der **Lohngleichheit von Männern und Frauen** gemäß § 7 i. V. m. § 1 AGG und sonstiger Vorschriften (vgl. z. B. den eine unmittelbare Drittwirkung entfaltenden Art. 157 AEVU), die individuellen Abreden vorgehen, verpflichtet. Nicht höchstpersönliche Dienstleistungspflichten von Arbeitnehmern sind kaum vorstellbar.

Daneben stehen zahlreiche vertragliche Nebenpflichten, die man auf Seiten des Arbeitnehmers üblicherweise unter dem Begriff der sog. **Treuepflichten**, auf Seiten des Arbeitgebers unter dem Begriff der **Fürsorgepflichten** zusammenfasst. Diese Terminologie ist verfehlt: Der Arbeitsvertrag sollte nicht in die Nähe mittelalterlicher Feudalverhältnisse zwischen Lehnsherr und Vasall gerückt werden, weder terminologisch noch gar sachlich. Sicher begründet der Arbeitsvertrag ein **Dauerschuldverhältnis**, was auf beiden Seiten zu gesteigerten Schutzpflichten führt. Doch ist dies bei anderen Dauerschuldverhältnissen nicht anders, zumal wenn erhebliche Vermögenswerte in den Einflussbereich der anderen Partei gelangen, wie z. B. bei der Wohnraummiete. Gesetzliche Regelungen für gesteigerte arbeitsvertragliche **Schutzpflichten** finden sich etwa in §§ 60, 62 HGB, 618, 619 BGB, 17 UWG, 2 MuSchG, 32-46 JArbSchG. Darüber hinaus ergeben sie sich, wie auch sonst, aus § 242 BGB (Wahrung von Treu und Glauben).

Beispiel: Die Sekretärin Sibylle sieht, wie ihr Kollege Karl gedankenlos den noch glimmenden Rest einer Zigarette in den Papierkorb wirft. Auch ohne jede ausdrückliche Verpflichtung dazu muss Sibylle ihren geliebten Kaffee zum sofortigen Löschen opfern, ggf. Feueralarm auslösen etc.

Der genaue Bestand aller Rechte und Pflichten aus dem Arbeitsverhältnis ist anhand der einschlägigen arbeitsrechtlichen Rechtsquellen, insbesondere dem Arbeitsvertrag, oft nur schwer zu ermitteln, da letzterer in der Praxis zwar regelmäßig vorformuliert ist, aber somit grundsätzlich dem AGB-Recht und dadurch der entsprechenden Inhaltskontrolle unterfällt. Das stellt § 310 IV BGB klar.

Welche Arbeiten von Arbeitnehmern zu leisten sind, richtet sich nach den einzel- oder kollektivvertraglichen Abmachungen. Diese sind in der Praxis häufig aber nicht so detailliert möglich, dass den Arbeitnehmern der **konkrete Arbeitsumfang** deutlich wird. Eine bedeutende Rolle kommt daher dem Weisungsrecht (**Direktionsrecht**) des Arbeitgebers zur Konkretisierung der Arbeitspflicht zu. Ausgeübt wird dieses im Einzelfall durch den direkten **Vorgesetzten** des Arbeitnehmers. Möglich ist auch die Übertragung des Weisungsrechtes zur Ausübung an Personen außerhalb des Unternehmens, in dem das Arbeitsverhältnis besteht (**Arbeitnehmerüberlassung**).

Beispiel: L, ein sog. Leiharbeitsunternehmen, schickt den bei L angestellten A in den Betrieb des B. Dem B wird das Direktionsrecht über A zur Ausübung übertragen, der es konkret seinem Mitarbeiter M überlässt, weil A im Arbeitsbereich des M tätig sein soll.

Das Weisungsrecht unterscheidet den Arbeitsvertrag vom Dienstvertrag, es macht aus dem Selbständigen den abhängigen Arbeitnehmer. Natürlich kann sich auch das Weisungsrecht nur in dem **Rahmen** bewegen, den der Arbeitsvertrag steckt. Mangels einer besonderen Vereinbarung richtet es sich nach dem, was die Verkehrsanschauung als übliche Arbeitsleistung bei Innehabung einer bestimmten Stelle ansieht (s. auch § 315 I BGB). **Nebendienste** hat der Arbeitnehmer also nur zu verrichten, wenn sie auf Grund ausdrücklicher oder stillschweigender Vereinbarung oder nach der Verkehrssitte zum Vertragsinhalt gehören.

Beispiel: Der Arbeitgeber „bittet" den z. Zt. nicht voll ausgelasteten Buchhalter B, den Rasen vor seinem Privathaus zu mähen: Unzulässige Weisung, der der B keine Folge leisten muss!

Andere als die geschuldeten Arbeiten ausführen muss der Arbeitnehmer nur in Ausnahmefällen bei den sog. **Notdiensten**. Dies sind nicht nur die nach Katastrophenfällen anfallenden Aufräumarbeiten.

Beispiel: Das Ladenlokal des Arbeitgebers wird in einen anderen Stadtteil verlegt. Der Arbeitgeber fordert die Arbeitnehmer auf, bei dem notwendig werdenden Umzug mitzuarbeiten.

Leistungsort für die Erfüllung der Arbeitnehmerpflichten (**Arbeitsplatz** im räumlichen Sinn) ist der Betrieb des Arbeitgebers bzw. sonstige vertraglich vorgesehene Einsatzstellen (Außendienst, Montage, Leiharbeitsverhältnisse). Es handelt sich also ausnahmsweise um **Bringschulden**: In der „Natur" des Arbeitsverhältnisses (vgl. § 269 I BGB) liegt diese Gestaltung begründet, weil ansonsten die synergetischen Effekte, die eine betriebliche Organisation auszeichnen, nur schwer erzielbar sind. Freilich gibt es auch wieder Rückausnahmen (Heimarbeit, in den Privatbereich des Arbeitnehmers verlagerte IT-Arbeitsplätze).

Eine in der Praxis bedeutsame Frage betrifft die Dauer der zu erbringenden Arbeitsleistung, die **Arbeitszeit**. Leistet ein Arbeitnehmer die Arbeit schuldhaft nicht, indem er sie z. B. unberechtigterweise nicht oder verspätet antritt oder den Arbeitsplatz vorzeitig verlässt, führt dies nach h. M. auf Grund ihrer Theorie vom sog. absoluten Fixgeschäft zur **Unmöglichkeit** der Arbeitsleistung, weil die betreffende Zeit unwiederbringlich verstrichen und die Arbeitsleistung nicht nachholbar sei. Der Arbeitgeber könne dann Schadensersatz statt der Leistung (z. B. Lohnkosten für Ersatzkräfte) nach §§ 280/283 BGB verlangen. Folgt man der h. M. nicht, kommt man, da die Arbeitspflicht in der Tat Fixschuldcharakter trägt, über §§ 281 I und II BGB zu demselben Ergebnis. So und so kann der Arbeitgeber jedenfalls die Lohnzahlung für die nicht erbrachte Leistung verweigern (§ 320 BGB). Er kann auch, was in der Praxis wenig effektiv und eher sinnlos ist, auf Erfüllung der Arbeitspflicht klagen (s. zum vollstreckungsrechtlichen Hindernis § 888 III ZPO). In Betracht kommt schließlich - eventuell nach vorausgegangener Abmahnung - eine verhaltensbedingte ordentliche oder außerordentliche Kündigung nach §§ 622, 624, 626 BGB.

(4) Lohnanspruch auch ohne Arbeitsleistung

In einigen Fällen hat umgekehrt der Arbeitnehmer einen Anspruch auf Entlohnung selbst dann, wenn er seine Arbeitspflicht nicht erfüllt hat. Zu nennen sind hier insbesondere die Fälle des **Annahmeverzugs** der Leistung seitens des Arbeitgebers gemäß § 615 BGB, des kurzfristigen vom Arbeitnehmer nicht verschuldeten **Fernbleibens** von der Arbeit gemäß § 616 BGB, der vom Arbeitnehmer nicht zu vertretenden Unmöglichkeit der Erbringung der Arbeitsleistung, der Feiertagsvergütung nach § 2 EFZG und letztlich auch der Fall der aus Krankheitsgründen nicht erbringbaren Arbeitsleistung, bei der nach § 3 EFZG zunächst der Arbeitgeber weiterhin zur **Entgeltfortzahlung** verpflichtet ist.

In Annahmeverzug kommt beispielsweise der Arbeitgeber, wenn er die ihm vom Arbeitnehmer angebotene Arbeitsleistung nicht annimmt. Zu einem Angebot der Arbeitsleistung gehört dabei gemäß § 294 BGB regelmäßig ein tatsächliches Angebot der Arbeitsleistung im Betrieb. Ausnahmsweise genügt auch ein wörtliches Angebot, wenn der Arbeitnehmer seine Arbeitsleistung nur unter Mitwirkung des Arbeitgebers erbringen kann, genau diese aber unterbleibt.

Nicht selten kommt es nach einem **Zerwürfnis** zwischen Arbeitgeber und Arbeitnehmer zu solchen Situationen, wenn beispielsweise eine (unrechtmäßige) Kündigung ausgesprochen worden ist und der Arbeitgeber den Arbeitnehmer gegen dessen Willen sofort freistellen will. Nach der neueren Rechtsprechung des BAG gerät der Arbeitgeber in derartigen Fällen selbst dann in Annahmeverzug, wenn der Arbeitnehmer daraufhin nicht einmal wörtlich seine Arbeitsleistung anbietet. Begründet wird dies mit § 296 S. 1 BGB und der Erklärung, die Zuweisung von Arbeit durch den Arbeitgeber sei eine kalendermäßig bestimmte Mitwirkungshandlung. Allenfalls dann, wenn der Arbeitnehmer vorübergehend zur Arbeitsleistung unfähig war, müsse er seine Arbeitskraft wieder wörtlich anbieten. Erst recht reicht demnach erkennbarer **Protest** gegen die Kündigung aus, insbesondere durch Erhebung einer **Kündigungsschutzklage**.

Ein Annahmeverzug soll jedoch nicht zu Kosten führen, die die Gegenseite ungebührlich belasten. Gemäß § 615 S. 2 BGB hat sich daher der Arbeitnehmer, dessen Arbeitgeber sich ihm gegenüber im Annahmeverzug befindet, das Ersparte anrechnen zu lassen, z. B. das Fahrgeld. Auch den tatsächlich anderweitig erzielten Verdienst hat sich der Arbeitnehmer anrechnen zu lassen. Problematisch kann dieses sein, wenn es um die **Anrechnung fiktiver Einkünfte** geht, also solcher, die nur hätten erzielt werden können, dies der Arbeitnehmer aber böswillig unterlässt. Davon kann man nur dann sprechen, wenn zumutbare andere Arbeit mit Sicherheit hätte erlangt werden können und der Arbeitnehmer jegliche Tätigkeit unterlässt.

Auch bei den Regelungen der **Leistungsunmöglichkeit** gilt im Arbeitsrecht etwas Besonderes. Dies ist insbesondere im Anwendungsbereich des § 326 I 1 BGB der Fall. Ist danach die Unmöglichkeit einer Leistungserbringung von keiner Partei zu vertreten, etwa in Fällen **höherer Gewalt**, so wäre bei strenger Anwendung dieser rein bürgerlichrechtlichen Vorschrift kein Lohn zu zahlen. Dann würde die von der h. M. angenommene Ungleichheit von Arbeitgeber und Arbeitnehmer aber nicht ausreichend berücksichtigt: Bestimmte

Risikobereiche hat nach der h. M. nämlich immer der Arbeitgeber zu vertreten, namentlich das allgemeine **Wirtschaftsrisiko** und das spezielle **Betriebsrisiko**. Dieser Überlegung trägt § 615 S. 3 BGB Rechnung.

Beispiel: Der Arbeitgeber hat Löhne auch bei Rohstoff- oder Auftragsmangel, bei Maschinenschäden, Materialknappheit, Brand- und Wasserschäden, überhaupt bei Betriebsstörungen, zu zahlen, und zwar unabhängig von einem eigenen Verschulden.

Die Lohnzahlungspflicht entfällt demnach nur dann, wenn die Lohnzahlung den **Bestand des Unternehmens** gefährden oder dazu führen würde, dass in einem Arbeitskampf das in etwa ausgeglichene Kräfteverhältnis, die **Kampfparität**, leidet. Bei einer drohenden Störung der Kampfparität soll deshalb sogar der arbeitsbereite Arbeitnehmer eines bestreikten Betriebes seinen Lohnanspruch verlieren können. Streiks können auch Fernwirkungen auf andere Betriebe haben, namentlich dann, wenn sog. Schlüsselbetriebe (Energieversorger, wichtige Zulieferer) bestreikt werden. Die daraus entstehenden Risiken sind dann auch von denjenigen Arbeitnehmern zu tragen, deren Betriebe gar nicht bestreikt werden.

Beispiel: Beschäftigungseinschränkungen bei arbeitskampfbedingten Auftragsengpässen.

Wird durch die Fernwirkung von Arbeitskämpfen die Kampfparität in Frage gestellt, verlieren auch die arbeitsbereiten Arbeiter des nur mittelbar betroffenen Betriebes ihren Lohnanspruch. Im Falle einer rechtlichen Unmöglichkeit (gesetzliche **Beschäftigungsverbote**) können ebenfalls Situationen entstehen, in denen der Lohnanspruch des Arbeitnehmers entfällt.

Beispiel: A leidet an einer ansteckenden Erkrankung. Da sie als Verkäuferin mit Lebensmitteln zu tun hat, wird die Tätigkeit von der Aufsichtsbehörde nach § 31 IfSG untersagt. Ihr Lohnanspruch entfällt. Allerdings erhält sie nach § 56 IfSG eine Entschädigung für den Verdienstausfall.

In diesem Fall hat der Arbeitnehmer keinen **Beschäftigungsanspruch**, also keinen Anspruch auf tatsächliche Beschäftigung (nicht nur auf Entlohnung), den die h. M. ansonsten aus dem angeblichen personenrechtlichen Charakter des Arbeitsverhältnisses ableitet.

Eine **Ausnahme** vom Grundsatz des Entfallens des Lohnanspruchs bei rechtlicher Unmöglichkeit gilt im **Mutterschutzrecht**. Trotz der Arbeitsverbote, die im Mutterschutzgesetz niedergelegt sind, ist denjenigen Frauen, die kein Mutterschaftsgeld gemäß § 200 RVO beziehen, der Lohn weiterzuzahlen, § 11 MuSchG.

Ein letzter überaus wichtiger Bereich des Lohn- bzw. Gehaltanspruchs ohne Arbeitsleistung ist mit dem Entgeltfortzahlungsanspruch im **Krankheitsfall** angesprochen. Angestellte und Arbeiter haben einen unabdingbaren Anspruch auf volle Weiterzahlung (ohne Berücksichtigung von Überstunden) für die

Dauer von 6 Wochen, wenn sie **unverschuldet** durch Krankheit an der Verrichtung der Dienste verhindert sind (Arbeitsunfähigkeit), §§ 3, 4, 4a EFZG. Unterschiede zwischen Arbeitern und Angestellten bestehen ebenso wenig wie Sonderregelungen für Auszubildende, Praktikanten, Volontäre, Aushilfskräfte, Teilzeitbeschäftigte und Leiharbeitnehmer, § 1 II EFZG. Durchweg ist aber gemäß § 5 I EFZG eine ärztliche Arbeitsunfähigkeitsbescheinigung am folgenden Arbeitstag vorzulegen, wenn die Krankheit länger als 3 Kalendertage dauert. Allerdings kann der Arbeitgeber die Vorlage der Arbeitsunfähigkeitsbescheinigung nach dieser Norm auch schon vorher verlangen.

Schwierigkeiten bereitet es jedoch festzulegen, wann **Verschulden** vorliegt. Die Kasuistik zu diesem Bereich ist vielfach schwer verständlich, ja völlig unlogisch und oft nur durch die Umstände des konkreten Einzelfalls motiviert. Die Begünstigung des Arbeitnehmers auf Kosten des Arbeitgebers wird dabei nicht selten überzogen. Als vorwerfbar gilt im Arbeitsrecht, entgegen § 276 II BGB, überhaupt nur **grobfahrlässiges Handeln**, das zur Arbeitsunfähigkeit geführt hat. Selbst eine **vorsätzliche Selbstschädigung** durch einen (erfolglosen) Suizidversuch wird als unverschuldet angesehen, ebenso grundsätzlich Sportunfälle. Ausnahmen gelten allerdings für Sportunfälle bei besonders **gefährlichen Sportarten**, die die Leistungsfähigkeit des Arbeitnehmers deutlich übersteigen können oder bei denen er sich unbeherrschbaren Gefahren mit einem besonders hohen Verletzungsrisiko aussetzt.

Beispiele: (unverschuldet) Verletzungen bei Karate, Drachenfliegen, Boxsport, Bergsteigen, Reiten.
(verschuldet) Eishockey, Moto-Cross-Sport, Alkohol- und Drogenmissbrauch, Straßenverkehrsunfälle unter Einwirkung von Alkohol und Drogen sowie Verletzungen infolge nicht angelegter Sicherheitsgurte.

d) Die Regelung der Arbeitszeit

(1) Regelmäßige Arbeitszeit

Der Arbeitszeit kommt für den Entlohnungsanspruch besondere Bedeutung zu, vor allem dann, wenn Arbeit über den geschuldeten Rahmen hinaus geleistet wird, wenn es also um die Entlohnung für **Überstunden** und **Mehrarbeit** geht. Für die Ableistung von Mehrarbeit und Überstunden ist der Lohn durchweg anders zu berechnen als etwa für die Ableistung der „regelmäßigen" Arbeitsstunden. Nicht selten werden allerdings Überstunden auch zum Anlass genommen, diese „abzufeiern". Wieviele Arbeitsstunden zu leisten sind, um den vollen Lohnanspruch zu erhalten, ist grundsätzlich eine Frage vertraglicher Absprachen. Hier sind als bedeutende Rechtsquellen sowohl der Einzelvertrag als auch der Tarifvertrag zu nennen. Dies betrifft auch die **Lage der Arbeitszeit**, wobei die verschiedenartigsten Varianten denkbar sind, etwa auch **Schichtarbeit** und **gleitende Arbeitszeit**. Der Vertragsfreiheit sind hier nur insofern gewisse Grenzen gesetzt, als bestimmte **Höchstarbeitszeiten** nicht überschritten werden dürfen. Wichtige Gesetze, welche die Höchstarbeitszeiten festsetzen, sind das ArbZG, das JArbSchG und das MuSchG. Große Aufmerksamkeit wird in der Praxis auch dem **Urlaub** und damit dem BUrlG zuteil. Nur die Grundzüge dieser verwickelten Rechtsmaterie können im Folgenden dargelegt werden.

Das ArbZG definiert in § 2 I die **Arbeitszeit** als diejenige Zeit, die unter Abzug der **Ruhepausen** (§ 4 ArbZG) vom Beginn bis zum Ende der Arbeit andauert.

Beispiel: A ist laut Arbeitsvertrag zum Arbeitsbeginn um 6.00 h verpflichtet. Nachdem er sich im Zentralgebäude des Betriebs, in dem er um 5.40 h eintrifft, umgekleidet hat, macht er sich um 6.00 h auf den Weg zur Schlossereihalle, in der er wegen des Weges um 6.15 h eintrifft. Sein Schichtmeister rügt die Verspätung und verlangt Nachdienst: zu Unrecht, denn auch die Zeiten, die für Arbeitswege, die innerhalb des Betriebes oder vom Betrieb zu einem außerhalb gelegenen Arbeitsort benötigt werden, werden zur Arbeitszeit gerechnet, nicht dagegen die Zeit, die zum Umkleiden und Waschen benötigt wird.

Die regelmäßige werktägliche Arbeitszeit darf 8 Stunden täglich nicht überschreiten (§ 3 S. 1 ArbZG). Da das ArbZG von 6 Werktagen in der Woche ausgeht, folgt daraus, dass eine **wöchentliche Arbeitszeit** 48 Stunden nicht überschreiten soll. Gleichwohl sieht auch das ArbZG schon in gewissem Rahmen **Flexibilisierungen** der Arbeitszeiten vor, insofern nämlich vor allem in den §§ 3-15 ArbZG eine andere Verteilung der Arbeitszeit, ja sogar unter bestimmten Voraussetzungen eine Überschreitung der oben genannten regelmäßigen Arbeitszeit möglich ist (Gewährung eines Ausgleichszeitraumes). Hier ist als besonders wichtige Vorschrift § 7 ArbZG zu nennen. In einem Tarifvertrag kann die regelmäßige Arbeitszeit auf über 10 Stunden täglich verlängert werden (§ 7 I ArbZG). Dieser Vorschrift kommt allerdings in der Praxis Bedeutung nur für bestimmte Berufsgruppen zu, denn der allgemeine Trend tarifvertraglicher Regelungen läuft bekanntermaßen auf eine Verkürzung der Arbeitszeiten hinaus. Bedeutung hat § 7 ArbZG darüber hinaus für all diejenigen Arbeitnehmer, deren Arbeitszeit durch **Arbeitsbereitschaft** bestimmt wird .

Beispiele: Wach- und Ordnungsdienste, Pförtner, Kraftfahrer, Werkschutz, Werksfeuerwehr.

Auch dann, wenn die **Arbeitsbereitschaft**, während derer sich die Arbeitnehmer zur vollen Tätigkeit verfügbar halten müssen, erheblichen Umfang annimmt, ist durch Tarifvertrag eine Erweiterung der täglichen Arbeitszeit über 10 Stunden hinaus möglich (vgl. § 7 I Nr. 1 lit. a ArbZG).

(2) Mehrarbeit und Überstunden

Immer dann, wenn die allgemeine, gesetzlich zulässige Höchstarbeitszeit von 8 Stunden täglich bzw. 48 Stunden in der Woche überschritten wird, spricht man von **Mehrarbeit**. Im Gegensatz hierzu versteht man unter **Überstunden** („Überarbeit") die Überschreitung der regelmäßigen tariflichen, betrieblichen oder einzelvertraglichen Arbeitszeit.

Beispiele: Im Betrieb des X werden üblicherweise 39 Stunden wöchentlich gearbeitet. Ausnahmsweise werden in einer Woche aber einmal 50 Stunden gearbeitet: Alle über die übliche Arbeitszeit hinausgehenden 11 Stunden sind Überstunden, aber nur 2 Stunden sind Mehrarbeitsstunden.
einer tarifvertraglichen Regelung (vgl. § 7 I Nr. 1 lit. a ArbZG) beträgt Auf Grund die Arbeitszeit des A regelmäßig wöchentlich 50 Stunden. Ausnahmsweise wird in einer Woche einmal die Arbeitszeit auf 53 Stunden erhöht (dies ist wegen des Direktionsrechtes des Arbeitgebers vorübergehend zulässig, s. a. § 87 I Nr. 3 BetrVG): Hier leistet A 3 Überstunden, gleichwohl liegen 5 Mehrarbeitsstunden vor.

Grundsätzlich ist ein Arbeitnehmer weder verpflichtet, Überstunden noch Mehrarbeit zu leisten, es sei denn, für erstgenannte liegen tarifvertragliche, betriebliche oder arbeitsvertragliche Regelungen vor. In sog. **Notfällen** (Katastrophenfällen, plötzlich eintretende unvorhersehbare Ereignisse, die zu einem existenzbedrohenden Schaden führen können) ergibt sich zudem für Mehrarbeit eine entsprechende Leistungspflicht aus § 14 ArbZG bzw. letztlich auch aus der Treuepflicht des Arbeitnehmers.

Die Frage nach der Entlohnung, die ja grundsätzlich abhängig ist vom Einzelarbeitsvertrag, von einer betrieblichen Übung, von der Beachtung des innerbetrieblichen Gleichbehandlungsgrundsatzes oder von einem Tarifvertrag, regelt letztlich, wie viele Arbeitsstunden zur Erlangung des vollen Lohnanspruchs abzuleisten sind. In der Praxis regeln diese Rechtsquellen darüber hinaus häufig auch detailliert, ob und wie hoch **Überstundenvergütungen** und **Mehrarbeitsvergütungen** anzusetzen sind, ob diese Vergütungen in Geld oder (auch) durch Freizeitgewährung („**Abfeiern**") zu leisten sind etc. Frühere gesetzliche Regelungen für die Vergütung von Mehrarbeit sind ersatzlos entfallen. Eine gesetzliche Option für eine Vergütungspflicht bei Überstunden findet sich lediglich für Ausbildungsverhältnisse (§ 17 III BBiG). Besteht insoweit keine einzel- oder kollektivvertragliche Regelung über die Vergütung von zusätzlicher Arbeitsleistung, so kann der Arbeitnehmer regelmäßig aber gemäß § 612 BGB die Grundvergütung für die Über- oder Mehrarbeit verlangen, es sei denn, dass ein zumutbarer einzelvertraglich wirksamer Ausschluss einer Überstundenvergütung erfolgt ist.

Beispiel: Der Arbeitnehmer erhält ein weit über dem Tariflohn liegendes Gehalt mit der arbeitsvertraglichen Auflage, dass mit diesem auch Überstunden bis zu monatlich 15 Stunden abgegolten sein sollen.

Ein darüber hinausgehender Zuschlag wird aber nur dann zu zahlen sein, wenn eine besondere Anspruchsgrundlage besteht. Dabei soll auch eine bestehende **betriebliche Übung** oder eine **Branchenüblichkeit** ausreichen. Dies wird in der Praxis zumeist der Fall sein.

Kurzarbeit ist als Pendant zu den Überstunden die vorübergehende, vom Arbeitgeber gewünschte Unterschreitung der regelmässigen betrieblichen Arbeitszeit mehrerer Arbeitnehmer bei entsprechend verkürzter Entlohnung. Ihre Zulässigkeit bestimmt sich jedenfalls nach § 87 I Nr. 3 BetrVG (Mitbestimmungsrecht des Betriebsrates), im Übrigen etwa nach tarifvertraglichen Regelungen.

e) Arbeitszeit und Jugendarbeitsschutz

Besonderheiten hinsichtlich der Arbeitszeiten ergeben sich auch aus dem Jugendarbeitsschutzgesetz (JArbSchG). Jugendliche von mindestens 15 Jahren dürfen nicht mehr als 8 Stunden täglich und nicht mehr als 40 Stunden wöchentlich beschäftigt werden (§ 8 I JArbSchG). Jugendliche unter 15 Jahren dürfen nur beschäftigt werden, wenn sie der **Vollzeitschulpflicht** nicht mehr unterliegen und sich in einem **Berufsausbildungsverhältnis** befinden oder außerhalb eines Berufsausbildungsverhältnisses mit leichter und für sie geeigneter Tätigkeit betraut sind. Dann darf ihre Arbeitszeit 7 Stunden täglich und 35 Stunden wöchentlich nicht überschreiten (vgl. § 7 Nr. 1 und 2 JArbSchG).

Beispiele: Der 12-jährige A trägt mit Einwilligung seiner Eltern morgens täglich zwischen 5.00 und 6.00 h Zeitungen aus: Die Beschäftigung von Kindern ist gemäß § 2 I, 5 I JArbSchG grundsätzlich verboten, auch wenn diese während ihrer Freizeit die Tätigkeit als Hobby ausführen sollten. Die Einwilligung der Eltern wäre daher unbeachtlich. Anders läge der Fall, wenn A beispielsweise 13 Jahre und 6 Monate alt wäre (vgl. § 5 III 1 JArbSchG). Aber selbst dann wäre eine Beschäftigung verboten, da eine Tätigkeit nicht zwischen 18.00 und 8.00 h und nicht vor dem Schulunterricht ausgeübt werden dürfte, § 5 III S. 3 JArbSchG.
Die 14-jährige B, die der Vollzeitschulpflicht nicht mehr unterliegt, wird von ihrem Lehrherrn in der Ausbildung 8 Stunden täglich beschäftigt: Die Beschäftigung Jugendlicher unter 15 Jahren ist grundsätzlich verboten (§§ 2 I, 5 I JArbSchG), doch sind nach § 7 JArbSchG Ausnahmen möglich, wenn keine Vollzeitschulpflicht besteht. Die Begrenzung auf 7 Stunden ist nur bei Tätigkeiten außerhalb eines Berufsausbildungsverhältnisses zu beachten (vgl. § 7 Nr. 2 JArbSchG). Daher ist nach § 8 JArbSchG eine Arbeitszeit von 8 Stunden durchaus zulässig.
Der 15-jährige C hat kein Interesse mehr, zur Schule zu gehen und der Schul-

pflicht nachzukommen. Mit Genehmigung seiner Eltern schließt er einen Lehr-vertrag und arbeitet in der Schlosserei des X täglich 8 Stunden: Obwohl C nach § 2 II JArbSchG rein altersmäßig schon als Jugendlicher eingestuft werden könnte, gilt er doch gemäß §§ 2 III, 5 I JArbSchG als Kind i. S. dieses Gesetzes. Die Beschäftigung des C ist daher unzulässig.

Innerhalb der Regelungen der **Arbeitszeiten für Jugendliche** kommt in der Praxis der Vorschrift des § 9 JArbSchG besonderes Gewicht zu. Der Arbeit-geber hat die für den **Berufsschulbesuch** notwendige Zeit zu gewähren, wobei hier die Unterrichtszeit des betreffenden Tages bzw. der Woche ein-schließlich der Pausen auf die Arbeitszeit anzurechnen ist. Die **Wegezeit** für den Schulbesuch ist dabei allerdings keine Unterrichtszeit, muss also grund-sätzlich nachgearbeitet werden. Dagegen ist ein Lohnabzug wegen der Wegezeiten nicht zulässig, wenn der Lehrherr die Möglichkeit der Nacharbeit verstreichen lässt (§ 9 III JArbSchG).

Beispiele: Die Auszubildende A macht sich um 8.00 h auf den Weg zur Berufsschu-le, die sie um 9.00 h erreicht. Der Unterricht umfasst 6 Stunden zu je 45 Minuten. Um 14.15 h kann sich A auf den Heimweg machen. Sie trifft um 15.30 h zu Hause ein. Da im Betrieb des Lehrherrn B regelmäßig werktäglich 7 Stun-den, beginnend um 7.00 h morgens, gearbeitet werden, will A am nächsten Tag eine halbe Stunde später kommen: Obwohl die Wegezeit von immerhin 2 1/4 Stunden nicht angerechnet wird, bleibt es bei einer Anrechnung gemäß § 9 II Nr. 1 JArbSchG von 8 Stunden. Angerechnet wird auch die Zeit von 7.00 h bis 8.00 h, wenn der Arbeitgeber hier auf Beschäftigung verzichtet. Zu beachten ist hier § 9 I 2 Nr. 1 ArbSchG, der eine Beschäftigung vor dem Unterricht nur untersagt, wenn dieser vor 9.00 h beginnt. Die überschießende Zeit von 2 Stunden kann wohl nicht durch Freizeitausgleich abgegolten werden. Angenommen, A hätte 3 Unterrichtsstunden und könnte sich um 12.00 h auf den Weg nach Hause machen, wo sie um 13.00 h einträfe: Anrechnungsfähig nach § 9 II Nr. 3 JArbSchG wären 3 Stunden, so dass A noch 4 Stunden nachzu-arbeiten hätte, also etwa von 13.00 bis 17.00 h. Lohnabzug darf der Lehrherr nicht vornehmen, wenn er die A wie alle anderen Arbeitnehmer schon um 15.00 h nach Hause schicken würde (§ 9 III JArbSchG).

f) Urlaub, Sonderurlaub, Freistellungen

Urlaub ist die bezahlte Freistellung von Arbeitnehmern von der Arbeit zum Zwecke der Erholung, § 1 BUrlG. Das Urlaubsrecht findet sich in verschie-denen Rechtsquellen. Wichtigste sind das BUrlG, JArbSchG, BEEG und SGB IX. In der Praxis wichtige Ergänzungen und Erweiterungen findet das Urlaubsrecht vor allem durch Tarifverträge, teilweise auch durch Betriebs-vereinbarungen (z. B. für Zusatzurlaub nach bestimmter Länge der Betriebs-zugehörigkeit). Es verwundert daher nicht, dass die Regelung des **gesetzlichen Mindesturlaubs** gemäß § 3 I BUrlG mit 24 Werktagen im

Kalenderjahr (für Jugendliche je nach Alter zwischen 25 und 30 Werktagen, vgl. § 19 II JArbSchG) durch die **Tarifentwicklung** weit überholt worden ist. Üblich ist heute mittlerweile der 6-Wochen-Jahresurlaub geworden. **Werktag** i. S. des BUrlG ist jeder Arbeitstag, der nicht Sonn- oder Feiertag ist. Als **Arbeitstag** gilt dabei jeder Tag, an dem im Betrieb regelmäßig gearbeitet wird. Dies macht mitunter eine Umrechnung der gesetzlichen, tariflichen oder arbeitsvertraglichen Urlaubsdauer auf eine 5-Tage-Arbeitswoche erforderlich, da die Regelungen des BUrlG auf eine 6-Tage-Arbeitswoche zugeschnitten sind. Für weniger als die gesetzlich angenommene Arbeitsleistung soll jedoch nicht ein gleichwertiger Urlaubsanspruch gewährt werden, es sei denn, dies wird vom Arbeits- oder Tarifvertrag vorgesehen (Formulierungsfrage). Im Einzelfall, bei 5-Tage-Arbeitswoche, resultiert daher nur ein gesetzlicher Anspruch in Höhe von 20 Arbeitstagen nach BUrlG.

Erstmalig fordern kann der Arbeitnehmer den **vollen Urlaubsanspruch** nach 6-monatigem Bestehen des Arbeitsverhältnisses. Davor hat er aber zumindest schon einen Anspruch auf **Teilurlaub** gemäß § 5 BUrlG. Besonderheiten zu beachten sind für den Fall, dass ein Arbeitnehmer den Arbeitsplatz wechselt und bei einem anderen Arbeitgeber in Arbeit tritt oder in dem Fall, dass der Arbeitnehmer das Arbeitsverhältnis beendet. Trotz erfüllter **Wartezeiten** ist nämlich vom früheren Arbeitgeber nur Teilurlaub, nicht also voller Urlaub zu gewähren, wenn der Arbeitnehmer in der 1. Jahreshälfte aus dem Betrieb ausscheidet (vgl. § 5 I lit. c BUrlG). Scheidet der Arbeitnehmer also vor dem 1. 7. aus, d. h. spätestens am 30. 6., dann hat er gegenüber dem Arbeitgeber des beendeten Arbeitsverhältnisses nur einen Anspruch auf Teilurlaub. Scheidet er am 1. 7. oder später aus, besteht ein Anspruch gegen diesen Arbeitgeber auf den vollen Jahresurlaub. Hat er dann zum Zeitpunkt des tatsächlichen Ausscheidens mehr Urlaub erhalten, als ihm zusteht (er hat also schon den gesamten Jahresurlaub genommen), können weder Urlaubsentgelt noch Urlaubsgeld zurückgefordert werden. Bedeutsam ist dies bei einem **Betriebswechsel** des Arbeitnehmers. Wechselt der Arbeitnehmer den Betrieb, so entfällt ein Urlaubsanspruch gegen den späteren Arbeitgeber insoweit, als er bereits beim früheren Arbeitgeber Urlaub erhalten hat (§ 6 I BUrlG). Umgekehrt ergibt sich ein **Urlaubsdifferenzanspruch**, wenn in ein Unternehmen mit höherem vertraglichem Urlaubsanspruch gewechselt wird.

Beispiele: Der A, dem 28 Urlaubstage im Kalenderjahr zustehen, hat den gesamten Urlaub bereits genommen, als er am 1. 6. in ein anderes Unternehmen wechselt. Dort erlangt er arbeitsvertraglich ebenfalls 28 Urlaubstage: Im neuen Betrieb bekommt A keinen Urlaub mehr.
B hat bei seinem alten Arbeitgeber bereits seinen gesamten Jahresurlaub von 25 Tagen genommen, als er zum 1. 4. bei seinem neuen Arbeitgeber eintritt, in dessen Unternehmen 30 Urlaubstage gewährt werden: Urlaubsdifferenzanspruch des B gegenüber dem neuen Arbeitgeber in Höhe von 5 Urlaubstagen.

Der Erholungsurlaub ist grundsätzlich zusammenhängend zu gewähren. Nur wenn dringende betriebliche oder in der Person des Arbeitnehmers liegende Gründe eine **Teilung** erforderlich machen, darf der Urlaub geteilt werden. Dann muss allerdings gemäß § 7 II BUrlG einer der Urlaubsteile mindestens 12 aufeinanderfolgende Werktage umfassen. Dies zeigt, dass also weder der Arbeitgeber noch der Arbeitnehmer grundlos eine „Zerstückelung" des Urlaubs vornehmen dürfen.

Beispiel: Die Urlaubstage werden ausschließlich verwendet, um Wochenenden zu verlängern und dienen als Brückentage zwischen Feiertagen und Wochenenden: Unzulässig!

Nicht selten geschieht es, dass ein Arbeitnehmer während des Urlaubs erkrankt. Die durch ärztliches Attest nachgewiesenen **Krankheitstage** werden nicht auf den **Jahresurlaub** angerechnet (§ 9 BUrlG). Obwohl der Urlaubsanspruch insoweit bestehen bleibt, darf der Arbeitnehmer seinen Urlaub allerdings nicht eigenmächtig um die Tage der Arbeitsunfähigkeit verlängern, sondern muss eine **Neufestsetzung** beantragen. Eine flexible Handhabung ergibt sich in der Praxis aber daraus, dass ein solcher Antrag auch telefonisch vom Urlaubsort gestellt werden kann.

Urlaub kann auch in der Weise gewährt werden, dass **Betriebsferien**, also einheitlicher Urlaub für alle Arbeitnehmer eines Betriebes, festgelegt werden. Die Anordnung von Betriebsferien ist auch möglich, ohne dass dringende betriebliche Belange es erfordern müssen. Eine Besonderheit ist hierbei allerdings im Hinblick auf diejenigen Arbeitnehmer zu verzeichnen, die erst kurz vor dem Beginn der Betriebsferien in das Unternehmen eingetreten sind und die die Wartezeit für den vollen Urlaubsanspruch noch nicht erfüllt haben. Im Interesse der Erhaltung eines vollen Urlaubsanspruches soll es nicht zulässig sein, dass gegen den Willen des Arbeitnehmers der bisher erreichte Teilurlaub auf die Betriebsferien angerechnet wird. Der Arbeitgeber hat die Arbeitnehmer zu beschäftigen oder, wenn das aus technisch-organisatorischen Gründen nicht möglich ist, sie ohne Arbeitsleistung zu bezahlen.

Aus diesem Grunde werden in der Praxis häufig aber schon vor Einstellung arbeitsvertragliche Regelungen getroffen, in denen in solchen Fällen für die Zeit der Betriebsferien unbezahlter Urlaub vereinbart wird.

Als **Bemessungszeitraum** für den Urlaubsanspruch dient das **Kalenderjahr**. Innerhalb dieses Zeitraums soll der Urlaub gewährt und genommen werden. In jedem Falle muss er während dieses Zeitraums vom Arbeitnehmer gefordert worden sein. Wird der Urlaub nicht bis zum Jahresschluss gefordert, verfällt er grundsätzlich. Nur wenn schon die Geltendmachung des Urlaubs, etwa wegen schwerer Krankheit, nicht möglich war, soll hiervon eine Ausnahme gemacht werden. Ansonsten ist nur aus dringenden Gründen, die den Betrieb betreffen oder in der Person des Arbeitnehmers liegen, eine **Übertragung** des Urlaubs in das erste Kalendervierteljahr des folgenden Jahres vorzunehmen, § 7 III BUrlG.

Der Urlaub muss dann aber bis zum 31. 3. des nächsten Jahres gewährt und genommen worden sein, ansonsten droht er ohne die Möglichkeit einer Urlaubsabgeltung (also einer finanziellen „Entschädigung" für den ausgefallenen Urlaub) zu verfallen. Ausnahme auch hier ist allerdings, wenn eine schwere Krankheit die Wahrnehmung des Urlaubs verhindert hat oder wenn der Arbeitgeber seinerseits nun trotz rechtzeitiger Geltendmachung den Urlaub nicht gewährt. In diesen Fällen besteht der Urlaubsanspruch auch über den 31. 3. des folgenden Jahres hinaus. Selbst eine **weitere Übertragung** auf das übernächste Jahr scheint nach neuerer Rechtsprechung nicht mehr ausgeschlossen, wenn gesetzlich zustehender Urlaub wegen Arbeitsunfähigkeit nicht genommen wurde.

Der gesetzliche Mindesturlaub gemäß BUrlG ist grundsätzlich durch **Freizeit** zu erfüllen und lediglich im Zusammenhang mit der Beendigung des Arbeitsverhältnisses durch **Geldleistung** in bar abzugelten (§ 7 IV BUrlG), wenn Freizeit nicht mehr gewährt werden kann. Der Abgeltungsanspruch entfällt auch nicht etwa bei einer fristlosen Entlassung wegen erheblicher Vertragsverletzungen. Eine Urlaubsabgeltung (sog. **Urlaubsabkauf**) ist während bestehender Arbeitsverhältnisse somit nur für den Mindesturlaubsanspruch übersteigenden Urlaubsteil zulässig.

Beispiel: Arbeitgeber B verständigt sich mit dem Arbeitnehmer A dahingehend, dass dieser auf seinen gesetzlichen Jahresurlaub verzichtet und sich diesen gesondert durch eine Bargeldleistung „ausgleichen" lässt. So geschieht es. Später will A trotzdem Urlaub nehmen. B will allenfalls unbezahlte Freistellung gewähren: Wegen der Unwirksamkeit der Vereinbarung über die „Ausgleichung" behält A seinen Anspruch auf bezahlten Urlaub; B kann wegen § 817 S. 2 BGB auch nicht die Rückzahlung des „Ausgleichsbetrages" verlangen, geht also das Risiko einer Doppelleistung ein.

Das Entgelt bemisst sich nach dem durchschnittlichen Verdienst der letzten 3 Monate, soweit keine abweichende tarifvertragliche Regelung besteht.

Neben dem Erholungsurlaub kommt es gelegentlich zu **Freistellungen** aus besonderem Anlass.

Beispiele: Eheschließungen, Geburten, Sterbefälle, Wohnungswechsel, politische Tätigkeiten, Fortbildungsveranstaltungen.

Ob der Arbeitnehmer Anspruch auf die begehrte Freistellung sowie auf die Fortzahlung des Arbeitsentgelt hat, ist vom Grund und Rechtsgrundlage der Freistellung abhängig. Wie sich aus § 616 I BGB ergibt, hat der Arbeitnehmer einen Anspruch auf **bezahlte Freistellung**, wenn er für einen verhältnismäßig unerheblichen Zeitraum durch einen in seiner Person liegenden Grund ohne sein Verschulden an der Arbeitsleistung verhindert ist. Da für eigene Erkrankungen des Arbeitnehmers das EFZG einschlägig ist, kommen hier nur sonstige Verhinderungsgründe in Betracht.

Beispiele: Schwerwiegende Erkrankungen naher Angehöriger, insbesondere von Kindern; Arztbesuche, die nicht außerhalb der Arbeitszeit erledigt werden können; außerordentliche Familienereignisse (Eheschließungen, Todesfall, Geburt); Ladungen zu Behörden; Ablegung von Prüfungen etc.

Häufig werden Freistellungen in diesem Bereich gesondert durch Tarifverträge geregelt. Gesetzliche Regelungen finden sich überdies z. B. auch in §§ 37 II, 37 VI BetrVG, 46 BPersVG: Für die Teilnahme an Schulungs- und Bildungsveranstaltungen, die für die Arbeit des Betriebsrates erforderlich sind, sind **Betriebsratsmitglieder** freizustellen. Die Kostenerstattung der Schulungsveranstaltung sowie Entgeltfortzahlung ist vom Arbeitgeber sicherzustellen (vgl. § 37 Abs. III, IV, VII BetrVG). Manchmal kann darüber hinaus auch aus **Gewohnheitsrecht** ein Anspruch auf eine bezahlte Freistellung bestehen.

Beispiel: Arbeitnehmer A möchte einen Tag Hochzeitsurlaub vom Arbeitgeber erlangen.

Liegt letztendlich auch kein gewohnheitsrechtlicher Anspruch auf Gewährung einer Freistellung unter Fortzahlung der Bezüge vor, dann steht dessen Gewährung im Ermessen des Arbeitgebers. Häufiger im Berufsalltag sind allerdings die **unbezahlten Freistellungen**. Auch diese können sich aus Gesetz, Tarifvertrag, Betriebsvereinbarung oder Arbeitsverträgen ergeben.

Hinsichtlich der Besonderheiten des **Bildungsurlaubs**, der den Arbeitnehmern als bezahlter Sonderurlaub zu gewähren ist, wird auf die jeweiligen Landesgesetze der Bundesländer verwiesen.

g) Die Beendigung von Arbeitsverhältnissen

(1) Der befristete Arbeitsvertrag

Die Gründe für die **Beendigung** eines Arbeitsverhältnisses sind sehr vielgestaltig. Ganz unproblematisch erlischt das Arbeitsverhältnis wegen der Höchstpersönlichkeit der geschuldeten Arbeit (§ 613 S. 1 BGB) mit dem **Tod** des Arbeitnehmers, grundsätzlich jedoch nicht mit dem Tod des Arbeitgebers, es wird vielmehr regelmäßig mit dessen Erben fortgesetzt (§§ 1922, 1967 BGB: Universalsukzession in die Rechtsstellung des Erblassers; § 613 S. 2 BGB steht nicht entgegen, weil dieser nur die rechtsgeschäftlich veranlasste Übertragung erfasst). Die Beendigung eines Arbeitsverhältnisses kann im seltenen Fall der sog. lösende **Aussperrung** auch einmal im Arbeitskampf wurzeln (im Gegensatz zum Regelfall einer Aussperrung bloß mit Suspensiveffekt, die den Bestand des Arbeitsverhältnisses nicht berührt). Ferner kommt als Beendigungsgrund eine wirksam vereinbarte (Schriftform, § 14 IV TzBfG!) auflösende **Befristung** in Betracht, wie § 620 I BGB noch

einmal unterstreicht: Ist ein Arbeitsverhältnis für eine bestimmte Zeit eingegangen, so endet es automatisch mit dem Fristablauf, ohne dass es einer
Kündigung bedarf. Damit entfällt auch jeder **Kündigungsschutz**. An dieser
Folge der Beendigung ändern regelmäßig auch ansonsten beachtliche Umstände, etwa die Schwangerschaft einer Arbeitnehmerin, nichts. Auch hier gibt
es natürlich Besonderheiten,vgl. z. B. § 2 V WissZeitVG. In befristeten Arbeitsverhältnissen werden auf die Dauer des Vertrages Zeiten einer Beurlau-
bung (Erziehungszeiten) und Zeiten des Mutterschutzes (6 Wochen vor und 8
Wochen nach der Geburt) nicht angerechnet. Auch in solchen befristeten
Arbeitsverhältnissen sind also Verlängerungen möglich. Wird nach Ablauf der
Frist das Arbeitsverhältnis vom Arbeitnehmer mit Wissen des Arbeitgebers
fortgesetzt, so gilt es als auf unbestimmte Zeit verlängert, sofern nicht der
Arbeitgeber unverzüglich widerspricht (§ 625 BGB, § 15 V TzBfG). Vor Ablauf des befristeten Arbeitsverhältnisses ist eine ordentliche Kündigung
grundsätzlich unzulässig, es sei denn, diese ist vertraglich vorgesehen, § 15 III
TzBfG. Eine **Beendigung** des Arbeitsverhältnisses wäre nur durch eine weiterhin zulässige **außerordentliche Kündigung** (vgl. §§ 624, 626 BGB) oder
durch einen **Aufhebungsvertrag** möglich.

Da sie den Kündigungsschutz unterlaufen, sind befristete Arbeitsverträge nur
in engen Grenzen zulässig, nämlich grundsätzlich nur, wenn ein sachlicher
Grund dafür besteht (s. § 14 I TzBfG).

Beispiele: Probearbeitsverhältnis, Beschäftigung im Saisongewerbe, Aushilfskraft,
nur befristete Finanzierungmöglichkeit der Arbeitskraft (z. B. sog. „ABM-
Stelle"), Befristung auf Grund gerichtlichen Vergleichs, etc.

Ohne das Vorliegen eines sachlichen Grundes ist gemäß § 14 II S. 1 TzBfG
ausnahmsweise eine Befristung bis zur Höchstdauer von 2 Jahren zulässig (s.
aber auch die Möglichkeit einer Befristungshöchstdauer von 4 Jahren bei
Existenzgründungen gemäß § 14 IIa TzBfG). Die Bestrebung, beschäfti-
gungslosen älteren Arbeitnehmer unter Verzicht auf einen sachlichen Grund
den Einstieg in das Arbeitsleben mittels befristeter Arbeitsverträge zu erleichtern, steht hinter § 14 III TzBfG: Für die maximale Zeit von 5 Jahren sind
hier sogar mehrfach aufeinanderfolgende befristete Arbeitsverträge (sog. **Ket-
tenarbeitsverträge**) zulässig. Außerhalb der genannten Vorgaben erfolgende
Befristungen sind rechtsunwirksam und lassen nach § 16 TzBfG ein unbefris-
tetes Arbeitsverhältnis entstehen. Befristungen auf Grund anderer gesetzlicher
Vorschriften (z. B. § 2 WissZeitVG) bleiben dadurch jedoch unberührt, § 23
TzBfG.

(2) Aufhebungsvertrag

Zu jeder Zeit kann ein Arbeitsverhältnis durch einen **Aufhebungsvertrag** (lat. „actus contrarius") beendet werden. Diese Möglichkeit ergibt sich wie auch für andere Rechtsverhältnisse unmittelbar aus der Privatautonomie, setzt dabei aber eben das grundsätzlich unerzwingbare Einverständnis beider Vertragsparteien voraus. Ein solcher Aufhebungsvertrag ist gemäß § 623 BGB nur wirksam, wenn er der Schriftform des § 126 BGB genügt.

Beispiel: Dem Angestellten Willi Wagenführ wird am 15. 7. plötzlich eine sehr lukrative Stelle zum 1. 8. angeboten, die alle seine bisherigen Hoffnungen erfüllen zu können verspricht. Die Kündigungsfrist nach § 622 I BGB, 4 Wochen zum 15. oder zum Ende eines Kalendermonats, ist verstrichen und allein der Umstand, eine günstige Stelle zu bekommen, stellt noch keinen wichtigen Grund für eine außerordentliche Kündigung gemäß § 626 BGB dar. Hier bleibt nur die Möglichkeit, einen schriftlichen Aufhebungsvertrag zu schließen.

Zu einem solchen Aufhebungsvertrag soll der Arbeitgeber nach h. M. trotz seiner „Fürsorgepflicht" übrigens selbst dann nicht verpflichtet sein, wenn der Weggang des Arbeitnehmers durch eine **zumutbare Neueinstellung** ohne Weiteres kompensiert werden könnte. Dies überzeugt nicht, weil die h. M. für den vom Wohnungsmieter gewünschten Aufhebungsvertrag gerade gegenteilig entscheidet, wenn ein dem Mieter vergleichbarer Nachmieter zur Verfügung steht.

Ihre Bedeutung erlangten **Aufhebungsverträge** dadurch, dass mit ihnen unter Vermeidung von kostenträchtigen Prozessrisiken Personal abgebaut werden kann. Dies vermag auch die Option, eine betriebsbedingte Kündigung zur Vermeidung des Kündigungsschutzverfahrens direkt mit einer gesetzlich festgelegten **Abfindung** zu verbinden (§ 1a KSchG), nicht zu ändern. Denn auf Grund der insofern vorhandenen gestalterischen Möglichkeiten eines Aufhebungsvertrages kann das Arbeitsverhältnis auch aus personen- oder verhaltensbedingten Gründen unter unwiderruflichen Verzicht auf Kündigungsschutzrechte mit sofortiger Wirkung beendet werden, wobei bei betriebsbedingten Gründen auch eine durchaus geringere als in § 1a II KSchG vorgesehene Abfindung vereinbart werden kann. Üblich ist bei derartigen Aufhebungsverträgen auch, dass sich die Parteien durch **Ausgleichsquittung** bestätigen, aus dem Arbeitsverhältnis keine Ansprüche mehr zu haben. Die Ausgleichsquittung spielt aber auch bei anderweitiger Beendigung des Arbeitsverhältnisses eine wichtige Rolle, um eine bestimmte Phase des Erwerbslebens rechtlich abzuschließen.

(3) Anfechtung

Auch dem **Anfechtungsrecht** kommt in Bezug auf die beendigende Wirkung eines Arbeitsverhältnisses besondere Bedeutung zu. Voraussetzung ist zunächst ein Anfechtungsgrund gemäß §§ 119, 120, 123 BGB. Wurden die Offenbarungs- und Mitteilungspflichten des späteren Arbeitnehmers im Einstellungsgespräch nicht korrekt erfüllt, ergeben sich nicht nur Schadensersatzpflichten. Vielmehr kann daraus auch ein Recht des Arbeitgebers zur Anfechtung des Arbeitsvertrages schon nach § 119 II BGB wegen Irrtums über verkehrswesentliche, d. h. für das Arbeitsverhältnis wichtige Eigenschaften des Arbeitnehmers erwachsen. Mangels Kündigung greift hier auch **kein Kündigungsschutz**.

Beispiele: Unterlassene bzw. falsche oder unvollständige Angaben über den beruflichen Werdegang, über den Familienstand (Mobilität!) oder über abgeleisteten Wehrdienst (Reserveübungen!) und über Krankheiten.

Nicht selten wird sogar eine arglistige Täuschung (§ 123 BGB) und somit ein weiterer Anfechtungsgrund zu bejahen sein. Dann besteht neben allem Anderen ein **Schadensersatzanspruch** nach § 826 BGB. Zu den (faktisch) verkehrswesentlichen Eigenschaften gehören an sich auch Alter, Geschlecht (mögliche Schwangerschaft!), Religion (Gebetsrituale am Arbeitsplatz, dadurch bedingte Störungen bei der Produktion!) und Herkunft (kulturelle Sozialisation!). Doch wird man im Blick auf §§ 1, 8 ff. AGG aus Rechtsgründen die Verkehrswesentlichkeit und damit die Anfechtungsrelevanz solcher Merkmale regelmäßig verneinen müssen.

Da sich die **Rückwirkung** der Anfechtung nach § 142 I BGB nur schwer mit dem Schutzcharakter des Arbeitsrechts verträgt, tritt nach h. M. die Nichtigkeitswirkung des Arbeitsvertrages entgegen § 142 I BGB nur für die **Zukunft** (lat. „ex nunc") ein. Grund hierfür ist die nur unzureichende Möglichkeit, ein bereits begonnenes Arbeitsverhältnis über die Herausgabe einer ungerechtfertigten Bereicherung gemäß §§ 812 ff. BGB rückabzuwickeln. Die Anfechtung hat also praktisch die gleichen Wirkungen wie eine fristlose außerordentliche Kündigung.

Trotz dieser praktisch gleichen Wirkungen finden nicht etwa diejenigen Vorschriften, die die außerordentliche Kündigung beschränken, Anwendung, also z. B. die sehr wichtige Vorschrift des § 9 MuSchG. Hiernach sind Kündigungen **schwangerer Frauen**, gleichgültig, ob es sich um ordentliche oder außerordentliche Kündigungen handelt, grundsätzlich (vorbehaltlich der in der Praxis fast unbekannten behördlichen Zustimmung nach § 9 III MuSchG) unwirksam. Selbst schwerste arbeitsvertragliche Pflichtverletzungen rechtfertigen demnach also keine Kündigung.

Beispiel: Die Arbeitnehmerin A verschweigt ihrem zukünftigen Arbeitgeber, dem Bäckermeister G, bei den Vertragsverhandlungen die bei ihr vorliegende Schwangerschaft, obwohl sie weiß, dass die Tätigkeit, die sie ausüben soll, mit schwerer körperlicher Arbeit verbunden ist (Heben und Strecken) und sie diese Tätigkeit eigentlich nicht ausüben kann. Als A eines Tages bei der Arbeit zusammenbricht, kommt dem G die Schwangerschaft zur Kenntnis. Er kündigt der A fristlos und erklärt hilfsweise auch die Anfechtung: Die Kündigung ist nach § 9 MuSchG unwirksam.

Obwohl begrifflich der Kündigungsschutz nicht dem Anfechtungsrecht entgegensteht, soll nach h. M im Blick auf § 3 I 2 und § 7 AGG nicht einmal die arglistige Täuschung einer arbeitssuchenden Frau über eine bestehende Schwangerschaft in den Einstellungsgesprächen zur Anfechtbarkeit des Arbeitsvertrages nach § 123 BGB führen. Wenn wundert es da, dass ein Unternehmer unter solchen rechtlichen Rahmenbedingungen lieber in Maschinen investiert oder im außereuropäischen Ausland produziert?

Ähnliche wie die zuvor geschilderten, zu einer Beschränkung der Anfechtungswirkungen für die Zukunft führenden Erwägungen liegen nach h. M. auch der Rechtsfigur des sog. **faktischen Arbeitsverhältnisses** zugrunde. Dieses ist nicht zu verwechseln mit einem Arbeitsverhältnis auf der Grundlage eines formlosen, trotzdem wirksamen Arbeitsvertrages. Ein Arbeitsverhältnis, von dem sich herausstellt, dass es auf einem von vornherein nichtigen Arbeitsvertrag beruht, genießt als bloß faktisches Arbeitsverhältnis keinen Kündigungsschutz, obwohl es für die Zeit des Leistungsaustauschs grundsätzlich, insbesondere zugunsten von Geschäftsunfähigen, quasi als wirksames Arbeitsverhältnis behandelt wird. Allerdings müssen auch hierbei grundlegende Wertungen der Rechtsordnung beachtet werden.

Beispiele: Der unerkannt psychisch schwer kranke Arbeitnehmer AN schließt mit AG einen Arbeitsvertrag ab, der Lohnanspruch liegt zur großen Freude des AN weit über dem Gehalt, was üblicherweise in der Branche bezahlt wird, sogar über dem, was er sich selbst erhofft hatte. Nachdem AN einen Monat lang gearbeitet hat, stellt sich die Krankheit des AG heraus. Der Schutz der §§ 104 Nr. 2, 105 BGB ist so stark, dass AN einen Lohnanspruch für die bisher tatsächlich geleistete Arbeit so hat, als bestünde ein wirksamer Arbeitsvertrag.
In der Druckerei des F werden in großem Stil zum Zwecke eines späteren Missbrauchs Urkundenformulare nachgedruckt, deren Nachdruck gesetzlich untersagt ist. F beschäftigt zwei Drucker, die hiervon Kenntnis haben: Der Arbeitsvertrag ist wegen Verstoßes gegen gesetzliche Bestimmungen nach § 134 BGB nichtig, doch kommt hier ein Entgeltanspruch der beiden Drucker für die tatsächlich geleistete Arbeit nicht in Betracht; auch Bereicherungsansprüche gegen F sind gemäß § 817 S. 2 BGB ausgeschlossen.

h) Kündigung

(1) Kündigungserklärung

Am häufigsten wird eine Kündigung das Arbeitsverhältnis beenden. Sowohl Kündigungs(schutz)recht ist von großer sozial- und gesellschaftspolitischer Bedeutung. Sie resultiert aus dem hohen Stellenwert, den die entgeltliche Beschäftigung im Leben der meisten Menschen offenbar einnimmt. Es ist daher nicht verwunderlich, dass der ganz überwiegende Teil arbeitsgerichtlicher Verfahren (ca. 80%) sich unmittelbar mit Kündigungsfällen auseinanderzusetzen hat. Der sehr weitreichende **Kündigungsschutz** erzeugt allerdings erst das Problem, das zu lösen er vorgibt: Weil Arbeitnehmer so schwer zu entlassen sind, werden sie besser erst gar nicht eingestellt, und weil diese das wissen, kämpfen sie regelmäßig verbissen gegen ihre Kündigung. Wäre es (ohne einen derart starken Kündigungsschutz) einfacher, eine neue Stellung zu finden, wäre beiden Seiten und der Gesellschaft als Ganzer gedient.

Die **Kündigung**, ein einseitiges und deshalb vom Einverständnis der Gegenseite unabhängiges Rechtsgeschäft, muss eindeutig sein. Nicht nur die besondere sozialpolitische Bedeutung einer Kündigung erfordert, dass eine solche klar den Willen zum Ausdruck bringt, das Arbeitsverhältnis zu beenden. Die Verwendung des Wortes „Kündigung" ist jedoch nicht erforderlich. Dieses Gebot der **Eindeutigkeit** sowie der rechtspolitisch erwünschte **Warnzweck** liegen § 623 BGB zugrunde, der ein konstitutives Schriftformerfordernis postuliert. Weiterhin ist in § 22 III BBiG eine gesetzliche **Schriftform** vorgesehen für Kündigungen von Berufsausbildungsverhältnissen. Der Kündigende muss mithin nach § 126 BGB das Kündigungsschreiben eigenhändig unterschreiben. Kündigungserklärungen, die dieses Formerfordernis nicht erfüllen, sind gemäß § 125 BGB unwirksam.

Beispiele: Nach vorangegangenem Streit schreibt der Arbeitgeber dem Arbeitnehmer, er sehe vom „nächsten Ersten die Zusammenarbeit als beendet an"; dem Arbeitnehmer wird durch den Arbeitgeber schriftlich der Zutritt zum Werksgelände mit der Bemerkung untersagt, er habe hier nichts mehr verloren: Bei eigenhändiger Unterschrift jeweils hinreichend klare, wirksame Kündigungen!

Wie alle einseitigen Rechtsgeschäfte ist auch die Kündigung bedingungsfeindlich. Eine bedingte Kündigung, auch eine solche des Arbeitsverhältnisses, ist mithin nichtig (vgl. für ein anderes einseitiges Rechtsgeschäft, die Aufrechnung, § 388 S. 2 BGB). Dies entspricht wohl auch der neueren h. M. im Arbeitsrecht.

(2) Anhörung des Betriebsrates

Sobald in einem Betrieb ein Betriebsrat existiert, muss dieser bei jeder Kündigung eines Arbeitsverhältnisses beteiligt werden, sei es nun ein Probearbeitsverhältnis, ein Aushilfsarbeitsverhältnis oder ein Teilzeitarbeitsverhältnis. Gemäß § 102 I 1 BetrVG ist der Betriebsrat anzuhören. Er hat letztlich zwar keine Möglichkeit, die Kündigung zu verhindern, aber er hat dennoch die Möglichkeit, im Wege der **Anhörung** Gesichtspunkte, die gegen eine Kündigung sprechen, vorzutragen. Unterbleibt eine ordnungsgemäße Anhörung, so ist die Kündigung schon deshalb unwirksam (§ 102 I 3 BetrVG).

Der Betriebsrat kann einer ordentlichen Kündigung allerdings widersprechen, wenn einer der in § 102 III Nr. 1-5 BetrVG genannten Gründe vorliegt. Zwar hat auch dieser **Widerspruch** noch nicht die Kraft, die Kündigung des Arbeitgebers zu verhindern. Aber dieser Widerspruch kann später für den Arbeitnehmer ganz entscheidende Bedeutung haben, nämlich dann, wenn der Arbeitnehmer eine **Kündigungsschutzklage** erhebt. Gemäß § 102 V BetrVG hat er in diesem Fall und bei Vorliegen eines Widerspruchs des Betriebsrats die Möglichkeit, einen gesetzlichen **Weiterbeschäftigungsanspruch** geltend zu machen, und zwar bis zur rechtskräftigen Entscheidung über die erhobene Kündigungsschutzklage. Daneben wird ein Weiterbeschäftigungsanspruch bejaht, wenn die Kündigung offensichtlich unwirksam ist, oder wenn ein der Kündigungsschutzklage des Arbeitnehmers stattgebendes Urteil durch die nächsthöhere Instanz überprüft wird.

(3) Ordentliche Kündigung

Die **ordentliche Kündigung** dient der Beendigung von Dauerschuldverhältnissen, hier: Arbeitsverhältnissen, die auf unbestimmte Zeit geschlossen worden sind, aber schließlich nicht „bis in alle Ewigkeit" bestehen können. Die **Wirksamkeit** einer ordentlichen Kündigung ist daher grundsätzlich nicht an die Existenz eines Kündigungsgrundes gebunden. Dementsprechend braucht der Kündigende dem Kündigungsempfänger selbst auf dessen Verlangen hin jedenfalls im Prinzip keine Kündigungsgründe angeben (s. aber auch § 22 III BBiG für die Kündigung eines Berufsausbildungsverhältnisses nach der Probezeit). Anderes gilt für eine **außerordentliche Kündigung**. Denn nach § 626 II 3 BGB ist dem Arbeitnehmer auf dessen Wunsch der „**wichtige Grund**" mitzuteilen. Ähnliches verlangt auch § 1 III 1 2. HS KSchG: Hier sind allerdings nur die Gründe anzugeben, die zu einer sozialen Auswahl des Betroffenen herangezogen worden sind. Im Übrigen wendet die h. M. den § 626 II 3 BGB im Geltungsbereich des KSchG auch auf die ordentliche Kündigung analog an. Aber auch in diesen Fällen ist die korrekte Mitteilung der Gründe nicht als Wirksamkeitsvoraussetzung für die Kündigung ausgestaltet.

Von Bedeutung ist diese **Mitteilungspflicht** auf Verlangen des Arbeitnehmers allerdings für mögliche Schadensersatzansprüche des Arbeitnehmers gegen den Arbeitgeber. Erhebt der Arbeitnehmer nämlich eine Kündigungsschutzklage, die er in Kenntnis der Kündigungsgründe ansonsten nicht erhoben hätte, so kann er den Schaden, der ihm entsteht (Kosten der Rücknahme der Klage), unter Umständen vom Arbeitgeber ersetzt verlangen. Da die Angabe von Kündigungsgründen also selbst in den Fällen, in denen Kündigungsschutz besteht, nicht Wirksamkeitsvoraussetzung für die Kündigung ist, kann ein Arbeitgeber grundsätzlich auch in einem Kündigungsschutzprozess diese Gründe nachliefern oder auf Kündigungsgründe zurückgreifen, die er bisher noch nicht gekannt hat, die aber bei Zugang der Kündigung schon vorlagen (sog. **Nachschieben von Gründen**). Dagegen können Kündigungsgründe, die erst nach Zugang der Kündigung entstanden sind, nur eine neue Kündigung rechtfertigen, nicht aber im Prozess nachgeschoben werden. In der Praxis scheitert ein Nachschieben von Gründen ohnehin häufig daran, dass die nachgeschobenen Gründe dem Betriebsrat, soweit ein solcher existiert, nicht mitgeteilt worden sind, also diesbezüglich keine **Anhörung** stattgefunden hat. Das hat zur Folge, dass in einem Kündigungsschutzprozess letztlich nur die mitgeteilten Gründe berücksichtigt werden können.

Der einzige Schutz, den das BGB einer ordentlichen Kündigung ohne Vorliegen eines besonderen Kündigungsschutzes gewährt, liegt in den **Fristenregelungen**. Wird eine ordentliche Kündigung also mit einer kürzeren als der vorgeschriebenen Frist für den Eintritt der Kündigungswirkung ausgesprochen, so gilt sie zum nächst zulässigen Zeitpunkt.

Nach § 622 I BGB beträgt die gesetzliche **Grundkündigungsfrist** für Arbeiter und Angestellte unterschiedslos 4 Wochen zum 15. oder zum Ende des Kalendermonats. Sie läuft mit Zugang der Kündigungserklärung. Diese Frist kann prinzipiell zumindest einzelvertraglich nicht verkürzt werden. Dies ist § 622 V BGB zu entnehmen, der lediglich für zwei enumerativ genannte Sonderfälle Kürzungen der Kündigungsfrist durch Einzelvertrag zulässt. Ansonsten ist eine einzelvertragliche Kürzung der allein für die **arbeitgeberseitige Kündigung** in § 622 II 1 BGB normierten Kündigungsfristen, deren Länge sich an der Dauer der Betriebszugehörigkeit des betroffenen Arbeitnehmers orientiert, generell nicht erlaubt. Auch zusätzliche Kündigungstermine dürfen nicht eingeführt werden.

Wird dennoch eine **Verkürzung** der Kündigungsfristen durch Einzelvertrag vereinbart, so tritt an deren Stelle die gesetzliche Regelung des § 622 I und II BGB. Eine **Verlängerung** der gesetzlichen Kündigungsfristen durch Einzelvertrag ist dagegen grundsätzlich möglich (§ 622 V 3 BGB). Dabei muss jedoch die Endbegrenzung einer derartigen Verlängerung in Höhe von 5-einhalb Jahren nach § 15 IV TzBfG (gleichlautend mit § 624 BGB) beachtet werden. Außerdem darf nach § 622 VI BGB die Kündigungsfrist des Arbeitnehmers nicht länger als die des Arbeitgebers gewählt werden, da anderenfalls eine Gefahr der Knebelung des Arbeitnehmers besteht. Durch einzelvertragliche Bezugnahme auf (seltene) tarifliche Kündigungsfristen ist schließlich sogar eine individuelle Kürzung möglich (§ 622 IV 2 BGB).

Nicht selten werden abweichende Regelungen für meist längere Kündigungsfristen allerdings durch Einzelverträge oder Tarifverträge festgelegt oder Kündigungsmöglichkeiten überhaupt ausgeschlossen. Dies hat aber allenfalls Auswirkungen auf die ordentliche Kündigung.

Beispiele: A wird auf Lebenszeit bei X angestellt. Eine ordentliche Kündigung ist dem Arbeitnehmer dennoch, allerdings erstmals nach Ablauf von 5 Beschäftigungsjahren mit einer 6-monatigen Frist möglich (vgl. § 15 IV TzBfG).
In einem Tarifvertrag ist bestimmt, dass Arbeitnehmer mit mehr als 25-jähriger Betriebszugehörigkeit „unkündbar" sein sollen. Der Arbeitgeber soll dann eine ordentliche Kündigung überhaupt nicht mehr aussprechen können.
Das Recht zur außerordentlichen Kündigung bleibt hiervon beidesmal unberührt.

Für unbefristete Arbeitsverhältnisse mit einer **vorgeschalteten Probezeit** (zu unterscheiden von den befristeten **Probearbeitsverhältnissen**) sieht § 622 III BGB die Mindestfrist von zwei Wochen für eine Kündigung vor. Dies gilt für beide Seiten und sofern die Dauer der vereinbarten Probezeit die in § 622 III BGB genannte Grenze von 6 Monaten nicht überschreitet. Bei einer länger als 6 Monate dauernden Probezeit gilt für die ersten 6 Monate § 622 III BGB; nach deren Ablauf greift trotz der verlängerten Probezeit die Grundkündigungsfrist des § 622 I BGB.

(4) Außerordentliche Kündigung

Die außerordentliche Kündigung ermöglicht, auch außerhalb des für die Beendigung des Arbeitsverhältnisses vorgesehenen Fristenrahmens das Arbeitsverhältnis zu lösen. Nicht notwendig ist die außerordentliche Kündigung auch eine **fristlose Kündigung**, sie kann im Einzelfall aus Rücksichtnahme auf den betroffenen Arbeitnehmer noch Fristen enthalten.

Gemäß § 626 BGB muss eine solche Kündigung auf Tatsachen beruhen, die einen „**wichtigen Grund**" geben, der es also unzumutbar erscheinen lässt, unter Berücksichtigung aller Umstände des Einzelfalls und unter Abwägung der beiderseitigen Vertragsinteressen das Arbeitsverhältnis bis zum Ablauf der regulären Kündigungsfristen fortzusetzen. Das wird regelmäßig bei erheblichen Pflichtverletzungen oder erheblichen Interessenbeeinträchtigungen der Fall sein.

Beispiele: Der Arbeitnehmer begeht strafbare Handlungen zu Lasten des Arbeitgebers, z. B. Diebstahl, Unterschlagung, Betrug (namentlich im Zusammenhang mit Reisekostenabrechnungen), Tätlichkeiten und Beleidigungen gegenüber dem Arbeitgeber.
Beharrliche Weigerung des Arbeitnehmers, seinen arbeitsvertraglichen Pflichten nachzukommen.
Ständige Zuwiderhandlungen gegen das Verbot, Nebentätigkeiten auszuüben.
Leben oder Gesundheit des Arbeitnehmers werden durch die Fortsetzung des Arbeitsverhältnisses ernsthaft bedroht.

Wegen der einschneidenden Wirkungen der außerordentlichen, zumeist ja fristlosen Kündigung wird selbst dieser Kündigung gelegentlich noch eine **Abmahnung** vorausgehen müssen (Folge des bei der außerordentlichen Kündigung geltenden ultima-ratio-Prinzips), soweit die Vertrauensbasis - wie z. B. bei strafbaren Handlungen - nicht bereits irreparabel zerstört ist. Ihren Schwerpunkt hat die Abmahnung freilich bei der ordentlichen, aber dem KSchG unterfallenden Kündigung.

Die außerordentliche Kündigung kann nur innerhalb von 2 Wochen ab Kenntnisnahme der für die Kündigung maßgeblichen Tatsachen erfolgen (§ 626 II BGB). Besonders eng kann für den Arbeitgeber diese **Fristenregelung** werden, wenn er die - auch in diesem Falle selbstverständlich nur bei Existenz eines Betriebsrates - vorzunehmende Anhörung gemäß § 102 I BetrVG gewährleisten muss. Die Frist für dessen Stellungnahme, die gemäß § 102 II 3 BetrVG maximal 3 Tage beträgt, hemmt die 2-Wochen-Frist des § 626 II BGB für den Ausspruch der Kündigung nämlich nicht.

(5) Geltendmachung der Unwirksamkeit einer außerordentlichen Kündigung

Sowohl der Arbeitgeber als auch der Arbeitnehmer können die Wirksamkeit einer außerordentlichen Kündigung gerichtlich überprüfen lassen. Dabei sind spezielle **Klagefristen** zu beachten. Gemäß §§ 13 I 2/4 S. 1 KSchG müssen Arbeitnehmer auch außerordentliche Kündigungen innerhalb einer Frist von 3 Wochen zur **Überprüfung** durch Einreichung einer Klageschrift bei Gericht bringen. Andernfalls gilt auch eine hinsichtlich des Fehlens eines wichtigen Grundes oder auf Grund einer verfristeten Kündigungserklärung eigentlich unwirksame Kündigung gemäß § 7 KSchG als wirksam. Nach § 23 I 2 und 3 KSchG sind diese Fristen auch für Arbeitnehmer in Kleinbetrieben bindend, für die das KSchG im Übrigen gar nicht gilt.

i) Kündigungsschutz

(1) Allgemeiner Kündigungsschutz

Von dem Grundsatz, wonach bei der ordentlichen Kündigung regelmäßig kein über die Einhaltung der Kündigungsfristen hinausgehender **Kündigungsschutz** besteht, sind Ausnahmen dann möglich, wenn dem Arbeitnehmer ausnahmsweise doch ein Kündigungsschutzrecht zusteht. Hier kommt in Betracht der sog. allgemeine Kündigungsschutz nach § 1 KSchG sowie ein besonderer Kündigungsschutz beispielsweise nach MuSchG, SGB IX, weiterhin BEEG, ArbPLSchG und § 15 KSchG.

Das KSchG will eine **ordentliche Kündigung** grundsätzlich nur dann zulassen, wenn sie sozial vertretbar ist. Eine Kündigung wird also - ähnlich der außerordentlichen Kündigung - vom Vorliegen bestimmter Gründe abhängig gemacht. Gemäß § 1 I KSchG soll eine Kündigung rechtsunwirksam sein, wenn sie sozial ungerechtfertigt ist. **Sozial gerechtfertigt** ist die Kündigung gemäß § 1 II 1 KSchG aus Gründen, die in der **Person** oder in dem **Verhalten** des Arbeitnehmers oder in **dringenden betrieblichen Erfordernissen** liegen, die einer Weiterbeschäftigung in diesem Betrieb entgegenstehen.

Sozial ungerechtfertigt ist eine Kündigung selbst unter den genannten Umständen aber auch dann, wenn **Auswahlrichtlinien** missachtet wurden oder eine **Weiterbeschäftigungsmöglichkeit** besteht (§ 1 II 2, 3 KSchG). Dasselbe gilt, wenn bei einer betriebsbedingten Kündigung keine **Sozialauswahl** erfolgt ist (§ 1 III KSchG).

Beim KSchG dürfen aber seine wesentlichen **Eingangsvoraussetzungen** nicht vergessen werden. Sein Schutz kann den Arbeitnehmern nur dann zugute kommen, wenn diese länger als 6 Monate demselben Betrieb oder Unternehmen ununterbrochen angehört haben (§ 1 I KSchG) und der Arbeitnehmer nicht Repräsentant des Arbeitgebers ist. Außerdem muss es sich um einen Betrieb handeln mit mehr als 5 Arbeitnehmern (für vor dem 31. 12. 2003 abgeschlossene Arbeitsverhältnisse, § 23 I 2 KSchG) bzw. 10 Arbeitnehmern (für nach dem 31. 12. 2003 abgeschlossene Arbeitsverhältnisse, § 23 I 3 KSchG). Teilzeitkräfte werden bei der Ermittlung der Betriebsgröße anteilig berücksichtigt, § 23 I 4 KSchG. Arbeitnehmer in **Kleinbetrieben** kommen also gar nicht erst in den Genuss eines allgemeinen Kündigungsschutzes. Ihnen kann außer im Falle des § 626 BGB ohne Angabe von Gründen gekündigt werden.

Beispiel: In der Steuerberaterkanzlei des S arbeiten hauptamtlich neben einer Bürovorsteherin 9 Schreibkräfte, 3 Auszubildende, eine Steuerfachgehilfin sowie 2 Teilzeitkräfte mit jeweils 20 Stunden Wochenarbeitszeit. 6 der Schreibkräfte wurden von S in der 1. Hälfte des Jahres 2010 eingestellt; alle anderen Arbeitsverhältnisse bestehen seit der Kanzleigründung im Jahr 2000. Alle Arbeitnehmer haben bei einer ordentlichen Kündigung keinen Kündigungsschutz nach KSchG.

Eine **personenbezogene** Kündigung kann sich auf Gründe stützen, die in der Person des Arbeitnehmers liegen. In Betracht zu ziehen sind vor allem mangelnde fachliche und körperliche Eignung, aber z. B. auch Sicherheitsbedenken gegen Arbeitnehmer. Ebenso rechnen langandauernde Krankheiten hierher, doch auch häufigere Kurzerkrankungen können einen hinreichenden Kündigungsgrund liefern, sofern in Zukunft mit weiteren krankheitsbedingten Ausfällen zu rechnen ist.

Verhaltensbedingte Kündigungen kommen vor allem bei schuldhaften und erheblichen Pflichtverletzungen der Arbeitnehmer in Betracht.

Beispiele: Wiederholte Unpünktlichkeit, mangelhafte Arbeitsleistung, nicht krankheitsbedingter, verbotener Alkoholgenuss während der Arbeitszeit, Störung des Betriebsfriedens.

Da aber eine dementsprechende Kündigung nur das letzte Mittel (lat. „ultima ratio") sein kann, hat ihr regelmäßig eine **Abmahnung** vorauszugehen. Abmahnberechtigt sind nicht nur kündigungsberechtigte, sondern auch weisungsbefugte Mitarbeiter. Weil in einer Abmahnung auch eine kündigungsvorbereitende Funktion steckt, wird sie in der Praxis aus beweissichernden Gründen durchweg schriftlich erfolgen. Die Schriftlichkeit ist allerdings keine Wirksamkeitsvoraussetzung. Inhaltlich wird für die Wirksamkeit einer Abmahnung allerdings die möglichst konkrete Bezeichnung des Fehlverhaltens unter Hinweis auf die sich daraus ergebende Vertragspflichtverletzung, die Aufforderung zu künftig vertragsgerechtem Verhalten und die Androhung arbeitsrechtlicher Konsequenzen (Kündigung) für den Wiederholungsfall verlangt.

Eine **betriebsbedingte** Kündigung ist möglich, wenn **dringende betriebliche Erfordernisse** im Zeitpunkt der Kündigung sowohl einer Weiterbeschäftigung als auch einer anderweitigen Beschäftigung entgegenstehen und der Arbeitgeber bei der Auswahl des zu kündigenden Arbeitnehmers soziale Gesichtspunkte berücksichtigt hat (§ 1 II 1, III KSchG, sog. Sozialauswahl).

Beispiele: Betriebliche Erfordernisse sind etwa Rationalisierungsmaßnahmen, aus Gründen des Umsatzrückgangs notwendig werdende Produktionseinstellungen oder Produktionsveränderungen.

Allerdings darf nicht jede betriebswirtschaftlich sinnvolle Kündigung ausgesprochen werden. Diese muss vielmehr unvermeidbar sein, um dem Merkmal der Dringlichkeit der betrieblichen Erfordernisse zu entsprechen. Das wird meist dann der Fall sein, wenn dem Arbeitgeber keine wirtschaftlichen, technischen oder organisatorischen **Ausweichmöglichkeiten** zur Verfügung stehen. Nicht selten stellt sich aber statt der Kündigung die Alternative der **Kurzarbeit**, die dann vorzugswürdig ist. Keinen Grund zu betriebsbedingter Kündigung liefert nach § 613a IV BGB auch ein **Betriebsübergang**.

Ist eine Weiterbeschäftigung des Arbeitnehmers unter schlechteren Arbeitsbedingungen dem Arbeitgeber nicht möglich oder auch unzumutbar, bleibt die Kündigungsmöglichkeit erhalten. Die Kündigung hat aber - wie gesagt - immer hinter der Möglichkeit einer Umsetzung des Arbeitnehmers auf einen anderen Arbeitsplatz zurückzustehen.

Bei der noch darüber hinaus vorzunehmenden **Sozialauswahl** hat der Arbeitgeber anhand bestimmter sozialer Gesichtspunkte (vgl. § 1 III 1 KSchG) zu prüfen, welche Arbeitnehmer eine Entlassung verhältnismäßig am geringsten belasten würde. Das Gesetz nennt als alleinige und gleichgewichtige **Auswahlkriterien** Dauer der Betriebszugehörigkeit, Lebensalter, Unterhaltspflichten sowie Schwerbehinderung. Selbst an diese wenigen Kriterien knüpft sich eine Fülle von Streitfragen. Insbesondere welche Rolle das Lebensalter spielen soll, ist zweifelhaft, schon weil § 7 i. V. m. § 1 AGG doch das Alterskriterium grundsätzlich für diskriminierend hält. Und keinesfalls sollte selbstverständlich sein, dass jüngeren Arbeitnehmern generell eine Stellensuche eher zugemutet werden könne als älteren, zumal ältere Arbeitnehmer nicht selten eine Doppelbegünstigung erfahren würden, weil sie typischerweise auch eine längere Betriebszugehörigkeit ins Feld führen können.

Eine Sozialauswahl setzt voraus, dass überhaupt mehrere Arbeitnehmer jeweils einen solchen - vergleichbaren - Arbeitsplatz, der nun abgebaut werden soll, innehaben. Nur unter dieser Voraussetzung der arbeitsplatzbezogenen **Vergleichbarkeit** ist eine Sozialauswahl möglich und geboten. Dies wird auch als „horizontale Vergleichbarkeit" bezeichnet. Die „vertikale Vergleichbarkeit" würde zudem auch unterschiedlich qualifizierte Arbeitnehmer erfassen.

Da schließlich auch Arbeitgeberinteressen zu berücksichtigen sind, werden nach § 1 III 2 KSchG in den für die Sozialauswahl **relevanten Personenkreis** solche Arbeitnehmer nicht einbezogen, deren Weiterbeschäftigung wegen ihrer Kenntnisse, Fähigkeiten und Leistungen oder zur Sicherung einer ausgewogenen Personalstruktur des Betriebs „in berechtigtem betrieblichen Interesse" liegt. In bestimmten Fällen ist die Sozialauswahl jedoch nicht auf den einzelnen Betrieb beschränkt, die Auswahl ist dann vielmehr auf den gesamten Konzern auszudehnen. Um eine soziale Auswahl dann überhaupt noch sachgerecht vornehmen zu können, muss der Arbeitgeber über Informationen aus der Privatsphäre des Arbeitnehmers verfügen. Dies relativiert datenschutzrechtliche Bedenken, die gerne gegen Personalinformationssysteme erhoben werden.

Gerichtlich überprüfbar ist in vollem Umfange, ob der Arbeitgeber die in § 1 III 1 KSchG aufgeführten sozialen Auswahlgesichtspunkte ausreichend berücksichtigt hat. Allerdings ist der Arbeitnehmer für die Tatsachen beweispflichtig, die die Kündigung als sozial ungerechtfertigt erscheinen lassen (§ 1 III 3 KSchG). Überprüft werden kann durch das Gericht auch, ob tatsächlich inner- oder außerbetriebliche Gründe vorliegen, die einer Weiterbeschäftigung oder einer anderweitigen Beschäftigung entgegenstehen. Nur eingeschränkt überprüfen kann das Gericht jedoch die Maßnahmen, die der Arbeitgeber nun zur Anpassung des Betriebes an die veränderten Bedingungen vornimmt, weil derartige Maßnahmen grundsätzlich im **unternehmerischen Ermessen** stehen. Dieses Ermessen kann dann allenfalls noch auf einen willkürlichen Fehlgebrauch hin untersucht werden.

Selbst wenn eine ordentliche Kündigung den erforderlichen personen-, verhaltens- oder betriebsbedingten Gründen entspricht, kann sie dennoch sozial ungerechtfertigt sein, wenn sie einen Verstoß gegen **Auswahlrichtlinien** darstellt, die gemeinsam von dem Arbeitgeber und dem Betriebsrat aufgestellt worden sind (§ 1 II 2 KSchG, vgl. auch § 95 BetrVG). Allerdings ist auch hier zu überprüfen, ob nicht eine **Weiterbeschäftigungsmöglichkeit** für den Arbeitnehmer an einem anderen Arbeitsplatz besteht (§ 1 II 2 Nr. 1 b) KSchG).

Die Sozialwidrigkeit ist vom gekündigten Arbeitnehmer nur mittels einer fristgerecht erhobenen **Kündigungsschutzklage** gemäß § 4 KSchG überprüfbar. Es handelt sich bei dieser Klage um eine Feststellungsklage, zu deren Erhebung der Arbeitnehmer 3 Wochen gerechnet vom Zugang der Kündigung Zeit hat, da anderenfalls Mängel in der sozialen Rechtfertigung der ordentlichen Kündigung als geheilt gelten, § 7 KSchG. Die **Klagefrist** ist gewahrt, wenn die Klage dann binnen dreier Wochen bei Gericht eingeht, wobei die Klage auch fristwahrend - ohne Begründung - erhoben werden kann.

Wenn das Gericht im weiteren Prozessverlauf die Kündigung für sozial ungerechtfertigt hält, wird es in der gerichtlichen Entscheidung feststellen, dass das Arbeitsverhältnis durch die Kündigung nicht aufgelöst worden ist. Für die gesamte Dauer des Prozesses hat nun auch der weder beschäftigte noch entlohnte Arbeitnehmer nach § 615 S. 1 BGB einen Anspruch auf **Nachzahlung** des Entgeltes. Anderweitig erzielter tatsächlicher Verdienst wird allerdings angerechnet (§ 11 KSchG).

Wenn es dem Arbeitnehmer während des Kündigungsschutzprozesses schon gelungen sein sollte, einen neuen Arbeitsplatz zu finden, so steht ihm nach erfolgreichem Prozessabschluss die Möglichkeit offen, gemäß § 12 KSchG durch Erklärung dem alten Arbeitgeber gegenüber die **Fortsetzung des Arbeitsverhältnisses** zu verweigern. Hierzu steht ihm eine Frist von einer Woche ab Rechtskraft der Entscheidung zu. Aber auch, wenn kein neuer Arbeitsplatz gefunden wurde, kann das Arbeitsgericht auf Antrag des Arbeitnehmers wie des Arbeitgebers das Arbeitsverhältnis, dessen Fortdauer es ja zunächst festgestellt hat, unter Festsetzung einer **Abfindung** auflösen (vgl. hierzu §§ 9, 10 KSchG). Diese Möglichkeit wird in der Praxis sehr häufig gewählt, wobei zum einen die Bemessung der Höhe der Abfindung problematisch sein kann, zum anderen aber auch steuer- und sozialversicherungsrechtliche Aspekte berücksichtigt werden müssen. Eventuell erfolgt auch eine spätere Anrechnung auf Ansprüche gegen das Arbeitsamt. Ähnliches gilt gemäß § 13 I 3 KSchG sogar bei der unwirksamen außerordentlichen Kündigung.

Ist eine Kündigung bereits aus anderen als den vorstehend zur Sozialwidrigkeit genannten Gründen unwirksam, z. B. wegen Gesetzeswidrigkeit, Sittenwidrigkeit oder Außerachtlassung der betriebsverfassungsrechtlichen Mitwirkungsrechte des Betriebsrates, so ist eine rechtliche Überprüfung ebenfalls in der Frist des § 4 KSchG geltend zu machen, vgl. § 13 III KSchG. Anderenfalls gelten die Mängel gem. § 7 KSchG als geheilt. Lediglich bei einem Mangel der Schriftform ist eine rechtliche Überprüfung an **keine Klagefrist** gebunden, da nur eine schriftliche Kündigung die Frist des § 4 KSchG in Gang setzt. Unberührt bleibt aber ein Anspruchsverlust durch Verwirkung.

(2) Besonderer Kündigungsschutz für Mütter und Eltern

Ist dem Arbeitgeber bekannt, dass eine Frau schwanger ist, so ist jede Kündigung, gleich aus welchem Grund, während der Schwangerschaft unzulässig; das **Kündigungsverbot** wirkt sogar bis zu dem Zeitpunkt von 4 Monaten nach der Niederkunft, § 9 I 1 MuSchG. War dem Arbeitgeber zum Zeitpunkt der Kündigung die Schwangerschaft nicht bekannt, so kann die schwangere Frau dem Arbeitgeber die **Schwangerschaft** noch innerhalb von zwei Wochen nach Zugang der Kündigung mitteilen. Wird die **Frist** von zwei Wochen versäumt, ist die Kündigung wirksam. Dies gilt jedoch dann nicht, wenn die schwangere Frau wegen unverschuldeter **Unkenntnis** diese Frist versäumt hat.

Beispiel: 3 Wochen nach Ausspruch der Kündigung, aber noch innerhalb der Kündigungsfristen, begibt sich Frau Fröhlich, ohne bisher einen Anhaltspunkt für eine Schwangerschaft gehabt zu haben, zum Arzt, der die Schwangerschaft feststellt: Wird in diesem Falle nach Ablauf der Zwei-Wochen-Frist die Schwangerschaft noch unverzüglich zur Kenntnis des Arbeitgebers gebracht, ist die Kündigung unwirksam.

Eine **Ausnahme** vom Kündigungsverbot macht § 9 III MuSchG. In besonders gelagerten Ausnahmefällen kann die für den Arbeitsschutz zuständige Landesbehörde eine Kündigung zulassen. Weiterhin relevant für einen besonderen Kündigungsschutz auf Grund der Geburt eines Kindes ist das BEEG. Im Gegensatz zum besonderen Kündigungsschutz aus dem MuSchG, der auf Grund der biologischen Vorgaben naturgemäß nur Frauen zustehen kann, können hier neben Frauen auch Männer in den Genuss dieses mit Rücksicht auf die spezielle Familiensituation gewährten besonderen Kündigungsschutzes gelangen. Nach § 18 BEEG darf der Arbeitgeber für die Dauer des Erziehungsurlaubs (§§ 15, 16 BEEG) das Arbeitsverhältnis nicht kündigen. Wie im

Rahmen des MuSchG kann jedoch auch hier eine Kündigung von der zuständigen Behörde für zulässig erklärt werden, § 18 I 2 BEEG.

(3) Kündigungsschutz für Schwerbehinderte

Gemäß §§ 85, 90 I Nr. 1 SGB IX kann gegenüber einem Schwerbehinderten oder einem Schwerbehinderten gleich gestellten Behinderten (s. § 2 II und III SGB IX), dessen Arbeitsverhältnis länger als 6 Monate besteht, eine Kündigung nur noch dann ausgesprochen werden, wenn das zuständige **Integrationsamt** dieser Kündigung vorher **zugestimmt** hat. Das betrifft sowohl die **ordentliche** als auch die **außerordentliche Kündigung** (§§ 85, 91 I SGB IX). Die **Mindestkündigungsfrist** bei einer genehmigten ordentlichen Kündigung muss 4 Wochen betragen (§ 86 SGB IX).

(4) Kündigungsschutz bei Funktionsträgern der Betriebsverfassung

Um Arbeitnehmern als Mitgliedern des Betriebsrates oder der Jugendvertretung eine pflichtgemäße Wahrnehmung der Arbeitnehmerinteressen zu ermöglichen, ist deren **ordentliche Kündigung** während ihrer Amtszeit, aber auch innerhalb eines Jahres nach Beendigung ihrer Amtszeit unzulässig (§ 15 I und II KSchG). Eine Ausdehnung dieses Schutzes ist auch auf Mitglieder des Wahlvorstandes und der Wahlbewerber durch § 15 III und IIIa KSchG vorgesehen, zeitlich befristet bei diesen aber bis zur Bekanntgabe der Wahlergebnisse. Auch Ersatzmitglieder des Betriebsrates (§ 25 BetrVG) werden vom Kündigungsschutz des § 15 I KSchG erfasst. In der Praxis entsteht dieser Schutz jedoch nur, wenn das Ersatzmitglied tatsächlich mindestens einmal zur Vertretung berufen war, oder ganz in den Betriebsrat nachrückt. Eine **außerordentliche Kündigung** der genannten Funktionsträger bleibt von § 15 KSchG unberührt. Zu ihrer Kündigung bedarf es allerdings gemäß § 103 I BetrVG der Zustimmung des Betriebsrates.

(5) Besonderheiten bei der Kündigung eines Probearbeitsverhältnisses

Zunächst muss man bei einem Probearbeitsverhältnis unterscheiden zwischen einem **befristeten Probearbeitsverhältnis**, das dem endgültigen unbefristeten Arbeitsverhältnis vorgeschaltet ist, und dem unbefristeten Arbeitsverhältnis mit **vorgeschalteter Probezeit**. Bei letzterem ist also die Probezeit schon in einem unbefristeten Arbeitsverhältnis integriert. Eine Kündigung ist im befristeten Probearbeitsverhältnis nur unter den Voraussetzungen einer außerordentlichen Kündigung möglich oder wenn der Vertrag eine ordentliche Kündigung vorsieht. Es gelten also diejenigen Grundsätze, die auf befristete Arbeitsverhältnisse überhaupt Anwendung finden.

In unbefristeten Arbeitsverhältnissen mit vorgeschalteter Probezeit sind hingegen einige **Besonderheiten** zu beachten. In einem Betrieb, in dem ein Betriebsrat existiert, ist dieser vor jeder Kündigung, damit auch vor der Kündigung eines Probearbeitsverhältnisses zu hören. Unterbleibt die Anhörung, so ist die Kündigung schon aus diesem Grund unwirksam. Ansonsten ist der Kündigungsschutz sehr eingeschränkt. Während der ersten 6 Monate eines Arbeitsverhältnisses gibt es keinen Kündigungsschutz, selbst dann nicht, wenn die Probezeit kürzer war. Im Probearbeitsverhältnis wirkt allerdings schon der Kündigungsschutz nach dem MuSchG. Zu einer dauerhaften Erhaltung eines Arbeitsverhältnisses nach beendigtem Mutterschutz kann es aber nur in unbefristeten Probearbeitsverhältnissen kommen, die unter das KSchG fallen.

Die **Kündigungsfristen** in der Probezeit sind erfahrungsgemäß verkürzt. Sie richten sich in erster Linie nach dem Arbeitsvertrag oder dem Tarifvertrag . Ist dort nichts zu den Kündigungsfristen gesagt, so gilt die allgemeine Regelung des § 622 III BGB.

3. Kollektives Arbeitsrecht

a) Der Tarifvertrag

(1) Der normative Teil

Der Tarifvertrag ist insoweit ein Vertrag wie jeder andere, als er durch inhaltlich übereinstimmende Willenserklärung von mindestens zwei Parteien zustandekommt. Besonderheiten gelten für die Form insofern, als gemäß § 1 II TVG **Schriftform** zwingend vorgesehen ist. Vom Typus her ist er ein Vertrag, in dem Regeln vereinbart werden, die nach dem Willen der Vertragspartner in einzelnen Arbeitsverhältnissen oder im Rahmen der Betriebsverfassung Anwendung finden sollen. Damit liegt ihm die Idee (und das fundamentale Problem) zugrunde, Regelungen treffen zu können, die **Geltungsanspruch** auch gegenüber **Dritten** erheben. Der Tarifvertrag entfaltet also nicht nur Wirkungen zwischen den Vertragspartnern, wie dies der Denkfigur des Vertrages und der Relativität der daraus fließenden Rechte und Pflichten eigentlich entspricht. Aus diesem Grunde nennt man die unmittelbaren und zwingenden Wirkungen des Tarifvertrags auf einzelne Arbeitsverhältnisse (vgl. § 4 I TVG) „**normativ**", da die Regelungen gesetzesgleiche Wirkung entfalten, § 1 I TVG.

Unmittelbar bedeutet dabei, dass die Tarifvertragsregelungen automatisch jedes einzelne Arbeitsverhältnis erfassen, sofern die Arbeitsvertragsparteien tarifvertraglich überhaupt gebunden sind, der Arbeitnehmer also der betreffenden Gewerkschaft angehört und der Arbeitgeber Mitglied des betreffenden Arbeitgeberverbandes oder selbst Tarifvertragspartner ist. Doch gibt es auch Erweiterungen der Tarifgebundenheit z. B. durch betriebsverfassungsrechtliche Normen oder durch eine sog. Allgemeinverbindlichkeitserklärung.

Zwingend ist der Tarifvertrag, insofern die jeweilige Tarifvertragsnorm nicht durch eine Vereinbarung zwischen Arbeitgeber und Arbeitnehmer im Arbeitsvertrag verschlechtert werden kann. Dies folgt zum einen aus dem normativen Charakter der Regelungen (§ 1 I TVG) und zum anderen aus dem sog. **Günstigkeitsprinzip**, das in § 4 III TVG seinen Niederschlag gefunden hat. Somit enthält der normative Teil eines Tarifvertrages durchaus dispositives Recht für die Parteien des Arbeitsvertrages, wobei eben nur der Mindeststandard der Arbeitsbedingungen des jeweiligen Arbeitsverhältnisses gesichert wird, soweit es vom Tarifvertrag erfasst wird.

Beispiel: Der verbandsangehörige Arbeitgeber A hat mit dem Arbeitnehmer B, der Mitglied der Gewerkschaft ist, einen Lohn von monatlich Euro 2.100 arbeitsvertraglich ausgehandelt. Der einschlägige Tarifvertrag sieht für die Tätigkeit des B eine Vergütung von Euro 2.050 monatlich vor: Wegen der günstigeren Regelung im Einzelarbeitsvertrag bleibt es bei dem Lohnanspruch von monatlich Euro 2.100. Tariflöhne haben hier lediglich den Charakter von Mindestlöhnen.

Auch das Günstigkeitsprinzip ist arbeitsmarktpolitisch durchaus fragwürdig. Denn ein Stellensuchender, der bereit ist, „unter Tarif" zu arbeiten, weil er dies dem Empfang von Sozialleistungen vorzieht, hat so keine Chance, wenn auf dem Arbeitsmarkt nun einmal keine höheren Löhne zu erzielen sind. Auch die Gesellschaft hat ein legitimes Interesse daran, dass auf dem Arbeitsmarkt Gleichgewichtspreise erzielt werden, weil man nur so dem in § 1 StabG erklärten Ziel des gesamtwirtschaftlichen Gleichgewichts mit einem hohen Beschäftigungsniveau dauerhaft näherkommen kann.

Das TVG unterscheidet nach verschiedenen **Arten** von **Rechtsnormen**, die sich in einem Tarifvertrag finden können (vgl. Abb. 39).

Für den normativen Teil sind vor allem zu nennen **Inhaltsnormen** (betreffend die einzelnen Arbeitsbedingungen wie Lohnhöhe, Zulagen, Urlaub, Weihnachtsgeld etc.), **Abschlussnormen**, die für die Begründung von Arbeitsverhältnissen bedeutsam sind (Formvorschriften, Einstellungsverpflichtungen) und schließlich **Beendigungsnormen** (überwiegend Vorschriften, die die Kündigung betreffen, z. B. Verzicht auf betriebsbedingte Kündigun-

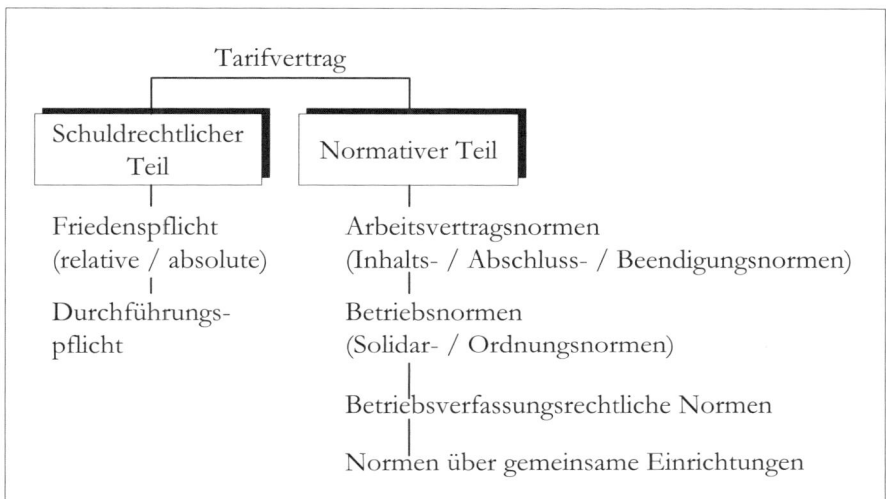

Abb. 39: Struktur des Tarifvertrages

gen). Man kann sie unter dem Begriff der **Arbeitsvertragsnormen** zusammenfassen.

Daneben gibt es noch die **Betriebsnormen**, die **betriebsverfassungsrechtlichen Normen** und die **Normen über die gemeinsamen Einrichtungen** der Tarifvertragsparteien. Besonders bedeutsam sind in der Praxis die Betriebsnormen. Letztere behandeln ausschließlich Fragen des Betriebs. Dabei unterscheidet man herkömmlich zwischen den sog. Solidarnormen und den Ordnungsnormen. Die **Solidarnormen** kommen dem einzelnen Arbeitnehmer als Mitglied der Belegschaft zugute. Dieser Zweck bestimmt ihren Regelungsgegenstand.

Beispiele: Einrichtungen zum Arbeitsschutz, Unterkünfte, Wasch- und Umkleideräume, Kantinen.

Dagegen regeln **Ordnungsnormen** die Fragen der betrieblichen Ordnung. Sie sind inhaltlich Spiegelbild der Ausübung der Organisationsgewalt durch den Arbeitgeber.

Beispiele: Einrichtung von Anwesenheitskontrollen (Stechuhren), Rauchverbot, Alkoholverbot, Torkontrollen, Installierung von Personalinformationssystemen.

Regelungsgegenstand des normativen Teils eines Tarifvertrages können schließlich Errichtung und Unterhaltung gemeinsamer Einrichtungen der Tarifvertragsparteien sein.

Beispiele: Urlaubskassen, Lohnausgleichskassen (vor allem im Baugewerbe).

Die normative Wirkung des Tarifvertrages auf das Einzelarbeitsverhältnis ist allerdings an Voraussetzungen geknüpft: Erstens muss der Tarifvertrag wirksam sein, zweitens muss grundsätzlich **Tarifgebundenheit** beider Arbeitsvertragsparteien bestehen und drittens muss das konkrete Arbeitsverhältnis in den **Geltungsbereich** des Tarifvertrages fallen.

Die Wirksamkeit des Tarifvertrages hängt ganz allgemein gesehen davon ab, dass er von (mindestens) zwei tariffähigen und tarifzuständigen Parteien geschlossen wird. **Tariffähigkeit** ist die Fähigkeit, Partei eines Tarifvertrages sein zu können. Gemäß § 2 I TVG sind tariffähig die Gewerkschaften und Arbeitgeberverbände, der einzelne Arbeitgeber sowie gemäß § 2 II und 2 III TVG auch die Spitzenorganisationen von Gewerkschaften und Arbeitgeberverbänden.

Tarifzuständigkeit als Wirksamkeitsvoraussetzung bedeutet, dass eine Tarifvertragspartei nur innerhalb ihrer Tarifzuständigkeit Verträge schließen kann. Dabei ist unter der Tarifzuständigkeit vor allem ein regional begrenzter, branchenspezifischer Zuständigkeitsbereich gemeint, der durch die jeweiligen Verbandssatzungen festgelegt wird. Hierdurch soll verhindert werden, dass Streitigkeiten über Kompetenzen oder **Tarifkonkurrenzen** entstehen. Durch das in den meisten Gewerkschaftssatzungen verankerte **Industrieverbandsprinzip** waren bislang solche Konkurrenz- und Kompetenzstreitigkeiten weitgehend bedeutungslos.

Beispiel: Alle Arbeitnehmer der metallverarbeitenden Industrie gehörten einer einzigen Gewerkschaft (z. B. IG Metall) an, gleichgültig ob Elektriker, Schlosser, Auszubildende, kaufmännische Angestellte.

In einem bestimmten Betrieb ist daher grundsätzlich nur eine Gewerkschaft tarifzuständig. Die Kompetenzstreitigkeiten beginnen allerdings wieder aufzuleben, soweit eine Gewerkschaft nach dem sog. **Berufsverbandsprinzip** oder nach dem **Fachverbandsprinzip** organisiert ist.

Beispiele: Unabhängig von der Branche, in denen sie tätig sind, können Angestellte zur Vereinten Dienstleistungsgesellschaft (ver.di) gehören.
Die Deutsche Bahn AG schließt einen Tarifvertrag mit der TRANSNET Gewerkschaft GdED (Fachverbandsprinzip) und einen mit der Christlichen Gewerkschaft Deutscher Eisenbahner (Berufsverbandsprinzip).

Etwas schwierig zu entscheiden ist die in der Praxis sehr bedeutsame Frage, für welche Arbeitnehmer und auch Arbeitgeber der Tarifvertrag gilt. Dass ein Tarifvertrag immer für alle Arbeitnehmer verbindlich sei, ist in dieser Allgemeinheit so sicherlich nicht richtig. Die normative Wirkung der Tarifbestimmungen tritt nämlich grundsätzlich nur gegenüber **Tarifgebundenen** ein. Als tarifgebunden bezeichnet man dabei diejenigen Arbeitsvertragsparteien, die der Normsetzungsbefugnis der Tarifvertragsparteien unterliegen. Die Normen des Tarifvertrages, die den Inhalt, den Abschluss oder die Beendigung von Arbeitsverhältnissen ordnen (Arbeitsvertragsnormen) sowie die

Normen über gemeinsame Einrichtungen werden im Arbeitsverhältnis nur wirksam, wenn beide Arbeitsvertragsparteien tarifgebunden sind (§ 4 I 1 TVG).

Beispiele: In einem Tarifvertrag handelt die Industriegewerkschaft Metall (IG Metall) mit dem entsprechenden Arbeitgeberverband aus, dass der Lohn erhöht und der Urlaubsanspruch erweitert wird. Der nicht organisierte Alfons, dessen Lohn und Urlaubsanspruch unter den jeweiligen Tarifbedingungen liegen, möchte ebenfalls in den Genuss des höheren Lohns und Urlaubsanspruchs kommen.
Als nicht organisierter Arbeitnehmer hat Alfons grundsätzlich keinen Anspruch auf den Tariflohn. Das ist etwa auch dann der Fall, wenn er einer anderen Gewerkschaft als der IG Metall angehören würde. Den Tariflohn würde er aber dann erhalten, wenn er der Gewerkschaft beitreten würde. Dieser Beitritt gibt dem Arbeitnehmer allerdings nur einen Anspruch für die Zukunft, nicht jedoch für die Vergangenheit. In der Alltagspraxis finden sich häufig bereits in den Arbeitsverträgen Bezugnahmen auf Tarifregelungen, so dass hierdurch auch Nichttarifgebundene in den Vorteil dieser Regelung kommen. Daneben ist auch die betriebliche Übung und der Gleichbehandlungsgrundsatz nicht zu vergessen, demzufolge ein Rechtsanspruch auch auf Tarifleistungen entstehen kann, wenn der Arbeitgeber alle Arbeitnehmer eines Betriebes faktisch gleich behandelt.

Normen über betriebliche und betriebsverfassungsrechtliche Fragen erzeugen eine Tarifbindung der Arbeitnehmer bereits dann, wenn nur der Arbeitgeber tarifgebunden ist (§ 3 II TVG), um eine rechtliche Gleichbehandlung im Betrieb zu gewährleisten.

Beispiel: Der nicht organisierte Arbeitnehmer A wird am Werkstor unter Hinweis auf die einschlägige Vorschrift des Tarifvertrages aufgefordert, sich einer Taschenkontrolle zu unterziehen. A weigert sich: Zu Unrecht, denn die Tarifbindung ergreift gemäß § 3 II TVG auch die nicht organisierten Arbeitnehmer.

Eine weitere Möglichkeit zur generellen Erstreckung der normativen Wirkung von Tarifverträgen auf nicht oder anders organisierte Arbeitsvertragsparteien ergibt sich über § 5 TVG. Danach kann der Bundesminister für Arbeit und Soziales unter bestimmten Voraussetzungen einen Tarifvertrag für allgemeinverbindlich erklären. Zweck dieser wirtschaftspolitisch bedenklichen **Allgemeinverbindlichkeitserklärung** ist es, die Nachteile aufzufangen, die sich für die nicht tarifgebundenen Arbeitnehmer ergeben können.

Beispiel: In einer Zeit konjunkturell bedingt knapper Arbeitsplätze und entsprechend hohem Arbeitnehmerangebot auf dem Arbeitsmarkt geht ein Arbeitgeber dazu über, sich Konkurrenzvorteile dadurch zu verschaffen, dass er nur noch Arbeitnehmer beschäftigt, die unter den Tariflöhnen arbeiten. Einer solchen Entwicklung könnte durch eine Allgemeinverbindlichkeitserklärung vorgebeugt werden.

(2) Der schuldrechtliche Teil

Neben dem normativen Teil enthält ein Tarifvertrag auch einen schuldrechtlichen Teil, wie jeder andere schuldrechtliche Vertrag also auch Rechte und Pflichten der **Tarifvertragsparteien**. Das bedeutet, dass durch den schuldrechtlichen Teil nur die vertragsschließenden Parteien betroffen werden, z. B. Gewerkschaften, einzelne Arbeitgeber, Arbeitgeberverbände, nicht aber auch deren Mitglieder, die einzelnen Arbeitnehmer bzw. Arbeitgeber. Die wichtigsten Pflichten, die der schuldrechtliche Teil des Tarifvertrags enthält, sind die Friedens- und die Durchführungspflicht.

Die **Friedenspflicht** bindet die Tarifvertragsparteien, während der Laufzeit eines Tarifvertrages von Arbeitskampfmaßnahmen Abstand zu nehmen. Die Verpflichtung der Tarifvertragsparteien aus der Friedenspflicht kann einerseits darin bestehen, es zu unterlassen, selbst einen Arbeitskampf zu veranstalten oder auch nur anzudrohen und andererseits darin, darauf einzuwirken, dass ihre Mitglieder einen Arbeitskampf nicht beginnen oder einen bereits bestehenden Arbeitskampf beenden. Der Umfang der Friedenspflicht richtet sich allgemein nach der Regelung im Tarifvertrag. Man unterscheidet dabei zwischen einer relativen und einer absoluten Friedenspflicht. Die **relative Friedenspflicht** besagt, dass während der **Laufzeit** eines Tarifvertrages Arbeitskämpfe zur Änderung der im Tarifvertrag festgelegten Arbeitsbedingungen verboten sind. Diese relative Friedenspflicht kann schon aus dem Regelungszweck des Tarifvertrages schlechthin abgeleitet werden und bedarf deshalb keiner ausdrücklichen Begründung. Dagegen haben nach der **absoluten Friedenspflicht** jegliche Arbeitskämpfe zu unterbleiben. Diese Verpflichtung ergibt sich allerdings nicht schon aus dem Sinn des Tarifvertrages, muss daher immer gesondert vertraglich vereinbart sein.

Unter der **Durchführungspflicht** versteht man im tarifrechtlichen Kontext die Pflicht der Tarifvertragsparteien, dafür zu sorgen, dass deren Mitglieder den Inhalt des Tarifvertrages auch tatsächlich umsetzen. Zu diesem Zweck haben sie ihre Mitglieder über den Inhalt des Tarifvertrages aufzuklären und sich aller Maßnahmen zu enthalten, die dessen Durchführung vereiteln könnten. Notfalls müssen die Tarifvertragsparteien sogar zu verbandsrechtlichen Mitteln (z. B. Verbandsausschluss eines Mitglieds) greifen, um die Mitglieder zu einem tarifvertragsgerechten Verhalten zu bewegen.

b) Arbeitskampf

(1) Überblick

Fraglich ist, welche Möglichkeiten den Arbeitnehmern und den Arbeitgebern offenstehen, wenn eine Einigung zum Abschluss eines Tarifvertrages nicht zustandekommt. Die Tarifautonomie kann ihre Bedeutung nach h. M. nur dann entfalten, wenn im Falle des Scheiterns von Einigungen auch ein Druckmittel zur Verfügung steht. Dieses **Druckmittel** soll demnach, sogar verfassungsrechtlich über Artt. 9 III (Koalitionsfreiheit), 20 I, 28 I 1 (Sozialstaatsprinzip) GG garantiert, der **Arbeitskampf** sein. Wird er von Arbeitnehmern geführt, nennt man ihn **Streik**. Regelmäßig ist der Streik ein Angriffsmittel. Wird der Arbeitskampf von einzelnen oder mehreren Arbeitgebern geführt, nennt man ihn **Aussperrung**. Regelmäßig ist die Aussperrung ein Abwehrkampfmittel, in Ausnahmefällen kann sie aber auch einmal aggressiven Charakter tragen. Streik und Aussperrung existieren in verschiedensten, einander aber ähnlichen Formen.

Beispiel: Gewerkschaftlich organisierte Streiks; sog. wilde, also nicht gewerkschaftlich kontrollierte Streiks; auf kurze Zeiträume beschränkte Warnstreiks oder Aussperrungen; Arbeitskampfmaßnahmen zur Unterstützung anderer Koalitionen; sog. Sympathiestreiks oder Sympathieaussperrungen.

Nicht jede Arbeitskampfmaßnahme fällt unter den Schutz der Rechtsordnung. Obwohl der Gesetzgeber sich bislang als unfähig oder unwillig erwiesen hat, das Arbeitskampfrecht zu normieren, ist man sich einig, dass nicht alles erlaubt sein kann, was faktisch möglich ist. Um die Rechtmäßigkeit von Arbeitskampfmaßnahmen beurteilen zu können, ist es notwendig, neben den aus der Rechtsprechungspraxis fließenden allgemeinen **Grundsätzen rechtmäßiger Kampfführung** auch die tariflichen Grenzen und die sehr spärlichen gesetzlichen Kampfverbote zu berücksichtigen.

Ein allgemeiner Grundsatz rechtmäßiger Kampfführung ist die Verpflichtung zur Waffengleichheit (Kampfparität) und das Gebot der Verhältnismäßigkeit der Mittel. Unter der **Kampfparität** ist dabei das tatsächliche Kräfteverhältnis der Parteien untereinander zu verstehen. Es sollen annähernd gleichstarke Parteien gegenüberstehen, die beide eine echte Chance haben, auf den Tarifvertragsinhalt Einfluss zu nehmen. Da die Ökonometrie dafür keine Messgrößen liefern kann, bleiben die einschlägigen Einschätzungen freilich eine reine Gefühlsangelegenheit. Außerdem müssen Arbeitskampfmaßnahmen **verhältnismäßig** sein. Keinesfalls dürfen sie also auf eine Existenzvernichtung des Gegners hinauslaufen. Es darf nicht versucht werden, das erstrebte Ziel mit jedem Mittel zu erreichen.

Beispiel: In einem Tarifgebiet streiken etwa 20% der Arbeitnehmer für bessere Arbeitszeitbedingungen. Die Arbeitgeber entschließen sich daraufhin zu einer bundesweiten Aussperrung: Unzulässig; es handelt sich noch um einen eng geführten Teilstreik, der die Arbeitgeber nicht berechtigen kann, den Kampfrahmen über das Tarifgebiet zu erweitern; anders kann dies allenfalls sein, wenn der Anteil der Arbeitnehmer die Quote von 25% wesentlich übersteigt.

Der Grundsatz der Verhältnismäßigkeit verlangt außerdem, dass gerichtlicher

Rechtsschutz vorrangig vor dem Arbeitskampf zu wählen ist. Auch solange eine friedliche Einigung, etwa im Wege des Vermittlungsverfahrens oder der Anrufung einer Schlichtungsstelle (staatliches oder vereinbartes Schlichtungsverfahren), zumutbar erscheint, ist der Arbeitskampf hintanzustellen. Verhandlungsmöglichkeiten sind also voll auszuschöpfen (**ultima-ratio-Grundsatz**). Gleichwohl bejaht die Rechtsprechung sehr weitgehend die Zulässigkeit von einmaligen **Warnstreiks** und gibt auch sonstigen gewerkschaftlich initiierten **Aktionen** breiten rechtlichen Raum, ohne erkennbare Rücksicht darauf, dass unbeteiligte Dritte in Mitleidenschaft gezogen, ja, instrumentalisiert werden.

Beispiel: Massenhaftes Beladen von Einkaufswagen in Supermärkten ohne jede Absicht, die Waren käuflich zu erwerben, und ihr Stehenlassen im Bewegungsraum und im Kassenbereich („Flashmob") mit der Folge massiver Verärgerung und durchaus auch Schädigung tatsächlich kaufwilliger Kunden und daraus resultierender erheblicher Umsatzeinbußen sowie hoher Rücklagerungskosten.

Denn ob die Verständigungsmöglichkeiten tatsächlich ausgeschöpft sind, wird unter Berufung auf eine sonst drohende Tarifzensur dem grundsätzlich gerichtlich nicht überprüfbaren Urteil der agierenden Gewerkschaft überlassen. Damit dient der ultima-ratio-Grundsatz im Ergebnis allein der rechtlichen Disziplinierung der Arbeitgeber. Dies ist schlicht unakzeptabel.
Jede Arbeitskampfmaßnahme hat die tarifrechtlichen Grenzen, die ihr gesteckt sind, zu beachten. Das bedeutet, dass nur tariffähige Parteien Arbeitskämpfe führen dürfen.

Beispiele: Gewerkschaften, Arbeitgebervereinigungen, einzelne Arbeitgeber.

Die Teilnahme an Streiks steht rechtlich allerdings auch einem nicht organisierten Arbeitnehmer offen, solange der Streik von einer Gewerkschaft geführt wird. Unzulässig sind in jedem Falle die **wilden Streiks**, da hinter ihnen keine Koalition steht. Allerdings kann die Gewerkschaft dem Streik im Nachhinein beitreten und so legalisieren. Rechtmäßig ist ein Arbeitskampf schließlich nur, wenn seine Ziele überhaupt tarifvertraglich regelbar sind. Ein Arbeitskampf kann somit nur auf den Abschluss eines Tarifvertrages (mit zulässigen Inhalten) gerichtet sein. **Politische Streiks** wie auch derartig motivierte Aussperrungen hingegen sind unzulässig.

Beispiele: Die Gewerkschaft ruft zum Streik für Arbeitszeitverkürzungen und höhere Löhne auf: Zulässig, da diese Bedingungen typisch in Inhaltsnormen von Tarifverträgen geregelt werden.
Die Gewerkschaft ruft zum bundesweiten Streik auf, um auf angeblich unerträgliche Missstände im Kranken- und Sozialversicherungsrecht aufmerksam zu machen: Als politischer Arbeitskampf, der Forderungen an staatliche Instanzen richtet, unzulässig!
Zulässig sollen allerdings sog. Sympathiekampfmaßnahmen sein, wenn sie ei-

nen rechtmäßigen Arbeitskampf in einem fremden Tarifgebiet unterstützen. In einem Tarifvertrag sollen Kindergeldzulagen nach ehelicher und nicht-ehelicher Geburt differenziert werden: Der darauf gerichtete Arbeitskampf ist unzulässig, weil der Inhalt des Tarifvertrages gegen Art. 6 V GG verstoßen würde.

Rechtswidrig ist in jedem Fall ein Arbeitskampf, der gegen die **Friedenspflicht** eines noch laufenden Tarifvertrages verstößt. Es ist ja Sinn des Tarifvertrages, dass die in ihm geregelten Fragen während seiner Laufzeit verbindlich sein sollen. Rechtswidrigkeit des Arbeitskampfes liegt auch dann vor, wenn gegen besondere gesetzliche Kampfverbote verstoßen wird. Solche **Kampfverbote** können sich schon aus der Verfassung ergeben.

Beispiel: Eine Arbeitskampfmaßnahme darf keinen Druck auf staatliche Organe oder auf Abgeordnete auszuüben versuchen (vgl. Artt. 20 II, III, 38 I 2 GG). Eine Aussperrung, die nur Gewerkschaftsmitglieder erfasst, soll nach Art. 9 III GG rechtswidrig sein, weil ansonsten der verfassungsmäßig garantierte Koalitionsbestandsschutz gefährdet sei. Sehr zweifelhaft!

Kampfverbote ergeben sich aber auch aus dem öffentlichen Dienstrecht, insbesondere ist den **Beamten, Richtern** und **Soldaten** jeder Arbeitskampf untersagt. Deren Arbeitsbedingungen sind nicht durch Tarif- und Arbeitsvertrag, sondern durch Gesetz und Verwaltungsakt gestaltet. Außerdem würden auch schon die aus dem GG abgeleiteten Grundsätze des Berufsbeamtentums einem Streikrecht entgegenstehen. Auch das Betriebsverfassungsrecht erklärt eine Arbeitskampfmaßnahme zwischen Arbeitgeber und **Betriebsrat** gemäß § 74 II 1 1. Halbs. BetrVG für unzulässig.

(2) Rechtsfolgen des Arbeitskampfes

Die Rechtsfolgen des Arbeitskampfes fallen begreiflicherweise unterschiedlich aus bei rechtmäßigen Arbeitskämpfen einerseits, bei rechtswidrigen andererseits. Der **rechtmäßige Streik** kann individualrechtlich betrachtet nicht schon wegen einer Verletzung der arbeitsvertraglichen Pflichten für rechtswidrig angesehen werden. Hier muss die kollektivrechtliche Bewertung auch in das Individualarbeitsrecht eingebracht werden. Das führt zu dem Ergebnis, dass während eines rechtmäßigen Streiks das einzelne Arbeitsverhältnis des streikenden Arbeitnehmers fortbesteht, die gegenseitigen Rechte und Pflichten aus dem Arbeitsverhältnis aber für die Dauer der Kampfmaßnahme suspendiert sind (sog. **Suspensiveffekt**). Somit kann der Arbeitgeber vom Arbeitnehmer weder die Arbeitsleistung einfordern, diesbezüglich Schadensersatzansprüche stellen oder eine außerordentliche Kündigung aussprechen. Andererseits hat der Arbeitnehmer keinen Anspruch auf Arbeitsentgelt. Häufig wird den gewerkschaftlich organisierten Streikteilnehmern allerdings in diesen Fällen eine Streikunterstützung durch die beteiligten Gewerkschaften zuteil. Den nicht streikenden Arbeitnehmern eines bestreikten Betriebes gegenüber bleibt der Arbeitgeber allerdings weiterhin zur Lohnzahlung verpflichtet (§ 615 S. 3 BGB), es sei denn, dass auch deren Arbeitsleistung abgelehnt wird („Aussperrung"), weil eine sinnvolle Beschäftigung wegen des Streiks oder auch wegen eines Streiks in einem Drittbetrieb, z. B. Zulieferbetrieb, nicht mehr möglich ist und es deshalb zur Stillegung des Betriebes kommt (Lehre von **Betriebsrisiko**).

Anders ist die Situation bei einem **rechtswidrigen Streik**. Durch ihn können sowohl Ansprüche des Arbeitgebers gegen die Gewerkschaft wie auch gegen die streikenden Arbeitnehmer entstehen. Gegen die **Gewerkschaft** können sich sowohl Unterlassungs- als auch Schadensersatzansprüche aus dem Gesichtspunkt der Verletzung tarifvertraglicher Friedenspflichten (vgl. § 280 BGB) ergeben.

Neben den vertraglichen sind auch Unterlassungs- und Schadensersatzansprüche aus §§ 1004, 823, 826, 831 BGB denkbar, sofern der rechtswidrige Streik sich als eine unerlaubte Handlung darstellen sollte. Rechtskonstruktiv ist freilich die Verletzung eines nebulösen, absoluten Rechts am **eingerichteten und ausgeübten Gewerbebetrieb** (und damit der Weg über § 823 I BGB) abzulehnen. Vielmehr sind die Zulässigkeitsregeln für Streiks als Schutzgesetze zugunsten (auch) der Arbeitgeber i. S. von § 823 II BGB anzusehen. Die Gewerkschaften selbst haften in diesen Fällen für schuldhaftes Handeln ihrer Vorstandsmitglieder analog § 31 BGB und für rechtswidriges Handeln ihrer Funktionäre gemäß § 831 I 1 BGB. Die einzelnen Gewerkschaftsmitglieder sollen dagegen nicht als Verrichtungsgehilfen anzusehen sein. Das leuchtet nicht recht ein, da die Gewerkschaftsmitglieder sehr wohl einer organisationellen Steuerung der Funktionäre unterliegen, so dass zumindest eine Analogie zu § 831 I 1 BGB naheliegt.

Gegen die einzelnen, rechtswidrig streikenden **Arbeitnehmer** kommen zunächst ebenfalls vertragliche, allerdings individualvertragliche Unterlassungs- und Schadensersatzansprüche in Betracht. Da die Teilnahme am rechtswidrigen Streik die Arbeitspflicht nicht suspendiert, stellt sich eine Teilnahme als **Arbeitsvertragsbruch** dar, welcher zur berechtigten Weigerung des Arbeitgebers, den Lohn zu zahlen, zu Schadensersatzansprüchen nach §§ 280/283 BGB und zur Kündigung führen kann. Daneben muss der rechtswidrig streikende Arbeitnehmer aber auch mit Ansprüchen rechnen, die sich aus §§ 1004, 823, 826 BGB ableiten lassen. Dabei haften die rechtswidrig streikenden Arbeitnehmer gesamtschuldnerisch nach §§ 830, 840 BGB. Zu beachten ist bei den zuletzt genannten Haftungsgrundlagen zwar die Verschuldensabhängigkeit. Doch sind kaum Fallgestaltungen denkbar, in denen streikende Arbeitnehmer schuldlos ihre Vertragspflichten verletzen.

Beispiel: Arbeitnehmer A nimmt im Vertrauen auf die ihm von der Gewerkschaft zugesicherte Rechtmäßigkeit an einem Streik teil. Tatsächlich war der Streik erkennbar rechtswidrig. Der Rechtsirrtum des A ist hier nicht entschuldbar, denn er darf den Aussagen der Gewerkschaft nicht einfach vertrauen, sondern muss sich auch anderweitig über die Rechtmäßigkeit seines Handelns informieren. Bei zweifelhafter Rechtslage ist womöglich anders zu entscheiden. Solche Zweifel wirft der nicht gewerkschaftlich getragene Streik freilich nicht auf: Dass er unzulässig ist, kann bei Aufbietung entsprechender Sorgfalt (vgl. die Definition der Fahrlässigkeit in § 276 II BGB) niemandem verborgen bleiben.

Ultima ratio des Arbeitgebers ist in derartigen Fällen die ordentliche Kündigung aus verhaltensbedingten Gründen (vgl. § 1 II KSchG) oder bei schwerwiegenden Verletzungen auch die außerordentliche Kündigung nach § 626 BGB.

Die Rechtsfolgen bei der **rechtmäßigen Aussperrung** sind grundsätzlich dieselben wie beim rechtmäßigen Streik. Die rechtmäßige Aussperrung von Arbeitnehmern hat demnach gleichfalls einen **Suspensiveffekt** auf die arbeitsvertraglichen Pflichten in den hiervon betroffenen Arbeitsverhältnissen. Sie ist die Antwort des Arbeitgebers auf den **Angriffsstreik** und als **Abwehraussperrung** durchaus sinnvoll und zulässig, um **Kampfparität** zwischen den Tarifvertragsparteien herzustellen, soweit der Arbeitgeber im gleichen Mengenverhältnis noch nicht streikende Arbeitnehmer aussperrt. Außerdem hat es nach Beendigung des Streiks dann der Arbeitgeber in der Hand, die suspendierende Wirkung aufzuheben. Daher ist es auch nicht selten, dass einem rechtmäßigen Streik eine rechtmäßige Abwehraussperrung folgt.

Auch die Rechtsfolgen bei **rechtswidriger Aussperrung** sind denjenigen des rechtswidrigen Streiks ähnlich. Wegen Verletzungen der tarifvertraglichen Friedenspflicht können nun die Gewerkschaften gemäß § 280 I BGB Ersatzansprüche geltend machen. Da die rechtswidrige Aussperrung aber auch einen Vertragsbruch darstellt, können auch die Arbeitnehmer, insbesondere aus dem Gesichtspunkt des Verzugs (§ 286 BGB), Schadensersatzansprüche geltend machen, sofern der Arbeitgeber zumindest fahrlässig die Zulässigkeit seiner Maßnahme verkannt hat. Auch deliktsrechtliche Ansprüche nach § 823 II BGB kommen in Betracht, weil die Arbeitskampfregeln auch den Arbeitnehmerschutz bezwecken.

Beispiel: Arbeitnehmer A kann die fälligen Forderungen des Gläubigers G, die er mit seinem Lohn begleichen wollte, nicht befriedigen. Er muss daher einen Bankkredit in Anspruch nehmen. Der ihm berechnete Kreditzins ist als Schaden vom Arbeitgeber, der den A rechtswidrig ausgesperrt hat, zu ersetzen.

Außerdem kann der Arbeitnehmer für die Dauer der rechtswidrigen Aussperrung sein vertragliches bzw. tarifliches **Arbeitsentgelt** unter dem Gesichtspunkt des Annahmeverzugs gemäß § 615 S. 1 BGB verlangen. Schließlich begründet die rechtswidrige Aussperrung ebenfalls ein Recht des Arbeitnehmers zur **außerordentlichen Kündigung** gemäß § 626 BGB.

c) Betriebsverfassungsrecht

(1) Betriebsverfassung und Mitbestimmung

Das Betriebsverfassungsrecht gehört thematisch in den Bereich des rechts- und wirtschaftspolitisch problematischen **Mitbestimmungsrechts**. Dieses Rechtsgebiet normiert die Beteiligungsrechte der Arbeitnehmer bei denjenigen Entscheidungen, bei denen sie als Angehörige eines Betriebes, einer Dienststelle oder eines Unternehmens selbst betroffen sind. Systematisch gliedert sich das Mitbestimmungsrecht in 3 Teilbereiche, nämlich in die Mitbestimmung in Betrieben der **Privatwirtschaft** (Betriebsverfassungsrecht), in die Mitbestimmung im **öffentlichen Dienst** (Personalvertretungsrecht) und in die sog. **Unternehmensverfassung**, d. h. die wirtschaftliche und gesellschaftsrechtliche Mitbestimmung im Unternehmen.

Auf der Ebene des Betriebes, des Unternehmens und des Konzerns in privatrechtlicher Rechtsträgerschaft kommt dem BetrVG besondere Bedeutung zu. In ihm ist nicht nur geregelt, welcher Betrieb unter welchen Voraussetzungen einen Betriebsrat errichten kann, was die Tätigkeitsfelder solcher Betriebsräte sind und mit welchen Rechten diese ausgestattet sind, sondern hier sind auch die Regelungen betreffend die übrigen Einrichtungen der **Betriebsverfassung** zu finden, etwa die Jugend- und Ausbildungsvertretungen, die Einigungsstellen, der Wirtschaftsausschuss und die Betriebsversammlung.

Zur konkreten Anwendbarkeit des BetrVG müssen allerdings mehrere Voraussetzungen vorliegen. Der sachliche Geltungsbereich des BetrVG erfordert, dass es sich um einen Betrieb der Privatwirtschaft handelt. Ausgeschlossen ist also die Anwendbarkeit des BetrVG auf Verwaltungen und Betriebe eines Trägers des Öffentlichen Rechts (§ 130 BetrVG). Bedient sich die öffentliche Hand jedoch privatrechtlicher Unternehmensformen, so ist Betriebsverfassungsrecht maßgeblich.

Beispiel: Die Stadtwerke einer westdeutschen mittelgroßen Stadt werden in der Rechtsform einer GmbH geführt: Betrieb der Privatwirtschaft! Dass damit öffentliche Versorgungsaufgaben erfüllt werden, ist unbeachtlich.

Gemäß § 118 II BetrVG fallen unbeschadet der Rechtsform, in denen sie betrieben werden, nicht unter das Betriebsverfassungsgesetz die **Religionsgemeinschaften** sowie die von diesen betriebenen karitativen und erzieherischen Einrichtungen (z. B. Krankenhäuser und Schulen). Eingeschränkte bzw. modifizierte Anwendung findet das BetrVG auch auf **Luftfahrt- und Schifffahrtsunternehmen** (vgl. hierzu §§ 114-117 BetrVG), vor allem aber auf sog. **Tendenzbetriebe**. Das sind Betriebe, die unmittelbar und überwiegend politischen, konfessionellen, karitativen, erzieherischen, wissenschaftlichen oder künstlerischen Bestimmungen oder auch Zwecken der Berichterstattung und Meinungsbildung dienen (vgl. § 118 I BetrVG).

Beispiele: Privatschulen, Gewerkschaftsbetriebe, Zeitungsverlage, politische Parteien und die von diesen betriebenen Unternehmungen, das Deutsche Rote Kreuz, Museen, Nachrichtenagenturen, Forschungsinstitute.

Gemäß § 1 I 1 BetrVG ist ferner erforderlich, dass der Betrieb mindestens 5 ständig beschäftigte und wahlberechtigte (vgl. § 7 BetrVG) Arbeitnehmer hat, von denen wiederum mindestens 3 wählbar (vgl. § 8 BetrVG) sind.

Beispiel: In einem Tischlereibetrieb werden 7 Arbeitnehmer beschäftigt. 3 der Arbeitnehmer sind noch nicht volljährig. Außerdem werden zusätzlich bei starkem Arbeitsanfall Aushilfskräfte stundenweise beschäftigt. Ein Betriebsrat kann hier nicht gewählt werden, wegen § 7 BetrVG sind die 3 minderjährigen Arbeitnehmer unbeachtlich. Auch die Aushilfskräfte scheiden als Arbeitnehmer aus, da sie nicht ständig beschäftigt werden. Anwendbar bleiben allerdings diejenigen Arbeitnehmerrechte, die das Bestehen eines Betriebsrates nicht voraussetzen.

Vom **persönlichen Geltungsbereich** des BetrVG werden gemäß § 5 I 1 BetrVG alle Arbeitnehmer des Betriebes erfasst. Das BetrVG erweitert und beschränkt allerdings den allgemeinen **Arbeitnehmerbegriff**. Eine **Erweiterung** ist darin zu sehen, dass auch Auszubildende und die zur **Heimarbeit** Beschäftigten einbezogen sind, § 5 I BetrVG. Eine **Einschränkung** erfolgt durch § 5 II und III BetrVG. Nach § 5 II Nr. 5 BetrVG beispielsweise werden Verwandte, Verschwägerte ersten Grades und Ehegatten nicht als Arbeitnehmer angesehen, wenn sie mit dem Arbeitgeber in häuslicher Gemeinschaft leben.

Gemäß § 5 III BetrVG finden die Vorschriften dieses Gesetzes ebenfalls keine Anwendung auf die **leitenden Angestellten**, soweit nicht ausdrücklich etwas anderes bestimmt worden ist, wie etwa in den §§ 105, 107 I 2 BetrVG. Die leitenden Angestellten werden vielmehr als besondere Gruppe der Arbeitnehmer abgegrenzt. Grund dieser weitgehenden Herausnahme aus dem Anwendungsbereich des BetrVG liegt darin, dass die leitenden Angestellten ihrer Funktion nach eher der Arbeitgeberseite zugerechnet werden können. Für den **Begriff** des leitenden Angestellten sind die Voraussetzungen aus § 5 III BetrVG maßgebend. Leitender Angestellter ist also, wer nach Dienststellung, Vertrag und tatsächlicher Kompetenzausübung wesentliche betriebliche oder unternehmensbezogene Aufgaben erfüllt und hierbei einen erheblichen eigenen Entscheidungsspielraum besitzt, Vertretungsrechte aus Generalvollmacht oder Prokura ausübt oder zur selbständigen Einstellung oder Entlassung von Arbeitnehmern berufen ist. Betriebsverfassungsrechtliche Repräsentanz erfahren die leitenden Angestellten im Rahmen des SprAuG. Danach können in Betrieben mit mindestens 10 leitenden Angestellten sog. **Sprecherausschüsse** gewählt werden, deren Aufgabe die Interessenvertretung dieser Angestelltengruppe den Arbeitgebern gegenüber ist (vgl. §§ 1, 25 I S. 1 SprAuG).

(2) Funktion und Stellung des Betriebsrates

Der Betriebsrat ist der gesetzlich vorgesehene und gewählte Repräsentant der Arbeitnehmer des Betriebes. Die dem Betriebsrat verliehenen Beteiligungsrechte übt der Betriebsrat durch ein ihm gesetzlich übertragenes **privatrechtliches Amt** aus, wobei er dies im eigenen Namen tut und nicht etwa als Vertreter im Namen der Arbeitnehmer. Folge davon ist, dass der Betriebsrat weder an Weisungen einzelner Arbeitnehmer noch der Betriebsversammlung gebunden ist. Zur wirksamen Verfolgung der Beteiligungsrechte ist ihm, obwohl er eigentlich nicht rechtsfähig ist, im arbeitsgerichtlichen Beschlussverfahren die **Beteiligtenfähigkeit** zuerkannt worden (vgl. §§ 10, 80 ff. ArbGG).

Voraussetzung für die Errichtung eines Betriebsrates ist zunächst die Existenz eines **Betriebes**. Darunter versteht man juristisch die organisatorische Einheit von Arbeitsmitteln, mit deren Hilfe ein Unternehmer allein oder mit seinen Mitarbeitern einen bestimmten arbeitstechnischen Zweck verfolgt (vgl. dazu auch §§ 1 II, 4 BetrVG). In Abgrenzung dazu ist ein **Unternehmen** zwar auch eine organisatorische Einheit. Mit dieser verfolgt der Unternehmer aber hinter dem arbeitstechnischen Zweck des Betriebes liegende wirtschaftliche und ideelle Zwecke. Ein Unternehmen umfasst häufig mehrere Betriebe und wird sich häufig, aber keineswegs rechtlich notwendig zur Erreichung der wirtschaftlichen und ideellen Zwecke in der Rechtsform einer Gesellschaft konstituieren.

Zur Erlangung der Fähigkeit, einen eigenen Betriebsrat gemäß § 1 I BetrVG zu wählen, ist es - wie gesagt - erforderlich, dass ein Betrieb mindestens 5 wahlberechtigte Arbeitnehmer in ständiger Beschäftigung hat, von denen mindestens 3 wählbar sind. Im Mindestfall besteht der Betriebsrat dann aus nur einem Mitglied (**Betriebsobmann**), im Übrigen richtet sich die Anzahl der Mitglieder nach der Betriebsgröße (§ 9 BetrVG). Eine Besonderheit gilt für **Kleinstbetriebe** und **Betriebsteile**. Betriebsteile stellen selbständige Betriebe dar, die in den Fällen des § 4 I 1 BetrVG grundsätzlich einen eigenen Betriebsrat wählen, sofern sie selbst betriebsratsfähig i. S. des § 1 I 1 BetrVG sind. Sind sie dies nicht, werden sie als Kleinstbetrieb nach § 4 II BetrVG dem **Hauptbetrieb** zugerechnet,. Anders verhält es sich bei den unselbständigen Betriebsteilen. Diese können keinen eigenen Betriebsrat wählen, sondern nur an der Betriebsratswahl des Hauptbetriebes teilnehmen. Diese Option kommt auch den selbständigen Betriebsteilen i. S. von § 4 I 1 BetrVG zu, soweit kein eigener Betriebsrat gebildet wird, § 4 I 2 BetrVG.

Ein Rechtszwang zur Errichtung eines Betriebsrates durch erstmalige Wahl bzw. zu seiner Fortführung durch Neuwahlen besteht allerdings nicht. Wird aber von dieser Mitbestimmungsmöglichkeit Gebrauch gemacht, so sind die Regularien der §§ 16 ff. BetrVG sowie der dazu ergangenen **Wahlordnung** (1.

DVO zum BetrVG) zu beachten. Im Mittelpunkt des Wahlverfahrens steht
- soweit noch kein Betriebsrat besteht - die sog. **Betriebsversammlung**, die
zunächst den **Wahlvorstand** bestimmt. Kommt es zu keiner Betriebsversammlung oder findet zwar eine Betriebsversammlung statt, wird aber kein
Wahlvorstand gewählt, so kann gemäß § 17 IV BetrVG von mindestens 3
wahlberechtigten Arbeitnehmern oder einer im Betrieb vertretenen Gewerk-
schaft beim Arbeitsgericht der Antrag gestellt werden, durch Beschluss einen
Wahlvorstand zu bestellen. Bis zur Rechtskraft dieses Beschlusses kann die
Betriebsversammlung die Bestellung allerdings nachholen. Besteht bereits ein
Betriebsrat, so bestellt dieser in der Frist des § 16 I BetrVG den Wahlvor-
stand. Für Kleinbetriebe gelten jedoch Vereinfachungen (vgl. §§ 14a, 17a
BetrVG).
Die regelmäßige **Amtszeit** des Betriebsrates beträgt 4 Jahre (§ 21 S. 1
BetrVG). Die Amtszeit kann allerdings auf Grund einer Neuwahl vorzeitig
enden, §§ 21 S. 2, 13 II BetrVG. Die wohl wichtigsten Gründe für eine Neuwahl sind der **Rücktritt** des Betriebsrates (§ 13 II Nr. 3 BetrVG), eine
erfolgreiche **Anfechtung** der Betriebsratswahl gemäß § 19 BetrVG (§ 13 II
Nr. 4 BetrVG) und die **Auflösung** des Betriebsrates durch gerichtliche Entscheidung, wenn dem Betriebsrat eine grobe Verletzung gesetzlicher Pflichten
gemäß § 23 I BetrVG (§ 13 II Nr. 5 BetrVG) vorzuwerfen ist.

Beispiele: Verstöße gegen das Gebot zur vertrauensvollen Zusammenarbeit zwischen Arbeitgeber und Betriebsrat, Nichteinberufung von Betriebsver-
sammlungen, Weitergabe von Gehaltslisten an Gewerkschaften zur Prüfung
der Beitragsehrlichkeit, Behandlung parteipolitischer Fragen in Betriebsver-
sammlungen, parteipolitische Angriffe und Agitationen gegen Betriebsrats-
kollegen, Aufruf zu Arbeitskämpfen entgegen der Friedenspflicht, Entgegennahme von Belohnungen im Zusammenhang mit der Amtstätigkeit.

Ansonsten endet das Amt eines Betriebsrates auch bei Betriebsspaltungen,
-zusammenlegungen oder -stilllegungen nur nach den entsprechenden Regelungen (§§ 21a, 21b BetrVG).
Nachdem die Betriebsratsmitglieder regelmäßig aus ihrer Mitte einen **Vorsit-
zenden** gewählt haben (§ 26 I BetrVG), setzt dieser die Tagesordnung fest,
beruft die Sitzung ein und leitet diese. Die **Betriebsratssitzungen** sind gemäß
§ 30 S. 4 BetrVG nicht öffentlich und finden während der Arbeitszeit statt.
Das Betriebsratsmitglied hat aber, wenn auch die Tätigkeit im Betriebsrat
grundsätzlich gemäß § 37 I BetrVG ehrenamtlich ist, für diese Zeit einen vollen Lohnanspruch. Überhaupt ist das **Betriebsratsmitglied** ohne Minderung
des Arbeitsentgeltes gemäß § 37 II BetrVG zur Durchführung seiner Aufgaben zu befreien; für außerhalb der Arbeitszeit geleistete Betriebsratstätigkeit
ist eine entsprechende Arbeitsbefreiung zu gewähren. In Großbetrieben
kommt sogar eine völlige **Freistellung** von Betriebsratsmitgliedern in Betracht (vgl. § 38 BetrVG). Die genannten Entgeltregelungen für Mitglieder des

Betriebsrats machen erneut klar, dass das vom rechtssystematischen Ausgangspunkt her eigentlich gegebene Synallagma der arbeitsvertraglichen
Pflichten weitestgehend ausgehöhlt ist.

Obwohl die Betriebsratssitzung nicht öffentlich ist, folgt daraus noch nicht,
dass an ihr nicht auch andere Personen teilnehmen oder auf die zu beratenden
Themen gemäß § 86a BetrVG Einfluss nehmen können. Der Arbeitgeber
nimmt ausnahmsweise an denjenigen Sitzungen teil, die auf sein Verlangen
anberaumt worden sind und dann, wenn er vom Betriebsratsvorsitzenden
ausdrücklich eingeladen worden ist. Ein beratendes **Teilnahmerecht** haben in
Einzelfällen unter den in § 31 BetrVG geschilderten Voraussetzungen auch
Beauftragte der Gewerkschaften. Die Jugend- und Ausbildungsvertretung hat
demgegenüber nicht nur die in § 67 I BetrVG bezeichneten Teilnahmerechte,
sondern gemäß § 67 II BetrVG eigenes Stimmrecht, soweit der zu fassende
Beschluss überwiegend die in § 60 I BetrVG genannten Arbeitnehmer betrifft.

Die Willensbildung des Betriebsrates erfolgt gemäß § 33 I BetrVG durch **Beschlüsse** in der Regel mit der Mehrheit der Stimmen der anwesenden
Mitglieder. Bei der Ausführung dieser Beschlüsse wird der Betriebsrat dann
durch den Betriebsratsvorsitzenden vertreten. Dabei ist zur Entgegennahme
von Erklärungen, die dem Betriebsrat gegenüber abzugeben sind, der Be-
triebsratsvorsitzende, bei dessen Verhinderung der Stellvertreter, berechtigt
(§ 26 II BetrVG).

Betriebsrat und Arbeitgeber haben gemäß §§ 2 I, 74 BetrVG vertrauensvoll
zusammenzuarbeiten, wobei dem Betriebsrat eine Kontroll- und Über-
wachungsfunktion zukommt. Dabei fallen neben seinen sog. allgemeinen
Aufgaben i. S. von § 80 BetrVG auch Fragen des Arbeits- und des betrieblichen Umweltschutzes in seine Zuständigkeit (vgl. § 89 BetrVG). Vor allem
aber stehen dem Betriebsrat umfangreiche Beteiligungsrechte zu.

(3) Arten der Beteiligungsrechte des Betriebsrates

Die Beteiligungsrechte des Betriebsrates sind unterschiedlich stark ausgebildet
und abgestuft. Die schwächste Beteiligungsform ist das vom Arbeitgeber zu
beachtende **Informationsrecht**, das nicht mehr besagt, als dass der Arbeitgeber den Betriebsrat so rechtzeitig wie möglich und so umfassend wie nötig zu
unterrichten hat. Um einen Informationsanspruch in der Praxis effektiv auszugestalten, muss dem Betriebsrat gestattet sein, die Informationen zu hinterfragen. Aus diesem Fragerecht entsteht sodann auch die Pflicht des Arbeitgebers, die Informationen zu erklären.

Informationsrechte sind zumeist gesetzlich geregelt (vgl. §§ 80 II 1, 85 III 1,
89 II 2, 105, 106 II BetrVG). Daneben können sich Informationsansprüche

aber auch allgemein aus dem Gebot der vertrauensvollen Zusammenarbeit zwischen Betriebsrat und Arbeitgeber ergeben (§§ 2 I, 74 BetrVG).

Eine stärkere Beteiligungsform stellt das sog. **Mitspracherecht** dar. Der Arbeitgeber ist verpflichtet, in bestimmten Fällen den Betriebsrat anzuhören (z. B. gemäß § 102 I BetrVG im Falle von Kündigungen der Arbeitnehmer) oder verschiedene Angelegenheiten mit ihm zu beraten (§§ 90 II, 92, 92a II, 96 I, 97 I BetrVG). In bestimmten Fällen können dem Betriebsrat sogar Vorschlagsrechte zustehen (§§ 92 II, 92a I, 96 I 3 BetrVG).

Die stärkste Beteiligungsform stellt das („echte") **Mitbestimmungsrecht** dar. Es ist das Recht des Betriebsrates, an einer endgültigen Entscheidung beteiligt zu werden, sei es, dass diese Entscheidung vom Arbeitgeber begehrt wird, sei es, dass sie aus einem eigenen Initiativrecht des Betriebsrates stammt (z. B. §§ 91, 104, 95 II BetrVG). Hier können Arbeitgeber und Betriebsrat nur gemeinsam eine Entscheidung treffen. Solange diese nicht vorliegt, haben die zur Entscheidung stehenden Maßnahmen zu unterbleiben. Die mangelnde Einigung kann jedoch in vielen Fällen durch den Spruch der Einigungsstelle (§ 76 BetrVG) ersetzt werden, die sowohl der Arbeitgeber als auch der Betriebsrat anrufen kann (vgl. z. B. §§ 87 II, 97 II BetrVG).

Bei dem Mitbestimmungsrecht muss man weitere **Unterscheidungen** treffen, zunächst zwischen einem „vollgleichberechtigten" Mitbestimmungsrecht und einem an bestimmte Bedingungen geknüpften Mitbestimmungsrecht: Bei manchen entscheidungsbedürftigen Tatbeständen ist dem Betriebsrat hinsichtlich der Entscheidung ein volles eigenes Ermessen eingeräumt (vgl. §§ 87 I, 94 I, 95 I BetrVG). Hier ist es gleichgültig, aus welchen Gründen der Betriebsrat sich einer Einigung widersetzt. Anders ist es etwa bei den gebundenen Mitbestimmungsrechten. Hier darf der Betriebsrat eine Zustimmung zu bestimmten Maßnahmen nur aus gesetzlich vorgesehen Gründen verweigern (§ 99 II BetrVG). Dabei kann eine nicht fristgerechte Mitteilung einer **Zustimmungsverweigerung** sogar zu einer Zustimmungsfiktion führen (vgl. § 99 III BetrVG).

(4) Mitbestimmung in sozialen Angelegenheiten

Der Bereich der sozialen Angelegenheiten stellt einen der Kernbereiche der Beteiligungen des Betriebsrates dar. Hier ist vor allen Dingen an die Beteiligung in den sozialen Angelegenheiten zu denken, die durch die Vorschrift des § 87 I BetrVG berührt werden. Der Arbeitgeber kann in diesen Fällen Maßnahmen grundsätzlich nur mit **Zustimmung** des Betriebsrates treffen, was regelmäßig auch für sog. **Eil- oder Notfälle** gilt. Kommt es zu keiner Einigung, so lässt diese sich nur noch durch den Spruch der Einigungsstelle (§ 76

BetrVG) ersetzen, die hier verbindlich entscheiden kann (§ 87 II BetrVG). Das starke Beteiligungsrecht des Betriebsrates wird zusätzlich noch dadurch gesichert, dass die Maßnahmen, die der Arbeitgeber unter Verletzung dieses Mitbestimmungsrechtes trifft, dem einzelnen Arbeitnehmer gegenüber unwirksam sind.

Der umfangreiche Katalog der **sozialen Angelegenheiten** beinhaltet die gesamte Palette des sozialen Zusammenlebens in einem Betrieb (s. zu den Details den Gesetzeswortlaut in § 87 I Nr. 1-13 BetrVG). In der Paxis spielen hier eine besondere Rolle die betriebliche **Ordnung** (s. § 87 I Nr. 1 BetrVG) und die **technischen Einrichtungen** zur Überwachung der Arbeitnehmer (§ 87 I Nr. 6 BetrVG)

Beispiele: Rauchverbote, Alkoholverbote, Bekleidungsvorschriften, Betriebsbußen, Anwesenheitskontrollen, Torkontrollen („betriebliche Ordnung"). Stechuhren, Videoüberwachung, Telefon- und Internetdatenerfassung, Personalinformationssysteme („technische Einrichtungen")

Zu den „sozialen Angelegenenheiten" rechnen ferner die **sozialen Leistungen** des Arbeitgebers (§ 87 I Nr. 8 und 9 BetrVG, z. B. Werkswohnungen), die Gestaltung von **Arbeitsbedingungen** und **Entlohnung** (§ 87 I Nr. 2-5 und Nr. 10-13 BetrVG) und der **Arbeitsschutz** (§ 87 I Nr. 7 BetrVG). Auch sie unterliegen der zwingenden Mitbestimmung des Betriebsrates. Eine Erweiterung erfahren die mitbestimmungspflichtigen Tatbestände des § 87 I BetrVG durch den bereits erwähnten § 89 BetrVG, der neben dem Arbeitsschutz auch den **betrieblichen Umweltschutz** einbezieht, und durch freiwillige (im gegenseitigen Einverständnis erzielte) **Betriebsvereinbarungen** i. S. von § 88 BetrVG. Grundlegend hinsichtlich der Mitbestimmung in sozialen Angelegenheiten ist der Vorrang von Gesetz und Tarifvertrag (vgl. § 87 I BetrVG), die insoweit bereits einen Interessenausgleich beinhalten, der auf betrieblicher Ebene aber nicht mehr zur Disposition stehen soll.

(5) Die Beteiligung bei der Gestaltung von Arbeitsplatz, Arbeitsablauf und Arbeitsumgebung

Der Arbeitgeber hat gemäß § 90 BetrVG den Betriebsrat zu unterrichten und mit ihm die **Planung** bei Neu-, Um- und Erweiterungsbauten von Fabrikations-, Verwaltungs- und sonstigen betrieblichen Räumen, die Planung von technischen Anlagen, von Arbeitsverfahren und Arbeitsabläufen oder von Arbeitsplätzen zu beraten. Bei Planungsvorgängen, die diese Bereiche betreffen, sollen sowohl Arbeitgeber als auch Betriebsrat die gesicherten arbeitswissenschaftlichen Erkenntnisse über menschengerechte Gestaltung der Arbeitswelt, von Arbeit und Arbeitsplätzen berücksichtigen. Nimmt der Arbeitgeber hierauf bei der Gestaltung von Arbeitsplätzen und Arbeitsumgebungen später dann doch keine Rücksicht, so dass die Maßnahme dem Stand arbeitswissenschaftlicher Erkenntnisse widerspricht, und werden durch diese Maßnahmen Arbeitnehmer in besonderer Weise belastet, so hat der Betriebsrat dann gemäß § 91 BetrVG ein „korrigierendes" Mitbestimmungsrecht (**Initiativrecht**). Der Betriebsrat kann in einem solchen Fall verlangen, dass angemessene Maßnahmen zur Abwendung oder Milderung der Belastungen getroffen werden. Kommt eine Einigung hierüber mit dem Arbeitgeber nicht zustande, so entscheidet wiederum bindend die Einigungsstelle gemäß § 91 S. 2 und 3 BetrVG.

(6) Die Beteiligung in personellen Angelegenheiten

In betrieblich-personellen Angelegenheiten hat man zunächst zu unterscheiden zwischen einer Mitwirkung und Mitbestimmung des Betriebsrates bei den allgemeinen personellen Maßnahmen (§§ 92-95 BetrVG), der Mitwirkung bei den Maßnahmen der Berufsbildung (§§ 96-98 BetrVG) und der Mitbestimmung bei personellen Einzelmaßnahmen (§ 99-105 BetrVG). Schon die **Personalplanung** ist gemäß § 92 BetrVG mit dem Betriebsrat zu beraten. Besonders wichtig ist dies dann, wenn die vom Arbeitgeber geplanten Maßnahmen zu Härten und Belastungen führen können. Ansonsten trifft den Arbeitgeber nur die Verpflichtung zur rechtzeitigen und umfassenden Information in diesem Bereich. Gemäß § 93 BetrVG kann allerdings der Betriebsrat verlangen, dass Arbeitsplätze, die besetzt werden sollen, zunächst innerhalb des Betriebes ausgeschrieben werden. Ein echtes Mitbestimmungsrecht hat der Betriebsrat sogar gemäß §§ 94 und 95 BetrVG, wenn es um die Gestaltung von **Personalfragebögen** (§ 94 I BetrVG), die Aufstellung allgemeiner **Beurteilungsgrundsätze** (§ 94 II 2. Halbs. BetrVG) und um die Gestaltung von **Auswahlrichtlinien** (§ 95 I Betr.VG) über die personelle Auswahl bei Einstellungen, Versetzungen, Umgruppierungen und Kündigungen geht. Die Einflussnahme auf Maßnahmen der **Berufsbildung** durch den Betriebrat ist verschieden ausgestaltet. Arbeitgeber und Betriebsrat haben nicht nur die Pflicht, die betriebliche Berufsbildung zu fördern (§ 96 I 1 BetrVG). Vielmehr steht dem Betriebsrat ein **Vorschlagsrecht** hinsichtlich der Einführung, Errichtung und Ausstattung betrieblicher Berufsbildungsmaßnahmen und -einrichtungen sowie der Teilnahme an externen Maßnahmen (s. § 97 I BetrVG) und der Sicherung und Förderung der Beschäftigung im Betrieb (§ 92a I BetrVG) zu. Darüber hinaus besitzt der Betriebsrat ein **Beratungsrecht** bei Fragen der Berufsbildung (s. § 96 I 2 BetrVG) und Beschäftigungssicherung und -förderung (§ 92a II BetrVG). Mitbestimmungsrechte erwachsen dem

Betriebsrat, wenn sich der Arbeitgeber entschlossen hat, nunmehr Berufsbildungsmaßnahmen durchzuführen (**Personalentwicklung**, § 98 BetrVG), oder wenn diese Maßnahmen auf Grund betrieblicher Umstrukturierungsmaßnahmen zur Erhaltung des Arbeitsplatzes erforderlich werden (§ 97 II BetrVG).

Gemäß § 99 BetrVG hat der Betriebsrat ein stark ausgebildetes Beteiligungsrecht, wenn es um **personelle Einzelmaßnahmen** geht, namentlich um Einstellung (Begründung eines Arbeitsverhältnisses durch Arbeitsvertrag), Eingruppierung (Einstufung in eine Lohngruppierung), Umgruppierung (nachträgliche Veränderung einer tariflichen Einstufung) oder Versetzung. Versetzung ist die Zuweisung eines anderen Arbeitsbereiches, die voraussichtlich die Dauer von einem Monat überschreitet oder die mit erheblichen Änderungen der Umstände verbunden ist, unter denen die Arbeit zu leisten ist (vgl. § 95 III BetrVG). Dieses Recht steht aber nur einem **mehrköpfigen Betriebsrat**, nicht schon einem **Betriebsobmann** zu. Voraussetzung ist daher immer, dass es sich um ein Unternehmen mit mehr als 20 wahlberechtigten Arbeitnehmern handelt (vgl. § 99 I 1 BetrVG).

In den genannten Fällen hat der Arbeitgeber dem Betriebsrat gegenüber eine **Informationspflicht**. Dies schließt im Falle der geplanten Einstellung eines Arbeitnehmers auch die Pflicht ein, die Einsichtnahme in die Bewerbungsunterlagen durch deren vollständige Vorlage zu gewährleisten. Außerdem hat der Arbeitgeber die **Zustimmung** des Betriebsrates einzuholen. Der Betriebsrat kann nun zwar die Zustimmung verweigern. Eine endgültige **Zustimmungsverweigerung** nach Verhandlung ist allerdings nur in den in § 99 II BetrVG vorgesehenen Fällen möglich. Eine solche endgültige Zustimmungsverweigerung hat der Betriebsrat dem Arbeitgeber schriftlich unter Angabe von Gründen binnen einer Woche nach Unterrichtung durch den Arbeitgeber zu erklären, andernfalls gilt die Zustimmung als erteilt (§ 99 III BetrVG).

Will der Arbeitgeber trotz dieser Zustimmungsverweigerung des Betriebsrates (oder wenn der Betriebsrat sich noch gar nicht geäußert hat) zunächst den gewünschten Arbeitnehmer sofort beschäftigen, so kann er das dann tun, wenn dies „aus sachlichen Gründen dringend erforderlich" ist (sog. **Eilbedürftigkeit**). Diese **vorläufige personelle Maßnahme** ist geregelt im § 100 I BetrVG. Bestreitet der Betriebsrat, nachdem ihn der Arbeitgeber hierüber unterrichtet hat, die Eilbedürftigkeit der vorläufigen Beschäftigung und teilt er dies dem Arbeitgeber mit, dann darf der Arbeitgeber diese vorläufige Maßnahme nur dann aufrechterhalten, wenn er innerhalb von 3 Tagen beim Arbeitsgericht die Ersetzung der Zustimmung des Betriebsrates und die Feststellung beantragt hat, dass die Maßnahme aus sachlichen Gründen dringend erforderlich war (vgl. § 100 II 3 BetrVG). Lehnt das Gericht die Ersetzung der Zustimmung ab oder stellt es fest, dass offensichtlich die Maßnahme nicht eilbedürftig war, so endet die vorläufige personelle Maßnahme in jedem Fall gemäß § 100 III BetrVG mit dem Ablauf von 2 Wochen nach Rechtskraft der ablehnenden Entscheidung. Für den Fall, dass der Arbeitgeber dann noch die Maßnahme über diesen Zeitpunkt hinaus aufrecht erhält, kann der Betriebsrat ein **Beugeverfahren** gemäß § 101 BetrVG gegen ihn einleiten.

Anhörungen des Betriebsrates bei **Kündigungen** schreibt § 102 I BetrVG als ein weiteres Beteiligungsrecht vor. Eine ohne ordnungsgemäße Anhörung ausgesprochene Kündigung ist unwirksam (§ 102 I 3 BetrVG). Bei außerordentlichen Kündigungen und Versetzungen von Mitgliedern der Betriebsvertretungen, die zu einem Verlust des Amtes oder der Wählbarkeit führen, muss gemäß § 103 BetrVG der Betriebsrat sogar seine Zustimmung erteilen.

(7) Die Beteiligung des Betriebsrates in wirtschaftlichen Angelegenheiten

Das Verfahren der Beteiligung in wirtschaftlichen Angelegenheiten ist geregelt in den §§ 106-113 BetrVG. Besondere Bedeutung kommt dieser Beteiligungsform bei **Betriebsänderungen** (§ 111 BetrVG) und dem daraus notwendig werdenden Interessenausgleich bzw. **Sozialplanverfahren** zu (§§ 112 ff. BetrVG).

d) Die Betriebsvereinbarung

Eine Kollektivvereinbarung anderer Art stellt die **Betriebsvereinbarung** dar. Obwohl die Betriebsvereinbarung als Instrument der Beteiligung des Betriebsrats einige Parallelen zum Tarifvertrag aufweist und somit auch dessen grundsätzlichen Probleme teilt, muss sie doch von ihm unterschieden werden. Es handelt sich um einen privatrechtlichen **Normenvertrag** zwischen dem Arbeitgeber und dem **Betriebsrat**: Auf Grund einer privatrechtlichen Vereinbarung, die allerdings wie der Tarifvertrag der **Schriftform** bedarf (§ 77 II 1 BetrVG), werden **unmittelbare** und **zwingend** auf jedes Arbeitsverhältnis im Betrieb wirkende Normen geschaffen (§ 77 IV 1 BetrVG). Um von der Wirkung einer Betriebsvereinbarung erfasst zu werden, bedarf es naturgemäß nur der **Betriebszugehörigkeit** des Arbeitnehmers. Der **Geltungsbereich** einer Betriebsvereinbarung ist im Unterschied zum Tarifvertrag allerdings anders zu bestimmen. Vertragspartner des Arbeitgebers ist der Betriebsrat, so dass die Wirkung der Betriebsvereinbarung sich nur auf diejenigen Personen erstreckt, die vom Betriebsrat repräsentiert werden. Dies sind gemäß § 5 III 1 BetrVG nicht die leitenden Angestellten, da diese vom Sprecherausschuss repräsentiert werden.

Der sachliche Zuständigkeitsbereich der Betriebsvereinbarung ist gesetzlich festgelegt und umfasst nur **soziale, personelle** und **wirtschaftliche Angelegenheiten,** darunter auch die Errichtung einer (betriebsverfassungsrechtlichen) Einigungsstelle gemäß § 76 I 2 BetrVG und die Aufstellung eines Sozialplanes (§ 112 I 3 BetrVG).

4. Haftungsfragen

a) Der Mitarbeiter als Erfüllungs- und Verrichtungsgehilfe

Wer eine Leistung schuldet, kann sich zu ihrer Erbringung anderer Personen, namentlich Mitarbeitern der eigenen Unternehmung, aber auch vertraglich verbundener Externer bedienen, muss als Kompensation für diese erhöhte Produktivität gemäß § 278 BGB aber auch für das Verschulden dieser „**Erfüllungsgehilfen**" einstehen wie für eigenes Fehlverhalten (**Zurechnung fremden Verschuldens)**. Noch weiter geht das Frachtrecht in § 428 HGB mit einer Haftung des Frachtführers für das ihm zugerechnete Verschulden aller seiner „Leute".

Eine nur auf den ersten Blick dem (vertragsrechtlichen) § 278 BGB ähnliche Haftungsnorm enthält § 831 I 1 BGB, der im Zusammenhang mit einer deliktischen Haftung (§§ 823 ff. BGB) Anwendung findet. Da das Deliktsrecht begrifflich keinerlei schon vor der Schadensersatzpflicht bestehendes Schuldverhältnis voraussetzt, gibt es dort also von vornherein nichts zu erfüllen. § 831 I 1 BGB kann demzufolge auch keine Haftung für einen Erfüllungsgehilfen normieren, sondern spricht zutreffend davon, dass jemand von einem anderen, dem von § 831 I 1 BGB selber sog. **Geschäftsherrn,** zu einer Verrichtung bestellt wurde, d. h. in einer irgendwie weisungsgebundenen und mit einer gewissen **sozialen Abhängigkeit** verbundenen Position in die Unternehmung integriert ist.

Beispiele: Arbeiter, Angestellte (auch im mittleren Management), nicht jedoch z. B. das Vorstandsmitglied der AG, der Geschäftsführer einer GmbH, der Gesellschafter einer Personengesellschaft.

Begeht der deshalb sog. **Verrichtungsgehilfe** in **Ausführung** dieser Verrichtung (nicht nur: aus Anlass dieser Verrichtung) eine tatbestandsmäßig-widerrechtliche unerlaubte Handlung i. S. der §§ 823 ff. BGB (auf sein Verschulden kommt es dabei nicht an!), so vermutet § 831 I BGB **Kausalität** und **eigenes Verschulden** des Geschäftsherrn.

Beispiele: Meister M lässt die von ihm übernommene Wasserleitungsreparatur im Hause des H durch den Gesellen G ausführen. G beschädigt bei der Reparatur die Stromleitung: „in Ausführung der Verrichtung".

Von vornherein keine Anwendbarkeit des § 831 I 1 BGB, wenn G wegen der sich bei der Reparatur bietenden günstigen Gelegenheit eine wertvolle Kamera des H stiehlt.

Diese (Kausalitäts- und) Verschuldensvermutung kann der Geschäftsherr aber ausräumen, indem er nachweist, dass er den fraglichen Mitarbeiter unter den Einstellungsbewerbern sorgfältig, namentlich nach den personalwirtschaftlich anerkannten Methoden, ausgewählt hat, dass er um die Mitarbeiterfortbildung und Personalentwicklung bemüht war, dass geeignete Vorgesetzte vorhanden waren und dass eine adäquate Personalkontrolle (**Compliance Monitoring**) bestand. Kurzum: der Entlastungsbeweis wird gelingen, wenn der Geschäftsherr den Nachweis kompetenter Betriebsführung erbringt. Kann sich der Geschäftsherr hinsichtlich „Auswahl" und „Leitung" derart **exkulpieren** - (lat.) culpa = Schuld -, so entfällt seine Haftung. § 831 I 1 BGB statuiert eben, wie bereits gesagt, eine Haftung für vermutetes eigenes Verschulden des Geschäftsherrn, während § 278 BGB eine Haftung für zugerechnetes fremdes Verschulden (des Erfüllungsgehilfen) bestimmt und deshalb auch keine Exkulpationsmöglichkeit des Schuldners vorsehen kann.

Sehr oft wird dem Geschäftsherrn bei den durchweg ja gut geführten Unternehmen nun die Exkulpation im Rahmen der deliktsrechtlichen Haftung für Verrichtungsgehilfen nach § 831 I 2 BGB gelingen, so dass deliktische Ansprüche des Geschädigten gegen den Geschäftsherrn oft ausscheiden. Gerade im Blick darauf zeigt sich die rechtspraktische Bedeutung und der tiefere Grund für die Anerkennung schon **vorvertraglicher Schutzpflichten**: In diesem Rahmen sind Mitarbeiter ja Erfüllungsgehilfen, für deren Fehlverhalten ohne Exkulpationsmöglichkeit wegen (lat.) culpa in contrahendo (§§ 280 I, 311 II i. V. m. § 278 BGB) gehaftet wird.

Erfahrungsgemäß Schwierigkeiten bereitet, dass ein und dieselbe Person sowohl Verrichtungs- als auch Erfüllungsgehilfe sein kann. Dies ist aber eine ganz selbstverständliche Konsequenz aus der dem deutschen Recht eigentümlichen **Kumulativhaftung** aus Vertrag und Delikt (Anspruchskonkurrenz): Die §§ 823 ff. BGB werden nicht etwa durch einen Vertrag verdrängt, oder, anders gewendet: Die §§ 823 ff. BGB finden eben nicht nur dort Anwendung, wo es an vertraglichen Beziehungen zwischen Schädiger und Geschädigtem fehlt. Vielmehr sind beide Anspruchssysteme unabhängig voneinander auf das Vorliegen ihrer Anspruchsvoraussetzungen im konkreten Sachverhalt hin zu prüfen. Soweit danach ein Schadensersatzanspruch sowohl auf Vertrag als auch auf Delikt gestützt werden kann, laufen auch die Rechtsfolgen nebeneinander her. Soweit eine Haftung durch Mitarbeiter ausgelöst wird, bleibt freilich oft nur eine vertragliche Haftung (§ 280 I i. V. m. § 278 BGB) übrig, wenn und weil sich der Geschäftsherr im Rahmen der in Betracht gezogenen deliktischen Haftung aus § 831 I 1 BGB exkulpieren kann.

§§ 278 und 831 BGB sind dispositives Recht und können somit grundsätzlich abbedungen werden. Soweit ein **Haftungsausschluss** oder eine **Haftungs-begrenzung** aber durch AGB und nicht durch Individualabrede vorgenommen werden soll, sind allerdings die sehr engen Grenzen des § 309 Nr. 7 BGB zu beachten: Nur für leicht-fahrlässig herbeigeführte Schäden, die keine Personenschäden darstellen, kann demnach die Haftung für **Erfüllungsgehilfen** vorformuliert ausgeschlossen oder begrenzt werden. Gegenüber Nicht-Verbrauchern greift diese Vorschrift zwar nicht ein (§ 310 I 1 BGB), doch dürfte ihr Inhalt auch im Rahmen des § 307 I 1 BGB zum Tragen kommen und somit auch im Verhältnis zu Unternehmen etc. den Spielraum für Haftungsmilderungen durch AGB wegen Verschuldens der Erfüllungshilfen sehr eng gestalten.

Dass § 309 Nr. 7 BGB nicht auch auf **Verrichtungsgehilfen** abstellt, erklärt sich daraus, dass § 831 I BGB ja eine Haftung für eigenes Verschulden des Geschäftsherrn, also des „Verwenders" der AGB, darstellt. Seine Freizeichnungsmöglichkeiten sind gleichermaßen beschränkt, weil die in § 309 Nr. 7 BGB (scheinbar) nicht erfasste Vorsatzhaftung des AGB-Verwenders ja schon wegen § 276 III BGB nicht - auch nicht individualvertraglich - ausgeschlossen werden kann. Ein erheblicher Spielraum besteht hingegen bei dem Ausschluss der Haftung für die „Leute" des Spediteurs und des Frachtführers, die nicht zugleich Erfüllungsgehilfen sind.

In ganz ähnlicher Weise wie die Haftung für Verrichtungsgehilfen ist übrigens auch die Haftung des **Aufsichtspflichtigen** für Minderjährige und sonstige Schutzbefohlene nach § 832 BGB ausgestaltet: Der Aufsichtspflichtige haftet auch hier nur für eigenes Überwachungsverschulden, wobei dieses allerdings vermutet wird. Von einer generellen Haftung etwa der Eltern für ihre Kinder kann deshalb keine Rede sein, weil die Möglichkeit einer **Exkulpation** durchaus besteht. Daran ändern auch die bekannten, schroff formulierten und keinerlei Exkulpationsmöglichkeiten andeutenden Schilder auf Baustellen etc. nichts. Sie sind allenfalls irreführende Hinweise auf die auch ohne solche Schilder bestehende Rechtslage, die im Übrigen ja durchaus auch eine **Eigenhaftung von Kindern** über 7 Jahren kennt (§ 828 BGB!).

Auch außerhalb des bürgerlichen Vertrags- und Deliktsrechtes existieren privatrechtliche **Zurechnungsnormen**. Bemerkenswert ist z. B. § 99 UrhG, der die Haftung eines Unternehmers für solche Rechtsverletzungen im **Urheberrecht** eröffnet, die ein „Arbeitnehmer oder Beauftragter" widerrechtlich begeht. Wirtschaftlich relevant wird diese Haftung namentlich in Zusammenhang mit der unberechtigten Nutzung urheberrechtlich geschützter EDV-Programme.

b) Die persönliche Haftung des Mitarbeiters, insbes. der Regress

Verbreitet, aber rechtsirrtümlich wird angenommen, eine Haftung des Mitarbeiters scheide aus, wo eine Haftung des Geschäftsherrn bestehe, oder - noch diffuser - deshalb, weil man ja nur als Mitarbeiter im Rahmen der betrieblichen Tätigkeit einen Schaden verursacht habe. Diese Vorstellungen sind prinzipiell falsch. Wer als Verrichtungsgehilfe selber die Voraussetzungen einer **deliktischen Haftung** insbesondere nach § 823 BGB (Tatbestandsmäßigkeit bei Abs. 1 oder Schutzgesetzverletzung bei Abs. 2 sowie Rechtswidrigkeit und Verschulden) erfüllt, haftet natürlich auch selber. Vermittelt er dabei zugleich eine Haftung des Geschäftsherrn über § 831 I 1 BGB, so haften beide eben als **Gesamtschuldner (§ 840 I BGB)**.

Eine **vertragliche Haftung** des Mitarbeiters nach § 280 I BGB scheidet allerdings grundsätzlich aus, weil ja vertragliche Beziehungen zwischen dem Mitarbeiter und dem Geschädigten fehlen. Doch besteht in Sonderfällen durchaus eine quasivertragliche Eigenhaftung des Mitarbeiters nach § 311 III BGB wegen in Anspruch genommenen Vertrauens. Auch diese sog. **Sachwalterhaftung** steht dann **gesamtschuldnerisch** neben der Haftung des potenziellen Vertragspartners, weil dieser sich das Verschulden des Mitarbeiters über § 278 BGB - im Rahmen der vorvertraglichen Schutzpflichten ist der Mitarbeiter Erfüllungsgehilfe - wie eigenes Verschulden zurechnen lassen muss. In der Praxis wird der Geschädigte freilich regelmäßig nicht den Mitarbeiter auf Schadensersatz in Anspruch nehmen, weil eine Rechtsverfolgung gegen den Geschäftsherrn angesichts der jeweiligen Vermögensverhältnisse oft aussichtsreicher erscheinen wird.

Wird gleichwohl der **Mitarbeiter** vom Geschädigten auf Schadensersatz in Anspruch genommen, so kommt ein **Regress** des Mitarbeiters gegen den gesamtschuldnerisch mithaftenden Geschäftsherrn aus § 426 BGB eigentlich nicht näher in Betracht, weil im Innenverhältnis den **tatnäheren Mitarbeiter** das größere Verschulden treffen wird. Diese Überlegung wird für die deliktsrechtliche Haftung ausdrücklich durch § 840 II BGB bestätigt. Insoweit gilt also „ein Anderes" i. S. von § 426 I BGB, so dass die **Regel interner kopfteiliger Kostentragung** der Gesamtschuldner hier nicht greift.

Wird der **Geschäftsherr** vom Geschädigten auf Schadensersatz in Anspruch genommen, so kann umgekehrt schon nach § 426 BGB der Geschäftsherr den Mitarbeiter grundsätzlich in **Regress** nehmen, und zwar an sich in voller Höhe dessen, was der Geschäftsherr dem Schadensersatzberechtigten leisten muss bzw. musste. Der Rückgriffsanspruch ist ferner auf schuldhafte Verletzung des Arbeitsvertrages, genauer: der aus ihm fließenden Schutzpflicht, zu stützen (§§ 241 II, 280 I BGB). Denn der Mitarbeiter hätte vermeiden sollen und können, dass durch sein Verhalten eine Haftung des Geschäftsherrn vermittelt wird. Diese Begründung der Haftung spielt die entscheidende Rolle, wenn überhaupt nur der Geschäftsherr durch das Verhalten des Mitarbeiters Schäden erleidet, es sich also gar nicht um ein Regressproblem handelt.

Beispiele: Aufstellen einer falschen Bilanz, Programmierfehler, Kassenmanko, Lagerfehlbestand.

Von diesen eigentlich geltenden Haftungsstandards wird freilich von der h. M. weitestgehend abgerückt, wenn es um die Haftung eines Arbeitnehmers gegenüber seinem Arbeitgeber geht, insbesondere auch um einen Regress. Hier, also im Innenverhältnis, kommt unter Hinweis auf die „Fürsorgepflicht" des Arbeitgebers dem Arbeitnehmer ein weitreichendes **Haftungsprivileg** zugute. Es wird von der h. M. nun nicht einmal mehr - wie früher - vom Vorliegen einer sog. gefahrengeneigten Arbeit (Kranführer, Berufskraftfahrer, Glaswarenverpacker) abhängig gemacht. Nur bei Vorsatz hat demzufolge der Arbeitnehmer im Verhältnis zum Geschäftsherrn (Arbeitgeber) den Schaden allein zu tragen, wie es dem regulären Haftungsmuster entspricht. Bei (ganz) leichter Fahrlässigkeit, also am unteren Ende der Verantwortlichkeitsskala, haftet der Arbeitnehmer überhaupt nicht.

In dem verbleibenden Fahrlässigkeitsbereich kommt es zu einer Lastenverteilung nach den Umständen des Einzelfalls, wobei namentlich ein „Missverhältnis" zwischen Arbeitsentgelt und Schadensrisiko selbst bei grober Fahrlässigkeit nur zu einer **Teilhaftung** des Arbeitnehmers führen soll. Soweit nach dem Gesagten der Arbeitgeber im Innenverhältnis (also zum Arbeitnehmer) endgültig den Schaden zu tragen hat, muss der vom Geschädigten in Anspruch genommene Arbeitnehmer nicht einmal vorfinanzieren. Vielmehr kann er intern vom Arbeitgeber „**Freistellung**" verlangen, nämlich, dass der Arbeitgeber die Schadensersatzforderung des Geschädigten gegen den Arbeitnehmer als Dritter nach § 267 BGB erfüllt. Diese ganze h. M. ist nicht überzeugend, ganz abgesehen von ihrer nur schwer darstellbaren gesetzlichen Verankerung. Das dahinterstehende klassenkämpferische Klischee vom armen Arbeitnehmer und reichen Arbeitgeber genügt als **Legitimation** nicht, zumal zahllose „arme" Kleinstgewerbetreibende nicht in den Genuss eines solchen Haftungsprivilegs kommen.

Das von der h. M. statuierte Haftungsprivileg des Arbeitnehmers gilt, wie nochmals zu betonen ist, nur gegenüber dem Arbeitgeber. Im **Außenverhältnis**, zu einem geschädigten Dritten, greifen alle diese Argumente auch aus Sicht der h. M. nicht, da sie eben nur relativ, zwischen den Arbeitsvertragsparteien auf Grund der sog. Fürsorgepflicht des Arbeitgebers, wirken können. Ist der an Leib oder Leben Geschädigte allerdings ein **Arbeitskollege** desselben oder eines anderen Betriebes und ereignet sich die Schädigung auf einer wenn auch nur vorübergehend gemeinsamen Betriebsstätte, so reicht das **Haftungsprivileg** bei der **Kollegenhaftung** grundsätzlich sogar noch weiter als gegenüber dem Arbeitgeber: Nach § 105 I SGB VII scheidet eine Haftung des

Arbeitnehmers dann grundsätzlich überhaupt aus, soweit er den Personenschaden nicht vorsätzlich herbeigeführt hat.

Beispiel: Arbeitnehmer AN1 erleidet auf einer Großbaustelle, auf der verschiedene Gewerke von verschiedenen Unternehmen ausgeführt werden, durch den bei einem Subunternehmer angestellten AN2 eine Körperverletzung, da AN2 aus Unachtsamkeit eine Gasflasche umgestoßen hat.

Das **Zusammenspiel** zwischen §§ 278 S. 1, 831 I 1 BGB einerseits, Außen- und Innenverhältnis vor allem auch unter arbeitsrechtlichem Aspekt andererseits, illustriert abschließend Abb. 40. Dabei markiert U den Betreiber eines Omnibusunternehmens, F seinen Fahrer, P den mitreisenden Passagier und S einen Spaziergänger, wobei P und S durch einen grob fahrlässigen Fahrfehler des F Verletzungen erlitten haben sollen.

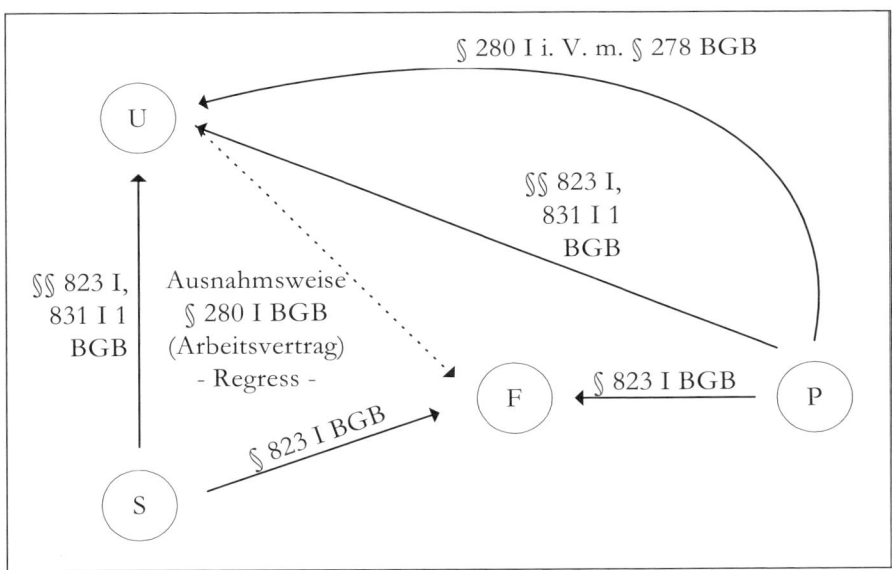

Abb. 40: Haftung für Verrichtungs- und Erfüllungsgehilfen (vereinfacht)

Lässt man der Übersichtlichkeit halber zunächst Ansprüche aus StVG, PflVG und im Verhältnis U-F § 426 BGB unberücksichtigt, so gilt kurz gesagt Folgendes: Wenn F durch einen Sorgfaltsmangel S und P verletzt hat, dann ist er diesen gemäß § 823 I BGB zu Schadensersatz verpflichtet. U haftet sowohl S als auch P gegenüber neben dem zur Verrichtung „Omnibusfahren" bestellten F gesamtschuldnerisch aus §§ 823 I/831 I 1 BGB, sofern sich U nicht exkulpieren kann. Im Verhältnis U-P nützt eine solche Exkulpation freilich im Ergebnis nichts. Denn auf Grund des Beförderungsvertrages traf den U als weitere Verhaltenspflicht eine Schutzpflicht, zu deren Erfüllung U sich des F bedient hatte. Für den F als Verrichtungsgehilfen mag sich U exkulpieren können, nicht jedoch für den F in seiner Funktion als Erfüllungsgehilfe, da § 278 BGB keine Exkulpation kennt.

P kann den U also jedenfalls aus Vertragsverletzung des Beförderungsvertrages nach §§ 280 I, 241 II i. V. m. § 278 S. 1 BGB auf Schadensersatz in Anspruch nehmen. Wegen der groben Fahrlässigkeit des F kann U als dessen Arbeitgeber von diesem grundsätzlich Rückerstattung des jedenfalls an P und - bei Misslingen der Exkulpation - auch an S zu leistenden Schadensersatzes verlangen. Sein Resthaftungsrisiko hinsichtlich einer Inanspruchnahme sowohl durch S oder P als auch durch U kann F durch Abschluss einer **Berufshaftpflichtversicherung** verringern. Dabei ist allerdings festzuhalten, dass dies seine Haftung gegenüber P, S und U unmittelbar nicht tangiert, sondern lediglich eine **interne Kostendeckung** zur Folge haben kann. Der Versicherungsschutz des F ist hier auch nicht durch seine grobfahrlässige Herbeiführung des Versicherungsfalls in Frage gestellt, da inzwischen nach § 103 VVG in der Haftpflichtversicherung nur noch Vorsatz zum Verlust des Versicherungsschutzes führt (anders in der Schadensversicherung: § 81 VVG: bei grober Fahrlässigkeit Kürzung der Versicherungsleistung). Auch für U ist die versicherungsrechtliche Ebene zu berücksichtigen. Für ihn gilt insoweit dasselbe wie für F. Wegen des **Direktanspruches** in der **Pflicht-Haftpflichtversicherung** wirkt sich die Versicherung des U freilich zugleich auf die Rechtsstellung von S und P aus.

5. Betriebliche Informationstechnik und Recht

a) Der betriebsexterne IT-Arbeitsplatz

Mancherorts beginnt sich die bisher übliche, auf weitgehende Zentralisation aufgebaute Büroorganisation unter dem Stichwort „**Telearbeit**" aufzulösen. Die Informationstechnik („**IT**") ermöglicht es, ganze Arbeitsplatzbereiche gleichsam in die Privatwohnungen auszulagern. Kosteneinsparungen bezüglich Büroraummiete, Büroausstattung und Betriebskosten schlagen auf Unternehmensseite ebenso zu Buche wie auf Seiten der Mitarbeiter der Zugewinn an Arbeitszeitflexibilität und Einsparungen von Zeit und Geld für An- und Abfahrt. Der Preis dafür sind aber auch Anonymisierung und soziale Isolierung. Unabhängig von der gesellschaftspolitischen Durchsetzbarkeit und ökonomischer Wünschbarkeit betriebsexterner IT-Arbeitsplätze stellt sich die Frage nach dem **rechtlichen Status** einer derart dezentral tätigen Person.

Zum Begriff des Arbeitnehmers gehört seine auf vertraglicher Grundlage bestehende Pflicht zu fremdbestimmter, unselbständiger Tätigkeit. Damit geht die räumliche **Eingliederung** in eine (zentrale) Betriebsorgansisation zwar regelmäßig einher, doch kann eine solche gelegentlich auch fehlen, ohne die Arbeitnehmereigenschaft und damit die Geltung weitgehender Sondernormen für diese Personengruppe zu berühren. Zu denken ist etwa an die Mitarbeiter eines Hard- oder Softwareproduzenten, die zur Wartung, Nachbesserung etc. ausgelieferter Systeme eingesetzt sind und demzufolge in den Betriebsräumen der Kunden/Anwender tätig werden, gleichwohl aber unzweifelhaft Arbeitnehmer sind, weil sie über das Wo, Wann und Wie ihrer Tätigkeit nicht frei disponieren können. Ob eine freie Verfügung insbesondere über die **Arbeitszeit** bei dem IT-Arbeitsplatz in der Privatwohnung besteht, dürfte nicht einheitlich zu beurteilen sein, sondern wird von den Umständen des Einzelfalles abhängen. Eine freie Zeiteinteilung wird z. B. dort zu verneinen sein, wo jener häusliche IT-Arbeitsplatz mit dem betrieblichen Zentralsystem derart verbunden ist, dass der Zugriff auf die Daten dieses Systems und die Rückführung der Verarbeitungsergebnisse nur zu bestimmten Zeiten möglich ist. Hier handelt es sich erkennbar um ein Leistungsverhalten, das die Unselbständigkeit der Tätigkeit und damit die **Arbeitnehmerstellung** unberührt lässt.

Wie jene Personengruppe rechtlich zu qualifizieren ist, wenn im Einzelfall der Arbeitsablauf im Wesentlichen eben doch frei disponiert werden kann, ist dagegen zweifelhaft. Wenigstens auf den ersten Blick scheint es, dass hier prinzipiell trotz Fehlens der Arbeitnehmereigenschaft auch keine selbständigen Kleinunternehmer anzunehmen sind, weil und soweit sie nicht mittelbar am Absatzmarkt in Erscheinung treten, das kaufmännische Risiko vielmehr bei einem anderen, nämlich bei dem Unternehmer, dem Träger des zentralen EDV-Systems, angesiedelt ist. Es könnte sich hier aber um Personen i. S. des § 2 Heimarbeitsgesetzes (HAG) handeln, um Personen also, die in **Heimarbeit** beschäftigt sind und dabei lediglich einen arbeitnehmerähnlichen Status besitzen. Das Arbeitsrecht mit seinen mannigfachen Schutznormen zugunsten der Arbeitnehmer findet auf diese Personen, von Ausnahmen, etwa nach § 12 BUrlG, § 5 I 2 BetrVG, § 5 I 2 ArbGG abgesehen, keine Anwendung. Insbesondere gilt für sie nicht das KSchG und auch nicht § 613a BGB, der im Fall der Unternehmensveräußerung die Rechtsverhältnisse nur der Arbeitnehmer auf den neuen Unternehmensträger zwingend überleitet.

In Heimarbeit beschäftigt ist gemäß § 2 I HAG, wer z. B. in eigener Wohnung im Auftrag von Gewerbetreibenden erwerbsmäßig arbeitet, jedoch die Verwertung der Arbeitsergebnisse jenem Gewerbetreibenden überlässt. Trotz des klaren Wortlauts des jetzigen § 2 I HAG, der im Gegensatz zu einer früheren Fassung Angestelltentätigkeit nicht mehr vom Geltungsbereich des HAG ausschließt, erkennt man jedoch vielfach keineswegs jede **Büroheimarbeit** als Fall des § 2 I HAG an, sondern nur einfache Angestelltentätigkeiten. Diese Interpretation ist vor allem wirtschaftsgeschichtlich bedingt und heftigen Angriffen ausgesetzt. Den Heimarbeitern i. S. des § 2 I HAG können nach § 1 IIa HAG andere, wirtschaftlich ähnlich abhängige Personengruppen gleichgestellt werden. Eine solche **Gleichstellung** wurde jedoch bislang nur in sehr engen Grenzen, z. B. lediglich für die reine Datenerfassung auf Datenträger, bejaht, nicht jedoch für anspruchsvollere IT-Tätigkeiten wie z. B. Programmierung und die IT-gestützte Sachbearbeitung. Auch hier zeichnet sich indes ein Wandel ab. § 2 II HAG (sog. **Hausgewerbetreibende**) i. V. m. einer Gewerbeanmeldung führt hier jedenfalls nicht zu einer Klassifizierung als Heimarbeit, weil er tatbestandlich auf Herstellung, Bearbeitung und Verarbeitung von Waren, also von beweglichen Sachen, beschränkt ist. Dagegen handelt es sich bei der EDV im Kern um geistige Prozesse, die sich an oder mit Hilfe von immateriellen Gegenständen - der Software - vollziehen.

Im Ergebnis wird damit nach wohl noch h. M. der größte Teil der sog. Computerheimarbeit vom HAG nicht erfasst. In diesem Sektor werden somit selbständige Tätigkeiten auf der Grundlage „freier" Dienst- oder Werkverträge ausgeübt. Damit hat diese Personengruppe z. Zt. wenig Aussicht auf den rechtlichen Schutz, den Arbeitnehmer völlig und arbeitnehmerähnliche Personen wenigstens partiell besitzen.

b) Rechtsschutz von Computerprogrammen

Mehrere begriffliche Distinktionen sind vorab geboten, um im Gesamtbereich des Softwareschutzes die richtigen Weichenstellungen vornehmen zu können. So treten im Raum der **Hardware** keine rechtlichen Probleme auf, die sich von dem rechtlichen Schutz technischer Erfindungen im allgemeinen unterscheiden. Eine neuartige Chip-Technologie etwa ist dem gängigen Instrumentarium des PatG und des HalbleiterschutzG zugänglich und soll hier lediglich Erwähnung finden. Solche Neuentwicklungen basieren zwar in der Praxis durchaus auf der Kreativität von Arbeitnehmern, doch nur in Verbindung mit den vom Unternehmer/Arbeitgeber bereitgestellten personellen und sachlich-instrumentellen Ressourcen. Diese sog. **Diensterfindungen** kann der Unternehmer deshalb an sich ziehen, muss dann freilich dem Arbeitnehmer eine angemessene Vergütung leisten und ihm außerdem seine „Erfinderehre" (durch Bekanntgabe des Namens) belassen (§§ 9, 7 ArNErfG). Durchaus ähnlich werden bestimmte technische Verbesserungsvorschläge behandelt, die nicht patentrechtsfähig sind (§ 3 ArbNErfG).

Dem steht der Software-Bereich gegenüber, wobei hier unter **Software** die Gesamtheit von sog. Quell- und Objektprogramm sowie gesamte Programmdokumentation (Benutzerhandbuch, Programmbeschreibung mit Entwurfs-, Programmlogik- und Wartungsdokumentation) verstanden wird. Zu dem

Kern des Schutzproblems gelangt man freilich nur, wenn man sich klarmacht, dass das **Programm** als solches gedanklich zu trennen ist von der **Programmverkörperung** auf einem stofflichen Träger. In vorliegendem Zusammenhang geht es nur um das Programm als gedankliches Konzept, als unkörperlichen Gegenstand, als immaterielles Gut. Sein Schutz ist jedenfalls über das bürgerlichrechtliche Eigentumsrecht nicht möglich, da Eigentum (§ 903 BGB) nur an Sachen, d. h. nur an körperlichen Gegenständen (§ 90 BGB), bestehen kann, also durchaus am Programmträger, der hier aber gerade nicht relevant ist. „Geistiges Eigentum" ist nur eine unreflektierte Übersetzung von (engl.) „intellectual property": Im anglo-amerikanischen Rechtsraum ist der Eigentumsbegriff recht undifferenziert und bezeichnet wohl all das, was man unter absoluten Rechten versteht.

Man könnte für Programme an einen Patentrechtsschutz denken, doch schließt § 1 III Nr. 3 PatG dies von vornherein aus. In Betracht kommt aber ein urheberrechtlicher Schutz, der alle „**persönlichen geistigen Schöpfungen**" auf dem Gebiet der „Literatur, Wissenschaft und Kunst" umfasst (§ 1 i. V .m. § 2 I UrhG). Dazu können als „**Sprachwerk**" auch EDV-Programme zählen, wie §§ 2 I Nr. 1, 69a IV UrhG klarstellen.

Damit wird allerdings ein EDV-Programm nicht schlechthin urheberrechtsfähig. In den Schutzbereich einzubeziehen ist grundsätzlich nur das primär maßgebliche **Quellprogramm**, denn nur das Quellprogramm besteht aus einer Summe von operativen Anweisungen in einer spezifischen Ordnungsregeln folgenden Programmier-"Sprache"; das hieraus entwickelte **Objektprogramm** (oder: Maschinenprogramm) stellt seinerseits wohl kaum jemals ein eigenes schutzfähiges „Werk" dar. Denn die Übertragung des Quellprogramms in das Objektprogramm folgt starren Regeln, die die Möglichkeit eines individuellen, von einem ganz bestimmten Urheber herrührenden und als dessen persönlich-geistige Schöpfung erkennbaren „Werkes" doch ausschließen. § 69a I und II 1 UrhG, demzufolge Computerprogramme i. S. des UrhG Programme in jeder Gestalt (einschließlich des Entwurfmaterials) und in jeder Ausdrucksform sind, ändert daran nichts.

Ob einem Quellprogrammen die Qualität eines urheberrechtsfähigen Werkes zuzusprechen ist, muss im Einzelfall geklärt werden. **Maßstab** dafür ist eine entsprechende „**Schöpfungshöhe**", die - entgegen der notwendigen Erfindungshöhe des Patentrechts - lediglich Ausdruck einer „individuellen eigenen geistigen Schöpfung" seines Urhebers sein muß (§ 69a III S. 1 UrhG). Die geistige Schöpfungshöhe kann daher selbst einem auf den ersten Blick durchaus anspruchsvollen Programm zu verneinen sein, wenn sich das Programm bei genauerer Betrachtung nur als eine gigantische Anhäufung von Mannstunden, als reine „Fleißarbeit, erweist. Da das Urheberrecht jedoch anders als das Patentrecht kein amtliches **Prüfungs- und Eintragungsverfahren** (analog der „Patentrolle") in irgendein „Urheberregister" kennt, bleibt der Urheberrechtsschutz eines Werkes und damit insbesondere eines EDV-Programms bis zu einer gerichtlichen Klärung ungewiss. Im Einklang mit dem Gesetzeswortlaut (vgl. § 69a III S. 2 UrhG, keine qualitativen Kriterien bei der Bestimmung der Schutzfähigkeit!) werden allerdings von der Rechtsprechung im Urheberrechtschutzprozess die Kriterien der **Schöpfungshöhe** eines Programms zunehmend abgesenkt oder die Schöpfungshöhe wird ohne jede Feststellung schlicht unterstellt.

Ist der urheberrechtliche Schutz eines (Quell-)Programms gegeben, so bestimmt sich der Schutzumfang nach den §§ 11 ff., 69c ff. UrhG. Der Urheberrechtsschutz ist dabei mehrgleisig angelegt (vgl. Abb. 41): Im Zentrum steht das **Persönlichkeitsrecht** des Urhebers, als solcher anerkannt und ganz allgemein in den geistigen und persönlichen Beziehungen zu seinem Werk nicht beeinträchtigt zu werden. Der Urheber hat also insbesondere das Recht zu bestimmen, ob und wie sein Werk veröffentlicht (§ 12 UrhG) und seine Urheberschaft daran deutlich werden soll (§ 13 UrhG). Darum herum gruppiert sich eine Vielzahl von **Verwertungsrechten**, wovon für den Computerprogrammsektor vor allem das Vervielfältigungs- und das Verbreitungsrecht für die verkörperte Form des Programms auf stofflichen Trägern hervorzuheben ist (§ 15 I Nr. 1 und 2 sowie §§ 16, 17, 53 ff. UrhG). Beide, sowohl das Urheberpersönlichkeitsrecht als auch die Verwertungsrechte, sind gemäß § 29 UrhG - im Gegensatz etwa zum Patent - grundsätzlich **unübertragbar**. Das schließt freilich nicht aus, dass der Urheber einem anderen **Nutzungsrechte** einräumt (§§ 31 ff. UrhG). Ohne diese Möglichkeit wäre eine kommerzielle Auswertung von Urheberrechten vielfach ausgeschlossen.

Die durch (formlosen) Vertrag eingeräumten Nutzungsrechte können nun sehr verschiedenen Inhalt haben, da das UrhG hier der Privatautonomie breiten Raum gibt: Das **Nutzungsrecht** kann auf bestimmte Nutzungsarten, räumlich und zeitlich (Befristung, §§ 158, 163 BGB) **beschränkt** sein (§ 31 I 2 UrhG) und dabei wiederum „**einfach**" oder „**ausschließlich**" sein. Der Inhaber eines einfachen Programmnutzungsrechtes ist berechtigt, das Programm neben dem Urheber oder anderen Nutzungsberechtigten zu verwenden (vgl. § 31 II UrhG). Das ausschließliche Nutzungsrecht hingegen berechtigt den Träger, das Programm unter Ausschluss aller anderen, auch des Urhebers selber, zu verwenden und wiederum einfache Nutzungsrechte zu vergeben (vgl. § 31 III UrhG). Beim Erwerb von konfektionierter sog. **Standardsoftware** ist also - Urheberrechtsschutz des Programms unterstellt - auf Erwerb eines einfachen Nutzungsrechtes zu achten. Wer „maßgeschneiderte" **Individualsoftware** in Auftrag gibt, wird auf Einräumung eines ausschließlichen sowie zeitlich, räumlich und inhaltlich unbeschränkten Nutzungsrechtes zu achten haben (sofern überhaupt ein urheberrechtlich sensibles Programmniveau erreicht wird!). Denn eine Übertragung des Urheberrechtes selber, auch des Teilrechtes Verwertungsrecht, ist ja unmöglich. In zeitlicher Hinsicht

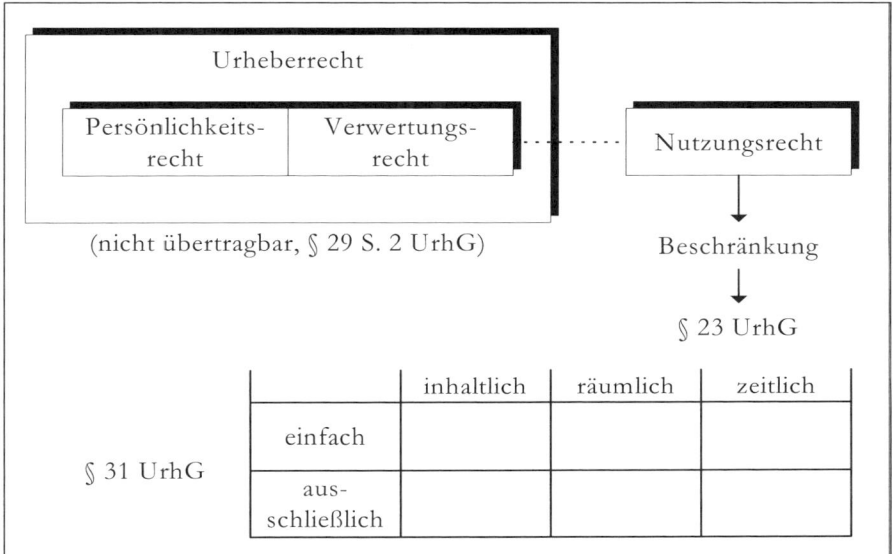

Abb. 41: Urheberrechtliche Befugnisse

ist noch § 64 I UrhG zu bedenken, demzufolge ein Urheberrecht 70 Jahre nach dem Tod des Urhebers erlischt. In der Informationstechnik ist dies freilich keine echte Restriktion, da die Materie selber einem außerordentlich schnellen Wandel unterliegt. Die Aktualität eines Programms und damit seine ökonomische Verwertbarkeit bestehen also ohnedies nur recht kurze Zeit.

Dieses reguläre Regelungsmuster des urheberrechtlichen Schutzes wird durch die §§ 69c ff. UrhG speziell für den Programmschutz (sofern er überhaupt besteht!) konkretisiert: Die **Zustimmungsbedürftigkeit** von Handlungen wird vor dem besonderen Hintergrund der Informationstechnik präzisiert (z. B. Vervielfältigung durch Laden des Programms: § 69c I Nr. 1 UrhG), zugleich aber werden praktisch sehr wichtige Ausnahmen normiert (z. B. gerade für das Laden vgl. § 69d I UrhG; grundsätzlich zustimmungsfreie Erstellung einer Sicherungskopie gemäß § 69d II UrhG). Sehr differenziert behandelt § 69e UrhG die Zustimmungsbedürftigkeit bei der sog. Dekompilierung, verbunden mit einer merkwürdigen Auslegungsanweisung, weder die „normale Auswertung" des Programms zu beeinträchtigen, noch die „berechtigten Interessen" des Programmberechtigten zu verletzen.

Wie schon für die im Hardwarebereich interessierenden technischen Erfindungen, so stellt sich auch für den Softwarebereich und den hierfür relevanten urheberrechtlichen Schutz das Problem der Interessenkollision, wenn ein **angestellter Programmierer** (Quell-)Programme, grundsätzlich also urheberrechtsfähige „Werke", entwickelt oder so nachhaltig verbessert, dass ein neues „Werk" vorliegt. Als Ausgangspunkt ist hierfür festzuhalten, dass die Rechtsstellung eines Urhebers grundsätzlich nicht dadurch berührt wird, dass „der Urheber das Werk in Erfüllung seiner Verpflichtungen aus einem Arbeits- oder Dienstleistungsverhältnis geschaffen hat" (§ 43 UrhG). Davon macht § 69b UrhG freilich gerade für den hier interessierenden Fall eine Ausnahme. Demnach obliegt die Ausübung aller vermögensrechtlichen (nicht: persönlichkeitsrechtlichen) Befugnisse an Computerprogrammen, die innerhalb von Arbeits- oder (freien) Dienstverhältnissen entwickelt wurden, ausschließlich dem Arbeitgeber bzw. Dienstvertragspartner. Entgegen der Rechtslage bei der Arbeitnehmererfindung wird auch nicht automatisch ein Entgelt dafür geschuldet. Etwas anderes gilt nur auf Grund entsprechender Vereinbarungen, die in der Praxis eher selten sein dürften.

Der urheberrechtliche Schutz von Computerprogrammen wird überlagert und ergänzt durch **wettbewerbsrechtliche und arbeitsrechtliche Instrumente**. Diese Schutzdimension tritt z. B. dort deutlich in Erscheinung, wo ein Arbeitnehmer für seinen Arbeitgeber Programme entwickelt hat, die Regelung des § 69b UrhG vertraglich tasächlich einmal ausgeschlossen wurde und er sodann unter Mitnahme dieser Programme aus der Unternehmung ausscheidet. Der bisherige Arbeitnehmer möchte sich etwa als Existenzgründer selbständig machen und dabei auf die selbstgeschaffene Software zurückgreifen. § 23 UrhG ist hier naturgemäß nicht einschlägig, da es ja nicht um den Schutz des Urhebers geht. Abgesehen davon wird vielfach der Schutzumfang dieser Norm restriktiv interpretiert: substanzielle Umgestaltungen (Bearbeitungen) des „Werkes" sollen danach von § 23 UrhG von vornherein nicht umfasst werden. Der (frühere) Arbeitnehmer kann jedoch dadurch gegen § 17 II UWG verstoßen und sich demnach strafbar machen. Sein Urheberrecht begründet also nicht etwa eine Verwertungsbefugnis i. S. des § 17 II Nr. 2 UWG. Eine solche Befugnis könnte sich nur ergeben aus einer Zustimmung des (früheren) Arbeitgebers.

Schließlich darf auch § 74 HGB nicht unerwähnt bleiben, der die Möglichkeit eines **Wettbewerbsverbotes** auch nach Beendigung des Arbeitsverhältnisses eröffnet. Es gilt dem Wortlaut nach allerdings nur für „Handlungsgehilfen" i. S. des § 59 HGB, also nur für Arbeitnehmer, die zumindest auch kaufmännische Dienste leisten. Die höchstrichterliche Rechtsprechung zieht mittlerweile freilich eine Analogie zu den §§ 74 ff. HGB für alle Arbeitnehmer, so dass jedenfalls insoweit die Dreiteilung in kaufmännische, technische und sonstige Angestellte obsolet ist.

Rechtsverletzungen im urheberrechtlichen Bereich sanktioniert das Gesetz neben diversen **Strafbestimmungen** (§§ 106 ff. UrhG) privatrechtlich grundsätzlich in den §§ 97 ff. UrhG. Dabei ist § 97 I 1 UrhG eine textlich-tatbestandliche Kombination der §§ 1004 und 823 I BGB unter Einschluss des dogmatisch ohnehin anerkannten vorbeugenden Unterlassungsanspruchs.

Insoweit ist die Vorschrift letztlich überflüssig, weil die von § 97 I 1 UrhG geschützten Rechte (das Urheberrecht selber sowie ausschließliche Nutzungsrechte) als „sonstige" (absolute) Rechte über § 823 I BGB schon unmittelbar und über § 1004 I BGB jedenfalls analog geschützt werden können. Auch der Schadensersatzanspruch nach § 97 II 1 UrhG bringt gegenüber § 823 I BGB nichts Neues.

Allerdings ist in der Praxis der Nachweis eines entstandenen Schadens aus der Urheberrechtsverletzung nur schwer zu führen, weil dem Geschädigten persönlich oft gar nicht die Vermarktungsmöglichkeiten des Verletzers zu Gebote stehen, sein Schaden und der Gewinn des Verletzers also nicht miteinander korrelieren. Hier versucht das Gesetz Abhilfe zu schaffen: Bei der **Schadensersatzbemessung** kann nach § 97 II 2 UrhG auch der Gewinn, der aus der Rechtsverletzung gezogen wurde, berücksichtigt werden. Das aber ist eine völlig unsinnige, weder logisch noch praktisch darstellbare Regelung, da das eine mit dem anderen begrifflich überhaupt nichts zu tun hat. Früher sah das Gesetz neben dem Schadensersatzanspruch auch einen Anspruch auf Gewinnabführung vor, was jedenfalls rechtsdogmatisch vorzugswürdig war. Allerdings ist der gerade aus der Rechtsverletzung gezogene Gewinn ebenso schwer zu berechnen wie der gerade aus der Rechtsverletzung entstandene Schaden. Auch die in § 97 II 3 UrhG vorgesehene **abstrakte Schadensberechnung** führt nicht viel weiter: Welche angemessene Vergütung der Verletzte hätte entrichten müssen, wenn er die Erlaubnis zur Nutzung des verletzten Rechtes eingeholt hätte, ist ja in erster Linie Verhandlungssache. Soweit für solche Erlaubnisse (durchschnittliche) Marktpreise zu ermitteln sind, liefern diese der abstrakten Schadensberechnung aber immerhin eine Basis.

Beispiele: Auf dem Markt befindliche standardisierte Lagerverwaltungssoftware mit ähnlichen Funktionen kostet durchschnittlich den Betrag x, der im Wesentlichen als Entgelt für das einfache Verwertungsrecht am Programm zu verstehen ist. Wenn V ein solches Programm des U plagiatiert und vertreibt, liefert x, multipliziert mit der Anzahl der verkauften Programm-Exemplare den Ansatz für den (abstrakten) Schaden, den V dem U zugefügt hat. Bei Individualsoftware oder miteinander nicht vergleichbarer Standardsoftware führen solche Überlegungen jedoch nicht weiter.

Verstärkt wird § 97 UrhG durch die §§ 98 f. UrhG: Der Inhaber urheberrechtlich geschützter Rechtspositionen kann grundsätzlich auch **Vernichtung** (oder Überlassung) rechtswidriger Vervielfältigungsexemplare (**Raubkopien**) sowie sogar Unbrauchbarmachung bzw. Vernichtung von Reproduktionseinrichtungen etc. verlangen. Davon macht § 100 I-IV UrhG allerdings bedeutsame Ausnahmen: Demnach kann sich der Verletzer gleichsam „freikaufen". Speziell für den Softwarebereich gilt mit § 69f UrhG ebenfalls etwas anderes: Zwar bleibt es bei dem Recht, die Vernichtung rechtswidrig hergestellter und verbreiteter Raubkopien zu verlangen (insoweit wiederholt § 69f UrhG nur § 98 I UrhG), doch wird durch diese „besondere Bestimmung für Computerprogramme" (vgl. die Abschnittsüberschrift vor § 69a UrhG), die allgemein für Rechtsverletzungen (auch) geltende Vorschrift des § 98 I 2 UrhG sinngemäß ausgeschlossen: Sonst bestünde ein Anspruch auf Vernichtung aller Personal Computer, auf denen urheberrechtswidrig Software lief, weil das Laden technisch notwendig mit einer Vervielfältigung des Programms oder einzelner Programmteile einhergeht. Ein eingeschränktes Vernichtungsrecht besteht freilich im Rahmen des § 69f II UrhG.

Bemerkenswert ist ferner § 99 UrhG, der mit Ausnahme des Schadensersatzanspruches alle urheberrechtlichen Sanktionen auch auf den **Unternehmer** erstreckt, dessen „Arbeitnehmer oder Beauftragter" widerrechtlich nach dem UrhG geschützte Rechtspositionen verletzt hat. § 99 UrhG geht innerhalb seines Anwendungsbereiches also weit über § 831 I BGB hinaus, weil er - insoweit ähnlich dem § 278 BGB - **keine Exkulpation** des Unternehmers vorsieht. Allerdings führt § 99 UrhG eben gerade nicht wie § 831 I 1 BGB zum Schadensersatzanspruch. Ein solcher Anspruch lässt sich nur über die §§ 831 I 1/823 I BGB herleiten. (Urheberrecht bzw. Nutzungsrecht als „sonstiges Recht"). Diese Konstruktion bleibt neben den urheberrechtlichen Sanktionen möglich, wie § 102a UrhG ausdrücklich klarstellt.

Ein wichtiges Instrument der effektiven Rechtsverfolgung stellt schließlich § 101 UrhG dar: Er gewährt dem in seinen urheberrechtlichen Positionen Verletzten einen **Auskunftsanspruch** hinsichtlich der Herkunft und des Vertriebswegs der Raubkopien, um auch an die Hintermänner zu gelangen, und zwar nicht nur bei Software.

c) IT-Vertragsrecht

Gegenstand des IT-Vertragsrechts ist die ganze Palette der im IT-Bereich kommerzialisierten Güter, beispielsweise der Erwerb, bzw. die Veräußerung von Hardware einerseits, von Software andererseits, wobei wiederum grob unterschieden werden kann, ob die Überlassung auf Dauer oder nur auf Zeit erfolgen soll. Als **Wirtschaftsgüter** kommen ferner in Betracht die Hardware-Erweiterung und die Softwarepflege. Aber auch die bloße Beratung, etwa über die zur Wahl stehenden Systeme, kann als eigenes Wirtschaftsgut gewünscht sein.

Auch diese rechtshistorisch betrachtet immer noch relativ neue Rechtsmaterie lässt sich aber durchaus in die traditionellen, vom BGB vorgezeichneten Vertragstypen einordnen (vgl. Abb. 42). Freilich sind einige ergänzende Überlegungen, vor allem im Zusammenhang mit dem Erwerb von Software, angezeigt. Denn sowohl Kauf als auch Miete gehen von Sachen, also körperlichen Gegenständen, als Vertragsobjekten aus, während es sich bei der Software doch um ein unkörperliches, „vergeistigtes" Wirtschaftsgut handelt, das allenfalls auf einen stofflich-körperlichen Träger, z. B. eine Compact Disc („CD") aufgebracht ist. Wegen der Privatautonomie steht es den Vertragspartnern jedoch frei, **Kauf- und Mietrecht** zumindest auch auf **Standardsoftware** zur Anwendung zu bringen. Selbst ohne ausdrückliche Vereinbarung ist dabei der Verkäufer/Vermieter (Leasinggeber) wegen der ihn nach Treu und Glauben treffenden Erfüllungsbegleitpflicht gehalten, dem Erwerber die Programmnutzung nicht nur faktisch - durch Übereignung des stofflichen Programmträgers und Überlassung von Begleitmaterial (Handbuch, Dokumentation etc.) - sondern ggf. auch rechtlich, nämlich durch **Einräumung vertragszweckentsprechender Nutzungsrechte**, zu ermöglichen. Soweit ein Dauererwerb von Standardsoftware in Rede steht, ist dies kein gedanklicher Umweg, der durch die Klassifikation des Erwerbes als Rechtskauf (§ 453 BGB) vermieden werden könnte. Denn das Programm ist selber ja kein Recht, sondern eben ein sonstiger unkörperlicher Gegenstand, an dem freilich Rechte (Urheberrecht, Nutzungsrecht) bestehen können.

Soweit **Individualsoftware** beschafft wird, bedarf es keiner Adaption des Sachkaufrechtes. Denn bei deren Beschaffung handelt es sich begrifflich um einen Vorgang, der zumeist dem **Werkvertragsrecht** (§§ 631 ff. BGB) unterfallen wird. In Ausnahmesituationen - bei längerfristiger Bindung mit dem Ziel, während der gesamten Vertragsdauer Individualsoftware zu liefern - kommt auch ein Dienstvertrag (§§ 611 ff. BGB) in Betracht.

Dieselbe Differenzierung zwischen Werk- und Dienstvertrag ergibt sich im Bereich von **Wartungstätigkeiten** (an der Hardware) und Pflegemaßnahmen (an der Software), je nachdem, ob Einzel- oder Daueraktivitäten geschuldet sind.

Beispiele: Reparaturauftrag bezüglich defekten Laufwerkes oder Auftrag zur Anpassung eines Abrechnungsprogramms nach Änderung des Mehrwertsteuersatzes: Werkvertrag.
Übernahme von Wartung und Pflege des Gesamtsystems für 3 Jahre: Dienstvertrag.

Soweit die Vertragsbeteiligten Kaufleute sind und die Verträge zu ihrer betrieblichen Sphäre gehören, finden außerdem die §§ 343 ff. HGB über „Handelsgeschäfte" Anwendung.

Trotz der grundsätzlichen Möglichkeit, auch das IT-Vertragsrecht dem gesetzlichen Vertragsrechtssystem einzuverleiben, ist doch nicht zu verkennen, dass der Eigenart und hohen Komplexität der hier involvierten Wirtschaftsgüter mit dem gesetzlichen Instrumentarium allein nicht ausreichend Rechnung zu tragen wäre. Überhaupt müssen technischer, ökonomischer und juristischer Sachverstand in **Vertragskonzeption und -realisierung** vernetzt werden (vgl. Abb. 43).

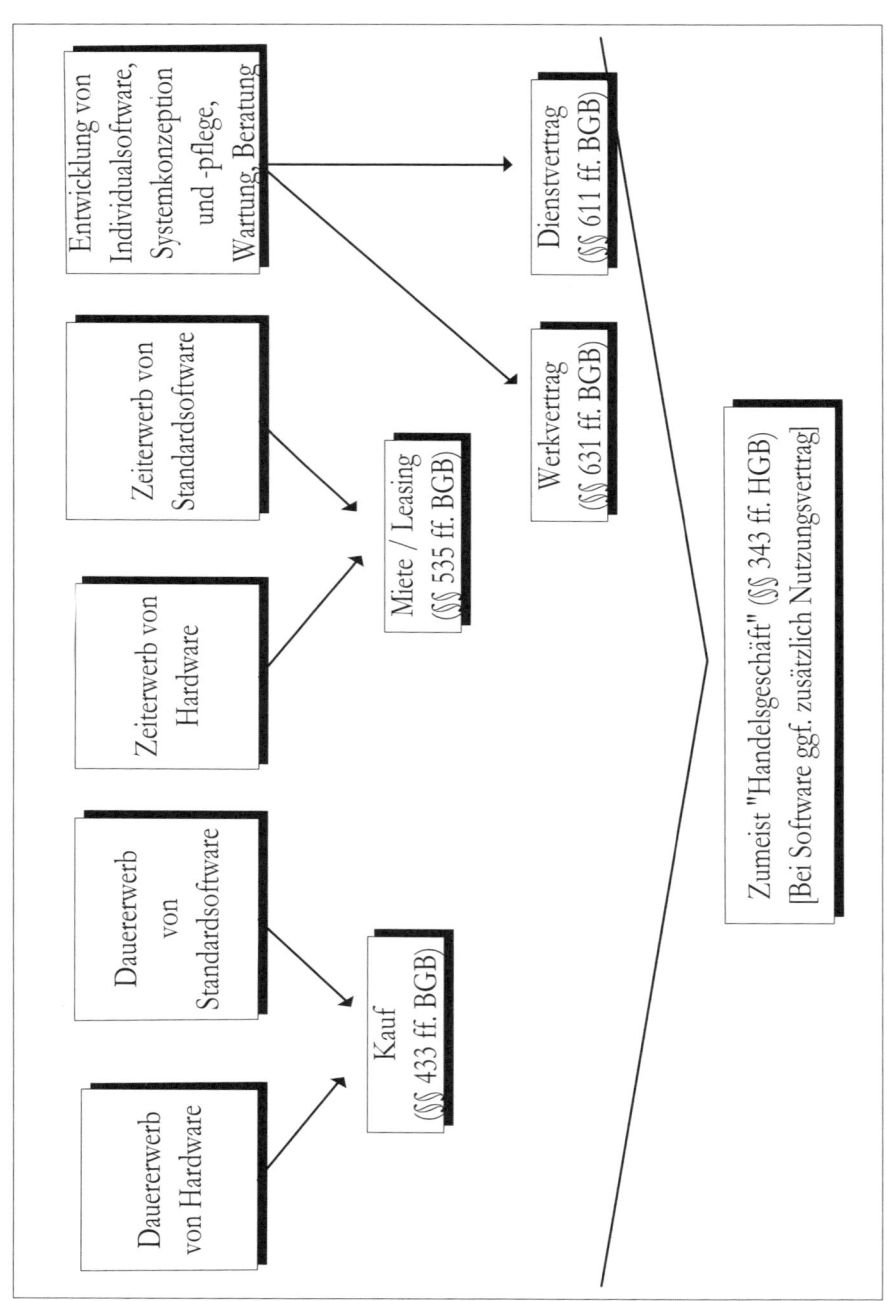

Abb. 42: IT-Vertragsformen

Da dieser Sachverstand in aller Regel nicht für jeden konkreten Einzelfall persönlich, „vor Ort", verfügbar ist, muss die erforderliche Kompetenz irgendwie transportiert werden. Hierfür bieten sich, wie auch in anderen Vertragsbereichen - **Vorformulierungen** an. Eine besondere Bedeutung haben dabei die EVB-IT erlangt, die die öffentliche Hand ihren Verträgen im IT-Sektor zugrundelegt. Diese das Gesetz „Ergänzenden Vertragsbedingungen für die Beschaffung von Informationstechnik" gliedern sich in eine Fülle von speziellen, auf die jeweilige Beschaffungsmaßnahme zugeschnittenen AGB sowie ein dafür passendes Vertragsmuster.

Beispiele: „EVB-IT Kauf" für den Erwerb von Hardware und Standardsoftware, „EVB-IT Dienstvertrag" z. B. für Schulung, „EVB-IT Instandhaltung" für Hardware-Wartung und -reparatur, „EVB-IT Überlassung" für den Erwerb von Standardsoftware („Typ A" für Dauererwerb, „Typ B" für Zeiterwerb) etc.

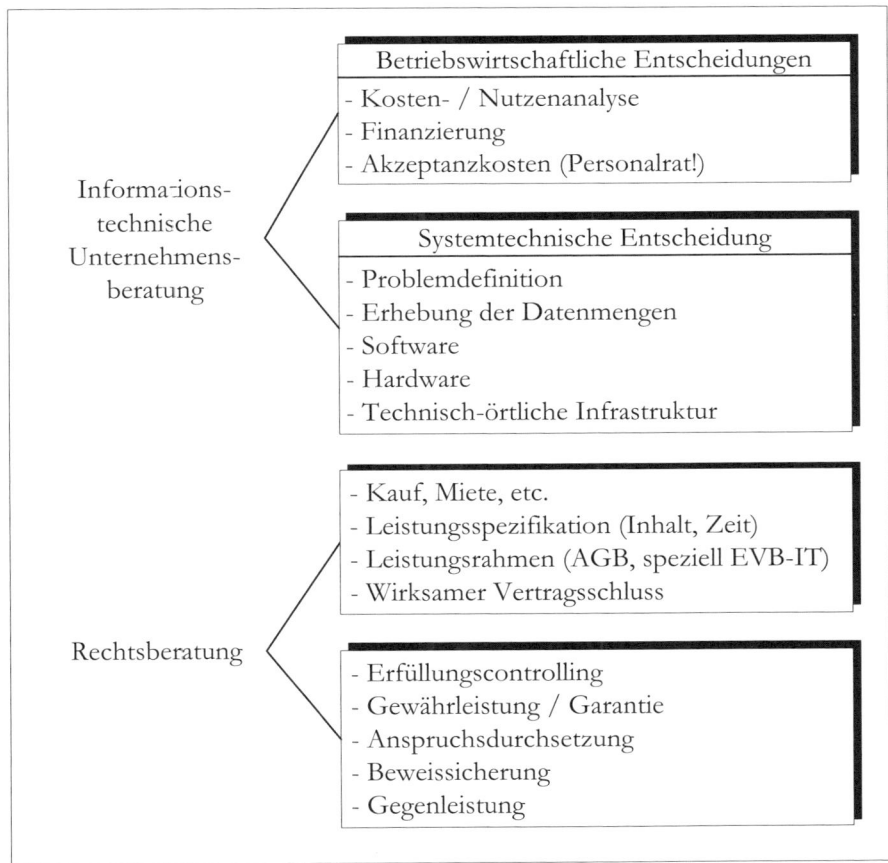

Abb. 43: IT-Vertragsmanagement (Grobphasierung)

Da die EVB-IT weitgehend unter Beteiligung marktführender Anbieter entstanden ist, werden die jeweiligen BVB auch außerhalb des öffentlichen Beschaffungswesens häufig als sachgerechter Interessenausgleich empfunden und den Vertragsbeziehungen zugrunde gelegt.

Von einer Grundsatzentscheidung des **IT-Vertragsmanagements** kann freilich auch die grundsätzliche Bereitschaft zur Übernahme der EVB-IT nicht oder jedenfalls nicht vollständig entheben. Es geht darum, inwieweit der Beschaffungsvorgang als rechtliche Einheit konzipiert und natürlich dann auch am Markt durchgesetzt werden kann. Eine solche Einheit ist aus Sicht des Erwerbers bzw. Leistungsempfängers sehr vorteilhaft: Wird etwa sowohl die Hardware als auch die Software von ein und demselben Anbieter erworben, entfallen bei Systemstörungen unergiebige, langwierige und kostspielige Streitigkeiten darüber, ob der Fehler nun in der apparativen Technik oder im Programm steckt. Eine **Vertragspartnerspaltung** ist also nach Möglichkeit zu vermeiden.

Aber auch ein solches „**Bundling**" der Vertragspartner stellt noch nicht das Optimum dar, denn damit ist noch nicht die vertragsrechtliche Einheit im Erwerb eines IT-Systems sichergestellt. Werden beispielsweise Hardware und Software von ein und demselben Vertragspartner erworben, die diesbezüglichen Verträge aber entkoppelt („Unbundling"), und hat der Verkäufer etwa eine Speicherkapazität oder Verarbeitungsgeschwindigkeit der Hardware zugesichert, die diese nicht hat, so mag zwar eine Rückgängigmachung des Hardwarekaufes möglich sein (Rücktritt). Was aber soll der Käufer dann mit der darauf genau abgestellten Software anfangen? Auch eine **Vertragsspaltung** ist deshalb ausgesprochen suboptimal.

Weniger brisant, aber gleichwohl problematisch erscheint schließlich eine **Preis- und Konditionenspaltung** im Rahmen eines einheitlichen Vertrages. Schon das Erfüllungscontrolling wird erschwert, z. B. durch eventuell unterschiedliche Gewährleistungsfristen. Bei Systemmängeln stellt sich etwa bei der Preisspaltung doch wieder die Zuordnungsfrage, wo der Mangel nun genau zu lokalisieren ist, weil ja die Basis für eine in Betracht kommende Preisminderung jeweils verschieden ist. Andererseits wird aus kalkulatorischen Gründen, aus Gründen der Transparenz etc. gerade ein solches **modulares Vertragskonzept** oft auch auf der Erwerberseite bevorzugt.

d) Betrieblicher Datenschutz und Compliance

(1) Informationsfreiheit und Datenschutz

Aufgabe des Datenschutzes ist es, den Einzelnen davor zu schützen, dass er durch den Umgang mit seinen personenbezogenen Daten in seinem Persönlichkeitsrecht beeinträchtigt wird (vgl. § 1 I BDSG). Schon in dieser Zielstellung zeigt sich das ganze **Dilemma**, ein rechtliches Optimum zu finden zwischen dem Wunsch des einzelnen Betroffenen, möglichst wenig ihn betreffende Informationen anderer verfügbar zu machen, und dem ebenfalls verständlichen Wunsch seiner Umwelt, nicht zuletzt auch seines Arbeitgebers, möglichst viel über einen anderen, speziell durch Personalinformationssysteme auch über ihn als Arbeitnehmer, zu wissen.

Bei der ganzen Datenschutzdiskussion wird freilich sehr oft das **Geheimhaltungsinteresse** des Einzelnen überbewertet. Datenschutz ist vielmehr, wie § 1 I BDSG in einer früheren Fassung besser vermittelte, lediglich ein Missbrauchsproblem, dessen Kern nur vor dem Hintergrund einer grundsätzlich bestehenden **allgemeinen Informationsfreiheit** richtig erfasst werden kann.

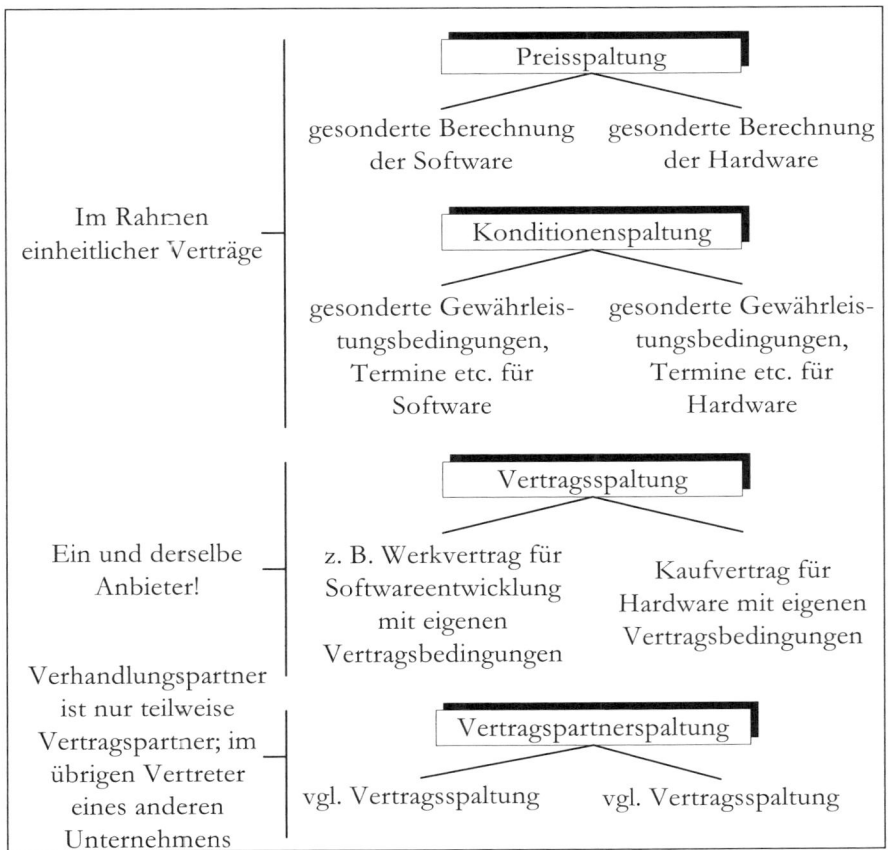

Abb. 44: IT-vertragliche Module / Kombinationen ("Unbundling" / "Bundling")

Der Mensch führt nun einmal auch informationsrechtlich kein Robinson-Dasein, sondern ist auch insoweit in die Gesellschaft allgemein und in besondere Lebenskreise bis hin zu betrieblichen Organisationen eingebunden. Von daher erscheint das in § 4 I BDSG normierte grundsätzliche, allerdings von zahlreichen und weitreichenden Ausnahmen durchsetzte Verbot der Verarbeitung und Nutzung personenbezogener Daten in seinem Ansatz inkonsequent, ja verfehlt. Die Problematik zeigt sich besonders augenscheinlich bei Verarbeitung und Nutzung (zu den datenschutzrechtlichen Begriffsbestimmungen vgl. vor allem § 3 BDSG) solcher personenbezogenen Daten, die weder in automatisierten, namentlich elektronischen Dateien, noch überhaupt in Dateien gesammelt sind (dies ist gemäß §§ 1 II Nr. 3 und 27 II BDSG daher einerseits nur für Daten im persönlichen und familiären Bereich zulässig oder andererseits bei Daten, die nicht einer automatisierten Verarbeitung entnommen sind).

Beispiel: Vermerke im Terminkalender über persönliche Hobbies und Abneigungen des Verhandlungspartners im Hinblick auf verhandlungstaktisch geschickte Gesprächsführung etc.

Speziell im „Beschäftigungsverhältnis" (Arbeitsverhältnis) gilt nach § 32 II a. F., 27 III n. F. BDSG das Prinzip, dass personenbezogene Daten nur insoweit erhoben, verarbeitet oder genutzt werden dürfen, als dies für Entscheidungen über oder zur Durchführung des Arbeitsverhältnisses „erforderlich" ist (§ 32 I a. F. BDSG), generell, also auch ohne Bezug zu automatisierten Verfahren.

Beispiele: Eintragungen über Mitarbeiter in manuell geführten Personalakten, Gesprächsnotiz über Mitarbeiter auf einem Zettel.

Das BDSG und die ergänzende Datenschutzgesetzgebung der Länder sowie diverse Rechtsverordnungen müssen ferner nicht nur auf den Freiheitsaspekt auch der Informationsgewinnung etc. bedacht sein, sondern auch die vielfältigen, sehr unterschiedlich strukturierten Zusammenhänge der Verarbeitung personenbezogener Daten berücksichtigen. Zentral ist dabei schon eine Trennung zwischen öffentlichrechtlicher und privatrechtlicher Sphäre. In beiden werden zwar gleichermaßen riesige Mengen personenbezogener Daten erfasst und bewegt. Doch unterliegen das öffentlichrechtliche und das privatrechtliche Subsystem doch völlig anderen **Gestaltungsprinzipien.**
Den öffentlichrechtlichen Hintergrund der einschlägigen Datenschutzbemühungen des BDSG bildet das Verfassungsrecht. Den Artt. 1 und 2 GG wird dabei ein „**Grundrecht auf informationelle Selbstbestimmung**" entnommen. Gewiss kann durch große Mengen personenbezogener Daten, die durch die IT auf „ewig" verfügbar und jederzeit umzuordnen sind, der „gläserne Mensch" geschaffen und damit Würde und freie Selbstbestimmung in Mitleidenschaft gezogen werden. Mangels Drittwirkung kann dieses Grundrecht freilich nicht die Privatrechtsdimension ergreifen. Dort liefert aber die Aner-

kennung des **Allgemeinen Persönlichkeitsrechtes** eine Handhabe gegen den Missbrauch personenbezogener Daten durch Privatrechtssubjekte, durch Arbeitgeber sowie durch Banken, Versicherungen etc. im Zusammenwirken mit § 823 I BGB. Auch können Normen das BDSG als Schutzgesetze i. S. von § 823 II BGB fungieren. Neben den allgemeinen Vorschriften der §§ 4 ff. BDSG kommen als **Schutzgesetze** nur Normen wie die §§ 28 f. und 30 II, III BDSG in Betracht, denn nur sie widmen sich der Datenverarbeitung von „nicht-öffentlichen Stellen". Dabei wird unterschieden einerseits zwischen Datenverarbeitung für **eigene Zwecke**. Gedacht ist hier vornehmlich an eine IT-gestützte Datenverarbeitung als Hilfsmittel für die Erfüllung der Geschäftsziele.

Beispiele: Kunden- und Lieferantendateien, Dateien über den Produktverbleib als Grundlage für ein erfolgreiches Produkthaftungsmanagement etwa im Zusammenhang mit einer gezielten Rückrufaktion, Personalinformationssysteme.

Andererseits zielt das Gesetz auf die geschäftsmäßige, professionelle Datenverarbeitung für **fremde Zwecke** (§ 29 BDSG), wobei in § 30 BDSG wiederum der Anonymisierung ursprünglich personenbezogener Daten besonderes Augenmerk geschenkt wird. Die Datenverarbeitung für fremde Zwecke hat sehr unterschiedliche Erscheinungsformen, deren Besonderheiten der Gesetzgeber in den §§ 29 f. BDSG zwar gut gemeint, aber in äußerst unübersichtlicher, kaum handhabbarer Form Rechnung zu tragen versucht. Im Wesentlichen lassen sich 3 Typen solcher (auch) fremdnütziger Datenverarbeitungsbereiche unterscheiden.

Beispiele: Auskunfteien und Adressenverlage; Servicerechenzentren und Individualsoftwareproduzenten (sie können etwa bei Gehaltsabrechnungen ohne personenbezogene Daten gar nicht arbeiten); Markt- und Meinungsforschungsinstitute (anonymisierte Daten!).

(2) Datensicherung und (materieller) Datenschutz

Der durch das BDSG statuierte Schutz ist zunächst ein inhaltlich unspezifischer, technisch-organisatorischer: Gemäß § 9 BDSG sind im Rahmen wirtschaftlicher Vertretbarkeit alle Maßnahmen zu treffen, die zur Durchführung des BDSG erforderlich sind und in einer speziellen Anlage dieses Gesetzes näher genannt werden, wobei Datenschutz und Datensicherheit durch unabhängige und zugelassene Gutachter überprüft und bewertet werden können (§ 9a BDSG, sog. **Datenschutzaudit**).

Beispiele: Zugangskontrolle zu den Betriebsbereichen mit personenbezogener Datenverarbeitung, Maßnahmen gegen unkontrolliertes Entfernen von Datenträgern, Zugriffsrestriktionen in Bezug auf den Speicherinhalt, z. B. je nach Mitarbeiterfunktion (Zugriffshierarchien) etc.

Dieser sog. **Datensicherung** tritt der **Datenschutz** i. e. S. an die Seite. Der rechtlichen Substanz nach ist der durch §§ 4 ff. BDSG gewährte Datenschutz mit dem bereits erwähnten grundsätzlichen **Verarbeitungs- und Nutzungs-verbot** nicht zutreffend beschrieben, denn § 4 I BDSG stellt sich zunächst unter den Vorbehalt einer nach dem BDSG selber oder irgendwelchen anderen Rechtsvorschriften erlaubten Datenverarbeitung. Außerdem ist die Datenverarbeitung jedenfalls dann zulässig, wenn der Betroffene nach entsprechender Belehrung (§ 4a BDSG) in sie eingewilligt hat. Dafür verlangt § 4a I 3 und II BDSG zwar grundsätzlich Schriftform, lässt aber auch eine andere „wegen besonderer Umstände ... angemessene Form" ausreichen.

In der Praxis wird eine entsprechende **Einverständniserklärung** in Allgemeinen Geschäftsbedingungen, Formularverträgen etc. sehr oft abverlangt, ohne dass der Schriftform genüge getan würde, weil es an der nach § 126 BGB erforderlichen Unterschrift fehlt. Auch „besondere Umstände" für eine Entbehrlichkeit der Unterschrift sind durchweg nicht auszumachen, was die Justiz freilich kaum jemals dazu bewegt, die Wirksamkeit des erklärten Einverständnisses zu verneinen. Rechtliche Bedenken gegen diese Handhabung gehen letztlich freilich ins Leere, wenn die Verarbeitung personenbezogener Daten schon aus anderen Gründen rechtmäßig ist, so dass es auf eine Einwilligung gar nicht mehr ankommt. Schon die **Erlaubnisnormen** des BDSG selber sind ebenso zahlreich wie flexibel formuliert, und dies erscheint aus den eingangs angestellten prinzipiellen Erwägungen über die begrenzte Legitimität des Datenschutzes auch sachgerecht. Noch wenig befriedigend geklärt ist das **Verhältnis** von BDSG und **kollektivem Arbeitsrecht**. Zweifelhaft kann etwa sein, inwieweit tarifvertraglich oder durch Betriebsvereinbarung die betriebliche Verarbeitung personenbezogener Daten abschließend, d. h. unter Ausschluss des konkret Betroffenen und beispielsweise seiner Einwilligung, geregelt werden kann.

Die **Legitimitätsgrenzen des Datenschutzes** werden gerade auch am Beispiel von IT- bzw. EDV-gestützten **Personalinformationssystemen** (PIS) deutlich. Gewiss sind krankheitsbedingte Fehlzeiten eines Arbeitnehmers ein sensibles Datum, aber dass der Arbeitgeber an ihrer dauerhaft verfügbaren Kenntnis ein legitimes Interesse hat, sollte unzweifelhaft sein. Dasselbe gilt für tägliche Fehlzeiten am Arbeitsplatz infolge von Rauchpausen und Cafeteria-Besuchen, die sich durchaus nennenswert summieren können. Datenschutz-rechtlich ist ein PIS grundsätzlich an § 27 I BDSG zu messen. Danach ist das Verarbeiten von personenbezogenen Daten im Rahmen der **Zweckbestimmung** eines **Vertragsverhältnisses** bei Erforderlichkeit für Begründung, Durchführung und Beendigung (Nr. 1) oder zur Wahrung sonstiger berechtigter Interessen (Nr. 2) prinzipiell zulässig, vorbehaltlich eines entgegenstehenden schutzwürdigen Interesses des Betroffenen (Verhältnismäßigkeit der Mittel). Der Grundsatz ist nach richtiger Auffassung im Lichte des

Grundsatzes allgemeiner Informationsfreiheit eher weit, die Ausnahme entgegenstehender schutzwürdiger Interessen des Betroffenen bei der Abwägung beider Seiten im Rahmen der Prüfung der **Verhältnismäßigkeit** eher eng zu fassen. Im Zusammenhang mit PIS ist mittlerweile nicht mehr ernstlich umstritten, dass nicht nur die Verarbeitung von Krankheits- und sonstigen Fehlzeiten, sondern etwa auch die Telefondatenerfassung (Zielnummer, Teilnehmer und Gesprächsdauer) vom Zweck des Arbeitsverhältnisses als eines Austauschverhältnisses mit zu kalkulierenden Kosten und Erträgen vom Datenschutzrecht gedeckt sind.

Dass dazu unter Umständen erst die Informationen verschiedener betrieblicher Teilsysteme in ihrer **Verknüpfung** verfügbar gemacht werden müssen, erscheint ebenfalls sachgerecht. Denn dass doch auch der Arbeitsvertrag auf den synallagmatischen Leistungsaustausch abzielt, Lohn und Gehalt also für die Arbeitsleistung im vereinbarten Umfang gezahlt wird, sollte auch hierbei nicht in Vergessenheit geraten. Wenn einerseits der Arbeitnehmer anhand seines Kontoauszuges leicht erkennen kann, ob seine Zahlungsansprüche, erfüllt wurden, hat andererseits auch der Arbeitgeber ein Recht auf geeignete Kontrollmaßnahmen, um die effektive Arbeitszeit zu erfassen.

Beispiel: Ein auf einer Art Scheckkarte gegründetes betriebliches Kantinenabrechnungssystem speichert nicht nur Ware, Preis und Käufer, um die Summe selbständig mit dem Monatseinkommen zu verrechnen, sondern auch die Uhrzeiten. Anhand dieser in das zentrale PIS überführten Daten ergibt sich ein erheblicher Fehlzeitenbestand des Arbeitnehmers außerhalb der vorgesehenen Pausen und ein permanenter Verstoß gegen das für bestimmte Betriebsbereiche geltende Alkoholverbot: Zulässige, da betrieblich „erforderliche" (§ 32 I a. F. , 27 III n. F. BDSG) und nicht unverhältnismäßige Erfassung und Verwertung von Informationen.

Nicht einmal Informationen aus dem **Privatbereich des Arbeitnehmers** sollten datenschutzrechtlich durchaus zugunsten des Arbeitgebers als erforderlich (und verhältnismäßig) gelten. Je nach Position des Mitarbeiters kann eine solche Kenntnis betrieblich geradezu notwendig, jedenfalls aber bei personalpolitischen Entscheidungen hilfreich sein. Zu berücksichtigen ist dabei, dass es hier nicht nur um Fragen produktiven Arbeitskräfteeinsatzes geht. Vielmehr muss der Arbeitgeber unter Umständen im Rahmen seiner „Fürsorgepflicht" bei der betrieblichen Verwendung eines Arbeitnehmers etwa außergewöhnlichen privaten Schwierigkeiten z. B. durch Verlust eines Lebensgefährten Rechnung tragen, was Informiertheit voraussetzt. Die Notwendigkeit einer **breiten Informationsbasis** ist ferner evident, wenn § 1 III KSchG bei betriebsbedingten Kündigungen die Berücksichtigung sozialer Gesichtspunkte bei der Auswahl der konkret freizusetzenden Arbeitnehmer verlangt. Schließlich trägt der Arbeitgeber ein erhebliches **Haftungsrisiko** namentlich nach § 831 I BGB für Fehlverhalten von Mitarbeitern als seinen Verrichtungsgehilfen. Die Möglichkeit einer **Exkulpation** kann der Arbeitgeber wirksam nur auf der Basis eines soliden Kenntnisstandes über sowohl arbeitsplatz- als auch unmittelbar personenbezogene Daten nutzen.

Die zahlreichen Zweifelsfragen in diesem Bereich haben den Gesetzgeber veranlasst, den Datenschutz im Arbeitsverhältnis in den novellierten §§ 32 ff. BDSG detaillierter aufzugreifen und zu regeln: Dort finden sich jetzt z. B. auch spezielle Vorschriften über die Zulässigkeit ärztlicher Untersuchungen und Eignungstests.

(3) Konformitätsüberwachung (Compliance Monitoring)

Die größte praktische Bedeutung hat der betriebliche Datenschutz heute aber wohl nicht in der Personalverwaltung i. e. S., sondern im Rahmen der sog. **Personnel Compliance** und dort speziell des sog. Compliance Monitoring. Zum Verständnis sind hier kurz einige Begriffsklärungen voranzustellen. Unter **Compliance** versteht man zunächst einmal die Konformität von Verhalten mit Normen, bevorzugt, aber nicht ausschließlich mit Gesetzen. Das Spektrum ist hier vielfältig.

Beispiele: Rechtsnormen aller Art (Gesetze, Verordnungen, Satzungen), vertraglich geschuldetes Verhalten, unternehmenseigene Ethikrichtlinien, Verhaltenskodizes („Codes of Conduct") und Erklärungen zum Selbstverständnis der Unternehmen („Mission Statements"), herrschende gesellschaftliche Wertvorstellungen mit Unternehmensbezug, z. B. Übernahme sozialer Verantwortung („Corporate Social Responsibility"), umweltverträgliches Wirtschaften.

Während **Corporate Compliance** auf das Unternehmen und seine Organe blickt, liegt der Fokus bei Personnel Compliance auf der Mikro-Ebene des Mitarbeiterverhalten und dessen Normenkonformität. Normkonformes, selbst schon rechtmäßiges Verhalten ist keine Selbstverständlichkeit: Normkenntnisse können schlicht fehlen; oft ist das nicht normgerechte Verhalten aber z. B. in geschäftlichem Opportunismus begründet oder egoistisch motiviert.

Beispiele: Um an Aufträge zu gelangen, greift man zum Mittel der Bestechung; zur Kosteneinsparung wird illegal entsorgt. Das Top-Management „genehmigt" sich völlig überzogene Gehälter, Boni etc.
Ein Mitarbeiter stiehlt bzw. unterschlägt Ware, Material etc.; weil persönliche Vorteile winken, bestellt ein Mitarbeiter nicht bei dem am besten geeigneten Lieferanten, sondern bei demjenigen, der jene Vorteile gewährt.

Normkonformes Verhalten muss mithin erst organisiert und der Konformitätsprozess dann auch überwacht werden. Die diesbezüglichen Strukturen und Instrumente sind gemeint, wenn im prägnanten Sinn von Compliance gesprochen wird.

Das **Personnel Compliance Management** kann sich zur Herstellung von normkonformem Verhalten der Mitarbeiter der verschiedensten Mittel bedienen: Schulung, Belehrungen in Gruppen- oder Einzelgesprächen sowie Ermahnungen markieren die „weichen" Methoden, während die Abmahnung unter Androhung der verhaltensbedingten ordentlichen Kündigung oder gar der außerordentlichen (fristlosen) Kündigung aus wichtigem Grund sowie von Schadensersatzansprüchen am anderen Ende der Skala steht. Voraussetzung ist dabei natürlich, dass die rechtlichen Erfordernisse solcher Maßnahmen vorliegen. Zu achten ist hier zunächst schon darauf, dass die Normen, die der Arbeitnehmer verletzt, entweder gesetzlicher Art sind oder wirksam in das arbeitsvertragliche Rechtsverhältnis inkorporiert wurden.

Beispiel: Eine unternehmenseigene Ethikrichtlinie ist für sich gesehen rechtlich belanglos: Wenn in ihnen Rechtstreue verlangt wird, bringt sie von vornherein nichts Neues. Darüber hinausgehende Verpflichtungen und Forderungen müssen als AGB erst einmal Bestandteil des Arbeitsvertrages werden und der Inhaltskontrolle standhalten.

In rechtspraktischer Hinsicht stellt sich dem Personnel Compliance Management die Aufgabe, Normverstöße (rechtssoziologisch: „deviantes" Verhalten) überhaupt erst einmal zu identifizieren und bestimmten Personen in der Belegschaft zuzuordnen. Die darauf gerichteten Bemühungen und die dafür eingesetzten Mittel lassen sich unter dem Begriff „(Personnel) Compliance Monitoring" zusammenfassen. Dass das hierbei eingesetzte **Instrumentarium** seinerseits jedenfalls **rechtskonform** sein muss, sollte nicht eigens betont werden müssen. Die rechtlichen Grenzen sind im Einzelfall allerdings nur schwer zu ziehen, wenn man sich an den recht allgemeinen Maßstäben der Erforderlichkeit und der Verhältnismäßigkeit (vgl. §§ 4 II Nr. 2 b, 28 I BDSG) orientiert. Zudem spielt in manche Fragestellung auch noch das spezielle Recht der Telekommunikation (vgl. nur §§ 3 Nr. 6 und 11, 88 II, 96 TKG) mit hinein, dessen Verhältnis zum BDSG teilweise unklar ist. Schließlich steht auch noch die Notwendigkeit einer Beteiligung des Betriebsrats zur Debatte.

Beispiele: Informationsgewinnung durch Zugriff auf Akten und Dateien am Arbeitsplatz, Fragebögen und Einzelbefragung von Mitarbeitern sowie durch Einrichtung einer besonderen Telefonstelle zur Entgegennahme eventuell auch anonymer Hinweise (sog. whistle blowing), Überwachung von Telefongesprächen und der Internetkommunikation, Videoüberwachung und Einsatz von (eventuell verdeckt arbeitenden) Detektiven, Personenaufenthaltsermittlung durch Handy-Ortung und Einsatz von sog. RFID-Chips, Einsatz biometrischer Verfahren: Unter welchen Voraussetzungen bzw. in welchem Umfang zulässig?

Um wenigstens teilweise für größere Klarheit zu sorgen, hat der Gesetzgeber nunmehr in den §§ 32 ff. BDSG n. F. den Arbeitnehmerdatenschutz im Compliance Monitoring normiert. Einzelheiten dazu können an dieser Stelle nicht ausgeführt werden.

(4) Datenschutzrechtliche Instrumente und Sanktionen

Zur Durchsetzung des Schutzes personenbezogener Daten im Rahmen des BDSG agiert das Gesetz auf mehreren Ebenen. Das einschlägige Instrumentarium des BDSG lässt sich dabei zunächst mit den Stichworten Datenschutzbeauftragter und Individualrechte kennzeichnen. Im **öffentlichen Bereich** fungiert auf Bundesebene (für die Länder gilt Entsprechendes) ein **Bundesbeauftragter** für den Datenschutz, dessen Zuständigkeiten sich im Wesentlichen auf einen Auskunftsanspruch und auf Beanstandungsrechte sowie auf seine Berichtspflicht beschränken (vgl. §§ 22 ff. BDSG). Irgendwelche **Exekutivkompetenzen** besitzt er nicht.

Dasselbe gilt für die im **privaten Sektor** vorgesehenen, der Geschäftsleitung unmittelbar zuzuordnenden Datenschutzbeauftragten nach den §§ 4d f. BDSG, wenn in der Regel mindestens 5 Arbeitnehmer ständig mit der Verarbeitung personenbezogener Daten befasst sind. Die praktische Wirksamkeit der **betrieblichen Datenschutzbeauftragten** muss insgesamt aber wohl sehr skeptisch beurteilt werden. Denn nicht nur sind ihre **gesetzlichen Befugnisse** eng geschnitten, sondern ist ihre Tätigkeit auch durchaus nicht frei von den aus ihrem Arbeitsverhältnis resultierenden Pflichten gegenüber ihren Arbeitgebern. Insbesondere ihre sog. **Treuepflicht** soll sie daran hindern können, Missstände im betrieblichen Datenschutz etwa den Aufsichtsbehörden (§ 38 BDSG) zur Kenntnis zu bringen, was das BDSG an sich ausdrücklich offenhält (vgl. § 4g I 2 BDSG). Das **Diskriminierungsverbot** des § 4f III 3 BDSG, das eine Benachteiligung des betrieblichen Datenschutzbeauftragten wegen der Erfüllung seiner Aufgaben untersagt, ändert daran nichts. Zur Effektivität des Datenschutzes trägt immerhin bei, dass §§ 43 f. BDSG zahlreiche Straf- bzw. Ordnungswidrigkeitstatbestände normieren.

Im Bereich des **individualrechtlichen Datenschutzes** ist zunächst ein **Auskunftsanspruch** auf Offenlegung der persönlich betreffenden gespeicherten Daten zu nennen. Das BDSG sieht für alle Verarbeitungsbereiche ein solches Auskunftsrecht in der Tat vor (vgl. §§ 19, 34 BDSG). Der grundsätzliche operationale Mangel dieses Instituts liegt indes auf der Hand: Angesichts der Verbreitung von IT wird die Phantasie des Betroffenen gewöhnlich nicht hinreichen, wo nun personenbezogene Daten gespeichert sein könnten, und so wird er seinen Auskunftsanspruch überhaupt nicht gezielt geltend machen können. § 33 I BDSG versucht diesem Übel gutgemeint, aber in der Praxis wohl selbst bei rechtskonformem Verhalten der Datenverarbeiter kaum effektiv durch eine **Benachrichtigungspflicht** bei erstmaliger Datenspeicherung abzuhelfen. Effizienzbedenken löst - von den recht umfangreichen und dazu noch außerordentlich „elastisch" formulierten Auskunftsverweigerungsrechten nach § 34 IV BDSG ganz abgesehen - auch die **Gebührenpflichtigkeit** des Auskunftsverlangens jedenfalls bei § 34 V 2 BDSG aus.

In der Folge dieses Defizits spielen auch die darauf faktisch aufbauenden Ansprüche auf **Berichtigung, Sperrung** und **Löschung** unrichtiger bzw. unzulässiger Daten (vgl. § 35 BDSG) keine wirkliche Rolle im Rechtsleben. Im Übrigen ist die Erfüllung dieser Ansprüche wegen der **hohen Technizität** der Materie nur sehr schwer nachprüfbar. Das BDSG stellt zwar die technisch-organisatorische Datensicherung und die Institution des Datenschutzbeauftragten nicht zuletzt im Hinblick auf die Erfüllung der individualrechtlichen Ansprüche in den Dienst des Datenschutzes, doch ist deshalb noch kein größerer Optimismus am Platze. Immerhin handelt es sich insoweit um zwingendes Recht (§ 6 BDSG).

Zu klären bleiben die aus der Verletzung der datenschutzrechtlichen Normen, insbesondere der „Erlaubnisnormen", resultierenden schadensersatzrechtlichen Fragen. Mit § 7 BDSG steht für die unzulässige betriebliche Datenverarbeitung eine **eigene Haftungsnorm** zur Verfügung. Sie operiert mit einer widerleglichen Verschuldensvermutung, gewährt also die Möglichkeit der **Exkulpation** der grundsätzlich haftbaren „verantwortlichen Stelle" oder „ihres Trägers".

Soweit auf eine persönliche Haftung der konkret datenverarbeitenden Person abgezielt wird, ist als Anspruchsgrundlage vor allem der deliktsrechtliche Grundtatbestand des § 823 BGB heranzuziehen. Neben § 823 I BGB (Verletzung des **Allgemeinen** Persönlichkeitsrechtes) wird regelmäßig auch und sogar primär § 823 II BGB als Anspruchsgrundlage greifen, da jedenfalls die die Zulässigkeit der Datenverarbeitung regelnden Normen des BDSG, hier namentlich die §§ 28 ff. BDSG, **Schutzgesetze** i. S. des § 823 II BGB darstellen. Da der Schadensersatzanspruch nach § 823 BGB aber verschuldensabhängig ist und ein **Verschuldensnachweis** häufig auf erhebliche Schwierigkeiten stößt, ist auch seine Sanktionskraft beschränkt. Daneben kann in Verbindung mit § 831 I BGB eine Haftung des Arbeitgebers eingreifen, doch ist dieser Anspruch wegen des rechtlich gleichwertigen § 7 BDSG ohne praktische Bedeutung.

6. Außendienst

a) Handelsvertreter und Handlungsgehilfe in der Unternehmensorganisation

In vielen Unternehmenskonzeptionen spielt der Außendienst, also der Personaleinsatz im räumlichen Außenbereich des Betriebes, eine außerordentlich wichtige Rolle. Ohne Außendienst ist in vielen Sparten eine **Akquisition** kaum vorstellbar, etwa in der Versicherungswirtschaft, aber auch im Pharmasektor, oder generell im Großkundengeschäft. Teilweise ist die Notwendigkeit eines Außendienstes freilich schon in der Natur der Sache begründet, z. B. bei der **Anlagenwartung**.

Vor allem im Akquisitionsbereich eröffnet sich dabei die Alternative, entweder Arbeitnehmer oder aber selbständige Personen mit dem „Hereinholen" von Verträgen und möglicherweise auch mit der anschließenden **Kundenpflege** zu betrauen. Arbeitnehmer bieten zwar wegen der Unterworfenheit unter das Direktionsrecht des Arbeitgebers den Vorzug sehr weitgehender Steuerungsmöglichkeiten, müssen aber auch bei Erfolglosigkeit ihrer Bemühungen honoriert werden. Selbständige hingegen tragen grundsätzlich das Risiko der Erfolglosigkeit als Teil ihres eigenen **Unternehmerrisikos**. Solche selbständigen Gewerbetreibende nun, die für einen anderen Unternehmer längerfristig Geschäfte vermitteln oder sogar in dessen Namen abschließen, sind „**Handelsvertreter**" i. S. der §§ 84 ff. HGB und betreiben bei entsprechender Geschäftsgröße (vgl. § 1 II HGB) ein eigenes Handelsgewerbe selbst ohne Eintragung im Handelsregister (vgl. im Übrigen die Option nach § 2 HGB sowie die des Formkaufmanns). Darin unterscheiden sie sich charakteristisch von den angestellten, abhängigen, in der Arbeitsgestaltung und Zeiteinteilung fremdbestimmten (vgl. § 84 I 2, II HGB), dafür als Arbeitnehmer aber auch kollektivrechtlich geschützten „**Handlungsgehilfen**" (§§ 59 ff. HGB), außerdem eben durch die Erfolgsorientiertheit ihrer Handelsvertretertätigkeit, die in der Vergütung der Handelsvertreter lediglich auf **Provisionsbasis** (§§ 87 ff. HGB) ihren Niederschlag findet.

Beispiele: „Industrievertretung", „Repräsentant der Fa. X", „Agentur" (z .B. Versicherungsagentur), Reisebüro.

Allerdings ist diese Honorierung für den Handelsvertreter nur typisch, nicht jedoch für ihn exklusiv: Auch Handlungsgehilfen, also Arbeitnehmer, können als Leistungsanreiz ggf. (auch) provisionsmäßig honoriert werden, wie umgekehrt für den Handelsvertreter ein Provisionsmodus auf der Basis eines akquisitionsunabhängigen festen **Sockelbetrages** durchaus vorkommt. Dies macht die Einordnung im Einzelfall schwierig.

§ 65 HGB mildert die Konsequenzen von Einordnungsfehlern nur teilweise, wenn dort für (auch) **provisionshonorierte Arbeitnehmer** bestimmte Vorschriften des Handelsvertreterrechtes für anwendbar erklärt werden. Aber auch bei eindeutiger Selbständigkeit i. S. des § 84 I 2 HGB kann eine solche wirtschaftliche, existenzielle Abhängigkeit des Handelsvertreters bestehen, dass umgekehrt eine Angleichung an den Arbeitnehmerstatus angezeigt erscheint. Dies gilt insbesondere für solche Handelsvertreter, die langfristig ausschließlich an ein einziges Unternehmen vertraglich gebunden sind, also für die (rechtlich falsch!) sog. „**Einfirmenvertreter**". Für sie können z. B. gemäß § 92a HGB Mindestbedingungen durch Rechtsverordnung festgelegt werden, um ihrer sozialen und wirtschaftlichen Sondersituation Rechnung zu tragen. Prozessual folgt die Angleichung dieser besonderen Handelsvertreter an den Arbeitnehmer durch § 5 III ArbGG mit der Begründung der arbeitsgerichtlichen Zuständigkeit. Auch der **Versicherungsagent** und der **Bausparkassenrepräsentant** sind begrifflich Handelsvertreter, wie § 92 HGB klarstellt. Für sie greifen eine Reihe von Sondervorschriften ein, die das allgemeine Handelsvertreterrecht überlagern (vgl. §§ 92 II-V, 92a II HGB, 69 ff. VVG).

Rechtlich ist beim Handelsvertreter das Vertragsverhältnis, kraft dessen er für einen (anderen) Unternehmer tätig ist (**Innenverhältnis**), von demjenigen zu unterscheiden, das der Handelsvertreter pflichtgemäß lediglich vermittelt oder - entsprechend bevollmächtigt - selber, aber in fremdem Namen abschließt (**Außenverhältnis**). In jedem Fall entstehen im Rahmen dieses **Ausführungsgeschäftes** Rechtsbeziehungen nur zwischen dem Partnerunternehmen des Handelsvertreters, also seinem Auftraggeber, und dem geworbenen Kunden (vgl. Abb. 45). Dies unterscheidet den Handelsvertreter klar vom Kommissionär oder auch vom Vertragshändler.

b) Der Rechtsstatus des Handelsvertreters im Innenverhältnis

Der Handelsvertretervertrag ist **Geschäftsbesorgungsvertrag** mit dem Dienstvertrag als Kern (§§ 675, 611 ff. BGB), wobei auch noch die §§ 86 ff. HGB zum Zuge kommen. Demzufolge ist der Handelsvertreter nach § 86 I HGB zum Tätigwerden (bloße Vermittlung bzw. Vertragsschluss im fremden Namen) verpflichtet. Das Gesetz vertraut hier also anders als beim **Handelsmakler** (§§ 93 ff. HGB) nicht allein auf die motivierende Wirkung der in Aussicht stehenden Provision, beim Makler auch **Courtage** genannt. Außer dem muss der Handelsvertreter umfassend die Interessen seines Auftraggebers wahren, insbesondere über den Erfolg seiner Bemühungen unverzüglich berichten. Daraus resultieren auch die über die Laufzeit des Handelsvertretervertrages hinaus verlängerte Pflicht zur Wahrung von anvertrauten **Unternehmensgeheimnissen** (§ 90 HGB) und ein im Gesetz nicht ausdrücklich genanntes Verbot, zu seinem Auftraggeber unmittelbar selber oder mittelbar durch Betreuung konkurrierender Unternehmen in Wettbewerb zu treten. Dieses als Ausdruck einer vertraglichen Schutzpflicht zu begreifende Wettbewerbsverbot endet freilich mit dem Handelsvertretervertrag. Ein wirtschaftlich besonders einschneidendes, nachwirkendes Wettbewerbsverbot besteht nur bei entsprechender Vereinbarung, wofür § 90a HGB als zwingendes Recht (§ 90a IV HGB) allerlei Restriktionen normiert. So verlangt das Gesetz Schriftform (nicht nur Textform!), Aushändigung der Vertragsurkunde

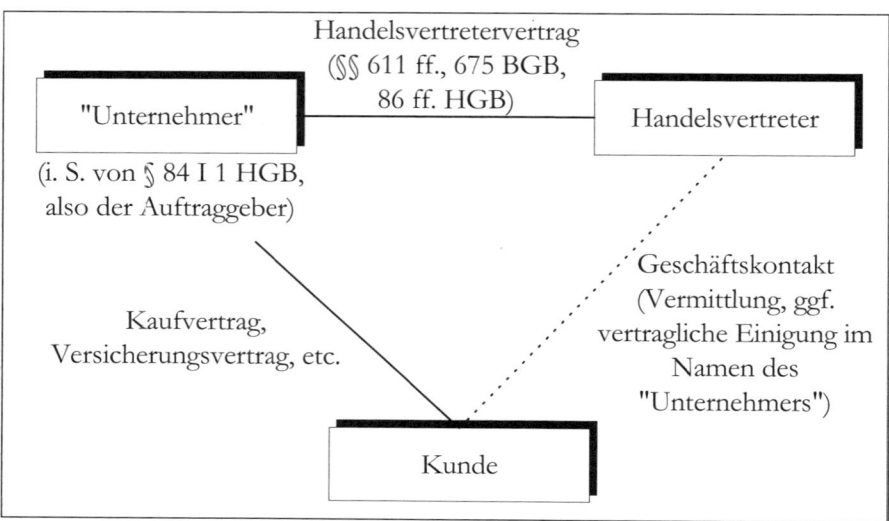

Abb. 45: Rechtsbeziehungen bei der Einschaltung von Handelsvertretern

über das **nachwirkende Wettbewerbsverbot** und Beachtung der Maximal-dauer von zwei Jahren. Besteht ein solches Wettbewerbsverbot überhaupt rechtlich wirksam, so ist für seine Dauer dem Handelsvertreter für seine ihm derart auferlegte Untätigkeit eine angemessene Entschädigung (sog. **Karenz-entschädigung**) zu zahlen, über deren Höhe das Gesetz keine näheren Angaben macht.

Ein Seitenblick auf das für angestellte Reisende geltende Wettbewerbsverbot macht zahlreiche Gemeinsamkeiten ebenso wie Unterschiede deutlich: Auch **Handlungsgehilfen** trifft ein **Wettbewerbsverbot** schon während des Be-stehens des Arbeitsverhältnisses (§ 60 I HGB), danach ebenfalls nur Kraft besonderer Vereinbarung, die zunächst denselben Wirksamkeitsvoraussetzun-gen wie beim Handelsvertreter unterliegt (§ 74 I HGB). Die Vereinbarung einer **Karenzentschädigung** ist hier aber zusätzliches **Wirksamkeitserfor-dernis**, nicht (lediglich) Konsequenz eines vereinbarten Wettbewerbsverbots. Auch ist ein **nachwirkendes Wettbewerbsverbot** hier überhaupt nur im beschränkten Rahmen des § 74a HGB gültig. Zur Berechnung der gerade bei Arbeitnehmern, die (auch) auf Provisionsbasis tätig sind, schwer zu bestim-menden angemessenen Karenzentschädigung enthalten §§ 74b ff. HGB detaillierte Maßgaben auf der Grundlage einer mittelfristigen Durchschnitts-berechnung des Jahresverdienstes. Daraus lassen sich für die Karenzentschä-digung auch des Handelsvertreters, namentlich des „Einfirmenvertreters", gewisse Anhaltspunkte gewinnen.

Der Handelsvertreter hat nach § 86a HGB seinerseits das Recht, von dem Unternehmer, für den er tätig ist, die zur Akquisition erforderlichen Unterlagen gestellt zu bekommen.

Beispiele: Zeichnungen, Muster, Referenzen, Preislisten, Allgemeine Geschäftsbedingungen, Werbematerialien.

Vor allem aber hat der Handelsvertreter gemäß § 87 I HGB grundsätzlich Anspruch auf Provision für alle während der Laufzeit des Handelsvertretervertrages abgeschlossenen Geschäfte, soweit sie auf seine Tätigkeit zurückzuführen sind (**Abschlussprovision**). Notwendig ist also ein **Kausalzusammenhang** zwischen dem Geschäftsabschluss und der Tätigkeit des Handelsvertreters. Die diesbezügliche Feststellung ist leicht zu treffen, wenn der Handelsvertreter den Vertrag selber - in fremdem Namen - abgeschlossen hat, hingegen oft schwierig, wenn lediglich eine Vermittlung stattgefunden hat.

Für einige Spezialfälle der **Vermittlungsvertretung** klärt § 87 I 1, 2. Halbs. und III HGB die Rechtslage: Erstens sind **Nachbestellungen** provisionspflichtig, weil und soweit ja die betreffenden Kunden durch den Handelsvertreter überhaupt erst akquiriert wurden. Zweitens bleibt der Kausalzusammenhang zwischen Handelsvertretertätigkeit und Geschäftsabschluss natürlich auch dann erhalten, wenn der Abschluss erst nach Auslaufen des Handelsvertretervertrages stattfindet. Dann entsteht nach § 87 III Nr. 1 HGB ein Anspruch auf sog. **Überhangprovision**.

Ohne Rücksicht auf ein kausales Mitwirken des Handelsvertreters am Geschäftsabschluss hat der Handelsvertreter einen Anspruch auf Abschlussprovision beim sog. **Gebiets- oder Kundenschutz**: Provisionspflichtig sind dann alle Geschäfte, die in dem dem Vertreter zugewiesenen Bezirk oder mit Angehörigen eines bestimmten Kundenkreises getätigt werden (§ 87 II HGB).

Beispiel: In einem großen Möbelhaus sind (selbständige!) Handelsvertreter im Verkauf tätig, wobei Handelsvertreter H für den Kücheneinrichtungsbereich zuständig ist. Kunde K kauft ein Küchenkleinmöbel direkt an der Kasse für Mitnahmemöbel, ohne dass H überhaupt um Rat gefragt worden wäre: Provisionsanspruch des H.

Dabei sind auch **mehrstufige Organisationsformen** häufig, bei denen also mehrere Unterbezirke wieder unter dem Regime eines „**Generalvertreters**" zusammengefasst sind, der seinerseits wieder Gebiets- bzw. Kundenschutz für einen so definierten (Gesamt-)Bezirk oder Kundenkreis hat. An der rechtlichen Selbständigkeit der organisatorisch nachgeordneten Handelsvertreter ändert dies nichts, da nach § 84 III HGB der „Unternehmer", für den ein Handelsvertreter tätig ist, selber wieder Handelsvertreter sein kann.

Die Rechtsstellung von **Versicherungsagenten** und Repräsentanten von Bausparkassen ist demgegenüber schlechter: Solche Vertreter haben einen Anspruch auf Provision nur für diejenigen Verträge, für deren Abschluss sie konkret kausal geworden sind. Es gibt also **keine generelle Provisions-**

pflichtigkeit, weder von Nachfolgeverträgen noch von solchen Verträgen, die im zugewiesenen Bezirk oder mit dem zugewiesenen Kundenkreis abgeschlossen wurden (§ 92 III, IV HGB). Auch dort, wo der Anspruch überhaupt besteht, ist er grundsätzlich aufschiebend bedingt durch die Ausführung des zwischen Unternehmer und Handelsvertreter bestehenden Vertragsverhältnisses (Einzelheiten in § 87a HGB).

Neben der Abschlussprovision (auch in der Spielart der Überhangprovision) gibt es auch noch andere Provisionsarten: **Inkassoprovision** kann der Handelsvertreter nach § 87 IV HGB für eine ihm anvertraute Einziehung von Geldern aus dem Vertragsverhältnis zwischen Unternehmer und Kunden verlangen. Eine sog. **Delkredereprovision** steht dem Handelsvertreter zu, wenn er - schriftlich - das Risiko ordnungsgemäßer Vertragserfüllung durch den Kunden gegenüber dem Unternehmer übernommen hat, und zwar schon mit Geschäftsabschluss, nicht erst mit dessen Ausführung (§ 86b HGB). Die Übernahme des Delkredere ist ohne nähere vertragliche Festlegungen rechtlich allerdings kaum operational. In Betracht kommen nämlich gleich mehrere Rechtsinstitute: Bürgschaft (§§ 765 ff. BGB), Schuldbeitritt und Garantie. Voraussetzungen und Wirkungen dieser sog. Personalsicherheiten sind dabei sehr unterschiedlich. Im Zweifel dürfte das **Delkredere** als **selbstschuldnerische Ausfallbürgschaft** gewollt sein. Schließlich können auch gesetzliche Provisionen nach § 354 HGB für andere, üblicherweise zu vergütende Tätigkeiten zu beanspruchen sein. Einen allgemeinen Anspruch auf Aufwendungsersatz hat der Handelsvertreter hingegen nicht, weil dies mit seiner Stellung als selbständiger Gewerbetreibender nur schwer vereinbar wäre.

Beispiele: Telefonkosten, Anschaffungs- und Betriebskosten für das Kfz, Büromiete etc. muss der Handelsvertreter selber tragen.

Für die **Beendigung** des Handelsvertretervertrages durch ordentliche bzw. außerordentliche Kündigung gelten vorrangig vor den dienstvertragsrechtlichen Bestimmungen des BGB die §§ 89, 89a HGB. So ist namentlich § 626 II BGB hier unanwendbar. Aus dem bürgerlichrechtlichen Dienstvertragsrecht gilt aber etwa § 620 I BGB (Beendigung durch auflösende Befristung).

Eine in der Praxis außerordentliche Bedeutung hat § 89b HGB erlangt, der dem Handelsvertreter grundsätzlich einen **Ausgleichsanspruch** dafür gewährt, dass der Unternehmer die vom Handelsvertreter erschlossenen Geschäftsbeziehungen auch weiterhin nutzen kann, ohne dem Handelsvertreter nach Auslaufen des Handelsvertretervertrages noch Provisionen für Folgeverträge zahlen zu müssen. Wegen der ähnlichen Interessenlage wird § 89b HGB analog auch auf den **Vertragshändler** sowie auf den sog. Kommissionsagenten angewendet. Der Kommissionsagent ist ein Kommissionär i. S. der §§ 383 ff. HGB, der ständig für einen Kommittenten tätig ist, so dass auch hier die Interessenlage (wirtschaftliche Abhängigkeit!) insofern - vor allem beim sog. Einfirmenkommissionsagenten - derjenigen des Handelsvertreters ähnelt.

c) Vermittlungs- und Abschlussvertretung

Der Handelsvertreter wie der Handlungsgehilfe im Außendienst treten immer in fremdem Namen, im Namen des sie mit Akquisitionsaufgaben betrauenden Unternehmers auf, so dass sie grundsätzlich nicht in Rechtsbeziehungen zu dem Kunden treten. Sofern sie aber selber das **Kundenvertrauen** tragen, können sie, vor allem als Versicherungsvertreter, von der Werbung oft ganz gezielt als Vertrauenspersonen präsentiert, dem Kunden auch selber aus culpa in contrahendo haftbar sein (sog. **Sachwalterhaftung**).

Im Zusammenhang mit der Erzeugung von Rechtswirkungen zwischen Unternehmer und Kunden sind zwei Varianten zu unterscheiden: Der Unternehmer kann den Handelsvertreter wie den Handlungsgehilfen im Außendienst lediglich mit der **Vermittlung** von Geschäften betrauen. Dann ist fraglich, ob damit überhaupt irgendeine (Handlungs-)Vollmacht verbunden sein soll. Dies bejahen § 91 II HGB für den Handelsvertreter und § 75g HGB für den Arbeitnehmer im Außendienst insoweit, als zum Schutz gutgläubiger Kunden eine dort näher spezifizierte Vollmacht zu **passiver Stellvertretung**, also zur Entgegennahme von Erklärungen des Kunden, normiert ist. Ebenfalls grundsätzlich nur zu passiver Stellvertretung ist ein mit bloßer Vermittlungsvollmacht ausgestatteter **Versicherungsagent** gemäß § 69 VVG imstande. Doch hat dort der Vollmachtinhalt einen anderen, spezifisch auf die Versicherungsmaterie zugeschnittenen und vom **Gutglaubensschutz** abgekoppelten Inhalt. Die Rechtsprechung behandelt den Versicherungsagenten in extensiver Auslegung des § 69 VVG ganz allgemein geradezu als „Auge und Ohr" des Versicherungsunternehmens.

Bei aktiver Stellvertretung handelt der Außendienstmitarbeiter als falsus procurator, wenn er Willenserklärungen im Namen des Unternehmers bzw. Arbeitgebers abgibt, aber nur zur Vermittlung bevollmächtigt war. Die **Genehmigung**, die nach § 177 I BGB die schwebende Unwirksamkeit beseitigt, gilt aber nach § 91a I HGB für den Handelsvertreter und § 75h I HGB für den Handlungsgehilfen als erteilt, wenn nach entsprechender Mitteilung - abweichend von der 2-Wochen-Frist des § 177 II BGB - nicht unverzüglich die Ablehnung des Geschäftes durch den Unternehmer bzw. Arbeitgeber erklärt wird.

Bei der **Abschlussvertretung** ist dem Handelsvertreter bzw. Handlungsgehilfen im Außendienst jedenfalls Handlungsvollmacht auch zu **aktiver Stellvertretung** erteilt worden. Dies voraussetzend umreißen §§ 91 bzw. 55 HGB

i. V. m. § 54 HGB den Vollmachtinhalt näher. Dabei gilt das zur General-, Art- und Spezialhandlungsvollmacht Gesagte. Jedenfalls aber ist ein **Mindestinhalt** der Vollmacht festgelegt, der sich im Prinzip mit demjenigen bei bloßer Vermittlungsvollmacht deckt (vgl. § 55 IV im Vergleich mit §§ 91 II, 75g HGB). Eine Besonderheit gilt wiederum für **Versicherungsagenten** mit Abschlussvollmacht: Sie gelten gemäß § 71 VVG auch als befugt, die Änderung oder Verlängerung (Prolongierung) von Versicherungsverträgen zu vereinbaren sowie Kündigungs- und Rücktrittserklärungen abzugeben. In der Praxis ist freilich die Bedeutung dieser Vorschrift gering, da in der Versicherungsbranche durchweg nur Vermittlungs-, nicht jedoch Abschlussvollmacht erteilt wird.

IV. Investition und Finanzierung

1. Geld- und Warenkredit

Finanzierung im allgemeinsten Sinn bedeutet die Verfügbarkeit von geldwerten Mitteln, die zur Erzielung eines wirtschaftlichen Erfolges erforderlich sind. Soweit **Eigenmittel** vorhanden sind, tauchen spezifische rechtliche Probleme naturgemäß kaum auf, da mit deren Verwendung zur Finanzierung lediglich eine Form jenes Beliebens ausgedrückt wird, die dem Eigentümer auch hinsichtlich seiner Verfügungsmacht über das Geld zukommt (vgl. § 903 BGB). Reichen die Eigenmittel nicht aus oder erscheint ihr Einsatz nicht opportun, so bedarf es der Fremdfinanzierung.

An einer solchen Finanzierung hat nicht immer nur derjenige Interesse, auf dessen Seite die monetären Mittel knapp sind. Evident ist vielmehr auch das **Finanzierungsinteresse** des Kreditgebers weil er gerade dadurch, vermittelt durch den Zinsanspruch als Entgelt für die zeitweise Geldhingabe, Gewinne erzielen kann. Nur scheinbar altruistisch ist das Interesse etwa auch des Verkäufers daran, dass sein (privater) Kunde die Warenbewegung fremdfinanzieren kann. Denn ohne diesen **Finanzierungsservice** würde in vielen Marktsegmenten (Autos, Haushaltsgroßgeräte, Unterhaltungselektronik) der Absatz nachhaltig stocken. Dies gilt auch und erst recht im Blick auf den **Zwischenhandel**, dessen häufige Eigenkapitalschwäche ebenfalls eine Fremdfinanzierung der angeschafften Waren erforderlich macht. Im **Grundstücks-, Bau- und Anlagensektor** sind Fremdfinanzierungen ohnedies die Regel. Gerade hierbei spielen mögliche positive steuerliche Effekte (Absetzung von Kreditsollzinsen etc.) schon wegen des Volumens eine besondere Rolle. Und auch hier ist die Marktgegenseite nicht selten genuin an der Eröffnung von Fremdfinanzierungen zugunsten der Immobilienkäufer bzw. Bauherren interessiert, weil angesichts eben des Finanzierungsvolumens, aber auch der Geschäftspolitik, sonst überhaupt kaum Umsätze möglich wären.

Beispiel: „Vorratsfertigung" von Einfamilienhäusern durch Bauträger.

Eine Fremdfinanzierung ist nun nicht nur durch Darlehen möglich. Sieht man einmal von der Vergesellschaftung eines Unternehmens, von der Aufnahme neuer Gesellschafter in eine Personengesellschaft und von der Aktienemission (also von Beteiligungsfinanzierungen) sowie von Factoring und vielem anderen mehr zunächst einmal ab, so steht neben dem Darlehen als Grundtypus des sog. **Geldkredits** vielmehr gleichrangig der **Warenkredit**: Der Finanzierungsbedarf etwa eines Käufers wird durch eben seinen Vertragspartner, hier den Verkäufer selber, nicht durch einen Dritten als Geldgeber, gedeckt. Der Verkäufer gibt dabei Kredit dadurch, dass er entgegen dem in § 320 BGB niedergelegten, für synallagmatische Verträge nun einmal charakteristischen **Zug-um-Zug-Prinzip** abrückt: Der Verkäufer liefert, schiebt aber unter Verzicht auf die an sich gegebene sofortige Fälligkeit der Kaufpreiszahlung (vgl. § 271 I BGB) die Durchsetzbarkeit seines Zahlungsanspruches ganz oder - bei Ratenzahlungen - zeitlich gestuft auf.

Mit dieser **Stundung**, vielleicht auch nur bis zur Rechnungsstellung, vielleicht aber auch bis zu festgelegten, oft weit entfernten **Zahlungszielen**, verzichtet der Verkäufer auf Zufluss von Liquidität und damit auf eine Verzinsung und erspart so dem Käufer, sich seinerseits Geldkredite zu beschaffen. Wirtschaftlich-kalkulatorisch ist es letztlich freilich gleichgültig, ob Geld- oder Warenkredit gewährt oder in Anspruch genommen wird. Dieser Mechanismus funktioniert natürlich nicht nur beim Warenumschlag, sondern z. B. auch bei **Dienstleistungen**: Der Warenkredit ist lediglich ein typischer Fall der in der Vorleistung beschlossenen Kreditgewährung. Manchmal liegen die Kreditierungseffekte auch nicht so deutlich auf der Hand. So verhält es sich z. B. beim Einsatz von Kreditkarten.

2. Darlehen (Geldkredit)

Zentrales rechtliches Vehikel für den Geldkredit ist - wie gesagt - das Darlehen i. S. des durch den Darlehensvertrag erzeugten Rechtsverhältnisses. Sein Spektrum reicht vom regulären **Bankkredit** bis zu **Industrie-, Staats- und Kommunalanleihen**, also bis hin zu Darlehen, die in Teilbeträge zu Euro 100, Euro 1.000 etc. zerlegt und oft in Wertpapieren, als sog. **Teilschuldverschreibungen**, verbrieft sind. Selbst innerhalb der Anleihen sind jeweils wieder vielfältige Varianten zu unterscheiden. **Industrieanleihen** etwa können ohne oder mit Vorzugsrechten versehen sein. Ein solches Vorzugsrecht gewährt etwa die sog. **Wandelanleihe** oder **Wandelschuldverschreibung** (convertible bond), die die Befugnis zum Umtausch in eine Aktie gewährt, oder die sog. **Optionsanleihe**, die den Rückforderungs- und Zinsanspruch aus dem Darlehen z. B. mit Gewinnanteilsrechten von Aktionären (Dividende) in Verbindung bringt (vgl. auch § 221 AktG). Selbst die **Spareinlage** steht als „unregelmäßige Verwahrung" noch unter dem Regime des Darlehensrechtes (§ 700 I 1 BGB).

Der enormen Bedeutung des **Rechtstypus Darlehen** wird die vor allem mit den Besonderheiten des Verbraucherkredits befasste gesetzliche Regelung in den §§ 488 ff. BGB offenkundig nicht gerecht, selbst wenn man die ohnehin notwendige Spezialgesetzgebung in diesem Bereich in Rechnung stellt. Demzufolge kommt den **AGB** des Kreditgewerbes eine besondere rechtsregulative Bedeutung zu. Auf sie wiederum nehmen vielfältige Faktoren Einfluss, etwa das KWG. Finanzierungen auf öffentlichrechtlicher Grundlage im Rahmen von Subventionierungen (Mittelstands-, Strukturförderung etc.) unterliegen ohnedies Sonderregeln. Gleichwohl lässt sich eine insgesamt gültige Feststellung treffen: **Subventionen** werden nach der sog. „**Zwei-Stufen-Theorie**" behandelt: Subventionen werden zwar durch Verwaltungsakt bewilligt, aber auf privatrechtlicher Ebene, eben als Darlehen, abgewickelt.

Zustandekommen und Wirksamkeit des **Darlehensvertrages** unterliegen jedenfalls den allgemeinen Regeln des BGB und regelmäßig auch dem HGB, da der (Geld-)Darlehensgeber, meist eine Bank, oft aber auch - bei Betriebsmittelkrediten - der Kreditnehmer zu den Kaufleuten i. S. der §§ 1 ff. HGB zu rechnen ist und damit auf das Darlehen die §§ 343 ff. HGB über Handelsgeschäfte Anwendung finden. Ein außerordentliches Kündigungsrecht als Spezialfall der weggefallenen **Geschäftsgrundlage** gewährt aber § 490 BGB, wenn nach Abschluss des Kreditvertrages sich die Vermögensverhältnisse des Kreditnehmers so wesentlich verschlechtern, dass die Rückzahlung gefährdet wird, oder wenn sich die Werthaltigkeit einer Kreditsicherheit zu verschlechtern droht. Eine im Zeitpunkt des Vertragsschlusses falsch eingeschätzte Bonität des Schuldners und eine Fehlbewertung von Kreditsicherheiten begründen hingegen keine Widerrufsmöglichkeit. Allenfalls kommt eine Anfechtung in Betracht, doch liegen deren rechtliche Voraussetzungen (hier §§ 119 II oder 123 BGB) durchaus nicht immer vor.

Die **Valutierung**, also des Auszahlens der zugesagten Kreditsumme, ist die Hauptpflicht des Darlehensgebers. Der Darlehensnehmer ist gemäß § 488 I 2 BGB immer zur Valutenrückzahlung (zumeist um ein sog. **Disagio** höher als die Auszahlung) und grundsätzlich (vgl. auch § 354 II HGB) zur Zinszahlung verpflichtet. Zinshöhe (berechnet auf der Basis des Nennbetrages des Darlehens, also ohne Disagio!) und **Zinsfälligkeit** ergeben sich nur hilfsweise, mangels regelmäßig getroffener Abreden, aus dem Gesetz, und zwar aus den §§ 246, 488 III BGB, 352 HGB. Fehlt eine **Fälligkeitsabrede** für die **Kreditrückzahlung** selber, so bedarf es also der beiderseits möglichen **Kündigung** mit der Frist von 3 Monaten. Selbst bei Krediten mit bestimmter Laufzeit kann der Kreditnehmer aber unter den Voraussetzungen des § 489 BGB unter Einhaltung gewisser Fristen kündigen. Bei **variablem Zinssatz** ist eine derartige Kündigung jederzeit bei 3-monatiger Kündigungsfrist möglich (§ 489 II BGB). Bei **Festzinskrediten** besteht ein Kündigungsrecht des Kreditnehmers nach Ablauf der **Zinsbindungsfrist** mit einer Kündigungsfrist von einem Monat, in jedem Fall aber 10 Jahre nach vollständiger Kreditauszahlung (§ 489 I Nr. 1 und 3 BGB). Unbefristete **Verbraucherdarlehen** (Privatkredite) können gemäß § 500 I BGB jederzeit gekündigt werden. Soweit der Kreditnehmer nicht der öffentlichen Hand angehört (Bund, Länder etc.), kann dieses Kündigungsrecht nach § 489 IV BGB nicht erschwert oder gar ausgeschlossen werden. Dadurch wird dem privaten wie unternehmerischen Kreditnehmer ein verhältnismäßig großer Handlungsspielraum garantiert, um auf etwaige Gegebenheiten am Kapitalmarkt flexibel reagieren zu können.

Von alledem zu unterscheiden ist die Frage, ob der Darlehensnehmer das Darlehen schon vor Fälligkeit tilgen darf. Dies ist bei verzinslichen Darlehen grundsätzlich zu verneinen (vgl. § 488 III BGB). Ausnahmen werden durchweg nur vereinbart, wenn sich der Darlehensnehmer zu einer **Vorfälligkeitsentschädigung** verpflichtet. Für Verbraucherdarlehen gelten allerdings andere, sogleich zu behandelnde Regelungen.

Häufig wird in Abweichung von § 266 BGB für Tilgung und Zinsleistung eine **periodische Abrechnung** vereinbart, oft auch in gleichbleibenden Beträgen („**Annuitäten**" bzw. monatliche Teile dieser Jahresbeträge). Dann sind nach § 367 I BGB Zahlungen grundsätzlich zuerst mit etwa zu erstattenden Kosten (gemeint sind insbesondere Kosten der Rechtsverfolgung), dann mit Zinsen und erst zum Schluss mit der zu erbringenden (Darlehensrückzahlungs-) Hauptleistung zu verrechnen. Tendenziell bleibt die Schuld also bei stagnierenden Zahlungen unverändert, zumal ja nicht nur die regulären Zinsen, sondern auch Verzugs- und vielleicht sogar Fälligkeitszinsen vorrangig zu bedienen sind. Dies macht in Zahlungsrückstand gefallenen Schuldnern (für Verbraucher gilt Sonderrecht) die solide Lösung ihrer prekären Situation oft unmöglich, weil ja gleichsam die Quelle immer neuer Zinsbelastungen munter weitersprudelt. Statt der Verzinsung kann übrigens auch eine Gewinnbeteiligung vereinbart sein („**partiarisches**" **Darlehen**). Damit gewinnt speziell der Betriebsmittelkredit den Charakter der spekulativen Kapitalanlage.

3. Verbraucherkredit, Teilzahlungsgeschäft, Ratenlieferungsverträge

a) Regelungsfeld und Grundlagen

Ein Spezialfall im Rahmen des Warenkredits ist das weitverbreitete Teilzahlungsgeschäft: Der Verkäufer liefert, ohne schon jetzt den vollen Kaufpreis zu erhalten. Er gibt sich zumeist mit einer **Anzahlung** zufrieden. Der **Kaufpreisrest** wird dann in periodischen, z. B. monatlichen **Raten** geleistet. Wegen der darin beschlossenen Kreditierung ist die Summe von Anzahlung und Raten in aller Regel höher als beim Barkauf. Dies mag manchem Käufer nicht bewusst sein. Außerdem besteht die Gefahr, durch zuviele gleichzeitig bestehende Ratenverpflichtungen das verfügbare Budget zu überziehen. Schließlich kann der Käufer schnell das Opfer des ja durchaus legitimen **Sicherungsinteresses** des Verkäufers werden: Zum einen übereignet der Verkäufer in solchen Fällen durchweg lediglich unter der aufschiebenden Bedingung vollständiger Kaufpreiszahlung (vgl. § 449 BGB), bleibt bis dahin also noch Eigentümer und kann deshalb als solcher die Sache gegebenenfalls wieder zurückverlangen, obwohl der Käufer, ohne den Besitz und damit den Gebrauchsnutzen an der Sache zu behalten, möglicherweise seinerseits zu weiteren Teilzahlungen verpflichtet bleibt. Zum anderen mag der Verkäufer dem Käufer eine Vereinbarung abgerungen haben, derzufolge der zwischenzeitliche Wertverlust der Ware pauschal mit den bislang schon erbrachten Teilleistungen (über-)kompensiert werden soll, selbst wenn nur noch ein kleiner Kaufpreisrest offen ist.

Gegenüber solchen Gefahren schien es dem deutschen Gesetzgeber schon sehr frühzeitig, nämlich schon 1894, angeraten, die Privatautonomie des Verbrauchers gerade zu seinem Schutz durch das damalige AbzG einzuschränken. Dieser Ansatz ist durch das europäische Verbraucherkreditrecht noch weiter ausgebaut worden. Seine **Zielrichtung** ist natürlich der Verbraucherschutz. In diesen Schutz personell einbezogen ist nach § 491 I BGB als Verbraucher i. S. von § 13 BGB jedenfalls diejenige natürliche Person, für die der Kredit nach dem Vertragsinhalt keinen Bezug zur gewerblichen oder selbständigberuflichen Sphäre aufweist. Für **Existenzgründer**, die sozusagen in der Grauzone agieren, gilt Folgendes: Bis zur Nettokreditaufnahme (das sind die ausgezahlten Valuta) oder bis zum (potenziellen) Barzahlungspreis von Euro 75.000 partizipieren auch sie am Verbraucherschutz (§ 512 BGB). Sachlich ergreift diese Materie nach § 506 BGB sowohl (entgeltliche) Geld- als auch Warenkredite sowie z. B. Kreditierungen im Bereich von Dienstleistungen, indem nicht nur Darlehen, sondern auch „Zahlungsaufschub" sowie jede „sonstige Finanzierungshilfe" in diesem Zusammenhang ausdrücklich genannt werden.

Beispiele: Verzinsliches, in Raten rückzahlbares Darlehen.
Kauf zu einem gegenüber dem Barzahlungspreis erhöhten Teilzahlungspreis, u. U. unter Leistung einer sog. Anzahlung. Verkauf unter verkäuferseitiger Einschaltung eines dritten Kreditgebers, um dem Käufer die Finanzierung zu ermöglichen.
Überziehungskredite im Rahmen eines Giroverhältnisses.

Entgegen dem früheren Recht wird das **Finanzierungsleasing** in diesem Zusammenhang nicht mehr ausdrücklich genannt. Sein Rechtscharakter als „entgeltliche Finanzierungshilfe" i. S. von § 506 I BGB steht gleichwohl außer Zweifel, schon weil § 506 II (Nr. 1-3) BGB der Sache nach eine Umschreibung des Finanzierungsleasing enthält.

Die **komplizierte Verweisungstechnik** der §§ 491 ff., 506 ff. BGB spricht freilich dem wiederholt erklärten Anliegen des modernen Gesetzgebers Hohn, ein zumindest für den gebildeten Bürger (gerade auch in seiner Eigenschaft als Verbraucher!) halbwegs verständliches Gesetzeswerk vorzulegen. Selbst für den juristisch versierten Leser erschließt sich die ganze Regelung nur höchst mühsam. Da erfreut eine Vorschrift wie § 500 II BGB, die beim Verbraucherkredit auch ohne Vereinbarung die jederzeitige, also auch **vorfällige Kreditrückzahlung** ermöglicht. Eine Vorfälligkeitsentschädigung ist dann nur nach Maßgabe des § 502 BGB geschuldet. Dies bedeutet insbesondere eine höhenmäßige Begrenzung der Entschädigung (§ 502 I 2 BGB), aber auch den Ausschluss jeder Entschädigung nach § 502 II BGB, z. B. (Nr. 2) bei unzureichender Information über die Laufzeit des Kreditvertrages, über das Kündigungsrecht des Darlehensnehmers oder über die Berechnung der Vorfälligkeitsentschädigung. Bedenkt man, dass Kreditverträge durchweg in vorformulierter Gestalt geschlossen werden, gewährt § 502 II Nr. 2 BGB aber kaum mehr, als was nach AGB-Recht (§§ 305 ff. BGB) für intransparente Klauseln ohnehin gilt.

Für den Verbraucherkredit gilt ferner nach § 497 III 1 BGB eine gegenüber dem Betriebsmittelkredit abweichende, den Schuldner zwingend (§ 511 BGB) begünstigende **Verrechnungsreihenfolge.** Demnach erfolgt die Anrechnung von Zahlungen auf den Kredit zwar ebenfalls zuerst auf erstattungsfähige Kosten der Rechtsverfolgung, dann aber auf die Darlehensschuld i. S. der Hauptleistung, und erst ganz zuletzt auf die Zinsen.

Wegen derselben Interessenlage und derselben Gefahren wie beim Ratenkauf, also dem Hauptfall des **Teilzahlungsgeschäfts** i. S. des § 506 III BGB, finden nach § 510 BGB einige Vorschriften des Gesetzes auch auf solche Verträge Anwendung, die genaugenommen keinen Kreditcharakter tragen, sog. **Ratenlieferungsverträge.**

Beispiele: Bezug eines mehrbändigen Lexikons, wobei jeder Band sogleich voll bezahlt wird; Zeitschriftenabonnement; Erwerbsverpflichtung bei Zugehörigkeit zu einem Schallplattenring oder zu einer Buchgemeinschaft.

Mangels Verbraucherstatus des Wirts grundsätzlich nicht unter das Regime des § 510 BGB fällt die Bierbezugsverpflichtung. **Ausnahmen** können sich allenfalls aus einer **Existenzgründungssituation** nach § 512 BGB ergeben. Umgekehrt sind selbst Verbraucherkredite dann nicht nach den §§ 491 ff. BGB zu behandeln, wenn sie unter die **Bagatellgrenzen** der §§ 491 II Nr. 1 und 3 oder 506 III, VI 2 BGB fallen, wenn also die Nettokreditaufnahme oder beim Teilzahlungsgeschäft der Barzahlungspreis Euro 200 nicht überschreiten bzw. der Zahlungsaufschub 3 Monate nicht übersteigt und nur mit geringen Kosten belastet ist. Wegen des allgemeinen Umgehungsverbots des § 511 S. 2 BGB ist freilich eine Berufung auf diese Bagatellgrenzen dann nicht möglich, wenn sie gezielt durch kettenweise verbundene Einzelverträge ausgenutzt werden sollen.

b) Informationspflichten und Schriftformzwang

Das Verbraucherkreditrecht versucht zunächst, den Verbraucher vor übereilten Vertragsabschlüssen auf Grund unzureichender Informationen über die auf ihn zukommenden Belastungen zu schützen. Diesem Ziel dienen gesetzliche Informationspflichten mit zahlreichen schriftlichen **Pflichtangaben** und einem streng durchgeführten **Schriftformzwang**, wobei jedoch beidesmal der **Überziehungskredit** (§ 504 f. BGB) und der **Fernabsatz** privilegiert sind. Den umfangreichen **Katalog der Pflichtangaben** für den Verbraucherdarlehensvertrag normiert § 492 II BGB, denjenigen für Teilzahlungsgeschäfte § 507 II 1 BGB, jeweils in Verbindung mit Art. 247 EGBGB, und zwar dort §§ 6-13 bzw. §§ 6, 12 f. Der dabei jeweils als Prozentsatz für das Jahr auszuweisende effektive Jahreszins berechnet sich dabei wiederum gemäß Art. 247 § 3 II 3 EGBG nach dem allgemeinen Preisangabenrecht. Bei **fehlenden Pflichtangaben** ist grundsätzlich **Vertragsnichtigkeit** die Folge (§§ 494 I, 507 II 1 BGB), jedoch besteht eine **Heilungsmöglichkeit**: Soweit der Darlehensnehmer die Valuta beansprucht oder sogar tatsächlich entgegennimmt, ist der **Verbraucherdarlehensvertrag** gemäß § 494 II 1 BGB trotz fehlender Pflichtangaben gültig. Für Kreditsicherheiten, über die keine Pflichtangaben gemacht wurden, gelten Besonderheiten (vgl. dazu § 494 I 1 BGB, der nicht auf Art. 247 § 7 EGBGB verweist, und weiterhin § 494 VI 2 BGB). Parallel zu alledem ist die Rechtslage beim **Teilzahlungsgeschäft** im B2C-Bereich: Die grundsätzliche Nichtigkeit wegen fehlender Pflichtangaben wird geheilt, wenn dem Verbraucher als Käufer die auf Teilzahlung gekaufte Sache übergeben wird oder die vereinbarte Dienstleistung für den Verbraucher erbracht wird. Dieselben Rechtsfolgen treten bei gänzlich fehlender Schriftform ein (§§ 492

I; 494 I, 1. Alt. BGB für das Verbraucherdarlehen, §§ 507 II 2 BGB für das Teilzahlungsgeschäft).

Die Heilung des Vertrages erfolgt allerdings unter einer **Änderung des Vertragsinhalts** zu Lasten des Unternehmers, um wirksame ökonomische Anreize für die Erteilung der Pflichtangaben und für die Einhaltung der Schriftform zu liefern. Dabei fällt vor allem ins Gewicht, dass statt des im **Verbraucherdarlehensvertrag** vereinbarten Zinssatzes nunmehr lediglich der äußerst niedrige gesetzliche Zinssatz von 4% p.a. (§ 246 BGB) gilt, wenn die Pflichtangaben über den effektiven Jahreszins oder den Gesamtbetrag fehlen (§ 494 II 2 BGB). Da der Existenzgründer nach richtiger Ansicht noch den Verbraucherstatus hat, gilt bei **Existenzgründungsdarlehen** der gesetzliche Zinssatz von 5% p. a. gemäß § 352 HGB selbst dann nicht, wenn die Gründung auf ein kaufmännisches Unternehmen gerichtet ist. Ist der effektive Jahreszins zu niedrig angegeben, so vermindert gemäß § 494 III BGB sich der geschuldete Zins um den Differenzwert.

Beim **Teilzahlungsgeschäft** folgt das Gesetz demselben Modell: Fehlt die Pflichtangabe über den effektiven Jahreszins oder über den Teilzahlungspreis oder sind die Angaben fehlerhaft niedrig, so ist gemäß § 507 II 3 BGB der Barzahlungspreis lediglich mit dem gesetzlichen Zinssatz zu verzinsen bzw. reduziert sich der Teilzahlungspreis entsprechend der Fehlangabe (§ 507 II 5 BGB). Eine **Milderung** bringt § 507 I 2 BGB für B2C-Teilzahlungsgeschäfte im Fernabsatz hinsichtlich des Schriftformzwangs nach § 492 I BGB: Er kann nachträglich durch unverzügliche Übermittlung des Vertragsinhalts in Textform überspielt werden, wenn der Verkaufsprospekt oder ein vergleichbares elektronisches Medium wenigstens den Barzahlungspreis, den Sollzinssatz und den effektiven Jahreszins nennt sowie einen Tilgungsplan anhand beispielhafter Gesamtbeträge enthält und schließlich über die beizubringenden Sicherheiten und Versicherungen aufklärt.

Für **Finanzierungsleasingverträge** eines Verbrauchers gilt grundsätzlich dasselbe wie für einen (aufgezinsten) **Zahlungsaufschub**, da sie der Sache nach in § 506 II BGB erfasst und somit als „entgeltliche Finanzierungshilfe" anzusehen sind. Solche Vertragsgestaltungen unterliegen nach den in § 506 I und IV BGB normierten Verweisungen also dem **Schriftformzwang** (§ 492 I BGB) und müssen **Pflichtangaben** (§ 492 II BGB) enthalten.

c) Widerrufs- oder Rückgaberecht

Selbst wenn der Verbraucherdarlehensvertrag, der Finanzierungsleasingvertrag oder das Teilzahlungsgeschäft des Verbrauchers wirksam ist (ggf. mit modifiziertem Vertragsinhalt), kann sich der Verbraucher auf einer zweiten

Schutzebene vom Vertrag doch noch einseitig lösen, wenn er von dem ihm nach § 495 I BGB zustehenden **Widerrufsrecht** in der Regelfrist von 14 Tagen nach Maßgabe von § 355 in der durch § 495 II BGB modifizierten Gestalt Gebrauch macht. Die in §§ 355 II/495 BGB ohnedies sehr kompliziert geregelte Frist zur Erklärung des Widerrufs wird noch schwieriger zu handhaben, weil das Widerrufsrecht seinerseits nach § 355 IV BGB auch noch einer Auschlussfrist von 6 Monaten unterliegt, die im konkreten Fall nicht minder schwierig zu berechnen ist, wie ein Blick in die genannte Norm zeigt. Während des Fristlaufs für die Widerufserklärung ist (bei fehlendem Widerruf, aber noch bestehendem Widerrufsrecht) der Vertrag zwar nur schwebend, aber immerhin wirksam, so dass beide Seiten Vertragserfüllung verlangen können. Das „Widerrufsrecht" ist, wie sich aus § 357 BGB ergibt, konstruktiv also ein (hinsichtlich der Rechtsfolgen etwas modifiziertes) Rücktrittsrecht. Ein Verbraucher, der sich weigert, seinen vertraglichen Verpflichtungen nachzukommen, erklärt damit nach allgemeinen Auslegungsregeln zugleich konkludent seinen Widerruf.

Soweit nach alledem ein Widerruf wirksam ist, hat er gemäß § 357 I BGB grundsätzlich die **Rechtsfolgen** eines Rücktritts (§ 346 BGB). Das Zusammenspiel dieser beiden Vorschriften bedeutet dabei am Beispiel eines Teilzahlungsgeschäfts im Wesentlichen Folgendes: Der Verkäufer hat einen eventuell schon erhaltenen Kaufpreis zurückzuzahlen, der Käufer hat grundsätzlich die Ware zurückzugeben. Das Widerrufsrecht wird - wie sich aus § 346 II BGB ergibt - durch die **Unmöglichkeit der Rückgabe** oder die **Verschlechterung der Ware** zwar nicht ausgeschlossen, doch muss der Käufer dann regelmäßig entsprechenden **Wertersatz** leisten, und zwar auch dann, wenn die Verschlechterung durch den ganz normalen Gebrauch bedingt ist (§ 346 II Nr. 3 BGB wird durch § 357 III 1 BGB ausgeschlossen!). Vorausgesetzt ist dabei allerdings, dass der Kunde spätestens bei Vertragsschluss darauf in Textform hingewiesen worden war (§ 357 III 2 BGB) und dass der Kunde über sein Widerrufsrecht ordnungsgemäß belehrt worden war (und auch sonst nichts von dem Widerrufsrecht wusste: § 357 III 4 BGB). Mangels Belehrung besteht nicht einmal die Pflicht zum Wertersatz, wenn sich der Kunde nur in den Grenzen jener Sorgfalt bewegt, die er in eigenen Angelegenheiten beachtet (§ 346 III Nr. 3 BGB gilt dann wieder!). Diese (lat.) sog. **diligentia quam in suis** als Sorgfaltsmaßstab führt wegen § 277 BGB im Ergebnis zur Wertersatzpflicht praktisch nur dann, wenn der über das Widerrufsrecht nicht informierte Käufer mit der Kaufsache völlig rücksichtslos umgegangen ist (grobe Fahrlässigkeit oder auch Eventualdolus!) oder sie gezielt beschädigt oder zerstört hat.

Beispiel: Der etwas leichtsinnige Arthur kauft auf Teilzahlungsbasis (24 Monatsraten) ein teures Motorrad, ohne über sein Widerrufsrecht hinreichend belehrt worden zu sein. Nach 2 Jahren verursacht Arthur, der von seinem

Widerrufsrecht immer noch nichts weiß, auf Grund eines an sich vermeidbaren, aber nicht grob-fahrlässigen Fahrfehlers einen Verkehrsunfall, bei dem das Motorrad zerstört wird. Nunmehr widerruft der mittlerweile anwaltlich beratene Arthur den Kaufvertrag und erhält damit tatsächlich sämtliche schon geleisteten Zahlungen zurück.

Wer einen Verbraucherkredit gewährt, insbesondere auch der Teilzahlungs-verkäufer beim B2C-Geschäft, muss nach alledem also in seinem ureigensten Geschäftsinteresse dafür Sorge tragen, dass die einschlägigen Vorschriften über **Pflichtangaben** und **Widerrufsbelehrung** peinlich genau beachtet werden. Dies gilt ganz besonders, wenn Geschäftsabschlüsse vom Außendienst getätigt werden, weil dort oft mehr Interesse an schneller statt an solider Akquisition besteht. Ob dann zugleich ein sog. **Haustürgeschäft** vorliegt, braucht freilich nicht mehr zu interessieren. Für solche Geschäfte gelten zwar ebenfalls wieder verbraucherschützende Sonderregeln des § 312 BGB, doch tritt diese Vorschrift gemäß § 312a BGB hinter die Normen über den Verbraucherkredit zurück. **Normenkumulation** mit den §§ 312b ff. BGB besteht aber, wenn im Einzelfall das Verbraucherkreditgeschäft zugleich die Voraussetzungen eines Geschäfts im **Fernabsatz** erfüllt.

Gemäß § 508 I 1 BGB kann dem Verbraucher als Teilzahlungskäufer statt des ihm an sich zustehenden Widerrufsrechtes ein **Rückgaberecht** nach § 356 BGB eingeräumt werden. Dessen eigene Voraussetzungen sind aber so gefasst, dass der praktische Schwerpunkt dieses besonders ausgestalteten Rücktrittsrechtes im **Fernabsatz** liegt und deshalb dort zu thematisieren ist.

d) Zahlungsrückstand des Kreditnehmers

Der Zahlungsrückstand des Kreditnehmers löst auch beim Verbraucherkredit zunächst die für Pflichtverletzungen ganz allgemein geltenden Rechtsfolgen des § 280 II BGB aus, wenn die Voraussetzungen des Schuldnerverzuges vorliegen. In diesem Fall sind also grundsätzlich Verzugszinsen als Verzögerungsschaden zu zahlen. Für das **Verbraucherdarlehen** und das Teilzahlungsgeschäft enthalten §§ 497 I, II und 506 I BGB freilich für deren Berechnung eine **Sonderregelung** in mehrfacher Hinsicht: Erstens wird im Ergebnis das **Verbot des Zinseszinses** (§ 289 S. 1 BGB) insoweit **aufgehoben**, weil der gemäß § 497 I 1 BGB zu verzinsende „geschuldete Betrag" neben der Tilgung ja auch einen Zinsanteil enthält. Bezüglich der **Höhe der Verzugszinsen** gilt zweitens gemäß § 503 II BGB die Regel des § 288 I 2 i. V. m. § 247 BGB (5% p.a. über dem jeweiligen Basiszinssatz) nicht, wenn der Verbraucherkreditvertrag mit einem Grundpfandrecht abgesichert ist: Dann sind nur 2,5% über dem Basiszinssatz als Verzugszinsen auf den „geschuldeten Betrag" anzusetzen. Diese Ausnahme wird allerdings beim Teilzahlungsgeschäft wohl niemals praktisch. Die genannten Verzugszinssätze sind drittens nur als **vermuteter Verzögerungsschaden** zu begreifen, weil es gemäß § 497 I 2 BGB beiden Parteien freisteht, einen konkret höheren oder niedrigen Verzögerungsschaden darzutun (nach § 288 III BGB wirkt die Vermutung hingegen nur zugunsten des Gläubigers!). Viertens sind diese Verzugszinsen **gesondert zu verbuchen** (§ 497 II 1 BGB).

Wenn dann der Kreditnehmer wieder seine Zahlungen aufnimmt, zeigt sich häufig, dass seine finanzielle Leistungsfähigkeit nicht ausreicht, um die ausstehenden Forderungen des regulären Zahlungsplanes (Tilgung und Kreditzinsen), der aufgelaufenen Verzugszinsen und des weiteren Verzögerungsschadens, namentlich in Gestalt der Rechtsverfolgungskosten, vollständig zu bedienen. Würde nun die **Verrechnungsreihenfolge** des § 367 I BGB greifen, würde die Quelle für immer neue Verzugszinsen weiter sprudeln. Das will der Gesetzgeber dem Verbraucher als Kreditnehmer ersparen und legt deshalb mit § 497 III 1 BGB einen anderen Anrechnungsmodus fest: erstens Rechtsverfolgungskosten, zweitens den nach regulärem Zahlungsplan geschuldete Betrag, und erst an letzter Stelle Verzugszinsen. Bei alledem bleibt freilich die (rechtspolitische) Frage, warum diese Wohltat gerade nur dem Verbraucher und nicht jedem Darlehensnehmer zugute kommt.

Ist das Verbraucherdarlehen nicht auf einmal, sondern in Raten zu tilgen, handelt es sich also um ein **Teilzahlungsdarlehen**, könnte wegen des an sich dispositiven Schuldrechts eine Vereinbarung getroffen werden, nach der der Kreditgeber die sofortige vollständige Rückzahlung des gesamten Kredites nebst Zinsen dann verlangen kann, wenn sich der Kreditnehmer schon mit einer Rate im Zahlungsverzug befindet.

Eine solche Vereinbarung ist beim (Verbraucher-)Teilzahlungsdarlehen jedoch unzulässig und unwirksam, wie sich aus § 498 BGB ergibt. Nach dieser Norm ist eine sog. **Gesamtfälligstellung** des Teilzahlungsdarlehens vielmehr nur im **qualifizierten Ratenzahlungsverzug** statthaft: Der Kreditnehmer muss mit mindestens zwei aufeinaderfolgenden Raten ganz oder teilweise in Schuldnerverzug sein und der Zahlungsrückstand muss sich dabei bei einer Vertragslaufzeit von mehr als 3 Jahren mindestens 5% des Darlehensnennbetrages ausmachen, bei kürzeren Laufzeiten 10%. Außerdem muss eine 2-wöchige **Nachfrist** mit der **Androhung der Gesamtfälligstellung** erfolglos verstrichen sein. Aus Sinn und Zweck dieser letzten Chance für den Kreditnehmer ist ferner die Notwendigkeit abzuleiten, dass der Zahlungsrückstand bei der Nachfristsetzung zutreffend beziffert wird. Keine echte Voraussetzung, sondern lediglich eine gesetzliche Empfehlung stellt es dar, dass nach § 498 S. 2 BGB eine gütliche Einigung angestrebt werden soll. Kann nach alledem eine Gesamtfälligstellung stattfinden, muss nach § 501 BGB die Restschuld allerdings abgezinst werden.

Anders als beim Teilzahlungsdarlehen hat der Kreditgeber beim **Teilzahlungsgeschäft**, also bei Sachkauf oder Dienstleistungserhalt auf Raten, dem Kreditnehmer bei dessen **qualifiziertem Ratenzahlungsverzug** ein Wahlrecht: **Gesamtfälligstellen** der Restschuld (§§ 506 I, 498 BGB) oder nach § 508 II 1 BGB **Rücktritt** vom Vertrag. Beide Male müssen selbstverständlich auch die sonstigen bereits erläuterten Voraussetzungen des § 498 BGB (Nachfrist, Androhung der Gesamtfälligstellung bzw. des Rücktritts) gegeben sein. Der wirksame Rücktritt führt auch hier zu einem Rückgewährschuldverhältnis: Der durch Vorleistung kreditierende Unternehmer kann also seine auf den vertraglichen Abmachungen beruhenden Gewinnerwartung dann nicht realisieren. Der nach § 508 II 3 BGB vom Verbraucher geschuldete Ersatz der vertraglichen Transaktionskosten wie z. B. Verpackungskosten und Provisionen im Vertriebssystem als Kern des negativen Interesses sowie Ersatz einer zwischenzeitlichen und kausalen Wertminderung ändern daran nichts.

Ein damit in Zusammenhang stehendes Kernstück des verbraucherseitigen Schutzes bildet die **Rücktrittsfiktion** des § 508 II 5 BGB. Eine **Ansichnahme** der Sache namentlich auf Grund des dem Verkäufer bei ja regelmäßig nur aufschiebend bedingter Übereignung noch bis zur Kaufpreisvolltilgung verbliebenen Eigentums (§ 985 BGB!) gilt grundsätzlich als Rücktritt, natürlich nur, wenn überhaupt ein Rücktrittsrecht besteht. Sonst könnte der Käufer den Sachbesitz und damit die Sachnutzung verlieren, wäre aber auf Grund des ohne Rücktritt ja fortbestehenden Kaufvertrages weiterhin zur Ratenleistung verpflichtet. Dem ist gleichgestellt, dass der Verkäufer nach erfolgreicher Zahlungsklage in die Vorbehaltsware vollstreckt, sie also pfänden und versteigern lässt, gleichgültig, ob der Verkäufer selber oder ein Dritter die Sache ersteigert, denn auch in dieser Fallgestaltung „nimmt" der Verkäufer den Kaufgegenstand „ansich".

Eine derartige **Vollstreckung** scheitert übrigens nicht etwa daran, dass die Vorbehaltsware dem Vollstreckungsgläubiger (also dem Verkäufer) dann noch gehört. Denn der Gerichtsvollzieher hat sich allein an **Gewahrsam**, also am unmittelbaren Besitz des Vollstreckungsschuldners (also des Käufers) zu orientieren (§ 808 ZPO), und der einzige, der die Vollstreckung im Wege der sog. **Drittwiderspruchsklage** nach § 771 ZPO als Eigentümer für unzulässig erklären lassen könnte, wäre der die Vollstreckung betreibende Verkäufer selber. Soweit - wie regelmäßig - der Versteigerungserlös die Gesamtforderung nicht decken würde, wäre der Käufer auch weiter in der Pflicht. Ohne seine analoge Anwendung auf diesen Fall würde § 508 II 5 BGB praktisch leerlaufen, weil jeder rechtlich auch nur halbwegs orientierte Vorbehaltsverkäufer statt Zurücknahme der Sache auf Grund des Eigentumsvorbehalts den genannten Weg beschreiten würde.

e) Rechtslage bei Ratenlieferungsverträgen und Ähnlichem

Unter dem Oberbegriff des **Ratenlieferungsvertrags** fasst der Gesetzgeber in § 510 I BGB solche Verbraucherverträge zusammen, die zwar keinen Kredit enthalten, bei denen der Gesetzgeber aber wegen einer langfristigen Bindung und der dabei auftretenden, für den Kunden nicht sogleich überschaubaren Belastungen einen besonderen Schutz, insbesondere durch Gewährung eines Widerrufsrechtes, aber grundsätzlich auch durch einen Formzwang für angemessen hält, sofern der Kunde Verbraucher ist. Es handelt sich dabei z. B. um **Teillieferungsverträge** (§ 510 I 1 Nr. 1 BGB).

Beispiele: Kauf eines mehrbändigen, im Erscheinen begriffenen Lexikons, bei dem jeder erschienene und gelieferte Band einzeln bezahlt wird. Schrittweise Lieferung und Bezahlung von Sprachkursmaterial (Lehrbriefe, Sprachkassetten).

Auch sog. **Sukzessivlieferungsverträge** rechnen hierher. Obwohl § 510 I 1 Nr. 2 BGB von „Sachen" spricht, steht einer analogen Anwendung auf regelmäßige Verschaffung unkörperlicher Gegenstände gleicher Art nichts entgegen.

Beispiele: Neben Zeitungsabonnements auch Theaterabonnements und Verträge über einen speziellen Zugang zu einem Fernsehprogramm gegen Entgelt („pay-TV").

Schließlich sind hier **Wiederkehrverträge** zu nennen, also Verträge, die „zum wiederkehrenden Erwerb oder Bezug von Sachen" verpflichten, ohne dass von vornherein feststeht, worum es sich im Einzelnen handelt.

Beispiel: Mitgliedschaft in einem Buchclub mit Pflicht zum vierteljährlichen Erwerb eines Buches aus dem Clubkatalog.

Für alle derartigen Verträge gilt das für Verbraucherdarlehensverträge normierte Widerrufsrecht nach § 355 BGB. Dabei ist auch die **Bagatellgrenze** des § 491 II Nr. 1 BGB zu beachten, wobei § 510 I 3 BGB für die entsprechende Anwendung eine Ausführungsbestimmung enthält. Ihre Bedeutung erhellt folgendes

Beispiel: Verbraucher V hat am 5. 7. 2010 im Wege eines schriftlichen Teillieferungsvertrages ein 10-bändiges, im Erscheinen begriffenes Lexikon zum Gesamtpreis von Euro 300 gekauft. Den schon erschienenen Band erhält V noch Ende Juli. Die Vereinbarung sieht vierteljährliches Erscheinen je eines Bandes vor, wobei der Kunde jeweils zum Jahresende, erstmals aber zum 31. 12. 2011, kündigen kann. Zu diesem Termin kündigt V im September 2011 tatsächlich. Bis dahin wurden an ihn 6 Bände à Euro 30 ausgeliefert, ein weiterer Band wird bis Jahresende 2011 noch erscheinen: Da die Summe der Teilzahlungen bis zum erstmöglichen Kündigungstermin Euro 210 beträgt, ist die Bagatellgrenze überschritten, so dass dem V der Schutz des § 510 BGB zu Teil wird, ihm also das Widerrufsrecht des § 355 BGB zur Verfügung steht. Obwohl § 510 BGB dazu nichts sagt, ist davon auszugehen, dass auch bei den gegenüber Teilzahlungsgeschäften viel weniger „gefährlichen" Ratenlieferungsverträgen das Widerrufsrecht des § 355 BGB durch ein Rückgaberecht nach § 356 BGB ersetzt werden kann.

Zu beachten ist für die Ratenlieferungsverträge wie auch für die Verbraucherkreditverträge in allen ihren Ausprägungen, dass die §§ 491 ff. BGB nicht etwa - als (lat.) leges speciales, als Sonderregelungen - das **AGB-Recht** verdrängen. Im Rahmen seines Anwendungsbereichs sind für einschlägige Kreditverträge vielmehr die Maßgaben beider gesetzlicher Regelungen verbindlich.

4. Das drittfinanzierte Geschäft

Beim klassischen Abzahlungskauf ist es der Verkäufer, der zugleich die Funktion des Kreditgebers übernimmt. Dazu ist der Verkäufer aus Risiko- oder Liquiditätsgründen aber immer häufiger weder Willens noch in der Lage, so dass die **Kreditfunktion** von der **Verkäuferfunktion** abgespalten und ein eigener Kreditgeber eingeschaltet wird. Beim typischen drittfinanzierten Kauf beschafft sich nun nicht etwa der Käufer irgendwoher, z. B. bei seiner Hausbank, Kredit. Vielmehr „hilft" der Verkäufer - regelmäßig im eigenen Absatzinteresse - bei der Finanzierung, indem er als Stellvertreter einer kooperierenden Bank mit dem Käufer einen ratenweise Rückzahlung vorsehenden **Darlehensvertrag** neben dem **Kaufvertrag** abschließt. Dabei merkt der unaufmerksame Käufer gar nicht, dass es sich rechtlich bei diesem Vorgang um zwei Verträge mit verschiedenen Parteien handelt, weil oft sogar ein **einheitlicher Formularsatz** verwendet wird. Vielmehr hält der Käufer das Ganze oft wohl für einen Ratenkauf. In diesem Glauben wird der Kunde vielleicht noch dadurch gestärkt, dass Verkäufer und Kreditgeber ähnliche Firmen führen, wie z. B. im Automobilsektor.

Beispiel: Verkäufer ist Vertragshändler des Autoherstellers X, Kreditgeber ist die „X-Absatzkreditbank".

Die Bank zahlt den Kredit dann direkt an den Verkäufer aus. Damit hat sie ihre Pflicht zur Kreditauszahlung (Valutierung) gegenüber dem Käufer als Kreditnehmer genügt (§§ 362 II, 185 I BGB). Zugleich ist damit gemäß §§ 362 I, 267 I BGB der Verkäufer wegen seines Kaufpreisanspruches gegenüber dem Käufer voll befriedigt. Deshalb erfolgt auch eine Übereignung an den Käufer ohne Eigentumsvorbehalt. Die finanzierende Bank ihrerseits deckt ihr Risiko jedoch dadurch, dass sie sich durch **antizipiertes Besitzkonstitut** die Waren **sicherheitshalber übereignen** lässt. Der Käufer wird also nur für eine juristische, logische „Sekunde" Eigentümer, verliert es dann aber sogleich wieder an die Bank. Nach außenhin tritt dies allerdings nicht in Erscheinung, weil der Käufer/Kreditnehmer ja im Sachbesitz verbleibt.

Obwohl strenggenommen **kein Teilzahlungsgeschäft** vorliegt, ist der Käufer als Verbraucher beim so finanzierten Kauf nicht weniger schutzwürdig nur deshalb, weil der wirtschaftlich gegebene Warenkredit in einen Geldkredit umetikettiert und Kauf und Kredit aufgespalten werden (vgl. Abb. 46). Vor allem bei vertraglicher Innenbindung von Verkäufer und Bank sind beide dem Käufer gegenüber im Ergebnis also nicht nur als wirtschaftliche, sondern weitgehend auch als rechtliche **Einheit** zu betrachten. Dies ist auch die Sicht des Gesetzes (§ 358 III 2, 2. Alt. BGB: sog. **verbundene Verträge**). Somit finden auf den drittfinanzierten (Verbraucher-)Kauf die Vorschriften des Teilzahlungsgeschäftes (§§ 506 III, 507 BGB) entsprechende Anwendung. Dieser Effekt kann auch nicht durch eine sog. **Trennungsklausel**, wie sie sich in AGB häufig findet, wirksam ausgeschlossen werden (vgl. § 307 II Nr. 1 BGB). Daraus ergeben sich im Einzelnen folgende Konsequenzen:

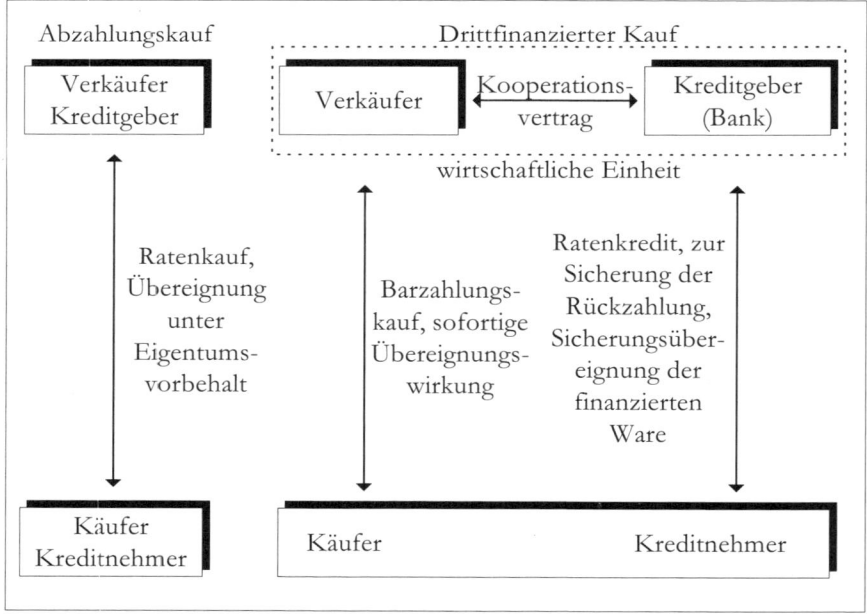

Abb. 46: Abzahlungskauf und drittfinanzierter Kauf

Auf Grund der wirtschaftlich-rechtlichen Einheit von Kauf und Darlehen besteht etwa seitens des Kunden **Schriftformzwang** nicht nur für den Kauf, sondern auch für das Darlehen. Die **Widerrufsbelehrung** muss inhaltlich sowohl auf Kauf als auch auf Darlehen bezogen sein. Die **Gesamtfälligstellung** des Kredits zur Rückzahlung ist nur in den Grenzen des § 498 BGB zulässig. Wenn die Bank auf Grund ihres (Sicherungs-)Eigentums an der Sache diese vom Käufer/Kreditnehmer erlangt oder im Vollstreckungswege die Kaufsache an sich nimmt, dann gilt dies als **Rücktritt** sowohl vom Darlehen als auch vom Kauf (§ 508 II 6 BGB). Gerade diese Konsequenz kann für den Verkäufer, der keinen Grund gesehen hat, den Kauf als Risikogeschäft zu betrachten, eine sehr unliebsame Überraschung bedeuten, weil er die ihm seinerseits zugeflossene Liquidität ja bereits anderweitig eingesetzt, zumindest aber verplant hat. Die gebotene Einheitsbetrachtung von Kauf und Darlehen zeigt sich auch im sog. **Einwendungsdurchgriff** (§ 359 BGB). Liefert der Verkäufer gar nicht oder ist die gelieferte Ware mangelhaft, hat die Bank den Kaufpreis aber gleichwohl schon an den Verkäufer voll ausgezahlt, so kann der Käufer diese Tatbestände prinzipiell auch gegenüber der Rückzahlung verlangenden Bank geltend machen. Mithin kann der Käufer die Kreditrückzahlung gemäß § 320 BGB (Leistung nur Zug-um-Zug) bis zur Lieferung aussetzen, ohne seinerseits in Verzug zu geraten. Kann der Käufer - bei Sachmängeln - mindern, so erniedrigt sich dementsprechend der zurückzuzahlende Kredit. Dies alles gilt auch für Kredite, die zur Finanzierung der Gegenleistung im Rahmen anderer Verträge als Kaufverträge (etwa Dienst- oder Werkverträge) aufgenommen werden (§ 358 I BGB spricht auch von der Erbringung einer anderen Leistung als der Lieferung einer Ware!). bzw. für diese „verbundenen Verträge" selber.

5. Finance-Leasing

Gewisse Ähnlichkeiten mit dem drittfinanzierten Kauf weist wiederum das Finance-Leasing (oder Finanzierungsleasing) auf. Trotz des gemeinsamen Etiketts „Leasing" und mancher sachlichen Übereinstimmung besteht letztlich ein substanzieller Unterschied zum Operating-Leasing, das noch in die Rechtsfigur der modifizierten, atypischen Miete eingeordnet werden kann. Demgegenüber sind die **Vertragsbedingungen** beim Finanzierungsleasing so ausgestaltet, dass dem **Leasingnehmer** wirtschaftlich, nicht jedoch rechtlich, die **Käuferrolle** zugewiesen wird, während sich der **Leasinggeber** auf eine reine **Finanzierungsfunktion** zurückzieht. Freilich wählt auch hier der Leasingnehmer Hersteller und Produkt ganz allein nach seinen Vorstellungen aus. Der Leasinggeber wird meist überhaupt erst dann kontaktiert, wenn der Erwerb der benötigten Sache definitiv mit dem Verkäufer vorgeklärt ist. Dann kauft wie auch beim Operating-Leasing nicht derjenige, der das Wirtschaftsgut eigentlich benötigt, also der Leasingnehmer, sondern der Leasinggeber, der die ihm vom Verkäufer zu Eigentum übertragene Sache dann an den Leasingnehmer weitergibt.

Der Leasingnehmer erlangt aber vereinbarungsgemäß nur **Besitz**, nicht etwa Eigentum an dem Leasinggegenstand. Trotzdem muss er schuldrechtlich gegenüber dem Leasinggeber alle **Lasten** tragen, die typischerweise den **Eigentümerstatus** kennzeichnen. Die Verlust- und Verschlechterungsgefahr wird auf ihn übergewälzt, er muss für das Leasinggut, das ja im Eigentum des Leasinggebers steht, auf seine Kosten Schadensversicherungen abschließen und das Gut instandhalten. Jede Gewährleistung des Leasinggebers für das Leasinggut wird im Leasingvertrag ausgeschlossen: Es war ja der Leasingnehmer, der Hersteller und Produkt nach seinen Wünschen, Qualitätsvorstellungen etc. ausgewählt hat. Doch zediert der Leasinggeber durchweg die ihm als Käufer gegenüber seinem Verkäufer zustehenden Gewährleistungsrechte an den Leasingnehmer.

Als Entgelt für die Nutzungsmöglichkeit verpflichtet sich der **Leasingnehmer** gegenüber dem Leasinggeber zur Zahlung von **Leasingraten**. Diese Raten, die sofort und vollständig als Betriebsausgaben steuerlich abgesetzt werden können, sind so bemessen, dass nach Ablauf einer längeren, oft mehrjährigen Frist, der sog. Grundmietzeit oder **Grundlaufzeit**, die dem Leasinggeber entstandenen Anschaffungskosten sowie ein kalkulierter Anteil seiner übrigen Kosten voll abgedeckt sind und außerdem ein Gewinn verbleibt, also die Verzinsung des zur Anschaffung des Leasinggutes eingesetzten Kapitals. Nach Ablauf dieser Zeit kann der Leasingnehmer den Vertrag zu naturgemäß sehr günstigen Bedingungen fortsetzen oder das Leasinggut zum **kalkulierten Restwert**, der in dieser Variante selbstverständlich äußerst niedrig bemessen ist, käuflich erwerben.

Wenn der Leasinggeber damit rechnet, dass von der Kaufoption kein Gebrauch gemacht wird (so durchweg beim Kfz-Leasing) oder die Leasingraten „optisch" niedrig erscheinen sollen, wird der vertraglich kalkulierte Restwert oft jedoch bewusst hoch angesetzt, um die rechtliche Basis für **leidige Nachforderungen** mit der Begründung zu schaffen, der Zeitwert des Leasinggutes liege unter dem kalkulierten Restwert. Denn der Leasingnehmer hat für diese Differenz „einzustehen", wie § 506 II 1 Nr. 3 BGB (im Zusammenhang mit dem B2C-Finanzierungsleasing) es ausdrückt.

Während der Grundlaufzeit ist die **Kündigung** des Leasingvertrages durch den Leasingnehmer völlig ausgeschlossen. Der Leasingnehmer trägt hier also - anders als beim Operating-Leasing - das volle **Investitionsrisiko**, das sich aus einem u. U. schnellen Wandel von Technik oder Bedarf ergibt. Auch der Leasinggeber hält sich vertraglich gebunden, solange der Leasingnehmer seine Vertragspflichten erfüllt. Allerdings wird für den Fall des Zahlungsverzuges oder der Insolvenz des Leasingnehmers die **Gesamtfälligstellung** aller noch ausstehenden Leasingraten vorgesehen, ohne dass der Leasinggeber seinen im Eigentum begründeten Rückgabeanspruch (§ 985 BGB) einbüßt.

Schon aus den genannten Charakteristika des Finance-Leasing wird klar, dass es sich gegenüber dem Kauf keineswegs um die billigere Lösung einer notwendigen Anschaffung handelt. Kostenpositive Effekte können sich freilich

- wie gesagt - aus dem **Steuerrecht** ergeben, wenn die Leasingraten wie Mietzins behandelt, also abgesetzt werden können. Gerade dies ist aber bei der steuerrechtlich relevanten wirtschaftlichen - nicht rechtlichen - Betrachtungsweise ausgeschlossen, wenn die Grundlaufzeit die **gewöhnliche betriebliche Nutzungsdauer** erreicht oder gar überschreitet. Deshalb wird die Grundlaufzeit regelmäßig deutlich niedriger angesetzt. Finanzierungsleasing ist auch bei enger innerbetrieblicher oder sonstiger, z. B. konzernmäßiger **Budgetierung** des Erwerbers eine überlegenswerte Erwerbsmodalität, wenn der Kaufpreis sich nicht in den Finanzierungsrahmen einpassen lassen würde und Vorträge auf Folgebudgets nicht möglich sind.

Eine besondere Variante des Finanzierungsleasing liegt in einer Kombination mit einem vorgeschalteten Verkauf des (späteren) Leasingobjekts durch den (späteren) Leasingnehmer an den (späteren) Leasinggeber (**sale and lease back**). Durch Verkauf und Übereignung (mittels Besitzkonstitut als Übergabesurrogat, § 930 BGB!) verschafft sich der Leasingnehmer unter Aufdeckung stiller Reserven die gewünschte Liquidität.

Die rechtliche Einordnung des Finance-Leasing ist schwierig, aber notwendig. Diese Notwendigkeit ergibt sich vor allem im Hinblick darauf, dass Leasingverträge in der Praxis nur in vorformulierter Gestalt auftreten und damit auch der **Inhaltskontrolle** nach dem AGB-Recht unterliegen. Dabei verlangt jedenfalls § 307 BGB eine Feststellung darüber, ob die Vertragsbedingungen für die andere Seite, hier dem Leasingnehmer, unangemessen weit vom gesetzlichen Vertragstypus entfernt sind. Dies kann für Finanzierungsleasingverträge schlechthin das Aus bedeuten, wenn man sie am gesetzlichen **Modell des Mietvertrages** misst. Denn hier wird nicht Verschaffung lediglich des Gebrauchsnutzens, sondern der Sachwert selber entgolten. Die Einordnung als Kauf scheidet aber aus, weil der Leasinggeber sich gerade nicht zur Eigentumsverschaffung verpflichtet. Im Übrigen wäre damit für die Zulässigkeit der Finanzierungsleasingverträge wenig gewonnen, weil der Gewährleistungsausschluss mit § 309 Nr. 8b aa BGB, der sachlich nach § 307 BGB transformierbar erscheint, kollidieren würde. Eine dogmatisch befriedigende Lösung des Problems dürfte sein, die Eigenart des Finanzierungsleasing unbeschadet seiner vordergründigen Subsumierbarkeit unter das Rechtsverhältnis Miete anzuerkennen, auf eine AGB-rechtliche Inhaltskontrolle also praktisch zu verzichten, soweit diese auf die §§ 535 ff. BGB rekurriert.

In der formalen **Rechtsstruktur** unterscheidet sich das Finanzierungsleasing sowohl vom echten Teilzahlungskauf als auch vom drittfinanzierten Teilzahlungskauf. Denn zwischen dem Verkäufer und dem Erwerber fehlt es hier an vertraglichen Beziehungen, wenn nicht gerade eigens ein Beratungsvertrag geschlossen wurde. Trotzdem ist der **wirtschaftliche Status** des Leasingnehmers als Erwerber demjenigen des Abzahlungskäufers typischerweise doch sehr ähnlich: Der Leasingnehmer wie der Abzahlungskäufer und auch der drittfinanzierte Käufer bezahlen den Substanzwert des Wirtschaftsgutes in Raten, haben die Nutzung, aber nicht das Eigentum, das zur Sicherung des Waren- bzw. Geldkredits dem Kreditgeber zusteht. Vom Effekt her betrachtet handelt es sich also um einen **kaschierten Abzahlungskauf.** Soweit der Leasingnehmer Verbraucher ist, ordnet deshalb § 506 II, 507 BGB mit Einschränkungen die entsprechende Anwendung des Verbraucherkreditrechts an, ohne (wie früher) das Finanzierungsleasing ausdrücklich beim Namen zu nennen. Mit der Situation beim drittfinanzierten Kauf teilt das Finanzierungsleasing die Aufspaltung von Verkaufs- und Kreditfunktion. Beispielsweise die für den drittfinanzierten Kauf nach §§ 358 f. BGB geltenden Regeln über den **Einwendungsdurchgriff** sind deshalb auch beim Verbraucher-Finanzierungsleasing entsprechend anzuwenden. Darauf gerichtete Verträge unterliegen dem Zwang zur **Schriftform** und zu **Pflichtangaben** (§ 506 I, II verweist auch auf § 492 II BGB!). Auch ein Widerrufsrecht ist gegeben (§§ 506 I, II, 495 I, 355 BGB). Ferner gelten für Rückstände von Leasingraten und für die Gesamtfälligstellung die §§ 497 f. BGB. Wie bei Teilzahlungsgeschäften greift schließlich auch die Rücktrittsfiktion des § 508 II 5 und 6 BGB, wenn der Verbraucher den Besitz des Leasingobjekts einbüßt.

6. Factoring

Das Factoring knüpft wirtschaftsfunktional oft an den Warenkredit bzw. allgemeiner: an den durch Vorleistung gewährten Kredit an. Der Gläubiger eines noch nicht fälligen Zahlungsanspruches zediert diese noch nicht durchsetzbare Forderung an den Factor, zumeist an eine Bank. Dafür erhält der ehemalige Gläubiger, der „**Anschlusskunde**" der Factor-Bank, eine **Gutschrift** auf seinem dort geführten Konto, deren **Höhe** sich an dem Nennwert der Forderung, abzüglich der Factorprovision und bestimmter Kosten des Factors, vor allem auch der Abzinsung der Forderung bis zur Fälligkeit, errechnet. Als Instrument kurz- und mittelfristiger Finanzierung ist das Factoring für den Anschlusskunden wegen seiner **Liquiditätswirkung** interessant. Darüber hinaus entlastet der Factor regelmäßig von der **Debitorenbuchführung** und vom noch lästigeren **Inkasso**, also der notfalls sogar gerichtlichen Forderungsdurchsetzung.

Die **Zession** (§ 398 BGB) ist als schuldrechtliches Verfügungsgeschäft im Rechtssinne nicht gleichzusetzen mit dem **Factoring-Vertrag.** Dieser ist vielmehr von der Zession rechtlich abstrakt und lediglich das wirtschaftliche Motiv hierfür sowie der rechtliche Grund der Zession i. S. des § 812 I 1, 1 Alt. BGB. Der Factoring-Vertrag selber begründet jedenfalls (relative) Rechte und Pflichten im Verhältnis zwischen Anschlusskunde und Factor. Der **Anschlusskunde** verpflichtet sich üblicherweise, zumeist alle seine im Geschäftsbetrieb schon entstandenen bzw. zukünftig entstehenden Forderungen zur Zession anzubieten (Abtretung ist Vertrag: § 398 BGB!). Der **Factor** seinerseits verpflichtet sich, die Zessionsangebote grundsätzlich anzunehmen und nur ausnahmsweise vom Forderungserwerb abzusehen., z. B. bei negativer Bonitätsprüfung des Schuldners des Anschlusskunden. Im Erwerbsfall schreibt der Factor dafür dem Anschlusskunden einen bestimmten Betrag nach dem soeben genannten Berechnungsmaßstab gut. Da die Zessionsangebote des Anschlusskunden global erfolgen, ergibt sich schon daraus die praktische Notwendigkeit, dass der Factor die Debitorenkonten des Anschlusskunden führt, weil der Factor sonst ja gar nicht wüsste, um welche Forderungen es sich nun konkret handelt.

Im Übrigen kann die rechtliche Einordnung des Factoring zweifelhaft sein, weil es ja im Besonderen Schuldrecht den Factoring-Vertrag als eigenen **Vertragstypus** gar nicht gibt. Eine generelle Qualifizierung ist wohl nicht möglich, weil der Factoring-Vertrag über das Gesagte hinaus ganz unterschiedliche **Inhaltsvarianten** aufweisen kann:

Soweit der Factor vertraglich das Risiko trägt, dass der Schuldner des Anschlusskunden auch tatsächlich zahlt, also das **Delkredere** übernimmt, lässt sich der Factoring-Vertrag als Rechtskauf, speziell als **Forderungskauf** i. S. des § 453 BGB klassifizieren. Denn der Rechtsverkäufer haftet im Rahmen des § 311a II BGB ja nur für die Existenz des Rechts („**Verität**"), nicht auch für seine praktische Durchsetzbarkeit („**Bonität**"). Diese Spielart des Factoring wird auch **echtes Factoring** genannt.

Teilweise belassen Factoring-Verträge aber das Inkasso-Risiko beim Anschlusskunden. Der Factor bemüht sich zwar um eine Beitreibung der an ihn abgetretenen Forderung. Gelingt dies aber in der vertraglich dafür bestimmten Zeit nicht, so storniert der Factor die Gutschrift auf dem Konto des Anschlusskunden wieder unter Rückübertragung der betreffenden Forderung. Der Factor hat in Wahrheit dem Anschlusskunden den gutgeschriebenen Betrag nur als Kredit gewährt und die zedierte Forderung nur erfüllungshalber, nicht anstelle der Kreditrückzahlung (also nicht an Erfüllungs Statt) akzeptiert. Dieses sog. **unechte Factoring** ist seiner rechtlichen Substanz nach also ein (Geld-)**Darlehen**.

Relevant ist diese Unterscheidung innerhalb des Factoring-Komplexes möglicherweise auch dann, wenn die Zession der in das Factoring einbezogenen Forderung mit einem sog. verlängerten Eigentumsvorbehalt kollidiert, bei dem der Verkäufer der **Vorbehaltsware** sich also die Forderung aus dem Weiterverkauf als Ersatz für einen Wegfall seines vorbehaltenen Eigentums antizipiert hat abtreten lassen. Beim echten Factoring gilt jedenfalls das **Prioritätsprinzip**: Die zeitlich frühere Zession geht vor. Dies begünstigt auf Dauer den Factor. Ob beim unechten Factoring hingegen der Verkäufer der Vorbehaltsware prinzipiell gegenüber dem Factor begünstigt werden soll, wird sehr kontrovers beurteilt.

7. Bartering

Eine Finanzierungsfunktion erfüllt auch das Bartering, indem es Umsatzvorgänge von Liquiditätsengpässen ganz abkoppelt. Im Kern beruht das Bartering auf dem Tauschprinzip, allerdings nicht auf dem bilateralen Leistungsaustausch, sondern auf dem **Ringtausch**. Damit wird es möglich, auch sehr disparate Bedarfe ohne Einsatz von Liquidität wechselseitig zu decken.

Beispiel: Hotelier H braucht für seine Gastronomie Fleischwaren. Großmetzger M benötigt zur Fleischwarenfabrikation bestimmte Maschinen, die der Fabrikant F fertigt. F seinerseits braucht zur Durchführung einer Fortbildungsmaßnahme Hotelkapazität.

Auch mit einer Mehrzahl bilateraler Tauschvorgänge ist in diesem Beispiel dem Problem nicht beizukommen, wohl aber mit dem Ringtauschverfahren: H stellt F Hotelkapazität zur Verfügung, dafür erhält H von M Fleischwaren, der dafür wiederum von F mit Maschinen beliefert wird.

Bei genauerer Betrachtung zeigt sich schnell, dass die **Funktionsfähigkeit** und **Wirtschaftlichkeit** des Systems davon abhängt, dass eine relativ große kritische Masse von Teilnehmern bzw. Sortimenten vorhanden ist und dass die Zusammenführung von Angebot und Nachfrage sowie die Verrechnung der Leistungen eine effiziente Verarbeitung enormer Datenmengen voraussetzt. Dies gelingt nur mit Hilfe der EDV. Sie und die Gesamtorganisation einschließlich der Akquisition neuer Teilnehmer liegt beim Bartering, soweit es in Deutschland Fuß gefasst hat, regelmäßig in den Händen einer GmbH, der die Teilnehmer ihre Angebots- und Nachfragedaten zur Verfügung stellen und die dafür Umsatzprovisionen von den Teilnehmern erhält. Diese Provisionen werden gleich auf den von der GmbH geführten Teilnehmerkonten abgebucht (vgl. Abb. 47).

Eine gesetzliche Regelung des Bartering, des EDV-gestützten Ringtausches, fehlt. § 480 BGB, der auf Kaufrecht verweist, ist jedenfalls nicht einschlägig, weil er - wie auch der Kauf - am bilateralen, nur zwei Vertragspartner umfassenden Geschäft orientiert ist. Problematisch ist beispielsweise die Handhabung von **Gewährleistungen**, wenn etwa im vorgenannten Beispiel die von M an H gelieferten Wurstwaren mangelhaft sind: Soll dann H seine Hotelkapazität zurückhalten dürfen, obwohl die von F an M gelieferten Maschinen doch total in Ordnung sind? Alle diese Fragen müssen beim Bartering sehr sorgfältig bedacht und vertraglich geregelt sein.

Bei der Vertragsgestaltung dürfte es - von § 138 I BGB einmal abgesehen -

praktisch keine Restriktionen geben. Insbesondere das AGB-Recht lässt hier weitesten Spielraum, obwohl Bartering-Verträge wohl immer vorformuliert sind. Denn eine **Inhaltskontrolle** zumindest gemäß § 307 III 1 BGB scheidet grundsätzlich ja aus, weil es einen entsprechenden gesetzlichen, als Zulässigkeitsmaßstab fungierenden Vertragstypus nicht gibt. Dennoch wäre wohl nach § 307 II Nr. 2 BGB eine Vertragsgestaltung zu beanstanden, die im Bartering jegliche Gewährleistung, gleich in welcher Form, ausschließt. Auch das Transparenzgebot des § 307 I 2 BGB bleibt wegen § 307 III 2 BGB allemal zu beachten. Insgesamt ist aber die Bartering-Materie noch sehr wenig rechtlich geklärt, zumal nicht nur privatrechtliche Aspekte involviert sind. Kritisch kann etwa auch sein, inwieweit die organisierende GmbH ein **Bankgeschäft** betreibt und den dafür geltenden öffentlichrechtlichen Vorschriften zu genügen hat.

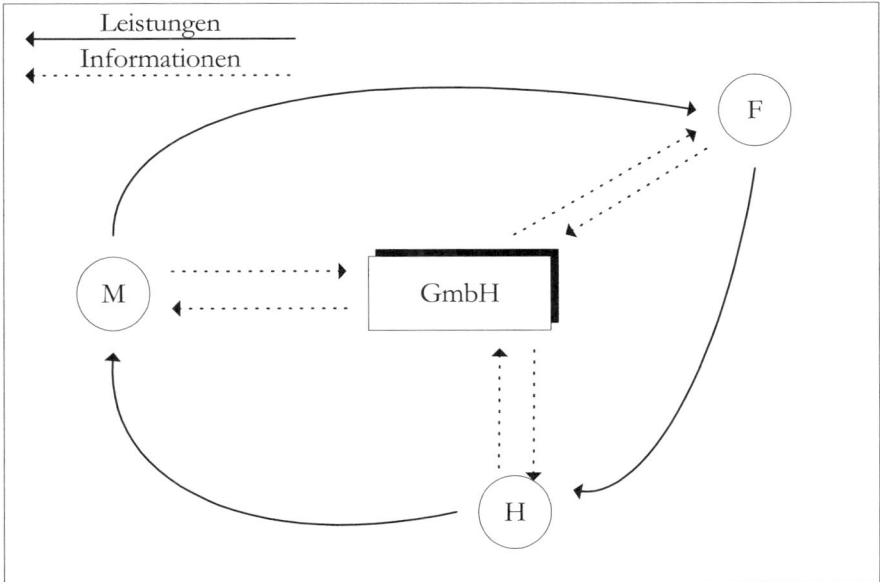

Abb. 47: Struktur des Bartering

8. Kreditsicherheiten

a) Interne und externe Sicherheiten

Der Kreditgeber trägt ein natürliches Risiko, das in der Zukunftsbezogenheit der Kreditablösung durch den Kreditnehmer liegt. Der Kreditgeber vertraut darauf - credere (lat.) = Glauben, Vertrauen -, doch lässt sich die Zukunft nun einmal nicht sicher vorhersagen. Zwar hat der Kreditgeber einen Status rechtlich abgesicherter Hoffnung, denn er kann nach Eintritt der Fälligkeit ja notfalls mit gerichtlicher Hilfe einen dem Rückzahlungsverlangen entgegenstehenden Willen des Kreditnehmers brechen. Doch ob der Schuldner zu diesem Zeitpunkt überhaupt **solvent**, zahlungsfähig sein wird, was die Forderung praktisch „wert" sein wird, ist letztlich ungewiss.

Das **Risikomanagement** des Kreditgebers kann nun neben der unerlässlichen, sorgfältigen **Bonitätsprüfung** des Kreditnehmers je nach Risikoquelle an zwei Stellen alternativ oder auch kumulativ ansetzen: Besteht die Unsicherheit z. B. in der Entwicklung des Geldwertes, müssen die Darlehensvertragskonditionen etwa eine kurzfristige **Kündigungsmöglichkeit** offenhalten, um rasch wieder über die Valuta verfügen zu können, bevor der Kredit inflationsbedingt ausgezehrt wird. Damit büßt der Kreditgeber freilich auch zukünftige Zinsgewinne ein. In Betracht kommt aber auch, den Schuldinhalt kaufkraftorientiert so zu definieren, dass inflationäre Entwicklungen mit Hilfe von **Wertsicherungsklauseln** kompensiert werden. Man kann derartige Mechanismen im Begriff **kreditinterner Sicherheiten** zusammenfassen.

Üblicherweise denkt man beim Wort Kreditsicherheiten aber an rechtliche Instrumente, die begrifflich nicht so eng an den Darlehensvertrag selber gebunden sind, beispielsweise also an Bürgschaft, Eigentumsvorbehalt, Pfandrechte, Sicherungsübereignungen und ähnliches mehr. Hier handelt es sich dann um die Gruppe **kreditexterner Sicherheiten**. In dieser Gruppe sind freilich wieder zwei Untergruppen deutlich zu unterscheiden (vgl. Abb. 48). Werden durch Heranziehung weiterer, für die Kreditrückzahlung haftender Schuldner die Insolvenzrisiken und sonstigen Durchsetzungsgefahren verteilt, also für den Gläubiger vermindert, so wird von Personalsicherheiten und bezüglich eines so gesicherten Kredits von **Personalkredit** gesprochen. Dem steht der **Realkredit** gegenüber, bei dem das Kreditrisiko dadurch aufgefangen werden soll, dass dem Kreditgeber ganz bestimmte Sachwerte (Waren, Grundstücke) oder andere unkörperliche Gegenstände, namentlich Rechte, zur Verfügung gestellt werden, die der Kreditgeber im Falle des notleidenden Kredits verwerten und sich dadurch, insbesondere aus ihrem Erlös, befriedigen kann.

Nur ein Teil der kreditexternen Sicherungsinstrumente sind dem Gesetz unmittelbar zu entnehmen. Nur auf diese wenigen kommt auch § 232 BGB explizit zu sprechen: Hier wird das Sicherungsmittel hilfsweise für den höchst seltenen Fall bestimmt, dass nähere Vereinbarungen fehlen. Vielmehr haben gerade im Kreditsicherungsbereich erst die Privatautonomie und die Phantasie der Wirtschaftsjuristen zu der in der Praxis verfügbaren breiten Palette interessengerechter Sicherungsinstrumente geführt. Solche im Gesetz allenfalls angedeuteten, aber erst durch Ausschöpfung der Vertragsfreiheit einsetzbar ausgestalteten Kreditsicherungsformen werden **kautelarische Sicherheiten** genannt.

Eine gesetzliche Pflicht zur Sicherheitsleistung statuiert insbesondere § 648a BGB zugunsten von vorleistenden Bauhandwerkern. Aber selbst für diesen Fall der unabdingbaren (§ 648a VII BGB!) **Bauhandwerkersicherung** erschöpfen sich die Sicherungsmöglichkeiten nicht in dem Katalog des § 232 BGB, weil § 648a II BGB auch Bankgarantien und „sonstige Zahlungsversprechen" für zulässig erklärt.

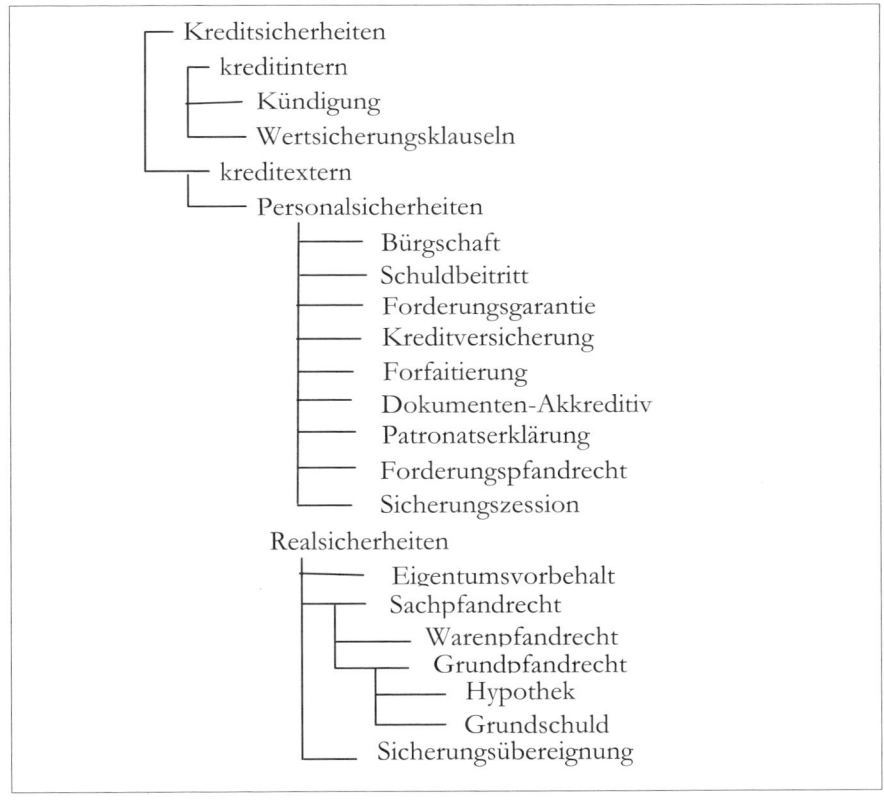

Abb. 48: System der Kreditsicherheiten

b) Wertsicherungsklauseln

Soweit Geldschulden **Geldwertschulden** sind, stellt sich die Aufgabe der **Kaufkraftsicherung**, also der kreditinternen Sicherung, von vornherein nicht.

Denn der Zahlungsanspruch ist hier bereits seinem Wesen nach auf Kaufkraft abgestellt. Im Bereich vertraglicher Zahlungsansprüche handelt es sich hingegen regelmäßig um bloße **Geldsummenschulden**, die nicht durch ihre Kaufkraft, sondern durch ihren Nennbetrag betragsmäßig bestimmt sind (sog. **Nominalismus** statt **Valorismus**). Im Euro-Währungsraum können Geldschulden beliebig statt in Euro von vornherein in einer anderen Währung, etwa in US-Dollar, ausgedrückt werden (sog. **Valutaschulden**) oder zwar in Euro beziffert werden, aber mit dem jeweiligen Kurswert einer anderen Währung durch eine sog. Valutaklausel verknüpft sein. Die Möglichkeit der freien **Währungswahl** ist im internationalen Vergleich übrigens alles andere als selbstverständlich und unterstreicht den politischen Willen, das Vertrauen in die Stabilität des Euro zu unterstützen.

Weniger weit reicht die Privatautonomie freilich bei den eigentlichen **Preisklauseln**, deren Sinn und Zweck es ist, den Kaufkraftwert einer Geldsummenschuld anders als durch die Wahl einer bestimmten Währung zu sichern. Denn „der Betrag von Geldschulden darf nicht unmittelbar und selbsttätig durch den Preis oder Wert von anderen Gütern oder Leistungen bestimmt werden, die mit den vereinbarten Gütern oder Leistungen nicht vergleichbar sind", wie § 1 I PreisKlG sagt.

Beispiele: „Zahlung von Geld im Wert von 10.000 Zentnern Weizen am Zahlungstag"; „Erhöht sich zwischenzeitlich der Lebenshaltungskostenindex für die BRD, so erhöht sich der Zahlungsbetrag entsprechend".

Von diesem Verbot gibt es allerdings zahlreiche Ausnahmen. Zulässig sind Preisklauseln i. S. von § 1 I PreisKlG zunächst z. B. in Erbbaurechtsverträgen mit einer mindestens 30-jährigen Laufzeit (§ 4 PreisKlG), anderen langfristig angelegten Verträgen (§ 3 PreisKlG) sowie in Verträgen von gebietsansässigen Unternehmern (§ BGB) mit Gebietsfremden (§ 6 PreisKlG) und im Geld- und Kapitalverkehr (§ 5 PreisKlG). Hierbei ist in Verbraucherkreditverträgen (§§ 491, 506 BGB) eine Preisklausel allerdings nur zulässig, wenn sie „im Einzelfall hinreichend bestimmt ist und keine Vertragspartei unangemessen benachteiligt" (§ 2 I PreisKlG), was § 2 II und III PreisKlG präzisieren. Schon diese Normen geben **Wertsicherungsklauseln** weiten Raum.

Darüber hinaus erlaubt § 1 II PreisKlG z. B. in Nr. 1 Klauseln, „die hinsichtlich des Ausmaßes der Änderung des geschuldeten Betrages einen Ermessensspielraum lassen, der es ermöglicht, die neue Höhe der Geldschuld nach Billigkeitsgrundsätzen zu bestimmen (**Leistungsvorbehaltsklauseln**)", in Nr. 2 ferner Klauseln, „bei denen die in ein Verhältnis zueinander gesetzten Güter oder Leistungen im Wesentlichen gleichartig oder zumindest vergleichbar sind (**Spannungsklauseln**)", sowie in Nr. 3 Klauseln, „nach denen der geschuldete Betrag insoweit von der Entwicklung der Preise oder Werte für Güter oder Leistungen abhängig gemacht wird, als diese die Selbstkosten des Gläubigers bei der Erbringung der Gegenleistung unmittelbar beeinflussen

(**Kostenelementeklauseln**)". § 1 II PreisKlG bezeichnet auch diese Leistungsvorbehalts-, Spannungs- und Kostenelementeklauseln als Ausnahmen von dem Verbotsgrundsatz des § 1 I PreisKlG. Dies trifft jedoch allenfalls für Kostenelementeklauseln zu. Denn bei Leistungsvorbehaltsklauseln fehlt es an dem in § 1 I PreisKlG genannten Automatismus der Anpassung, und bei Spannungsklauseln ist die Maßgröße für die Anpassung entgegen den in § 1 I PreisKlG genannten Preisklauseln gleichartig oder vergleichbar. Es handelt sich bei der genannten Enumeration des § 1 II PreisKlG also wohl gar nicht um Ausnahmen, sondern um deklaratorische Hinweise auf Klauseln, die von dem Verbot des § 1 I PreisKlG schon begrifflich gar nicht erfasst und deshalb natürlich zulässig sind.

In diesem Zusammenhang ist abschließend auf die **Sonderstellung der Betriebsrenten** hinzuweisen. Nach BetrAVG besteht auch ohne Vereinbarung einer Wertsicherungsklausel ein Anspruch auf Anpassung an Kaufkraftverluste i. S. eines Ausgleichs für erhöhte Lebenshaltungskosten.

Soweit nach alledem Wertsicherungsklauseln überhaupt unzulässig sind, führt dies dennoch nicht zwangsläufig und vor allem nicht sofort zu ihrer Unwirksamkeit. Nach § 8 PreisKlG tritt die Unwirksamkeit der Preisklausel vielmehr erst zum Zeitpunkt des rechtskräftig festgestellten Verstoßes gegen dieses Gesetz ein, soweit nicht eine frühere Unwirksamkeit vereinbart ist. Die Rechtswirkungen der Preisklausel bleiben bis zum Zeitpunkt der Unwirksamkeit unberührt. Wegen grundsätzlich **fehlender Rückwirkung** der Unwirksamkeit entstehen somit insbesondere auch keine Ansprüche auf Rückzahlung nach § 812 I 1, 1. Alt. BGB (Leistungskondiktion).

Beispiel: Verbraucher V hat von der Bank B Kredit erhalten. Der Kreditvertrag gibt nur B das Recht, Anpassung der Sollzinsen nach Maßgabe der Kapitalmarktentwicklung zu verlangen. Dies ist nach § 2 III Nr. 2 PreisKlG eine unangemessene und damit unzulässige Preisklausel. Wenn B auf Grund dieser Anpassungsklausel den Sollzinssatz anhebt, muss V den erhöhten Zins zahlen. Ergeht 2 Jahre danach ein rechtskräftiges Urteil, das die Unzulässigkeit der Klausel feststellt, so kann V den Differenzbetrag für die vergangenen 2 Jahre nicht als ungerechtfertigte Bereicherung von B zurückverlangen.

c) Bürgschaft

Das Urbild der Personalsicherheit ist die letztlich doch komplexe Bürgschaft (vgl. Abb. 49). Trotz eines gewissen Bedeutungsrückganges zugunsten anderer, kautelarischer Personalsicherheiten spielt sie auch heute noch im **Wirtschaftsleben** eine große Rolle, sei es als Bankbürgschaft z. B. gegenüber Lieferanten oder dem Fiskus (Zoll- und Steuerbürgschaft), sei es als Bürgschaft des Bundes oder (auch) von ihm getragener Banken zum Zwecke der allgemeinen Wirtschaftsförderung (z. B. junger, eine Regionalstruktur verändernder Unternehmen) oder speziell des Exportes, der ein besonders hohes Kreditrisiko in sich trägt (politische Umwälzungen, fremde Rechtssysteme).

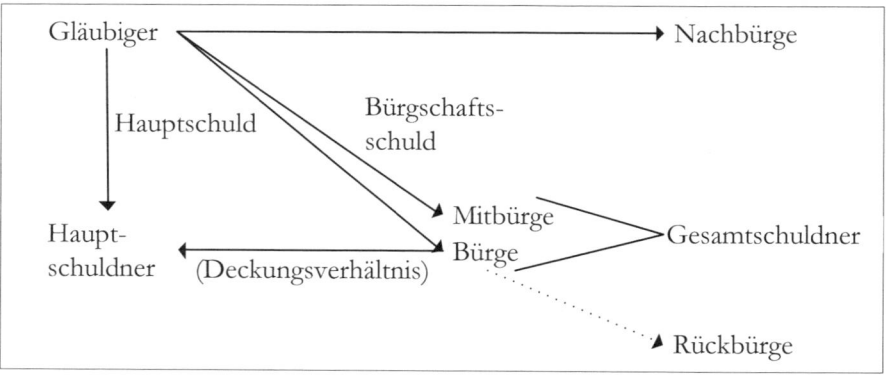

Abb. 49: Rechtsbeziehungen bei der Bürgschaft

Die Bürgschaft wird gemäß § 765 BGB nicht durch einseitiges Rechtsgeschäft, sondern durch Vertrag zwischen dem Gläubiger und dem Bürgen begründet. Der **Bürgschaftsvertrag** ist allerdings einseitig, nur auf Seiten des Bürgen schriftformbedürftig, sofern der Bürge kein Kaufmann ist (vgl. §§ 766 BGB, 350 HGB). Wegen der durchweg bestehenden Formkaufmannseigenschaft der Banken (Aktiengesellschaften! §§ 3 AktG, 6 II HGB!) können **Bankbürgschaften** praktisch formlos, auch konkludent, übernommen werden. Auch sonst ist das **Schriftformerfordernis** abgeschwächt, weil trotz Formmangels die Bürgschaft gültig ist, wenn der Bürge leistet (§ 766 S. 3 BGB). Der Bürge kann seine Leistung vom Gläubiger also nicht mehr wegen fehlenden Rechtsgrunds im Wege der Leistungskondiktion (§ 812 I 1, 1. Alt. BGB) zurückverlangen. Bürgschaften können auch für noch gar nicht existente Forderungen übernommen werden (vgl. § 765 II BGB) und deshalb auch dann, wenn der Gläubiger noch gar nicht feststeht (**Blankobürgschaft**). Allerdings muss auch hierbei durch Auslegung zu ermitteln sein, auf welche Forderungen sich die Bürgschaft denn beziehen soll.

Beispiel: Ausreichend bestimmt ist eine „Bürgschaft für alle Schulden des X gegenüber dessen gegenwärtigen und zukünftigen Lieferanten".

Die Bürgschaftsschuld, also die Pflicht des Bürgen, für die Erfüllung der Hauptschuld einzustehen, befindet sich in einer charakteristischen, im Wortlaut des § 765 I BGB wenigstens angedeuteten Abhängigkeit zur Hauptschuld: Besteht gar keine wirksame Hauptschuld (z. B. Nichtigkeit wegen nachträglicher, aber rückwirkender Irrtumsanfechtung des Darlehensvertrages; Erlöschen der Hauptschuld durch Aufrechnung), so besteht auch die Bürgschaftsschuld nicht, mögen auch ihre primären Wirksamkeitsvoraussetzungen alle gegeben sein. Gerade für dieses Extremrisiko bietet also die Bürgschaft keine Sicherheit. Besteht allerdings ein Anspruch aus ungerechtfertigter Bereicherung, was beim unwirksamen, aber valutierten Geldkredit vorkommt, so sichert die Bürgschaft statt des vertraglichen Rückzahlungsanspruches regelmäßig eben die **Leistungskondiktion**.

Beispiel: Der wegen „Geisteskrankheit" gemäß § 104 Nr. 2 BGB geschäftsunfähige K hat bei der Bank, die dies nicht weiß, einen Kredit aufgenommen, für dessen Rückzahlung sich B verbürgt hat. Der Darlehensvertrag ist nach § 105 I BGB nichtig, ein Rückzahlungsanspruch aus § 488 I 2, 2. Halbs. BGB besteht somit nicht, wohl aber ein Anspruch aus § 812 I 1, 1. Alt. BGB. Dieser Anspruch wird von der Bürgschaft des B mit gedeckt.

Diese wesensmäßige sog. **Akzessorietät** (das dem i nachfolgende e ist getrennt zu sprechen!) kann auch nicht, nicht einmal individualvertraglich, durch Vereinbarung zu Lasten des Bürgen beseitigt werden. Die Akzessorietät kann andererseits dem Gläubiger durchaus auch vorteilhaft sein. Denn sie erweitert gemäß § 767 BGB grundsätzlich den **Umfang der Bürgenschuld** über das ursprüngliche Maß hinaus, wenn die Hauptschuld später „wächst". Dieses Wachstum kann etwa durch hinzutretende Verzugszinsen erzeugt werden oder durch die Rechtsverfolgungskosten (für Anwälte und Gerichte), die oft viel höher - ja durchaus doppelt so hoch - sind als der eingeklagte Forderungsnennbetrag. Will der Bürge dem entgehen, so muss er seine Bürgschaft als „**Höchstbetragsbürgschaft**" ausgestalten, den insoweit dispositiven § 767 I 2 und II BGB also abdingen. Aus Gründen der Klarheit sollte diese Bürgschaftsvariante dann im Vertrag auch als solche bezeichnet werden.

Mit der Akzessorietät der Bürgenschuld von der Hauptschuld hängen auch §§ 768, 770 BGB zusammen: Solange der Hauptschuldner die Leistung verweigern kann, z. B. wegen noch nicht eingetretener Fälligkeit, oder gar durch Anfechtung oder Aufrechnung seine Schuld ganz beseitigen könnte (§§ 119, 123, 387 BGB gewähren Gestaltungsrechte, die vor ihrer Ausübung keine Wirkung auf die Verbindlichkeit haben), kann auch der vom Gläubiger in Anspruch genommene Bürge seine Leistung verweigern. Außerdem stehen dem Bürgen natürlich seine genuinen, aus etwaigen Wirksamkeitsmängeln des Bürgschaftsvertrages herrührenden Verteidigungsmittel zu Gebote. Etwas anderes gilt, wenn die Bürgschaft zur „**Zahlung auf erstes Anfordern**" übernommen wurde. In diesem Fall kann der Bürge zunächst keine **Einwände** gegen seine Inanspruchnahme vorbringen. Der Bürge ist vielmehr darauf angewiesen, ggf. seine Leistungen vom Gläubiger mit der Behauptung zurückzufordern, es habe dafür an einem rechtlichen Grund i. S. des § 812 I 1, 1. Alt. BGB gefehlt. Dadurch werden die Initiativlast und ein erhebliches Prozessrisiko auf den Bürgen übergewälzt.

Prinzipiell haftet der Bürge schließlich nur **subsidiär**, nämlich nur dann, wenn der Gläubiger einen vergeblichen **Vollstreckungsversuch** unternommen hat. Dazu braucht der Gläubiger aber erst einmal einen Vollstreckungstitel, z. B. ein rechtskräftiges oder für vorläufig vollstreckbar erklärtes Urteil. Dieses dem Bürgen zustehende, von § 771 BGB sehr verkürzt als **Einrede der Vorausklage** bezeichnete (negative) Gestaltungsrecht ist der Schlussstein in dem Bemühen des Gesetzgebers, dem Bürgen die Härte vergangener Rechtsepochen zu ersparen („Den Bürgen kann man würgen"). Die Einrede der Vorausklage besteht allerdings nicht durchweg, z. B. dann nicht, wenn der Hauptschuldner in **Insolvenz** fällt (§ 773 I Nr. 3 BGB) und keine anderweitige Kreditsicherheit durch ein Warenpfandrecht oder - gleichgestellt - Sicherungseigentum vorhanden ist (§ 773 II BGB). Die Einrede der Vorausklage - nicht hingegen die Akzessorietät! - entfällt ferner, wenn der Bürge eine sog. **selbstschuldnerische Bürgschaft** übernommen hat. Dies sehen die AGB des Kreditgewerbes für die Person des Bürgen wohl ausnahmslos vor. Schon kraft Gesetzes selbstschuldnerisch ist die betriebsbezogene Bürgschaft eines Kaufmanns (§ 349 HGB), also regelmäßig auch die von der Bank selber übernommene Bürgschaft.

Das Gegenstück zur selbstschuldnerischen Bürgschaft bildet die **Ausfallbürgschaft**. Bei ihr haftet der Bürge vereinbarungsgemäß überhaupt nur für ein näher definiertes Ausfallrisiko des Gläubigers. Dieses Ausfallrisiko besteht namentlich darin, dass der Gläubiger keine volle Befriedigung erlangt hat, obwohl er versucht hat, sonstige vorhandene Sicherheiten zu verwerten. Gerade in solchen Fällen ist freilich vorweg zu prüfen, ob überhaupt eine wirksame Bürgschaft vorliegt. Denn die Bürgschaft könnte wegen „**Übersicherung**" des Gläubigers gemäß § 138 I BGB nichtig sein.

Das Bürgschaftsrecht lässt Spielraum für weitere Varianten, etwa für die im Bankverkehr übliche **Zeitbürgschaft** (§ 777 BGB). Bei ihr wird der Bürge von seiner Einstandspflicht frei, wenn der Gläubiger nicht unverzüglich nach Fristablauf die Einziehung der Forderung beim Schuldner durch Klage und Zwangsvollstreckung betreibt (§ 772 BGB) und dem Bürgen nach Beendigung des Verfahrens anzeigt, dass er ihn in Anspruch nehmen wolle. Sofern die Zeitbürgschaft **selbstschuldnerisch** übernommen wurde, entfällt freilich die Notwendigkeit eines Beitreibungsversuchs; hier genügt die rechtzeitige **Anzeige der Inanspruchnahme**. Vielfach wird die Zeitbürgschaft aber härter formuliert, nämlich mit einer **auflösenden Befristung** versehen.

Eine weitere Sonderform der Bürgschaft ist beispielsweise auch die **Mitbürgschaft**. Bei ihr haften der Bürge und der Mitbürge gemäß § 769 BGB dem Gläubiger gesamtschuldnerisch (vgl. noch einmal Abb. 49). Im Übrigen bleibt der Charakter der Bürgschaft freilich erhalten. Demzufolge kann auch die Mitbürgschaft selbstschuldnerisch, als Höchstbetragsbürgschaft, als Ausfallbürgschaft oder Zeitbürgschaft qualifiziert sein.

Im Gegensatz zur Mitbürgschaft hinwiederum steht die **Teilbürgschaft**, bei der mehrere Bürgen grundsätzlich nur nach **Quoten**, mit dieser Maßgabe aber auch für eine sich erhöhende Hauptschuld haften. Wollen dies die Teilbürgen nicht, müssten sie ihre Bürgschaften eben als Höchstbetragsteilbürgschaften definieren. Das Motiv für die Übernahme einer Bürgschaft liegt im Verhältnis des Bürgen zum Hauptschuldner, dem sog. **Deckungsverhältnis**. Außerhalb familiärer, unentgeltlich übernommener Gefälligkeitsbürgschaften wird dieses Deckungsverhältnis regelmäßig einen formlos gültigen **Geschäftsbesorgungsvertrag** mit werkvertraglichem Kern darstellen (§§ 675, 631 ff. BGB): Der (spätere) Bürge verpflichtet sich zur Bürgschaftsübernahme, wofür der Hauptschuldner ein Entgelt verspricht. Gleichgültig nun, ob unentgeltlicher Auftrag (§§ 662 ff. BGB) oder ein entgeltlicher Geschäftsbesorgungsvertrag das Deckungsverhältnis charakterisiert, kann der Bürge deshalb schon nach § 670 BGB (ggf. i. V. m. § 675 BGB) vom Hauptschuldner Ersatz für seine Leistungen an den Gläubiger verlangen.

Dieser **Rückgriff** wird ferner durch § 774 I BGB gestärkt. Hat der Bürge an den Gläubiger geleistet, so hat er damit ja nicht nur seine eigene Bürgenschuld erfüllt, sondern den Gläubiger auch im Verhältnis zum Hauptschuldner befriedigt. Entgegen § 362 I BGB erlischt aber die Hauptschuld nicht. Der Anspruch des Gläubigers geht vielmehr im Wege der **Legalzession** auf den Bürgen über. Der **Zusatznutzen** für den Bürgen gegenüber dem Anspruch aus § 670 BGB liegt darin, dass gemäß §§ 401, 412 BGB etwaige für die Hauptschuld bestehende Warenpfandrechte oder Hypotheken, also akzessorische Sicherheiten, zusammen mit der Forderung auf den Bürgen übergehen und den Regress sichern. Dies ist vor allem deshalb wichtig, weil der Regress sonst häufig an eben jener Vermögenslosigkeit des Hauptschuldners scheitern würde, die überhaupt erst die Möglichkeit der Inanspruchnahme des Bürgen (Einrede der Vorausklage!) eröffnet hat.

Mit dem Regress des Bürgen gegen den Hauptschuldner hängt die **Rückbürgschaft** eng zusammen. Gesichert ist hier der Rückgriffsanspruch des Bürgen gegen den Hauptschuldner. Der Rückbürge nimmt insoweit dieselbe Stellung gegenüber dem Bürgen ein, die der Bürge seinerseits gegenüber dem Gläubiger innehat. Der Rückgriffsanspruch ist also der Hauptschuld bei der „normalen" Bürgschaft vergleichbar.

Vor Befriedigung des Gläubigers durch den Bürgen entsteht dessen Rückgriffsanspruch (im Verhältnis zum Rückbürgen also die „Hauptschuld") noch nicht. Man könnte deshalb vielleicht meinen, dass wegen der Akzessorietät auch die Rückbürgschaft gar nicht wirksam sei. Dieses Bedenken räumt allerdings § 765 II BGB aus, demzufolge ja auch **zukünftige Ansprüche** durch Bürgschaft schon jetzt gesichert werden können. Leistet der Rückbürge an den vorher in Anspruch genommenen Bürgen, so geht der Regressanspruch des Bürgen gegen den Hauptschuldner (§ 774 I 1 BGB) auf den

Rückbürgen über.

Mit der Rückbürgschaft nicht zu verwechseln ist die **Nachbürgschaft**. Sie sichert den Gläubiger gegen das Risiko ab, dass auch der Bürge zur Leistung nicht imstande ist. Im Verhältnis zum Nachbürgen ist also der Bürge der „Hauptschuldner". Dabei wirkt sich die Akzessorietät der Bürgschaft doppelt aus.

> **Beispiel:** Der durch Bürgschaft und Rückbürgschaft gesicherte Darlehensrückzahlungsanspruch besteht infolge Aufrechnung nicht mehr. Damit entfällt auch die Schuld des Bürgen. Da diese im Verhältnis zum Nachbürgen die „Hauptschuld" ist, besteht wegen der Akzessorietät auch die Nachbürgschaft nicht.

Vor allem im internationalen Geschäft hat ferner die sog. **Wechselbürgschaft** (**Aval**) Bedeutung: Sie begründet eine neben den übrigen Wechselverpflichtungen bestehende, nicht akzessorische und nicht subsidiäre Haftung (vgl. Artt. 32, 47 Abs. 1 WG). Mangels Akzessorietät handelt es sich dabei also aus Sicht des deutschen Rechts gar nicht um eine Bürgschaft, sondern um ein ganz eigenständiges wechselrechtliches Sicherungsmittel.

d) Schuldbeitritt

Der Schuldbeitritt bewirkt ein **Gesamtschuldverhältnis**. Er wird deshalb auch Schuldmitübernahme oder **kumulative Schuldübernahme** genannt, im Gegensatz zur sog. **privativen Schuldübernahme** nach § 414 BGB, die den ursprünglichen Schuldner befreit. Der Schuldbeitritt ist gesetzlich nicht näher geregelt (aber eng mit § 427 BGB verwandt). Als schuldrechtlicher Vorgang ist der Schuldbeitritt jedenfalls von der Privatautonomie der Parteien i. S. ihrer inhaltlichen Gestaltungsfreiheit gedeckt. Mangels Formvorschrift besteht Privatautonomie auch i. S. der rechtsgeschäftlichen **Formfreiheit**. Der Schuldbeitritt erfolgt deshalb ggf. sogar konkludent, bedarf freilich eines Vertrages (vgl. § 311 I BGB), der regelmäßig mit dem Gläubiger geschlossen wird. Wird der Schuldbeitritt gegenüber dem Schuldner erklärt, so ist dies im Zweifel kein Vertrag zugunsten Dritter, hier des Gläubigers (§ 329 BGB, sog. **Erfüllungsübernahme**). Da der Beitretende zusammen mit dem Schuldner als Gesamtschuldner (§§ 421 ff. BGB) haftet, ist dessen Schuld **nicht subsidiär**. Der Beitretende hat also niemals die Einrede der Vorausklage wie der (nicht selbstschuldnerische) Bürge. Schließlich besteht nur eine sehr **eingeschränkte Akzessorietät**: Besteht die Hauptschuld nicht, ist auch der Schuldbeitritt gegenstandslos und damit unwirksam. Im Übrigen kann sich jedoch jede Gesamtschuld ganz unterschiedlich entwickeln (vgl. § 425 BGB).

> **Beispiel:** Der Gläubiger erlässt dem Schuldner die Kreditrückzahlung: die akzessorische Bürgschaft wäre damit zwangsläufig ebenfalls erloschen, die Schuld des Beitretenden hingegen kann fortbestehen (vgl. § 423 BGB).

Weil der Beitretende, anders als grundsätzlich der Bürge, weder durch eine Formbedürftigkeit seiner Erklärung noch durch Akzessorietät oder Subsidiarität geschützt wird, ist im Einzelfall die Abgrenzung schwierig, ob eine mangels eingehaltener Schriftform unwirksame Bürgschaft (das Wort „Bürgschaft" muss ja nicht fallen!) oder ein formlos wirksamer Schuldbeitritt vorliegt. Notwendige, aber wohl nicht hinreichende Voraussetzung für einen Schuldbeitritt ist nach h. M. jedenfalls ein **eigenes wirtschaftliches Interesse** des Beitretenden an der Vertragsdurchführung.

Beispiel: Die Ehefrau verpflichtet sich im Rahmen der Baufinanzierung für das gemeinsame Eigenheim der Bank gegenüber, für die Rückzahlung des Kredits einzustehen, der ihrem Ehemann als Bauherrn gewährt worden war: Schuldbeitritt!

e) Forderungsgarantie

Die **Garantie** - nicht zu verwechseln mit der Gewährleistung - ist im Gesetz als allgemeines Rechtsinstitut nicht geregelt, als Kind der Vertragsfreiheit aber nicht nur in der gesetzlich ausdrücklich normierten Variante der Beschaffenheits- und Haltbarkeitsgarantie zulässig. Im Kern geht es immer darum, dass der Garantiegeber ein Risiko übernimmt und dem Garantienehmer eine bestimmte Leistung für den Fall verspricht, dass dieses Risiko sich realisiert. Weil niemand auf ewige Zeiten ein Risiko zu tragen bereit ist, tritt als drittes strukturprägendes Moment neben **Garantiefall** und **Garantieleistung** die **Garantiezeit** hinzu, die die Risikoübernahme auflösend befristet.
Gelegentlich übernimmt jemand gegen Entgelt für eine gewisse Zeit das Risiko dafür, dass jemand eine Leistung nicht erbringt, wofür dann der Garantiegeber Ersatz leisten will. Hier spricht man von (entgeltlicher) **Forderungsgarantie**. Sie umfasst auch und vor allem das weder von der Bürgschaft noch vom Schuldbeitritt gedeckte **Extremrisiko**, dass der vermeintliche Anspruch gar nicht rechtswirksam besteht. Die Forderungsgarantie ist also nicht akzessorisch. Auch eine Einrede der Vorausklage wie bei der Bürgschaft gibt es bei der Forderungsgarantie nicht. Der Garantiegeber kann die Garantieleistung mithin allenfalls aus Gründen verweigern, die im Garantievertrag selber wurzeln, sei es, dass der Garantievertrag unwirksam ist, sei es, dass der Garantiefall gar nicht eingetreten ist. Sogar diese Einwände sind dem Garantiegeber jedoch verwehrt, wenn er eine vor allem im **internationalen Geschäft** gern praktizierte „**Garantie zur Zahlung auf erstes Anfordern**" übernommen hat. Bei dieser auch im Bürgschaftsrecht bekannten Variante muss der Garantiegeber ohne Prüfung der Sach- und Rechtslage leisten und kann, wenn z. B. der Garantiefall gar nicht eingetreten war, den Garantienehmer nach § 812 I 1, 1. Alt. BGB nur auf Herausgabe der ohne rechtlichen Grund erlangten Garan-

tieleistung in Anspruch nehmen.

Ob eine Forderungsgarantie gegeben oder einer Schuld beigetreten oder gar „nur" eine Bürgschaft übernommen wurde, ist im Einzelfall oft schwierig zu entscheiden. Anhaltspunkte mag schon die **Wortwahl** liefern, jedenfalls im Rechtsverkehr zwischen Unternehmern. Maßgeblich sind aber vor allem **Interessenlage** und **inhaltliche Ausgestaltung** der Risikovereinbarung. Wenn eine „Garantie" der vertraglichen Substanz nach auf eine akzessorische Sicherheit hinausläuft, dann dürfte trotz der Bezeichnung eine - wegen Formmangels unwirksame - Bürgschaft vorliegen.

Grundsätzlich bedarf es gemäß § 311 I BGB auch zur ja rechtsgeschäftlichen Begründung des Garantieschuldverhältnisses eines Vertrages. Da § 443 BGB mit seiner Ausnahme für Beschaffenheits- und Haltbarkeitsgarantien hier keine Anwendung findet, bedarf also auch die Forderungsgarantie, selbst wenn sie einmal unentgeltlich übernommen werden sollte, eines (formlosen) Vertrages.

f) Forderungsausfallversicherung (Kreditversicherung)

Das **Wesen der Versicherung** liegt in der Transformation vieler gleichartiger, individueller Risiken in ein kollektives Risiko. Dies gilt auch in Bezug auf die Gefahr, zwar einen Rechtsanspruch auf eine Leistung zu haben, diesen Anspruch aber faktisch nicht durchsetzen zu können. Es macht ökonomisch keinen Sinn, dass jeder Gläubiger für sich Rücklagen bildet, für den Fall, dass ein Schuldner nicht leistet, wenn dieses Ereignis doch statistisch gesehen nur einen Prozentsatz von Forderungen betrifft. Sinnvoll ist es hingegen, dass jedes Mitglied der Gefahrengemeinschaft einen gegenüber der sonst notwendigen Rücklagen viel geringeren Beitrag zum sog. Deckungsstock leistet: Er bezeichnet ein Vermögen, das unter Berücksichtigung der empirischen Daten mithilfe versicherungsmathematischer Verfahren so kalkuliert ist, dass es ausreicht, um jene Gläubiger als Mitglieder der Gefahrengemeinschaft zu entschädigen, bei denen der **Versicherungsfall** eingetreten ist, bei dem sich also das betreffende Risiko, nämlich der Forderungsausfall, nun doch einmal realisiert hat. Zumeist handelt es sich um Forderungen aus Darlehensrückzahlung bzw. Zinszahlung oder aus Kaufvertrag beim Warenkredit (Vorleistung des Verkäufers unter Einräumung eines Zahlungsziels). Die Forderungsausfallversicherung wird deshalb oft auch (aber eigentlich etwas zu eng) **Kreditversicherung** genannt.

Risikokalkulation, Datenverwaltung und Verwaltung des Deckungsstockes einschließlich der Beitragseinziehung und der Auszahlungsadministration im Versicherungsfall bekommen die Versicherungsnehmer nicht umsonst: Für diese Organisationsdienstleistungen müssen sie dem Versicherungsunternehmen selbstverständlich ein Entgelt bezahlen, in das die Kosten für Gebäude, Personal, Werbung etc. und die Gewinnmarge eingehen. Dieses Entgelt wird mit dem Deckungsstockbeitrag äußerlich zur sog. Prämie zusammengefasst. Die Prämie ist also nur teilweise Preis, nämlich nur bezüglich ihres Entgeltanteils für die Organisationsdienstleistung, im Übrigen jedoch umstrukturierter Durchfluss, somit kein Umsatz. Denn die vom Versicherungsunternehmen getätigten Auszahlungen an die Versicherungsnehmer im Versicherungsfall entstammen dem Deckungsstock, der von eben jener Gesamtheit der Versicherungsnehmer zuvor gespeist wurde. Der Versicherungsvertrag ist somit ein **Geschäftsbesorgungsvertrag** nach §§ 675, 611 ff. BGB Diese Argumentation wird sehr bestritten, doch ist die Kritik nicht überzeugend, zumal die hier dargestellte Sicht der Dinge sich auch mit dem Ansatz der volkswirtschaftlichen Gesamtrechnung deckt.

Obwohl die Prämie somit nicht nur das versicherungstechnische Risiko aus der Risikotransformation darstellt, sondern die **Prämienhöhe** ganz wesentlich auch vom Entgeltanteil bestimmt ist, wird die vom einzelnen Versicherungsnehmer zu zahlende Prämie gegenüber der ansonsten zu bildenden individuellen Rücklage sehr, sehr gering sein. Konsequenz daraus ist ferner die grundsätzliche Vorzugswürdigkeit der Forderungsausfallversicherung gegenüber der vergleichsweise teuren Forderungsgarantie, der keine individual-kollektive Risikotransformation wie bei der Versicherung zugrunde liegt. Doch ist der Markt letztlich unübersichtlich. In Deutschland ist besonders die teil-staatliche Euler-Hermes-Kreditversicherung AG ein bekanntes Unternehmen für Forderungsausfallsversicherungen. Sie ist im Regierungsauftrag vor allem in der deutschen Exportwirtschaft engagiert. Staatliche Subventionen halten dabei die Prämien nochmals niedrig und stützen so im nationalen Interesse die exportierenden Unternehmen Deutschlands. Doch hat man nicht immer eine Wahl: Da sich seltene oder gar neue Forderungsrisiken statistisch nicht greifen lassen, sind sie auch nicht versicherbar. Dann bleibt beim Wunsch des Gläubigers nach gleich robuster Absicherung doch nur die Forderungsgarantie.

Wie bei der Forderungsgarantie ist auch bei der Forderungsausfallversicherung genau darauf zu achten, wie der **Versicherungsfall** definiert ist: Nur wenn auch das Risiko versichert ist, dass die vermeintliche Forderung gar nicht rechtswirksam besteht, ist der Versicherungsnehmer wirklich auf der sicheren Seite.

g) Forfaitierung

Unter der gerade im Exportgeschäft verbreiteten Forfaitierung wird in der Praxis der Kreditsicherung letztlich dasselbe verstanden, was unter dem Aspekt der Finanzierung (echtes) Factoring genannt wird: Der Sicherungsgeber,

regelmäßig eine Bank, erwirbt gegen Entgelt die noch nicht fällige Kaufpreisforderung des Waren-Verkäufers gegen seinen Waren-Käufer, an den bereits
geliefert wurde. Weil und soweit der Sicherungsgeber, die Bank, dabei nicht
über eine Option zur Rückübertragung gegen Entgeltrückzahlung (zuzüglich
Verzinsung) verfügt, übernimmt sie voll das Beitreibungsrisiko (**Delkredere**),
das ursprünglich beim Warenverkäufer als Kaufpreisgläubiger lag. Auf diese
Weise wird im Ergebnis der vom Waren-Verkäufer dem Waren-Käufer eingeräumte Warenkredit gesichert. Hier ist also nicht, wie beim Factoring, das
Bemühen des Warenverkäufers und Kaufpreisgläubigers um Liquidität die
treibende Kraft, sondern sein Bedürfnis nach Absicherung des Risikos, nach
den im Kaufvertrag getroffenen Abreden seinerseits bereits zur Leistung, der
Lieferung, verpflichtet zu sein, ohne gleichzeitig in den Genuss der Gegenleis-
tung, des Kaufpreises, zu kommen.
Wer die **Differenz** trägt, die sich daraus ergibt, dass der Nennwert der Waren-
Kaufpreisforderung das vom Sicherungsgeber für den Forderungserwerb an
den Waren-Verkäufer gezahlte Entgelt regelmäßig deutlich übersteigt, ist eine
Frage der Marktverhältnisse: Auf einem „Verkäufer-Markt" überwälzt der
Waren-Verkäufer die Differenz auf den Warenkäufer (aus „optischen" Grün-
den zumeist schon in der Kaufpreiskalkulation), was auf einem „Käufer-
Markt" mangels Marktmacht der Verkäuferseite nur sehr schwer möglich sein
wird.

h) Dokumenten-Akkreditiv

Das **Dokumenten-Akkreditiv** (engl. „**letter of credit**") spielt in der Sicherung von Warenkrediten im Außenhandel eine große Rolle. Im Kern geht es
dabei um die regelmäßig unwiderrufliche vertragliche Verpflichtung der (oft
ausländischen) Bank des importierenden Käufers (sog. eröffnende Bank), in
dessen Auftrag und auf dessen Rechnung gegen Übergabe näher bestimmter
Dokumente eine in ihrer Höhe dem Kaufpreis entsprechende Zahlung zugunsten des exportierenden Verkäufers zu leisten. Diese Verpflichtung ist
rechtlich von dem genannten Kaufvertrag und der aus ihm fließenden Pflicht
zur Kaufpreiszahlung vollkommen gelöst, also ein abstraktes Schuldverspre-
chen gemäß § 780 BGB.
Zur **Prüfung** der vorgelegten Dokumente auf deren Übereinstimmung mit
den jeweiligen Vorgaben hat die Bank nach den ERA 600 regelmäßig 7 Tage
Zeit. Die ERA 600 (Einheitliche Richtlinien und Gebräuche für Dokumenten-
Akkreditive, engl. UCP), die im Übrigen Definitionen enthalten und die Verantwortlichkeit der Beteiligten näher beschreiben, beruhen auf einer immer
wieder aktualisierten Sammlung einschlägiger internationaler Gepflogenheiten
durch die Internationale Handelskammer in Paris. Die ERA 600 sind für sich

gesehen zwar keine Rechtsquellen (ebenso wenig wie etwa die INCO-TERMS), werden aber von gesetzlichen Regelungen allenthalben so in Bezug genommen, dass sie in den Wirkungen dispositiven Rechtsnormen gleichkommen (vgl. für Deutschland nur § 346 HGB).

Auf Seiten des exportierenden Verkäufers ist oft eine weitere, regelmäßig inländische Bank eingeschaltet, über die die Kommunikation zwischen dem Verkäufer und der eröffnenden Bank stattfindet. Soweit sie sich auf diese Rolle beschränkt und dem Verkäufer die Eröffnung des Dokumenten-Akkreditivs lediglich mitteilt, liegt ein sog. unbestätigtes (einfaches) Dokumentenakkreditiv vor. Die Bank wird dann **„avisierende Bank"** genannt. Geht auch diese Bank die abstrakte Verpflichtung ein, gegen Vorlage bestimmter Dokumente zu zahlen, liegt also ein sog. bestätigtes Dokumenten-Akkreditiv vor, fungiert die Bank als **„bestätigende Bank"**. Erst damit erscheint der internationale Warenkredit wirklich hinreichend gesichert, weil er dem Verkäufer prinzipiell die Möglichkeit eröffnet, gegebenenfalls im Inland (und damit viel erfolgversprechender) seinen abstrakten Zahlungsanspruch gerichtlich zu verfolgen.

i) Patronatserklärung und gesetzliche Patronage

Als Kreditsicherungsmittel bei der Kreditvergabe an Unternehmen, die zwar selbständige Rechtssubjekte darstellen, aber in einen **Konzern** eingebunden sind, hat die sog. **Patronatserklärung** Bedeutung gewonnen. Die Patronatserklärung ist ein **Ausstattungsversprechen**: Die Konzern-"Mutter" will dafür Sorge tragen, dass ihre kreditaufnehmende „Tochter" über ausreichende Mittel zur Kreditrückzahlung und für den sonstigen Kapitaldienst verfügt. Dies lässt sich etwa durch maßvolle Gewinnabführungsverträge zwischen „Tochter" und „Mutter", notfalls auch durch direkten Kapitalzufluss bewerkstelligen. Bürgschaft, Schuldbeitritt oder Forderungsgarantie gegenüber dem Kreditgeber sollen vermieden werden, beispielsweise um eine **Konzernbilanzierung** unter den Passiva zu vermeiden. Unter den Voraussetzungen des § 302 AktG ist ein derartiges Ausstattungsversprechen allerdings nicht mehr nötig, weil dann als Ausgleich für den Beherrschungs- und Gewinnabführungsvertrag eine **gesetzliche Patronage** in Gestalt einer Pflicht zur Verlustübernahme besteht.

Die **„weiche" Patronatserklärung** hat überhaupt keine rechtliche Relevanz. Sie soll eigentlich nur das Klima bei den Kreditverhandlungen zwischen Tochter und Kreditgeber positiv beeinflussen.

Beispiel: „Es gehört zu unserer Konzernphilosophie, den Konzernunternehmen immer ein hohes Maß an wirtschaftlichem Bewegungsspielraum offenzuhalten."

Die „harten" **Patronatserklärungen** begründen entsprechende Handlungs-pflichten nur gegenüber den Konzerntöchtern. Deren Kreditgeber haben also keine Ansprüche auf die zugesagte Ausstattung, etwa als Dritte i. S. des § 328 BGB. Erwachsen aus mangelnder Kapitalausstattung der kreditaufnehmenden „Tochter" dem Kreditgeber Schäden, so sind solche „harten" Patronatserklä-rungen aber Grundlage für Schadensersatzansprüche des Kreditgebers gegen die „Mutter". Diese Patronatserklärung, die der Annahme durch den Adressa-ten bedarf (§ 311 I BGB), hat also den Charakter eines Vertrages mit **Schutz-wirkung für Dritte**. Außerdem wird das Kreditverhältnis selbst betroffen: Die „harte" Patronatserklärung der „Mutter" an die „Tochter" ist **Geschäfts-grundlage** des Darlehensvertrages zwischen „Tochter" und Kreditgeber.

j) Eigentumsvorbehalt

(1) Der einfache Eigentumsvorbehalt

Der Verkäufer, der vereinbarungsgemäß vorgeleistet und noch dazu den Kaufpreis gestundet hat, hat die Einrede der Zug-um-Zug-Leistung (§ 320 BGB) eingebüßt. Zur **Sicherung** des damit eingeräumten **Warenkredits** be-hält sich der Verkäufer häufig das Eigentum bis zur vollständigen Bezahlung des Kaufpreises vor, übergibt aber schon jetzt die Ware und nimmt die Eini-gung über den Eigentumswechsel schon jetzt vor (§ 929 S. 1 BGB), wobei er die Wirkungen dieses Rechtsgeschäfts aber hinausschiebt (§§ 449 I, 158 I BGB). Wegen § 925 II BGB kommt ein solcher Eigentumsvorbehalt bei der **Grundstücksübertragung** von vornherein nicht in Betracht. Ob der Verkäu-fer so verfahren darf, bestimmt sich nach den kaufvertraglichen Abreden. Wird der **Eigentumsvorbehalt** erst auf **Lieferschein** oder **Rechnung** er-klärt, so ist dies zwar sachenrechtlich wirksam, aber kaufvertraglich unzulässig. Der Eigentumsvorbehalt spielt also eine doppelte, **schuldrechtliche und sachenrechtliche Rolle**. Wird der Zahlungsanspruch abgetreten, so findet auch hier (ebenso wie übrigens bei der Sicherungsübereignung) § 401 BGB keine, auch keine analoge Anwendung, da es sich hierbei um ein **nicht-akzessorisches Sicherungsmittel** handelt.

Schuldrechtlich trägt bei Lieferung unter Eigentumsvorbehalt der Käufer vor allem das sich aus § 446 S. 1 BGB ergebende Risiko: Auch wenn die Kaufsache eine Verschlechterung erfährt oder gar untergeht, muss der Vorbe-haltskäufer dennoch den vollen Kaufpreis bezahlen. **Sachenrechtlich** bedeu-tet der Eigentumsvorbehalt nicht nur, dass der Käufer vorerst noch kein Ei-gentum erlangt. Auf Grund der kaufvertraglichen Vorbehaltsabrede hat der Vorbehaltskäufer vielmehr ein sachenrechtlich beachtliches **Recht zum Be-**

sitz der Sache, solange er seinen vertraglichen Zahlungspflichten nachkommt. Der Vorbehaltsverkäufer kann deshalb die Vorbehaltsware vom **vertragstreuen Vorbehaltskäufer** nicht nach § 985 BGB zurückverlangen (§ 986 I BGB). Auch ein Rechtsnachfolger des Verkäufers, der das Eigentum an der Vorbehaltsware (vor vollständiger Kaufpreiszahlung des Vorbehaltskäufers) erworben hat, muss dieses Besitzrecht gemäß § 986 II BGB gegen sich gelten lassen.

Verhält sich der **Vorbehaltskäufer** hingegen **nicht vertragstreu**, kommt er insbesondere in **Zahlungsverzug**, so verliert er dennoch allein deshalb noch nicht sein Besitzrecht. Dies ist gemäß § 449 II BGB vielmehr erst der Fall nach einem Rücktritt des Vorbehaltsverkäufers (ein solches Rücktrittsrecht kann sich etwa aus § 323 BGB oder aus einer entsprechenden Vereinbarung ergeben). Das Gesetz will damit verhindern, dass der Vorbehaltsverkäufer als Eigentümer nach § 985 BGB dem Vorbehaltskäufer als Besitzer die Sache entzieht, dieser aber trotzdem weiter den Kaufpreis entrichten muss. Die Rechtslage scheint damit derjenigen des § 508 II 5 BGB angenähert, der aber nur für das Verbraucher-Teilzahlungsgeschäft gilt. Doch besteht ein wesentlicher Unterschied insofern, als § 449 II BGB (zumindest individualvertraglich) abbedungen werden kann, § 508 II 5 BGB jedoch wegen § 511 S. 1 BGB nicht.

Ohne Rücktritt hat der Vorbehaltsverkäufer es nicht mehr in der Hand, den Eigentumserwerb zu verhindern. Er kann zwar - wie gesagt - als Noch-Eigentümer das Eigentum an andere als den Vorbehaltskäufer übertragen, und zwar nach § 931 BGB. § 929 S. 1 BGB scheidet ja aus, weil eine Übergabe der Sache nicht möglich ist, denn diese befindet sich beim Vorbehaltskäufer. Doch im Moment vollständiger Kaufpreiszahlung verliert der **Zwischeneigentümer** sein Recht gemäß § 161 BGB wieder: Eigentümer ist nunmehr der Vorbehaltskäufer, an den ja schon früher, allerdings aufschiebend bedingt, übereignet worden war. § 161 BGB bewirkt somit zwar **keine Veräußerungssperre**, folgt aber letztlich doch dem **Prioritätsprinzip**.

Beispiel: Vv verkauft und übereignet unter Eigentumsvorbehalt Ware an Vk. Nach Auslieferung (verkauft und) übereignet Vv im Wege des § 931 BGB an Ze. Dieser ist sofort Eigentümer (nicht auch Besitzer) der Ware und bleibt es auch, wenn der von Vk geschuldete Kaufpreis nicht vollständig beglichen wird. Erfolgt allerdings vollständige Zahlung seitens des Vk, so verliert Ze automatisch, ohne jede weitere rechtsgeschäftliche Übertragungsakte, sein Eigentum an Vk.

Die hierin sich ausdrückende Rechtsposition des Vorbehaltskäufers wird **Anwartschaftsrecht** genannt, eine Vorstufe des Eigentums, ein dem Eigentum „wesensgleiches minus", das wie das Eigentum selbst geschützt ist (§§ 985, 1004 BGB analog, ein sonstiges Recht i. S. von § 823 I BGB), analog den §§ 929 ff. BGB übertragbar und somit als **sachenrechtliches Derivat** handelbar ist. Aus der Sicht eines eventuellen Zwischeneigentümers der Sache ist es das „Recht eines Dritten" i. S. des § 936 I, II BGB und könnte deshalb grundsätzlich einem insoweit gutgläubigen Zwischeneigentümer gegenüber verloren gehen (sog. gutgläubig-lastenfreier Erwerb). Doch tritt dieser Effekt wegen § 936 III BGB in dieser Konstellation kaum jemals ein, eben weil der Vorbehaltsverkäufer an den Zwischeneigentümer durchweg nach § 931 BGB übereignet haben dürfte.

Der Eigentumsvorbehalt erschwert die Verkehrsfähigkeit von Waren, denn die grundsätzlich bestehende Vermutung des § 1006 BGB, dass der im Besitz der Ware befindliche Vorbehaltskäufer auch Eigentümer sei, erweist sich für den weiteren Erwerber hier als nicht tragfähig: Der Glaube an das Eigentum des besitzenden gewerblichen Verkäufers ist innerhalb kapitalistisch geprägter Marktwirtschaften nach allgemeiner Meinung **kein „guter Glaube"** i. S. von § 932 II BGB, weil die in aller Regel faktisch vorliegende Unkenntnis des Erwerbers hinsichtlich der Rechtslage grob fahrlässig beurteilt wird.

Regelmäßig soll trotz dieser Schwierigkeit seitens des (gewerblichen) Vorbehaltskäufers im Interesse aller Beteiligten das Eigentum an der Vorbehaltsware an die Käufer des weiterveräußernden Vorbehaltskäufers übertragen werden können. Dies ist bei entsprechender **Ermächtigung** durch den Vorbehaltsverkäufer jedenfalls möglich (§ 185 I BGB) und absatzwirtschaftlich häufig sogar nötig, weil der Vorbehaltskäufer die zur Ablösung des Eigentumsvorbehalts erforderlichen Mittel überhaupt erst aus der **Weiterveräußerung** erlangen kann. Der Vorbehaltsverkäufer und Noch-Eigentümer ermächtigt also regelmäßig den Vorbehaltskäufer, im Rahmen des „**ordnungsgemäßen Geschäftsganges**" im eigenen Namen (nicht etwa als Vertreter des Vorbehaltsverkäufers!) zu verfügen, so dass es auf die durchweg falsche Einschätzung der Eigentumslage durch den Erwerber gar nicht ankommt. Der „ordnungsgemäße Geschäftsgang" erfasst dabei grundsätzlich nur Veräußerungen über den Selbstkosten, denn aus dieser Veräußerung soll letztlich ja die Kaufpreisforderung des Vorbehaltsverkäufers bedient werden. Nur in Ausnahmefällen kann die Ermächtigung auch Weiterverkauf unter Selbstkosten rechtfertigen.

Beispiel: Verkauf von Ware, die vom Verderb bedroht ist, zum äußerst vorteilhaften „Sonderpreis".

(2) Der verlängerte Eigentumsvorbehalt

Hat der Vorbehaltsverkäufer, wie im Handel mit Wiederverkäufern nötig und üblich, den Vorbehaltskäufer nach § 185 I BGB ermächtigt, im Rahmen seiner ordnungsmäßigen Geschäftstätigkeit über die Vorbehaltsware zu verfügen, so verliert der Vorbehaltsverkäufer mit seinem Eigentum auch das Sicherungsmittel hinsichtlich der vollständigen Erfüllung des Zahlungsanspruches. Regelmäßig wird dann vereinbart, dass an die Stelle des zunächst vorbehaltenen Eigentums der abgetretene Zahlungsanspruch des Vorbehaltskäufers gegenüber dem Drittkäufer treten soll. Diese **Sicherungszession** wird regelmäßig bereits bei Abschluss des (ersten) Kaufvertrages unter Eigentumsvorbehalt (also antizipiert, als **Vorausabtretung**) vorgenommen. Außerdem wird - nach § 185 I BGB analog - dem Vorbehaltskäufer vom Vorbehaltsverkäufer eine **Einziehungsermächtigung** erteilt. Den vom Dritterwerber eingezogenen Betrag hat der Vorbehaltskäufer vertrags- und bereicherungsrechtlich (vgl. § 816 II BGB) an den Vorbehaltsverkäufer im Umfang von dessen Kaufpreisforderung abzuführen. Diese Konstruktion wird **verlängerter Eigentumsvorbehalt** genannt.

Problematisch ist die Rechtslage, wenn die Verlängerung des wie erwartet wegfallenden Eigentumsvorbehalts durch Abtretung der Zahlungsforderung aus dem Weiterverkauf mit Abtretungen im Rahmen von **Factoring-Verträgen** oder **Globalzessionen** zur Sicherung von Darlehensrückzahlungsansprüchen einer Bank konkurriert. Die klarste und am einfachsten zu handhabende Lösung ist sicher die Anwendung des **Prioritätsprinzips**: Die früheren Zessionen gehen den späteren vor. Mittel- und langfristig setzen sich damit also die (antizipierten) Globalzessionen durch und werden die Geldkreditgeber vor den Warenkreditgebern bevorzugt. Dies empfinden viele als nicht interessengerecht und sozialpolitisch unerwünscht, so dass andere Lösungen in Betracht gezogen werden. Die Rechtsprechung bevorzugt die etwas undurchsichtige sog. **Vertragsbruch-Theorie.** Demzufolge müssen Globalzessionen zu ihrer Wirksamkeit mit einer sog. dinglichen Teilverzichtsklausel versehen sein, die verhindert, dass Forderungen, die an den Vorbehaltsverkäufer abzutreten sind und abgetreten werden, in die Globalzession einbezogen werden. Ohne diese Maßgabe ist die Globalzession nach § 138 I BGB nichtig. Einer irgendwie gearteten **Substitution des Eigentumsvorbehalts** bedarf es ferner in den Fällen, in denen der Eigentumsvorbehalt aus bestimmten sachenrechtlichen Gründen bis zur Kaufpreiszahlung regelmäßig keinen Bestand haben wird.

Beispiele: Unter Eigentumsvorbehalt gelieferte Lackfarbe wird verwendet und damit wesentlicher Bestandteil der lackierten Sache (§ 93 BGB); Zulieferer büßen ihren Eigentumsvorbehalt bei der Produktion nach § 950 BGB ein.

Im Fall des § 950 BGB ist dabei eine besonders elegante **Verlängerung** durch eine sog. **Verarbeitungsklausel** im Liefervertrag möglich. Ihr zufolge sind die Zulieferer nunmehr (Mit-)Eigentümer der neuen Sache, weil sie vereinbarungsgemäß als Hersteller der neuen Sache gelten.

(3) Der erweiterte Eigentumsvorbehalt

Der erweiterte Eigentumsvorbehalt sichert nicht nur - wie im Leitbild des § 449 BGB - den Kaufpreisanspruch, sondern alle in den Vorbehalt einbezogenen Forderungen, z. B. auch aus einem zwischen den Kaufvertragsparteien zugleich bestehenden Mietverhältnis hinsichtlich der Mietzinsforderung. Erst wenn alle diese Forderungen vollständig beglichen sind, entfällt der Vorbehalt, und der Erwerber wird Eigentümer der Vorbehaltsware. Begrifflich müsste es sich bei den in die Vorbehaltsabrede einbezogenen Forderungen nicht einmal um solche handeln, die gerade dem Lieferanten der Vorbehaltsware aus anderen Rechtsgründen zustehen. Vielmehr könnte es sich auch um solche Forderungen handeln, die nicht dem Lieferanten, aber anderen mit ihm in ein und demselben Konzern verbundenen Unternehmen zustehen. Möglicherweise sollen auch noch solche Forderungen einbezogen werden, die dem Lieferanten und seinen Konzernpartnern gegen die Konzernunternehmen auf Seiten des Zahlungsschuldners (Vorbehaltskäufers) zustehen. **Konzernvorbehalte** sind indes gemäß § 449 III BGB **nichtig**, können also nicht einmal individualvertraglich statuiert werden.

Beispiel: „Bis zur Erfüllung aller gegenwärtigen und zukünftigen Forderungen, die dem Verkäufer oder seinen Konzernunternehmen aus irgendeinem Rechtsgrund gegen den Käufer und seine Konzernunternehmen zustehen bzw. zustehen werden, bleibt das Eigentum an der gelieferten Ware vorbehalten."

Eine sehr häufige Variante des erweiterten Eigentumsvorbehalts ist der **Kontokorrentvorbehalt**. Durch ihn werden alle Forderungen erfasst, die vereinbarungsgemäß von den Parteien in einen der Abrechnungserleichterung und der kurzfristigen Finanzierung dienenden Modus, eben in das Kontokorrent, eingestellt wurden.

Beispiel: „Bis zur Erfüllung sämtlicher Saldoforderungen aus dem Kontokorrent zwischen Verkäufer und Käufer bleibt die gelieferte Ware unser Eigentum."

(4) Der weitergegebene Eigentumsvorbehalt

Beim weitergegebenen Eigentumsvorbehalt muss der Vorbehaltskäufer die Ware seinerseits unter Eigentumsvorbehalt veräußern. Genau bedeutet dies, dass die Übereignung an den Dritterwerber unter der aufschiebenden Bedingung erfolgt, dass der **Vorbehaltsverkäufer** (nicht: der Vorbehaltskäufer als der Kaufpreisgläubiger des Dritterwerbers) wegen seiner Kaufpreisforderung befriedigt wird. Dies kann wegen § 267 BGB auch durch Zahlung des Dritterwerbers geschehen und lässt im Innenverhältnis zwischen dem Dritterwerber und dem Vorbehaltskäufer eine entsprechende Verrechnung mit der

Kaufpreisforderung des Vorbehaltskäufers zu. Instrument dieser Verrechnung ist dabei § 362 II i. V. m. § 185 I BGB.

(5) Der nachgeschaltete Eigentumsvorbehalt

Beim nachgeschalteten Eigentumsvorbehalt veräußert der **Vorbehaltskäufer** an den Dritterwerber unter eigenem Eigentumsvorbehalt. Die Zulässigkeit dieser Variante ist nicht ganz unzweifelhaft, denn im Zeitpunkt der Einigung mit dem Dritterwerber ist der Vorbehaltskäufer ja seinerseits noch gar nicht Eigentümer, was der Dritterwerber indes meist nicht wissen wird. Der Vorbehaltsverkäufer büßt bei diesem hintereinandergeschalteten Eigentumsvorbehalt sein Eigentum erst ein, wenn der Vorbehaltskäufer an ihn oder der Dritterwerber an den Vorbehaltskäufer gezahlt hat (§ 185 I BGB, nicht § 932 BGB).

(6) Der unechte Eigentumsvorbehalt

Mit dem Eigentumsvorbehalt als sachenrechtlichem Sicherungsinstrument rechtlich nichts zu tun hat der unechte Eigentumsvorbehalt: Verkäufer und Käufer einigen sich nach § 929 S. 1 BGB unbedingt über den Eigentumswechsel, doch übernimmt der Käufer eine **schuldrechtliche Bindung**, vor vollständiger Kaufpreiszahlung über die Ware nicht zu verfügen. Widrigenfalls macht sich der Käufer unter dem Gesichtspunkt der Pflichtverletzung nach § 280 I BGB schadensersatzpflichtig, doch ist die Verfügung selbst (Übereignung, Bestellung eines Pfandrechts etc.) wirksam (vgl. auch § 137 BGB).

k) Warenpfandrecht

Zur Sicherung einer Forderung kann an einer beweglichen Sache ein Pfandrecht zugunsten des Forderungsgläubigers bestellt werden oder kraft Gesetzes bestehen. Dieses **Warenpfandrecht** (oder auch **Fahrnispfandrecht**) genannte Recht ist sachenrechtlicher Natur und somit ein gegenüber der im Eigentum liegenden umfassenden Rechtsmacht zwar eingeschränktes, in diesem Rahmen aber gegenüber jedermann wirksames, absolutes Recht. Sein Inhaltskern ist eine **Verwertungsbefugnis** in Bezug auf die mit einem Pfandrecht belastete Sache zum Zwecke der Gläubigerbefriedigung.
Gesetzliche Pfandrechte entstehen „automatisch", unabhängig von einem etwa darauf gerichteten rechtsgeschäftlichen Willen, z. B. mit dem Einbringen

von Sachen des Mieters in die gemieteten Räume (§ 562, 578 BGB). Wirtschaftsrechtlich von erheblicher Bedeutung aber ist vor allem das Pfandrecht des „Unternehmers" beim Werkvertrag (§ 647 BGB) sowie das Pfandrecht des Kommissionärs (§ 397 HGB), des Spediteurs (§ 464 HGB), des Frachtführers (§ 441 HGB) sowie des Lagerhalters (§ 475b HGB). Auch eine Zwangsvollstreckungsmaßnahme, nämlich die Pfändung einer Sache durch den Gerichtsvollzieher, kann ein - freilich öffentlichrechtliches - Pfandrecht entstehen lassen (vgl. § 804 ZPO). Das gesetzliche **Leitbild** ist allerdings das privatrechtliche und dabei **rechtsgeschäftlich bestellte Pfandrecht** nach §§ 1204 ff. BGB (für gesetzliche Pfandrechte gelten diese Vorschriften gemäß § 1257 BGB entsprechend).

Der **Bestellungsakt** entspricht dabei strukturell den Normaltatbeständen der Übereignung von beweglichen Sachen (vgl. §§ 1205 I, 929 S. 1 BGB), nur dass eine Einigung hier über die Pfandrechtsbegründung, nicht über den Eigentumswechsel erzielt wird. Auch eine (teilweise) Parallele zu § 931 BGB existiert, nämlich die Pfandrechtsbestellung durch Zession des Herausgabeanspruchs (§ 1205 II BGB). Eine Verpfändung durch Besitzkonstitut (vgl. § 930 BGB) kommt jedoch nicht in Frage. Denn das vertragliche Warenpfand ist als **Besitzpfandrecht** konzipiert: Der Verpfänder darf deshalb nicht unmittelbarer Besitzer bleiben, und der Pfandgläubiger verliert zwingend sein Pfandrecht, wenn er die Pfandsache aus der Hand gibt (§ 1253 I BGB).

Wie die Übereignung, so bedarf auch die Verpfändung als **Verfügungsrechtsgeschäft** eines rechtlichen Grundes i. S. des § 812 I 1, 1. Alt. BGB, um bereicherungsrechtlich unangreifbar zu sein. Dieser rechtliche Grund ist die sog. **Sicherungsabrede**, in der in der (spätere) Verpfänder sich - formlos - zur Pfandrechtsbestellung verpflichtet. Die Sicherungsabrede verhält sich zur Pfandrechtsbestellung also wie ein Kaufvertrag (§§ 433 ff. BGB) zur Übereignung (§§ 929 ff. BGB). Dass äußerlich und zeitlich schuldrechtliches und „dingliches", sachenrechtliches Rechtsgeschäft oft zusammenfallen, ändert nichts an der bestehenden begrifflichen Verschiedenheit und rechtlichen Abstraktion. Von der Sicherungsabrede ist schließlich wiederum das Vertragsverhältnis gedanklich abzuschichten, aus dem die durch das Pfandrecht zu sichernde Forderung erwächst, z. B. der **Darlehensvertrag**.

Häufig steht die verpfändete Sache im Eigentum des Schuldners. Notwendig ist dies aber nicht. **Schuldner** und **Eigentümer** können vielmehr personell auseinanderfallen. Schließlich können auch - schon mit Rücksicht auf die Möglichkeit gutgläubigen Pfandrechtserwerbs (§ 1207 BGB) - **Verpfänder** und **Eigentümer** verschiedene Personen sein.

Beispiel: Für eine Schuld des S bestellt L, der von E ein diesem gehörendes Buch entliehen hatte, zugunsten des gutgläubigen Forderungsinhabers G ein Pfandrecht an diesem Buch.

Auf der anderen Seite müssen **Forderungsgläubiger** und **Pfandrechtsinhaber** immer identisch sein, denn das Pfandrecht ist ein **akzessorisches Sicherungsmittel** (vgl. schon die Textfassung des § 1204 I BGB in Parallele zu § 765 BGB). Deshalb geht mit der zedierten Forderung auch das dafür bestellte Pfandrecht von selbst auf die Neugläubiger über (§ 1250 BGB) und erlischt mit Erlöschen der Forderung (§ 1252 BGB). Wegen dieser engen Verbindung von Gläubigerposition und Pfandrechtsträgerschaft spricht das Gesetz deshalb ganz zwanglos vom „**Pfandgläubiger**".

Die **Rechtsstellung** des Pfandgläubigers ist vor allem (vgl. aber auch etwa seine **Verwahrpflicht** gemäß § 1215 BGB) durch seine Verwertungsbefugnis bei sog. **Pfandreife** geprägt: Mit Fälligkeit der Forderung und damit grundsätzlich einhergehender Pfandreife (§ 1228 II BGB) kann der Pfandgläubiger die Verwertung betreiben, muss diesen Weg aber nicht beschreiten. Vielmehr kann er auch - als Forderungsgläubiger - die Erfüllung der Forderung, notfalls klageweise, anstreben und nach Erhalt eines Vollstreckungstitels dann in alle Gegenstände des Schuldnervermögens vollstrecken. Die **Pfandverwertung** wiederum kann sich sehr verschieden gestalten. Der Normalfall ist die Verwertung durch sog. **Privatverkauf** (§§ 1228 I, 1233 I BGB). Dies bedeutet freilich keinen freihändigen Verkauf, weil dadurch ein vielleicht zu geringer Preis erzielt würde, was den Eigentümerinteressen zuwider laufen müsste. Vielmehr wird die Veräußerung im Wege **öffentlicher Versteigerung** in die Hände des Gerichtsvollziehers gelegt (§§ 1235 I, 383 III 1 BGB). Der dort erzielte Versteigerungserlös bringt die Forderung zum Erlöschen, so als ob der Eigentümer der Pfandsache erfüllt hätte. Bleibt noch etwas übrig, wird der bisherige Eigentümer der Pfandsache Eigentümer dieses Überbetrages (§ 1247 BGB). Denselben Effekt hat auch der eventuell zulässige **freihändige Verkauf**, namentlich durch **Handelsmakler** (§§ 1221, 1235 II BGB, 93 ff. HGB). In Betracht kommt ferner eine Verwertung nach **Zwangsvollstreckungsrecht** (§ 1233 II BGB) sowie schließlich auch eine Verwertung des Pfandes gemäß besonderer **Absprache**, was allerdings erst nach Pfandreife ohne Einschränkung möglich ist (§ 1245 BGB). Dies betrifft vor allem auch das sog. **Verfallspfand**: Vor Pfandreife kann nicht wirksam vereinbart werden, dass der Pfandgläubiger Eigentümer der Pfandsache wird (§ 1229 BGB).

I) Grundpfandrecht

(1) Wesen von Hypothek, Grundschuld, Rentenschuld

Pfandrechte können nicht nur an beweglichen Sachen, sondern auch, ja vor allem, an **Immobilien** bestehen. Deren **Wertbeständigkeit** macht derartige **Realsicherheiten** zu bevorzugten Sicherungsobjekten, insbesondere für

Groß- und Langfristkredite. Man spricht hier zusammenfassend von **Grundpfandrechten**, eine Bezeichnung, die auch im Gesetz, z. B. in § 503 I BGB, vorkommt. Das Gesetz unterscheidet dabei **Hypothek** (§§ 1113 ff. BGB) und **Grundschuld** (§§ 1191 ff. BGB) mit der Unterart **Rentenschuld** (§§ 1199 ff. BGB), wenn nicht eine bestimmte Summe, sondern eine laufende Geldzahlung gesichert werden soll.

Das Wesen auch der Grundpfandrechte ist eine **Verwertungsbefugnis**: Bei Grundpfandreife hat der Hypothekar, Grund- oder Rentenschuldinhaber das Recht, durch Verwertung des betreffenden Grundstückes im Wege der **Zwangsvollstreckung** Befriedigung zu erlangen (§ 1147 BGB; bei dem sog. Gesamtgrundpfandrecht, z. B. der **Gesamthypothek**, haften gleich mehrere Grundstücke, vgl. § 1132 BGB). Dies ist der Sinn der merkwürdigen Formulierung in § 1113 BGB, derzufolge Zahlung „aus dem Grundstück" zu leisten ist. Zur Zwangsvollstreckung bedarf es freilich eines Vollstreckungstitels. In der Praxis ist dies durchweg eine Erklärung, mit der sich der Grundstückseigentümer schon bei der (notariellen) Bestellung des Grundpfandrechtes bei Pfandreife der **sofortigen Zwangsvollstreckung** unterwirft (§ 794 Nr. 5 ZPO). Wegen dieser Unterwerfung bedarf es gar keines Urteils mehr, welches den Grundeigentümer zur Duldung der Zwangsvollstreckung zugunsten des Grundpfandrechtsinhabers verpflichten würde.

Bei der Grundstücksverwertung kommt es vor allem auf den **Rang** des Grundpfandrechtes an: Nach § 879 BGB gehen jeweils die früher begründeten Rechte vor. Die effektive Sicherheit eines zweitrangigen Grundpfandrechtes ist also schon deutlich herabgesetzt. Kreditgeber sind regelmäßig deshalb nur zur Kreditvergabe gegen erstrangige Grundpfandrechte bereit. Das Ausfallrisiko schon zweitrangiger Immobiliarsicherheiten muss jedenfalls mit höherem Zins bzw. größerem Disagio kompensiert werden. Hinzu kommt noch, dass alle Kreditgeber ja bereits einkalkulieren, auch eventuelle Zinsrückstände und Kosten für möglicherweise durchzuführende Zwangsvollstreckungsmaßnahmen mit abzusichern (vgl. §§ 1115, 1118 BGB). Bedacht werden muss auch, dass im Versteigerungsfall das Grundstück oft nicht zum besten Preis wird veräußert werden können. Die sog. **Beleihungsgrenze** liegt also deutlich unter dem Marktwert des Grundstücks zur Zeit der Belastung mit dem Grundpfandrecht.

Beispiele: Bank B hat dem Unternehmer U einen Betriebsmittelkredit in Höhe von Euro 600.000 gewährt. Die Kreditrückzahlung ist mit einem (erstrangigen) Grundpfandrecht in Höhe von Euro 700.000 abgesichert, das auf einem Grundstück im gegenwärtigen Marktwert von ca. Euro 950.000 lastet. Als Sicherheit für einen Kredit in solcher Höhe hätte B das Grundstück schon gar nicht mehr akzeptiert.
Bank B1 hat dem Unternehmer U einen Betriebsmittelkredit über Euro 300.000 gewährt, wofür sie ein erstrangiges Grundpfandrecht über Euro 370.000 an einem Grundstück im gegenwärtigen Wert von Euro 950.000 erhalten hat. Von

der Bank B2 wird U zu angemessenen Konditionen kaum einen weiteren, durch zweitrangiges Grundpfandrecht gesicherten Kredit über mehr als ca. Euro 300.000 erhalten, und selbst dies keineswegs selbstverständlich: Dieses Grundpfandrecht müsste jedenfalls deutlich über der Kreditsumme liegen (abzusichernde Nebenforderungen!), und die Beleihungsgrenze liegt bei ca. Euro 700.000, wovon Euro 370.000 durch die erstrangige Sicherheit der B1 quasi schon verbraucht sind.

Wie das Warenpfand (und auch die Bürgschaft!) ist auch die **Hypothek akzessorisch**, in ihrer Existenz von der durch sie gesicherten Forderung abhängig. Dies folgt schon als Umkehrschluss aus § 1192 BGB, der für die **Grundschuld** deutlich macht, dass sie gerade **nicht akzessorisch** ist. Wegen der Akzessorietät ist die Hypothek für den Grundpfandrechtsinhaber also riskanter, weil rechtliche Mängel etc., die der Forderung anhaften, auch auf die Hypothek „durchschlagen". Daraus erklärt sich wiederum die Beliebtheit der Grundschuld bei den Kreditgebern. In der Kreditpraxis hat die Grundschuld jedenfalls die Hypothek, die das Gesetz regelungstechnisch in den Mittelpunkt rückt, völlig verdrängt.

Da niemand gegen sich selbst eine Forderung haben kann, kann auch ein Eigentümer wegen der Akzessorietät keine Hypothek an seinem Grundstück haben. Eine **Eigentümergrundschuld** ist jedoch möglich und vom Gesetz sogar selber eingeplant: Wird eine Hypothek bestellt, bevor die zu sichernde Forderung entstanden ist, steht die scheinbare Hypothek als Grundschuld dem Grundstückseigentümer zu (§§ 1163 I, 1177 BGB).

Beispiel: Kreditnehmer K muss notgedrungen zuerst die „Hypothek" an seinem Grundstück bestellen, bevor die Bank B den Kredit auszahlt. Bei Bestellung der „Hypothek" besteht die dadurch gesicherte Rückzahlungsforderung also noch gar nicht. Die Bestellung der „Hypothek" ist hier zwar möglich (§ 1113 II BGB!), aber bis zur Valutierung nicht als Hypothek, sondern als Eigentümergrundschuld des K. Bei Kreditauszahlung wird aus dieser Eigentümergrundschuld dann automatisch eine (Fremd-)Hypothek zugunsten der B. Umgekehrt verwandelt sich die Hypothek bei Rückzahlung des Kredits in eine Eigentümergrundschuld. Ihre Rangstelle bleibt also erhalten, nachrangige Gläubiger rücken nicht auf. Wäre es anders, würden diese nachrangigen Gläubiger eine Verbesserung ihrer Verwertungschancen erhalten, obwohl ihre schlechtere Position ja durch höhere Zinsen etc. abgegolten ist. Diese z. B. erstrangige Eigentümergrundschuld kann also wiederum als Kreditsicherheit für neue Kredite zu vergleichsweise günstigen Konditionen dienen.

(2) Bestellung und Übertragung

Die **Belastung** eines Grundstücks mit einem Grundpfandrecht erfolgt gemäß § 873 BGB durch notariell zu beurkundende Einigung zwischen künftigem Hypothekar oder Grundschuldinhaber und Eigentümer. Gutgläubiger Erwerb ist hier im Prinzip ebenso möglich wie beim Erwerb des Eigentums. Wegen der Akzessorietät der Hypothek treten hier freilich große Konstruktionsschwierigkeiten auf, wenn die Hypothek deshalb nicht besteht, weil eine zu sichernde Forderung fehlt, obwohl im Grundbuch eine Hypothek vermerkt ist. Die Lösung sucht das Gesetz mit Hilfe einer **Forderungsfiktion** von sehr beschränkter Reichweite (vgl. § 1138 BGB). So verhält es sich jedenfalls für den Regelfall, für die sog. **Verkehrshypothek**. Der genannte Vertrauensschutz entfällt hingegen bei der sog. **Sicherungshypothek** (vgl. § 1184 I BGB). Auch sonst gelten die allgemeinen Grundsätze des Immobiliarsachenrechtes, etwa bezüglich der Notwendigkeit der Eintragungsbewilligung gemäß § 19 GBO.

Ebenso gilt das für Verfügungen charakteristische Abstraktionsprinzip: Damit das Grundpfandrecht von seinem Inhaber nicht als ungerechtfertigte Bereicherung nach § 812 I 1, 1. Alt. BGB wieder aufgegeben werden muss, bedarf es eines rechtlichen Grundes. Dieser ist auch hier - wie beim Warenpfand und allen sonstigen Realsicherheiten - die **Sicherungsabrede**. Bei der ja nicht akzessorischen Grundschuld stellt die Sicherungsabrede zugleich den Bezug zu der zu sichernden Forderung her.

Die **Bestellung** eines Grundpfandrechtes kann, muss aber nicht, am Grundstück des Kreditnehmers selber erfolgen, was wiederum in Parallele zum Warenpfandrecht steht. Über das Grundpfandrecht erteilt das Grundbuchamt im gesetzlichen Normalfall einen sog. Hypotheken- bzw. Grundschuldbrief (vgl. §§ 1116 I, 1192 BGB i. V. m. §§ 56 ff. GBO). Grundsätzlich erst dann, wenn dieser Brief in den Besitz des zukünftigen Grundpfandrechtsinhabers gelangt, hat dieser dann das Grundpfandrecht erworben (§ 1117 I BGB mit Substitutionsmöglichkeiten für die Briefübergabe; wegen § 1192 BGB gilt dies alles auch für die Grundschuld). Dieser „Brief" muss dann bei der Geltendmachung des Grundpfandrechts vorgelegt werden (§ 1160 BGB). Statt eines sog. **Briefgrundpfandrechtes** kann auch ein sog. **Buchgrundpfandrecht** begründet werden, für das dann kein „Brief" erteilt wird (vgl. § 1116 II BGB). Diese Variante ist in der Kreditpraxis sogar die Regel.

Wegen der Akzessorietät der Hypothek erfolgt ihre **Übertragung** auf einen neuen Hypothekar gemäß § 1153 I BGB durch Zession (§ 398 BGB) der gesicherten Forderung. Ausnahmsweise bedarf diese Abtretung aber der **Schriftform** und - bei Briefhypotheken - der Briefübergabe. Bei Grundschulden hingegen wird die Grundschuld, also das Grundpfandrecht selber, abgetreten. Wird hier die gesicherte Forderung abgetreten, so geht die Grundschuld mangels Akzessorietät gerade nicht über (auch nicht nach § 401 BGB!). Weder bei Briefhypothek noch bei Briefgrundschuld ist zu ihrer Übertragung eine Eintragung des neuen Rechtsträgers im **Grundbuch** erforderlich. Briefgrundpfandrechte können also „außerhalb des Grundbuchs" übertragen werden, was ihre Umlauffähigkeit erhöht (Eintragungskosten, bis zur Eintragung verstreichende Zeit etc.). Wird der neue Rechtsträger eingetragen, so ist dies lediglich eine Berichtigung des Grundbuchs, kein rechtskonstitutiver Akt.

(3) Verwertung

Die Ausübung der im Grundpfandrecht beschlossenen Befugnis erfolgt durch Grundstücksverwertung im Wege der Zwangsvollstreckung. Dies muss freilich nicht unbedingt **Zwangsversteigerung** des Grundstücks nach §§ 15 ff. ZVG bedeuten. In Betracht kommt vielmehr auch eine bloße **Zwangsverwaltung** (§§ 146 ff. ZVG), die nur die Grundstückserträge erfasst.

Beispiel: Erträge eines Mietshauses, das sich auf dem belasteten Grundstück befindet (vgl. § 1123 BGB).

Da von dem Grundpfandrecht auch das dem Grundeigentümer gehörende **Grundstückszubehör** erfasst wird (§§ 1120, 97, 98 BGB), hat der Grundpfandrechtsinhaber auch die Möglichkeit, im Wege der **Mobiliarzwangsvollstreckung**, also z. B. nach §§ 808 ff. ZPO, gegen den Grundstückseigentümer vorzugehen.

Beispiel: Der Hypothekar lässt nur die Produktionsmaschinen pfänden und versteigern, die auf dem belasteten Betriebsgrundstück installiert sind.

Selbst auf bestimmte **Versicherungsansprüche** kann der Hypothekar bzw. Grundschuldinhaber zugreifen, namentlich auf Ansprüche aus der Gebäudeversicherung, aber auch aus der sonstigen Schadensversicherung (vgl. §§ 1127 ff. BGB).

m) Forderungspfandrecht

Ein Pfandrecht kann nicht nur an Waren und Immobilien, sondern auch an Rechten, namentlich an Forderungen, bestellt werden. Die Begründung eines solchen Pfandrechtes erfolgt nach den für die Übertragung des zu belastenden Rechts geltenden Vorschriften (§§ 1274 I, 413 BGB). Ein Forderungspfandrecht verlangt also analog § 398 BGB eine entsprechende Einigung zwischen dem Forderungsgläubiger und dem zukünftigen Pfandrechtsinhaber. Darüber hinaus ist die Wirksamkeit der Pfandrechtsbestellung aber gemäß § 1280 BGB - im Gegensatz zur Zession! - von einer **Benachrichtigung** des Schuldners über die Verpfändung der Forderung abhängig. Dies ist dem Gläubiger, der zur Sicherheit seines Gläubigers eine solche Verpfändung in Erwägung zieht, begreiflicherweise ausgesprochen unangenehm. In der Praxis wird dementsprechend statt einer Forderungsverpfändung wohl ausnahmslos eine („stille") Sicherungszession vorgenommen, die eine solche **unerwünschte Publizität** vermeidet.

n) Sicherungsübereignung

Eine Verpfändung beweglicher Sachen ist rechtlich unmöglich, ohne das Pfand aus der Hand zu geben. Dies widerspricht regelmäßig den wirtschaftlichen Interessen des Sicherungsgebers, der mit dem Gut ja weiterhin wirtschaften will und muss, um die Mittel für den Kapitaldienst zu erzielen. Deshalb kommt die Verpfändung praktisch nur noch im Kleinkreditgeschäft mit „Pfandleihern" oder als Verpfändung von **Wertpapieren** vor. Im Übrigen ist an die Stelle des Warenpfandrechts durchweg die **Sicherungsübereignung** getreten. Denn eine Eigentumsübertragung ist auch ohne Einbuße an faktischer Sachnutzungsmöglichkeit durch **Besitzkonstitut** (§ 930 BGB) zu bewerkstelligen. Damit wird zwar gezielt die gesetzliche Absicht unterlaufen, kein besitzloses rechtsgeschäftlich bestelltes Pfandrecht zuzulassen, doch greifen letztlich Zweifel an der Zulässigkeit der Sicherungsübereignung nicht durch. Denn das Gesetz geht an anderer Stelle (§ 216 II BGB), wenn auch beiläufig, selber davon aus, dass zur Sicherung einer Forderung auch ein Vollrecht wie das Eigentum (nicht nur ein beschränktes dingliches Recht wie das Pfandrecht) dienen kann.

Sachenrechtlich gibt es freilich nur das Eigentum schlechthin, nicht ein besonderes Sicherungseigentum. Der **Sicherungsnehmer** (Kreditgeber) wird also Eigentümer wie jeder andere Eigentümer auch. Er ist aber auf Grund der Sicherungsabrede schuldrechtlich, dem **Sicherungsgeber** (dem Kreditnehmer) gegenüber, verpflichtet, von seinem Recht, mit dem Sicherungsgut als Eigentümer nach Belieben zu verfahren (§ 903 BGB), nur nach Maßgabe der **Sicherungsabrede** zu verfahren. Der Sicherungseigentümer kann zwar jedem Dritten das Eigentum (nach § 931 BGB) wirksam übertragen, ohne dass es auf Gutgläubigkeit dieses Dritten ankäme, denn dieser erwirbt ja vom wahren Eigentümer. Der Kreditgeber als Sicherungseigentümer würde damit aber im Verhältnis zum Sicherungsgeber (Kreditnehmer) die Sicherungsabrede verletzen und sich - bei Vertretenmüssen - nach § 280 I BGB schadensersatzpflichtig machen. Der Sicherungseigentümer ist eben nur Treuhänder, wenngleich **eigennütziger Treuhänder**. Umgekehrt muss der Kreditnehmer, der sich ja noch im (unmittelbaren) Besitz des Sicherungsgutes befindet, den Sicherungseigentümer (Kreditgeber) informieren, wenn etwa Pfändungen in das Sicherungsgut von anderer Seite drohen, damit der Sicherungseigentümer dann im Wege der sog. **Drittwiderspruchsklage** (§ 771 ZPO) die Zwangsvollstreckung in die ja ihm gehörenden Sachen für unzulässig erklären lassen kann.

In der **Sicherungsabrede** wird ferner festgelegt, wann und wie der Sicherungseigentümer das Gut verwerten darf. Solange die **Verwertungsvoraussetzungen** noch nicht erfüllt sind, gleichsam die „Pfandreife" noch nicht eingetreten ist, kann der Kreditgeber trotz seiner Eigentümerposition wegen des sich auf die Sicherungsabrede gründenden **Besitzrechtes** des Kreditnehmers das Sicherungsgut nicht herausverlangen (§ 986 BGB). Im Verwertungsfall kann er umgekehrt sogar in die ja ihm selber gehörende Sache vollstrecken, wenn er für seine Zahlungsforderung einen Vollstreckungstitel erwirkt hat. Denn der einzige, der die Vollstreckung für unzulässig erklären lassen könnte (Drittwiderspruchsklage § 771 ZPO), wäre der vollstreckende Kreditgeber als Eigentümer selber. Der Kreditgeber kann sich jedoch nicht darauf beschränken, das beim Kreditnehmer befindliche Sicherungsgut gemäß § 985 BGB herauszuverlangen und dann dieses Gut wie in der Sicherungsabrede vorgesehen, zu verwerten (s. a. § 449 II BGB).

Die **Sicherungsabrede**, die schon bei der Einräumung des Sicherungseigentums eine Rolle spielte, weil sie das **Besitzmittlungsverhältnis** im Rahmen des Besitzkonstituts nach § 930 BGB herstellte und auch den rechtlichen Grund i. S. des § 812 I 1, 1. Alt. BGB für den Eigentumserwerb lieferte, regelt schließlich auch das Ende: Nach vollständiger Ablösung des Kredits einschließlich aller Nebenforderungen wird der Kreditgeber verpflichtet, sein nun nicht mehr zur Sicherung benötigtes Eigentum auf den Kreditnehmer zurückzuübertragen (nach § 929 S. 2 BGB), weil der Kreditnehmer als (Rück-)Erwerber sich ja schon im (unmittelbaren) Besitz der Sache befindet. An sich wäre es auch möglich, ja eigentlich fair, die Sicherungsübereignung insofern akzessorisch auszugestalten, als mit **Kreditablösung** das Eigentum automatisch, ohne besondere Rückübertragungsakte, auf den Kreditnehmer übergehen könnte. Das Instrument dafür wäre, die Sicherungsübereignung unter einer entsprechenden auflösenden Bedingung (§ 158 II BGB) vorzunehmen. Doch macht die Kreditpraxis der Banken - aus ihrer Interessenlage heraus verständlich - davon keinen Gebrauch.

Hinzuweisen ist schließlich noch auf eine gewisse Besonderheit, wenn - wie häufig - ein **Warenlager mit wechselndem Bestand** sicherheitshalber übereignet werden soll. Wegen des für Verfügungen geltenden **Spezialitätsprinzips** muss klar definiert sein, auf welche Sachen sich die Sicherungsübereignung konkret beziehen soll.

Beispiele: „Sicherungsübereignet werden alle jeweils im Raum 5 des Lagers befindlichen Sachen": ausreichend bestimmt.
„Sicherungsübereignet werden jeweils auf Lager befindliche Waren im Gesamtwert von Euro 70.000": Übereignung mangels ausreichender Bestimmtheit nicht wirksam.

Im Fall der Sicherungsübereignung eines Warenlagers mit wechselndem Bestand ist das **Besitzkonstitut** im Rahmen der Sicherungsübereignung also größtenteils antizipiert, weil es sich ja auch und vor allem auf den künftigen Lagerbestand richtet. Bei Abfassung der Sicherungsabrede ist ferner darauf zu achten, dass der Kreditgeber als Eigentümer dem Kreditnehmer eine **Verfügungsermächtigung** gemäß § 185 I BGB erteilt, damit das Lager überhaupt umgeschlagen werden kann und der Eigentumserwerb des Sicherungsgutes durch den Kunden des Kreditnehmers problemlos, ohne Zuhilfenahme der Vorschriften über den gutgläubigen Erwerb, erfolgen kann.

An sich wäre auch die Sicherungsübereignung von **Grundstücken** möglich. Die Praxis hatte jedoch keinen Anlass, diesen Weg zu beschreiten. Denn in Gestalt der Grundpfandrechte stehen ja Kreditsicherheitsformen zur Verfügung, die nicht an den Besitz des Sicherungsnehmers (des Kreditgebers) geknüpft sind. Die Situation ist hier eben eine substanziell andere als bei der Verpfändung beweglicher Sachen.

o) Sicherungszession

Das Motiv für die Ausbildung des Instituts der Sicherungszession ist ähnlich wie bei der Sicherungsübereignung: Das vom Gesetz zur Verfügung gestellte Kreditsicherungsinstrument der Forderungsverpfändung entspricht nicht dem wirtschaftspraktischen Interesse der Beteiligten. War es dort die Besitzproblematik, so ist es hier die Notwendigkeit, den Verpfändungsvorgang dem Schuldner, an den sich die Forderung richtet, nach § 1280 BGB anzuzeigen. Dies aber würde den Gläubiger (den Kreditnehmer) kreditschädigend ins Gerede bringen, weshalb die Praxis die **Forderungsverpfändung** zu vermeiden sucht.

Einer solchen Offenlegung bedarf es hingegen nicht, wenn die Forderung nicht verpfändet, sondern - nach § 398 BGB - abgetreten wird. Die **Sicherungszession** erfolgt also weitestgehend unbemerkt („stille" Zession), wie ja auch die Sicherungsübereignung von außen nicht erkennbar ist, weil sich am unmittelbaren Sachbesitz nichts ändert. Auch in der Ausgestaltung der Sicherungszession erweist sie sich als Parallelerscheinung zur Sicherungsübereignung, insbesondere was **Inhalt und Funktion der Sicherungsabrede** anlangt.

Häufig werden - antizipiert - auch **künftige Forderungen** sicherungshalber abgetreten. Dann taucht auch hier, wie bei der Sicherungsübereignung eines Warenlagers mit wechselndem Bestand, das Problem der Bestimmtheit auf (Spezialitätsprinzip). Dabei lassen sich verschiedene **Individualisierungsstrategien** entwickeln.

Beispiele: Sicherungszession der Forderungen gegen namentlich bezeichnete Schuldner, gegen Schuldner mit den Anfangsbuchstaben A-K, gegen Schuldner aus einem geographisch definierten Raum, z. B. einem Bundesland.

Die Geldkreditpraxis löst dieses Problem freilich nicht selten dadurch, dass sie die Sicherungszession aller Forderungen des Kreditnehmers gegen seine Schuldner durchsetzt (sog. **Globalzession**). Dann freilich erzeugt dies eigene Probleme. Als Stichpunkte sind hier zu nennen die **Übersicherung** sowie die **Kollision** der Globalzession mit dem **verlängertem Eigentumsvorbehalt**, die beide bereits Thema waren.

Von der Globalzession ist die **Mantelzession** zu unterscheiden: Bei ihr werden zur Sicherung der Kreditrückzahlung vom Kreditnehmer laufend Forderungen abgetreten, und zwar im Gesamtwert der vereinbarten **Deckungsgrenze**. Zugleich wird dem Kreditnehmer **Inkassoermächtigung** (Einziehungsermächtigung, vgl. §§ 185 I, 362 II BGB) erteilt. Der Kreditnehmer kann die von der Mantelzession erfassten Forderungen also durchaus einziehen im Einklang mit der Sicherungsabrede und die Leistungen sogar behalten. Doch muss er eben dann neue Forderungen zedieren. Streng genommen ist die Mantelzession also selber gar keine Zessionsform, sondern lediglich dasjenige Rechtsgeschäft, durch das sich der Kreditnehmer zur Zession erst verpflichtet. Die Mantelzession ist also eine **Variante der Sicherungsabrede.**

9. Kontokorrent und Giro

Das Kontokorrent („laufende Rechnung") ist eine typische Ausprägung des kaufmännischen Zahlungsverkehrs, kommt aber nicht nur dort vor. Vielmehr ist jedes private Bankgirokonto im Prinzip ein Kontokorrent. Das Kontokorrent bedeutet vordergründig betrachtet allein eine **Zahlungsvereinfachung**, hat aber grundsätzlich, vor allem auch beim Kontokorrentkredit, den eine Bank einem Unternehmer einräumt, auch eine **Kredit- und Kreditsicherungsfunktion**.

Das **Wesen des Kontokorrents** beschreibt ansatzweise und dispositiv § 355 I HGB: Wechselseitige (Zahlungs-)Forderungen zwischen zwei Geschäftspartnern, die in ständiger Geschäftsbeziehung miteinander stehen, werden vereinbarungsgemäß nicht mehr isoliert betrachtet, sondern einer saldierenden Behandlung unterworfen. Nur der am Ende der **Abrechnungsperiode** (dies ist im Zweifel nach § 355 II HGB ein Jahr) sich ergebende Differenzbetrag aus Soll- und Habenbuchungen zugunsten des einen oder des anderen Kontokorrentpartners wird nach seiner Anerkennung ausgeglichen. Entspricht der **anerkannte Saldo** nicht den tatsächlichen Bewegungen, so ist ein Rückgriff auf die wahre Vermögenssituation freilich nicht mehr ohne weiteres möglich.

Denn die im sog. **Saldo-Vertrag** erklärte Anerkennung bewirkt jedenfalls ein **abstraktes Schuldanerkenntnis** i. S. des § 781 BGB, so dass nur noch über § 812 I 1 1. Alt. BGB eine Korrektur möglich ist. Selbst diese Möglichkeit kann aber vereinbarungsgemäß ausgeschlossen sein. So oder so gelten mit Saldoanerkennung alle in das Kontokorrent eingestellten Einzelforderungen als erloschen. Ob die **Saldoforderung** nun effektiv beglichen oder als erster Posten in die neue Kontokorrentperiode übernommen wird, ist Sache der getroffenen Vereinbarung. Jedenfalls ist die Saldoforderung vom Abschlusstage an zu verzinsen (§ 355 I HGB), und zwar auch soweit schon im Kontokorrent Zinsforderungen enthalten waren (Ausnahme vom Verbot des **Zinseszinses** in § 248 BGB).

Bezüglich der eingestellten Forderungen enthält die Kontokorrentvereinbarung notwendigerweise eine **Stundung**: Die Fälligkeit aller einbezogenen Forderungen wird bis zur Feststellung des Saldos hinausgeschoben. Darin liegt die **Kreditierungsfunktion** des Kontokorrents, zumindest für den späteren Saldogläubiger. Zugleich hat jeder Partner für seine gestundeten Einzelforderungen eine **Erfüllungssicherheit**, denn er kann ja vereinbarungsgemäß im Verrechnungswege auf die Gegenforderung zugreifen.

Dem **Verlust rechtlicher Selbständigkeit** der in das Kontokorrent eingestellten Forderungen entspricht es, dass über sie nicht mehr verfügt werden kann; insbesondere ihre Zession ist ausgeschlossen. Dies muss zu **Kollisionsproblemen** führen, wenn für eben diese Forderungen **antizipierte Globalzessionen** zugunsten von Geldkreditgebern erklärt wurden. Auch hier wird man die klarsten Ergebnisse bei Anwendung des **Prioritätsprinzips** erzielen. Das Herabsinken der Forderungen zu bloßen Verrechnungsposten hätte an sich auch zur Folge, dass für die Forderungen bestehende (akzessorische) Sicherheiten enden müssten. Dies verhindert allerdings in seinem Anwendungsbereich (mindestens einer der Kontokorrentpartner ist Kaufmann, vgl. § 355 I HGB!) der § 356 HGB: Pfand, Bürgschaft und andere (**akzessorische**) **Sicherheiten** ergreifen auch die **Saldoforderung**.

Das Giroverhältnis unterscheidet sich vom typischen kaufmännischen Kontokorrent charakteristisch dadurch, dass nicht nur periodisch, sondern nach jeder Soll- oder Habenbuchung saldiert wird. Entsteht dabei ein Aktivsaldo zugunsten des Kunden, so führt dies zu einer sofort fälligen Auszahlungsforderung gegen die das **Girokonto** führende Bank. Ein Aktivsaldo zugunsten der Bank wird umgekehrt - grundsätzlich nur bis zu einer vereinbarten „Kreditlinie" als Obergrenze - häufig sogleich kreditiert (sog. **Überziehungskredit**), die Fälligkeit dieser Saldoforderung gegen den Kunden also hinausgeschoben, bis wieder kompensatorische Habenbuchungen zu verzeichnen sind. Ohne (zumindest durch Duldung der Überziehung konkludent erklärte) Einräumung eines Überziehungskredits kommt es von vornherein nicht zu einem Aktivsaldo zugunsten der Bank, weil diese dann erst gar nicht „in das Konto" des Kunden bucht. Trotz dieser laufenden Saldierung nach Maßgabe der **Kontoauszüge** erfolgt freilich durchweg periodisch - oft quartalsweise - eine weitere Saldierung. Ihre Akzeptierung als abstraktes Schuldanerkenntnis (§ 781 BGB) eröffnet dann ihrerseits den Rückgriff auf die bisherigen Salden und die ihnen zugrunde liegenden Einzelbuchungen allenfalls noch im Wege des Bereicherungsausgleichs nach §§ 812 ff. BGB.

Die rechtliche Grundlage für diese Vorgänge liefern die unübersichtlichen §§ 675f ff. BGB. Der **Girovertrag** ist demnach ein Unterfall des **Zahlungsdienstevertrags**, der seinerseits einen **Geschäftsbesorgungsvertrag** i. S. des § 675 BGB. Das Recht der Zahlungsdienste ist gemäß § 675e I BGB insgesamt halbzwingend: Zum Nachteil des Nutzers solcher Dienste können Abweichungen nicht wirksam vereinbart werden, weder durch Individualabrede noch durch die in der Bankpraxis dominierenden AGB. Dies gilt nicht nur gegenüber Verbrauchern, sondern auch gegenüber Unternehmern. Ist jedoch der Kunde des Girovertrages Verbraucher und überzieht er sein Konto, so liegt begrifflich ein **Verbraucherdarlehensvertrag** i. S. des § 491 I BGB vor. Dieser **Verbraucherüberziehungskredit** ist in § 504 f. BGB jedoch besonders geregelt und trägt dem praktischen Bedürfnis nach Vereinfachung Rechnung: Viele Vorschriften zum Schutz des Verbrauchers beim regulären Verbraucherkredit finden auf den Überziehungskredit eines Verbrauchers keine Anwendung.

10. Unternehmenskauf

Sinnvoll kann es sein, Investitionen in ein anderes Unternehmen vorzunehmen, um sich dadurch dessen Produktion und dessen Vertriebswege zu Eigen zu machen. In Betracht kommen dafür zwei rechtlich sehr unterschiedliche Wege, zum einen der Erwerb der Geschäftsanteile, Aktien etc. des Unternehmensträgers (sog. **take over**), zum anderen der Kauf des Unternehmens, wodurch das Unternehmen von seinem Träger (der GmbH, AG etc., aber auch einer natürlichen Person) gleichsam abgelöst und dem erwerbenden Unternehmensträger zugeordnet wird. Die Basis dafür kann nicht der Handelskauf (§§ 373 ff. HGB) liefern, denn er bezieht sich auf Waren, also auf bewegliche Sachen. §§ 433 ff. BGB gehen hier weiter und kennen neben Sachen auch „Rechte und sonstige Gegenstände" (vgl. § 453 BGB) als Kaufobjekt. Zu Letzterem rechnet auch ein Unternehmen, ein zweckhaft organisierter Inbegriff von Sachen, Rechten, Know-how etc. Deshalb ist es also möglich, ein Unternehmen oder einen Unternehmensteil zum Gegenstand eines Kaufs zu machen, für den dann die §§ 433 ff. BGB entsprechend gelten. Insbesondere gelten also jene Vorschriften sinngemäß, die die **Sachmängel-**

haftung betreffen.

Beispiel: Erweisen sich die Angaben über Umsätze, Kundenkreis, Liquidität etc. als falsch, kann der Unternehmenskäufer den Kaufpreis herabsetzen und eventuell sogar vom Vertrag zurücktreten (§§ 434 ff. BGB analog).

Der Käufer ist also so zu stellen, dass er voll in die **ökonomische Nachfolge** des Verkäufers treten kann. Diese umfassende Verpflichtung kann der Verkäufer freilich nicht in einem Akt erfüllen. Vielmehr muss er diejenigen **Übertragungsformen** benutzen, die für jeden Rechtsgegenstand des Betriebsvermögens vorgesehen sind, denn hier handelt es sich um zwingendes Recht: Grundstücke sind deshalb nach §§ 873, 925 BGB, bewegliche Sachen (Maschinen, Büromaterial, Lagerbestände) nach den §§ 929 ff. BGB zu übertragen. Forderungen sind zu zedieren (§ 398 BGB) und so fort. Keiner rechtsgeschäftlichen Übertragung bedarf es hinsichtlich der „manpower", der **Arbeitskräfte**: Gemäß § 613a BGB gehen bei rechtsgeschäftlichem **Betriebsübergang** (Übertragung eines Betriebsteils reicht aus) alle Rechte und Pflichten des bisherigen Arbeitgebers kraft Gesetzes auf den Erwerber über, was nicht gerade ein Erwerbsanreiz ist, wenn die Probleme des zu übernehmenden Unternehmens gerade im Personalbereich liegen (Unterqualifizierung der Belegschaft, zu hoher Personalbestand etc.). Auch betriebsbedingte Kündigung mit dem Ziel des **Personalabbaus** sind gemäß § 613a IV BGB weder dem bisherigen noch dem neuen Betriebsinhaber möglich. Der sozialpolitisch gutgemeinte § 613a BGB verhindert dadurch im Ergebnis die durch Verkauf anvisierte **Sanierung** personalkostenkritischer Unternehmen und beschleunigt damit den Eintritt ihrer Insolvenz. Seine rechtspolitische Problematik wird noch dadurch verstärkt, dass die Rechtsprechung mit der Bejahung eines Betriebsübergangs recht schnell bei der Hand ist, nur um zu dem offenbar gewünschten Ergebnis, dem Arbeitnehmerschutz, zu gelangen.

Beispiel: Betriebsübergang wird alternativ bejaht bei Übernahme der materiellen Betriebsmittel (z. B. Gebäude, Maschinen), aber auch bei Kontinuität des Personals (sehr merkwürdige Argumentation, da eine betriebsbedingte Kündigung ja gar nicht möglich ist!) oder der Arbeitsorganisation sowie der Kundschaft.

Immerhin soll eine bloße **Funktionsnachfolge** noch keinen Betriebsübergang bzw. Übergang eines Betriebsteils bedeuten.

Beispiel: Eine angestellte Putzfrau soll entlassen werden; ihre Dienste leisten jetzt Mitarbeiter eines unter Vertrag genommenen Reinigungsunternehmens: Kein Übergang des Arbeitsverhältnisses mit der Putzfrau auf das Reinigungsunternehmen, da kein Übergang eines Betriebsteils!

Einen erheblichen Unternehmenswert, an dem der Erwerber aus Marketinggründen nicht selten ganz allein interessiert ist, repräsentiert die **Firma**, also der Name des kaufmännischen Unternehmensträgers (§ 17 HGB), sei es einer natürlichen Person, sei es einer juristischen Person, sei es einer OHG, KG oder EWIV (die Partnerschaftsgesellschaft ist keine Handelsgesellschaft und hat demzufolge auch keine Firma, freilich einen Namen, für den bestimmte firmenrechtliche Normen entsprechende Anwendung finden: § 2 PartGG). Eine gut eingeführte Firma mit hoher Marktgeltung verkörpert eben einen Großteil des „**good will**" des Unternehmens und seiner **corporate identity**. Dass der Begriff der Firma in der Praxis hingegen i. S. des Unternehmens, also völlig unkorrekt gebraucht wird, erleichtert nicht gerade das Verständnis derjenigen Normen, die sich mit Fragen der Firma beschäftigen.

Beispiele: AEG und BMW sind ganz kleine, nämlich kurze Firmen bzw. Firmenfragmente, die „Fröndenberger Kettenherstellungs- und -rekonstruktions GmbH" mit nur noch ganz wenigen Mitarbeitern, sehr geringem Geschäftsvermögen und minimalem Umsatz hingegen ist eine große (d. h. lange) Firma. In die Firma kann niemand gehen (nur in den Betrieb) und der „Firmenname" ist ein oft von tiefer juristischer Ignoranz zeugender Pleonasmus.

Im Zusammenhang mit dem **Unternehmenskauf** ist der rechtlich prägnante Firmenbegriff vor allem bei §§ 25 f. HGB zu beachten, der die **Haftungsfrage** bezüglich der **Geschäftsschulden** regelt. Wird die Firma von dem Unternehmenskäufer fortgeführt, also der frühere Name beibehalten (nicht etwa Sortiment, Produktionsstätten etc.), so haftet gemäß § 25 I 1 HGB grundsätzlich der Erwerber für die Geschäftsschulden, und zwar nicht nur mit dem übernommenen Unternehmens(aktiv)vermögen, sondern auch mit einem etwaigen schon bisher bestehenden Geschäfts- sowie Privatvermögen. Als **Gesamtschuldner** haftet außerdem der bisherige Schuldner, also der Veräußerer des Unternehmens, fort. Dies setzt § 26 HGB als selbstverständlich voraus und bestimmt lediglich eine Besonderheit bei der Verjährung (keine Ausschlussfrist!).

Die Haftung des firmenfortführenden Unternehmers kann jedoch vereinbarungsgemäß ausgeschlossen werden. Dem Gläubiger gegenüber funktioniert dieser **Haftungsausschluss** aber nur, wenn er ihm eigens mitgeteilt oder im Handelsregister eingetragen und bekanntgemacht wurde. Wird die Firma nicht fortgeführt, so kommt eine handelsrechtliche Haftung des Unternehmenskäufers nur noch im Ausnahmefall des § 25 III HGB in Betracht. Wegen der haftungsrechtlichen Konsequenzen ist es wichtig, **Firmenkontinuität** von Diskontinuität unterscheiden zu können, was nicht immer ganz einfach ist (vgl. Abb. 50). Unerheblich ist jedenfalls, ob die neue Firma korrekt gebildet ist, z. B. im Hinblick auf die §§ 18 ff. HGB oder §§ 5, 15 MarkenG.

Im Rahmen der Unternehmensveräußerung werden die sog. Außenstände des übertragenen Unternehmens, also die **Geschäftsforderungen**, regelmäßig zediert. Wo dies nicht der Fall ist, fingiert § 25 I 2 HGB die Abtretung, sofern die Firma mit Zustimmung des bisherigen Inhabers fortgeführt wird. Für die Schuldenhaftung kommt es hingegen nur auf die Firmenfortführung als solche an, nicht darauf, ob das Einverständnis dazu vorliegt.

alte Firma	neue Firma	Firmenfortführung
Fa. Max Müller	Fa. Max Müller, Inhaber Peter Krause	ja
Fa. Max Müller	Fa. Peter Krause, vormals Max Müller	nein
Fa. Max Müller & Sohn	Fa. Max Müller	nein
Fa. Max Müller & Co.	Fa. Max Müller & Schulze	nein

Abb. 50: Firmenfortführung?

Ohne Übertragung des Unternehmens, für das sein Inhaber die Firma führt, ist nach § 23 HGB die Übertragung der Firma unmöglich (**Verbot der Leerübertragung**). Dies ist zwar keine logische Notwendigkeit, aber rechtspolitisch eben so gewollt.

11. Beteiligungsfinanzierung (Gesellschaftsrecht)

a) Einzelunternehmen versus Gesellschaft

Bereits im Zusammenhang mit den Rechtssubjekten des Wirtschaftsprivatrechts wurde die große Bandbreite der möglichen **Unternehmensrechtsformen** vorgestellt. Die Wahl der passenden Unternehmensform hat große Bedeutung im Rahmen einer Unternehmensgründung, z. B. hinsichtlich des Aufwands, für die Haftung, für die Bilanzierung oder für die steuerliche Behandlung. In vorliegendem Zusammenhang steht die Unternehmensfinanzierung im Vordergrund: Nur eine gesellschaftliche Unternehmensverfassung eröffnet die Möglichkeit der Beteiligungsfinanzierung.

Das **Einzelunternehmen**, dessen Inhaber also eine natürliche Person ist, zeichnet sich freilich unbestreitbar durch den geringsten **Gründungsaufwand** und das Fehlen rechtsformstruktureller Probleme aus: Es gibt weder ein gesetzlich vorgeschriebenes **Mindestkapital** noch eine obligatorische Gründungsprüfung; die Notwendigkeit, **Gewinnentnahmen** zu reglementieren, entfällt von vornherein. Für eine Regelung der **Geschäftsführungs- und**

Vertretungsbefugnis, der **Haftungsbeschränkung** oder der **Nachschusspflicht** fehlt es an jedem gedanklich-rechtlichen Ansatzpunkt. Dies gilt auch und gerade beim kaufmännischen Einzelunternehmen, das unter einer Firma geführt wird. Denn bürgerlicher Name wie Firma individualisieren doch immer nur ein und dasselbe Rechtssubjekt. Diese Unkompliziertheit wird freilich durch die naturgemäß sehr engen Eigenfinanzierungsmöglichkeiten erkauft. Abhilfe leistet hier eine gesellschaftliche Verfassung der Unternehmung, die die Basis für eine **Beteiligungsfinanzierung** bietet.

Freilich darf die Wahl der Rechtsform, wie bereits eingangs erwähnt, nicht nur unter dem Aspekt der **Kapitalbeschaffung** getroffen werden. Gleichrangig sind z. B. Fragen der **Bilanzierung**, der **Publizität**, der **Mitbestimmung** oder der **Besteuerung**. Die Antworten können dabei jeweils sehr unterschiedlich ausfallen, die hier nicht einmal skizziert werden können. Wichtig ist ferner, sich Klarheit über die Möglichkeit eines **individuellen Zuschnitts** der Gesellschaft zu verschaffen, darüber also, inwieweit das jeweils maßgebliche Gesellschaftsrecht dispositiven Charakter trägt. Dabei ist die **Zweiteilung** in Außenverhältnis (Verhältnis z. B. zu den Vertragspartnern der Gesellschaft) und Innenverhältnis nützlich: Das Spektrum reicht von der gesellschaftsvertraglich fast beliebig auszugestaltenden GbR bis hin zur fast völlig zwingend normierten AG (vgl. Abb. 51). Nicht zuletzt ist für die zutreffende Bewertung einer Beteiligungsfinanzierung zu prüfen, ob und wie sie durch **Eintritt** bzw. **Austritt** oder gar **Ausschluss** eines Gesellschafters beeinflusst werden kann.

	GbR	OHG, KG EWIV Partnersch.	GmbH, UG, SPE	AG, SE KGaA, eG, SCE
Außenverhältnis	X			
Innenverhältnis	X	X	z. T. X	

Abb. 51: Zwingendes und dispositives (X) Gesellschaftsrecht (vereinfacht)

Gelegentlich ist die **Wahlfreiheit** für die Unternehmensform freilich von vornherein eingeschränkt. So bedarf es im **europäischen Gesellschaftsrecht** regelmäßig eines transnationalen Gesellschafterbestandes. Auch unter dem

Aspekt des Gesellschaftszwecks gibt es hier Restriktionen, namentlich für die EWIV, die als Kooperationsinstrument, nicht eigentlich als Unternehmensträger konzipiert ist.

Innerhalb des deutschen Rechts kann kraft besonderer gesetzlicher Vorschrift das **Investmentgeschäft** nur in der Rechtsform einer AG oder GmbH, **Versicherung** nur im Rahmen einer AG oder eines VVaG, das **Bauspargeschäft** nur durch eine AG betrieben werden etc. Auch zwischen GbR einerseits, OHG und KG andererseits besteht keine **Wahlfreiheit**: Ein Handelsgewerbe kann als Personengesellschaft nur in Form der OHG oder der KG verfasst sein (§§ 105 I, 161 I HGB). **Wahlfreiheit**, wenngleich nur in einer Richtung, besteht dagegen, wenn mehrere natürliche Personen im Rahmen einer Gesamthandsgesellschaft gemeinschaftlich einen der in § 1 II PartGG aufgeführten sog. Freien Berufe ausüben wollen. Sie können, müssen dies aber nach h. M. nicht in der Rechtsform einer Partnerschaftsgesellschaft tun, obwohl der Gesetzestext insoweit eher das Gegenteil nahezulegen scheint.

Nutzen die Beteiligten diese Option nicht, handelt es sich bei ihrem Zusammenschluss automatisch um eine GbR (eine OHG oder KG kommt mangels Handelsgewerbe, ja mangels jedes Gewerbes - angeblich keine Gewinnerzielungsabsicht bzw. keine Wirtschaftätigkeit von Freiberuflern! - von vornherein nicht in Betracht). Aus diesem voluminösen Fragenkreis können hier nur einige Stichpunkte herausgegriffen werden. Über grundsätzliche **Strukturkriterien** von Gesamthandsgesellschaften (Personengesellschaften) und juristischen Personen wurde - mit besonderer Akzentuierung der Außenhaftung und des Tilgungsregresses - bereits gesprochen.

b) Die Gesellschaft bürgerlichen Rechts (GbR)

Wie alle **Gesamthandsgesellschaften** (Personengesellschaften) verlangt deren Urform, die GbR mindestens **zwei Gesellschafter**. Dabei braucht es sich aber nicht etwa um natürliche Personen (Menschen) zu handeln. In Betracht kommen vielmehr alle Rechtssubjekte, also auch **Gesamthandsgemeinschaften** und **juristische Personen**.

Beispiel: Die X-Bank AG und die Y-Bank AG bilden ein „Konsortium" zur Bereitstellung eines Großkredits.

Der Gesellschaftsvertrag ist grundsätzlich **formfrei**. Soweit ein Gesellschafter sich aber zur Einbringung eines Grundstücks verpflichtet, ergreift der **Formzwang** des § 311b I BGB nach h. M. den Gesellschaftsvertrag als Ganzes. Überhaupt ist der Gesellschaftsvertrag - über die GbR hinaus - in das allgemeine Vertragsrecht eingebettet: Er könnte z. B. wegen Sittenwidrigkeit (§ 138 I BGB) oder deswegen nichtig sein, weil bei seinem Abschluss ein Gesellschafter psychisch nicht voll präsent war (§ 105 II BGB). Wenn dies erst später, vielleicht erst nach Jahren, entdeckt wird, würde es bei der Rückabwicklung aller erbrachter Leistungen ungeheure Probleme geben. Deshalb wird die Nichtigkeitswirkung solcher Vertragsmängel von der h. M. nach Möglichkeit zurückgedrängt. Bei der näheren Ausgestaltung dieser Lehre von der sog. **fehlerhaften** oder **faktischen Gesellschaft** spielt wiederum die Trennung von Innen- und Außenverhältnis eine Rolle, ferner die besondere Schutzwürdigkeit gerade nur des Gesellschafters, in dessen Person der Wirksamkeitsmangel vorlag, und schließlich, ob die Gesellschaft ihre Tätigkeit schon aufgenommen hat, also schon „in Vollzug" gesetzt worden ist.

Jeder Gesellschafter hat seinen **Beitrag** zur Erreichung des Gesellschaftszwecks zu leisten. Dabei kann es sich um Geld, aber auch um Sachwerte, Know-how, Kundenstamm, Dienstleistungen (vgl. § 706 III BGB) etc. handeln. Die Beitragspflicht besteht gegenüber der Gesellschaft, nicht etwa gegenüber dem oder den Mitgesellschaftern. Auch bei der „Zwei-Mann-GbR" ist der **Gesellschaftsvertrag kein gegenseitiger Vertrag** i. S. der §§ 320 ff. BGB. Keiner der Gesellschafter kann deshalb seinen Beitrag bis zur Beitragsleistung des oder der anderen zurückhalten (keine Beitragsleistung Zug-um-Zug). Die Beiträge bilden den Grundstock des Gesellschaftsvermögens (vgl. § 718 I BGB). Eine gesetzliche **Mindestkapitalausstattung** ist nicht vorgeschrieben, da die Interessen der Gläubiger ja durch die persönliche Haftung der Gesellschafter für alle Gesellschaftsschulden gewahrt scheinen. Dies und die prinzipielle Formlosigkeit des Gesellschaftsvertrages einschließlich seiner Änderungen bewirken den allerdings für alle Personengesellschaften charakteristisch **geringen Gründungsaufwand.**

Seine Mitgliedschaft in der GbR - bezogen auf das Gesellschaftsvermögen: seine **Beteiligung**, seinen Geschäftsanteil - kann ein Gesellschafter **nicht übertragen** (vgl. §§ 717 I 1, 719 I BGB). Soll ein Gesellschafter ausscheiden oder neu hinzukommen, so bedeutet dies eine Änderung des Gesellschaftsvertrages, der alle zustimmen müssen. Das Gesellschaftsvermögen steht dann einer personell anders zusammengesetzten Gruppe zu; dem neu Hinzugekommenen ist damit eine vermögensmäßige Beteiligung zugewachsen (vgl. die Formulierung in § 738 I BGB). Einen **Einzelaustritt** sieht das Gesetz übrigens überhaupt nicht vor. Es kennt nur die Kündigung des gesamten Gesellschaftsvertrages (vgl. §§ 723 ff. BGB).

Neben der Beitragspflicht trifft den Gesellschafter eine sog. **allgemeine Zweckförderungspflicht**: Er muss sich insgesamt so verhalten, dass die Erreichung des Gesellschaftszwecks nicht nur nicht gefährdet, sondern vielmehr erleichtert wird.

Beispiel: A und B betreiben gemeinsam als Personengesellschaft ohne jede Eintragung in ein Register eine kleine Unternehmensberatung (dies muss eine GbR sein!). Die besten Kunden schnappt sich A aber vorher weg und berät sie auf eigene Rechnung. Er verstößt damit gegen seine gesellschaftsvertragliche Zweckförderungspflicht, die sich hier als Wettbewerbsverbot darstellt (für die OHG deutlicher in § 112 HGB; zu den Rechtsfolgen - auch für die GbR entsprechend - vgl. § 113 HGB).

Bei allem trifft jeden Gesellschafter die Pflicht zu erhöhter Rücksichtnahme auf die Mitgesellschafter, die sog. **gesellschaftliche Treuepflicht** als Steigerung des allgemeinen Gebots, Treu und Glauben zu wahren.

Beispiele: Bevorzugung des Tilgungsregresses zu Lasten der Gesellschaft gegenüber der Inanspruchnahme der Mitgesellschafter nach § 426 BGB; Wettbewerbsverbot; Informationspflicht gegenüber den Mitgesellschaftern, um diesen die effektive Ausübung ihrer Mitwirkungsrechte zu ermöglichen.

Aktivitäten in der Gesellschaftssphäre zu entfalten, also die **Geschäftsführung**, ist Recht und Pflicht jedes Gesellschafters (vgl. §§ 709, 713 BGB; deutlicher formuliert § 114 I HGB für die OHG). Soweit dazu Rechtsgeschäfte mit Wirkung für die Gesellschaft getätigt werden sollen, bedarf es freilich einer gedanklich von der **Geschäftsführungsbefugnis** scharf zu trennenden anderen Kompetenz, der **Vertretungsmacht**. Nur in ihrem Rahmen können Gesellschafter, die im Namen der Gesellschaft tätig werden, durch Verträge oder einseitige Rechtsgeschäfte die Gesellschaft berechtigen und verpflichten (Lieferverträge, Einstellung und Kündigung von Mitarbeitern, Erklärung des Rücktritts etc.). § 714 BGB bestimmt dazu hilfsweise, dass die Vertretungsmacht sich nach der Geschäftsführungsbefugnis richten solle, also wie diese (vgl. § 709 BGB) nur allen zusammen zusteht. Es bedarf also nach diesem Modell des **Konsenses** aller Gesellschafter. Fehlt er, so sind die rechtsgeschäftlichen Erklärungen des oder der im Namen der Gesellschaft Handelnden unwirksam (die Handelnden haften dem Außenpartner nach Maßgabe des § 179 BGB je als sog. falsus procurator) und stellen einen Verstoß gegen die gesellschaftsvertraglichen Pflichten dar. Denn jeder Gesellschafter hat sinngemäß die Verpflichtung übernommen, sich nur im Rahmen der Geschäftsführungsbefugnis zu betätigen. Derartige Vorkommnisse können nicht nur als Pflichtverletzung nach § 280 I BGB zu Schadensersatzpflichten, sondern auch zur **Entziehung** der Geschäftsführungsbefugnis und der Vertretungsmacht führen (vgl. §§ 712, 715 BGB). Aber auch dann verbleibt dem Gesellschafter ein **Kontrollrecht**, sich von den Angelegenheiten der Gesellschaft, insbesondere vom Stand des Gesellschaftsvermögens, persönlich zu unterrichten (§ 716 I BGB, vgl. aber auch § 716 II BGB).

Die **Kompetenzorganisation** nach dem Gesamthandsprinzip macht die Gesellschaft schwerfällig. Häufig wird deshalb Einzelgeschäftsführungsbefugnis und mithin - über § 714 BGB - auch Einzelvertretungsmacht eingeräumt. Selbst dann muss aber das beabsichtigte Geschäft nach § 711 BGB unterbleiben, wenn ein anderer - geschäftsführungsbefugter - Gesellschafter widerspricht (**Vetorecht**). Auch **Gewinnausschüttung** und **Verlusttragung** richten sich nach den gesellschaftsvertraglichen Absprachen. Ist nichts anderes vereinbart, gilt Gleichverteilung, und zwar ohne Rücksicht auf die Beitragshöhe.

Beispiel: A, B und C „tippen" gemeinsam im Lotto, wobei A Euro 10, B Euro 20 und C Euro 30 wöchentlich beisteuern. Bei einem Gewinn von Euro 1,2 Mio. erhält jeder Euro 400.000.

Dabei wird bei längerfristig eingegangenen Gesellschaften Gewinn und Verlust nach **Geschäftsjahresschluss** zugewiesen, im Übrigen erst nach Auflösung der Gesellschaft (§ 721 BGB). „**Auflösung**" bedeutet nicht den Existenzverlust der Gesellschaft. Auflösung - durch Kündigung, aber z. B. auch durch Zweckerreichung (§ 726 BGB), Tod oder Insolvenz eines Gesellschafters (§§ 727 f. BGB) - bewirkt vielmehr nur eine gesetzliche **Umbildung** der Gesellschaft mit dem Ziel der **Liquidation**, der Auseinandersetzung (vgl. die Formulierung in § 730 II 1 BGB), bis beispielsweise die schwebenden Geschäfte abgewickelt, die Gesellschaftsschulden berichtigt und die Einlagen zurückerstattet sowie eventuelle Überschüsse verteilt sind (§ 733 ff. BGB). Reicht das Gesellschaftsvermögen dazu nicht aus, so müssen die Gesellschafter **Nachschüsse** leisten (§ 735 BGB). Vorher besteht hingegen keine Nachschusspflicht (§ 707 BGB). Während der Liquidation folgt die Organisation der Geschäftsführungsbefugnis (und damit wegen § 714 BGB auch diejenige der Vertretungsmacht) grundsätzlich wieder dem Gesamthandsprinzip, selbst wenn zuvor Einzelkompetenz bestand (§ 730 II 2 BGB). Erst nach Abschluss der Liquidation ist dann die Gesellschaft wirklich in Wegfall gekommen, also **voll beendigt**. Leider kommt das Gesetz mit seiner eigenen Terminologie nicht zurecht: In § 726 BGB wird davon gesprochen, dass die Gesellschaft „endigt", obwohl ersichtlich (nur) die Auflösung angesprochen wird.

Eine **fiktive Auflösung und Liquidation** ist gedanklich durchzuspielen, wenn ein Gesellschafter durch Änderung des Gesellschaftsvertrages **ausscheidet**, nämlich um dann die Höhe seiner Auszahlung bestimmen zu können (sog. **Abfindungsanspruch**, § 738 I 2 BGB).

Die wohl h. M., jedenfalls die Rechtsprechung, akzeptiert mittlerweile die Konstruktion einer **Gesellschaft bürgerlichen Rechts „mit beschränkter Haftung"**, also eine „**GbRmbH**". Es handelt sich dabei um eine GbR, bei der den Gesellschaftsgläubigern nur das Gesellschaftsvermögen haften, eine persönliche (und gesamtschuldnerische) Haftung also nicht bestehen soll. Das soll jedenfalls durch Vereinbarung mit dem Gläubiger möglich sein. Ein Hinweis lediglich durch das Kürzel „mbH" reicht zur Haftungsbeschränkung keinesfalls aus.

c) Die offene Handelsgesellschaft (OHG)

Die OHG ist die Personengesellschaft par excellence für den gemeinschaftlichen Betrieb eines Handelsgewerbes bei voller Haftung der Gesellschafter für Gesellschaftsschulden (§ 105 I HGB) und damit korrespondierender großer (rechtsform-)spezifischer Bonität. Da ihr Zweck nach § 105 II, 2. Alt. HGB (bei konstitutiver Eintragung) sogar auf die Verwaltung eigenen Vermögens beschränkt sein darf, kann sie auch bei sog. **Betriebsaufspaltung** als bloße „**Besitzgesellschaft**" fungieren, während eine andere Gesellschaft, die „**Betriebsgesellschaft**", den Unternehmenszweck operativ-gewinnorientiert, aber mit vergleichsweise geringem Vermögen und deshalb geringem Haftungsrisiko verfolgt. Wie auch sonst kann die für die OHG in § 106 I HGB vorgeschriebene Eintragung im Handelsregister deklaratorische oder konstitutive Funktion haben.

Die OHG weist prinzipiell dieselbe Struktur wie die GbR auf, weshalb auch § 105 III HGB eine **Generalverweisung** auf die §§ 705 ff. BGB aussprechen kann. Mit Rücksicht darauf ist manche Bestimmung in den §§ 105 ff. HGB überflüssig, so z. B. § 118 HGB im Vergleich mit § 716 BGB, aber auch § 109 HGB. Regelmäßig wird in irgendeiner Weise von der gesetzlichen Regelung des **Innenverhältnisses** gesellschaftsvertraglich abgewichen. Zum Verständnis der ganzen Materie ist gleichwohl ein Blick in die §§ 109 ff. HGB nützlich. Dies gilt insbesondere auch von der Regelung der Geschäftsführungsbefugnis, gerade auch in ihrem Zusammenspiel mit den (zwingenden) §§ 125 f. HGB bezüglich der Vertretungsmacht.

Kommt es im konkreten Fall auf diese Kompetenzen an, so ist zweierlei zu prüfen: erstens, wie die Kompetenz **personell organisiert** ist, und zweitens, welchen **sachlichen Inhalt** diese Kompetenz hat, welche Handlungen von ihr also abgedeckt sind.

Hinsichtlich der **personellen Organisation** gehen die §§ 114 f., 125 HGB von der **Einzelkompetenz** jedes Gesellschafters aus (Vetorecht nach § 115 I HGB bei Einzelgeschäftsführung). Sie lassen aber Raum für die - faktisch recht seltene - Rückkehr zur Gemeinschaftskompetenz (vgl. §§ 115 II, 125 II HGB: Gesamtgeschäftsführung und Gesamtvertretung; vgl. aber auch für das Liquidationsstadium §§ 149, 150 HGB!). Auch bei Vereinbarung von Gesamtvertretung gilt dies allerdings nur für die **Aktivvertretung** (vgl. § 125 II 3 HGB). Selbst der **Ausschluss** mancher Gesellschafter von Geschäftsführung und Vertretung bis hin zur **Alleinkompetenz** nur eines der Gesellschafter ist möglich. Ein Ausschluss sämtlicher Gesellschafter würde aber gegen das Prinzip der **Selbstorganschaft** verstoßen und wäre unwirksam.

Sachlich-inhaltlich ist die **Geschäftsführungsbefugnis**, wie immer sie personell organisiert sein mag, auf Handlungen beschränkt, die der gewöhnliche Betrieb gerade des Handelsgewerbes der Gesellschaft mit sich bringt, beschränkt also nur auf die **gewöhnlichen Geschäfte** gerade dieser **Branche**. Was darüber hinaus geht, bedarf der Zustimmung aller Gesellschafter (§ 116 HGB). Viel weiter reicht die - zwingend so festgelegte - **Vertretungsmacht**, die alle, auch **ungewöhnliche** und **selbst branchenfremde** „Geschäfte und Rechtshandlungen" abdeckt (§ 126 I, II HGB).

Beispiel: A und B betreiben eine Werbeagentur in der Rechtsform der OHG. B kauft namens der OHG ein Grundstück, um darauf ein repräsentatives Bürogebäude zu errichten: Das Geschäft ist von der dem B auch einzeln zustehenden Vertretungsmacht gedeckt, so dass die OHG rechtswirksam Käuferin geworden und als solche zur Zahlung des Kaufpreises (§ 433 II BGB) verpflichtet ist. B hat dabei aber seine Geschäftsführungsbefugnis überschritten: Zwar durfte er durchaus einzeln tätig werden, nicht aber einen Grundstückskauf, ein ungewöhnliches Geschäft, tätigen. Er hat also seine gesellschaftsvertragliche Verpflichtung zur Beachtung der Geschäftsführungsbefugnis verletzt. Dies hätte er erkennen können und müssen. B hat also fahrlässig gehandelt und ist unter dem Gesichtspunkt der Pflichtverletzung (§ 280 I BGB) des Gesellschaftsvertrages der OHG zum Schadensersatz verpflichtet.

Soll - wie etwa in vorstehendem Beispiel - ein der Gesellschaft zustehender Anspruch gegen einen Mitgesellschafter verfolgt werden, so kann es rechtliche Schwierigkeiten geben, denn die hier nach weit verbreiteter Ansicht maßgebliche Geschäftsführungsbefugnis (Innenverhältnis!) steht vielleicht durchaus jedem der übrigen Gesellschafter zwar einzeln zu (im Beispiel also auch dem A). Die Geltendmachung eines solchen Anspruchs fällt aber jedenfalls aus dem gewöhnlichen Geschäftsgang heraus. Es bedürfte also (§ 116 II HGB) einer Mitwirkung auch des schuldenden Gesellschafters, die naturgemäß nicht erfolgen wird. In diesen Fällen kann jeder Gesellschafter einzeln einen solchen Anspruch geltend machen, wenn dies die einzige Verfolgungsmöglichkeit darstellt (lat. „**actio pro socio**"). Dies ist erst recht wichtig bei vereinbarter Gesamtgeschäftsführung.

Von grundsätzlichem Interesse ist ferner die (dispositive) Regelung von **Gewinn- und Verlustzuweisung**. Angelpunkt ist dabei der Begriff des **Kapitalanteils** (vgl. z. B. §§ 120 II, 121, 122 HGB). Kapitalanteil ist das, was auf dem Gesellschafterkonto gebucht ist, ein **reiner Zahlenwert** also, der nichts über die tatsächlichen Verhältnisse aussagen muss und deshalb für **Handels- und Steuerbilanz** nicht maßgeblich ist. Der Kapitalanteil ist vielmehr lediglich **Bemessungsgrundlage** für **Entnahmen** (4% p.a. gemäß § 122 HGB) und für die Gewinn- und Verlustzuweisung. Hinsichtlich der beiden letzteren kommt es entscheidend auf das **Verhältnis der Kapitalanteile** der Gesellschafter zueinander an, nicht auf den absoluten Stand der Kapitalkonten. Deshalb werden in aller Regel für jeden Gesellschafter **zwei Kapitalkonten** geführt. **Kapitalkonto I** bleibt gemäß der **Einlagebuchung** konstant, um durch Entnahmen bzw. thesaurierte Gewinnzuschreibungen nicht die gesellschaftsvertraglich gewollten Zuweisungsquoten selber zu verändern. **Bewegungen** spielen sich vielmehr nur auf dem **Kapitalkonto II** ab (sog. Sonderkonto, persönliches Konto etc.). Die Buchung ins Kapitalkonto I muss - wie schon gesagt - nicht dem Geldwert der Einlage entsprechen, wenn die Gesellschafter aus irgendwelchen Gründen wollen, dass etwa die Gewinn- und Verlustquote anders sein soll, als es das reale Verhältnis der geleisteten Einlagen eigentlich zur Folge haben würde.

Beispiel: A, B und C legen jeweils Euro 2.000 ein. Vereinbarungsgemäß werden aber in das Kapitalkonto I des A Euro 3.000 gebucht, für B und C jedoch jeweils nur Euro 1.000. Es verbleibt der Gesellschaft im darauffolgenden Geschäftsjahr ein Gewinn in Höhe von Euro 150.000. Von diesem Gewinn erhält A Euro 90.000, B und C jedoch nur je Euro 30.000 (Verhältnis 3 : 1 : 1), die in die Kapitalkonten II gebucht werden.

Auflösung und Vollbeendigung funktionieren bei der OHG nach demselben Grundmuster wie bei der GbR (vgl. §§ 131 ff. HGB). Die Auflösung durch **Kündigungsklage** (nicht durch bloße rechtsgeschäftliche Erklärung) „**aus wichtigem Grund**" (§ 133 HGB) findet allerdings bei der GbR keine Parallele. Tendenziell ist bei der OHG mehr Geld im Spiel als bei der GbR. Eine Auflösung der Gesellschaft ist deshalb oft ein unerwünschter Vorgang, weil er den getätigten Investitionen den Boden entzieht. Gesellschaftsvertraglich wird deshalb durchweg versucht, die Auflösung der Gesellschaft zugunsten eines bloßen Ausscheidens des kündigenden oder auszuschließenden Gesellschafters (vgl. §§ 131 III Nr. 6, 140 HGB) zurückzudrängen. Dies macht ökonomisch vollen Sinn aber nur bei einer möglichst geringen Abfindung (vgl. § 738 I 2 BGB i. V. m. § 105 III HGB). Von solchen Vertragsgestaltungen geht zugleich eine sehr disziplinierende Wirkung aus. Zu derartigen **restriktiven Abfindungsklauseln** folgende

Beispiele: „Abfindung zum Buchwert" (Goodwill und sonstige stille Reserven gehen nicht in die Abfindung mit ein).
Stundung der Abfindung bzw. ratenweise Abfindung ohne angemessene Verzinsung.

d) Die Kommanditgesellschaft (KG)

Die Kommanditgesellschaft ist dadurch gekennzeichnet, dass in ihr mindestens ein Gesellschafter wie bei der OHG, also mit seinem gesamten Vermögen, haftet („persönlich haftender" **Komplementär**), während mindestens ein anderer, der auch vom Gesetz selber so genannte **Kommanditist**, eine haftungsmäßig bevorzugte Stellung einnimmt. Seit Langem bestehende Pläne zur Einführung einer **Handelsgesellschaft auf Einlagen (HGaE)**, in der alle Gesellschafter nur wie Kommanditisten haften sollen, sind bislang noch nicht Gesetz geworden.

Für den Komplementär bedarf es in den §§ 161 ff. HGB naturgemäß keiner Regelung, so dass insoweit über § 161 II HGB die §§ 105 ff. HGB, 705 ff. BGB gelten. Die **haftungsrechtliche Stellung** des Kommanditisten ist freilich im Gesetz undurchsichtig geschildert: Nach § 161 I HGB soll die Haftung des Kommanditisten für Gesellschaftsschulden „auf den Betrag einer bestimmten Vermögenseinlage beschränkt" sein (weshalb er in der Praxis als „Teilhafter" dem „vollhaftenden" Komplementär gegenüber gestellt wird). So ähnlich formuliert auch § 171 I, 1. Halbs. HGB. Nach § 171 I, 2. Halbs. HGB ist die **Haftung** des **Kommanditisten** jedoch **ausgeschlossen**, soweit die Kommanditeinlage geleistet ist. Dies ist erläuterungsbedürftig:

Zunächst sind **zwei Einlagebegriffe** auseinanderzuhalten, die das Gesetz leider terminologisch vermengt: **Pflichteinlage** ist das, was der Gesellschafter zur Erfüllung seiner Beitragsverpflichtung gegenüber der Gesellschaft einzubringen hat. **Hafteinlage** (oder **Haftsumme**) hingegen ist jener im Handelsregister einzutragende (§ 162 HGB) Betrag, bis zu dessen Höhe eine Inanspruchnahme des Kommanditisten gemäß §§ 161 I, 171 I, 172 I HGB in Betracht kommt. Beides kann, muss sich aber nicht decken.

Beispiel: Kommanditist K hat als Beitrag Euro 10.000 einzubringen versprochen. Als (Haft-)Einlage wird hingegen ein Betrag von Euro 8.000 vereinbart und eingetragen. K leistet zunächst nur Euro 6.000. Die KG hat noch einen Restanspruch gegen K in Höhe von Euro 4.000. Der Gesellschaftsgläubiger G kann den K aber nur noch hinsichtlich Euro 2.000 „persönlich" belangen.

Die **beschränkte persönliche Haftung** des Kommanditisten lebt wieder auf, insbesondere soweit Einlagen zurückgewährt werden (vgl. § 172 IV HGB). Eine grundsätzlich sogar **unbeschränkte persönliche Haftung** trifft den Kommanditisten nach § 176 I 1 HGB, solange die KG und damit die Hafteinlage noch nicht im Handelsregister eingetragen war. Der Kommanditist haftet dabei also wie ein Komplementär. Nur wenn der Gesellschaftsgläubiger den Charakter eines Gesellschafters als Kommanditist kennt, haftet dieser wie im Fall der eingetragenen KG, also je nachdem, wie weit der Hafteinlagebetrag effektiv aufgefüllt ist.

Beispiel: K ist Kommanditist einer noch nicht im Handelsregister eingetragenen Import/Export-KG. Die (Haft-)Einlage des K wurde mit Euro 8.000 vereinbart. K hat bislang aber nur Euro 6.000 eingelegt. Gesellschaftsgläubiger G, der eine Forderung in Höhe von Euro 15.000 gegen die Gesellschaft besitzt und die Kommanditistenstellung des K aus der Skatrunde kennt, kann K nur in Höhe von Euro 2.000 persönlich belangen.

Dieser Mechanismus kann natürlich nur funktionieren, soweit trotz fehlender Eintragung eine KG vorliegt, also nur im Bereich des „musskaufmännischen" Handelsgewerbes i. S. des § 1 II HGB, weil im Einzugsbereich der §§ 2, 105 II HGB mangels Eintragung es ja an einem für die KG begriffsnotwendigen

Handelsgewerbe fehlt. Wo keine KG vorliegt, kann es aber auch keinen Kommanditisten geben. Ein solcher „**Möchte-Gern-Kommanditist**" haftet immer wie ein Komplementär, selbst wenn der Gesellschaftsgläubiger die Verhältnisse kennt (§ 176 I 2 HGB).

Rückblickend ist die Umschreibung des Kommanditisten als „**beschränkt haftender Gesellschafter**" oder „**Teilhafter**" nur als unglücklich zu bezeichnen: Zumeist, bei der eingetragenen KG und bei Auffüllung des eingetragenen Limits, haftet der Kommanditist gar nicht, gelegentlich, im Fall des § 176 I 2 HGB - sogar unbeschränkt. Dass der Kommanditist bei seinem Ausscheiden oder bei Liquidation der KG seine (Pflicht-)Einlage möglicherweise nicht mehr zurückerhält, hat aber wiederum mit „Haftung" nichts zu tun.

Um die lästige Komplementärhaftung wenigstens wirtschaftlich zu umgehen, trotzdem aber die Vorteile von Personengesellschaften nutzen zu können (immer noch bestehende steuerliche Unterschiede zu den juristischen Personen, Erleichterungen bei der Eigenkapitalbeschaffung - über Kommanditeinlagen anstelle von Stammeinlagen - und bei der Bilanzierung etc.), bestehen Kommanditgesellschaften häufig auf der Komplementärseite aus einer einzigen juristischen Person, zumeist einer GmbH. Dies ist dann die bekannte **GmbH & Co. KG** (zur Firmierung s. § 19 II HGB) Wegen des dort wirkenden **Trennungsprinzips** brauchen die Gesellschafter der GmbH nicht zu befürchten, für die KG-Schulden einstehen zu müssen. Vielmehr haftet ja die GmbH „persönlich", also mit ihrem gesamten Vermögen dafür. Die GmbH & Co. KG wird überdies zumeist so konstruiert, dass die Komplementär-GmbH nur einen einzigen Gesellschafter (eine natürliche Person) aufweist, der zugleich nicht nur der Alleingeschäftsführer der GmbH, sondern auch zugleich der Kommanditist der KG ist (vgl. Abb. 52). Der besondere Witz dieser sog. **Einheitsgesellschaft** bestand lange darin, dass als Kommanditeinlage lediglich die Geschäftsanteile an der GmbH eingebracht wurden, womit zugleich die (beschränkte) persönliche Haftung des GmbH-Gesellschafters in seiner Rolle als Kommanditist entfallen konnte. Dies funktioniert nach § 172 VI HGB aber nicht mehr. In Bezug auf die Pflichteinlage könnte zwar nach wie vor so verfahren werden, doch fehlt es dafür eben am ökonomischen Anreiz der Verlagerung des Haftungsrisikos auf die KG. Auch sonst hat der Gesetzgeber einer derartigen KG als Einheitsgesellschaft besonderes Augenmerk geschenkt, etwa hinsichtlich **eigenkapitalersetzender Gesellschafterdarlehen** (vgl. §§ 15a I 2, 39 InsO) oder hinsichtlich der Gestaltung von **Geschäftsbriefen** (§§ 177a i. V. m. 125a HGB).

Die KG als Einheitsgesellschaft ist ihrerseits freilich nur eine Variante des facettenreichen Themas „GmbH & Co. KG", zu dem etwa auch die „**doppelstöckige GmbH & Co. KG**" zählt: Hier ist Komplementär einer KG wiederum eine GmbH & Co. KG. Ihre Attraktivität beruhte allein auf steuerrechtlichen Gründen (Kapitalverkehrsteuer), die mittlerweile entfallen sind.

Geschäftsführungsbefugnis und Vertretungsmacht legen §§ 164, 170 HGB allein in die Hände der Komplementärseite. Der dispositive Charakter des § 164 HGB lässt aber Gestaltungsspielraum für **atypische Kommanditgesellschaften,** in denen der Kommanditist aus seiner üblichen bloßen Investorenrolle heraustritt und vielleicht sogar allein das Sagen hat. Dabei wird seine (Allein-)Geschäftsführungsbefugnis durch Erteilung einer Prokura vertretungsrechtlich operationalisiert.

Atypisch ist auch die sog. **Publikums-KG,** bei der - entgegen dem gesetzlichen **Leitbild** - eine große Zahl Kommanditisten vorhanden ist, die durchweg überhaupt keinen Kontakt zueinander haben. Die dadurch aufgeworfenen Fragen sind sehr vielgestaltig, nicht nur schon deshalb, weil auf Seiten des Komplementärs sich zumeist nur eine GmbH findet. Denn eine solche Publikums-KG übernimmt letztlich ja die **Kapitalmarktfunktion** der AG, nämlich fluktuierendes anlagegeeignetes Geld „einzufangen", ohne originär den aktienrechtlichen Anlegerschutzvorschriften zu unterliegen. Früher lag der Anlageköder gerade in der Aussicht auf Betriebsverluste, die den Kommanditisten zugewiesen werden und dadurch wiederum die Bemessungsgrundlage für deren Einkommensteuer soweit senken sollen, dass sich dadurch schon wieder der effektive finanzielle Aufwand für die Kommanditbeteiligung entscheidend verringert (**Abschreibungsgesellschaften**). Allerdings verbietet nunmehr § 15a EStG die steuerliche Berücksichtigung eines dadurch entstehenden oder sich erhöhenden negativen Kapitalkontos.

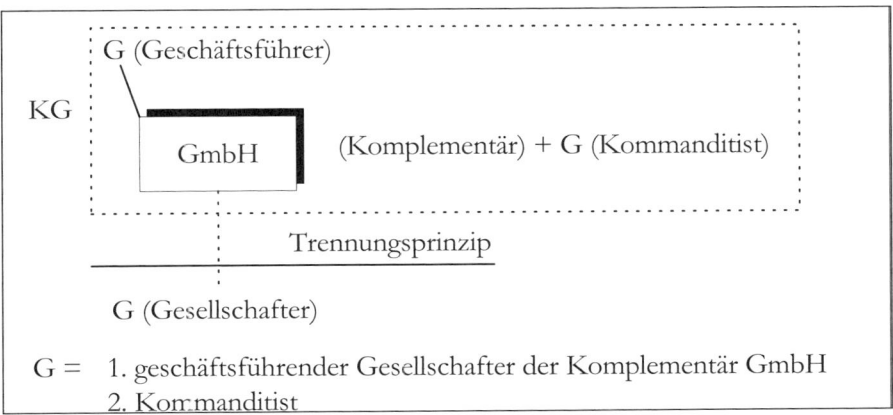

Abb. 52: Die GmbH & Co. KG als "Einheitsgesellschaft"

Mit Rücksicht auf diese strukturellen Besonderheiten einer Publikums-KG entwickelte die h. M. für sie auch **besondere Rechtsgrundsätze.** So statuiert die h. M. beispielsweise **Schriftformzwang** für den Gesellschaftsvertrag (und die „Beitritte" der Anleger). Der Inhalt des durchweg vorformulierten Gesellschaftsvertrages wird - trotz § 310 IV 1 BGB - auf seine mögliche **Unangemessenheit** für die Kommanditisten hin von der Rechtsprechung überprüft. Anerkannt ist schließlich die Haftung für die Richtigkeit von Angaben in den attraktiv aufgemachten Prospekten, mit denen für Kommanditbeteiligungen geworben wird (**Prospekthaftung** nach börsenrechtlichem Vorbild, hier aber begründet aus culpa in contrahendo: §§ 311 II, 241 II, 280 I BGB).

e) Stille Gesellschaft und Unterbeteiligung

Vom Beitritt zu einer schon bestehenden OHG oder KG ist gedanklich der Fall zu unterscheiden, dass sich jemand an dem Handelsgewerbe eines anderen als Personengesellschafter beteiligen will. Soweit diese **Vergesellschaftung** des Unternehmens nach außen hin erkennbar werden soll, entsteht damit erst je nach Haftungsabrede eine OHG bzw. KG. So oder so trifft den neuen Teilhaber freilich grundsätzlich die für die Gesamthandsgesellschaft charakteristische Haftung auch für schon vorher bestehende **Gesellschaftsschulden**; umgekehrt wird Gläubiger der **Außenstände** die neu entstandene Gesellschaft (§ 28 I HGB; die persönliche Haftung des Eintretenden ergibt sich dann aus § 128 HGB; zum Eintritt in eine bereits bestehende Gesellschaft s. § 130 HGB). Ausnahmen können sich aus dem Wesen der neuen Gesellschaft (§ 171 I HGB bei der KG) oder aus einem dafür vorgesehenen **Hafungsausschluss** (§ 28 II HGB) ergeben. Letzteres setzt das Beteiligungsrisiko deutlich herab.

Etwas gänzlich anderes gilt, wenn die vermögensmäßige Beteiligung an einem bestehenden Handelsgewerbe gerade nicht hervortreten soll. Bei einer solchen **stillen Gesellschaft** kann keine wirkliche Gesellschaft, **kein Rechtssubjekt** entstehen, das ein eigenes Vermögen aufweist und selber aus den in seinem Namen geschlossenen Verträgen berechtigt und verpflichtet werden könnte. Es handelt sich dann vielmehr im Prinzip um eine rein schuldrechtlich wirkende Abrede, den stillen Teilhaber so zu behandeln, **als ob** eine Gesellschaft bestünde. Dies zeigt auch die Überschrift vor § 105 HGB: „Handelsgesellschaften und(!) stille Gesellschaft". Demzufolge geht die vom stillen Teilhaber geleistete **Einlage** voll in das Vermögen des Inhabers des Handelsgeschäftes über. Nur dieser kommt Dritten gegenüber, nach außen, als Träger von Rechten und Pflichten in Betracht (§ 230 HGB). Jener Inhaber des Handelsgeschäfts kann auch eine juristische Person, z. B. eine GmbH, sein. Dann kommt es zu einer sog. „**GmbH & Still**", möglicherweise mit dem GmbH-Gesellschafter selber als stillem Teilhaber. Der stille Teilhaber hat auf jeden Fall eine **Beteiligungsquote** hinsichtlich des **Gewinnes**, nicht notwendig jedoch hinsichtlich etwaiger Verluste (§ 231 II HGB). Dies macht die **Ab-**

grenzung zum partiarischen Darlehen schwierig. Bei **Verlustbeteiligung** ist die Verlustzuweisung bis zur Aufzehrung der Einlage beschränkt. Bei negativem Saldo zwischen Einlage und zugewiesenem Verlust werden künftige Gewinnanteile zunächst zum Verlustausgleich verwendet (§ 232 II HGB).

Nach dem gesetzlichen **Leitbild** besitzt der stille Teilhaber keinen Einfluss auf die Geschäftsführung, sondern lediglich ein **Kontrollrecht** (§ 233 HGB). Doch kommen auch **atypische Gestaltungen** bis hin zur Alleingeschäftsführungsbefugnis des „Stillen" vor. Vertretungsrechtlich lässt sich ebenfalls ein Weg finden: Jedenfalls ist Erteilung von Handlungsvollmacht an den stillen Teilhaber möglich, bei kaufmännischem Handelsgewerbe sogar Prokura. Vertreten wird dabei natürlich der Inhaber des Handelsgeschäftes, nicht hingegen die notwendig ja gerade stille Gesellschaft.

Soweit kein Handelsgewerbe betrieben wird, scheidet zwar eine stille Gesellschaft i. S. der §§ 230 ff. HGB aus. Eine **Unternehmensbeteiligung** nach Art der stillen Gesellschaft ist aber durch entsprechende vertragliche Vereinbarung gleichwohl möglich. Denn hier sind ja intentionsgemäß nur schuldrechtliche Fragen des (quasi-)gesellschaftlichen Innenverhältnisses zu klären, dessen Gestaltung grundsätzlich in die Disposition der Beteiligten gestellt ist (sog. **Innengesellschaft**).

Von der stillen Gesellschaft und der bürgerlichrechtlichen Innengesellschaft ist die gesetzlich nicht näher geregelte Unterbeteiligung zu trennen. Die **Unterbeteiligung** bezieht sich auf einen Gesellschaftsanteil, nicht auf das Handelsgewerbe bzw. sonstige Gewerbe selber. Die (schuldrechtliche) Ausgestaltung des Unterbeteiligungsverhältnisses ist den Parteien überlassen.

f) Die Partnerschaftsgesellschaft (Partnerschaft)

Mit der Partnerschaftsgesellschaft (kurz: **Partnerschaft**) steht den in § 1 II PartGG aufgeführten Freiberuflern neben der GbR eine weitere Rechtsform zur gemeinschaftlichen Berufsausübung im Rahmen einer Gesamthandsgesellschaft (Personengesellschaft) zur Verfügung. Der **Gesamthandscharakter der Partnerschaft** erhellt aus der Generalverweisung auf die §§ 705 ff. BGB in § 1 IV PartGG. Zahlreiche Einzelverweisungen auf das Recht der OHG (vgl. insbesondere §§ 2 II, 4 I, 5 II, 6 III, 7 III, 9 IV 3, 10 II PartGG) nähern die Partnerschaft freilich mehr dieser Personenhandelsgesellschaft an. Dies kommt auch in dem **firmenähnlichen Namensrecht** der Partnerschaft zum Ausdruck (vgl. § 2 I PartGG in Anlehnung an § 19 I HGB sowie die Verweisung in § 2 II PartGG). Der gemäß §§ 2 I, 11 I S. 1 PartGG ebenso exklusive wie obligatorische Namenszusatz „und Partner" oder „Partnerschaft" wurde bislang freilich vielfach schon von Gesellschaften bürgerlichen Rechts benutzt, in denen sich Rechtsanwälte, Steuerberater, Architekten etc.

zusammengeschlossen hatten, ja sich mangels anderer geeigneter bzw. zulässiger Rechtsformen zusammenschließen mussten. Nachdem die Übergangsfrist des § 11 I S. 2 PartGG schon lange abgelaufen ist, müssen derartige bürgerlichrechtliche Gesellschaften nun schon seit Jahren auf ihren bisherigen Namenszusatz verzichten oder aber auf ihren Charakter als GbR explizit im Namen hinweisen. Freilich bleibt auch noch die Möglichkeit einer lediglich **formwechselnden Umwandlung** der GbR in eine Partnerschaft, wobei keine Vermögensübertragung nötig ist.

Auch dabei ist - wie bei der **Gründung** - auf die Besonderheit zu achten, dass der Gesellschaftsvertrag gemäß § 3 PartGG schriftformbedürftig ist und einen bestimmten Mindestinhalt haben muss. Außerdem bedarf es der - zumindest im Außenverhältnis - konstitutiven Eintragung im Partnerschaftsregister (da die Partnerschaft keine Handelsgesellschaft darstellt, scheidet das Handelsregister aus!). Das folgt aus § 7 I PartGG, der zwar dem § 123 I HGB nachgebildet ist, aber keine dem § 123 II HGB entsprechende Parallelnorm kennt. Auch die Regelung der **Geschäftsführung** in § 6 II und III PartGG weicht vom Recht der OHG charakteristisch ab, weil sie nicht im selben Maße zur Disposition der Beteiligten steht. Die **Vertretung** folgt hingegen dem Organisationsmodell der OHG (§ 7 III PartGG).

Grundsätzlich gilt dies auch für die **Haftung** (§ 8 I PartGG), doch sind hier - anders wegen § 128 S. 2 HGB bei der OHG! - in § 8 II und III PartGG Abweichungen von dem Modell unbedingter gesamtschuldnerisch-persönlicher Haftung für Gesellschaftsschulden zugelassen. Große praktische Bedeutung hat § 8 II PartGG gewonnen: Waren nur einzelne Partner wesentlich mit der Bearbeitung eines Auftrags befasst, so haften nur sie persönlich für berufliche Fehler neben der Partnerschaft.

Beispiel: Die Anwaltssozietät „A, B und Partner" übernimmt das Mandat des X. Intern bearbeitet B den Fall, leider schlecht: er lässt schuldhaft eine Frist verstreichen. Neben der Partnerschaft haftet nur B, nicht auch A und die weiteren Sozien C, D und E persönlich.

Selbst in diesem Rahmen kann die Haftung nach Maßgabe des § 8 III PartGG in bestimmten Berufszweigen dann noch der Höhe nach begrenzt sein, wenn nämlich dies gesetzlich zugleich mit einer Pflicht-Haftpflichtversicherung für fehlerhafte Berufsausübung vorgesehen ist. Zu nennen ist hierzu z. B. § 51 BRAO für Rechtsanwälte.

g) Die Europäische Wirtschaftliche Interessenvereinigung (EWIV)

Mit der **EWIV** steht in Deutschland wie auch in den anderen Mitgliedsstaaten der EG eine Gesellschaftsform zur Wahl, die auf einer in Deutschland unmittelbar geltenden europäischen Verordnung und ergänzendem deutschen Recht aufbaut. In ihrem europarechtlichen Rahmen ist die EWIV stark an ein erst seit 1967 existentes französisches Vorbild angelehnt, während das deutsche Ausführungsgesetz das Recht der OHG für entsprechend anwendbar erklärt, soweit es um das Füllen von Lücken geht, die das deutsche Ausführungsgesetz nicht ausdrücklich geschlossen hat (§ 1 EWIV-AG).

Die EWIV ist nicht eigentlich als Unternehmensträger im üblichen Sinne konzipiert. Sie darf nämlich nicht Gewinn für sich selbst erzielen wollen. Ihre **Zweckbestimmung** im Hinblick auf den Europäischen Binnenmarkt liegt vielmehr darin, eine wirtschaftliche Betätigung ihrer Mitglieder zu unterstützen, namentlich einer grenzüberschreitenden **Kooperation** der in ihr verbundenen Wirtschaftssubjekte einen rechtlich definierten organisatorischen Rahmen zu bieten. Damit unvereinbar und ausdrücklich untersagt wäre es beispielsweise, der EWIV Leitungs- oder Kontrollmacht über andere Unternehmen einzuräumen oder sie als Holding-Gesellschaft zu verwenden. Trotzdem oder gerade deshalb ist die Anwendungsbreite der EWIV beeindruckend:

Beispiel: Gemeinschaftliche Marktforschung und Werbung, Forschung und Produktentwicklung, Poolen von Transportmitteln, Ein- und Verkaufsgemeinschaften sowie gemeinschaftliche Inkasso-Stellen und Rechenzentren, durchaus auch gemeinschaftliche Teilefertigung und Montage, Kooperation von Rechtsanwälten, Steuerberatern und Wirtschaftsprüfern innerhalb der Europäischen Gemeinschaft.

Mit **der Handelsregistereintragung** der EWIV in Deutschland wird der Vereinigung die Fähigkeit zuerkannt, im eigenen Namen zu handeln, insbesondere Verträge zu schließen, und Trägerin von Rechten und Pflichten zu sein. Dies ist kein Indikator für eine juristische Person (vgl. auch § 124 I HGB für die OHG, zweifellos eine Personengesellschaft, also gesamthänderisch verfasst). Gegen die Annahme einer juristischen Person spricht ganz im Gegenteil, dass gesetzlich eine persönliche, gesamtschuldnerische Haftung der Mitglieder für Schulden der EWIV vorgesehen ist, freilich nur subsidiär (vgl. Art. 24 EWIV-VO), nicht, wie dies für GbR und OHG gilt, gleichrangig mit der Gesellschaftsschuld. Festzuhalten bleibt, dass das für die juristische Person charakteristische Trennungsprinzip für die EWIV nicht gilt.

Trotzdem will sich die EWIV nicht so recht in die Struktur der Gesamthandsgesellschaft einfügen, denn seitens des Gesetzes ist ein Geschäftsführer und damit sinngemäß die Möglichkeit der Drittorganschaft vorgesehen (vgl. Art. 19 EWIV-VO), was die EWIV insoweit der GmbH und damit der juristischen Person ein wenig annähert.

h) Die Gesellschaft mit beschränkter Haftung (GmbH) und die Unternehmergesellschaft (UG) mit beschränkter Haftung

Die GmbH, die auch von nur einem Gesellschafter - möglicherweise wieder einer juristischen Person - gegründet werden kann, ist vor allem wegen des haftungsrechtlichen **Trennungsprinzips** als Bestandteil eines strategischen „risk-management" ökonomisch interessant. Dabei ist die gesetzliche **Begriffsbildung** „Gesellschaft mit beschränkter Haftung" eher irreführend, weil der Gesellschafter einer GmbH von deren Schulden haftungsrechtlich prinzipiell nicht berührt wird, also keineswegs beschränkt haftet, (eine **Durchgriffshaftung** wird allerdings bei betriebswirtschaftlich eklatanter Unterkapitalisierung oder faktischer Vermögensvermischung von Gesellschafts- und Gesellschaftervermögen bejaht). Die Gesellschaft selber jedoch haftet - wie jedes andere Rechtssubjekt auch - grundsätzlich mit ihrem gesamten Vermögen für ihre Schulden, so dass also auch insoweit keine Beschränkung stattfindet. Natürlich hört jede Haftung dort auf, wo keine Vermögenswerte dem Vollstreckungszugriff offenstehen. Doch hat dies mit „beschränkter Haftung" nichts zu tun.

Vor allem im mittelständischen Bereich ist die GmbH eine beliebte Rechtsform, weil das gesetzlich vorgeschriebene, gesellschaftsvertraglich zu finanzierende Mindestkapital, das **Stammkapital**, lediglich Euro 25.000 zu betragen hat (vgl. § 5 GmbHG). Selbstverständlich haftet die Gesellschaft über das Stammkapital hinaus, wenn das **Gesellschaftsvermögen** - wie regelmäßig - durch **thesaurierte Gewinne** das Stammkapital übersteigt.

Dieser aus Sicht des oder der Gesellschafter günstigen Haftungssituation steht schon ein im Vergleich zu den Personengesellschaften doch recht erheblicher **Gründungsaufwand** gegenüber, den das Gesetz vor allem im Interesse der Gesellschaftsgläubiger abverlangt: Die GmbH knüpft rechtskonstruktiv an den bürgerlichrechtlichen **Verein** an (vgl. die Formulierung in § 6 II HGB im Blick auf § 13 III GmbHG). Demzufolge wird der Gesellschaftsvertrag der GmbH auch „**Satzung**" genannt. Der Gesellschaftsvertrag (einschließlich einer etwaigen Änderung) bedarf grundsätzlich der **notariellen Beurkundung** (§ 2 I GmbHG). Bei höchstens 3 Gesellschaftern und nur einem Geschäftsführer erlaubt § 2 Ia GmbHG ein **vereinfachtes Gründungsverfahren**, bei dem ein gesetzlich vorgegebenes Musterprotokoll zu verwenden ist.

So sehr das haftungsrechtliche Trennungsprinzip i. V. m. dem vereinfachten Gründungsverfahren für **Existenzgründer** auch lockt: In der Gründungspraxis hat sich vielfach gerade die Aufbringung des gesetzlich für die GmbH geforderten Mindest-Stammkapitals von 25.000 Euro oder Sach-Äquivalenten als die eigentliche Barriere für die GmbH-Option erwiesen. Hier nun hat der deutsche Gesetzgeber eingegriffen und im Jahre 2009 die „**Unternehmerge-**

sellschaft" (UG) geschaffen. Schon ihre abschließende Regelung in § 5a GmbHG macht deutlich, dass die UG eng mit der GmbH verwandt ist. In der Tat gleichen sich beide in ihrer Rechtsstruktur vollkommen. Charakteristischer Unterschied ist jedoch, dass das Mindest-Stammkapital der UG die 25.000 Euro-Marke der GmbH beliebig unterschreiten darf (§ 5a Abs. 1 GmbHG): 1 Euro genügt. Das ist ein großer Anreiz für eine Existenzgründung, weil durch die Haftungstrennung von Gesellschafts-, also Geschäftsvermögen einerseits und Gesellschafter-, also Privatvermögen andererseits das (geringe!) Risiko kalkulierbar bleibt.

Vor Abschluss des Gesellschaftsvertrages der GmbH bzw. UG, also vor ihrer Gründung (Errichtung), trägt der Zusammenschluss mehrerer späterer GmbH/UG-Gesellschafter den Charakter einer GbR: Zweck dieser sog. **Vorgründungsgesellschaft** ist lediglich die Gründung der GmbH bzw. UG. Ist diese dann erfolgt, so ist der Zweck der GbR erreicht und die Vorgründungsgesellschaft damit aufgelöst (§ 726 BGB). Die Gesellschaft ist zur Eintragung ins Handelsregister mit **konstitutiver Wirkung** anzumelden (§§ 7, 11 I GmbHG). In der Zeit zwischen bereits gegründeter (errichteter), aber eben mangels Eintragung als GmbH noch nicht entstandener Gesellschaft spricht man vom Stadium einer **Vorgesellschaft** (hier speziell: einer Vor-GmbH oder Vor-UG), womit sich erhebliche Probleme der Vermögenszuordnung und der Haftung verbinden. Nach jetzt wohl h. M. haftet jedenfalls die Vorgesellschaft, wobei deren Schulden zugleich Schulden der späteren GmbH selber sind. Daher wird allerdings die im Stammkapital verkörperte, garantierte Mindestkapitalausstattung ausgehöhlt, und sei sie auch noch so klein. Als Kompensation dieser **Vorbelastung** statuiert die h. M. eine entsprechende anteilige **Differenzhaftung der Gründer**. Um im Interesse der Gläubiger die Probleme zu entschärfen, sieht § 11 II GmbHG außerdem eine persönliche, eventuell gesamtschuldnerische Haftung aller Personen vor, die für diese noch gar nicht voll existente Vor-GmbH oder Vor-UG handeln (sog. **Handelndenhaftung**). Diese Handelnden werden regelmäßig die (späteren) Geschäftsführer sein. Denselben Mechanismus praktizieren übrigens auch § 54 S. 2 BGB oder § 41 I 2 AktG mit demselben Ziel: Die Aktivitäten sollen sich erst einmal darauf konzentrieren, die Eintragung herbeizuführen, um dem Risiko persönlicher Haftung zu entgehen. Dazu bedarf es eben der Anmeldung zur Registereintragung.

Diese Anmeldung zur Eintragung der GmbH setzt nach § 7 II GmbHG ihrerseits grundsätzlich voraus, dass auf jeden **Geschäftsanteil** (sog. Stammeinlage) deren Summe dann das Stammkapital ergibt (§ 5 III 2 GmbHG), mindestens 25% eingezahlt sind. Insgesamt muss ein Betrag von Euro 12.500 erreicht werden (§ 7 II 2 GmbHG). Bei dieser Berechnung werden auch korrekt bewertete (§ 8 I Nr. 5, § 9c I 2 GmbHG) **Sacheinlagen** mit berücksichtigt.

Wie die GmbH ist auch die **UG** zur **Eintragung** ins Handelsregister anzumelden, doch ist die Anmeldung im Gegensatz zur GmbH erst zulässig, wenn das Stammkapital in voller Höhe eingezahlt ist. Auch ist **keine Sachgründung** möglich (§ 7 II 2 GmbHG) und Gewinne dürfen nicht beliebig entnommen werden. Sie müssen vielmehr in erheblichem Umfang in eine gesetzliche Rücklage fließen, die ihrerseits vornehmlich zur **Erhöhung des Stammkapitals** zu verwenden ist (§ 7 III GmbHG). Auf diese Weise ist der Weg einer wirtschaftlich erfolgreichen UG zu einer GmbH vorgezeichnet, weil ab einem Stammkapital von 25.000 Euro nur noch eine GmbH rechtlich möglich ist. Das ist der Sinn des undurchsichtigen § 5 V, 1. Halbs. GmbHG.

Der im Interesse potenzieller Gläubiger erforderlichen Mindestkapitalaufbringung dienen auch die §§ 21 ff. GmbHG: Bei Verzug der Einzahlung auf die von den Gesellschaftsgründern übernommenen Geschäftsanteile (Stammeinlagen) kann die GmbH/UG den Geschäftsanteil des betreffenden Gesellschafters einziehen (**Kaduzierung**). Ein weiteres Sicherungsinstrument stellt die **Ausfallhaftung** nach den §§ 24 f. GmbHG dar. Demzufolge ist der Fehlbetrag von den übrigen Gesellschaftern anteilig - nicht gesamtschuldnerisch - zu erbringen. Der Mindestkapitalaufbringung entspricht das Gebot der **Kapitalerhaltung** durch das in § 30 I GmbHG normierte Verbot der Einlagenrückgewähr. Eine Nachschusspflicht besteht grundsätzlich nicht, kann aber gesellschaftsvertraglich vorgesehen sein. Der zu leistende **Nachschuss** kann betragsmäßig beschränkt (vgl. § 28 GmbH), aber auch unbeschränkt sein. Der Risikounterschied ist dabei nicht sehr hoch, weil bei unbeschränkter Nachschusspflicht der Gesellschafter - vollständige Einzahlung auf den Geschäftsanteil vorausgesetzt - seinen Gesellschaftsanteil der Gesellschaft zur Verfügung stellen kann (Recht zum sog. **Abandon**), die ihn dann durch Veräußerung verwertet (§ 27 GmbHG).

Im Einklang mit dem Grundcharakter der GmbH/UG als „**kapitalistisch**" strukturiertem Rechtssubjekt können die Gesellschafter ihre Mitgliedschaft, ihren Geschäftsanteil, prinzipiell frei an andere übertragen, allerdings nur in Form der notariellen Beurkundung (§§ 15 I, III, IV GmbHG). Soll die GmbH/UG aber einen eher „**personalistischen**" Charakter tragen (wie namentlich bei **Familiengesellschaften**), so können sog. **vinkulierte Geschäftsanteile** vorgesehen werden, deren Übertragung dann an bestimmte Voraussetzungen geknüpft ist (§ 15 V GmbHG).

Beispiele: Zugehörigkeit des neuen Gesellschafters zu einer bestimmten Familie; besondere Qualifikationen (Dipl.-Kfm. bzw. -Kff.); Zustimmung der Gesellschaft zur Veräußerung des Geschäftsanteils.

Strukturell notwendige **Organe** der GmbH/UG sind **Geschäftsführer** und **Gesellschaftergesamtheit**. Die Geschäftsführung der GmbH wird durch mindestens einen **Geschäftsführer** wahrgenommen, der kraft seiner Vertretungsmacht zugleich auch das die Gesellschaft **rechtsgeschäftlich** (§§ 6, 35 ff. GmbHG) und analog § 31 BGB auch **deliktsrechtlich** repräsentierende Organ darstellt. Geschäftsführer können aus dem Kreis der Gesellschafter stammen, doch muss dies nicht so sein (**Drittorganschaft!** vgl. § 6 III 1 GmbHG). Die **Vertretungsmacht** ist sachlich-inhaltlich umfassend und unbeschränkbar (vgl. §§ 35 I, 37 II GmbHG). Handelt es sich um eine **Ein-Mann-GmbH/UG**, deren **Alleingeschäftsführer** eben der **Alleingesellschafter** ist, so greift gemäß § 35 III GmbHG das **Verbot des Selbstkontrahierens** also des In-Sich-Geschäfts gemäß § 181 BGB ein. Eine Befreiung von diesem Verbot muss nach h. M. bereits im Gesellschaftsvertrag zum Ausdruck kommen und im Handelsregister eingetragen werden, um die Gesellschaftsgläubiger auf die Gefahr hinzuweisen, dass der alleinige geschäftsführende Gesellschafter der GmbH/UG das Gesellschaftsvermögen zugunsten seines Privatvermögens systematisch ausdünnt.

Anders als die Vertretungsmacht kann die **Geschäftsführungsbefugnis** jedoch gesellschaftsvertraglich oder durch Gesellschafterbeschluss beliebig eingeschränkt werden (§ 37 I GmbHG). Geschäftsführungsbefugnis und Vertretungsmacht sind gesetzestechnisch im GmbHG leider nicht deutlich genug getrennt worden, was das Normverständnis unnötig erschwert (vgl. demgegenüber die §§ 114 ff., 125 f. HGB für die OHG). Überhaupt können die Gesellschafter durch Beschluss jeden beliebigen Einfluss auf die **Unternehmenspolitik** ausüben, weil der Geschäftsführer selbst Einzelweisungen der Gesellschafter zu befolgen hat (vgl. § 43 III 3 GmbHG). Die **Gesellschaftergesamtheit**, nicht der Geschäftsführer, stellt deshalb auch den Jahresabschluss fest, entscheidet über die Gewinnverteilung, bestellt (nur bei der GmbH: weitere) Geschäftsführer, Prokuristen, Handlungsbevollmächtigte und vertritt schließlich die Gesellschaft bei der Verfolgung von Ersatzansprüchen der Gesellschaft gegen den (oder die) Geschäftsführer oder gegen Gesellschafter (§ 46 GmbHG).

Anspruchsgrundlage für solche Schadensersatzansprüche gegen den Geschäftsführer ist § 43 II GmbHG, wobei der Obliegenheitsbegriff leider ganz falsch verwendet wird. Eine **Geschäftsführeraußenhaftung**, also gegenüber den Gesellschaftsgläubigern, kann sich daraus nicht ergeben, wohl aber aus § 823 II BGB/§ 15a InsO wegen einer Schutzgesetzverletzung, wenn der Geschäftsführer den Insolvenzantrag verschleppt. Soweit Ansprüche der Gesellschaft gegen Mitgesellschafter in Rede stehen (z. B. auf Erstattung von Rückzahlungen, die gegen das Gebot der Kapitalerhaltung verstoßen, §§ 30, 31 GmbHG), wird außerdem jedem einzelnen Gesellschafter, unabhängig von vielleicht an den Mehrheitsverhältnissen scheiternden Beschlüssen, die **actio pro socio** zuerkannt.

Die actio pro socio gehört zu den in der GmbH/UG-Verfassung vergleichsweise nur rudimentär gewährten **Minderheitsrechten**, weil das Gesetz für die GmbH/UG nun einmal nicht den Anlegerschutz, sondern den Schutz der

Gesellschaftsgläubiger im Auge hat. Zu den Minderheitsrechten zählt im Übrigen ein Auskunfts- und Einsichtsrecht (§§ 51a und b GmbHG) sowie das Recht, eine Gesellschafterversammlung einberufen zu lassen, wenn dies Gesellschafter verlangen, deren Geschäftsanteile zusammen mindestens 1/10 des Stammkapitals repräsentieren (§ 50 GmbHG). Die **Beschlussfassung** selber ist aber gemäß § 47 I GmbHG allein am **Mehrheitsprinzip** orientiert, wobei nach § 47 II GmbHG jeder Euro eines Gesellschaftsanteils eine Stimme gewährt. Hierbei handelt es sich allerdings um dispositives Recht (§ 45 GmbHG), so dass ein Minderheitenschutz durch satzungsmäßig verankerte Einstimmigkeit hergestellt werden könnte. Umgekehrt kann freilich auch ein **Ausschluss des Stimmrechtes** für bestimmte Gesellschafter durch die Satzung erfolgen. Soweit das GmbHG keine Regelung trifft, kann hier - wie auch sonst - wegen der strukturellen Ähnlichkeit zumindest der GmbH mit der AG Aktienrecht entsprechend herangezogen werden, wegen der Behandlung unkorrekt zustandegekommener Beschlüsse z. B. also §§ 241 ff. AktG analog.

Die Satzung kann schließlich auch **weitere Organe** vorsehen, etwa einen Verwaltungsrat oder einen Aufsichtsrat (vgl. § 52 GmbHG). Bei einer GmbH, die der Mitbestimmung unterliegt (für eine UG ist dies wegen ihrer geringen Größe nicht denkbar), muss sogar ein Aufsichtsrat gebildet werden, der z. B. dann anstelle der Gesellschafter die Geschäftsführer bestellt.

Als **Auflösungsgrund** einer GmbH/UG spielt zunächst § 60 I Nr. 2 GmbHG eine praktisch wichtige Rolle, der - dispositiv - auf einen mit 3/4-Mehrheit gefassten Gesellschafterbeschluss rekurriert. Gerade auch Insolvenz ist ferner ein häufiger Auflösungsgrund (§ 60 I Nr. 4 GmbHG). Die Eröffnung des Insolvenzverfahrens ist von den Geschäftsführern als „geborenen" **Liquidatoren** (vgl. § 66 I GmbHG) nicht nur bei **Überschuldung**, sondern auch bei **Zahlungsunfähigkeit**, also schon bei fehlender Liquidität, zu beantragen (§ 15a InsO). Im Insolvenzstadium bestehende Ansprüche der Gesellschafter auf Rückzahlung **kapitalersetzender Darlehen**, die der Gesellschaft gewährt wurden, haben ihre Regelung in der InsO gefunden.

i) Europäische Privatgesellschaft mit beschränkter Haftung (SPE = Societas Privata Europaea)

In naher Zukunft wird es auf supranationaler Ebene eine Gesellschaft geben, die allgemein als „**Europa-GmbH**" tituliert wird, deren korrekte Bezeichnung aber Societas Privata Europaea, also Europäische Privatgesellschaft, lautet (hierzulande kursiert deshalb auch die Abkürzung EPG). Dieser Name ähnelt der englischen Private Company Limited, mit der sie auch strukturelle Übereinstimmungen aufweist. Allerdings bestehen auch deutliche Parallelen zur deutschen UG.

Soweit bis jetzt bekannt, wird die SPE jedenfalls mit 1 Euro „Kapital" (Stammkapital) auskommen, sofern eine Solvenzbescheinigung vorgelegt wird. Ansonsten sind als **Stammkapital** mindestens Euro 8.000 aufzubringen. Das Trennungsprinzip weist sie als juristische Person aus: Es haftet nach konstitutiver Registrierung nur das Gesellschaftsvermögen. Wird für die Vor-SPE gehandelt, ist eine an § 11 II GmbHG erinnernde **Handelndenhaftung** vorgesehen, allerdings nur subsidiär für den Fall, dass die registrierte Gesellschaft nicht die vordem in ihrem Namen begründeten Verbindlichkeiten übernimmt. Der Satzungssitz, an dem die Gesellschaft auch registriert ist, darf von dem faktischen Verwaltungssitz unterschieden sein. Ob die SPE, wie bisher angedacht, auch ohne transnationalen Bezug gegründet werden kann, die Gründer also sämtlich aus ein und demselben EG-Mitgliedsstaat kommen dürfen, ist noch umstritten.

j) Aktiengesellschaft (AG) und Kommanditgesellschaft auf Aktien (KGaA)

(1) Kapitalstruktur

Wie die GmbH ist die AG eine formkaufmännische Handelsgesellschaft mit juristischer Persönlichkeit (§§ 1, 3 AktG, 6 II HGB). Auch ihre **Entwicklungsstadien** (Vorgründungsgesellschaft, Vorgesellschaft) und die darin beschlossenen Probleme, namentlich bezüglich der Haftung, sind die gleichen (vgl. §§ 36, 41 I AktG). In Parallele zu dem Stammkapital der GmbH steht das **Grundkapital** der AG, das mindestens Euro 50.000 betragen muss (§ 7 AktG). Das Grundkapital ist in Aktien zerlegt, die entweder als „Nennbetragsaktien" oder als „Stückaktien" begründet werden können (§ 8 I AktG). Während Nennbetragsaktien auf einen Währungsbetrag, und zwar mindestens auf Euro 1 lauten, haben Stückaktien keinen Nennwert. Vielmehr sind Stückaktien einer Gesellschaft an deren Grundkapital in gleichem Umfang berechtigt (§ 8 II, III AktG). Deshalb rechnet sich der jeweilige Anteil am Grundkapital bei Nennbetragsaktien nach dem Verhältnis ihres Nennwertes zum Grundkapital, bei Stückaktien jedoch nach der Anzahl der Aktien (§ 8 IV AktG). Erst die **Aktienemission** und die grundsätzlich freie, formlose **Übertragbarkeit** der Aktie erlauben es, über die Wertpapiermärkte (**Börse**) im großen Rahmen vagabundierendes Kapital zu sammeln und dauerhaft dem Unternehmen zuzuführen, ohne die individuellen, vielleicht auf kurzfristig realisierte Profite ausgerichteten Strategien der Anleger zu beschneiden. Auch bei der AG sind wie bei der GmbH satzungsmäßig fixiertes **Grundkapital** und **Gesellschaftsvermögen** nicht dasselbe, und zwar oft schon nicht zu Beginn der gesellschaftlichen Existenz: Das Gesellschaftsvermögen übersteigt das Grundkapital von Anfang an, wenn die Aktien zu Preisen ausgegeben werden, die über ihrem Nennbetrag liegen (**Überpari-Emission**). Im Interesse des Gläubigerschutzes ist hingegen eine Ausgabe unter dem Nennwert (**Unterpari-Emission**) unzulässig (vgl. § 9 AktG). Später kann der Marktwert der Aktie bei ungünstiger Geschäftsentwicklung freilich unter ihren Nennwert sinken.

Werden von einer schon bestehenden AG zum Zwecke der Eigenkapitalbeschaffung neue (junge) Aktien gegen Einlagen ausgegeben (**effektive Kapitalerhöhung**), so liegt darin eine Heraufsetzung des Grundkapitals, die der Satzungsänderung bedarf (vgl. §§ 179 ff., 182 ff. AktG). Die bisherigen Aktionäre haben dabei ein **Bezugsrecht**, das auch mittelbar zum Tragen kommen kann, wenn die jungen Aktien von einer Bank (oder einem Bankenkonsortium) zunächst en bloc übernommen wurden (§ 186 V AktG). Bei der **nominellen Kapitalerhöhung** hingegen (vgl. §§ 207 ff. AktG) wird das Eigenkapital nicht wirklich erhöht. Es werden vielmehr lediglich Reserven in Grundkapital umgewandelt. Ein Spielraum dafür besteht freilich nur, soweit nicht die obligatorische „**gesetzliche Rücklage**" nach § 150 AktG berührt wird. Umgekehrt kommen auch Herabsetzungen des Grundkapitals vor. Mit der - in der Praxis seltenen - **effektiven Kapitalherabsetzung** wird die Voraussetzung geschaffen, nicht mehr benötigtes Betriebskapital als Überschuss zur Verteilung bringen zu können, etwa nach Veräußerung von Betriebsteilen. Die **nominelle Kapitalherabsetzung** hingegen hat typischerweise eine **Sanierungsfunktion**: Durch Ermäßigung des Grundkapitals soll eine Anpassung an das durch Verluste geschmälerte Gesellschaftsvermögen erfolgen, um in Zukunft anfallende Gewinne ausschütten zu können. Da bei beiden Varianten nicht nur die Aktionärsinteressen, sondern auch die Realisierungschancen der Gesellschaftsgläubiger berührt werden, hat das Gesetz hier zahlreiche Regulative vorgesehen (vgl. §§ 222 ff. AktG), wobei der Sanierungszweck in einem vereinfachten Verfahren (§§ 229 ff. AktG) verfolgt werden kann.

Selbstverständlich kann die AG durch Kreditaufnahme auch zur Fremdfinanzierung schreiten, wobei wiederum viele Varianten vorkommen. Die **Fremdfinanzierungsformen** reichen so vom regulären **Bankkredit** bis zur Ausgabe sog. Obligationen oder **Anleihen**. Zu nennen sind als Sonderformen **Wandelschuldverschreibungen** (convertible bonds), **Gewinnschuldverschreibungen** und **Genussrechte** (vgl. § 221 I 1, III AktG). Da den Geldgebern dadurch Umtausch- oder Bezugsrechte auf Aktien eingeräumt oder - statt fester Zinssätze - Gewinnbeteiligungen in Aussicht gestellt werden, kollidiert deren Emission freilich tendenziell mit den Anlageinteressen der Aktionäre selber. Die Ausgabe bedarf deshalb mindestens eines Beschlusses der Aktionäre mit qualifizierter Mehrheit (§ 221 I 2, 3 AktG); außerdem haben die Aktionäre den ersten Zugriff (§ 221 IV AktG).

(2) Rechtsstatus der Aktionäre, Hauptversammlung

Die allgemeine Rechtsstellung der Aktionäre ist ihrem Wesen nach die Teilhabe an dem Rechtssubjekt AG. Statt von Inhabern von „Eigentümern" der AG zu sprechen, ist freilich juristisch falsch, weil Eigentum nur an einzelnen Sachen, nicht jedoch am Vermögen als ganzem oder gar an einem Rechtssubjekt bestehen kann. Im Übrigen wird durch die **Aktie** auch kaum etwas von der umfassenden Herrschaftsmacht vermittelt, die dem Eigentum innewohnt. Im Kern gewährt die Aktie vielmehr nur ein Recht auf Gewinnteilhabe (**Dividende**), auf ein **Stimmrecht** in der Hauptversammlung (§§ 118 ff. AktG) sowie auf einen dem Aktionär individuell zustehenden **Auskunftsanspruch** (131 AktG), auf ein Recht zur klageweisen **Anfechtung** von Beschlüssen der Hauptversammlung und zur klageweisen Geltendmachung einer eventuellen Beschlussnichtigkeit (§§ 241 ff., 243 I, 251, 254, 255 AktG). Nicht einmal ein Stimmrecht ist aber zwingend gegeben, wenn die Aktie **Sonderrechte**, etwa auf eine **Vorzugsdividende**, gewährt. Solche Aktien können als Ausgleich dafür ohne Stimmrecht ausgestattet sein (**stimmrechtslose Vorzugsaktien**, vgl. §§ 12 I 2, 139 ff. AktG, im Gegensatz zu den **Stammaktien**). Selbst wenn eine Aktie die Einflussmöglichkeiten auf das Unternehmen satzungsgemäß (§ 26 AktG) durch Sonderrechte erhöht, hat dies mit dem Eigentum im Rechtssinne nichts zu tun.

Beispiel: Recht, einen Vertreter eigener Wahl in den Aufsichtsrat entsenden zu können.

Grundsätzlich erstreckt sich das **Stimmrecht** im Wesentlich nur auf die im § 119 AktG aufgeführten Materien. Durch **Mehrheitsbeschluss** wird beispielsweise über die personelle Zusammensetzung des Aufsichtsrates entschieden, Entlastung versagt oder erteilt (was gemäß § 120 II 2 AktG keinen Verzicht auf etwaige Ersatzansprüche der AG gegenüber dem Vorstand und Aufsichtsrat bedeutet), die Verwendung des Bilanzgewinnes festgelegt, das Grundkapital erhöht oder herabgesetzt oder über das Schicksal der AG selber - Fusion, Auflösung - befunden. Weder an der Feststellung des Bilanzgewinns selber noch an der personellen Zusammensetzung des Managements (Vorstand) oder gar an konkreten Unternehmensentscheidungen hat der Aktionär - im Gegensatz zum GmbH-Gesellschafter - Anteil.

Diese ohnehin schon beschränkte Kompetenz des Aktionärs wird vielfach faktisch noch durch das sog. **Depotstimmrecht der Banken** weiter entwertet: Da es jedenfalls den Kleinaktionären durchweg an Informiertheit ebenso wie an Geld und Zeit mangelt, um Hauptversammlungen zu besuchen, sachgerechte Entscheidungen zu treffen oder gar eigene Anträge zu formulieren, erteilen diese Aktionäre regelmäßig einer Bank (schriftlich) **Vollmacht** oder **Ermächtigung** zur Ausübung ihres Stimmrechts, ohne inhaltliche Weisungen zu erteilen (vgl. § 129 III, 134 III AktG), zumal dann, wenn diese Bank ohnehin das Anlagevermögen des Kunden verwaltet. In den relativ wenigen Banken kumuliert allein schon dadurch eine erhebliche, durch einheitliche Ausübung aller Depotstimmrechte noch gesteigerte Machtfülle. Dabei sind **Interessenkonflikte** vorprogrammiert, weil ja die Banken vielfach an den Gesellschaften, auf die sich ihr Depotstimmrecht bezieht, selber Aktien halten. Das Gesetz ist gerade hier um den Anlegerschutz bemüht (vgl. § 135 AktG). Anders ist die Situation naturgemäß beim Großaktionär bzw. beim Alleinaktionär (dann häufig eine Holding-Gesellschaft). Insgesamt führt die faktische Einflusslosigkeit vieler Aktionäre dazu, dass sie als Hauptreaktion auf Frustrationen die Veräußerung der Aktie ins Auge fassen.

Die **Übertragung der Aktie** und damit die Mitgliedschaft in der AG erfolgt nach dem gesetzlichen Leitbild bei der **Inhaberaktie** (vgl. §§ 10 I, 24 AktG) durch Übertragung des Eigentums an der Aktienurkunde. Man sagt: „Das Recht aus dem Papier folgt dem Recht am Papier". In der Effektenpraxis wird aber der Übertragungsvorgang noch weiter dadurch vereinfacht, dass die Aktienurkunden in speziellen **Wertpapiersammelbanken** als Depotbanken hinterlegt sind und die Aktienausgabe nur noch im Wege des **Besitzkonstituts** (§ 930 BGB) erfolgt. Dies spiegelt sich wiederum in einer Buchung auf dem Konto des Aktionärs bei seiner Depotbank. Eine Weiterübertragung der Aktie erfolgt dann durch Einigung über den Eigentumswechsel unter Abtretung des Herausgabeanspruchs (§ 931 BGB). Ein solches **stückeloses Effektengiro** ist freilich nicht möglich bei der früher eher seltenen **Namensaktie** (vgl. § 67 AktG), die trotz ihres Namens kein Namenspapier (Rektapapier) im wertpapierrechtlichen Sinne darstellt. Sie ist vielmehr **Orderpapier**, muss also durch **Indossament** übertragen werden (vgl. § 68 I AktG). Nur diese Namensaktien, die in ein von der AG geführtes Verzeichnis (**Aktienregister**, § 67 AktG) eingetragen werden, können entgegen dem Grundsatz freier Transferierbarkeit der Aktien in ihrer Übertragbarkeit satzungsmäßig beschränkt, also „**vinkuliert**" werden (§ 68 II AktG; vgl. demgegenüber die großzügigere Regelung in § 15 V GmbHG). In jüngerer Zeit werden bevorzugt (vinkulierte) Namensaktien ausgegeben, um der Gefahr einer „**feindlichen Übernahme**" (engl. „hostile takeover") besser einschätzen und begegnen zu können zu können.

Beispiele: Der Vorstand der X-AG bemerkt anhand des Aktienregisters, dass die Y-AG immer mehr Stammaktien der X-AG aufkauft, um die Anteils- und Stimmenmehrheit über diese Gesellschaft zu erlangen.
Die Z-AG hat ihre Stammaktien als vinkulierte Namensaktien konzipiert, die nur mit Zustimmung des Vorstandes übertragen werden können.

Eine Übertragung an die AG selber ist gemäß § 71 AktG ausgeschlossen. Das grundsätzliche **Verbot eigener Aktien** schützt die Gesellschaftsgläubiger vor Liquiditätsverlusten, letztendlich vor der Insolvenz der AG. Auch die Minderheitsaktionäre werden davor geschützt: § 71 AktG verhindert, dass die Aktionärsmehrheit ihre Aktien an die von ihr dominierte AG veräußert und sich insoweit das Gesellschaftsvermögen zueignet, während die Aktien am Markt vielleicht nur mit hohen Verlusten oder gar nicht hätten veräußert werden können.

(3) Vorstand und Aufsichtsrat

Der von der Hauptversammlung gewählte **Aufsichtsrat**, dessen **Zusammensetzung** vom Einfluss der **Mitbestimmung** abhängt (§ 96 AktG), hat vor allem die Aufgabe, seinerseits den Vorstand einzusetzen und diesen zu überwachen, nicht jedoch selbst die Geschäfte der Gesellschaft zu führen (§§ 84, 111 AktG). Eine Ausnahme statuiert § 111 IV 2 AktG: Satzung oder Aufsichtsrat können ein **Zustimmungserfordernis** für bestimmte Arten von Geschäften vorsehen. Mittelbar können so die Kapitaleigner nicht nur personalpolitisch, sondern auch sachentscheidungsbezogen auf den Vorstand Einfluss nehmen.

Beispiel: Dem Vorstand wird aufgegeben, für eine Kreditaufnahme und die Kreditvergabe über ein Limit von Euro 100.000 p.a. hinaus die Zustimmung des Aufsichtsrates einzuholen.

Schließlich hat der Aufsichtsrat die Gesellschaft gegenüber den Vorstandsmitgliedern, die regulär die Gesellschaft rechtsgeschäftlich repräsentieren (§ 78 AktG), zu vertreten (§ 112 AktG). In Betracht kommen etwa (vgl. § 93 III AktG) Schadensersatzansprüche der Gesellschaft aus dem rechtswidrigen und schuldhaften Erwerb eigener Aktien der Gesellschaft, aus der Rückgewähr von Einlagen an die Aktionäre oder wegen Verletzung von Pflichten (§ 280 I BGB) ihres mit der Gesellschaft geschlossenen Dienstvertrages. § 112 AktG macht also insoweit eine (lat.) actio pro socio, wie sie bei Personengesellschaften häufiger notwendig werden kann, von vornherein entbehrlich. Um die **Kontrollfunktion** des Aufsichtsrates zu gewährleisten, verbietet das Gesetz seinen Mitgliedern beispielsweise, zugleich dem Vorstand anzugehören (§ 105 I AktG; vgl. auch § 100 II Nr. 3 AktG mit dem **Verbot der Überkreuzverflechtung**). Bei der Erfüllung ihrer Pflichten sind die Aufsichtsratsmitglieder einem besonders strengen Sorgfaltsmaßstab unterworfen: Sie haben die **Sorgfalt** eines ordentlichen und gewissenhaften Kontrolleurs zu beachten, und dafür tragen sie auch noch die **Beweislast** (§§ 116 i. V. m. 93 AktG).

Das Zentrum unternehmerischer Leitung der AG bildet der **Vorstand**, dem dafür **Geschäftsführungsbefugnis** und **Vertretungsmacht** zur Verfügung stehen (§§ 76 I, 77, 78 I AktG). Auch **deliktsrechtlich** repräsentiert der Vorstand die Gesellschaft (§ 31 BGB analog). Besteht der Vorstand - wie regelmäßig - aus mehreren Mitgliedern, so gilt grundsätzlich Gesamtgeschäftsführung und (aktive) Gesamtvertretung (§§ 77 I 1 , 78 II 1 AktG). Doch kann namentlich die Satzung Einzelkompetenz normieren (§§ 77 I 2, 78 III 1 AktG). Sachlich-inhaltlich sind Geschäftsführungsbefugnis und Vertretungsmacht prinzipiell unbeschränkt (entgegen der im anglo-amerikanischen Rechtskreis herrschenden **ultra-vires-Doktrin** auch nicht beschränkt durch den Gesellschaftszweck). Doch kann die Geschäftsführungsbefugnis - nur sie - eingeengt werden (§ 82 AktG). Ist dies der Fall, so liegt darin durchweg zugleich die Einräumung einer Einzelkompetenz jedenfalls hinsichtlich der Geschäftsführung und grundsätzlich wohl auch hinsichtlich der Vertretung.

Beispiel: Aufteilung der Leitungsverantwortung des Vorstandes in einzelne Ressorts, z. B. für Investition und Finanzierung, Organisation/Personal/Recht, Marketing, Materialwirtschaft und Logistik etc.

Bei der Erfüllung ihrer Aufgaben haben die auf höchstens 5 Jahre gewählten (§ 84 I 1 AktG) Vorstandsmitglieder die **Sorgfalt** eines ordentlichen und gewissenhaften Geschäftsleiters anzuwenden (§ 93 II AktG). Im Falle der Pflichtverletzung haften die Vorstandsmitglieder der AG gegenüber auf Schadensersatz, ggf. als Gesamtschuldner. Angesichts des scharfen Sorgfaltsmaßstabs und wegen der dabei auch noch angeordneten **Beweislastumkehr** läuft dies im Ergebnis an sich auf eine Art Gefährdungshaftung hinaus. Eine entscheidende Milderung der Verantwortung bringt jedoch der eingefügte § 93 I 2 AktG. Demzufolge fehlt es an einer Pflichtverletzung, wenn das Vorstandsmitglied bei einer unternehmerischen Entscheidung vernünftigerweise annehmen durfte, auf der Grundlage angemessener Informationen zum Wohl der Gesellschaft zu handeln. Eine spezielle Berufshaftpflichtversicherung, die das spezifische Haftpflichtrisiko von Vorstandsmitgliedern versichert (sog. **D&O-Versicherung**: „Directors and Officers"-Versicherung) ist dadurch allerdings nicht weniger wichtig und wird wohl ausnahmslos abgeschlossen.

Bei ihrer Geschäftsführungstätigkeit sind die Vorstandsmitglieder grundsätzlich eigenverantwortlich und können sich nicht dadurch entlasten, dass sie Aktionärswünschen entsprochen haben. Denn selbst von den Wünschen der Aktionärsmehrheit ist der Vorstand unabhängig. Lediglich auf eigenes Verlangen des Vorstandes hin kann die Versammlung über Geschäftsführungsmaßnahmen mit Bindungswirkung für den Vorstand beschließen (§§ 119 II, 83 II AktG). Über die **Leitungstätigkeit** im spezifischen Sinne hinaus hat der Vorstand eine Art **Allzuständigkeit**: Er hat z. B. dem Aufsichtsrat die Kontrolle durch Berichte zu ermöglichen (§ 90 AktG), die Hauptversammlung einzuberufen (§ 121 II 1 AktG) und den Jahresabschluss durchzuführen. Zur Verantwortlichkeit des Vorstandes gehört nicht zuletzt, die Rechtskonformität des Handelns aller im Unternehmen tätigen Personen sicherzustellen (Personnel Compliance) und natürlich auch selber, persönlich wie als Organ der Gesellschaft, rechtmäßig zu handeln (**Corporate Compliance**). Die h. M entnimmt eine derartige generelle, für alle Unternehmen ganz unabhängig von ihrer Rechtsform bestehende Pflicht zum Compliance Management aus § 130 OWiG. Diese Vorschrift bedroht denjenigen „Inhaber eines Betriebes oder Unternehmens" mit Geldbußen, der schuldhaft „Aufsichtsmaßnahmen unterlässt, die erforderlich sind, um (…) Zuwiderhandlungen gegen Pflichten zu verhindern, die den Inhaber treffen und deren Verletzung mit Strafe oder Geldbuße bedroht ist (…)". § 9 OWiG erweitert den Adressatenkreis auf Organmitglieder und sonstige Führungskräfte. Nach h. M. können Inhaber von Unternehmen bzw. Organpersonen ihre Compliance-Verantwortung auch nur in recht engen Grenzen delegieren.

Für die börsennotierte AG spielt die Corporate Compliance allerdings eine besondere Rolle wegen § 161 I 1 AktG. Diese Norm verpflichtet Vorstand (und Aufsichtsrat) zu einer jährlichen Erklärung, inwieweit den Empfehlungen der „Regierungskommision **Deutscher Corporate Governance Kodex**" entsprochen wurde bzw. warum dies nicht geschah. Der DCGK ist für sich gesehen zwar entgegen der öffentlichen Wahrnehmung keine Rechtsquelle, erhält aber wegen der Verweisung in § 161 AktG rechtliche Relevanz. Neben „Empfehlungen", denen grundsätzlich zu folgen ist, wenn die Abweichung nicht begründbar ist, gibt der DCGK „Anregungen", von denen auch ohne Begründung abgewichen werden kann. Sprachlich wird der Unterschied durch „soll" bzw. „sollte" angezeigt.

Bei alledem beansprucht der DCGK, nur geltendes Recht nachzuzeichnen und für die Praxis besser handhabbar zu machen. Dies erhöht faktisch den Druck, dem DCGK möglichst 1:1 zu folgen, denn die Erklärungen dazu sind gemäß § 161 II AktG „auf der Internet-Seite der Gesellschaft dauerhaft öffentlich zugänglich zu machen". Ob der DCGK aber tatsächlich nur das geltende Recht verdeutlicht, also lediglich **deklaratorische Funktion** hat, ist zweifelhaft. So verlangt DCGK (Fassung 2009)4.1.1. S. 1 vom Vorstand, das Unternehmen mit dem Ziel nachhaltiger Wertschöpfung unter Berücksichtigung aller mit dem Unternehmen verbundenen Gruppen zu leiten. Der AG wird so eine gesamtgesellschaftliche Verantwortung aufgebürdet, für die man schwerlich eine überzeugende rechtliche Begründung wird finden können.

(4) Verfassung der KGaA

Die KGaA ist eine **Mischform** zwischen KG und AG, wobei sie aber - wie schon ihre Regelung in den §§ 278 ff. AktG deutlich macht - der AG näher steht. Sie ist eine **juristische Person**, bei der gleichwohl mindestens ein Gesellschafter (auch hier **Komplementär** genannt) den Gesellschaftsgläubigern unbeschränkt „persönlich" haftet, während die **Kommanditaktionäre** denselben Status wie die Gesellschafter der AG aufweisen (§ 278 III AktG). Deswegen können Kommanditaktionäre zugleich zum Kreis der Komplementäre gehören. Nach h. M. kann auch eine juristische Person oder Gesamthandsgesellschaft als Komplementär fungieren, obwohl der KGaA-Komplementär eine Stellung einnimmt, die derjenigen des Vorstandes bei der AG entspricht (§ 283 AktG), dort aber als Vorstandsmitglieder nur natürliche Personen zugelassen sind (§ 76 III 1 AktG). Da eine Bestellung des Vorstandes gegenstandslos ist, fällt dem **Aufsichtsrat** im Wesentlichen nur die **Kontrollfunktion** zu (vgl. im Übrigen § 287 AktG). Dies reduziert die konstruktiv am Aufsichtsrat ansetzende **Mitbestimmung** fühlbar. Wie bei der AG ist auch bei der KGaA die **Hauptversammlung** das Organ der (Kommandit-)Aktionäre. Die Komplementärseite hat aber in wichtigen Fragen, insbesondere bei der Feststellung des Jahresabschlusses, ein Vetorecht (§ 285 II, 286 I AktG). Hier zeigen sich die **Strukturunterschiede** zur AG besonders deutlich.

k) Europäische Aktiengesellschaft (SE = Societas Europaea)

Mit einer europarechtlichen VO wurde 2004 der rechtliche Rahmen einer europarechtlichen Gesellschaftsform vornehmlich für Großunternehmen geschaffen: Die (lat.) Societas Europaea, abgekürzt SE. Die europarechtlichen **Lücken** dieses sog. SE-Statuts wurden für Deutschland mit dem SEAG ausgefüllt, so dass die SE neben der genannten VO subsidiär dem nationalen Aktienrecht Deutschlands als des sog. Sitzstaates unterliegt. Dies betrifft beispielsweise Kapitalmaßnahmen und Satzungsänderungen, für die keine europarechtlichen Regelungen vorgesehen sind.

Das **Grundkapital** der SE, die ihre Rechtsform in der Firma zu führen hat, muss mindestens Euro 120.000 betragen (Art. 4 II SE-VO). Die **Gründung** der SE kann durch Verschmelzung, durch Errichtung einer Holding- oder einer Tochtergesellschaft sowie durch formwechselnde Umwandlung bereits bestehender Gesellschaften erfolgen. Die Einzelheiten regeln die §§ 5 ff. SEAG für die SE mit Sitz in Deutschland. Voraussetzung ist dabei, dass die an Gründung und Umwandlung beteiligten Gesellschaften transnationalen Charakter tragen: Entweder müssen sie dem Recht verschiedener Mitgliedstaaten der EG unterliegen oder durch eine Tochtergesellschaft oder wenigstens Niederlassung in einem anderen Mitgliedsstaat vertreten sein.

Die SE kann nach Maßgabe der jeweils beteiligten nationalen Gesellschaftsrechte entweder - etwa nach deutschem Muster - über eine **dualistische Verwaltungsstruktur** mit getrenntem Leistungs- und Aufsichtsorgan verfügen oder aber über eine **monistische Verwaltungsstruktur** etwa nach angelsächsischem Vorbild. Die Aufstellung des Jahresabschlusses, Liquidation und Insolvenz unterliegen dem gesellschaftsrechtlichen Regime des Sitzstaates, der übrigens mit dem Staat identisch sein muss, in dem sich auch faktisch die Hauptverwaltung befindet. Auch gilt zwingend das eventuell - wie namentlich in Deutschland - vorhandene nationale Mitbestimmungs- und Betriebsverfassungsrecht.

Die wesentlichen Bezugnahmen auf das nationale Recht entwerten die Idee einer gemeinen europäischen Aktiengesellschaft stark. Das ursprüngliche **Ziel**, innerhalb der EG grenzüberschreitende Fusionen, Konzernierungen und Kooperationen entscheidend zu erleichtern, indem die nationalrechtlichen Divergenzen auf europarechtlicher Ebene keine Rolle mehr spielen, kann derart ersichtlich nur schwer erreicht werden. Dennoch haben mittlerweile zahlreiche bedeutende deutsche Unternehmen sich diese Rechtsform zu Eigen gemacht.

Beispiele: BASF, MAN, ALLIANZ, Porsche

l) Die eingetragene Genossenschaft (eG)

Die Genossenschaft ist eine Sonderform des Vereins, gerichtet auf die Förderung der Wirtschaftstätigkeit, aber auch sozialer oder kultureller Belange ihrer Mitglieder (§ 1 GenG), also eine Art **Selbsthilfeeinrichtung**. Das sog. **Nichtmitgliedergeschäft** ist durch § 8 I Nr. 5 I GenG nach Maßgabe der Satzung aber gleichwohl zugelassen. Zur Anwendungsbreite vgl. § 1 I GenG und folgende

Beispiele: „Volksbanken", „Raiffeisenkassen", Einkaufsgenossenschaften, z. B. des Einzelhandels, Absatzgenossenschaften (Molkereien, Winzer!), Wohnungsbaugenossenschaften, karitative Selbsthilfeorganisationen, Künstlergilden.

Selbsthilfecharakter können freilich auch andere Vereinigungsformen tragen, was eine Beschreibung des Wesens der Genossenschaft erschwert.

Beispiel: „Beamtenheimstättenwerk" als AG.

Mit Eintragung in ein eigenes Register, das **Genossenschaftsregister**, erlangt die Genossenschaft den Status einer juristischen Person, und zwar als Formkaufmann (§§ 17 GenG, 6 II HGB). Das für die juristische Person eigentümliche haftungsrechtliche **Trennungsprinzip** schließt freilich nicht aus, dass die Satzung der Genossenschaft (vielleicht erst nach einer mit qualifizierter Mehrheit beschlossenen Änderung: § 16 II GenG) eine **beschränkte** oder gar **unbeschränkte Nachschusspflicht** für den **Insolvenzfall** vorsehen kann; diese Nachschusspflicht besteht gegenüber der Genossenschaft, nicht gegenüber ihren Gläubigern, hat also mit Haftung im spezifischen Sinne nichts zu tun (vgl. § 6 Nr. 3 GenG). Eine Nachschusspflicht wird die Bonität einer eG allemal vorteilhaft beeinflussen, weil die eG - anders als GmbH und AG - nicht über ein **Mindestkapital** verfügen muss. Ob und wie eine Nachschusspflicht in der Firma zum Ausdruck kommt, liegt in der Entscheidung der Generalversammlung. Die früher einmal gängige Bezeichnung „eGmbH" dürfte nicht ausreichen.

Beispiel: „e.G. mit unbeschränkter Nachschusspflicht".

Die eG verfügt über 3 **Organe**: Generalversammlung, Vorstand und Aufsichtsrat. Die Genossen üben ihr grundsätzlich nach Köpfen, nicht nach finanzieller Beteiligung gewährtes **Stimmrecht** (§ 43 III 1 GenG) in der Generalversammlung aus. Bei Großgenossenschaften tritt an die Stelle der Generalversammlung eine (kleinere) Versammlung gewählter Genossenvertreter (§ 43a GenG). **Generalversammlung** bzw. **Vertreterversammlung** haben deutlich mehr Kompetenzen als die Aktionärshauptversammlung, weil von dort aus z. B. der Vorstand gewählt wird (§ 24 II GenG), an den Vorstand von dort aus Weisungen ergehen können (§ 34 IV GenG) und dort über den Jahresabschluss entschieden wird (§ 48 I GenG).

Auch der genossenschaftliche **Vorstand** - ebenso der **Aufsichtsrat** - unterscheidet sich von dem aktienrechtlichen Seitenstück: Für eine juristische Person ausnahmsweise herrscht in beiden Organen das Prinzip der **Selbstorganschaft** (§ 9 II GenG): Die Organmitglieder müssen Genossen sein. Dies kann Probleme in der Unternehmensführung bringen, wenn die Genossen - wie durchaus häufig - nicht über die erforderliche **Geschäftsgewandtheit** für ein Leitungsorgan (vgl. §§ 24, 27 GenG) verfügen. Als Kompensation für diese strukturelle Schwäche muss jede eG nach §§ 53 ff. GenG einem **Prüfungsverband** angehören, der mindestens in zweijährigem Turnus wenigstens im Nachhinein die ordnungsgemäße Geschäftsführung zu überprüfen hat. Dies bedeutet zugleich eine Gewichtsverlagerung weg vom Aufsichtsrat (vgl. §§ 38 ff. GenG).

m) Europäische Genossenschaft (SCE = Societas Cooperativa Europaea)

Die Europäische Genossenschaft, die wenig praktische Bedeutung erlangt hat, ist strukturell der deutschen eG sehr ähnlich, so dass auf die dortigen Ausführungen verwiesen werden kann. Soweit sie ihren Sitz in Deutschland hat, gilt neben der einschlägigen EG-Verordnung über das Statut der SCE das dazu erlassene deutsche Ausführungsgesetz (SCEAG). Auffällig ist allerdings, dass die SCE gemäß Art. 1 III EG-VO Nr. 1453/2003 anders als die eG nach § 1 I

GenG nicht der Förderung künstlerischer Belange ihrer Mitglieder dienen kann.

n) Versicherungsverein auf Gegenseitigkeit (VVaG)

Der VVaG (geregelt in §§ 7, 15 ff. VAG) ist eine verbreitete versicherungswirtschaftliche Organisationsform in Gestalt einer juristischen Person, deren Mitglieder grundsätzlich die Versicherten selber sind. Auch der VVaG trägt somit, ähnlich wie die eG, **Selbsthilfecharakter.** Doch ist auch hier das **Nichtmitgliedergeschäft** nicht völlig ausgeschlossen. Der VVaG erlangt **Rechtsfähigkeit** schon mit **Erlaubniserteilung** durch die Versicherungsaufsicht (§ 15 VAG). Wegen § 16 VAG, der weitgehend das HGB für entsprechend anwendbar erklärt, unterliegt der VVaG grundsätzlich der Pflicht, sich im **Handelsregister** eintragen zu lassen. Ein sog. „kleinerer" **VVaG,** der satzungsgemäß einen sachlich, örtlich oder hinsichtlich der Mitglieder beschränkten Wirkungskreis hat (§ 53 VAG), ist davon freilich freigestellt und genießt auch sonst Erleichterungen (z.B. ist kein Aufsichtsrat erforderlich). Bei Gründung des VVaG muss nach § 22 VAG ein sog. **Gründungsstock** gebildet werden, dessen Höhe die Versicherungsaufsicht im Erlaubnisverfahren festsetzt. Der Gründungsstock dient - anders als Grund- und Stammkapital bei AG und GmbH - nicht den Außengläubigern des VVaG, sondern den Versicherten, deren Versicherungsansprüche ja von Anfang an erfüllt werden müssen (Funktion als „**Gewährstock**"). Außerdem hat der Gründungsstock die Errichtungskosten sowie die Betriebskosten in den Anfangsjahren abzudecken (**Errichtungsstock, Betriebsstock**). Werden **Gewinne** erzielt, so haben die Mitglieder wegen der „Gegenseitigkeit" Anspruch auf anteilige Ausschüttung des Jahresüberschusses (§ 38 VAG). Dabei ist allerdings § 37 VAG zu beachten, der zunächst die Tilgung des Gründungsstocks und die Bildung einer **Verlustrücklage** analog § 150 AktG vorsieht (vgl. ferner § 48 VAG). Andererseits müssen die Mitglieder je nach Satzung beschränkt oder sogar unbeschränkt **Nachschüsse** leisten (vgl. § 24 III VAG).
Organe des VVaG sind nach aktienrechtlichem Vorbild und mit ähnlichen Kompetenzen (vgl. §§ 34 ff. VAG) **Vorstand** und **Aufsichtsrat** sowie die „**oberste Vertretung**" nach § 29 VAG. Sie wird - insoweit parallel zur genossenschaftsrechtlichen Realität - regelmäßig nicht durch die **Mitglieder** selber, sondern durch deren **gewählte Vertreter** gebildet.

V. Marketing

1. Rechtliche Schnittstellen mit dem Marketing-Mix im Überblick

Erfolgreiches Marketing hängt letztlich auch davon ab, inwieweit rechtliche Überlegungen in das Kalkül eingehen. So ist es beispielsweise wenig ökonomisch, ein Werbekonzept zu entwickeln, zu finanzieren und am Markt zu implementieren, das schon in seiner Anfangsphase durch eine einstweilige Verfügung des Gerichts ausgehebelt wird. Überlegungen, sich durch eine Hochpreispolitik i. V. m. exklusiven Vertriebsbindungssystemen besonders zu profilieren, können sich als riskant erweisen, wenn dadurch nur die Produkthaftungsrisiken erhöht werden und ein selektiver Vertrieb rechtlich nicht durchzusetzen ist. Direktmarketing, eventuell unter Einsatz von Laien, ist vielleicht nur auf den ersten Blick eine durchschlagende Idee, wenn die hierin beschlossenen Akquisitionsrisiken auf Grund verbraucherschutzrechtlicher Vorschriften und die wettbewerbsrechtlichen Restriktionen mit bedacht werden. Die Auflistung der **Schnittstellen** zwischen **Marketing und Recht** ließe sich noch lange fortsetzen und wäre doch noch lückenhaft. Immerhin lassen sich exemplarische Einsichten gewinnen, wobei eine betriebswirtschaftlich-didaktisch ergiebige Sektorierung des Marketings in modulare Submix-Bereiche auch rechtliche Zusammenhänge zumindest schlaglichtartig beleuchten kann (vgl. Abb. 53).

Bei aufmerksamer Betrachtung von Abb. 53 werden viele Stichworte Assoziationen zu Ausführungen wecken, die schon an anderer Stelle gemacht wurden. Beispielsweise Produktqualität als Aktionsparameter im Marketing-Mix hat rechtliche Bezüge, die nicht nur eine spezielle Marketing-Affinität haben, sondern die weitgehend schon in das allgemeine vertrags- und deliktsrechtliche Fundament unserer Rechtsordnung eingebettet sind und auch unter diesem Aspekt abgehandelt wurden, z. B. das Thema Gewährleistung. Die Konditionengestaltung beispielsweise ist sicher ein Kernstück des Kontrahierungsmix, aber eben auch der Logistik und eben dort schon skizziert. Mit anderen Worten: In diesem dem Marketing geltenden Teil der Darstellung sind nur noch **Ergänzungen** nachzutragen, die ihrerseits wiederum teilweise durchaus auch in anderem Kontext sinnvoll hätten vorgebracht werden können.

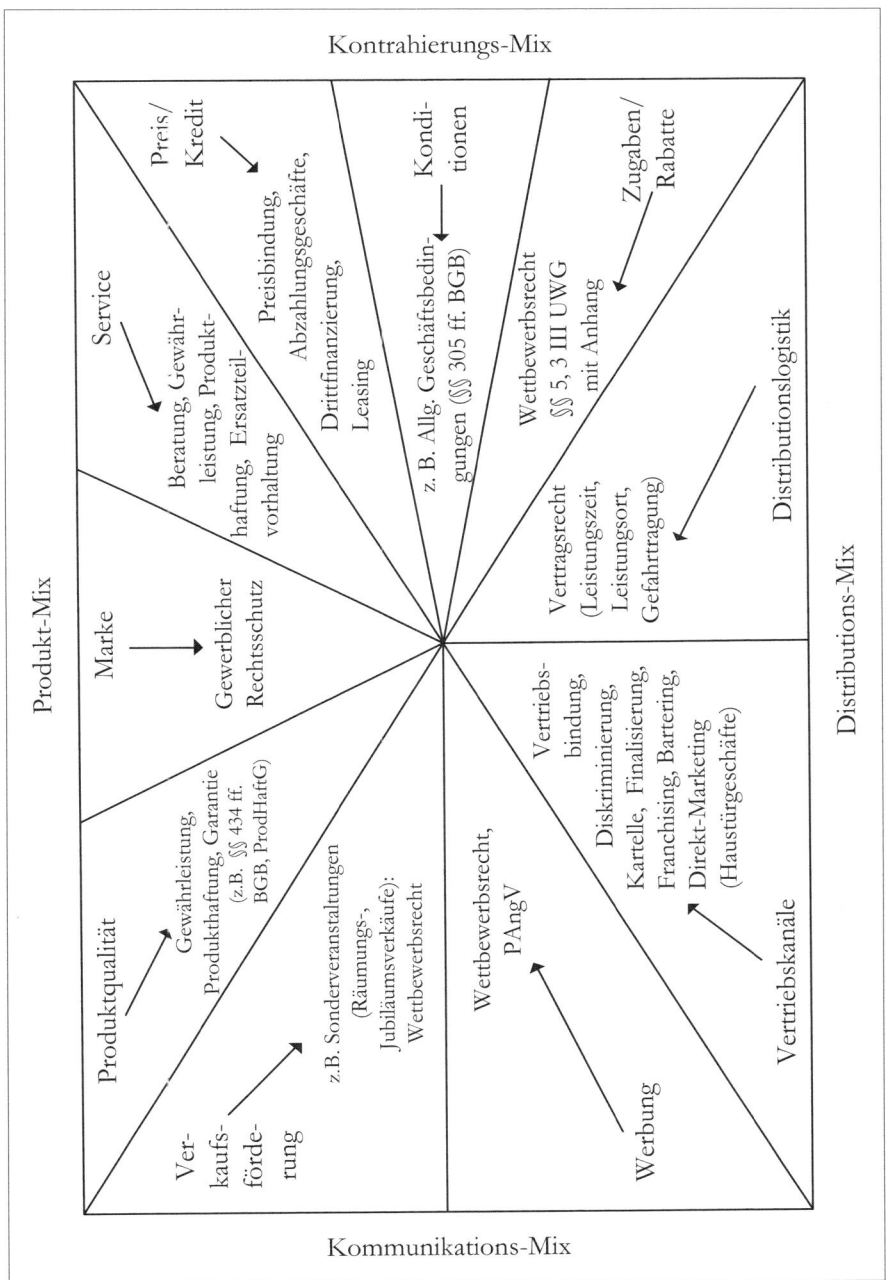

Abb. 53: Marketing und Recht

2. Akquisitionsrisiken

a) Geschäftsfähigkeitsmängel

Eine für das Marketing vieler Branchen interessante **Zielgruppe** sind Jugendliche unter 18 Jahren. In diesem **Marktsegment** wird über vergleichsweise viel konsumtives Kapital verfügt, das auch recht leicht ausgegeben wird. Für 2010 etwa lagen Schätzungen bei Euro 35 Milliarden allein in Deutschland.

Beispiele: Zeitschriften, Fast Food, Kosmetika, Unterhaltungselektronik, Mobiltelefon, Kino, Disco, „Spielhallen".

Ein an dieser Zielgruppe orientiertes Marketing ist allerdings mit erheblichen rechtlichen Akquisitionsrisiken behaftet. Denn die Volljährigkeit und die damit grundsätzlich gegebene **volle Geschäftsfähigkeit** als die Fähigkeit, durch rechtsgeschäftliche Willenserklärungen die gewollten rechtlichen Wirkungen auch tatsächlich herbeizuführen, ist gemäß § 2 BGB zum Schutz eben dieser Personengruppe vor ihrem noch nicht ausgereiften, insoweit unvernünftigen Willen an das Erreichen des achtzehnten Lebensjahres geknüpft. Innerhalb dieser **Minderjährigengruppe** ist aber wiederum zu unterscheiden: Minderjährige bis zum **siebten Lebensjahr** haben überhaupt keinen rechtsgeschäftlich beachtlichen Willen: Sie sind **geschäftsunfähig**, ihre Willenserklärungen zwar faktisch existent, von ihren Wirkungen her betrachtet aber ein juristisches Nichts: unheilbar unwirksam, eben „nichtig" (§§ 104 Nr. 1, 105 I BGB). Dabei ist gleichgültig, ob die Eltern als die gesetzlichen Vertreter nach §§ 1626, 1629 BGB damit einverstanden sind oder nicht. An geschäftsunfähige Personen können gemäß § 131 I BGB auch nicht wirksam Willenserklärungen gerichtet werden.

Beispiel: Der 5-jährige Klaus erwirbt mit Wissen seiner Eltern beim Bäcker für Euro 0,50 ein Gebäckstück: Kauf (§ 433 BGB), Übereignung des Gebäcks wie Übereignung des Geldstücks (jeweils § 929 S. 1 BGB) sind zwar beiderseits gewollt, aber nichtig, d. h. rechtlich wirkungslos.

Zwischen **sieben und achtzehn Jahren** besteht nach § 106 BGB eine nur sehr **beschränkte Geschäftsfähigkeit**, deren Inhalt und Grenzen die §§ 107-113 BGB definieren. Anwendungsfehler dieser Vorschriften beruhen oft darauf, dass das Gesetz seinem Wortlaut nach dort scheinbar jeden Minderjährigen erfasst, aber bei hermeneutisch gebotener systematischer Auslegung schon wegen § 106 BGB, aber auch wegen §§ 104 Nr. 1/105 I BGB eben nur Minderjährige über sieben Jahren meint.

Die Schlüsselnorm stellt hier § 107 BGB dar: Rechtsgeschäfte, die einem solchen Minderjährigen keinen **rechtlichen Nachteil** bringen, kann er frei tätigen. Im Übrigen braucht er die Einwilligung, also die vorherige Zustimmung (vgl. § 183 S. 1 BGB) „seines", wegen §§ 1626, 1629 BGB besser: seiner

gesetzlichen Vertreter, regelmäßig also beider Elternteile (selbst für diese bestehen Grenzen, vgl. §§ 1629 II 1 i. V. m. 1795 BGB). Auf eine ökonomisch-
saldierende Betrachtungsweise kommt es für § 107 BGB nicht an. Entsprechendes gilt nach § 131 II BGB für den Zugang einer Willenserklärung, die an
einen beschränkt Geschäftsfähigen gerichtet ist.

Beispiel: Kurz vor ihrem achtzehnten Geburtstag erwirbt Karin im Kaufhaus mit
Wissen ihres Vaters, nicht jedoch ihrer Mutter, die sich früher sogar entschie-
den dagegen ausgesprochen hat, den recht brutalen DVD-Film „Amboss räumt
auf" zum „absoluten Schlagerpreis" von Euro 1: Ein echtes „Schnäppchen"!
Der Kaufvertrag ist unwirksam, die Übereignung des Geldes ebenso (durch den
Kaufvertrag wird wegen § 433 II BGB eine Zahlungspflicht, also ein rechtlicher
Nachteil begründet, und durch die Übereignung des Geldes - § 929 S. 1 BGB -
verliert Karin ihr daran bestehendes Eigentum). Die Übereignung der DVD soll
Karin dagegen zu deren Eigentümerin machen, bedeutet für sie also lediglich
einen rechtlichen Vorteil und ist deshalb wirksam. Insoweit ist Karin allerdings
grundsätzlich der Leistungskondiktion - § 812 I 1, 1. Alt. BGB - ausgesetzt.

Kauf und Übereignung (des Geldes) sind jedoch in vorstehendem Beispiel
- als **Verträge** - zunächst nur „**schwebend**" **unwirksam**. Denn die Eltern
könnten gemäß § 108 I BGB noch nachträglich ihre Zustimmung erteilen
(Genehmigung, vgl. § 184 I BGB). Um den Schwebezustand zu beenden,
kann der Verkäufer an die Eltern herantreten und sie zur Entscheidung auffordern (§ 108 II BGB). Äußern sich die Eltern danach binnen zwei Wochen
nicht, so gilt die Zustimmung als verweigert, und an die Stelle schwebender
Unwirksamkeit ist die Gewissheit dauerhafter Nichtigkeit getreten. Wird der
Minderjährige währenddessen volljährig, so kann er selber entscheiden (§ 108
III BGB). Seinerseits kann sich der Vertragspartner hingegen nur nach Maßgabe des § 109 BGB durch Widerruf lösen. Bei **einseitigen**, nicht lediglich
rechtlich vorteilhaften Rechtsgeschäften, die nicht von der Einwilligung der
gesetzlichen Vertreter gedeckt sind, ist von vornherein Nichtigkeit gegeben
(§ 111 S. 1 BGB). Selbst mit Einwilligung sind solche Rechtsgeschäfte nicht
ohne weiteres wirksam (vgl. § 111 S. 2 BGB). Auch hierbei spielen wirtschaftliche Überlegungen keine Rolle.

Beispiel: Kündigung eines schon lange Jahre bestehenden und teuren, jetzt reichlich unsinnigen Abonnements von Märchenbüchern durch den inzwischen
sechzehnjährigen Max: Nicht lediglich rechtlich vorteilhaft, weil dadurch Verlust des Lieferanspruchs herbeigeführt wird.

Ein dem Minderjährigen über sieben Jahren nicht lediglich rechtlich vorteilhaftes Geschäft kann trotz fehlender Zustimmung der gesetzlichen Vertreter
dennoch wirksam sein. Der praktisch wichtigste Fall ist § 110 BGB, der nicht
ganz korrekt so genannte „**Taschengeldparagraph**": Jener Minderjährige
bewirkt die von ihm geschuldete Leistung mit Mitteln, die ihm zu eben diesem
Zweck oder zur freien Verfügung überlassen wurden.

Beispiele: „Hier hast du Euro 50; kaufe dir davon die Bluse, die dir so gefällt!"
(Zweckbindung). „Hier hast du dein Taschengeld!" (Überlassung zur freien
Verfügung).

Werden die zweckgebundenen Mittel nicht zweckgerecht verwendet (im vorstehenden Beispiel wird nicht jene Bluse, sondern ein Rock gekauft), so ist das
Geschäft natürlich nicht von § 110 BGB und schon gar nicht von § 107 BGB
gedeckt, mag dies für den Geschäftspartner auch nicht erkennbar sein. Aber
auch bei fehlender **Zweckbestimmung**, wie sie für das Taschengeld kennzeichnend ist, gibt es immanente, aus der elterlichen Sorge (§ 1626 BGB)
erwachsende Grenzen. Auch zur **„freien Verfügung"**, eben als sog. Taschengeld überlassene Mittel stehen somit unter einem vermuteten **pädagogischen
Vorbehalt**, der aus der Sicht verantwortungsvoller gesetzlicher Vertreter (Eltern) zu definieren ist. Wo dieser Vorbehalt zum Tragen kommt, sind
rechtlich nicht lediglich vorteilhafte Geschäfte des Minderjährigen über 7
Jahren durch § 110 BGB ebenfalls nicht gedeckt.

Beispiele: Kauf von „harten" Porno-Zeitschriften oder Bordellbesuch aus den
Mitteln des Taschengeldes; Kauf eines schweren Motorrades aus dem in den
letzten 10 Jahren vollständig gesparten Taschengeld.

Stammen die überlassenen Mittel nicht von den gesetzlichen Vertretern, so
greift § 110 BGB natürlich nur dann, wenn die gesetzlichen Vertreter damit
einverstanden sind. Hier zeigt sich deutlich, dass § 110 BGB gegenüber § 107
BGB nichts Neues bringt: Er ist nur eine Art Auslegungshilfe für die in der
Überlassung von Geld liegende konkludente Einwilligung für bestimmte oder
(scheinbar) alle entgeltlichen Geschäfte des beschränkt geschäftsfähigen Minderjährigen.

§ 110 BGB hat noch andere Tücken als die mit der Mittelüberlassung ggf.
verbundene Zweckbindung und den pädagogischen Vorbehalt: Der sprachliche Indikativ Präsens des „bewirkt" wird allgemein i. S. von „sofort und vollständig" interpretiert. Jegliche Geschäfte mit Zahlungszielen, insbesondere der
Warenkredit in Gestalt von Ratenkäufen, sind also nicht durch § 110 BGB
legitimiert, selbst wenn der beschränkt geschäftsfähige Minderjährige an sich
über entsprechende Mittel verfügt und sie lediglich gerade nicht zur Hand hat.

Beispiel: Die sechzehnjährige Sarah kauft auf dem Rückweg von der Schule einen
für die Abendparty dringend benötigten kussfesten Lippenstift, hat aber leider
ihre gutgefüllte Geldbörse zu Hause gelassen; sie einigt sich mit dem ihr bekannten Verkäufer, das Geld morgen vorbeizubringen: Keine Wirksamkeit nach
§ 110 BGB.

Neben dem praktisch wenig bedeutsamen § 112 BGB kommt vor allem noch
§ 113 BGB als Wirksamkeitstatbestand für Geschäfte des noch „Minderjährigen" in Betracht. Danach besteht eine partiell volle Geschäftsfähigkeit grundsätzlich für alle Geschäfte, die mit einem Dienst- oder Arbeitsverhältnis (nach

wenig überzeugender h. M. nicht: Berufsausbildungsverhältnis) des Minderjährigen im Zusammenhang stehen. Greift einer der in §§ 110, 112 oder 113 BGB genannten **Wirksamkeitstatbestände** ein, so erfasst die Wirksamkeit nicht nur das schuldrechtliche **Verpflichtungsgeschäft** (z. B. Kauf), sondern auch die sachenrechtlichen **Verfügungsgeschäfte** (z. B. Übereignung).

Über die genannten, durchaus eng gefassten Wirksamkeitstatbestände hinaus wird der Geschäftspartner hinsichtlich der Gültigkeit der Willenserklärung seines minderjährigen Kunden nicht geschützt. Insbesondere gibt es **keinerlei Gutglaubensschutz**, was in der Praxis nicht immer klar genug vor Augen steht: Sicher wird man selten genug genau einschätzen können, ob eine Person nun erst siebzehn oder doch schon achtzehn Jahre alt ist. Aber dies ist und bleibt eben das **Geschäftsrisiko** des Vertragspartners. Auch auf Zusicherungen des Minderjährigen hinsichtlich schon bestehender Volljährigkeit oder hinsichtlich angeblich erteilter Zustimmung der Eltern etc. darf man nicht vertrauen.

Den Schutz des Minderjährigen vervollständigt das Gesetz schließlich durch die **Haftungsbegrenzung** nach § 1629a BGB: Selbst für die unter Mitwirkung des bzw. der gesetzlichen Vertreter (also durch deren eigene Willenserklärungen im Namen des Minderjährigen oder durch die Zustimmung zu Willenserklärungen des Minderjährigen) zustande gekommenen Rechtsgeschäfte haftet der Minderjährige nur in dem Umfang, in dem sein Aktivvermögen ausreicht, um jene Verbindlichkeiten abzudecken, die in der Zeit seiner Minderjährigkeit rechtsgeschäftlich (oder auch durch Erbfall!) begründet wurden. Damit ist sichergestellt, dass insoweit mit Eintritt der Volljährigkeit wenigstens keine Schulden abzutragen sind, mag der volljährig Gewordene zu diesem Zeitpunkt auch völlig mittellos dastehen.

Die für Minderjährige über 7 Jahren geltenden Vorschriften hinsichtlich der nur beschränkten Geschäftsfähigkeit fanden über den früheren § 114 BGB in gleicher Weise auch auf solche Personen Anwendung, die wegen Geistesschwäche, Verschwendung, Trunksucht oder Rauschgiftsucht entmündigt worden waren Schon zum 1. 1. 1992 wurden jedoch alle Formen der **Entmündigung abgeschafft**, die damit in Zusammenhang stehende Vormundschaft schon zum 1. 1. 1992 beseitigt und durch das Rechtsinstitut der Betreuung ersetzt (§§ 1896 ff. BGB).

Trotzdem oder vielleicht gerade deshalb ist die Einschätzung der Rechtslage für den Verkehr äußerst problematisch, weil die Betreuung sich von der früheren Entmündigung nach Voraussetzungen und Wirkungen unterscheidet. Immerhin ist der (dauerhaft und schwer) **psychisch Kranke** nach wie vor wegen § 104 Nr. 2 BGB geschäftsunfähig, seine Willenserklärung mithin nichtig (§ 105 I BGB), und zwar ohne Rücksicht auf Erkennbarkeit seiner psychischen Verfassung. Dies gilt sogar dann, wenn der Betreuer im Rahmen eines gerichtlich angeordneten **Einwilligungsvorbehalts** nach § 1903 BGB in die Willenserklärung des von ihm Betreuten eingewilligt hat.

Ist ein (volljähriger) Betreuter nicht wegen § 104 Nr. 2 BGB geschäftsunfähig, so kann er grundsätzlich alle Willenserklärungen wirksam vornehmen. Nur bei Anordnung eines Einwilligungsvorbehalts gelten nach § 1903 I BGB die §§ 108 bis 113 (sowie §§ 131 II und 210) BGB entsprechend: Der (volljährige) Betreute wird also insoweit grundsätzlich einem Minderjährigen über 7 Jahren gleichgestellt. Auch § 107 BGB gilt hier wegen § 1903 III 1 BGB der Sache nach. Allerdings werden nicht nur die lediglich rechtlich vorteilhaften Willenserklärungen von der Zustimmung des Betreuers abgekoppelt, sondern im Prinzip auch solche Rechtsgeschäfte des Betreuten allein nach seinem Willen ermöglicht, die „eine geringfügige Angelegenheit des täglichen Lebens" betreffen (§ 1903 III BGB). Gedacht ist hier z. B. an den Erwerb von Lebensmitteln für den alsbaldigen Verzehr. Wiederum als Rückausnahme ist hier allerdings eine anderslautende Anordnung des Gerichts vorgesehen (**erweiterter Einwilligungsvorbehalt**).

Beispiele: Ein unter Betreuung gestellter Alkoholiker kauft sich am Kiosk eine Flasche Schnaps. Vorausgesetzt, das Gericht hat diesbezüglich einen erweiterten Einwilligungsvorbehalt ausgesprochen, um eine Entziehungstherapie zu unterstützen, sind Kauf und sachenrechtliche Übertragungsrechtsgeschäfte (Übereignung der Schnapsflasche, Zahlung) unwirksam, gleichgültig, ob der Verkäufer Kenntnis von der Sachlage hat oder nicht.

Der geschäftliche Kontakt mit einem Betreuten ist demzufolge für den Geschäftspartner riskant. Sicherer ist es für ihn allemal, bei Kenntnis von einem Betreuungsverhältnis (zu den Voraussetzungen dafür vgl. § 1896 BGB) allein mit dem Betreuer zu kontrahieren, der nach § 1902 BGB in dem ihm übertragenen Aufgabenkreis den Betreuten - nur im Fall des § 104 Nr. 2 BGB ausschließlich! - vertritt. Dies läuft freilich gerade dem guten Zweck der Regelung zuwider, die personale Selbstbestimmung auch des psychisch (oder körperlich) Behinderten bzw. Kranken soweit wie möglich rechtlich zu respektieren und zu fördern. Ein bei allen Betreuten und nicht Betreuten gleiches **Basisrisiko** besteht natürlich ohnehin, sei es, dass die Wirksamkeit von Rechtsgeschäften an einer unerkannten, schweren, dauernden psychischen Störung i. S. des § 104 Nr. 2 BGB scheitert, sei es, dass nur vorübergehend, in bestimmten Situationen, wegen § 105 II BGB keine wirksamen Willenserklärungen abgegeben und entgegengenommen (§ 131 I BGB) werden können. Grund dafür ist letztlich durchaus auch eine Art der Geschäftsunfähigkeit, freilich eine nur situationsbezogene. Das Gesetz konstruiert § 105 II BGB allerdings nicht so, sondern begrifflich ganz unabhängig von der Geschäftsfähigkeit.

Beispiele: Gast G bestellt anlässlich seines Geburtstags beim Wirt W das 13. Bier; W nimmt das Angebot gerne an: Wegen § 105 II BGB weder wirksamer Kaufvertrag noch wirksame Übereignungen von Bier oder Geld!

Eine ganz merkwürdige Regelung enthält § 105a S. 1 BGB im Interesse einer Stärkung der Eigenverantwortlichkeit: Trotz Geschäftsunfähigkeit sollen Geschäfte des täglichen Lebens die mit geringwertigen Mitteln bewirkt werden können, grundsätzlich als wirksam gelten, sobald Leistung und Gegenleistung bewirkt sind. Der Sinn dieser Norm wird immer dunkler, je mehr man sich in sie vertieft. Klar ist nur, dass jedenfalls nicht Erfüllung verlangt werden kann, da die **Wirksamkeitsfiktion** ja erst nach Erfüllung der beiderseitigen Pflichten eingreift. Es handelt sich also wohl eher um die künstliche Schaffung eines „rechtlichen Grundes" i. S. von § 812 I 1, 1. Alt. BGB, um einer Rückabwicklung des (Verpflichtungs-) „Geschäftes", namentlich eines Kaufvertrages, den Boden zu entziehen.

Die **Reichweite** der Wirksamkeitsfiktion des § 105a S. 1 BGB ist unklar. Sie erfasst nach richtiger Ansicht aber nicht nur das Verpflichtungsgeschäft, sondern auch damit in realem Zusammenhang stehende, zur Erfüllung gedachte „dingliche" Rechtsgeschäfte, also insbesondere die Übereignung beweglicher Sachen (§§ 929 ff. BGB). Ansonsten würde die Vorschrift leerlaufen, weil es gar nicht zu einem „Bewirken" von Leistung und Gegenleistung kommen könnte. Außerdem bliebe der Geschäftsunfähige zeitlebens allenfalls zum Besitz berechtigter Besitzer, würde also niemals Eigentümer werden. Immobiliengeschäfte, sowohl schuldrechtliche als auch „dingliche", scheiden hingegen wohl sämtlich aus, da sie weder Geschäfte des täglichen Lebens noch solche Geschäfte sind, die mit geringwertigen Mitteln bewirkt werden können. Mit Rücksicht auf den Zweck des § 105a macht sein S. 2 von alledem wieder eine **Rückausnahme** bei erheblicher Gefahr für Person oder Vermögen des Geschäftsunfähigen. Es bleibt also in solchen Fällen bei Unwirksamkeit.

Beispiel: Der bekannte und beliebte, angesichts seiner chronischen Alkoholkrankheit aber geschäftsunfähige Schauspieler S kauft von seiner „Gage", also von seinem Honorar, Lebensmittel zum Preis von Euro 10. Nach Zahlung des Kaufpreises und Erhalt der Ware erwirbt er am Kiosk vor dem Theater, in dem er seinen Auftritt hat, noch schnell eine Flasche Wodka für Euro 3, die er hastig leert: Die Rechtsgeschäfte im Zusammenhang mit den Lebensmitteln haben Bestand, der Kauf des Wodka ist und bleibt wegen § 105a S. 2 hingegen unwirksam, ebenso die Übereignung von Wodka und den dafür gezahlten Euro 3.

Von der Auslegungslogik her macht die Beschränkung auf Geschäftsunfähigkeit im Gesetzestext übrigens keinen Sinn: Warum sollte § 105a S. 1 BGB nicht erst recht beschränkt Geschäftsfähigen zugute kommen, soweit die von ihnen vorgenommenen Rechtsgeschäfte nicht von den §§ 107 ff. BGB gedeckt, also ebenfalls unwirksam sind? Man wird hier eine analoge Anwendung in Betracht zu ziehen haben (lat. „argumentum a maiore ad minus").

Zusammenfassend reguliert das Gesetz den Rechtsstatus bezüglich der Geschäftsfähigkeit also auf mehreren Ebenen, die man immer im Zusammenhang sehen muss (Abb. 54). Das **Alter** liefert dabei nur das **Grobraster**.

Rechtsstatus / Einflußfaktoren	Geschäfts-unfähigkeit	beschränkte Geschäfts-fähigkeit	volle Geschäfts-fähigkeit
Psychische Verfassung	§ 104 Nr. 2 BGB: dauernde schwere psychische Erkrankung (s. a. § 105 II BGB)		
"Betreuung"		§ 1903 BGB: Einwilligungs-vorbehalt	
Alter	§ 104 Nr. 1 BGB: bis 7 Jahre	§ 106 BGB: 7 bis 18 Jahre	§ 2 BGB: ab 18 Jahre

Abb. 54: Geschäftsfähigkeit als Funktion von Alter, "Betreuung" und psychischer Verfasssung

b) Direktmarketing

(1) Zusendung unbestellter Waren und ähnliches

Ein beliebter Vertriebstrick innerhalb des Direktmarketings besteht im Zusenden unbestellter Ware. Der rechtlich uninformierte Verbraucher (vgl. § 13 BGB) wird das darin liegende Angebot zum Abschluss eines Kaufvertrages (mit entsprechender Zahlungspflicht!) oft genug konkludent annehmen. Selbst wenn es dazu nicht kommt, fühlt sich der Verbraucher durch die vage Ahnung vom Bestehen einer Rückgabepflicht erheblich unter Druck gesetzt. Da der (potenzielle) Kunde ohne Kaufvertrag etc. kein Recht zum Besitz i. S. des § 986 BGB hat, ist er in der Tat zur Herausgabe (freilich als Holschuld!) verpflichtet. Im Übrigen resultiert aus diesem „**Eigentümer-/ Besitzerverhältnis**" mittelbar sogar eine Obliegenheit zur Verwahrung der unbestellten Ware, weil sich der (potenzielle) Kunde sonst schadensersatzpflichtig machen würde. Denn da er weiß oder allemal wissen müsste, dass er kein Recht zum Besitz hat, also diesbezüglich bösgläubig i. S. der §§ 990, 932 II (analog) BGB ist, droht ihm nämlich über § 989 I 1 BGB eine Haftung für Verschlechterung oder gar Verlust der Ware.

Dem will der Gesetzgeber neuerdings jedoch einen Riegel vorschieben, indem er derartige Ansprüche grundsätzlich ausschließt. Das ist der Sinn des wenig klaren § 241a I, II BGB. Der Verbraucher kann die **unbestellte Ware** also faktisch folgenlos behalten, wird freilich wohl niemals Eigentümer, weil es an den Voraussetzungen etwa des § 929 S. 1 BGB (keine Einigung über den Eigentumswechsel) oder des § 937 BGB (mangels der in § 937 II BGB geforderten Gutgläubigkeit!) fehlt. Entsprechendes gilt für die Erbringung **nicht angeforderter Leistungen.**

Beispiel: Kein Anspruch auf Wertersatz (§ 818 II BGB) als Abschöpfung einer ungerechtfertigten Bereicherung (§ 812 I 1, 1. Alt. BGB) bei unaufgefordertem Reinigen der Autofrontscheibe beim Ampelhalt.

Kein Verlust gesetzlicher Ansprüche tritt ein - vertragliche Ansprüche nach (konkludenter) Annahme sind hier von vornherein kein Thema! -, wenn es sich bei der zugesandten Ware um einen Irrläufer handelt oder wenn der Lieferant irrtümlich von einer Bestellung ausging und der Empfänger dies erkannte oder fahrlässigerweise (vgl. § 276 II BGB) nicht erkannte (so § 241a II BGB; weitere Ausnahme in § 241a III BGB).

(2) „Haustürgeschäfte" und ähnliche Geschäfte

Eine „klassische" Variante des **Direktmarketings** ist auch das sog. **Haustürgeschäft**, bei dem zu Akquisitionszwecken der Kunde in seinem Privatbereich kontaktiert wird.

Beispiele: Zeitungsabonnements, Versicherungen, Staubsauger.

Die auf dieser Absatzschiene erzielte hohe Rate von Vertragsabschlüssen basiert dabei eben nicht nur auf hoher Produktqualität oder günstigem Preis, sondern tendenziell auch auf einem gewissen **Überrumpelungsmoment.** Vielfach wird dem Kunden erst nachdem sich der (Handels-)Vertreter verabschiedet hat, klar, dass er sich bei ruhiger Überlegung ganz anders verhalten hätte. §§ 119, 123 BGB (Anfechtung) sind hier nur sehr selten einschlägig oder aber die Voraussetzungen nicht beweisbar. Im Interesse der **Marktrationalität** der Verbraucherentscheidung hat der Gesetzgeber für solche Geschäfte in §§ 312/355 f. BGB deshalb besondere Lösungsmöglichkeiten vorgesehen.

Die Schutzmechanismen für Haustürgeschäfte ähneln stark denen, die für Verbraucherkreditgeschäfte gelten. Doch gibt es auch Unterschiede: So ist nach §§ 312, 355 II 2 BGB zwar ebenfalls eine deutlich formulierte **Belehrung** über das **Widerrufsrecht** dem Kunden auszuhändigen und von diesem zu unterschreiben, doch ist dies nicht notwendig eine „zweite Unterschrift". Denn die Vertragserklärung des Kunden bedarf nach § 312 BGB - anders als nach § 492 BGB - keiner Schriftform. Im konkreten Einzelfall können Haustürgeschäfte freilich zugleich Verbraucherkreditgeschäfte darstellen. Dann tritt § 312 BGB hinter die §§ 491 ff. BGB zurück (§ 312a BGB).

Beispiel: Ein teures Bodenpflegegerät wird an der Haustür verkauft; der Kaufpreis ist vereinbarungsgemäß in Monatsraten fällig.

Entgegen der (offiziellen) Überschrift des § 312 BGB gewährt diese Norm ein Widerrufsrecht nach § 355 BGB oder unter den besonderen Voraussetzungen des § 312 I 2 BGB stattdessen ein Rückgaberecht nicht nur bei Haustürgeschäften, sondern bei allen Geschäften, in denen der Kunde typischerweise ebenso der Überraschungsgefahr ausgesetzt ist. Freilich birgt nicht jedes gezielte Aufsuchen des Kunden die Überrumpelungsgefahr in sich. Der **Anwendungsbereich** des § 312 BGB ist deshalb differenzierter. Seine etwas genauere Kenntnis ist für die auf Direktmarketing gegründete Absatzstrategie aber erforderlich.

Zunächst erfasst § 312 BGB überhaupt nur entgeltliche Verträge zwischen Verbrauchern und Unternehmern i. S. von §§ 13 f. BGB, so dass eine ganze Reihe von Geschäften schon dadurch ausgegrenzt sind.

Beispiele: Besuch beim Arzt durch „Pharmareferenten".
Besuch beim Nachbarn, um ihn zum Kauf des nicht mehr benötigten Kinderwagens zu animieren.

Nach dem sachlich unverständlichen und deshalb rechtspolitisch zweifelhaften § 312 III 1, 1. Alt. BGB unterliegen auch **Versicherungsverträge** mit Verbrauchern nicht dem für Haustürgeschäfte geltenden Widerrufsrecht. Doch gewährt wenigstens § 8 IV VVG für Verbraucher ein von dem etwaigen Haustürcharakter des Versicherungsvertragsabschlusses ganz unabhängiges Widerrufsrecht mit 14-Tagesfrist (rechtzeitige Absendung genügt auch hier). In der Praxis wird § 8 IV VVG freilich dadurch regelmäßig unterlaufen, dass der (private) Versicherungsnehmer „natürlich" sofortigen Versicherungsschutz wünscht, wenn er vom Versicherungsvertreter darauf angesprochen wird: Dann entfällt nach § 8 IV 5 VVG das Widerrufsrecht. Unanwendbar ist § 312 I 1 BGB ferner generell bei sofort und vollständig abgewickelten **Bagatellgeschäften** (Zahlungspflicht bis Euro 40) und bei notariell beurkundeten Erklärungen (§ 312 III Nr. 2 und 3 BGB). Positiv umschreibt § 312 I 1 BGB den Anwendungsbereich. Zunächst muss ein auf **Leistungsaustausch** abzielender (schuldrechtlicher) Vertrag in Rede stehen. Allerdings ist dies im Lichte des **Umgehungsverbotes** des §§ 312 f. S. 2 BGB zu sehen. Auch **Vereinsbeitritte** können deshalb in den Geltungsbereich des § 312 BGB fallen, wenn der Beitritt wirtschaftlich auf Leistungsaustausch gerichtet ist.

Beispiele: Automobilvereine, bei denen der Beitritt oft gleich ein ganzes Leistungsbündel eröffnet (Pannenhilfe, Reiseorganisation etc.); Buchclubs; Rettungsflugvereine.

Situativ knüpft § 312 Nr. 1 BGB an eine mündliche - nicht schriftliche - Kontaktnahme „im Bereich einer **Privatwohnung**" an. Von daher leitet sich die Bezeichnung „Haustürgeschäft" ab. Dies muss nicht unbedingt die Wohnung selber und auch nicht die Wohnung gerade des Kunden sein.

Beispiel: Verkaufsparty für Kosmetika, Dessous, Tiefkühlplastik etc. in der Wohnung oder auch im Garten der Akquisiteuse.

Dem Bereich einer Privatwohnung gleichgestellt ist der **Arbeitsplatz**. Dies ist insbesondere für manche Bausparkassen und ihre Akquisitionspraxis interessant, denn das **Bauspargeschäft** wird im Gegensatz zum Versicherungsgeschäft von § 312 III 1, 1. Alt. BGB nicht privilegiert, wie auch nicht das **Bankgeschäft**. Akquisition etwa von Konsumentenkreditverträgen und Kapitalanlagen wird freilich auch selten an Haustür und Arbeitsplatz praktiziert, wohl aber als **Telefonmarketing**, einer beliebten Variante des Direktmarketings. Doch auch die telefonische Erklärung ist rechtlich gesehen eine mündliche Erklärung, die im Bereich der Privatwohnung bzw. am Arbeitsplatz abgegeben wird (vgl. auch § 147 I 2 BGB). Dann taucht die Frage auf, wie sich das Recht der Haustürgeschäfte und das Recht der Fernabsatzgeschäfte zueinander verhalten. Aus dem Anwendungsbereich des § 312 BGB kommt man auch nicht mit der Überlegung heraus, dass das Telefongespräch nur der **Vertragsvorbereitung** dient, der Vertrag selber dann aber zumeist der gewillkürten Schriftform (§ 127 BGB) unterworfen wird, es somit an der von § 312 I 1 Nr. 1 BGB geforderten Mündlichkeit fehlen könnte. Denn diese Norm verlangt nur, dass der Kunde zu seiner vielleicht schriftlichen Vertragserklärung im persönlichen, mündlichen Gespräch „bestimmt" worden ist. **Ursächlichkeit** und ein gewisser **zeitlicher Zusammenhang** (ca. 8 Tage) genügen deshalb zur Anwendung des § 312 BGB auch in ähnlichen Fallgestaltungen.

Beispiel: Abholen des Kunden eines Autohauses mit einem neuen Autotyp, wobei aus der EDV bekannt ist, dass eine Neuanschaffung fällig ist: Findet der Kunde Gefallen und entschließt er sich, am nächsten Tag in den Betriebsräumen des Autohauses den Kaufvertrag in schriftlicher Form perfekt zu machen, so greift § 312 BGB ein.

Das Widerrufsrecht nach §§ 312, 355 BGB entfällt, wenn der Kunde keines Schutzes vor Überrumpelung bedarf, weil er den Akquisiteur selber bestellt hat (§ 312 III Nr. 1 BGB). Dieser Grundgedanke zeigt auch die Ausnahmegrenzen auf: Trotz vordergründig vorliegender Bestellung des Vertreters bleibt das Widerrufsrecht z. B. bei **provozierter Bestellung** oder bei fehlendem sachlichen Zusammenhang zwischen Vertreterbestellung und späterem Vertragsschluss erhalten.

Beispiele: Prospekte mit anliegender Rückantwort zur Anforderung detaillierteren Materials bei Interesse des Kunden oder Teilnahmekarten für ein Preisausschreiben (Porto bezahlt jeweils Empfänger), wobei im Text die Bestellung eines Vertreters versteckt ist. Der Kunde bittet um einen Vertreterbesuch, um über eine Blitzableitermontage für sein Wohngebäude informiert zu werden, wird aber durch den Vertreter zur Auftragserteilung für eine neue Fassadengestaltung „bestimmt".

Situativ spielen für das „Haustürgeschäft" nicht nur der private Wohnungsbereich und der Arbeitsplatz eine Rolle, sondern gemäß § 312 I 1 Nr. 2 BGB auch „**Freizeitveranstaltungen**". Sog. **Kaffeefahrten** sind hier sicher der bekannteste Anwendungsfall. Nicht hierher gehören jedoch „**Butterfahrten**", bei denen nicht der Freizeitcharakter, sondern die Absicht im Vordergrund steht, zollfrei oder aus anderen Gründen einzukaufen. Es gibt freilich auch anspruchsvollere „Freizeitveranstaltungen", etwa **Konzerte** oder **Autorenlesungen** mit begleitendem Schallplatten- und Bücherverkauf. Sie unterfallen prinzipiell dem § 312 BGB, nur wird hier häufig die Bagatellklausel des § 312 III Nr. 2 BGB einschlägig sein.

Schließlich fungiert als situativer Anknüpfungspunkt des gesetzlichen Widerrufsrechtes nach § 312 I 1 Nr. 3 BGB das **überraschende Ansprechen** im **Verkehrsmittel** (Eisenbahn, Omnibus, Flugzeug, Taxi) oder im Bereich öffentlich zugänglicher **Verkehrsflächen** (Bahnhöfe, Flugplätze, Behörden, Parks). Nicht immer ist ein Ansprechen in solchen Situationen aber überraschend, so etwa im Bereich einer **Verkaufsmesse** oder eines Marktes.

Wie für das Verbraucherschutzrecht geradezu typisch, enthält § 312 BGB halbzwingendes, also nur **einseitig zwingendes Recht**. Zum Nachteil des Kunden kann es nicht abbedungen werden (§ 312f S. 2 BGB).

Da § 312 BGB auf § 355 BGB verweist, kann wegen des **Widerrufsrechts** und des nach § 312 I 2 BGB **substitutiven Rückgaberechts** auf die Ausführungen zum Verbraucherkredit Bezug genommen werden, dessen Recht ja ebenfalls auf §§ 355/356 BGB verweist.

(3) Fernabsatzverträge

Ein besonderes rechtliches, vor allem verbraucherschutzrechtliches Problemfeld ist der Fernabsatz. Man versteht darunter gemäß § 312b I BGB grundsätzlich die Lieferung von Waren oder die Erbringung von Dienstleistungen auf der Grundlage von Verträgen, die „unter ausschließlicher Verwendung von Fernkommunikationsmitteln" abgeschlossen werden (vgl. dazu auch die Aufzählung in § 312b II BGB).

Beispiel: Akquisition durch Telefonabsprachen (etwa auch nach Fernseh-Werbespots), „e-commerce" mit Hilfe des Internet, rein kataloggestützter Versandhandel, aber auch alle durch Briefe zustande gekommenen Verträge.

Seinen **Anwendungsbereich** beschränkt das Gesetz in § 312b I BGB allerdings von vornherein auf den Fernabsatz zwischen „Unternehmern" und „Verbrauchern", wie sie durch §§ 13 f. BGB definiert sind. Außerdem muss das Geschäft Teil „eines für den Fernabsatz organisierten Vertrags- oder Dienstleistungssystems" darstellen, um als sog. Fernabsatzvertrag nach § 312b I BGB zu gelten. Im Gegensatz dazu steht ein auf stationäre Geschäftstätigkeit hin organisiertes Unternehmen. Verträge, die ein solches Unternehmen gelegentlich allein unter Einsatz von „Fernkommunikationsmitteln" abschließt, unterfallen also nicht dem § 312b BGB. Für das Vorliegen eines Ferabsatzvertrages besteht allerdings eine **Vermutung**.

Gemäß § 312b III Nr. 1 BGB nicht unter die Regelungen für Fernabsatzverträge fallen zahlreiche Fallgestaltungen. **Keine Anwendung** findet das Fernabsatzrecht so namentlich auf Verträge über Fernunterricht, über die Teilzeitnutzung von Wohngebäuden i. S. von § 481 BGB (sog. Time-sharing, § 312b III Nr. 2 BGB), über Finanzgeschäfte aller Art (z. B. Tele-Banking) unter Einschluss von („Direkt"-)Versicherungen (jedoch mit der Rückausnahme für Darlehensvermittlungsverträge i. S. von § 655a BGB: § 312b III Nr. 3 BGB) sowie über Immobiliengeschäfte (Nr. 4). Nicht dem Fernabsatzrecht unterfallen auch die in § 312b III Nr. 5 BGB genannten Verträge, die allerdings gegenwärtig in Deutschland kaum vorkommen.

Beispiel: Der menschenscheue Schriftsteller Schlawinsky vermeidet es, das Haus zu verlassen. Nach telefonischer Absprache mit dem auf solche Fälle spezialisierten Lebensmittelhändler Liu lässt Schlawinsky sich täglich Frischmilch und Brötchen und jeweils zum Wochenende diverse Lebensmittel in größerer Menge ins Haus liefern.

Verbreitet ist hingegen ein Vertrag i. S. von § 312b III Nr. 6 BGB: Auf Grund eines telefonisch geschlossenen Kaufvertrages wird durch das „Pizza-Taxi" eine Mega-Pizza für die ganze Familie ins Haus geliefert. Die anderen dort genannten Ausnahmen sind hingegen wieder wenig praktisch. **Keine Anwendung** findet das Fernabsatzrecht schließlich, wenn der Kaufvertrag zwischen Unternehmer und Verbraucher derart geschlossen wird, dass die betreffenden Willenserklärungen konkludent durch Bedienung und Funktionieren eines „Warenautomaten" abgegeben werden (§ 312b II Nr. 7 BGB). Entsprechendes gilt für den Vertrag mit dem Netzbetreiber bezüglich des Herstellers der gewünschten Verbindung bei „öffentlichen Fernsprechern" und wohl analog auch bei öffentlichen Telefongeräten und e-mail-Terminals.

Beispiele: Kauf von Zigaretten am Automaten (Verkäufer ist der Automatenaufsteller); Kauf eines Fahrscheins für die S-Bahn am Automaten; Kauf von Benzin an der Selbstbedienungstankstelle; Telefonieren über ein frei zugängliches Münz- oder Kartentelefon.

Für diejenigen Verträge. die nach alledem personell, vertriebsstrukturell und sachlich dem Recht der Fernabsatzverträge unterliegen, normiert das BGB in § 312c I und II (i. V. m. § 1 I InfoV) zahlreiche **Pflichtangaben**: Beim Telefonmarketing müssen bereits bei Gesprächsbeginn(!) Identität des Unternehmers und der „gewerbliche Zweck" ausdrücklich(!) offengelegt werden (für freiberufliche Zwecke kann nichts Anderes gelten!). **Vorvertragliche Informationen** sind im Blick auf Fernabsatzverträge im Übrigen ganz allgemein geschuldet bezüglich der Ware oder Dienstleistung, ihres Preises und ihrer Preisbestandteile. Zu nennen sind beispielsweise auch anfallende Versandkosten und außergewöhnliche Kosten für die Nutzung von Fernkommunikationsnetzen, ferner Ersetzungsvorbehalte bei Nichtverfügbarkeit der Ware und die Modalitäten der beiderseitigen Erfüllung der Vertragspflichten. Es genügt, dass diese Informationen rechtzeitig vor Vertragsschluss vorliegen (weitere Informationen nach § 1 II und III InfoV sind grundsätzlich spätestens bis zur vollständigen Vertragserfüllung in der Textform des § 126b BGB zu geben; Einzelheiten in § 312c II und III BGB). Dass der Kunde die Informationen tatsächlich zur Kenntnis genommen hat und dies etwa - im **Internet-Handel** - durch Mausklick bestätigt, ist nicht erforderlich, aber aus Dokumentationsgründen durchaus zweckmäßig.

Alle diese Pflichtangaben müssen „**klar und verständlich**" gegeben werden, wobei z. B. im Internet-Handel aber durchaus auch in englischer Sprache klar und deutlich informiert werden kann. Es kommt nämlich gemäß § 312c I BGB immer auch auf das „eingesetzte Fernkommunikationsmittel" an, und da ist durchaus **Englisch** schlechthin die **Sprache des Internet**. Wer sich auf diese Sprache einlässt, muss sich wohl auch im Rahmen des **AGB**-Rechts (zumutbare Möglichkeit der Kenntnisnahme, Transparenzgebot!) daran festhalten lassen.

Ist der **Fernabsatzvertrag** auf ein **Teilzahlungsgeschäft** gerichtet, so hat dies gemäß § 507 I BGB eine deutliche **Privilegierung** gegenüber den sonst für Teilzahlungsgeschäfte geltenden Vorschriften zur Folge: Teilzahlungsgeschäfte im Fernabsatz bedürfen vor allem nicht notwendig der Schriftform des § 492 I 1 BGB. Voraussetzung dafür ist zunächst, dass die meisten der sonst notwendigen Pflichtangaben (Barzahlungspreis, Sollzinssatz, effektiver Jahreszins, Tilgungsplan, zu stellende Sicherheiten und abzuschließende Versicherungen) dem Verbraucher vom Unternehmer schon im Verkaufsprospekt oder in einem vergleichbaren elektronischen Medium genannt wurden. Weitere Voraussetzung ist, dass der Unternehmer den Vertragsinhalt dem Verbraucher „spätestens unverzüglich" nach Vertragsschluss in der Textform des § 126b BGB zugänglich macht.

Eine Verletzung der in § 312c BGB normierten Informationspflichten wirkt sich (nur) auf die **Frist** für die Ausübung des auch bei Fernabsatzverträgen grundsätzlich bestehenden zweiwöchigen **Widerrufsrechts** aus (§§ 312d, 355 BGB). Diese Frist beginnt bei Fernabsatzverträgen freilich nicht nach der Regel des § 355 II BGB zu laufen, sondern gemäß § 312d II 1 BGB erst nach Erfüllung der gemäß § 312c II BGB nach Vertragsschluss in Textform zu gebenden erweiterten Information, bei Fernabsatzverträgen über Waren nicht vor deren Eingang beim Empfänger, also dem Verbraucher selber oder einem von ihm bestimmten Dritten (vgl. §§ 362 II, 185 I BGB). **Sonderregeln** bestehen für das Widerrufsrecht bei Fernabsatzverträgen auch insofern, als dieses Widerrufsrecht bei den in § 312d IV BGB bestimmten Verträgen grundsätzlich ausgeschlossen ist, namentlich auch bei entsiegelter Software oder bei Lieferung von Zeitungen, Zeitschriften und Illustrierten.

Soweit demnach überhaupt ein Widerrufsrecht besteht, kann es gemäß § 312d I 2 BGB bei Fernabsatzverträgen über die Lieferung von Waren unter bestimmten, sogleich darzulegenden Voraussetzungen durch das **Rückgaberecht** nach § 356 BGB ersetzt werden. Dann kann der Fernabsatzvertrag nicht mehr durch bloßen Widerruf vom Verbraucher storniert werden, sondern nur noch durch die für den Verbraucher kosten- und gefahrfreie (§ 357 II 2 BGB) Rücksendung der Ware, wenn dies als Paket erfolgen kann. Wenn dies nicht möglich ist, genügt das (wie der Widerruf: § 355 I 2 BGB) in Textform zu erklärende Rücknahmeverlangen (§§ 356 II, 355 I 2 analog BGB). Das Rückgaberecht ist allerdings an ihm eigene **Voraussetzungen** geknüpft, die § 356 I 2 BGB näher beschreibt. Der dort angesprochene **Verkaufsprospekt** wird typischerweise nur im weitverbreiteten **Katalogversandhandel** verwendet, so dass eigentlich nur diese Vertriebsform von der Einräumung des Rückgaberechts statt des Widerrufsrechts Gebrauch machen kann. Soweit - wie im traditionellen Katalogversandhandel („Neckermann", „Quelle", „Otto-Versand") der „Verkaufsprospekt" als **Druckerzeugnis** vorliegt, bereitet es auch keine Mühe, das Rückgaberecht „auf einem dauerhaften Datenträger ... in Textform" dem Verbraucher gegenüber einzuräumen, wie § 356 I 2 Nr. 3 BGB dies verlangt. Daran scheitert der **Internet-Handel**, obgleich dieser auch einen Verkaufsprospekt (in elektronischer Form) verwenden mag. Die Voraussetzung des § 356 I 2 Nr. 2 BGB für die Option Rückgaberecht statt Widerrufsrecht, nämlich die Möglichkeit unbeeinflusster Kenntnisnahme des Verkaufsprospektes „in Abwesenheit des Unternehmers" (oder seiner Mitarbeiter), ist hingegen bei allen Fernabsatzverträgen bereits begrifflich erfüllt. Denn § 312b I 1 BGB stellt ja darauf ab, dass der Fernabsatzvertrag „unter ausschließlicher(!) Verwendung von Fernkommunikationsmitteln abgeschlossen" werden muss.

Für den **Internet-Handel** („e-commerce") als Spezialfall der Fernabsatz-Vertriebsform sind schließlich noch die besonderen **Pflichten im elektronischen Geschäftsverkehr** nach § 312e BGB von Bedeutung. Diese Pflichten gelten nicht nur gegenüber Verbrauchern (B2C), sondern auch gegenüber unternehmerischen Kunden (B2B) und sogar unter Verbrauchern (C2C). Demzufolge muss auf dem **on-line-Bestellformular** beispielsweise Vorsorge getroffen werden, dass **Eingabefelder** vor Abgabe der Bestellung vom Kunden erkannt und korrigiert werden können. Ferner sind vor Vertragsschluss die zahlreichen **Informationen** zu erteilen, die § 3 Nr. 1-5 InfoV vorsieht. Darzulegen ist also z. B., welche Schritte zu einem Vertragsschluss führen, ob der Vertragstext von dem Unternehmer gespeichert wird, ob er dem Kunden zugänglich ist und welche Sprachen für den Vertragsschluss zur Verfügung stehen. Außerdem ist der Zugang der Bestellung unverzüglich elektronisch zu bestätigen. Schließlich muss ermöglicht werden, das gesamte Vertragswerk „herunterzuladen" und wiedergabefähig (nicht notwendig: ausdruckbar!) zu speichern. Pflichtverstöße führen nach § 312e III 2 BGB dazu, dass die Frist zur Ausübung eines etwa nach § 312d I BGB bestehenden Widerrufs- oder Rückgaberechts erst gar nicht zu laufen beginnt.

3. Produktverantwortung im Marketing-Mix

a) Rechtsdimensionen der Produktverantwortung

Herstellung, Kontrolle und Aufrechterhaltung von **Produktqualität** ist nicht nur eine ingenieurwissenschaftliche und fertigungswirtschaftliche Herausforderung, sondern berührt auch und gerade das Marketing, vor allem auch das Markenartikel-Marketing. Auch hierbei hat das Recht eine Art Querschnittsfunktion. Denn wer seiner Produktverantwortung nicht gerecht wird, den „bestraft" nicht nur der Markt durch Imageeinbußen und in ihrem Gefolge Umsatzrückgänge, sondern der hat auch die verschiedenartigsten rechtlichen Sanktionen zu befürchten, die bis zum Unternehmensruin führen können. Weist das Produkt **Sachmängel** auf, so greifen zwischen den Kaufvertragsparteien prinzipiell auf allen Distributionsstufen gewährleistungsrechtliche Folgen nach den §§ 434 ff. BGB Platz. Kommt es wegen fehlerhafter Produkte zu **Folgeschäden**, zu Schäden also, die außerhalb des Produkts eintreten, so drohen dem Verursacher Schadensersatzansprüche des Geschädigten in unbegrenzter Höhe wegen Pflichtverletzung (§ 280 I BGB) und aus deliktischer Haftung (§§ 823, 831, 249 BGB). Auch **Straftatbestände** (Körperverletzung nach § 223 StGB) können erfüllt sein. Voraussetzung für zivilrechtlich-deliktische wie für strafrechtliche Haftung ist aber vorwerfbares, **schuldhaftes Handeln**, woran es vielfach fehlen wird. Auch wird es häufig diesbezüglich Beweisschwierigkeiten geben.

Beispiel: Ein Fahrrad ist sehr sorgfältig konstruiert und gefertigt worden (Qualitätskontrolle!). Trotzdem bricht während der Fahrt die Vorderradnabe. Der Fahrer stürzt und verletzt sich erheblich: Kein Schadensersatzanspruch gegen den Produzenten oder seine Mitarbeiter aus §§ 823 I, 831 I BGB, weil nirgends Fahrlässigkeit vorliegt. Auch ein verschuldensunabhängiger Schadensersatzanspruch aus Gewährleistungsrecht gegenüber dem Einzelhändler als Verkäufer besteht mangels (unselbständiger) Beschaffenheitsgarantie (§§ 280 I, 276 I 1 BGB) regelmäßig nicht. Strafrechtliche Konsequenzen, die dem Geschädigten aber ja nichts nutzen, scheiden ebenfalls aus.

Rechtliches Medium der Produktverantwortung ist ferner die (selbständige) **Garantie**, die begrifflich und rechtlich mit der Gewährleistung entgegen den allgemeinen Vorstellungen der Marktteilnehmer nichts zu tun hat.

Schließlich konstituiert das ProdHaftG i. S. der **Anspruchskonkurrenz** parallel zu alledem (vgl. § 15 II ProdHaftG) einschneidende, von irgendeinem Verschulden völlig unabhängige **Produkthaftung** des „Herstellers" in Gestalt einer **Gefährdungshaftung**. Dabei dient das ProdHaftG nicht nur dem Verbraucherschutz. Denn **Personenschäden** unterliegen der Regulierung nach dem ProdHaftG in jedem Fall, so etwa, wenn in der Produktion Mitarbeiter durch fehlerhafte, unsichere Maschinen zu Schaden kommen. Nur bei **Sachschäden** engt § 1 I 2 ProdHaftG den Verantwortungsbereich ein: Geschützt sind nur Sachen, die gewöhnlich für den privaten Ge- oder Verbrauch bestimmt und hierzu von den Geschädigten auch verwendet wurden. Schon ein erster Blick in § 4 ProdHaftG zeigt, dass die Produkthaftung keineswegs nur den Hersteller im allgemeinen Sprachsinn betrifft. **„Produzentenhaftung"** ist also ein gefährlich verkürzender Begriff, der Nicht-Produzenten, also bestimmte Importeure, Händler etc. nur in trügerischer Sicherheit wiegt.

Die Komplexität und das Ausmaß der Produktverantwortung erfordern ein prophylaktisch orientiertes Produkthaftungsmanagement, das die rechtlichen Eckdaten schon in Konstruktion, Fertigung und, wie noch auszuführen sein wird, auch im Marketing berücksichtigt (vgl. Abb. 55). Nur ein solches **integratives Produkthaftungsmanagement** ermöglicht optimale, nicht zuletzt langfristig wirklich kostengünstige und absatzwirtschaftlich befriedigende Strategien. Die rechtliche Seite erst dann zu bedenken, wenn gleichsam das Kind schon in den Brunnen gefallen ist, und erst dann den Syndikus oder die Rechtsabteilung mit dem Konflikt zu befassen, greift viel zu kurz. Verlangt wird vielmehr eine in allen Unternehmensbereichen entwickelte Sensibilität für haftungsrechtliche Informationen, im Unternehmen ein stetiger und schneller Fluss jener Informationen und schließlich die Bereitschaft und der Wille, die erforderlichen Konsequenzen in Konstruktion, Fertigung, Marketing, Vertragsgestaltung, Personalwesen und Unternehmensorganisation zu ziehen. Für die Erfüllung der hier anstehenden **Informations- und Koordierungsaufgaben** ist nicht zuletzt das **Controlling** und **Compliance-**

Management aufgerufen, das zumindest die großen Linien der Produktverantwortung kennen muss.

b) Garantien

Auf vielen Märkten treffen die Verbraucher ihre Entscheidungen kaum noch nach der Produktqualität als solcher, weil diese Qualität jedenfalls von Verbrauchern im Zeichen konvergenter oder substituierbarer Güter in ihren jeweiligen, oft sehr komplexen technisch-substanziellen Unterschiedlichkeiten schwer erkannt und noch schwerer bewertet werden kann. Auch der Preis ist als (sachlich zweifelhaftes und durchaus paradoxes) Entscheidungkriterium häufig nicht mehr geeignet, weil hoher Kostendruck auf Seiten der Anbieter im Verein mit stagnierender Kaufkraft auf Seiten der Nachfrager zur Preisvereinheitlichung drängen.

Beispiele: Elektrische Haushalts(groß)geräte, Matratzen, Autos.

Dadurch gewinnt der **Konditionenwettbewerb** spürbar an Bedeutung. Das besondere Augenmerk wird dabei vom Verbraucher offenbar mehr und mehr darauf gerichtet, sich den teuer erkauften Gebrauchsnutzen möglichst lange reparaturkostenneutral zu sichern. Die adäquate Antwort auf diese Marktstruktur ist, im Marketing-Mix eine **attraktive Garantie** zu bevorzugen, zugleich aber die mit jeder Garantie zu kalkulierenden Kosten möglichst gering zu halten.

Zu unterscheiden ist zunächst zwischen unselbständiger und selbständiger Garantie, wobei die definitorischen Grenzen verschieden gezogen werden. Nach richtiger Ansicht ist die **unselbständige Garantie** ihrer Rechtsnatur nach „nur" eine Verschärfung des Haftungsmaßstabs im Rahmen des § 276 I 1 BGB: Der Schuldner hat bei dieser Garantieübernahme dann mehr zu vertreten als nur Verschulden. Dies führt im Ergebnis zu einer erweiterten Gewährleistung namentlich des Verkäufers, aber etwa auch des Werkunternehmers. Eine eigene Anspruchsgrundlage begründet die unselbständige Garantie aber gerade nicht.

Die eigene Anspruchsgrundlage schafft hingegen die **selbständige Garantie**. Bei ihr übernimmt der Garantiegeber für die Garantiezeit ein definiertes Risiko, indem er für diesen **Garantiefall** bestimmte Leistungen verspricht, also **Garantierechte** einräumt. Soweit es um Produktgarantien geht (es gibt ja z. B. auch Forderungsgarantien) ist die Rechtslage allerdings etwas unübersichtlich, weil § 443 BGB unselbständige Garantie (als verschärfte Gewährleistung im Verhältnis Verkäufer/Käufer) und selbständige Garantie (eigener Haftungsgrund im Verhältnis eines Dritten, namentlich des Herstellers, zum Käufer) vermischt.

Als rechtsgeschäftlich begründetes Schuldverhältnis verlangt auch das selbständige Garantieverhältnis als **Begründungsakt** grundsätzlich einen **Vertrag.** § 311 I BGB enthält freilich einen Vorbehalt für den Fall, dass gesetzlich etwas anderes vorgesehen ist. Eine derartige **Ausnahmeregelung** enthält § 443 I BGB für die **Beschaffenheits- und Haltbarkeitsgarantie:** Hier (und nur hier, nicht z. B. bei der Forderungsgarantie) kann das Garantieverhältnis bereits durch einseitiges Rechtsgeschäft, nämlich durch die Garantieerklärung des mit dem Verkäufer grundsätzlich nicht identischen Garantiegebers (des „Dritten"), begründet werden. Eine selbständige Garantie des Verkäufers gegenüber dem Käufer ist kaum vorstellbar und auch rechtspraktisch sinnlos.

Beispiele: Garantieerklärung des Herstellers eines Bügeleisens auf der beiliegenden Garantiekarte oder „Garantieheft" beim Gebrauchtwagenkauf, in dem ein darauf spezialisiertes Unternehmen dem Autokäufer kostenfreie Reparatur bzw. Ersatz bestimmter Teile (Motor, Getriebe etc.) bei Defekten zusagt: Wirksames Garantieverhältnis auch ohne Annahmeerklärung des Kunden!

Gelegentlich wird aus Produkthaftungsgründen herstellerseitig Wert auf Kenntnis zumindest des ersten **Produktverbleibs** gelegt, z. B. um möglichst gezielt, von der Öffentlichkeit unbemerkt und deshalb imagewahrend **Rückrufaktionen** durchführen zu können. Dafür lässt sich gerade die Garantie nutzbar machen. Dann muss aber in der Garantieerklärung an der Notwendigkeit einer (zugangsbedürftigen) Annahmeerklärung des Kunden festgehalten werden. Es handelt sich insoweit um eine zulässige „Bedingung" der Garantie (vgl. den Wortlaut des § 443 I BGB), wobei nur wieder zum gesetzlichen Ausgangspunkt, der vertraglichen Begründung von Schuldverhältnissen, zurückgekehrt wird. Der **Rücklauf** lässt sich dann durch eine als **Doppelkarte** gestaltete Garantieerklärung (und Annahmeerklärung) erhöhen.

Das betriebswirtschaftliche Optimum zwischen scheinbar **hochattraktiven Garantien** bei **minimalen Garantiekosten** wird ebenfalls durch geschickt formulierte Garantiebedingungen zu erreichen versucht. Zum Einsatz kommen dann sog. **defizitäre Garantien.** Dabei wird entweder der Garantiefall so definiert, dass er praktisch gar nicht eintreten kann, oder die Garantierechte sind so niedrig angesetzt, dass sie den Garantiegeber kostenmäßig nur sehr wenig belasten. Beides lässt sich natürlich auch noch kombinieren.

Beispiel: Funktionsgarantie über 10 Jahre für eine Matratze, aber nur, wenn die Matratze keine Gebrauchsspuren aufweist. Im Garantiefall, der praktisch nicht eintreten dürfte, weil jede benutzte Matratze irgendwelche Gebrauchsspuren zeigt, wird eine geringe Gutschrift bei Kauf einer weiteren Matratze desselben Fabrikats eben dieses Herstellers erteilt. Eben dazu hat der enttäuschte Kunde aber keine Veranlassung!

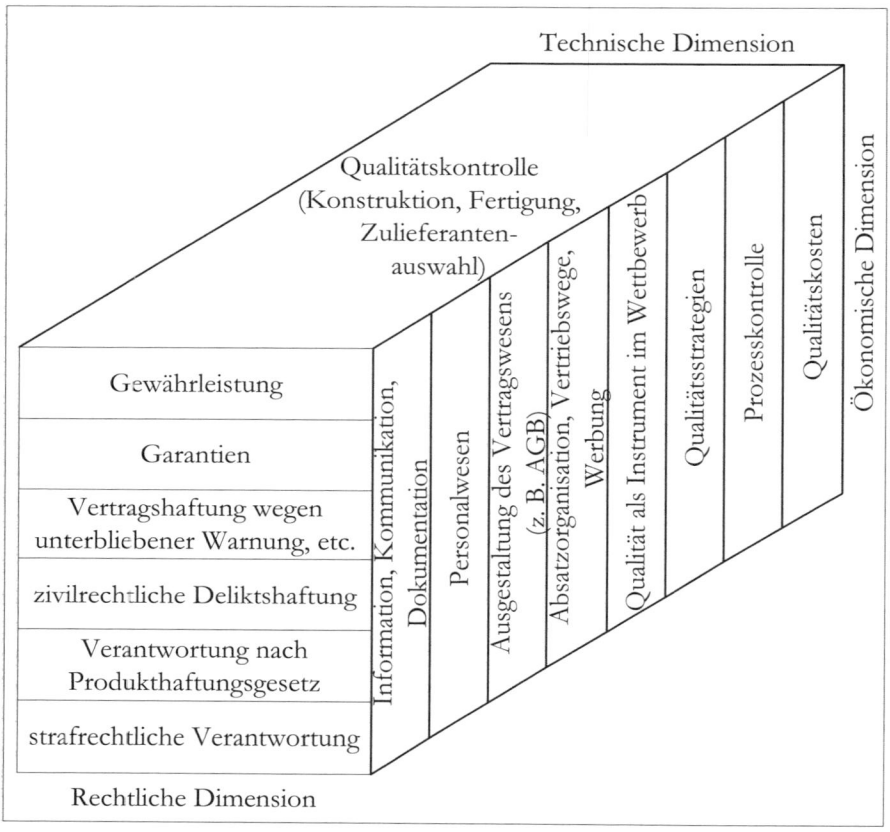

Abb. 55: Integratives Produkthaftungsmanagement

Soweit es sich hier - wie regelmäßig - um einseitige Rechtsgeschäfte handelt, ist zumindest zweifelhaft, ob auf solche ja durchweg vorformulierte Garantieerklärungen das auf Verträge zugeschnittene AGB-Recht und seine Schutzmechanismen (§§ 305c, 307 II Nr. 2 BGB) anzuwenden sind. Näher liegt es, die **Unwirksamkeit solcher Garantiebestandteile** auf § 444 BGB (analog) zu stützen, der unmittelbar nur die (unselbständige) Verkäufergarantie ergreift. Zudem verstößt die Verwendung defizitärer Garantien und ihre Bewerbung gegen § 5 I 2 Nr. 7UWG, weil dabei regelmäßig über Garantieexistenz oder jedenfalls Garantiegehalt irregeführt wird.

Für Garantien, die auf einen Verbrauchsgüterkauf (§ 474 BGB) bezogen sind, enthält § 477 I BGB eine Vorschrift von **Pflichtangaben**, deren Fehlen die Wirksamkeit der Garantieerklärung wegen § 477 III BGB freilich nicht berührt. Außerdem besteht hier nach § 477 II BGB ein Anspruch des Verbrauchers, die Garantieerklärung in Textform zu erhalten, was freilich in fast allen Fällen ohnehin schon vorliegen dürfte. § 477 BGB macht bei alledem wohl überhaupt nur Sinn für selbständige Beschaffenheits- und Haltbarkeitsgarantien.

c) Produktgefährdungshaftung

Produktverantwortung heißt nicht zuletzt Produktgefährdungshaftung. § 1 I ProdHaftG statuiert eine Schadensersatzpflicht des „Herstellers" ohne Rücksicht auf Rechtswidrigkeit oder Verschulden. Es kommt allein darauf an, ob durch den „Fehler" eines Produktes ein Mensch oder eine Sache, die gewöhnlich dem privaten Gebrauch dient, also kein Betriebsmittel darstellt, zu Schaden gekommen ist. Das in dieser **Gefährdungshaftung** beschlossene Potential wird vielfach unterschätzt, weil Begrifflichkeit und Haftungsmechanik nicht hinreichend verstanden werden.

Wer Hersteller i. S. des Produkthaftungsrechtes ist, sagt § 4 ProdHaftG. Hersteller ist natürlich der **Finalproduzent**, aber eben nicht nur. Denn neben ihm wird auch der **Zulieferer** als Hersteller betrachtet, nämlich bezüglich des Teilprodukts (§ 4 I 1 ProdHaftG). Als Hersteller wird ferner der sog. **Quasi-Hersteller** in die Verantwortung einbezogen, also derjenige, der durch „Anbringen seines Namens, seiner Marke oder eines anderen unterscheidungskräftigen Kennzeichens" sich gleichsam als Hersteller geriert (vgl. § 4 I ProdHaftG). Die **Herstellerfiktion** erfasst gemäß § 4 II ProdHaftG ferner **Importeure** aus sog. **Drittstaaten** (außerhalb der EG).

Beispiele: Waschmaschinen im Versandhandel („Privileg", „Hanseatic"), „Ja"-Produkte in Lebensmittel-Discount-Kette.
Importeure von Autos der Marke Kia (Korea) oder Mazda (Japan), nicht aber solcher von Renault, Dacia oder Ferrari (Frankreich, Rumänien und Italien sind Mitgliedsstaaten der EG).

Schließlich gilt sogar **jeder Lieferant** als **Hersteller**, unabhängig von seinem etwaigen Status als Quasi-Hersteller, es sei denn, er kann nach Aufforderung in Monatsfrist andere Verantwortliche (Hersteller i. S. des § 4 I und II ProdHaftG oder seinen eigenen Lieferanten) benennen. Auch ohne die spezielle Markenproblematik ist der Handel von der verschuldensunabhängigen Haftung nach dem ProdHaftG insoweit also besonders betroffen, als er auf Konstruktion und Fertigungsprozess ganz generell keinen Einfluss hat (und, wie gleich noch zu zeigen ist, sich auch fremde Werbung zurechnen lassen muss).

Sind im konkreten Fall die Haftungsvoraussetzungen bei mehreren dieser „Hersteller" erfüllt, so haften sie (natürlich) als **Gesamtschuldner** (§ 5 S. 1 ProdHaftG, 421 BGB). Untereinander sind sie zum Ausgleich verpflichtet, wobei der jeweilige Verursachungsbeitrag als Maßstab der Bemessung dient (§ 5 S. 2 ProdHaftG).

Mit dem weiten Begriff des Herstellers korrespondiert ein **weiter Produkt-begriff**. Gemäß § 2 ProdhaftG umfasst er grundsätzlich (s. aber § 15 I ProdHaftG für Medikamente) alle beweglichen Sachen (sowie Elektrizität), also nicht nur neue, sondern auch gebrauchte Waren. Dies ist insbesondere für Importeure aus EG-Drittstaaten und Händler von Wichtigkeit, weil in die Produktverantwortung somit auch der **second-hand-Handel** einbezogen wird.

Einer der Dreh- und Angelpunkte der Produktgefährdungshaftung ist naturgemäß der Begriff des anspruchsauslösenden Produktfehlers. Dieser **Fehler-begriff** unterscheidet sich wesentlich von demjenigen des Gewährleistungsrechtes. Zwar ist auch hier der Fehler begrifflich die Differenz zwischen Ist- und Sollbeschaffenheit. Letztere bestimmt sich im Produkthaftungsrecht allerdings nicht wie beim Kauf (vgl. dort § 434 BGB). Nach § 3 I ProdHaftG ist das Produkt vielmehr dann fehlerhaft, wenn es nicht die **Sicherheit** bietet, die unter Berücksichtigung „aller Umstände" - insbesondere auch seiner „Darbietung" - berechtigterweise erwartet werden kann. Dies schließt selbst den objektiv **vorhersehbaren Fehlgebrauch** des Produkts ein.

Beispiel: Ein Küchenstuhl, der bei der Benutzung als Leiterersatz zusammenbricht, ist zwar nicht kaufrechtlich, aber produkthaftungsrechtlich fehlerhaft.

Nicht gleich auf den ersten Blick erkennbar ist dabei, dass hier dem Marketing gleichrangig mit dem Qualitätsmanagement in Konstruktion und Fertigung eine ganz besondere Verantwortung für das Unternehmenswohl obliegt. Denn die „Umstände", die die berechtigten, durch das Produkt aber vielleicht später enttäuschten Sicherheitserwartungen prägen, sind doch zumeist gerade wichtige Pfeiler im **Marketing-Mix**: So nimmt beispielsweise die **Werbung**, die Haupterscheinungsform der Produkt-"Darbietung", auf den produkthaftungsrelevanten Sicherheitshorizont der Produktnutzerseite in hohem Maße Einfluss.

Beispiel: Im Werbespot jagt ein neuer Fahrzeugtyp mit Allradantrieb einen Alpenpass hinab. Dass es sich dabei um ein präpariertes Fahrzeug mit einem Rallyefahrer am Steuer oder gar um eine digital hergestellte Szene handelt, dürfte dem Fernsehzuschauer verborgen bleiben. Selbst wenn dies erkennbar ist, ist der Kern der darin liegenden Werbebotschaft, eine überlegene Sicherheit, der für die Fehlerermittlung anzulegende Maßstab.

Diesem Sicherheitshorizont sind dann auch diejenigen verpflichtet, die auf die Bewerbung des Produkts gar keinen Einfluss haben, wie etwa die Händler, die zwar zum Kreis der Haftpflichtigen nach ProdHaftG zählen, die aber auf die „**vorverkaufende**", kundenzentrierte **Herstellerwerbung**, die sie sich zurechnen lassen müssen, gar nicht einwirken können. Die Rechtslage ist nur insoweit dieselbe wie bei der kaufvertragsrechtlichen Gewährleistung nach § 434 III BGB. Auch die (**Hoch-**)**Preispolitik** des Unternehmens gerät hier zum wichtigen Gesichtspunkt bei der Bestimmung des zu erfüllenden Sicherheitsstandards und deshalb leicht auch zum produkthaftungsrechtlichen Bumerang: Hohe Erlöse und phantastisches Image werden mit einem hohen Haftungsrisiko erkauft.

Beispiel: Ein Auto für Euro 50.000 muss alle heutzutage überhaupt verfügbaren Sicherheitseinrichtungen besitzen (ABS, Airbag, etc. sind Standard schon in viel niedrigeren Preissegmenten!).

Die Einflussmöglichkeiten des Marketings auf den Umfang des **Produkthaftungsrisikos** reichen noch viel weiter als es vorstehend skizziert werden konnte. So sind die berechtigten Sicherheitserwartungen (§ 3 ProdHaftG), wenn alle sonstigen Sicherheitspotentiale ausgeschöpft sind, z. B. auch durch „risikosensible" **Gebrauchsanleitungen** zurückzuschrauben. Dies sollte für die **Kommunikationspolitik** überhaupt stärker beachtet werden, die oft einseitig akquisitionsorientiert ist. Durch die Wahl der **Vertriebskanäle** kann ebenfalls das Risiko der Inanspruchnahme reduziert werden, wenn etwa die (Vertrags-)Werkstätten verpflichtet werden, ihre aus den Reparaturen gewonnenen Produktinformationen unverzüglich weiterzuleiten, damit herstellerseitig wenigstens für die Zukunft Abhilfe geschaffen werden kann. Für schon ausgelieferte Produkte muss gegebenenfalls ein sog. **Rückruf** oder wenigstens eine **Warnung** erfolgen. Dabei ist ein gezieltes Vorgehen (individuelles Anschreiben der betroffenen Kunden) jedenfalls der effizientere, das Image schonendere und auch kostengünstigere Weg gegenüber einer Anzeigenkampagne. Auf die Bedeutung einer überlegt konzipierten **Garantiepolitik** für dieses Anliegen wurde bereits aufmerksam gemacht.

Maßgeblicher Zeitpunkt für das Vorliegen eines gewährleistungsrechtlichen Fehlers ist der Gefahrübergang (vgl. § 434 I BGB), für den produkthaftungsrechtlichen Fehler gemäß § 3 I lit. c ProdHaftG der Zeitpunkt, in dem das Produkt „in den Verkehr gebracht" wurde. Dabei ist es durchaus nicht so, dass ein Produkt nur einmal, nämlich vom Hersteller, „in den Verkehr gebracht" wird. Nach allgemeiner Meinung wird es vielmehr von jedem der Hersteller i. S. von § 4 ProdHaftG neu in den Verkehr gebracht, und zwar konkret auf jedes einzelne Stück bezogen.

In diesem Effekt des **mehrfach gestuften Inverkehrbringens**, dessen Zeitpunkt für jedes einzelne Produkt gesondert gilt, steckt eine ungeheure Brisanz, blickt man nur einmal auf § 1 II Nr. 5 ProdHaftG. Demzufolge liegt kein Fehler vor, wenn „nach dem Stand der Wissenschaft und Technik im Zeitpunkt, in dem der Hersteller das Produkt in den Verkehr brachte, nicht erkannt werden konnte". Der weltweite Wissens- und Technikstand vergrößert sich aber täglich, so dass die **Gefahr** eines **Produktfehlers** eines ganz konkreten Stückes unaufhörlich wächst. Diese Gefahr vergrößert sich mit jeder Produktions- und Handelsstufe, ohne dass durchgreifende Abhilfe erkennbar wäre. Dies ist rechtspolitisch i. S. eines starken Verbraucherschutzes so gewollt.

Immerhin wird man als „Hersteller" darauf achten müssen, dass die Zeiträume zwischen Konstruktion bzw. Erwerb und Auslieferung so kurz wie möglich gehalten werden und der **Zeitpunkt** der **Auslieferung** als des Inverkehrbringens, nicht etwa der Zeitpunkt der Herstellung etc., **stückgenau dokumentiert** wird, um wenigstens die recht geringen Chancen, der Produkthaftung zu entgehen, nutzen zu können. Dieser Zeitpunkt bestimmt gemäß § 13 I ProdHaftG ferner die 10-Jahresfrist (Ausschlussfrist!) der Produkthaftung, wiederum stückgenau. Außerdem muss der Finalhersteller die **Herkunft** jedes einzelnen zugelieferten Teils und der Handel auf jeder Distributionsstufe seinen Lieferanten **stückgenau nachhalten**, um innerhalb eines Monats nach Aufforderung seiner Obliegenheit nach § 4 III ProdHaftG genügen zu können und damit einer Haftung zu entgehen.

Gegenüber dieser Schärfe sind die „Wohltaten" des ProdHaftG für die potenziell Schadensersatzpflichtigen eher bescheiden: So wirken sich Zweifel, ob ein Fehler i. S. des ProdHaftG vorliegt und ob der geltend gemachte Schaden mit diesem Fehler kausal verknüpft ist, gemäß § 1 IV ProdHaftG zum Nachteil des Anspruchsstellers aus; er trägt die **Beweislast**. § 1 II ProdHaftG enthält zwar auch einige Haftungsausschlussgründe, die jedoch sehr selten greifen.

Verfrühte Hoffnungen weckt z. B. § 1 II Nr. 4 ProdHaftG: Da technische Normen (DIN, EN etc.) keine Rechtsnormen, schon gar keine „zwingenden Rechtsnormen" darstellen, kann auch ein völlig diesen (Sicherheits-)Normen entsprechendes Produkt fehlerhaft i. S. des ProdHaftG sein. Daran ändert auch § 1 II Nr. 5 ProdHaftG nichts: DIN, EN etc. spiegeln zwar den **Stand der Technik**, nicht aber den der Wissenschaft: Der **Stand der Wissenschaft** ist geprägt auch durch Mindermeinungen, die irgendwo auf der Welt publiziert wurden und die wohl überhaupt nicht umfassend zu erschließen sind. Außerdem ist maßgeblicher Zeitpunkt ja nicht derjenige der Konstruktion, sondern das Inverkehrbringen des Produkts: Dann aber ist es jedenfalls für das konkret ausgelieferte Produkt schon zu spät, selbst wenn der jeweilige „Hersteller" den nun schon wieder veränderten Stand von Technik und Wissenschaft erkennt.

In diesem Zusammenhang mit haftungsrechtlichen „Wohltaten" ist auch festzustellen, dass das sehr einschneidende haftungsrechtliche Prinzip der Totalreparation für **Personenschäden**, auch durch sog. **Serienfehler**) nach § 10 I ProdHaftG nicht gilt: Personenschäden (unter Einschluss immaterieller Schäden: § 8 S. 2 ProdHaftG) sind „nur" bis zum **Höchstbetrag** von **85 Millionen** liquidierbar (damit findet nach ProdHaftG auch keine Naturalrestitution statt). Der Ersatz (privater) **Sachschäden** ist zwar der Höhe nach nicht

begrenzt, setzt aber nach § 11 ProdHaftG einen **Selbstbehalt** des Geschädigten (Euro 500) voraus. Auch **Mitverschulden** des Geschädigten (bei
Sachschäden auch des Besitzers) kann zur Kürzung seiner Ansprüche führen
(§ 6 I ProdHaftG), doch ist bei der Prüfung dieser Frage zu bedenken, dass
der vorhersehbare Fehlgebrauch des Produkts keinesfalls als Mitverschulden
gewertet werden kann und § 6 I ProdHaftG auch im Übrigen im Interesse
eines effektiven Verbraucherschutzes nur selten einschlägig sein wird (teleologisch-restriktive Auslegung).

Mit dem ProdHaftG, einer der Säulen der rechtlich komplexen Produktverantwortung (vgl. Abb. 56), nicht verwechselt werden darf das öffentlichrechtliche GPSG. Sein Zweck ist - neben dem Schutz des bekannten „CE"-
Zeichens (§ 6 GPSG) - sicherzustellen, dass von „technischen Arbeitsmitteln"
und „Verbraucherprodukten" (vgl. § 2 I-III GPSG) für deren Verwender und
für Dritte keine Gefährdungen hinsichtlich „Sicherheit und Gesundheit" (§ 4
GPSG) ausgehen. Dafür normiert das GPSG allgemeine **Sicherheitsstandards** und stellt staatlichen Behörden zahlreiche **Durchsetzungsinstru-
mente** zur Verfügung. So können nach § 8 IV GPSG etwa Modifikationen
der Produkte, aber auch das Verbot des Inverkehrbringens bzw. der Produkt-
rückruf, ja sogar die Vernichtung „unsicherer" Produkte verfügt werden. Als
Schutzgesetz i. S. des § 823 II BGB ist das GPSG jedenfalls uninteressant,
weil das ProdHaftG eine viel schärfere Gefährdungshaftung statuiert.

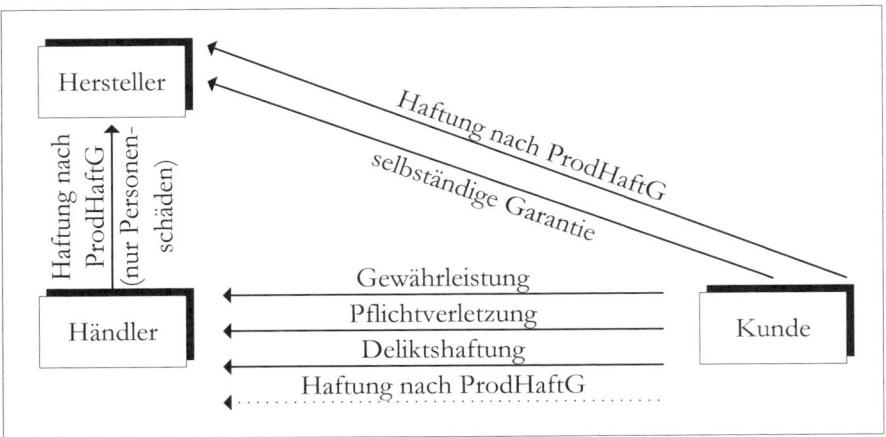

Abb. 56: System der Produktverantwortung (stark vereinfacht)

4. Wettbewerbsrechtliche Eckdaten des Marketing

a) Die Binnenstruktur des Wettbewerbsrechts

Das deutsche Wettbewerbsrecht ist sowohl im **Gesetz gegen Wettbewerbs-beschränkungen** (GWB) als auch im **Gesetz gegen unlauteren Wettbewerb** (UWG) normiert. Es wird überwölbt vom europäischen Wettbewerbsrecht, was bei seiner Auslegung i. S. der „Europarechtskonformität" zu berücksichtigen ist. Aufgabe des GWB ist nach h. M., den **Wettbewerb als Institution** sicherzustellen. Das GWB verbietet deshalb z. B. grundsätzlich sowohl (horizontal) **Kartelle** als auch (vertikal) wettbewerbsbeeinträchtigende Verträge über die Marktstufen hinweg (**Vertikalvereinbarungen**), aber auch sog. bloß **abgestimmtes Verhalten** ohne rechtliche Bindung (§ 1 GWB), ferner namentlich **Missbrauch der Marktmacht** in bestimmten Konstellationen, unsachliche Diskriminierungen und Boykott (§§ 19 ff. GWB). Das GWB versucht auch, durch eine **Zusammenschlusskontrolle** (Fusionskontrolle, §§ 35 ff. GWB) schon das Entstehen marktbeherrschender Unternehmen zu verhindern. Die Durchsetzung des GWB - weitgehend Öffentliches Recht! - liegt in den Händen der **Kartellbehörden**, die auch von Amts wegen tätig werden können (§§ 32 ff., 48 ff. GWB).
Aufgabe des UWG hingegen soll sein, die Verhaltensspielräume der einzelnen Unternehmen im wirtschaftlichen Wettbewerb abzustecken, was freilich richtiger Ansicht nach ebenfalls dem Schutz der Institution, der wettbewerbsgesteuerten Marktwirtschaft, dient. Dies unterstreicht § 1 UWG, der als Zweck des Gesetzes den Schutz sämtlicher Marktteilnehmer und zugleich des Interesses der Allgemeinheit an einem unverfälschten Wettbewerb ausweist. Dabei wird das UWG von der PAngV flankiert. Dieser Sektor des privatrechtlichen Wettbewerbsrechtes wird auch als **Wettbewerbsrecht** i. e. S. bezeichnet. Der privatrechtliche Charakter zeigt sich vor allem auch in den **Rechtsfolgen** bei Verstößen gegen die wettbewerblichen Verhaltensregeln: Es schreitet durchweg keine Behörde ein, die Verfolgung etwaiger Beseitigungs-, Unterlassungs- und Schadensersatzansprüche sowie von Ansprüchen auf Gewinnabschöpfung (§§ 8 ff. UWG) ist vielmehr - wie auch sonst im Privatrecht - grundsätzlich Sache der Privatrechtssubjekte, die ihre tatsächlichen oder vermeintlichen Ansprüche kosten- und risikoträchtig vor den Zivilgerichten durchsetzen müssen. Daher kommt es, dass man keinen Stadtbummel machen kann, ohne mit einer ganzen Reihe von wettbewerbsrechtlichen Verstößen konfrontiert zu werden. Die Verbreitung z. B. bestimmter Vertriebsmethoden und bestimmter Werbeformen ist eben kein Indikator für deren Zulässigkeit und Risikoarmut in rechtlicher Hinsicht.
Anwendungsproblematisch ist die tatbestandliche Weite des UWG: In seinem Mittelpunkt stehen **mehrere Generalklauseln**: § 3 I UWG, die sog. **große**

Generalklausel, verbietet generell als „unlautere" Wettbewerbshandlungen solche, die geeignet sind, den Wettbewerb zum Nachteil der Mitbewerber, der Verbraucher oder der sonstigen Marktteilnehmer spürbar zu beeinträchtigen. Diese Generalklausel wird für den B2C-Bereich ergänzt durch § 3 II UWG, dessen Maßstab der Zulässigkeit, die „für den Unternehmer geltende fachliche Sorgfalt", sachlich gänzlich verfehlt ist. Die Begriffswahl ist dem umzusetzenden europäischen Recht geschuldet, eignet sich aber überhaupt nicht zur Bestimmung wettbewerblich zulässiger Praktiken.

Die sog. **kleine Generalklausel** des § 5 I 1 UWG richtet sich gegen **irreführende Werbung**. Eine weitere „kleine", gegenständlich beschränkte Generalklausel (§ 7 I 1 UWG) verbietet **unzumutbare Belästigungen**, was im Lichte der Schutzzweckfestlegung des § 1 UWG kaum zu rechtfertigen ist. Untersagt sind schließlich bestimmte Formen vergleichender Werbung (§ 6 II UWG).

Um die praktische Handhabung der Generalklauseln zu erleichtern, enthält das Gesetz Beispielskataloge für unlauteres Wettbewerbsverhalten (§§ 4, 5 I 2, II und 7 I 2, II UWG). Außerdem statuiert das Gesetz in einer einfach aus dem europäischen Richtlinien-Recht kopierten sog. **schwarzen Liste** im Anhang des UWG (vgl. § 3 III UWG) weitere ausformulierte Verbote für das Marktverhalten gegenüber Verbrauchern (B2C), wobei sich zahllose Überschneidungen insbesondere zu § 5 I 2, II UWG ergeben (ein Lehrstück für missglückte Transformationsgesetzgebung!).

Selbst diese zahlreichen **Regelbeispiele** und **Verbotskataloge** sind nicht abschließend gemeint (vgl. z. B. das „insbesondere" in § 4 UWG oder das „jedenfalls" in § 3 II UWG). Doch darf nicht einfach auf eine (kleine oder gar große) Generalklausel zurückgegriffen werden, wenn ein gesetzliches Regelbeispiel im konkreten Fall nicht passt, um die Gesetzestechnik nicht sinnlos werden zu lassen. Der Rückgriff auf die Generalklauseln als eigenständige Verbotsnormen wird somit nur in **Extrem- und Evidenzfällen** in Betracht zu ziehen sein. Keinesfalls geht es an, die unter der Geltung des früheren UWG von der h. M. akzeptierten Fallgruppen angeblich unlauteren Wettbewerbsverhaltens, nämlich „**Kundenfang**", Konkurrenten-„**Behinderung**", „**Ausbeutung**" der Leistung eines anderen, Wettbewerbs-„**Vorsprung durch Rechtsbruch**" und „**allgemeine Marktstörung**", nun einfach unter die Generalklausel(n) zu subsumieren. Diese überkommenen Fallgruppen können vielmehr nur noch die Funktion haben, in der Diskussion zulässigen oder unzulässigen Marktverhaltens bestimmte Sachverhaltskomplexe kurz zu bezeichnen, haben aber keinerlei normativen, die „Unlauterkeit" schon präjudizierenden Gehalt. Der Verbotsinhalt des UWG, nicht nur der Generalklauseln, ist vielmehr vor allem aus dem **Schutzzweck des Gesetzes** (§ 1 UWG) abzuleiten. Lediglich aus darstellungstechnischen Gründen soll im Folgenden der Stoff nach den Stichworten gegliedert werden, die der überkommenen Fallgruppenpraxis entliehen sind. Eine auch nur näherungsweise vollständige Darstellung der gesetzlich normierten Verbote ist dabei aus Raumgründen freilich völlig unmöglich. Nach Klärung einiger grundsätzlicher Fragen werden vielmehr nur einige Aspekte unlauteren Wettbewerbsverhaltens zur Sprache kommen können.

b) Unlauterkeit, Unzulässigkeit, Bedeutung der Bagatellklausel

Wenngleich die große Generalklausel des § 3 I UWG kaum jemals als eigenständige Verbotsgrundlage taugt, ist sie nicht ohne Bedeutung, da sie i. V. m. § 1 UWG in die **teleologisch-systematische Auslegung** der übrigen Normen des UWG einfließt. Vom Wortsinn her deutet „Unlauterkeit" auf moralische bzw. ethische Defizite hin. Der früher im UWG als Zulässigkeitsmaßstab verwendete Begriff der **Sittenwidrigkeit** weist noch stärker in diese Richtung (vgl. dazu auch §§ 138, 826 BGB). Ein solches Begriffsverständnis ist jedoch nicht sachgerecht, wie zunehmend anerkannt wird. Spätestens seit es keinen Handelsstand mehr gibt (vgl. aber immer noch die Überschrift vor § 1 HGB!), kann auch das UWG nicht mehr als eine Art **Standeskodex** für ordentliche Kaufleute gelten, nicht als Hebel für die Aufrechterhaltung von **Wirtschaftsmoral** eingesetzt werden.

Die Aufgabe des UWG liegt vielmehr darin, Normen zur Funktionsfähigkeit von Markt und Wettbewerb beizusteuern. Mit Rücksicht darauf ist das Schlagwort von der angeblichen „wirtschaftspolitischen Neutralität" des UWG mehr als fragwürdig. Die „Lauterkeit" des Wettbewerbs ist demnach aus den **Funktionsbedingungen des wettbewerbsgesteuerten Marktes** heraus zu entwickeln. Dabei geht es nicht allein um Konkurrentenschutz, sondern ebenso um den Schutz der Marktgegenseite, insbesondere auch des Verbrauchers. Beides macht § 1 UWG hinreichend deutlich. **Leitbild** ist diesbezüglich der **homo oeconomicus**, nicht als empirisch fassbare Gestalt, sondern als Träger wünschens- und schützenswerter ökonomischer Rationalität. Dies deutet auch § 3 II 2 UWG an: Der dort genannte „**durchschnittliche Verbraucher**" ist normativ, wertend, als „reasonable man" zu bestimmen. Institutionelles Referenzsystem hierfür ist - entgegen der h. M. sogar verfassungsrechtlich garantiert - die wettbewerbsgesteuerte Marktwirtschaft als hochkomplexes, selbstregulatives System mit dezentralen Entscheidungs- und Risikoträgern, ein System, das sich in eine nicht prognostizierbare und deshalb auch nicht politisch instrumentalisierbare Richtung bewegt. Dieses (hier betont neoliberale) **wettbewerbsfunktionale Begriffsverständnis** der Lauterkeit wird europarechtlich leider mehr verdunkelt als erhellt, wenn die EG-Richtlinie über unlautere Geschäftspraktiken „berufliche Sorgfaltspflichten" zum Maßstab wettbewerblichen Verhaltens erklärt.

Nach der gesetzlichen Systematik sind **Unlauterkeit** und **Unzulässigkeit** des Wettbewerbsverhaltens nicht dasselbe. Unzulässigkeit, verboten, ist eine unlautere geschäftliche Handlung gemäß § 3 I UWG vielmehr erst dann, wenn sie „geeignet ist, die Interessen von (…) Marktteilnehmern spürbar zu beeinträchtigen". Die h. M interpretiert diese sog. **Bagatellklausel** aber nicht quantitativ, i. S. einer faktisch deutlich erkennbaren Markbeeinflussung, sondern rein qualitativ. Damit verliert die Bagatellklausel ihre Bedeutung, weil sie sachlich nicht mehr aussagt, als das, was sich bei wettbewerbsfunktionaler Auslegung des UWG schon aus dem Begriff der Unlauterkeit ergibt. Ohnedies erklärt das UWG bestimmte Geschäftspraktiken von vornherein für „unzulässig" (vgl. §§ 3 II, 3 III i. V. m. der schwarzen Liste, 7 I UWG), nicht nur für „unlauter" (so §§ 4, 5 I, 6 II UWG).

Für die **praktische Handhabung** des UWG ergibt sich damit Folgendes: Im B2C-Bereich ist zunächst die sog. schwarze Liste (§ 3 III UWG mit Anhang) mit ihren 30 expliziten Verboten zu durchforsten. Daneben spielt jedenfalls die ebenfalls speziell auf den B2C-Bereich gemünzte Generalklausel des § 3 II UWG keine Rolle. Sodann ist das fragliche geschäftliche Verhalten im Wettbewerb am Maßstab der §§ 4, 5 I 2 (mit 5a) und II, 6 II und 7 I 2 und II UWG zu messen. Schon bei einem Rückgriff auf die „kleinen" Generalklauseln der §§ 5 I 1, 7 I 1 UWG ist große Zurückhaltung angesagt, um den Verbotsbereich, den der Gesetzgeber ja nun wirklich schon sehr deutlich durch die Vielzahl ausformulierter Verbotstatbestände und Regelbeispiele abgesteckt hat, nicht unbedacht noch auszuweiten und so die Dynamik des Wettbewerbs zu strangulieren. Dies gilt erst recht gegenüber einem Rekurs auf die „große" Generalklausel des § 3 I UWG, um auch noch vermeintliche letzte Lücken im Kampf gegen unlauteren Wettbewerb zu stopfen.

c) Fallgruppen unzulässiger geschäftlicher Handlungen

(1) „Kundenfang

„Den mikroökonomischen Schlussstein des funktionierenden Wettbewerbs bildet die freie Marktentscheidung des Kunden, egal, ob dieser Kunde Verbraucher (§ 13 BGB) oder aber Unternehmer (§ 14 BGB) ist. Der Versuch, auf diese Kundenentscheidung Einfluss zu nehmen, liegt in der Natur des Marketing, rechtfertigt aber keineswegs alle Formen der **Beeinflussung**. Vielmehr muss die Entscheidungsfreiheit der Marktteilnehmer gewahrt bleiben (vgl. § 4 Nr. 1 UWG). Unlauter erscheint so z. B. auch die vor allem gegenüber Verbrauchern gerne praktizierte **unterschwellige (Schleich-)Werbung**, zu der auch das **product placement** zu zählen ist, zumal dadurch der Werbecharakter verschleiert wird (vgl. § 4 Nr. 3 UWG).

Beispiele: So kurz gehaltene optische Sequenzen, dass den Zuschauern eines Fernsehfilms überhaupt nicht bewusst werden kann, dass es sich um Werbung handelt, oder dass sie nicht ohne weiteres erkennen, welches Produkt überhaupt beworben wird.
Im Krimi fahren die Verbrecher ständig Fahrzeuge der Marke X, die „Guten" solche der Marke Y.

Die hierin beschlossene Irreführung hat allerdings so viele Facetten, dass sich eine geschlossene Darstellung diverser Irreführungstatbestände anbietet, die auch der Gesetzgeber in § 5 UWG sowie in zahlreichen Punkten der sog. schwarzen Liste (§ 3 III UWG mit Anhang) eigens normiert hat.

Dem Leitbild eines mit ökonomischer Rationalität entscheidenden Marktteilnehmers widerspricht sehr häufig auch die **Gefühls- und Suggestivwerbung** unter Einschluss der sog. **life-style-Werbung**. Dabei ist gleichgültig, ob etwa patriotische Motive mobilisiert werden, ob an das Freiheits- und Liebesbedürfnis oder an das Gewissen appelliert wird.

Beispiele: „Buy british", „Der Geschmack von Freiheit und Abenteuer".
Der Fernsehspot zeigt eine Hausfrau, die das schlechte Gewissen plagt, weil sie den falschen Weichspüler benutzt hat. Nachdem sie das „richtige" Produkt gewählt hat, findet sie auch wieder die Zuneigung ihrer Familie, die sie vorher so schmerzlich entbehren musste.

Auch die von **Angst** geleitete Marktentscheidung ist ordnungspolitisch nicht wünschenswert. Im Bereich **pharmazeutischer Produkte** finden sich bereits diesbezügliche werberechtliche Spezialregelungen, so dass mit § 4 Nr. 2 UWG vor allem noch das **Versicherungsmarketing** kämpfen muss. Das Wesen der „Versicherung" lässt sich freilich nicht beschreiben ohne das versicherte Risiko, was eben Angst wecken kann. Insoweit muss § 4 Nr. 2 im Lichte der §§ 1 und 3 UWG restriktiv ausgelegt werden. Eine darüber hinausreichende Angsterzeugung ist aber jedenfalls unlauter.

Ein besonderes Kapitel der Gefühlswerbung ist die **sexualbetonte Werbung**. Die eventuelle Obszönität solcher Werbung ist freilich dabei irrelevant, wenn man die Unlauterkeit als wettbewerbsfunktionalen Begriff versteht. Wettbewerbswidrig und damit unlauter ist allerdings, wenn sexuelle Spannungen erzeugt werden, zu deren substitutiver Lösung die Wahl des beworbenen Produktes führen soll. Dieser psychologisch bekannte Mechanismus wird werbewirtschaftlich durchaus eingesetzt, ist aber klar ein „unangemessen unsachlicher Einfluss" nach § 4 Nr. 1 UWG.

Beispiel: Eine sehr knapp bekleidete Blondine räkelt sich auf der Motorhaube des neuen Autotyps. Auf den Fahrer gemünzt stellt der Werbeslogan fest: „Am Ziel seiner Träume. Der neue...".

Abstoßende Werbung (Schockwerbung) mag zwar dem Anstandsgefühl der gerecht und billig denkenden Unternehmer und Verbraucher zuwiderlaufen (so die etablierte Formel vor allem der Rechtsprechung zur Bestimmung des früher maßgeblichen Unlauterkeits-Maßstabes der „Sittenwidrigkeit"), nimmt aber keinen wettbewerbsverfälschenden Einfluss auf die Marktentscheidungen. Der Rekurs des § 4 Nr. 1 UWG auf die „menschenverachtende" Werbung, die man in solchen Fällen vielleicht bejahen mag, läuft deshalb leer. Soweit man Schockwerbung (und sexualbetonte Werbung) aber unter die „unzumutbare Belästigung" des § 7 I UWG zu subsumieren bereit ist, ändert dies an der Beurteilung nur wenig, weil sich dann in voller Schärfe die Frage stellt, ob § 7 I UWG in der Weite seiner Formulierung überhaupt auf der Linie des gesetzlichen Schutzzwecks liegt, wie er in § 1 UWG postuliert wird. Im Ergebnis sprechen die besseren Argumente dafür, die Schockwerbung nicht als unlauter (und dann auch: unzulässig) zu klassifizieren.

Beispiel: Farbintensives Plakat mit den blutigen Kleidern eines Bürgerkriegsopfers und der Zeile: „United colors of Benetton".

Bestimmte Varianten des **Direktmarketings** sind unter dem Aspekt des Kundenfangs hingegen zu beanstanden. Dieser Formenkreis der Wettbewerbswidrigkeit deckt sich teilweise mit jenen Rechtsgeschäften, für die als für den Verbraucher „gefährliche" Haustür- oder Fernabsatzgeschäfte (§§ 312 ff. BGB) die Rechte aus §§ 355 f. BGB vorgesehen sind. So verhält es sich z. B. grundsätzlich mit dem unerbetenen Staubsauger-Vertreterbesuch zu Hause, der geeignet ist, die Entscheidungsfreiheit des potenziellen Kunden durch „unangemessenen unsachlichen Einfluss zu beeinträchtigen" und sich deshalb gemäß § 4 Nr. 1 UWG als unlauter darstellt. Weit verbreitetes **Versicherungsdirektmarketing** beispielsweise im Privatbereich oder am Arbeitsplatz wird freilich von den §§ 312 ff, 355 f. BGB wegen §§ 312 III, 312b III Nr. 3 BGB nicht erfasst. Aber auch diese Direktakquisition ist nach § 4 Nr. 1 UWG unlauter.

Wettbewerbsrechtlich oft bedenklich organisiert sind ferner etwa Formen der sog. **aleatorischen** (spielbezogenen) **Werbung** durch Preisausschreiben, Verlosungen und Gewinnspiele. Sollen sie nicht wegen kundenfängerischen Charakters nach § 4 Nr. 1 oder 6 UWG wettbewerbsrechtlich unlauter sein, so darf der Kunde nicht durch Gewinnaussicht oder -ausgabe unter psychologischen Abschlusszwang gesetzt werden.

Beispiele: Der Teilnahmeschein zum Preisausschreiben oder der Gewinn selber werden nur vom Verkaufspersonal persönlich ausgehändigt; Teilnahmeberechtigung oder Gewinnchance sind an den Warenerwerb gekoppelt (etwa durch einheitlichen Teilnahme- und Bestellschein).

Nicht selten wird eine Lock- oder Druckwirkung auch dadurch ausgeübt, dass dem Kunden vordergründig mitgeteilt wird, er habe bei einem **Preisausschreiben** einen Preis gewonnen. Bei näherem Hinsehen wird die Preisaushändigung jedoch z. B. unter nicht genau erkennbare oder unbestimmte Vorbehalte gestellt oder von undurchsichtig formulierten Mitwirkungshandlungen (etwa Teilnahme an einer sog. Kaffeefahrt) oder von der Inanspruchnahme entgeltlicher Leistungen abhängig gemacht.

Beispiel: Gewinn eines Freifluges nach Mallorca bei Buchung in einem bestimmten (sehr teuren!) Hotel.

Zwar fällt der geschilderte Fall nicht unter die speziell auf Preisausschreiben gemünzten Regelbeispiele der §§ 4 Nr. 5 und 6 UWG, ist jedoch unlauter jedenfalls nach § 4 Nr. 1 UWG. Im Zusammenhang mit Preisausschreiben und sonstigen Gewinnzusagen ebenso wichtig ist allerdings eine zweite Sanktion außerhalb des Wettbewerbsrechts, die hier wegen des Sachzusammenhangs nicht unerwähnt bleiben darf. Denn § 661a BGB versucht derartigen dubiosen Praktiken durch einen eigenartigen zivilrechtlichen **Erfüllungszwang**, also durch eine ökonomisch spürbare Sanktion, einen Riegel vorzuschieben. Nach dieser Norm hat nämlich ein Unternehmer (vgl. § 14 BGB), der **Gewinnzusagen** oder vergleichbare Mitteilungen an Verbraucher (vgl. § 13 BGB) sendet und durch die Gestaltung dieser Zusendungen den Eindruck erweckt, dass der Verbraucher einen Preis gewonnen habe, dem Verbraucher eben diesen Preis zu leisten. Der Gesetzgeber meint damit wohl, dass die gemachten Vorbehalte etc. insoweit unberücksichtigt bleiben.

Davon zu unterscheiden ist die Entscheidung über die **Preiszuerkennung** im Rahmen der erfolgten „Auslobung" (einseitiges Rechtsgeschäft, § 657 BGB!): Diesbezüglich ist die Entscheidung des Veranstalters des Preisausschreibens (als Sonderform der Auslobung) oder des von ihm benannten Preisrichters „für die Beteiligten verbindlich" (§ 661 II BGB). Darauf wird üblicherweise durch die Klarstellung: „Der Rechtsweg ist ausgeschlossen" hingewiesen. Der **Ausschluss** des **Rechtswegs** ist freilich allein auf die Preiszuerkennung beschränkt. Derjenige, dem der Preis zuerkannt wurde, kann selbstverständlich die Preisaushändigung verlangen und bei Verweigerung auch den Rechtsweg beschreiten, also die Preisaushändigung einklagen.

Eine starke Lockwirkung üben auch sog. **Vorspannangebote** aus, die in vielerlei Varianten auftreten. Immer werden dabei werblich exponierte, oft branchenfremde und jedenfalls niedrigpreisgestellte Produkte zum Zweck der Absatzförderung der „Hauptware" mit dieser gekoppelt. Nach richtiger Ansicht bestehen dagegen aber keine durchgreifenden wettbewerbsrechtlichen Bedenken: Der Kunde mag selber entscheiden, ob er die gekoppelten Angebotsteile zu diesem (Gesamt-)Preis für „preiswert" hält, wenn die Teilpreise nicht schon selber ausgewiesen sind.

Beispiel: Ein Kilogramm Kaffee in weihnachtlicher Aufmachung mit roter Schleife und CD „Weihnachtslieder aus aller Welt" zum „Fest- und Feiertagspreis" von Euro 20.

(2) „Behinderung"

Nicht jeder Markterfolg ist aus der Sicht des Wettbewerbsrechtes legitim. Die **Selektionsfunktion** des Wettbewerbs soll ja den - aus Sicht der Marktgegenseite - besseren Anbieter belohnen, nicht denjenigen, der seinen Erfolg der wettbewerbsfremden Behinderung seiner Konkurrenten verdankt. Schon das **GWB** versucht freilich, Behinderungswettbewerb zu unterbinden. Dazu verbietet es z. B. missbräuchliche Marktpraktiken oder die **Diskriminierung** durch marktbeherrschende Unternehmen (§§ 19 f. GWB). Nur über § 4 Nr. 10 UWG zu erfassen und zu unterbinden ist aber z. B. die sog. **Werbevereitelung**. Das dortige Tatbestandsmerkmal der „gezielten" Behinderung darf dabei übrigens nicht im Sinne von Vorsatz oder Absicht verstanden werden: Nach zutreffender h. M. genügt eine „objektive Finalität", faktisch also ein typisch behindernder Effekt.

Beispiel: Überkleben von Plakaten, auch ohne Behinderungswillen.

Anders als die Werbevereitelung ist die **Gegenwerbung** zu bewerten. Sie ist marktkonform, zielt sie doch gerade auf **Markttransparenz**. § 4 Nr. 10 UWG ist bei systematisch-teleologischer Interpretation, also mit Blick auf Kontext und Gesetzeszweck (§§ 1 und 3 UWG) trotz „passenden" Wortlauts nicht einschlägig.

Beispiel: Verteilen von Handzetteln vor dem Konkurrenzgeschäft in bester Geschäftslage, um auf das eigene Angebot in dem in einer Seitenstraße gelegenen Geschäft aufmerksam zu machen.

Selbstverständlich behindert auch (aggressiver) **Preiswettbewerb**. Doch auch er ist selbstverständlich marktkonform. Daran ändert sich entgegen der h. M. auch nichts bei Verkauf unter Selbst- oder Einstandskosten (**Dumping**). Man muss die Wirtschaftlichkeit der Kalkulation auf der Basis der Wettbewerbsfreiheit allein in das unternehmerische Ermessen des Anbieters stellen. Wenn dadurch ein Konkurrent zum Ausscheiden aus dem Wettbewerb gezwungen ist, so ist auch dies kein marktfremder Effekt, sondern nur ein Ausdruck dafür, dass er mittel- oder langfristig nicht ebenso günstig wie der Konkurrent anbieten konnte. Selbst wenn solcher **Verdrängungs**- oder gar **Vernichtungswettbewerb** den Wettbewerb auf dem Markt überhaupt in Frage zu stellen droht, ist der Vorgang wettbewerbsrechtlich allenfalls nach den Maßgaben des seinerseits eng auszulegenden und jedenfalls „überlegene Marktmacht" voraussetzenden § 20 IV GWB zu beanstanden.

Behinderungseffekte gehen auch von der **vergleichenden Werbung** aus, insbesondere bei ausdrücklicher Nennung des Konkurrenten und seiner Produkte (vgl. die Definition in § 6 I UWG). Operiert die vergleichende Werbung mit falschen Daten, verstößt sie sicher schon gegen das Verbot irreführender Werbung (§ 5 I 1 und 2 Nr. 1 UWG). Die wahre, nicht verächtlich machende und sachgerecht durchgeführte vergleichende Werbung allerdings bewegt sich absolut in den Sinngrenzen einer funktionierenden Wettbewerbsordnung, da auch sie - wie die Gegenwerbung - nur die **Produkt-** und **Markttransparenz** erhöht. Gerade angesichts wachsender Produktkomplexität wird es immer wichtiger, zwischen den Angeboten informiert entscheiden zu können. Ein angebliches Verbot der vergleichenden Werbung ist also noch nie anzuerkennen gewesen. Jetzt stellt § 6 II UWG klar, dass vergleichende Werbung nur bei Sachwidrigkeit, Verwechselbarkeit, Verunglimpfung etc. unlauteres Wettbewerbsverhalten darstellt. Auch in der früheren Praxis war das angebliche „Verbot vergleichender Werbung" wohl nur noch als Phantom existent: Mit den von der Stiftung Warentest, von Automobilclubs etc. durchgeführten Tests wurde ja schließlich - schon lange unbestritten zulässig - ebenfalls geworben.

Beispiel: „Unser Produkt wurde von der Stiftung Warentest (Heft 7/1990) mit „sehr empfehlenswert" bewertet."

Ein häufiger Fall einer nach § 4 Nr. 10 UWG unlauterer Behinderung von Mitbewerbern ist die **unbegründete Abmahnung**, also die unberechtigte Aufforderung, ein angeblich wettbewerbsrechtlich verbotenes geschäftliches Verhalten zu unterlassen.

(3) „Ausbeutung"

Bei der Fallgruppe „Ausbeutung" geht es um die Frage, ob das Ausnutzen fremder Leistung zur Stärkung der eigenen Wettbewerbsposition als unlauter zu gelten hat. Auf den ersten Blick widerspricht ein solches Verhalten zwar dem Gedanken des (als Begriff übrigens sehr unscharfen und letztlich unbrauchbaren) **„Leistungswettbewerbs"**. Jedoch baut Fortschritt immer auch auf der Leistung anderer auf. Ein generelles wettbewerbsrechtliches Verbot des Ausnutzens fremder Leistung kommt deshalb von vornherein nicht in Betracht. Dieser Standpunkt wird auch dadurch gestützt, dass die Gesetze des sog. **Gewerblichen Rechtsschutzes** (PatG, GebrMG, GeschmMG, aber auch das UrhG) sich dieser Materie bereits sehr differenziert angenommen haben und es deshalb nicht angehen kann, den dortigen Bereich „gemeinfreier" Leistungen mit Hilfe des UWG dem Zugriff konkurrierender Marktkräfte doch wieder zu entziehen. Nach richtiger, freilich durchaus nicht herrschender Ansicht ist die Fallgruppe „Ausbeutung" innerhalb des § 3 I UWG also eine praktisch leere Menge. Zulässig ist demnach sowohl die **sklavische Nachbildung** als auch die **unmittelbare Leistungsübernahme**. Dasselbe gilt für sog. **annexe Produkte**, also für Ersatzteile und Zubehör sowie Folge- und Fortsetzungsbedarf. Erst wenn dabei z. B. über die Herkunft irregeführt wird, so ist darin ein unlauteres Verhalten (§ 4 Nr. 9 a UWG) zu erblicken.

Beispiele: Imitieren der neuen Kollektion eines bekannten Modeschöpfers: zulässig, wenn die Herkunft aus dem Haus der Konkurrenz deutlich gemacht wird.
Eins-zu-eins-Kopien eines EDV-Programms, unbeschadet seines eventuell urheberrechtlichen Schutzes: wettbewerbsrechtlich zulässig.
Anbieten von Auto-Bremsbelägen, die Originalersatzteile substituieren, mit dem Hinweis: „passend für…": wettbewerbsrechtlich zulässig (keine unangemessene Ausnutzung fremder Wertschätzung i. S. von § 4 Nr.9 b UWG).

Wettbewerbsrechtlich nicht zu beanstanden ist ferner das Nachahmen fremder **Werbung**, die Übernahme der erfolgreichen **Marketingkonzeption** eines anderen Unternehmens oder sonstiger Maßnahmen.

Beispiele: Imitation des bekannten Slogans einer Zigarettenwerbung („Der Geschmack von Freiheit und wildem Leben").
Übernahme eines auf dem Gedanken der Sammelbestellung basierenden Vertriebskonzepts.

(4) „Vorsprung durch Rechtsbruch"

Das Wettbewerbsrecht kann es nicht dulden, dass Wettbewerbsvorteile durch Gesetzesverstöße geschaffen und somit, ökonomisch formuliert, Kriminalitätsrenten erzielt werden. Soll dieser Grundgedanke nicht völlig ausufern, kommen dabei aber nur Verstöße gegen Gesetze in Betracht, die wenigstens unter anderem auch den Zweck verfolgen, „im Interesse der Marktteilnehmer das Marktverhalten zu regeln" (§ 4 Nr. 11 UWG). Die praktische Umsetzung dieses vernünftigen Konzepts erweist sich aber als schwierig.

Beispiele: Verstöße gegen die PAngV oder Angebote von Waren, die unter Verstoß gegen Importverbote auf den Markt gelangt sind, fallen sicher unter § 4 Nr. 11 UWG. Wie aber steht es mit der Missachtung von Geschwindigkeitsbeschränkungen und Halteverboten durch Auslieferungsfahrer, wodurch gegenüber rechtstreuen Konkurrenten erhebliche Schnelligkeitsvorteile im Lieferbetrieb und größere Kundenzufriedenheit erzielt werden?

Die Verletzung sonstiger Regeln bzw. „Normen" ist nicht geeignet, einen wettbewerbsrechtlich sanktionierten „Vorsprung durch Rechtsbruch" zu begründen. Dies gilt namentlich für Verstöße gegen **Standes- und Berufsordnungen**, etwa von Ärzten, Architekten, Rechtsanwälten und Steuerberatern. Auch der Verstoß gegen **verbandliche Wettbewerbsregeln** i. S. der §§ 24 ff. GWB ist unter dem Aspekt des § 4 Nr. 11 UWG irrelevant, weil dem UWG nicht die Durchsetzung von Organisationsinnenrecht aufgebürdet werden kann.

Beispiele: Gemeinsame Erklärung der Spitzenorganisationen der gewerblichen Wirtschaft zur Sicherung des Leistungswettbewerbs, Werberichtlinien des Zentralausschusses der Werbewirtschaft, Wettbewerbsregeln des Markenverbandes.

(5) „(Allgemeine) Marktstörung"

Während „Behinderung" gemäß § 4 Nr. 10 UWG auf die gezielte Beeinträchtigung wettbewerbsrechtlich schützenswerter Interessen individuell bestimmbarer Marktteilnehmer gemünzt ist, befasst man sich unter dem Aspekt der „(Allgemeinen) Marktstörung" mit wettbewerblichen Verhaltensweisen, von denen befürchtet wird, sie könnten die Funktionsfähigkeit eines ganzen Marktes in Mitleidenschaft ziehen. Diese in den Regelbeispielen des UWG nicht normierte Fallgruppe bildet quasi den **Übergang zur Regelungsmaterie des GWB.** Hier mit dem Verdikt der Unlauterkeit zu operieren, kann nur die seltenste Ausnahme sein, weil aus Sicht des GWB (noch) nicht zu beanstandende Marktverhältnisse nicht einfach mit der Keule des § 3 I, II UWG „in Ordnung" gebracht werden können. Ein mögliches Anwendungsbeispiel hat zudem seine negative Bewertung bereits durch § 16 II UWG erfahren: Das Vertriebssystem der **progressiven Kundenwerbung** nach dem sog. Schneeballprinzip mit dem absehbaren Effekt totalen Marktzusammenbruchs ist dort sogar unter Strafe gestellt und natürlich auch unlauter (§ 4 Nr. 11 UWG).

Häufig wird jedoch auch das **kostenlose** und **massenhafte Verteilen** von **Originalware** als unlauteres Marktverhalten unter dem Aspekt der befürchteten „allgemeinen Marktstörung" angesehen. Die dadurch bewirkte **Marktverstopfung** führe zum Marktzusammenbruch, so dass auch der qualitativ bessere oder billigere Anbieter nun gar nicht mehr zum Zuge kommen könne. Dies ist plausibel, erlaubt aber nicht den Schluss auf die Unlauterkeit. Denn das UWG dient ja keineswegs nur dem Konkurrentenschutz, sondern im Blick auf die gewünschte marktwirtschaftliche Steuerung des Angebots eben durch die Nachfrage - auch dem Schutz der (privaten) Kunden, wie § 1 UWG mit wünschenswerter Deutlichkeit erklärt. Deren Interessen sind in diesem Szenario jedoch gratis befriedigt. Keinesfalls handelt es sich jedenfalls um einen Extrem- oder Evidenzfall der Unlauterkeit, für den § 3 I, II UWG als originäre Verbotsnorm allein herangezogen werden darf.

Beispiel: Kostenloses Verteilen eines neuartigen Allzwecktuches an praktisch alle Haushalte einer mittelgroßen Stadt.

Verfehlt ist schließlich, durch § 3 I, II UWG dem Wandel der Handelsstrukturen, etwa unter Hinweis auf einen Widerspruch zur ökonomischen Funktion des Einzelhandels etc., begegnen zu wollen. Solche Funktionszuweisungen gibt es auf normativer Ebene nicht. Vielmehr sind sie selber Gegenstand der wettbewerblich geprägten Marktprozesse.

Beispiele: Fordern von sog. Eintrittsgeldern oder der Regalpflege durch nachfragestarke Handelsketten an die Adresse der Lieferanten; Schaufenster- und Platzmiete durch Lieferanten beim Handel; „vorverkaufende" Werbung durch die Produzenten an die Adresse der Verbraucher (was den Handel unter Sortimentsdruck setzt!), Ausschaltung des ortsgebundenen Handels durch internetgestützte Transaktionen („e-commerce").

(6) Unzumutbare Belästigungen

Der Gesetzgeber widmet unzumutbaren Belästigungen der Marktteilnehmer eine eigene Verbotsnorm, den § 7 UWG. Dabei stellt er der („kleinen") Generalklausel des § 7 I 1 UWG in § 7 I 2, II UWG wiederum einen Katalog von Regelbeispielen an die Seite. Jedenfalls das generelle Verbot des § 7 I 1 UWG ist dabei im Blick auf den Regelungszweck des § 1 UWG, Wettbewerbsverfälschungen entgegenzutreten, durchaus fragwürdig, weil selbst massive Belästigungen der Marktteilnehmer kaum jemals auf deren Marktentscheidungen zugunsten des Belästigenden Einfluss nehmen, also wettbewerbsverfälschend wirken. Deshalb sollte diese Generalklausel schon bei teleologischer Auslegung nur selten zur Anwendung kommen können, ganz abgesehen von den systematischen Aspekten.

Beispiel: Ablage von Werbematerial hinter dem Scheibenwischer eines parkenden Autos: sicher sehr lästig und teilweise auch nicht ungefährlich (Bemerken erst während der Fahrt bei einsetzendem Regen), aber ohne jede Eignung, den Wettbewerb zu verfälschen und deshalb nach richtiger Ansicht nicht unlauter nach § 7 I 1 UWG.

Auch die in § 7 II UWG genannten Regelbeispiele unterliegen durchweg dem genannten grundsätzlichen Bedenken und erfordern deshalb überlegte, immer am Normzweck des § 1 UWG orientierte, zurückhaltende Auslegung und Handhabung. Ihnen lässt sich unter dem gebotenen ökonomischen Blickwinkel allenfalls der Sinn abgewinnen, dass durch die dort als unlauter gekennzeichneten und damit nach § 3 I UWG verbotenen Werbemaßnahmen dem Adressaten Kostennachteile aufbürden bzw. auch seinerseits erwünschte oder gar notwendige Marktkommunikation unterbinden.

Beispiele: Papier- und Tonerkosten bei unerbetener Faxwerbung (vgl. § 7 II Nr. 3 UWG); Verstopfung des Briefkastens, den der Inhaber für seiner Meinung nach wichtigere Nachrichten freizuhalten wünscht, durch Werbematerial („Bitte keine Reklame!", § 7 II Nr. 1 UWG); Behinderung beim email-Empfang, wenn Werbematerial die leistungsschwache Übertragung noch weiter belastet.

Außerhalb dieser Sinngebung erscheinen die Regelbeispiele trotz eigentlich „passenden" Wortlauts hingegen unanwendbar. Ein Rückgriff auf die Generalklausel des § 7 I 1 oder gar des § 3 I, II UWG kommt schon gar nicht in Betracht.

Beispiel: Ausgesprochen lästige Werbung mittels e-mails („elektronische Post i. S. von § 7 II Nr. 3 UWG) für Potenzmittel, Körperkorrekturen, (gefälschte) Uhren etc. verursacht beim Adressaten weder greifbare Kosten noch (bei leistungsfähigen Übertragungswegen) Verknappung seiner Kommunikationsressourcen: Unangenehm, ja unzumutbar, aber dennoch wohl nicht wettbewerblichfunktional „unlauter". Dem Gesetzgeber, der übrigens für einen Teil dieser Fälle durch europarechtliche Vorgaben zum Handeln gezwungen ist, steht es selbstverständlich frei, solche Verhaltensweisen außerhalb des Wettbewerbsrechts zu unterbinden.

Schließlich erweist sich § 7 II Nr. 4 UWG als fragwürdig, zwar nicht mit Blick auf Sinn und Zweck des UWG, aber doch hinsichtlich seiner Platzierung: Mit „Belästigung" hat die Verschleierung oder gänzlich Verheimlichung des Absenders einer Werbung in Form einer „elektronischen Nachricht" doch gar nichts zu tun. Ein diesbezügliches Verbot gehört sachlich vielmehr in die Normmaterie des § 5 UWG (Irreführung).

(7) Irreführung

Im geschäftlichen Verkehr werden mit Bezug auf den wirtschaftlichen Wettbewerb eine Fülle von Angaben gemacht. Man kann sie grob einteilen in **Angaben** mit Bezug auf das **Unternehmen**, das **Produkt**, den **Preis** sowie die (sonstigen) vertraglichen **Konditionen**. Das Spektrum solcher Angaben über geschäftliche Verhältnisse, über die im Wettbewerb nicht irregeführt werden darf, ist unübersehbar groß. „**Angaben**" sind dabei allerdings nur **Tatsachenbehauptungen**, nicht die im Marketing eigentlich beliebteren **Werturteile** und Aussagen mit Gefühlsqualität. Doch haben die meisten derartigen Urteile und Aussagen den versteckten Kern einer Tatsachenbehauptung.

Beispiele: „Deutschlands bestes Waschmittel"; „Die ideale Abmagerungskur"; „Das ultimative Betriebssystem".

Die irrtumsbeeinflusste Entscheidung läuft dem marktkonstitutiven **Transparenz- und Rationalitätsgebot** zuwider. Darin liegt der **Geltungsgrund** des § 5 UWG. Von daher ist auch der zentrale Begriff der Irreführung zu verstehen. Die Wahrheit zu sagen, ist ein ethisches Postulat, worauf es hier aber gerade nicht ankommt. **Irreführung** und **Wahrheit** stehen vielmehr nur in einem lockeren Zusammenhang (vgl. auch § 16 UWG: „Wer ...durch unwahre

Angaben irreführend wirbt,..."). Unwahre Angaben müssen eben durchaus nicht irreführend sein und wahre Angaben können umgekehrt durchaus irreführen, etwa wenn exponiert mit Selbstverständlichkeiten geworben wird oder wenn durch starke unterschiedliche optische Gewichtung von Werbeaussagen der Gesamteindruck nicht unwesentlich verfälscht wird. Gleichwohl knüpft der Gesetzgeber im Wettbewerbsrecht gelegentlich allein an die **unwahre Angabe** an (vgl. die zahlreichen Tatbestände in der sog. schwarzen Liste nach § 3 III UWG mit Anhang, beginnend schon mit Nr. 1).

Maßstab für die Eignung zur Irreführung ist - wie bereits gesagt - der normativ „durchschnittliche", als vernünfig gedachte Marktteilnehmer der jeweilig adressierten Zielgruppe (vgl. für Verbraucher die Formulierungen in § 3 II 2 und 3 UWG), also der dortige „homo oeconomicus", der jeweils „reasonable man". Der empirisch durchaus häufig vorfindliche, intellektuell eher Minderbemittelte, ist nicht der wettbewerbsrechtliche Maßstab.

Beispiele: Der „billige Jacob" preist die Qualität seines Hosenträgersortiments an: „Damit könnt ihr 10 Elefanten hochheben": Unwahr, aber nicht irreführend, und zwar nicht nur für Hosenträger-Experten, sondern auch für „Otto Normalverbraucher".
Um der Vertragsanbahnung eine persönliche Note zu geben, lautet der Absender: „...Abt. Neukunden, Frau Brigitte Berger...", ohne dass es überhaupt eine Mitarbeiterin dieses Namens dort gibt: unwahr, aber für den „vernünftigen Verbraucher ebenfalls nicht im Rechtssinne irreführend.
Exponierte Werbung mit Vertragskonditionen, die als zwingendes Recht sowieso gelten: wahr, aber irreführend jedenfalls im B2C-Bereich.
Großflächiges Abbilden eines Autos mit Zusatzausstattung, was aber nur an unscheinbarer Stelle der Anzeige vermerkt ist, unter Angabe einer Preisempfehlung auf der Basis der Serienausstattung: ebenfalls wahr, aber irreführend.

Eine **unternehmensbezogene Angabe** liegt etwa in der **Alterswerbung**. Damit werden besondere Erfahrung, Marktgeltung etc. reklamiert. Dabei kommt es häufig zu Irreführungen.

Beispiel: „Seit 1873": irreführend, wenn das Unternehmen zwar in diesem Jahr gegründet wurde, zwischenzeitlich aber die Branche gewechselt hat. Problematische Alterswerbung auch bei langfristigen zwischenzeitlichen Stilllegungen oder staatlicher Führung des Unternehmens (Enteignungen in der früheren DDR und Rückübertragung nach der Wiedervereinigung).

Dabei müssen die Angaben nicht in Wortgestalt erscheinen; auch **bildhafte Angaben** genügen (vgl. § 5 III UWG). Faktisch liegt in ihnen wohl sogar der werbewirtschaftliche Schwerpunkt.

Beispiel: Der Hausprospekt einer Unternehmensberatung zeigt ein imposantes Bürogebäude; dass die angemieteten Betriebsräume darin nur eine Fläche von 70 qm einnehmen, wird nicht deutlich gemacht.

Auch und gerade die **produktbezogenen Angaben** erfolgen häufig in Bildgestalt.

Beispiele: Eine moderne industrielle Großrösterei wirbt im Fernsehen mit handwerklich betriebener Kaffeesortierung, -röstung und -verkostung in historischen Räumen.

Das „Hotel am Meer" erscheint im Reiseprospekt aus einer Perspektive fotografiert (die zwischen Hotel und Strand verlaufende Schnellstraße bleibt ausblendet!).

Produktbezogen sind z. B. auch **Herkunftsangaben**, wiederum oft in Bildform.

Beispiel: Eine (bildhafte) Milchreklame zeigt, wie das Abholfahrzeug die Milch auf Alpenbauernhöfen einsammelt, während die Milch tatsächlich aus Großbetrieben mit ausschließlicher Stalltierhaltung bezogen wird (zweifelhaft, ob dadurch auch ein vernünftiger Verbraucher marktrelevant irregeführt wird).

Nicht alle (scheinbaren) Herkunftsangaben haben aber wirklich noch geographische Aussagekraft. Sie sind dann **entlokalisiert** und beschreiben bloß noch Rezepte etc.

Beispiel: „Tilsiter Käse": zulässige Bezeichnung für eine bestimmte, wenn auch nicht in Tilsit hergestellte Käsesorte.

Umgekehrt kommen auch **Relokalisierungen** vor. So müsste ein „original" oder „echt Tilsiter Käse" tatsächlich aus Tilsit stammen, um keine irreführende Angabe darzustellen. Soweit es sich also tatsächlich um geographische Herkunfsangaben handelt, sind sie nach § 1 Nr. 3 MarkenG auch Gegenstand des markenrechtlichen Schutzes.

Die Herstellung von **Preistransparenz** und die Vermeidung diesbezüglicher Irreführungen ist wiederum mehrschichtig angelegt. Sie ist zunächst Gegenstand der **Preisangabenverordnung**. Sie befasst sich dabei mit formellen Aspekten der Preistransparenz. Gegenüber dem Letztverbraucher sind gemäß § 1 I PAngV grundsätzlich **Endpreise** anzugeben, die die Mehrwertsteuer und weitere Preisbestandteile (z. B. Überführungskosten beim Neuwagenkauf) einschließen. Darin liegt auch eine grundsätzliche **Preisauszeichnungpflicht** beschlossen. Eine solche Pflicht besteht freilich nicht, wenn nicht gleichsam die Ware selber wirbt, wie dies z. B. in Selbstbedienungsregalen oder in der Schaufensterauslage der Fall ist, sondern wenn die Ware in Medien aller Art beworben wird. Soweit aber dort Preise angegeben werden, müssen sie wiederum in Form von Endpreisen erscheinen.

Für ausgewählte Wirtschaftsbereiche - Distribution, allgemeine Dienstleistungen, Kreditwesen, Gaststätten, Tankstellen und Parkplätze - normieren §§ 2 ff. PAngV spezielle **Preisangabemodalitäten**. Auf den ersten Blick leicht handhabbar werden diese Vorschriften durch § 7 PAngV mit seinen Ausnahmen und Rückausnahmen doch recht undurchsichtig. Durchweg ist aber die sehr versteckte **Generalklausel** des § 1 VI 1 PAngV zu beachten, die die Gebote von **Preiswahrheit und Preisklarheit** über die Detailregelungen hinaus zur maßgeblichen Richtschnur erklärt. Dagegen wird vor allem, aber nicht nur im Einzelhandelsbereich vielfach verstoßen, obwohl dem Wortlaut der einschlägigen Normen durchaus Genüge getan wird.

Beispiele: Im Selbstbedienungsladen sind Waren lediglich mit einer vielstelligen Artikelnummer gekennzeichnet. Am Regalende befindet sich eine Tabelle, die Artikelnummern und -preise durchaus eindeutig und deutlich zuordnet (vgl. § 2 PAngO). Trotzdem liegt ein Verstoß gegen § 1 VI 1 PAngV vor, weil die Preiswahrheit und die Preisklarheit der Tabelle nur bei einer phänomenalen Gedächtnisleistung des Kunden zu bejahen ist.
Versicherungsunternehmen geben zwar die Höhe der Prämien an, wenn sie Angebote unterbreiten, doch ist dies eben nicht mit der Preisangabe gleichzusetzen, weil die Prämie das Dienstleistungsentgelt und Beiträge zum Deckungsstock (bei der sog. Kapitallebensversicherung vor allem zum sog. Sparanteil) nur äußerlich zusammenfasst.

Mit dem Anliegen, Preistransparenz herzustellen, wurde auch das frühere Rabattgesetz begründet. Gegenüber dem letzten Verbraucher (also nicht auf vorgelagerten Distributionsstufen) war dort für Waren oder gewerbliche Leistungen des täglichen Bedarfs (dazu wurde von der Rechtsprechung aber so gut wie alles gerechnet) ein grundsätzliches **Rabattverbot** aufgestellt worden (vgl. § 1 I RabattG). Unter Rabatt wurde dabei vor allem ein Preisnachlass auf den sonst vom Anbieter allgemein geforderten Preis, dem sog. **Normalpreis** (vgl. § 1 RabattG) verstanden, dessen Festlegung allerdings freistand.

Beispiel: Ein Automodell wird generell unter einem vom Hersteller empfohlenen und marktüblichen Preis, zum sog. Hauspreis, angeboten: Kein Verstoß gegen das Rabattverbot.

Das Rabattgesetz kannte nur einige wenige **erlaubte Rabatte,** so in den §§ 2 ff. RabattG den Barzahlungsrabatt (**Skonto,** maximal 3%), den **Mengenrabatt** (§§ 7 ff. RabattG) sowie sog. **Sondernachlässe** (§ 9 RabattG) für professionelle Abnehmer, Großverbraucher und Werksangehörige.

Da das Preis-/Leistungsverhältnis ebenso gut mit Rabatten wie mit Zugaben beeinflusst werden kann, bedurfte es aus Sicht des Gesetzgebers also auch einer ZugabeVO, für die dasselbe Anliegen wie für das RabattG reklamiert wurde (Schutz vor Preisverschleierung). Nach § 1 ZugabeVO sollte es auf allen Distributionsstufen verboten sein, Zugaben zu gewähren. Zugabe ist dabei nicht näher definiert. Sie ist erstens durch ihre Koppelung mit einer Hauptleistung, zweitens durch ihre Akzessorietät (keine isolierte Überlassung) sowie drittens durch ihre Unentgeltlichkeit ausgezeichnet.

§ 1 II ZugabeVO ließ nur winzige **Ausnahmen** zu, etwa als solche dauerhaft erkennbare Reklamegegenstände von geringem Wert (Kugelschreiber mit Aufdruck!) oder geringwertige Kleinigkeiten (da musste dann nach h.M. das minimalisierende Moment doppelt zum Tragen kommen!). Eine Ausnahme vom Zugabeverbot bestand beispielsweise auch für Zugaben in Gestalt handelsüblichen Zubehörs zur Hauptware oder handelsüblichen Nebenleistungen.

Beispiel: Tragetüte beim Wareneinkauf (sofern Abgabe unentgeltlich erfolgt) oder Scheibenreinigung durch den Tankwart als Service.

Als **wettbewerbliche Fremdkörper** waren das RabattG und die ZugabeVO nicht nur kontraproduktiv, sondern wohl sogar verfassungswidrig. Außerdem konnten sie unter den Bedingungen des **Internet-Handels** gar nicht mehr recht Wirkung entfalten. Es war deshalb geradezu überfällig, diese wettbewerbsbeschränkenden Bestimmungen ersatzlos zu streichen. Dennoch muss immer noch auf diese als solche ja gerade abgeschafften Regelungen hingewiesen werden. Denn vielfach wird in der Praxis die Tendenz erkennbar, die früher von RabattG und ZugabeVO bedrohten Praktiken nunmehr je nach Fallgestaltung unter § 5 I oder unter § 3 I und II UWG subsumieren zu wollen. Damit würde die mit der Abschaffung jener Vorschriften gewünschte **Liberalisierung des Wettbewerbs** zunichte gemacht. Dies gilt umso mehr, als das UWG in tatbestandlich sorgfältig formulierten Regelbeispielen bereits die Preistransparenz zum Thema macht. Einschlägig sind hier § 5 II Nr. 2 zu Art und Weise der Preisberechnung sowie Nr. 4 UWG mit dem Verbot irreführender Preisgegenüberstellungen, etwa durch „Preisreduzierungen" gegenüber am Markt gar nicht durchsetzbaren sog. **Mondpreisen**.

Beispiel: „Preissensation: Super-Laptop! Früher Euro 9.999!! Jetzt nur Euro 1.000!!!"

Sonderveranstaltungen und **Sonderangeboten** waren im früheren Wettbewerbsrecht sehr enge Grenzen gezogen. Zulässige Sonderveranstaltungen waren allein die ebenso bekannten wie beim Publikum beliebten Saisonschlussverkäufe (Sommer- bzw. Winterschlussverkauf) und bestimmte Jubiläumsverkäufe. Als **Sonderangebote** gestattet waren nur einzelne Waren innerhalb des regelmäßigen Geschäftsbetriebes mit einer nach Güte oder Preis besonderen Kennzeichnung. Die verbreiteten „Sonderangebote" erfüllten diese Voraussetzung durchweg nicht, waren also meist im Rechtssinne verbotene Sonderveranstaltungen.

Beispiel: „Sonderangebot: Herrlich flauschige Damenmäntel": Bezug auf Warengruppe, nicht auf einzelne Waren.

Diese befremdlichen Restriktionen sind weggefallen, doch ist nach wie vor nicht alles erlaubt, was dem Marketing gefällt. Unter dem Aspekt des § 5 I 2 Nr. 1 UWG bleiben problematisch im Bereich der preisbezogenen Angaben vielfach sog. **Preisschlagwörter**. So ist z. B. die Bewerbung einer Ware als „Sonderangebot" dann irreführend und unlauter, wenn diese Ware gegenüber der sonstigen Auspreisung gar keine günstigere Preisstellung aufzuweisen hat (vgl. hierzu auch Nr. 19 der sog. schwarzen Liste nach § 3 III UWG mit Anhang).

Der Formenkreis der konditionenbezogenen irreführenden Angaben wurde bereits bei den **defizitären Garantien** gestreift.

Vielfach wird beispielsweise auch hinsichtlich der **Leistungszeit** irregeführt.

Beispiel: Werbung mit „sofortigem" Autoradio-Einbau: So viele Kapazitäten sind nirgendwo vorzuhalten, um jeden Kunden wirklich immer sofort, ohne jede Wartezeit, entsprechend bedienen zu können.

Als Marketing-Instrument immer noch aktuell sind Räumungsverkäufe aus den verschiedensten Gründen.

Beispiele: „Winterschlussverkauf", „Räumungsverkauf wegen Geschäftsaufgabe", „Räumungsverkauf wegen Brandschadens".

Die hierzu nach früherem Recht bestehenden Einschränkungen sind entfallen. Allerdings dürfen dabei keine irreführenden bzw. unwahren Angaben gemacht werden (§ 5 I 2 Nr. 2 UWG, Nr. 15 der sog. schwarzen Liste nach § 3 III UWG mit Anhang).

d) Wettbewerbsrechtlicher Rechtsschutz

Generell ziehen wettbewerbsrechtliche Verstöße - unabhängig von einem Verschulden - nach § 8 I UWG einen **Beseitigungs-** und **Unterlassungsanspruch** nach sich. Dieser Anspruch kann nicht von jedermann geltend gemacht werden. Die dazu erforderliche sog. **Aktivlegitimation** steht vielmehr neben den unmittelbar Betroffenen nur den in § 8 II UWG Genannten zu, also nur Mitbewerbern (wettbewerbstheoretisch mit Blick auf das geforderte „konkrete" Wettbewerbsverhältnis zweifelhafte Legaldefinition in § 2 I Nr. 3 UWG), Verbänden der gewerblichen Wirtschaft (z. B. Markenverband, Einzelhandelsverband, Zentrale zur Bekämpfung unlauteren Wettbewerbs, Zentralausschuss der Werbewirtschaft) und Verbänden sog. Freiberufler, Verbraucherverbänden, Industrie- und Handelskammern sowie Handwerkskammern, nicht aber Verbraucher. Ihr **Ausschluss** aus dem Kreis der Aktivlegitimierten ist mehr als befremdlich, dient das UWG nach seinem § 1 doch gerade auch dem Schutz ihrer Interessen. Vor diesem Hintergrund wird diskutiert, ob sich diese Lücke über § 823 II BGB (UWG-Normen als Schutzgesetze zugunsten auch der Verbraucher) schließen lässt.

Schuldner des Beseitigungs- und Unterlassungsanspruchs, also **passivlegitimiert**, ist nach richtiger Ansicht primär das wettbewerbswidrig handelnde Unternehmen bzw. sein Rechtsträger sowie auch die in § 8 II UWG genannten Personen (das Gesetz formuliert verwirrenderweise gerade andersherum). Daneben kommen an sich auch - bei Verschulden - **Schadensersatzansprüche** nach § 9 UWG in Betracht. Sie spielen in der Praxis jedoch im Vergleich zu den Beseitigungs- und Unterlassungsansprüchen nur eine recht geringe Rolle, weil sich kaum jemals darstellen lässt, welcher für den Schadensersatzgläubiger nachteilige Effekt des Marktgeschehens nun gerade auf der Unlauterkeit des Wettbewerbsverhaltens seitens des Schuldners beruht. Gut gemeint und ökonomisch eigentlich richtig angesetzt ist schließlich der mit § 10 UWG geschaffene **Anspruch auf Gewinnabschöpfung**, der den Anreiz zu unlauterem Wettbewerbsverhalten neutralisieren will und dabei vor allem dem Problem von **Streuschäden** gerecht werden will, bei denen jeder Einzelne zwar bei sich keinen Schaden ermitteln kann, der unlauter handelnde Wettbewerber aber großen Nutzen aus seinem Verhalten zieht (vgl. § 10 I UWG: „...Vielzahl von Abnehmern...‟). Der Anspruch ist aber unsinnig ausgestaltet. Denn der Gläubiger muss bei Prozesserfolg den herausgeklagten Gewinn an den Bundeshaushalt abführen, bei Prozessverlust indes die Prozesskosten tragen. Kaum je ein Aktivlegitimierter wird unter dieser Perspektive den Anspruch des § 10 UWG ernsthaft verfolgen. Praktisch keine Rolle spielen schließlich die in den §§ 16 ff. UWG vorgesehenen **straf- und ordnungsrechtlichen Sanktionen**.

Das tatsächliche Erscheinungsbild des wettbewerbsrechtlichen Rechtsschutzes wird von den Rechtsschutzinstrumenten außerhalb der bei Gericht eingereichten Klage bestimmt. Im Zentrum steht dabei die **Abmahnung**, mit der ein (hoffentlich) Aktivlegitimierter ein (vermeintliches) wettbewerbsrechtliches Fehlverhalten rügt und zu dessen Beseitigung und zukünftigen Unterlassung auffordert. Diese Aufforderung ist nötig, um der Kostenlast des § 93 ZPO sicher zu entgehen, die selbst bei einem später erfolgreichen Prozess sonst drohen würde, wenn und weil der Beklagte von einer Klage überrascht wurde. Auf die regelmäßig erforderliche Abmahnung weist § 12 I UWG ausdrücklich hin.

Andererseits birgt die Abmahnung auch ein Risiko in sich selber. Denn die unbegründete Abmahnung ist ihrerseits eine Variante des wettbewerbsrechtswidrigen Behinderungswettbewerbs. Bleibt die Abmahnung erfolglos, so wird regelmäßig Antrag auf Erlass einer **einstweiligen** (gerichtlichen) **Verfügung** nach § 12 II UWG gestellt. Denn das reguläre Klageverfahren würde viel zu lange dauern. Da solche Eilentscheidungen gemäß § 937 II ZPO sogar ohne Anhörung des Gegners ergehen können, kann dieser dem Gericht möglicherweise seinen Rechtsstandpunkt gar nicht darlegen. Diesem Risiko beugt die sog. **Schutzschrift** vor: Schon vorbeugend wird darin dem potenziell befassten Gericht der Rechtsstandpunkt dessen erläutert, der - vor allem nach einer Abmahnung - mit einem Antrag auf einstweilige Verfügung rechnet.

e) Firmenrecht

In der **Firma**, also in dem im Geschäftsverkehr geführten Namen des kaufmännischen Unternehmers (§ 17 HGB), drückt sich - wie auch in der **Marke** - die für das Marketing wichtige allgemeine Wertschätzung des Unternehmens, sein **goodwill**, aus. Teilweise ist dieser goodwill erst durch die Qualität der Unternehmensleistungen vermittelt worden (und später dann von ihr vergleichsweise losgelöst vorhanden), teilweise kann allein schon eine geschickt gebildete Firma zu diesem goodwill beitragen. Die Wahl der Firma ist also selber schon eine Marketing-Entscheidung, die vor allem bei der **Unternehmensgründung** zu treffen ist. Die Entscheidung kann sich freilich nur in gewissen Grenzen bewegen, die das Gesetz an verschiedenen Stellen aufrichtet, um z. B. das Interesse des Marktes an hinreichender **Unterscheidungskraft** zu befriedigen oder um **Irreführungen** der Marktteilnehmer insgesamt zu verhindern. Das so verstandene Firmenrecht findet sich insbesondere sowohl in den §§ 17 ff. HGB als auch in den §§ 5 UWG, 15 MarkenG. Einige rechtliche Zusammenhänge, in denen die Firma eine Rolle spielt, sind bereits zur Sprache gekommen, etwa die an die Firmenfortführung nach Unternehmensübernahme anknüpfenden Haftungs- und Zessionsregelungen nach §§ 25 f. HGB. Hier sind nun die für das Marketing relevanten **Gestaltungsprinzipien** der §§ 18 ff. HGB selber zu eruieren.

Es handelt sich dabei um die Prinzipien der **Firmeneinheit** (nur eine Firma für ein Unternehmen; doch können verschiedene Unternehmen von ein und demselben Träger betrieben und dann auch mehrere Firmen geführt werden), der **Firmenwahrheit** (keine Irreführung über Art, Umfang, Organisationsform etc., vgl. § 18 II HGB), der **Firmenausschließlichkeit** (Unterscheidbarkeit der Firmen, vgl. § 30 HGB), der **Firmenkontinuität** (Möglichkeit der Beibehaltung der Firma insbesondere für einen Unternehmensnachfolger), der **Firmenöffentlichkeit** (Eintragung der Firma im Handelsregister, vgl. § 29 HGB) und schließlich der Unternehmensbindung der Firma (keine isolierte Übertragung, § 23 HGB: **Verbot der „Leerübertragung"**).

Diese Prinzipien bilden ein **bewegliches System**, hängen teilweise voneinander ab. So wird insbesondere der Grundsatz der Firmenwahrheit durch denjenigen der Firmenkontinuität relativiert: Um den goodwill vor allem im Fall der Unternehmensnachfolge (§ 22 HGB), aber auch bei Namensänderung (§ 21 HGB: Heirat!) zu erhalten, darf die Firma beibehalten, insoweit also die Wahrheit über den Unternehmensträger unterdrückt werden. Anders gesagt: Der Grundsatz der Firmenwahrheit hat für die „**originäre**", erstmals gewählte Firma ein größeres Gewicht als für die beibehaltene, abgeleitete, „**derivative**" Firma. Ob eine solche derivative Firma firmenrechtlich überhaupt zulässig ist, hängt von der ausdrücklichen, nicht nur konkludenten **Zustimmung** des bisherigen Inhabers ab (§ 22 I HGB).

Für die Firmenwahl sind verschiedene Bezugspunkte denkbar, z. B. der (bürgerliche) Name des bzw. (bei Gesellschaften) der Unternehmensträger, der Unternehmensgegenstand, aber auch freie Assoziation. Demzufolge sind **Personen-, Sach- und Phantasiefirmen** zu unterscheiden. Hierbei besteht weitestgehende Wahlfreiheit: In den Grenzen der Eignung zur Kennzeichnung und Unterscheidung bei Vermeidung der Irreführung (§ 18 HGB) ist erlaubt, was gefällt. Dies ist ein enormer Deregulierungsfortschritt und Beitrag zur europäischen Rechtsangleichung und gewährt einem diesbezüglich kreativen Marketing einen bislang nie gekannten Spielraum.

Auch dieser Spielraum darf indes nicht überstrapaziert werden. Diese Gefahr existiert schon bei Sachfirmen, erst recht aber bei Phantasiefirmen, entweder, weil die Gefahr der Irreführung besteht oder die Kennzeichnungskraft solcher Firmen zu schwach ist. Zu alledem folgende

Beispiele: Fa. „X & Y, westfälisches Autozentrum" (wegen Eignung zur Irreführung unzulässig für ein ganz normales Autohaus, das keineswegs eine überragende regionale Marktgeltung in die Waagschale werfen kann).
Fa. „1,2,3" (unzulässig mangels Kennzeichnungskraft).

Entgegen landläufiger Meinung reichte die **Firmenwahrheit** keineswegs immer schon so weit, dass aus der Firma schon die Rechtsform augenfällig erkennbar gewesen wäre. Ein auf die **Rechtsform** hinweisender Zusatz war zwar seit jeher für die AG, KGaA, GmbH, eG und auch für den VVaG obligatorisch (vgl. §§ 4, 279 I AktG, 4 GmbHG, 3 S. 1 GenG, 18 II 2 VAG, für die Partnerschaft s. § 2 I PartGG), jedoch nicht für OHG und KG und schon gar nicht für den Einzelkaufmann und seine Firma, und am allerwenigsten für den schlichten Gewerbetreibenden und seinen Namen. Hier hat sich die Rechtslage schon seit 1998 weitgehend verändert, ohne dass die Praxis dies schon flächendeckend nachvollzogen hätte. So verlangt § 19 I HGB als **Pflichtangabe**, dass die Firma eines Einzelkaufmanns die Bezeichnung „eingetragener Kaufmann/Kauffrau" oder Abkürzungen davon („e. K.") enthält. Auch OHG und KG müssen in der Firma ihre Rechtsform (abgekürzt) nennen. Unterstützt wird die angestrebte Transparenz dadurch, dass dies alles grundsätzlich auch in der Geschäftspost zu offenbaren ist (vgl. §§ 37a, 125a HGB, 80 AktG, 35a GmbHG, 25a GenG). **Pflichtangabenfrei** ist insoweit freilich nach wie vor der nichtkaufmännische Gewerbetreibende.

Die **UG** weist firmenrechtlich eine gewisse Besonderheit auf: Ihre Firma muss nach § 5a I GmbHG hinsichtlich der Haftungsverhältnisse den **ausgeschriebenen Rechtsformzusatz** „(haftungsbeschränkt)" führen. Die Abkürzung „UG" ist hingegen zulässig. Mit dieser Verdeutlichung soll auf das erhöhte Risiko hingewiesen werden, wenn man in Rechtsverkehr mit einer UG tritt, weil dort im Extremfall ja nur 1 Euro als haftendes Kapital zur Verfügung steht. Erreicht das Stammkapital der UG den Schwellenwert von Euro 25.000, so erstarkt die UG zu GmbH. Dies verdunkelt der rechtspolitisch zweifelhafte

§ 5a V, 2. Halbs. GmbHG aber nur, wenn er die **Fortführung der UG-Firma** auch in diesem Fall gestattet. Denn die Rechtsformbezeichnung als UG und die wahre Rechtsnatur der Gesellschaft jetzt als GmbH decken sich nun nicht mehr, ohne dass ein schutzwürdiges Interesse des Rechtsverkehrs oder der Gesellschafter für diese Diskrepanz erkennbar wäre.

Wird gegen das handelsrechtliche Firmenrecht verstoßen, so ergeben sich die **Sanktionen** aus § 37 HGB: **Öffentlichrechtlich** kann (und wird!) das örtlich zuständige Amtsgericht als Handelsregistergericht die Unterlassung der Firmenführung zum Schutze des früher Eingetragenen (Prioritätsprinzip) durchsetzen und sich dabei ggf. empfindlicher Ordnungsgelder bedienen. Unabhängig davon kann aber auch der nach handelsrechtlichem Firmenrecht geschützte Firmeninhaber **privatrechtlich** vorgehen und ggf. klageweise Unterlassung der Firmenführung verlangen. Seine Rechtsposition ist dabei absolut geschützt, i. S. eines „sonstigen Rechtes" bei § 823 I BGB. Hat er durch die unberechtigte Firmenführung des Anderen (beweisbare) Umsatzeinbußen erlitten, kommt also sogar ein Schadensersatzanspruch in Betracht, wenn zumindest fahrlässig die verwechslungsfähige Firma gewählt wurde.

Gerade wegen des räumlich nur sehr eng wirkenden handelsrechtlichen Firmenschutzes muss man sich vor Augen halten, dass der Schutz der Firma auch wettbewerbsrechtlich funktioniert. Einschlägig ist bereits § 5 I 2 Nr. 3 UWG (Irreführung über Identität und Status), vor allem aber § 15 MarkenG. Dort kommt es allein auf die Eignung zur Irreführung bzw. auf die Verwechslungsfähigkeit an, beidesmal ohne die räumliche Beschränkung des Handelsrechtes. Freilich ist dieser wettbewerbsrechtliche Schutz insofern schwächer, als er nur die privatrechtlichen Sanktionen nach §§ 8 ff. UWG, § 15 IV und V MarkenG kennt. Praktisch gesehen hat namentlich § 15 MarkenG gegenüber dem handelsrechtlichen Firmenrecht die weitaus größere Bedeutung, zumal er auch solche **geschäftliche Bezeichnungen** schützt, die gar keine Firma im Rechtssinne darstellen.

Beispiele: „Firma" eines einzelunternehmerisch tätigen Gewerbetreibenden ohne Kaufmannsstatus, „Firma" einer GbR oder einer Partnerschaft.

f) Ausgewählte Fragen des Markenartikel- und Fachhandelsmarketing

(1) Schutz von Warenzeichen und Dienstleistungsmarken

Marken dienen ebenso wie bestimmte **Ausstattungen** (z. B. Farbkombinationen) der Unterscheidung von Waren- und Dienstleistungen. Ohne die Möglichkeit, ein Produkt sicher zu identifizieren, würde Werbung weitgehend leerlaufen, weil der Kunde in der Entscheidungssituation keinen Bezug zwischen Werbung und Produkt herstellen könnte. Ohne Marke könnte der Kunde auch keinen Zusammenhang zwischen Produkt und Hersteller (sog. **Fabrikmarken**) oder zwischen Produkt und Händler (sog. **Handelsmarken**) erkennen, auf den es dem Kunden aus mancherlei Gründen ankommen mag.

Beispiele: „Mercedes-Benz" (Herstellermarke der Daimler AG), „Privileg" (Handelsmarke des Versandhauses „Otto", früher von „Quelle", für Haushaltsgroßgeräte).

Namentlich wird der Kunde durch Marken in seiner Erwartung geschützt, dass die so gekennzeichneten Produkte oder Dienstleistungen immer von gleichbleibender oder sogar verbesserter **Qualität** sind. Als Folge davon wiederum wird dem Hersteller oder (Fach-)Händler von **Markenware** oft der Absatz wesentlich erleichtert. Für **Dienstleistungsmarken** gilt prinzipiell dasselbe. Dienstleistungsmarken sind deshalb entsprechend der gesamtwirtschaftlichen Bedeutung des sog. tertiären Bereichs nicht weniger verbreitet als die **Warenzeichen**. Gerade auch als sog. **Verbandszeichen** oder **Kollektivmarken** (§ 97 MarkenG) haben sie große Bedeutung erlangt.

Beispiele: Das markante Logo der Deutschen Bank AG als Dienstleistungsmarke; das vermutlich noch bekanntere Sparkassenzeichen als Verbandszeichen.

Wegen dieser **Herkunfts-, Wert- und Werbefunktion** einer Marke besitzen Wort- wie Bildzeichen einen erheblichen rechtlich primär durch das MarkenG geschützten Kapitalwert. Der markenrechtliche Zeichenschutz ist allerdings an vielerlei **Voraussetzungen** gebunden. Gemäß § 3 MarkenG sind als Warenzeichen (der früher gängige Terminus) und als Dienstleistungsmarken nur solche Zeichen einer Eintragung in die sog. Zeichenrolle fähig, die eine ausreichende Unterscheidungskraft aufweisen, diese fehlt grundsätzlich den sog. **Freizeichen.**

Beispiele: Totenkopf, Flügelrad.

Auch den sog. **Allerweltszeichen** („1, 2, 3"; „super", „extra") fehlt grundsätzlich ausreichende Unterscheidungskraft. Ausnahmen bestehen nach § 8 III MarkenG jedoch für solche Allerweltszeichen, die sich trotzdem am Markt als Warenzeichen) bzw. Dienstleistungsmarken Geltung verschafft haben.

Beispiel: „4711" als Marke eines Kölnisch Wassers.

Auch den an sich eintragungsfähigen, nicht durch **absolute Eintragungshindernisse** generell blockierten Zeichen können aber **(relative) Eintragungshindernisse** (vgl. § 9 MarkenG) entgegenstehen.
Im Gegensatz etwa zu den technischen Schutzrechten (Patent und Gebrauchsmuster), deren Laufzeit begrenzt ist und deren Gegenstand nach Ablauf der **Schutzfrist** jedermann frei zugänglich ist, bestehen bei der Marke

umfassende Schutzmöglichkeiten. Nach der ersten Regelschutzzeit von 10 Jahren kommen - vorbehaltlich des **Verfalls** gemäß § 49 MarkenG - weitere (wiederum gebührenpflichtige) Verlängerungen um jeweils 10 Jahre in Betracht (§ 47 MarkenG). Räumlich besteht der Markenschutz grundsätzlich nur innerhalb der Bundesrepublik Deutschland, was angesichts der fortschreitenden Internationalisierung der Märkte misslich ist. Hier hilft eine **internationale Registrierung**, die wenigstens in den Unterzeichnerstaaten (auch die EG zählt dazu) des Madrider Markenabkommens (MMA nebst Protokoll), einer Ergänzung der patentrechtlich orientierten Pariser Verbandsübereinkunft (PVÜ), in den Ländern Schutz bietet, für die er beantragt wurde. (dazu §§ 107 ff. MarkenG) Außerdem besteht die Möglichkeit des Erwerbs einer europäischen Gemeinschaftsmarke, die mit nur einem Anmeldeverfahren Markenschutz in der gesamten EG gewährt. Die einschlägigen Regelungen sowohl für die internationale Registrierung als auch für die Gemeinschaftsmarke finden sich in §§ 107 MarkenG.

Die **Wirkungen** des deutschen Markenschutzes ergeben sich aus § 14 MarkenG, der bei Vorliegen einer der zahlreichen Verletzungsmodalitäten in seinen Absätzen 5 und 6 Unterlassungs- und (bei Verschulden) Schadensersatzansprüche gewährt. Hinzu kommen etwa ein Auskunftsanspruch (§ 19 MarkenG) und - bei der **Markenpiraterie** erfahrungsgemäß wirksam - ein Vernichtungsanspruch (§ 18 MarkenG). **Verwechslungsgefahr** reicht dafür aus. Zeichenidentität ist also nicht erforderlich (vgl. § 14 II Nr. 2 MarkenG). Von erheblichem Interesse kann hier auch der Schadensersatzanspruch sein, weil dessen Höhe nach anerkannter Auffassung verschieden berechnet werden kann. Verlangt werden kann demnach Ersatz des insbesondere durch Marktverwirrung entstandenen Schadens - auch durch Eigenabhilfe in Analogie zu § 249 II 1 BGB - sowie Ersatz des entgangenen Gewinns (§ 252 BGB). Ein weiterer **Berechnungsmodus** orientiert sich an einer Lizenzfiktion. Schließlich kann Abführung des Verletzergewinnes gefordert werden.

Alle diese Grundsätze gelten auch für den Schutz von Ausstattungen mit entsprechender Verkehrsgeltung (§§ 3 I, 4 Nr. 2 MarkenG). Denn in soweit kommt naturgemäß eine Eintragung in die Zeichenrolle nicht in Betracht.

Beispiel: Farbkombinationen der Tankstellen haben weltweit Identifizierungsfunktion.

Der markenrechtliche Schutz wird für den Fachhandel durch das allgemeine Wettbewerbsrecht ergänzt. Denn der Fachhandel genießt über § 5 I 2 Nr. 2 UWG einen eigenartigen, auch vom handelsrechtlichen Firmenrecht ganz abgelösten **Namensschutz** gegenüber dem (weniger kompetenten) Nicht-Fachhändler, weil bestimmte Bezeichnungen von einem verständigen Marktteilnehmer nur mit dem Fachhandel assoziiert werden.

Beispiele: „Elektro-Meyer"; „Reifen-Schulze".

(2) Preis- und Vertriebsbindungssysteme

Vielfach besteht auf Seiten der Markeninhaber das wirtschaftlich verständliche Bedürfnis nach Preis- und Vertriebsbindungssystemen, beispielsweise um eine bestimmte Preispolitik am Markt durchzusetzen und um durch den exklusiv belieferten Fachhandel ein besonderes Image ausbilden oder um eine besonders intensive Kundenpflege betreiben zu können. **Preisbindungen der zweiten Hand** sind aber nach § 1 GWB grundsätzlich unzulässig; eine ausdrückliche Ausnahme sieht § 30 GWB nur für Zeitungen und Zeitschriften vor.

Fraglich ist nach Wegfall des früheren § 23 I GWB die Zulässigkeit **unverbindlicher Preisempfehlungen,** die vor allem für Markenwaren verbreitet sind und seinerzeit vom Gesetz ausdrücklich gestattet waren. Solche Preisempfehlungen sind gesamtwirtschaftlich mehr als problematisch, weil sie nur allzu oft die tatsächliche Preisstellung der nachgeordneten Distributionsstufen bestimmen. Ob dies allerdings für die Annahme eines grundsätzlich verbotenen „abgestimmten Verhaltens" i. S. von § 1 GWB ausreicht, kann zweifelhaft sein. Bejaht man dies, bleibt auch immer noch offen, ob dies auch den Verbrauchern nützt und die sonstigen Voraussetzungen einer ausnahmsweisen Zulässigkeit nach § 2 GWB vorliegen.

Zweifelhaft ist ferner die Zulässigkeit von **selektiven Vertriebssystemen,** solange sie nicht gerade das Diskriminierungsverbot des § 20 GWB tangieren und dann ganz sicher nicht gestattet sind. Denn solche Vertriebsbindungssysteme stärken noch dazu i. V. m. unverbindlichen Preisempfehlungen nicht nur die Tendenz, wirtschaftlich eine Preisbindung der zweiten Hand durchzusetzen, sondern beeinträchtigen auch unabhängig davon die Wettbewerbskräfte. Ein aus dem Vertriebssystem „aussteigender" **Fachhändler** wird bei Lückenlosigkeit dieses Systems nämlich den Markenartikel nicht mehr in seinem Sortiment führen können und so Schritt für Schritt seine **Attraktivität** verlieren. Um die **Lückenlosigkeit des Vertriebsbindungssystems** im Interesse seiner Effektivität aufrechtzuerhalten, lassen sich gegenüber den Vertriebspartnern beispielsweise Konventionalstrafen einsetzen (§§ 339 ff. BGB). **Außenseiter** sind so freilich nicht zu disziplinieren, selbst wenn man ihrer habhaft wird. Auch gebundene Unternehmen sind praktisch nicht zu belangen, wenn man nicht das Loch im Vertriebsbindungssystem findet, aus dem heraus sich der Außenseiter die vertriebsgebundene Ware beschafft hat.

In diesem Zusammenhang spielt die schwierige und umstrittene Frage eine wichtige Rolle, welche wettbewerbsrechtliche Bewertung die **Entfernung von Warenkodierungen** und sonstigen Warenkennzeichnungen (Barcodes, Kontroll-, Serien- und Fabrikationsnummern etc.) erfährt, denn derartige Kennzeichnungen sind ein wichtiges Mittel, um den Warenfluss nachzuverfolgen. Entgegen der h. M. ist wohl weder den gebundenen Unternehmen noch den

Außenseitern mit § 4 Nr. 10 oder 11 UWG beizukommen, da die Decodierung zwar den Vertriebsbinder gezielt behindert, dabei den Wettbewerb aber nicht beeinträchtigt, sondern gerade umgekehrt intensiviert. Mit Blick auf § 4 Nr. 11 UWG ist im Übrigen festzustellen, dass vertragliche Verpflichtungen eben nur relativ, nur zwischen den Partnern wirken, und es Verträge zu Lasten Dritter grundsätzlich nicht gibt. Deshalb kommt es nicht mehr entscheidend darauf an, ob es sich bei dem unserem Vertragsrecht sicher immanenten Gebot der Vertragstreue (lat. „pacta sunt servanda") überhaupt um eine „gesetzliche Vorschrift" handelt, und ob bejahendenfalls diese zumindest „auch dazu bestimmt ist, im Interesse der Marktteilnehmer das Marktverhalten zu regeln". Zuzugeben ist aber, dass sich die Decodierung in anderem Kontext durchaus auch einmal als wettbewerbswidrige und damit unlautere, letztlich unzulässige Handlung darstellen mag.

(3) Rechtliche Restriktionen auf operativer Ebene

Der **Fachhandel mit Markenware** ist freilich nicht lediglich rechtlich vorteilhaft, sondern erzeugt auch ihm eigene rechtliche Belastungen: So wird der Inhaber von **Handelsmarken** produkthaftungsrechtlich zum **Quasi-Hersteller**. Der Fachhandel übernimmt tendenziell eher **Bringschulden**, was einen erheblichen organisatorischen und kostenmäßigen Aufwand sowie Risikoübernahme (Verzögerungen, Transportschäden und -verluste) bedeuten kann. Im Rahmen kaufvertraglicher Loyalitätspflichten ist der Fachhändler gehalten, seinen Kunden jedenfalls auf der Einzelhandelsstufe einen **Reparaturservice**, eine langfristige und breit angelegte **Ersatzteilvorhaltung** auch über den Umfang von Gewährleistung und Garantie hinaus **Zubehör, Ergänzungen** etc. zur Verfügung zu stellen bzw. zu organisieren.

Beispiele: Autos, Dacheindeckungsmaterial (Dachziegel), Einbauküchenprogramme, Systemmöbel, Regalsysteme.

Schließlich unterliegt die Werbepraxis für Markenartikel einem besonderen Methodenkanon in Gestalt von **Werberichtlinien** des Markenverbandes. Sind diese Richtlinien auch durch die Kartellbehörden amtlich anerkannt (vgl. §§ 24, 26 GWB), so bleiben sie dennoch rein schuldrechtlich wirkende, grundsätzlich nur die Verbandsangehörigen und diese nur jeweils individuell auf rechtsgeschäftlicher Basis bindende „Normen". Ihre Verletzung begründet deshalb nach richtiger Ansicht auch keine wettbewerbsrechtliche Unlauterkeit, namentlich nicht nach § 4 Nr. 11 UWG.

Stichwortverzeichnis